Los Estados Unidos

Autores del programa

Dra. Candy Dawson Boyd
St. Mary's College
Moraga, California

Dra. Geneva Gay
University of Washington
Seattle, Washington

Rita Geiger
Norman Public Schools
Norman, Oklahoma

Dr. James B. Kracht
Texas A&M University
College Station, Texas

Dra. Valerie Ooka Pang
San Diego State University
San Diego, California

Dr. C. Frederick Risinger
Indiana University
Bloomington, Indiana

Sara Miranda Sanchez
Albuquerque Public Schools
Albuquerque, Nuevo México

Asesores

Dr. Roberto Calderón
University of North Texas
Denton, Texas

Dra. Eva Midobuche
Arizona State University
Tempe, Arizona

Dr. Aníbal Yáñez Chávez
California State University
San Marcos
San Marcos, California

Colaboradores

Dra. Carol Berkin
The City University of New York
Nueva York, Nueva York

Lee A. Chase
Chesterfield County Public Schools
Chesterfield County, Virginia

Dr. Jim Cummins
University of Toronto
Toronto, Canadá

Dr. Allen D. Glenn
University of Washington
Seattle, Washington

Dra. Carole L. Hahn
Emory University
Atlanta, Georgia

Dra. M. Gail Hickey
Indiana University-Purdue
University
Fort Wayne, Indiana

Dra. Bonnie Meszaros
University of Delaware
Newark, Delaware

Oficinas editoriales: Glenview, Illinois • Parsippany, Nueva Jersey • Nueva York, Nueva York
Oficinas de ventas: Parsippany, Nueva Jersey • Duluth, Georgia • Glenview, Illinois • Coppell, Texas • Ontario, California

www.estudiossocialessf.com

Asesores de contenido

Catherine Deans-Barrett
World History Specialist
Northbrook, Illinois

Dr. Michael Frassetto
Académico independiente
Chicago, Illinois

Dr. Gerald Greenfield
University of Wisconsin, Parkside
Kenosha, Wisconsin

Dr. Frederick Hoxie
University of Illinois
Champaign, Illinois

Dra. Cheryl Johnson-Odim
Columbia College
Chicago, Illinois

Dr. Michael Khodarkovsky
University of Chicago
Chicago, Illinois

Robert Moffet
U.S. History Specialist
Northbrook, Illinois

Dr. Ralph Nichols
University of Chicago
Chicago, Illinois

Asesora bilingüe

Irma Gómez-Torres
Austin Independent School District
Austin, Texas

Revisores

San Juanita Arcaute Bermea
Geraldine Palmer Elementary School
Pharr, Texas

Delia Carrillo
Sanborn Elementary School
Amarillo, Texas

Margarita Casero
Miami-Dade County Public Schools
Miami, Florida

Hortencia Chaparro
Red Sands Elementary School
El Paso, Texas

Karla Marie Garza
José de Escandón Elementary School
La Joya, Texas

Yesenia Garza
Reed-Mock Elementary School
San Juan, Texas

Liz Morales Quintela
Pease Elementary School
Odessa, Texas

María D. Morán
Ed White Elementary School
Houston, Texas

Carlos J. Osorio
West Chicago Middle School # 33
West Chicago, Illinois

Marina Ruiz Sattler
Glenoaks Elementary School
San Antonio, Texas

Hilda Rivera
Aurora East Schools District 131
Aurora, Illinois

Luis A. Rivera
Aurora East Schools District 131
Aurora, Illinois

Lisette Samalot-Martínez
Springfield Public Schools
Springfield, Massachusetts

María Luisa Vara
Arminta St. Elementary School
N. Hollywood, California

Juan Carlos Vargas
Carroll Academy
Houston, Texas

Irma Zúñiga
José de Escandón Elementary School
La Joya, Texas

ISBNs: 0-328-02071-0
0-328-01923-2

6 7 8 9 10 V057 11 10 09 08

Contenido

Manual de estudios sociales

Panorama general

Estados Unidos: Su gente, su territorio 1

"Nosotros, el pueblo de los Estados Unidos...".

—Del Preámbulo, o primeras palabras, de la Constitución de los Estados Unidos

Unidad 1 Primeros pobladores en Oriente y Occidente

"Iba con frecuencia al antiguo poblado...".

—Nampeyo, alfarera pueblo, al explicar cómo encontró los diseños antiguos que usó en sus vasijas

Unidad 2 Enlaces entre continentes

"Festejamos y comimos durante tres días".

—Edward Winslow, colono inglés en la plantación Plymouth, 1621

Unidad 3 La vida colonial en América del Norte

"Las calles están llenas de gente... y el río, de barcos".

—Andrew Burnaby, visitante en Filadelfia, alrededor de 1760

Unidad 4 La Guerra de Independencia

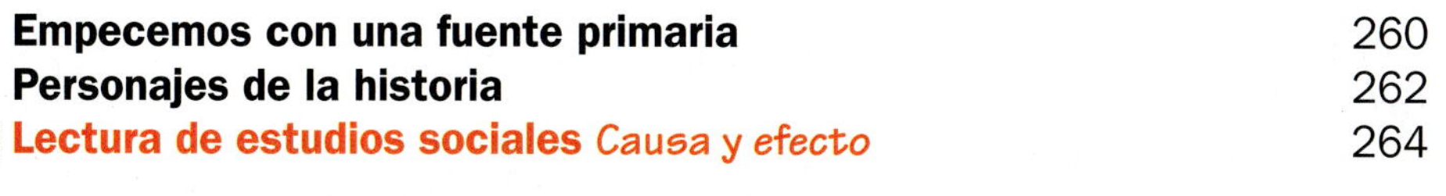

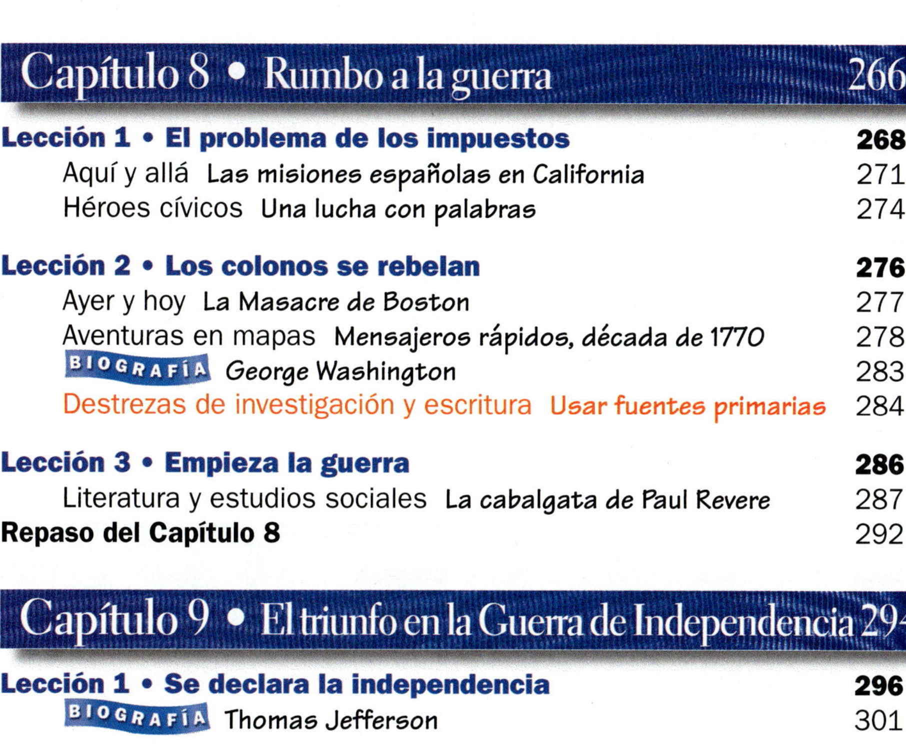

Capítulo 8 • Rumbo a la guerra 266

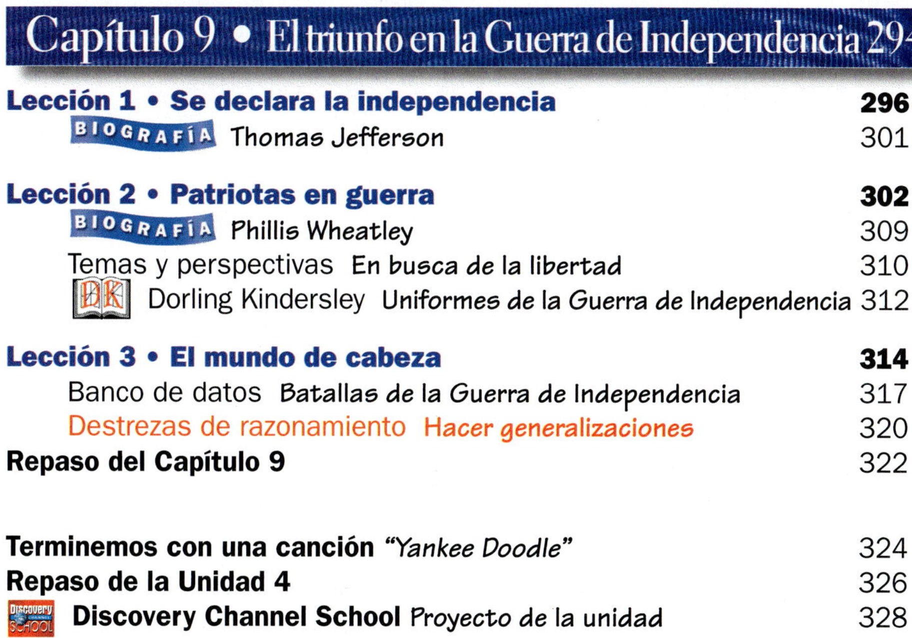

Capítulo 9 • El triunfo en la Guerra de Independencia 294

"No retrocedan ni disparen primero, pero si ellos desean la guerra, aquí ha de comenzar".

—Capitán John Parker a los milicianos de Lexington, 19 de abril de 1775

Unidad 5 La vida en una nueva nación

"...con el fin de hacer más perfecta la Unión...".

—Del Preámbulo de la Constitución de los Estados Unidos

Unidad 6 Una nación en crecimiento

"Apenas podía creer que ese largo viaje había terminado y que por fin tenía un hogar".

—Sarah Smith, pobladora del territorio de Oregón, 1838

Unidad 7 La guerra divide a la nación

"...su sacrificio no ha sido en vano; que esta nación, por la gracia de Dios, tenga una nueva aurora de libertad...".

—Palabras del presidente Abraham Lincoln en su Discurso de Gettysburg, 19 de noviembre de 1863

Unidad 8 Expansión y cambio

"Nuestros ojos contemplaron la Tierra Prometida".

—Escrito por Mary Antin en *The Promised Land,* libro publicado en 1912

Unidad 9 Los Estados Unidos y el mundo

"Tengo un sueño...".

—Fragmento de un discurso de Martin Luther King, Jr., 1963

Introducción visual • El hemisferio occidental 675

Sección de referencia

★ BIOGRAFÍA ★

Mapas

Destrezas

Lectura de estudios sociales

Destrezas: Mapas y globos terráqueos

Destrezas de razonamiento

Destrezas de investigación y escritura

Destrezas: Tablas y gráficas

Banco de datos

Héroes cívicos

Temas y perspectivas

Ayer y hoy

Aquí y allá

Literatura y estudios sociales

Aventuras en mapas

Organizadores gráficos

Tablas, gráficas, cuadros y diagramas

Líneas cronológicas

Vamos a descubrir

Cientos de millas sobre el planeta Tierra, un astronauta de los Estados Unidos que camina en el espacio le hace una señal a otro astronauta. Los exploradores estadounidenses siempre han viajado a lugares remotos como éste. Han ido en busca de lo desconocido y han descubierto cosas emocionantes. Después de recorrer casi todos los rincones de la Tierra, decidieron comenzar a explorar el espacio.

Aprenderás mucho sobre todos estos exploradores que viajaron por tierra, por mar y en el espacio hasta donde nadie había llegado antes. ¡Piensa en todos los descubrimientos futuros que tú podrás hacer!

Discovery
CHANNEL
SCHOOL

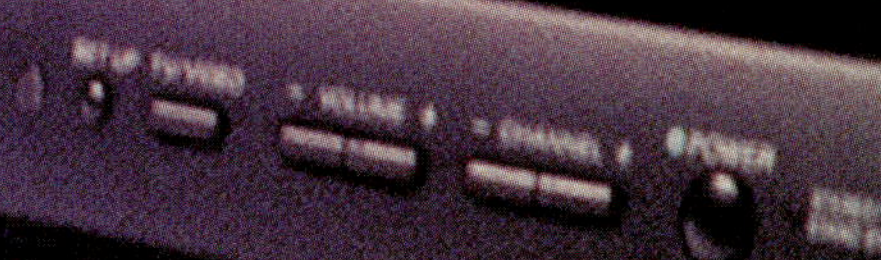

Destrezas de valores cívicos

Hay seis valores cívicos básicos: la bondad, el respeto, la responsabilidad, la justicia, la honestidad y la valentía. En tu libro conocerás a personas que por medio de esos valores han ayudado a su comunidad, a su estado y a su país.

Bondad

Piensa en las necesidades de los demás.

Respeto

Trata a los demás como te gustaría que te trataran, y acepta las diferencias entre las personas.

Responsabilidad

Haz lo que debes hacer y piensa antes de actuar.

Justicia

Espera tu turno y sigue las reglas. Escucha a las personas y trátalas bien.

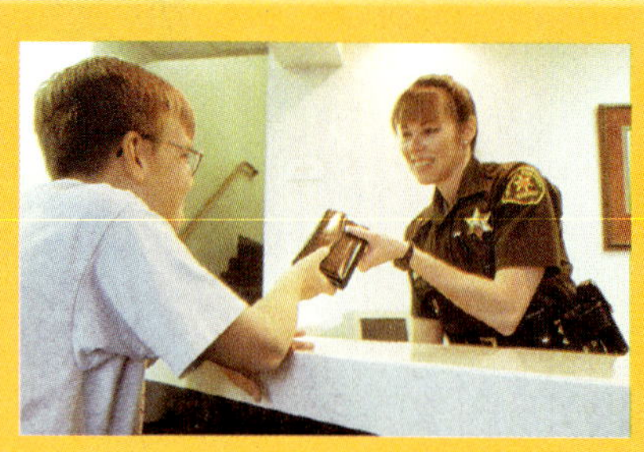

Honestidad

Di la verdad y haz lo que dijiste que harías.

Valentía

Haz lo correcto aunque te cueste esfuerzo.

Los valores cívicos en acción

Los valores cívicos nos ayudan a pensar bien antes de tomar decisiones, y a solucionar los problemas de manera lógica. ¿De qué modo manejarán los estudiantes de quinto grado cada situación según los valores cívicos?

Tomar decisiones

Estos estudiantes votan durante las elecciones de su escuela. Antes de tomar una decisión, cada uno sigue los siguientes pasos:

1. **Determina qué asunto vas a decidir.**
2. **Reúne información.**
3. **Haz una lista de opciones.**
4. **Piensa qué sucedería con cada opción.**
5. **Toma tu decisión.**
6. **Actúa conforme a tu decisión.**

Solucionar problemas

Estos estudiantes rompieron una ventana cerca del patio. Siguen los pasos siguientes para solucionar el problema:

1. **Di cuál es el problema.**
2. **Averigua más sobre el problema.**
3. **Haz una lista de las posibles maneras de solucionarlo.**
4. **Di cuál es la mejor manera de solucionar el problema.**
5. **Soluciona el problema.**
6. **Analiza qué tan bien lo solucionaste.**

Destrezas de geografía

Cinco temas de geografía

La geografía es la ciencia que estudia la Tierra, y puede dividirse en cinco temas que te ayudan a entender por qué hay tantos lugares diferentes en la Tierra. Cada tema te enseña algo distinto sobre un lugar, como lo muestra el siguiente ejemplo sobre El Álamo.

Ubicación

¿Dónde se encuentra el lugar?
El Álamo se encuentra en San Antonio, Texas, cerca de los 29 °N y 98 °O.

Lugar

¿En qué difiere este lugar de otros?
El Álamo es una antigua misión española reconstruida.

Interacción con el ambiente

¿Cómo han cambiado las personas este lugar?
El Álamo, antes rodeado de árboles, se encuentra ahora en medio de la ciudad de San Antonio.

Movimiento
¿Por qué es fácil para millones de personas visitar El Álamo?
Porque se puede llegar en carro, en taxi, en autobús o incluso en tranvía.
Región
¿Qué tiene de especial la región donde se ubica El Álamo?
El Álamo se encuentra en la región de las Llanuras Costeras de Texas, con planicies cubiertas de pastizales.

Destrezas de geografía

Repaso de mapas y globos terráqueos

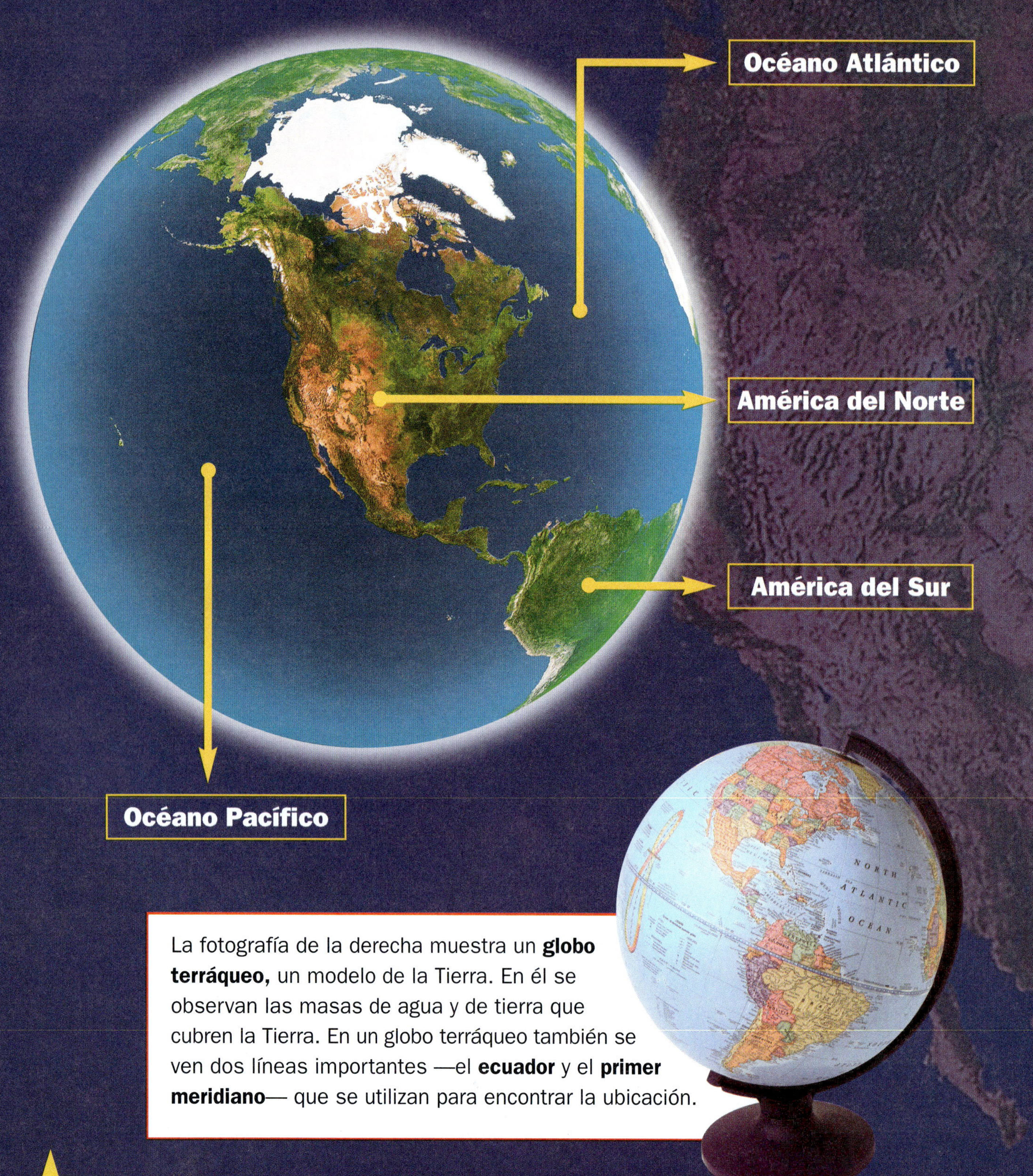

La fotografía de la derecha muestra un **globo terráqueo,** un modelo de la Tierra. En él se observan las masas de agua y de tierra que cubren la Tierra. En un globo terráqueo también se ven dos líneas importantes —el **ecuador** y el **primer meridiano**— que se utilizan para encontrar la ubicación.

Los hemisferios norte y sur

Al igual que la Tierra, los globos terráqueos tienen forma de esfera, como una pelota, por lo que sólo podemos ver una mitad de la Tierra a la vez. Generalmente decimos que la Tierra se divide en dos medias esferas llamadas **hemisferios.** El **hemisferio norte** es la mitad al norte del ecuador, la línea imaginaria que rodea a la Tierra en su punto más ancho entre los polos norte y sur. El **hemisferio sur** es la mitad que se encuentra al sur del ecuador.

Es imposible ver completamente ambos hemisferios si se observa el globo terráqueo de frente. Para ver un hemisferio completo, necesitas girar el globo terráqueo hasta que alcances a ver directamente el polo norte o el polo sur. La ilustración te muestra lo que se ve desde arriba y desde abajo.

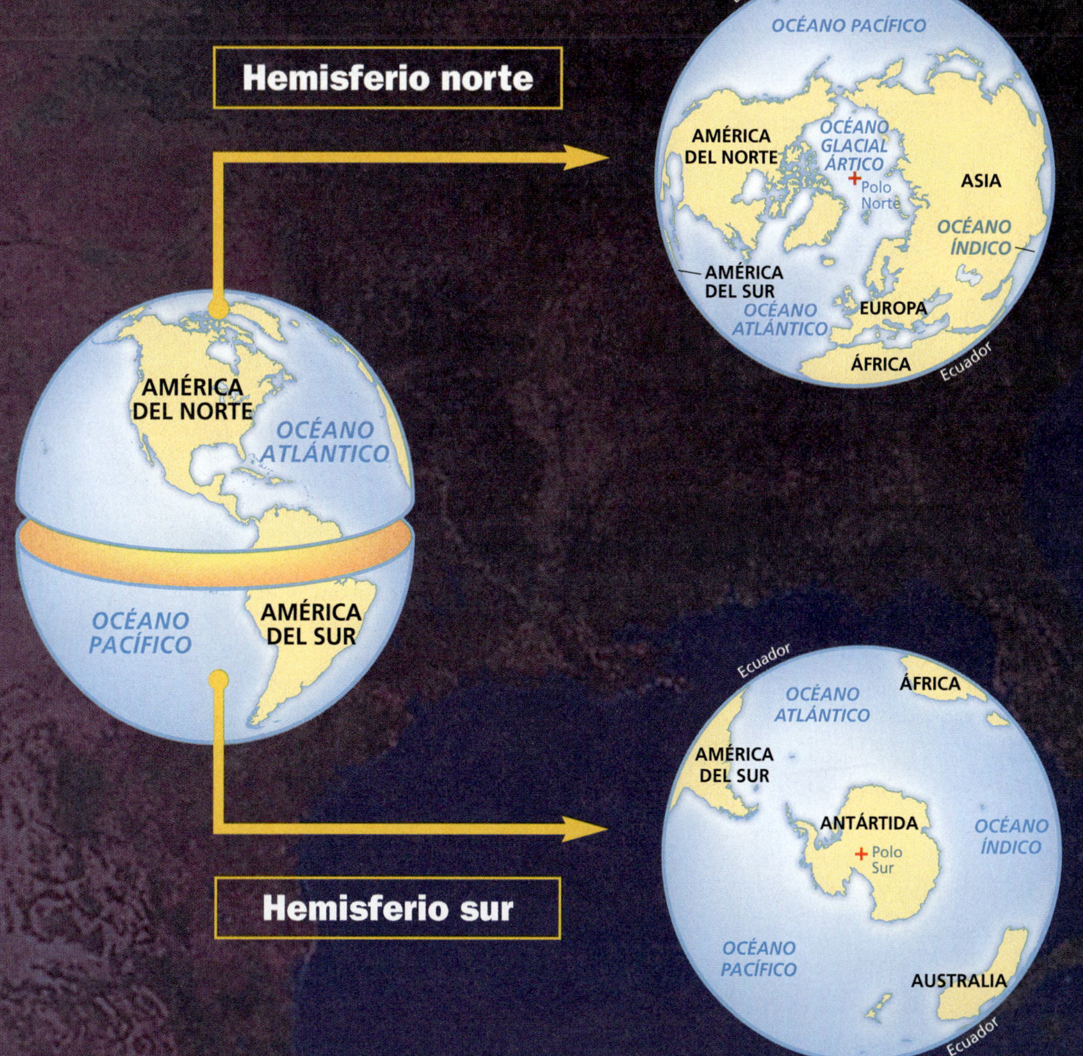

Los hemisferios occidental y oriental

La Tierra tiene otros dos hemisferios: el **hemisferio oriental** y el **hemisferio occidental.** Éstos se forman al dividir el globo terráqueo en dos mitades separadas por el primer meridiano. El primer meridiano es una línea imaginaria que se extiende de polo a polo y pasa por Greenwich, Inglaterra. Lo que se encuentra al este del primer meridiano hasta la mitad de la Tierra es el hemisferio oriental. Lo que se encuentra al oeste del primer meridiano es el hemisferio occidental. La ilustración de abajo te muestra lo que se ve desde un lado y desde el otro.

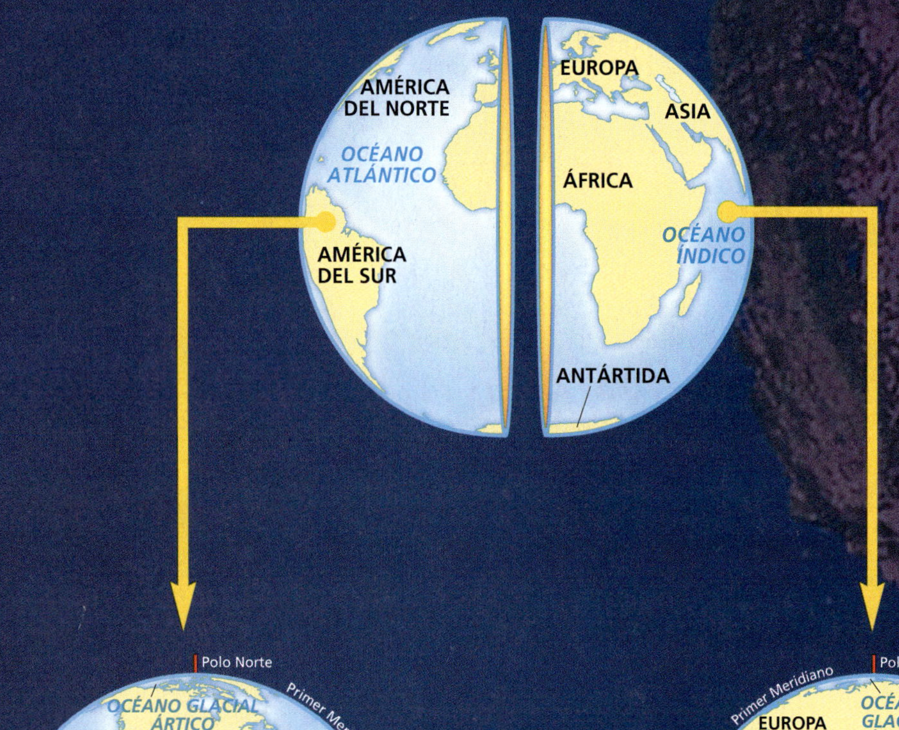

Hemisferio occidental

Hemisferio oriental

Latitud y longitud

La **latitud** y la **longitud** son líneas imaginarias que nos ayudan a encontrar ubicaciones en la Tierra. Estas líneas se encuentran sólo en los globos terráqueos y mapas.

Las líneas de latitud rodean la Tierra en dirección este-oeste. También se llaman **paralelos** porque son paralelas entre sí y con el ecuador. Estas líneas se miden en unidades llamadas **grados.** El **ecuador** es la línea de latitud cero grados (0°), y a partir de ella empiezan a medirse los paralelos. Las líneas de latitud te indican cuántos grados al norte o al sur del ecuador se encuentra una ubicación. Una distancia de un grado de latitud hacia el norte o hacia el sur equivale a unas 69 millas.

Las líneas de longitud rodean la Tierra en dirección norte-sur. Reciben también el nombre de **meridianos.** El **primer meridiano** equivale a 0 grados (0°) de longitud. Las líneas de longitud te indican cuántos grados al este o al oeste del primer meridiano se encuentra una ubicación. A diferencia de las líneas de latitud, las de longitud no son paralelas. Se encuentran más separadas hacia el centro de la Tierra, pero se van juntando a medida que se acercan a los polos.

Latitud

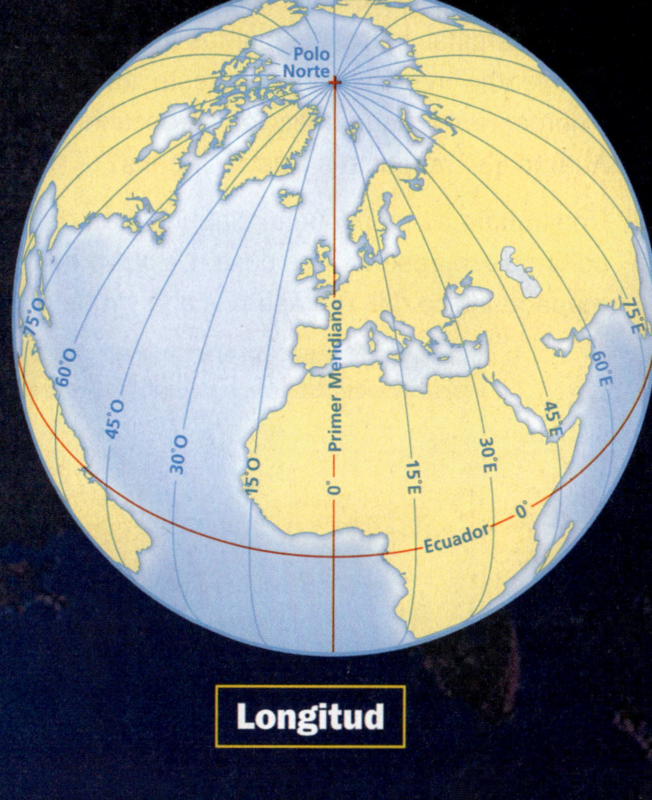

Longitud

Partes de los mapas

Los mapas tienen muchas partes que nos ayudan a leerlos y utilizarlos.

El **título** te indica de qué es el mapa. ¿Cuál es el título del mapa de abajo?

La **rosa de los vientos** es un indicador que muestra los cuatro **puntos cardinales.** El norte, que apunta hacia el polo norte, se indica con una "N". El este se encuentra a la derecha, el sur en dirección contraria al norte, y el oeste se encuentra a la izquierda. La rosa de los vientos también muestra **puntos intermedios de orientación,** que se encuentran entre un punto cardinal y otro. Los puntos intermedios de orientación son: noreste, sureste, suroeste y noroeste. ¿En qué dirección se encuentra Atlanta con respecto a Nueva Orleáns?

Un **símbolo** es un pequeño dibujo o área de color que representa una cosa. La **clave del mapa** te indica qué representa cada símbolo. ¿Con qué símbolo te indica la clave que Washington, D.C., es la capital de la nación?

Una **escala** te ayuda a calcular la distancia real en un mapa. Te indica a cuántas millas reales sobre la Tierra equivale una determinada distancia en el mapa. ¿Cuál es la distancia aproximada entre Chicago y Boston, en millas?

Algunos mapas incluyen un **mapa localizador,** un mapa pequeño que normalmente se encuentra en una esquina del mapa principal. El mapa localizador te muestra dónde se encuentra el área mostrada en el mapa principal dentro de una zona más grande: un estado, un país, un continente o un hemisferio. ¿En qué área mayor se encuentran los Estados Unidos en este mapa localizador?

Hay muchos tipos de mapas. El que sigue es un **mapa físico.** Indica las características y accidentes geográficos del país.

Mapa de altitud

La **altitud** es la altura del terreno sobre el nivel del mar. Por lo general se mide en pies y metros. Los mapas de altitud, como el de la página M12, utilizan colores o sombreados para indicar las distintas altitudes del terreno. Te permiten conocer la altura general de montañas, llanuras y otros accidentes geográficos.

La clave del mapa de altitud con frecuencia incluye una estructura tridimensional para destacar la altura. Sin embargo, también te indicará aquellas raras ocasiones en las que el mapa muestra tierras bajo el nivel del mar.

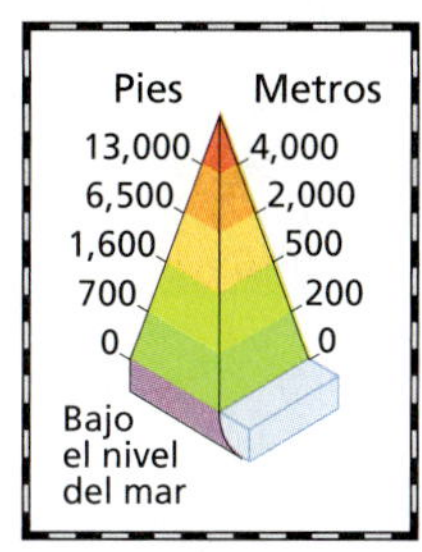

Los colores te indican el rango de altitud en pies y metros que cada uno representa. En el mapa, ¿qué color muestra la mayor altitud? ¿Qué color muestra la menor altitud? ¿En qué rango de altitud se encuentra Boston?

Mapa inserto

Los **mapas insertos** no deben confundirse con los mapas localizadores. Ambos son mapas pequeños dentro de un mapa más grande, pero la finalidad de los mapas insertos es mostrar elementos que no pueden apreciarse en un mapa más grande. El mapa de la página M12 tiene dos mapas insertos. Se colocan en una parte del mapa grande que no oculte el área principal representada.

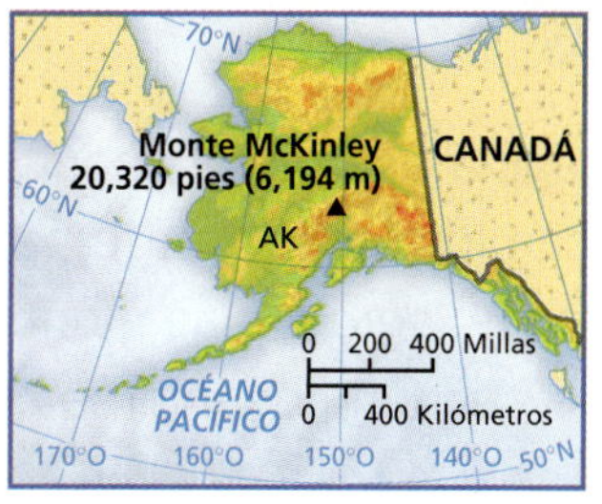

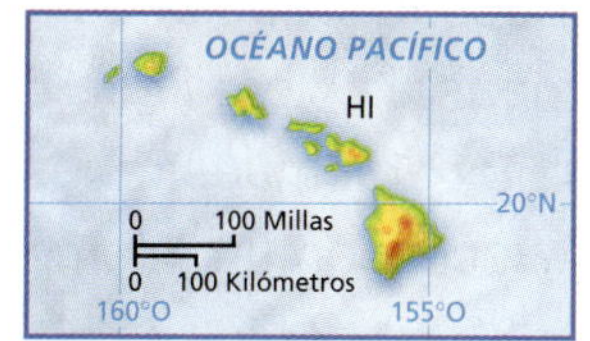

Observa que los pequeños mapas insertos de estos dos estados tienen su propia escala, diferente de la del mapa grande. ¿Qué estados se muestran en el mapa inserto? ¿Por qué piensas que no se muestran en el mapa principal con los otros 48 estados?

Uso de latitud y longitud

Las líneas de latitud y longitud son líneas imaginarias en un mapa que nos ayudan a encontrar una ubicación en la Tierra. El punto donde se cruzan estas líneas horizontales y verticales señala la ubicación exacta de un lugar. Basta con saber la latitud y longitud de un lugar para encontrar su ubicación.

La longitud se expresa en grados este y grados oeste; la latitud, en grados norte y grados sur. Los mapas por lo general no muestran cada grado, porque sería difícil leerlos con tantas líneas entrecruzadas. Por eso, los cartógrafos colocan las líneas a intervalos de 5°, 10°, 15° ó 20°. Mira el mapa de la página M12. ¿Cuántos grados tiene el intervalo entre las líneas? ¿Qué ciudad importante se encuentra más cerca de los 30 °N y 90 °O? ¿Dónde te encontrarías si viajaras al lugar 30 °N y 120 °O? ¿Alrededor de cuántos grados al oeste de Nueva Orleáns se encuentran las islas de Hawai?

Destrezas de geografía

Repaso de mapas y globos terráqueos

Mapas especiales

Todos los mapas de esta página son mapas políticos de distinto tipo. Un **mapa político** tiene líneas o colores que destacan los límites entre países, estados, ciudades u otros lugares. Por lo general muestra las ciudades, pero no las montañas, los ríos ni otros accidentes geográficos. A veces, en un mismo mapa pueden observarse características políticas y físicas.

Mapa de husos horarios

El mundo se divide en 24 husos horarios, uno para cada hora del día. Un **mapa de husos horarios** es un mapa especial que muestra los husos horarios de todo el mundo o de un país. Los Estados Unidos tienen seis husos horarios. Cada ciudad dentro de un huso horario tiene la misma hora. Fíjate en el mapa de la derecha. ¿Cuál es el nombre del huso horario en que se encuentra Seattle? Si son las 4 P.M. en Seattle, ¿qué hora es en Baltimore? ¿Qué hora es en Hawai?

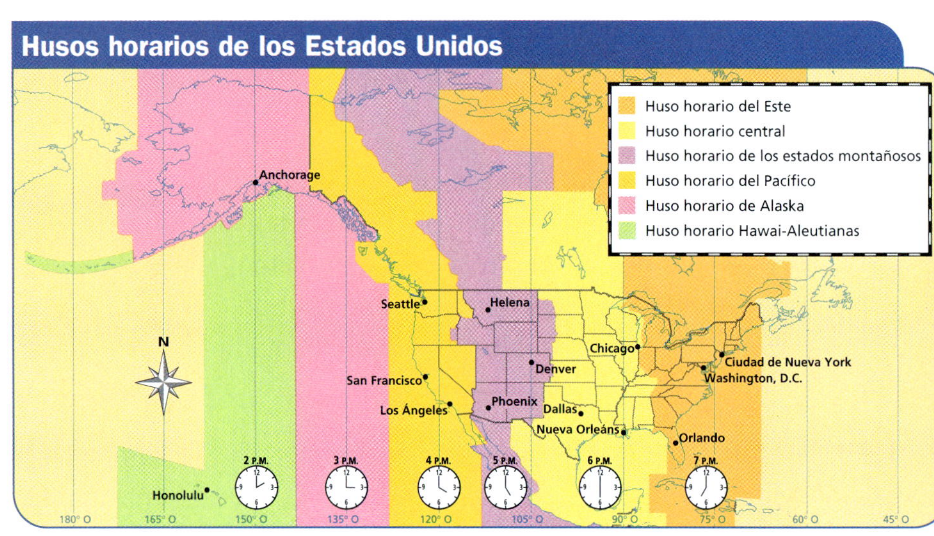

Mapa de carreteras de Indiana

Capital del estado
Otra ciudad
Carretera interestatal
Carretera nacional
Carretera estatal
Carretera con peaje

Mapa de carreteras

Un **mapa de carreteras** es un tipo de mapa especial que muestra las rutas entre pueblos y ciudades de un estado o de todo un país. La mayoría de las carreteras tienen un número o una letra para encontrarlos más fácilmente.

Este mapa muestra el estado de Indiana. Si vivieras en Evansville y quisieras viajar hacia el norte, hasta Vincennes, ¿qué número de carretera tomarías? ¿Qué tipo de carretera es? ¿Qué carreteras atraviesan Lafayette o se inician ahí, al oeste de la parte central de Indiana?

Destrezas de investigación

Reunir información y presentarla en un informe

Para hacer tus informes escritos y tus proyectos de investigación tendrás que reunir información de otros recursos, además de tu libro de texto. Puedes obtener información de estas tres fuentes principales:

Recursos tecnológicos

Recursos impresos

Recursos comunitarios

Sin importar cuál de ellas utilices, estas tres fuentes siempre son de dos tipos diferentes.

Las ***fuentes primarias*** son documentos de primera mano que se escribieron cuando ocurrió el suceso. Sus autores son personas que participaron en el suceso. Algunas fuentes primarias son diarios personales, cartas, discursos, autobiografías, fotografías, entrevistas y relatos de testigos presenciales.

Las ***fuentes secundarias*** son descripciones de un suceso escritas por personas que no participaron en él. Algunas de las fuentes secundarias son los libros de historia, las enciclopedias y las biografías.

Esta sección sobre destrezas de investigación te ayudará a reunir información de fuentes apropiadas y a presentar un informe de lo que has aprendido.

Recursos tecnológicos

La Internet, los CD-ROM y los programas de televisión son algunos de los recursos tecnológicos que puedes utilizar para una investigación.

La Internet

La Internet es un sistema de computadoras enlazadas que almacenan información y la ponen al alcance de otras personas. En la Internet encuentras enciclopedias, diccionarios y almanaques en línea, además de sitios Web de distintas empresas, personas, proyectos y museos.

Cualquiera puede crear un sitio Web y subir información a la Internet. Al investigar, debes determinar cuál información es confiable y cuál no. También es importante saber quién la obtuvo. La información será confiable si varias fuentes serias te proporcionan los mismos datos.

Buscadores

Antes de encender la computadora, debes planear tu investigación. ¿Qué necesitas buscar? Si vas a investigar la historia de la NASA en Texas, puedes elegir temas como "NASA", "exploración del espacio" o "Neil Armstrong".

Si es la primera vez que utilizas la Internet, pide ayuda al bibliotecario, a un maestro o a uno de tus padres.

Búsqueda por tema Para encontrar un buscador, haz clic en SEARCH o NET SEARCH en la parte de arriba de tu pantalla. Escribe uno de los temas en el campo del buscador. Después, haz clic en SEARCH o GO, y luego en el sitio que más te interese.

Búsqueda por dirección Las URL, o direcciones Web, se encuentran en muchos lugares: revistas, periódicos, programas de televisión y libros. Éste es un ejemplo de una URL: *www.estudiossocialessf.com*.

Recursos impresos

Los libros y las publicaciones periódicas son materiales impresos útiles para tu investigación. En las bibliotecas por lo general hay estantes con obras de referencia como atlas, almanaques y enciclopedias.

Enciclopedias Una enciclopedia es un conjunto de artículos sobre temas diversos ordenados alfabéticamente. Las enciclopedias electrónicas con frecuencia incluyen sonido y videos. Incluso puedes escuchar a Neil Armstrong decir: "La *Eagle* ha alunizado".

Diccionarios Un diccionario es una serie de palabras con su significado, ordenadas alfabéticamente. Un diccionario es la mejor fuente para verificar la ortografía y, en ciertos casos, la pronunciación correctas de una palabra.

Atlas Un atlas es un conjunto de mapas. Algunos atlas incluyen distintos tipos de mapas que muestran la altitud, los cultivos, la población, los recursos naturales y la lengua de un determinado lugar. Los maestros y bibliotecarios pueden ayudarte a encontrar el tipo de atlas más adecuado para tu investigación.

692.45 NASA
BAIRD Baird, Anne
Space Camp: the great adventure
for NASA hopefuls, [by] Anne Baird;
New York : Morrow Junior Books, 1992.
48 p. ill.

1. NASA I. Koropp, Robert, ill.
II. Title

Tema

692.45 SPACE CAMP
BAIRD Space Camp: the great adventure
for NASA hopefuls, [by] Anne Baird;
New York : Morrow Junior Books, 1992.
48 p. ill.

1. NASA I. Koropp, Robert, ill.
II. Title

Título

692.45 Baird, Anne
BAIRD Space Camp: the great adventure
for NASA hopefuls, [by] Anne Baird;
New York : Morrow Junior Books, 1992.
48 p. ill.

1. NASA I. Koropp, Robert, ill.
II. Title

Autor

Almanaques Un almanaque es un libro o recurso computarizado que incluye datos sobre diversos temas. Como se actualizan cada año, los almanaques generalmente tienen las estadísticas más recientes sobre población, récords deportivos, sucesos políticos, clima y otros hechos en cifras.

Libros de no ficción Un libro de no ficción es un libro basado en hechos sobre un tema específico. En la biblioteca, estos libros se ordenan por categoría en los estantes mediante un sistema numérico. Puedes buscar libros por tema, título o autor en un catálogo computarizado o de tarjetas. Una vez que encuentres el libro deseado, anota su número de catálogo, que te indicará en qué sección de la biblioteca está el libro.

Publicaciones periódicas Una publicación periódica, como un periódico o una revista, contiene información más actualizada que la que se encuentra en un libro menos reciente. La mayoría de las bibliotecas tienen una sección especial para publicaciones periódicas.

Recursos comunitarios

Los miembros de tu comunidad son buenas fuentes de información. Si vas a investigar la historia de la NASA, es recomendable hablar con expertos en el tema de una universidad local o de un museo de ciencias cercano. Tal vez alguien de tu comunidad ha trabajado en la NASA. Podrías reunirte con esa persona y conseguir más información.

Entrevistas

Una manera de averiguar qué saben los miembros de tu comunidad es entrevistarlos. Esto significa hacerles preguntas sobre el tema que estás investigando. Sigue estos pasos para realizar una entrevista:

Plan de trabajo

- Elabora una lista de las personas que deseas entrevistar.
- Escríbeles o llámalos por teléfono para pedirles una entrevista. Explícales quién eres y por qué necesitas la información.
- Ponte de acuerdo en el día, la hora y el lugar para realizar la entrevista.
- Busca información sobre el tema que deseas tratar.
- Escribe las preguntas que desees hacer en la entrevista.

Pregunta/Escucha/Graba

- Plantea tus preguntas con claridad.
- Escucha con atención la información y piensa en preguntas adicionales.
- Sé educado. No interrumpas ni discutas.
- Toma notas para recordar las ideas importantes. Anota incluso las palabras que tu entrevistado use. De ser posible, utiliza una grabadora para acordarte de lo que se dijo.

Para terminar

- Da las gracias cuando termines la entrevista.
- Envía al entrevistado una nota de agradecimiento.

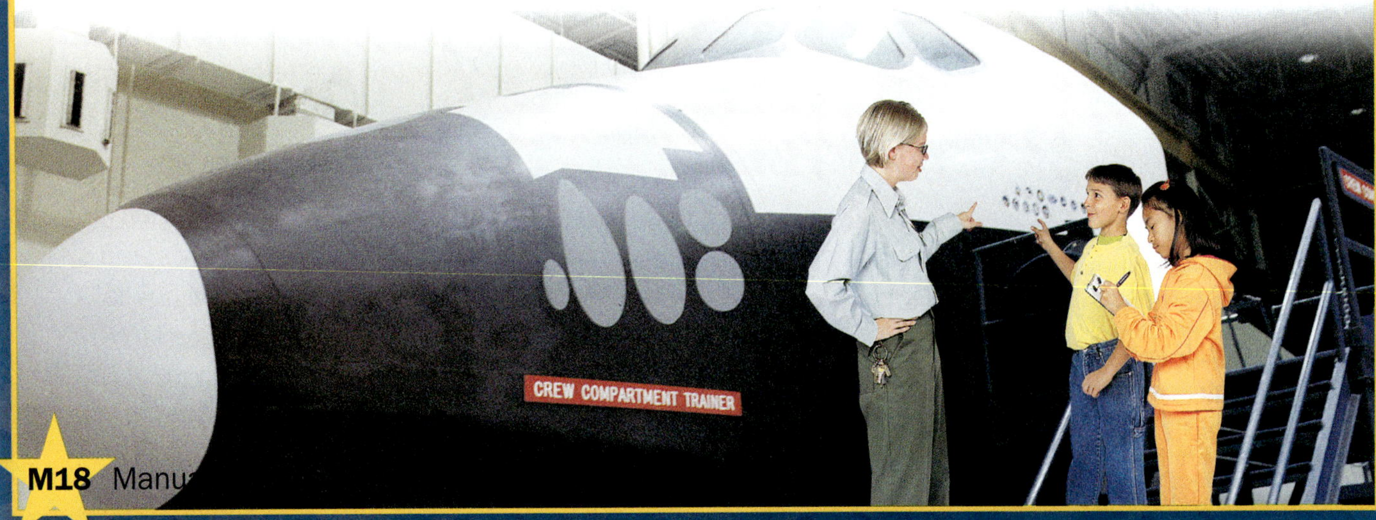

Encuestas

Las encuestas son otra manera de encontrar información en tu comunidad. Una encuesta es una lista de preguntas y el registro de las respuestas obtenidas. Las encuestas te dan una idea de lo que saben, piensan o sienten sobre un tema los miembros de tu comunidad. Puedes utilizar preguntas que se respondan con *sí* o *no*, o preguntas que se contesten con una respuesta breve. Para registrar las respuestas, haz una tabla con columnas para cada pregunta.

Estos pasos te ayudarán a planear una encuesta:

- Escribe una lista de preguntas.
- Decide dónde vas a realizar la encuesta y a cuántas personas.
- Utiliza una hoja tabulada para registrar las respuestas durante la encuesta.
- Después de la encuesta, analiza las respuestas y escribe lo que averiguaste.

Solicitud de información

Otra manera de obtener información de personas u organizaciones es enviándoles un correo electrónico o una carta solicitando información. Si estuvieras investigando la historia de la NASA en Texas, podrías escribir directamente al Lyndon B. Johnson Space Center en Houston. Sigue los siguientes pasos:

- Planea lo que deseas decir antes de escribirlo.
- Cuida tu presentación, ortografía y puntuación.
- Explica quién eres y el motivo de tu carta.
- Da las gracias.

Encuesta sobre la NASA

¿Dónde se encontraba usted cuando Neil Armstrong llegó a la Luna?	¿Cuántos años tenía?	¿Cómo han transformado los viajes espaciales a los Estados Unidos?	¿Le parece importante que se siga financiando la investigación del espacio?
Me encontraba en casa con mis niños. Lo vi por televisión y fue muy emocionante.	30	No mucho.	Preferiría que el dinero se gastara en solucionar problemas en la Tierra.
Iba en 5° grado. Lo vimos en la escuela y me quedé maravillado.	11	Han producido nuevos conocimientos y nuevas tecnologías.	Sí. ¡Quisiera que viajáramos a Marte!

Cómo escribir un informe de tu investigación

Antes del informe

- Elige un tema para tu informe. Tu maestro puede indicarte qué tipo de informe vas a elaborar y su longitud.
- Haz preguntas sobre el tema para que te resulte más fácil encontrar el enfoque de tu informe.
- Utiliza diversas fuentes para encontrar información y responder tus preguntas.
- Anota la información importante que encuentres en tus fuentes.
- Revisa tus anotaciones y escribe las ideas principales que desees incluir en tu informe. Dos o tres ideas principales son suficientes para la mayoría de los informes.
- Organiza tus anotaciones en un esquema que incluya cada idea principal y los detalles que la apoyen.

El primer borrador

- Utiliza el esquema y tus anotaciones para escribir rápidamente lo que aprendiste. Podrás corregir los errores en la etapa de revisión.
- Escribe tu texto en párrafos. Cada párrafo deberá tratar sobre una nueva idea.
- Anota el nombre de la fuente de donde tomes citas directas.
- Organiza tu informe de la siguiente manera: una introducción interesante, un buen resumen de la información, una conclusión y la lista de fuentes que utilizaste.

Revisión

- Lee tu primer borrador. ¿Tiene sentido? ¿Responde las preguntas que hiciste? ¿Explica claramente los hechos y las ideas? ¿Tus ideas fluyen de manera organizada? ¿Necesitas más información sobre alguna de las ideas principales?
- Cambia las oraciones o párrafos que no tengan sentido. Añade lo que te haga falta para aclarar las ideas.
- Verifica tus citas para asegurarte de haber utilizado las palabras exactas y de haber anotado la fuente.

Corrección

- Lee nuevamente tu informe para corregir cualquier falta de ortografía, de puntuación o de uso de mayúsculas.

Publicación

- Mejora tu informe agregándole ilustraciones, mapas, líneas cronológicas u otros gráficos.
- Escribe una lista de contenido.
- Escribe a mano o en computadora una versión final del informe con la mejor presentación posible.

PANORAMA GENERAL

Estados Unidos: Su gente, su territorio

¿Qué cosas unen a los estadounidenses?

PANORAMA GENERAL

Empecemos con una fuente primaria

"Nosotros, el pueblo de los Estados Unidos...".

—Del Preámbulo, o primeras palabras, de la Constitución de los Estados Unidos

America II, de Diana Ong, ilustra la diversidad y la unidad del pueblo estadounidense.

Lectura de estudios sociales

Estados Unidos: Su gente, su territorio

Idea principal y detalles

Aprender a encontrar la idea principal y los detalles te ayudará a comprender casi cualquier tipo de texto. Estudia el siguiente diagrama.

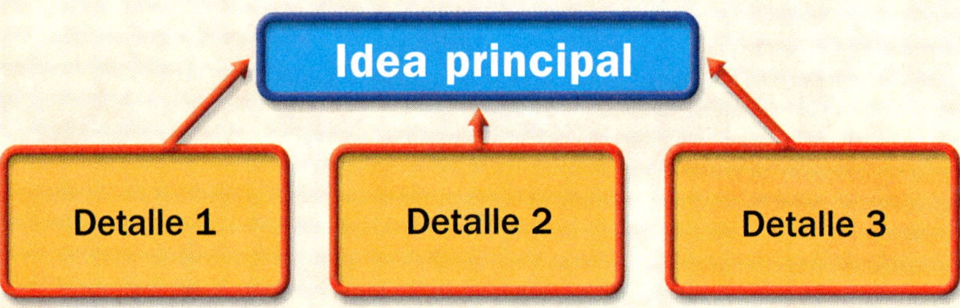

- Una idea principal es la idea más importante acerca de un tema.
- Los detalles dan más información sobre la idea principal.

Lee el siguiente párrafo. Se han destacado las ideas principales y los detalles.

Debido a que vives en los Estados Unidos, ya conoces muchas cosas acerca del país. Los Estados Unidos son una nación grande y diversa. Su población es muy variada, ya que tiene distintos orígenes y costumbres. Su territorio es muy diferente de un lugar a otro. La población estadounidense tiene diferentes formas de ganarse la vida. Sin embargo, algunas costumbres y creencias importantes mantienen unido al país.

Un solo país, mucha variedad

Los Estados Unidos son una nación de grandes diferencias, pero son también un país unido de muchas formas. A los estadounidenses los unen sus creencias en temas como la libertad, la democracia y el sistema de libre empresa.

La población comparte importantes creencias sobre libertad de expresión, libertad de cultos y libertad de vivir y trabajar donde cada quien elija. Los estadounidenses escogen líderes que los representen y que defiendan estas libertades dentro del gobierno.

Aun así, no todos los estadounidenses son iguales. Tienen sus orígenes en diferentes partes del mundo y sus estilos de vida son distintos. Viven en grandes ciudades o en pequeños poblados, en granjas y ranchos, en la costa o lejos del mar, y se ganan la vida de formas muy distintas.

El territorio de los Estados Unidos también es muy variado. Tiene montañas y desiertos, tierras altas y tierras bajas, valles fluviales y cañones. En algunas áreas llueve o nieva mucho, mientras que otras son secas. Los distintos recursos naturales ofrecen una gran variedad de empleos.

Aunque no todos los estadounidenses se parecen, con frecuencia trabajan juntos. Por ejemplo, algunas empresas de una parte del país necesitan comprar y vender artículos a negocios de otras partes de la nación. Nuestro sistema económico permite a las personas comenzar su propio negocio y crea muchas oportunidades de trabajo.

Una buena descripción de los Estados Unidos la dan las palabras inscritas en algunas de nuestras monedas y billetes: *"E Pluribus Unum"*. Estas palabras en latín significan "De muchos, uno".

Usa la estrategia de lectura de idea principal y detalles para contestar las siguientes preguntas.

1. ¿Qué oración da la idea principal de la lectura?
2. ¿Cuáles son las dos partes de la idea principal?
3. Menciona tres detalles que digan por qué son diferentes los estadounidenses.
4. Menciona tres detalles que describan cosas que los estadounidenses tienen en común.

LECCIÓN 1

EN BREVE

Enfoque en la idea principal Los Estados Unidos son un país de población variada que comparte muchos ideales.

VOCABULARIO
cultura
ideales
grupo étnico
censo
inmigrantes

El pueblo estadounidense

Estás ahí Es el 4 de julio de 1776. Ha sido un largo y caluroso día en Filadelfia, Pennsylvania. Hoy en la mañana, un grupo de líderes declaró a los Estados Unidos de América una nación independiente. Ahora, tres de estos líderes —Benjamin Franklin, Thomas Jefferson y John Adams— han aceptado una nueva tarea: tratarán de diseñar un Gran Sello para su nuevo país. Un Gran Sello es un símbolo oficial que se puede usar en el dinero y en documentos. Quieren que el sello incluya un lema, o frase corta, que diga algo importante acerca de los Estados Unidos.

Franklin, Jefferson y Adams tienen distintas ideas de cómo debería ser el Gran Sello, pero ¿podrán ponerse de acuerdo sobre un diseño que represente a todo el país? Será una tarea difícil.

▶ Benjamin Franklin

Idea principal y detalles Al leer, fíjate en los factores que unen a nuestra variada población.

De muchos, uno

Observa a continuación y verás el Gran Sello de los Estados Unidos que el Congreso aprobó algunos años después. En el sello podrás ver el lema que el Congreso eligió: *"E Pluribus Unum"*. Quizás ya hayas visto esta frase en algunas monedas, pero ¿qué significan estas palabras? ¿Qué dicen acerca de los Estados Unidos?

E Pluribus Unum es una frase en latín y quiere decir "De muchos, uno". Los líderes pensaron que era un lema adecuado para los Estados Unidos porque muchas personas de 13 estados diferentes se estaban uniendo para formar un solo país.

Tiene sentido que nuestras monedas todavía lleven hoy esas palabras. La población de los Estados Unidos es enormemente variada. Los estadounidenses habitan desde las montañas de Alaska hasta las playas de la Florida, desde las pequeñas granjas de Iowa hasta enormes ciudades como Los Ángeles, Houston y Nueva York. En los 50 estados, los estadounidenses de todas las edades pasan muchas horas del día en miles de escuelas o trabajos distintos. Nuestro país también tiene una rica mezcla de culturas. Una **cultura** es la forma de vida de un grupo de personas y puede incluir la religión, las costumbres y el idioma.

¿Cómo puede una población tan diversa trabajar junta para formar un país? Una de las razones es que los estadounidenses comparten ciertos **ideales** básicos, o creencias importantes. Estos ideales incluyen la libertad de expresión, la libertad de religión, y la libertad de vivir y trabajar donde cada quien escoja. Los estadounidenses también creen en la igualdad de los derechos y en la justicia para todos.

Estos ideales que compartimos ayudan a fortalecer nuestro país, convirtiéndolo en un lugar especial donde vivir. Como dice el lema: "De muchos, uno".

REPASO ¿Qué dice el lema *"E Pluribus Unum"* acerca de los Estados Unidos?
Idea principal y detalles

El Gran Sello de los Estados Unidos

Muchas de las monedas estadounidenses (como las de arriba) llevan el lema de nuestro país.

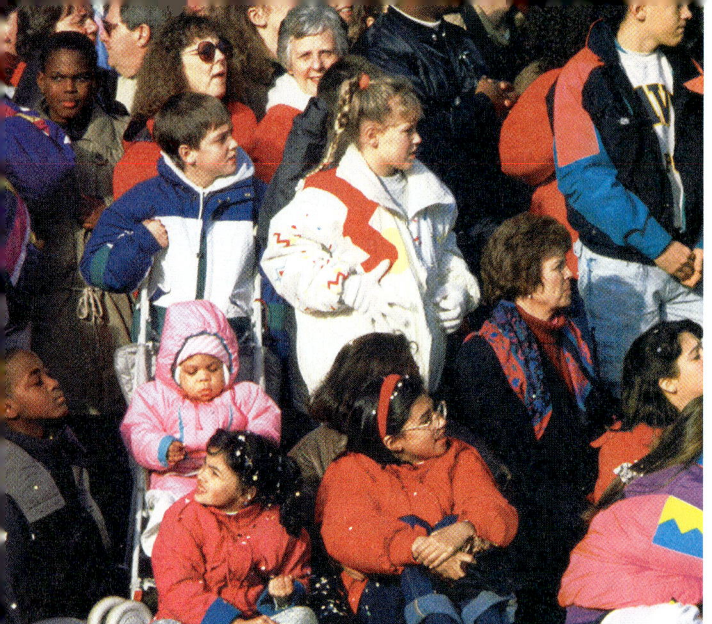

Personas de grupos étnicos muy variados son estadounidenses.

Nuestra variada población

Un turista estaba de visita en la ciudad de Filadelfia, Pennsylvania. En su diario, escribió haber visto tiendas con mucho movimiento y calles muy concurridas con gente de diversas partes del mundo. Para cenar, fue a un restaurante que tenía "una clientela muy mezclada de diferentes naciones y religiones". Esto es lo que podría ver un visitante en una ciudad estadounidense de hoy. Pero el visitante se encontraba en Filadelfia en 1744.

Si visitas Filadelfia en la actualidad, todavía encontrarás caras muy diferentes. Esto sucede en ciudades y pueblos de todo el país, y se debe a que en los Estados Unidos habita una amplia variedad de grupos étnicos. Un **grupo étnico** es un grupo de personas que comparten las mismas costumbres y lengua.

Por ejemplo, los estadounidenses cuyas familias llegaron originalmente de países latinoamericanos de habla hispana forman parte de un grupo étnico llamado hispanos o latinos. Una gráfica del Banco de datos te da más información sobre los diferentes grupos étnicos que viven hoy en los Estados Unidos.

REPASO ¿Qué es un grupo étnico?
Idea principal y detalles

BANCO DE DATOS

La población de los Estados Unidos

¿Qué te parecería el trabajo de contar a todas las personas que viven en los Estados Unidos? Eso es exactamente lo que hace el gobierno cada diez años. A este recuento se le llama **censo**. El censo más reciente se hizo en el año 2000. A continuación encontrarás algunas gráficas con información acerca de la población de los Estados Unidos.

Población de los Estados Unidos por grupo étnico, 2000

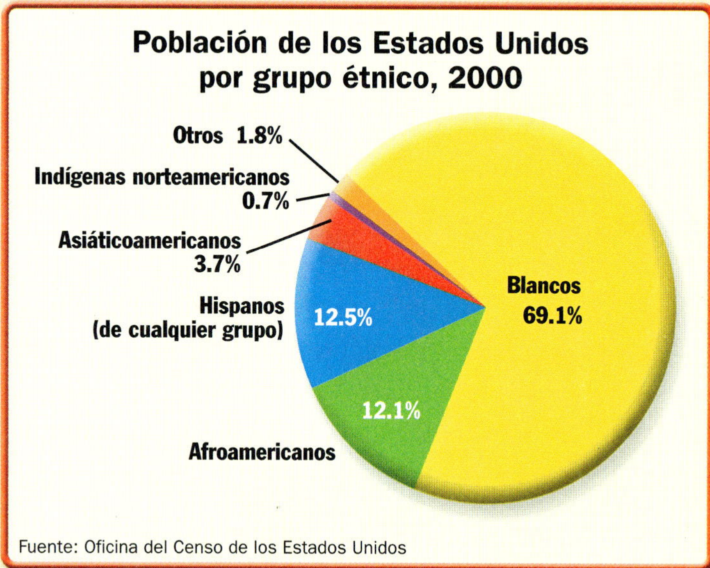

Fuente: Oficina del Censo de los Estados Unidos

Población de los Estados Unidos por grupo religioso, 2000

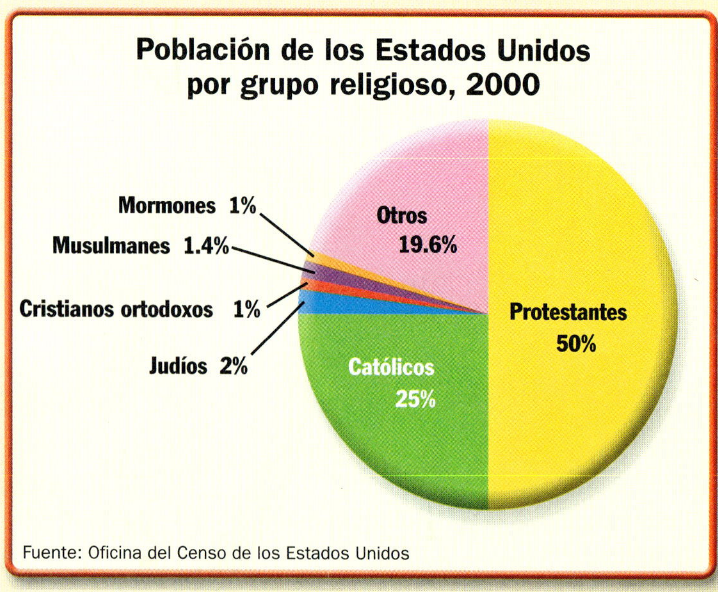

Fuente: Oficina del Censo de los Estados Unidos

United States Census 2000

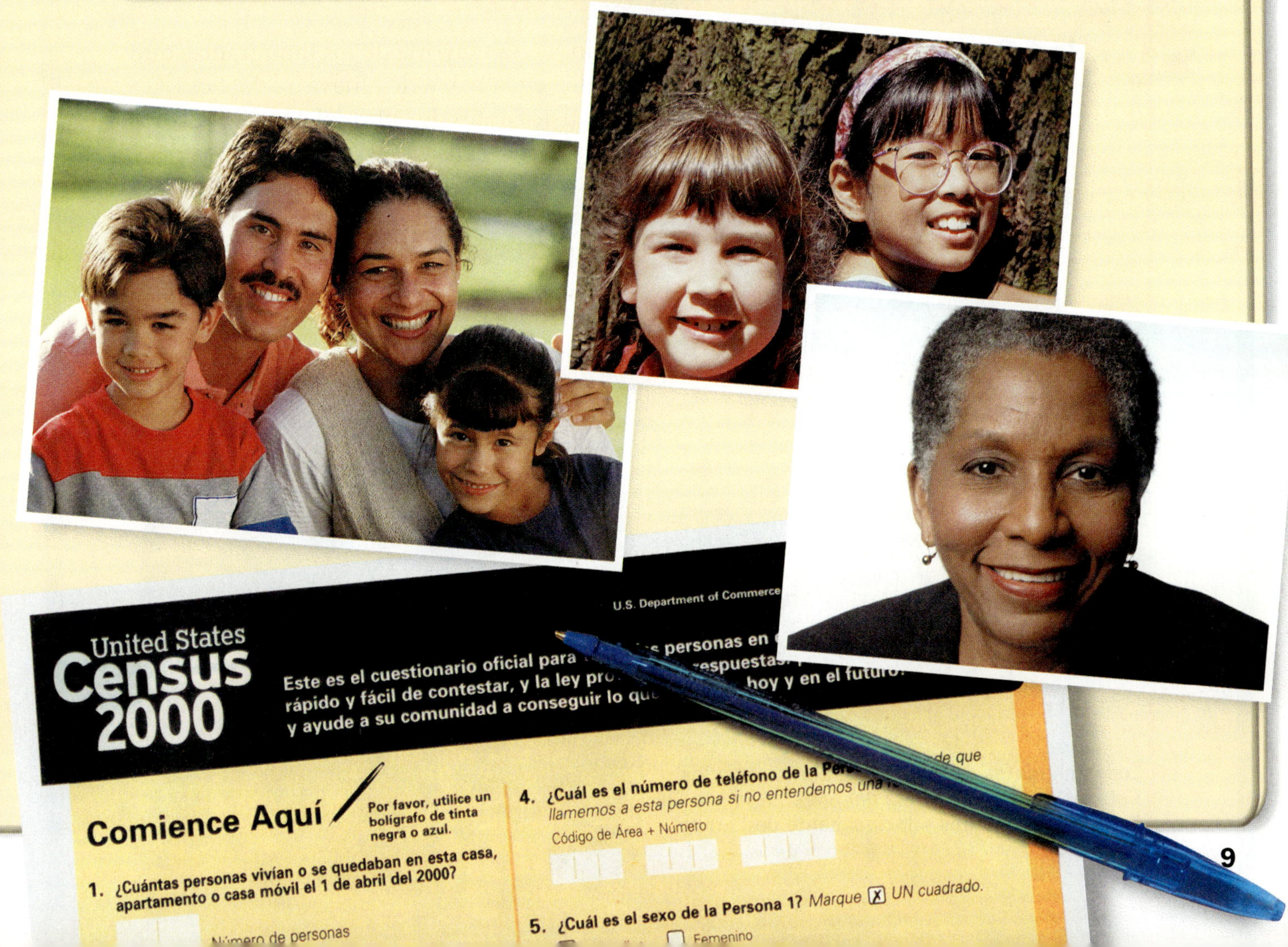

U.S. Department of Commerce

Comience Aquí

Por favor, utilice un bolígrafo de tinta negra o azul.

1. ¿Cuántas personas vivían o se quedaban en esta casa, apartamento o casa móvil el 1 de abril del 2000?

4. ¿Cuál es el número de teléfono de la

Código de Área + Número

5. ¿Cuál es el sexo de la Persona 1? Marque ☒ UN cuadrado.

Femenino

De dónde venimos

Una razón por la que los Estados Unidos son tan diversos es que aquí han llegado inmigrantes de todas partes del mundo. Los **inmigrantes** son personas que se van de un país para vivir en otro.

Miles de años antes de que se formaran los Estados Unidos, estas tierras ya estaban habitadas. Los primeros pobladores fueron los antecesores de los indígenas norteamericanos de hoy.

Hace aproximadamente 500 años, los europeos empezaron a viajar hacia estas tierras. Los primeros en llegar vinieron como exploradores. Algunos tenían la esperanza de encontrar tierra que pudieran hacer suya; otros buscaban la libertad de escoger cómo vivir y ejercer su religión. Muchos llegaron también de África; sin embargo, la mayoría de estos africanos no eligió abandonar su tierra natal. Se les capturó y trajo a América como esclavos. Como leerás más adelante, la esclavitud se prolongó en los Estados Unidos hasta después de la Guerra Civil.

Hoy en día, siguen llegando inmigrantes a los Estados Unidos. Tan sólo entre 1990 y 2000, llegaron desde cerca de 200 países diferentes, principalmente de América Latina y Asia. ¿Por qué vienen a vivir aquí? Ronnie Mervis, un inmigrante recién llegado, contestó a esta pregunta diciendo: "Elegí los Estados Unidos... porque es una tierra de oportunidad y libertad".

REPASO Identifica las oportunidades que atraen inmigrantes a los Estados Unidos.
Idea principal y detalles

Ayer y hoy

La isla Ellis y la isla del Ángel

A fines del siglo XIX y principios del siglo XX, la mayoría de los inmigrantes que llegaban de Europa pasaban por la isla Ellis en la bahía de Nueva York. Los inmigrantes tenían que pasar un examen físico antes de entrar al país. Localizada en la bahía de San Francisco, la isla del Ángel era conocida como la "isla Ellis del Oeste". Miles de inmigrantes asiáticos pasaron por este lugar a principios del siglo XX; muchos permanecían ahí durante semanas, esperando que se les diera permiso para entrar a los Estados Unidos. Hoy, tanto la isla Ellis como la isla del Ángel tienen museos de inmigración que puedes visitar.

Los inmigrantes de Asia *(arriba)* entraron a los Estados Unidos por la isla del Ángel. A la isla Ellis llegaron inmigrantes principalmente de Europa *(derecha)*.

Una nación

Probablemente te sepas el Juramento a la bandera de memoria.

> **Juramento a la bandera**
>
> ***Prometo lealtad a la bandera de los Estados Unidos de América y a la república que representa, una nación bajo Dios, indivisible, con libertad y justicia para todos.***

¿Por qué es importante este juramento? Hoy en día, más de 283 millones de personas vivimos en los Estados Unidos. Tenemos raíces familiares en todas partes del mundo; sin embargo, podemos formar un país fuerte porque compartimos ideales básicos, tales como la creencia en "libertad y justicia para todos". Ten presentes estos ideales al leer sobre la historia de los Estados Unidos.

REPASO ¿Por qué es importante el juramento a la bandera? **Idea principal y detalles**

Resume la lección

- **La población estadounidense es diversa de muchas formas.**
- **La mayoría de los estadounidenses comparten ciertos ideales básicos.**
- **Una razón que explica la diversidad de los Estados Unidos es que aquí han llegado inmigrantes de todo el mundo.**

LECCIÓN 1 REPASO

Verifica hechos e ideas principales

1. **Idea principal y detalles** En una hoja aparte, escribe algunos ejemplos de los ideales que comparten la mayoría de los estadounidenses.

Aunque la población de los Estados Unidos es diversa, compartimos ideales importantes, tales como:

2. ¿Por qué *"E Pluribus Unum"* es un buen lema para los Estados Unidos?
3. ¿Por qué siguen llegando inmigrantes a los Estados Unidos?
4. ¿Qué ideales básicos unen a la mayoría de los estadounidenses?
5. **Razonamiento crítico: *Punto de vista*** ¿Cómo une el Juramento a la Bandera a los estadounidenses?

Enlace con la escritura

Escribe un lema Imagina que se te encargó crear un nuevo lema para los Estados Unidos. Escribe tres ideas para el lema. Coloca una estrella en la idea que te parezca mejor.

Leer gráficas lineales y circulares

¿Qué son? Las gráficas muestran información de forma visual. Una gráfica lineal puede ser útil para mostrar cambios a lo largo del tiempo. La gráfica de esta página muestra el crecimiento de la población estadounidense desde 1790 —cuando el gobierno realizó el primer censo— hasta el año 2000. Una gráfica circular muestra cómo se divide un todo en partes; puede ser útil para mostrar cómo se compara el tamaño de diferentes grupos. La gráfica circular de la siguiente página muestra una forma en que la población estadounidense se divide en grupos.

¿Por qué las usamos? Como leíste en la Lección 1, el gobierno cuenta a las personas de los Estados Unidos por medio de un censo realizado cada diez años. Una gráfica lineal como la que aparece en esta página permite ver, con sólo una mirada, cómo ha crecido la población de los Estados Unidos desde que se formó el país.

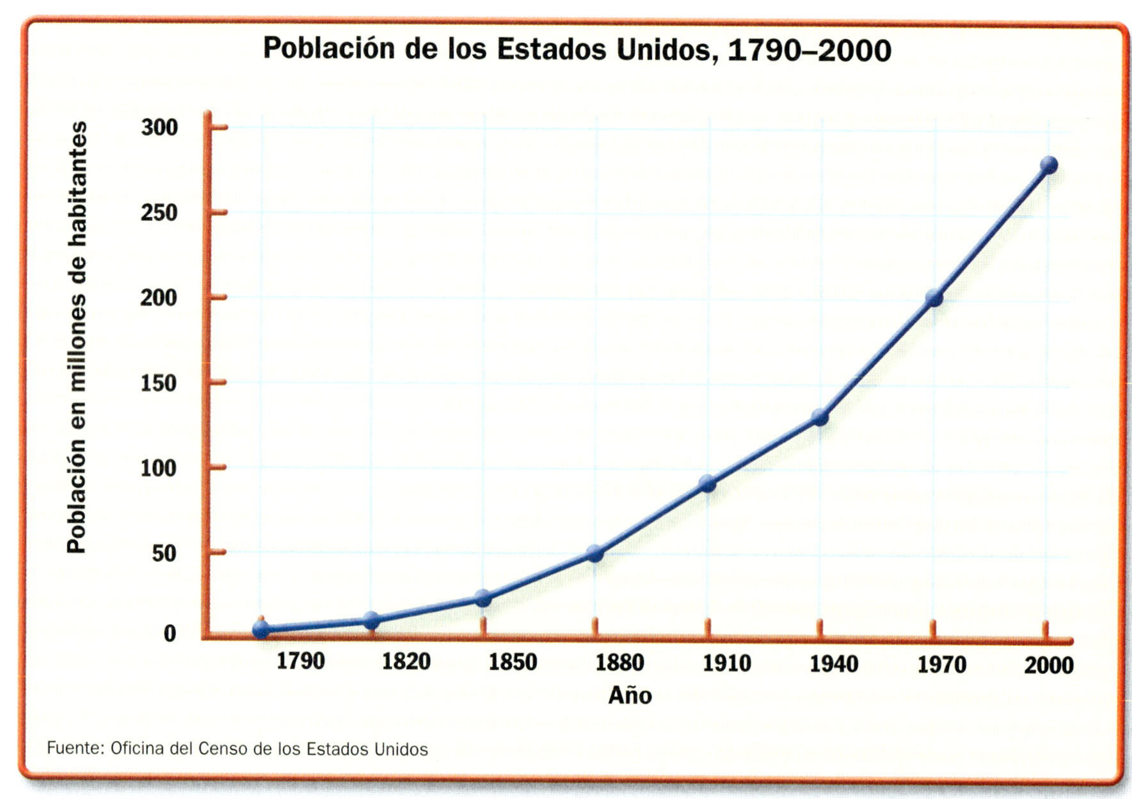

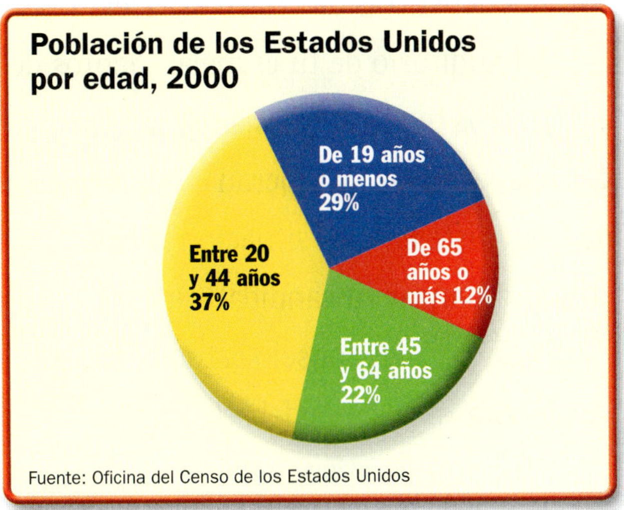

A diferencia de una gráfica lineal, una gráfica circular no muestra el cambio con el paso del tiempo, sino que da cierto aspecto de la población en un momento determinado. Por ejemplo, al observar la gráfica circular de esta página, puedes darte una idea de qué parte de la población está formada por cada grupo según su edad.

¿Cómo las usamos? Cuando uses una gráfica lineal, primero fíjate en el título. Verás que te dice de qué trata la gráfica. Te muestra cómo ha cambiado la población de los Estados Unidos desde 1790 hasta 2000. Después de haber leído el título, observa las palabras a lo largo de los ejes y líneas a las orillas, para ver qué te muestra la gráfica. Esta gráfica lineal, por ejemplo, muestra los años en la parte inferior y la población a un costado. Los puntos en medio de la gráfica muestran la población en cierto año. Al trazar una línea para unir estos puntos, obtendrás una gráfica lineal que muestra cómo ha cambiado la población con el tiempo. La gráfica te dice que la población del país alcanzó cerca de 50 millones de habitantes en 1880. ¿Cuándo llegó a los 130 millones de habitantes?

Para utilizar una gráfica circular, primero fíjate en el título; después lee las palabras dentro de la gráfica para saber qué representa cada sección. En esta gráfica circular, cada sección representa un grupo de edad y los números representan porcentajes. Puedes ver que la población de 65 años o más es la de menor porcentaje. ¿Qué grupo de edad cuenta con el mayor porcentaje de la población?

Piensa y aplícalo

1. ¿Qué tipo de gráfica muestra el cambio a lo largo del tiempo? ¿Cuál sólo muestra información de un año?
2. ¿Qué parte de la gráfica circular te representa a ti?
3. ¿Cuál fue el aumento en la población de los Estados Unidos de 1940 a 1970?

LECCIÓN 2

EN BREVE

Enfoque en la idea principal
Los Estados Unidos son una república en la que los ciudadanos eligen a sus líderes.

PERSONAJES
Abraham Lincoln
John F. Kennedy

VOCABULARIO
democracia
república
constitución
ciudadano

Gobierno por el pueblo

Estás ahí Te encuentras de pie en el escenario del auditorio de tu escuela. Cientos de rostros te miran. Tus amigos, junto con toda la escuela, están ahí y esperan a que hables. ¿Cómo te metiste en esta situación? Fácil: decidiste lanzar tu candidatura para presidente del consejo estudiantil. Ahora tienes que debatir con tu opositor frente a toda la escuela. Es tu turno de hablar. Miras a la multitud una vez más. Es tu gran oportunidad de convencerlos para que voten por ti. ¿Qué les dirás?

Idea principal y detalles
Al leer, busca los derechos y responsabilidades importantes de la ciudadanía estadounidense.

La vida en una república

¿Crees que sería difícil hablar frente a toda tu escuela? ¿Te pondrías nervioso? ¿Qué te parecería hablar enfrente de toda la nación? Cuando una persona lanza su candidatura para presidente de los Estados Unidos, con frecuencia tiene que debatir con sus opositores en la televisión nacional. Jimmy Carter, presidente de los Estados Unidos de 1977 a 1981, afirmó que los debates presidenciales fueron "uno de los retos más difíciles que he enfrentado en toda mi vida". Para George Bush, presidente de 1989 a 1993, los debates fueron "una experiencia de mucha tensión".

Si quieres ser un líder en este país, tienes que convencer a la gente para que vote por ti, porque vivimos en una **democracia.** En una democracia, la gente tiene la capacidad de tomar decisiones acerca del gobierno.

En una democracia directa, todos los votantes de una comunidad se reúnen para tomar decisiones acerca de lo que debería hacer el gobierno. Este tipo de democracia funciona bien en una comunidad pequeña, pero, ¿qué pasaría si se tuviera que reunir a cada uno de los votantes de los Estados Unidos cada vez que quisiéramos que el gobierno hiciera algo? Comprenderás que sería muy difícil lograr que se hiciera algo de esta manera.

Por esta razón, nuestro gobierno fue designado como una democracia representativa, o república. En una **república,** el pueblo elige a sus representantes para crear leyes y conducir el gobierno. El presidente de los Estados Unidos y los miembros del Congreso son ejemplos de representantes elegidos. Nuestra república se basa en la Constitución de los Estados Unidos, escrita en 1787. Una **constitución** es un plan escrito de gobierno.

REPASO ¿Cuál es la diferencia entre una democracia directa y una república?

Idea principal y detalles

Nuestro gobierno se divide en tres niveles: federal, estatal y local. El gobierno federal, o nacional, se centraliza en la capital de la nación, Washington, D.C.

Siguiendo la tradición de presidentes anteriores, John F. Kennedy habló a la nación el día que asumió el poder, en 1961.

El papel de los ciudadanos

Abraham Lincoln, presidente de los Estados Unidos de 1861 a 1865, describió al gobierno como "del pueblo, por el pueblo y para el pueblo...". En este tipo de gobierno, los ciudadanos tienen el papel más importante. Un **ciudadano** es un miembro de un país. Las personas que nacieron en los Estados Unidos son ciudadanos estadounidenses, y las personas que no nacieron aquí también pueden convertirse en ciudadanos.

La ciudadanía estadounidense incluye tanto derechos como responsabilidades. La Constitución protege muchos de nuestros derechos básicos. Por ejemplo, la Constitución protege nuestra libertad de expresión y de religión. Las personas acusadas de un delito tienen derecho a un juicio justo. Todos los ciudadanos con 18 años de edad o más tienen derecho a votar. Hasta 1971, los ciudadanos debían tener 21 años para votar; sin embargo, muchos pensaban que esto era injusto y lucharon para modificar la Constitución. Como resultado, la edad para votar se redujo a 18 años. Éste es un ejemplo de otro derecho que comparten los ciudadanos estadounidenses: el de tratar de modificar o mejorar una ley que consideran incorrecta.

Junto con estos derechos vienen algunas responsabilidades. Una de las responsabilidades más importantes es participar. El gobierno "del pueblo" sólo puede funcionar si los ciudadanos participan en el proceso para elegir a sus líderes y crear leyes.

Obedecer la ley, respetar los derechos de los demás e ir a la escuela también son responsabilidades clave.

Quizás hayas escuchado una famosa declaración acerca de las responsabilidades de los ciudadanos. El día en que asumió la presidencia en 1961, **John F. Kennedy** dijo:

> ***"Compatriota, no preguntes qué puede hacer el país por ti, sino qué puedes hacer tú por el país".***

Con estas palabras, Kennedy hacía un llamado a los estadounidenses para que cumplieran con las responsabilidades que todos compartimos. Los Estados Unidos pertenecen al pueblo, así que en manos del pueblo está que funcione el país.

REPASO Nombra los tres derechos básicos de los ciudadanos estadounidenses.
Idea principal y detalles

En los Estados Unidos, las personas tienen el derecho —y la responsabilidad— de votar, a partir de los 18 años de edad.

Nosotros, el pueblo

Las primeras palabras de la Constitución de los Estados Unidos son: "Nosotros, el pueblo de los Estados Unidos...". Esto tiene sentido, porque la Constitución establece un gobierno manejado por el pueblo. Nuestro gobierno se basa en los ideales de libertad y democracia, que no han cambiado en más de 200 años.

▶ **La Constitución empieza con la frase "Nosotros, el pueblo".**

No obstante, como leerás, no todas las personas disfrutaron siempre de derechos iguales en este país. Por ejemplo, en muchos estados la mujer no pudo votar sino hasta 1920. Una de las partes más importantes de la historia de los Estados Unidos es el cambio de nuestro gobierno para incluir a todos los estadounidenses.

REPASO ¿Por qué las palabras "Nosotros, el pueblo" son un buen principio para la Constitución? **Idea principal y detalles**

Resume la lección

- **En los Estados Unidos, el pueblo elige a sus gobernantes.**
- **Nuestro gobierno se basa en los ideales de libertad y democracia.**
- **La ciudadanía estadounidense implica importantes derechos y responsabilidades.**

LECCIÓN 2 REPASO

Verifica hechos e ideas principales

1. **Idea principal y detalles** En una hoja aparte, escribe algunos ejemplos de los derechos y responsabilidades importantes que comparten los ciudadanos estadounidenses.

2. ¿Cuál es la diferencia entre una democracia directa y una república?
3. Menciona algunos derechos y responsabilidades importantes de los ciudadanos estadounidenses.
4. ¿Cuáles son los ideales en que se basa nuestro gobierno?
5. **Razonamiento crítico:** ***Tomar decisiones*** ¿Crees que reducir la edad para votar de 21 a 18 años fue una buena idea? ¿Crees que debería ser antes de los 18 años? Usa los pasos para tomar decisiones de la página M5.

Enlace con la escritura

Escribe un discurso Imagina que lanzas tu candidatura para presidente o presidenta de tu clase. Escribe un discurso de una página en el cual expliques qué cosas buenas harías.

EN BREVE

Enfoque en la idea principal
El sistema de libre empresa ofrece a los estadounidenses muchas libertades económicas.

PERSONAJES
Madam C. J. Walker
Thomas Edison

VOCABULARIO
propiedad privada
economía
libre empresa
ganancia
oferta
demanda
exportaciones
importaciones
consumidor
empresario

La libre empresa

Estás ahí Este nuevo club para después de clases fue idea tuya. Colocas carteles en el pasillo que dicen: "¡Únete al Club de Negocios después de clases! ¡Haremos nuestro propio negocio y reuniremos mucho dinero para obras de caridad!".

Ahora te encuentras en la primera reunión del club. Para empezar, le pides a cada uno que mencione una cosa que sepa hacer bien. Un estudiante sabe hacer joyas; otro dice que sabe hacer las mejores galletas del estado. Alguien más sabe todo acerca del diseño de sitios Web. Es un grupo con mucho talento, pero ¿cómo decidirán qué tipo de negocio deberá hacer el club?

Además, una vez que decidan, ¿cómo sabrán cuánto cobrar por su producto? De algo sí están seguros: tienen mucho trabajo por delante.

Idea principal y detalles Al leer, busca ejemplos de los beneficios de la libre empresa.

Cómo funciona la libre empresa

Ya has leído acerca de muchas de las libertades de que gozamos en los Estados Unidos. Ahora puedes añadir otro tipo de libertades importantes a tu lista: crear tu propio negocio y de ser dueño de propiedad privada. La **propiedad privada** es lo que posee un individuo; podría tratarse de un terreno, una casa o un carro.

Tenemos estas libertades porque la economía de los Estados Unidos se basa en un sistema denominado libre empresa. Una **economía** es un sistema para producir y distribuir bienes y servicios. En una economía basada en la **libre empresa,** las personas tienen la libertad de empezar su propio negocio y de ser dueñas de sus propiedades. El propietario de una empresa es libre de decidir lo que produce y cuánto cobra por un producto.

La libre empresa ha sido parte importante de la vida en América del Norte durante siglos. Por ejemplo, durante el siglo XVIII (de 1700 a 1799), los carpinteros de Maine comenzaron a construir excelentes barcos de los altos árboles que crecían en la zona. Vendían estos barcos y obtenían una ganancia. La **ganancia** es el dinero que le queda a un negocio después de que se han pagado todos sus costos. Pero, ¿cómo sabían cuánto debían cobrar por sus barcos? En el sistema de libre empresa, los precios se basan en la oferta y la demanda. La **oferta** es la cantidad disponible de un producto. La **demanda** es la cantidad de un producto que la gente está dispuesta a comprar. Las reglas de la oferta y la demanda pueden ser complicadas, pero la idea básica es simple. Cuando muchas personas quieren comprar un producto, generalmente aumenta el precio; cuando sólo algunas personas lo quieren comprar, por lo general baja el precio.

Por ejemplo, supongamos que un constructor de barcos de Maine acaba de construir un barco mercante y desea venderlo para obtener una ganancia. Cinco comerciantes vienen a su astillero y todos quieren comprar el barco. ¿Crees que el constructor obtenga un buen precio? Seguramente sí, porque sólo hay un barco y cinco personas lo quieren. La oferta es baja y la demanda alta.

Por otro lado, si la oferta es mayor que la demanda, por lo general baja el precio. Por ejemplo, si hay cinco barcos a la venta y sólo un comerciante quiere comprar, seguramente bajará el precio de los barcos.

REPASO Menciona algunas libertades importantes que tenemos bajo el sistema de libre empresa. **Idea principal y detalles**

La construcción de barcos ha sido parte de la economía estadounidense durante siglos. ¿Qué tipos de negocios son importantes en tu región?

BANCO DE DATOS

El comercio con el mundo

Los Estados Unidos intercambian una amplia variedad de bienes con países de todo el mundo. Por ejemplo, es el principal país exportador de trigo y maíz en el mundo. Las **exportaciones** son bienes que un país vende a otro. Los Estados Unidos importan petróleo de México, Arabia Saudita y otros países. Las **importaciones** son bienes que un país compra a otro. Aquí encontrarás más información acerca de los bienes que los Estados Unidos intercambian en la actualidad con otros países.

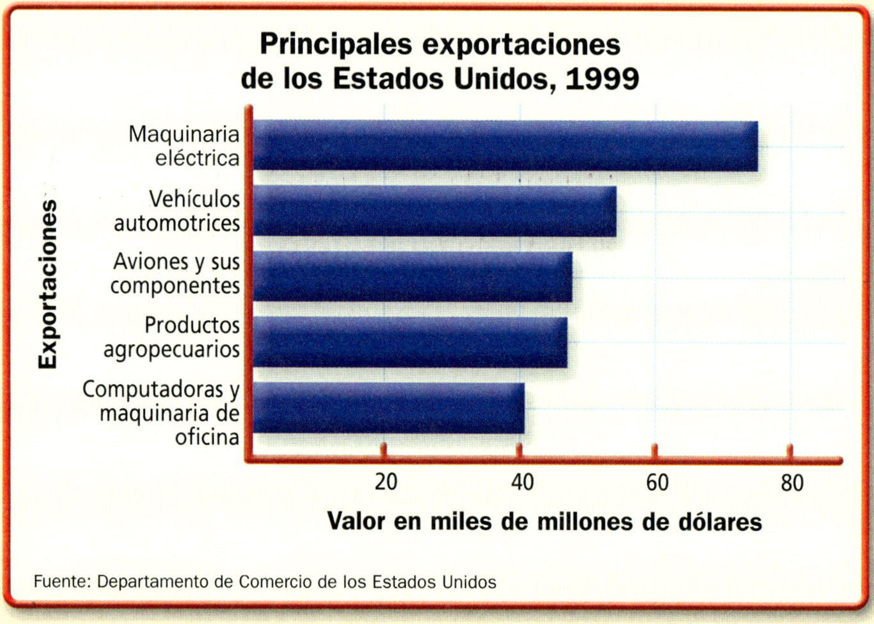

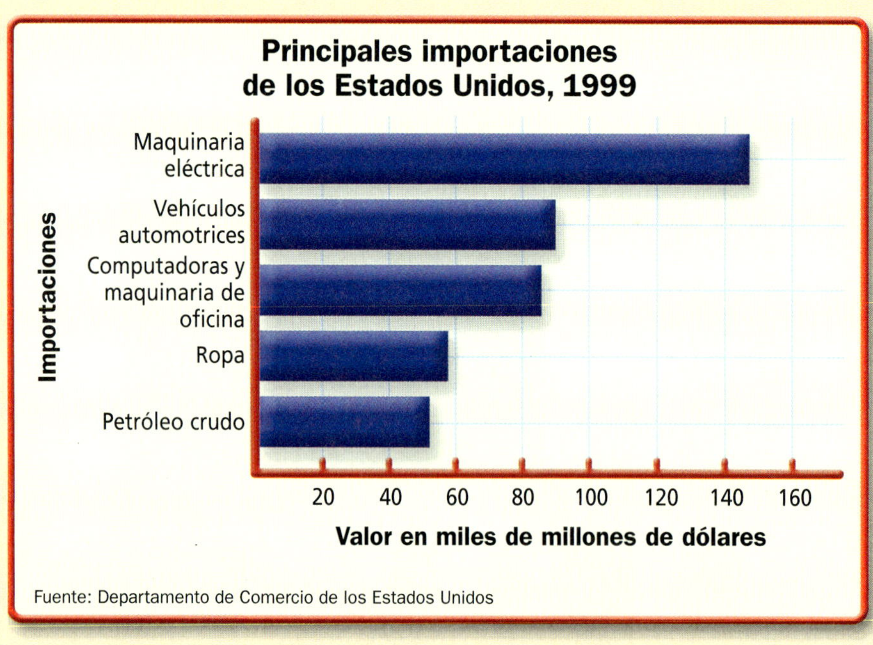

Beneficios de la libre empresa

Una escritora llamada Anna Royall visitaba un mercado al aire libre en Charleston, Carolina del Sur. Era el año de 1830. Caminaba de puesto en puesto y cada uno de ellos ofrecía algo diferente. "Nunca soñé que existiera tal variedad de camotes, arvejas y frijoles", escribió. "Había una gran variedad de frutas, y todas las nueces del mundo".

Thomas Edison trabajaba arduamente en sus inventos, como el fonógrafo que se muestra aquí.

Quizás hayas tenido alguna experiencia similar en las tiendas. Al ir a comprar cualquier cosa, desde fruta fresca hasta discos compactos, los consumidores estadounidenses tienen una impresionante variedad de dónde escoger. Un **consumidor** es una persona que compra o utiliza bienes o servicios. Esta variedad demuestra dos de las principales ventajas que tienen los consumidores en el sistema de libre empresa: primero, pueden elegir entre una gran cantidad de productos; segundo, pueden elegir la forma en que gastan su dinero.

El sistema de libre empresa también motiva a los inventores, ya que saben que si se les ocurre un buen invento, posiblemente lo venderán. El famoso inventor estadounidense **Thomas Edison** recordaba la primera vez que le pagaron por uno de sus inventos con un cheque por $40,000. "Casi me desmayo", dijo Edison. Era el año de 1870 y tenía sólo 23 años de edad. Con el dinero construyó un laboratorio para trabajar en más inventos.

Otro beneficio del sistema de libre empresa es que las personas pueden convertirse en empresarios. Un **empresario** es alguien que inicia un nuevo negocio, con la esperanza de obtener ganancias. En 1906, una mujer llamada **Madam C. J. Walker** inició un negocio de productos de belleza con sólo unos cuantos dólares. Embotelló champú y otros productos en el desván de su casa y después salió a venderlos de puerta en puerta. Diez años después, contaba con miles de empleados. Walker fue la primera mujer afroamericana que se volvió millonaria. Además, tenía un consejo que ofrecer a los jóvenes empresarios:

> ***"No esperes a que lleguen las oportunidades. ¡Créalas tú mismo!".***

REPASO ¿Cómo contribuye el sistema de libre empresa a motivar a los inventores? **Causa y efecto**

Madam C. J. Walker anunciaba la variedad de productos de su compañía.

Las oportunidades hoy

Quizás ya tengas algunas ideas del tipo de trabajo que quisieras llegar a tener algún día. Pero no es una decisión fácil, ¿o sí? Quienes viven en los Estados Unidos en el siglo XXI tienen una gran variedad de oportunidades. Hay miles de carreras diferentes de dónde escoger.

En este libro, leerás sobre personas que han realizado todo tipo de trabajos. Leerás acerca de líderes políticos y militares, así como de empresarios e inventores. Conocerás personajes que dedicaron su vida a mejorar la de los demás. Tal vez estas narraciones te den alguna idea de lo que quieras hacer en el futuro.

REPASO Menciona tres trabajos que te gustaría probar cuando seas mayor. **Predecir**

Resume la lección

- **La economía de los Estados Unidos se basa en un sistema llamado libre empresa.**
- **Dentro de nuestro sistema de libre empresa, tenemos el derecho de ser dueños de propiedad privada y crear negocios.**
- **La libre empresa nos brinda una amplia variedad de productos de dónde escoger y miles de oportunidades en distintas carreras.**

LECCIÓN 3 REPASO

Verifica hechos e ideas principales

1. **Idea principal y detalles** En una hoja aparte, completa los detalles de las libertades económicas que tienen los estadounidenses.

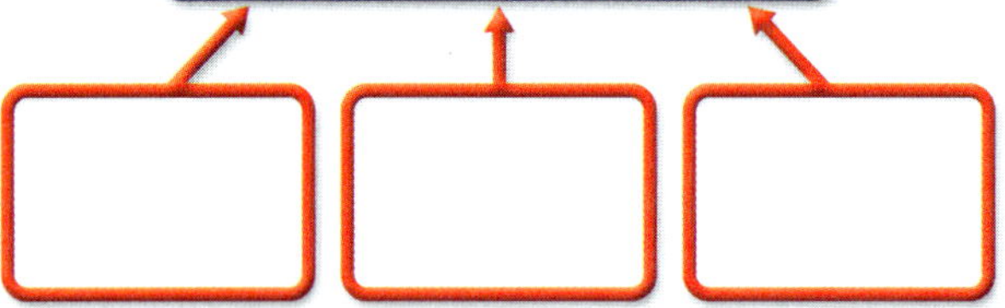
El sistema de libre empresa da muchas libertades económicas a los estadounidenses.

2. ¿Cómo afectan la oferta y la demanda los precios en un sistema de libre empresa?
3. ¿De qué manera se benefició Thomas Edison del sistema de libre empresa?
4. Menciona tres bienes que los Estados Unidos importa y exporta.
5. **Razonamiento crítico: *Tomar decisiones*** ¿Qué decisiones crees que tuvo que tomar Madam C.J. Walker para empezar su negocio? Usa los pasos para la toma de decisiones de la página M5.

Enlace con las matemáticas

Compara importaciones y exportaciones Las gráficas de la página 20 muestran el valor de las principales importaciones y exportaciones de los Estados Unidos. ¿Cuál es el valor total de las importaciones? ¿Cuál es el de las exportaciones? ¿Cuál es mayor?

Thomas Edison

1847–1931

Cuando tenía dos años de edad, Thomas Alva Edison ya hacía muchas preguntas. Les pedía a los adultos que le explicaran todo lo que veía y escuchaba. Si no podían darle una respuesta, les preguntaba: "¿Por qué no sabes?".

BIODATO

Edison inventó el kinetoscopio, que le permitía a una persona ver imágenes en movimiento.

De joven, Edison encontró la forma de utilizar su espíritu observador. Experimentaba con todo tipo de aparatos y aprendió a arreglar máquinas e inventar otras nuevas.

Según un relato, en 1869, Edison viajó a la ciudad de Nueva York en busca de trabajo. Un día se descompuso un indicador de cotizaciones, una importante máquina que transmitía noticias por telégrafo a todo el distrito empresarial de la ciudad. Nadie sabía cómo arreglarlo, salvo el joven Edison, quien escribió:

> ***"Me aventuré a decir que sabía cuál era el problema, y [el hombre a cargo] dijo: '¡Arréglalo! ¡Arréglalo! ¡Rápido!'... En dos horas aproximadamente, todo funcionaba otra vez".***

Edison siguió reparando máquinas y trabajando con ellas hasta convertirse en uno de los inventores y empresarios más exitosos de su época. La vida como la conocemos hoy no sería posible sin sus inventos; entre éstos se incluyen el fonógrafo, un micrófono para teléfonos y la luz eléctrica.

No obstante, más que por sus inventos, a Thomas Edison se le conocía por su determinación. Cuando tenía una idea, trabajaba incansablemente en ella. Tal vez hayas escuchado una de las frases más célebres de Edison: "El genio es uno por ciento inspiración y noventa y nueve por ciento transpiración".

Aprende de las biografías

¿Cómo reflejó la vida de Edison su creencia de que "El genio es uno por ciento inspiración y noventa y nueve por ciento transpiración"?

Para más información, visita *Personajes de la historia* en **www.estudiossocialessf.com.**

LECCIÓN 4

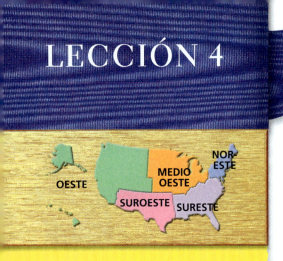

OESTE
MEDIO OESTE
NOR-ESTE
SUROESTE
SURESTE

EN BREVE

Enfoque en la idea principal
Dividir a los Estados Unidos en regiones hace que el estudio de la geografía de nuestro país sea más sencillo

LUGARES
Noreste
Sureste
Medio Oeste
Suroeste
Oeste

PERSONAJES
George Washington Carver

VOCABULARIO
región
geografía
agricultura
riego
clima
precipitación
interdependiente

Territorio y regiones

Estás ahí Aquí encontrarás la descripción de cinco lugares de los Estados Unidos. Lee las siguientes pistas y trata de adivinar dónde te encuentras en cada una de ellas.

1. Estás al pie de un gigantesco volcán. Su última erupción fue hace aproximadamente 20 años e hizo volar parte de la montaña.
2. Vas caminando por la orilla de un lago tan grande que no puedes ver el otro lado. Es un sitio peligroso para las embarcaciones, porque de repente pueden desatarse tormentas.
3. Estás en una montaña que se eleva más de una milla sobre el nivel del mar. La cima es uno de los primeros lugares del país que los rayos del sol tocan cada mañana.
4. Atraviesas en canoa un oscuro pantano, donde los árboles brotan del agua poco profunda. Cuídate del caimán que se desliza junto a tu bote.
5. Estás en un desierto ardiente cerca de un angosto río. Del otro lado del río está México.

Idea principal y detalles Al leer, busca las características que hacen diferente a cada región.

Las regiones de los Estados Unidos

Observa las siguientes fotografías que muestran estos cinco lugares. Cada uno se localiza en una región diferente de los Estados Unidos. Una **región** es un área extensa con características comunes que la diferencian de otras áreas. El país puede dividirse en cinco regiones: Noreste, Sureste, Medio Oeste, Suroeste y Oeste.

¿Por qué dividimos el país en regiones? Los Estados Unidos son un país enorme: el cuarto país más grande del mundo. Al dividir el territorio en regiones es más fácil estudiar la geografía de nuestra nación. La **geografía** es el estudio de la Tierra y la forma en que la aprovechamos. Si quisieras ser geógrafo o geógrafa, por ejemplo, podrías estudiar el río Mississippi: dónde nace, qué longitud tiene y qué tipo de tierra atraviesa. También estudiarías la forma en que se aprovecha el río para actividades como la agricultura y el transporte.

REPASO ¿Cuáles son las cinco regiones de los Estados Unidos?
Idea principal y detalles

1. Estás en el monte St. Helens en Washington.

2. Estás a la orilla del lago Michigan.

5. Estás en el Parque Nacional Big Bend en Texas.

3. Estás en el monte Katahdin en Maine.

4. Estás en el pantano Okefenokee en Georgia.

Las regiones de los Estados Unidos

Las regiones de los Estados Unidos varían en tamaño y población. El Noreste tiene el área más pequeña; el Sureste cuenta con la población más numerosa; el Suroeste se forma con el menor número de estados. Aquí encontrarás información que te mostrará qué caracteriza a cada región.

El Oeste

Área 1,576,336 millas cuadradas
Población 56,248,254 habitantes

Datos clave El Oeste se divide en dos regiones: los estados del Pacífico y los estados montañosos. En ambas regiones se encuentran algunas de las montañas más altas del país.

▶ Las montañas Rocosas

El Suroeste

Área 572,784 millas cuadradas
Población 31,252,152 habitantes

Datos clave Llegan personas de todos lados para visitar el Gran Cañón y otras maravillas naturales del Suroeste, o bien, para quedarse a vivir. La población aumenta con rapidez y cuatro de las diez ciudades más grandes del país se localizan en esta calurosa región.

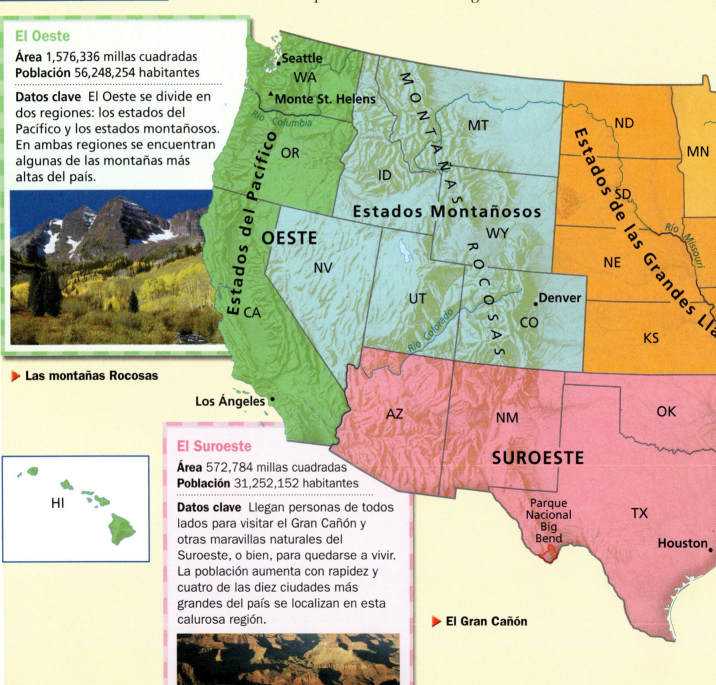

▶ El Gran Cañón

El Medio Oeste

Área 821,763 millas cuadradas
Población 64,392,776 habitantes

Datos clave El Medio Oeste se divide en dos regiones más pequeñas: los estados de las Grandes Llanuras y los estados de los Grandes Lagos. En ambas regiones hay granjas muy grandes, lo que contribuye a que el Medio Oeste produzca más trigo y maíz que cualquier otra parte del país.

Campo de trigo en Wisconsin

El Noreste

Área 191,678 millas cuadradas
Población 60,246,523 habitantes

Datos clave El Noreste se divide en dos regiones más pequeñas: Nueva Inglaterra y los estados del Atlántico Medio. Ambas regiones aprovechan sus largos litorales y los abundantes recursos marítimos. La ciudad más grande de la nación, la ciudad de Nueva York, está localizada en el Noreste.

Ciudad de Nueva York

El Sureste

Área 555,236 millas cuadradas
Población 69,282,201 habitantes

Datos clave El río Mississippi corre por una extensa área de tierra fértil de cultivo en el Sureste. En el extremo sur del río, encontrarás dos de las ciudades portuarias de mayor tránsito del país: Baton Rouge y Nueva Orleáns, Luisiana.

Nueva Orleáns

El riego hace posible cultivar productos como el maíz en el seco Suroeste.

La gente y la tierra

Como has visto, nuestra nación tiene una enorme variedad de accidentes geográficos. Los accidentes geográficos son formas que tiene la superficie de la Tierra, tales como montañas, cañones y llanuras. Pero, ¿cómo afectan los accidentes geográficos la manera en que la gente usa la tierra?

Dos usos importantes de la tierra son la agricultura y la crianza de animales. La **agricultura** es el negocio de cultivar la tierra y criar animales. La agricultura es importante en todas las regiones de los Estados Unidos. Por lo ge-neral, la mejor tierra de cultivo es plana; por eso, algunas de las granjas más productivas de la nación se encuentran en lugares como las planicies a lo largo del río Mississippi, las Grandes Llanuras del Medio Oeste y los cálidos valles de California.

La gente puede contribuir a que la tierra sea aún más productiva. Por ejemplo, hace muchos siglos, los indígenas norteamericanos del Suroeste empezaron a usar el riego para cultivar maíz y frijol. El **riego** es un método para llevar agua a la tierra seca. En la biografía de la página 31, leerás acerca de **George Washington Carver**, un científico que descubrió cientos de usos nuevos para cosechas como el cacahuate y el camote. Como estas cosechas se producen bien en el Sureste, los descubrimientos de Carver ayudaron a los agricultores a aprovechar mejor la tierra de esa región. Otros científicos han creado nuevos tipos de fertilizantes, sustancias que ayudan a las plantas a crecer.

Construir ciudades es otra manera de aprovechar la tierra. Pero, ¿cómo decide la gente dónde hacerlo? En el mapa de las páginas 26 y 27 encontraste las cinco ciudades más grandes del país: Nueva York, Los Ángeles, Chicago, Houston y Filadelfia. Éstas y muchas otras ciudades se localizan a lo largo de ríos o en las orillas de lagos o mares. Esto no es casualidad. Se comenzó a construir estas ciudades mucho tiempo antes de que hubiera carros y aviones. El agua hacía más fácil viajar y llevar bienes de un lado a otro. Piensa en la tierra que rodea tu casa y tu escuela. ¿De qué maneras se utiliza esa tierra?

REPASO ¿Cómo puede ayudar el riego para que la tierra sea más productiva? **Causa y efecto**

El tiempo atmosférico

¿Qué tiempo hace normalmente donde tú vives? ¿Cambia con cada estación? Éstas son preguntas acerca del clima de tu área. Las condiciones del tiempo durante un período prolongado constituyen el **clima** de un área.

La temperatura es una parte importante del clima de un área. El clima de una región también incluye la cantidad de precipitación que recibe. La **precipitación** es la humedad que cae a la Tierra en forma de lluvia, nieve o aguanieve.

Observa el mapa de esta página. Verás que el clima es muy distinto en cada parte del país. Un factor que afecta el clima de un área es su distancia del ecuador. Como muestra el mapa, el clima en los Estados Unidos se enfría conforme se avanza hacia el norte, o se aleja uno del ecuador.

La cantidad de precipitación también varía de región a región. La parte este de los Estados Unidos por lo general recibe mayor precipitación que la parte oeste. De hecho, el país se puede dividir en dos regiones de acuerdo con sus precipitaciones: una en el oeste, principalmente árida, y la otra en el este, principalmente húmeda. Árido quiere decir seco. Húmedo significa mojado. Busca el límite entre esas regiones en el siguiente mapa.

REPASO ¿Cuál es la diferencia principal entre el Oeste árido y el Este húmedo de los Estados Unidos? **Comparar y contrastar**

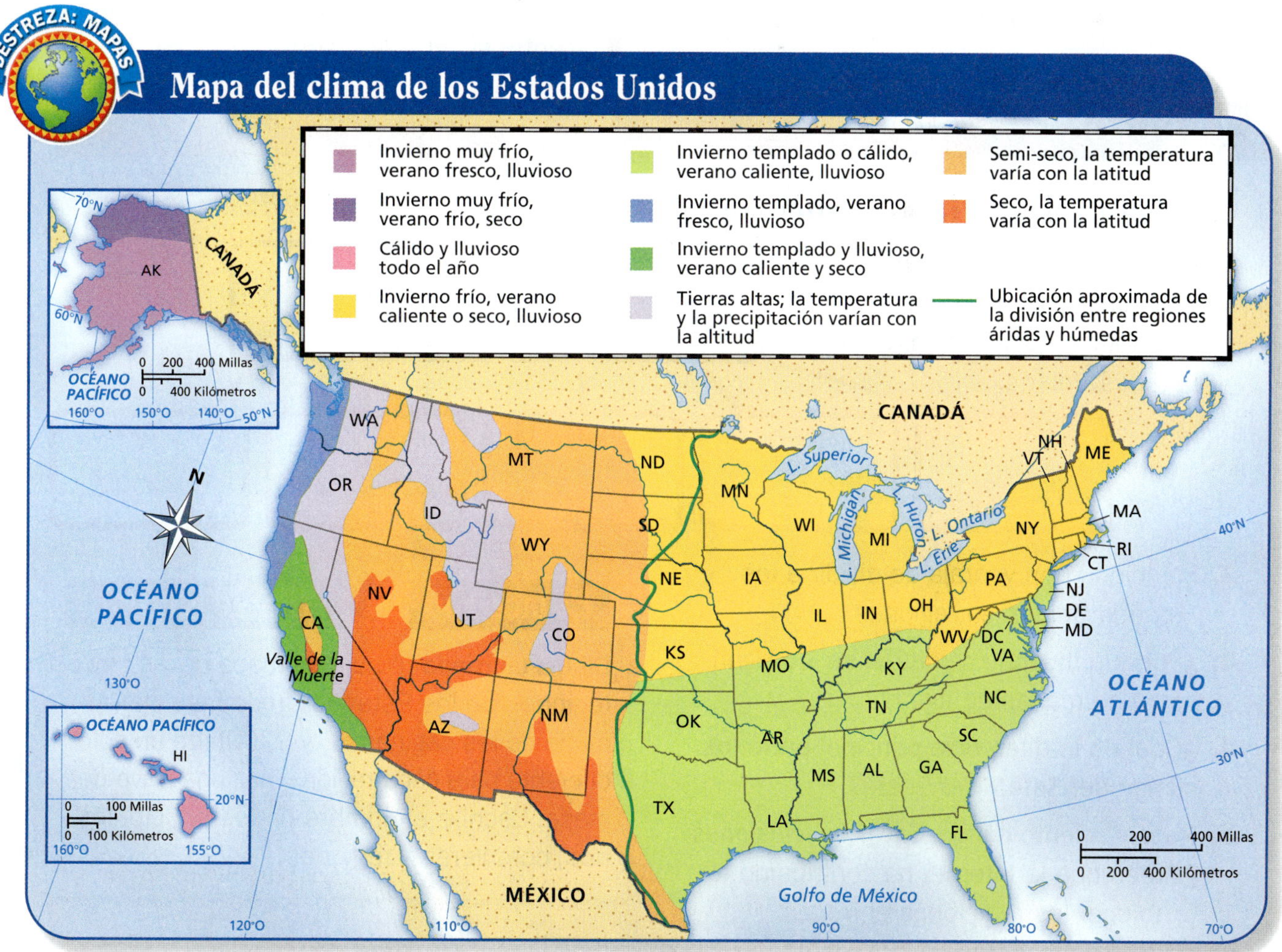

▶ **Este mapa muestra 10 tipos de climas diferentes en los Estados Unidos.**

DESTREZA: MAPAS **Región** ***¿Qué tipo de clima predomina en la región Sureste?***

Las regiones cooperan

La cooperación entre las diferentes regiones fortalece a los Estados. La fábrica de aviones más grande del país se localiza cerca de Seattle, Washington, en la región Oeste; sin embargo, necesita metal, componentes para motor y computadoras que se construyen por todo el país. Éste es un ejemplo de cómo las diferentes regiones son **interdependientes;** es decir, que se necesitan entre sí.

Las relaciones entre regiones son cada vez más fuertes. ¿Has enviado alguna vez un correo electrónico a alguien en otra región? O, ¿has consultado algún sitio Web creado por una persona que se encuentra a cientos de millas de distancia? Todo esto es posible porque la gente de los 50 estados —y alrededor del mundo— está conectada mediante computadoras.

No obstante, las regiones de los Estados Unidos no siempre han trabajado tan estrechamente. En este libro, leerás narraciones tanto de conflicto como de cooperación entre las diferentes regiones de nuestra nación.

REPASO Explica con tus propias palabras esta oración: “Las cinco regiones de los Estados Unidos son interdependientes”. **Resumir**

Resume la lección

- **La geografía es el estudio de la Tierra y la manera en que la gente la usa.**
- **Con frecuencia, los Estados Unidos se dividen en cinco regiones: Noreste, Sureste, Medio Oeste, Suroeste y Oeste.**
- **Las diferentes regiones del país son interdependientes, o sea, se necesitan entre sí.**

LECCIÓN 4 REPASO

Verifica hechos e ideas principales

1. **Idea principal y detalles** En una hoja aparte, escribe los estados de cada región de los Estados Unidos.

Los Estados Unidos se pueden dividir en cinco regiones.

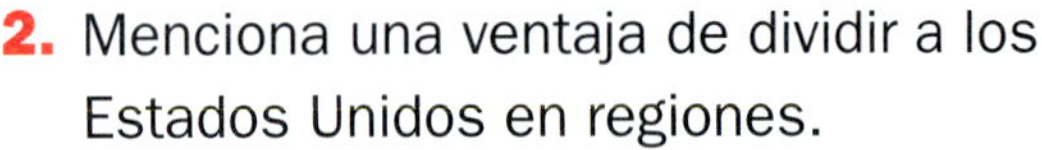

2. Menciona una ventaja de dividir a los Estados Unidos en regiones.
3. ¿Por qué muchas ciudades se localizan cerca de masas de agua?
4. ¿Cuál es la diferencia principal entre los climas del Este y del Oeste?
5. **Razonamiento crítico:** ***Sacar conclusiones*** ¿Crees que la Internet ha contribuido a fortalecer las relaciones entre las diferentes regiones de los Estados Unidos? Explica tu respuesta.

Enlace con la geografía

Dibuja un mapa Dibuja un mapa de las cinco regiones de los Estados Unidos, similar al mapa de las páginas 26 y 27. Utiliza un color diferente para cada región y haz una clave del mapa. Escribe el nombre de los principales ríos, cordilleras y regiones.

George Washington Carver *1861–1943*

Cuando George Washington Carver tenía alrededor de diez años de edad, caminaba ocho millas para llegar a la escuela más cercana a la que tenían permitido asistir los niños afroamericanos. En poco tiempo ya había aprendido todo lo que podía enseñarle esa escuela y nuevamente tuvo que buscar otra. El joven George no se cansaba de aprender, especialmente acerca de la ciencia de los seres vivos. Más tarde, señaló:

BIODATO

Uno de los inventos más famosos de Carver fue la crema de cacahuate.

"Mi alma estaba sedienta de educación. Literalmente, vivía en el bosque. Deseaba conocer cada piedra, flor, insecto, ave o bestia extraña".

Carver viajó de un lugar a otro, haciendo trabajos diversos y aprendiendo todo lo que podía. Fue aceptado en una universidad, pero después de viajar hasta ese lugar, lo rechazaron por el color de su piel. Pero Carver no se daba por vencido tan fácilmente: asistió a otra universidad, de donde se cambió a la Universidad del Estado de Iowa para estudiar botánica, la ciencia que estudia las plantas. Fue el primer afroamericano en asistir a esa escuela. Después de graduarse siguió estudiando y obtuvo su maestría.

De adulto, Carver ayudó a muchos agricultores pobres, tanto negros como blancos, enseñándoles prácticas modernas de agricultura. En esa época, los agricultores cultivaban algodón todos los años y se acababan los nutrientes de la tierra que ayudan al crecimiento de las plantas. Carver se dio cuenta de que los agricultores podían alternar las cosechas y sembrar cacahuate, camote y soya para ayudar a renovar la tierra. Cuando los agricultores se quejaron de que no tendrían compradores para estos cultivos, Carver respondió inventando cerca de 300 nuevos productos sólo para aprovechar el cacahuate.

Aprende de las biografías

Ya adulto, Carver se convirtió en un notable maestro, científico e inventor. ¿Cómo crees que sus primeras experiencias con la educación hayan influido sobre su trabajo posterior?

Para más información, visita *Personajes de la historia* en **www.estudiossocialessf.com.**

Leer un mapa de altitud

¿Qué es? Un **mapa de altitud** muestra la **altitud** o elevación del terreno en diferentes lugares. La altitud se mide en pies o metros sobre el nivel del mar. **El nivel del mar** es la altura de la superficie del océano cuando se encuentra a la mitad entre la marea alta y la marea baja.

¿Por qué lo usamos? Como leíste en la Lección 4, los Estados Unidos tienen una variedad de accidentes geográficos. Hay montañas elevadas y tierras bajas que llegan al mar. Los cartógrafos utilizan los mapas de altitud para mostrar qué tan altas o bajas son las diferentes regiones o lugares. Los mapas de altitud te ayudan a comparar las elevaciones de diferentes lugares en la Tierra.

¿Cómo lo usamos? Para comprender un mapa de altitud, primero tienes que estudiar la explicación. Abajo aparece, en grande, una explicación de los signos convencionales del mapa de altitud. Observa que el símbolo que explica los signos parece una pequeña montaña. El azul de la parte inferior indica el nivel del mar. Los números del lado izquierdo de la explicación indican la altitud en pies. A la derecha, aparece la altitud en metros. El número menor es 0 y representa el nivel del mar. Ésta es la altura a partir de la cual se miden otras altitudes.

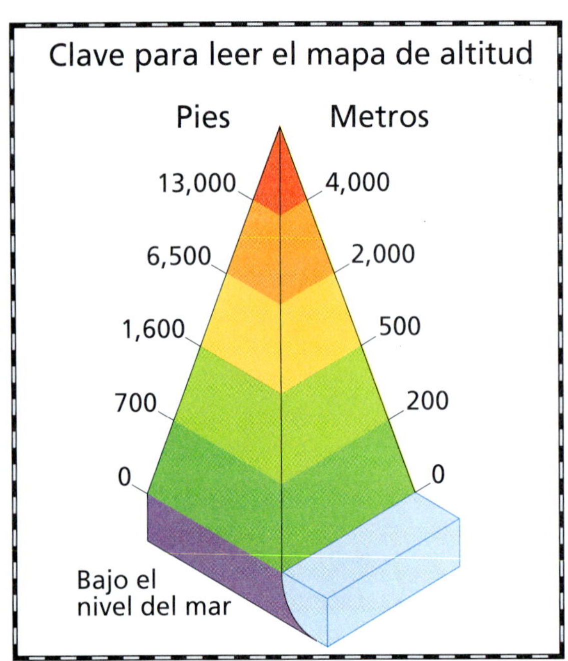

El número que está en la parte inferior de cada color de la explicación es la altitud más baja en ese color. El número que está en la parte superior de cada altitud es la altitud más alta en ese color. Por ejemplo, el verde oscuro representa todas las áreas que se encuentran entre el nivel del mar (0 pies) y 700 pies (200 metros) de altitud. ¿Qué color se usa para mostrar las altitudes entre 1,600 y 6,500 pies (500 y 2,000 metros)?

Ahora, compara el mapa con la explicación. Cada color del mapa representa una banda de altitud conforme lo indica la explicación. Las áreas en color verde oscuro, por ejemplo, se encuentran entre los 0 y 700 pies (0 y 200 metros). Observa que la tierra que está a lo largo de los océanos siempre está cerca del nivel del mar. ¿Cuál es la altitud de la mayor parte del territorio en el Oeste del país?

Destreza: Mapas

Mapa de altitud de los Estados Unidos

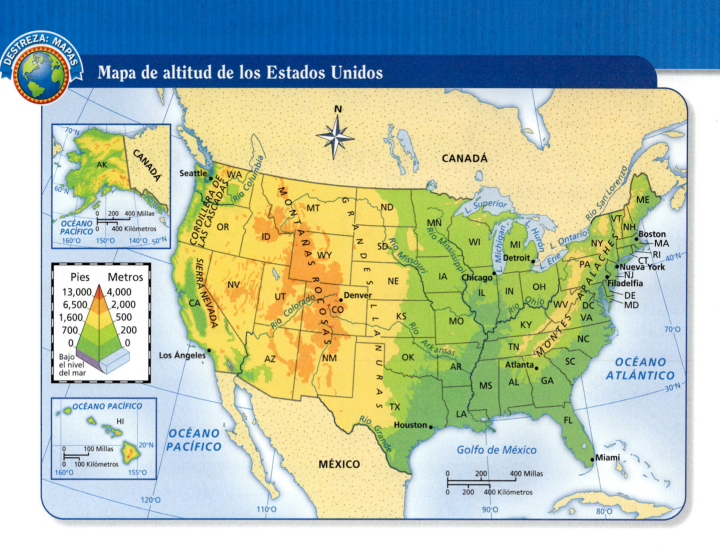

Un mapa de altitud te sirve para ver si las montañas son más elevadas en un lugar que en otro. Busca dos cordilleras importantes, los montes Apalaches en el este y las montañas Rocosas en el oeste. El mapa te indica que las Rocosas son más elevadas. Ahora busca la cordillera de la Sierra Nevada cerca del océano Pacífico. ¿Las montañas de la Sierra Nevada son más altas o más bajas que los montes Apalaches?

Actividad en la Internet

Para más información, visita el *Atlas* en **www.estudiossocialessf.com**.

Piensa y aplícalo

1. ¿Cuál estado tiene territorio más elevado: Vermont o Colorado? Usa la clave del mapa para responder.
2. ¿Cuál parte de Texas es más elevada: la del este o la del oeste?
3. ¿Por qué son útiles los mapas de altitud?

LECCIÓN 5

EN BREVE

Enfoque en la idea principal
Los estadounidenses dependen de los recursos naturales para obtener alimento, energía y materiales de construcción.

LUGARES
Parque Nacional Yellowstone
monte McKinley
Parque Nacional de los Everglades

PERSONAJES
Theodore Roosevelt
Marjory Stoneman Douglas

VOCABULARIO
recurso natural
mineral
combustible fósil
recurso renovable
recurso no renovable
conservación
ambiente
contaminación

Los recursos y el ambiente

Estás ahí Ha sido un día largo de estudio y tareas. Pero ahora te sientas junto a la chimenea, a leer un nuevo folleto acerca de la vida en una tierra lejana. Conforme vas leyendo, te imaginas lo que describe:

"La abundancia de peces marinos es casi increíble... En cuanto a los animales salvajes, hay algunos osos y dicen que algunos leones... también lobos, zorros, castores, nutrias... enormes gatos monteses y un animal gigantesco llamado molke [alce americano] tan grande como un buey".

"En lo que se refiere a madera, no hay mejor en el mundo, creo, con cuatro tipos de roble... y otros materiales para construir tanto embarcaciones como casas".

Miras la portada del folleto. Lo escribió Francis Higginson el año pasado, en 1629, y describe la vida en Nueva Inglaterra, un remoto lugar de América del Norte. A ti te gusta vivir en Inglaterra pero, tienes que admitirlo, América del Norte suena muy interesante.

Idea principal y detalles Al leer, busca algunos ejemplos de recursos importantes y analiza por qué son importantes.

Una tierra rica en recursos

El folleto de Francis Higginson describía una tierra rica en recursos naturales. Los **recursos naturales** son productos que se encuentran en la naturaleza y que la gente puede usar. Por ejemplo, el agua, la tierra y los árboles son recursos naturales. Los peces, venados y otros animales salvajes también se consideran recursos naturales.

En la actualidad, los Estados Unidos todavía cuentan con una rica variedad de recursos naturales. Al igual que los pobladores de Nueva Inglaterra en 1629, dependemos de esos recursos para muchas cosas. Cultivamos la tierra y pescamos en los ríos y océanos. Usamos la madera del bosque para construir casas y fabricar otros productos, como el papel. Muchas empresas se basan en los recursos naturales. Piensa en una compañía que venda agua embotellada, por ejemplo.

La gente también utiliza otro tipo de recursos naturales llamados minerales. Los **minerales** son sustancias que se encuentran en la Tierra y que no son animales ni vegetales. Los metales aprovechables como el oro, el cobre y el aluminio son minerales, al igual que los metaloides como la sal y el granito, un tipo de piedra que se utiliza para construcción.

Otro tipo clave de recurso mineral es el combustible fósil. Los fósiles son los restos de animales o plantas que vivieron hace mucho tiempo. Los **combustibles fósiles** son combustibles que se forman de los restos de plantas y animales que vivieron hace miles de años. El carbón, el petróleo y el gas natural son ejemplos de combustibles fósiles. ¿Qué hace que estos combustibles sean tan valiosos? Los combustibles fósiles se usan para obtener energía. La mayor parte de los motores de automóvil funcionan con gasolina, que se saca del petróleo. Los combustibles fósiles también se usan para la calefacción doméstica y para generar electricidad para nuestras lámparas y computadoras.

REPASO ¿Por qué son importantes los recursos naturales? **Idea principal y detalles**

▶ **Los Estados Unidos son un país rico en recursos naturales. ¿Qué recursos se muestran aquí?**

Los recursos naturales, como la flora y fauna, son limitados. Hoy existen muchos menos búfalos de los que había a mediados del siglo XIX.

Recursos y gente

Más adelante, leerás acerca de dos famosos exploradores estadounidenses llamados Meriwether Lewis y William Clark. Cuando exploraban tierras al oeste del río Mississippi a principios del siglo XIX, Lewis y Clark quedaron sorprendidos por las riquezas naturales de la tierra. En sus diarios, escribieron acerca de ríos desbordantes, enormes bosques y una cantidad impresionante de flora y fauna. Lewis escribió: "La faz completa del país estaba cubierta de manadas de búfalos, alces y antílopes".

Podría haber parecido en ese entonces que el país contaba con tantos recursos naturales que durarían para siempre. Pero, en la actualidad, sabemos que hay un abasto limitado de la mayoría de los recursos naturales.

Algunos recursos se reemplazan y otros no. Los recursos naturales como los árboles son recursos renovables. Los **recursos renovables** son recursos que pueden renovarse o sustituirse. Los árboles son recursos renovables porque podemos plantar árboles nuevos para reemplazar los que se han talado. Los recursos naturales como los combustibles fósiles son recursos no renovables. Los **recursos no renovables** son recursos que no pueden sustituirse fácilmente.

Tanto los recursos renovables como los no renovables deben utilizarse con cuidado. A la preservación y protección de recursos se le conoce como **conservación.** ¿Por qué es importante la conservación? Porque dependemos de los recursos naturales y necesitamos garantizar que habrá suficientes en el futuro.

Conservar los recursos naturales también es importante porque forman parte de nuestro ambiente. El **ambiente** está formado por todo lo que nos rodea, como la tierra, el agua, el aire y los árboles. Todos los seres vivos dependen de su ambiente. Necesitamos aire limpio para respirar y agua limpia para beber. ¿Se te ocurren otras formas en que la gente, las plantas y los animales dependen de su ambiente?

REPASO Explica la diferencia entre los recursos renovables y los no renovables.
Comparar y contrastar

Nuestros parques nacionales

¿Alguna vez has ido a caminatas o a acampar en un parque? Una forma de proteger el ambiente es creando parques. Los parques nacionales son parques que están bajo la protección del gobierno federal. El primer parque nacional de los Estados Unidos fue el **Parque Nacional Yellowstone,** establecido en 1872. El Congreso creó el parque Yellowstone "para el beneficio y placer del pueblo".

Desde entonces, gente de todas las edades ha trabajado para crear nuevos parques en todo el país. **Theodore Roosevelt,** presidente de 1901 a 1909, ayudó a crear varios parques nacionales. Lee lo que dijo acerca de proteger el Gran Cañón como parque nacional:

> ***"Déjenlo como está, pues no lo pueden mejorar... Lo que pueden hacer es conservarlo para sus hijos, los hijos de sus hijos y todos los que vengan después".***

Hoy hay más de 50 parques nacionales desde Maine hasta Hawai, con una extensión de más de 50 millones de acres. Cada parque tiene características que lo hacen especial. En el Parque Nacional Yellowstone puedes ver animales poco comunes, como osos pardos, pumas y lobos grises. En el Parque Nacional Denali, de Alaska, se puede ver el **monte McKinley,** que es el pico más alto de América del Norte. Puedes explorar el sistema de cuevas más largo del mundo en el Parque Nacional de la Cueva del Mamut, en Kentucky. O bien, en la Florida puedes visitar el **Parque Nacional de los Everglades,** para ver caimanes, manatíes y mulares, o delfines nariz de botella. En la página 39 leerás acerca de **Marjory Stoneman Douglas,** una escritora que dedicó muchos años de su vida a proteger los Everglades.

REPASO ¿Por qué Theodore Roosevelt deseaba proteger el Gran Cañón?
Sacar conclusiones

El presidente Theodore Roosevelt *(izquierda)* y el naturalista John Muir *(derecha)* contribuyeron a la creación de muchos parques nacionales. Abajo se muestra Yellowstone, el primer parque nacional del país.

Proteger el ambiente

Un problema ambiental común es la contaminación. La **contaminación** es la adición de sustancias dañinas al aire, al agua o a la tierra. La contaminación del aire, por ejemplo, representa un problema en algunas ciudades grandes. Una de las principales causas es la quema de combustibles fósiles en los automóviles y en las plantas de energía. Los científicos y las empresas trabajan para encontrar formas más limpias de crear la energía que necesitamos.

La gente también puede contribuir a reducir la contaminación haciendo cosas tan sencillas como reciclar. Reciclar es volver a utilizar algo. Cuando reciclamos papel, dejamos de talar tantos árboles. También podemos conservar valiosos recursos al reciclar plástico, vidrio y metal.

▶ **Este símbolo se utiliza para marcar los artículos que pueden reciclarse.**

Por muchas razones, es importante proteger el ambiente. Las compañías y la gente dependen de los recursos naturales para obtener desde alimentos hasta electricidad.

Necesitamos aire limpio y agua limpia para tener una vida saludable. También disfrutamos al visitar lugares hermosos y ver todo tipo de animales y plantas.

REPASO ¿Cómo puede ayudar el reciclaje a proteger el ambiente?
Idea principal y detalles

Resume la lección

- **Los Estados Unidos siempre han contado con una rica y amplia variedad de recursos naturales.**
- **La conservación es importante porque el abasto de la mayoría de los recursos naturales es limitado.**
- **Dependemos de los recursos naturales para obtener alimento, energía y materiales de construcción.**

LECCIÓN 5 REPASO

Verifica hechos e ideas principales

1. **Idea principal y detalles** En una hoja aparte, escribe tres detalles que apoyen la idea principal.

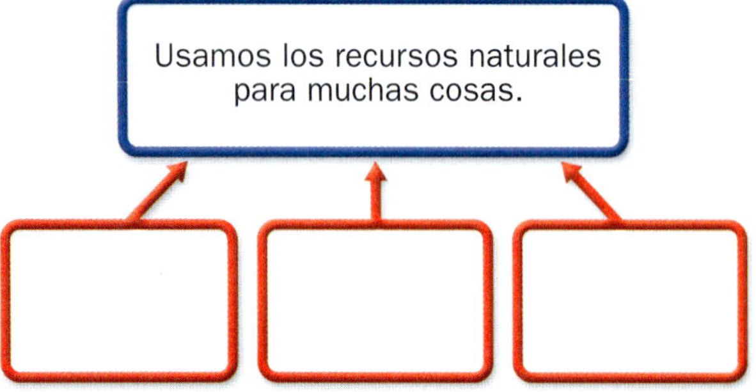

Usamos los recursos naturales para muchas cosas.

2. Menciona tres ejemplos de recursos minerales.
3. ¿En qué se parecen los recursos renovables y los no renovables? ¿En qué se diferencian?
4. ¿De qué manera ayudan los parques nacionales a proteger el ambiente?
5. **Razonamiento crítico: *Punto de vista*** ¿Crees que reciclar sea importante para proteger el ambiente? ¿Por qué?

Enlace con las ciencias

Investiga Un problema ambiental importante es la lluvia ácida. Investiga sobre el tema en la Internet o en una enciclopedia. ¿Qué es la lluvia ácida? ¿Cuáles son sus principales causas? ¿Qué se está haciendo para evitarla?

Marjory Stoneman Douglas *1890–1998*

Marjory Stoneman Douglas tenía alrededor de cuatro años de edad cuando visitó por primera vez la Florida. Más tarde, recordaría que "me cargaron para cortar una naranja de un árbol...". Ella no sabía entonces que dedicaría muchos años luchando para proteger los Everglades de la Florida. Los Everglades es una extensa zona de pantanos ubicada al sur de la Florida, donde hay muchas plantas y animales poco comunes.

Douglas creció con su madre y sus abuelos en Massachussets. De niña, le encantaba estar al aire libre con su familia. Escribió:

> ***"Teníamos tres olmos en nuestro terreno y en toda la calle había olmos... En el verano, la gente se sentaba en sus porches... y la luz de la luna atravesaba las copas de los olmos... Era tan bonito que jamás se podría olvidar".***

Douglas asistió a la universidad, lo cual no era común entre las mujeres de esa época. Se mudó a la Florida y trabajó en el periódico de su padre. Allí supo de los Everglades. Algunas personas querían desaguar partes de los Everglades para construir en el terreno. Douglas pensaba que los Everglades eran una parte importante del ambiente. Además de ser hábitat de muchas plantas y animales, suministraban agua a la población. Luchó por protegerlos. Por su libro *Los Everglades: Río de hierba,* mucha gente conoció la belleza e importancia de esta región. Douglas continuó trabajando hasta su muerte, a la edad de 108 años, para salvar los Everglades.

Aprende de las biografías

¿Por qué Marjory Stoneman Douglas sentía que era importante proteger los Everglades de la Florida?

BIODATO

En 1993, el presidente Clinton otorgó a Douglas la Medalla de la Libertad por sus años de labor para proteger los Everglades.

Para más información, visita *Personajes de la historia* en **www.estudiossocialessf.com.**

HÉROES CÍVICOS

Proteger la Tierra

¿Te enorgullece tu vecindario? Algunas personas no toman conciencia del lugar donde viven, pero éste no es el caso de Mike Harris. Sus acciones han tenido efectos importantes.

Al igual que a la mayoría de los niños que crecen en el condado de Custer, en Oklahoma, a Mike Harris le encantaba salir al aire libre. Cuando cumplió nueve años, Mike ya había recorrido cada rincón del rancho de su familia.

Con el profundo amor que sentía por la Tierra, surgió en él un enorme deseo de protegerla. Cuando Mike vio que flotaba basura en un canal que llevaba agua de lluvia, se enfureció. Sabía que tenía que hacer algo al respecto. Aunque cursaba apenas el tercer año, Mike comenzó un grupo llamado Environmental CPR. Las siglas significaban Conserva, Preserva y Reserva. El objetivo del grupo era limpiar el campo y enseñar a otros jóvenes acerca de la contaminación y sus peligros.

No obstante, Mike enfrentaba un reto. Por su timidez, se le dificultaba expresar su opinión; sin embargo, con el enorme apoyo de su madre, Mike logró superar sus temores. Afirma:

"Asumí la responsabilidad e hice lo que tenía que hacer. Cuando pones el corazón, no hay nada que te detenga".

Mike trabajó muy duro para promover su causa. Expresaba su opinión en concursos de oratoria del condado. Repartía volantes, dirigía campañas de reciclaje e incluso aparecía en radio y televisión.

Sus esfuerzos rindieron frutos. En sus primeros años, Environmental CPR recolectó y recicló más de 22,000 libras de basura —aproximadamente el peso de cinco vehículos utilitarios deportivos. Como

VALORES CÍVICOS
Bondad
Respeto
Responsabilidad
Justicia
Honestidad
Valentía

recordarás, al reciclar objetos como papel y metal, podemos usarlos nuevamente y reducir la cantidad de basura que daña el ambiente.

Evidentemente, Mike no podía hacer todo solo. Environmental CPR fue un éxito porque Mike Harris inspiraba el mismo sentido de responsabilidad en varios miles de personas. De hecho, el proyecto continuó durante diez años bajo su liderazgo y se extendió por todo el estado. Hoy en día, la organización continúa trabajando en beneficio del ambiente.

Ahora Mike es universitario, pero su meta sigue siendo la misma.

> ***"Quiero crear una vida mejor para mis hijos y mis nietos. La tierra donde yo nací es hermosa, y quiero que mis hijos la vean igual que la veo yo".***

Sus palabras hacen eco a las del presidente Theodore Roosevelt y otros famosos estadounidenses que han buscado conservar los valiosos recursos naturales de nuestra nación.

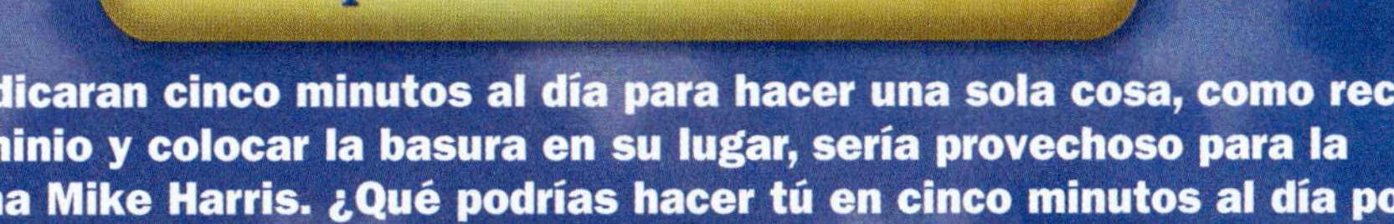

La responsabilidad en acción

"Si todos dedicaran cinco minutos al día para hacer una sola cosa, como recoger latas de aluminio y colocar la basura en su lugar, sería provechoso para la Tierra", afirma Mike Harris. ¿Qué podrías hacer tú en cinco minutos al día por mejorar tu ambiente local?

PANORAMA GENERAL

Repaso

Busca palabras clave en la pregunta.

Ideas principales y vocabulario

LISTOS para los EXÁMENES

Lee el siguiente texto y úsalo para responder las preguntas:

La mayoría de los estadounidenses desciende de familias que inmigraron de otras partes del mundo. Muchos inmigrantes llegaron porque se sentían atraídos por los ideales estadounidenses, tales como la libertad y la oportunidad. Estos ideales han unido y fortalecido a nuestro país.

Un ideal de los estadounidenses es el gobierno democrático. Los estadounidenses eligen representantes para crear leyes y gobernar; tienen derechos básicos que la Constitución protege, pero también tienen responsabilidades, tales como obedecer la ley.

Algunos de sus derechos son: ser dueños de su propiedad y crear negocios. Los empresarios pueden decidir qué producir y cuánto cobrar. Gracias a esta libertad, los consumidores estadounidenses cuentan con una gran variedad de productos que pueden comprar.

El territorio de los Estados Unidos es tan variado como su población. Puede dividirse en cinco regiones, que son: Noreste, Sureste, Medio Oeste, Suroeste y Oeste.

La naturaleza nos brinda agua, tierra y árboles, así como animales y minerales que se pueden aprovechar. Muchos negocios emplean estos recursos naturales. Los estadounidenses estamos aprendiendo a aprovechar estos recursos con inteligencia y a protegerlos para garantizar que tengamos aire y agua limpios, así como todos los demás recursos que necesitaremos en el futuro.

1. Según el texto, ¿qué une a los Estados Unidos?
   - **A** Todos los estadounidenses tienen las mismas costumbres.
   - **B** Los negocios nos unen.
   - **C** Los estadounidenses están unidos por ideales básicos.
   - **D** El sistema de transporte nos une.

2. En el texto, la palabra ideales significa:
   - **A** leyes de gobierno
   - **B** costumbres
   - **C** democracia
   - **D** creencias básicas

3. En el texto, la palabra consumidores significa:
   - **A** personas que compran o usan bienes
   - **B** personas que crean negocios
   - **C** personas que son dueñas de propiedad privada
   - **D** personas que ganan dinero

4. ¿Cuál es la idea principal de este texto?
   - **A** Los estadounidenses se parecen mucho entre sí.
   - **B** Los estadounidenses pueden crear negocios.
   - **C** Los estadounidenses son diferentes entre sí, pero están unidos por ciertos ideales.
   - **D** Los Estados Unidos tienen cinco regiones geográficas.

Personajes

Une cada personaje con su contribución.

1. **Marjory Stoneman Douglas** (p. 37)
2. **Abraham Lincoln** (p. 16)
3. **Theodore Roosevelt** (p. 37)
4. **Madam C. J. Walker** (p. 21)
5. **George Washington Carver** (p. 28)
6. **Thomas Edison** (p. 21)

a. construyó un laboratorio para trabajar en sus inventos

b. creó un negocio de productos de belleza

c. descubrió nuevos usos para cultivos como el cacahuate

d. dedicó muchos años de su vida a proteger los Everglades

e. ayudó a crear varios parques nacionales

f. describió el gobierno de los Estados Unidos como "del pueblo, por el pueblo y para el pueblo"

Aplica las destrezas

Prepara una gráfica lineal Consigue papel para gráficas o dibuja líneas verticales en una hoja rayada. Usa un almanaque del estado o la Internet para investigar la población de tu estado cada 10 años desde 1950 hasta 2000. Prepara una gráfica lineal para mostrar el cambio en la población.

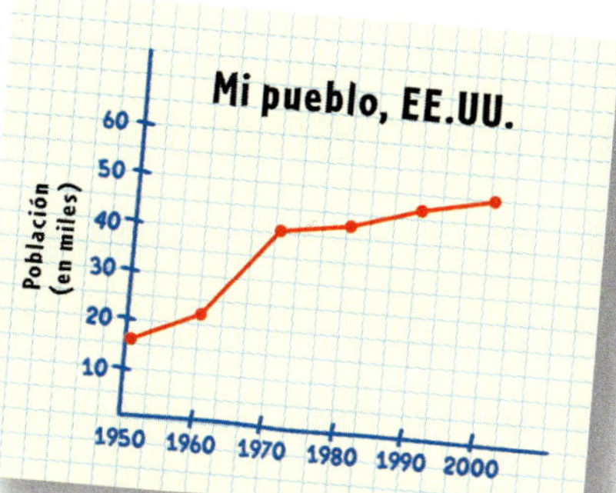

Escribe y comenta

Explícale los Estados Unidos a un extranjero ¿Cómo le describirías los Estados Unidos a una persona de otro país? Selecciona a algunos estudiantes para que actúen como estadounidenses que describen su país. Deja que el resto de la clase actúe como gente de otros países. La "gente de otros países" escribe preguntas acerca del pueblo estadounidense, el territorio, las costumbres y los ideales básicos. Los "estadounidenses" contestan sus preguntas por escrito. Después lee las preguntas y respuestas como parte de una sesión informativa para la gente que está considerando emigrar a los Estados Unidos.

Lee por tu cuenta

Busca libros como éstos en la biblioteca.

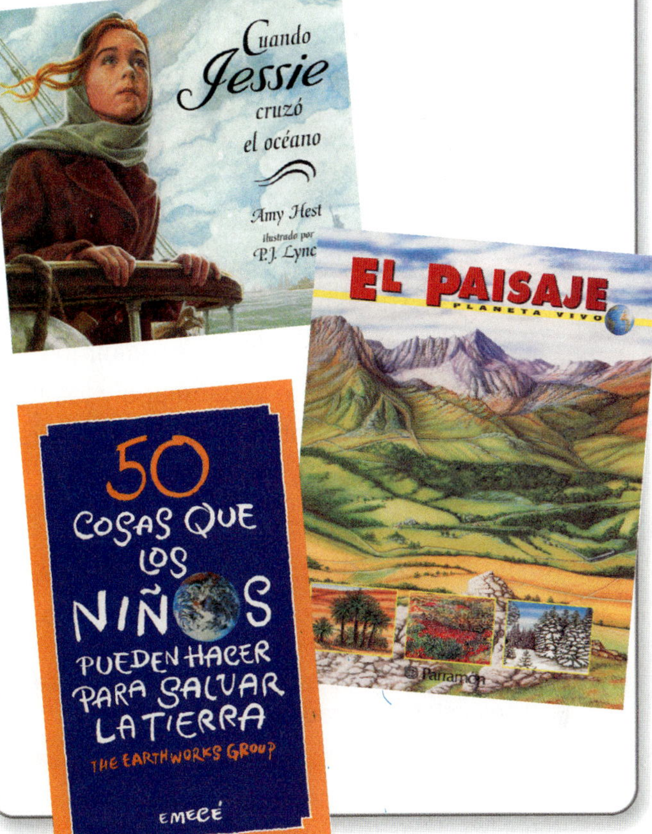

Proyecto

Sucesos de la historia

La mayoría de los sucesos de los que hablamos en estudios sociales han quedado registrados en documentos, y con frecuencia se ilustran con fotos o dibujos. Cualquiera que sea el medio utilizado, lo importante es registrar los sucesos en el momento en que ocurren.

1. **Forma** un equipo para hacer un registro de lo que aprendes durante este año en estudios sociales.
2. **Crea** un folleto con páginas para cada unidad. Sé tan creativo como quieras al hacerlo. Quizá podría ser como un acordeón que, al desplegarse, muestre la información que registraste para varias unidades.
3. **Agrega** cada semana más sucesos a tu folleto, turnándote con tus compañeros para registrarlos conforme los vayan estudiando. Puedes incluir los temas principales, las palabras de vocabulario y los lugares o personajes clave. Añádele fotos o dibujos, y muéstralo a la clase.

Actividad en la Internet

Busca más información sobre los Estados Unidos y su gente en la Internet. Visita **www.estudiossocialessf.com/actividades** y selecciona tu grado y unidad.

Primeros pobladores en Oriente y Occidente

UNIDAD 1

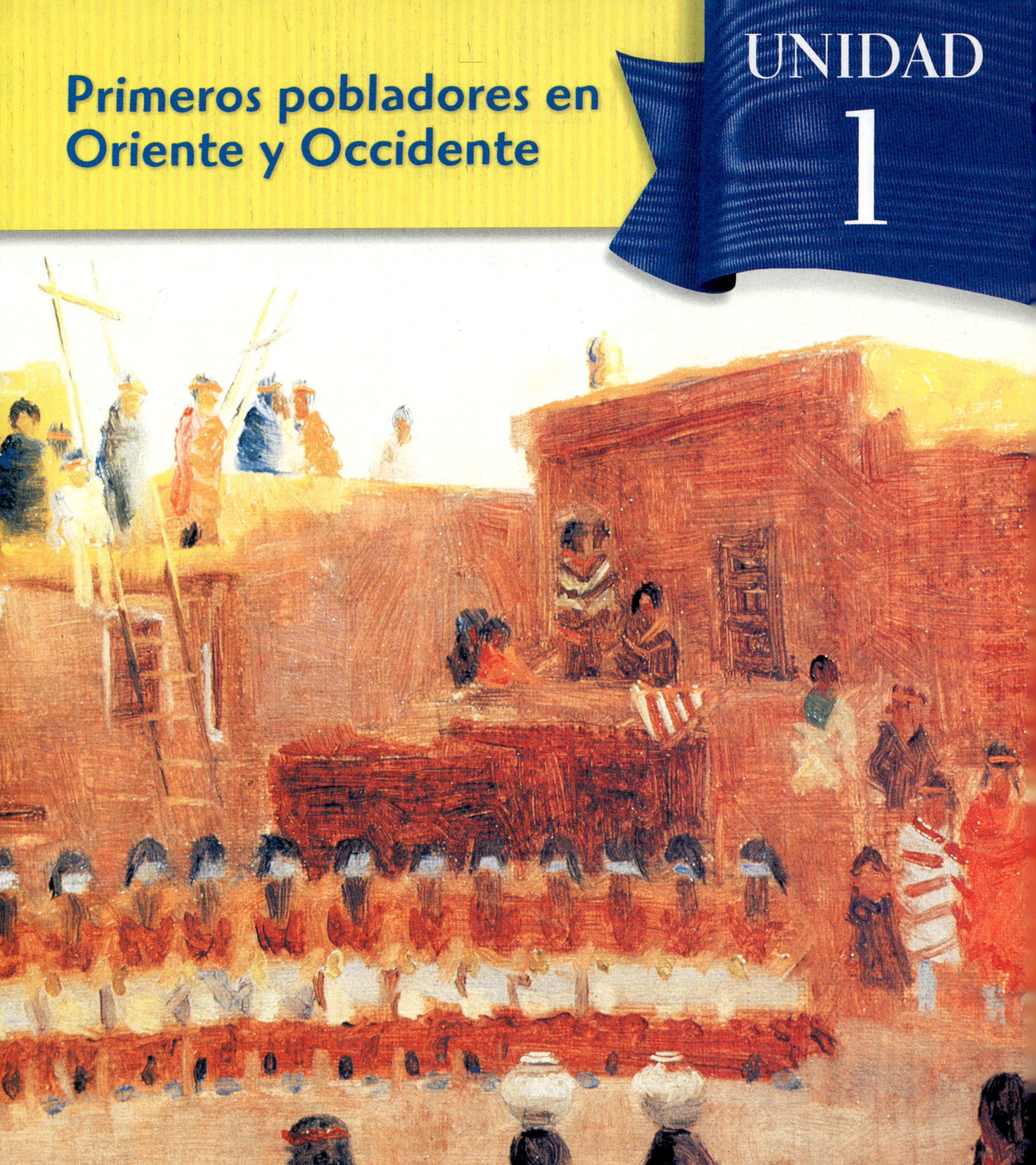

¿Por qué saber más sobre las culturas del pasado nos ayuda a entender el mundo actual?

UNIDAD 1

Empecemos con una fuente primaria

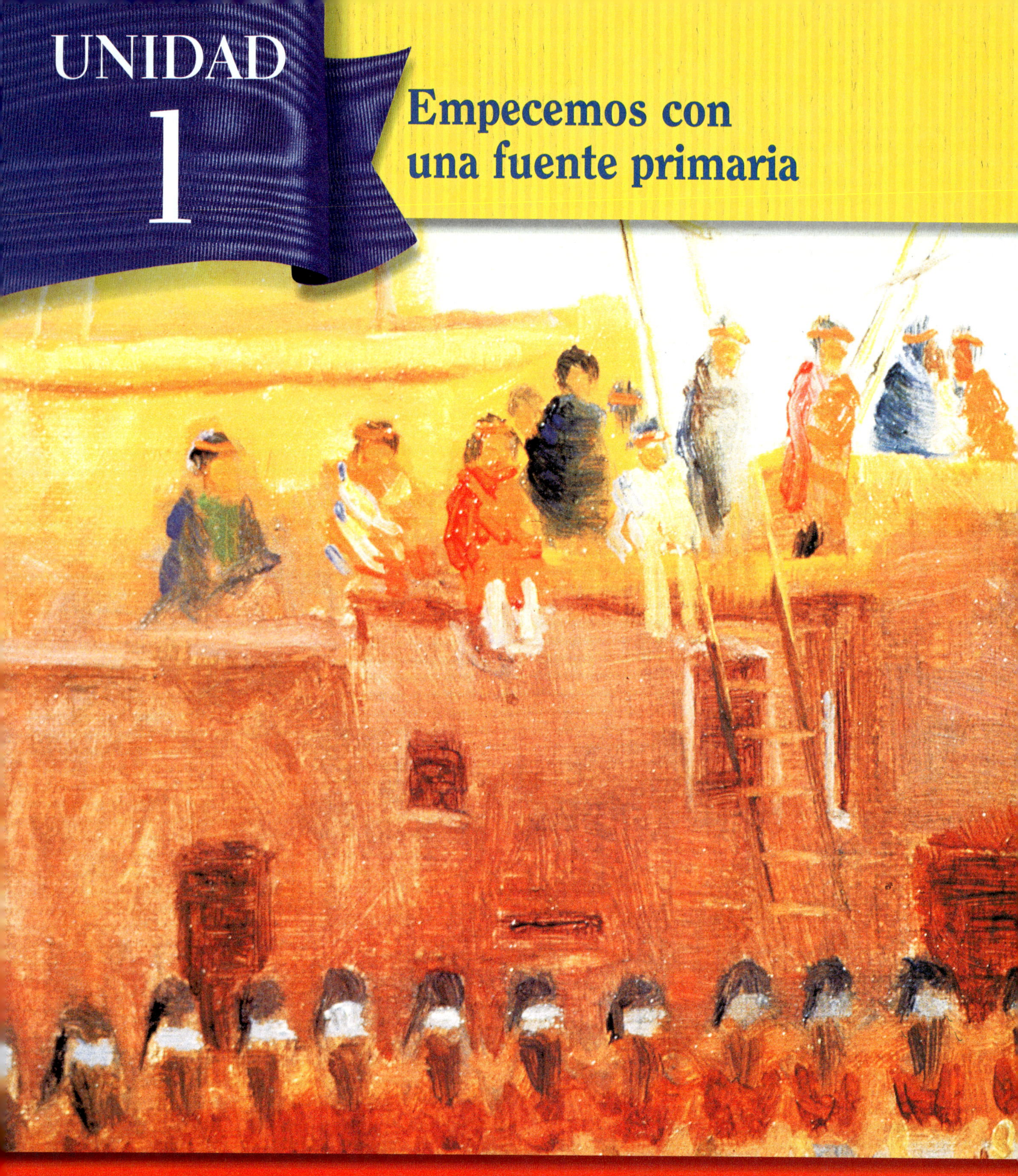

5000 A.C. — 800 D.C. — 1000

Hace unos 7,000 años
Los primeros americanos cultivan sus alimentos en villas

Alrededor de 700
Surge en África el reino de Ghana

1000
Leif Ericsson llega a América del Norte

Alrededor de 1050 Se construye la aldea hopi de Oraibi

"Iba con frecuencia al antiguo poblado..."

—Nampeyo, alfarera pueblo, al explicar cómo encontró los diseños antiguos que usó en sus vasijas

Danza ceremonial, cuadro pintado por Frank Reed Whiteside, muestra un asentamiento pueblo en la década de 1890–1899.

1200 — 1400 — 1600

Alrededor de 1200
Surge la civilización azteca en México

1405
La flota china, al mando de Zheng He, explora los mares

1498
El explorador portugués Vasco da Gama llega a la India

Alrededor de 1580
Cinco tribus indígenas forman la Liga Iroquesa

UNIDAD 1

Personajes de la historia

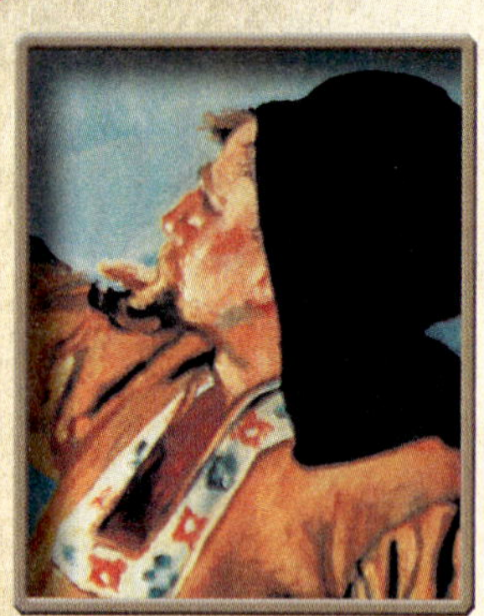

Leif Ericsson

Finales del siglo X–principios del siglo XI
Lugar de nacimiento: Islandia
Navegante, explorador
- Hijo de Eric el Rojo, fundador de la comunidad vikinga de Groenlandia
- Encabezó la exploración y los asentamientos vikingos de Vinlandia, en América del Norte.

Marco Polo

Alrededor de 1254–1324
Lugar de nacimiento: Venecia
Mercader, viajero
- Nació en una familia de mercaderes prósperos
- Viajó a China siguiendo la Ruta de la Seda
- Escribió el libro *Los viajes de Marco Polo,* que se convirtió en un relato popular sobre sus recorridos

Mansa Musa

Murió alrededor de 1332
Lugar de nacimiento: Malí
Emperador de Malí
- Controló vastas zonas ricas en oro de la región occidental de África
- Miles de sus súbditos viajaron con él a La Meca
- Construyó la Gran Mezquita de Timbuktu

Zheng He

1371–1433
Lugar de nacimiento: sur de China
Almirante, explorador
- Comandó la armada china
- Dirigió siete importantes viajes de exploración
- Extendió el comercio chino a la India y África

1000 — 1100 — 1200 — 1300 — 1400

Finales del siglo X–principios del siglo XI
Leif Ericsson

1254–1324
Marco Polo

Murió alrededor de 1332
Mansa Musa

1371–1433
Zheng He

1394–1460
Enrique el Navegante

Para más información, visita *Personajes de la historia* en **www.estudiossocialessf.com.**

Enrique el Navegante

1394–1460

Lugar de nacimiento:
Portugal

Príncipe de Portugal

- Dirigió los esfuerzos de Portugal para mejorar las técnicas de navegación
- Envió exploradores a la costa occidental de África

Deganawidah

Vivió en el siglo XVI

Lugar de nacimiento:
Territorio iroqués, probablemente en el estado de Nueva York

Líder iroqués

- Predicó la paz y la unidad entre los iroqueses
- Ayudó a formar la Liga Iroquesa junto con Hiawatha
- Plantó el árbol de la paz para simbolizar la unidad iroquesa

Hiawatha

Vivió en el siglo XVI

Lugar de nacimiento:
Territorio iroqués, probablemente en el estado de Nueva York

Líder iroqués

- Predicó la paz y la unidad entre los iroqueses
- Habló en representación de Deganawidah
- Ayudó a Deganawidah a formar la Liga Iroquesa

Nampeyo

Alrededor de 1860–1942

Lugar de nacimiento:
First Mesa, Arizona

Alfarera

- Estudió la alfarería antigua para recrear diseños
- Se hizo famosa como alfarera
- Enseñó las técnicas antiguas a otros, incluso a sus hijos y nietos

1500 1600 1700 1800 1900

Vivió en el siglo XVI
Deganawidah

Vivió en el siglo XVI
Hiawatha

Alrededor de 1860–1942
Nampeyo

UNIDAD 1

Lectura de estudios sociales

Primeros pobladores en Oriente y Occidente

Resumir

Resumir significa dar la idea principal de un párrafo, una sección o una historia. Los escritores utilizan oraciones de resumen para describir una idea pricipal.

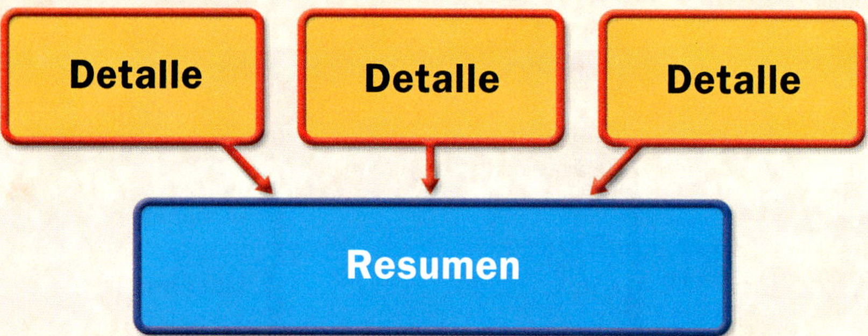

- Un buen resumen es breve. Da las ideas más importantes y no debería incluir muchas palabras ni muchos detalles.

La oración principal de un párrafo a veces da un resumen. Los detalles se encuentran en otras partes del párrafo.

Durante miles de años, grupos procedentes de otros lugares han emigrado a las Américas. Los primeros llegaron de Asia hace más de 10,000 años. Estos pobladores probablemente cruzaron por un puente de tierra.

Resumen sobre los primeros pobladores en Oriente y Occidente

Diversos viajeros se han desplazado por toda la Tierra desde el principio de los tiempos. Durante el período glacial, distintos grupos viajaron de Asia a América del Norte. En esa época, el nivel del mar bajó y Asia y América quedaron unidas por un puente de tierra. Cuando subieron las aguas, el mar de Bering separó los continentes.

Los viajeros se dispersaron por todo el hemisferio occidental: cruzaron América del Norte y continuaron hacia el sur, hasta América Central y América del Sur.

Con ellos viajaron sus ideas y productos. Los constructores de montículos, un pueblo que vivía cerca del río Mississippi, comerciaban con pobladores de las montañas Rocosas, del golfo de México y de los Grandes Lagos.

Al llegar los españoles con sus caballos, el modo de vida de los habitantes de las llanuras cambió mucho, pues ahora podían cazar búfalos a todo galope.

Pueblos, mercancías e ideas también iban de un lado a otro en el hemisferio oriental. A lo largo de la Ruta de la Seda entre China y Europa se comerciaban seda y otros productos. El mercader europeo Marco Polo visitó China en el siglo XIII, y a su regreso contó historias maravillosas.

Los pobladores de África también se desplazaban. Caravanas de camellos cruzaban el desierto del Sahara. Los mercaderes árabes procedentes del norte intercambiaban sal por oro. Mansa Musa, poderoso gobernante de Malí, cruzó el norte de África para llegar a La Meca, en Arabia.

En el siglo XV, diversos exploradores chinos y europeos se aventuraron más lejos. Embarcaciones chinas llegaron a la costa oriental de África. Poco después, los barcos portugueses llegaron a la India rodeando el extremo sur de África.

Usa la estrategia de lectura de resumir para contestar las siguientes preguntas.

1. ¿Qué oración resume las ideas del texto?
2. Además de los pobladores, ¿qué más viaja de un lugar a otro?
3. ¿Qué actividad tenían en común chinos y portugueses?

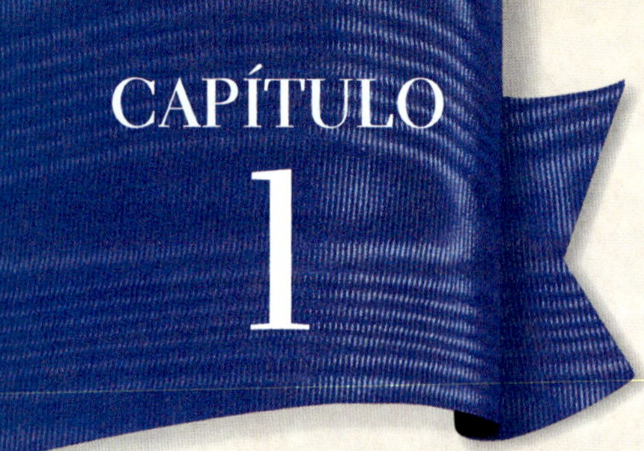

La vida en el hemisferio occidental

Hace 10,000 a 40,000 años

Puente de tierra en el estrecho de Bering
Llegan los primeros viajeros de Asia a las Américas.

Lección 1

1

Hace 3,000 años

Montículo de la Serpiente
Los constructores de montículos levantan grandes montículos en lo que hoy es Ohio.

Lección 2

2

1325

Tenochtitlan
Los aztecas construyen una ciudad en el valle de México.

Lección 3

3

Tiempo y lugar

Por qué lo recordamos

Puntiagudas y filosas piedras atraviesan la piel de enormes mamíferos parecidos a elefantes.

Un montículo de tierra con forma de serpiente enroscada sobresale entre los alrededores.

Viviendas parecidas a departamentos cuelgan de un acantilado.

Todas estas escenas tuvieron lugar hace varios cientos de años. Ocurrieron en lo que hoy es territorio estadounidense, pero mucho antes de que se formaran los Estados Unidos. Cada una de ellas tuvo que ver con la historia de nuestro país. Como leerás, muchas escenas más son parte de la historia de los primeros pobladores de estas tierras.

LECCIÓN 1

Hace 50,000 años | Hace 10,000 años

Hace 40,000 a 10,000 años Cazadores procedentes de Asia llegan a América del Norte

Hace 10,000 años Los primeros pobladores de las Américas viven de la caza y la recolección

Hace 7,000 años Los pobladores de las Américas se vuelven agricultores

Estrecho de Bering

ASIA

AMÉRICA DEL NORTE

EN BREVE

Enfoque en la idea principal
Viajeros procedentes de Asia empezaron a establecerse en América del Norte y del Sur.

LUGARES
estrecho de Bering

VOCABULARIO
período glacial
glaciar
migrar
teoría
artefacto
arqueólogo

Los cazadores de mamuts usaban herramientas como ésta para arrojar sus lanzas.

La migración a las Américas

Estás ahí Aunque el aire frío te corta la cara y las manos, apenas lo notas. Estás en tu primera gran cacería. Persigues a un gigantesco mamut lanudo, animal de nueve pies de altura, parecido a un elefante, que tiene largos colmillos en la cara.

En silencio, tú y los demás cazadores se acercan a rastras al gigantesco animal. De repente, todos se levantan y arrojan sus lanzas. Filosas puntas de piedra penetran en el mamut, que se tambalea. Todos corren hacia él y lo atacan con las lanzas. El mamut cae al suelo; pronto morirá.

Tú y el resto del grupo cortarán muchos kilos de carne del animal muerto. Con esa carne se alimentará tu grupo durante semanas. Tu primera cacería ha sido todo un éxito.

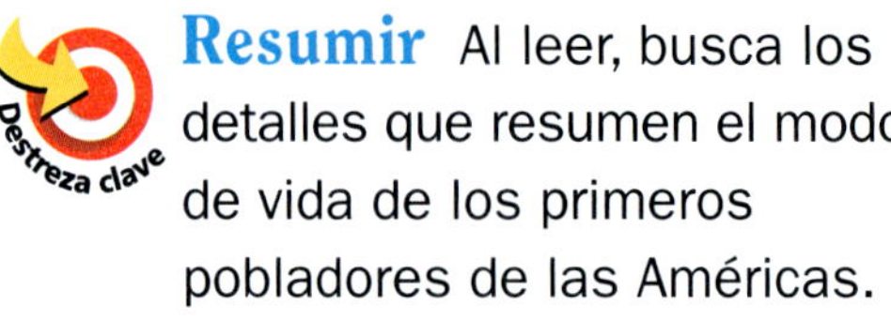

Destreza clave

Resumir Al leer, busca los detalles que resumen el modo de vida de los primeros pobladores de las Américas.

Migración a las Américas

La escena que acabas de leer pudo haber ocurrido hace unos 20,000 años, durante el **período glacial,** una época prolongada de frío extremo. Las bajas temperaturas ocasionaron que grandes extensiones de agua de la Tierra se congelaran y formaran gruesas capas de hielo, o **glaciares.** Como muestra el mapa de esta página, una gran parte del agua de la Tierra se congeló formando glaciares, y bajó el nivel de los océanos.

El **estrecho de Bering** es una angosta extensión de agua que separa Asia de América del Norte. Durante el período glacial, el estrecho de Bering se hizo menos profundo. La tierra que estaba bajo el agua quedó expuesta y formó un largo puente de tierra que unió Asia con América del Norte.

Muchos estudiosos creen que varios grupos empezaron a **migrar** o desplazarse a las Américas entre 40,000 y 10,000 años atrás. Pero, ¿cómo llegaron allí? El puente de tierra dio a los historiadores una **teoría** o explicación probable. Quizás animales grandes como el mamut y el caribú empezaron a cruzar por el puente de tierra desde Asia. Tal vez los cazadores los siguieron a pie y, en su persecución, se internaron cada vez más en América del Norte.

Algunos estudiosos piensan que los primeros en migrar a las Américas utilizaron botes. Quizás ambas teorías sean correctas y cada grupo fue llegando de manera distinta.

Los primeros americanos se desplazaron por toda América del Norte y América del Sur. Puedes seguir sus rutas en el mapa de esta página. Como vivían en distintos ambientes, adaptaron o cambiaron su modo de vida para hacer frente a los retos de esos ambientes.

REPASO ¿Qué detalles explican cómo un puente de tierra tal vez permitió a diversos grupos emigrar de Asia a las Américas? **Resumir**

▶ **Los primeros pobladores se adaptaron a los distintos ambientes que había en las Américas.**

DESTREZA: MAPAS **Movimiento** ***¿En qué dirección avanzaron los grupos al viajar por las Américas?***

Formas de vida

La vida resultaba muy difícil para los primeros pobladores de las Américas. Conseguir suficiente alimento para todos con frecuencia era un reto, de modo que vivían en grupos pequeños. Su forma de vida se centraba en la caza. Se desplazaban constantemente, pues su alimentación dependía de los rebaños errantes. Un grupo como ése sobre el que leíste antes permanecía cerca del mamut muerto hasta acabar su carne. Después seguía adelante para emprender una nueva cacería.

Animales como el mamut no sólo servían de alimento a esos primeros pobladores. Se vestían con su piel y la extendían sobre estructuras de madera para construir viviendas temporales. Con los huesos y colmillos fabricaban herramientas diversas, como agujas y rascadores.

También fabricaban herramientas con piedras. Al golpear una piedra contra otra, obtenían puntas de lanza, cuchillos y hachas de mano. Fíjate qué afiladas y útiles serían las herramientas que se muestran en esta página. ¿Cómo crees que las usaron los primeros pobladores?

Los primeros habitantes de las Américas no dejaron testimonios escritos que revelen su forma de vida. Entonces, ¿cómo podemos averiguar cómo vivían? Por las evidencias: unos artefactos que dejaron atrás. Un **artefacto** es un objeto que alguien fabricó. Las herramientas de piedra y hueso de esta página son artefactos que dejaron a su paso los primeros pobladores de las Américas.

Los arqueólogos son científicos que interpretan esas evidencias. Los **arqueólogos** estudian los artefactos fabricados por quienes vivieron hace mucho tiempo y sacan conclusiones. Por ejemplo, una resistente aguja hecha de hueso revela que quienes la hicieron cosían pieles duras para fabricar ropa, mantas y hasta sus casas. ¿Qué les indican a los arqueólogos las puntas de lanza de esta página? Les indican que los primeros pobladores cazaban para comer.

REPASO Resume qué uso daban los primeros pobladores de las Américas a los animales que cazaban. **Resumir**

Los arqueólogos con frecuencia descubren artefactos, como estas puntas de lanza hechas de piedra, enterrados en el suelo.

Una nueva forma de vida

El período glacial terminó poco a poco hace unos 10,000 años. El clima de la Tierra se hizo más cálido y los glaciares se derritieron. Con el tiempo, algunos de los animales grandes del período glacial se extinguieron o murieron. Quizás no pudieron adaptarse al nuevo clima, o tal vez los cazadores acabaron con ellos.

Cualquiera que sea la causa, los primeros americanos tuvieron que buscar nuevas fuentes de alimento. Siguieron cazando animales más pequeños. También pescaban y recolectaban plantas silvestres, como granos, raíces, bayas y nueces. Los cazadores se volvieron cazadores-recolectores, pero seguían desplazándose de un lugar a otro. Migraban con el cambio de estación en busca de los alimentos propios de cada temporada.

Después, hace 7,000 años en lo que ahora es México, los primeros pobladores empezaron a cultivar sus alimentos. En lugar de recolectar granos silvestres, aprendieron a sembrar las semillas. La agricultura les permitió establecerse en un lugar, y los grupos de cazadores-recolectores que iban de un lado a otro se asentaron en comunidades.

REPASO ¿Cómo cambió la vida de los primeros americanos con el clima más cálido? **Resumir**

Resume la lección

- **Hace 40,000 a 10,000 años** Durante el período glacial, algunos cazadores posiblemente migraron de Asia a América del Norte por un puente de tierra.
- **Hace 10,000 años** Los primeros pobladores vivían de la caza y la recolección.
- **Hace 7,000 años** Los primeros pobladores aprendieron a cultivar sus alimentos y así se convirtieron en miembros de comunidades establecidas.

LECCIÓN 1 REPASO

Verifica hechos e ideas principales

1. **Resumir** En una hoja aparte, escribe los detalles de esta lección que faltan para completar el resumen.

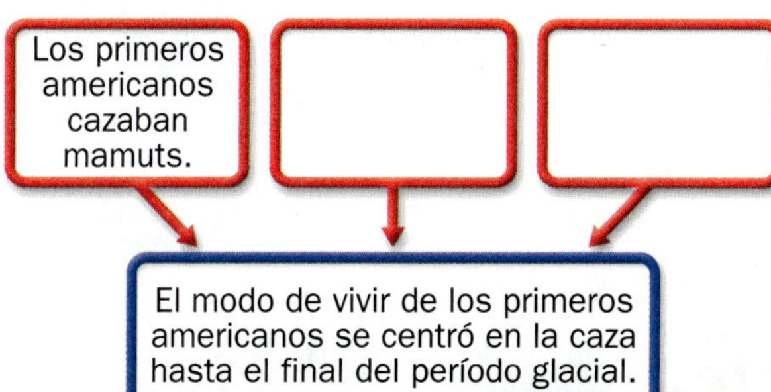

Los primeros americanos cazaban mamuts.
El modo de vivir de los primeros americanos se centró en la caza hasta el final del período glacial.

2. ¿Por qué algunos estudiosos piensan que los primeros pobladores migraron de Asia a América del Norte durante el período glacial?
3. ¿Cómo vivían los primeros americanos durante el período glacial?
4. ¿Por qué los cazadores tuvieron que buscar nuevas maneras de conseguir alimento cuando el clima se volvió más cálido?
5. **Razonamiento crítico: *Sacar conclusiones*** ¿Cómo crees que los primeros pobladores descubrieron la manera de cultivar su alimento?

Enlace con las artes

Haz un diorama Con varios compañeros, haz un diorama o maqueta que ilustre la forma de vida de los primeros pobladores. No olvides incluir una cacería y el uso que daban a los animales que mataban.

Leer gráficas del clima

¿Qué son? Una gráfica del clima es una gráfica que muestra dos clases de información sobre el clima de un lugar: el promedio de la temperatura y el promedio de la precipitación (lluvia o nieve) de un determinado lugar durante un período de tiempo. Mira el ejemplo de una gráfica del clima en esta página.

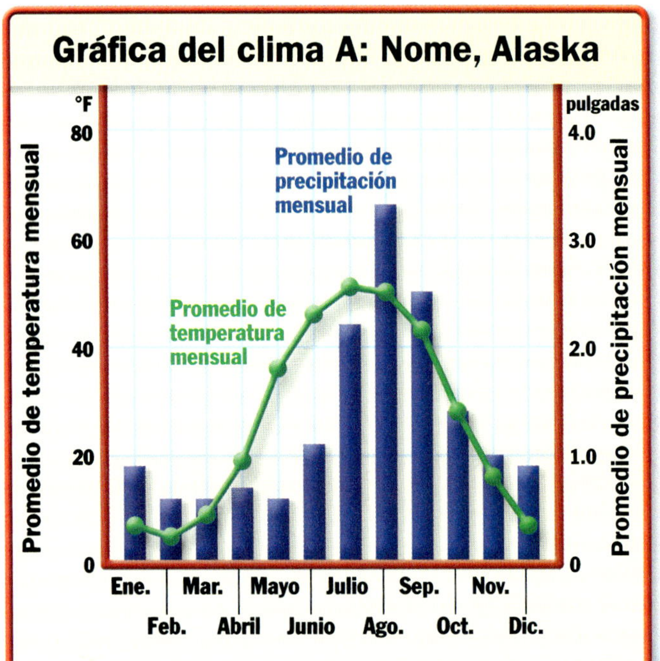

¿Por qué las usamos? La gráfica del clima te sirve para entender el clima típico de un lugar. Ya has leído sobre el puente de tierra que conectaba Asia con América del Norte durante el período glacial. Estaba donde ahora se encuentra el estrecho de Bering. Aprendiste que cuando el clima fue más cálido, el nivel del mar subió y volvió a separar ambos continentes. Una gráfica del clima te sirve para estudiar el clima actual cerca del estrecho de Bering.

Como muestran las gráficas, Nome, Alaska, *(izquierda)* tiene un clima muy diferente al del área de Holyoke, Colorado *(siguiente página).*

¿Cómo las usamos? La gráfica A indica el promedio mensual de la temperatura y la precipitación en Nome, Alaska, cerca del mar de Bering. Lee las palabras sobre los ejes laterales. Las palabras del eje vertical izquierdo se refieren al promedio de temperatura mensual en grados Fahrenheit (°F). La temperatura se muestra en la gráfica lineal. Fíjate que el promedio de la temperatura de enero en Nome es de 7°F. Fíjate también que el promedio de la temperatura en Nome durante mayo es de 36°F.

Gráfica del clima B: Holyoke, Colorado

Promedio de temperatura mensual
°F
80
60
40
20
0
Promedio de precipitación mensual
Promedio de temperatura mensual
pulgadas
4.0
3.0
2.0
1.0
0
Promedio de precipitación mensual
Ene. Feb. Mar. Abril Mayo Junio Julio Ago. Sep. Oct. Nov. Dic.

El lado derecho de la gráfica muestra el promedio de precipitación mensual. La precipitación se muestra en la gráfica de barras. El promedio de precipitación en Nome durante enero es de 0.9 pulgadas. ¿Cuál es el promedio de precipitación mensual en Nome durante mayo?

La gráfica del clima B muestra el promedio mensual de la temperatura y la precipitación en Holyoke, Colorado. En la siguiente lección, leerás acerca de los pueblos que vivieron en esa área hace muchos años. Compara el promedio de temperatura durante enero en Nome, Alaska, y Holyoke, Colorado. ¿Cuál es más bajo? ¿Cómo lo sabes? ¿En qué lugar hay más precipitación en mayo? ¿Cómo lo sabes?

Piensa y aplícalo

1. ¿Durante qué meses tiene Nome, Alaska, una temperatura diaria promedio menor que el punto de congelación (32°F o 0°C)?
2. ¿En qué meses se registra más precipitación en Nome?
3. En Holyoke, Colorado, ¿cuál es el mes más caliente? ¿Cuál es el más húmedo?

LECCIÓN 2

Hace 3,000 años — Hace 2,000 años

Hace 3,000 años Surge la cultura de los constructores de montículos al este del río Mississippi

Hace 2,500 años Los inuits llegan a Alaska procedentes de Asia

Hace 2,000 años La cultura anasazi surge en el Suroeste

EN BREVE

Enfoque en la idea principal
Surgieron las primeras culturas en distintas partes de América del Norte.

LUGARES
Cahokia
Four Corners
Mesa Verde

VOCABULARIO
ceremonia
mesa
sequía

PERSONAJES
Nampeyo

Primeras culturas norteamericanas

Estás ahí Estás viendo por la ventana del avión en el que vuelas sobre el suroeste de Ohio. De repente, algo sorprendente te llama la atención. Ves lo que parece ser una enorme serpiente deslizándose por el campo. Parece estar formada por montículos de tierra. Probablemente mide tres pies de altura: es tan alta como tú cuando estabas en el kindergarten o en primer año.

El Gran Montículo de la Serpiente en Ohio.

Te preguntas qué podrá ser. ¿Es un accidente geográfico poco común? Piensas que seguramente es obra de seres humanos, pero ¿quién la construyó y por qué? ¿Se construyó hace poco o hace mucho tiempo? ¿Qué es este montículo misterioso?

Resumir Al leer, busca detalles que te ayuden a resumir la información sobre las diferentes culturas que surgieron en América del Norte.

Los constructores de montículos

El montículo con forma de serpiente sobre el que acabas de leer existe en realidad. Se le conoce como el Gran Montículo de la Serpiente y está cerca de Hillsboro, Ohio. Fue construido hace más de 1,000 años por un pueblo conocido como los constructores de montículos, uno de varios grupos de indígenas que florecieron en América del Norte y luego desaparecieron. Hoy en día encontramos evidencias de ciudades que ya no existen en muchas partes de nuestro continente.

La cultura de los constructores de montículos surgió hace unos 3,000 años y duró alrededor de 2,500 años. En su mayoría, los constructores vivían al este del río Mississippi, donde abundan bosques, tierras fértiles, lagos y ríos. Eran agricultores y vivían en comunidades establecidas. Su principal cultivo era el maíz.

Los constructores de montículos no eran un solo grupo. Los tres grupos principales que se conocen con ese nombre son los adenas, los hopewells y los mississippianos. Construyeron miles de montículos, con diferentes formas. En **Cahokia,** en el actual estado de Illinois, hay un montículo de 100 pies de altura, tan alto como un edificio de 10 pisos.

Algunos montículos servían como tumbas de jefes importantes. Otros, como el Gran Montículo de la Serpiente, tal vez se construyeron en honor de espíritus de animales que formaban parte de la religión de sus constructores. Muchos montículos tenían plataformas donde se celebraban ceremonias religiosas o de otro tipo. Una **ceremonia** es una actividad que se lleva a cabo para un propósito o suceso especial: un nacimiento, una boda o un fallecimiento.

Los constructores de montículos dejaron muchas evidencias sobre su forma de vida, y los arqueólogos las han estudiado. La construcción de estructuras tan grandes es prueba de que estaban bien organizados. Cientos o quizás miles de trabajadores tuvieron que excavar toneladas de tierra con herramientas manuales, y después tuvieron que llevarla al sitio donde se construía el montículo, con frecuencia muy lejano. Por último, fue necesario que los trabajadores crearan la forma planeada por el constructor.

Los artefactos hallados también nos indican que el comercio era importante para sus creadores. En los montículos se han encontrado cuchillos tallados en obsidiana, piedra proveniente de las montañas Rocosas, cientos de millas al oeste. Las conchas de mar utilizadas en la joyería venían del golfo de México, cientos de millas al sur. El cobre se traía de los Grandes Lagos, cientos de millas hacia el norte. La mica, un metal brillante muy apreciado por los habitantes de Cahokia, provenía de los montes Apalaches, que están muy al este.

REPASO ¿Qué nos indican los montículos sobre la cultura de quienes los construyeron?
Resumir

Este montículo puede visitarse actualmente en el Sitio Histórico Estatal de Cahokia Mounds, en Illinois.

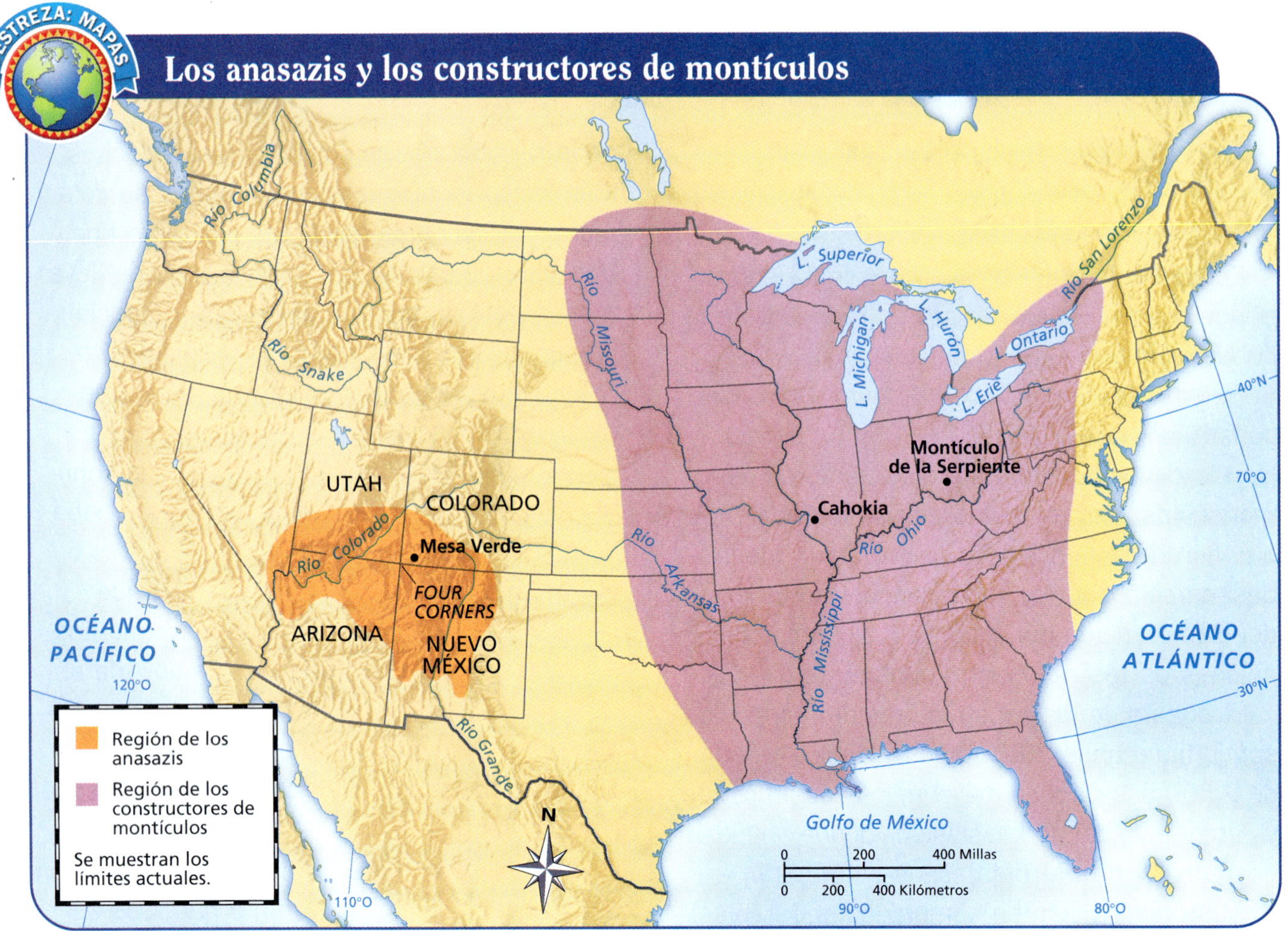

Los anasazis y los constructores de montículos: dos de las primeras culturas que surgieron en lo que hoy son los Estados Unidos

DESTREZA: MAPAS **Interacción con el ambiente** ***¿Qué ríos importantes crees que utilizaron los constructores de montículos para obtener agua y viajar?***

Los anasazis

Los anasazis, otro de los primeros pueblos agrícolas, vivían en lo que hoy es el Suroeste de los Estados Unidos. Su nombre es una palabra del idioma navajo que significa "los ancestros". Las comunidades anasazis se encontraban en una región que hoy se llama **Four Corners,** lugar de unión de cuatro estados. Busca esta zona en el mapa de esta página. ¿Cuáles son esos cuatro estados? Los anasazis vivieron allí entre los años 100 y 1300.

Los anasazis cultivaban maíz, calabacita, frijol y calabaza. Al igual que los constructores de montículos, los anasazis vivían en comunidades permanentes. El clima de Four Corners es seco, pero no limitó las actividades agrícolas de los anasazis porque cavaron zanjas para llevar agua de los arroyos a sus campos de cultivo. Fueron el primer pueblo en utilizar sistemas de riego en lo que hoy son los Estados Unidos.

A los anasazis también se les conoce como los "pobladores de los acantilados" porque a veces construían sus casas en el costado de los acantilados. También construyeron viviendas semejantes a edificios de varios pisos de altura, sobre mesas. Una **mesa** es un accidente geográfico alto y plano que se eleva abruptamente de la tierra que la rodea.

Visitemos la comunidad anasazi de **Mesa Verde,** en el actual Colorado. Ahí puedes ver un gran poblado construido en acantilados empinados. Si miras hacia arriba, verás grandes rocas salientes que protegen a los pobladores del mal tiempo y de los ataques enemigos.

▶ **El Palacio del Acantilado y otras viviendas anasazis ubicadas en acantilados están protegidas dentro del Parque Nacional Mesa Verde.**

La construcción más grande es el Palacio del Acantilado, que tiene alrededor de 150 cuartos. También cuenta con 23 *kivas*, que son amplios cuartos subterráneos. Las *kivas* son importantes para la religión anasazi porque en ellas se celebran las ceremonias religiosas. Sólo los hombres pueden entrar en una *kiva*.

Miras a tu alrededor y observas que los anasazis utilizan hermosas canastas tejidas, con una trama tan apretada y bien hecha que pueden contener agua y usarse para cocinar. En las canastas colocan carbón caliente con harina de maíz, frijoles y otros alimentos para preparar un guisado.

La cultura anasazi alcanzó su máximo desarrollo en el siglo XII, pero después algo misterioso pasó: los anasazis abandonaron sus poblados en la región de Four Corners. ¿Por qué se fueron? ¿Adónde se fueron? Nadie lo sabe a ciencia cierta.

Una teoría es que una **sequía,** un largo período sin lluvia, los obligó a irse. Los arroyos se secaron y ya no fue posible irrigar los campos. Los anasazis tuvieron que irse a lugares donde hubiera agua suficiente para cultivar la tierra.

Los historiadores creen que los indígenas pueblo del actual Suroeste, entre ellos los hopis, son descendientes de los anasazis. En la biografía de la página 65 leerás sobre una mujer pueblo llamada **Nampeyo** que descubrió la manera de usar las técnicas de los antiguos alfareros.

REPASO Menciona una posible causa de que los anasazis desaparecieran de la región de Four Corners. **Causa y efecto**

AQUÍ Y ALLÁ

Pobladores de acantilados en China

Los anasazis no fueron los únicos que construyeron "departamentos" en acantilados. Alrededor del año 400, los budistas tallaban construcciones en los acantilados de Bezeklik, en el noroeste de China. Las estructuras en acantilados que ves en esta página eran monasterios, lugares donde los monjes budistas vivían y estudiaban las enseñanzas de su religión. Los monasterios también servían como lugares de descanso para los mercaderes que andaban de viaje.

ASIA
Bezeklik
CHINA
Mar de China Oriental
OCÉANO PACÍFICO
Mar de China Meridional
Golfo de Bengala

Los inuits

Mucho más al norte, en lo que hoy es Canadá, vive un pueblo que se hace llamar inuit, palabra que significa "la gente". Al igual que los primeros americanos, los inuits llegaron a América del Norte procedentes de Asia, pero mucho tiempo después, probablemente hace 2,500 años. Hoy construyen sus casas en las tierras congeladas cercanas al océano Glacial Ártico que abarcan Alaska y Canadá, y llegan hasta Groenlandia.

▶ **Los inuits son famosos por sus hermosas artesanías, como esta escultura de una lechuza.**

Los inuits se adaptaron a la vida en un clima frío. Cazaban ballenas, morsas y focas en las aguas del Ártico. Inventaron el kayak, barca ligera para una sola persona que utilizan para cazar y transportarse. En invierno, algunos inuits todavía construyen sus casas tradicionales, los iglúes, con bloques de nieve comprimida.

REPASO ¿Qué tienen en común los inuits con los primeros americanos?
Comparar y contrastar

Resume la lección

- **Hace 3,000 años** Varios grupos indígenas empezaron a construir montículos en el este de América del Norte.
- **Hace 2,500 años** Los inuits llegaron a Alaska procedentes de Asia.
- **Hace 2,000 años** La cultura anasazi surgió en el Suroeste.

LECCIÓN 2 REPASO

Verifica hechos e ideas principales

1. **Resumir** En una hoja aparte, escribe los detalles que apoyan el resumen.

Los anasazis vivieron en el Suroeste.
Distintas culturas surgieron en toda América del Norte.

2. ¿Por qué el pueblo conocido como los constructores de montículos levantaba montículos?
3. Explica cómo los anasazis pudieron cultivar en el desierto.
4. ¿Cómo se adaptaron los inuits a vivir en el clima frío, cerca del océano Glacial Ártico?
5. **Razonamiento crítico: *Comparar y contrastar*** Compara y contrasta la cultura de los constructores de montículos, los anasazis y los inuits.

Enlace con la escritura

Escribe una carta Redacta una carta a un funcionario del gobierno en la que pidas que se proteja un sitio antiguo, como el Gran Montículo de la Serpiente.

Nampeyo

Alrededor de 1860–1942

Como toda joven pueblo, Nampeyo ayudaba a su madre a sacar barro para fabricar los tarros y tazones que utilizaba su familia. Nampeyo vivía cerca de las ruinas de un antiguo poblado hopi, que estaban cubiertas con fragmentos de antiguas ollas de barro. Estas ollas estaban decoradas con un estilo ya olvidado. Al analizar los fragmentos y las ollas completas que encontró, Nampeyo aprendió por sí sola el olvidado arte de la alfarería de la nación que vivió allí hace muchos años.

Nampeyo averiguó dónde buscar el barro y cómo cocerlo para crear el color amarillo como el sol característico de la cerámica antigua. Mezcló pinturas hechas con plantas de la región para crear diferentes colores. Después decoró sus ollas con diseños inspirados en la cerámica antigua. Le dijo a un visitante:

BIODATO

Aunque fue una alfarera famosa, Nampeyo nunca firmó sus ollas.

"Iba con frecuencia al antiguo poblado a recoger pedazos de ollas y copiar los diseños. Así es como aprendí a pintar. Pero ahora sólo cierro los ojos y veo diseños que luego pinto".

A principios del siglo XX, Nampeyo empezó a perder la vista y, a la larga, se quedó ciega. Siguió fabricando cerámica, junto con sus hijos y nietos. Una de sus nietas, Tonita Hamilton Nampeyo, dijo:

"Lo más importante es mantener viva la tradición".

Aprende de las biografías

¿Cómo mantuvo viva la tradición el trabajo de Nampeyo?

Para más información, visita *Personajes de la historia* en **www.estudiossocialessf.com.**

LECCIÓN 3

EN BREVE

Enfoque en la idea principal
Poderosas civilizaciones surgieron y se extendieron en México, América Central y América del Sur.

LUGARES
valle de México
Tenochtitlan
Cuzco

VOCABULARIO
civilización
excedente
especializarse
pirámide
imperio
tributo
esclavitud

Hace 3,000 años	Hace 1,000 años	
Hace 3,000 años Surge la civilización maya	**Alrededor del año 900 D.C.** Decae la civilización maya	**Alrededor del año 1200** Surgen las civilizaciones azteca e inca

El surgimiento de los imperios

Estás ahí Esta mañana saliste de tu granja para ir a Copán. Construida en la selva tropical de América Central, es tan sólo una de por lo menos cien ciudades mayas en México y América Central. Llegaste con el fin de asistir a una ceremonia funeraria en honor de tu gobernante. Mientras caminas, ves la torre en el centro de la ciudad donde lo van a enterrar.

El interior de la tumba está decorado con grabados que recuerdan su vida. Lo enterrarán con objetos preciosos, como joyería de jade, canastas finamente tejidas y decoradas, y plumas exóticas. Aceleras el paso para llegar a tiempo a honrar a tu gobernante muerto.

Resumir Al leer, busca detalles que te ayuden a resumir la forma de vida de los principales imperios que surgieron en las Américas.

Esta máscara de jade se utilizaba en las ceremonias funerarias mayas.

Los mayas

La escena funeraria en Copán podría haber ocurrido alrededor del año 400, cuando la civilización maya llegaba a su época de mayor esplendor. Una **civilización** es una cultura con sistemas organizados de gobierno, religión y enseñanza. Los mayas se establecieron en lo que ahora es México hace unos 3,000 años. Eran agricultores que talaron la espesa selva para crear campos abiertos donde sembrar maíz y otros cultivos.

Los mayas eran tan buenos agricultores que empezaron a cosechar un **excedente,** es decir, más productos de los que necesitaban para alimentar a sus familias. Quienes tenían un excedente podían intercambiarlo por otras cosas necesarias. Así, no todos tenían que dedicarse a la agricultura. Algunos mayas empezaron a **especializarse,** a dedicarse sólo a un trabajo, y desarrollaron destrezas como cestería, joyería y tallado en piedra.

Especializarse ayudó a los mayas a desarrollar una civilización compleja que alcanzó muchos logros. Algunos mayas se especializaron en el estudio del mundo que los rodeaba y desarrollaron nuevas ideas. Por ejemplo, algunos se dedicaban a estudiar el movimiento del sol, la luna, las estrellas y los planetas. Lo que aprendieron les ayudó a crear un calendario de gran precisión. Otros se especializaron en las matemáticas. Los mayas se cuentan entre los primeros pueblos que utilizaron el número cero.

Otros mayas se dedicaron sólo a la construcción. Idearon métodos para construir pirámides altas. Una **pirámide** es una construcción con tres o más lados triangulares que se juntan en un mismo punto en la parte superior. En la punta de las pirámides mayas había templos donde se efectuaban ceremonias religiosas. Como has leído, los gobernantes mayas eran enterrados en pirámides.

Los mayas también crearon un sistema de escritura. Registraban su historia y lo que aprendían sobre las matemáticas y las ciencias. Aunque no conocemos toda su escritura, lo que sí podemos leer nos sirve para aprender más de su civilización.

La decadencia de la civilización maya se inició en el año 750. Hacia el año 900, los mayas habían abandonado la mayoría de sus ciudades. A la larga, la selva creció de nuevo y las cubrió por completo. Sin embargo, los descendientes de los mayas aún viven en México y América Central.

REPASO ¿Qué efecto tuvo la especialización sobre la cultura maya? **Causa y efecto**

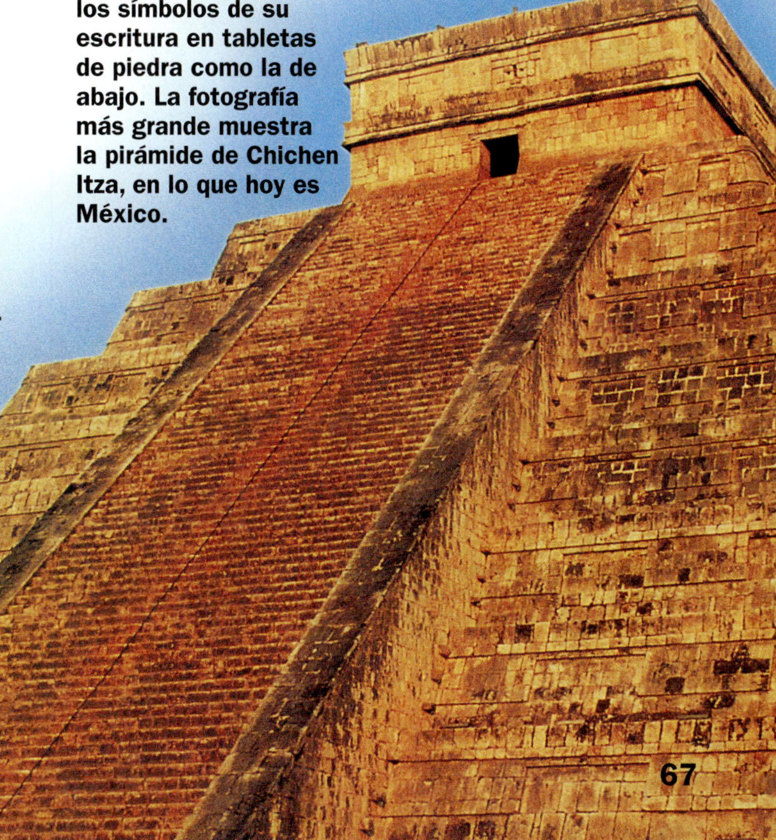

Los mayas tallaban los símbolos de su escritura en tabletas de piedra como la de abajo. La fotografía más grande muestra la pirámide de Chichen Itza, en lo que hoy es México.

Los aztecas y los incas

Hacia el año 1200, el pueblo azteca migró al sur desde el norte de México. Cuenta la leyenda que seguían las instrucciones de uno de sus dioses, quien les dijo que viajaran hasta que vieran un águila parada sobre un nopal con una serpiente en el pico. Allí —les dijo— deberían establecerse. Al llegar los aztecas a un islote en el lago de Texcoco, por fin vieron lo que estaban buscando. Ahí, en el **valle de México,** construyeron **Tenochtitlan,** que significa "cerca del nopal". El águila, el nopal y la serpiente son hoy los símbolos centrales de la bandera mexicana.

▶ **Aztecas, mayas e incas: tres poderosas culturas de la antigüedad en las Américas**

DESTREZA MAPAS: Lugar ***¿Qué cadena montañosa se encontraba en territorio inca?***

Tenochtitlan se convirtió en una gran ciudad. Había calzadas que se elevaban como puentes bajos para unir Tenochtitlan con la tierra alrededor del lago. Esta ciudad, que tuvo cerca de 300,000 habitantes, fue una de las más grandes del mundo.

Para tener más tierra que cultivar, los agricultores de Tenochtitlan crearon "huertos flotantes" alrededor de su ciudad isleña. Los agricultores de otras tierras aztecas idearon sistemas de riego y crearon más tierra cultivable formando terrazas, escalones anchos y planos, en las laderas de las colinas.

Desde Tenochtitlan, los aztecas enviaban sus ejércitos a conquistar otros pueblos del valle de México. Pronto crearon un imperio que se extendía desde el océano Atlántico hasta el Pacífico. Un **imperio** es un grupo de pueblos gobernados por un líder.

Los aztecas obligaban a los pueblos que conquistaban a pagarles tributo. Un **tributo** es el pago que exigen los gobernantes al pueblo que gobiernan. Todos los años, los habitantes del imperio azteca tenían que enviar oro, plata y piedras preciosas, así como alimentos, ropa y armas, como tributo a Tenochtitlan.

Los aztecas también exigían seres humanos como tributo. Las personas que eran entregadas como tributo y los prisioneros de guerra se convertían en esclavos. La **esclavitud** consiste en retener a una persona por la fuerza y privarla de su libertad.

Pintura de Diego Rivera

▶ **Tenochtitlan fue una de las ciudades más grandes del mundo.**

Al igual que los mayas, los aztecas adoraban muchos dioses. El dios principal era Huitzilopochtli, dios de la guerra. Los aztecas creían que debían adorar a Huitzilopochtli ofreciéndole sangre humana. Los esclavos y los prisioneros eran sacrificados a este dios. Sacrificar es matar a una persona o un animal por motivos religiosos.

Al mismo tiempo que los aztecas gobernaban en el centro de México, en America del Sur surgió el imperio inca. Al igual que los aztecas, los incas crearon su imperio mediante la conquista.

Los incas construyeron miles de millas de caminos para unir todo el imperio con la capital, **Cuzco,** en lo que ahora es el Perú. Los mensajeros del gobierno podían viajar a los rincones más lejanos del imperio a una velocidad de 140 millas diarias. Probablemente fue el sistema de comunicación más rápido del mundo en esa época.

REPASO ¿Qué tenían en común los aztecas y los incas? **Comparar y contrastar**

Resume la lección

- **Hace 3,000 años** Surgió la civilización maya.
- **Alrededor del año 900** Decayó la civilización maya. Los mayas empezaron a abandonar sus ciudades.
- **Alrededor del año 1200** Surgieron la civilización azteca en México y la inca en América del Sur.

LECCIÓN 3 REPASO

Verifica hechos e ideas principales

1. **Resumir** En una hoja aparte, completa los detalles del resumen sobre las civilizaciones maya, azteca e inca.

Los primeros imperios alcanzaron un modo de vida organizado.

2. Menciona dos logros de la civilización maya.
3. ¿Qué papel representó la guerra en el crecimiento del imperio azteca?
4. ¿Cómo estaba unido el vasto imperio inca?
5. **Razonamiento crítico: *Comparar y contrastar*** ¿En qué se parecían las civilizaciones maya, azteca e inca? ¿Cuáles eran sus diferencias?

Enlace con las matemáticas

Investiga sobre el cero Utiliza la Internet para aprender más sobre la invención del cero. Explica en un informe por qué fue un descubrimiento tan importante.

Aztecas, mayas e incas

Tres grandes civilizaciones surgieron en México, América Central y América del Sur. Entre sus logros está la construcción de joyas arquitectónicas, ciudades espectaculares y grandes sistemas comerciales. ¿En qué se parecían estas civilizaciones? ¿En qué diferían?

Océano Atlántico
Océano Pacífico
Aztecas
Mayas
Incas

Escultura de cabeza azteca, hecha en piedra

Jarra en barro con efigie, del imperio inca

Los aztecas
Los aztecas eran un pueblo nómada antes de asentarse en el valle de México, en las pantanosas tierras que rodeaban el lago de Texcoco. Ahí fundaron Tenochtitlan, ciudad que llegó a tener gran tamaño e importancia hasta convertirse en la capital del poderoso imperio azteca.

Vaso de madera, o *kero*, decorado con hombre inca portando escudo y espada

Los incas
El imperio inca se desarrolló en la cordillera de los Andes cuando los incas conquistaron la zona alrededor de la ciudad de Cuzco y asentaron ahí su capital. Los caminos que construyeron y su sistema de gobierno les permitieron mantener el control de su vasto imperio.

Códice maya

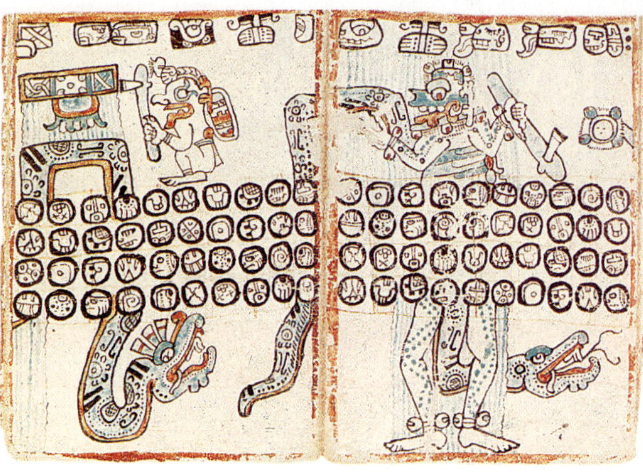

Escultura de noble maya, hecha en barro

Grandes y pesadas orejeras

Collar de ornato

El conocimiento de los mayas
Los mayas lograron grandes avances en astronomía y matemáticas, y también desarrollaron un sistema de escritura. Sin embargo, los códices, o libros mayas que aún existen, nos cuentan muy poco sobre su historia. Más bien se enfocan en temas como las ceremonias religiosas, la astronomía y los calendarios.

Los mayas
Los mayas compartían una cultura y religión comunes a pesar de que no tenían una sola capital o un solo gobernante. Cada ciudad tenía su propio gobierno y su gobernante. Las pequeñas esculturas mayas, como ésta, han sido una fuente importante de información sobre la vida y las costumbres del pueblo maya.

La fundación de Tenochtitlan
Esta página del *Códice Mendocino,* un libro que narra la historia de los aztecas, ilustra la fundación de Tenochtitlan, lugar sobre el que se construyó la Ciudad de México.

CAPÍTULO 1
REPASO

Hace 10,000 años — Hace 8,000 años — Hace 6,000 años

Hace 10,000 años
Los primeros pobladores de las Américas viven de la caza y la recolección

Hace 7,000 años
Los primeros pobladores de las Américas se hacen agricultores

Resumen del capítulo

Resumir

En una hoja aparte, llena cada recuadro del organizador gráfico con un resumen de los detalles del capítulo.

- En el Suroeste, la cultura de los anasazis se basó en la agricultura.
- La especialización ayudó a los mayas a convertirse en una compleja civilización en lo que hoy es México.
- Los aztecas construyeron un poderoso imperio en el centro de México.

Vocabulario

Relaciona cada palabra con la definición correcta.

1. **migrar** (p. 55)
2. **artefacto** (p. 56)
3. **civilización** (p. 67)
4. **sequía** (p. 63)
5. **tributo** (p. 68)

a. objeto que alguien fabricó

b. cultura con sistemas organizados de gobierno, religión y enseñanza

c. pago que exigían los gobernantes a su pueblo

d. largo período sin lluvia

e. desplazarse a un lugar diferente

Términos y lugares

A cada uno de estos números le corresponde una palabra del vocabulario y uno de los lugares del capítulo. Úsalas juntas en una oración para explicar algún hecho acerca de una de las culturas sobre las que leíste.

1. **imperio, Tenochtitlan** (p. 68)
2. **mesa, Four Corners** (p. 62)
3. **período glacial, estrecho de Bering** (p. 55)
4. **ceremonia, Cahokia** (p. 61)
5. **especializarse, Copán** (p. 67)

Hace 4,000 años | Hace 2,000 años | 1 D.C. | 2000 D.C.

Hace 3,000 años
Surge la civilización maya

Hace 2,500 años
Los inuits llegan a Alaska procedentes de Asia

Hace 2,000 años
Surge la cultura anasazi en el Suroeste

Alrededor del año 1200
Surgen las civilizaciones azteca e inca

Hechos e ideas principales

1. ¿Por qué cruzaron los cazadores probablemente el puente de tierra que unía Asia con América del Norte hace miles de años?
2. ¿Cómo pudieron los anasazis cultivar las tierras áridas del Suroeste?
3. ¿Cómo creció el imperio azteca y se volvió poderoso?
4. **Línea cronológica** ¿Aproximadamente cuántos años pasaron entre la aparición de la agricultura en América del Norte y el comienzo de la cultura anasazi?
5. **Idea principal** ¿Cómo conseguían alimentos los primeros pobladores de las Américas?
6. **Idea principal** Describe tres de las primeras culturas que surgieron en América del Norte.
7. **Idea principal** Menciona tres civilizaciones poderosas que prosperaron en las Américas, al sur del territorio que hoy ocupan los Estados Unidos.
8. **Razonamiento crítico: *Sacar conclusiones*** ¿Cómo influyó la especialización en el desarrollo de las civilizaciones en las Américas?

Aplica las destrezas

Usar gráficas del clima

Estudia la siguiente gráfica del clima de Anchorage, Alaska. Después úsala para contestar las preguntas de abajo.

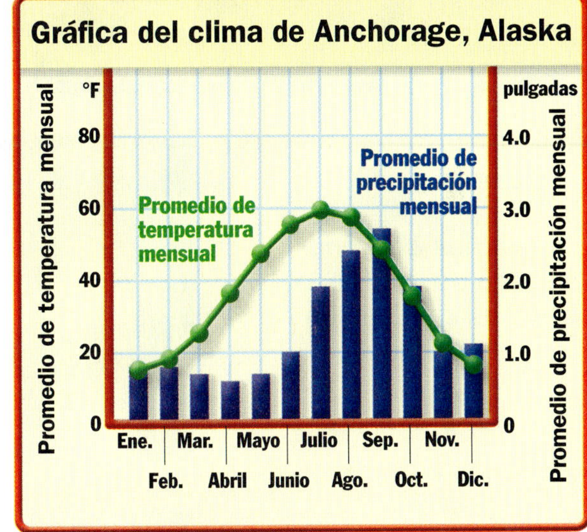

1. ¿En qué mes es más alto el promedio de precipitación?
2. Generalmente, ¿cuál es el mes más frío?
3. Describe un día promedio de mayo en Anchorage.

Escribe sobre la historia

1. **Escribe un cuento** sobre una persona de tu edad, originaria de una de las civilizaciones descritas en este capítulo.
2. **Escribe un anuncio publicitario** en el que promuevas una visita a las pirámides mayas o aztecas en la actualidad.
3. **Escribe un cuento** de misterio sobre la desaparición de la cultura maya.

Actividad en la Internet

Para obtener ayuda con el vocabulario, los personajes y los términos, selecciona el diccionario o la enciclopedia en la *Biblioteca de estudios sociales* en **www.estudiossocialessf.com.**

Los indígenas norteamericanos

Finales del siglo XVI

Territorios iroqueses
Cinco tribus se unen para formar la Liga Iroquesa.

Lección 1

Finales del siglo XVIII

Territorios cheyenes
El modo de vida de los cheyenes cambia con el uso del caballo.

Lección 2

Hoy

Territorios hopis
El poblado hopi de Oraibi es probablemente el poblado más antiguo de los Estados Unidos.

Lección 3

Hoy

Territorios kwakiutls
Los kwakiutls y otros indígenas de la costa del Noroeste aún celebran *potlatches.*

Lección 4

Tiempo y lugar

Por qué lo recordamos

Alabama, Illinois, Massachusetts, Mississippi.

¿Qué tienen en común los nombres de estos estados? Todos son nombres de grupos de indígenas norteamericanos, los primeros pobladores de lo que hoy son los Estados Unidos. Hubo una época en que todos los ríos, las montañas, los valles y las llanuras de este país tenían nombres indígenas. Ahora el nombre de algunos de estos lugares refleja orígenes diferentes: inglés, español, francés y otros. Pero los nombres indígenas permanecen, como los propios pueblos indígenas.

LECCIÓN 1

1000 — 2000

Finales del siglo XVI
Cinco tribus se unen para formar la Liga Iroquesa

Hoy
50,000 iroqueses viven en el Canadá y en los Estados Unidos

Camino Iroqués
REGIÓN CULTURAL DE LA ZONA BOSCOSA DEL ESTE

La zona boscosa del Este

EN BREVE

Enfoque en la idea principal
Los pueblos de la zona boscosa del Este desarrollaron diferentes culturas basadas en la caza y la agricultura.

LUGARES
Camino Iroqués
región cultural de la zona boscosa del Este

PERSONAJES
Deganawidah
Hiawatha

VOCABULARIO
tribu
liga
región cultural
vivienda comunal
abalorios
reservación

▶ Hiawatha

La hoguera del campamento chisporrotea y brilla frente a ti. Un anciano se pone de pie para contar una leyenda.

"Hace mucho tiempo" —comienza a decir— "nuestro pueblo casi siempre estaba en guerra. Las batallas eran sangrientas y costaban muchas vidas. Pero entonces un hombre llamado Deganawidah tuvo una visión. Les dijo a los grupos en guerra que pusieran fin a su interminable combate y aceptaran tratarse con justicia y lograr una paz duradera".

El anciano continúa su relato, y habla ahora de Hiawatha, quien persuadió a cinco grupos enemigos de unirse en una "gran paz". Los miembros de estos cinco grupos enterraron sus armas. Sobre ellas, Deganawidah plantó un magnífico pino blanco denominado "árbol de la paz".

Resumir Al leer, busca la manera de resumir el modo de vida de los pobladores de la zona boscosa del Este.

Los iroqueses

Las leyendas de **Deganawidah** y **Hiawatha** son parte de la historia antigua contada por el pueblo iroqués. Los cinco grupos eran tribus de indígenas norteamericanos. Una **tribu** — un grupo de familias unidas bajo un solo liderazgo— es un término usado con frecuencia para describir a gente que comparte una cultura común.

Las cinco tribus eran los senecas, cayugas, onondagas, oneidas y mohawks. Los estudiosos piensan que estas tribus se unieron para formar la Liga Iroquesa alrededor del año 1580. Una **liga** es una organización integrada por personas que se unen para un propósito particular. Más tarde, una sexta tribu, la de los tuscaroras, se unió a la Liga Iroquesa.

Las cinco tribus enviaron 50 representantes hombres a un Gran Consejo que tomaba decisiones en nombre de toda la Liga. Las mujeres de edad más avanzada en las tribus elegían o quitaban a esos representantes.

El **Camino Iroqués** unía los territorios de la Liga. Búscalo en el mapa de abajo. Hoy, la autopista New York Thruway sigue parte del recorrido del Camino Iroqués.

Los iroqueses vivían en la **región cultural de la zona boscosa del Este** de América del Norte. Es sólo una de las varias regiones que estudiarás en este capítulo. Las tribus indígenas norteamericanas en cada una de estas regiones desarrollaron culturas similares, al utilizar los recursos de su ambiente. Cada una es una **región cultural,** un área habitada por pueblos con culturas similares.

REPASO ¿Cómo colaboraron las tribus de la Liga Iroquesa para gobernarse a sí mismas? **Idea principal y detalles**

▶ **Los iroqueses, creadores de mocasines como los que se ilustran aquí, habitaban en la región cultural de la zona boscosa del Este.**

DESTREZA: MAPAS **Usar los puntos cardinales** ***¿En qué direcciones conducía el Camino Iroqués?***

La vida en los bosques

Los iroqueses y otros pueblos vivían de los ricos recursos de la zona boscosa del Este. Sus bosques espesos les ofrecían un suministro casi inagotable de madera. Para alimentarse, los pobladores de la región cazaban los abundantes animales del área —venado, oso, alce y castor— y utilizaban su piel para vestirse. Miles de lagos, ríos y arroyos les proporcionaban agua y peces. Los indígenas norteamericanos cultivaban productos como maíz, frijol y calabacita en las fértiles tierras.

Fíjate en la ilustración de esta página. Muestra una **vivienda comunal,** construcción donde vivían los iroqueses. Los postes para la estructura se hacían con árboles jóvenes, y planchas de corteza de olmo servían como paredes. Quizás te preguntes por qué las llamaban viviendas comunales. Podían medir hasta 150 pies de largo, la mitad de una cancha de futbol americano. Cada vivienda estaba dividida en alojamientos hasta para 12 familias distintas. En un pasillo central se colocaban hileras de hogueras para cocinar. Una aldea o poblado iroqués podía incluir hasta 150 viviendas comunales.

Los iroqueses se hacían llamar *haudenosaunee*, que significa el "pueblo de la vivienda comunal". El nombre *iroqués* originalmente venía de otras tribus, hablantes del idioma algonquino. Los hablantes del algonquino incluían a los wampanoags, powhatanos y pequots.

Los iroqueses también utilizaban árboles para construir veloces canoas de corteza de abedul. Doblaban pequeños abedules para formar la estructura. Después estiraban anchas tiras de corteza encima de la estructura. Con herramientas de hueso puntiagudas y afiladas, llamadas punzones, perforaban primero la corteza y después unían las piezas cosiéndolas con agujas de hueso. Por último, cubrían las costuras con resina de árbol para que no entrara el agua en las canoas.

Los iroqueses usaban la zona boscosa para conseguir comida y vestimenta. Por ejemplo, los hombres cazaban venados; utilizaban la piel del animal para vestirse y la carne para alimentarse. Las mujeres curtían la piel y la cosían para formar camisas y pantalones. También talaban parte de los bosques para cultivar la tierra. En primavera, colgaban recipientes de corteza de abedul de los arces para reunir la savia y hacer miel de maple.

REPASO ¿Por qué crees que los iroqueses utilizaban los árboles de maneras tan diversas? **Sacar conclusiones**

Una vivienda comunal iroquesa

Este modelo ilustra una vivienda comunal iroquesa para ocho familias. A lo largo del pasillo central había cuatro hogueras comunes para cocinar.

DESTREZA: DIAGRAMAS ***¿Dónde se colocaban para secar las mazorcas de maíz?***

Creencias y costumbres iroquesas

Al igual que otros indígenas norteamericanos, los iroqueses se sentían muy unidos a los animales, los árboles y otros recursos a su alrededor. Cuando un cazador iroqués mataba un venado, se arrodillaba a su lado y le hablaba. Le agradecía por la comida y la ropa que le daría a su familia. Sólo entonces el cazador sacaba su cuchillo para quitarle la piel.

En época de cosecha, los iroqueses daban las gracias por sus productos:

> ***"Gran Espíritu que estás en el cielo, te saludamos con nuestro agradecimiento por haber preservado la vida de tantos de nosotros un año más para participar en las ceremonias de esta celebración".***

La fotografía de esta página muestra unos **abalorios,** conchas de mar pulidas que los iroqueses se colgaban en collares o se entretejían en los cinturones. Los abalorios eran objetos muy valiosos para ellos. Un cinturón de abalorios podía servir como regalo de bodas o para consolar a alguien que había perdido a un ser querido. Algunos cinturones se elaboraban para simbolizar un suceso importante. Los abalorios incluso se podían usar como invitaciones a charlas de paz.

Los cinturones de abalorios iroqueses podían medir muchos pies de largo.

REPASO ¿Cómo mostraban los iroqueses su aprecio por los recursos de la naturaleza? **Resumir**

Los iroqueses cantaban y bailaban al ritmo de maracas y tambores. Esta maraca fue hecha con el caparazón de una tortuga.

Literatura y estudios sociales

La danza del conejo

Esta historia mohawk, *La danza del conejo,* muestra el respeto de los iroqueses por la naturaleza. Habla de un grupo de cazadores que ven un conejo gigante, pero deciden no matarlo. A cambio, el conejo les enseña un baile. Un iroqués explica:

El jefe conejo nos ha enseñado este baile especial para que honremos a su pueblo por todo lo que le dan a los seres humanos. Si tocamos su canción y bailamos su danza, sabrán lo agradecidos que estamos por todo lo que siguen dándonos. Debemos llamar a esta nueva canción "La danza del conejo" y bailarla, hombres y mujeres juntos, en honor del pueblo conejo.

Fue así como el pueblo iroqués heredó un nuevo baile social. Hasta hoy, la danza del conejo se baila para agradecer al pueblo conejo todo lo que ha dado, no sólo en alimento y vestido, sino con su bello baile que alegra el corazón.

▶ **Un "hombre del alto acero" mohawk trabaja en un rascacielos de la Ciudad de Nueva York.**

Los iroqueses, hoy

En la actualidad hay unos 50,000 iroqueses. Muchos viven en **reservaciones,** tierras apartadas por el gobierno de los Estados Unidos para los indígenas norteamericanos, en el norte del estado de Nueva York. Cincuenta miembros forman aún el Gran Consejo. Se reúnen unas millas al sur de Syracuse, Nueva York, en la reservación onondaga.

Los miembros de la liga, la mayoría de la tribu mohawk, se han convertido en expertos constructores de la ciudad de los rascacielos. Se les conoce como "hombres del alto acero", pues colocan vigas a mil pies del suelo.

REPASO ¿Qué oportunidades atraen hoy a los iroqueses a las ciudades?
Sacar conclusiones

Resume la lección

- **Cinco tribus iroquesas se reunieron para formar la Liga Iroquesa.**
- **El pueblo iroqués utilizaba los recursos de la zona boscosa del Este para satisfacer sus necesidades.**
- **Los iroqueses mostraban su aprecio por la naturaleza de diferentes maneras.**

LECCIÓN 1 REPASO

Verifica hechos e ideas principales

1. Resumir En una hoja aparte llena el siguiente organizador gráfico. Elige los detalles más importantes de la lección y organízalos en una oración breve.

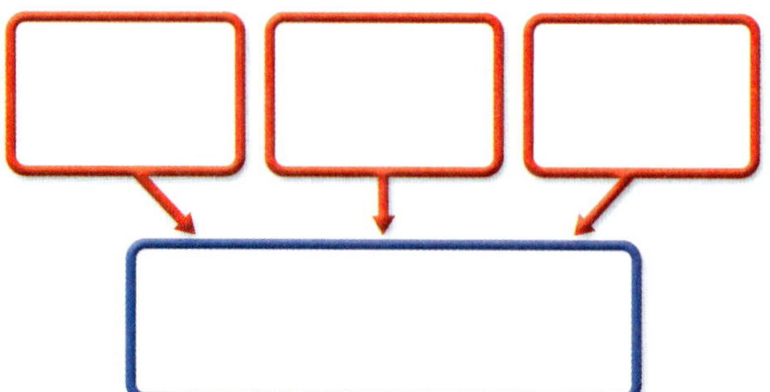

2. ¿Cómo tomaba decisiones la Liga Iroquesa?
3. ¿Cómo utilizaban las tribus de la zona boscosa del Este los recursos naturales para sobrevivir?
4. **Razonamiento crítico:** ***Punto de vista*** Explica el punto de vista de Deganawidah y Hiawatha sobre la cooperación entre las cinco tribus.
5. ¿Dónde viven actualmente los iroqueses?

Enlace con la escritura

Resuelve problemas Imagínate que eres un representante iroqués en el Gran Consejo. Escribe sobre los diferentes problemas que podrían surgir entre las tribus. ¿Qué ideas tienes para resolverlos?

★ BIOGRAFÍA ★

Theresa Hayward Bell *Nacida en 1952*

Cuando estudiaba el décimo grado, Theresa Hayward vivía con su abuela, Elizabeth George, en territorio mashantucket pequot. A principios del siglo XVII, miembros de los mashantucket pequots, tribu hablante del algonquino, vivían en las tierras de sus ancestros, en lo que hoy es Connecticut. Con la llegada de los europeos, muchos pequots murieron por las guerras y las enfermedades. Siglos después, los mashantucket pequots lucharon por conservar sus tierras, a pesar de que muchos abandonaban la reservación para buscar trabajo. En los años setenta, Elizabeth George era una de las dos personas que vivían en la reservación. Animaba a otros miembros de la tribu a regresar, a "aferrarse a la tierra".

Theresa Hayward Bell fue una de las primeras en contestar el llamado de su abuela.

> ***"Conforme fui creciendo, algo que siempre quise hacer, de corazón, fue educar a la gente y hacerle saber que los pequots estamos vivos. Que estamos aquí".***

Hoy de nuevo hay una comunidad próspera en territorio mashantucket pequot. Hayward Bell ayudó a empezar negocios para que los pequots pudieran construir viviendas y adquirir otras cosas que necesitaban. Después, ella y otros más fundaron un periódico, *The Pequot Times,* y un museo. Actualmente, Hayward Bell es la directora del Mashantucket Pequot Museum & Research Center. De todas partes del mundo llegan visitantes que descubren la historia, aún viva, de los pequots y de otras tribus indígenas norteamericanas.

BIODATO

Artefactos hechos por indígenas norteamericanos, como esta muñeca de hoja de maíz, se exhiben en el Museo Mashantucket Pequot.

Aprende de las biografías

¿Cómo ayudó Theresa Hayward Bell a lograr el sueño de su abuela?

Para más información, visita *Personajes de la historia* en **www.estudiossocialessf.com.**

LECCIÓN 2

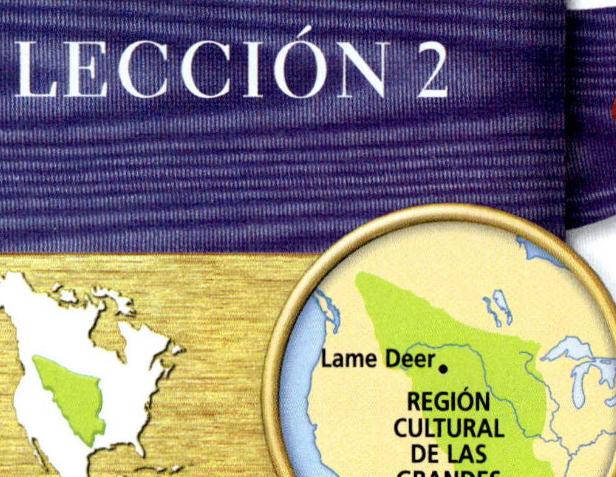

1500 — 2000

Finales del siglo XVIII
El uso del caballo cambia el modo de vida de los cheyenes

Hoy
Unos 12,000 cheyenes viven en las Grandes Llanuras

Las Grandes Llanuras

EN BREVE

Enfoque en la idea principal
Los pobladores de las Grandes Llanuras adaptaron su cultura a la introducción del caballo.

LUGARES
región cultural de las Grandes Llanuras
Lame Deer, Montana

VOCABULARIO
vivienda cavada
tipi
rastra
powwow

Estás ahí ¿Qué podría ser este animal tan extraño? Nunca has visto nada igual. ¿Sería un perro muy grande? ¿Un venado sin cuernos? ¡Con qué fuerza corría! ¡Y qué rápido!

—Ve a la llanura cubierta de hierba —te había dicho tu madre—, caza algunos animales pequeños y tráelos para que los cocine.

Así que te habías ido con arco y saco de flechas al hombro. De repente, aparece ese extraño animal y después se aleja. Te olvidas de lo que ibas a cazar. En cambio, regresas velozmente a la aldea para comunicar tu misterioso descubrimiento.

El animal que te sorprendió era un caballo. Es el primero que tú y los demás han visto, pero ciertamente no será el último. Pronto, el caballo cambiará la forma de vida de tu pueblo.

Causa y efecto Al leer, determina por qué razones los indígenas de las Grandes Llanuras vivían de cierta manera y por qué a veces cambiaban su forma de vida.

La vida en las llanuras

La escena descrita en Estás ahí podría haber ocurrido en la **región cultural de las Grandes Llanuras** de América del Norte. Las Grandes Llanuras eran, y siguen siendo, una región bastante plana. Hace cientos de años, gran parte estaba cubierta con un mar de pasto, que siempre se mecía con el viento. A diferencia de la zona boscosa del Este, en las áridas Grandes Llanuras crecían pocos árboles, pero millones de búfalos pastaban en la extensa área.

Entre las tribus de las Grandes Llanuras están los lakotas, también conocidos como sioux, los pawnees y los osagas. Más tarde llegaron otros grupos, como los cheyenes, pueblo hablante del algonquino.

Durante mucho tiempo, la mayoría de los pueblos de las llanuras vivían de la agricultura y la caza. Debido a que gran parte de la tierra era árida, se establecieron junto a ríos, donde podían obtener agua para sus cultivos: maíz, frijol, calabacita y calabaza. Vivían en **viviendas cavadas,** cabañas grandes y redondas construidas sobre un agujero profundo. Las paredes de las viviendas cavadas se hacían con tierra comprimida sobre una estructura de madera.

Había muchos búfalos, un animal esencial en la vida de los indígenas de las llanuras, pues representaba su principal fuente de carne. Con su piel elaboraban artículos como ropa y mantas. Tallaban sus cuernos para formar tazones y hasta utilizaban su estómago, colgado de cuatro postes, como olla para cocinar guisados.

En verano y otoño, grupos de indígenas de las llanuras viajaban para cazar estos enormes animales. Un búfalo podía pesar más de una tonelada y correr a gran velocidad. Los cazadores iban a pie. Les era difícil acercarse lo suficiente para utilizar arco y flechas. Para matar a los búfalos, los indígenas de las llanuras cazaban sus presas acercándoseles disfrazados de animales, u obligándolas a correr en estampida hasta que caían por los acantilados.

Durante sus cacerías, los indígenas vivían en **tipis.** Para hacer un tipi, las mujeres colocaban postes en círculo, con los extremos unidos en un punto. Después cubrían la estructura con pieles de búfalo. Los indígenas también utilizaban los postes para transportar carne de búfalo y otros productos. Amarraban la carga a los dos postes para construir una **rastra** que era jalada por perros. Una rastra podía cargar cerca de 75 libras.

REPASO ¿Qué diferencia había entre la vida en la aldea y la vida durante las cacerías? **Comparar y contrastar**

Los indígenas norteamericanos vivían en tipis en las Grandes Llanuras. Los cazadores con frecuencia utilizaban disfraces para poderse acercar a los rebaños de búfalos sin ser vistos.

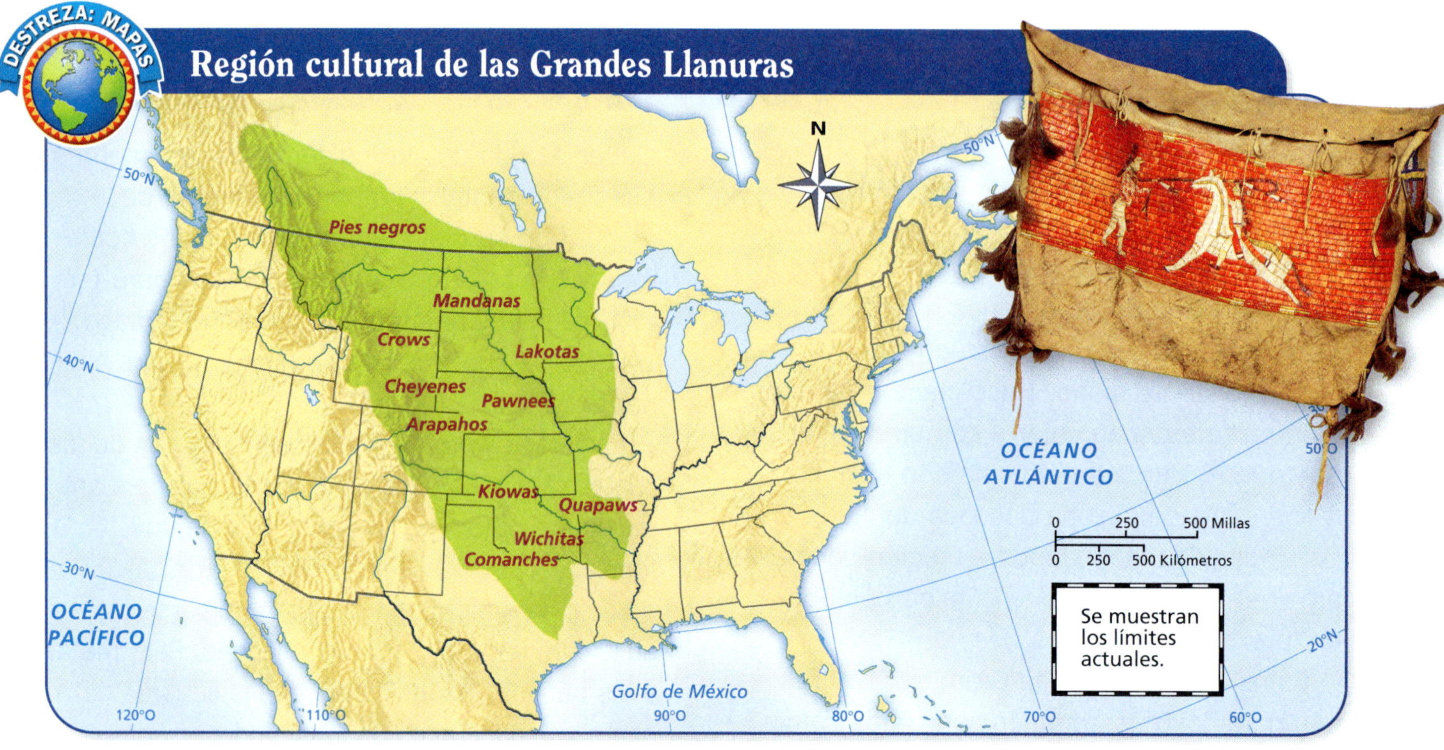

▶ **Las mujeres de las Grandes Llanuras fabricaban alforjas con púas de puerco espín, como la de arriba.**

DESTREZA: MAPAS Región ***¿Cómo describirías la ubicación de esta región?***

Los cheyenes

En el siglo XVI, los españoles llevaron caballos a las regiones habitadas por aztecas y mayas en México. Los pueblos indígenas que vivían cerca de las colonias españolas fueron los primeros en verlos. Algunos caballos se escaparon y llegaron al norte. A finales del siglo XVIII, los cheyenes domaron algunos descendientes de esos caballos que se habían vuelto salvajes. También los conseguían atacando a otras tribus, y por trueque. La forma de vida de los cheyenes cambió gracias al uso del caballo. La caza del búfalo se facilitó y se convirtió en una de las fuentes principales de alimento.

Montado en un caballo veloz, un solo cazador cheyene podía acercarse al rebaño de búfalos y matar a los animales con arco y flechas. Más adelante, los cazadores de las llanuras también usaron rifles.

El uso del caballo también volvió más móviles los asentamientos cheyenes, haciéndolos fáciles de trasladar. Una rastra jalada por un caballo podía transportar hasta cuatro veces más peso que una jalada por un perro. Además, los caballos eran dos veces más rápidos. Las mujeres cheyenes ya podían transportar más fácilmente los tipis y levantar nuevos campamentos. Ahora, la forma de vida cheyene se basaba en desplazarse a diferentes lugares, según la estación. Y los cheyenes se referían al pasado como la época "cuando sólo teníamos perros para trasladar los campamentos".

El caballo fue tan importante para los cheyenes y otras tribus de las llanuras que llegaron a medir la riqueza por el número de caballos que tenían. A veces, una tribu atacaba a otra para capturar caballos. Los jinetes se volvieron tan hábiles guerreros como cazadores.

REPASO ¿Cómo cambió la forma en que los cheyenes cazaban búfalos después de la llegada del caballo? **Causa y efecto**

▶ **Los cheyenes y otros indígenas norteamericanos de las llanuras utilizaban rastras jaladas por caballos y tipis para poder transportarse fácilmente a cazar búfalos.**

Cheyenes con trajes tradicionales celebrando el *powwow* anual.

Los cheyenes, hoy

Alrededor de 12,000 cheyenes habitan actualmente las Grandes Llanuras. Muchos viven en lo que hoy es Montana, en una reservación establecida por el gobierno. En capítulos posteriores leerás más sobre el conflicto entre los indígenas norteamericanos y el gobierno de los Estados Unidos.

Muchos cheyenes conservan sus tradiciones; mantienen vivos su idioma y sus ceremonias. Cada 4 de julio se celebra el *powwow* de los cheyenes del norte en **Lame Deer, Montana.** Los visitantes pueden ver los bailes y juegos tradicionales. Un ***powwow*** es una reunión de indígenas norteamericanos.

REPASO ¿Por qué piensas que muchos cheyenes mantienen vivas sus tradiciones? Sacar conclusiones

Resume la lección

- **Algunos indígenas de las llanuras eran agricultores y cazaban búfalos.**
- **Gracias al caballo, los cheyenes se desplazaban más fácilmente.**
- **Hoy, muchos cheyenes viven en las Grandes Llanuras y conservan sus costumbres tradicionales**

LECCIÓN 2 REPASO

Verifica hechos e ideas principales

1. Causa y efecto En una hoja aparte, escribe las causas que faltan en los recuadros.

Causa	Efecto
	Los pueblos de las llanuras usaban caballos en lugar de perros para jalar sus rastras.
	Los indígenas de las llanuras construían casas con tierra o pieles de búfalo.
	Los búfalos se utilizaban para hacer tipis, ropa, mantas y tazones.
	A veces, una tribu atacaba a otra para capturar sus caballos.

2. ¿De qué manera ayudaron las rastras a transportar bienes?

3. ¿De qué manera cambió la vida de las tribus de las Grandes Llanuras con la llegada del caballo?

4. **Razonamiento crítico: *Tomar decisiones*** Si fueras un líder cheyene, ¿en qué basarías tu decisión de trasladar el asentamiento a una nueva área? Usa los pasos para tomar decisiones de la página M5.

5. ¿Dónde se localizan las reservaciones cheyenes en la actualidad?

Enlace con las ciencias

Diseña herramientas de transporte Las rastras son una herramienta que sirve para transportar cosas grandes y pesadas. Dibuja un diagrama que muestre otras herramientas de transporte, como la rueda o los esquís. Ponle nombre a tu diagrama.

Investigación en la Internet

¿Qué es? Puedes encontrar más información sobre un tema si realizas una investigación. La **investigación** es una manera de reunir información que te ayuda a resolver un problema. Para investigar usamos los libros en las bibliotecas, aunque también podemos utilizar la Internet. La **Internet** es una red mundial de computadoras vinculadas entre sí. En la Internet, la información puede verse y compartirse en páginas en pantalla llamadas **sitios Web**. Una compañía, una escuela, un gobierno o cualquier persona puede tener un sitio Web.

¿Por qué la hacemos? Investigar en la Internet te permite encontrar la información más actualizada sobre un tema. Los libros de consulta y la literatura de no ficción que encuentras en las bibliotecas también contienen información útil. Sin embargo, la Internet podría tener información descubierta después de que se publicó el libro sobre el tema.

Otra razón para usar la Internet es que la mayoría de las bibliotecas no pueden tener libros de todas las materias. Quizás necesites investigar un tema sobre el que la biblioteca tenga poca información. La Internet te permite usar una biblioteca más grande a través de tu computadora y también te conecta con los proyectos de otros estudiantes y con programas de ayuda para hacer tu tarea.

Al usar la Internet para investigar, debes tener cuidado de utilizar fuentes confiables. Entre las fuentes más confiables están los sitios Web patrocinados por el gobierno y las universidades. Algunas fuentes de consulta confiables, como las enciclopedias, también patrocinan sitios Web.

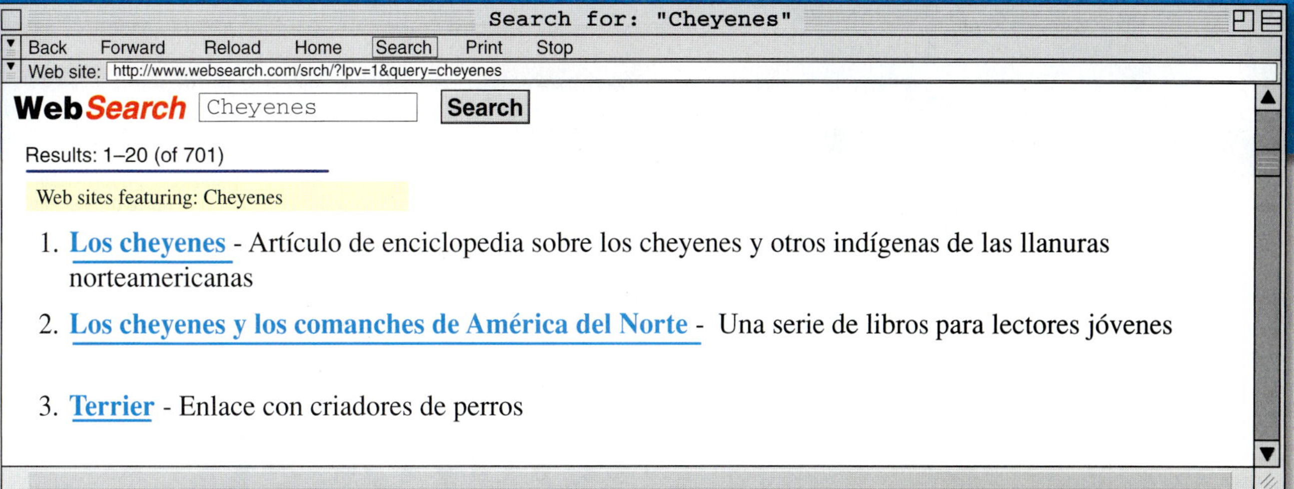

Search for: "Cheyenes"
Back Forward Reload Home Search Print Stop
Web site: http://www.websearch.com/srch/?lpv=1&query=cheyenes
WebSearch
Cheyenes
Search
Results: 1–20 (of 701)
Web sites featuring: Cheyenes
1. Los cheyenes - Artículo de enciclopedia sobre los cheyenes y otros indígenas de las llanuras norteamericanas
2. Los cheyenes y los comanches de América del Norte - Una serie de libros para lectores jóvenes
3. Terrier - Enlace con criadores de perros

¿Cómo la hacemos? Puedes encontrar información en la Internet con buscadores. Un **buscador** es un sitio computarizado que busca información. Los buscadores te llevarán a otros sitios Web.

Una búsqueda se empieza escribiendo una palabra o una frase. Digamos que necesitas información sobre los cheyenes. Quizás sepas que hay una ciudad llamada Cheyenne, pero quieres información sobre el grupo indígena. Escribe entre comillas "cheyenes". Las comillas indican que el tema que buscas es una expresión completa. En la parte superior de la página puedes ver parte de lo que apareció al buscar "cheyenes".

¡La búsqueda dio por resultado una lista de 701 sitios! Es mucha información. Tal vez sería mejor empezar con la entrada de una enciclopedia. Haz clic en el título subrayado para obtener aún más información. Busca también información sobre estudios y sitios de escuelas. ¡No pierdas el tiempo con el sitio que te lleva a criadores de perros!

Las palabras subrayadas en color son enlaces con otros sitios. Si haces clic en un enlace puedes obtener más información sobre un tema específico.

La información que encuentres en la Internet puede imprimirse. No olvides conservar el nombre del sitio Web. Generalmente aparece en la parte inferior de la página o en el rectángulo de la parte superior. Debajo hay un ejemplo de cómo podría verse un sitio Web sobre los cheyenes.

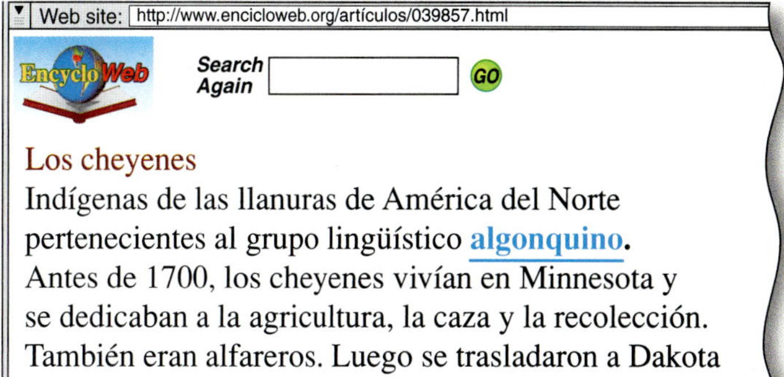

Web site: http://www.encicloweb.org/artículos/039857.html
EncycloWeb
Search Again
GO
Los cheyenes
Indígenas de las llanuras de América del Norte pertenecientes al grupo lingüístico algonquino.
Antes de 1700, los cheyenes vivían en Minnesota y se dedicaban a la agricultura, la caza y la recolección. También eran alfareros. Luego se trasladaron a Dakota del Norte y se establecieron a lo largo del río Missouri.

1. Fíjate en la lista de sitios Web que dio la búsqueda. ¿Cuál te llevaría a una entrada de enciclopedia en la Internet?
2. Fíjate otra vez en el ejemplo de un sitio Web que aparece en la parte superior de la página. ¿Por qué hay algunas palabras en color y subrayadas?
3. ¿Cómo buscarías información sobre los iroqueses?

LECCIÓN 3

1000

2000

Alrededor de 1050
Se construye el poblado hopi de Oraibi

Hoy
Más de 7,000 indígenas hopis viven en el norte de Arizona

Oraibi
REGIÓN CULTURAL DEL DESIERTO DEL SUROESTE

El desierto del Suroeste

EN BREVE

Enfoque en la idea principal
La necesidad de conseguir agua influyó en las culturas que surgieron en el Suroeste.

LUGARES
región cultural del desierto del Suroeste
Oraibi

VOCABULARIO
pueblo (indígenas)

Estás ahí

Tun, tun, tun, tun, tun, tun, tun, tun, suenan los tambores. *Traca, traca, traca,* suenan las matracas. *Tilín, tilín, tilín,* suenan los cascabeles atados alrededor de las rodillas. Los danzantes llevan puestas unas máscaras de madera, altas y puntiagudas, con aberturas a la altura de los ojos. Las máscaras están decoradas con símbolos pintados y plumas de águila. El cuerpo de los danzantes está envuelto en tela blanca. Mocasines rojos cubren sus pies, que golpean el suelo una y otra vez.

Los danzantes llevan a cabo una ceremonia importante. Su gente cree que les ayudará a sobrevivir en un territorio difícil y árido.

Idea principal y detalles Al leer, describe de qué manera lograron sobrevivir los indígenas norteamericanos del Suroeste en un ambiente hostil.

La vida en un territorio árido

La danza sobre la cual acabas de leer ha sido realizada durante cientos de años por los indígenas pueblos en la **región cultural del desierto del Suroeste.** Busca esa región en el mapa. ¿Qué estados actuales incluye?

Gran parte de la región cultural del desierto del Suroeste es caliente y árida. Hace mucho, en esta región se establecieron varias tribus, entre las que estaban los hopis y los zuñis. Estos grupos vivían en poblados basados en la agricultura, y por eso se les conoció más tarde como indígenas **pueblo.** Las otras naciones indígenas de la región no practicaban la agricultura. Tal era el caso de los apaches, que se dedicaban a la caza, y de los navajos, que criaban ovejas.

Se cree que los indígenas pueblo descienden de los anasazis, los "ancestros" del territorio alrededor de Four Corners. Al igual que los anasazis, los pueblo idearon sistemas de riego para cultivar maíz, frijol, calabacita y algodón.

Los pueblo tenían las mismas costumbres que los anasazis para construir viviendas. Sus poblados parecían edificios de departamentos como los actuales, de varios pisos de altura. Los hopis construían sus aldeas sobre mesas elevadas para defenderse de sus enemigos.

Las aldeas hopis estaban gobernadas por los hombres, pero las mujeres eran propietarias de todos los bienes y se los heredaban a sus hijas. Los hombres tejían telas y las mujeres, canastas. Según la tradición hopi, el padre del novio tejía el traje para la novia de su hijo. Una mujer de la familia de la novia tejía una canasta especial para el novio.

REPASO ¿Qué tradiciones anasazis adoptaron los indígenas pueblo? **Resumir**

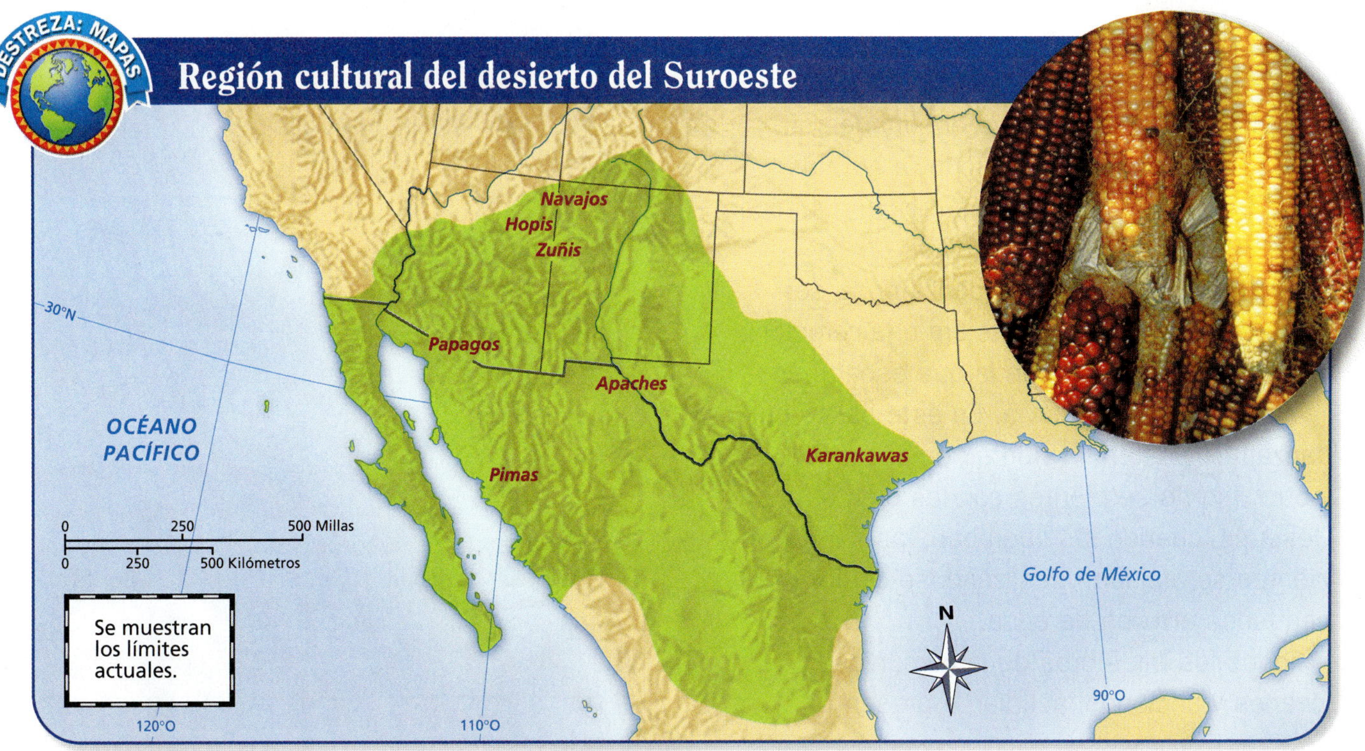

▶ **Los hopis usaban sistemas de riego para cultivar maíz y otros productos.**

DESTREZA: MAPAS Ubicación ***¿Qué tribu vivía en la parte más hacia el este de esta región cultural?***

La lluvia, una necesidad

La lluvia era lo que más necesitaban tribus como los hopis para sobrevivir en su difícil y árida región. Creían que ciertos seres llamados *kachinas* podían traerles lluvia y ayuda de otro tipo. Los hopis hacían bailes ceremoniales en honor de los kachinas para pedirles ayuda.

La danza sobre la que leíste en la sección Estás ahí es una ceremonia de ese tipo. Según la tradición, comienza cuando un grupo de danzantes sale de una *kiva*: una cámara subterránea donde se realizaban las ceremonias. La *kiva* simbolizaba el más allá, de donde el pueblo hopi creía venir antes de llegar a este mundo. En la *kiva*, los danzantes se ponían máscaras con el rostro de los *kachinas*.

Fíjate en el muñeco de *kachina* de la izquierda. Esos muñecos se les daban a los niños, pero no como juguete, sino para enseñarles su religión. Todavía hoy, los niños hopis reciben muñecos de *kachinas*.

La danza de la serpiente era otra ceremonia con la que esperaban atraer lluvia. En este baile, los danzantes sostenían víboras de cascabel y otro tipo de serpientes con los dientes. Después, cuando las liberaban, las serpientes se alejaban deslizándose como pequeños arroyos de agua.

Todos los miembros de la comunidad, jóvenes y ancianos, acudían a presenciar estas ceremonias. Se preparaban lavándose el cabello con una jabonadura hecha de yuca. Los hombres llevaban el cabello suelto y lacio, bajo una mascada anudada o un sombrero de ala ancha. Las mujeres casadas lucían dos largas trenzas; las jóvenes solteras, el peinado que se muestra abajo, el cual se conocía como "flor de calabaza" por su parecido con las flores de esa planta. Este peinado anunciaba que la joven estaba lista para el matrimonio.

REPASO ¿Cuál era el propósito de muchas ceremonias hopis? **Idea principal y detalles**

Dos importantes tradiciones hopis: muñecos de *kachinas (izquierda)* y el cabello peinado de flor de calabaza.

▶ **Los indígenas pueblo, como los hopis y este grupo en San Ildefonso, Nuevo México, contribuyen a mantener vivas sus costumbres por medio de danzas tradicionales.**

Los hopis, hoy

Los hopis aún viven en sus tierras ancestrales. Más de 7,000 viven en una reservación ubicada en el noreste de Arizona, completamente rodeada por la reservación de los navajos, de mucho mayor tamaño. Las dos tribus han estado en conflicto por la propiedad de la tierra.

Los hopis siguen viviendo en poblados. Uno de ellos es **Oraibi,** construido sobre una mesa. Este pueblo, fundado hacia 1050, probablemente es el más antiguo de los Estados Unidos. Muchos hopis conservan sus tradiciones y costumbres ancestrales —como el baile de los *kachinas* y la danza de la serpiente—, pero también han adoptado costumbres modernas. Algunos viven en Nueva Oraibi, un poblado construido en el valle, al sur de la antigua Oraibi.

REPASO ¿Qué diferencias hay entre la forma de vida hopi en la actualidad y la de hace cientos de años? **Comparar y contrastar**

Resume la lección

- **Los habitantes del Suroeste vivían en poblados y usaban el riego para cultivar.**
- **Los muñecos de *kachinas* se usaban para enseñar a los niños hopis sus costumbres y tradiciones.**
- **Hoy, cerca de 7,000 hopis viven en Arizona.**

LECCIÓN 3 REPASO

Verifica hechos e ideas principales

1. **Idea principal y detalles** En una hoja aparte, escribe los detalles que apoyan la idea principal de la lección.

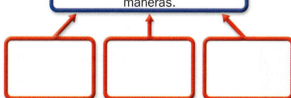

Los indígenas pueblo del Suroeste se adaptaron a su árido ambiente de distintas maneras.

2. ¿Cómo eran gobernados los poblados hopis?
3. ¿Cómo se honraba a los *kachinas* en las ceremonias hopis?
4. ¿Qué te indica la diferencia entre Oraibi y Nueva Oraibi acerca de la cultura hopi actual?
5. **Razonamiento crítico: *Sacar conclusiones*** ¿Por qué crees que los indígenas pueblo adoptaron los estilos de construcción de los anasazis? Explica.

Enlace con la geografía

Analiza regiones Haz un diagrama que muestre las ventajas y desventajas del ambiente de la región Suroeste.

También se salvan vidas con el idioma

¿Alguna vez has usado un idioma secreto? Durante la Segunda Guerra Mundial, un grupo de soldados navajos usaron su lengua materna para crear un código indescifrable, y así ayudaron a los Estados Unidos a ganar la guerra.

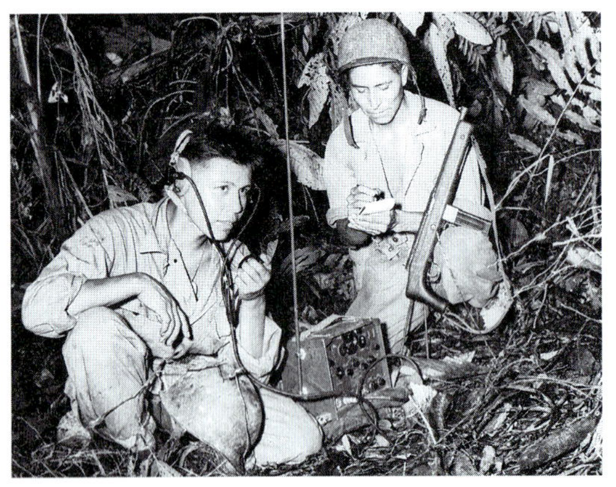

En febrero de 1945, Thomas H. Begay, infante de marina de los Estados Unidos, saltó al mar cerca de Iwo Jima, una pequeña isla del Pacífico. Se oía el estruendo de los aviones enemigos que sobrevolaban el área. Las balas llegaban de todos lados. Begay llevaba un rifle, pero su arma más importante era invisible. En la memoria guardaba varios cientos de palabras de un código secreto basado en el idioma navajo.

Thomas Begay fue uno de los cerca de 420 "hablantes en código" de origen navajo que contribuyeron a la lucha de los Estados Unidos contra Japón en la Segunda Guerra Mundial. Los soldados estadounidenses necesitaban transmitirse mensajes secretos de tal manera que el enemigo no descubriera sus planes. En pleno combate, estos valientes soldados "hablaban" por radio en un código complicado, y con este servicio especial ayudaron a los comandantes a comunicarse con soldados que se hallaban en el frente sin que el enemigo entendiera los mensajes.

"De no haber sido por los navajos", dijo el mayor Howard Connor, "la Infantería de Marina nunca habría tomado Iwo Jima". La batalla de Iwo Jima fue una victoria muy importante para los Estados Unidos durante la Segunda Guerra Mundial.

Arriba se muestra a los "hablantes en código" durante la Segunda Guerra Mundial. A la izquierda, el "hablante en código" John Brown, Jr. recibe la Medalla de Oro del Congreso de manos del presidente George W. Bush en 2001.

VALORES CÍVICOS
Bondad
Respeto
Responsabilidad
Justicia
Honestidad
Valentía

¿Por qué los Estados Unidos reclutó navajos del Suroeste para crear y usar un código? Muy pocas personas que no son de origen navajo hablan el idioma navajo. Más importante aún, este idioma no tiene alfabeto escrito. El idioma y la historia pasan de persona a persona. William McCabe, hablante en código, explicó:

> ***"Bueno, en navajo lo que cuenta es la memoria. Canciones, oraciones, todo... Así nos criaron".***

La memoria de los navajos les permitió enviar y recibir mensajes muy rápidamente, lo que fue muy importante para salvar vidas. Al poner a prueba el código por primera vez, dos navajos hablantes en código pudieron transmitir un mensaje en 20 segundos. A una máquina codificadora le tomaba 30 minutos enviar y descifrar un mensaje. Los soldados en el frente no podían esperar tanto tiempo para decir a sus comandantes qué estaba sucediendo.

Durante muchos años, pocas personas supieron de la valentía de los hablantes en código. El código siguió siendo secreto máximo hasta 1968. En 1982, el presidente Ronald Reagan estableció el 14 de agosto como el Día Nacional de los Hablantes en Código Navajos. En 2001, los "hablantes en código" fueron premiados con la Medalla de Oro del Congreso.

La valentía en acción

Enlace con temas de hoy **¿Cómo puede usarse un idioma para ayudar a otros? Quizás conoces a alguien que haya pronunciado un discurso para crear conciencia sobre un problema de su comunidad. Busca en los periódicos u otras fuentes distintos grupos que hayan utilizado el idioma para luchar en favor de una causa.**

LECCIÓN 4

1000 1500 2000

Alrededor de 1700
El número de kwakiutls es de aproximadamente 15,000

Hoy
Alrededor de 2,000 kwakiutls viven en la región de la costa del Noroeste

REGIÓN CULTURAL DE LA COSTA DEL NOROESTE

Isla de Vancouver

La costa del Noroeste

EN BREVE

Enfoque en la idea principal
La cultura de los pueblos de la costa del Noroeste se basó en los abundantes recursos naturales de la región.

LUGARES
región cultural de la costa del Noroeste
isla de Vancouver

VOCABULARIO
poste totémico
potlatch
chamán

Estás ahí Todo el pueblo está entusiasmado por la próxima fiesta. La pareja que la ofrece celebra la inauguración de su nueva casa. La fiesta durará 12 días y por lo menos 200 personas vendrán a divertirse.

Dentro de la casa, ves diferentes tipos de alimentos: bayas silvestres, carne, verduras cocinadas en aceite de pescado. En los próximos días, se pronunciarán muchos discursos, habrá cantos, bailes y banquetes. El piso está cubierto con pilas de regalos. ¿Son regalos para los anfitriones con motivo del estreno de su casa? No, son regalos que los anfitriones darán a sus invitados. A esta fiesta no llevas regalos; ¡tú recibes regalos!

▶ En las celebraciones se servía la comida en tazones de madera tallada.

Sacar conclusiones
Al leer, fórmate una opinión de por qué los pueblos de la costa del Noroeste usaban sus recursos como lo hacían.

Recursos abundantes

La fiesta sobre la que acabas de leer se llama **potlatch,** una palabra derivada de otra en idioma chinook que significa "regalar". Las tribus de la costa del Noroeste, como los kwakiutls, los tlingits, los haidas y los nootkas, hacían ese tipo de fiesta. Búscalas en el mapa de la página.

La región cultural de la costa del Noroeste tenía abundantes recursos naturales, con bosques de fuertes cedros de gran altura. Estos bosques también eran ricos en animales de caza. Las aguas costeras y los ríos estaban llenos de peces y focas. Los pueblos de la costa del Noroeste no tenían que cultivar para comer. Conseguían todo lo necesario cazando y recolectando.

Con tal abundancia de recursos, los kwakiutls y otras tribus podían celebrar *potlatches*. Los kwakiutls vivían en la **isla de Vancouver** y a lo largo de la costa del Pacífico de lo que ahora es Canadá. Dar muestras de abundancia y generosidad era muy importante en la cultura kwakiutl. Los escudos de cobre y las pilas de mantas eran regalos comunes. Un solo invitado podía recibir 20 mantas o más.

El **poste totémico,** poste con animales u otras imágenes talladas que representan a los ancestros, era otra manera de demostrar abundancia. Fíjate en el que está a la izquierda. Con tanta madera a su alcance, algunos kwakiutls se convirtieron en maestros talladores de madera. El pueblo kwakiutl colocaba con orgullo sus tótems afuera de su casas; algunos eran tan altos como un edificio de cuatro pisos.

Los talladores expertos también usaban un solo tronco de cedro para hacer una piragua. Los kwakiutls utilizaban esas piraguas para cazar en el mar. No sólo cazaban focas, sino también nutrias marinas y hasta ballenas. Estas presas proveían carne, pieles para hacer ropa y aceite para lámparas y hogueras.

REPASO Compara la forma en que los kwakiutls utilizaban los recursos del bosque y los del océano. **Comparar y contrastar**

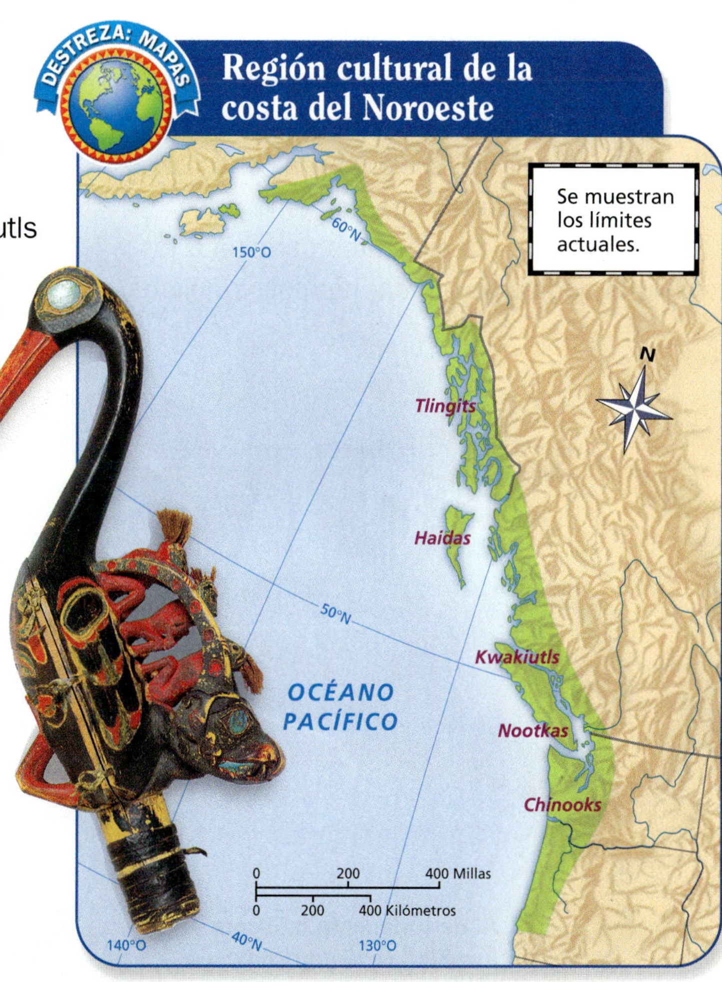

Los pueblos de la costa del Noroeste tallaban hermosos objetos como este pájaro de madera.

DESTREZA: MAPAS **Lugar** ***¿En qué clase de ambiente crees que viviría un tallador de madera?***

Costumbres y tradiciones

En la cultura kwakiutl, el chamán era un personaje importante. Un **chamán** era alguien a quien recurrían los miembros de la tribu cuando se sentían enfermos, pues creían que el chamán podía curarlos. Entre los kwakiutls, tanto los hombres como las mujeres podían convertirse en chamanes.

A veces, los chamanes kwakiutl realizaban bailes ceremoniales en los que usaban máscaras talladas, como las que ves en esta página. Mientras bailaban podían cambiar de aspecto abriendo o cerrando partes de las máscaras. La ceremonia se volvía más emocionante gracias a algunos efectos especiales: ciertos participantes escondidos se encargaban de colgar aves de madera para que "volaran" sobre los espectadores, o bien emitían aullidos que parecían salir del suelo. Al final, el danzante desaparecía tras una nube de humo.

La abundancia de alimentos permitía a los kwakiutls dedicarse a crear hermosos objetos. Muchos de éstos —máscaras, matracas, platos— se tallaban en madera y se decoraban con pintura. Los objetos reflejaban el respeto que los kwakiutls sentían por los espíritus que según ellos los rodeaban.

Gracias al buen clima de la costa, los kwakiutls podían vestir ropa ligera. Con la corteza de cedro, las mujeres tejían telas para hacer las faldas que ellas usaban y camisas largas para los hombres. Los kwakiutls también vestían ropa hecha del cuero de los venados que cazaban en los bosques. Cuando hacía frío, usaban pieles de animales.

Con los cedros de los bosques, los kwakiutls construían viviendas resistentes. Utilizaban los troncos como postes para la estructura de la casa y para las vigas del techo. Los tablones cortados de los troncos formaban las paredes y cubrían el techo.

REPASO ¿Por qué crees que los chamanes eran tan respetados? **Sacar conclusiones**

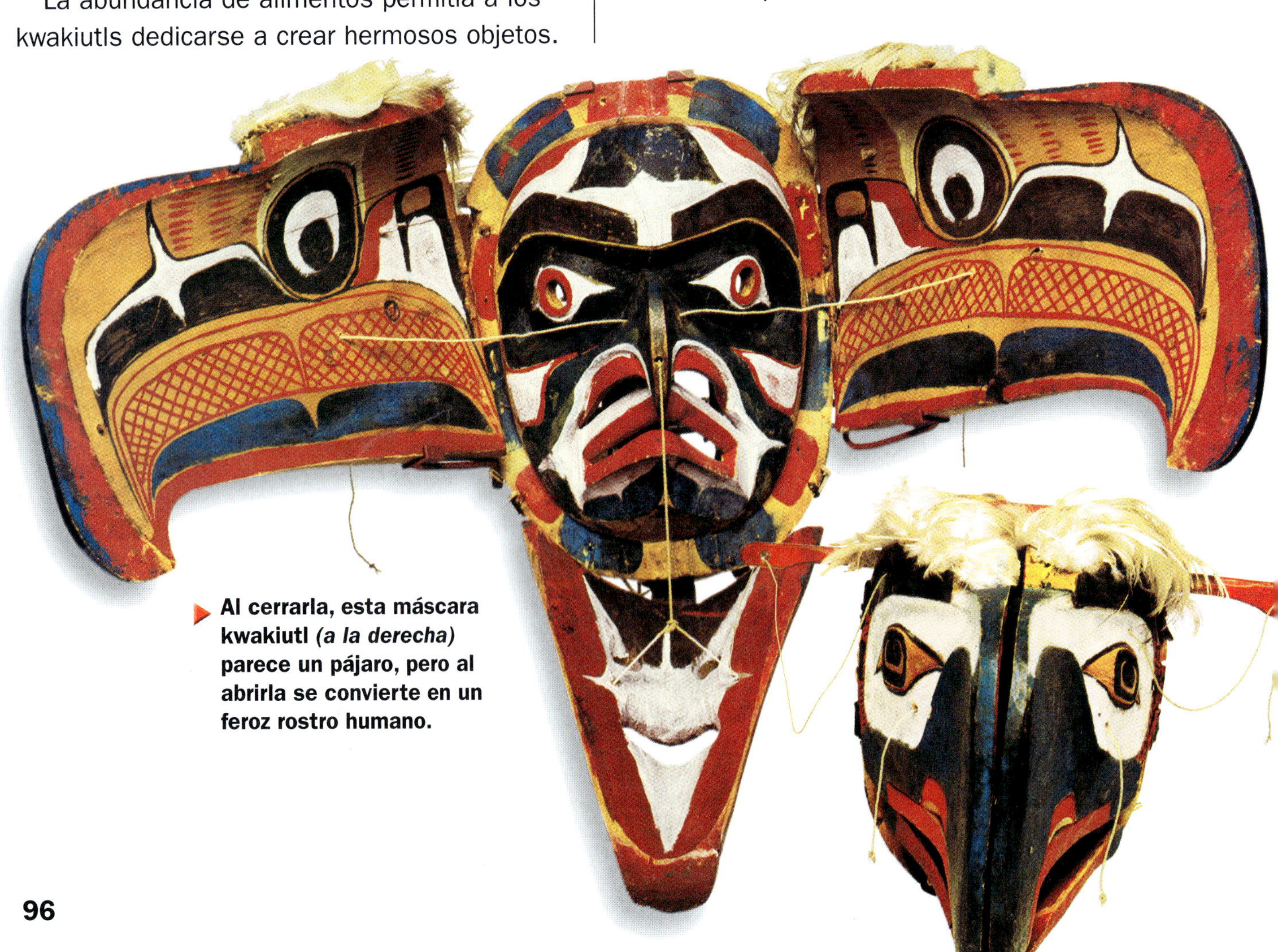

Al cerrarla, esta máscara kwakiutl *(a la derecha)* parece un pájaro, pero al abrirla se convierte en un feroz rostro humano.

Los artistas kwakiutls aún pintan diseños tradicionales.

Los kwakiutls, hoy

Hace trescientos años, el número de kwakiutls ascendía a alrededor de 15,000. Hoy sólo sobreviven 4,000. Los bosques y el mar siguen siendo importantes en su vida. La mayoría de los hombres trabajan en la industria de la madera, en la construcción o la pesca.

Los kwakiutls conservan muchos aspectos de su cultura tradicional, pero también han adoptado nuevas costumbres. A las bayas, la carne y el pescado se han sumado alimentos como azúcar, harina, papas y té. Casi todas sus canoas de cedro han sido sustituidas por botes de motor. Nuevos métodos de construcción han reemplazado las viviendas tradicionales construidas con cedro. Médicos y chamanes atienden a la población por igual. Los kwakiutls siguen ofreciendo *potlatches*.

REPASO Compara los recursos que los kwakiutls usaban hace cientos de años con los de la época actual. **Comparar y contrastar**

Resume la lección

- **Los indígenas de la costa del Noroeste satisfacían sus necesidades mediante la caza y la recolección.**
- **Los chamanes eran personajes importantes en la cultura kwakiutl.**
- **Hoy, muchos kwakiutls trabajan en la explotación forestal, la construcción y la pesca.**

LECCIÓN 4 REPASO

Verifica hechos e ideas principales

1. **Sacar conclusiones** En una hoja aparte, llena los recuadros con los hechos principales de la lección que apoyen la conclusión sobre los recursos de la costa del Noroeste.

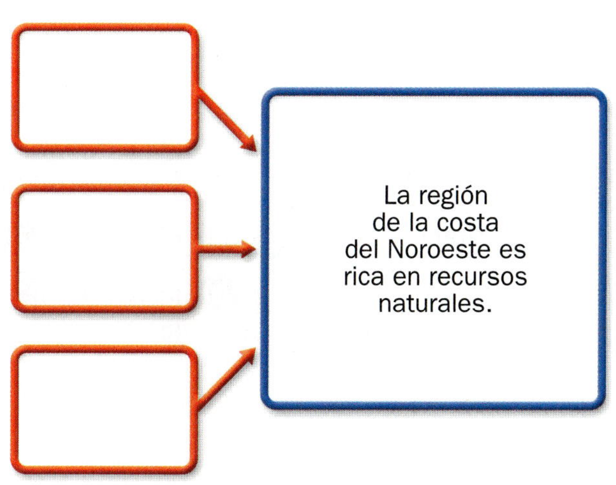
La región de la costa del Noroeste es rica en recursos naturales.

2. ¿Por qué los pueblos de la costa del Noroeste ofrecen *potlatches*?
3. ¿Cómo ayudaban los chamanes a la gente?
4. ¿Cuánto ha disminuido la población kwakiutl con los siglos?
5. **Razonamiento crítico: *Predecir*** ¿Qué cambios harían los kwakiutls a su cultura si llegaran a talarse todos los árboles cercanos?

Enlace con la escritura

Describe detalles Imagínate que hoy vas a ofrecer un potlatch. Escribe qué tipo de regalos les darías a los invitados.

1000 — 1200

Alrededor de 1050
Se funda el poblado hopi de Oraibi

Siglo XIV
Los indígenas de las llanuras empiezan a emigrar a la región de las Grandes Llanuras

Resumen de capítulo

Resumir

Lee el siguiente párrafo. En una hoja aparte, llena el organizador gráfico con la oración que resume el párrafo y las oraciones que incluyen los detalles.

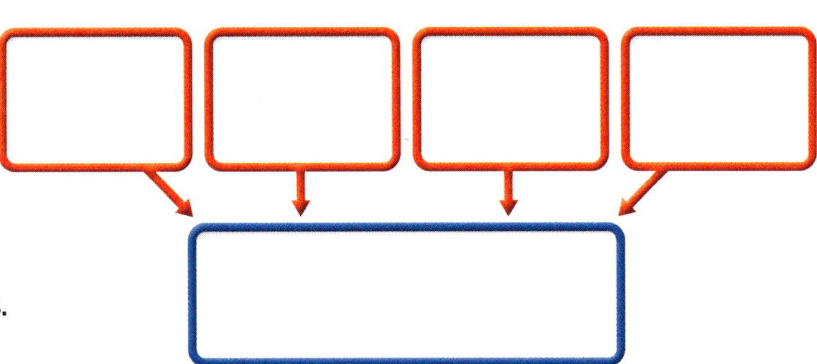

La forma de vida de los indígenas norteamericanos se basó en su ambiente y en los recursos disponibles. Los indígenas norteamericanos de la zona boscosa del Este utilizaban los recursos del bosque. Los indígenas que vivían en las Grandes Llanuras adaptaron su cultura para aprovechar el caballo. En el desierto del Suroeste, los indígenas aprendieron a vivir en un clima poco lluvioso. Y a lo largo de la costa del Noroeste, los pueblos dependían de los abundantes recursos forestales y marítimos.

Vocabulario

Relaciona cada palabra con la definición o la descripción correcta.

1. **tribu** (p. 77)
2. **reservación** (p. 80)
3. ***powwow*** (p. 85)
4. ***potlatch*** (p. 95)
5. **vivienda cavada** (p. 83)

a. reunión

b. grupo de familias bajo un líder

c. choza construida sobre un agujero profundo

d. tierra que el gobierno destina a los indígenas

e. fiesta en la que el anfitrión da regalos a los invitados

Lugares y vocabulario

En una oración explica por qué cada uno de los siguientes lugares o términos era importante para los indígenas norteamericanos. Puedes usar dos o más en una sola oración.

1. **abalorios** (p. 79)
2. **Camino Iroqués** (p. 77)
3. **vivienda comunal** (p. 78)
4. **Grandes Llanuras** (p. 83)
5. **tipi** (p. 83)
6. **pueblo** (p. 89)
7. **Oraibi** (p. 91)
8. **región cultural del desierto del Suroeste** (p. 89)
9. **chamán** (p.96)
10. **poste totémico** (p. 95)

1400 | 1600 | 1800 | 2000

Finales del siglo XVI
Cinco tribus se unen para formar la Liga Iroquesa

Alrededor de 1700
El número de kwakiutls es de aproximadamente 15,000

Finales del siglo XVIII
Los cheyenes capturan caballos

Hechos e ideas principales

1. ¿Qué es una región cultural?
2. ¿En qué clase de viviendas habitaban los diferentes grupos de indígenas norteamericanos?
3. **Línea cronológica** ¿Cuántos años han pasado desde la fundación del poblado hopi de Oraibi?
4. **Idea principal** ¿Cómo utilizaban los iroqueses sus recursos forestales?
5. **Idea principal** ¿Cómo vivían los indígenas de las llanuras antes de la llegada del caballo?
6. **Idea principal** Compara el papel de los hombres y de las mujeres en los poblados hopis.
7. **Idea principal** ¿Con qué clase de recursos naturales contaban los indígenas de la costa del Noroeste?
8. **Razonamiento crítico: *Causa y efecto*** ¿Qué efecto tuvo la formación de la Liga Iroquesa en sus miembros?

Escribe sobre la historia

1. **Escribe una anotación de diario** como si fueras un indígena hopi de tu misma edad que vivió hace cientos de años. Cuenta algunas de las cosas que hiciste ese día.
2. **Redacta el discurso** que hubiera podido decir Hiawatha para convencer a su pueblo de unirse a otros grupos indígenas.
3. **Escribe un menú** para el *potlatch* que podría haber ofrecido un kwakiutl.

Aplica las destrezas

Utilizar la Internet para investigar

Lee los siguientes párrafos escritos con el estilo del sitio Web de una enciclopedia en la Internet. Después contesta las preguntas.

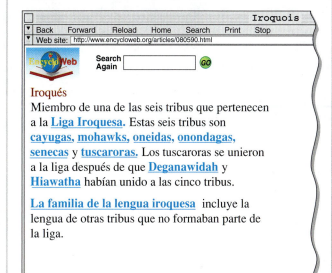

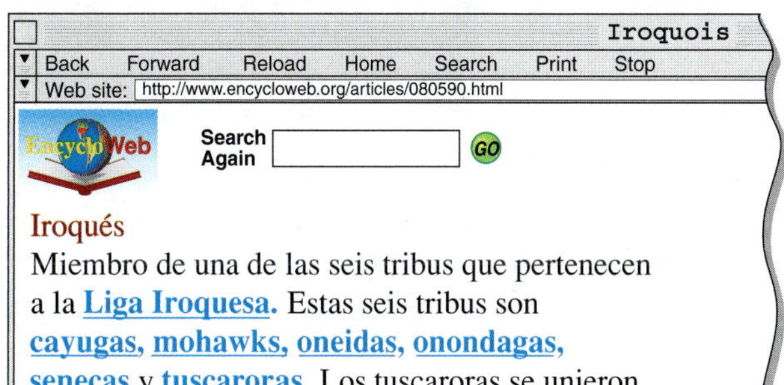

Iroquois
Back Forward Reload Home Search Print Stop
Web site: http://www.encycloweb.org/articles/080590.html
EncycloWeb
Search Again
GO
Iroqués
Miembro de una de las seis tribus que pertenecen a la Liga Iroquesa. Estas seis tribus son cayugas, mohawks, oneidas, onondagas, senecas y tuscaroras. Los tuscaroras se unieron a la liga después de que Deganawidah y Hiawatha habían unido a las cinco tribus.
La familia de la lengua iroquesa incluye la lengua de otras tribus que no formaban parte de la liga.

1. ¿Por qué algunas palabras y frases aparecen en color y subrayadas?
2. ¿Qué pasaría si hicieras clic sobre las palabras o frases subrayadas?
3. ¿Qué otras palabras podrías usar para encontrar más información sobre este tema?

Actividad en la Internet

Para obtener ayuda con el vocabulario, los personajes y los términos, selecciona el diccionario o la enciclopedia en la *Biblioteca de estudios sociales* en **www.estudiossocialessf.com.**

La vida en el hemisferio oriental

1274

China
Kubilai Kan da la bienvenida a Marco Polo, quien viajó siguiendo la Ruta de la Seda hasta llegar a China.

Lección 1

1

Principios del siglo XIV

Malí
Mansa Musa convierte a Timbuktu en centro del arte y la enseñanza.

Lección 2

2

1420–1430

Portugal
Enrique el Navegante envía barcos a explorar la costa de África.

Lección 3

3

Tiempo y lugar

Por qué lo recordamos

En este capítulo participarás en relatos de grandes aventuras. Viajarás con Marco Polo siguiendo la Ruta de la Seda y te maravillarás con él al ver fuegos artificiales por primera vez. Cruzarás el desierto del Sahara con el fabulosamente rico Mansa Musa, rey de Malí, cuyos esclavos transportaban 2,000 libras de oro. Desde la cubierta de un buque en alta mar, lucharás contra las olas y el viento mientras la tripulación explora nuevas tierras.

Todas estas aventuras sucedieron realmente hace cientos de años, y aún hoy continúan sus efectos. Los exploradores del hemisferio oriental fueron los fundadores de nuevas naciones en el hemisferio occidental. Una de esas nuevas naciones serían los Estados Unidos.

LECCIÓN 1

500 1000 1500

1274 Marco Polo llega a China

1405 La flota china bajo el mando de Zheng He explora los mares

Venecia • Ruta de la Seda • Shangdu

EN BREVE

Enfoque en la idea principal
El deseo de comerciar impulsó a los pueblos de Asia y Europa a viajar y establecer vínculos más fuertes con pueblos de otros continentes.

LUGARES
Venecia
Shangdu
Ruta de la Seda

PERSONAJES
Marco Polo
Kubilai Kan
Zheng He

VOCABULARIO
emperador
brújula

Un viaje por la Ruta de la Seda

Estás ahí Es el año de 1274 y Marco Polo acaba de llegar a China. El difícil viaje les tomó tres largos años a él, su padre y su tío. Viajaron en barco, a pie, a caballo y en carreta.

El joven Marco está ahora a miles de millas de su tierra natal. ¡Qué diferente y emocionante debe parecerle todo! Aquí se usa un tipo de dinero inusual; está hecho de papel, no de oro ni de plata como las monedas que se usan donde él vive. ¿Qué queman aquí como combustible? En lugar de madera, usan unas piedras negras que arden como troncos. ¡Qué espectáculo tan lleno de color en el cielo nocturno! ¿Qué es ese extraño polvo que prenden para lanzar cohetes que giran mientras suben hacia el cielo? Sí, Marco Polo se siente muy, pero muy lejos de su hogar.

Marco Polo llegó a China en 1274.

Resumir Al leer, busca en cada sección la idea principal que explique por qué los exploradores viajaban a nuevos lugares.

La Ruta de la Seda

Papel moneda, carbón, pólvora... todo eso era nuevo para **Marco Polo.** Eran cosas totalmente desconocidas en Europa, de donde él venía. En 1271, cuando inició su gran aventura en compañía de su padre y su tío, tenía apenas 17 años. Ellos salieron de su hogar en **Venecia,** ciudad comercial en lo que ahora es Italia.

Los Polo eran mercaderes y su meta era traer mercancías valiosas desde **Shangdu** en China. Cuando llegaron ahí, **Kubilai Kan,** el emperador, los recibió como sus huéspedes. Un **emperador** es el gobernante de un imperio. El palacio real sorprendió a los Polo por su riqueza, y así lo describió Marco Polo en su libro *Los viajes de Marco Polo:*

> ***"El salón principal es tan amplio y extenso que más de seis mil hombres podrían comer en su interior".***

¿Cuál fue el origen de tanta riqueza? Cientos de años atrás, los chinos habían aprendido a hacer telas de seda. Con los años, aumentó tanto la demanda de la seda que incluso la compraban desde Europa y África. Se decía que la seda valía su peso en oro. Los chinos también descubrieron otros productos muy valiosos, como el té y las especias. Los europeos necesitaban especias para conservar la comida y mejorar su sabor. La principal ruta comercial entre China y otras tierras era una red de caminos conocida como la **Ruta de la Seda.** Busca la Ruta de la Seda en el mapa.

Mercaderes y mercancías no era lo único que viajaba por la Ruta de la Seda; también iban y venían ideas, destrezas y costumbres. Los viajes de Marco Polo motivaron a asiáticos y europeos a querer saber más unos de otros.

REPASO ¿De qué manera sirvió la Ruta de la Seda para que personas de diferentes lugares se conocieran más? **Resumir**

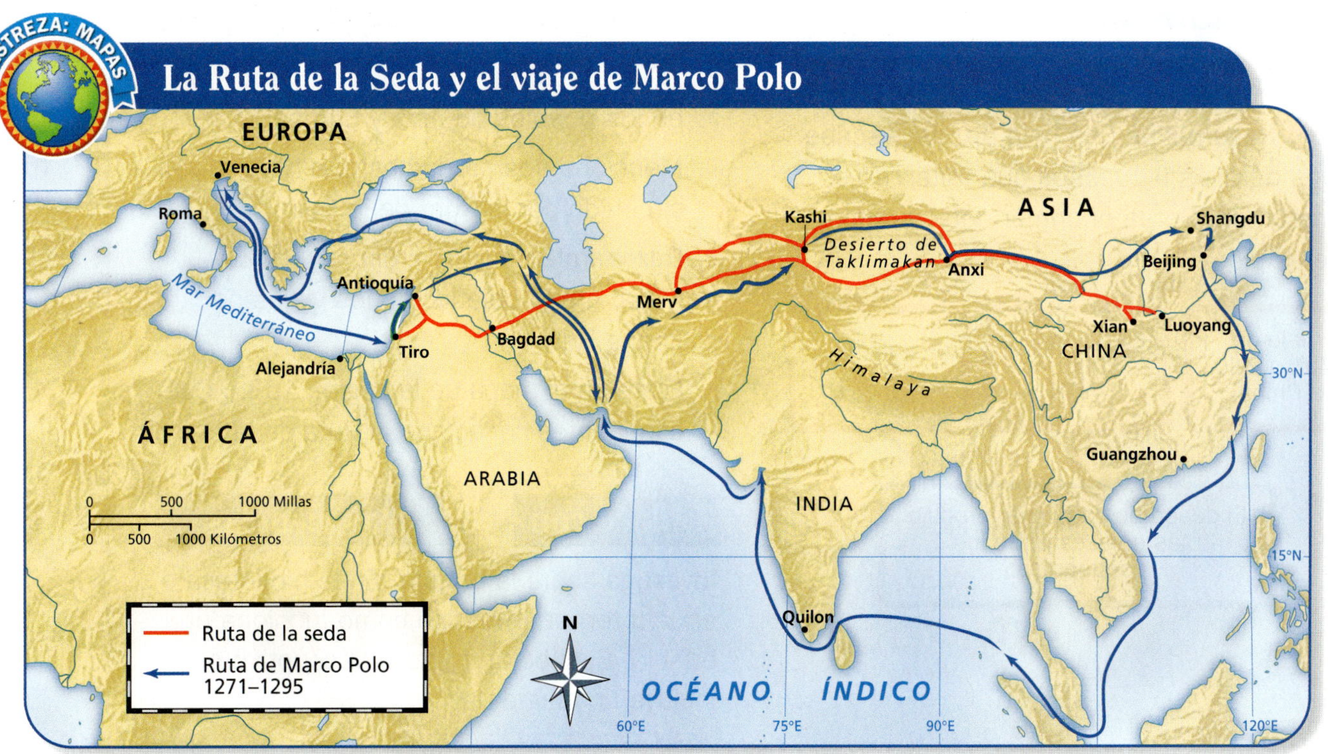

Marco Polo recorrió parte de la Ruta de la Seda.

DESTREZA: MAPAS **Usar rutas** ***¿En qué ciudad de Europa inició Marco Polo su viaje?***

Los navegantes chinos

Hacia el año 1400, China empezó a construir una enorme flota naval. Su misión era extender el comercio de China y demostrar el poder de esa nación. Con más de 300 barcos, era la flota más grande construida hasta entonces. Un invento chino, la **brújula,** permitió a los navegantes determinar el rumbo en alta mar.

La flota navegó bajo el mando de **Zheng He.** Esta lección incluye la biografía de Zheng He. Él y su flota zarparon en 1405. Durante los 28 años siguientes, la flota china realizó siete viajes de comercio y exploración. Llegó a tierras tan lejanas y ricas en especias como las Indias Orientales, India y el imperio persa. También visitó Arabia y el mar Rojo, así como la costa este de África. La demanda de las mercancías de China aumentaba dondequiera que paraban los barcos de su flota.

REPASO Compara el viaje de Marco Polo con las travesías de Zheng He. ¿En qué se parecían? ¿En qué se diferenciaban? **Comparar y contrastar**

Los navegantes chinos usaban brújulas como ésta.

Resume la lección

- **1274** Marco Polo llegó a China desde Venecia.
- **1405** La flota china empezó a explorar los mares bajo el mando de Zheng He.

LECCIÓN 1 REPASO

Verifica hechos e ideas principales

1. **Resumir** En una hoja aparte, escribe los detalles o sucesos que faltan en el resumen. Se da el primer detalle como ejemplo.

Viaje de Marco Polo a China.		

El deseo de comerciar produjo más enlaces entre los continentes.

2. ¿Qué efecto tuvo el viaje de Marco Polo en los pueblos de Asia y Europa?
3. Menciona dos productos que hayan circulado por la Ruta de la Seda.
4. **Razonamiento crítico:** ***Causa y efecto*** ¿Cuál era el objetivo de los viajes de Zheng He?
5. Fíjate en el mapa de la página 103. ¿Qué continentes conectaba la Ruta de la Seda?

Enlace con las ciencias

Investiga sobre la brújula En la biblioteca o en la Internet, investiga cómo funciona una brújula. Escribe un párrafo descriptivo e incluye un diagrama.

Zheng He

1371–1433

Zheng He nació en el sur de China. Su familia estaba en contra de que subiera al poder un nuevo gobierno respaldado por el ejército chino. Su padre murió en combate, y Zheng He fue capturado y convertido en sirviente de un príncipe que era tío del emperador.

La inteligencia y la lealtad de Zheng He impresionaron al príncipe. Los dos hombres se hicieron amigos y juntos planearon cómo derrocar al emperador. Cuando lograron su objetivo, el príncipe se convirtió en emperador y nombró a Zheng He comandante del ejército.

El nuevo emperador quería mostrarle al mundo la grandeza de China, así que envió una numerosa flota a comerciar con otros países. La flota estaba bajo las órdenes de Zheng He.

Zheng He dirigió siete viajes importantes. Visitó y comerció con la India y países del sureste de Asia, del golfo Pérsico y de la costa oriental de África. Estas palabras de Zheng He están inscritas en un monumento en el este de China.

BIODATO

Zheng He llevó a China muchas cosas de otras tierras. Esta jirafa, de la costa este de África, fue dibujada por un artista chino.

"Hemos viajado por... inmensas extensiones de agua y contemplado olas como montañas que se elevan al cielo, y nuestros ojos han visto regiones (extranjeras) ocultas a lo lejos en una (neblina) azul de vapores de luz".

Después de la muerte de Zheng He, un nuevo emperador puso fin a todos los viajes por mar. Aunque China se concentró sólo en sus asuntos internos, lo que había aprendido sobre otras tierras no se olvidaría pronto.

Aprende de las biografías

¿Cómo fue que Zheng He dejó de ser un simple prisionero y se convirtió en un gran líder y explorador del mundo?

Para más información, visita *Personajes de la historia* en **www.estudiossocialessf.com.**

LECCIÓN 2

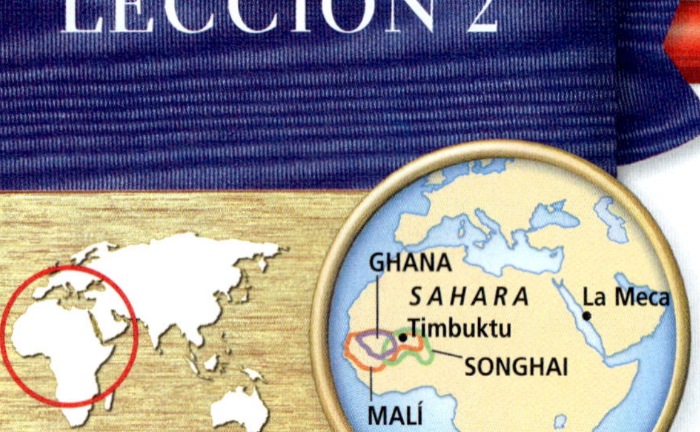

500 | 1000 | 1500

Alrededor de 700 El reino de Ghana prospera

1324 Mansa Musa, rey de Malí, llega a La Meca

Principios del siglo XVI El reino de Songhai alcanza su mayor esplendor

Los imperios comerciales de África

EN BREVE

Enfoque en la idea principal
Hace más de mil años, varios reinos comerciales de gran riqueza florecieron en África occidental.

LUGARES
Sahara
Ghana
Timbuktu
Malí
La Meca
Songhai

PERSONAJES
Mansa Musa

VOCABULARIO
caravana
peregrinaje
astrolabio

Estás ahí Has viajado durante tres largos meses montado en un camello, meciéndote de atrás para adelante. Con frecuencia, es todo un triunfo mantenerte sobre el lomo del camello. Es un animal de mal carácter, al que le gusta morder y escupir.

Viajas por el enorme Sahara. Hace calor durante el día y frío en la noche. El Sahara es como un gran mar de arena, pero en lugar de olas cruzas dunas interminables que cambian de forma. Ahora entiendes por qué se conoce al camello como "el barco del desierto". Es el único medio de transporte que puede llevarte a través de las interminables millas de arena.

Secuencia Al leer, busca claves que te indiquen la secuencia de reinos que florecieron y decayeron en África occidental.

Ghana, el reino del oro

Acabas de leer la historia de una caravana que cruza el enorme **desierto del Sahara** en África. Una **caravana** está formada por un grupo de mercaderes que viajan juntos. Por siglos, caravanas de camellos viajaron por el Sahara llevando y trayendo mercancías de África occidental. En esa región surgieron varios reinos comerciales muy poderosos.

El primero de esos reinos, **Ghana,** alcanzó su máximo esplendor hacia el año 700. Los visitantes se referían a Ghana como la "tierra del oro". Ghana recibió este nombre porque su tierra era rica en este mineral precioso. Pero a Ghana le faltaba un recurso importante: la sal.

Se crearon rutas comerciales que llevaban la sal a Ghana a cambio de su abundante oro. Los mercaderes árabes del norte de África llevaban la sal del Sahara a ciudades como **Timbuktu,** en el extremo sur del desierto. Sigue las rutas de estos mercaderes en el mapa. En Timbuktu, los mercaderes árabes regateaban para conseguir el mejor precio en oro por la sal. Así como la seda china, la sal también llegó a valer su peso en oro.

Los mercaderes árabes también llevaron su religión, el Islam, a África occidental. Los seguidores del Islam se llaman musulmanes. El Islam empezó a extenderse por toda la región. Los reyes de Ghana contrataban a musulmanes como funcionarios para que les ayudaran a gobernar.

Los gobernantes de Ghana se hicieron ricos gracias al comercio. Sus reyes cobraban impuestos sobre todas las importaciones y exportaciones. El reino de Ghana se debilitó en el siglo XII, pero un nuevo imperio que empezaba a surgir en esa misma área superaría a Ghana en extensión y riqueza.

REPASO Explica por qué Ghana era conocida como la "tierra del oro". **Resumir**

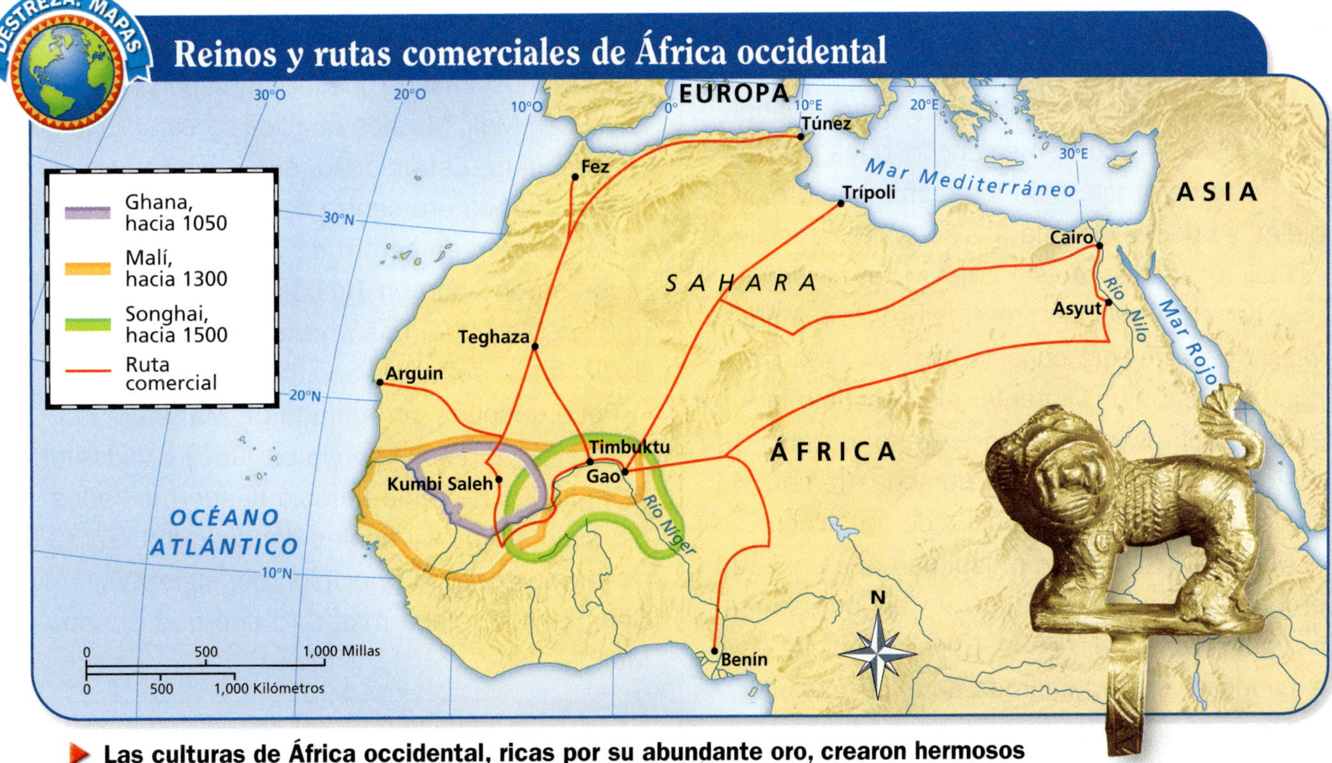

▶ Las culturas de África occidental, ricas por su abundante oro, crearon hermosos objetos como el que ves a la derecha.

DESTREZA: MAPAS **Región** ***¿Qué desierto cruzaban las rutas comerciales para llegar a las ciudades de África occidental?***

El Atlas Catalán, creado por el español Abraham Cresques en el siglo XIV, muestra a Mansa Musa con una corona.

Malí y Songhai

El reino de **Malí** controlaba más territorio que Ghana. Al igual que Ghana, Malí debía su riqueza al comercio. Las caravanas seguían comerciando con oro y sal. Además, los barcos europeos de España, Portugal e Italia llevaban ropa, caballos y otras mercancías a los puertos del norte de África. Malí intercambiaba oro, pieles y nueces de cola por esas mercancías.

Malí alcanzó su auge como imperio a principios del siglo XIV, durante el reinado de **Mansa Musa.** Este rey era conocido por su inmensa riqueza. Según un visitante que describió la entrada del rey, lo llevaban cargado cubierto por una enorme sombrilla "de seda, (rematada) con un ave de oro del tamaño de un halcón".

Mansa Musa fue un musulmán que en 1324 emprendió un **peregrinaje,** un viaje que se realiza por razones religiosas. El peregrinaje lo llevó a **La Meca,** ciudad sagrada para los musulmanes, en la península arábiga.

Con él llegaron miles de personas, entre ellas unos 500 esclavos. Cada uno cargaba una barra de oro que pesaba cuatro libras y que se usaba para pagar los gastos del viaje.

El viaje del rey fortaleció los lazos comerciales entre Malí y otras naciones musulmanas. Mansa Musa regresó a su país con muchos eruditos y artistas musulmanes que hicieron aportaciones a la vida en Malí. Muchos de ellos se establecieron en Timbuktu. Esta ciudad, que desde hacía mucho tiempo era centro de comercio, se convirtió también en centro de enseñanza. Mansa Musa ordenó que en Timbuktu se construyera la Gran Mezquita, una enorme construcción dedicada al estudio y al culto.

Poco después del reinado de Mansa Musa, otro reino comercial surgió en África occidental: **Songhai.** Este reino floreció desde mediados del siglo XIV hasta finales del siglo XVI. En su mejor momento, a principios del siglo XVI, Songhai controlaba más territorio que Ghana y Malí.

REPASO Menciona tres poderosos reinos comerciales de África occidental y la secuencia en que gobernaron. **Secuencia**

Vínculos entre diferentes partes del mundo

En este capítulo has leído cómo los pueblos de diferentes partes del mundo se relacionaron entre sí. Los viajes de Zheng He mostraron que los chinos buscaban rutas hacia la India y África. El peregrinaje de Mansa Musa mostró cómo los pueblos de África occidental y de la península arábiga viajaban de una región a otra. El mapa de la página anterior, trazado por un europeo en el siglo XIV, indica que los pueblos de Europa estaban conociendo los pueblos y la geografía de África y Asia.

Los europeos que elaboraban los mapas aprovecharon los conocimientos de muchos viajeros y geógrafos de todo el mundo. Una de las herramientas que más les sirvió fue invento de los árabes: el **astrolabio.** Este instrumento ayudaba a los navegantes a usar el sol y las estrellas para conocer su latitud, es decir, su distancia respecto del ecuador. Gracias al astrolabio y otras herramientas e ideas nuevas, cada vez hubo más relaciones estrechas entre diferentes partes del mundo.

▶ **Astrolabio**

REPASO Da detalles que muestren cómo se iban relacionando cada vez más las diferentes partes del mundo. **Idea principal y detalles**

Resume la lección

- **Alrededor de 700** El reino de Ghana prosperó en África occidental.
- **1324** Mansa Musa, rey de Malí, condujo a miles de personas en un peregrinaje a La Meca.
- **Principios del siglo XVI** El reino de Songhai alcanzó su máximo esplendor.

LECCIÓN 2 REPASO

Verifica hechos e ideas principales

1. **Secuencia** En una hoja aparte, escribe los sucesos que faltan en este organizador gráfico que muestra los tres reinos principales de África occidental.

El reino de Ghana surge en África occidental.
↓
↓

2. ¿Por qué cruzaban las caravanas el desierto del Sahara?
3. ¿Por qué Timbuktu se convirtió en un centro musulmán de enseñanza?
4. ¿Qué recurso importante controlaban los reinos de África occidental? ¿Qué recurso importante les faltaba?
5. **Razonamiento crítico: *Evaluar*** ¿Por qué Mansa Musa viajó con tantas personas y tanto oro?

Enlace con la geografía

Dibuja un mapa ilustrado Fíjate en el mapa de la página 108 que muestra a Mansa Musa, rey de Malí. Crea tu propio mapa para ilustrar algo que hayas leído en este capítulo. Incluye símbolos y una clave.

LECCIÓN 3

1000	1250	1500

1000
Leif Eriksson llega a América del Norte

Alrededor de 1350
Comienza el Renacimiento

1420–1430
Enrique el Navegante envía barcos portugueses a África

1498
Vasco da Gama llega a la India

Los exploradores europeos

EN BREVE

Enfoque en la idea principal
En el siglo XV, los exploradores europeos encontraron nuevas rutas marítimas a África y Asia.

LUGARES
Groenlandia
Vinlandia
Portugal
cabo de Buena Esperanza

PERSONAJES
Eric el Rojo
Leif Ericsson
Johann Gutenberg
Enrique el Navegante
Bartolomeu Dias
Vasco da Gama

VOCABULARIO
saga
Renacimiento
navegación
comercio de esclavos

Estás ahí Eric el Rojo tenía muchos enemigos. Era rápido para enojarse y rápido para usar la espada. Hacia 965, el pueblo vikingo ya estaba harto de él y obligó a Eric a abandonar su tierra natal. Pero, ¿adónde iría? Como muchos vikingos antes que él, Eric el Rojo inició por mar un viaje de exploración y colonización que abarcaría miles de millas.

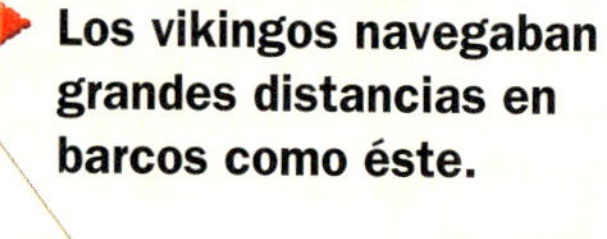

Los vikingos navegaban grandes distancias en barcos como éste.

Sacar conclusiones Al leer, saca conclusiones sobre por qué los exploradores europeos trataban de encontrar nuevas rutas a África y Asia.

Los vikingos

Los vikingos eran expertos marineros. Su tierra natal era Escandinavia, en el norte de Europa. En sus estrechos barcos de madera impulsados sólo por velas y remos, navegaron hacia el este, hasta Asia, hacia el sur, hasta el norte de África, y hacia el oeste, hasta América del Norte.

Eric el Rojo navegó hacia el oeste, a la isla de Islandia, pero pronto también fue expulsado de ahí. De modo que volvió al oeste y, hacia 982, llegó a un lugar al que llamó **Groenlandia,** que significa "tierra verde". A pesar del nombre, era una tierra cubierta de hielo, pero Eric quería que el nombre diera la idea de una buena tierra donde establecerse. La llamó así para alentar a los islandeses a visitarla.

El rumor de una tierra todavía más al oeste despertó el interés del hijo de Eric, **Leif Ericsson.** En el año 1000, zarpó en su búsqueda. Él y su tripulación tal vez fueron los primeros europeos en llegar a América del Norte.

Ericsson había desembarcado en Terranova, en la costa oriental de lo que hoy es Canadá. Según la leyenda, sus hombres encontraron viñedos en el lugar, por lo que le pusieron **Vinlandia,** o "tierra del vino". Pronto llegaron más grupos de vikingos a Vinlandia, pero entraron en conflicto con los indígenas norteamericanos que vivían allí. Hacia 1015, los vikingos que lograron sobrevivir tuvieron que volver a su tierra natal.

Los vikingos no tenían un idioma escrito. ¿Cómo conocemos entonces sus aventuras ocurridas hace mil años? Por sus relatos orales llamados **sagas,** que pasaban de una generación a otra. Las sagas fueron escritas posteriormente.

Las evidencias arqueológicas nos hablan de estos primeros exploradores, como leerás abajo en la sección Ayer y hoy.

REPASO En una oración, describe la información más importante sobre los vikingos que encuentres en esta página. **Resumir**

Ayer y hoy

Un asentamiento vikingo

En el extremo norte de Terranova puedes visitar un sitio histórico llamado **L'Anse aux Meadows.** Ahí, un grupo de arqueólogos encontró las ruinas de un asentamiento vikingo. Las chozas, joyería, lámparas y herramientas de la cultura vikinga que se desenterraron forman parte de una exhibición.

El Renacimiento

Durante siglos, los vikingos dieron muestras de su espíritu aventurero y su curiosidad por conocer el resto del mundo. Hacia 1350, un espíritu similar empezó a surgir muy al sur de Escandinavia, en Italia. Allí, se iniciaba una nueva era que duraría aproximadamente otros 250 años. Se trataba del **Renacimiento,** palabra que significa "volver a nacer".

¿Por qué "volver a nacer"? Porque marcaba un nuevo comienzo en las artes y las ciencias, y un deseo de aprender más acerca del mundo. Al principio de este capítulo leíste sobre Marco Polo. La Venecia de su época, así como algunas otras ciudades italianas, se habían convertido en centros que comerciaban con otras partes del mundo. La riqueza que creó este comercio favoreció las artes y la enseñanza. Los italianos investigaron los conocimientos de las culturas antiguas en Europa, como la griega y la romana, y las de otras partes del mundo, como la china y la árabe.

El Renacimiento se extendió a otras partes de Europa. En Alemania, hacia 1450, **Johann Gutenberg** desarrolló la imprenta, una máquina que permitió reproducir en papel gran cantidad de libros rápidamente. Hasta ese entonces, en Europa, los libros tenían que escribirse y copiarse a mano, copia por copia. El proceso era muy lento y, por lo tanto, los libros eran escasos y caros. Gracias a los inventos de Gutenberg y de otros impresores, muchas personas tuvieron acceso a los libros. Ahora resultaba más fácil comunicar las nuevas ideas.

También hubo muchos avances en el diseño y la construcción de barcos. Los europeos adoptaron inventos de otras culturas, como la brújula de los chinos y el astrolabio de los musulmanes. Al seguir mejorando sus embarcaciones, los europeos llegaron a navegar con más seguridad y rapidez que nunca. Dado que tenían mejores barcos, pudieron aventurarse cada vez más lejos de Europa.

REPASO ¿Dónde empezó el Renacimiento, y a qué lugares se extendió? **Secuencia**

Esta Biblia fue uno de los primeros libros que Gutenberg reprodujo con su imprenta.

Portugal explora África

A principios del siglo XV, la demanda de mercancías asiáticas en Europa, en especial las especias, era más fuerte que nunca. Pero los europeos no podían conseguirlas fácilmente. La Ruta de la Seda y otros caminos terrestres eran largos y peligrosos. Con frecuencia los controlaban mercaderes que cobraban un precio alto por comerciar.

Esto motivó la búsqueda de rutas marítimas a Asia. En la década de 1420, **Portugal** tomó la delantera. El hijo del rey, el príncipe Enrique, reunió un grupo de experimentados navegantes, dibujantes de mapas, diseñadores de barcos y demás expertos de varios países. Sus conocimientos sirvieron para contratar a la tripulación y diseñar barcos que pudieran abrir nuevas rutas. Y para guiar a los barcos, los expertos mejoraron los métodos de **navegación.** Con esta ciencia, los marineros fijan el curso y determinan su localización en mar abierto. Pronto, el príncipe llegó a ser conocido como **Enrique el Navegante.**

Aunque Enrique no viajó personalmente, empezó a mandar barcos portugueses hacia el sur, a lo largo de la costa atlántica de África. En cada viaje, los exploradores llegaban más lejos que en el anterior; dibujaban mapas y tomaban nota de las condiciones para navegar. Los portugueses comenzaron a traer oro de África.

Los portugueses también se beneficiaron del **comercio de esclavos:** la compra y la venta de seres humanos. La esclavitud había existido en muchas partes del mundo durante miles de años, por ejemplo entre los aztecas y en el reino de Malí, en África occidental. Los comerciantes de esclavos introducían y sacaban prisioneros de África a lo largo de las rutas comerciales del Sahara. Muchos árabes, africanos y europeos participaron en el comercio de esclavos. El comercio de esclavos aumentó en el siglo XV. Los portugueses, y después otros europeos, empezaron a transportar africanos cautivos a Europa, donde se convertían en sirvientes o esclavos. Un esclavo, a diferencia de un sirviente, es propiedad de alguien y no posee libertad.

REPASO Menciona dos efectos de la decisión de Enrique el Navegante de explorar la costa de África. **Causa y efecto**

▶ **Gracias a Enrique el Navegante *(arriba),* Portugal tomó la delantera en la exploración de la costa occidental de África. Los portugueses construyeron fuertes a lo largo de la costa para proteger su comercio de oro y esclavos.**

La ruta marítima a la India

Enrique el Navegante murió en 1460, pero las exploraciones portuguesas continuaron. En 1488, el explorador portugués **Bartolomeu Dias** y sus tres barcos se aventuraron a unas 500 millas de distancia del extremo sur de África. Violentas tormentas azotaron la pequeña flota durante varios días. Al cesar los fuertes vientos, Dias hizo un descubrimiento sorprendente. Sus barcos, arrastrados por el viento, rodearon el extremo sur de África y llegaron al océano Índico. Pero su tripulación, lejos de su tierra natal y asustada, se negó a seguir adelante. Así que Dias regresó a Portugal.

Dias informó que había encontrado la punta de África, a la que llamó "cabo de las Tormentas". Pero el rey de Portugal la rebautizó como **cabo de Buena Esperanza.** Este nombre mostraba al mundo la esperanza de los portugueses de abrir rutas marítimas a Asia.

Casi diez años después, en 1497, otro explorador portugués partió de Portugal para navegar alrededor del cabo de Buena Esperanza: **Vasco da Gama.** Él y sus cuatro embarcaciones rodearon África, navegaron al este por el océano Índico y llegaron a la India en 1498. Poco después, los mercaderes portugueses se establecieron en Calicut, India. Allí compraron especias a bajo precio y las llevaron de regreso a Europa. Las rutas marítimas convirtieron a Portugal en un rico imperio comercial. Sigue esas rutas en la sección Aventuras en mapas de esta página.

REPASO ¿Por qué el rey de Portugal llamó cabo de Buena Esperanza al extremo suroeste de África? **Idea principal y detalles**

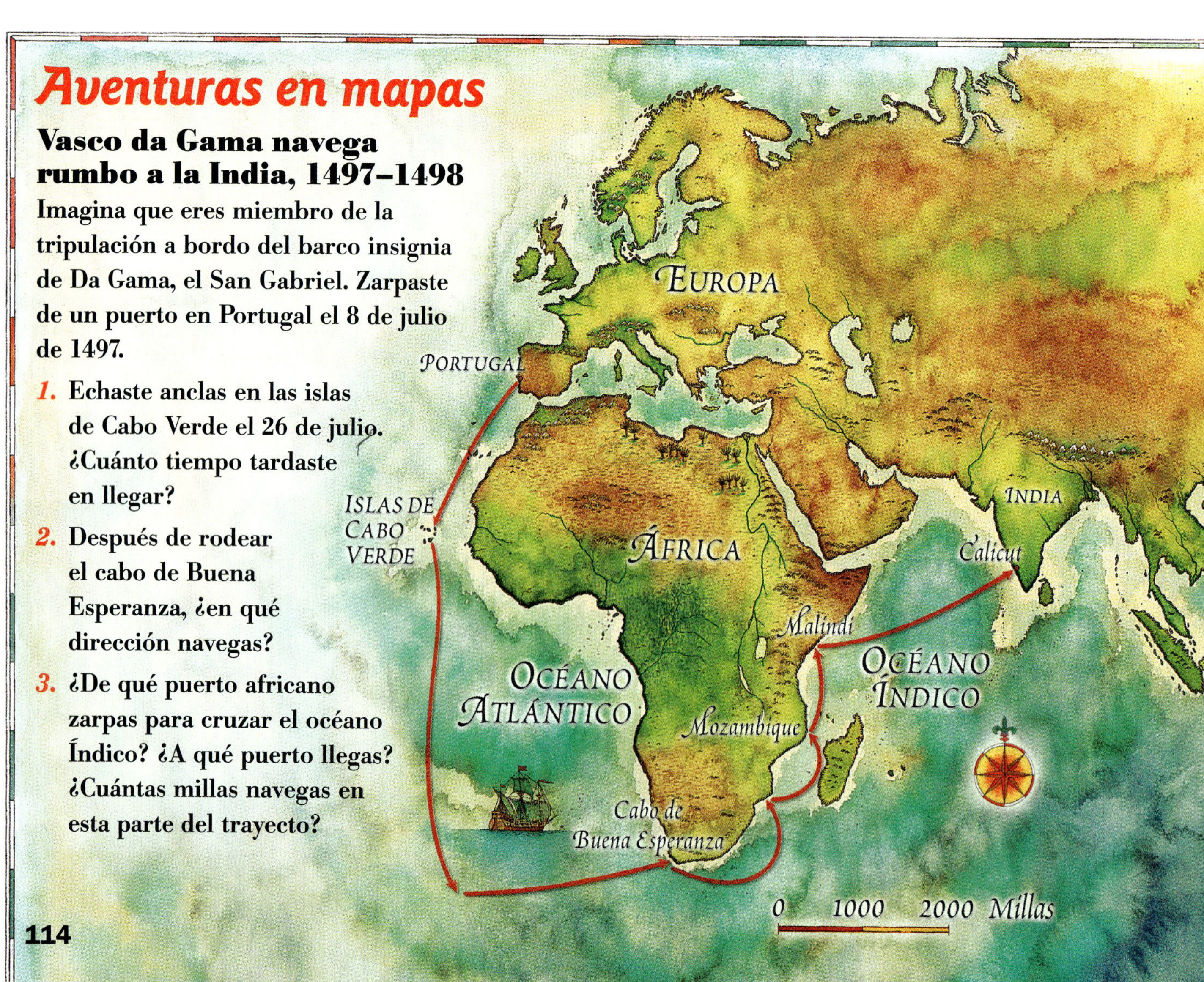

Aventuras en mapas

Vasco da Gama navega rumbo a la India, 1497–1498

Imagina que eres miembro de la tripulación a bordo del barco insignia de Da Gama, el San Gabriel. Zarpaste de un puerto en Portugal el 8 de julio de 1497.

1. **Echaste anclas en las islas de Cabo Verde el 26 de julio. ¿Cuánto tiempo tardaste en llegar?**
2. **Después de rodear el cabo de Buena Esperanza, ¿en qué dirección navegas?**
3. **¿De qué puerto africano zarpas para cruzar el océano Índico? ¿A qué puerto llegas? ¿Cuántas millas navegas en esta parte del trayecto?**

▶ **Un bullicioso puerto portugués a finales del siglo XV.**

La exploración continúa

En este capítulo leíste cómo se extendieron el comercio y los viajes de exploración entre los pueblos de Asia, África y Europa. Desde luego, el comercio no era nada nuevo. Durante siglos, caravanas de mercaderes recorrieron las rutas terrestres. Los barcos siempre habían transportado mercancías de un lado a otro, con frecuencia a lo largo de las aguas costeras. Los avances en la navegación poco a poco aumentaron la distancia y la velocidad a las que podían viajar los barcos.

Para finales del siglo XV, los europeos habían abierto nuevas rutas comerciales marítimas a África y Asia. Pronto recorrerían trayectos aún más largos por mar, trayectos que los pondrían en contacto con los pueblos de las Américas. El hemisferio oriental y el hemisferio occidental establecerían un contacto duradero.

REPASO ¿Qué diferencia al comercio del siglo XV del de períodos anteriores? **Comparar y contrastar**

Resume la lección

- **1000** Bajo el mando de Leif Ericsson, los vikingos llegaron a América del Norte, pero pronto abandonaron su asentamiento.
- **Alrededor de 1350** El Renacimiento, un nuevo comienzo del aprendizaje, se inició en Europa.
- **1498** El explorador portugués Vasco da Gama abrió una ruta marítima a la India rodeando el extremo sur de África.

LECCIÓN 3 REPASO

Verifica hechos e ideas principales

1. **Sacar conclusiones** En una hoja aparte, escribe los hechos que condujeron a la conclusión indicada.

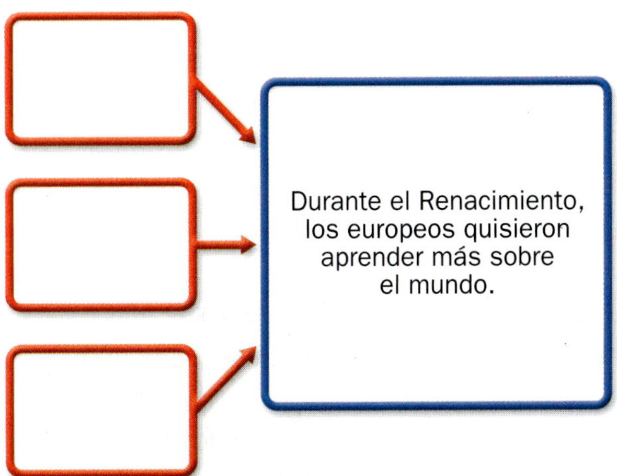
Durante el Renacimiento, los europeos quisieron aprender más sobre el mundo.

2. Menciona algunos efectos del Renacimiento.
3. ¿Cuál fue el efecto de la máquina inventada por Gutenberg? ¿Para qué sirvió?
4. **Razonamiento crítico: *Causa y efecto*** ¿Cómo logró Enrique el Navegante convertir a Portugal en el principal país europeo en explorar otras partes del mundo?
5. ¿Qué evidencias de su intento de colonizar América del Norte dejaron los vikingos a su paso?

Enlace con la lectura

Haz un manuscrito ilustrado Antes de que se inventara la imprenta, la gente sólo podía leer libros escritos, y a veces ilustrados, a mano. Elige el pasaje de un libro que te guste y cópialo. Escribe con tu mejor letra. Ilustra el pasaje.

Destrezas: Tablas y gráficas

Usar líneas cronológicas paralelas

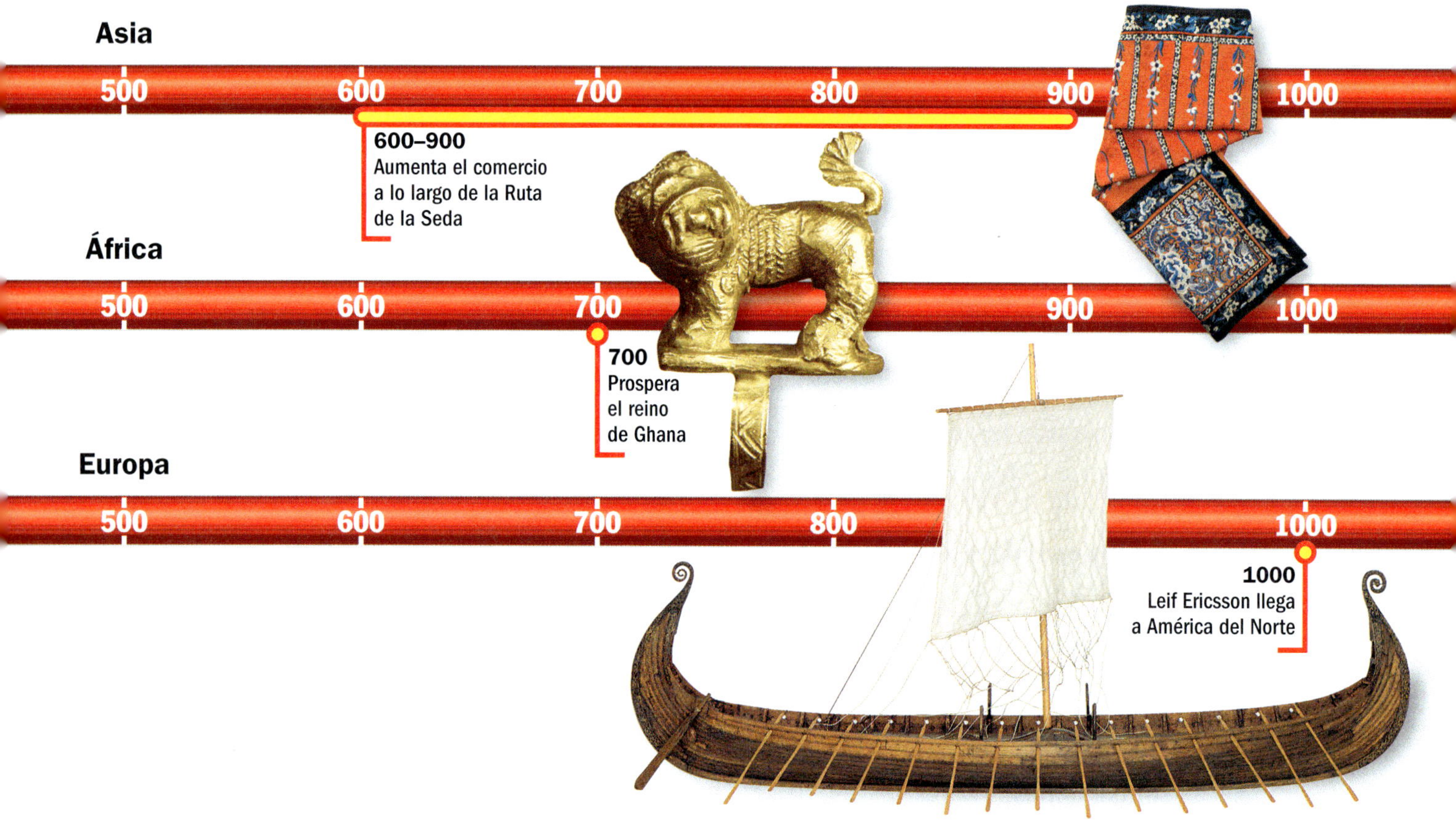

¿Qué son? Como sabes, una línea cronológica es un diagrama que muestra la secuencia de sucesos históricos. Las **líneas cronológicas paralelas** son un grupo de dos o más líneas cronológicas. Juntas, estas líneas paralelas muestran sucesos importantes ocurridos en diferentes lugares al mismo tiempo.

¿Por qué las usamos? Has leído sobre sucesos en Asia, África y Europa. Una línea cronológica paralela como la de arriba muestra sucesos que ocurrieron en los distintos continentes. Al comparar los sucesos que ocurrieron en diferentes partes del mundo, empiezas a observar los vínculos que hay entre los diferentes continentes. También descubres lo que estaba sucediendo en algún lugar del mundo cuando sucedía algo en otra parte.

1300 1400 1500 1600

1274–1295
Marco Polo visita China y regresa a Venecia

1405–1433
Encabezada por Zheng He, la flota china domina los mares

1100 1200 1300 1400 1500 1600

1200
Surge el imperio de Malí

1324
Mansa Musa hace un peregrinaje a La Meca

1350
Florece el reino de Songhai

Principios del siglo XV
Songhai alcanza su mayor esplendor

1100 1200 1300 1400 1500

Alrededor de 1350
Comienza el Renacimiento

1488
Dias rodea el cabo de Buena Esperanza.

¿Cómo las usamos? Fíjate en las tres líneas cronológicas paralelas y compáralas. Muestran sucesos ocurridos en Asia, África y Europa entre los siglos VII y XVI. Aunque las líneas cronológicas muestran el mismo tiempo, en esos continentes ocurrían sucesos distintos. A veces los sucesos que empezaron en un continente llegaron a otro.

Para usar las líneas cronológicas, primero fíjate en cada una por separado. Después compara lo que sucedía en dos o tres partes del mundo durante un período de tiempo específico. Luego, piensa si había una relación entre esos sucesos o cómo podrían haber afectado otros lugares.

Piensa y aplícalo

1. ¿Qué sucedía en África mientras el comercio por la Ruta de la Seda aumentaba en Asia?
2. ¿Cuándo comandó Zheng He la flota china, antes o después de que Dias navegara alrededor del extremo de África?
3. ¿Qué pasaba en Europa durante la época en que surgió el reino de Songhai?

CAPÍTULO 3
REPASO

1000	1100	1200

Alrededor del año 700
El reino de Ghana prospera

1000
Leif Ericsson llega a América del Norte

Resumen del capítulo

Resumir

Copia el organizador gráfico del lado derecho. Lee las tres oraciones siguientes y elige la que mejor resuma el capítulo. Escribe esa oración en el lugar correcto del organizador gráfico. Después escribe los detalles del capítulo.

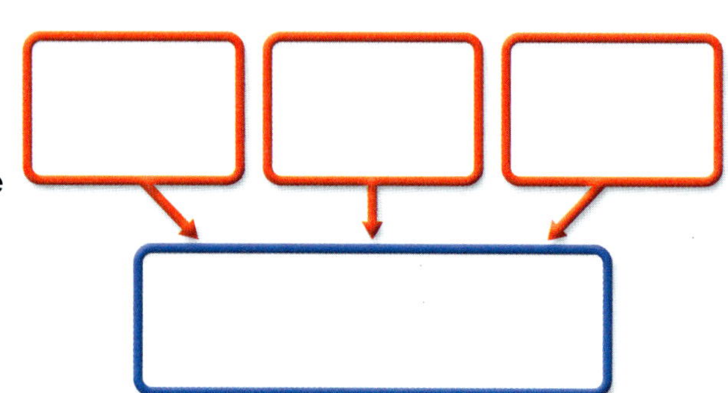

1. África occidental tenía un centro de comercio y nuevos imperios.
2. Las exploraciones se llevaron a cabo en varios continentes entre los siglos XI y XVI.
3. Entre los siglos XI y XVI los barcos se convirtieron en un medio importante para viajar.

Vocabulario

Relaciona cada palabra con la definición o la descripción correcta.

1. **saga** (p. 111)
2. **brújula** (p. 104)
3. **peregrinaje** (p. 108)
4. **comercio de esclavos** (p. 113)
5. **navegación** (p. 113)

a. ayuda a los navegantes a determinar el rumbo en alta mar

b. la compra y la venta de seres humanos

c. ciencia que determina el rumbo en alta mar

d. relato oral antiguo

e. viaje por razones religiosas

Personajes y lugares

Escribe una oración que relacione cada uno de los personajes de la izquierda con uno de los lugares de la derecha. Deberás escribir cinco oraciones en total.

Personajes

1. **Marco Polo** (p.103)
2. **Kubilai Kan** (p.103)
3. **Mansa Musa** (p. 108)
4. **Leif Ericsson** (p.111)
5. **Enrique el Navegante** (p.113)

Lugares

Timbuktu (p.107)

Portugal (p. 113)

Shangdu (p. 103)

Venecia (p.103)

Vinlandia (p.111)

1300		1400		1500		1600

1274 Marco Polo llega a China

1324 Mansa Musa, rey de Malí, viaja a La Meca

alrededor de 1350 Se inicia el Renacimiento en Europa

1405 La flota china explora los mares bajo el mando de Zheng He

1420–1430 Enrique el Navegante envía barcos portugueses a África

1498 Vasco da Gama llega a la India

Principio del siglo XVI El reino de Songhai alcanza su máximo esplendor

Aplica las destrezas

Usar líneas cronológicas paralelas

Analiza las líneas cronológicas paralelas de las páginas 116–117. Después contesta las siguientes preguntas.

1. ¿Qué reino de África occidental ya existía cuando Leif Ericsson zarpó hacia América del Norte?
2. ¿Dias navegó antes o después de iniciarse el Renacimiento?
3. ¿Mansa Musa hizo su peregrinaje antes, durante o después de la época en que Marco Polo visitó China?

Hechos e ideas principales

1. Además de mercancías, ¿qué más viajaba por la Ruta de la Seda?
2. Menciona tres reinos poderosos de África.
3. ¿Qué fue el Renacimiento y dónde empezó?
4. **Línea cronológica** ¿Cuántos años pasaron entre los viajes de Leif Ericsson y los de Vasco da Gama?
5. **Idea principal** ¿De qué manera los viajes de Zheng He contribuyeron al comercio de China?
6. **Idea principal** ¿Qué recurso mineral contribuyó a la riqueza de los reinos de África occidental?
7. **Idea principal** ¿Por qué los europeos deseaban abrir nuevas rutas marítimas a África y Asia?
8. **Razonamiento crítico: *Comparar y contrastar*** Elige dos de los siguientes personajes y compara sus viajes: Leif Ericsson, Marco Polo, Mansa Musa, Zheng He, Vasco da Gama.

Escribe sobre la historia

1. **Escribe una anotación** de un diario de viaje sobre las experiencias de un mercader al seguir la Ruta de la Seda.
2. **Escribe un párrafo descriptivo** sobre Mansa Musa y su peregrinaje a La Meca.
3. **Escribe un anuncio** para un libro reproducido en la nueva imprenta de Gutenberg. Explica por qué ese libro es distinto de otros libros anteriores.

Actividad en la Internet

Para obtener ayuda con el vocabulario, los personajes y los lugares, selecciona el diccionario o la enciclopedia de la *Biblioteca de estudios sociales* en **www.estudiossocialessf.com.**

UNIDAD 1

Terminemos con literatura

La primera flauta

narrado por Joseph Bruchac

La historia siguiente es una narración del pueblo lakota de la región cultural de las Grandes Llanuras. Habla de la estrecha relación que muchos indígenas norteamericanos tienen con la naturaleza. En la historia, un joven tímido se anima a hablarle a una joven que le gusta. ¿Qué sonidos de la naturaleza trató de imitar el joven con su flauta?

Un día, este joven salió de cacería. Descubrió el rastro de un ante y lo siguió. Aunque no lo perdía de vista, el animal le llevaba la delantera y lo condujo a las afueras de la aldea, hasta las profundidades del bosque. Finalmente, cayó la noche y el joven acampó. Estaba lejos de su hogar, y los sonidos de la noche lo hacían sentirse muy solo. Escuchó las lechuzas y el susurro de las hojas, los crujidos de las ramas y el silbido del viento. Después oyó un sonido que nunca había oído antes. Era un sonido extraño, como el llamado de un pájaro, pero diferente del de cualquier otro. Sonaba como si viniera de la tierra de los espíritus. Aunque raro, era hermoso a la vez. Era como una canción y la escuchó con mucho interés. Al poco rato, se quedó dormido y empezó a soñar.

En su sueño, llegó un pájaro carpintero de plumaje rojizo que cantó una hermosa y extraña canción. Después, el ave le habló.

—Sígueme —le dijo—. Sígueme y te daré algo. Sígueme, sígueme.

Cuando el joven despertó, el sol estaba un poco más arriba. En lo alto, en las ramas del árbol, estaba el pájaro carpintero de plumas rojas. Empezó a volar de árbol en árbol, se detenía y volteaba hacia atrás. El joven lo siguió. Finalmente, el pájaro se paró en la rama recta y seca de un cedro. Comenzó a picotear la rama hueca, llena de agujeros hechos por él mismo.

De repente, una corriente de aire sopló por la rama hueca y se produjo la canción que el cazador había oído antes. El cazador entendió lo que debía hacer. Trepó al árbol y cortó con cuidado la rama. Le agradeció al pájaro carpintero de plumaje rojo por darle ese regalo y se la llevó consigo a su vivienda cavada. Pero, hiciera lo que hiciera, no lograba hacerla cantar. Finalmente, subió a la cima de una colina y ayunó durante cuatro días. Al cuarto día, tuvo una visión: era el pájaro carpintero que de nuevo le habló y le dijo lo que tenía que hacer. Debía tallar la imagen del carpintero y amarrarla de cierta forma cerca de un extremo de la rama. También debía dar la forma de una cabeza de pájaro con el pico abierto al otro extremo de la flauta. Así, cuando soplara por ese extremo de la flauta mientras cubría los hoyos con los dedos, podría tocar la canción.

El hombre hizo lo que la visión le indicó. Talló la flauta para que pareciera la cabeza de un ave con el pico abierto. Le amarró la figura del pájaro cerca del otro extremo, y cuando sopló hacia adentro de la flauta hizo música. Siguió practicando por mucho tiempo, mientras escuchaba los sonidos del viento y de los árboles, el murmullo del agua y los llamados de las aves, integrándolos todos a su música. Pronto pudo tocar una hermosa canción. Ahora, cuando salía de cacería y acampaba lejos de su aldea, llevaba con él la flauta y la tocaba para sentirse acompañado.

Por último, el joven sabía que estaba listo para visitar a la muchacha que tanto le gustaba desde lejos.

UNIDAD 1

Repaso

En los exámenes

Busca palabras clave en la pregunta.

Ideas principales y vocabulario

LISTOS para los EXÁMENES

Lee el texto siguiente y úsalo para contestar las preguntas.

La gente siempre ha viajado. En tiempos antiguos, en busca de alimentos. Cuando aprendieron a cultivar se asentaron. Empezaron a comerciar buscando los bienes que necesitaban o querían. Los comerciantes viajaban para intercambiar bienes y los exploradores buscaban rutas comerciales.

En el Período Glacial, llegaron los primeros viajeros a las Américas. Tal vez seguían a los animales que cazaban por una franja que conectaba Asia con América del Norte. Vivían de la caza y de la recolección. Luego, se hicieron granjeros. Se asentaron en comunidades y empezaron a comerciar entre sí.

El comercio cobró importancia en todo el mundo. En África, las caravanas de comerciantes cruzaban el desierto del Sahara. Se desarrollaron ricos imperios comerciales y surgieron líderes que gobernaban tierras y pueblos. El reino de Ghana comerciaba oro por sal. Timbuktu se convirtió en un gran centro comercial. Mansa Musa, el rey de Malí, hizo una peregrinación a la Meca. En su viaje religioso, se llevó oro y otras riquezas.

En China, se fabricaba tela de seda. Otros pueblos querían la seda, especias y bienes de los chinos. Los comerciantes viajaban por la Ruta de la Seda. Zheng He, de China, comandó los barcos que viajaron hacia el oeste para explorar y comerciar.

Exploradres europeos navegaron hacia el sueste bordeando las costas de África. A fin del siglo XV, el portugués Vasco de Gama navegó alrededor de la punta de África y llegó a la India.

1 Según el texto, ¿por qué intercambiaban sus bienes las personas?
- **A** para aumentar el valor de sus bienes
- **B** para obedecer las órdenes de gobernantes poderosos que reclamaban sus bienes
- **C** para deshacerse de cosas que no querían o no necesitaban
- **D** para obtener bienes que necesitaban o deseaban

2 En el texto, la palabra caravanas significa:
- **A** vagones tirados por caballos
- **B** personas que viajan en grupos
- **C** camellos
- **D** vehículos sobre ruedas

3 En el texto, la palabra peregrinación significa:
- **A** viaje religioso
- **B** ruta comercial
- **C** exploración
- **D** intercambio de bienes

4 ¿Cuál es la idea principal del texto?
- **A** Personas de todo el mundo se trasladaban de un lugar a otro para intercambiar bienes.
- **B** La navegación era el medio más importante para explorar el mundo.
- **C** Únicamente China tenía seda para comercializar.
- **D** La agricultura cambió la forma de vida de las personas.

Vocabulario y lugares

Relaciona cada lugar y cada término con la definición correspondiente.

1. **glaciar** (p. 55)
2. **rastra** (p. 83)
3. **poste totémico** (p. 95)
4. **Timbuktu** (p. 107)
5. **reservación** (p. 80)

a. estructura para transportar cosas

b. tierra destinada a los indígenas norteamericanos

c. ciudad comercial en África

d. tronco de árbol tallado que representa la historia familiar

e. gruesa capa de hielo

Aplica las destrezas

Crea una línea cronológica de resumen Elige un capítulo de esta unidad. Para cada lección, crea una línea cronológica y escribe un breve resumen que describa los sucesos importantes de cada período. Agrega ilustraciones para ayudarte a recordar la información del resumen.

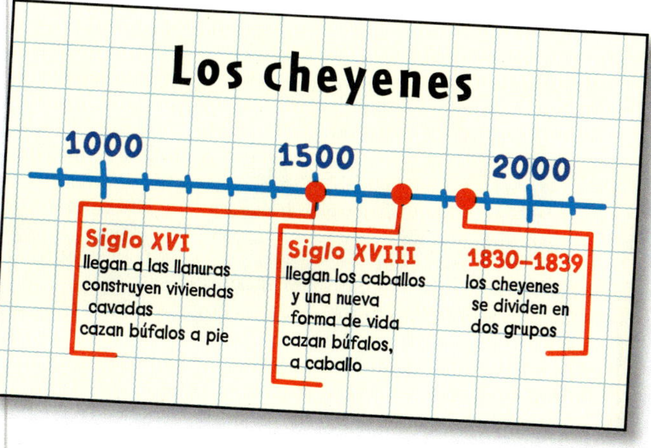

Escribe y comenta

Presenta un programa de concurso Imita un programa de concurso de la televisión y actúalo en tu salón de clases. Divide la clase en cuatro equipos. Cada uno elaborará preguntas y respuestas basadas en esta unidad. Cada equipo seleccionará a los concursantes que responderán a sus preguntas. Usa un cronómetro para medir el tiempo de respuesta. Después de que cada equipo haya tenido la oportunidad de hacer y responder preguntas, el ganador será aquel que obtenga más puntos.

Lee por tu cuenta

Busca libros como éstos en la biblioteca.

UNIDAD 1

Proyecto

Documental sobre las primeras culturas

Con frecuencia, los cineastas realizan documentales sobre pueblos que vivieron en otras épocas y lugares. Antes de empezar a filmar, los cineastas elaboran un guión gráfico, o *storyboard*.

1 **Forma** un equipo. Con tu equipo, elige una cultura del Oriente o del Occidente que se haya estudiado en la unidad. Después investiga y realiza un documental sobre la cultura que eligieron.

2 **Elabora** un guión gráfico. Dibuja o encuentra ocho ilustraciones que muestren detalles sobre la cultura, y escribe un breve párrafo sobre la ilustración.

3 **Comenta** tu guión con el resto de la clase al principio del documental.

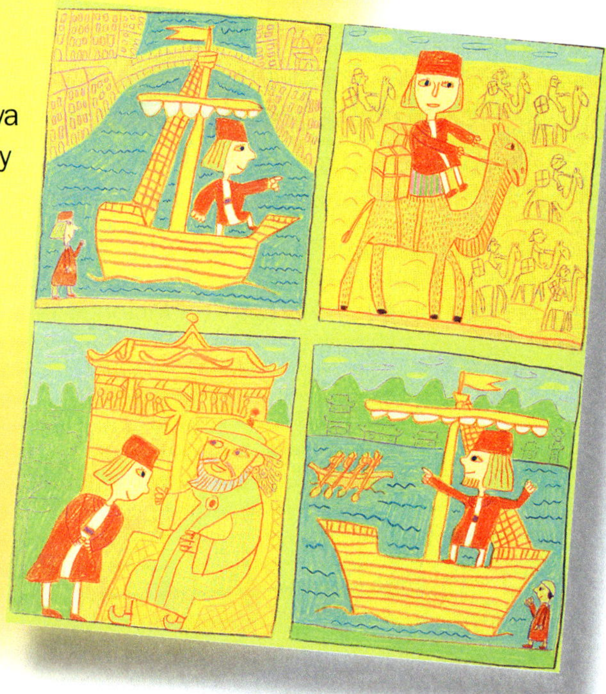

Actividad en la Internet

Busca más información sobre las primeras culturas en la Internet.
Visita **www.estudiossocialessf.com/actividades** y selecciona tu grado y unidad.

UNIDAD 2

Enlaces entre continentes

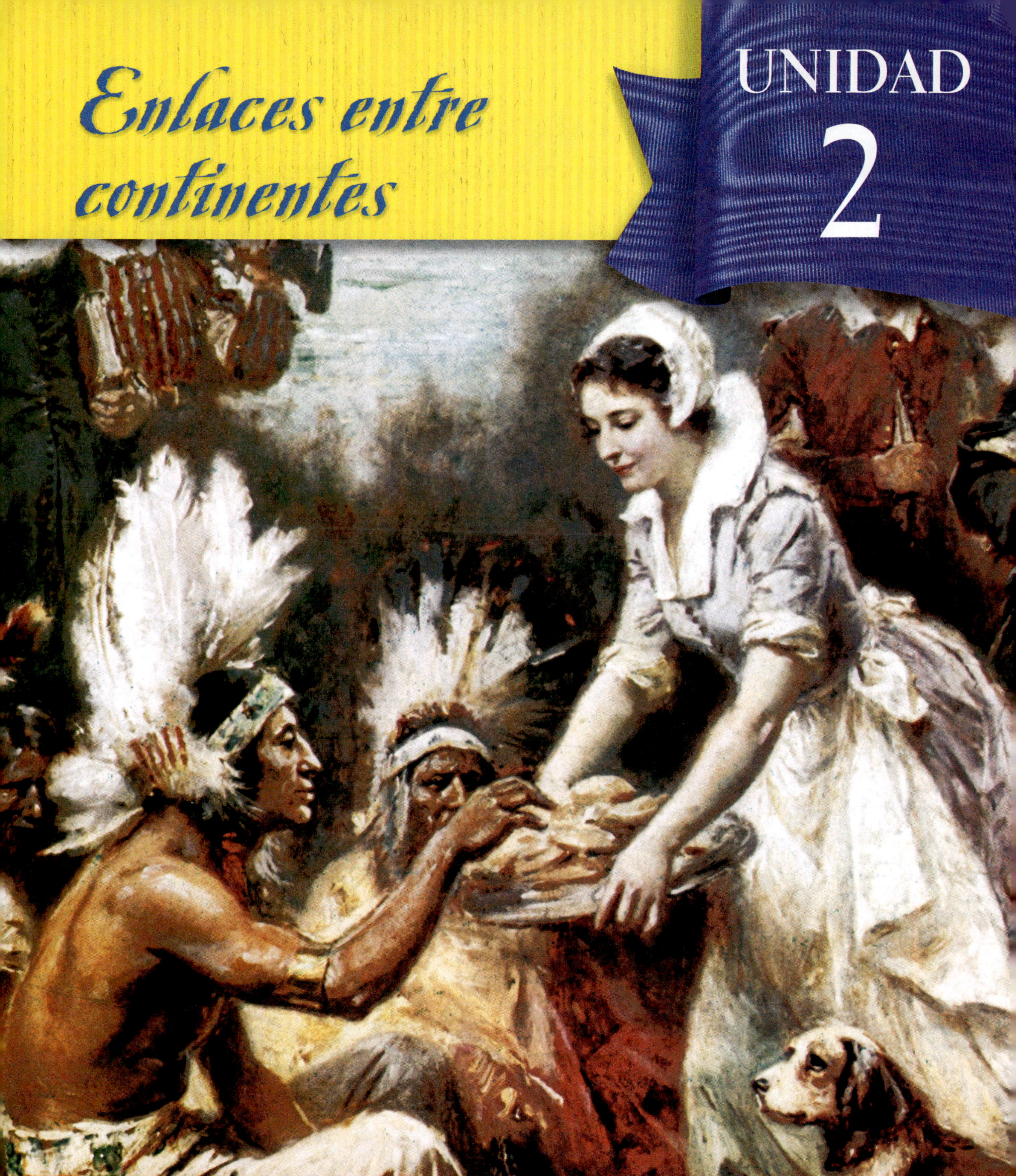

¿Por qué recordamos la celebración que hoy se llama Día de Acción de Gracias?

UNIDAD 2

Empecemos con una fuente primaria

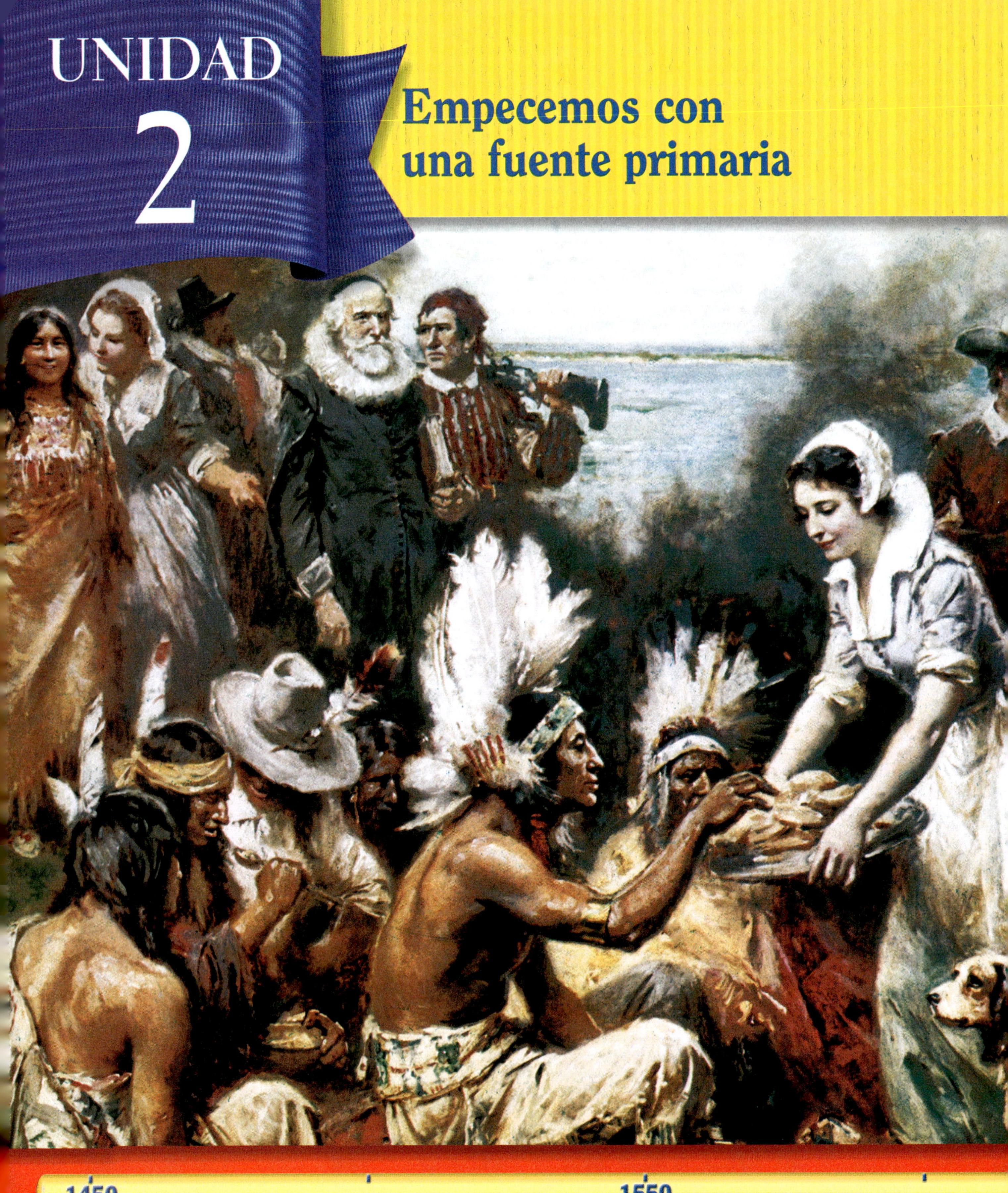

1450 — 1550

1492
Colón llega a las Américas

1521
Cortés derrota a los aztecas

1527
Las Casas empieza a defender a los indígenas de las Américas

"Festejamos y comimos durante tres días".

—Edward Winslow, colono inglés en la plantación Plymouth, 1621

El primer Día de Acción de Gracias, pintado por J. L. G. Ferris, muestra cómo celebraron los peregrinos y los wampanoags la cosecha en 1621.

1650 — 1750

1607
Los ingleses fundan Jamestown

1608
Champlain funda Quebec

1620
Los peregrinos llegan a Plymouth

1682
William Penn funda Pennsylvania

1733
Se funda Georgia, la colonia inglesa número 13

UNIDAD 2

Personajes de la historia

Cristóbal Colón

1451–1506

Lugar de nacimiento:
Génova, Italia

Explorador

- Convenció a los reyes de España de financiar una expedición a Asia
- Llegó a las Américas en 1492
- Abrió el camino para que los europeos colonizaran las Américas

Bartolomé de Las Casas

1474–1566

Lugar de nacimiento:
Sevilla, España

Sacerdote

- Viajó a las Américas para predicar el cristianismo a los indígenas
- Criticó el trato a los indígenas
- Pidió que se pusiera fin a la esclavitud indígena

Samuel de Champlain

1567–1635

Lugar de nacimiento:
Brouage, Francia

Explorador

- Exploró el río San Lorenzo en nombre de Francia
- Fundó la ciudad de Quebec
- Defendió Quebec contra ataques de los ingleses

John Smith

¿1579?–1631

Lugar de nacimiento:
Willoughby, Inglaterra

Militar

- Ayudó a establecer la colonia inglesa de Jamestown, Virginia
- Dirigió a los colonos durante una época difícil, en que hubo poca comida y provisiones
- Escribió varios libros para atraer colonos a América del Norte

1450 | 1500 | 1550 | 1600

1451 • Cristóbal Colón 1506

1474 • Bartolomé de Las Casas 1566

1567 • Samuel de Champlain

¿1579? • John Smith

Alrededor de 1585

1591

Alrededor de 1595

Para más información, visita *Personajes de la historia* en **www.estudiossocialessf.com.**

Squanto

Alrededor de 1585–1622

Lugar de nacimiento:
Cerca del actual Plymouth, Massachusetts

Intérprete

- Aprendió inglés cuando lo secuestraron unos pescadores ingleses
- Fue enviado por Massasoit, jefe wampanoag, como intérprete durante las negociaciones de paz con los colonos de Plymouth
- Enseñó a los colonos destrezas clave para sobrevivir

Anne Hutchinson

1591–1643

Lugar de nacimiento:
Alford, Inglaterra

Líder religiosa

- Organizó reuniones religiosas semanales con otras mujeres de Boston
- Los líderes puritanos la desterraron de la colonia de la bahía de Massachusetts por tener creencias religiosas diferentes
- Fundadora de Portsmouth, Rhode Island

Pocahontas

Alrededor de 1595–1617

Lugar de nacimiento:
Cerca del actual Jamestown, Virginia

Negociadora

- Hija del jefe Powhatan
- Ayudó a mantener la paz entre los indígenas powhatanos y los colonos ingleses en Jamestown
- Se casó con el colono inglés John Rolfe y se fue a vivir a Inglaterra

William Penn

1644–1718

Lugar de nacimiento:
Londres, Inglaterra

Pastor de la iglesia

- Fue encarcelado en Inglaterra por expresar en público sus creencias de cuáquero
- Fundó la colonia de Pennsylvania
- Estableció relaciones amistosas con los indígenas vecinos, los lenni lenapes

1650 | 1700 | 1750

1635

1631

• Squanto 1622

• Anne Hutchinson 1643

• Pocahontas 1617

1644 • William Penn 1718

UNIDAD 2

Lectura de estudios sociales

Enlaces entre continentes

Secuencia

Aprender a encontrar la **secuencia** de los sucesos —el orden en que suceden las cosas— te ayudará a entender muchos tipos de textos. Aprender a buscar la secuencia es útil cuando lees algo sobre historia. Analiza el siguiente organizador gráfico.

Palabras clave	Fecha clave	Suceso
Inicialmente	1492	Colón cruza el océano Atlántico
Más tarde	1521	Cortés derrota a los aztecas
Por último	1533	Pizarro conquista a los incas

- La secuencia es el orden en que ocurren los sucesos.
- Palabras como *primero, inicialmente, luego, después, más tarde* y *por último* ayudan a indicar la secuencia de los sucesos. Las fechas también te permiten determinar la secuencia.

Lee el siguiente párrafo. Se han marcado en color azul las palabras que sirven para señalar la secuencia y, en amarillo, las fechas.

En el Capítulo 3 leíste acerca de los exploradores europeos que viajaron inicialmente alrededor de África en busca de una vía marítima a Asia. Deseaban descubrir nuevos territorios. En 1492, Cristóbal Colón cruzó el océano Atlántico. Más tarde, en 1521, Hernán Cortés y sus soldados españoles derrotaron al imperio azteca. Por último, en 1533, el ejército de Pizarro venció a los incas en Perú. Estos sucesos dieron inicio al imperio español en América.

Enlaces entre continentes: Una secuencia de sucesos

Una vez que los europeos exploraron parte de Asia y África, quisieron ir al oeste, al otro lado del océano Atlántico. Sin embargo, no había mapas que ayudaran a los marineros a cruzarlo.

Primero, España envió barcos a través del Atlántico. Cristóbal Colón partió en 1492. Cuando tocó tierra, creyó que había llegado a las Indias, en Asia, y por eso llamó "indios" a los pobladores de ese lugar.

Después del primer viaje de Colón, España envió más exploradores, soldados, sacerdotes y colonos. Los españoles conquistaron a los aztecas en 1521 y a los incas en 1533. Para 1535, España había fundado la colonia de Nueva España en las Américas.

Unos 100 años después del primer viaje de Colón, los colonos ingleses intentaron establecer una colonia en la isla de Roanoke, en 1587. Esta colonia y sus habitantes desaparecieron hacia 1590.

Más adelante, en 1607, los colonos ingleses se asentaron en Jamestown, Virginia. Después de varios años difíciles, sembraron un próspero cultivo comercial: el tabaco. Además llegaron otros grupos, entre ellos los africanos.

Más al norte, en 1608, los franceses fundaron la ciudad de Quebec, que se convertiría en la capital de la colonia de Nueva Francia. Dieciséis años más tarde, en 1624, los holandeses fundaron Nueva Amsterdam en la isla de Manhattan.

En 1620, un nuevo grupo de colonos ingleses desembarcó en Plymouth. Eran los peregrinos, quienes querían libertad de religión. En 1630, llegó un grupo más grande de pobladores ingleses: los puritanos. Ellos también querían practicar su propia religión. Fundaron la colonia de la bahía de Massachusetts. A la larga, se formaron 13 colonias inglesas en la costa este de América del Norte.

Usa la estrategia de secuencia para contestar las siguientes preguntas.

1. ¿Qué país europeo fue el primero en fundar colonias en las Américas?
2. ¿Quiénes llegaron primero: los puritanos o los peregrinos?
3. ¿En qué orden se fundaron las colonias de Nueva Amsterdam, Nueva España y Nueva Francia?

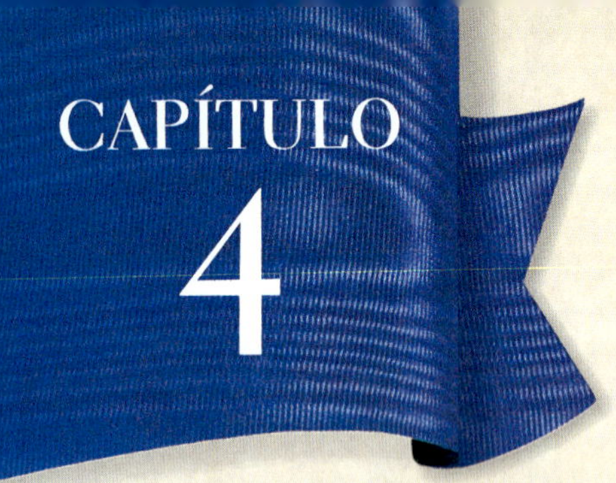

España crea un imperio

1492

Islas Bahamas
Colón llega a las Américas.

Lección 1

1

1521

Tenochtitlan
Cortés conquista el imperio azteca.

Lección 2

2

1574

La Española
Doce mil esclavos africanos trabajan en las plantaciones de azúcar.

Lección 3

3

Por qué lo recordamos

Octubre 12, 1492. Ésta es tal vez una de las primeras fechas históricas que aprendiste. Se considera día festivo, no sólo en los Estados Unidos sino en muchos países de América del Norte y del Sur. Es el Día de la Hispanidad, cuando Cristóbal Colón y sus marineros vieron tierra americana por primera vez desde sus tres pequeños barcos españoles. Como leerás más adelante, Colón llamó "indios" a los pobladores que encontró porque no sabía que estaba muy lejos de la India. Tampoco podría haber sabido que su viaje causaría muchos cambios en América, Europa y el mundo entero.

LECCIÓN 1

1490 1500

1492
Colón llega a las Américas

1501
Vespucio navega en nombre de Portugal

Islas Bahamas
Antillas

Los viajes de Colón

EN BREVE

Enfoque en la idea principal
Los viajes de Colón condujeron al asentamiento europeo en las Américas y a un intercambio de personas, animales, productos y modos de vida entre Oriente y Occidente.

LUGARES
islas Bahamas
Antillas

PERSONAJES
Cristóbal Colón
rey Fernando
reina Isabel
Américo Vespucio
Vasco Núñez de Balboa
Fernando de Magallanes

VOCABULARIO
expedición
colonia
intercambio colombino

Estás ahí Su isla se llama Guanahaní. El cacique observa a su gente preparar la comida sobre una fogata al aire libre a la que llaman "barbacoa". Acaricia a su perro y piensa en el viaje de pesca de mañana. Varios hombres trabajan duro en la playa: están haciendo una canoa con el tronco de un árbol enorme. Él confía en que la canoa esté lista para navegar mañana por la mañana.

El cacique deja de pensar en el viaje de pesca cuando lo interrumpe un fuerte grito. Uno de los pobladores señala hacia el brillante mar azul. El cacique mira en esa dirección y ve lo que aquel poblador está viendo: allá, a lo lejos, hay un enorme y extraño barco. No se parece en nada a una canoa. En realidad, no se parece a nada que haya visto antes.

Secuencia Al leer, recuerda en qué orden ocurrieron los sucesos de la exploración europea en las Américas.

Colón y los taínos

La isla sobre la que leíste está al sureste de la Florida; sus pobladores formaban parte de un grupo de personas llamadas taínos, y el barco que vieron ese día de 1492 significó grandes cambios en su modo de vida.

Al otro lado del océano Atlántico, los europeos seguían interesados en explorar el mundo. Uno de ellos, un italiano llamado **Cristóbal Colón,** tuvo una idea audaz: encontrar un mejor camino para llegar a las Indias, una parte de Asia rica en oro, especias y otros productos. En esa época, los europeos sólo tenían un modo de llegar a las Indias: el difícil viaje por tierra siguiendo la Ruta de la Seda.

Colón sugirió navegar hacia el oeste, a través del océano Atlántico. Necesitaba dinero para pagar su expedición. Una **expedición** es un viaje con un propósito especial. Colón presentó su plan al **rey Fernando** y a la **reina Isabel** de España. Aunque no lo aceptaron de inmediato, Colón finalmente los convenció de encontrar una ruta más rápida y barata a las Indias.

El 3 de agosto de 1492, Colón salió de España con tres barcos: la *Niña*, la *Pinta* y la *Santa María*. Después de un mes en el mar, los marineros temían no volver a ver su hogar nunca más. Habían viajado hacia el oeste más de lo que creían posible y querían regresar, pero Colón insistió en seguir adelante.

Al fin, el 12 de octubre avistaron tierra desde la *Pinta*. Colón escribió: "Dos horas después de media noche... la carabela *Pinta*... halló tierra e hizo las señas que el Almirante había mandado".

Colón reclamó la isla para los reyes de España y, poco después, algunos taínos fueron a conocer a los europeos.

Los historiadores consideran que Colón tal vez llegó a una de las **islas Bahamas.** Pero dado que él creyó haber llegado a las Indias, llamó "indios" a los taínos. Más tarde, esta palabra se utilizó para referirse a todos los indígenas de las Américas. A las islas Bahamas y a otras islas de la región se les conoce como las **Antillas.**

REPASO ¿Qué le sucedió a Colón antes del 12 de octubre de 1492? **Secuencia**

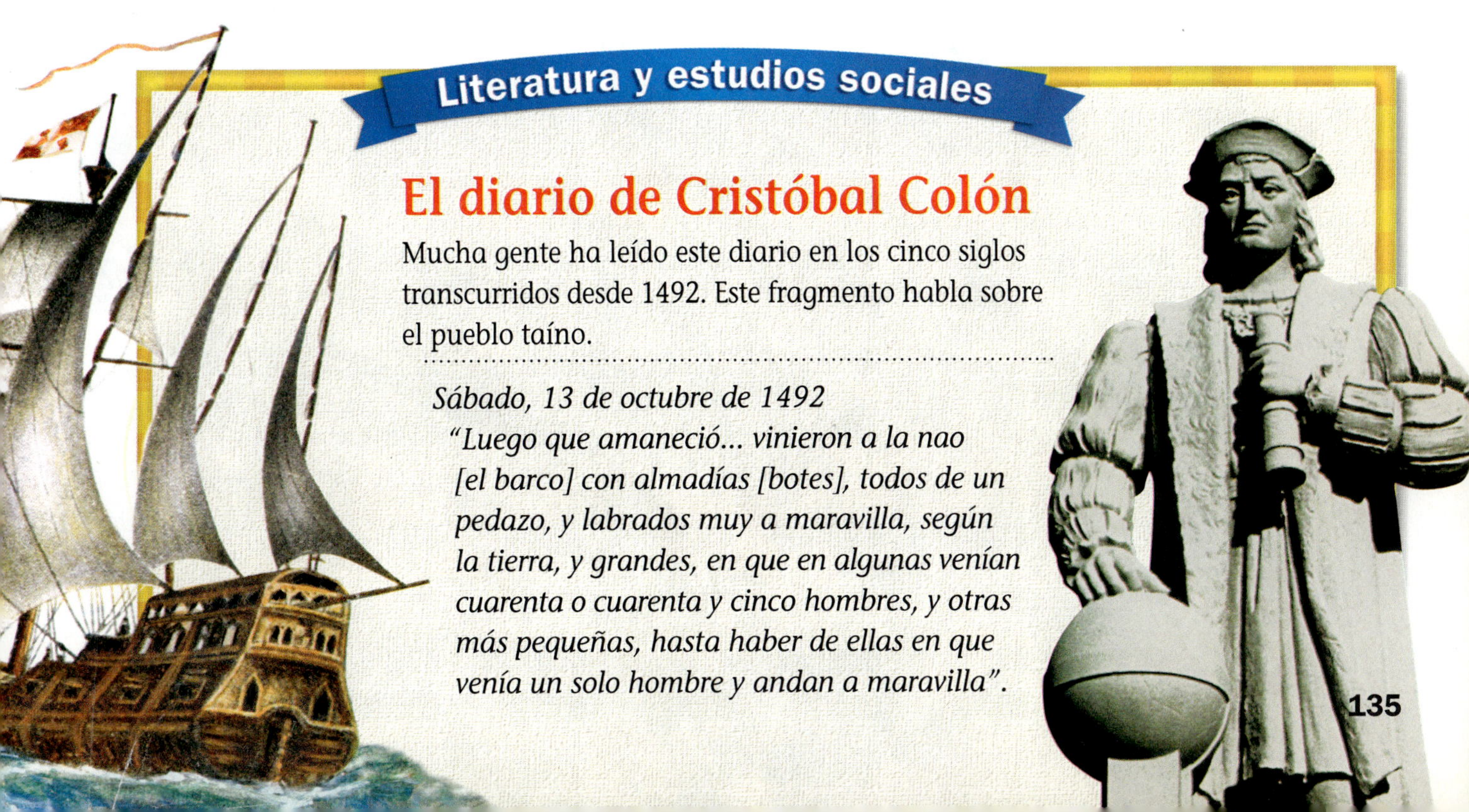

Literatura y estudios sociales

El diario de Cristóbal Colón

Mucha gente ha leído este diario en los cinco siglos transcurridos desde 1492. Este fragmento habla sobre el pueblo taíno.

Sábado, 13 de octubre de 1492

"Luego que amaneció... vinieron a la nao [el barco] con almadías [botes], todos de un pedazo, y labrados muy a maravilla, según la tierra, y grandes, en que en algunas venían cuarenta o cuarenta y cinco hombres, y otras más pequeñas, hasta haber de ellas en que venía un solo hombre y andan a maravilla".

El intercambio colombino

Colón dirigió otras tres expediciones a las Américas. En el segundo viaje, en 1493, llevó 17 barcos cargados con colonos, animales y otras provisiones. Además de encontrar riquezas, España tenía un nuevo objetivo en este viaje: iniciar una colonia que le produjera ganancias. Una **colonia** es un asentamiento alejado del país que lo gobierna. En poco tiempo, miles de colonos europeos vivían en las colonias de todas las Antillas.

Se había iniciado el **intercambio colombino,** es decir, el movimiento de personas, animales, plantas, enfermedades y modos de vida entre el hemisferio oriental y el occidental. Puedes ver algunos ejemplos de este intercambio en la ilustración de esta página.

Los europeos llevaron caballos, reses, ovejas y cerdos al hemisferio occidental. En el hemisferio oriental se disfrutaba de nuevos alimentos provenientes de las Américas, como el maíz, la papa, el tomate, el cacao y los frijoles.

Estos cambios ayudaron a los habitantes de Europa, África, Asia y las Américas, pero no todos los efectos del intercambio colombino fueron buenos. Sin saberlo, los europeos también trajeron a las Américas gérmenes de enfermedades. Muchos indígenas murieron porque no tenían defensas contra la viruela y el sarampión.

A medida que las colonias europeas fueron ocupando las Antillas, el modo de vida de los indígenas cambió. Muchos fueron obligados a trabajar cosechando caña de azúcar y otros cultivos en grandes granjas. De la caña de azúcar se hace el azúcar. Los productores de caña de azúcar obtuvieron grandes ganancias.

Los españoles también querían enseñar el cristianismo a los indígenas y obligaron a muchos de ellos a renunciar a sus creencias. Como resultado, desapareció la forma de vida de los taínos y de otros grupos indígenas del Caribe.

REPASO ¿Qué sucesos ocurrieron antes del intercambio colombino? **Secuencia**

▶ **El intercambio colombino provocó cambios en los hemisferios oriental y occidental.**

DESTREZA: TABLAS ***¿En qué dirección viajaron las ovejas?***

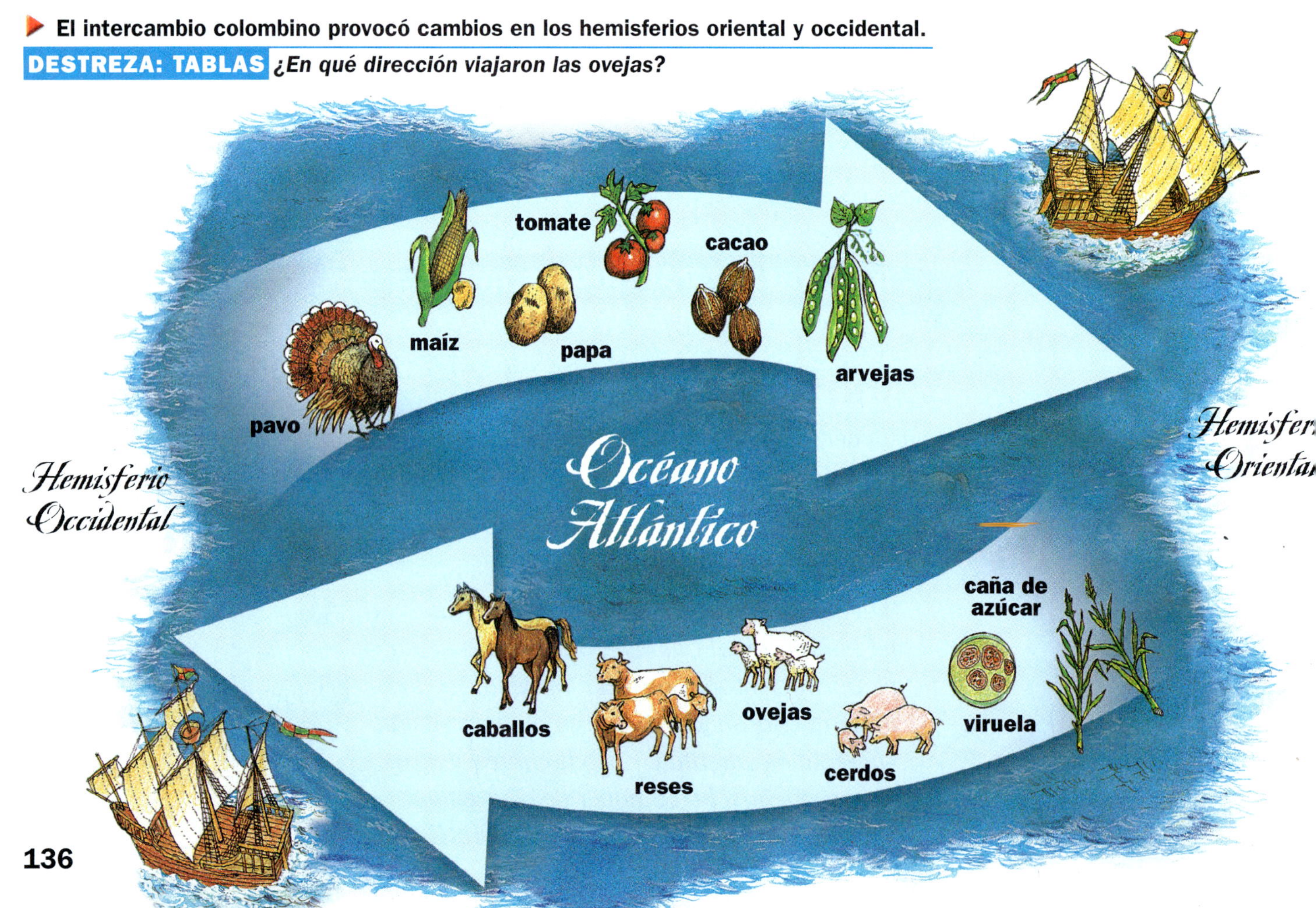

BANCO DE DATOS

Exploradores en nombre de España

Hacia principios del siglo XVI, los españoles se dieron cuenta de que las islas del Caribe no eran parte de Asia, sino de un nuevo continente. Aunque para ellos era un "nuevo mundo" con posibilidades de ser explorado y colonizado, en realidad en el hemisferio occidental vivían millones de personas de diversas culturas. El mapa de esta página muestra las rutas de algunos exploradores enviados por España. ¿Quién navegó primero: Vespucio o Magallanes?

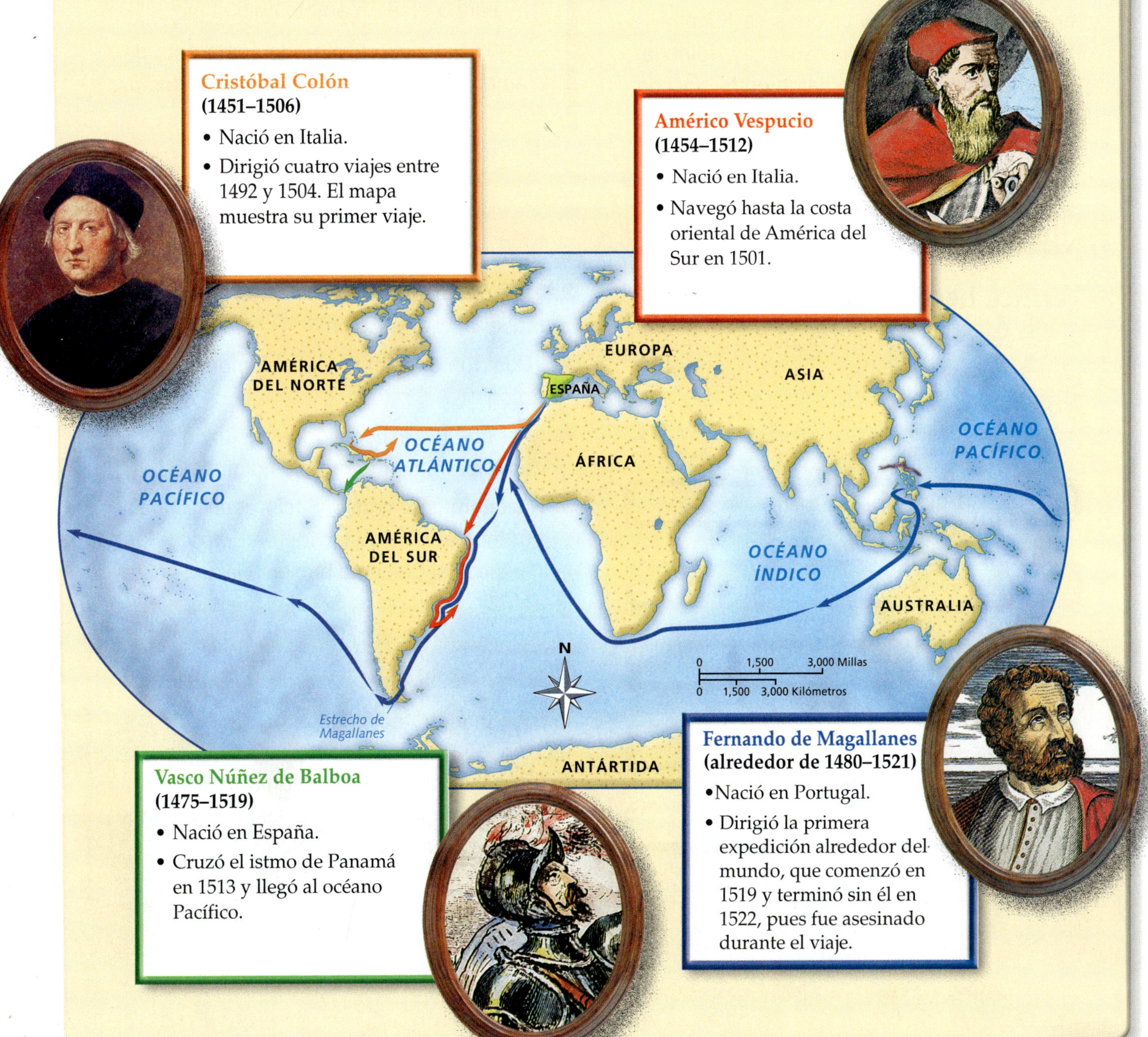

Cristóbal Colón
(1451–1506)

- Nació en Italia.
- Dirigió cuatro viajes entre 1492 y 1504. El mapa muestra su primer viaje.

Américo Vespucio
(1454–1512)

- Nació en Italia.
- Navegó hasta la costa oriental de América del Sur en 1501.

Vasco Núñez de Balboa
(1475–1519)

- Nació en España.
- Cruzó el istmo de Panamá en 1513 y llegó al océano Pacífico.

Fernando de Magallanes
(alrededor de 1480–1521)

- Nació en Portugal.
- Dirigió la primera expedición alrededor del mundo, que comenzó en 1519 y terminó sin él en 1522, pues fue asesinado durante el viaje.

La influencia de Colón

Cristóbal Colón mostró a los europeos la ruta a las Américas. El nombre *América* proviene del explorador Américo Vespucio, quien en 1502 fue el primero en llamar a las Américas el "Nuevo Mundo".

Después de Colón y Vespucio, vinieron muchos otros europeos, algunos en busca de tierras y riquezas. Y para conseguirlas, conquistaron poderosos imperios indígenas. Para principios del siglo XVII, ya habían llegado a las Américas exploradores y colonos de España, Portugal, Inglaterra, Francia, Suecia y Holanda. Algunos de estos países lucharon entre sí y contra los indígenas durante cientos de años por el control de las tierras del hemisferio occidental.

Leerás sobre estos sucesos en las próximas lecciones y capítulos.

REPASO ¿Quién fue el primero en llamar a las Américas el "Nuevo Mundo"? **Secuencia**

Resume la lección

- **1492** Colón llegó a las Américas y reclamó las Antillas para España.
- **1493** Colón regresó para fundar colonias, iniciando el intercambio colombino.
- **1501** Vespucio exploró la costa este de América del Sur en nombre de Portugal.

LECCIÓN 1 REPASO

Verifica hechos e ideas principales

1. **Secuencia** En una hoja aparte, anota las fechas que faltan en este organizador gráfico.

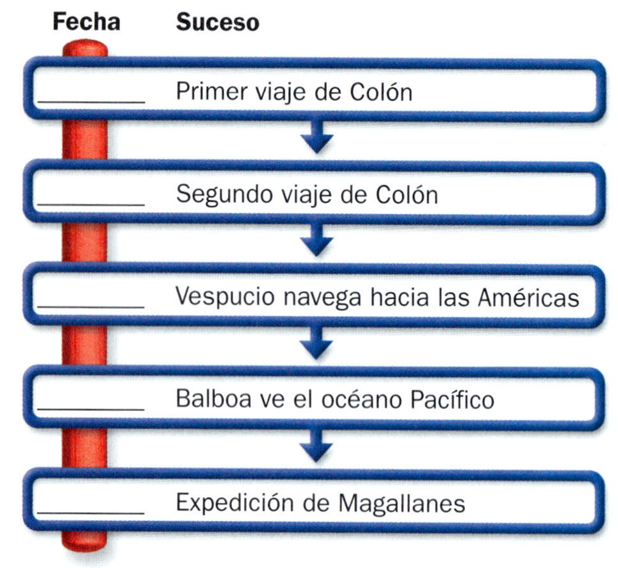

Fecha
Suceso
_______ Primer viaje de Colón
_______ Segundo viaje de Colón
_______ Vespucio navega hacia las Américas
_______ Balboa ve el océano Pacífico
_______ Expedición de Magallanes

2. ¿Por qué aceptaron los reyes Fernando e Isabel apoyar a Colón?
3. ¿Cuál fue el objetivo del segundo viaje de Colón?
4. ¿Por qué las expediciones de Colón condujeron al intercambio colombino?
5. **Razonamiento crítico: *Sacar conclusiones*** ¿Cómo habría sido la vida en Europa y las Américas si Colón no hubiera viajado hasta aquí?

Enlace con la escritura

Escribe una anotación de diario En esta lección leíste un fragmento del diario de Colón sobre su encuentro con los taínos. Escribe ahora lo que habría escrito un taíno sobre su encuentro con Colón.

Exploraciones europeas

A finales del siglo XV ni siquiera las personas más educadas de Europa sabían mucho sobre lo que había más allá de su continente. Los europeos no conocían el tamaño del océano Atlántico ni qué había del otro lado del mar. Pero, en 1492, Cristóbal Colón llegó a las Américas, donde creía que se encontraban las Indias Orientales, y este viaje cambió al mundo para siempre.

Astrolabio
Colón utilizó un astrolabio como el de arriba para medir la latitud durante su viaje a las Américas.

El nombre de las Américas
El navegante italiano Américo Vespucio fue el primero en darse cuenta de que las Américas eran otro continente y que no formaban parte de China. Por eso, los continentes de América del Sur y del Norte llevan su nombre.

Oro de las Américas
Colón prometió al rey Fernando y a la reina Isabel regresar con oro y plata. Con el oro que encontró se fabricaron monedas como ésta, en la que aparecían los rostros de los reyes de España.

La *Santa María*
La *Santa María* fue uno de los tres barcos en los que Colón realizó su primer viaje, y lo usó hasta que naufragó cerca de las Antillas. Para regresar a España, Colón viajó en el barco llamado la *Niña*.

Usar latitud y longitud

¿Qué son? Ya leíste que cuando Colón navegó hacia occidente, sus marineros estaban preocupados porque no sabían dónde estaban. En esa época, los europeos no tenían mapas que mostraran qué tierras había al oeste del océano Atlántico. Esos marineros se habrían sentido mejor si hubieran tenido mapas como los actuales. También les habría sido útil el sistema de líneas imaginarias que los geógrafos han creado para localizar lugares en la Tierra. Ése es el sistema de latitud y longitud.

Las líneas de **latitud** son líneas imaginarias que rodean el globo terráqueo en dirección este-oeste; miden distancias al norte y al sur del ecuador. En el Mapa A puedes ver las líneas de latitud. Las líneas de **longitud** son líneas imaginarias que corren en dirección norte-sur. Observa el Mapa B. Las líneas de longitud también reciben el nombre de **meridianos**. Miden distancias al este y al oeste del primer meridiano.

MAPA A: Latitud

MAPA B: Longitud

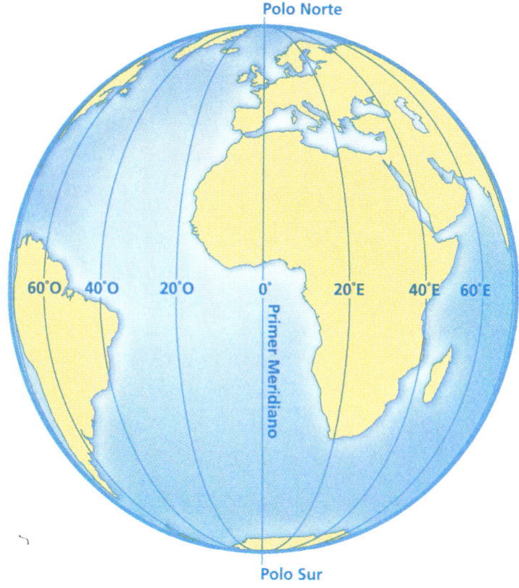

¿Por qué las usamos? Las líneas de latitud y longitud se entrecruzan para formar una **cuadrícula**, un conjunto de líneas que se cruzan. Podemos ubicar cualquier lugar de la Tierra indicando qué líneas de latitud y de longitud lo cruzan.

¿Cómo se usan? Busca el ecuador en el Mapa A. El ecuador es la línea de latitud que se encuentra en cero grados, es decir, 0°. El símbolo ° significa grados. Un grado es una unidad que mide la latitud y la longitud. Todo lo que está al norte del ecuador es latitud norte, y se indica con una N. Todo lo que está al sur del ecuador es latitud sur, y se indica con una S. Busca la línea de latitud 40° N (se dice "cuarenta grados de latitud norte"); luego, encuentra 40° S. ¿Cuál de las dos está más cerca del polo norte?

La línea de longitud 0° también se conoce como **primer meridiano**. Las líneas de longitud miden las distancias al este y al oeste del primer meridiano. Todos los meridianos al oeste del primer meridiano se señalan con la letra O hasta los 180° O. Busca el primer meridiano en el Mapa B.

Mapa C: Los cuatro viajes de Cristóbal Colón

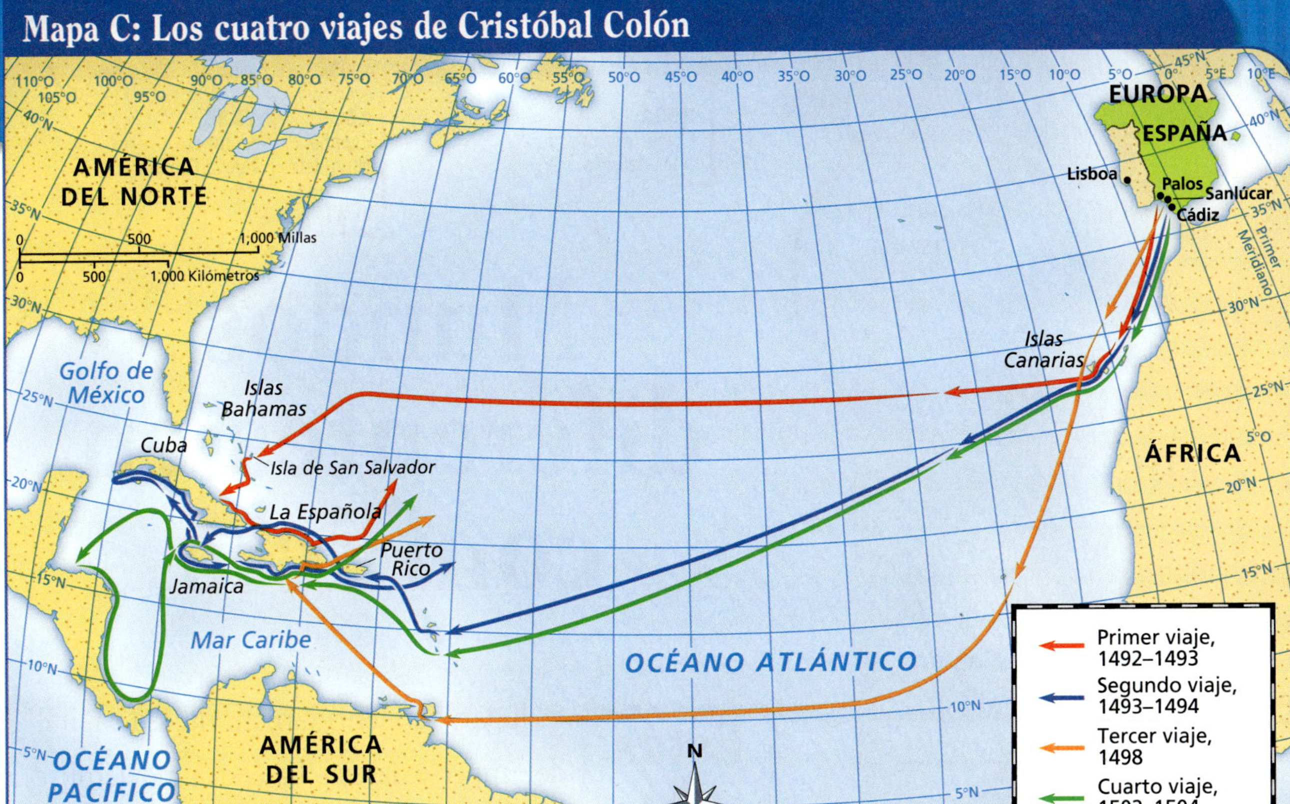

A diferencia de las líneas de latitud, las de longitud no siempre se encuentran a la misma distancia unas de otras. En el ecuador alcanzan la máxima separación, mientras que en los polos norte y sur se unen. Las líneas de latitud, también denominadas paralelos, nunca se juntan y siempre las separa la misma distancia.

Ahora observa el Mapa C de esta página que muestra los cuatro viajes de Colón. El primer viaje comenzó cerca del punto 35° N, 5° O.

Para localizar este punto, busca la línea de latitud 35° N en el extremo derecho del mapa. Luego, busca la línea de longitud 5° O en el extremo superior del mapa. Sigue con un dedo cada una de estas líneas hasta que ambas se encuentren. Ése es el lugar que estás buscando. Recuerda que siempre se indica primero la latitud y luego la longitud. Los mapas no muestran todas las líneas de latitud y longitud. A veces se describe la localización de un lugar mencionando las dos líneas que se cruzan más cercanas.

Piensa y aplícalo

1. Busca el punto 10° N, 60° O, en el Mapa C. ¿En cuál de sus viajes navegó hasta ahí Colón?

2. Localiza las islas Canarias en el Mapa C. ¿Entre cuáles líneas de latitud están? ¿Entre cuáles líneas de longitud?

3. Localiza San Salvador en el Mapa C. ¿Cerca de qué líneas de latitud y longitud se localiza San Salvador?

Actividad en la Internet

Para más información, visita el *Atlas* en **www.estudiossocialessf.com.**

LECCIÓN 2

1520 | 1540

1521 Cortés derrota a los aztecas

1533 España conquista el imperio inca

1535 Se funda Nueva España

EN BREVE

Enfoque en la idea principal
Los conquistadores españoles fundaron nuevas colonias en América del Norte y del Sur.

LUGARES
Tenochtitlan
Nueva España
Ciudad de México
Cuzco
Lima

PERSONAJES
Moctezuma
Hernán Cortés
Doña Marina
Francisco Pizarro
Atahualpa

VOCABULARIO
conquistador
aliado
conquista
convertir
colono

Mundos diferentes en conflicto

Estás ahí El lugar: Tenochtitlan, grandiosa capital del imperio azteca. La época: noviembre de 1519. En una amplia avenida que conduce al centro de la ciudad, dos hombres poderosos se acercan, rodeados por sus soldados.

Un líder es Moctezuma, gobernante de los aztecas. Está sentado en una espléndida litera decorada con oro, plata, joyas y brillantes plumas verdes. El otro hombre es Hernán Cortés, quien vino a conquistar estas tierras para España. Su yelmo de hierro muestra que es un soldado listo para combatir en nombre del rey de España.

La atmósfera es tensa. Los dos hombres intercambian regalos y hablan de paz. Pero no pasará mucho tiempo antes de que el ejército de uno de ellos conquiste al otro.

Secuencia Al leer, sigue la secuencia de sucesos de la fundación de Nueva España en las Américas.

La conquista de los aztecas

Ya antes del día de su encuentro en 1519, **Moctezuma** y **Hernán Cortés** sabían el uno del otro, pues Cortés había llegado a México nueve meses antes proveniente de Cuba, y los españoles comenzaron a fundar colonias en las islas del mar Caribe. Las historias acerca de las grandes riquezas de México convencieron a Cortés y otros españoles de apropiarse de los tesoros aztecas.

Cortés fue uno de los soldados españoles conocidos más tarde como **conquistadores.** Pero para conquistar a los aztecas enfrentó un gran problema, pues éstos superaban en número a su ejército de casi 500 hombres.

Sin embargo, Cortés tenía algunas ventajas. La armadura de metal protegía a los soldados españoles de las armas de piedra de los aztecas. Además, los españoles llevaban mosquetes, una especie de fusil, y sus balas traspasaban con facilidad la ropa de tela de los aztecas. Los conquistadores también tenían caballos, que causaban gran temor entre los aztecas porque nunca antes habían visto uno. Un indígena dijo que los caballos "corrían como venados y podían alcanzar a cualquiera".

Cortés también contaba con aliados. Un **aliado** es un amigo que ayuda en una batalla. Los indígenas que Cortés encontró camino a **Tenochtitlan** no querían vivir bajo el gobierno de los aztecas, y muchos de ellos decidieron ayudar a Cortés a derrotarlos.

Cortés tuvo por aliada a una mujer indígena llamada **Doña Marina,** quien recibió este nombre al hacerse cristiana. Doña Marina sabía varios idiomas locales y hablabla con los indígenas de México en nombre de Cortés, y logró persuadir a miles de ellos de unírsele. Uno de los españoles describió a Doña Marina como "una excelente mujer y buena lengua [intérprete]".

Los españoles no sabían que tenían otro aliado importante: el virus de la viruela. Según algunos historiadores, miles de aztecas se contagiaron de viruela tras la llegada de Cortés.

En su primer encuentro, en 1519, Moctezuma aceptó que Cortés permaneciera en Tenochtitlan. Casi un año después, los aztecas se rebelaron y sacaron a los españoles de su ciudad. Moctezuma fue asesinado, quizá por su propio pueblo. Cortés escapó, pero regresó a fines de 1520 con muchos más aliados indígenas. En 1521, el imperio más poderoso de América cayó ante los conquistadores.

REPASO Describe la secuencia de sucesos que condujeron a la caída de los aztecas.
Secuencia

Biblioteca Nacional, Madrid

Este dibujo, realizado en el siglo XVI, muestra la batalla de Tenochtitlan. Los españoles, a la izquierda, llevan mosquetes y usan armadura de metal.

Ayer y hoy

Ciudad de México

La Ciudad de México, una de las más antiguas del hemisferio occidental, se construyó sobre las ruinas de Tenochtitlan. Hoy en día, los arqueólogos encuentran restos de la antigua capital azteca en pleno centro de la ciudad moderna. En los museos de Ciudad de México se pueden ver artefactos como los de la derecha.

La fundación de Nueva España

Después de la conquista de los aztecas, los españoles destruyeron Tenochtitlan. Una **conquista** es la captura o toma de algo por la fuerza. Nuevamente, la enfermedad favoreció a los conquistadores, pues muchos indígenas en todo México murieron a causa de la viruela.

En 1535, España fundó la colonia de **Nueva España** y su capital fue la **Ciudad de México.** Hoy en día esta ciudad es la capital de México.

Funcionarios españoles comenzaron a llegar a Nueva España para organizar un gobierno, hacer leyes, y construir escuelas y universidades. Llegaron sacerdotes católicos para **convertir,** o cambiar, a los indígenas al cristianismo.

Los gobernantes españoles, como Cortés, querían convencer a los indígenas de que dejaran de ofrecer sacrificios humanos a sus dioses. De España también llegaron colonos. Un **colono** es una persona que vive en una colonia. Los colonos españoles esperaban hacerse ricos con granjas, negocios y minas de oro y plata en Nueva España.

REPASO Resume el objetivo de los colonos que llegaron a Nueva España. **Resumir**

Las conquistas continúan

Otro poderoso y rico imperio indígena se encontraba hacia el sur: el imperio de los incas, quienes controlaban un enorme territorio en el occidente de América del Sur. Diez años después de iniciarse la conquista de México, España envió a **Francisco Pizarro** a conquistar el imperio inca. En 1532, Pizarro capturó al gobernante inca **Atahualpa** y, al año siguiente, los españoles tomaron **Cuzco,** la capital del imperio. Para 1535, Pizarro había fundado una nueva capital, **Lima,** en la colonia del Perú. Aún hoy, Lima es la capital del Perú.

Esta jarra de madera muestra a Francisco Pizarro.

Como leerás, el conflicto entre españoles e indígenas continuó. Al igual que los aztecas, algunos indígenas se defendieron, pero casi todos fueron derrotados. Como resultado, nació una nueva cultura, parte indígena y parte española.

REPASO ¿Qué sucedió primero: la conquista de los aztecas o la de los incas? Secuencia

Resume la lección

- **1521** Hernán Cortés derrotó al imperio azteca de México y levantó la Ciudad de México sobre las ruinas de Tenochtitlan.
- **1533** Francisco Pizarro derrotó al imperio inca y fundó la colonia del Perú.
- **1535** España fundó la colonia de Nueva España, con su capital en la Ciudad de México.

LECCIÓN 2 REPASO

Verifica hechos e ideas principales

1. Secuencia En una hoja aparte, ordena los sucesos en la secuencia correcta y completa las fechas.

Fecha	Suceso
________	Fundación de Nueva España
________	Caída de Tenochtitlan
________	Llegada de Cortés a México
________	Pizarro conquista a los incas

2. ¿Cuáles fueron las principales ventajas de Hernán Cortés para derrotar a los aztecas?
3. ¿Por qué España envió sacerdotes a Nueva España?
4. ¿Cuánto tiempo necesitó Pizarro para conquistar el imperio inca?
5. **Razonamiento crítico: *Resolver problemas*** Los españoles establecieron un gobierno para Nueva España. Piensa en cómo podrías tú dirigir ese gobierno. Escribe una descripción breve de un problema y la solución que sugieres. Usa los pasos para resolver problemas de la página M5.

Enlace con la escritura

Escribe una escena dramática Imagina que estás con Hernán Cortés durante su encuentro con Moctezuma. Describe la reunión entre el conquistador y el gobernante azteca.

LECCIÓN 3

1500 — 1550

1512 Se traen africanos a La Española

1527 Las Casas defiende a los indígenas de las Américas

1540 Coronado explora el Suroeste

La vida en Nueva España

EN BREVE

Enfoque en la idea principal
España obtuvo grandes riquezas con la colonización y expansión de Nueva España.

LUGARES
La Española

PERSONAJES
Hernando de Soto
Esteban
Álvar Núñez Cabeza de Vaca
Francisco Vásquez de Coronado
Juan Ponce de León
Bartolomé de Las Casas

VOCABULARIO
sociedad
plantación
encomienda
misionero
misión

Estás ahí Es el año 1540. El conquistador español Hernando de Soto y cerca de 700 hombres viajan por lo que ahora es Georgia. Van en busca de Cofitachiqui, una rica ciudad indígena de la que han oído hablar. De Soto y sus soldados conocen a una joven mujer indígena norteamericana. La llaman "la dama de Cofitachiqui". Cuando De Soto le pregunta de dónde son las perlas de río que lleva puestas, la joven lo guía a un edificio en el que hay muchas perlas.

De Soto quiere algo más que perlas. Espera que esta tierra tenga tanto oro como el que Cortés encontró en México. Los españoles le exigen a la mujer que les ayude a encontrar oro, pero la "dama de Cofitachiqui" escapa, y De Soto continúa sus exploraciones sin encontrar el tesoro que busca.

Secuencia Al leer, ordena en secuencia los sucesos principales de la construcción de Nueva España y la exploración española de América del Norte.

En busca de oro

Un miembro de la expedición de **Hernando de Soto** relató la historia que acabas de leer. Es una de las tantas historias que contaban los españoles acerca del oro y demás riquezas de las Américas.

Otra era acerca de Cibola, un rico reino localizado muy al norte de México. La contaba **Esteban,** un marinero africano esclavo. Esteban sobrevivió a un naufragio frente a la costa de Texas, junto con el conquistador **Álvar Núñez Cabeza de Vaca,** en 1528. Viajaron durante ocho años por lo que ahora es la región Suroeste de los Estados Unidos.

▶ Pepita de oro

Tres años después, Esteban se unió a otra expedición en busca de Cibola, pero no la encontraron. Murió en un enfrentamiento con la nación zuñi en lo que hoy es Nuevo México.

La leyenda de Cibola no terminó ahí. El gobernador de Nueva España decidió enviar a **Francisco Vásquez de Coronado** para que encontrara las ciudades. Él tampoco encontró las ciudades de Cibola porque no existían. El banco de datos de esta página muestra las rutas que siguieron Coronado y otros exploradores españoles en América del Norte.

REPASO Ordena en secuencia estos sucesos: Esteban es asesinado; Esteban naufraga; Esteban viaja por el Suroeste. **Secuencia**

BANCO DE DATOS

Los españoles exploran más al norte, 1513-1542

Para mediados del siglo XVI, España ya había enviado varias expediciones a explorar la tierra que un día se convertiría en los Estados Unidos.

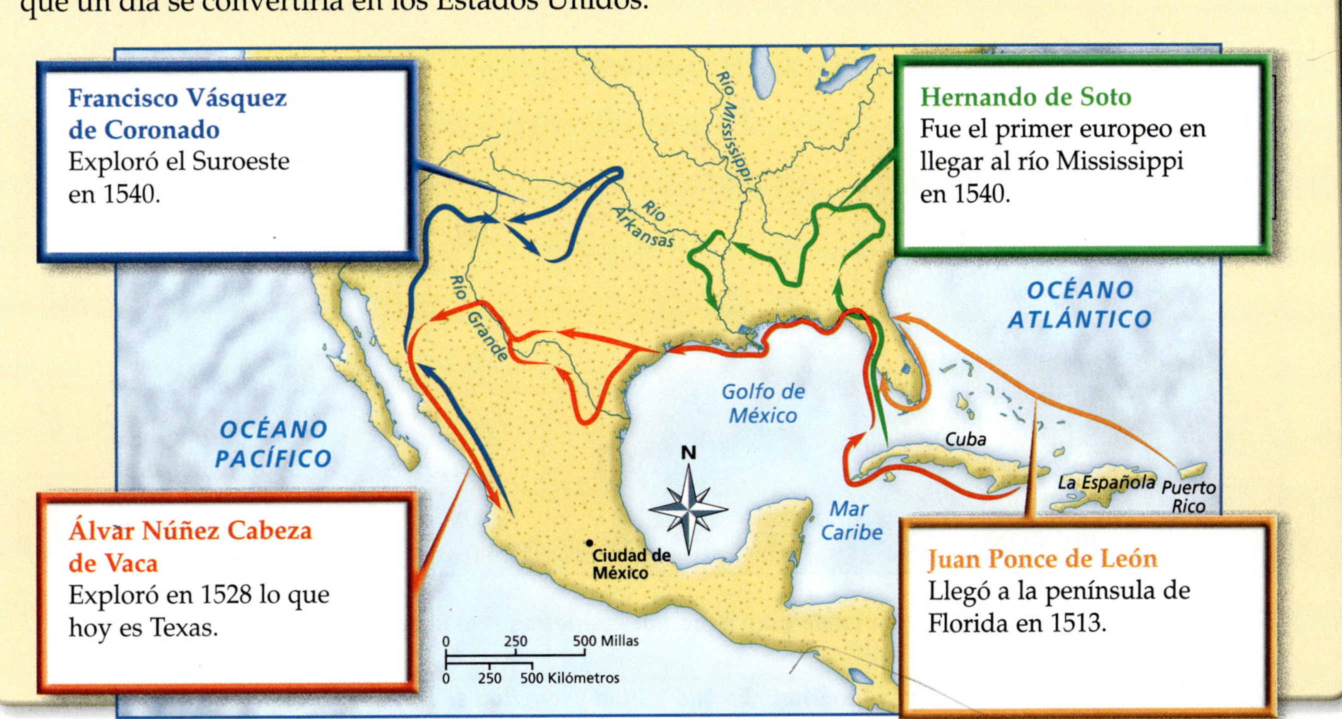

La sociedad en Nueva España

Hacia fines del siglo XVI, prácticamente había terminado la lucha entre los indígenas y los conquistadores en el norte y sur de la Ciudad de México. Los españoles tenían control suficiente como para llevar colonos a esas tierras. El mapa de esta página muestra Nueva España en 1600.

En Nueva España se desarrollaban un nuevo modo de vida y una nueva sociedad. Una **sociedad** es un grupo de personas que forman una comunidad.

En lo más alto de la sociedad colonial estaban los peninsulares, personas nacidas en España. El nombre se basa en la geografía de España, que se encuentra en una península. Les seguían los criollos, descendientes de españoles nacidos en las Américas. Después de los criollos estaban los mestizos, el grupo más grande de la sociedad en Nueva España. Un mestizo es una persona de ancestros indígenas y españoles. La gente que no tenía ancestros españoles, como los indígenas y los africanos, ocupaba la posición más baja de esta sociedad.

Los peninsulares eran ricos y poderosos. Algunos tenían **plantaciones,** o grandes granjas con muchos trabajadores que vivían en la tierra que trabajaban; otros recibían propiedades llamadas encomiendas. La **encomienda** daba control a los peninsulares sobre todos los indígenas que vivían en una extensión de tierra, a quienes ponían a trabajar supuestamente a cambio de cuidarlos y convertirlos al cristianismo. A su vez, los indígenas debían entregarles sus cosechas y otros productos.

Los colonos de las ciudades se hicieron comerciantes y tenderos o trabajaban para el gobierno. Otros tenían pequeños negocios, como la fabricación de muebles o ropa.

REPASO Describe la idea principal de los párrafos de esta página acerca de la sociedad en Nueva España. **Idea principal y detalles**

Nueva España, en anaranjado, se fundó para gobernar las tierras reclamadas por España en América del Norte.

DESTREZA: MAPA **Usar latitud y longitud** ***¿En qué latitud y longitud se localiza la Ciudad de México?***

Fotografía de Jim Griffith

Los españoles construyeron misiones en todo México para enseñarles el cristianismo a los indígenas.

Más cambios para los indígenas

Muchos encomenderos hacían trabajar a los indígenas en el campo, en las minas y en otras labores. Los indígenas trabajaban sin paga y no siempre tenían qué comer. Los azotaban y obligaban a trabajar muchas horas.

Los misioneros católicos tenían otro tipo de encomienda. Un **misionero** enseña su religión a quienes tienen creencias distintas. Los sacerdotes construyeron misiones en toda Nueva España. Una **misión** es un asentamiento religioso donde los misioneros viven y trabajan. La finalidad de las misiones era enseñar el cristianismo a los indígenas.

Los misioneros también les enseñaron a realizar las labores europeas del campo, como la cría de ganado y de ovejas. Los indígenas tenían que renunciar a su modo de vida tradicional y hacerse cristianos. En algunas misiones, eran tratados con crueldad.

Un sacerdote llamado **Bartolomé de Las Casas** se opuso al maltrato de los indígenas que estaban al cuidado de la Iglesia. En 1527, Las Casas escribió con enojo sobre lo que había visto en las encomiendas:

> ***"[Los indios] mueren o llevan una vida más dura que la muerte. Son repartidos como si fueran reses u ovejas; es decir, [divididos] entre los españoles y asignados en número específico a cada uno para convertirlos en sus esclavos".***

Los esfuerzos de Las Casas dieron cierto resultado: en 1542 España aprobó leyes que decían que los indígenas debían recibir un pago por su trabajo. Sin embargo, esas leyes no se cumplieron y, más tarde, fueron canceladas. Leerás más sobre Las Casas en la biografía de la página 151.

REPASO Compara la vida de los indígenas en las misiones y otras encomiendas.
Comparar y contrastar

Esclavitud en las Américas

A pesar de los esfuerzos de Las Casas, la esclavitud continuó en las Américas. El primer lugar al que los españoles llevaron esclavos africanos fue la isla caribeña de **La Española,** en 1512. Los españoles esclavizaron a más africanos para reemplazar a los indígenas, que morían en grandes cantidades debido a enfermedades y trabajo excesivo.

Al principio, Las Casas apoyó la llegada de africanos a Nueva España para que trabajaran en lugar de los indígenas. Más tarde, escribió que tampoco los africanos debían ser esclavos. Pero, poco a poco, la esclavitud de africanos cautivos se convirtió en parte importante de la economía colonial. Hacia 1574 había 12,000 esclavos africanos en La Española. Al igual que los indígenas, los esclavos africanos morían en las encomiendas y plantaciones por el trabajo excesivo y el maltrato. Leerás más acerca de la esclavitud en los siguientes capítulos.

Las ganancias de las plantaciones y minas coloniales produjeron grandes riquezas para España. En el siglo XVII, estas riquezas hicieron de España uno de los países más poderosos del mundo. Como leerás, a la larga el poderío español llegaría a su fin.

REPASO ¿De qué manera los trabajadores indígenas y africanos produjeron enormes riquezas para España? **Causa y efecto**

Resume la lección

- **1512** Los españoles llevaron los primeros esclavos africanos a La Española.
- **1527** El sacerdote católico Bartolomé de Las Casas defendió los derechos de los indígenas.
- **1540** Francisco Vásquez de Coronado empezó a buscar oro en el Suroeste del actual Estados Unidos.

LECCIÓN 3 REPASO

Verifica hechos e ideas principales

1. **Secuencia** En una hoja aparte, completa las fechas o sucesos que faltan en esta línea cronológica.

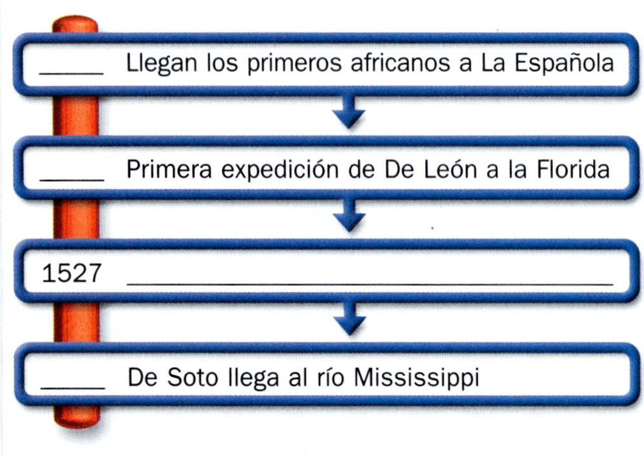

Fecha Suceso
_____ Llegan los primeros africanos a La Española
_____ Primera expedición de De León a la Florida
1527 _______________
_____ De Soto llega al río Mississippi

2. ¿Cómo influyeron las historias sobre Cibola en los exploradores españoles?
3. ¿Cómo benefició la estructura de la sociedad en Nueva España a los españoles?
4. ¿Cómo cambió la vida de los indígenas con la conquista española?
5. **Razonamiento crítico: *Punto de vista*** Resume el punto de vista de Las Casas sobre los indígenas en el sistema de encomiendas.

Enlace con la geografía

Interpreta mapas Observa el mapa de la página 147. ¿Qué explorador viajó a lo largo de la costa del golfo de México?

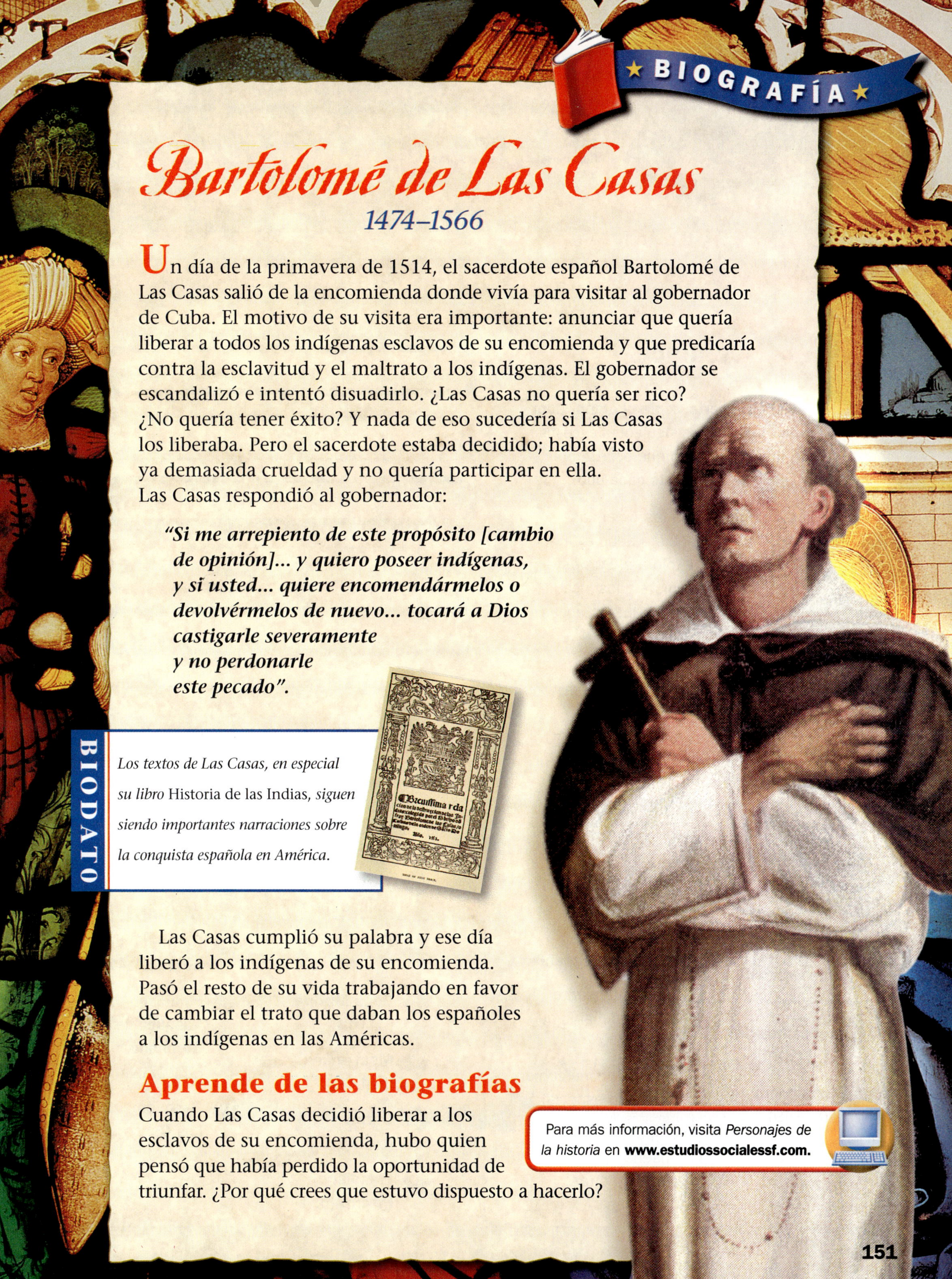

BIOGRAFÍA

Bartolomé de Las Casas

1474–1566

Un día de la primavera de 1514, el sacerdote español Bartolomé de Las Casas salió de la encomienda donde vivía para visitar al gobernador de Cuba. El motivo de su visita era importante: anunciar que quería liberar a todos los indígenas esclavos de su encomienda y que predicaría contra la esclavitud y el maltrato a los indígenas. El gobernador se escandalizó e intentó disuadirlo. ¿Las Casas no quería ser rico? ¿No quería tener éxito? Y nada de eso sucedería si Las Casas los liberaba. Pero el sacerdote estaba decidido; había visto ya demasiada crueldad y no quería participar en ella. Las Casas respondió al gobernador:

"Si me arrepiento de este propósito [cambio de opinión]... y quiero poseer indígenas, y si usted... quiere encomendármelos o devolvérmelos de nuevo... tocará a Dios castigarle severamente y no perdonarle este pecado".

BIODATO

Los textos de Las Casas, en especial su libro Historia de las Indias, *siguen siendo importantes narraciones sobre la conquista española en América.*

Las Casas cumplió su palabra y ese día liberó a los indígenas de su encomienda. Pasó el resto de su vida trabajando en favor de cambiar el trato que daban los españoles a los indígenas en las Américas.

Aprende de las biografías

Cuando Las Casas decidió liberar a los esclavos de su encomienda, hubo quien pensó que había perdido la oportunidad de triunfar. ¿Por qué crees que estuvo dispuesto a hacerlo?

Para más información, visita *Personajes de la historia* en **www.estudiossocialessf.com.**

CAPÍTULO 4
REPASO

1492	1501	1521	1527
Colón llega a América	Vespucio navega en nombre de Portugal	Cortés derrota a los aztecas	Las Casas defiende a los indígenas de las Américas

1500 · 1525

Resumen del capítulo

Secuencia

En una hoja aparte, copia el organizador gráfico y coloca los siguientes sucesos en la secuencia en que ocurrieron. Incluye la fecha de cada uno.

- Colón llega a las Américas
- Cortés conquista a los aztecas
- Coronado explora el Suroeste
- Pizarro conquista a los incas
- Vespucio llama a las Américas el "Nuevo Mundo"

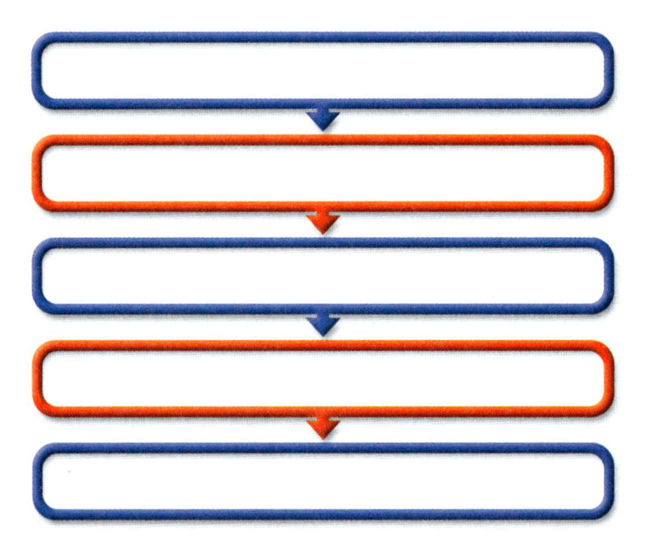

Vocabulario

Relaciona cada palabra con la definición o descripción correcta.

1. **expedición** (p. 135)
2. **colonia** (p. 136)
3. **conquistador** (p. 143)
4. **encomienda** (p. 148)
5. **misionero** (p. 149)

a. daba control sobre los indígenas que vivían en una extensión de tierra

b. soldado español

c. asentamiento alejado del país que lo gobierna

d. viaje hecho con un propósito especial

e. persona que enseña su religión a gente de otras creencias

Personajes y lugares

Escribe una oración en la que expliques por qué estos personajes o lugares fueron importantes en los sucesos relacionados con la exploración y la colonización europeas de las Américas.

1. **Vasco Núñez de Balboa** (p. 137)
2. **Tenochtitlan** (p. 143)
3. **Doña Marina** (p. 143)
4. **Moctezuma** (p. 143)
5. **Cuzco** (p. 145)
6. **Francisco Pizarro** (p. 145)
7. **Atahualpa** (p. 145)
8. **Hernando de Soto** (p. 147)
9. **Francisco Vásquez de Coronado** (p. 147)
10. **Bartolomé de Las Casas** (p. 149)

1550 | **1575**

1533 Cae el imperio inca ante España

1535 Se funda Nueva España

1540 Coronado explora el Suroeste

1574 En La Española hay 12,000 esclavos africanos

Hechos e ideas principales

1. ¿Qué pensaba encontrar Colón al navegar hacia el occidente a través del Atlántico?
2. ¿Cómo influyeron las enfermedades en la conquista de las Américas?
3. ¿Cuáles fueron los cuatro niveles de la sociedad en Nueva España?
4. **Línea cronológica** ¿Cuántos años pasaron entre la conquista azteca y la inca?
5. **Idea principal** ¿Qué era el intercambio colombino?
6. **Idea principal** ¿Cómo logró Cortés vencer a un ejército más numeroso y conquistar a los aztecas?
7. **Idea principal** ¿Cuál era el objetivo de los colonos que llegaron a Nueva España?
8. **Razonamiento crítico:** ***Hecho y opinión*** Encuentra un ejemplo de un hecho y una opinión en el fragmento del diario de Colón en la página 135.

Escribe sobre la historia

1. **Escribe un cuento en el que imagines cómo sería** el mundo actual si las naciones de los hemisferios oriental y occidental nunca hubieran entrado en contacto.
2. **Escribe un cuento** sobre lo que podría haber visto un conquistador en las Américas.
3. **Escribe una carta** a tu familia en España y cuéntales cómo era la vida en Nueva España en el siglo XVI.

Aplica las destrezas

Usar latitud y longitud

1. ¿Cómo llamamos a las líneas paralelas que rodean el globo terráqueo?
2. ¿Cómo se llaman las líneas que se unen en los polos norte y sur?
3. ¿Cómo se llama la línea de 0° entre este y oeste?

Actividad en la Internet

Para obtener ayuda con el vocabulario, los personajes y los lugares, selecciona el diccionario o la enciclopedia en la *Biblioteca de estudios sociales* en **www.estudiossocialessf.com.**

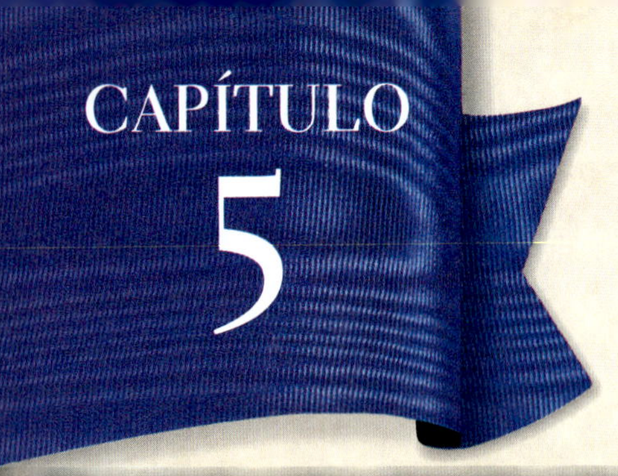

La lucha para fundar colonias

1607

Jamestown
Se establece la primera colonia inglesa permanente en América del Norte.

Lección 1

1

1609

Río Hudson
Henry Hudson explora para Holanda.

Lección 2

2

1620

Plymouth
Los peregrinos llegan en el *Mayflower.*

Lección 3

3

1682

Filadelfia
Se funda la colonia de Pennsylvania.

Lección 4

4

Tiempo y lugar

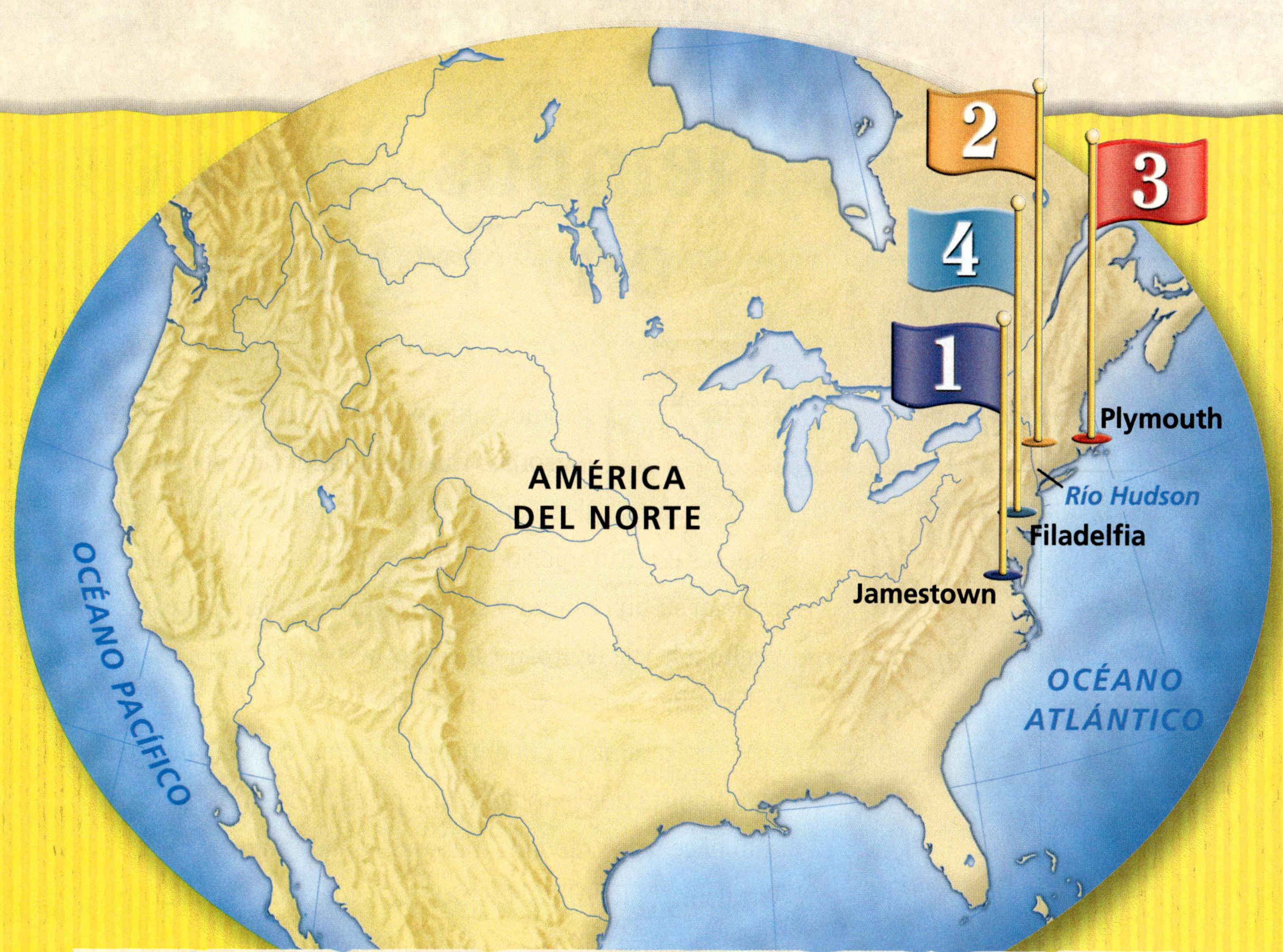

Por qué lo recordamos

A finales de noviembre, un jueves por la noche, en todos los hogares del país tiene lugar una de las tradiciones estadounidenses más populares y respetadas. Es la cena del Día de Acción de Gracias, y nos sirve para recordar un hecho que sucedió hace casi 400 años. En el otoño de 1621, un pequeño grupo de colonos ingleses y sus vecinos wampanoags celebraron el buen comienzo de una nueva colonia. La pequeña colonia de Plymouth, y los asentamientos que pronto se sumaron a lo largo de la costa del Atlántico, llegaron a formar 13 prósperas colonias inglesas. Más tarde éstas se convertirían en los Estados Unidos de América.

LECCIÓN 1

VIRGINIA
Jamestown
Isla de Roanoke

1590		1620
1590 Se funda la colonia perdida de Roanoke	**1607** Se funda Jamestown	**1619** Formación de la Cámara de los Burgueses

EN BREVE

Enfoque en la idea principal
Inglaterra fundó Jamestown, el primer asentamiento inglés permanente en América del Norte, en 1607.

LUGARES
isla de Roanoke
Virginia
Jamestown

PERSONAJES
reina Elizabeth I
Walter Raleigh
John White
Francis Drake
rey James I
John Smith
jefe Powhatan
Pocahontas
John Rolfe

VOCABULARIO
cédula
acciones
cultivo comercial
siervo por contrato
Cámara de los Burgueses

Tiempos difíciles en Virginia

Estás ahí

¿Cómo pudieron haber desaparecido 100 personas? Cuando John White dejó la isla de Roanoke hace tres años, los colonos ingleses estaban iniciando un asentamiento. Entre ellos estaban su hija Ellinor y su nietecita Virginia. White ha vuelto a la isla de Roanoke con provisiones para la nueva colonia, pero nadie sale a recibirlo.

White camina por la diminuta colonia. Espera encontrar alguna pista que le indique qué pasó. Encuentra una que sólo hace más grande el misterio: tallada en un árbol está la palabra "CROATOAN". ¿Qué tiene que ver esa palabra con la desaparición de su familia y de otras 100 personas? Es una pregunta que John White nunca podrá responder. Y en la actualidad, aún no tenemos la respuesta.

Comparar y contrastar Al leer, compara el intento de establecer una colonia en la isla de Roanoke con el de fundar Jamestown.

La colonia perdida de Roanoke

Los gobernantes ingleses observaban mientras su rival, España, fundaba varias colonias nuevas en América. A fines del siglo XVI, Inglaterra trató de establecer sus propias colonias. La colonia de la **isla de Roanoke** fue su primer intento.

La **reina Elizabeth I** de Inglaterra y otras autoridades inglesas tenían muchas razones para querer colonias en América del Norte. Al igual que los españoles, los ingleses esperaban encontrar oro. Pero aunque no lo hubiera, confiaban en que América del Norte fuera rica en otros recursos naturales.

Sin embargo, la reina Elizabeth sabía que fundar una colonia en América del Norte sería difícil y costoso, e incluso peligroso. Los poderosos españoles no querían que otras naciones tuvieran colonias en las Américas.

Walter Raleigh, consejero cercano de la reina Elizabeth, se ofreció a organizar personalmente la primera colonia. Raleigh era un soldado que había explorado América del Norte a principios de la década de 1580 y conocía la isla de Roanoke, frente a la costa de lo que hoy es Carolina del Norte.

La reina Elizabeth I gobernó Inglaterra de 1558 a 1603.

El primer grupo de colonos que Raleigh envió a la isla de Roanoke llegó en 1585. El duro invierno les dificultó encontrar alimentos así que, hambrientos, volvieron a casa en 1586.

Pero Raleigh no quería renunciar a la idea de empezar una colonia en América del Norte. En 1587, **John White** dirigió a más de cien hombres, mujeres y niños a la isla de Roanoke. Esta colonia también pasó dificultades. Cuando se acabaron las provisiones, White navegó de regreso a Inglaterra para pedir ayuda. Sin embargo, al llegar encontró a su país en guerra contra España. Inglaterra no podía usar ningún barco para enviar provisiones a la colonia.

White no pudo volver a la isla de Roanoke hasta agosto de 1590. Cuando llegó, todos sus habitantes habían desaparecido. La única pista que encontró fue la palabra "CROATOAN" tallada en un árbol. Croatoan era el nombre de un grupo de indígenas norteamericanos que vivían cerca de la isla de Roanoke.

Nadie sabe qué pasó en el asentamiento de Roanoke. Tal vez algunos soldados españoles capturaron a los colonos, o quizá éstos murieron en batallas contra los indígenas norteamericanos. Otra posibilidad es que, hambrientos, se hayan ido al sur a vivir con la nación croatoan. Como el misterio no se ha resuelto, el asentamiento en la isla de Roanoke se conoce como "la colonia perdida".

REPASO ¿Qué ocurrió primero: las exploraciones de Walter Raleigh en América del Norte o la fundación del primer asentamiento en la isla de Roanoke? **Secuencia**

La batalla con la Armada Española

La tensión crecía entre Inglaterra y España. El intento inglés de fundar una colonia en América del Norte enojó a Felipe II, rey de España. Además, los capitanes de barcos ingleses habían atacado barcos españoles que llevaban oro y plata de las Américas a España.

Uno de los más famosos capitanes ingleses fue **Francis Drake.** En 1577, Drake empezó un viaje histórico alrededor del mundo. Al regresar a Inglaterra en 1580, su barco iba cargado de oro tomado de los navíos españoles. En Inglaterra era un héroe, pero los españoles lo llamaban el "señor de los ladrones".

En 1588, el rey Felipe decidió atacar Inglaterra. Reunió la Armada Española, una gran flota de barcos de guerra. Con 130 barcos que transportaban cerca de 30,000 soldados y marineros, la Armada Española se encontró con la flota inglesa frente a la costa de Inglaterra. Los españoles estaban seguros de obtener la victoria.

Pero la marina inglesa tenía grandes ventajas: sus barcos eran más pequeños y podían moverse más rápido en el agua; también tenían armas más potentes. Lord Howard, comandante de la flota inglesa, escribió acerca de los españoles:

> ***"Su fuerza es maravillosamente grande y potente, sin embargo, poco a poco les arrancamos las plumas".***

Los cañonazos ingleses hundieron muchos barcos españoles. A otros los atrapó una tormenta y se estrellaron contra la rocosa costa de Irlanda. De los 130 barcos de la Armada Española, sólo unos 60 volvieron a España.

La batalla contra la Armada Española fue una importante victoria para Inglaterra, y le ayudó a convertirse en una de las naciones más poderosas del mundo. Ahora los gobernantes ingleses podrían concentrarse nuevamente en fundar colonias en América del Norte.

REPASO ¿Qué ventajas tuvieron los ingleses frente a los españoles en la batalla contra la Armada Española? **Comparar y contrastar**

▶ **Sir Francis Drake *(arriba)* desempeñó un papel importante en la derrota de la Armada Española *(abajo)*. Fue uno de los más grandes héroes de Inglaterra.**

Museo Marítimo Nacional, Londres

ARMÉE NAVALE DESPAIGNE SVRNOMMÉE INVINCIBLE VAINCVE PAR LES ANGLOIS LE 22 IVILLET

Aventuras en mapas

¿Dónde fundar una colonia?

John Smith y otros colonos de Inglaterra acaban de llegar a Virginia. Navegan corriente arriba por el río James y buscan dónde establecer su colonia.

1. **¿Serán los primeros en vivir en esa región? ¿Cómo lo sabes?**
2. **¿Cuáles son algunas ventajas y desventajas de vivir junto al río James?**
3. **Los colonos llegan a una península en la orilla norte del río James. Ahí empiezan a construir Jamestown. Búscalo en el mapa.**
4. **Busca otros dos lugares apropiados para fundar una colonia.**

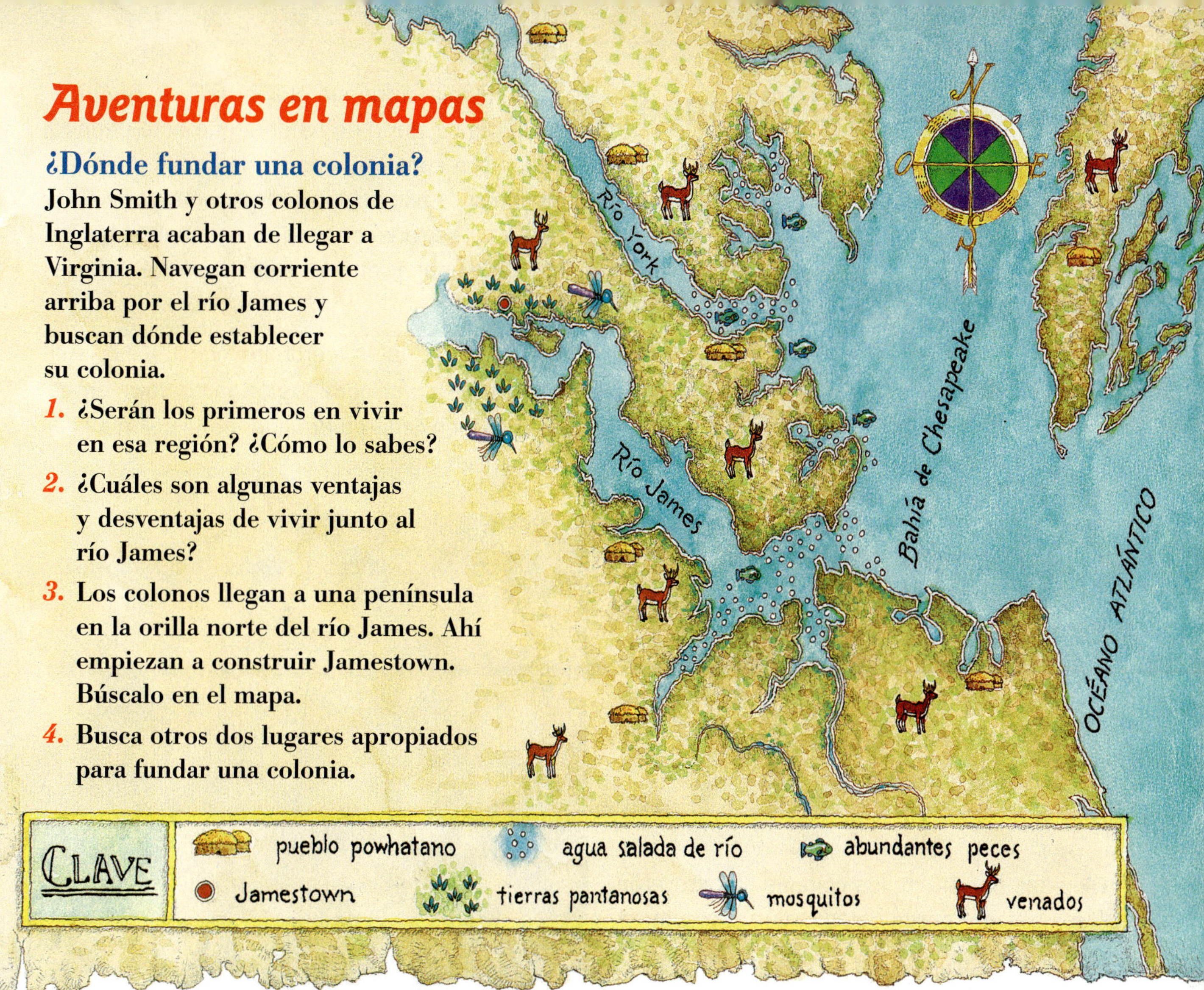

La colonia de Jamestown

En 1606, un grupo de comerciantes creó la Virginia Company of London. Pidieron al **rey James I** una cédula para fundar una colonia en Virginia. La **cédula** era un documento que permitía a los colonos establecerse en una tierra reclamada por su gobernante. Los dueños de la Virginia Company reunieron dinero con la venta de **acciones** o participaciones en la compañía. Toda persona que comprara acciones obtendría ganancias si la colonia sobrevivía.

En 1607, tres barcos ingleses que transportaban a unos 120 colonos llegaron a la costa este de **Virginia.** Navegaron corriente arriba por un río al que llamaron James en honor del rey. Buscaban una zona fácil de defender, así que descargaron sus barcos en una península del río. A este lugar lo llamaron **Jamestown.**

John Smith, uno de los colonos, dijo que Jamestown era "un sitio muy adecuado para levantar una gran ciudad". Estaba equivocado. La tierra era baja y pantanosa, llena de mosquitos que transmitían enfermedades; el agua del río no era potable y enfermó a muchas personas. Muchos colonos murieron casi en cuanto llegaron a Jamestown.

REPASO ¿Cómo reunieron dinero los dueños de la Virginia Company para formar su nueva colonia? **Idea principal y detalles**

John Smith y el "tiempo de hambruna"

Los colonos de Jamestown esperaban encontrar oro en Virginia. En vez de construir casas y cultivar la tierra, los hombres se dedicaban a buscar oro. Después de que algunos creyeron haberlo encontrado, John Smith escribió que sus compañeros no hacían más que "buscar oro, lavar oro, refinar oro y cargar oro".

Pronto empezaron a morir de hambre y de enfermedades. Al final del primer año en Jamestown, sólo sobrevivían 38 colonos. Un colono escribió que el escaso trigo que quedaba del viaje desde Inglaterra "contenía tantos gusanos como granos".

Poco después, John Smith fue elegido jefe de la colonia. Dio una orden a los sobrevivientes basada en la Biblia:

> ***"El que no quiera trabajar, no comerá".***

Dirigidos por Smith, los colonos construyeron casas y cavaron pozos de agua dulce; plantaron semillas y pescaron en el río. Smith también empezó a comerciar con el **jefe Powhatan,** gobernante de la nación powhatana. Su maíz sirvió para mantener vivos a los colonos. Por un breve período, las relaciones entre los colonos ingleses y los powhatanos fueron pacíficas. La hija menor del jefe, **Pocahontas,** visitaba Jamestown con frecuencia.

Más tarde, John Smith escribió que cuando conoció al jefe Powhatan fue hecho prisionero. Estaba a punto de ser ejecutado cuando Pocahontas, de 12 años de edad, lo salvó. Luego convenció a su padre de liberar a Smith. Los historiadores no saben si esta historia es verdadera; lo cierto es que Smith volvió a Inglaterra en 1609. Leerás más acerca de John Smith en su biografía, en la página 163.

La colonia sufrió sin el liderazgo de Smith. Tanta gente murió de hambre que este período se conoce como "el tiempo de hambruna". Al disminuir la población, Jamestown estuvo a punto de ser abandonada. Sin embargo, los últimos supervivientes se salvaron y la colonia se recuperó.

REPASO ¿Cuáles fueron las principales causas de las dificultades en Jamestown antes de que John Smith fuera líder de la colonia? **Causa y efecto**

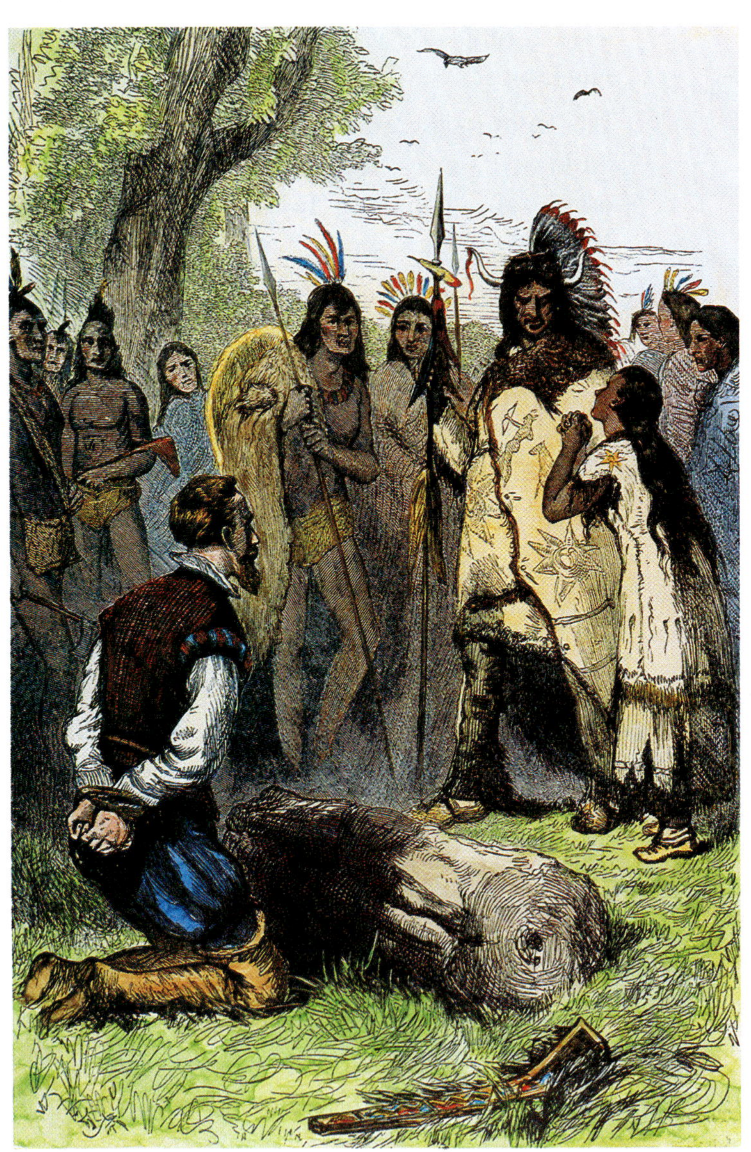

Según John Smith, Pocahontas le salvó la vida al convencer a su padre de no matarlo.

Jamestown prospera con el tabaco

Al igual que el maíz y el tomate, la planta del tabaco es originaria de las Américas. Los primeros exploradores y mercaderes europeos aprendieron de los indígenas de las Américas a cultivar el tabaco. A principios del siglo XVII, el tabaco se popularizó en Inglaterra y otras naciones de Europa.

Hacia 1612, el colono **John Rolfe** cosechó tabaco en el rico suelo de Virginia. Pronto se convirtió en el primer **cultivo comercial**, o cultivo cosechado para obtener ganancias, de Virginia. En poco tiempo había plantas de tabaco por todas partes en Jamestown.

El rey James de Inglaterra no aprobó el tabaco. Decía que fumar era "horrible para la nariz, dañino para el cerebro, peligroso para los pulmones." Como sabemos hoy, el rey James tenía razón acerca de los efectos dañinos de fumar, pero su oposición no impidió que la población de Virginia cultivara la planta. Como muestra la gráfica de abajo, la exportación de tabaco a Inglaterra aumentó rápidamente. Las pequeñas plantaciones prosperaban tan rápido que pronto sus propietarios necesitaron más trabajadores. Así comenzaron a llegar a Jamestown miles de siervos por contrato.

► **La exportación de tabaco desde Jamestown aumentó rápidamente.**

DESTREZA: GRÁFICAS ***¿Entre qué años aumentó más la exportación?***

► **El tabaco *(derecha)* contribuyó al éxito de Jamestown. En 1614, Pocahontas se casó con John Rolfe.**

Los **siervos por contrato** aceptaban trabajar para alguien un tiempo determinado a cambio del costo del viaje por mar a América del Norte. Casi todos esperaban comprar tierras cuando obtuvieran su libertad, pero la mayoría no vivió lo suficiente para lograrlo. Entre 1619 y 1622, muchos de los siervos por contrato recién llegados murieron por enfermedades, exceso de trabajo y mal trato por parte de sus amos.

En 1619, otro grupo llegó a Jamestown: un barco holandés trajo a 20 africanos. Los africanos también trabajaron como siervos por contrato y luego fueron liberados. Algunos fundaron su propia plantación de tabaco.

A pesar de lo difícil que era la vida en Jamestown, la colonia mantuvo un ritmo estable de crecimiento. El matrimonio de John Rolfe y Pocahontas en 1614 ayudó a mantener la paz entre los ingleses y la nación powhatana.

REPASO Resume en tres oraciones la información importante de esta página.
Resumir

Autogobierno en Virginia

La Virginia Company of London siguió atrayendo más gente a su colonia. Con este objetivo en mente, los jefes de la compañía declararon que los colonos en Virginia debían tener "la forma de gobierno... necesaria para el mayor beneficio y comodidad de la población".

El 30 de julio de 1619, la Cámara de los Burgueses de Virginia se reunió por primera vez. La **Cámara de los Burgueses** fue la primera asamblea en aprobar leyes en una colonia inglesa. Todos los miembros eran hombres, blancos y propietarios de tierras. Esta Cámara ayudó a establecer la tradición de autogobierno en las colonias inglesas.

REPASO ¿Por qué crees que la formación de la Cámara de los Burgueses ayudó a atraer colonos a Virginia? **Sacar conclusiones**

Resume la lección

- **1588** Inglaterra derrotó a la Armada Española.
- **1607** Se fundó Jamestown, la primera colonia permanente de Inglaterra en América del Norte.
- **1612** John Rolfe logró una buena cosecha de tabaco en Virginia.
- **1619** La Cámara de los Burgueses se reunió por primera vez.

LECCIÓN 1 REPASO

Verifica hechos e ideas principales

1. **Comparar y contrastar** En una hoja aparte, completa el siguiente organizador gráfico comparando y contrastando los siguientes detalles acerca de Roanoke y Jamestown:
   - ¿Por qué las autoridades inglesas querían fundar colonias en América del Norte?
   - ¿Cómo ayudó John Smith a la colonia de Jamestown?
   - ¿Cómo ayudó el tabaco a que Jamestown prosperara?

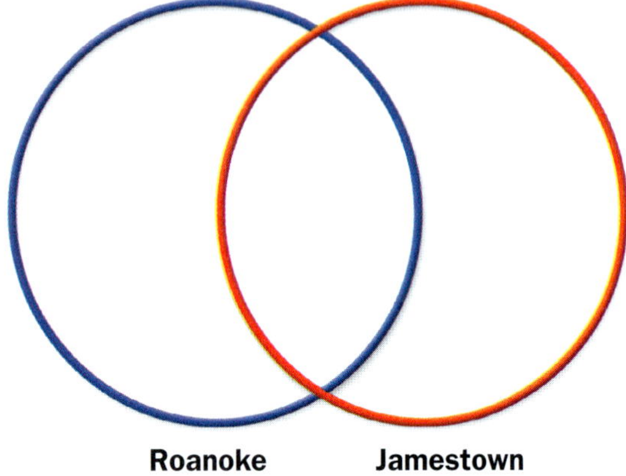

2. ¿Por qué quería Inglaterra comenzar una colonia en la costa este de América del Norte?
3. ¿Cómo derrotó Inglaterra a la Armada Española en 1588?
4. ¿Por qué Jamestown casi desapareció? ¿Cómo logró sobrevivir?
5. **Razonamiento crítico:** ***Tomar decisiones*** ¿Crees que la Virginia Company organizó el mejor tipo de gobierno para la colonia de Jamestown? ¿Por qué sí o por qué no?

Enlace con la geografía

Identificar características geográficas Los mosquitos transmitieron enfermedades a los primeros colonos de Jamestown. ¿Cómo podrían haber evitado este problema? ¿Qué características geográficas deberían haber buscado antes de decidir dónde establecerse? En tu respuesta, incluye la elevación y los accidentes geográficos.

John Smith 1580–1631

A los 19 años, John Smith ya había sido soldado y viajado por Francia, Holanda y Escocia. A su regreso a Inglaterra, su familia y amigos esperaban que al fin sentara cabeza. Sin embargo, Smith siempre había soñado con las aventuras y creía que si se preparaba para ser un mejor soldado, podría seguir la emocionante vida que deseaba. De modo que tomó sus libros sobre batallas, su caballo y un arma, y construyó una casa en el bosque. Hizo un refugio con unas ramas, dormía vestido y cazaba para alimentarse. Vivió así durante muchos meses, aprendiendo a sobrevivir solo.

Ocho años después, Smith se unió al grupo que la Virginia Company envió a Jamestown, Virginia, a fundar una colonia. Como soldado, Smith había aprendido a sobrevivir. Esas destrezas fueron clave para que los colonos sobrevivieran en una tierra desconocida y con pocos alimentos. Una de las contribuciones de Smith fue asegurarse de que cada colono hiciera su parte del trabajo. Más tarde escribió acerca de sí mismo:

> ***"Smith puso a todos a trabajar y él mismo les mostró cómo hacerlo... Deben dejar de protestar, dijo; traten de ayudarse, y no esperen que la Company les brinde almohadas y cama de plumas".***

BIODATO

Los europeos y los colonos usaron los mapas que hizo Smith de Virginia y Nueva Inglaterra —nombres que él escogió— durante casi 200 años.

Aprende de las biografías

Smith les dijo a los colonos "traten de ayudarse". ¿Qué quiso decir con esas palabras y cómo se relacionan con su vida de joven en Inglaterra?

Para más información, visita *Personajes de la historia* en **www.estudiossocialessf.com.**

LECCIÓN 2

1600 1620

1608 Champlain funda Quebec

1609 Hudson busca el paso del noroeste

1624 Se funda Nueva Holanda

Nuevas colonias europeas

EN BREVE

Enfoque en la idea principal
La búsqueda del paso del noroeste condujo a la fundación de colonias francesas y holandesas en América del Norte.

LUGARES
Quebec
río San Lorenzo
Nueva Francia
río Hudson
Nueva Holanda
Nueva Amsterdam

PERSONAJES
Samuel de Champlain
Henry Hudson

VOCABULARIO
paso del noroeste

Estás ahí Samuel de Champlain navega río arriba por el caudaloso río San Lorenzo y se pregunta adónde lo llevará. ¿Sería éste el río que buscan tantos exploradores? Pronto llega a un sitio que los indígenas llaman Quebec, donde un acantilado rocoso se alza desde el agua. Anota en su diario que éste es "un lugar hermoso, donde los árboles cubren una tierra generosa".

Champlain quiere continuar, pero los indígenas le advierten que pronto va a encontrar unos rápidos peligrosos. Después de varios días de mucho remar, Champlain y sus marineros franceses llegan a un lugar donde el agua espumosa de los rápidos choca contra las rocas y forma remolinos oscuros. No pueden seguir adelante. Ése no es el río que los exploradores esperaban encontrar.

Causa y efecto Al leer, piensa qué causó que los países fundaran colonias en América del Norte.

Asentamientos franceses y holandeses

¿Quién fue Samuel de Champlain y qué quería encontrar? **Samuel de Champlain** fue un explorador francés. En 1603, formó parte de una expedición que exploró el río San Lorenzo en el actual Canadá. La expedición esperaba encontrar el **paso del noroeste,** una vía navegable que conectara los océanos Atlántico y Pacífico.

Los exploradores llevaban más de 100 años buscando ese paso, ya que facilitaría la navegación de los barcos mercantes entre Europa y Asia. Muchos países europeos, como Francia, Inglaterra y Holanda, esperaban ser los primeros en descubrirlo. El paso del noroeste nunca fue encontrado porque no existe, pero la búsqueda condujo a la fundación de nuevas colonias europeas en América del Norte.

En 1608, Champlain fundó la colonia francesa de **Quebec** en el **río San Lorenzo.** Ese lugar resultó apropiado para una colonia porque había millones de castores en los bosques de la región. La venta de pieles de castor en Europa producía enormes ganancias. Quebec pronto se convirtió en un próspero centro comercial. Los indígenas hurones atrapaban castores y llevaban las pieles a Quebec, donde las cambiaban por productos europeos. Los franceses fundaron otras colonias en América del Norte, como Montreal. A estas colonias francesas se les llamó **Nueva Francia.**

En 1609, el gobierno holandés envió al capitán inglés **Henry Hudson** a explorar la costa de América del Norte. Como Champlain, Hudson navegó por un río muy ancho, esperando que fuera el paso del noroeste. Sin embargo, después de navegar cerca de 150 millas, el río se volvió muy poco profundo para el barco. Antes de regresar, Hudson reclamó la tierra que había explorado para Holanda. Posteriormente, ese río recibió el nombre de **Hudson** en honor de su explorador.

Henry Hudson bajó a tierra para reunirse con los indígenas lenni lenape mientras exploraba el río que lleva su nombre.

Las colonias holandesas en América del Norte recibieron el nombre de **Nueva Holanda.**

En 1624, los colonos holandeses empezaron a construir el poblado de Nueva Amsterdam en la isla de Manhattan. Desde ahí, los holandeses controlaban el comercio en el río Hudson. Esta ubicación ideal ayudó a que **Nueva Amsterdam** se convirtiera en el asentamiento holandés más grande e importante de América del Norte.

REPASO ¿Qué población se fundó primero: Quebec o Nueva Amsterdam?

Los sombreros de piel de castor eran muy populares en Europa.

BANCO DE DATOS

Exploradores y primeros asentamientos en América del Norte

La búsqueda del paso del noroeste condujo a la fundación de varias colonias europeas en América del Norte. Busca el nombre de cada colonia y el país que la fundó.

Juan Caboto

- Nació en Italia.
- Navegó a tierras de América del Norte en 1497 con bandera de Inglaterra.

Jacques Cartier

- Nació en Francia.
- Navegó al actual Canadá en 1534 con bandera de Francia.

Giovanni da Verrazano

- Nació en Italia.
- Navegó con bandera de Francia y, en 1524, fue el primer europeo en llegar a la boca de lo que después se conoció como el río Hudson.

Samuel de Champlain

- Nació en Francia.
- Exploró el río San Lorenzo para Francia en 1603. En 1608, llegó al lago Champlain, que hoy lleva su nombre.

Henry Hudson

- Nació en Inglaterra.
- Navegando con bandera de Holanda, en 1609 exploró la costa del Atlántico de lo que hoy son los Estados Unidos.

Nueva Amsterdam prospera

Para que su colonia prosperara, los holandeses animaron a personas de muchos países a establecerse en Nueva Holanda. Llegaron colonos de Bélgica, Francia, Alemania, Finlandia, Noruega y muchos otros países. Nueva Amsterdam se convirtió en un pueblo próspero con una población muy variada. Mientras visitaba Nueva Amsterdam en 1644, un francés de nombre Isaac Jogues escribió que "ahí se hablaban dieciocho idiomas diferentes".

Más tarde leerás la historia de cómo los ingleses tomaron Nueva Amsterdam y le dieron un nuevo nombre. El poblado continuó prosperando y hoy es la ciudad más grande de los Estados Unidos. Probablemente la conozcas por su nombre actual: Nueva York.

REPASO ¿Por qué animaron los holandeses a colonos de muchos países a irse a Nueva Holanda? **Idea principal y detalles**

Resume la lección

- **1608** Samuel de Champlain fundó Quebec y ayudó a establecer la colonia de Nueva Francia.
- **1609** Henry Hudson navegó por el río ahora llamado Hudson y reclamó esas tierras para los holandeses.
- **1624** Se fundó Nueva Holanda.

LECCIÓN 2 REPASO

Verifica hechos e ideas principales

1. **Causa y efecto** En una hoja aparte, completa el siguiente organizador gráfico relacionando un efecto importante con su causa correspondiente.

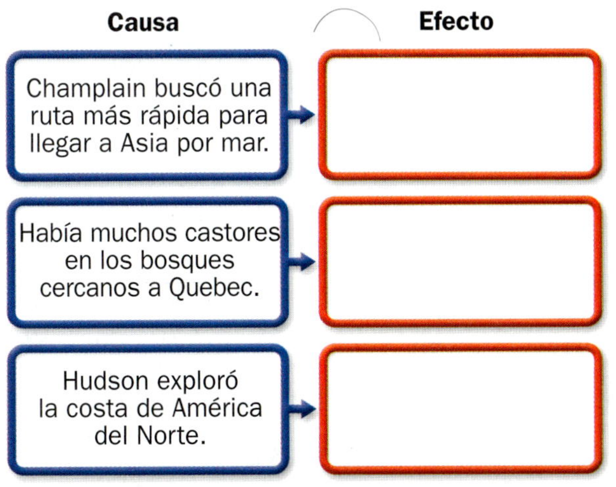

Causa
Efecto
Champlain buscó una ruta más rápida para llegar a Asia por mar.
Había muchos castores en los bosques cercanos a Quebec.
Hudson exploró la costa de América del Norte.

2. ¿Por qué la búsqueda del paso del noroeste condujo a la fundación de Nueva Francia y Nueva Holanda?
3. ¿Qué tipo de beneficios obtuvo Francia de su colonia de Nueva Francia?
4. ¿Por qué era Nueva Amsterdam un buen sitio para fundar una ciudad?
5. **Razonamiento crítico:** ***Sacar conclusiones*** ¿Piensas que los indígenas norteamericanos desempeñaron un papel importante en la prosperidad de las colonias francesas y holandesas? Explica.

Enlace con la escritura

Escribe una carta Imagina que eres un explorador francés u holandés del siglo XVI. Escribe una carta a tu gobernante y explica por qué debe pagar por tu expedición. Explica qué esperas encontrar y por qué este viaje será valioso para tu país.

LECCIÓN 3

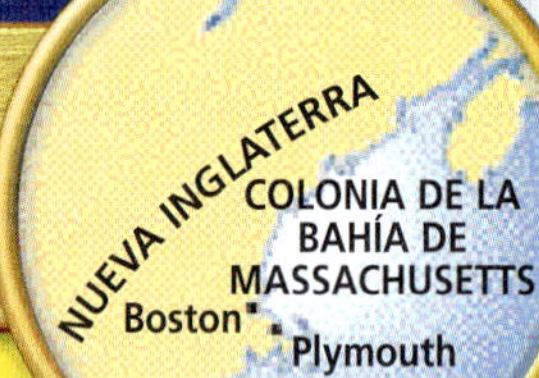

1620 Los peregrinos llegan a Plymouth

1621 Se celebra una comida de acción de gracias en Plymouth

1630 Los puritanos fundan Boston

EN BREVE

Enfoque en la idea principal
En busca de la libertad de religión, los colonos ingleses fundaron colonias en Nueva Inglaterra.

LUGARES
Nueva Inglaterra
Plymouth
colonia de la bahía de Massachusetts
Boston

PERSONAJES
William Bradford
Samoset
Squanto
Massasoit
John Winthrop

VOCABULARIO
peregrino
separatista
persecución
Pacto del Mayflower
puritano

Las primeras colonias

Estás ahí En 1621, los peregrinos y los indígenas norteamericanos celebraron juntos una comida de acción de gracias. El Día de Acción de Gracias que festejamos hoy se basa en la celebración de 1621. Veamos si puedes contestar estas preguntas sobre el suceso que generalmente llamamos "el primer Día de Acción de Gracias".

1. ¿En qué estación se hizo la comida de acción de gracias de 1621: verano, otoño, invierno o primavera?
2. ¿Qué alimento no se sirvió en la celebración: pato, res, venado o maíz?
3. ¿Cuántos días duró la celebración: uno, dos, tres o cuatro?

Tal vez tienes otras preguntas como: ¿Quiénes realizaron la celebración? ¿Y qué agradecían? Leerás la historia en esta lección y encontrarás las respuestas a las preguntas anteriores.

Comparar y contrastar Al leer, compara las experiencias que tuvieron los peregrinos y los puritanos recién llegados a su nueva tierra. ¿En qué se parecían? ¿En qué eran diferentes?

Los peregrinos

Como leíste en la historia de Jamestown, Quebec y Nueva Amsterdam, los colonos llegaron por diversas razones: para explorar, obtener riquezas, difundir su religión y vivir en tierras propias. Sin embargo, algunos de los primeros colonos buscaban otra cosa: la libertad de religión.

La historia de los **peregrinos** comienza en Inglaterra a principios del siglo XVI. En esa época, Inglaterra se separó de la Iglesia Católica Romana. El rey Henry VIII creó una nueva iglesia cristiana, la Iglesia Anglicana, a la que todo inglés debía pertenecer. Con el tiempo, algunas personas pensaron que la Iglesia Anglicana se parecía mucho a la Católica Romana. Y a quienes querían separarse de la Iglesia Anglicana se les llamó **separatistas.** Los separatistas enfrentaron **persecución,** o trato injusto, por sus creencias.

William Bradford, líder de un grupo de separatistas, decidió dejar Inglaterra y comenzar un asentamiento propio donde pudieran practicar la religión que quisieran. Esos colonos recibieron el nombre de peregrinos. Un peregrino es una persona que viaja por motivos religiosos.

William Bradford pidió permiso a la Virginia Company para iniciar un nuevo asentamiento en Virginia. Dijo que los peregrinos vivirían "por su cuenta, bajo el gobierno general de Virginia". La Virginia Company aceptó. Los peregrinos prepararon su viaje, a sabiendas de que vivirían tiempos difíciles. Bradford escribió: "Los peligros eran grandes... las dificultades, muchas".

REPASO Di qué suceso importante causó que los peregrinos dejaran Inglaterra. **Causa y efecto**

William Bradford dirigió la colonia de peregrinos durante 30 años. Esta estatua suya se encuentra en el Pilgrim Hall Museum de Plymouth, Massachusetts.

Después del largo viaje a través del Atlántico en el *Mayflower (izquierda),* los peregrinos escribieron "leyes justas e igualitarias" para su nueva colonia: el Pacto del Mayflower *(arriba).*

El *Mayflower*

En septiembre de 1620, unos 100 peregrinos llenaron un pequeño barco, el *Mayflower.* Durante su largo viaje por el océano Atlántico, las tormentas golpearon el *Mayflower.* El barco fue sacado de curso y, en vez de llegar a Virginia, los peregrinos desembarcaron muy al norte, en Cape Cod. John Smith llamó **Nueva Inglaterra** a esta región de América del Norte, y aún usamos ese nombre.

Los peregrinos decidieron buscar un lugar donde vivir en Nueva Inglaterra y escogieron un puerto rocoso que los ingleses llamaban **Plymouth.**

Antes de tocar tierra, los líderes de los peregrinos decidieron escribir un plan de gobierno para su colonia. Lo llamaron el **Pacto del Mayflower,** y decía que el gobierno de los peregrinos haría "leyes justas e igualitarias... para el bien general de la colonia". Todos los hombres adultos que iban a bordo del *Mayflower* firmaron el pacto; a las mujeres no se les permitió participar. Al igual que la Cámara de los Burgueses de Virginia, el Pacto del Mayflower fue un gran paso hacia el autogobierno en las colonias inglesas.

Por fin, en noviembre de 1620, los peregrinos pusieron pie en tierra firme. Bradford escribió que "cayeron de rodillas y bendijeron al Dios de los cielos que los había guiado por el inmenso y furioso océano".

Sin embargo, esa época del año no era la mejor para iniciar una colonia en Nueva Inglaterra. William Bradford escribió: "Quienes conocen el invierno de ese país saben que es violento y duro". Casi la mitad de los peregrinos murió durante los primeros tres meses en Plymouth a causa del frío, el hambre y la enfermedad.

Cuando al fin llegó la primavera, pasó algo inesperado. Mientras plantaban las semillas que habían traído de Inglaterra, un indígena norteamericano llamado **Samoset** llegó al asentamiento y gritó: "¡Bienvenidos, ingleses!" Samoset explicó que había aprendido inglés con los pescadores y comerciantes. Ese encuentro dio inicio a relaciones amistosas entre los peregrinos y la nación wampanoag.

REPASO ¿Cómo afectó el clima a los peregrinos al llegar a Nueva Inglaterra? **Causa y efecto**

Una celebración de acción de gracias

Samoset les habló a los peregrinos sobre otro indígena norteamericano llamado **Squanto,** quien había sido capturado por comerciantes europeos y vendido como esclavo en España, pero luego escapó a Inglaterra, donde aprendió inglés. Ahora vivía con la nación wampanoag.

Sirviendo como traductor, Squanto ayudó a los peregrinos a crear un tratado de paz con **Massasoit,** el jefe wampanoag. También los llevó a los mejores lugares para cazar y pescar, y les enseñó a cultivar maíz en el suelo rocoso de Nueva Inglaterra.

Ese otoño, los peregrinos recogieron su primera cosecha en Plymouth. "Nuestro maíz resultó bueno, alabado sea Dios", escribió el peregrino Edward Winslow. Los peregrinos decidieron hacer una celebración de acción de gracias. Invitaron a los wampanoags por ayudarles a sobrevivir un año muy difícil. Edward Winslow describió así la celebración:

> ***"Muchos de los indígenas estuvieron con nosotros, y entre ellos su gran rey Massasoit, con cerca de noventa hombres, con quienes festejamos y comimos durante tres días".***

Los peregrinos y los wampanoags comieron venado, pato salvaje, langosta, pescado, pan de maíz, calabaza, calabacita, bayas y ciruelas silvestres. La celebración de tres días también incluyó desfiles, juegos y competencias de carreras.

REPASO ¿Por qué crees que los peregrinos invitaron a los wampanoags a su celebración de acción de gracias? **Sacar conclusiones**

AQUÍ Y ALLÁ

¿Dónde se celebró el primer Día de Acción de Gracias?

A la celebración de los peregrinos y los wampanoags en 1621 se le llama "el primer Día de Acción de Gracias". Pero casi en la misma fecha, otras celebraciones iguales ocurrían en varias partes de América del Norte. Los colonos de Virginia, por ejemplo, declararon un "día de acción de gracias a Dios todopoderoso". Busca en el mapa otros lugares donde los primeros colonos europeos celebraron una acción de gracias.

Llegan los puritanos

En 1630, otro grupo navegó de Inglaterra hacia América del Norte en busca de libertad de religión. Se les conocía como **puritanos** porque querían "purificar" o reformar la Iglesia Anglicana. Al igual que los peregrinos, eran perseguidos en Inglaterra. Muchos fueron a la cárcel por defender sus creencias.

Su líder, el abogado **John Winthrop,** creía que debían fundar su propia colonia en Nueva Inglaterra. Ahí podrían practicar su religión como quisieran y dar el ejemplo de cómo vivir. John Winthrop describió esta idea cuando dijo, citando la Biblia:

> ***"Porque debemos considerar que seremos como una ciudad sobre una colina, con los ojos de toda la gente puestos en nosotros".***

La difícil situación vivida por los primeros colonos en Jamestown y Plymouth sirvió de lección a los puritanos. En 1628, un pequeño grupo de puritanos navegó hacia Nueva Inglaterra para iniciar la colonia. Después, en 1630, Winthrop partió también con unos 1,000 colonos y 15 barcos cargados con alimentos, herramientas, caballos y vacas. A su llegada, ya había algunas casas y granjas construidas. Gracias a esa buena planificación, los puritanos no padecieron hambre.

Los puritanos llamaron a su asentamiento **colonia de la bahía de Massachusetts.** Buscaron un sitio para su asentamiento principal y escogieron una península en la bahía de Massachusetts a la que llamaron **Boston.**

La colonia de la bahía de Massachusetts creció muy rápido. Su economía prosperó gracias a la pesca, el comercio de pieles y la construcción de barcos. Para 1634, habían llegado casi 1,000 personas a Boston, la ciudad más grande de las colonias inglesas durante más de 100 años.

REPASO Explica por qué los puritanos no murieron de hambre al llegar a Nueva Inglaterra. **Resumir**

Boston es hoy la capital de Massachusetts y su ciudad más grande.

El modo de vida puritano

Las poblaciones puritanas se planeaban con todo cuidado. Cada familia tenía su propia tierra para construir su casa y una granja. En el centro de cada pueblo había una casa de reuniones donde se llevaban a cabo los servicios religiosos y las reuniones del pueblo. Los puritanos también creían en la educación. En especial, querían que los niños aprendieran a leer para que pudieran leer la Biblia y entendieran las leyes de la comunidad. En 1635, construyeron la primera escuela pública de las colonias inglesas.

Los puritanos habían encontrado un lugar donde vivir de acuerdo con sus creencias religiosas. Pero, ¿qué pasaba cuando alguien no aceptaba esas creencias? Leerás sobre esos conflictos en la siguiente lección.

REPASO ¿Por qué querían los puritanos que sus hijos aprendieran a leer?
Idea principal y detalles

Resume la lección

1620 Los peregrinos navegaron hacia Plymouth en el barco *Mayflower.*

1621 Los peregrinos y los wampanoags hicieron juntos una celebración de acción de gracias.

1630 Guiados por John Winthrop, los puritanos fundaron la colonia de la bahía de Massachusetts.

LECCIÓN 3 REPASO

Verifica hechos e ideas principales

1. **Comparar y contrastar** En una hoja aparte completa el organizador gráfico, comparando y contrastando estos detalles:
   - Nombre del grupo y año de fundación
   - Líder del grupo
   - Motivo para irse a la colonia

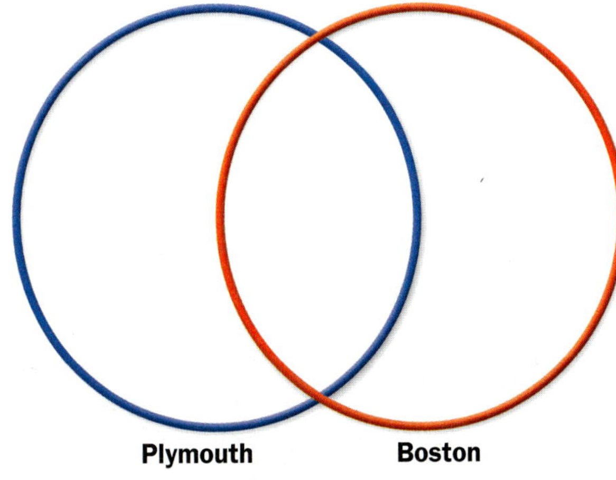

2. ¿Principalmente por qué motivo llegaron los peregrinos a Nueva Inglaterra?
3. ¿Cuál fue la finalidad del Pacto del Mayflower?
4. ¿Cómo ayudaron los indígenas norteamericanos a los peregrinos?
5. **Razonamiento crítico: *Punto de vista*** John Winthrop escribió que la colonia puritana sería como "una ciudad sobre una colina, con los ojos de toda la gente puestos en nosotros". Explica cómo refleja esto el punto de vista puritano sobre la colonia.

Enlace con el civismo

Escribe reglas Imagina que eres uno de los peregrinos a bordo del *Mayflower.* Escribe tres reglas con las que creas que toda la gente de Plymouth debería estar de acuerdo en obedecer.

Destrezas de razonamiento

Hecho y opinión

"Lo más triste y lamentable fue que en dos o tres meses la mitad de ellos [los peregrinos] murió, sobre todo en enero y febrero, cuando es pleno invierno, y cuando necesitaban casa y otras comodidades... Como a veces morían dos o tres en un día en el tiempo ya mencionado, de esas ciento y tantas personas, apenas quedaron cincuenta".

Fragmento A

"Por el día 16 de marzo, un indígena llegó resueltamente con valentía a ellos [los peregrinos] y les habló en inglés mal pronunciado, que pudieron entender bien y que los maravilló... Se llamaba Samoset".

Fragmento B

¿Qué son? Uno de nuestros registros más importantes del pasado son las palabras de quienes participaron en los sucesos. Pero las palabras pueden ser engañosas, porque expresan hechos y opiniones. Un **hecho** es una afirmación que se puede comprobar, o demostrarse que es cierta. Una **opinión** es un punto de vista personal. No puede demostrarse si es cierta o falsa.

¿Por qué los usamos? Uno de los relatos más importantes del comienzo de la colonia de Plymouth es el libro de William Bradford, *Of Plymouth Plantation* (*De la plantación de Plymouth*). Con los años, los historiadores han aceptado los libros de Bradford como un relato bastante confiable de los primeros años de Plymouth. Se basaron en determinar qué es un hecho y qué es una opinión. Los hechos pueden comprobarse mediante otras fuentes. Las opiniones deben identificarse para que no se acepten como hechos.

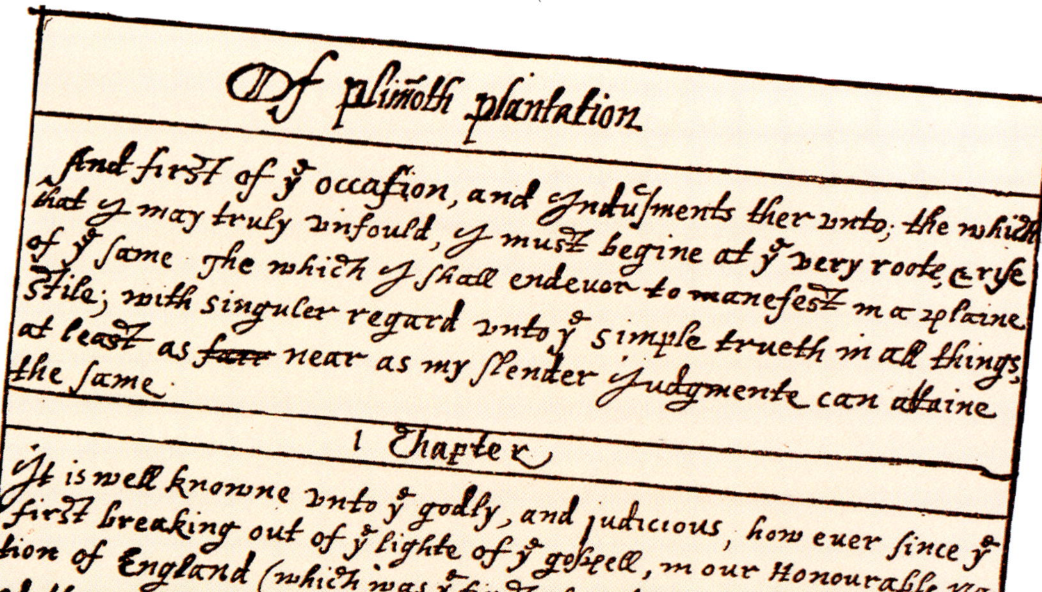

Of plimoth plantation

And first of ye occasion, and Indusments ther unto; the which that I may truly unfould, I must begine at ye very roote & rise of ye same. The which I shall endevor to manefest in a plaine stile; with singuler regard unto ye simple trueth in all things, at least as ~~fare~~ near as my slender Judgmente can attaine the same.

1 Chapter

It is well knowne unto ye godly, and judicious, how ever since ye first breaking out of ye lighte of ye gospell, in our Honourable Nation of England (which was ye first of nations, whom ye L... ed ther with, after ...

Los peregrinos iban en grupo a la iglesia para protegerse.

¿Cómo los usamos? Para distinguir un hecho de una opinión, lee el pasaje, encuentra el tema y busca las palabras clave.

Lee el fragmento A del libro de Bradford en la página 174. El tema trata sobre las dificultades de los peregrinos durante el primer invierno. Algunas pistas te ayudan a distinguir un hecho de una opinión. Por ejemplo, los hechos casi siempre se apoyan en fechas, cantidades e información específica. El pasaje te dice la época del año y el número de personas que murieron. Esas cifras indican afirmaciones que son hechos.

Los adjetivos descriptivos, como *triste* y *lamentable,* son palabras clave que indican opinión. Otras son *creo* y *pienso*.

No siempre es fácil diferenciar los hechos de las opiniones. A veces, un escritor expresa una opinión con tal confianza que parece un hecho. Otras, afirma un hecho como si fuera una opinión. No obstante, aprender a identificar hechos y opiniones cuando lees te ayudará a entender muchos tipos de escritos. Analiza el fragmento B, también del libro de Bradford, y responde estas preguntas.

Piensa y aplícalo

1. ¿Cuál es el tema de este fragmento?
2. Da una pista que indique un hecho.
3. Da una pista que indique una opinión.
4. ¿Por qué crees que los historiadores consideran a Bradford como una buena fuente para entender la historia de Plymouth?

Según una leyenda, Plymouth Rock es el lugar en el que desembarcaron los peregrinos.

LECCIÓN 4

1630 — 1730

1636 Se funda Rhode Island

1664 Los ingleses toman Nueva Holanda

1733 Georgia se convierte en la colonia número 13

Colonias Centrales
Colonias de Nueva Inglaterra
LAS 13 COLONIAS
Colonias del Sur

EN BREVE

Enfoque en la idea principal
Para 1733, los ingleses habían fundado 13 colonias a lo largo de la costa este de América del Norte.

LUGARES
colonias de Nueva Inglaterra
colonias centrales
colonias del Sur

PERSONAJES
Roger Williams
Anne Hutchinson
Thomas Hooker
William Penn
James Oglethorpe
Tomochichi

VOCABULARIO
opositor
propietario
deudor

Las 13 colonias inglesas

Estás ahí Llevas siete años esperando este día. Siete años de trabajar 14 horas diarias como siervo por contrato para un carpintero en Filadelfia. Y hoy, al fin, eres libre. ¿Qué sigue?

Sales a caminar un poco y a pensar. Tienes 21 años de edad. Además de tus ahorros y un traje nuevo, tienes un juego de herramientas de carpintería y poca cosa más.

Conoces a unos carpinteros que se fueron al Norte, a Massachusetts, a trabajar en la construcción de barcos. La paga es buena, pero siempre has soñado con tener un pedazo de tierra. Quizá deberías irte al Sur, donde hace calor y la tierra es fértil. Pero, por otra parte, también aquí en Pennsylvania hay muchas tierras productivas.

Va a ser una decisión difícil. Tienes toda la vida por delante, y hay 13 colonias de dónde escoger.

Comparar y contrastar

Al leer, compara las razones de fundar las diferentes colonias inglesas.

Geografía de las 13 colonias inglesas

Las 13 colonias inglesas se localizaban en la región Este del actual Estados Unidos. Todas se ubicaban entre el océano Atlántico, al este, y los montes Apalaches, al oeste. Las colonias pueden dividirse en tres regiones: las **colonias de Nueva Inglaterra,** las **colonias centrales** y las **colonias del Sur.** Localiza cada una de estas regiones en el mapa.

La tierra de las colonias de Nueva Inglaterra era poco profunda y rocosa, lo que dificultaba la agricultura. Sin embargo, los pobladores descubrieron que la región era rica en otros recursos valiosos. Los extensos bosques proporcionaban madera excelente para casas y barcos. En las aguas costeras abundaban los peces y las ballenas.

Las colonias centrales, con un clima más cálido y tierra más fértil, eran mejores para la agricultura que Nueva Inglaterra. Como los granjeros de estas colonias cosechaban tanto trigo, se llamó a la región "el granero de las colonias". Extensos y anchos ríos, como el Delaware y el Hudson, facilitaban los viajes y el transporte de productos.

Los granjeros de las colonias del Sur disfrutaban de un clima más cálido y de una temporada de cultivo más larga. En su fértil tierra crecían cultivos valiosos, como tabaco y arroz. Muchos ríos conectaban las granjas de tierra adentro con los puertos en la costa.

REPASO Menciona la región con el clima más frío. ¿Cuál tenía el más cálido? ¿Cómo influían esos diferentes climas en la forma de trabajar la tierra en cada región?
Comparar y contrastar

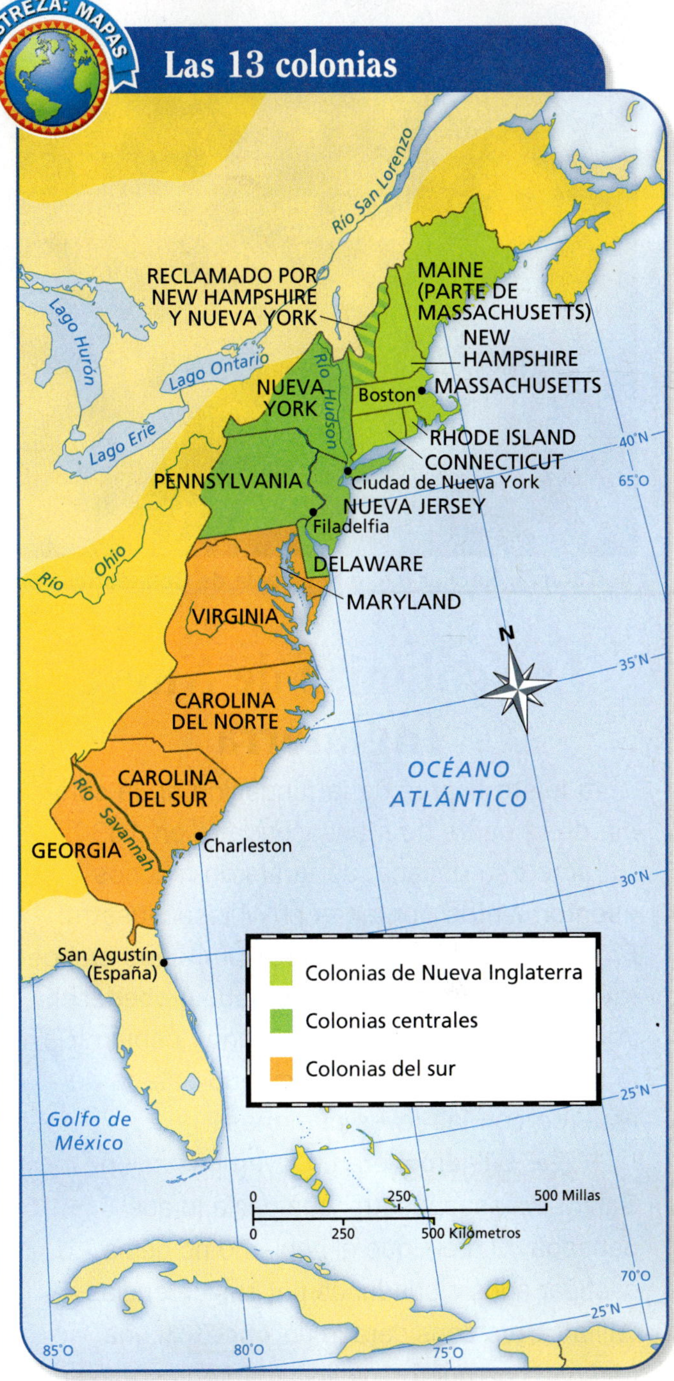

Las 13 colonias inglesas estaban en la costa del Atlántico.

DESTREZA: MAPAS **Ubicación** ***¿Qué colonias estaban en Nueva Inglaterra?***

Pintura de Frederic Edwin Church

Thomas Hooker inició la colonia de Connecticut en 1636.

Las colonias de Nueva Inglaterra

Ya leíste acerca de la fundación de la colonia de la bahía de Massachusetts en 1630. Durante esa década, se fundaron muchos asentamientos puritanos en Massachusetts. En esos poblados, los líderes puritanos elaboraron leyes estrictas que se debían obedecer. Por ejemplo, todos los ciudadanos debían ir a la iglesia. Pero no todo el mundo estaba de acuerdo con las leyes puritanas.

Roger Williams era un joven pastor de Salem, Massachusetts, que decía lo que pensaba. Él creía que el gobierno no debía castigar a los ciudadanos por sus creencias. Williams era considerado un **opositor,** una persona con puntos de vista diferentes a los de gran parte de la comunidad. Debido a sus creencias, los líderes puritanos lo obligaron a salir de Massachusetts. Viajó hacia el sur en el nevado invierno de 1636 y fundó un asentamiento al que llamó Providence. Éste fue el comienzo de una colonia nueva que después se llamaría Rhode Island. Bajo la guía de Williams, Rhode Island se convirtió en la primera colonia inglesa de América del Norte en ofrecer total libertad de religión a sus pobladores.

Anne Hutchinson fue otra opositora que irritó a los líderes puritanos de Massachusetts. Creía que la fe personal en Dios era más importante que las reglas y leyes de la Iglesia. Sostuvo frecuentes debates sobre religión en su casa de Boston. Como Roger Williams, Hutchinson fue obligada a salir de Massachusetts por sus creencias y también se fue a vivir a Rhode Island. Leerás más sobre Williams y Hutchinson en Héroes cívicos en la página 184.

En 1636, un pastor puritano llamado **Thomas Hooker** abandonó Massachusetts con cerca de 100 seguidores y fundó la colonia de Connecticut. Hooker y sus seguidores llegaron a esa nueva tierra en busca de más libertad, tanto política como de religión; también querían levantar granjas en la tierra fértil a lo largo del río Connecticut. En esa época, hubo colonos ingleses que se mudaron a New Hampshire. Los primeros asentamientos en esta colonia fueron pueblos pequeños de pescadores.

REPASO Describe los logros de Roger Williams. **Idea principal y detalles**

Las colonias centrales

A mediados del siglo XVII, la colonia de Nueva Holanda tenía casi 5,000 colonos europeos. La libertad de religión, la rica producción agrícola y el comercio de pieles atrajeron gente de muchas naciones a esa región.

El rey Charles II de Inglaterra decidió aumentar sus colonias, y se apoderó de Nueva Holanda. Encargó a su hermano James, duque de York, la tarea de tomar esa colonia. En 1664, barcos de guerra ingleses entraron en el puerto de Nueva Amsterdam. El líder holandés, Peter Stuyvesant, reconoció que no podían defenderse. Los ingleses capturaron Nueva Holanda sin un solo disparo. En honor del duque de York, Nueva Holanda fue renombrada Nueva York. Nueva Amsterdam se convirtió en la Ciudad de Nueva York. El duque dio parte de Nueva York a sus amigos George Carteret y John Berkeley para que fundaran su propia colonia, la cual se llamó Nueva Jersey.

En 1681, el rey Charles II dio una enorme porción de territorio en América del Norte a un joven llamado **William Penn.** El rey había pedido un préstamo al adinerado padre de Penn, y éste pidió tierras en pago. Penn quería fundar una colonia con base en sus creencias religiosas, pues era cuáquero. Los cuáqueros se oponían a la guerra y creían que la gente podía rendir culto a Dios sin asistir a la iglesia ni obedecer a los líderes religiosos. Leerás más sobre Penn y las creencias cuáqueras en la biografía de la página 183.

El rey inglés llamó a esta nueva colonia Pennsylvania, que significa "los bosques de Penn", en honor del padre de William Penn. Éste dijo que la nueva colonia sería un "experimento sagrado", donde gente de distintas naciones y de todas las religiones pudiera vivir junta y en paz. También prometió pagar a los indígenas norteamericanos un precio justo por la tierra. En una carta a los indígenas lenni lenape, Penn escribió: "Deseo... que siempre vivamos juntos como vecinos y amigos".

Como asentamiento principal de Pennsylvania, Penn escogió una tierra entre los ríos Schuylkill y Delaware. A este nuevo poblado le puso el nombre de Filadelfia, que significa "ciudad de amor fraternal". Después, una parte de Pennsylvania, al sur de Filadelfia, se convirtió en otra colonia llamada Delaware.

REPASO En una oración, explica los planes de William Penn para la colonia de Pennsylvania. **Resumir**

Hoy Filadelfia es la mayor ciudad de Pennsylvania.

Las colonias del Sur

Ya leíste acerca de las colonias que fundaron los peregrinos, los puritanos y los cuáqueros que buscaban libertad de religión. Al igual que estos grupos, los católicos también fueron perseguidos en Inglaterra y querían establecer una colonia propia. En 1632, el rey Charles I cedió una gran sección del norte de Virginia a Lord Baltimore, un propietario de tierras católico. Baltimore nombró a su colonia Maryland, y dijo que sería un refugio o sitio seguro para católicos y protestantes. Maryland era una colonia de **propietarios,** es decir, una colonia donde un dueño o un grupo de dueños controlaban la tierra.

La siguiente colonia sureña que se formó fue Carolina. Esto sucedió en 1663, cuando el rey Charles II dio a ocho propietarios una cédula por la gran sección de tierra entre Virginia y la colonia española de la Florida. Durante las siguientes décadas, su tierra fértil y buenos puertos atrajeron a muchos nuevos colonos. En 1729, Carolina se dividió en dos colonias: Carolina del Norte y Carolina del Sur.

El líder inglés **James Oglethorpe** ayudó a fundar la última colonia inglesa en América del Norte. Oglethorpe notó que las cárceles inglesas estaban llenas de **deudores,** personas que debían dinero. Para ayudarlos, decidió comenzar una nueva colonia en la que esas personas pudieran iniciar una nueva vida con su propia tierra. En 1732, el rey George II dio a Oglethorpe una cédula por las tierras al sur de las Carolinas. Oglethorpe llamó Georgia a esta nueva colonia.

La ubicación de Georgia fue útil para las otras colonias inglesas. Observa de nuevo el mapa de la página 177. Georgia está entre las Carolinas y la Florida española. Esa ubicación permitió a Georgia proteger a las demás colonias inglesas de posibles ataques españoles.

Al igual que William Penn, James Oglethorpe quería que su colonia tuviera relaciones pacíficas con los indígenas de la región. Tan pronto como llegó a Georgia, Oglethorpe se reunió con **Tomochichi,** jefe de la tribu yamacraw. Los yamacraws aceptaron dar tierras a Oglethorpe y sus colonos. Con unos 100 deudores liberados, Oglethorpe fundó Savannah, su primer asentamiento en Georgia.

REPASO ¿Cómo condujo la persecución de católicos en Inglaterra a la fundación de Maryland? **Causa y efecto**

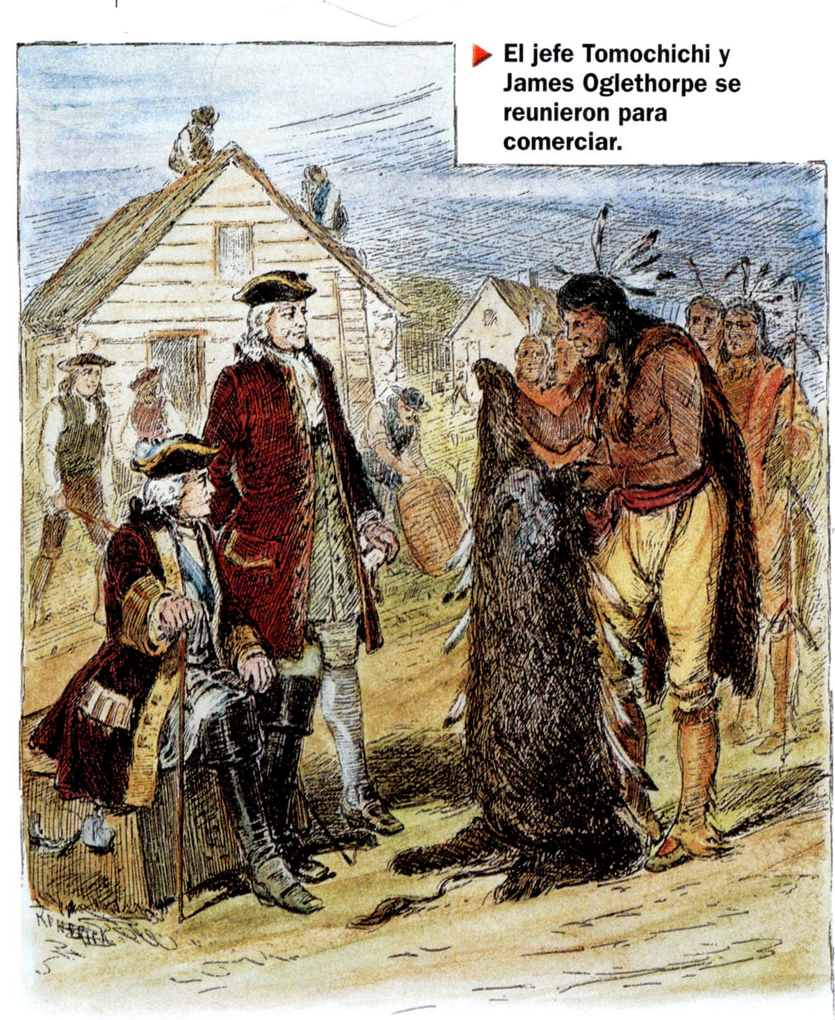

El jefe Tomochichi y James Oglethorpe se reunieron para comerciar.

BANCO DE DATOS

Las 13 colonias inglesas

Pasaron más de 100 años entre la fundación de Jamestown, Virginia y la de Georgia, la colonia inglesa número 13. Este cuadro resume por qué motivos se fundaron las colonias.

Colonia	Año	Primeros líderes	Motivos de la fundación
Colonias de Nueva Inglaterra			
bahía de Massachusetts	1630	William Bradford, John Winthrop	Escapar de la persecución religiosa en Inglaterra
Connecticut	1636	Thomas Hooker	Agricultura, comercio, libertad política
Rhode Island	1636	Roger Williams	Fundar una colonia para gente de todas las religiones
New Hampshire	1679	John Wheelwright	Comercio, pesca
Colonias centrales			
Nueva York	1664	Duque de York	Fundar una colonia en tierras tomadas de los holandeses
Nueva Jersey (bajo gobierno inglés)	1664	John Berkeley, John Carteret	Fundar una colonia en tierras tomadas de los holandeses
Pennsylvania	1682	William Penn	Establecer una colonia cuáquera en América del Norte
Delaware	1704	William Penn	Comercio, agricultura
Colonias del Sur			
Virginia	1607	John Smith	Buscar oro; fundar una colonia inglesa en América del Norte
Maryland	1634	Lord Baltimore	Establecer un refugio para los católicos en América del Norte
Carolina del Norte	1729	William Berkeley	Agricultura
Carolina del Sur	1729	Anthony Ashley-Cooper	Agricultura
Georgia	1733	James Oglethorpe	Refugio para deudores; colonia entre las Carolinas y la Florida

Las colonias crecen

Las colonias inglesas crecieron muy aprisa durante los primeros años. De 1650 a 1700, su población aumentó de 50,000 a más de 250,000 habitantes. Cincuenta años más tarde, eran un millón. Algunos pobladores se mudaron a las tres ciudades más grandes de las colonias: Boston, Filadelfia y Nueva York. Otros salieron de las ciudades y pueblos para talar bosques y construir granjas. En una carta escrita en 1711, un granjero llamado John Urmstone describió la vida en una granja en Carolina del Norte:

> ***"Me veo obligado a trabajar duro con hacha, azadón y pala. No tengo ni un pedazo de leña para hacer fuego, salvo lo que corto con mis propias manos".***

En el siguiente capítulo leerás más sobre el modo de vida en las 13 colonias inglesas.

REPASO ¿Crees que a John Urmstone le parecía difícil su vida? ¿Cómo lo sabes? **Sacar conclusiones**

Resume la lección

- **1636** Roger Williams fundó Rhode Island como un lugar de libertad de religión.
- **1664** Los ingleses capturaron Nueva Holanda y la llamaron Nueva York.
- **1733** James Oglethorpe fundó Georgia, un nuevo hogar para los deudores.

LECCIÓN 4 REPASO

Verifica hechos e ideas principales

1. **Comparar y contrastar** En una hoja aparte, completa el organizador gráfico con información sobre dos de las tres regiones: Nueva Inglaterra, colonias centrales y colonias del Sur. Compáralas y contrástalas, apoyándote en temas como la geografía y los motivos por los que fueron fundadas.

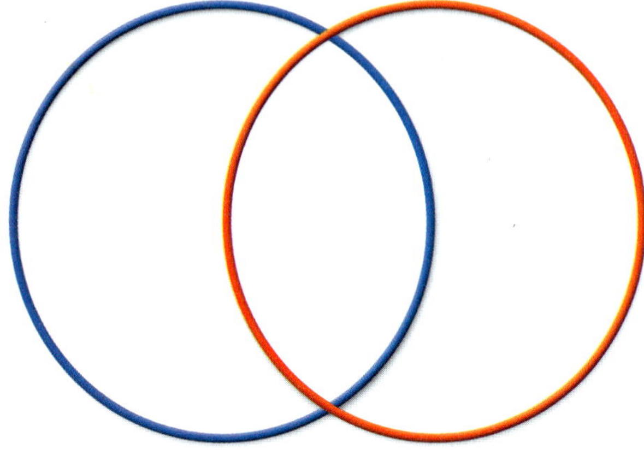

2. ¿Por qué se conoció a las colonias centrales como "el granero de las colonias"?
3. ¿Por qué fue expulsada Anne Hutchinson de Massachusetts?
4. ¿Qué atrajo a los colonos a Georgia?
5. **Razonamiento crítico: *Tomar decisiones*** ¿En cuál de las colonias centrales te hubiera gustado vivir? Explica tus motivos. Usa los pasos para la toma de decisiones de la página M5.

Enlace con la geografía

Haz un mapa Con el mapa de esta lección como guía, elabora tu propio mapa de las 13 colonias. Identifica las colonias, las ciudades importantes, el océano Atlántico, los montes Apalaches y cualquier otra información que mejore el mapa.

William Penn

1644–1718

A los 22 años, William Penn, hijo de un oficial de alto rango de la marina inglesa, estaba en una celda. Ese mismo día, 3 de septiembre de 1667, Penn había estado sentado en una habitación silenciosa, rezando con un grupo conocido como la Sociedad Religiosa de Amigos, o "cuáqueros". Las leyes inglesas de la época no permitían que los cuáqueros practicaran su religión en grupo. Penn y otros cuáqueros creían tener derecho a rezar como mejor les pareciera.

Apenas comenzaba la reunión cuando un soldado inglés entró en la habitación. Pronto llegaron más y arrestaron a todos los presentes.

Desde su celda, William escribió una carta pidiendo la liberación de todos los cuáqueros encarcelados:

"La religión, a la vez mi delito y mi inocencia, me hace prisionero... pero también un hombre libre".

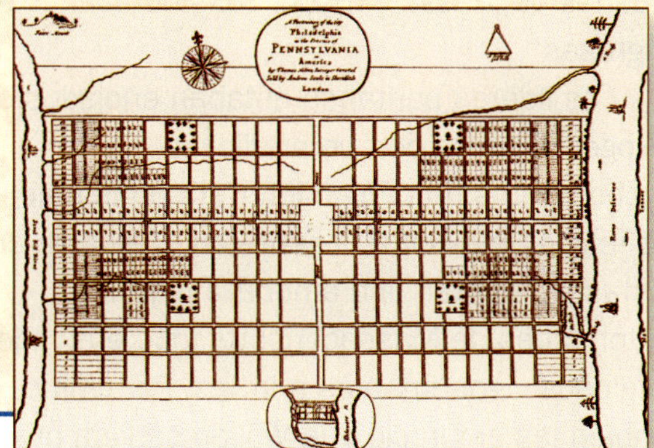

BIODATO

Filadelfia fue la primera ciudad colonial planeada sobre papel antes de ser construida. Penn quería una ciudad con calles anchas, muchos árboles y espacios verdes.

Aunque Penn y los demás cuáqueros fueron liberados, él volvió a estar en prisión por sus creencias religiosas. Años después, en 1682, William fundó Pennsylvania, una nueva colonia en América del Norte. Su fe en la libertad de religión fue uno de los ideales de la nueva colonia. La ciudad de Filadelfia acogió a personas con distintos orígenes y creencias religiosas.

Aprende de las biografías

De joven, Penn creía en la libertad religiosa. ¿Cómo puso esas creencias en acción más tarde?

Para más información, visita *Personajes de la historia* en **www.estudiossocialessf.com.**

HÉROES CÍVICOS

Respeto a la libertad de religión

Roger Williams y Anne Hutchinson insistieron en que los líderes puritanos respetaran su derecho a rendir culto a Dios a su manera. En vez de concederles ese derecho, la colonia de la bahía de Massachusetts los expulsó.

Una helada tarde de enero de 1636, Roger Williams y unos cuantos amigos se adentraron en los bosques de Nueva Inglaterra. Este pastor de Salem había sido desterrado, o expulsado, de la colonia de la bahía de Massachusetts. Aunque fue llevado a juicio muchas veces, Williams seguía expresando sus creencias, que las autoridades de Massachusetts consideraban "nuevas y peligrosas".

Los líderes puritanos estaban enojados con Roger Williams porque predicaba que los gobernantes no debían interferir en la práctica de la religión ni decir a la gente en qué debía creer. Estas ideas eran una amenaza para las autoridades de Massachusetts, que eran líderes religiosos y gobernantes a la vez. Por último, también les enfureció que Williams dijera que los colonos no habían tratado en forma justa a los indígenas.

La relación amistosa de Williams con los wampanoags y los narragansets salvó su vida ese duro invierno de 1636. Con su ayuda, fundó el primer asentamiento en lo que ahora es Rhode Island. Lo llamó Providence, que significa "al cuidado de Dios", y dijo que ahí se trataría con justicia a la gente de distintas creencias religiosas. Williams escribió:

> ***"Deseaba que Providence fuera un refugio para los perseguidos por sus creencias".***

En 1638, Anne Hutchinson, su esposo William y sus 15 hijos encontraron refugio en la nueva colonia de Roger Williams. Como él, Hutchinson había sido juzgada por estar en desacuerdo con los líderes de Massachusetts. Sin embargo, por ser mujer, sus puntos de vista eran recibidos con más alarma. Algunos líderes creían que sólo los hombres debían decidir los asuntos religiosos.

Hutchinson organizaba reuniones de oración en su casa. Ella decía que la fe, y no el ser miembro de la iglesia organizada, era suficiente para ser considerado un buen cristiano. Sus enseñanzas enojaron a los líderes de la colonia, quienes le exigieron renunciar a sus creencias. Durante su juicio, la cuestionaron por realizar reuniones de oración. Ella dijo:

> ***"¿Puede usted encontrar una justificación para sus acciones y condenarme por hacer lo mismo?"***

Al no renunciar a sus creencias, dijeron que era "una mujer inadecuada para nuestra sociedad". Al igual que Roger Williams, fue desterrada de la colonia.

Hoy en día, en los Estados Unidos no se castiga a nadie por sus creencias religiosas. Los estadounidenses tienen derecho a practicar su religión libremente. Esta libertad se logró porque personas como Roger Williams, Anne Hutchinson y muchas otras insistieron en que se respetaran las diferencias religiosas, incluso a costa de su propia vida.

El respeto en acción

Enlace con temas de hoy En muchas partes del mundo aún hay conflictos religiosos y persecución. Investiga la historia de personas que estén luchando por conseguir el respeto a las diferencias religiosas.

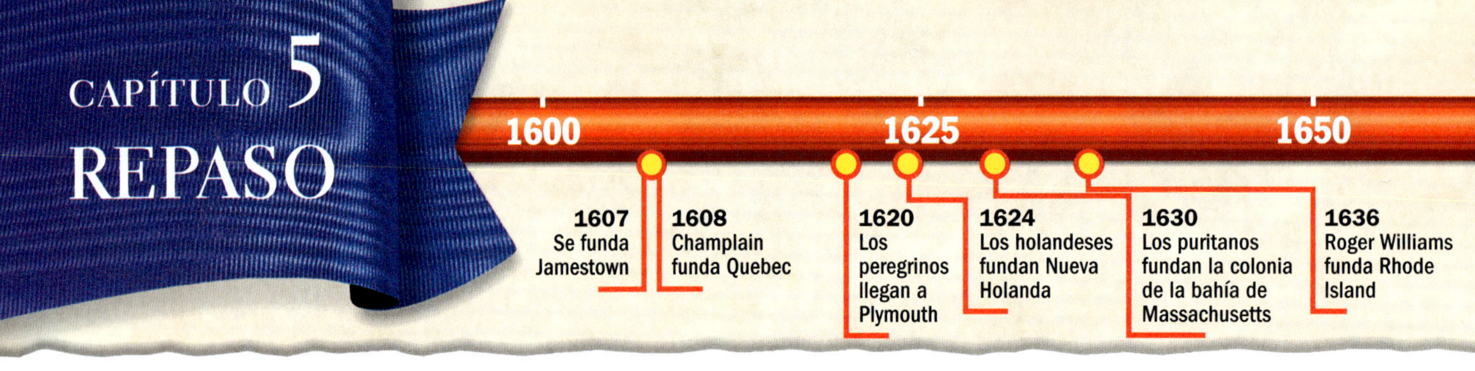
CAPÍTULO 5
REPASO
1600
1625
1650
1607 Se funda Jamestown
1608 Champlain funda Quebec
1620 Los peregrinos llegan a Plymouth
1624 Los holandeses fundan Nueva Holanda
1630 Los puritanos fundan la colonia de la bahía de Massachusetts
1636 Roger Williams funda Rhode Island

Resumen del capítulo

Destreza clave

Secuencia

En una hoja aparte, copia el organizador gráfico y coloca los sucesos en la secuencia en que ocurrieron.

- Se funda Georgia
- Se forma la Cámara de los Burgueses
- Se funda Jamestown
- Llegan los peregrinos
- Llegan los puritanos

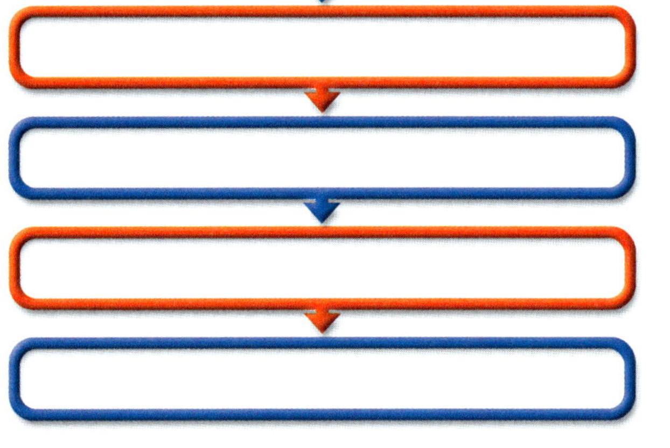

Vocabulario

Relaciona cada palabra con la definición o descripción correcta.

1. **cultivo comercial** (p. 161)
2. **cédula** (p. 159)
3. **paso del noroeste** (p. 165)
4. **separatista** (p. 169)
5. **opositor** (p. 178)

a. permitió a los colonos establecerse en tierras

b. vía navegable que supuestamente conectaba el Atlántico y el Pacífico

c. persona que no quería pertenecer a la Iglesia Anglicana

d. persona con puntos de vista distintos de los de gran parte de la comunidad

e. producto agrícola cultivado para ser vendido y obtener ganancias

Personajes y lugares

Escribe una oración que explique por qué estas personas o lugares fueron importantes para la colonización europea de América del Norte.

1. **John Smith** (p. 159)
2. **Jamestown** (p. 159)
3. **Jefe Powhatan** (p. 160)
4. **Samuel de Champlain** (p. 165)
5. **William Bradford** (p. 169)
6. **Nueva Amsterdam** (p. 165)
7. **Squanto** (p. 171)
8. **Colonia de la bahía de Massachusetts** (p. 172)
9. **colonias centrales** (p. 177)
10. **Anne Hutchinson** (p. 178)

1675	1700	1725	1750

1664 Los ingleses toman Nueva Holanda

1682 William Penn funda Pennsylvania

1733 Georgia se convierte en la colonia número 13

Hechos e ideas principales

1. ¿Por qué querían los exploradores europeos encontrar el paso del noroeste?
2. **Línea cronológica** ¿Cuántos años pasaron entre la fundación de Jamestown y la de la colonia de la bahía de Massachusetts?
3. **Idea principal** ¿Por qué querían los ingleses fundar colonias en América del Norte?
4. **Idea principal** Explica cómo condujo la búsqueda del paso del noroeste a la fundación de nuevas colonias en América del Norte.
5. **Idea principal** ¿Por qué llegaron los peregrinos y los puritanos a Nueva Inglaterra?
6. **Idea principal** Nombra tres colonias inglesas y los motivos de su fundación.
7. **Razonamiento crítico: *Hecho y opinión*** Busca un ejemplo de un hecho y una opinión en las palabras de Samuel de Champlain, en la página 164.

Aplica las destrezas

Lee el siguiente pasaje acerca de la construcción de la colonia de Jamestown. Decide qué información es un hecho y cuál es una opinión. Luego, responde las preguntas:

Para el 15 de junio, habíamos construido y terminado nuestro fuerte. Era triangular, con tres baluartes [muros de defensa] en cada esquina como una media luna y cuatro o cinco piezas de artillería montadas sobre ellos. Nos habíamos fortalecido lo suficiente para estos indígenas. También habíamos sembrado casi todo nuestro maíz.

1. ¿Cuál de las descripciones del fuerte es un hecho?
2. ¿Cuál de las afirmaciones es una opinión?
3. Lo que dice sobre el maíz, ¿es un hecho o una opinión?

Escribe sobre la historia

1. **Escribe un párrafo descriptivo** como si fueras un colono en Plymouth o un wampanoag de las cercanías. Describe la tierra, el clima, las plantas y los animales.
2. **Escribe una historia de aventuras** en la que describas la búsqueda del paso del noroeste.
3. **Escribe un artículo de periódico** donde describas la celebración que llegó a conocerse como el primer Día de Acción de Gracias.

Actividad en la Internet

Para obtener ayuda con el vocabulario, los personajes y los términos, selecciona el diccionario o la enciclopedia en la *Biblioteca de estudios sociales* en **www.estudiossocialessf.com.**

Terminemos con un poema

Las incomodidades en Nueva Inglaterra

Los primeros colonos de Nueva Inglaterra enfrentaron condiciones severas, como escasez de comida y duros inviernos. Con pocos lujos e incontables retos, los colonos tenían muchas quejas. Lee estos fragmentos de un poema, escrito alrededor de 1642 por un autor desconocido; en él se cuentan algunas dificultades que los pobladores de Nueva Inglaterra sufrieron en sus comienzos. ¿Encontró el autor alguna satisfacción en la vida colonial?

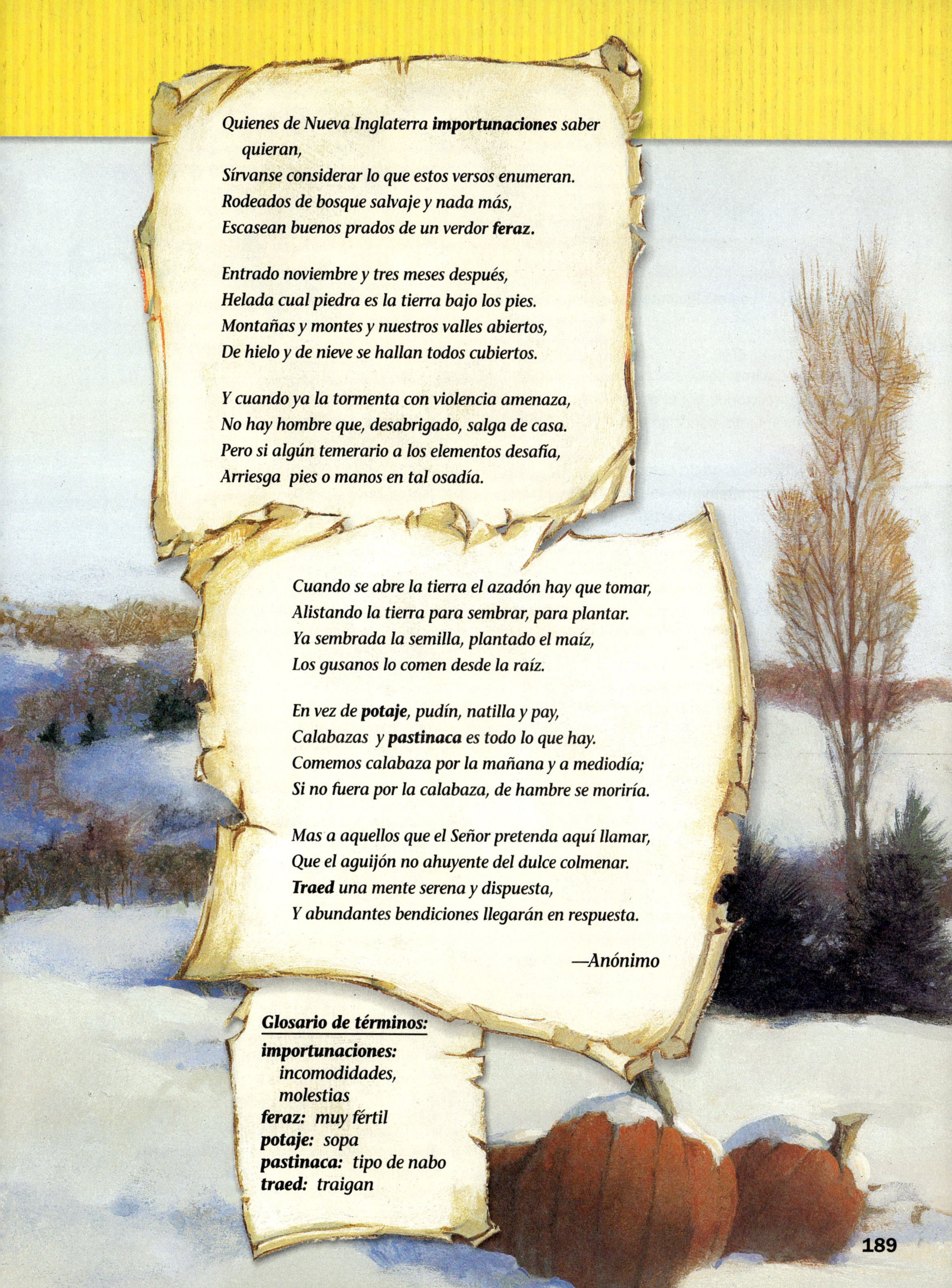

Quienes de Nueva Inglaterra ***importunaciones*** *saber quieran,*
Sírvanse considerar lo que estos versos enumeran.
Rodeados de bosque salvaje y nada más,
Escasean buenos prados de un verdor ***feraz.***

Entrado noviembre y tres meses después,
Helada cual piedra es la tierra bajo los pies.
Montañas y montes y nuestros valles abiertos,
De hielo y de nieve se hallan todos cubiertos.

Y cuando ya la tormenta con violencia amenaza,
No hay hombre que, desabrigado, salga de casa.
Pero si algún temerario a los elementos desafía,
Arriesga pies o manos en tal osadía.

Cuando se abre la tierra el azadón hay que tomar,
Alistando la tierra para sembrar, para plantar.
Ya sembrada la semilla, plantado el maíz,
Los gusanos lo comen desde la raíz.

En vez de ***potaje****, pudín, natilla y pay,*
Calabazas y ***pastinaca*** *es todo lo que hay.*
Comemos calabaza por la mañana y a mediodía;
Si no fuera por la calabaza, de hambre se moriría.

Mas a aquellos que el Señor pretenda aquí llamar,
Que el aguijón no ahuyente del dulce colmenar.
Traed *una mente serena y dispuesta,*
Y abundantes bendiciones llegarán en respuesta.

—Anónimo

Glosario de términos:

importunaciones: *incomodidades, molestias*
feraz: *muy fértil*
potaje: *sopa*
pastinaca: *tipo de nabo*
traed: *traigan*

UNIDAD 2

Repaso

Busca palabras clave en el texto.

Ideas principales y vocabulario

LISTOS para los EXÁMENES

Lee el siguiente pasaje y úsalo para responder las preguntas.

Después de que los europeos llegaron a las Américas, gran variedad de plantas y animales, alimentos y costumbres viajaron en ambas direcciones por el océano Atlántico. Este movimiento, conocido como intercambio colombino, se inició con el primer viaje de Colón y continúa hasta la fecha.

Desafortunadamente, los virus que causan enfermedades también cruzaron el océano en ambas direcciones. Muchos indígenas y colonos murieron por enfermedades desconocidas para ellos.

España fue el primer país europeo en fundar colonias en las Américas. Los exploradores y soldados españoles reclamaron algunas islas del mar Caribe para su país. Luego derrotaron a los aztecas en México y fundaron la colonia de Nueva España, con su capital en la Ciudad de México. Más tarde, conquistaron al imperio inca en lo que hoy es el Perú.

A pesar del poderío de España en el mar, Inglaterra desafió a la poderosa Armada Española y la derrotó en 1588. Después envió a sus exploradores y colonos a formar una colonia en las Américas.

Roanoke, la primera colonia inglesa, desapareció misteriosamente. La colonia fundada en Jamestown en 1607 enfrentó muchas dificultades pero logró sobrevivir. Los peregrinos y los puritanos vinieron para liberarse de la persecución religiosa y fundaron colonias en Nueva Inglaterra.

Mientras tanto, los colonos franceses y holandeses fundaron colonias cerca de las inglesas. Las colonias francesas estaban en lo que hoy es Canadá. A la larga, los ingleses tomaron las colonias holandesas.

A principios del siglo XVIII había 13 colonias inglesas en América del Norte.

1. Según este pasaje, ¿qué es el intercambio colombino?
   - **A** los productos que dio Colón a los indígenas para comprarles tierra
   - **B** la conquista española de los imperios indígenas de las Américas
   - **C** la fundación de colonias europeas en las Américas
   - **D** el movimiento de plantas, animales y costumbres entre Europa y las Américas

2. En el pasaje, la palabra colonia significa:
   - **A** un asentamiento
   - **B** una compañía
   - **C** un fuerte
   - **D** un acuerdo comercial

3. En el pasaje, la palabra persecución significa:
   - **A** juicio en un tribunal
   - **B** trato injusto por tener otras creencias
   - **C** un proceso de investigación justo
   - **D** libertad de religión

4. ¿Cuál es la idea principal de este pasaje?
   - **A** Los países europeos fundaron colonias por diversos motivos.
   - **B** Inglaterra fundó 13 colonias en América del Norte para desafiar a otras potencias europeas.
   - **C** Las colonias inglesas eran, en general, mejores que las de otros países.
   - **D** Los indígenas se enfermaron y muchos murieron debido a enfermedades europeas.

Personajes y términos

Relaciona cada personaje y término con su definición.

1. **Américo Vespucio** (p. 137)
2. **Hernán Cortés** (p. 143)
3. **aliado** (p. 143)
4. **siervo por contrato** (p. 161)
5. **Moctezuma** (p. 143)
6. **Pocahontas** (p. 160)

a. ayudó a lograr la paz entre los ingleses y los powhatanos

b. líder azteca

c. amigo que ayuda en una batalla

d. primero en usar el término "Nuevo Mundo"

e. trabajó algún tiempo para pagar el costo de su viaje

f. conquistador

Aplica las destrezas

Localiza latitud y longitud Haz una lista de cinco lugares mencionados en tu texto. Luego usa el mapa de los Estados Unidos página R10 en la sección de Referencia para localizar las líneas de latitud y longitud más cercanas a cada lugar. No olvides indicar norte o sur para la latitud, y este u oeste para la longitud. Explica por qué es importante usar estas líneas para localizar lugares.

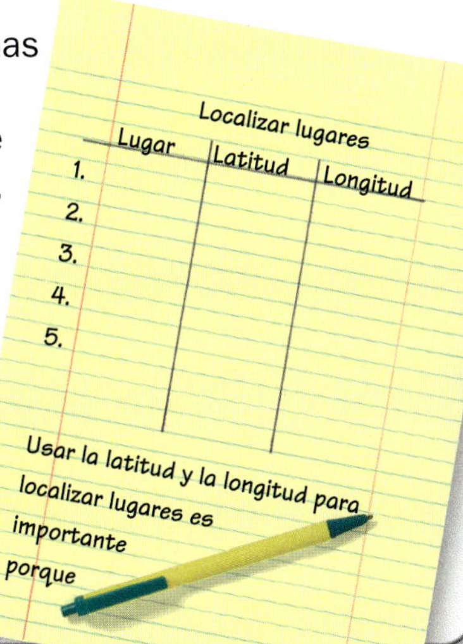

Localizar lugares
Lugar
Latitud
Longitud
1.
2.
3.
4.
5.
Usar la latitud y la longitud para localizar lugares es importante porque

Escribe y comenta

Prepara una presentación con linterna En grupos pequeños, seleccionen personajes y lugares importantes de la unidad, y hagan dibujos o copias de las ilustraciones. Cada grupo debe escoger un personaje o lugar y escribir un párrafo en el cual describa por qué fue importante para la historia de las Américas. Luego, tu grupo presentará su personaje o lugar a la clase: mientras alguien lee en voz alta, otro iluminará con una linterna el dibujo.

Lee por tu cuenta

Busca libros como éstos en la biblioteca.

Los Peregrinos de N. C. Wyeth
Texto de Robert
Taínos
Michael Dorris
El diario de Pedro
Un viaje con Cristóbal Colón
3 de agosto de 1492 al 14 de febrero de 1493
Pam Conrad

UNIDAD

Proyecto 2

Últimas noticias

Los reporteros van al lugar donde ocurre una noticia. Describe el primer encuentro entre un indígena de las Américas y un europeo, como si estuvieras ahí.

1 **Forma** un equipo. Con tu equipo, elige un pueblo indígena de las Américas que se haya estudiado en la unidad y un país europeo que haya enviado exploradores o pobladores a las Américas.

2 **Haz una lluvia de ideas** sobre las primeras impresiones que crees que los indígenas tuvieron de los europeos y viceversa.

3 **Escribe** algunas preguntas que se podrían haber hecho unos a otros.

4 **Elige** a un miembro del equipo para que haga el papel de reportero, otro para el de un indígena y otro para el de un europeo. El reportero describirá el encuentro a la clase.

¿De dónde eres?

¿Dónde vives?

¿De qué te alimentas?

Actividad en la Internet

Busca más información sobre la vida en el "Nuevo Mundo" en la Internet. Visita **www.estudiossocialessf.com/actividades** y selecciona tu grado y unidad.

¿Por qué vivimos en ciudades?

Empecemos con una fuente primaria

1600	1650	1700

1630
Los puritanos comienzan a construir pueblos pequeños en Nueva Inglaterra

1647
Las leyes de Massachusetts exigen a los pueblos construir escuelas públicas

"Las calles están llenas de gente... y el río, de barcos".

—Andrew Burnaby, visitante en Filadelfia, alrededor de 1760

Este grabado, titulado ***Filadelfia en tiempos antiguos,*** muestra la ciudad a finales del siglo XVIII.

1750 — 1800

De 1730 a 1739
Comienza el Gran Despertar

1739
Esclavos organizan la Rebelión Stono

1744
Eliza Lucas Pinckney cultiva la primera cosecha de índigo

1789
Olaudah Equiano publica su autobiografía

UNIDAD 3

Personajes de la historia

Jacques Marquette

1637–1675

Lugar de nacimiento:
Laon, Francia

Misionero, explorador

- Exploró el río Mississippi en nombre de Francia
- Descubrió que el río no era el paso del noroeste que buscaban los franceses
- Fue el primero en registrar el curso correcto del río

Robert La Salle

1643–1687

Lugar de nacimiento:
Rouen, Francia

Explorador

- Viajó en canoa hasta la desembocadura del río Mississippi
- Reclamó todo el territorio alrededor del río para Francia
- Nombró el territorio Luisiana, en honor del rey Luis XIV de Francia

John Peter Zenger

1697–1746

Lugar de nacimiento:
Alemania

Impresor, periodista

- Fundó el primer periódico independiente de Nueva York
- Fue arrestado por escribir artículos que criticaban al gobernador de Nueva York
- Fue declarado inocente, lo cual fue una victoria para la libertad de prensa en las colonias

Ben Franklin

1706–1790

Lugar de nacimiento:
Boston, Massachusetts

Diplomático, inventor, editor

- Fundó la primera biblioteca y el primer hospital de Filadelfia, y publicó su primer periódico
- Ayudó a escribir la Declaración de Independencia
- Inventó una estufa, el pararrayos y los anteojos bifocales

1630 1650 1670 1690 1710

1637 • Jacques Marquette 1675

1643 • Robert La Salle 1687

1697 • John Peter Zenger

1706

1713

Para más información, visita *Personajes de la historia* en **www.estudiossocialessf.com.**

Junípero Serra

1713–1784

Lugar de nacimiento: Mallorca, España

Misionero

- Fundó San Diego, primera misión en lo que hoy es California
- Estableció otras misiones en la región
- Ayudó a España a mantener el control sobre California

Pontiac

Alrededor de 1720–1769

Lugar de nacimiento: En el actual Ohio

Jefe del pueblo ottawa

- Dirigió una rebelión indígena contra los pobladores ingleses
- Luchó para que los ingleses no tomaran tierras de los indígenas norteamericanos
- Ganó batallas clave durante la Rebelión de Pontiac

Eliza Lucas Pinckney

Alrededor de 1722–1793

Lugar de nacimiento: Antigua, las Antillas

Dueña de plantación

- Administró la plantación de su familia
- Cultivó con éxito la primera cosecha de índigo en los Estados Unidos
- Ayudó a desarrollar la economía de Carolina del Sur con la introducción del índigo

Olaudah Equiano

Alrededor de 1750–1797

Lugar de nacimiento: Benín, África occidental

Escritor

- De niño fue esclavo, pero después obtuvo su libertad
- Escribió su autobiografía
- Se declaró abolicionista en Inglaterra, donde habló sobre los males de la esclavitud

1730 | 1750 | 1770 | 1790

1746

• Ben Franklin 1790

• Junípero Serra 1784

Alrededor de 1720 • Pontiac 1769

Alrededor de 1722 • Eliza Lucas Pinckney 1793

Alrededor de 1750 • Olaudah Equiano 1797

UNIDAD 3

Lectura de estudios sociales

Vida colonial en América del Norte

Comparar y contrastar

Los dos siguientes organizadores gráficos muestran diferentes maneras de **comparar y contrastar** información. En el de la izquierda puedes ver las diferencias; en el de la derecha, diferencias y similitudes.

Tema 1 **Tema 2**

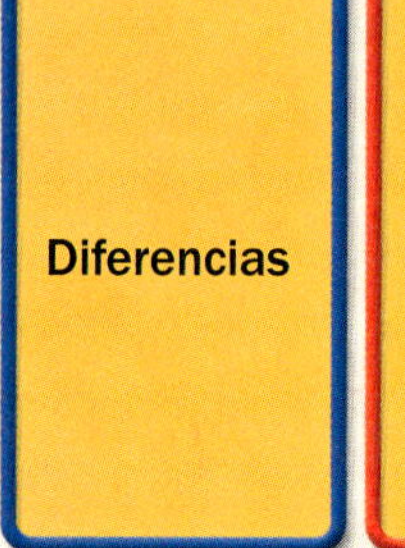

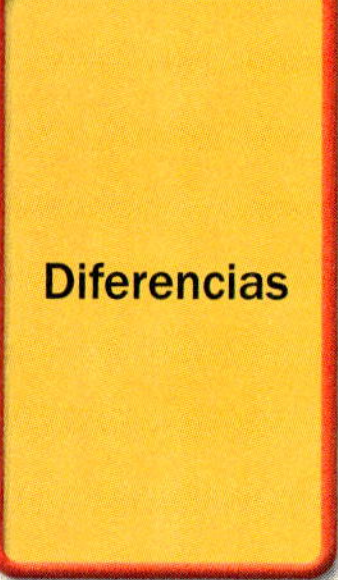

Tema 1 **Tema 2**

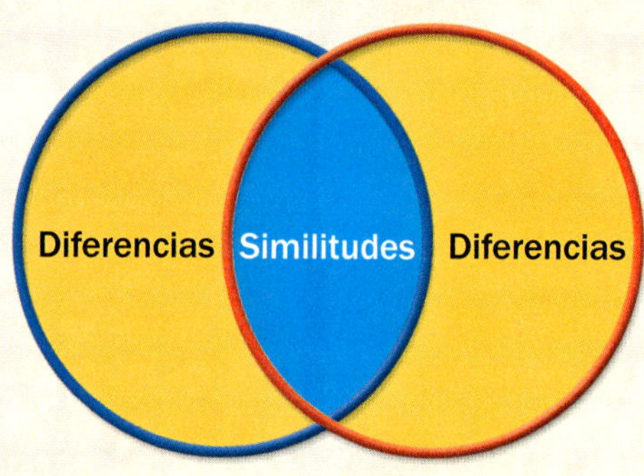

- Los escritores pueden usar palabras clave, como similar a o como, para comparar cosas o sucesos. O bien, palabras como diferente de o pero para contrastar dos o más cosas o sucesos.
- Cuando quieres comparar y contrastar y no hay palabras clave, pregúntate cuáles son las diferencias y similitudes entre esos sucesos o cosas.

Lee el siguiente párrafo. Se han resaltado las similitudes y diferencias.

En la Unidad 2 aprendiste acerca de la fundación de las 13 colonias. Hacia 1750, todas tenían una economía próspera, pero cada región desarrollaba un tipo de economía diferente. Cada región tenía ciudades, pero la población en las ciudades de Nueva Inglaterra y de las colonias centrales era mucho mayor que en las colonias del Sur.

Comparar y contrastar la vida colonial en América del Norte

Conforme fueron creciendo, las 13 colonias mostraron muchas similitudes: todas eran gobernadas por Inglaterra y tenían ciudades, pueblos y granjas.

Pero las 13 colonias también tenían muchas diferencias. La forma de vida era distinta en cada una de las tres regiones. Las colonias de Nueva Inglaterra dependían del mar y los bosques, y sus granjas eran pequeñas. Nueva Inglaterra tenía muchos pueblos pequeños y algunas ciudades grandes. En las colonias centrales también había pueblos pequeños y grandes ciudades; ahí se producía gran cantidad de trigo y harina. Las colonias del Sur tenían pueblos, pequeñas granjas y grandes plantaciones en las que la esclavitud era la principal fuerza de trabajo.

España y Francia también formaron colonias en América del Norte. En 1565, los españoles fundaron San Agustín en la Florida; y en 1610, Santa Fe en Nuevo México. Los exploradores franceses que llegaron al río Mississippi lo reclamaron, junto con las tierras cercanas, para Francia. En 1718, los franceses fundaron Nueva Orleáns, que se convirtió en una próspera ciudad portuaria.

Conforme crecieron las colonias inglesas, muchos colonos quisieron irse al oeste, pero Francia reclamó tierras al oeste de las colonias. Los reclamos entre Inglaterra y Francia provocaron la Guerra Franco-Indígena. Los indígenas algonquinos apoyaron a los franceses y los iroqueses ayudaron a los ingleses; la guerra terminó con la victoria inglesa.

Usa la estrategia de lectura de comparar y contrastar para contestar las siguientes preguntas.

1. ¿Cuáles eran las similitudes entre las 13 colonias?
2. ¿Cuáles eran las diferencias entre ellas?
3. ¿Qué grupo indígena ayudó a los ingleses durante la Guerra Franco-Indígena? ¿Qué grupo indígena ayudó a los franceses?

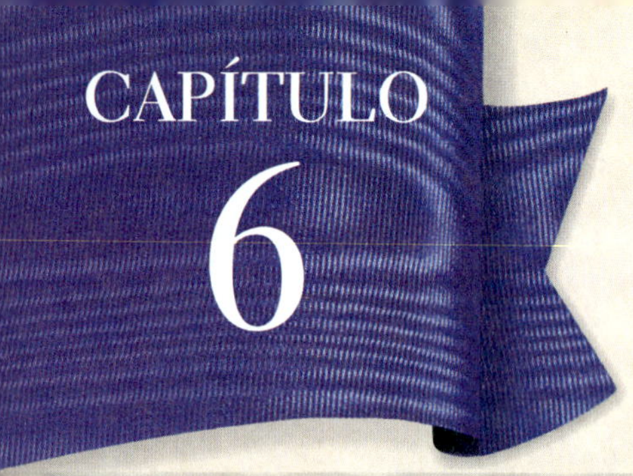

La vida en las colonias inglesas

1700–1799

África occidental
El comercio de esclavos sigue creciendo.

Lección 1

1

1723

Filadelfia
Benjamin Franklin se muda a Filadelfia y trabaja como impresor.

Lección 2

2

1735

Nueva York
El juicio a John Peter Zenger logra el primer triunfo para la libertad de prensa.

Lección 3

3

1739

Carolina del Sur
Los esclavos se enfrentan a sus dueños en la Rebelión Stono.

Lección 4

Tiempo y lugar

Por qué lo recordamos

"Haste makes waste." (Las prisas producen pérdidas.)

"No gains without pains." (No hay ganancia sin esfuerzo.)

Probablemente hayas escuchado estos consejos pero, ¿sabías que estos dichos se escribieron en inglés en las 13 colonias? Como leerás, el trabajo era importante en las colonias, pero los colonos también tenían otros intereses. La religión era parte importante de la vida. Había escuelas públicas gratuitas y en las colonias se desarrollaron muchos ideales que siguen siendo importantes para los estadounidenses de hoy.

LECCIÓN 1

1710 — 1760

1718 William Mathews empieza a trabajar como aprendiz

1756 Olaudah Equiano es traído a América del Norte como esclavo

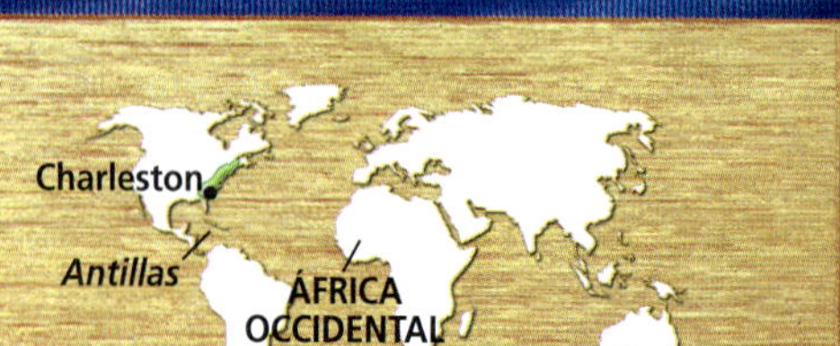

EN BREVE

Enfoque en la idea principal
En las 13 colonias se produjo una amplia variedad de bienes y se desarrollaron rutas comerciales prósperas.

LUGARES
Charleston
África occidental
Antillas

VOCABULARIO
aprendiz
artesano
rutas comerciales triangulares
paso central

Trabajo y comercio

Estás ahí William Mathews nunca olvidará la fecha de hoy: 15 de agosto de 1718. Tiene 11 años y acaba de firmar un contrato para trabajar con un cordelero en la Ciudad de Nueva York. El acuerdo incluye muchas reglas que William debe cumplir, como "no jugar a las cartas, los dados o cualquier otro juego ilegal" y "no ausentarse de día ni de noche del servicio de su maestro". William aceptó trabajar con el cordelero hasta cumplir 21 años.

Durante los próximos 10 años, William aprenderá un oficio útil que después le ayudará a ganarse la vida. Le darán comida y un lugar donde vivir, y le enseñarán a leer y a escribir. Al cumplir 21 años, su maestro le dará un traje y cuatro camisas nuevas.

Comparar y contrastar Al leer, piensa cuáles eran las diferencias en la vida de los colonos, según su trabajo.

1810 1860 1910

Los jóvenes trabajadores

Como aprendiz de cordelero a principios del siglo XVIII, a William Mathews le esperaban 10 años de trabajo duro. Un **aprendiz** es alguien que aprende un oficio de una persona con más experiencia. Se esperaba que los aprendices trabajaran muchas horas, con frecuencia más de 12 horas al día. Tenían poco tiempo libre y rara vez les daban un día de descanso.

A pesar de las penurias, ser aprendiz era una gran oportunidad. Para muchos jóvenes de las colonias, era la única forma de hacerse artesano. Un **artesano** es un trabajador especializado —como cordelero, herrero o carpintero— que hace las cosas a mano. Los cirujanos jóvenes también empezaban como aprendices; ayudaban a cargar los instrumentos médicos y observaban al doctor mientras trabajaba. También tenían la importante responsabilidad de sujetar a los pacientes durante las dolorosas operaciones.

Conforme creció la economía colonial desde 1700 hasta cerca de 1750, aumentó la demanda de artesanos y se crearon oportunidades para miles de aprendices jóvenes. La mayoría eran niños, pero también las niñas trabajaban como aprendices; ellas aprendían oficios como cocina y costura.

No todos los jóvenes en la época colonial trabajaban como aprendices. La mayoría de los niños y las niñas crecían en granjas, donde tenían tanto trabajo como los aprendices en pueblos y ciudades. Desde muy chicos, trabajaban recogiendo leña, sirviendo la comida y ayudando en el jardín. Al crecer, los niños cazaban, cortaban leña y trabajaban en el campo junto con su padre, y las niñas ayudaban a su madre a hacer ropa, velas, jabón y comida para la familia.

Eran trabajos duros. Las velas, por ejemplo, se hacían con grasa o sebo de borrego o vaca. Primero, se derretían los pedazos de sebo en una olla de hierro y, antes de que endureciera, se metía un pabilo. Esto se repetía varias veces hasta conseguir una vela gruesa. Las velas daban buena luz pero tenían un olor muy desagradable. Los colonos se sintieron felices cuando descubrieron que podían hacer velas con cera de moras silvestres, que tiene un olor agradable.

REPASO ¿Qué crees que era más difícil trabajar como aprendiz o en una granja? ¿Por qué? **Comparar y contrastar**

Una mujer muestra su habilidad para hacer velas en Colonial Williamsburg, un museo vivo en Virginia donde se representa la vida colonial. Con frecuencia, los candeleros *(arriba)* eran de estaño, un tipo de metal.

BANCO DE DATOS

El trabajo de los colonos

Como has leído, la mayoría de los colonos vivían en granjas, pero, conforme crecieron las colonias, aumentaron las maneras de ganarse la vida. Esta tabla muestra algunos de los diferentes tipos de trabajo. ¿Cuál te hubiera gustado hacer?

Trabajos en las colonias

Trabajo	*Qué hacía*
Zapatero	Fabricaba zapatos con piel y madera
Herrero	Fabricaba y reparaba productos de hierro, como herraduras, hachas, piezas de armas y clavos
Pescador	Pescaba bacalao y otros peces en el océano Atlántico
Tonelero	Fabricaba toneles con madera y hierro
Impresor	Imprimía carteles, periódicos y libros
Topógrafo	Dibujaba mapas y marcaba fronteras
Molinero	Manejaba molinos donde los colonos molían maíz y trigo para hacer harina
Comerciante	Compraba y vendía productos a Inglaterra y a otros países
Sastre	Hacía ropa de materiales hilados o tejidos

La economía colonial

Ya has leído que en cada parte de las 13 colonias había distintos recursos naturales. Por eso, era lógico que Nueva Inglaterra, las colonias centrales y las del Sur desarrollaran diferentes tipos de economía.

La economía de Nueva Inglaterra se basaba en productos de los bosques y el mar. La madera era un valioso producto de exportación; especialmente a Inglaterra, donde ya se había talado la mayoría de los bosques. En Nueva Inglaterra, los árboles también se usaban para construir casas, barcos y toneles. Éstos se necesitaban para guardar de todo, desde vino hasta trigo o pescado seco. Cuando los colonos tuvieron sus propios barcos, pudieron pescar en las ricas aguas de las costas. La pesca, incluso la de ballenas, rápidamente se convirtió en una importante industria.

La economía de las colonias centrales se basaba en productos agrícolas y en valiosos minerales como el hierro. Como has leído, los granjeros de las colonias centrales cultivaban tanto trigo que a la región se le llamó "el granero de las colonias". Se construyeron molinos para hacer harina con los granos. Los molinos funcionaban con agua o viento; desde ellos se enviaba harina a las otras colonias y se exportaba a diversos países.

Las colonias del Sur tenían tierras ricas, clima cálido y mucha lluvia, y basaron su economía en la agricultura. Las granjas variaban en tamaño: había desde pequeñas granjas familiares hasta grandes plantaciones en las que trabajaban esclavos. Los cultivos comerciales incluían tabaco, arroz e índigo, una planta usada para hacer un tinte azul.

Busca en el mapa dónde se producía índigo y otros importantes productos coloniales.

REPASO Compara los productos de importación de las colonias de Nueva Inglaterra, centrales y del Sur. **Comparar y contrastar**

Industrias de las 13 colonias

Las tres regiones coloniales desarrollaron economías diferentes.

DESTREZA: MAPAS Usar la clave del mapa
¿En qué región era importante la pesca?

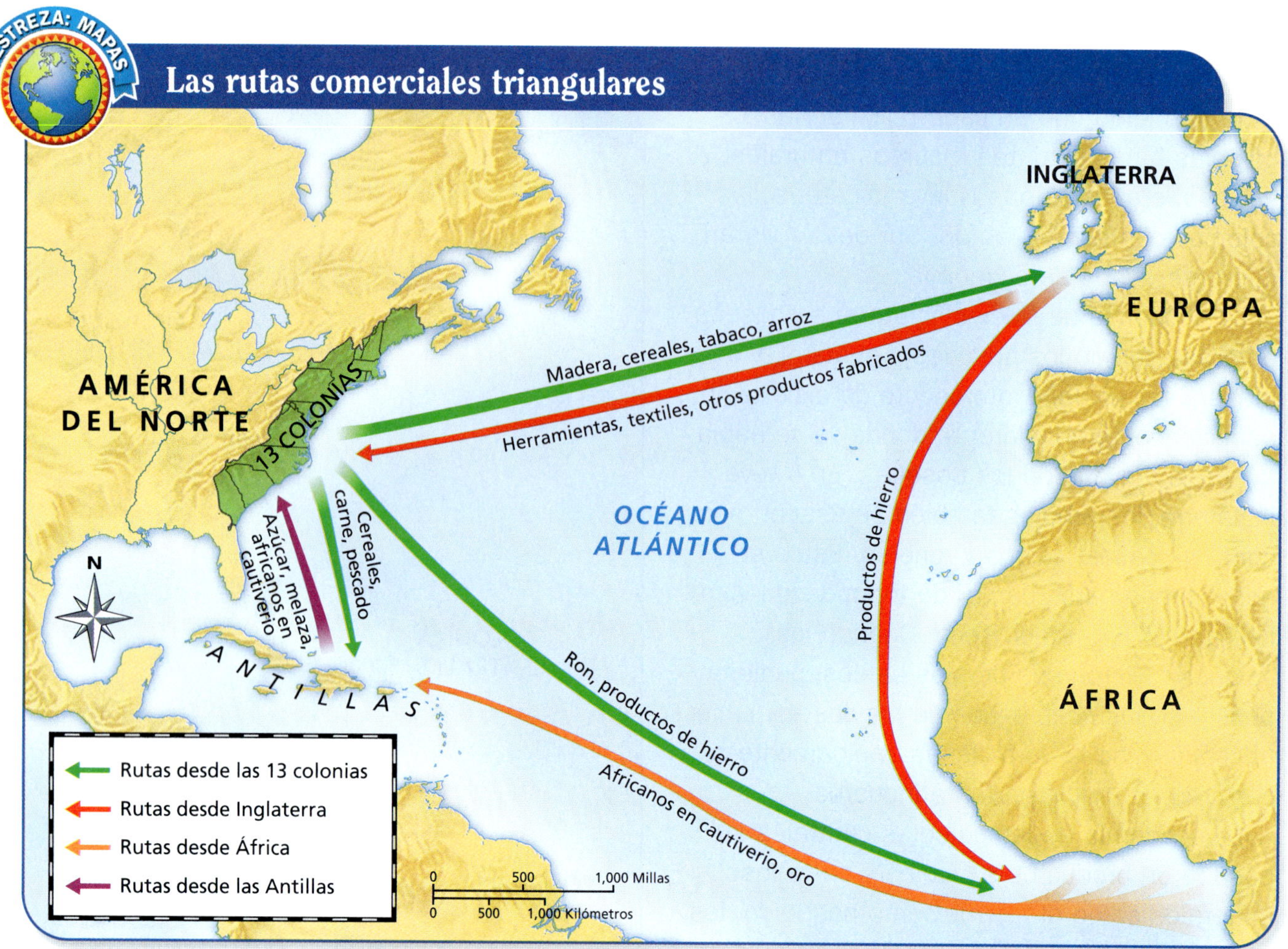

Las rutas comerciales entre las colonias, Inglaterra y África se conocían como las rutas comerciales triangulares.

DESTREZA: MAPAS **Usar rutas** ***¿De dónde se enviaban el tabaco y el arroz? ¿A dónde se enviaban estos productos?***

Rutas del comercio colonial

Conforme creció la economía colonial, ciudades como Boston, Nueva York, Filadelfia y **Charleston** se convirtieron en prósperos centros comerciales. Parte importante del comercio colonial era el tráfico de esclavos. En este tipo de comercio, los barcos traían africanos cautivos a las colonias, donde los vendían y los obligaban a trabajar como esclavos.

Algunas rutas comerciales se conocieron como **rutas comerciales triangulares.** Se les llamó "triangulares" porque tenían la forma de triángulos gigantes. Busca ejemplos de comercio de esclavos y de rutas comerciales triangulares en el mapa de esta página.

Una ruta comercial triangular muy usada era la que se iniciaba en Nueva Inglaterra. Los barcos llevaban armas y otros bienes a puertos en las costas de **África occidental,** donde los vendían para comprar oro y africanos cautivos.

Desde ahí, los barcos navegaban hasta las **Antillas.** Como era la segunda parte del viaje, recibió el nombre de **paso central.** Los africanos cautivos sufrían terriblemente durante el paso central; muchos morían de hambre, sed, enfermedades o por trato cruel. Hacia 1756, Olaudah Equiano, un niño de África occidental, fue traído a América del Norte en un barco comercial. Más tarde escribió un libro acerca del paso central, y en él dijo que los esclavos estaban

> ***"tan amontonados que apenas teníamos espacio para movernos... muchos murieron".***

En las Antillas, los barcos cambiaban los africanos cautivos y oro por azúcar y melaza, una miel de caña de azúcar. Los barcos completaban el triángulo llevando el azúcar y la melaza a los puertos coloniales. La melaza se usaba para hacer ron, que los barcos llevaban a África, iniciando así otra ruta triangular.

▶ **Millones de esclavos africanos eran encerrados en este edificio en la isla Goree, frente a la costa de Senegal, en África occidental. Las escaleras conducían a los barcos que los llevaban a las Américas.**

A muchos africanos los esclavizaron en las Antillas, donde los obligaban a trabajar en las plantaciones de azúcar. A otros los llevaron hacia el norte, a las 13 colonias.

REPASO ¿Cuál era la diferencia entre la primera y la segunda parte de una ruta comercial triangular? **Comparar y contrastar**

Resume la lección

- **En el siglo XVIII, muchos jóvenes de las colonias aprendían oficios al trabajar como aprendices.**
- **Si bien muchos colonos eran granjeros, otros hombres y mujeres trabajaban en toda una variedad de empleos.**
- **Las rutas comerciales triangulares se desarrollaron entre Europa, África y las Antillas.**

LECCIÓN 1 REPASO

Verifica hechos e ideas principales

1. **Comparar y contrastar** En una hoja aparte, completa el siguiente organizador gráfico para comparar y contrastar las economías de dos regiones coloniales.

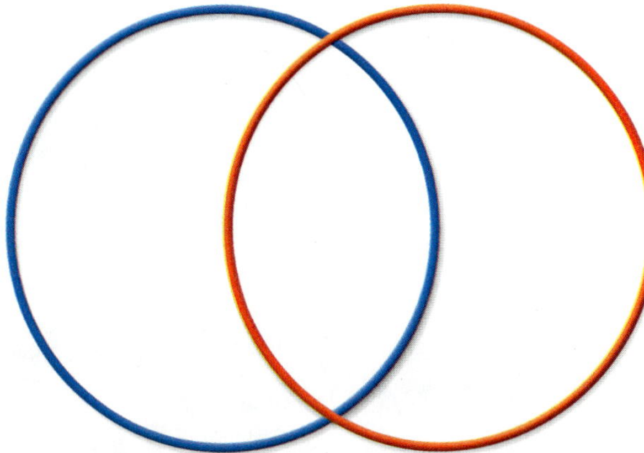

2. Explica las dificultades y beneficios de trabajar como aprendiz.
3. ¿Qué región era conocida como "el granero de las colonias"? ¿Por qué?
4. Describe una ruta comercial triangular frecuente. ¿Adónde viajaban los barcos? ¿Qué cargaban en cada puerto?
5. **Razonamiento crítico: *Tomar decisiones*** Piensa en todos los tipos de trabajo descritos en esta lección. Si fueras colono, ¿cuál te gustaría hacer? Explica.

Enlace con las matemáticas

Usa la escala del mapa Fíjate en el mapa de la página 206. Imagina que un barco comercial va de las 13 colonias a Inglaterra, de ahí a África occidental y a las Antillas, y de regreso a las colonias. Usa la escala del mapa para determinar cuántas millas viajó el barco, aproximadamente.

Leer periódicos

¿Qué son? Los periódicos son fuentes de noticias y hechos que suceden a diario. Generalmente se publican todos los días o cada semana. Como leerás en la Lección 3, el primer periódico publicado con regularidad en las colonias apareció en 1704, en Boston, Massachusetts. Los periódicos tienen varias secciones. **Los artículos de noticias** se basan en hechos de sucesos recientes. **Los artículos de fondo** contienen información sobre lugares, personas o sucesos que pueden interesar a los lectores. Por ejemplo, un reportaje acerca de una tormenta de nieve que sucedió ayer es un artículo de noticias, y uno sobre las cinco tormentas de nieve más fuertes en los últimos 50 años es un artículo de fondo.

Estudiantes encuentran viejos utensilios de cocina en Leeville

LEEVILLE, 15 de abril—La semana pasada, unos estudiantes que cavaban cerca de las ruinas de una cocina en Leeville encontraron objetos que se usaron en una cocina colonial, entre ellos cucharas viejas de madera, ollas de hierro y tazones de cerámica rotos. Los estudiantes venían de la cercana Bridgetown y estaban en una excursión de la escuela. Participaban en las actividades que el sitio histórico de Leeville ofrece como parte de su programa educativo.

¿Por qué los leemos? Los artículos de periódico informan de lo que sucedió en cierto momento. También pueden dar una idea de lo que se opinaba sobre los hechos en el momento en que sucedieron.

¿Cómo se leen? Para leer un artículo de noticias, debes saber cuáles son sus partes principales. Lee el ejemplo en la página anterior. Primero lee el **titular;** está en letra grande y es el título del artículo: te da el tema del artículo.

Después busca la **fecha** y el **lugar de origen** que dice dónde y cuándo se escribió el artículo. Verás que lleva el nombre de la ciudad, pero no el estado o país, que se dan sólo cuando el lector quizá no sepa dónde está la ciudad. También se menciona el mes y el día, pero no el año, porque éste ya aparece en la fecha del periódico.

El primer párrafo de un artículo de periódico trata de captar el interés del lector para que continúe leyendo. Por lo general, responde cinco preguntas: *¿quién?, ¿qué?, ¿dónde?, ¿cuándo?* y *¿por qué? Quién* habla de las personas involucradas. *Qué* dice lo que sucedió. *Dónde* dice el lugar en que sucedieron los hechos. *Cuándo* dice la fecha en que sucedieron. *Por qué* da las razones por las cuales las personas involucradas en el suceso hicieron lo que hicieron.

Lee el artículo de nuevo y contesta las siguientes preguntas.

Piensa y aplícalo

1. ¿De qué suceso te informa el artículo?
2. ¿Qué te dicen la fecha y el lugar de origen?
3. ¿Por qué estaban cavando en ese lugar los estudiantes?

LECCIÓN 2

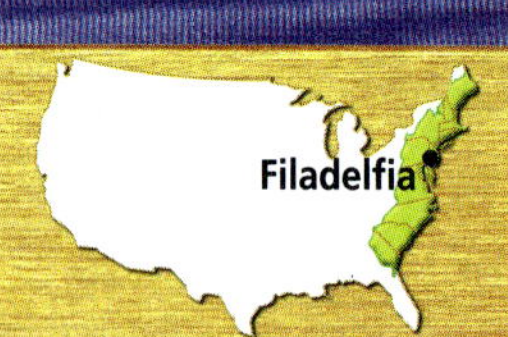

1600 — 1700

1630 Los puritanos empiezan a construir pueblos pequeños en Nueva Inglaterra

1723 Benjamin Franklin se muda a Filadelfia

1744 Eliza Lucas Pinckney siembra el primer cultivo de índigo

EN BREVE

Enfoque en la idea principal
Las 13 colonias tenían ciudades grandes, pueblos pequeños y granjas de todos los tamaños.

LUGARES
Filadelfia

PERSONAJES
Benjamin Franklin
Eliza Lucas Pinckney

VOCABULARIO
autosuficiente
tierra comunal

Ciudades, pueblos y granjas

Estás ahí Ben Franklin tiene 17 años y éste es su primer día en Filadelfia. Trae la ropa sucia por el viaje; está cansado y con hambre, y tiene muy poco dinero en el bolsillo. No conoce a nadie en la ciudad. ¿Qué crees que deba hacer?

Primero, encuentra una panadería y compra tres centavos de pan. Sale con tres grandes panes: come uno y lleva los otros dos bajo cada brazo. Camina por las transitadas calles, mira los edificios y la gente. Por curiosidad, entra en una casa donde los cuáqueros celebran una reunión. Se sienta y descansa. Después, ya de vuelta en la calle, empieza a buscar un lugar para pasar la noche; mañana intentará encontrar trabajo.

Comparar y contrastar Al leer, piensa sobre cómo era la vida de los colonos en ciudades, pueblos y granjas. ¿En qué eran similares? ¿En qué eran diferentes?

La vida en la ciudad

Benjamin Franklin necesitaba vivir en una ciudad. Quería ser impresor y sólo había imprentas en las ciudades. Al no encontrar trabajo en Boston, donde nació, buscó en otras ciudades.

Franklin llegó a **Filadelfia, Pennsylvania,** en 1723. Encontró una ciudad en crecimiento, con una población diversa. Había gente de diferentes orígenes étnicos y religiones. Tenía un puerto activo en el río Delaware, pero lo más importante para Franklin fue que un impresor le dio trabajo.

La gráfica de esta página muestra la población de las principales ciudades coloniales. Verás que hacia 1750, Filadelfia era la ciudad más grande en las 13 colonias. Benjamin Franklin tuvo mucho que ver con su prosperidad: fundó el primer periódico de la ciudad, la primera biblioteca pública y el primer hospital. Para combatir incendios peligrosos, fundó el primer departamento de bomberos voluntarios en las 13 colonias. Los incendios eran un problema muy serio en las ciudades coloniales, pues la mayoría de los edificios eran de madera.

En 1760, un viajero de nombre Andrew Burnaby visitó Filadelfia y escribió que la ciudad era próspera: "Las calles están llenas de gente... y el río, de barcos".

REPASO Contrasta la población de Nueva York con la de Charleston en 1760. ¿Cuántas personas más vivían en Nueva York?
Comparar y contrastar

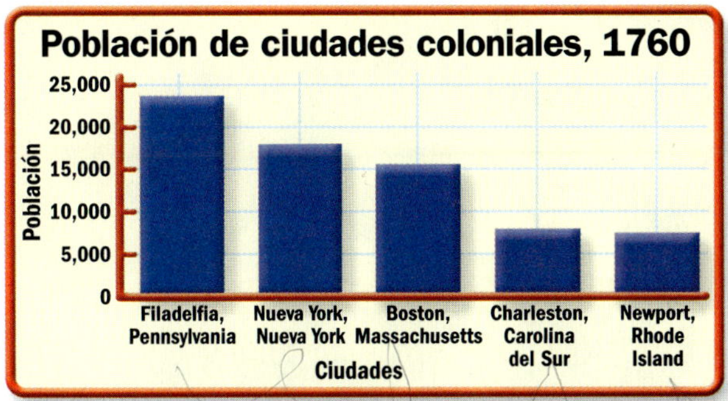

En 1760, Filadelfia tenía casi 25,000 habitantes.

DESTREZA: GRÁFICAS ***¿Cuál era la población de Charleston?***

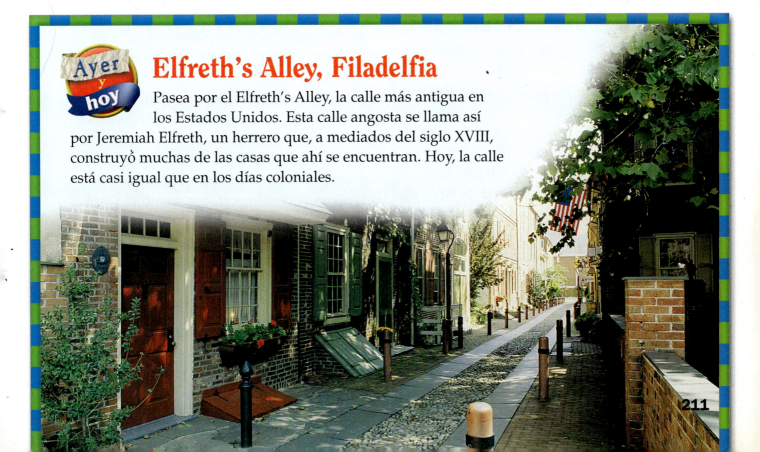

Ayer y hoy

Elfreth's Alley, Filadelfia

Pasea por el Elfreth's Alley, la calle más antigua en los Estados Unidos. Esta calle angosta se llama así por Jeremiah Elfreth, un herrero que, a mediados del siglo XVIII, construyó muchas de las casas que ahí se encuentran. Hoy, la calle está casi igual que en los días coloniales.

Muchos pueblos de Nueva Inglaterra crecieron alrededor de la tierra comunal, un área central abierta.

DESTREZA: DIAGRAMAS ***¿Dónde se localizaba el molino en este pueblo?***

Los pueblos coloniales

Como leíste en el Capítulo 5, los puritanos comenzaron a construir pueblos en Massachusetts hacia 1630. Durante la época colonial, se establecieron pequeños pueblos similares en toda Nueva Inglaterra.

En Nueva Inglaterra, muchos pueblos eran **autosuficientes,** es decir, producían casi todo lo que necesitaban. La comida venía de los campos alrededor del pueblo y las familias tenían terrenos pequeños donde cultivaban la tierra y criaban animales. En el pueblo también se hacían otros trabajos. Por lo general, los talleres de los herreros, toneleros y zapateros estaban alrededor de la **tierra comunal,** que era un espacio abierto donde pastaban vacas y borregos. El diagrama de arriba muestra un pueblo típico de Nueva Inglaterra. Busca el edificio más importante del pueblo: la casa de reuniones. ¿Recuerdas para qué se usaba?

Las colonias centrales también tenían muchos pueblos pequeños que con frecuencia funcionaban como centros de comercio. Los granjeros iban ahí a vender sus cosechas y a comprar diferentes cosas, desde ropa hasta herramientas. La tienda del pueblo a veces ofrecía productos importados, como té y azúcar. Al igual que los pueblos de Nueva Inglaterra, los pueblos de las colonias centrales tenían talleres y un molino donde se hacía harina.

REPASO ¿Cuál era el propósito de la tierra comunal? **Idea principal y detalles**

Las plantaciones del Sur

Aunque las colonias del Sur tenían granjas pequeñas, esta región también tenía un tipo diferente de granja: las plantaciones, unas granjas grandes que producían cosechas comerciales, como tabaco, arroz e índigo. Los esclavos africanos hacían la mayor parte del trabajo en ellas. Como puedes ver en el diagrama de esta página, las plantaciones parecían pueblos pequeños y también eran autosuficientes.

Ricos terratenientes llamados plantadores eran los dueños de las plantaciones. Generalmente eran hombres, aunque también había algunas mujeres. Un ejemplo fue **Eliza Lucas Pinckney,** quien empezó a administrar una plantación en Carolina del Sur cuando aún era adolescente. En 1744 fue la primera en las 13 colonias en cosechar el índigo con éxito. Leerás más acerca de ella en la biografía que sigue a esta lección.

El trabajo diario en una plantación era dirigido por un administrador, llamado también capataz. Daba las órdenes a los esclavos, a quienes castigaban con golpes si no obedecían. Muchos esclavos tenían que trabajar desde la mañana hasta la noche, en la siembra o en la cosecha. Otros, a menudo mujeres y niños, cocinaban y limpiaban la casa del plantador. Los esclavos también trabajaban en los talleres de herrería y carpintería, en los cuartos de ahumado, panaderías, lavanderías y establos.

REPASO ¿Cuál era el papel del capataz en una plantación? **Idea principal y detalles**

En una plantación se hacían diferentes trabajos.

DESTREZA: DIAGRAMAS ***¿Cuál era el edificio más grande en esta plantación?***

Familias de granjeros

De New Hampshire a Georgia, la mayoría de los colonos, libres o esclavos, vivía en pequeñas granjas familiares. A pesar de vivir en distintos lugares, todas las familias de granjeros tenían algo en común: trabajaban muy duro. Lee los siguientes versos de un poema escrito por una mujer llamada Ruth Belknap.

Salgo de la cama al amanecer
antes de que el sol pueda crecer...
No hay momento de reposo:
barro, cocino, lavo y coso;
si quiero pan, hay que amasar,
y para el fuego, leña cortar.

Belknap vivió y trabajó en una granja pequeña en New Hampshire, en el siglo XVIII. Según su poema, las familias de granjeros hacían o cultivaban casi todo lo necesario.

REPASO ¿Crees que Ruth Belknap disfrutaba su vida en una granja pequeña? Explica tu opinión. **Sacar conclusiones**

Resume la lección

- **Benjamin Franklin contribuyó a que Filadelfia se convirtiera en la ciudad más grande de las colonias.**
- **Tanto en Nueva Inglaterra como en las colonias centrales se desarrollaron varios pueblos pequeños.**
- **El trabajo de los esclavos contribuyó a que las plantaciones en las colonias del Sur produjeran valiosas cosechas.**

LECCIÓN 2 REPASO

Verifica hechos e ideas principales

1. **Comparar y contrastar** En una hoja aparte, completa el organizador gráfico, comparando y contrastando un pueblo de las colonias centrales con una plantación del Sur.

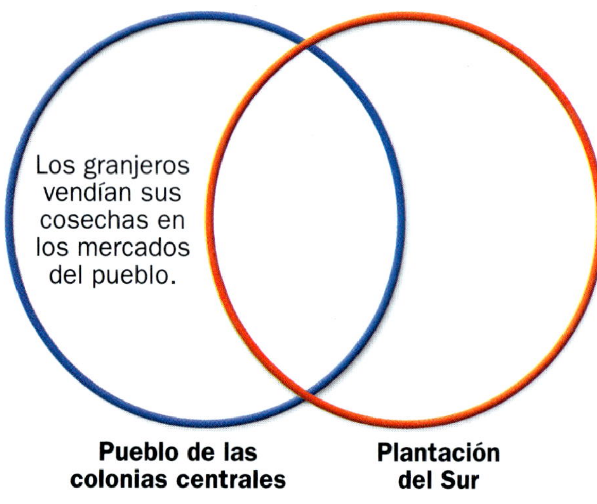

Los granjeros vendían sus cosechas en los mercados del pueblo.
Pueblo de las colonias centrales
Plantación del Sur

2. Menciona algunas maneras en que Benjamin Franklin contribuyó a mejorar la vida de los habitantes de Filadelfia.
3. **Razonamiento crítico:** ***Evaluar*** Los pueblos de Nueva Inglaterra a menudo se construían con un cuidadoso diseño. ¿Crees que eso contribuyó a que fueran autosuficientes? Explica.
4. ¿Qué tipo de cosechas se cultivaban en las plantaciones de las colonias del Sur?
5. Imagina que vives durante la época colonial. Menciona cuatro lugares donde podrías vivir. ¿Cuál escoges?

Enlace con la geografía

Dibuja un diagrama Usa el diagrama de la página 212 como modelo, y dibuja tu propio diagrama de un pueblo en Nueva Inglaterra. Incluye edificios importantes y haz los cambios que creas que mejorarían el pueblo.

★ BIOGRAFÍA ★

Elizabeth Lucas Pinckney 1722–1793

A los 16 años, Elizabeth Lucas Pinckney, llamada Eliza, ya había vivido en Inglaterra y en las Antillas. Ahora acababa de llegar a Carolina del Sur. Su madre estaba enferma y su padre esperaba que la nueva vida en la plantación le ayudara a recuperarse. Poco después de que llegó la familia, el padre de Elizabeth, un oficial del ejército inglés, fue llamado a la guerra. Así que dejó a su hija a cargo de la plantación familiar.

A Eliza le encantaban los retos de su nuevo papel. En un día típico, se levantaba a las 5 a.m., leía hasta las 7 a.m., después recorría los campos para vigilar la plantación: todo antes de desayunar. El resto de su atareado día incluía enseñar a leer a su hermana y a dos niñas esclavas de la plantación. Eliza incluso estudió leyes, y ayudaba a sus vecinos a escribir su testamento. Escribió a una amiga que dirigir una plantación "exige mucha escritura y más negocios y fatiga [cansancio]... de lo que puedes imaginar".

BIODATO

Tiempo después, Eliza Pinckney experimentó con el cultivo de gusanos de seda para fabricar telas.

Eliza Pinckney pensó que podía hacer más rica la plantación —y toda Carolina del Sur— si experimentaba con nuevas cosechas. Se interesaba especialmente en el índigo, una planta para hacer tinte azul que era muy valioso en Europa. Eliza escribió:

> ***"Tenía más esperanzas en el índigo... que en cualquiera de las otras cosas que había probado".***

Tras varios años de mucho trabajo, Pinckney logró cultivar índigo en la plantación y pronto regaló semillas a sus vecinos. Durante muchos años, el índigo fue la principal exportación de Carolina del Sur. Para 1754, exportaba más de un millón de libras al año.

Aprende de las biografías

Eliza Pinckney aumentó sus muchas responsabilidades en la plantación al experimentar con nuevas cosechas. ¿Cómo se benefició Carolina del Sur con el cultivo del índigo?

Esta muñeca que representa a Pinckney lleva un vestido azul índigo, del siglo XVIII.

Para más información, visita *Personajes de la historia* en **www.estudiossocialessf.com.**

LECCIÓN 3

Boston
Newport
Williamsburg

1650 — **1750**

1647
Las leyes de Massachusetts exigen a los pueblos construir escuelas públicas

1704
Se publica el primer número del *Boston News-Letter*

Entre 1730 y 1739
Comienza el Gran Despertar

EN BREVE

Enfoque en la idea principal
Ir a la escuela, asistir a servicios religiosos, y leer para informarse y divertirse eran parte importante de la vida diaria en las colonias.

LUGARES
Boston
Williamsburg
Newport

PERSONAJES
George Washington
George Whitefield
John Peter Zenger

VOCABULARIO
Gran Despertar
almanaque

▶ **Los estudiantes coloniales aprendían a leer con estas cuartillas, que estaban cubiertas con una lámina de cuerno transparente para protegerlas.**

La vida diaria en las colonias

Estás ahí Es el invierno de 1757. Estás sentado en el único salón de una escuela oscura. Acaban de encender el fuego en la chimenea, pero el salón sigue helado. Por fortuna, hoy te acordaste de traer leña. Los estudiantes que olvidan la leña tienen que sentarse en los escritorios más alejados de la chimenea. Miras las llamas pequeñas y anaranjadas, y te preguntas cuándo empezará a calentarse el salón.

Ahora notas que el maestro te está mirando. ¿Hizo alguna pregunta? De ser así, no la escuchaste, lo cual podría ser un problema. Tu maestro siempre castiga a los estudiantes que sueñan despiertos en clase. Quizá te ponga un gorro gigante con un letrero vergonzoso como "Bueno para nada". O quizá te haga sentar en el unípede, un banco que tiene una sola pata. Cinco minutos en ese banco y te agotas por el esfuerzo de mantener el equilibrio. Tu maestro te sigue mirando. Sí, podría ser un problema.

Comparar y contrastar Al leer, compara y contrasta la vida en las colonias con la vida de hoy.

Estudio y juego

La educación era muy importante para los primeros pobladores de Nueva Inglaterra. En 1647, los gobernantes de Massachusetts aprobaron una ley que exigía a los pueblos establecer escuelas públicas gratuitas. Para la mayor parte de los colonos éste era un nuevo concepto, ya que en esa época no había escuelas gratuitas en Europa.

En los años siguientes, se construyeron escuelas públicas pequeñas en todas las colonias. Como sabrás por el relato de la página anterior, las escuelas de la época colonial eran muy distintas de las de ahora. La mayoría tenía sólo un salón y estudiantes de distintas edades se sentaban juntos para aprender lo básico: lectura, escritura y aritmética.

También aprendían reglas de conducta. Cuando **George Washington** era un joven estudiante en Virginia, copiaba las reglas en su cuaderno. Escribió reglas como:

> ***"Cada acto hecho en compañía, debe mostrar respeto para todos los presentes".***
>
> ***"Asegúrate de cumplir tus promesas".***

La mayoría de los estudiantes no asistía a la escuela por tantos años como lo hacen hoy. Cuando empezaba su adolescencia, muchos niños y niñas comenzaban a trabajar de tiempo completo en las granjas familiares; otros se convertían en aprendices. Sólo un pequeño porcentaje iba a la universidad. Fundada cerca de **Boston,** Massachusetts, en 1636, Harvard es la universidad más antigua de los Estados Unidos. Más tarde, en 1693, abrió sus puertas el College of William and Mary en **Williamsburg,** Virginia.

Cuando los niños y niñas no estaban en la escuela, pasaban mucho tiempo haciendo tareas de la casa o en la granja familiar. La mayoría de los jóvenes tenía menos tiempo libre que hoy, pero también jugaban y practicaban deportes. Bailaban, jugaban a las escondidas e inventaron una amplia variedad de juegos como la "roña" o "pega". Trepaban a los árboles, nadaban y volaban cometas, y en el invierno se divertían patinando en hielo o paseando en trineo.

Museo de la Ciudad de Nueva York

REPASO ¿En qué eran diferentes las escuelas coloniales de las de hoy? ¿En qué eran similares? **Comparar y contrastar**

Este dibujo muestra Harvard College en 1720.

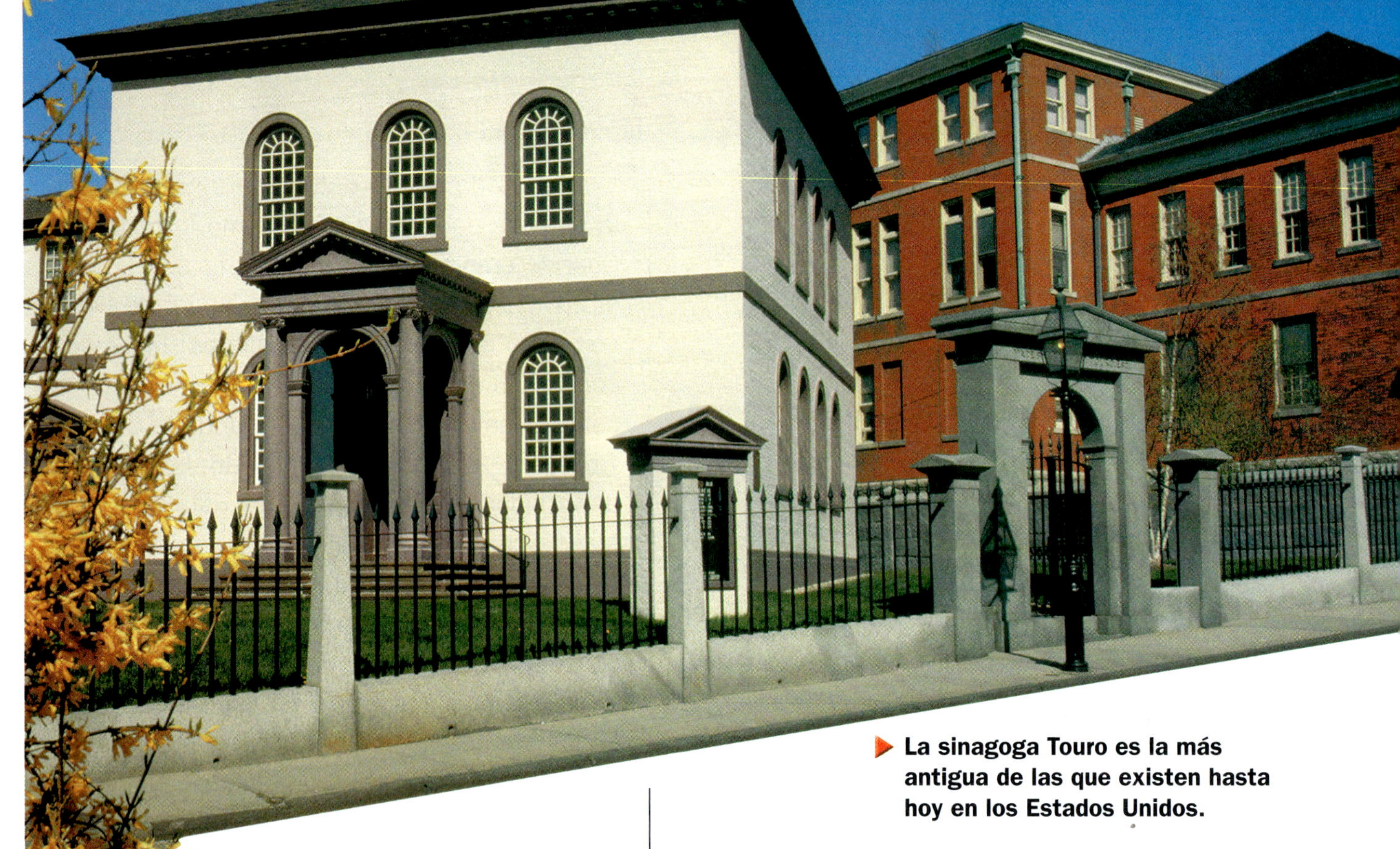

La sinagoga Touro es la más antigua de las que existen hasta hoy en los Estados Unidos.

La religión en las colonias

La religión era muy importante en todas las regiones de las colonias inglesas. Como sabes, varias colonias se fundaron para que sus habitantes pudieran tener libertad religiosa. Algunas continuaron siendo refugio para grupos religiosos que eran perseguidos en Europa. Por ejemplo, muchos judíos llegaron a las 13 colonias y se establecieron en Rhode Island, Nueva York y Carolina del Sur. En 1763, los judíos de **Newport,** Rhode Island, construyeron la que hoy es la sinagoga más antigua en los Estados Unidos.

Un movimiento religioso importante entre los cristianos fue el llamado **Gran Despertar.** Comenzó en la década de 1730 y "despertó", o revivió, el interés de muchos colonos en la religión. Fue dirigido por protestantes. Predicadores protestantes viajaban de pueblo en pueblo pronunciando sermones apasionados y emotivos. Con frecuencia, los servicios se celebraban al aire libre, porque en las iglesias no cabían todos los que querían asistir.

Durante el Gran Despertar se construyeron muchas iglesias y se fundaron universidades para enseñar a los ministros. El Gran Despertar también inspiró a muchos a ayudar a los demás. Uno de sus predicadores, **George Whitefield,** viajó por las colonias reuniendo dinero para construir un orfanato en Georgia. En 1739, cuando Whitefield estaba en Filadelfia, Benjamin Franklin escuchó sus sermones. Lo impresionaron tanto que decidió dar todo el dinero que traía para el orfanato. "Vacié mi bolsillo, incluyendo el oro, en el plato de las contribuciones", escribió Franklin más tarde.

REPASO Menciona un efecto del Gran Despertar. **Causa y efecto**

George Whitefield *(al centro)* fue un enérgico predicador y líder del Gran Despertar.

La lectura

Un colono, al pasear por las calles de Boston el 24 de abril de 1703, bien pudo comprar el primer número del *Boston News-Letter.* Fue el primer periódico en las 13 colonias que se publicó regularmente. Para la década de 1770, había docenas de periódicos en las colonias aunque, a veces, publicarlos podía ser un trabajo peligroso. En Temas y perspectivas de las páginas 222 y 223, leerás sobre un impresor que se llamaba **John Peter Zenger.** En 1734, fue encarcelado en la ciudad de Nueva York por publicar sus opiniones políticas en *The New-York Weekly Journal.*

La lectura era una forma importante de entretenimiento en las colonias. Al final del día, después de trabajar, las familias se sentaban a escuchar a uno de sus miembros leer un libro en voz alta. *Poor Richard's Almanack,* el almanaque de Benjamin Franklin, fue uno de los libros más populares en las 13 colonias; en esa época, sólo la Biblia vendió más ejemplares. Un **almanaque** es un libro de consulta que contiene datos y cifras. En la biografía que sigue a esta lección, leerás acerca de los inicios de Franklin como escritor, cuando aún era adolescente.

Escribir cartas era otra actividad importante de los colonos. Las cartas se doblaban y sellaban con cera derretida. No se usaban sobres porque se consideraba un desperdicio de papel, que era caro y difícil de hacer. Las cartas ayudaban a colonos que vivían lejos a mantenerse en contacto.

REPASO Resume el papel que jugaron las lecturas en las colonias. **Resumir**

John Peter Zenger fue juzgado por publicar una crítica al gobernador de Nueva York.

Literatura y estudios sociales

Cada año, *Poor Richard's Almanack* incluía varios dichos ingeniosos de Benjamin Franklin. ¿Alguna vez has oído uno de estos consejos famosos?

- *Un huevo hoy es mejor que una gallina mañana.*
- *Acostarse temprano y levantarse temprano hace al hombre sano, rico y sabio.*
- *Las prisas producen pérdidas.*
- *El que mucho habla, mucho se equivoca.*
- *La zorra que duerme no caza pollos. ¡Arriba! ¡Arriba!*
- *No hay ganancia sin esfuerzo.*

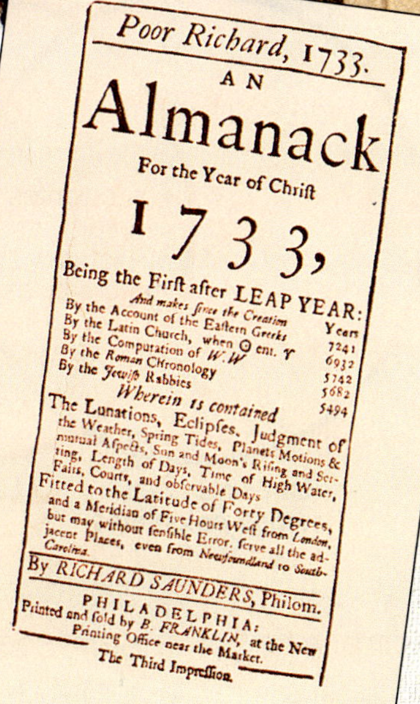

Poor Richard, 1733.

AN

Almanack

For the Year of Chrift

1733,

Being the Firft after LEAP YEAR:

And makes fince the Creation — Years

By the Account of the Eaftern *Greeks* — 7241

By the Latin Church, when ☉ ent. ♈ — 6932

By the Computation of *W.W* — 5742

By the *Roman* Chronology — 5682

By the *Jewifh* Rabbies — 5494

Wherein is contained

The Lunations, Eclipfes, Judgment of the Weather, Spring Tides, Planets Motions & mutual Afpects, Sun and Moon's Rifing and Setting, Length of Days, Time of High Water, Fairs, Courts, and obfervable Days

Fitted to the Latitude of Forty Degrees, and a Meridian of Five Hours Weft from *London*, but may without fenfible Error, ferve all the adjacent Places, even from *Newfoundland* to *South-Carolina.*

By *RICHARD SAUNDERS,* Philom.

PHILADELPHIA:
Printed and fold by *B. FRANKLIN,* at the New Printing Office near the Market.

The Third Impreffion.

La comida colonial

Como sabes, los indígenas norteamericanos enseñaron a los primeros colonos a cultivar maíz. Los colonos lo usaban para hacer pan, pudines y panqueques que servían con miel de maple. En grandes ollas de hierro, hacían guisos de pescado o carne con verduras, sazonados con sal y pimienta.

Muchos postres eran populares en las colonias, como el helado, las donas y una variedad de pasteles de fruta, pero los postres no siempre eran sabrosos. En 1758, un viajero sueco escribió a casa acerca de un pastel de manzana que había comido en Delaware; dijo que estaba "hecho de manzanas sin pelar, con todo y corazón, y la masa no se rompe ni bajo las ruedas de un vagón".

REPASO ¿Crees que te hubiera gustado la comida de la época colonial? ¿Por qué sí o por qué no? **Sacar conclusiones**

Resume la lección

- **1647** Massachusetts aprobó una ley que exigía a los pueblos establecer escuelas públicas gratuitas.
- **1704** El *Boston News-Letter* fue el primer periódico colonial publicado regularmente.
- **1730–1739** El Gran Despertar revivió el interés en la religión.

LECCIÓN 3 REPASO

Verifica hechos e ideas principales

1. **Comparar y contrastar** En una hoja aparte, completa este diagrama para comparar y contrastar las escuelas de tiempos coloniales con las de hoy.

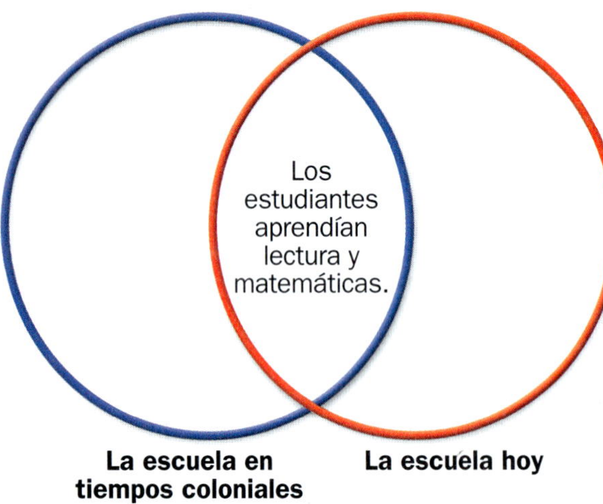

2. ¿En qué se diferenciaban las escuelas coloniales de las de hoy?
3. **Razonamiento crítico: *Causa y efecto*** ¿Por qué algunas colonias inglesas fueron hogar de personas de diversas religiones?
4. A mediados del siglo XVIII, ¿cuál fue el único libro que se vendió más que *Poor Richard's Almanack?*
5. Describe algunas comidas que comúnmente disfrutaban las familias coloniales.

Enlace con las ciencias

Investiga Benjamin Franklin también era científico. Investiga en libros o en la Internet y escribe un informe de una página acerca del trabajo de Franklin como científico.

BIOGRAFÍA

Benjamin Franklin 1706–1790

Benjamin Franklin tenía 12 años cuando se hizo aprendiz de su hermano mayor James, que era impresor. Hasta los 21 años, Ben tenía que obedecer a James a cambio de aprender todo sobre la imprenta. James Franklin fundó el segundo periódico en las 13 colonias. Aunque Ben casi no había ido a la escuela, quería ser escritor. A veces escribía un artículo y lo firmaba "Silence Dogood" y lo pasaba bajo la puerta de la imprenta. ¡James imprimía los artículos, sin sospechar que Ben era el autor!

Pero Ben no era completamente feliz. No le gustaba obedecer a su hermano y quería intervenir más en la dirección del periódico. Años después escribió:

"Considerando que mi aprendizaje era muy tedioso, deseaba tener la oportunidad de acortarlo...".

BIODATO

Uno de los experimentos más famosos de Franklin usó una llave y una cometa para demostrar que era posible atraer y usar la electricidad de los rayos.

Cuando Ben tenía 16 años, arrestaron a James por publicar artículos que criticaban a los gobernantes. Ben tuvo que dirigir el periódico, y si bien eso le ayudó a tener más independencia y confianza, no estaba de acuerdo con que un gobierno encarcelara a alguien por sus opiniones.

Poco después de que James fue liberado, Ben dejó el taller en Boston para iniciar una vida nueva en Filadelfia, donde tuvo éxito como impresor. Ya adulto, Ben Franklin fue un famoso escritor, científico, inventor y también uno de los fundadores del gobierno de nuestra nación. Ayudó a escribir la Declaración de Independencia y la Constitución. Franklin esperaba que todos aprovecharan las libertades que ofrecía el nuevo país. Dijo:

"La declaración sólo garantiza al pueblo estadounidense el derecho a buscar la felicidad, pero tú mismo tienes que encontrarla".

Aprende de las biografías

Ben Franklin se enfadó mucho cuando encarcelaron a su hermano por lo que había escrito. ¿Cómo crees que esta experiencia influyó en Ben Franklin cuando fue líder en Filadelfia?

Para más información, visita *Personajes de la historia* en **www.estudiossocialessf.com.**

Temas y perspectivas

Publicar la verdad

A lo largo de la historia, muchos escritores han creído que publicar la verdad es una libertad necesaria, aunque signifique criticar al gobierno.

En la época colonial, la lealtad al gobierno inglés se consideraba más importante que la verdad. Era bien sabido que William Cosby, el gobernador de Nueva York, era codicioso y deshonesto. Pero no había un solo periódico en las colonias que se atreviera a publicar artículos que lo criticaran.

En 1733, John Peter Zenger fundó *The New-York Weekly Journal*, el primer periódico independiente de Nueva York. El periódico publicó muchos artículos que describían las malas acciones del gobernador Cosby. Éste se enfureció y, en 1734, Zenger fue arrestado por "difamación sediciosa", o sea por escribir falsedades que dañaban al gobierno o a un funcionario del gobierno.

Andrew Hamilton, un abogado de Filadelfia, defendió a Zenger en el juicio que se llevó a cabo en 1735. Cuando Hamilton admitió que Zenger había publicado todos los artículos ofensivos, el juez se escandalizó. ¿Entonces admitía la culpabilidad de Zenger? No, dijo Hamilton, pues como Zenger había escrito la verdad, no era culpable de difamación. Hamilton pronunció un convincente discurso sobre la importancia de la verdad en la prensa.

El público que se hallaba en la corte ovacionó cuando el jurado dio el veredicto: "¡Inocente!". La determinación de John Peter Zenger de publicar la verdad fue la primera victoria colonial por la libertad de prensa.

"Todos los hombres con sentido común sabrán juzgar que quien pide cualquier restricción [límite] a la prensa es un enemigo del rey y del país".

—de un ensayo anónimo publicado en el New-York Weekly Journal, *periódico de John Peter Zenger, en 1733.*

"Antes que las demás libertades, dadme la libertad de saber, de hablar y de debatir libremente según los dictámenes de mi conciencia".

John Milton, Inglaterra, 1644

"La constitución garantiza a los ciudadanos el derecho a criticar a sus gobernantes, porque estos gobernantes son seres humanos, no dioses. Sólo mediante la crítica y la supervisión del pueblo cometerán menos errores esos gobernantes... Entonces, y sólo entonces, el pueblo podrá respirar libremente".

Wei Jingsheng, opositor al gobierno comunista de China, 1979

"La censura [restricciones a las palabras dichas o escritas] jamás termina para quienes la han experimentado... Afecta para siempre al individuo que la ha sufrido".

Nadine Gordimer, Sudáfrica, 1990

Los temas y tú

En muchos países del mundo, todavía no existe el derecho a la libertad de prensa. Investiga en la Internet para saber más acerca del tema. ¿Por qué crees que algunos países no permiten esta libertad?

LECCIÓN 4

1730		1780	
1739 Los esclavos organizan la Rebelión Stono	**1765** Venture Smith logra su libertad	**1789** Olaudah Equiano publica su autobiografía	

EN BREVE

Enfoque en la idea principal
Durante el siglo XVIII, la esclavitud se extendió rápidamente en las colonias inglesas, en especial en las colonias del Sur.

PERSONAJES
Venture Smith
Olaudah Equiano

VOCABULARIO
Rebelión Stono

La esclavitud en las colonias

Estás ahí "Ahora tengo sesenta y nueve años —dice Venture Smith—. Aunque alguna vez fui erguido y alto, y medía seis pies y una pulgada y media sin zapatos... ahora estoy encorvado por la edad y las penurias".

Venture Smith cuenta la historia de su larga e increíble vida. Recuerda su primera infancia en África occidental, donde nació en 1729. Explica que fue capturado cuando tenía seis años y que más tarde fue enviado a América del Norte en un barco de esclavos. Durante los siguientes 30 años, vivió y trabajó como esclavo en Nueva Inglaterra. En 1765, a los 36 años, Smith compró su libertad. Después, trabajando casi sin parar, ahorró suficiente dinero para comprar la libertad de su esposa e hijos, y la de muchos esclavos africanos.

Smith termina su relato hablando de las cosas que lo hacen feliz: "Meg, mi esposa desde la juventud. Y mi libertad, que no se compara con nada".

Comparar y contrastar Al leer, fíjate en las similitudes y diferencias entre la esclavitud en las distintas regiones de las colonias.

Esclavitud: Norte y Sur

Venture Smith contó la historia de su vida en un libro publicado en 1798. Era uno de los miles de africanos que fueron esclavos en las 13 colonias durante el siglo XVIII. La gráfica de esta página muestra cómo aumentó la esclavitud en las diferentes regiones de las colonias.

Algunos esclavos africanos en el Norte —Nueva Inglaterra y las colonias centrales— trabajaban en granjas. Pero la mayoría trabajaba en pueblos y ciudades; en tiendas, posadas y como artesanos especializados. Trabajaban también en casas, como cocineros o sirvientes personales.

En el Norte, los esclavos generalmente tenían más oportunidades para mejorar su vida que en el Sur. Por ejemplo, en el Norte, algunos esclavos podían ganar dinero al hacer trabajos adicionales en las noches o los fines de semana. Venture Smith escribió que ganaba dinero "atrapando ratas almizcleras y visones, cultivando papas y zanahorias... y pescando por las noches". Algunos esclavos ahorraron suficiente dinero para comprar su libertad, pero era un proceso largo y difícil. Venture Smith ahorró durante muchos años para comprar su libertad.

Leyes estrictas limitaron los derechos de los esclavos en la mayoría de las colonias del Norte. Los esclavos no podían viajar ni subir a un barco sin permiso escrito. Las colonias aprobaron esas leyes para que los esclavos no pudieran escapar fácilmente.

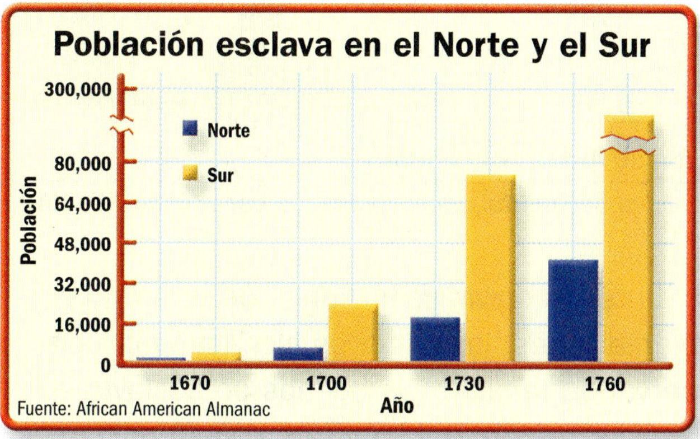

DESTREZA: GRÁFICAS ***¿Aproximadamente cuántos esclavos había en el Sur en 1730?***

▶ **Los esclavos eran vendidos en subastas como la que se muestra en la ilustración.**

REPASO Menciona una diferencia entre la esclavitud en el Norte y en el Sur.
Comparar y contrastar

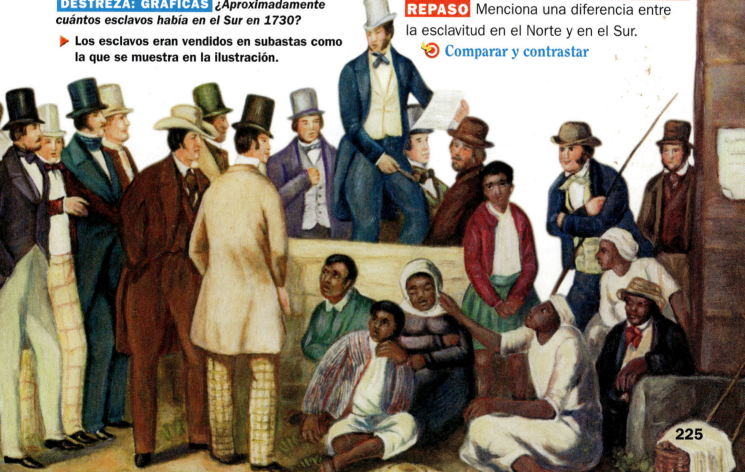

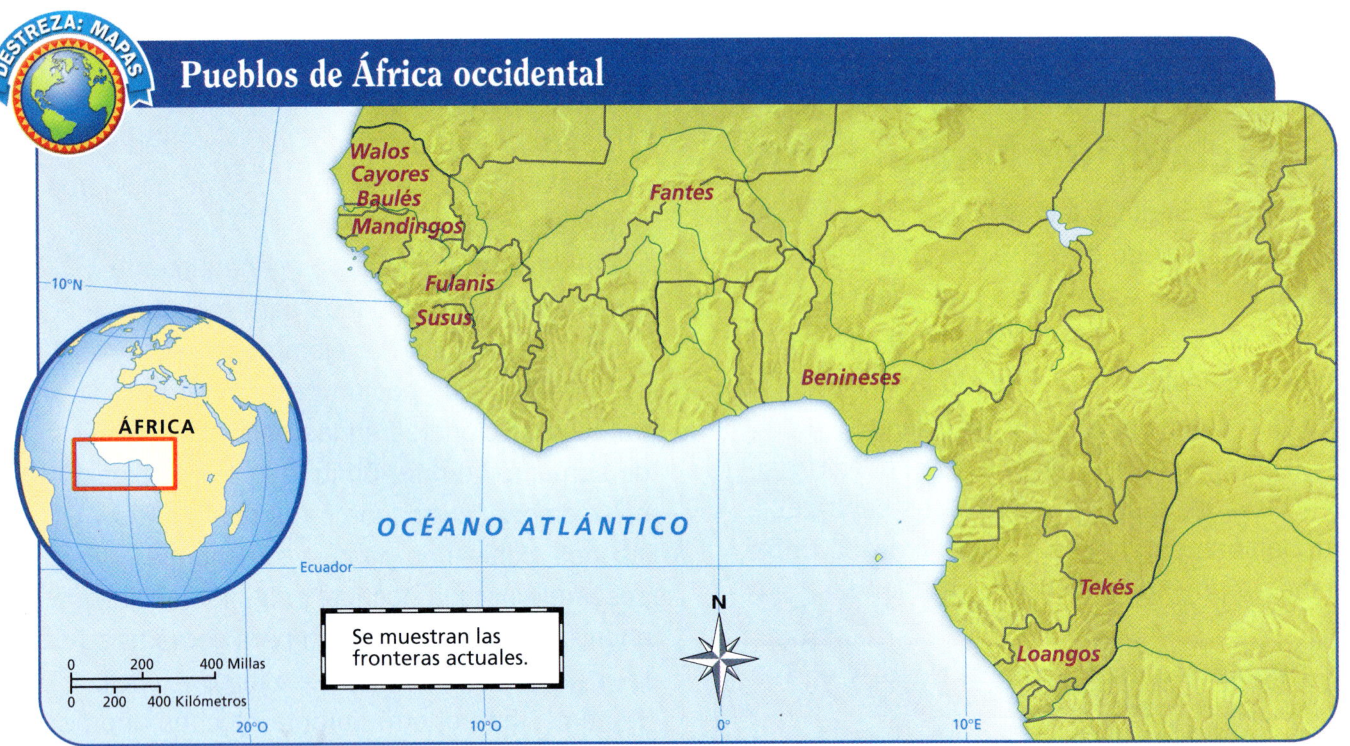

▶ **La mayoría de los esclavos traídos a las colonias venían de África occidental.**

DESTREZA: MAPAS **Región** ***Menciona tres pueblos de África occidental que vivían cerca del océano Atlántico.***

La esclavitud en el Sur

Como puedes ver en la gráfica de la página 225, la población de esclavos en las colonias del Sur aumentó rápidamente en el siglo XVIII. Algunos esclavos estaban en granjas pequeñas o en ciudades, pero la mayoría eran obligados a trabajar en grandes plantaciones. A veces, cientos de esclavos trabajaban en una sola plantación enorme.

El mapa de esta página muestra algunos de los lugares donde capturaban a grupos de personas africanas. Éstos trajeron una variedad de destrezas a las plantaciones del Sur. Por ejemplo, algunos africanos de África occidental tenían experiencia en el cultivo del arroz y les enseñaron a los plantadores de las Carolinas a sembrar esta valiosa cosecha. Otros esclavos eran expertos carpinteros, herreros o sastres. Sin importar sus destrezas, su trabajo duraba todo el día y, a veces, parte de la noche. Un plantador de Virginia escribió que forzaba a los esclavos a trabajar en la noche, "a la luz de la luna o de velas".

Ante las duras condiciones de vida en las plantaciones, los esclavos luchaban por conservar su familia. Los dueños de esclavos podían vender a miembros de una familia y así separarlos del resto, pero las familias siempre intentaban reunirse en cuanto podían.

Los esclavos mantuvieron viva la cultura africana. Hacían tambores, banjos y otros instrumentos similares a los que había en África. Algunas de las colonias del Sur prohibieron el uso de estos instrumentos. Los dueños de las plantaciones temían que los esclavos usaran los instrumentos para mandarse mensajes secretos.

REPASO ¿Cuáles son algunas de las destrezas que usaban los africanos esclavizados en las plantaciones de Carolina del Norte y del Sur?
Idea principal y detalles

▶ **Este tambor, encontrado en Virginia, fue hecho en el estilo de los de África occidental.**

Resistencia a la esclavitud

En la Lección 1 de este capítulo, leíste acerca de **Olaudah Equiano,** quien de niño fue esclavo. Después obtuvo su libertad y escribió un libro sobre su vida. Publicado en 1789, el libro pedía a los lectores que pensaran en los males de la esclavitud:

> ***"Seguramente esto... viola [rompe] el primer derecho natural de la humanidad, igualdad e independencia".***

Los esclavos encontraron muchas maneras de resistirse a la esclavitud. Intentaban engañar a los dueños y capataces trabajando más despacio, rompiendo herramientas o fingiendo estar enfermos. Muchos trataron de escapar. A menudo, los africanos y africanas libres, así como algunos blancos, ayudaban a los esclavos a escapar, escondiéndolos o dándoles dinero.

También hubo rebeliones armadas. En 1739, durante la sangrienta **Rebelión Stono,** un grupo de esclavos luchó contra sus dueños cerca del río Stono, en Carolina del Sur. Murieron cerca de 25 colonos blancos antes de que los esclavos fueran capturados y ejecutados.

REPASO Menciona algunas de las maneras en que los esclavos se resistieron a la esclavitud. **Resumir**

Resume la lección

- **La esclavitud en las colonias se extendió rápidamente entre 1700 y 1799.**
- **Los esclavos del Norte tenían más oportunidades de mejorar su vida que los esclavos del Sur.**
- **Los esclavos encontraron muchas maneras de resistirse a la esclavitud.**

LECCIÓN 4 REPASO

Verifica hechos e ideas principales

1. **Comparar y contrastar** En una hoja aparte, completa este organizador gráfico, comparando y contrastando la esclavitud en las diferentes regiones de las colonias.

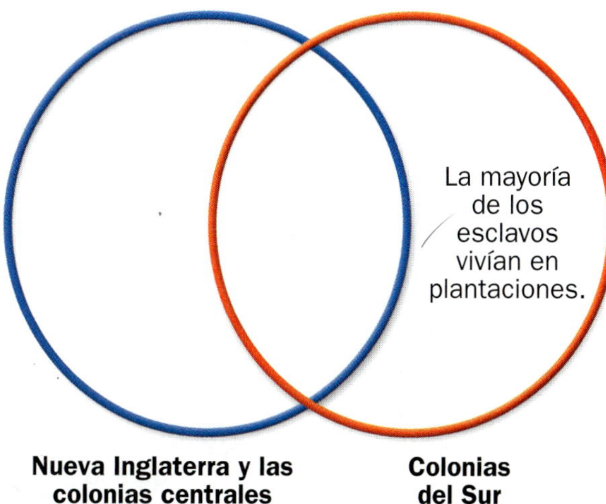

2. ¿En qué región de las 13 colonias se extendió más rápidamente la esclavitud durante el siglo XVIII?
3. Menciona algunas destrezas que los esclavos trajeron a las plantaciones sureñas.
4. ¿Cómo lograron los esclavos mantener vivas sus tradiciones en las plantaciones?
5. **Razonamiento crítico: *Analizar fuentes primarias*** Basándote en la cita de esta página, ¿cómo describirías la opinión de Olaudah Equiano sobre la esclavitud?

Enlace con la escritura

Escribe preguntas Imagina que tienes la oportunidad de entrevistar a alguien que había sido esclavo en las colonias. Escribe cinco preguntas que te gustaría hacerle.

CAPÍTULO 6
REPASO

1625 | 1650 | 1675 | 1700

1630 Los puritanos empiezan a construir pueblos pequeños en Nueva Inglaterra

1647 Las leyes de Massachusetts exigen a los pueblos construir escuelas públicas

1704 Se publica el primer número del *Boston News-Letter*

Resumen del capítulo

Comparar y contrastar

En una hoja aparte, copia y luego completa el organizador gráfico para comparar y contrastar la agricultura de Nueva Inglaterra con la de las colonias del Sur.

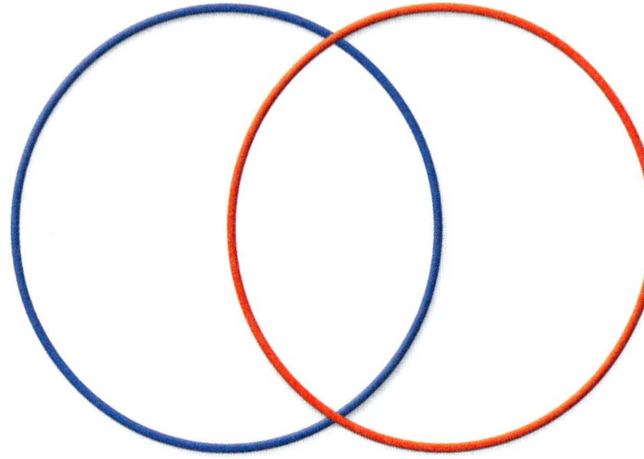

Vocabulario

Elige entre las siguientes palabras o términos el que complete cada una de las oraciones.

almanaque (p.219)
aprendiz (p. 203)
tierra comunal (p. 212)
Gran Despertar (p. 218)
paso central (p. 206)

1. En el centro de los pueblos coloniales había una ________, un espacio abierto donde los animales podían pastar.
2. Un joven tenía que ser ________ para llegar a ser artesano.
3. Un ________ es una fuente de datos y cifras.
4. El ________ revivió el interés de muchos colonizadores en la religión.
5. El viaje de África occidental a las Antillas se conocía como el ________.

Personajes y lugares

Escribe una oración para explicar la importancia de cada uno de los siguientes personajes y lugares de América del Norte durante la época colonial. Puedes usar dos o más en una sola oración.

1. **Antillas** (p. 206)
2. **Charleston** (p. 206)
3. **Eliza Lucas Pinckney** (p. 213)
4. **Benjamin Franklin** (p. 211)
5. **George Whitefield** (p. 218)
5. **John Peter Zenger** (p. 219)
7. **Boston** (p. 217)
8. **Venture Smith** (p. 225)
9. **Newport** (p. 218)
10. **Olaudah Equiano** (p. 227)

1725	1750	1775	1800

1723 Ben Franklin se muda a Filadelfia

1739 Comienza el Gran Despertar

1739 Algunos esclavos organizan la Rebelión Stono

1744 Eliza Lucas Pinckney cultiva índigo por primera vez en las 13 colonias

1756 Olaudah Equiano llega a América del Norte como esclavo

1765 Venture Smith logra su libertad

1789 Olaudah Equiano publica su autobiografía

Hechos e ideas principales

1. Describe una de las rutas comerciales triangulares.
2. Nombra algunas destrezas que los africanos trajeron a las colonias.
3. **Línea cronológica** ¿Cuántos años pasaron entre la llegada de Olaudah Equiano como esclavo a América del Norte y el año en que publicó su autobiografía?
4. **Idea principal** Menciona algunos bienes y productos que se producían en Nueva Inglaterra y en las colonias centrales y del Sur.
5. **Idea principal** ¿En qué se parecían y en qué eran diferentes los pueblos y las ciudades coloniales?
6. **Idea principal** ¿En qué ocupaban su tiempo los habitantes de las 13 colonias?
7. **Idea principal** Compara y contrasta la esclavitud en las colonias del Norte y las del Sur.
8. **Razonamiento crítico: *Causa y efecto*** ¿De qué manera la diversidad de los pobladores influyó en las 13 colonias?

Escribe sobre la historia

1. **Escribe en tu diario** lo que un o una aprendiz hubiera escrito sobre un día en su vida.
2. **Escribe un cuento** sobre un africano occidental capturado y sus experiencias en el paso central.
3. **Escribe un anuncio** donde se identifiquen los diferentes tipos de productos que se pueden comprar en las colonias del Sur.

Aplica las destrezas

Leer artículos de periódico

Lee el siguiente artículo de periódico y después contesta las preguntas.

Llega un barco a Boston

Boston, 6 de mayo—Después de cruzar el Atlántico en un barco similar a los de la época colonial, un grupo de estudiantes y marineros llegó ayer a Boston. El viaje duró 25 días y siguió las técnicas de navegación usadas por los inmigrantes de esa época. Pero el barco llevaba un equipo moderno de comunicaciones en caso de emergencia y para informar sobre su posición.

El viaje se planeó para que la gente del siglo XXI pudiera vivir la experiencia de navegar a América en el siglo XVIII. La comida y otras necesidades fueron muy parecidas a las de la época colonial. Al llegar a Boston, uno de los pasajeros comentó: "¡Es sorprendente cómo todos pudimos caber en un espacio tan pequeño!".

1. ¿Qué suceso se narra en el artículo? ¿Cuándo se escribió el artículo?
2. ¿Por qué se hizo el viaje?
3. ¿Cuál fue el equipo moderno usado? ¿Por qué se usó?

Actividad en la Internet

Para obtener ayuda en vocabulario, personajes y términos, selecciona el diccionario o la enciclopedia de la *Biblioteca de Estudios sociales* en **www.estudiossocialessf.com.**

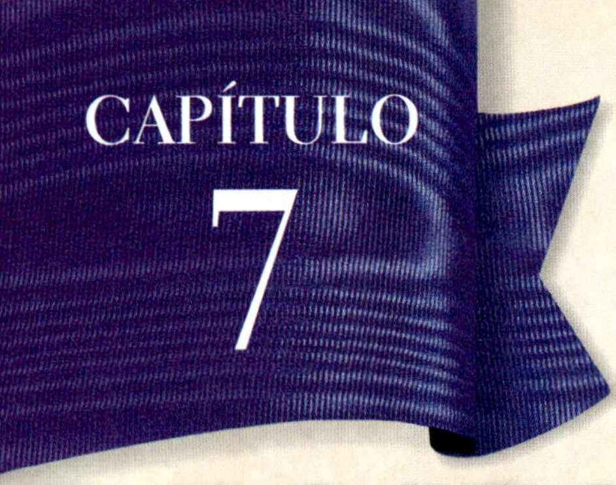

CAPÍTULO 7 La lucha por un continente

1680

Nuevo México
Popé, jefe de los indígenas pueblo, dirige una rebelión contra los españoles.

Lección 1

1

1718

Nueva Orleáns
Los franceses fundan una ciudad portuaria cerca de la desembocadura del río Mississippi.

Lección 2

2

1754

fuerte Necessity
Las tropas de George Washington pierden una batalla contra soldados franceses.

Lección 3

3

Tiempo y lugar

Por qué lo recordamos

Echa un vistazo a un mapa de América del Norte y verás tres grandes países: Canadá, los Estados Unidos y México; también encontrarás países pequeños. Ninguna de estas naciones existía antes de 1776, año en que nacieron los Estados Unidos. En este capítulo viajarás en el tiempo al siglo XVIII, cuando tres países europeos —Francia, Gran Bretaña y España— y muchos pueblos indígenas de la región luchaban por controlar este enorme continente. Esta lucha, en la que los ingleses vencieron a los franceses, sentó las bases para otras posteriores que terminaron con la formación de los Estados Unidos y otras naciones independientes.

LECCIÓN 1

EN BREVE

Enfoque en la idea principal
Durante los siglos XVI y XVII, Nueva España se extendió al establecer colonias en la Florida y Nuevo México.

LUGARES
la Florida
San Agustín
Nuevo México
Santa Fe
San Antonio

PERSONAJES
Pedro Menéndez de Avilés
Popé
Junípero Serra

VOCABULARIO
hacienda
presidio
El Camino Real
Rebelión Pueblo

1550 1650 1750

1565 Los españoles fundan San Agustín, Florida

1610 Los españoles fundan Santa Fe, Nuevo México

1680 Comienza la Rebelión Pueblo

1718 Los españoles fundan San Antonio, Texas

Los españoles avanzan hacia el norte

Estás ahí Es una tarde cálida de verano en 1565. Cinco barcos de guerra españoles navegan por las costas de la Florida. Ya es tarde y el cielo empieza a oscurecerse, cuando Pedro Menéndez de Avilés, comandante de la flota española, encuentra lo que buscaba: barcos franceses anclados cerca de la desembocadura del río St. Johns. Menéndez se acerca a los franceses.

—¿Qué hacen aquí? —pregunta Menéndez.

—Venimos de Francia —le contestan.

—Soy Pedro Menéndez, general de la flota del rey de España —grita el comandante español—. ¡Al amanecer, abordaré sus barcos!

—¡Si eres valiente, no esperes a que salga el sol —le gritan los franceses—. ¡Aborda ahora y te daremos una lección!

Menéndez no espera al día siguiente. La batalla comienza en la oscuridad.

Comparar y contrastar Al leer, compara entre sí los intentos españoles por establecer colonias en las diferentes partes de América del Norte.

1850

La lucha por la Florida

Como leíste en el Capítulo 4, en 1535 los españoles establecieron la inmensa colonia de Nueva España, que se extendía desde el borde norte de América del Sur hasta lo que ahora es México, con su capital en la Ciudad de México. A mediados del siglo XVI, los gobernantes españoles decidieron extender su colonia hasta **la Florida.** El explorador español Juan Ponce de León había viajado por esa región a principios del siglo XVI. España consideraba que un asentamiento en la Florida podría impedir que franceses e ingleses se establecieran en esta parte de América del Norte.

En 1565, **Pedro Menéndez de Avilés** dirigió una pequeña flota de barcos de guerra españoles hasta la Florida. Menéndez sabía que los franceses ya habían empezado a construir un asentamiento en esta región. Su misión era encontrarlos, derrotarlos y controlar la Florida en nombre de España. En una serie de batallas sangrientas, Menéndez y sus soldados derrotaron a los franceses y la Florida pasó a formar parte de Nueva España. Los españoles fundaron **San Augustín** en la costa este de la Florida: el primer asentamiento europeo permanente en lo que ahora son los Estados Unidos.

REPASO ¿Por qué los gobernantes españoles querían establecer una colonia en la Florida? **Idea principal y detalles**

Pedro Menéndez de Avilés dirigió los esfuerzos españoles por conquistar la Florida. Ayudó a establecer la colonia de San Agustín *(arriba)* en 1565.

Nuevo México

Poco después de avanzar a la Florida, los españoles empezaron a extenderse por lo que ahora es la región Suroeste de los Estados Unidos. En 1598, don Juan de Oñate dirigió un pequeño ejército español que cruzó el río Grande. Los españoles llamaron a esta región **Nuevo México.** En 1610, se fundó el pueblo de **Santa Fe,** y fue proclamado capital de Nuevo México. Durante siglos, indígenas pueblo, apaches y navajos habían vivido en la región que ahora reclamaba España.

Los españoles esperaban encontrar oro y plata en Nuevo México, pero pronto descubrieron que además de no haber esos minerales, el clima era demasiado caliente y seco para sembrar distintos cultivos. Sin embargo, los grandes pastizales eran buenos para la cría de borregos y vacas. Algunos rancheros ricos construyeron **haciendas,** o grandes fincas. Las haciendas eran con frecuencia comunidades autosuficientes, con huertos de hortalizas, talleres y molinos. Los trabajadores, muchos de ellos indígenas norteamericanos, vivían en las haciendas.

Los religiosos españoles empezaron a construir misiones en Nuevo México con el propósito de convertir a los indígenas norteamericanos al cristianismo. Para proteger las misiones, los españoles construyeron **presidios,** o fuertes militares.

El Camino Real se construyó para conectar a Nuevo México con la Ciudad de México. Por este camino se transportaban productos entre la Ciudad de México y Santa Fe.

REPASO ¿Cuál era el propósito de El Camino Real? **Idea principal y detalles**

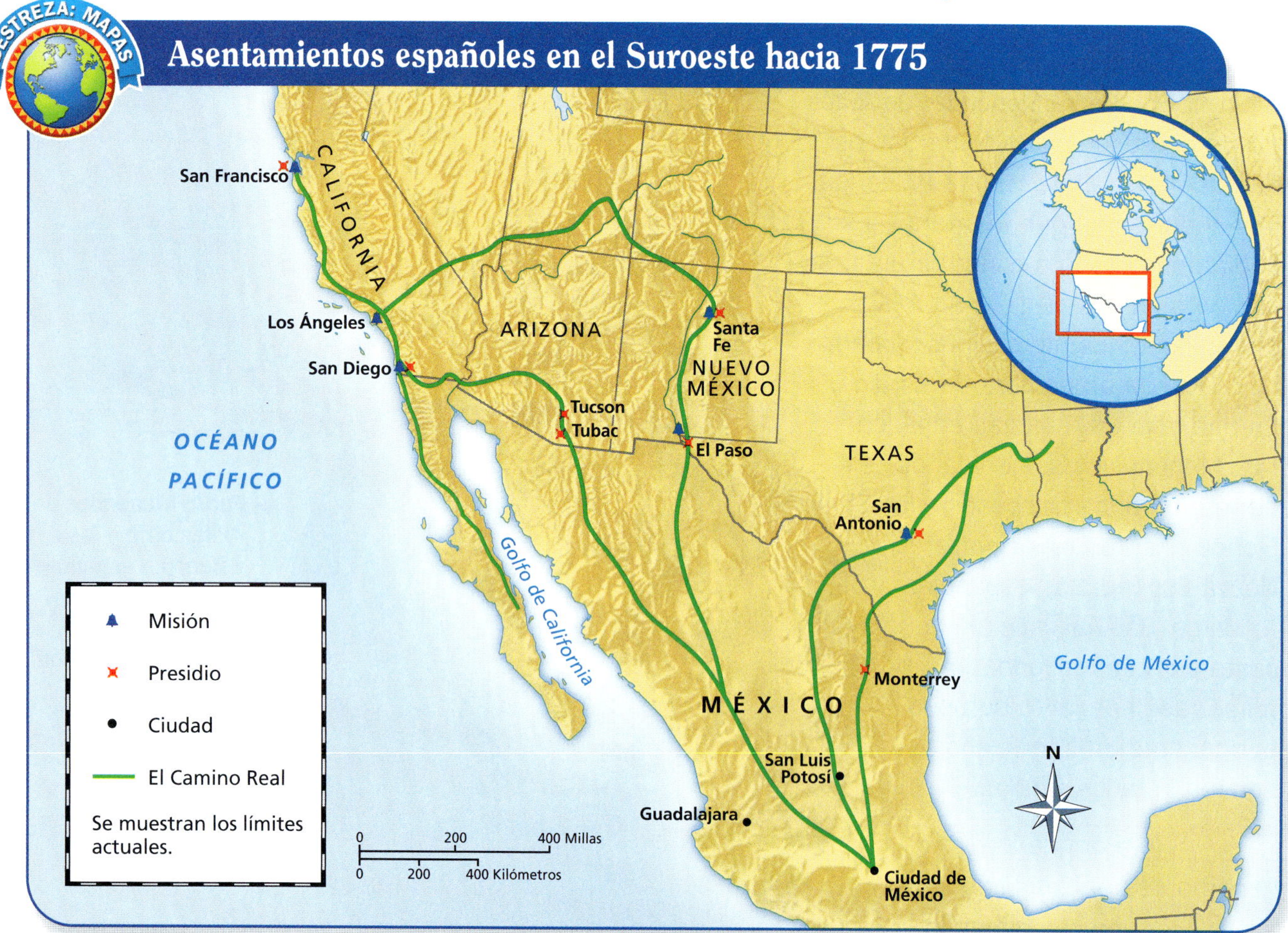

▶ **Los españoles avanzaron hacia el norte desde México para asentarse en lo que hoy son los Estados Unidos.**

DESTREZA: MAPAS **Movimiento** ***¿Qué asentamientos estaban conectados por El Camino Real?***

La Rebelión Pueblo

En 1680, **Popé,** jefe de los indígenas pueblo, dirigió una rebelión contra los españoles del Nuevo México. Los indígenas pueblo tenían muchas razones para unirse a la lucha. Los españoles los esclavizaban; los enviaban a lo que hoy es México o los obligaban a trabajar en los ranchos y misiones de Nuevo México. Los colonos españoles se apoderaban de tierras y aldeas pueblo y trataban de obligarlos a abandonar su religión y su forma de vida tradicional.

Los pueblo atacaron asentamientos en todo Nuevo México y mataron a cientos de españoles. Se les unieron guerreros apaches y navajos, y Popé y sus hombres rodearon Santa Fe. Un jefe pueblo llamado Juan entró a la ciudad llevando dos cruces, una blanca y otra roja. El gobernador español le pidió a Juan que explicara el significado de las dos cruces. Juan declaró:

> ***"Si eliges la blanca no habrá guerra, pero tendrán que salir de nuestras tierras. Si eliges la roja, deberán morir todos, porque somos muchos y ustedes pocos".***

Los españoles se negaron a abandonar Nuevo México y los pueblo continuaron sus ataques. Después de las fieras batallas conocidas como la **Rebelión Pueblo,** los españoles tuvieron que abandonar Nuevo México.

REPASO Menciona uno de los efectos de la Rebelión Pueblo. **Causa y Efecto**

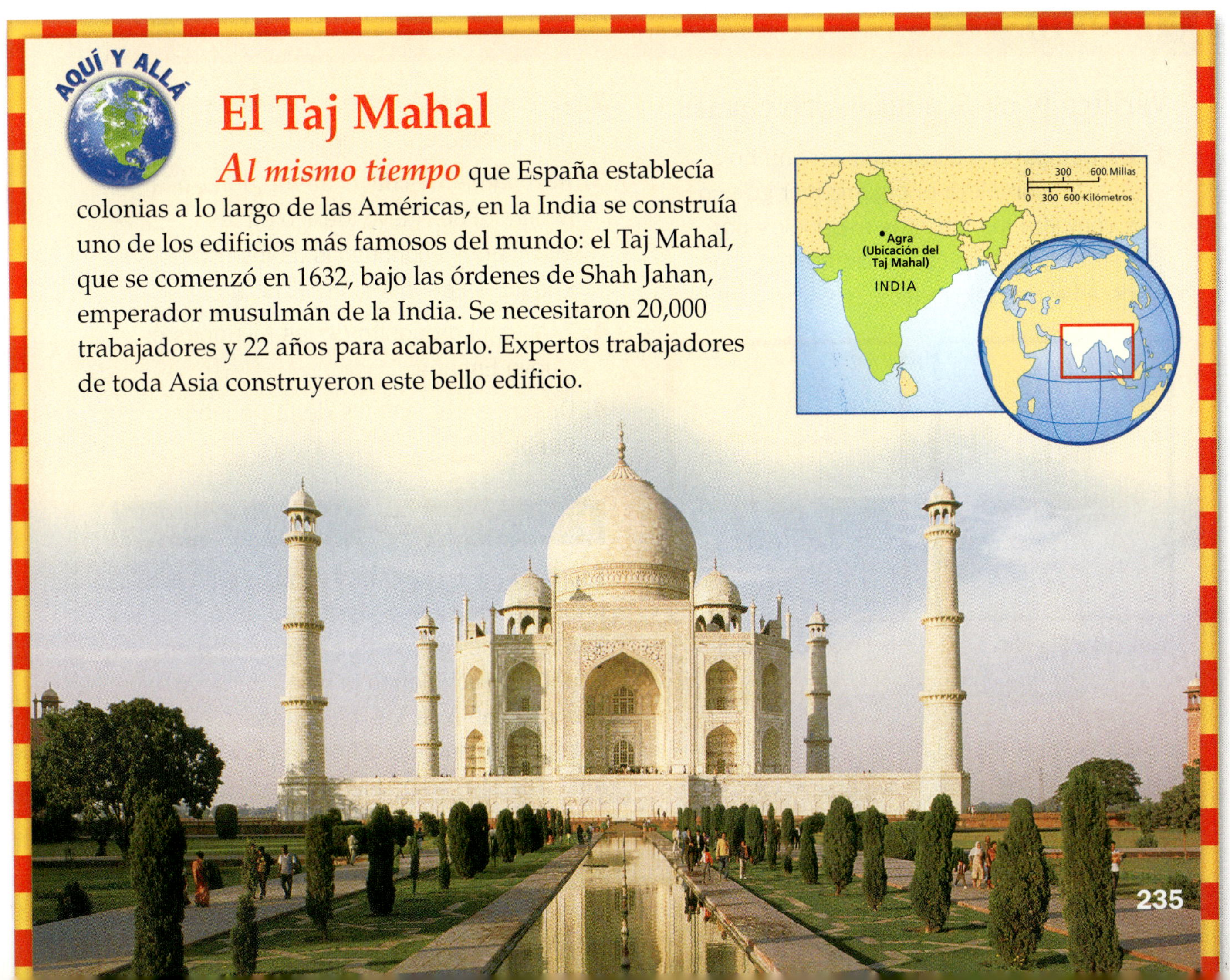

El Taj Mahal

Al mismo tiempo que España establecía colonias a lo largo de las Américas, en la India se construía uno de los edificios más famosos del mundo: el Taj Mahal, que se comenzó en 1632, bajo las órdenes de Shah Jahan, emperador musulmán de la India. Se necesitaron 20,000 trabajadores y 22 años para acabarlo. Expertos trabajadores de toda Asia construyeron este bello edificio.

Regresan los españoles

Para 1690, ya había muerto Popé. Los pueblo y otros grupos de la región no estaban tan unidos como antes y los españoles recapturaron Nuevo México en 1692. Los pobladores y misioneros españoles empezaron a regresar a Nuevo México y algunos avanzaron a las tierras que hoy son Texas y Arizona. El pueblo de **San Antonio,** Texas, se fundó en 1718. Los gobernantes españoles esperaban que estos nuevos asentamientos y misiones ayudarían a que España controlara el Suroeste. No querían que las fuerzas indígenas los obligaran a retroceder de nuevo y tampoco que los franceses trataran de controlar la región.

Nueva España continuó su expansión a lo largo del siglo XVIII. En la biografía que sigue a esta lección, leerás acerca del padre **Junípero Serra,** quien fundó las primeras misiones españolas en otra parte de Nueva España: California.

REPASO ¿Por qué los españoles construyeron nuevos asentamientos en el Suroeste durante el siglo XVIII? **Resumir**

Resume la lección

- **1565** **Los españoles fundaron San Agustín, el primer asentamiento europeo permanente en lo que hoy son los Estados Unidos.**
- **1610** **Los españoles fundaron Santa Fe y la hicieron capital de Nuevo México.**
- **1680** **A causa de la Rebelión Pueblo, los españoles fueron expulsados de Nuevo México por un tiempo.**

LECCIÓN 1 REPASO

Verifica hechos e ideas principales

1. **Comparar y contrastar** En una hoja aparte, completa el organizador gráfico y compara los intentos españoles por establecer colonias en distintas regiones de América del Norte.

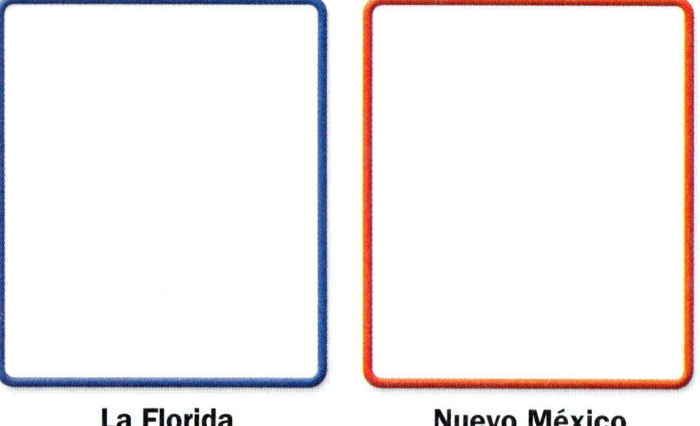

2. ¿Por qué querían los españoles construir una colonia en la Florida?
3. **Razonamiento crítico: *Inferir*** ¿Influyó la geografía de Nuevo México en las actividades económicas de los pobladores españoles de la región? Explica.
4. Explica el propósito de las misiones en Nueva España.
5. Describe tres causas de la Rebelión Pueblo.

Enlace con la escritura

Escribe una carta Imagina que eres un habitante de Nuevo México durante el siglo XVII. Escribe una carta a un pariente en España, describiendo la vida en Nuevo México. Habla de los indígenas norteamericanos, el clima, las haciendas, misiones, presidios y El Camino Real.

Junípero Serra

1713–1784

Miguel Serra, un joven de 17 años que vivía en España, estaba a punto de tomar una decisión muy seria. Escogió ser sacerdote franciscano, y esto quería decir que dedicaría su vida a la Iglesia Católica. Miguel había leído muchos libros acerca de católicos famosos. Los relatos que más le interesaban eran los de misioneros que viajaban a tierras lejanas para tratar de difundir su religión. Sentía que a él también le gustaría ser misionero. Hasta adoptaría un nombre distinto: Junípero, para mostrar que estaba preparado para empezar una nueva vida.

A los 35 años, el padre Serra decidió viajar a las Américas. Su familia no quería que fuera, pues pensaban que jamás lo volverían a ver. En una carta de despedida, él escribió:

BIODATO

Aunque tenía una pierna lastimada, el padre Serra siguió la tradición franciscana al caminar a casi todas partes.

"...que no piensen en mí por ahora sino para encomendarme [pedirle que me cuide] a Dios, para que yo sea un buen sacerdote y un buen ministro suyo".

Cuando el padre Serra llegó a América, su meta era establecer misiones en Nueva España. En 1769, viajó de la Ciudad de México a lo que ahora es California. El 16 de julio estableció la primera misión en California: San Diego de Alcalá. Éste fue el inicio de la ciudad de San Diego.

El padre Serra permaneció en California el resto de su vida. Estableció una serie de nueve misiones. Con el tiempo habría 21 misiones en California.

Aprende de las biografías

¿Cómo contribuyó Junípero Serra al inicio de lo que ahora conocemos como California?

Para más información, visita *Personajes de la historia* en **www.estudiossocialessf.com.**

Los españoles en el Suroeste

En la búsqueda de las legendarias Ciudades de Oro durante el siglo XVI, los exploradores españoles recorrieron miles de millas en lo que hoy es el Suroeste de los Estados Unidos. A pesar de que volvieron a su colonia en México sin haber encontrado aquellas ciudades, sus expediciones sirvieron para establecer nuevos asentamientos españoles. Los misioneros llegaron para tratar de convertir a los indígenas al cristianismo, y los ganaderos establecieron haciendas para criar reses y ovejas.

En busca de las Ciudades de Oro
En 1540, Francisco de Coronado encabezó una expedición desde México al Suroeste del territorio norteamericano. Con 300 soldados y muchos indígenas, iba en busca de las legendarias Siete Ciudades de Oro. Aunque no encontró riqueza alguna, su expedición abrió esas tierras para más exploración y colonización.

Sombra elegante
La figura de arriba es un sombrero de fieltro con ala ancha. La palabra *sombrero* deriva de sombra.

Una de las primeras misiones
A mediados del siglo XVIII, los misioneros españoles construyeron la misión de Concepción a orillas del río San Antonio, en Texas, cerca de una comunidad indígena a la que querían enseñar la fe católica.

El orgullo de la hacienda
La espléndida silla de montar y la manta sobre la montura indican el gusto de los españoles por los caballos finos, como éste que aparece afuera de esta hacienda.

Baúl de Nuevo México
Rosetones y granadas talladas adornan este baúl de madera, hecho alrededor de 1800 en la región norte de Nuevo México. En él se guardaba ropa, herramientas y objetos de valor.

Soldado con chaqueta de cuero
Durante la época colonial, a los soldados españoles que utilizaban chaquetas de cuero gruesas, llamadas cueras, se les conoció como Soldados de Cueras.

Sarape multicolor
Sarape tejido que se utilizaba como abrigo en la región española de América del Norte

Carretas jaladas por bueyes
Estas resistentes carretas con ruedas de madera, el vehículo más común en el Suroeste controlado por los españoles, eran jaladas por bueyes.

LECCIÓN 2

1670 — 1720

1673 Marquette y Jolliet exploran el río Mississippi

1682 La Salle reclama Luisiana para Francia

1718 Se funda Nueva Orleáns cerca de la desembocadura del río Mississippi

EN BREVE

Enfoque en la idea principal Debido a la exploración francesa del río Mississippi, se fundaron nuevas colonias francesas en América del Norte.

LUGARES
río Mississippi
Luisiana
Nueva Orleáns

PERSONAJES
Jacques Marquette
Louis Jolliet
Robert La Salle

VOCABULARIO
puesto comercial
afluente

Los franceses exploran el Mississippi

Estás ahí Un misionero francés llamado Jacques Marquette anota la fecha en su diario: 17 de junio de 1673. Acaba de ver el río Mississippi por primera vez. Viaja en dos canoas de corteza de abedul junto con otros seis exploradores franceses. Marquette empieza a llenar su diario con descripciones de paisajes increíbles.

Se sorprende con las manadas de búfalos, a los que llama "ganado salvaje". Él y sus hombres cazan búfalos y descubren rápidamente que son animales peligrosos. "Si una persona les dispara a la distancia, ya sea con arco o pistola, inmediatamente después de disparar debe arrojarse al suelo y esconderse entre el pasto".

Marquette también visita muchas aldeas de indígenas. Habla con la gente, queriendo saber todo acerca del río Mississippi. Pero no encuentra respuesta a la pregunta más importante: ¿dónde termina el río?

Secuencia Al leer, fíjate en la secuencia de sucesos que dio como resultado que los franceses controlaran el río Mississippi.

La exploración del Mississippi

Como leíste en el Capítulo 5, los franceses fundaron Nueva Francia en 1534. Los principales asentamientos en Nueva Francia fueron Quebec y Montreal, en lo que ahora es Canadá. Los franceses avanzaron en dirección oeste lentamente, construyendo puestos comerciales y misiones a lo largo del río San Lorenzo y de los Grandes Lagos. Los **puestos comerciales** eran lugares donde los franceses e indígenas norteamericanos se encontraban para comerciar bienes.

Los comerciantes y misioneros franceses aprendieron destrezas importantes de los indígenas de la región, como construir canoas de corteza de abedul y hacer zapatos para caminar en nieve profunda. Los indígenas norteamericanos también les hablaron de un gran río al oeste. Los algonquinos llamaban a este río el *Mississippi,* que en su lengua significa "agua grande".

Los gobernantes de Nueva Francia estaban ansiosos por explorar el **río Mississippi.** Controlar el río los ayudaría a llegar a nuevas tierras donde podían construir puestos comerciales; además, querían encontrar un río que corriera hacia el oeste hasta desembocar en el océano Pacífico: el paso del noroeste. ¿Acaso el Mississippi era ese río?

En el verano de 1673, el misionero francés **Jacques Marquette** partió para explorar el Mississippi. Lo acompañaban un comerciante en pieles llamado **Louis Jolliet** y otros cinco aventureros franceses. Durante el viaje, Marquette dibujó mapas del Mississippi y habló con muchos indígenas norteamericanos que vivían a lo largo del río. En su diario, escribió sobre su entrada a una aldea de indígenas y su encuentro con ellos.

> ***"Respondieron que eran illinois y, como muestra de paz, nos ofrecieron fumar de sus pipas".***

Después de compartir una comida con los illinois, los exploradores continuaron el viaje. Pero como el río seguía fluyendo hacia el sur, Marquette se dio cuenta de que no era el paso del noroeste.

Los exploradores habían remado casi mil millas al sur sobre el Mississippi. Ahora tenían que regresar rumbo al norte.

REPASO ¿Por qué los gobernantes de Nueva Francia querían controlar el río Mississippi?
Idea principal y detalles

Marquette y Jolliet exploraron el río Mississippi en canoa; durante el viaje se encontraron con muchos indígenas norteamericanos.

La fundación de Luisiana

Nueve años después, el explorador francés **Robert La Salle** continuó la exploración francesa del río Mississippi. La meta de La Salle era viajar hasta la desembocadura del río. Salió desde el río San Lorenzo en el invierno de 1681. Para llegar al Mississippi, La Salle y sus compañeros franceses e indígenas pusieron sus canoas en trineos y las arrastraron sobre la nieve y los arroyos congelados. Empezaron a remar en el río Mississippi en febrero de 1682. Sigue la ruta de La Salle en el mapa.

La Salle llegó al golfo de México en abril. Mientras los soldados franceses disparaban sus mosquetes al aire y gritaban "¡Viva el rey!", La Salle reclamaba todo el valle del río Mississippi para Francia. También reclamó todos los afluentes del río. Un **afluente** es un arroyo o río que fluye hacia un río mayor. La Salle llamó al territorio **Luisiana,** en honor del rey Luis XIV de Francia. Luisiana formó parte de Nueva Francia, la cual era ahora un vasto imperio.

REPASO Describe la secuencia de las exploraciones de La Salle. **Secuencia**

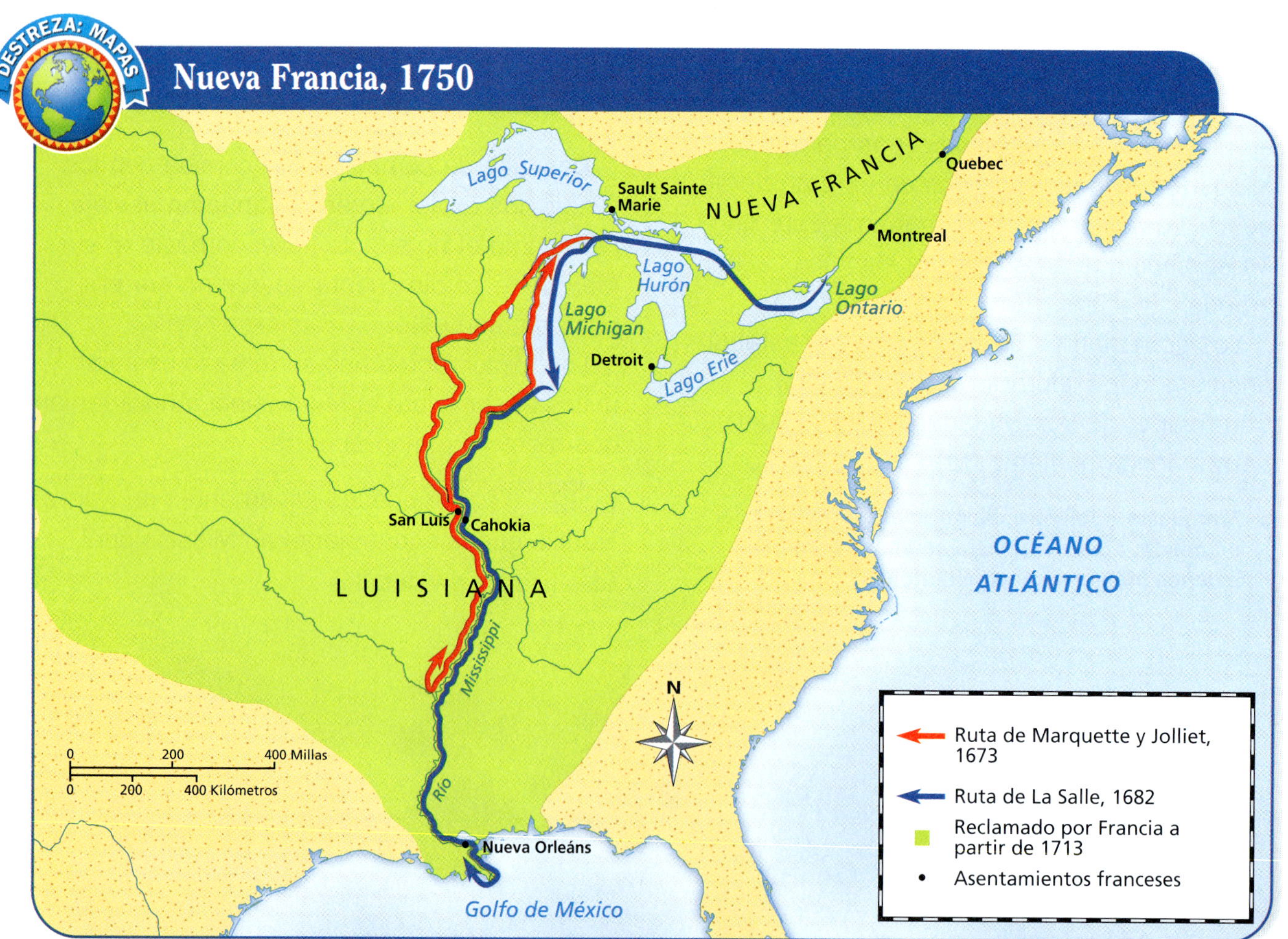

El explorador francés Robert La Salle *(arriba)* viajó por el Mississippi nueve años después que Marquette y Jolliet.

DESTREZA: MAPAS **Usar la escala del mapa** ***Aproximadamente, ¿a qué distancia estaban Marquette y Jolliet del Golfo de México cuando iniciaron su regreso?***

Nuevos asentamientos franceses

A fines del siglo XVII y principios del XVIII, los franceses construyeron puestos comerciales, fuertes y misiones en Nueva Francia. Muchos asentamientos franceses, como Detroit y Nueva Orleáns, se convirtieron más tarde en ciudades importantes de los Estados Unidos. **Nueva Orleáns,** fundada en 1718, se convirtió en la capital de Luisiana en 1722.

Con una ubicación ideal cerca de la desembocadura del río Mississippi, Nueva Orleáns se convirtió en activo centro de comercio. Hoy, casi 300 años después, es uno de los puertos con más actividad en los Estados Unidos.

Hoy, Nueva Orleáns es una importante ciudad portuaria.

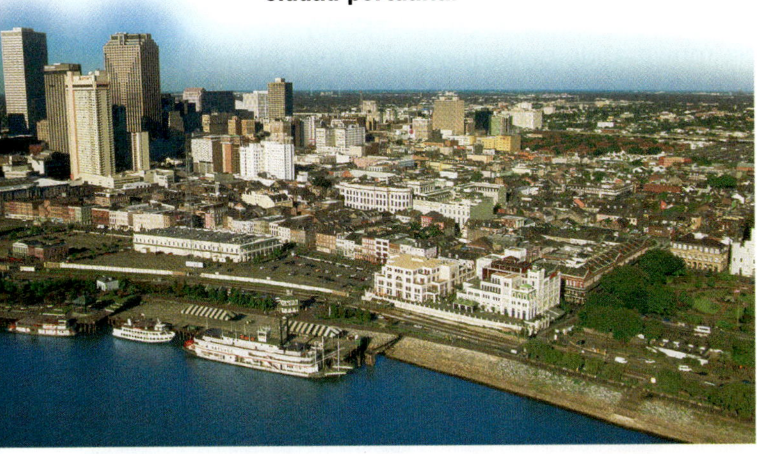

REPASO Menciona dos asentamientos franceses que ahora son importantes ciudades estadounidenses. **Idea principal y detalles**

Resume la lección

- **1673** **Marquette y Jolliet exploraron el río Mississippi en nombre de Francia.**
- **1682** **La Salle llegó a la desembocadura del río Mississippi y reclamó Luisiana para Francia.**
- **1718** **Se fundó Nueva Orleáns y rápidamente se convirtió en un importante puerto.**

LECCIÓN 2 REPASO

Verifica hechos e ideas principales

1. **Secuencia** En una hoja aparte, llena el cuadro de secuencia colocando los sucesos de la lección en el orden correcto:

   Se funda Nueva Francia.
   ↓
   ↓
   ↓

2. ¿Cómo supieron los colonos franceses de la existencia del río Mississippi?
3. **Razonamiento crítico: *Punto de vista*** Menciona dos razones por las que los franceses estaban interesados en explorar el Mississippi.
4. ¿Qué hizo La Salle cuando llegó a la desembocadura del Mississippi?
5. ¿Por qué la ubicación de Nueva Orleáns ayudó a su crecimiento?

Enlace con las ciencias

Investiga sobre las canoas de corteza de abedul Consulta la biblioteca o la Internet para investigar sobre las canoas de corteza de abedul que usaban los indígenas norteamericanos. Escribe un informe de una página. ¿Cómo las hacían? ¿Qué ventajas tenían en relación con otro tipo de barcas? ¿Cómo eran? Incluye un diagrama pequeño de una canoa de corteza de abedul.

Comparar mapas en diferentes escalas

¿Qué son? Sabes que la escala de un mapa usa una unidad de medida, como una pulgada, para representar una distancia realmente mayor en la Tierra, como una milla. En un **mapa en pequeña escala**, una pulgada representa una distancia muy grande en la Tierra. Por eso, el mapa en pequeña escala muestra una región muy grande, como un estado o un país. El Mapa A es un mapa en pequeña escala.

En un **mapa en gran escala**, una pulgada representa una distancia más pequeña en la Tierra. Por eso, puede mostrar más detalles que un mapa en pequeña escala. El Mapa B es un mapa en gran escala.

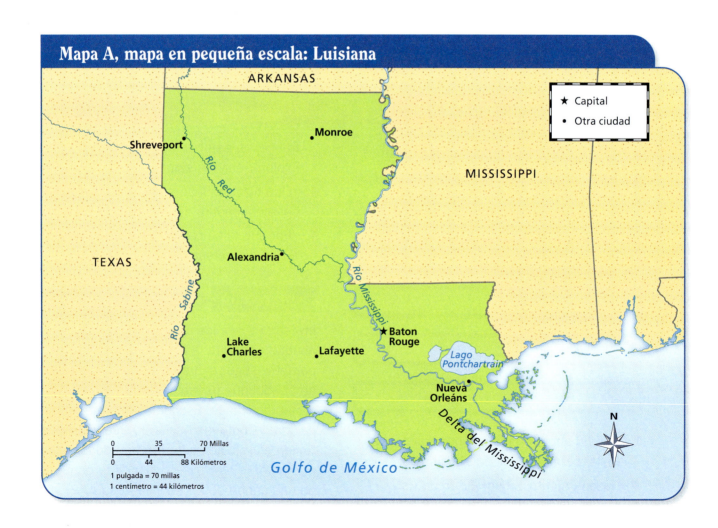

Mapa A, mapa en pequeña escala: Luisiana

ARKANSAS
MISSISSIPPI
TEXAS
★ Capital
• Otra ciudad
Shreveport
Monroe
Alexandria
Baton Rouge
Lake Charles
Lafayette
Nueva Orleáns
Río Red
Río Mississippi
Río Sabine
Lago Pontchartrain
Delta del Mississippi
Golfo de México
N
0 35 70 Millas
0 44 88 Kilómetros
1 pulgada = 70 millas
1 centímetro = 44 kilómetros

Mapa B, mapa en gran escala: Nueva Orleáns

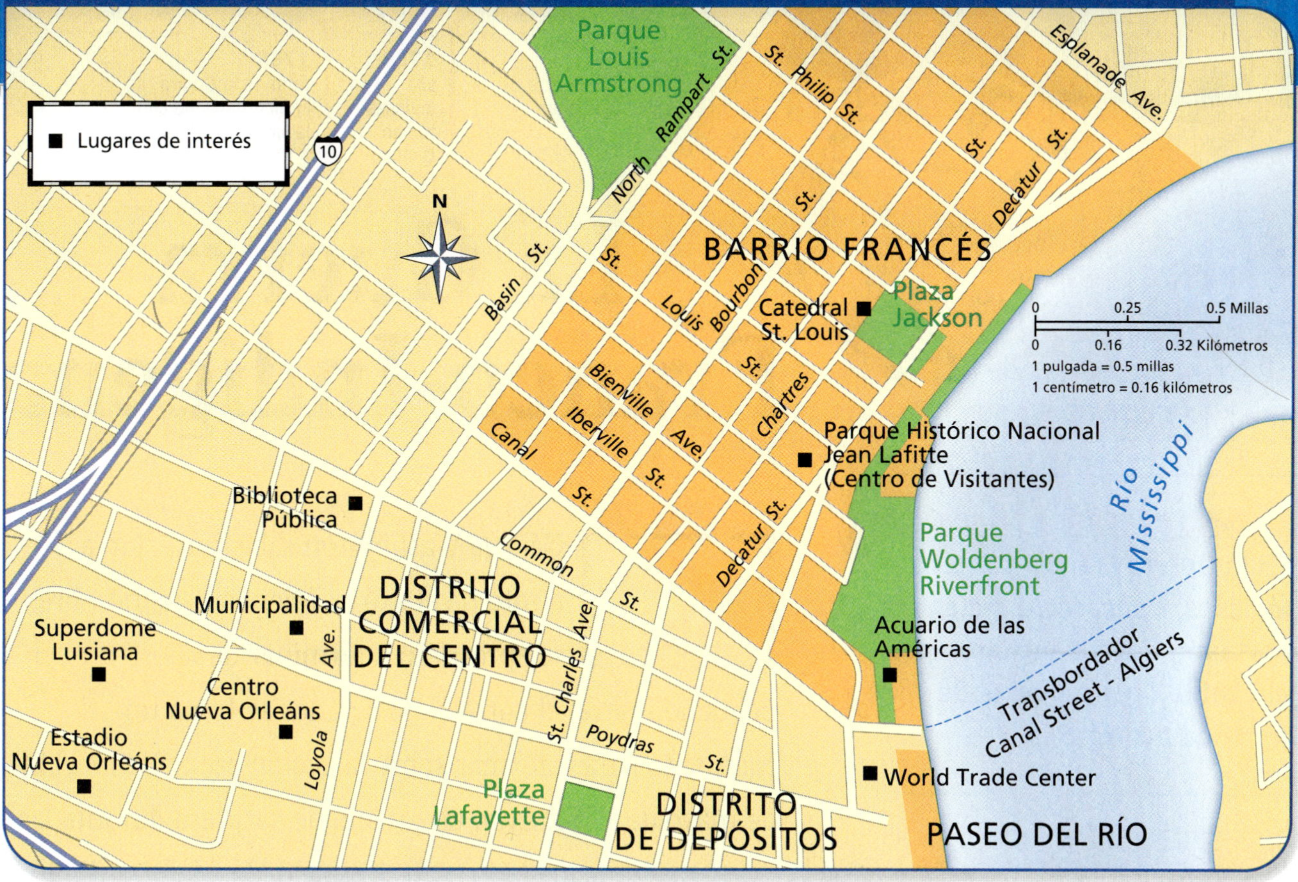

Lugares de interés
Parque Louis Armstrong
North Rampart St.
St. Philip St.
Esplanade Ave.
St.
Decatur St.
Basin St.
BARRIO FRANCÉS
Louis Bourbon St.
Catedral St. Louis
Plaza Jackson
0 0.25 0.5 Millas
0 0.16 0.32 Kilómetros
1 pulgada = 0.5 millas
1 centímetro = 0.16 kilómetros
Bienville Ave.
Iberville St.
Chartres St.
Canal St.
Parque Histórico Nacional Jean Lafitte (Centro de Visitantes)
Río Mississippi
Biblioteca Pública
Common St.
Decatur St.
Parque Woldenberg Riverfront
DISTRITO COMERCIAL DEL CENTRO
Municipalidad
Ave.
St. Charles Ave.
Superdome Luisiana
Acuario de las Américas
Transbordador Canal Street - Algiers
Centro Nueva Orleáns
Estadio Nueva Orleáns
Loyola
Poydras St.
World Trade Center
Plaza Lafayette
DISTRITO DE DEPÓSITOS
PASEO DEL RÍO

¿Por qué los usamos? En la Lección 2, leíste acerca de la fundación de Nueva Orleáns. Para localizar Nueva Orleáns en relación con otras ciudades de la actual Luisiana, necesitas un mapa en pequeña escala. Para ver lugares y otros detalles de la ciudad de Nueva Orleáns, necesitas un mapa en gran escala.

¿Cómo los usamos? Compara el Mapa A con el B para ver la diferencia entre un mapa en gran escala y un mapa en pequeña escala. Fíjate en la escala del Mapa A. ¿Cuántas millas representa cada pulgada? Mide la distancia entre Nueva Orleáns y Shreveport. Nueva Orleáns está aproximadamente 275 millas al sureste de Shreveport. Ahora mide la distancia entre Nueva Orleáns y Lafayette. ¿A qué distancia quedan una de la otra?

Fíjate en la escala en el Mapa B. En ese mapa, una pulgada representa 0.5 millas: 69.5 millas menos que en el Mapa A. El área que se muestra es más pequeña y se pueden dar detalles de la ciudad de Nueva Orleáns. Busca el Barrio Francés en este mapa.

Piensa y aplícalo

1. ¿Cuál mapa usarías para localizar Baton Rouge?
2. ¿Cuál mapa usarías para localizar la Plaza Lafayette?
3. Busca el mapa de Nueva Francia en la página 242 de la Lección 2. ¿Es un mapa en gran escala o en pequeña escala?

Actividad en la Internet

Para más información, visita el *Atlas* en **www.estudiossocialessf.com.**

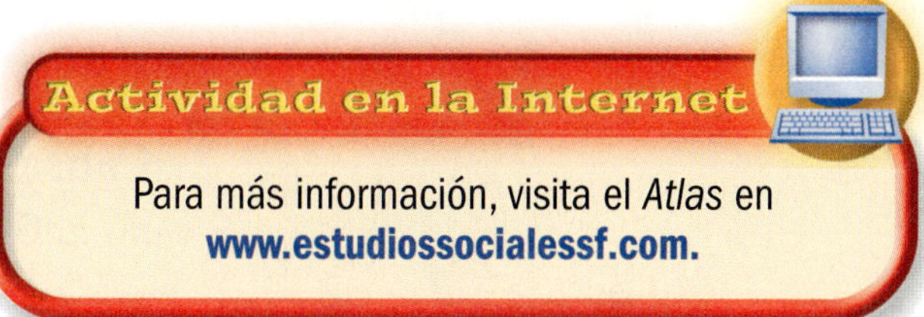

LECCIÓN 3

EN BREVE

Enfoque en la idea principal
En la Guerra Franco-Indígena, ingleses, franceses e indígenas norteamericanos lucharon por el control de gran parte de América del Norte.

LUGARES
fuerte Necessity
valle del río Ohio
fuerte Duquesne
Quebec

PERSONAJES
George Washington
Metacom
Hendrick
Pontiac
George III

VOCABULARIO
Guerra del rey Philip
interior del país
Guerra Franco-Indígena
Rebelión de Pontiac
Proclamación de 1763

1750 — 1770

1754 Empieza la Guerra Franco-Indígena

1759 Los ingleses toman Quebec

1763 Termina la Guerra Franco-Indígena con la victoria inglesa

La Guerra Franco-Indígena

Estás ahí George Washington sabe que están a punto de atacarlo. Mientras sus hombres se apresuran a terminar de construir un pequeño fuerte, el coronel de 22 años se toma un momento para informar sobre la acción reciente. Es el 29 de mayo de 1754. Ayer, en un ataque sorpresa durante las primeras horas de la mañana, los soldados de Washington derrotaron a un pequeño ejército francés. "La batalla duró como 10 ó 15 minutos, con disparos cerrados de ambas partes", escribe Washington.

Pero sabe que está en mayor peligro que nunca. Hay cientos de soldados franceses en los alrededores, y no tardarán en encontrarlo. Espera que sus hombres tengan tiempo para terminar el fuerte: un refugio pequeño con muros de troncos. No es exactamente un fuerte lo que alcanzan a construir. Le llaman fuerte Necessity. "Esperamos ser atacados por fuerzas superiores en cualquier momento. Que vengan, a la hora que quieran", escribe Washington.

Causa y efecto Al leer, fíjate en las causas y los efectos de la Guerra Franco-Indígena.

Conflictos por tierras

George Washington era un joven jefe militar de Virginia. Washington y sus soldados construyeron el **fuerte Necessity** en una pradera de lo que ahora es el suroeste de Pennsylvania. ¿Qué hacía Washington ahí, en 1754? ¿Por qué peleaba contra los franceses? Esa historia comienza muchos años antes.

Como has leído, los primeros colonos ingleses en América del Norte construyeron pequeños asentamientos a lo largo de la costa del Atlántico. Durante todo el siglo XVII, la población de las colonias creció rápidamente. Los pobladores querían más tierras para construir pueblos y granjas, y empezaron a avanzar hacia el oeste. Los indígenas norteamericanos, que habían vivido en esas tierras durante miles de años, se resistieron a la colonización inglesa. Pero los ingleses estaban dispuestos a luchar por las tierras que querían.

En Nueva Inglaterra, el conflicto por las tierras llevó a la guerra en 1675. Un jefe wampanoag llamado **Metacom,** hijo del jefe Massasoit, dirigió a varios grupos de indígenas norteamericanos en la lucha contra los colonos ingleses. El objetivo de Metacom era expulsar a los ingleses de Nueva Inglaterra. Los ingleses llamaron a Metacom "rey Philip", y la guerra se llamó **Guerra del rey Philip.** Después de un año de dura lucha, Metacom murió en la batalla, los colonos ingleses ganaron la Guerra del rey Philip y así controlaron casi toda Nueva Inglaterra.

Durante el siglo XVIII, los colonos seguían avanzando hacia el oeste. Las tierras a lo largo de la costa del Atlántico se hicieron cada vez más caras, conforme crecían las ciudades, pueblos y plantaciones coloniales.

En busca de tierras propias, algunas familias comenzaron a mudarse al **interior del país,** una franja de tierra escarpada cerca de los montes Apalaches. Construyeron cabañas de troncos; cazaron y lograron hacer granjas pequeñas en los terrenos rocosos.

A mediados del siglo XVIII, los colonos avanzaron más hacia el oeste. Cruzaron los montes Apalaches y entraron al **valle del río Ohio,** una región de tierras fértiles con bosques tupidos, a lo largo del río Ohio. Otros grupos también reclamaron esas tierras: las poderosas tribus indígenas que vivían ahí, y los franceses, que las reclamaban como parte de Nueva Francia. ¿Quién controlaría esta región? Como descubrió George Washington en mayo de 1754, esta pregunta se decidiría mediante la guerra.

REPASO Menciona un efecto de la Guerra del rey Philip. **Causa y efecto**

Metacom dirigió a los wampanoags y a otros indígenas norteamericanos en la Guerra del rey Philip. Este garrote *(arriba)* fue una de las armas usadas.

El valle del río Ohio

A partir de las exploraciones de Robert La Salle, los franceses reclamaron el valle del río Ohio. ¿Recuerdas qué hizo La Salle cuando llegó a la desembocadura del río Mississippi? Reclamó el río y todos sus afluentes para Francia. Uno de esos afluentes es el río Ohio, y por eso reclamó el valle del río Ohio como parte de Nueva Francia. Los franceses comenzaron a construir fuertes para defender esta región.

Inglaterra, a partir de ahora conocida como Gran Bretaña, también reclamó el valle del río Ohio. En 1753, los gobernantes británicos escribieron una dura carta a los franceses, diciendo que "era bien sabido" que las tierras a lo largo del río Ohio eran "propiedad de la Corona de Gran Bretaña", y exigieron que los franceses abandonaran el lugar inmediatamente. George Washington fue enviado para entregar la carta.

Cuatro meses después, Washington regresó con la respuesta de los franceses: se negaban a retirarse. En marzo de 1754, Washington marchó de nuevo en dirección oeste, ahora con cerca de 150 soldados. Su misión era ayudar a construir un fuerte británico en un punto estratégico, donde se unen los ríos Allegheny y Monongahela para formar el río Ohio. Pronto descubrió que los franceses ya estaban ahí, construyendo el **fuerte Duquesne.** Washington decidió que trataría de capturar el fuerte francés.

REPASO ¿En qué se basó Francia para reclamar el valle del río Ohio?
Resumir

▶ **Esta pintura muestra a George Washington en la época en que era oficial del ejército británico.**

Aventuras en mapas

La primera batalla de Washington

George Washington peleó su primera batalla en los bosques al sur del fuerte Duquesne.

1. **¿Crees que el fuerte Duquesne se construyó en un lugar importante? ¿Por qué sí o por qué no?**
2. **¿Logró Washington su objetivo de capturar el fuerte Duquesne? ¿Cómo lo sabes?**
3. **¿Qué hizo Washington después de la batalla?**

Fuerte Venango
Río Allegheny
Fuerte Duquesne
Río Monongahela
Río Ohio

Fuerte Cumberland
Río Potomac
N
S
E
W

▶ **George Washington dirigió a soldados británicos en la Guerra Franco-Indígena.**

La Guerra Franco-Indígena

Washington y sus soldados no llegaron al fuerte Duquesne. En los bosques cercanos al fuerte francés, Washington atacó y derrotó a un grupo de soldados enemigos. Después de la batalla, Washington y sus hombres regresaron al fuerte Necessity, un fuerte pequeño que habían empezado a construir con troncos unos cuantos días antes. Los franceses atacaron en un día lluvioso a principios de julio de 1754. Después de que muchos de sus hombres cayeron muertos o heridos, Washington tuvo que rendirse. Empapados y agotados, los soldados británicos regresaron a Virginia.

Estas pequeñas batallas fueron el inicio de una larga guerra entre Gran Bretaña y Francia. En las colonias inglesas, la guerra se llamó **Guerra Franco-Indígena,** porque fuerzas británicas pelearon contra los franceses y sus aliados indígenas.

Los británicos intentaron ganar aliados entre los indígenas norteamericanos. En 1754, durante una reunión en Albany, Nueva York, los gobernantes de las colonias británicas le pidieron a la poderosa Liga Iroquesa que se les uniera en la lucha contra Francia, pero los jefes iroqueses se negaron. Uno de ellos, llamado **Hendrick,** dijo que británicos y franceses "están peleando por tierras que nos pertenecen, y su lucha puede terminar con nuestra destrucción".

En 1755, los británicos hicieron otro intento de capturar el fuerte Duquesne. Comandados por el general Edward Braddock, 2,100 soldados se abrieron paso por los bosques de Pennsylvania. George Washington estaba con ese ejército. El 9 de julio, a sólo ocho millas del fuerte Duquesne, fuerzas francesas e indígenas atacaron a los británicos. Más tarde, Washington escribió que muchos soldados británicos, aterrorizados, "corrían como ovejas perseguidas por sabuesos". El general Braddock cayó muerto y los británicos fueron derrotados. Washington escribió a su familia:

> ***"...por fortuna salí ileso [sin una herida], aunque tenía cuatro balas en la casaca y me mataron dos caballos".***

Ésta fue la primera de una serie de victorias francesas sobre los británicos. Parecía que Gran Bretaña perdería la guerra pero, en 1758, la cosas empezaron a cambiar.

REPASO Según Hendrick, ¿por qué los iroqueses se negaron a unirse a los británicos? **Sacar conclusiones**

La victoria británica

En Londres, el gobierno británico estaba preocupado por el avance de la guerra y decidió enviar más soldados a pelear en América del Norte. En 1758, las fuerzas británicas empezaron a ganar las batallas contra los franceses; además, consiguieron ayuda de los iroqueses, que en 1759 aceptaron pelear de su lado. Los jefes iroqueses esperaban que las victorias los ayudaran a aumentar su poder y a mantener el control sobre sus tierras.

La batalla clave en la guerra fue en **Quebec**, la capital de Nueva Francia. Bajo el mando del general James Wolfe, las fuerzas británicas tomaron Quebec en septiembre de 1759. Esta victoria ayudó a Gran Bretaña a ganar la Guerra Franco-Indígena. La guerra terminó oficialmente en 1763, cuando Gran Bretaña y Francia firmaron el Tratado de París. Como se ve en los mapas siguientes, Gran Bretaña se apoderó de gran parte de Nueva Francia. España logró controlar tierras francesas al oeste del Mississippi.

La Guerra Franco-Indígena también afectó de manera importante a los indígenas de América del Norte. Las tierras tradicionales de muchos pueblos indígenas pasaron a formar parte del imperio británico, y los británicos estaban ansiosos por ocuparlas.

REPASO ¿Dónde fue la batalla clave de la Guerra Franco-Indígena? **Idea principal y detalles**

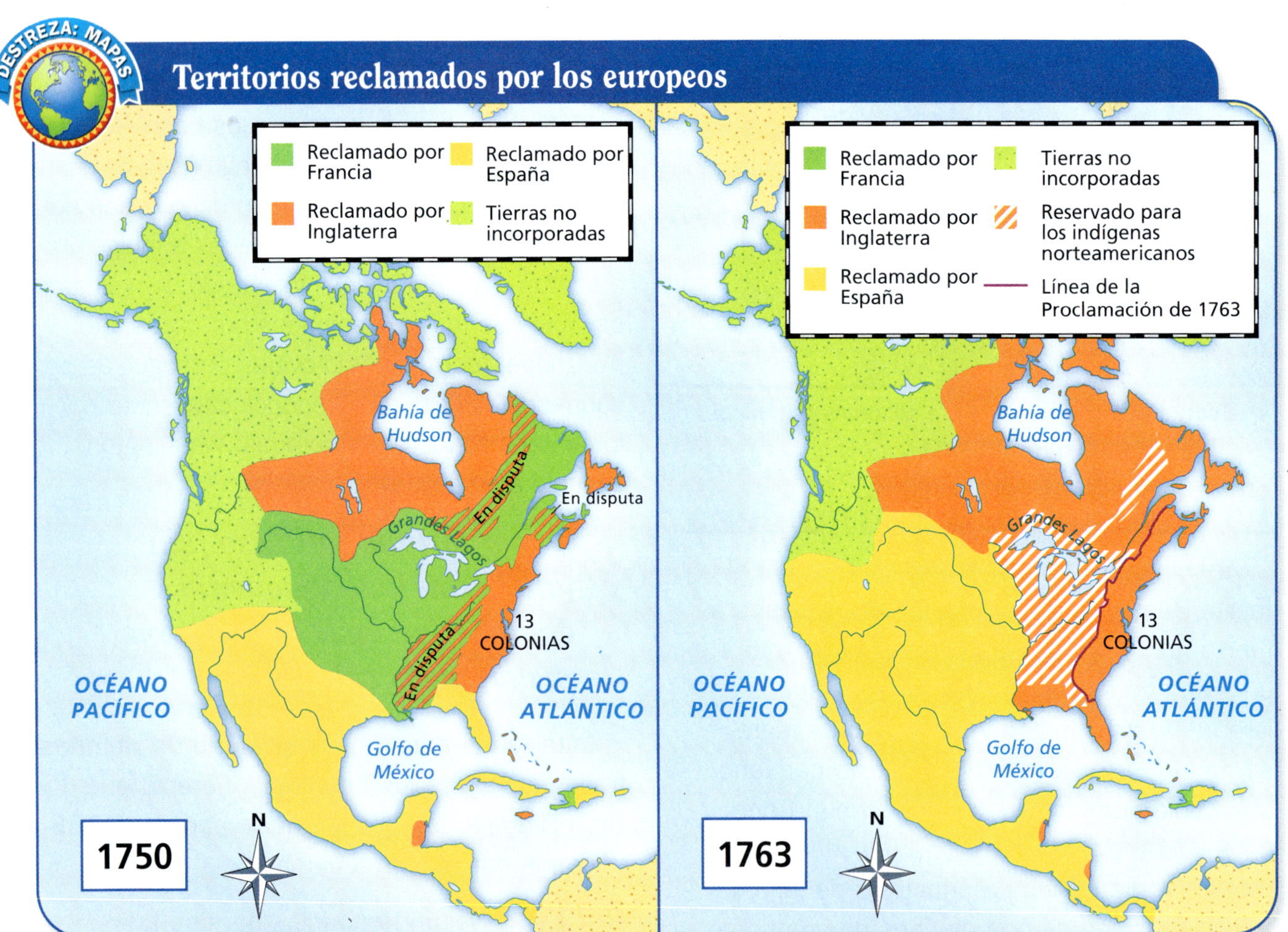

Como resultado de la Guerra Franco-Indígena, Gran Bretaña ganó una gran cantidad de tierras que antes eran francesas.

DESTREZA: MAPAS **Región** ***¿Qué país reclamó tierras en el norte de América del Norte?***

La Rebelión de Pontiac

Muchos indígenas se resistieron a los nuevos pobladores británicos. En 1763, un jefe ottawa de nombre **Pontiac** llamó a sus guerreros para rebelarse contra los británicos. Declaró que "Gran Bretaña sólo busca destruirnos". Los indígenas de muchas tribus norteamericanas respondieron atacando fuertes y poblados británicos en el valle del río Ohio y a lo largo de los Grandes Lagos en una lucha que fue conocida como la **Rebelión de Pontiac.** Pontiac ganó varias victorias antes de que los británicos lograran acabar con la rebelión.

El gobierno británico estaba alarmado por la Rebelión de Pontiac. No quería seguir peleando con los indígenas en las tierras ganadas a Francia. El rey británico **George III** hizo la **Proclamación de 1763.** Esta proclamación, o anuncio oficial, les prohibía a los colonos ocupar tierras al oeste de los montes Apalaches. El rey esperaba evitar así futuras rebeliones de los indígenas norteamericanos. La proclamación no fue popular entre muchos colonos que querían nuevas tierras donde vivir. Las tensiones entre los colonos y el gobierno británico comenzaron a crecer.

REPASO Menciona una causa de la Proclamación de 1763. **Causa y efecto**

▶ **Pontiac dirigió la rebelión de varias tribus contra los británicos.**

Resume la lección

- **1754** George Washington peleó en las primeras batallas de la Guerra Franco-Indígena.
- **1759** Fuerzas británicas tomaron Quebec, ayudando a Gran Bretaña a ganar la Guerra Franco-Indígena.
- **1763** El Tratado de París le dio a Gran Bretaña el control sobre la mayor parte de Nueva Francia.

LECCIÓN 3 REPASO

Verifica hechos e ideas principales

1. **Causa y efecto** En una hoja aparte, completa el organizador gráfico con las causas y los efectos de la Guerra Franco-Indígena.

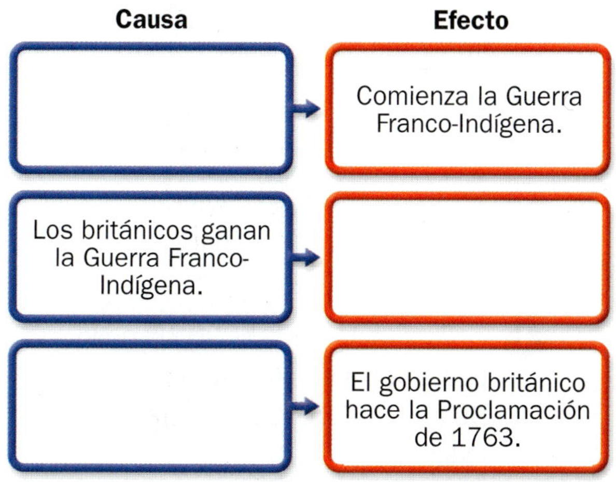

Causa
Efecto
Comienza la Guerra Franco-Indígena.
Los británicos ganan la Guerra Franco-Indígena.
El gobierno británico hace la Proclamación de 1763.

2. ¿Qué factores llevaron a conflictos entre los británicos y los indígenas norteamericanos?
3. ¿Dónde y cuándo comenzó la Guerra Franco-Indígena?
4. ¿Qué factores contribuyeron a que los británicos comenzaran a ganar batallas a fines de la década de 1750?
5. **Razonamiento crítico: *Evaluar*** ¿Por qué el resultado de la Guerra Franco-Indígena llevó a nuevos conflictos entre los británicos y los indígenas norteamericanos?

Enlace con la geografía

Usa un atlas Busca el fuerte Duquesne en el mapa de la página 248. Una importante ciudad estadounidense se encuentra hoy en ese lugar. En un atlas, busca el nombre de esa ciudad.

CAPÍTULO 7

REPASO

1600 1620 1640 1660

1565 Los españoles fundan San Agustín, Florida

1610 Los españoles fundan Santa Fe, Nuevo México

Resumen del capítulo

Comparar y contrastar

En una hoja aparte, completa el organizador gráfico para comparar y contrastar los asentamientos españoles y franceses en América del Norte. Escribe las similitudes en el espacio donde se unen los círculos y las diferencias en los otros espacios.

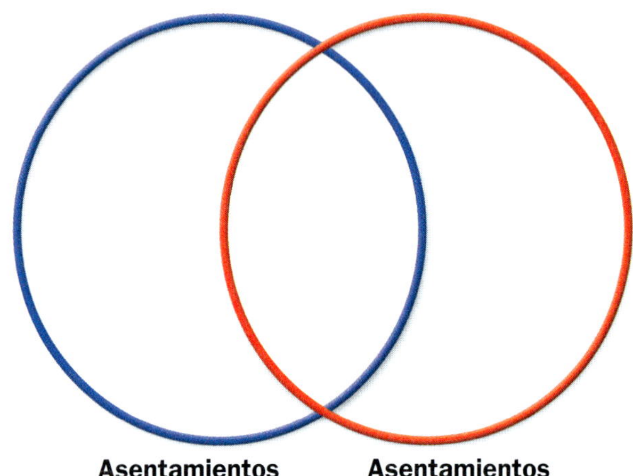

Vocabulario

Con cada una de las palabras, haz una oración que explique su definición.

1. **hacienda** (p.234)
2. **presidio** (p. 234)
3. **Rebelión Pueblo** (p. 235)
4. **puesto comercial** (p. 241)
5. **afluente** (p. 242)
6. **interior del país** (p. 247)
7. **Rebelión de Pontiac** (p. 251)
8. **Proclamación de 1763** (p. 251)

Personajes y lugares

En el espacio en blanco, escribe el personaje o el lugar de este capítulo que mejor complete la oración.

1. __________ y su flota expulsaron a los franceses de la Florida en 1565. (p. 233)
2. __________ fundó las primeras misiones españolas en California. (p. 236)
3. __________ fue el primer explorador francés en hacer un mapa del río Mississippi. (p. 241)
4. __________ y el ejército británico no pudieron capturar el fuerte francés Duquesne durante la Guerra Franco-Indígena. (p. 248)
5. Los franceses perdieron una batalla clave ante los británicos en __________ (p. 250)

1680	1700	1720	1740	1760	1780

1673 Marquette y Jolliet exploran el río Mississippi

1680 Comienza la Rebelión Pueblo

1682 La Salle reclama Luisiana para Francia

1692 Los españoles recapturan Nuevo México de manos de los pueblo

1718 Se funda Nueva Orleáns

1754 Comienza la Guerra Franco-Indígena

1759 Los británicos toman Quebec

1763 Los británicos ganan la Guerra Franco-Indígena

Hechos e ideas principales

1. ¿Qué país europeo fundó San Agustín?
2. Explica por qué Nueva Orleáns era un buen punto como centro de comercio.
3. ¿Por qué los iroqueses no querían unirse a los británicos durante la Guerra Franco-Indígena?
4. **Línea cronológica** ¿Cuántos años duró la Guerra Franco-Indígena?
5. **Idea principal** ¿Por qué España quería establecer una colonia en la Florida?
6. **Idea principal** ¿Cómo ayudaron las exploraciones de La Salle a la expansión francesa?
7. **Idea principal** ¿Cuáles fueron los efectos de la Guerra Franco-Indígena?
8. **Razonamiento crítico: *Comparar y contrastar*** Compara y contrasta la Rebelión Pueblo y la Rebelión de Pontiac.

Escribe sobre la historia

1. **Escribe un poema** acerca de cómo sería ver, por primera vez, el río Mississippi u otra belleza natural impresionante.
2. **Escribe una conversación** entre un colono europeo y un indígena norteamericano, en la cual cada uno explique por qué su gente merece vivir en esas tierras.
3. **Escribe un artículo** de periódico que informe sobre el inicio de la Guerra Franco-Indígena. Describe sus causas y el resultado del primer ataque.

Aplica las destrezas

Usar mapas en diferentes escalas

Fíjate en los mapas A y B en las páginas 244–245. Después contesta las preguntas.

1. ¿Cuál mapa usarías para localizar el Barrio Francés?
2. ¿Cuál es la distancia en millas entre Nueva Orleáns y el lago Charles?
3. ¿En cuál mapa puedes localizar el río Mississippi?

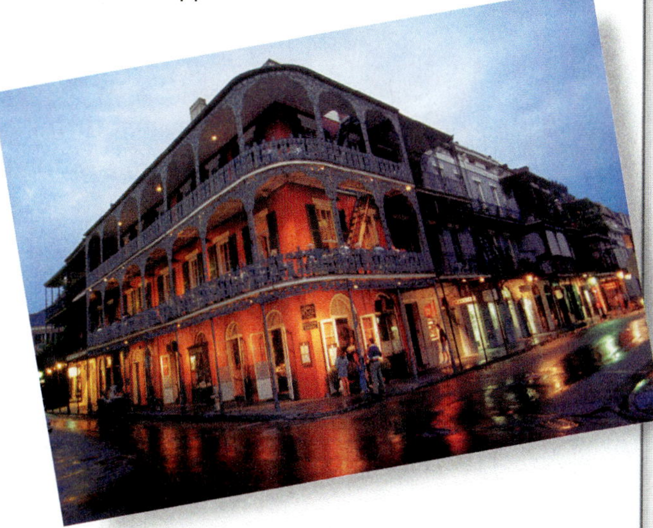

Vista nocturna de los balcones de hierro del Barrio Francés

Actividad en la Internet

Para obtener ayuda con el vocabulario, los personajes y los términos, selecciona el diccionario o la enciclopedia de la *Biblioteca de estudios sociales* en **www.estudiossocialessf.com.**

UNIDAD 3

Terminemos con literatura

En muchos aspectos, los niños y las niñas de la época colonial vivían como los de ahora. Hacían tareas, jugaban y celebraban los días festivos. Lee los siguientes fragmentos de un libro de preguntas y respuestas sobre la vida en las 13 colonias. ¿En qué se parece tu vida a la de los niños y las niñas que aquí se describen? ¿En qué es diferente?

... si vivieras en la época colonial

por Ann McGovern

¿Se trabajaba mucho en la época colonial?

Todos *tenían* que trabajar mucho en la época colonial, porque ellos mismos hacían casi todo lo que usaban.

Piensa en la ropa que usaban. Había que hilar y tejer. Las ruecas y los telares también se hacían en casa.

Piensa en lo que comían. Había que quitar la maleza de las huertas, pasar el azadón por cada surco de maíz, preparar la comida, hornear el pan y batir la mantequilla: ¡el trabajo nunca terminaba!

Piensa en los platos que usaban. Había que hacer tajos (tablas de madera para cortar o servir la carne), platos, cucharas y tazas.

Piensa en las casas donde vivían. Había que hacer camas, mesas y sillas, escobas, cubetas y barriles. Y cuando se rompían, había que repararlas.

Para hacer jabón y velas se necesitaba más de un día. A veces, los vecinos ayudaban y el trabajo se hacía más rápido.

¿Cuándo trabajaban los niños y las niñas?

A niños y niñas se les enseñaba que el trabajo es muy útil. En la época colonial, se pensaba que ser haragán era un pecado. Por eso, los niños y las niñas se levantaban temprano cada mañana y ayudaban con el trabajo. Los niños trabajaban antes y después de ir a la escuela, y por la noche. Las niñas trabajaban igual.

¿Tenían los niños y las niñas tiempo para jugar?

No importaba cuánto trabajaran, siempre encontraban tiempo para jugar. Los niños y las niñas de la época colonial no tenían tanto tiempo para jugar como tú, pero cuando jugaban, se divertían tanto como tú.

Jugaban algunos de los mismos juegos que tú, como la "roña" y la "gallina ciega". Jugaban y cantaban muchas canciones y juegos que existen hasta hoy.

¿A qué jugaban los niños?

A los niños les gustaba sobre todo jugar a la pelota. Jugaban con una pelota de cuero llena de plumas.

Los niños tenían trompos que girar, tambores que tocar, pistolas que disparar, aros que rodar, canicas que tirar, cometas que volar.

También se trepaban a los árboles y patinaban en estanques congelados. Sus patines tenían cuchillas de madera.

¿Qué les gustaba hacer a las niñas?

Las niñas de la época colonial jugaban principalmente con muñecas hechas de trapo y de hojas de elote.

Algunas niñas tenían muñecas de madera. Estas muñecas no eran para jugar sino de adorno. En pueblos grandes como Boston, las muñecas adornaban las vitrinas de las tiendas. Cuando la muñeca estaba ya vieja, la quitaban de la vitrina y se la regalaban a alguna niña afortunada.

Las niñas bordaban muestrarios. Con puntadas pequeñas, bordaban pájaros, árboles, flores y las letras del abecedario. También bordaban lemas como el siguiente:

Éste es mi muestrario
Puedes ver aquí
El buen cuidado
Que mi madre
Tuvo de mí.

UNIDAD 3

Repaso

En los exámenes

Reduce las respuestas posibles. Si sabes que una es incorrecta, descártala.

Ideas principales y vocabulario

LISTOS para los EXÁMENES

Lee el texto y úsalo para contestar las siguientes preguntas.

En las colonias inglesas, el trabajo diario era muy pesado. Cuando no estaban en la escuela, los niños y las niñas pasaban mucho tiempo trabajando en las granjas familiares. Los jóvenes trabajaban como aprendices para convertirse en herreros, zapateros u otros artesanos. Muchos colonos vivían en granjas, y los adultos pasaban largas horas atendiéndolas.

El tipo de cosechas y el tamaño de los pueblos eran diferentes en las colonias de Nueva Inglaterra, las centrales y las del Sur. Aunque algunos pueblos de Nueva Inglaterra eran bastante autosuficientes, todas las colonias comerciaban con otras naciones. Las colonias participaban en el mercado de esclavos. En el Sur, los esclavos trabajaban en plantaciones; en el Norte frecuentemente trabajaban en comercios o como sirvientes en los hogares.

En el siglo XVI, España empezó a establecer colonias en América del Norte. Los españoles se establecieron en lo que hoy es América Central, México, la Florida y el Suroeste de los Estados Unidos. Los indígenas pueblo, que eran originarios de Nuevo México, expulsaron a los españoles durante la Rebelión Pueblo de 1680. En 1692, España recapturó Nuevo México.

Los franceses expandieron su colonia de Nueva Francia, que empezó en lo que hoy es Canadá. Los exploradores franceses viajaron por el río Mississippi y junto con las tierras de los alrededores lo reclamaron para Francia. Robert La Salle llamó Luisiana a este territorio.

Cuando los británicos quisieron más tierras y empezaron a irse hacia el oeste, entraron en conflicto con los franceses. Gran Bretaña y Francia se enfrentaron en la Guerra Franco-Indígena para arreglar la disputa. Gran Bretaña ganó la guerra y el territorio de Luisiana. Los indígenas norteamericanos siguieron peleando contra los colonos que ocupaban sus tierras. La Proclamación de 1763 de George III prohibió que los colonos se establecieran al oeste de los montes Apalaches.

1. Según el texto, ¿por qué se peleó la Guerra Franco-Indígena?
   - **A** Los indígenas atacaban a los franceses.
   - **B** Los franceses y los británicos querían poblar las mismas tierras.
   - **C** Los colonos esclavizaban africanos.
   - **D** Los colonos trabajaban demasiado.

2. En el texto, artesanos significa:
   - **A** niños
   - **B** granjeros
   - **C** trabajadores especializados
   - **D** colonias

3. En el texto, autosuficientes significa:
   - **A** agricultura
   - **B** comerciar con otros
   - **C** depender de los demás
   - **D** depender de sí mismos

4. Todas las colonias inglesas
   - **A** tenían plantaciones.
   - **B** cultivaban algodón.
   - **C** lucharon contra España.
   - **D** participaron en el comercio.

Personajes y lugares

Con una línea une cada persona o término con su definición.

1. **Olaudah Equiano** (p. 227)
2. **San Agustín** (p. 233)
3. **George Whitefield** (p. 218)
4. **Newport** (p. 218)
5. **fuerte Necessity** (p. 247)
6. **Hendrick** (p. 249)

a. primer asentamiento europeo permanente en lo que hoy son los Estados Unidos

b. importante predicador del Gran Despertar

c. escritor de una autobiografía

d. jefe iroqués

e. base británica durante la Guerra Franco-Indígena

f. ubicación de la sinagoga más antigua de los Estados Unidos

Aplica las destrezas

Analiza un artículo de periódico Recorta un artículo interesante de algún periódico y pégalo en una cartulina. Encierra en un círculo y escribe el *quién, qué, dónde, cuándo* y *por qué* para indicar las partes del artículo.

Escribe y comenta

Presenta una obra de teatro Trabaja en grupo; escriban un guión para representar un suceso que hayan estudiado en la Unidad 3. Presenten la obra en la clase. Cada estudiante debe representar un personaje en la obra. Sean creativos; usen vestuario y utilería que ayuden a la representación.

Lee por tu cuenta

Busca libros como éstos en la biblioteca.

UNIDAD

Proyecto 3

La vida colonial

En este programa de concurso, tú tienes todas las respuestas.

1 **Elige** un oficio de la época de la colonia.

2 **Investiga** por lo menos cinco características que puedes usar como pistas sobre el oficio que elegiste, y escríbelas en una tarjeta.

3 **Pide** al resto de la clase que te hagan preguntas y traten de adivinar tu oficio.

4 **Da** una pista después de cada pregunta hasta que alguien adivine tu oficio.

Actividad en la Internet

Busca más información sobre la vida en las 13 colonias en la Internet.
Visita **www.estudiossocialessf.com/actividades** y selecciona tu grado y unidad.

La Guerra de Independencia

UNIDAD 4

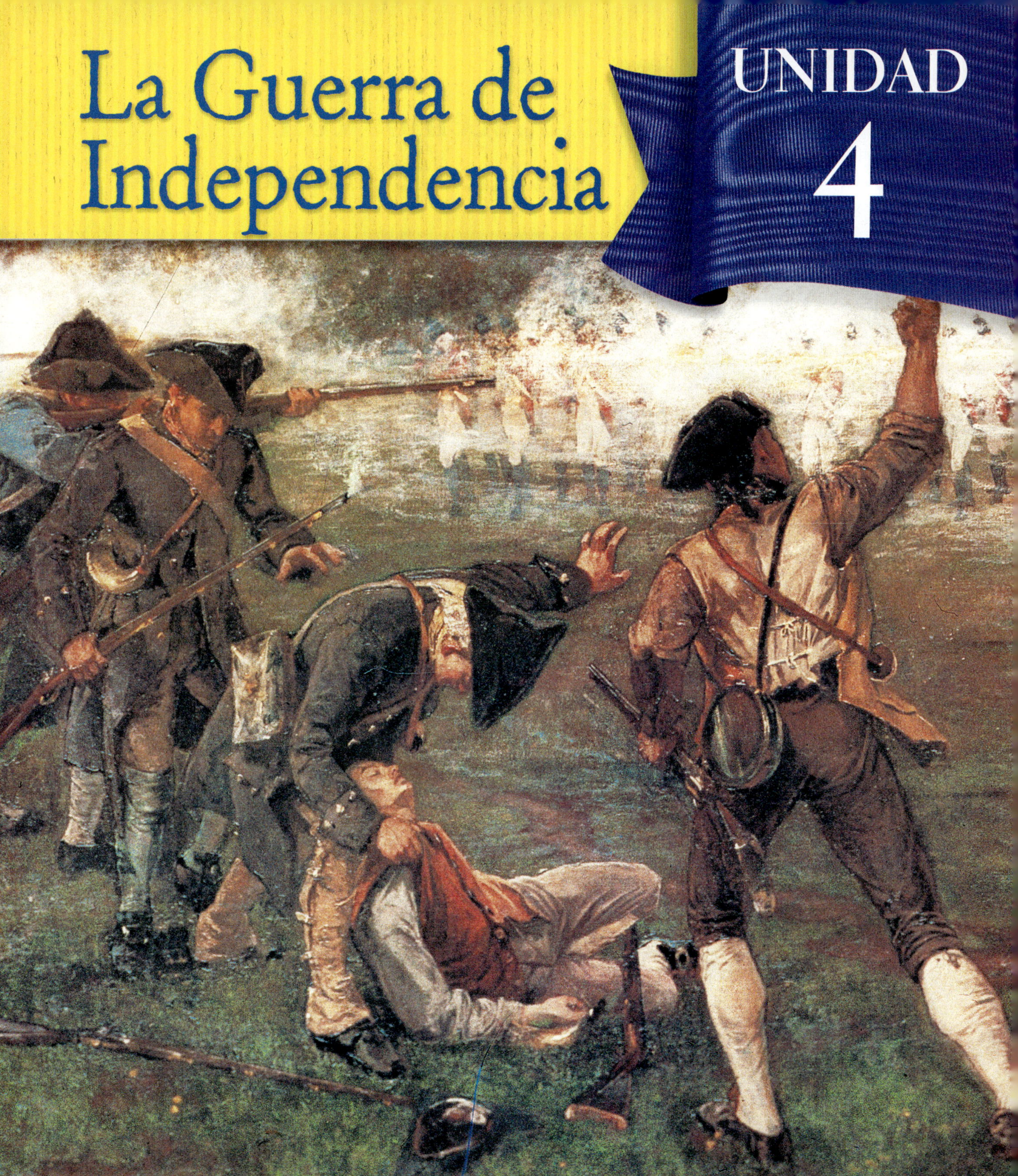

¿Qué causas vale la pena defender?

UNIDAD 4

Empecemos con una fuente primaria

1760

1770

1763
Termina la Guerra Franco-Indígena

1765
Las colonos protestan contra las leyes británicas

1770
Mueren los primeros colonos en luchas contra los británicos

"No retrocedan ni disparen primero, pero si ellos desean la guerra, aquí ha de comenzar".

—Capitán John Parker a los milicianos de Lexington, 19 de abril de 1775

La alborada de la libertad, cuadro pintado por J. Henry Sandham en 1886, ilustra la Batalla de Lexington.

1780 — 1790

1776
Las colonias declaran su independencia

1783
Los Estados Unidos ganan la guerra y obtienen su independencia

UNIDAD 4

Personajes de la historia

Crispus Attucks

Alrededor de 1723–1770

Lugar de nacimiento: Framingham, Massachussets

Marinero

- Encabezó protestas antibritánicas en Boston
- Murió a manos de los británicos en la Masacre de Boston
- Fue la primera persona de origen afroamericano en dar la vida en la lucha por la independencia

George Washington

1732–1799

Lugar de nacimiento: Condado de Westmoreland, Virginia

Dueño de plantación, militar

- Dirigió el Ejército Continental durante la Guerra de Independencia
- Presidió la Convención Constitucional de 1787
- Fue elegido primer presidente de los Estados Unidos en 1789

John Adams

1735–1826

Lugar de nacimiento: Braintree (hoy Quincy), Massachussets

Abogado

- Fue un líder clave del Congreso Continental durante la Guerra de Independencia
- Fue embajador en Europa
- Fue elegido segundo presidente de los Estados Unidos en 1796

Thomas Paine

1737–1809

Lugar de nacimiento: Thetford, Inglaterra

Escritor

- En 1774, se fue a vivir a Filadelfia y se convirtió en un lider patriota
- Redactó el panfleto *Common Sense* en 1776
- Escribió ensayos en contra de la esclavitud y en favor de los derechos de la mujer

1720 1730 1740 1750 1760 1770

Alrededor de 1723 • Crispus Attucks 1770

1732 • George Washington

1735 • John Adams

1737 • Thomas Paine

1743 • Thomas Jefferson

1746 • Bernardo de Gálvez

Alrededor de 1753 • Phillis Wheatley

1760 • Deborah Sampson

Para más información, visita *Personajes de la historia* en **www.estudiossocialessf.com.**

Thomas Jefferson

1743–1826

Lugar de nacimiento: Condado de Albemarle, Virginia

Dueño de plantación, abogado

- Fue elegido miembro de la Cámara de los Burgueses de Virginia a los 26 años
- Redactó la Declaración de Independencia en 1776
- Fue elegido tercer presidente de los Estados Unidos en 1800

Bernardo de Gálvez

1746–1786

Lugar de nacimiento: Málaga, España

Militar

- Fue gobernador de Luisiana, territorio español*
- Fue un firme aliado de los colonos durante la Guerra de Independencia
- Derrotó a los británicos en fuertes clave a lo largo del río Mississippi y la costa del Golfo

Phillis Wheatley

Alrededor de 1753–1784

Lugar de nacimiento: Senegal, África occidental

Escritora

- Desde la adolescencia se convirtió en una famosa escritora
- Escribió poemas a favor de la independencia y contra la esclavitud
- Fue la primera persona de origen afroamericano que publicó un libro

Deborah Sampson

1760–1827

Lugar de nacimiento: Plympton, Massachusetts

Militar, maestra

- Disfrazada de hombre, se incorporó al Ejército Continental durante la Guerra de Independencia
- Luchó en varias batallas y resultó herida dos veces
- En 1983, se le nombró "Heroína oficial" de Massachussets

1780 1790 1800 1810 1820 1830

1799

1826

1809

1826

1786

1784

1827

UNIDAD 4

Lectura de estudios sociales

La Guerra de Independencia

Causa y efecto

Aprender a encontrar causas y efectos te ayudará a comprender lo que lees. Analiza el siguiente organizador gráfico.

Causa		**Efecto**
La **causa** es la razón por la que algo ocurre.	→	El **efecto** es lo que ocurre.

- A veces, los escritores utilizan palabras como *porque, por lo tanto* o *ya que* para indicar causa y efecto.
- Una causa puede tener más de un efecto. Un efecto puede tener más de una causa.

Lee el siguiente párrafo. Se han señalado la causa y el efecto.

En el Capítulo 7, leíste sobre la Guerra Franco-Indígena. ¿Cuál fue la causa de esa guerra? Tanto Gran Bretaña como Francia querían controlar los territorios ubicados al oeste de los montes Apalaches; por lo tanto, ambos países se prepararon para la lucha. El efecto fue la Guerra Franco-Indígena, que duró nueve largos años; el primer eslabón en la cadena de sucesos que llevaron a la guerra por la independencia de los Estados Unidos.

Causas y efectos de la Guerra de Independencia

Al terminar la Guerra Franco-Indígena, Gran Bretaña necesitaba dinero y decidió empezar a cobrar impuestos a las colonias. Consideraba que las colonias debían ayudar a pagar una guerra que, en parte, había tenido como propósito defenderlas.

El primer impuesto fue la Ley del Timbre, la cual ordenaba que los colonos compraran un timbre, o estampilla, junto con cualquier material impreso. Muchos colonos se negaron a pagar, pues argumentaban que no habían votado para que se aprobara esa ley.

Como la Ley del Timbre no funcionó, el gobierno británico la sustituyó por otro impuesto sobre productos importados, pero los colonos se negaron a comprar productos de Gran Bretaña y comenzaron a producir sus propias telas y té.

Como resultado de las protestas los británicos decidieron eliminar todos los impuestos, menos el impuesto al té. Muy enojados, los colonos de Boston, dirigidos por Samuel Adams, arrojaron una carga de té por la borda de un barco británico. Esta acción provocó que Gran Bretaña decidiera tratar a las colonias con mano más dura.

Como respuesta, representantes de 12 colonias se reunieron en Filadelfia para celebrar el Primer Congreso Continental, en el cual votaron a favor de que se suspendiera el comercio con Gran Bretaña y que los colonos se prepararan para la guerra.

En abril de 1775, los soldados británicos marcharon desde Boston para capturar las armas de los colonos. Sin embargo, algunos colonos partieron a caballo para avisarle al resto de la población. Hubo disparos en Lexington y en Concord.

El Segundo Congreso Continental se reunió a finales de ese mismo año y creó el Ejército Continental; además declaró la independencia de las colonias de Gran Bretaña. Esto marcó el inicio de la guerra.

Usa la estrategia de lectura de causa y efecto para contestar las siguientes preguntas.

1. ¿Por qué los británicos decidieron cobrar impuestos a las colonias?
2. ¿Qué efecto tuvo la reacción de los colonos a la Ley del Timbre?
3. ¿Cuál fue el efecto de arrojar el té en el puerto de Boston?

CAPÍTULO 8

Rumbo a la guerra

1765

Londres, Gran Bretaña
El Parlamento británico decide cobrar impuestos a las colonias.

Lección 1

1

1773

Boston, Massachusetts
Un grupo de colonos arrojan té británico a las aguas del puerto.

Lección 2

2

1775

Lexington, Massachusetts
Empieza la guerra entre Gran Bretaña y los colonos.

Lección 3

3

Tiempo y lugar

Por qué lo recordamos

En la actualidad, nos consideramos estadounidenses, pero en 1765 los habitantes de las 13 colonias no se consideraban así. Un hombre de Virginia se consideraba virginiano y una mujer de Nueva York era una neoyorkina. No obstante, durante los siguientes diez años la situación empezó a cambiar. Desde New Hampshire hasta Georgia, los colonos empezaron a unirse para protestar contra las leyes británicas, porque les parecían injustas. En 1775, las tensiones entre británicos y colonos provocaron las primeras batallas de la Guerra de Independencia. Los colonos se unieron para enfrentarse al poderoso ejército británico y luchar por su independencia.

LECCIÓN 1

1765	1766	1767
Se aprueba la Ley del Timbre	Se deroga la Ley del Timbre	Se aprueban las Leyes Townshend

1765 — 1770

EN BREVE

Enfoque en la idea principal
Los impuestos británicos generaron mayor cooperación entre las colonias.

LUGARES
Williamsburg, Virginia
Ciudad de Nueva York, Nueva York
Boston, Massachusetts

PERSONAJES
rey George III
Patrick Henry
Samuel Adams
Mercy Otis Warren

VOCABULARIO
Parlamento
Ley del Timbre
derogar
Hijos de la Libertad
Leyes Townshend
arancel
boicot
Hijas de la Libertad

El problema de los impuestos

Estás ahí George Grenville tiene un trabajo difícil. Como primer ministro de Gran Bretaña en 1765, sabe que su país necesita dinero para pagar las grandes deudas causadas por la Guerra Franco-Indígena. Además, el elevado costo de mantener a miles de soldados en las colonias, para protegerlas, ha empeorado las cosas. Grenville se pregunta cómo puede Gran Bretaña obtener más dinero. Su solución a este problema provocará años de protestas y será una de las causas de la Guerra de Independencia.

George Grenville era primer ministro, o jefe del gobierno, de Gran Bretaña.

Causa y efecto Al leer, busca las causas de los impuestos británicos y los efectos que tuvieron en las colonias.

Impuestos británicos para las colonias

La solución de Grenville parecía sencilla: cobrar impuestos a las colonias. De acuerdo con el plan de Grenville, el dinero recaudado se utilizaría para pagar los costos de defender a las colonias.

Tanto el rey de Gran Bretaña, **George III,** como los miembros del **Parlamento** —la asamblea encargada de hacer las leyes— apoyaban esta solución. El impuesto les parecía justo, porque pensaban que la protección de los soldados británicos era un beneficio para los colonos y, por lo tanto, estos debían contribuir a pagar los costos.

Para alcanzar esa meta, el Parlamento aprobó la **Ley del Timbre** en 1765. Esta ley ordenaba que todos los materiales impresos que se vendieran en las colonias —documentos legales, periódicos y hasta los juegos de cartas— pagaran impuestos. Cada vez que los colonos compraran uno de esos productos, tendrían que comprar también un timbre y colocárselo para demostrar que ya habían pagado el impuesto.

Cuando supieron la noticia sobre el impuesto, muchos colonos se enfurecieron. Para 1765, las colonias ya tenían una tradición de autogobierno, y como no habían votado para elegir a los miembros del Parlamento, consideraban que no tenían derecho de cobrarles impuestos. Esta idea llevó al siguiente grito popular:

> ***"¡No a los impuestos sin representación!".***

Cada vez eran más los colonos que se negaban a pagar los impuestos británicos.

REPASO ¿Por qué el gobierno británico decidió cobrar impuestos a los colonos?
Causa y efecto

El rey George III *(izquierda)* y los miembros del Parlamento *(abajo)* apoyaban las nuevas leyes de impuestos para las colonias.

Los colonos protestan

Patrick Henry, un joven abogado de Virginia, fue uno de los primeros en alzar la voz en contra de la Ley del Timbre. En **Williamsburg,** Virginia, Henry dio un encendido discurso ante la Cámara de los Burgueses, la asamblea legislativa de esa colonia. Henry le advirtió al rey George III que Gran Bretaña no tenía derecho de cobrar impuestos a los habitantes de Virginia. Como leerás en la sección Héroes cívicos, Henry se hizo famoso gracias a sus valientes discursos en defensa de los derechos de los colonos.

Sus palabras sirvieron de inspiración para que muchos protestaran en contra del nuevo impuesto. En octubre de 1765, los representantes de nueve colonias se reunieron en la **Ciudad de Nueva York** para asistir al Congreso de la Ley del Timbre, y ahí pidieron al Parlamento que **derogara,** o cancelara, la ley. Christopher Gadsden, de Carolina del Sur, resumió de esta manera el sentimiento de cooperación que surgía en las colonias:

> ***"Ya no debería haber hombres de Nueva Inglaterra, ni neoyorquinos... ¡sólo americanos!"***

Las colonias empezaban a unirse contra los impuestos británicos. **Samuel Adams,** de Massachusetts, se convirtió pronto en un líder importante. Adams no era muy bueno para los negocios, pero en cambio había algo que sabía hacer muy bien: inspirar a la gente a entrar en acción. Un amigo suyo dijo alguna vez que Adams "come poco, bebe poco, duerme poco y piensa mucho". En 1765, Samuel Adams se preguntaba cuál era la mejor manera de protestar contra la Ley del Timbre.

REPASO ¿Cómo respondieron los colonos a la Ley del Timbre? **Causa y efecto**

S.C.
N.C.
V.
M.
P.
N.J.
N.Y.
N.E.
JOIN, or DIE.

Grabado en color de John Trumbull's M'Fingal, 1795

Con esta caricatura *(arriba)*, Benjamin Franklin invitaba a las colonias a unirse durante la Guerra Franco-Indígena, pero también expresaba los sentimientos de las colonias sobre la Ley del Timbre. El grabado de la derecha muestra a los colonos atando a un agente de impuestos.

Los Hijos de la Libertad

Adams organizó un grupo llamado **Hijos de la Libertad,** que dirigió las protestas contra el nuevo impuesto. Muy pronto se establecieron otros grupos de Hijos de la Libertad en pueblos de todas las colonias. Sus miembros quemaban timbres y amenazaban a los agentes de impuestos, las personas contratadas para recolectar los impuestos del timbre. En algunos pueblos se atacó a los agentes de impuestos y se destruyeron sus hogares. En **Boston,** Samuel Adams y otros miembros de los Hijos de la Libertad crearon una marioneta de tamaño natural para representar al agente de impuestos local, y la colgaron de un árbol con un cartel que decía: "No hay mayor alegría para Nueva Inglaterra que ver a un agente de impuestos colgado de un árbol".

La Ley del Timbre ordenaba que timbres como el que se muestra aquí se colocaran en todos los materiales impresos.

El objetivo era asustar a los agentes de impuestos, y la estrategia funcionó. Cuando llegó el momento de poner en vigor la Ley del Timbre, no había un solo agente de impuestos en todas las colonias que se atreviera a vender los timbres.

REPASO ¿Qué efecto tuvieron los Hijos de la Libertad sobre la Ley del Timbre? **Causa y efecto**

AQUÍ Y ALLÁ

Las misiones españolas en California

Al mismo tiempo que Gran Bretaña se enfrentaba con los colonos por los impuestos en la costa este de lo que son hoy los Estados Unidos, España establecía sus primeros poblados en la costa oeste. San Diego se fundó en 1769, bajo el liderazgo de Fray Junípero Serra. En 1776, las misiones de San Francisco y las cercanas a Los Ángeles eran algunos de los asentamientos españoles a lo largo de la costa californiana.

Las Leyes Townshend

El gobierno británico se dio cuenta de que sería imposible recolectar dinero mediante el impuesto a los artículos impresos, y el Parlamento derogó la Ley del Timbre en 1766. En las colonias, la noticia fue celebrada con desfiles y fuegos artificiales. Pero Gran Bretaña aún necesitaba dinero, y el rey George III insistía en que el país tenía derecho de cobrar impuestos a sus colonias aunque Patrick Henry y Samuel Adams se opusieran.

Charles Townshend, tesorero del gobierno británico, estaba de acuerdo con el rey y pidió que se creara un nuevo impuesto. En 1767, el Parlamento aprobó las **Leyes Townshend**. Estas leyes imponían un **arancel** —un impuesto a los productos importados— sobre el papel, la lana, el té y otros productos que las colonias importaban de Gran Bretaña. El gobierno británico esperaba que los colonos estuvieran de acuerdo en pagar estos aranceles. Además, tenían otro objetivo: demostrar a las colonias quién tenía más poder.

Las Leyes Townshend causaron nuevas protestas. Desde New Hampshire hasta Georgia, los colonos decidieron boicotear las importaciones británicas. Un **boicot** es la decisión de no comprar ciertos productos. Muchos colonos preferían vivir sin productos británicos que pagar nuevos impuestos.

REPASO ¿Cuál fue la causa de que el gobierno británico diera las Leyes Townshend?
Causa y efecto

▶ Los timbres se guardaban en baúles de cuero como éste.

▶ Posiblemente en las colonias se sirvió "té de la libertad" con esta tetera, pintada con lemas de protesta contra la Ley del Timbre.

Las mujeres se unen al boicot

En Boston, la escritora **Mercy Otis Warren** pidió al pueblo no comprar bienes importados, tales como té y lana. "Dejaremos a un lado los lujos inútiles de la vida", escribió. Para no comprar té británico, las mujeres de las colonias empezaron a hacer su propio "té de la libertad" con bayas y hierbas. Se formaron también nuevos grupos, llamados **Hijas de la Libertad.** Para colaborar con el boicot, las Hijas de la Libertad tejían telas que se podían usar en lugar de la lana británica.

▶ Mercy Otis Warren pidió que se hiciera un boicot a los productos británicos.

Detalle de un grabado de Paul Revere

En 1768, llegaron a Boston barcos de guerra con tropas británicas.

Como el boicot estaba haciendo daño a los negocios británicos, el gobierno decidió tomar medidas más severas. En 1768 llegaron barcos de guerra británicos al puerto de Boston. El gobierno esperaba que este despliegue de fuerza convenciera a los colonos de abandonar sus protestas. Benjamin Franklin, quien se encontraba en Londres, advirtió al gobierno británico que los soldados y los barcos sólo conseguirían aumentar la tensión y provocar más violencia. Tenía razón.

REPASO ¿Cuál fue la causa de que los británicos enviaran barcos de guerra a Boston? **Causa y efecto**

Resume la lección

- **1765** Después de la Guerra Franco-Indígena, el Parlamento aprobó la Ley del Timbre para recolectar dinero.
- **1766** El Parlamento derogó la Ley del Timbre tras intensas protestas en las colonias.
- **1767** El Parlamento aprobó las Leyes Townshend, lo que provocó un boicot de productos británicos en las colonias.

LECCIÓN 1 REPASO

Verifica hechos e ideas principales

1. **Causa y efecto** En una hoja aparte, completa las causas de los principales sucesos de esta lección.

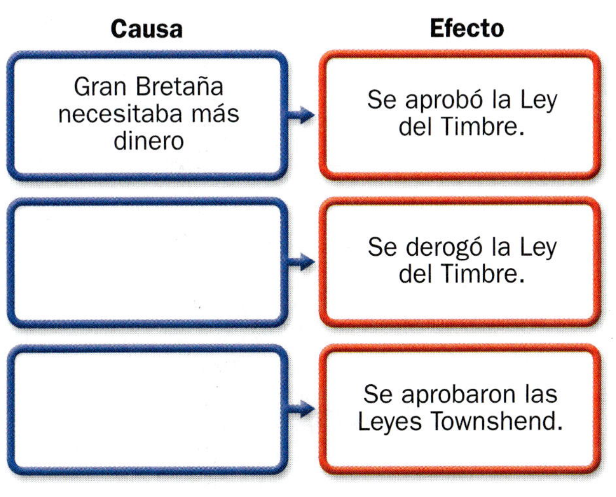

Causa
Efecto
Gran Bretaña necesitaba más dinero
Se aprobó la Ley del Timbre.
Se derogó la Ley del Timbre.
Se aprobaron las Leyes Townshend.

2. ¿Qué era la Ley del Timbre?
3. ¿Quiénes eran los Hijos y las Hijas de la Libertad?
4. ¿Cómo contribuyeron los impuestos británicos a que hubiera una mayor cooperación entre las colonias?
5. **Razonamiento crítico:** ***Evaluar*** ¿Tuvieron éxito las protestas de los colonos? Explica tu respuesta.

Enlace con la escritura

Escribe un discurso Imagina que eres un miembro de la Cámara de los Burgueses de Virginia en 1765. Escribe un discurso que persuada a la población de oponerse o de apoyar la Ley del Timbre.

HÉROES CÍVICOS

Una lucha con palabras

¿Tus opiniones honestas a veces molestan a otras personas? Las de Patrick Henry tuvieron ese efecto. Él no tenía miedo de decir en público lo que pensaba, aun cuando sabía que podría ser peligroso.

A la edad de 28 años, Patrick Henry fue elegido a la Cámara de los Burgueses de Virginia. Era el año 1765 y los colonos debatían cómo responder a la Ley del Timbre. Muchos miembros de la Cámara se oponían a ese impuesto, pero no querían parecer desleales al rey.

Como apenas llevaba dos semanas en la Cámara de los Burgueses, se esperaba que Henry se limitara a escuchar lo que los otros miembros decían. Pero ése no era su estilo. Se puso de pie y se unió al debate. Su argumento era sencillo pero convincente: con ese impuesto, el gobierno británico estaba tratando de destruir la libertad de los colonos.

La tensión aumentó a medida que Henry hablaba. Los miembros de la Cámara no estaban acostumbrados a escuchar un discurso tan atrevido. Pero Henry aún no había terminado. Concluyó con estas palabras que pronto lo hicieron famoso:

> ***"César tuvo su Bruto, Charles I su Cromwell, y George III debería aprender de tales ejemplos".***

¿Por qué sorprendieron tanto estas palabras? Henry estaba comparando al rey George III con gobernantes del pasado que fueron expulsados del poder. César fue un emperador de la antigua Roma que murió asesinado por un hombre llamado Bruto. Charles I había sido rey de Inglaterra, y Oliver Cromwell lo destronó. Ahora Patrick Henry comparaba al rey con César y con Charles I. Sus palabras indicaban que, si no tenía cuidado, el propio rey George podría correr la misma suerte.

El recinto estalló en gritos de "¡Traición! ¡Traición!". Acusaban a Patrick Henry de traicionar a su país y el castigo por ese delito era morir en la horca. Pero Henry no retiró sus palabras, porque creía que eran la verdad. Respondió a la acusación gritando:

> ***"Si esto es traición, ¡saquémosle el mayor provecho!".***

Patrick Henry, como otros líderes de la Guerra de Independencia, tuvo el valor de ponerse de pie y decir lo que pensaba, aun cuando sabía que muchas personas de poder no iban a estar de acuerdo. Desde ese momento, muchos ciudadanos han expresado sus creencias con gran valor. Como verás en los próximos capítulos, estos actos de valor con frecuencia han conducido a cambios importantes en nuestra nación.

La honestidad en acción

Enlace con temas de actualidad **Investiga la historia de un individuo o de un grupo de personas que hoy en día expresan sus ideas honestamente. ¿Cuál es su punto de vista? ¿Cómo se pueden expresar diferencias honestas de opinion?**

LECCIÓN 2

1770 — 1775

1770 Masacre de Boston

1773 Motín del Té de Boston

1774 Primer Congreso Continental

EN BREVE

Enfoque en la idea principal
Los sucesos ocurridos en Boston llevaron a Gran Bretaña y a las colonias al borde de la guerra.

LUGARES
Boston, Massachusetts
Filadelfia, Pennsylvania
Richmond, Virginia

PERSONAJES
Crispus Attucks
John Adams
Paul Revere
Thomas Gage
George Washington

VOCABULARIO
Masacre de Boston
Comité de Correspondencia
Ley del Té
Motín del Té de Boston
Leyes Intolerables
patriotas
leales al rey
Primer Congreso Continental
milicias
milicianos

Los colonos se rebelan

Estás ahí La noche del 5 de marzo de 1770, las calles de Boston están cubiertas con una capa de nieve fresca. Hace frío, pero hay gente por todas partes. Edward Garrick es uno de los bostonianos que lanzan insultos a Hugh White, un soldado británico.

White se enfurece y golpea a Garrick en la cabeza con la culata de su mosquete. Los amigos de Garrick se acercan y comienzan a gritar a White, llamándolo "espaldarroja" y "langosta", insultos derivados del color rojo que tenía la casaca de los británicos. En unos instantes, una gran multitud rodea a White, quien pide auxilio a gritos. Empiezan a llegar otros soldados británicos con sus mosquetes. La multitud les lanza bolas de nieve y trozos de hielo. Los ánimos se irritan. De pronto, sucede lo inesperado: los británicos disparan sus armas contra la multitud enfurecida.

Causa y efecto Al leer, busca los sucesos que ocurrieron en Boston y cómo afectaron la relación entre las colonias y Gran Bretaña.

La Masacre de Boston

La tensión en **Boston** había aumentado desde que los primeros soldados británicos llegaron en 1768. Las peleas callejeras entre soldados y colonos eran comunes. Por eso, la noche del 5 de marzo de 1770, la ciudad estaba a punto de explotar. Cuando los enojados colonos rodearon a Hugh White y a sus compañeros, los soldados se asustaron y empezaron a disparar. Murieron cinco personas.

Ese suceso se llegó a conocer como la **Masacre de Boston.** En una masacre, se asesina a grupos de personas que no se pueden defender.

Una de las víctimas de la Masacre de Boston fue **Crispus Attucks.** Nacido bajo la esclavitud, Attucks había escapado a la edad de 27 años y se había hecho marinero. La noche de la balacera, se dirigió con un grupo de marineros al lugar de los hechos.

Crispus Attucks *(arriba)* fue una de las víctimas de la Masacre de Boston.

Los soldados británicos fueron juzgados en Boston por asesinato. Su abogado defensor era **John Adams,** un primo de Samuel Adams. Al igual que Samuel, John Adams se oponía a los impuestos y a la presencia de los soldados británicos. Aun así, opinaba que los soldados se merecían un juicio conforme a la ley. El tribunal decidió que los soldados no eran culpables de asesinato.

REPASO ¿Qué causó que los soldados británicos dispararan contra los colonos? **Causa y efecto**

Ayer y hoy

La Masacre de Boston

En el centro de Boston, aún se puede ver un redondel de adoquines cerca del Old State House, el viejo edificio de la cámara legislativa. Se ha conservado en memoria de Crispus Attucks y los otros que cayeron allí en la Masacre de Boston.

El grabado de la izquierda muestra la Masacre de Boston, con el Old State House al fondo. El edificio *(arriba)* aún existe.

Los Comités de Correspondencia

El mismo día de la Masacre de Boston, el Parlamento había decidido eliminar las Leyes Townshend. El boicot de las colonias estaba perjudicando los negocios británicos. Por lo tanto, el Parlamento canceló todos los impuestos menos el impuesto al té.

Aunque el gobierno británico sabía que no iba a recaudar mucho dinero con el impuesto al té, en realidad su objetivo era demostrarles a los colonos que Gran Bretaña tenía derecho a cobrarles impuestos.

Mientras tanto, Samuel Adams trataba de resolver un grave problema. Como divulgar noticias de una colonia a otra tardaba demasiado, era necesario encontrar una manera eficaz y rápida de pasar la información si querían trabajar unidos en el futuro.

En 1772, Adams formó el primer **Comité de Correspondencia** en Boston. Pronto se crearon estos comités por todas las colonias. Sus miembros mantenían correspondencia, esto es, se escribían cartas sobre los sucesos locales. Las cartas se enviaban por medio de "mensajeros rápidos", hábiles jinetes sobre veloces caballos. Uno de los jinetes era un orfebre llamado **Paul Revere,** quien generalmente se tardaba una semana en hacer el recorrido de ida y vuelta entre Boston y Nueva York. En el mapa de abajo, fíjate en las rutas que seguían los mensajeros.

REPASO ¿Qué problema hizo que Samuel Adams creara el primer Comité de Correspondencia? **Idea principal y detalles**

Aventuras en mapas

Mensajeros rápidos, década de 1770

Eres uno de los mensajeros rápidos que lleva noticias de Samuel Adams a Boston.

1. Adams te pide que salgas hoy a llevar un mensaje a Charleston y quiere saber cuándo vas a llegar. Hoy es 2 de mayo ¿Qué le contestas?
2. Cuando llegas a Baltimore, el Comité de Correspondencia de esa ciudad te da un mensaje para el comité de Williamsburg. ¿En qué fecha logras entregarlo?
3. Una vez que llegas a Charleston, descansas durante dos días antes de regresar a Boston ¿En qué fecha llegas a Boston?

Biblioteca del Congreso

En esta pintura, los Hijos de la Libertad, disfrazados, arrojan el cargamento de té a las aguas del puerto de Boston. Este suceso se llegó a conocer como el Motín del Té de Boston.

El Motín del Té de Boston

En 1773, los Comités de Correspondencia empezaron a intercambiar información sobre la **Ley del Té,** una nueva ley aprobada por el Parlamento. Esa ley decía que solamente la compañía británica East India Company podía vender té a las colonias. Si en esa época hubieras tenido una tienda, habrías tenido que comprarle el té a la East India Company y, además, pagar el impuesto al té.

La Ley del Té tenía dos objetivos. El primero era apoyar a la East India Company, que estaba en crisis. El segundo objetivo era lograr que los colonos pagaran impuestos a Gran Bretaña. Hasta ese momento, los colonos se habían negado a pagarlos; no iban a empezar a hacerlo ahora. A los colonos tampoco les gustó la idea de tener que comprar té de una sola compañía. Por lo tanto, los colonos decidieron impedir que los barcos británicos descargaran el té en sus puertos. A finales de 1773, tres barcos británicos con cargamentos de té llegaron al puerto de Boston. La noche del 16 de diciembre, miembros de los Hijos de la Libertad se disfrazaron de indígenas mohawks y remaron hasta los barcos británicos mientras gritaban: "¡Esta noche, el puerto de Boston será una tetera!". Abordaron los barcos, abrieron los cofres de té a hachazos y lo arrojaron a las aguas del puerto. Este suceso se llegó a conocer como el **Motín del Té de Boston.**

Pronto los colonos entonaban una nueva canción:

> ***"¡Adelante, mohawks! ¡Traigan sus hachas que así al rey George convenceremos de que sus impuestos no pagaremos!".***

El gobierno británico se enfureció. El rey George III y el Parlamento decidieron castigar a Boston.

REPASO ¿Por qué el Parlamento aprobó la Ley del Té? **Idea principal y detalles**

Después del Motín del Té, los barcos británicos cerraron el puerto de Boston.

El castigo a Boston

Gran Bretaña castigó con severidad a Boston por el Motín del Té. El castigo incluía las siguientes medidas:

- Se ordenó el regreso de las tropas británicas que habían abandonado la ciudad después de la Masacre de Boston. Además, se ordenó a los colonos que albergaran y dieran de comer a los soldados.
- La colonia de Massachusetts fue puesta bajo el mando del general británico **Thomas Gage.**
- Se ordenó el cierre del puerto de Boston. Ningún barco podía entrar ni salir hasta que los habitantes pagaran el té que habían arrojado al mar.

Los colonos empezaron a llamar a estos decretos las **Leyes Intolerables.** El cierre del puerto dañó gravemente a Boston. Su economía dependía del comercio, y pronto mucha gente quedó desempleada. Otras colonias empezaron a ayudar a Boston con envíos de comida, provisiones y dinero.

Las Leyes Intolerables tuvieron otro efecto. Obligaron a muchos colonos a tomar partido en el conflicto entre Boston y Gran Bretaña. Los colonos que se oponían al rey y al gobierno británico se llamaron **patriotas;** los que siguieron fieles a ellos recibieron el nombre de **leales al rey.**

En esa misma época, por medio de los Comités de Correspondencia, se empezó a difundir la idea de convocar a una reunión. Los representantes de doce colonias decidieron reunirse en **Filadelfia,** la ciudad más grande de las colonias, para discutir cómo oponerse a las Leyes Intolerables.

REPASO ¿Qué pasó como resultado del Motín del Té de Boston? **Causa y efecto**

Los patriotas usaban faroles como éste para enviar mensajes.

El Congreso Continental

En septiembre de 1774, representantes de todas las colonias excepto Georgia se reunieron en el **Primer Congreso Continental** en Filadelfia. El representante de Virginia se llamaba **George Washington.** Era un rico granjero, miembro de la Cámara de los Burgueses. Como leíste en el Capítulo 7, Washington había luchado al lado de los británicos en la Guerra Franco-Indígena, pero ahora estaba dispuesto a pelear contra ellos si era necesario. Hizo esta promesa:

> ***"Reuniré a mil hombres... y marcharé con ellos hasta Boston para liberarla".***

En el Primer Congreso Continental, Washington y los demás patriotas votaron en favor de suspender todo tipo de comercio con Gran Bretaña hasta que ésta derogara las Leyes Intolerables. También decidieron que cada colonia debía entrenar **milicias,** o ejércitos de soldados voluntarios. Los representantes estuvieron de acuerdo en que se reunirían de nuevo al cabo de un año si la situación no mejoraba. En ese momento, la mayoría de los colonos confiaba en que el conflicto podría solucionarse pacíficamente.

Los patriotas regresaron y empezaron a organizar las milicias. Algunos grupos de **milicianos** se llamaron a sí mismos *minutemen,* porque podían estar listos en un minuto para defender sus colonias.

REPASO ¿Qué decisiones tomaron los patriotas en el Primer Congreso Continental?
Idea principal y detalles

▶ **Los patriotas formaron milicias para defender las colonias de los británicos.**

Libertad o muerte

En marzo de 1775 Patrick Henry dio el discurso más famoso de su carrera en una iglesia de **Richmond,** Virginia, en el que advirtió a las milicias que debían prepararse para el combate. Pronto habría una guerra con Gran Bretaña, dijo, y él estaba listo. Terminó con estas audaces palabras:

> ***"No sé qué camino sigan otros; por mi parte, ¡denme libertad o denme muerte!".***

El gobierno británico no estaba dispuesto a retroceder. Como Patrick Henry, el rey George se alistó para la guerra y dijo al Parlamento que "los golpes decidirían" la solución al conflicto.

Patrick Henry y el rey George estaban de acuerdo en una cosa: la guerra estaba a punto de comenzar.

REPASO ¿Por qué creía Patrick Henry que las milicias de Virginia tenían que estar preparadas? **Sacar conclusiones**

Resume la lección

1770 En la Masacre de Boston, los soldados británicos dispararon contra un grupo de colonos, matando a cinco.

1773 Disfrazados de indígenas mohawks, los colonos arrojaron té inglés en la bahía de Boston en protesta contra la Ley del Té.

1774 Los representantes coloniales se reunieron en el Primer Congreso Continental en Filadelfia para decidir cómo oponerse a las Leyes Intolerables.

LECCIÓN 2 REPASO

Verifica hechos e ideas principales

1. **Causa y efecto** En una hoja aparte, escribe los efectos que faltan.

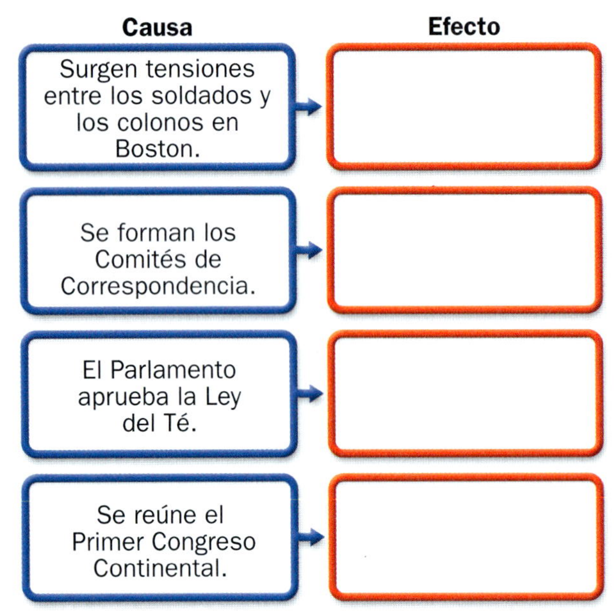

Causa
Efecto
Surgen tensiones entre los soldados y los colonos en Boston.
Se forman los Comités de Correspondencia.
El Parlamento aprueba la Ley del Té.
Se reúne el Primer Congreso Continental.

2. ¿Cuál era el objetivo de los Comités de Correspondencia?
3. ¿Qué eran las Leyes Intolerables?
4. ¿Qué sucesos ocurridos en Boston aceleraron la guerra entre Gran Bretaña y las colonias?
5. **Razonamiento crítico:** ***Tomar decisiones*** Si hubieras sido un colono en 1773, ¿habrías sido un patriota o un súbdito leal al rey? Usa los pasos para tomar decisiones de la página M5.

Enlace con las matemáticas

Establece el número de días Una vez, Paul Revere impresionó a sus amigos cabalgando de ida y vuelta entre Boston y Filadelfia en 11 días. Fíjate en el mapa de la página 278. ¿Cuántos días demoraba ese viaje, en promedio? ¿Cuántos días menos le tomó a Revere?

BIOGRAFÍA

George Washington

1732–1799

George Washington fue elegido para dirigir el Ejército Continental durante la Guerra de Independencia. Las destrezas que más tarde le ayudarían a ser un militar importante las aprendió de joven. Tenía 16 años cuando empezó a trabajar como topógrafo haciendo mapas de las montañas del oeste de Virginia. Su primera noche en el bosque fue memorable. Al respecto, escribió en su diario:

"Me fui... a la cama, que era como la llamaban, aunque, para mi sorpresa, sólo encontré una esterita de paja... cargada de piojos, pulgas y demás".

El trabajo de topógrafo era difícil y agotador, pero parecía perfecto para Washington. A sus 16 años ya era un jinete experto; era fornido, medía más de seis pies, tenía hombros anchos y brazos fuertes. Según sus amigos, era casi imposible ganarle en lucha.

BIODATO

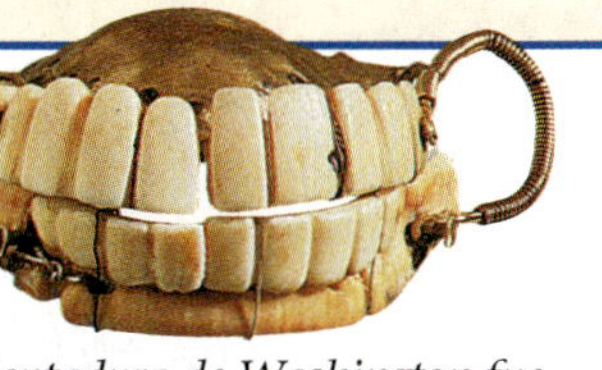

Esta dentadura de Washington fue hecha con dientes de morsa o de hipopótamo.

Washington trabajó como topógrafo durante tres años. La experiencia fue muy valiosa porque aprendió la importancia del trabajo duro, el compromiso y el liderazgo bajo circunstancias difíciles. Treinta años después, el general George Washington usaría esas lecciones al dirigir a los colonos hacia la victoria en la Guerra de Independencia.

Aprende de las biografías

En 1789, George Washington fue elegido el primer presidente de la nación. ¿Cómo crees que su empleo de topógrafo lo ayudó a prepararse para ese trabajo?

Para más información, visita *Personajes de la historia* en **www.estudiossocialessf.com.**

Destrezas de investigación y escritura

Usar fuentes primarias

¿Qué son? Las fuentes primarias son recuentos u observaciones de la historia hechos por alguien que participó en los acontecimientos descritos. Las cartas, diarios, documentos, discursos, entrevistas, e incluso fotografías, pinturas y periódicos son ejemplos de fuentes primarias.

Esta fuente primaria apareció en un periódico de Boston en 1770, el *Boston Gazette and Country Journal,* y trata de la Masacre de Boston y del funeral de cuatro de los patriotas que murieron en ella. Enmarcada en rojo encontrarás una traducción al español.

Laſt Thurſday, agreeable to a general Requeſt of the Inhabitants, and by the Conſent of Parents and Friends, were carried to their *Grave* in Succeſſion, the Bodies of *Samuel Gray, Samuel Maverick, James Caldwell,* and *Criſpus Attucks,* the unhappy Victims who fell in the bloody Maſſacre of the Monday Evening preceeding!

El pasado jueves, **en concordancia** con la petición de los pobladores, con el consentimiento de sus padres y amigos, fueron llevados **en sucesión** a sus tumbas los cuerpos de Samuel Gray, Samuel Maverick, James Caldwell y Crispus Attucks, las infortunadas víctimas caídas en la sangrienta masacre de **la noche del lunes previo.**

en concordancia: de acuerdo

en sucesión: uno después del otro

la noche del lunes previo: la noche del pasado lunes

También las imágenes pueden ser fuentes primarias. Esta fuente primaria es un famoso grabado hecho por Paul Revere poco después de la Masacre de Boston. Se encuentra en el artículo que publicó el *Gazette and Country Journal.*

¿Por qué las usamos? Las fuentes primarias nos dan una idea de primera mano de cómo vivía la gente y cómo se sentía acerca de los acontecimientos de su época. Este artículo de periódico te indica cómo veían un acontecimiento histórico importante algunos habitantes de Boston en 1770.

¿Cómo las usamos? Para usar una fuente primaria es necesario estudiarla, identificar su tema y evaluar el punto de vista.

Para estudiar esta fuente, lee el fragmento ampliado que está sobre las figuras de la página 284. Fíjate que, a veces, en lugar de la **s** normal aparece una letra muy parecida a la ***f.*** Por ejemplo, en la primera línea, la palabra ***Laft*** es en realidad ***Last*** (pasado) y ***Thurfday*** es ***Thursday*** (jueves). Ése era el estilo del inglés escrito en las colonias en aquellos años.

Para identificar el tema, piensa cuál es la idea principal de la fuente primaria. Si se te dificulta leer el párrafo, lee la traducción al español. Se han definido algunos términos para ayudarte.

Fíjate en el punto de vista expresado en el lenguaje de la fuente primaria. En este fragmento, el escritor usa frases como "infortunadas víctimas" y "sangrienta masacre". Estos términos te dicen que el autor sentía simpatía por los hombres que murieron y que está furioso con los británicos. Un escritor partidario de los británicos probablemente habría descrito este acontecimiento de una forma muy diferente.

Piensa y aplícalo

1. ¿Quiénes fueron las cuatro víctimas mencionadas en el fragmento?
2. ¿Crees que el escritor era patriota o leal al rey? ¿Cómo lo sabes?
3. ¿Por qué crees que se incluyeron en el artículo los dibujos de los ataúdes?

LECCIÓN 3

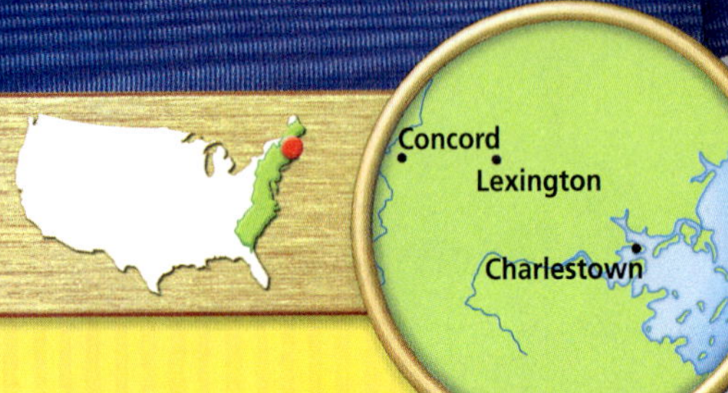

1775		1780
18 de abril Cabalgata de Paul Revere	**19 de abril** Batallas de Lexington y Concord	**17 de junio** Batalla de Bunker Hill

EN BREVE

Enfoque en la idea principal
La Guerra de Independencia comenzó con las batallas de Lexington y Concord.

LUGARES
Concord, Massachusetts
Lexington, Massachusetts
Charlestown, Massachusetts

PERSONAJES
John Hancock
William Dawes
Samuel Prescott
John Parker
William Prescott

VOCABULARIO
Guerra de Independencia
Batalla de Bunker Hill

Empieza la guerra

Estás ahí Es la noche del 18 de abril de 1775, ya tarde. Las calles de Boston están desiertas. Casi todos los habitantes se encuentran en su casa, y tú estás afuera recogiendo leña para el fuego. De repente oyes unos pasos, y un hombre joven pasa a tu lado corriendo. Parece enojado y decidido a llegar a algún lugar rápidamente.

Te preguntas adónde va. En ese instante no lo sabes, pero es el mensajero de una noticia muy importante. Se la lleva a Paul Revere. El muchacho se acaba de enterar de que los soldados británicos se acercan. ¿Adónde van? ¿Qué piensan hacer? ¿Cómo afectará esto a los colonos?

Paul Revere avisó a los colonos que los británicos se acercaban.

Causa y efecto Al leer, presta atención a las causas de las primeras batallas de la Guerra de Independencia.

La cabalgata de Paul Revere

La noche del 18 de abril de 1775, setecientos soldados británicos comenzaron a avanzar desde Boston. Iban a **Concord,** un pueblo ubicado a unas 20 millas al noroeste de Boston. Durante el año anterior, las milicias patriotas habían empezado a almacenar armas en Concord. Ahora los soldados británicos tenían órdenes de "capturar y destruir" todas las armas.

Existían rumores de que los británicos tenían también otro objetivo: arrestar a Samuel Adams y a **John Hancock.** Al igual que Adams, Hancock era un importante patriota en Boston. Ambos se encontraban en Lexington, un pueblo entre Boston y Concord.

Los británicos no querían que las milicias de **Lexington** y Concord se enteraran de su avance, por eso el general Gage puso guardias adicionales y les dio órdenes estrictas de que no permitieran a ningún colono salir de Boston esa noche.

Sin embargo, Paul Revere se había enterado de sus planes secretos. Salió a avisar a las milicias de Lexington y Concord. "Dos amigos me ayudaron a cruzar el río Charles en bote", escribió más tarde. Corriendo un gran peligro, pasaron cerca de un barco de guerra británico. Después, Revere cabalgó hacia el oeste, "sobre un magnífico caballo", mientras gritaba su advertencia de que los británicos se acercaban.

"Advertí a todos los hogares por los que pasé hasta llegar a Lexington", escribió luego. Al mismo tiempo, un zapatero llamado **William Dawes** convenció a los guardias británicos de Boston Neck para que lo dejaran pasar. Dawes también cabalgó hacia Lexington, avisando a todos a su paso.

Revere llegó a Lexington primero. Alertó a Adams y a Hancock, quienes prepararon su escape. Cuando Dawes llegó, él y Revere cabalgaron juntos hacia Concord, donde se les unió el joven médico **Samuel Prescott.**

Los soldados británicos vieron a los tres jinetes en el camino y les ordenaron que se detuvieran. Lograron capturar a Revere. Dawes saltó de su caballo y huyó hacia el bosque. Prescott escapó y llegó a Concord. Allí avisó a los milicianos que se prepararan.

REPASO ¿Cuál fue el efecto de la cabalgata de Revere, Dawes y Prescott?
Causa y efecto

Literatura y estudios sociales

La cabalgata de Paul Revere

En 1863, Henry Wadsworth Longfellow escribió sobre la cabalgata nocturna de Paul Revere. A continuación aparece una traducción de las dos primeras estrofas de su famoso poema.

Escuchen hijos míos si quieren saber
cómo cabalgó de noche Paul Revere
el dieciocho de abril del setenta y cinco;
muertos están quienes, con gran contento,
recordar podrían tan histórico momento.
A su amigo dijo: "Si esta noche, de la ciudad
los británicos marcharan por tierra o por mar,
en la torre de Old North un farol has de colgar
—uno si por tierra, dos si por mar— será la señal
yo en la orilla opuesta, dispuesto a cabalgar estaré
y la noticia por toda villa, aldea o granja de
Middlesex difundiré
¡despierten, campesinos, y alisten sus armas!,
gritaré".

El disparo que se oyó en todo el mundo

A las 5 de la mañana del 19 de abril, William Diamond, un joven de dieciséis años, empezó a tocar su tambor. Ésa era la señal para que vinieran los milicianos de Lexington. Unos 70 hombres se reunieron; entre ellos 12 adolescentes y tres hombres mayores de 60 años. Prince Estabrook fue uno de varios afroamericanos que respondieron al llamado a las armas.

Los patriotas llevaban tambores como éste a la batalla.

John Parker, capitán de los milicianos de Lexington, dio a sus hombres esta orden:

> ***"No retrocedan ni disparen primero, pero si ellos desean la guerra, aquí ha de comenzar".***

Los soldados británicos entraron en Lexington y rodearon a los milicianos del capitán Parker. El mayor británico John Pitcairn gritó a los milicianos: "¡Villanos, rebeldes! ¡Entreguen sus armas!". Después alguien disparó, no se sabe exactamente de qué bando. Los soldados británicos empezaron a disparar a los milicianos. Ocho milicianos murieron y nueve resultaron heridos.

DESTREZA: MAPAS

Las batallas de Lexington y Concord, abril de 1775

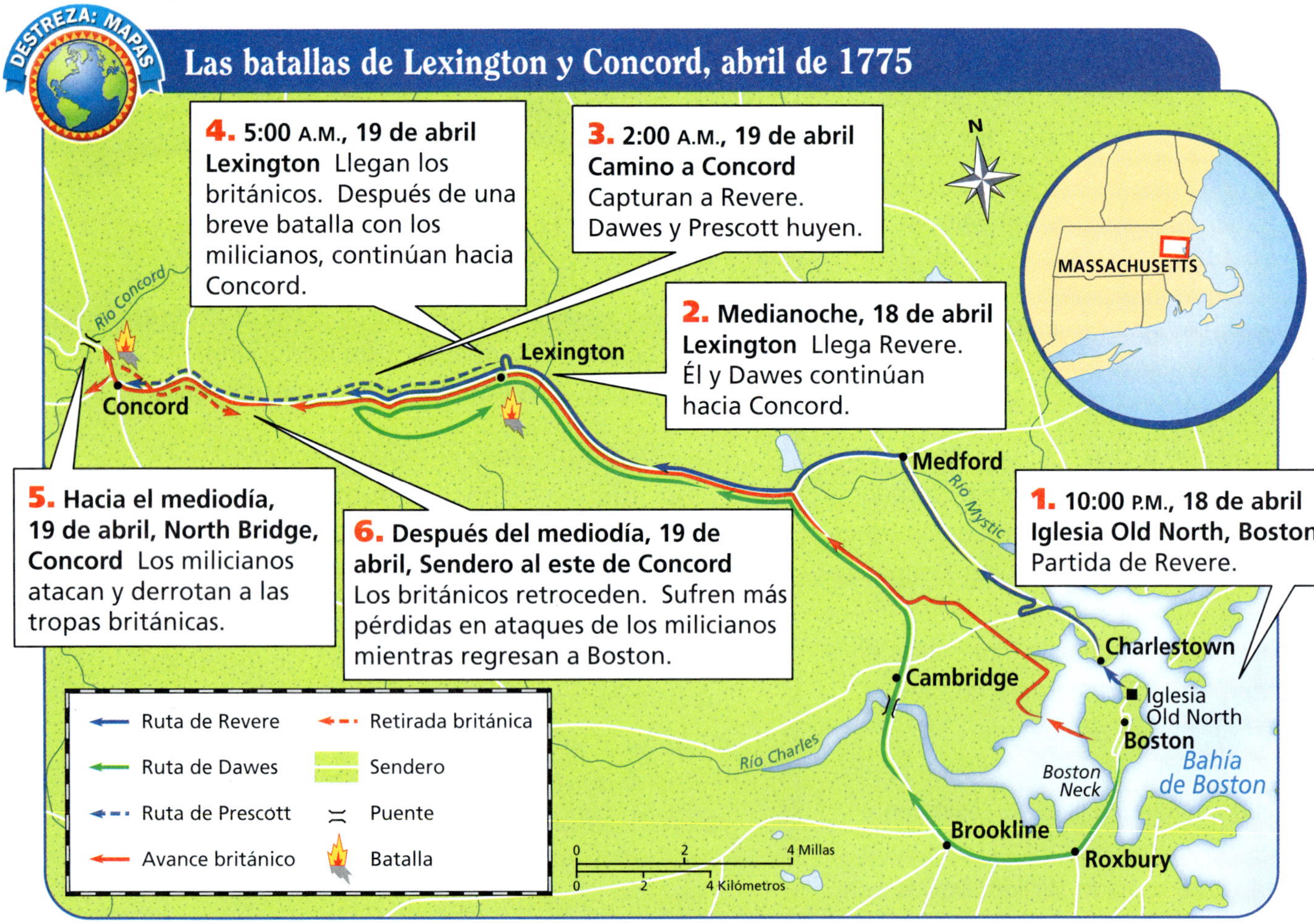

1. 10:00 P.M., 18 de abril
Iglesia Old North, Boston Partida de Revere.

2. Medianoche, 18 de abril
Lexington Llega Revere. Él y Dawes continúan hacia Concord.

3. 2:00 A.M., 19 de abril
Camino a Concord Capturan a Revere. Dawes y Prescott huyen.

4. 5:00 A.M., 19 de abril
Lexington Llegan los británicos. Después de una breve batalla con los milicianos, continúan hacia Concord.

5. Hacia el mediodía, 19 de abril, North Bridge, Concord Los milicianos atacan y derrotan a las tropas británicas.

6. Después del mediodía, 19 de abril, Sendero al este de Concord Los británicos retroceden. Sufren más pérdidas en ataques de los milicianos mientras regresan a Boston.

N
MASSACHUSETTS
Río Concord
Concord
Lexington
Medford
Río Mystic
Charlestown
Iglesia Old North
Boston
Cambridge
Río Charles
Boston Neck
Bahía de Boston
Brookline
Roxbury

- Ruta de Revere
- Ruta de Dawes
- Ruta de Prescott
- Avance británico
- Retirada británica
- Sendero
- Puente
- Batalla

0 2 4 Millas
0 2 4 Kilómetros

Paul Revere viajó en bote y luego a caballo para alertar a los colonos de Lexington.

DESTREZA: MAPAS **Usar la escala del mapa** ***¿Aproximadamente cuántas millas viajó Paul Revere desde la iglesia Old North hasta Lexington?***

Colección Grainger

Los milicianos y las tropas británicas se enfrentaron en la Batalla de Lexington.

Sólo un soldado británico fue herido en la breve Batalla de Lexington. Los británicos vitorearon y siguieron su marcha hacia Concord.

El primer disparo en Lexington se llegó a conocer como "el disparo que se oyó en todo el mundo". Pero la lucha de ese día apenas había comenzado. Los soldados británicos llegaron a Concord y buscaron armas, pero no hallaron ninguna: las mujeres de Concord las habían escondido en los campos y graneros del pueblo.

Mientras tanto, milicianos de pueblos vecinos empezaron a llegar a Concord y, de pronto, los patriotas superaron a los británicos en número. Después de una breve batalla en North Bridge, en Concord, los británicos comenzaron su larga retirada de 20 millas hasta Boston. Busca su ruta en el mapa de la página 288.

Durante el camino, miles de patriotas les disparaban. "Nos disparaban desde las casas, desde detrás de los árboles... nos disparaban de todos lados", dijo el teniente británico John Parker.

Cuando por fin llegaron a la seguridad de Boston, los británicos habían sufrido graves pérdidas: alrededor de 250 soldados muertos o heridos. A su vez, cerca de 50 patriotas murieron y unos 40 resultaron heridos. Se iniciaba así la **Guerra de Independencia.**

REPASO Haz una lista de la secuencia de los sucesos ocurridos el 19 de abril de 1775. Comienza con la orden de John Parker a los milicianos y termina con la retirada de los británicos. **Secuencia**

Los milicianos llevaban esta bandera en la Batalla de Concord.

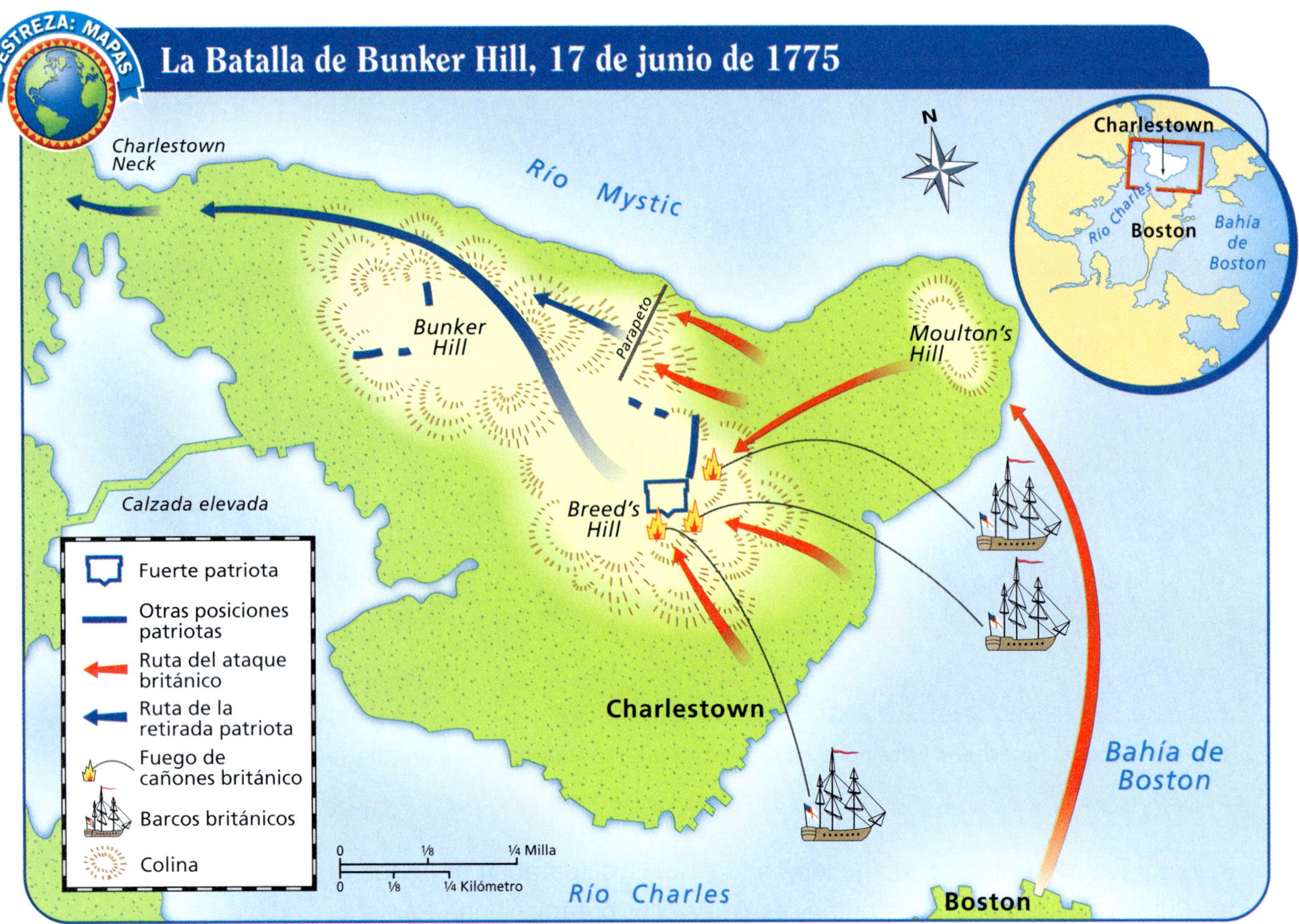

La Batalla de Bunker Hill se llevó a cabo en la península de Charlestown.

DESTREZA: MAPAS **Seguir las rutas** ***¿Cuál fue la dirección que tomaron los colonos en su retirada de Breed's Hill?***

La Batalla de Bunker Hill

La noche del 16 de junio, el coronel patriota **William Prescott** encabezó la marcha de unos 1,200 hombres en las colinas de **Charlestown.** Busca Charlestown en el mapa de arriba. Fíjate que tanto Bunker Hill como Breed's Hill están cerca de Boston. Los patriotas sabían que si controlaban esas colinas, podrían dispararles con cañones a los británicos que se encontraban en Boston. Su objetivo era obligarlos a abandonar la ciudad.

Los hombres de Prescott trabajaron toda la noche. Construyeron un fuerte con troncos de madera y lodo en Breed's Hill. Cuando los británicos despertaron a la mañana siguiente, se sorprendieron al ver el fuerte, y los generales decidieron reconquistar la colina antes de que fuera demasiado tarde. Más de 2,000 soldados británicos se prepararon para el ataque.

Cansados y hambrientos después de una larga noche de trabajo, los patriotas se prepararon para el ataque británico. En el último momento, el coronel Prescott dio a sus hombres este consejo:

> ***"No disparen sino hasta ver el blanco de sus ojos".***

Primero, los barcos británicos dispararon contra el fuerte. Después, los soldados británicos empezaron su marcha hacia Breed's Hill. "El enemigo avanzaba y disparaba con saña hacia el fuerte", dijo Prescott. Los patriotas esperaban. Una vez que los británicos estuvieron a unos 100 pies del fuerte, las armas de los patriotas estallaron con fuego letal. Los británicos retrocedieron. Volvieron a la carga y otra vez fueron obligados a retroceder.

A los hombres de Prescott casi no les quedaban municiones. Al grito de "¡Adelante!", los británicos atacaron por tercera vez y capturaron la colina. La batalla había terminado. Aunque la lucha fue en Breed's Hill, la batalla se conoce como la **Batalla de Bunker Hill** por el nombre de una colina cercana.

A pesar de que los británicos ganaron esta batalla, la victoria les costó muy cara. Más de 1,000 soldados británicos resultaron muertos o heridos mientras que los patriotas tuvieron 400 muertos o heridos. Aunque los patriotas perdieron la batalla, se sentían orgullosos de la forma en que lucharon. Simples granjeros y artesanos se habían enfrentado al poderoso ejército británico. "Me gustaría venderles otra colina al mismo precio", dijo el general patriota Nathanael Greene.

REPASO Compara los resultados de la Batalla de Bunker Hill desde el punto de vista de los británicos y el de los patriotas. **Comparar y contrastar**

Resume la lección

18 de abril de 1775 Paul Revere alertó a los colonos de que los británicos se acercaban a Lexington y Concord.

19 de abril de 1775 Comenzó la Guerra de Independencia con las batallas de Lexington y Concord.

17 de junio de 1775 Tropas británicas y patriotas lucharon en la Batalla de Bunker Hill.

LECCIÓN 3 REPASO

Verifica hechos e ideas principales

1. **Causa y efecto** En una hoja aparte, escribe los dos efectos que faltan de las primeras batallas de la Guerra de Independencia.

Causa	Efectos
Los británicos y los patriotas se enfrentaron en las batallas de Lexington, Concord y Bunker Hill.	

2. ¿Cómo avisó Paul Revere a los colonos que los británicos se acercaban?
3. ¿Qué pasó en la Batalla de Lexington?
4. ¿Qué sucesos marcaron el principio de la Guerra de Independencia?
5. **Razonamiento crítico:** ***Hecho u opinión*** Antes de que comenzara la Guerra de Independencia, un representante del gobierno británico dijo que "con sólo un cañonazo" los patriotas huirían "tan rápido como corran sus pies". ¿Fue esto un hecho o una opinión? ¿Cómo lo sabes?

Enlace con la geografía

Dibuja un mapa de la Batalla de Bunker Hill. Marca estos lugares: Boston, Charlestown, Bunker Hill, Breed's Hill y el puerto de Boston. Dibuja y marca el fuerte de los patriotas en Breed's Hill y la línea de ataque de los británicos en la colina. Incluye cualquier ilustración que creas importante, como barcos británicos en la bahía, soldados y banderas.

CAPÍTULO 8 REPASO

1765

1765 Se aprueba la Ley del Timbre

1766 Se deroga la Ley del Timbre

1767 Se aprueban las Leyes Townshend

Resumen del capítulo

Causa y efecto

En una hoja aparte, escribe los tres efectos causados por los intentos de Gran Bretaña de cobrar impuestos a las colonias.

Causa	Efecto
Gran Bretaña comienza a cobrar impuestos a las colonias.	

Vocabulario

Escribe al lado de cada palabra la letra correspondiente a la definición correcta.

1. **Parlamento** (p. 269)
2. **derogar** (p. 270)
3. **arancel** (p. 272)
4. **boicot** (p. 272)
5. **milicias** (p. 281)

a. ejércitos de voluntarios

b. decisión de no comprar ciertos productos

c. impuesto a las importaciones

d. cancelar

e. asamblea encargada de hacer las leyes en Gran Bretaña

Personajes y términos

Escribe una oración que explique por qué cada uno de los siguientes personajes o términos es importante en los sucesos que causaron la Guerra de Independencia de los Estados Unidos. Puedes usar dos o más de ellos en una misma oración.

1. **rey George III** (p. 269)
2. **Ley del Timbre** (p. 269)
3. **Patrick Henry** (p. 270)
4. **Samuel Adams** (p. 270)
5. **Crispus Attucks** (p. 277)
6. **John Adams** (p. 277)
7. **Paul Revere** (p. 278)
8. **Leyes Intolerables** (p. 280)
9. **patriotas** (p. 280)
10. **leales al rey** (p. 280)

1770 — 1775

1770
Masacre de Boston

1773
Motín del Té de Boston

1774
Primer Congreso Continental

1775
Empieza la lucha

Hechos e ideas principales

1. ¿Por qué quería el gobierno británico cobrar impuestos en las colonias?
2. ¿Cuál fue la respuesta británica al Motín del Té?
3. ¿Qué sucesos condujeron a la Batalla de Lexington?
4. **Línea cronológica** ¿Cuántos años pasaron entre la aprobación de la Ley del Timbre y el Primer Congreso Continental?
5. **Idea principal** ¿De qué manera provocó el cobro de impuestos los problemas entre Gran Bretaña y las colonias?
6. **Idea principal** ¿Qué sucesos ocurridos en Boston aceleraron el inicio de la guerra?
7. **Idea principal** ¿Cuáles fueron los resultados de las primeras tres batallas de la Guerra de Independencia?
8. **Razonamiento crítico: *Sacar conclusiones*** ¿Cuál crees que haya sido el principal error del gobierno británico en las colonias antes de 1776? Explica.

Escribe sobre la historia

1. **Escribe una anotación de diario** como si fueras un colono que acabara de pelear en la Batalla de Bunker Hill. Por el resultado de la batalla, ¿pensaste que los patriotas ganarían o perderían la guerra? Escribe todo lo que se te habría ocurrido.
2. **Escribe un cuento imaginario** en el que describas cómo sería la vida hoy en día si los colonos nunca hubieran ganado su independencia.
3. **Escribe un anuncio publicitario** donde se invite a los colonos a unirse al Ejército Continental. Haz un cartel usando lemas, dibujos y otras técnicas publicitarias para llamar la atención.

Aplica las destrezas

Usar fuentes primarias

Lee la siguiente fuente primaria y responde a las preguntas.

> Alarma enviada por el Comité de Watertown, Massachusetts, 19 de abril de 1775
>
> Miércoles por la mañana cerca de las 11 en punto
>
> *A todos los amigos de la libertad, les dejamos saber que esta mañana, antes del amanecer, una brigada de cerca de 1,000 o 1,200 hombres arribó a la granja de Phipp en Cambridge y marchó hacia Lexington, donde encontraron una compañía de nuestra milicia en armas contra la cual dispararon sin ninguna provocación... He hablado con varias personas que han visto los muertos y los heridos.*
>
> J. Palmer, miembro del Comité de Seguridad

1. ¿Cómo sabes que ésta es una fuente primaria?
2. ¿Cuál es el propósito del documento?
3. ¿Cuál es el punto de vista del escritor? ¿Cómo lo sabes?

Actividad en la Internet

Para obtener ayuda con el vocabulario, los personajes y los términos, selecciona el diccionario o la enciclopedia de la *Biblioteca de estudios sociales* en **www.estudiossocialessf.com.**

El triunfo en la Guerra de Independencia

1776

Filadelfia, Pennsylvania
Se firma la Declaración de Independencia.

Lección 1

1

1778

Monmouth, Nueva Jersey
Mary Ludwig Hays pelea por la causa de los patriotas en la Batalla de Monmouth, Nueva Jersey.

Lección 2

2

1781

Yorktown, Virginia
El ejército británico se rinde ante los colonos.

Lección 3

3

Tiempo y lugar

Por qué lo recordamos

El 4 de julio celebramos el nacimiento de nuestra nación. Ese mismo día, en 1776, los representantes de las colonias aprobaron la Declaración de Independencia, la cual anunciaba que las 13 colonias se separaban de Gran Bretaña. Pero, como leerás, muchos más años de lucha contra los británicos fueron necesarios para lograr la independencia. Los colonos luchaban contra el país más poderoso del mundo. Además, los soldados patriotas padecían escasez de alimentos, ropa y municiones, aunque otras naciones y la población civil local los ayudaron. Muchos arriesgaron su vida por la independencia; gracias a su esfuerzo, nacieron los Estados Unidos.

LECCIÓN 1

1775 — 1780

Junio de 1775
El Congreso elige a Washington para dirigir el Ejército Continental

Enero de 1776
Thomas Paine publica *Common Sense (Sentido común)*

4 de julio de 1776
El Congreso aprueba la Declaración de Independencia

EN BREVE

Enfoque en la idea principal
La colonias declararon su independencia de Gran Bretaña en julio de 1776.

LUGARES
Filadelfia, Pennsylvania

PERSONAJES
John Adams
George Washington
John Hancock
Thomas Paine
Richard Henry Lee
Thomas Jefferson

VOCABULARIO
Segundo Congreso Continental
Ejército Continental
Petición de la rama de olivo
Declaración de Independencia
traidor

Se declara la independencia

Estás ahí Se viven momentos tensos en la cámara legislativa de Pennsylvania en Filadelfia, donde el Congreso Continental enfrenta una difícil decisión: ¿Quién comandará el recién formado Ejército Continental?

John Adams se levanta para hablar. Hay un hombre que puede dirigir el ejército y unir a las colonias "mejor que cualquier otra persona en la Unión", dice. Este hombre tiene "capacidad y experiencia" y "grandes habilidades". Los congresistas escuchan con atención; ¿quién será el hombre que Adams está a punto de mencionar?

Adams continúa. La mejor opción es "un caballero de Virginia que está aquí con nosotros y a quien todos conocemos bien", afirma señalando a un hombre alto que se encuentra en el fondo de la habitación. Todos voltean para mirar y Adams dice su nombre: "George Washington".

▶ El Congreso nombró a George Washington jefe del Ejército Continental durante la Guerra de Independencia.

Causa y efecto Al leer, piensa cuáles fueron las razones que tuvo el Congreso Continental para tomar sus decisiones más importantes.

El Segundo Congreso Continental

Como leíste en el capítulo anterior, cuando el Primer Congreso Continental se reunió en 1774, sus miembros acordaron que, de ser necesario, se volverían a reunir un año después. Para la primavera de 1775, definitivamente era necesaria otra reunión. Las milicias coloniales se habían enfrentado a los soldados británicos en Lexington y en Concord y, por lo tanto, los congresistas tenían que tomar decisiones importantes.

El **Segundo Congreso Continental** empezó a reunirse en **Filadelfia** en mayo de 1775. Una de sus primeras acciones fue crear el **Ejército Continental** con soldados de las 13 colonias. Como acabas de leer, **John Adams** propuso a **George Washington** para dirigir al nuevo ejército. Tiempo después, Adams escribió que en cuanto el Congreso empezó a discutir su sugerencia, Washington "con su modestia habitual, se dirigió a la biblioteca".

Dos días después, los congresistas estuvieron listos para anunciar su decisión. **John Hancock,** presidente del Congreso, declaró que se había elegido a Washington "para ser general y comandante en jefe de las fuerzas reunidas y por reunirse, para defender la libertad de los colonos. El Congreso tiene la esperanza de que este caballero acepte".

Washington aceptó y juró dedicar "todas mis facultades" a su nuevo cargo. Luego viajó a Massachusetts para reunirse con sus soldados.

Mientras Washington adiestraba a su ejército cerca de Boston, el Congreso hizo un último intento por evitar la guerra. En julio, envió una carta conocida como la **Petición de la rama de olivo** al rey George III. En ella afirmaba que los colonos aún eran leales a Gran Bretaña y que la guerra podía evitarse si el gobierno británico les otorgaba más libertad para autogobernarse.

El rey George III se negó incluso a leer la petición. Dijo al Parlamento que usaría la fuerza para "dar fin con rapidez" a lo que consideraba una rebelión ilegal en las colonias.

REPASO ¿Por qué el Congreso envió la Petición de la rama de olivo al rey George III? **Causa y efecto**

John Hancock *(izquierda)* y los demás congresistas se reunieron en esta habitación de la cámara legislativa de Pennsylvania, conocida ahora como el Salón Independencia.

"El momento de separarse"

¿Era ya el momento de que las colonias en América se independizaran de los británicos? **Thomas Paine,** un inmigrante recién llegado de Gran Bretaña, insistía en que así era. Después de establecerse en Pennsylvania en 1774, Paine publicó un panfleto llamado *Common Sense (Sentido común)* en enero de 1776. En palabras sencillas, Paine aseguraba que era el "momento de separarse" de Gran Bretaña. "Es nuestro derecho natural tener un gobierno propio", escribió. Las fuertes palabras de Paine convencieron a muchos colonos de que ya era hora de declarar la independencia.

En junio, el Congreso dio un paso decisivo. Un congresista de Virginia llamado **Richard Henry Lee** se levantó y pidió al Congreso que votara por la independencia. Declaró que "estas Colonias Unidas son, y por derecho deben ser, estados libres e independientes". Muchos congresistas estuvieron de acuerdo con Lee, pero el Congreso decidió retrasar la votación por la independencia hasta principios de julio. Antes de votar, los representantes querían asegurarse de que todas las colonias apoyaran la separación de Gran Bretaña. Mientras tanto, el Congreso decidió preparar un documento que explicara por qué las colonias querían su independencia y se formó un comité para redactar la **Declaración de Independencia.**

Los miembros del comité eran Benjamin Franklin, John Adams, Roger Sherman de Connecticut, Robert Livingston de Nueva York, y un abogado virginiano de 33 años llamado **Thomas Jefferson** quien, antes de unirse al Congreso Continental en 1775, había sido miembro de la Cámara de los Burgueses de Virginia. Tenía reputación de ser un hombre tranquilo, muy inteligente y un excelente escritor. Leerás más acerca de Jefferson en la biografía al final de esta lección.

Adams creía que Jefferson debía escribir la Declaración de Independencia, pero Jefferson sentía que esa tarea debería realizarla un político experimentado. No obstante, Adams insistió en que él era la persona adecuada para el trabajo.

—Puedes escribir diez veces mejor que yo —explicó Adams.

—Bien, si estás decidido —dijo Jefferson—, haré mi mejor esfuerzo.

Jefferson trabajó en su habitación alquilada durante las siguientes dos semanas y, a finales de junio, había terminado.

REPASO ¿Cuál era el objetivo de la Declaración de Independencia?
Idea principal y detalles

COMMON SENSE;
ADDRESSED TO THE
INHABITANTS
OF
AMERICA,
On the following interesting
SUBJECTS.

I Of the Origin and Design of Government in general, with concise Remarks on the English Constitution.

II. Of Monarchy and Hereditary Succession.

III Thoughts on the present State of American Affairs.

IV. Of the present Ability of America, with some miscellaneous Reflections.

Written by an ENGLISHMAN.
By Thomas Paine

Man knows no Master save creating Heaven,
Or those whom choice and common good ordain.
THOMSON.

PHILADELPHIA, Printed
And Sold by R. BELL, in Third Street, 1776.

Se vendieron más de 500,000 copias del panfleto *Common Sense.* Thomas Paine *(derecha)* donó el dinero de la venta al Congreso en apoyo a la Guerra de Independencia.

La Declaración de Independencia

En la Declaración de Independencia, Jefferson explicaba con un argumento muy sencillo por qué las colonias debían declararse independientes de Gran Bretaña: porque todos nacemos con ciertos "derechos inalienables", es decir, derechos que nadie puede quitarnos.

> ***"Sostenemos como verdades evidentes que todos los hombres nacen iguales, que están dotados por su Creador de ciertos derechos inalienables, entre los cuales se cuentan el derecho a la Vida, a la Libertad y al alcance de la Felicidad".***

Después, la Declaración decía que si un gobierno abusaba de esos derechos, el pueblo era libre de crear un nuevo gobierno. ¿Había abusado el gobierno británico de los derechos de los colonos? La Declaración insistía en que sí.

> ***"La historia del actual rey de Gran Bretaña es una historia de agravios repetidos".***

La Declaración enumeraba los "agravios", que incluían muchas de las cosas sobre las que leíste en el Capítulo 8. Por ejemplo, una de las acusaciones contra el rey era: "imponernos impuestos sin nuestro consentimiento".

Luego, la Declaración continuaba diciendo que puesto que el rey había abusado de su poder, los colonos habían decidido declarar la independencia y tenían derecho a crear un gobierno propio.

> ***"En consecuencia, nosotros, los representantes de los Estados Unidos de América… solemnemente publicamos y declaramos que estas Colonias Unidas son, y de derecho deben ser, estados libres e independientes".***

Por último, la Declaración terminaba con un valeroso juramento. Los firmantes del documento acordaron defender su nueva nación con "nuestras vidas, nuestros bienes y nuestro honor sagrado".

REPASO De acuerdo con la Declaración de Independencia, ¿cuáles son los tres "derechos inalienables"? **Resumir**

▶ **Thomas Jefferson *(izquierda)* trabajó con John Adams *(centro)* y con Benjamin Franklin *(derecha)* en la Declaración de Independencia. Aquí se muestra un borrador de la Declaración.**

Una decisión peligrosa

Cuando el Congreso aprobó la Declaración de Independencia el 4 de julio de 1776, hubo celebraciones desde Nueva Inglaterra hasta Georgia. En Nueva York, los patriotas derribaron una estatua del rey George III y fundieron el metal para fabricar balas para el Ejército Continental.

En agosto, los congresistas se reunieron para firmar la Declaración de Independencia. Sabían que sería peligroso firmar este documento, pues el rey George III los consideraría traidores. Un **traidor** es alguien que actúa en contra de su propio país. Durante la Guerra de Independencia, se ahorcaba a los traidores.

John Hancock firmó el documento primero; luego, advirtió a los demás firmantes: "No debemos ir en diferentes direcciones. Todos debemos permanecer unidos". Benjamin Franklin estuvo de acuerdo y agregó su propia advertencia: "Verdaderamente debemos mantenernos unidos, o sin duda a todos nos ahorcarán". Ahora todo dependía del resultado de la guerra.

REPASO ¿Por qué era peligroso firmar la Declaración de Independencia?
Idea principal y detalles

Resume la lección

- **Junio de 1775** George Washington asumió el mando del Ejército Continental.
- **Enero de 1776** El panfleto de Thomas Paine, *Common Sense,* insistía en la separación de Gran Bretaña.
- **4 de julio de 1776** El Congreso Continental aprobó la Declaración de Independencia.

LECCIÓN 1 REPASO

Verifica hechos e ideas principales

1. **Causa y efecto** En una hoja aparte, indica cuáles son los efectos de los principales sucesos de esta lección.

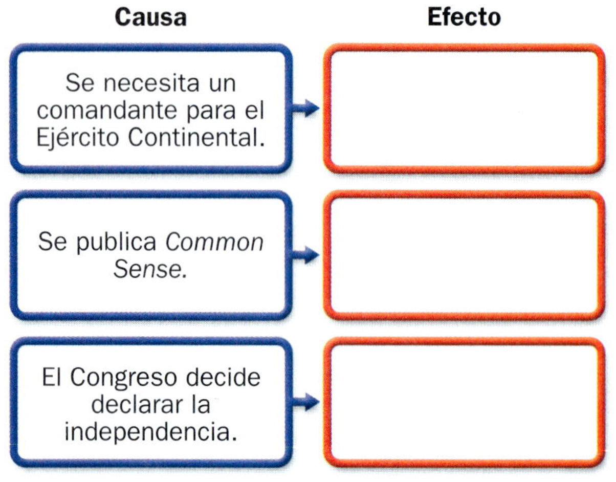

Causa
Efecto
Se necesita un comandante para el Ejército Continental.
Se publica *Common Sense.*
El Congreso decide declarar la independencia.

2. Describe dos decisiones importantes que tomó el Congreso Continental.

3. ¿Cómo contribuyó *Common Sense,* de Tomas Paine, a que se aprobara la Declaración de Independencia?

4. Describe el papel de Thomas Jefferson en la creación de la Declaración de Independencia.

5. **Razonamiento crítico: *Punto de vista*** En tu opinión, ¿se necesitaba valor para firmar la Declaración de Independencia? ¿Por qué sí o por qué no?

Enlace con la escritura

Escribe una declaración Imagina que vas a ayudar a escribir la Declaración de Independencia. ¿Qué derechos incluirías como "derechos inalienables"? Escribe un párrafo donde indiques esos derechos y explica por qué son importantes. Recuerda empezar tu párrafo con una oración introductoria.

BIOGRAFÍA

Thomas Jefferson

1743–1826

Thomas Jefferson era alto, delgado, pelirrojo, pecoso, temperamental y reservado, y le gustaba que le llamaran Tom. Más tarde escribiría lo siguiente con respecto al momento más difícil de su juventud:

> ***"...debí hacerme cargo de mi vida, sin un conocido o amigo calificado que me guiara...".***

Su padre, con quien Tom tenía una relación muy estrecha, acababa de morir y ahora, aunque tenía más familia, se sentía solo en el mundo. Como su padre lo había deseado, Tom dejó el hogar para asistir a la escuela. Siempre había sido brillante, pero ahora quería aprender todo lo que había por conocer. Con frecuencia pasaba 14 horas diarias estudiando. Sus compañeros de clase recordaban que Tom siempre tenía libros en los bolsillos, incluso cuando jugaba.

BIODATO

Jefferson escribió el borrador de la Declaración de Independencia en este escritorio portátil.

Como adulto, Jefferson consideró sus años escolares como una época importante. Se recuperó de su pena y decidió dedicarse a estudiar, lo cual habría de recompensarlo el resto de su vida. Cuando sólo tenía 33 años, Thomas Jefferson fue elegido para escribir la Declaración de Independencia de nuestra nación.

Aprende de las biografías

¿Qué papel desempeñó el estudio en la vida del joven Tom Jefferson?

Para más información, visita *Personajes de la historia* en **www.estudiossocialessf.com.**

LECCIÓN 2

EN BREVE

Enfoque en la idea principal
La aportación de muchas personas contribuyó a que el Ejército Continental ganara importantes batallas.

LUGARES
fuerte Ticonderoga
Trenton, Nueva Jersey
Saratoga, Nueva York
Valley Forge, Pennsylvania

PERSONAJES
Ethan Allen
Henry Knox
Nathan Hale
John Burgoyne
Thaddeus Kosciusko
Benedict Arnold
Peter Salem
James Armistead
Prince Hall
Martha Washington
Mary Ludwig Hays
Deborah Sampson
Phillis Wheatley

VOCABULARIO
Green Mountain Boys
mercenario
Batalla de Saratoga

1775 — 1780

Diciembre de 1776 Washington toma Trenton

Octubre de 1777 Los colonos derrotan a los británicos en Saratoga

Invierno de 1777–1778 El Ejército Continental padece durante el invierno en Valley Forge

Patriotas en guerra

Estás ahí Está a punto de amanecer este 10 de mayo de 1775. Otra mañana tranquila en el fuerte británico Ticonderoga, junto al lago Champlain. Sólo hay un guardia, dormitando, fuera del fuerte.

De repente, el guardia abre los ojos y ve que unos 80 hombres avanzan a la carga hacia él. Se levanta, dispara su mosquete y corre hacia el interior del fuerte.

Los hombres gritan mientras cruzan corriendo la puerta abierta del fuerte. Al frente, gritando y agitando su espada, va un hombre de seis pies y seis pulgadas: Ethan Allen.

Allen y sus hombres rodean el cuartel general del comandante británico. Mientras golpea la puerta, Allen —según se reportó después— exige: "¡Sal de ahí, vieja rata!". El oficial británico sale y ve que está rodeado; entonces, entrega el fuerte a Allen.

Ethan Allen exige a los británicos entregar el fuerte Ticonderoga.

Secuencia Al leer, presta atención a la secuencia de los sucesos importantes ocurridos durante la Guerra de Independencia.

Washington toma el mando

Ethan Allen era famoso por su fuerza y valentía. En Vermont, donde vivía, circulaban historias sobre sus luchas contra osos y pumas. Allen era también un patriota declarado. Dirigió un grupo de soldados de Vermont que se hacían llamar ***Green Mountain Boys.*** La toma del **fuerte Ticonderoga** en mayo de 1775 fue una de las primeras victorias importantes de los colonos, pues gracias a ésta no sólo obtuvieron un fuerte, sino también los muy necesitados cañones británicos.

George Washington estaba decidido a tener esos cañones. Su ejército había rodeado las tropas británicas en Boston y con los cañones podría obligarlas a abandonar esa importante ciudad. Washington envió a un joven coronel llamado **Henry Knox** a recoger los cañones: una tarea nada fácil, pues algunos pesaban más de 5,000 libras. Knox y sus hombres construyeron trineos y usaron caballos y bueyes para arrastrarlos 250 millas sobre la nieve. Al pasar por los pueblos, recibían ovaciones y saludos de los lugareños.

Washington colocó los cañones en las colinas de Boston. Cuando los británicos vieron que les apuntaban, decidieron dejar la ciudad. Un diario patriota informó: "Esta mañana, el ejército británico en Boston... huyó ante el ejército de las Colonias Unidas".

Washington informó de su victoria al Congreso "con una enorme satisfacción", pero sabía que aún faltaba mucho para que los colonos ganaran la guerra. Los británicos tenían la mejor marina de guerra del mundo, y sus soldados estaban bien entrenados y equipados. Además, tenían dinero para contratar cientos de mercenarios alemanes. Los **mercenarios** son soldados de un país que reciben dinero para luchar por otro país. Estaba claro que el rey George III estaba decidido a derrotar a los patriotas.

REPASO ¿Cómo contribuyó la toma del fuerte Ticonderoga a la victoria patriota en Boston?
Causa y efecto

Henry Knox y sus hombres arrastraron más de 50 cañones desde el fuerte Ticonderoga hasta Boston.

Museo Metropolitano de Arte

Washington y su ejército cruzan el río Delaware para atacar Trenton, Nueva Jersey, por sorpresa.

Derrota y victoria

Después de la victoria de Boston, las cosas empezaron a salir mal para el Ejército Continental. Durante el verano de 1776, Washington había sufrido varias derrotas en la Ciudad de Nueva York, por lo que decidió enviar espías al campamento británico para conocer los planes militares del enemigo. **Nathan Hale,** un maestro de 21 años, fue uno de los que se ofrecieron como voluntarios para este peligroso trabajo. Hale se infiltró en las líneas enemigas y empezó a obtener información, pero fue capturado y condenado a muerte. Se cuenta que antes de ser ahorcado, dijo a sus captores británicos:

"Sólo me arrepiento de no tener más que una vida que perder por mi país".

El ejército de Washington se retiró a Nueva Jersey. Después de marchar a través de la ciudad, las tropas cruzaron el río Delaware y acamparon en Pennsylvania en diciembre de 1776. Ésta fue una mala época para los soldados; tenían poca comida y ropa, se enfermaban con frecuencia y padecían frío y hambre. Un soldado de 17 años llamado Joseph Plumb Martin escribió que horneaban pasteles de trigo insípidos, "tan duros como para romper los dientes de una rata".

Washington decidió que era el momento de entrar en acción y planeó el ataque a **Trenton, Nueva Jersey.** Trenton estaba en poder de un ejército de mercenarios alemanes conocidos como hessianos, pues la mayoría venía de la región de Hesse en Alemania. Washington esperaba tomarlos por sorpresa. En una carta a otro oficial, describió así su plan: "El día de Navidad por la noche… es el momento fijado para nuestro ataque a Trenton. Por el amor de Dios, mantén el secreto".

Los soldados de Washington empezaron a cruzar el río Delaware después del atardecer del 25 de diciembre. "La noche era fría y tormentosa; granizaba violentamente", escribió Henry Knox. "El hielo que flotaba en el río hacía la labor casi imposible".

A la mañana siguiente, temprano, el Ejército Continental atacó Trenton. Los hombres de Washington sorprendieron a los hessianos, capturaron a casi 1,000 de ellos y tomaron la ciudad. La victoria dio nuevas esperanzas a muchos colonos. "Éste es un glorioso día para nuestro país", dijo Washington.

REPASO ¿Por qué fue importante para los colonos la victoria de Washington en Trenton? **Resumir**

El momento crucial

Cuando terminó el invierno, los británicos retomaron la ofensiva. El general británico **John Burgoyne** navegó por el lago Champlain hacia el sur con un ejército de más de 7,000 soldados. Su objetivo era tomar Albany, Nueva York, y continuar hacia el sur por el río Hudson. Fíjate en el mapa y entenderás la estrategia británica. Al controlar el lago Champlain y el río Hudson, los británicos podían dividir las colonias en dos. Burgoyne predijo que eso terminaría con la Guerra de Independencia. Las órdenes de sus soldados eran sencillas: "Este ejército no debe retroceder".

Pero el enorme Ejército Continental estaba en el camino de Burgoyne. **Thaddeus Kosciusko,** un ingeniero polaco que se había unido a los colonos, diseñó un fuerte cerca de la ciudad de **Saratoga,** el lugar donde el Ejército Continental planeaba detener el avance británico.

Los dos ejércitos se enfrentaron a finales de septiembre y principios de octubre en una lucha que se conoce como la **Batalla de Saratoga.** Uno de los personajes principales en la victoria de Saratoga fue el general **Benedict Arnold,** quien condujo cada uno de los ataques contra los británicos al grito de "¡Vamos, muchachos valientes, vamos!".

El ejército de Burgoyne sufrió graves pérdidas en la batalla. Además, se estaba quedando sin comida, y el Ejército Continental crecía día con día con voluntarios de los pueblos cercanos que llegaban al campo patriota. El 17 de octubre de 1777, Burgoyne y su ejército se rindieron al Ejército Continental.

Generalmente se considera que la Batalla de Saratoga fue el momento crucial de la Guerra de Independencia. La derrota del poderoso ejército británico demostró al mundo que el Ejército Continental podía ganar la guerra. En Francia, Benjamin Franklin había intentado convencer al gobierno francés de ayudar a los patriotas, pero los franceses no estaban seguros de que los patriotas pudieran derrotar a los británicos. Después de Saratoga, Francia accedió a unirse en la lucha contra su viejo enemigo, Gran Bretaña.

La Batalla de Saratoga fue también un momento crucial para Benedict Arnold. Este oficial resultó herido en combate y nunca volvió a dirigir las tropas patriotas en batalla. En 1780, Arnold sacudió al país cuando se unió al ejército británico a cambio de dinero. Hasta la fecha, Benedict Arnold es uno de los traidores más famosos de la historia de los Estados Unidos.

DESTREZA: MAPAS

La Batalla de Saratoga, 1777

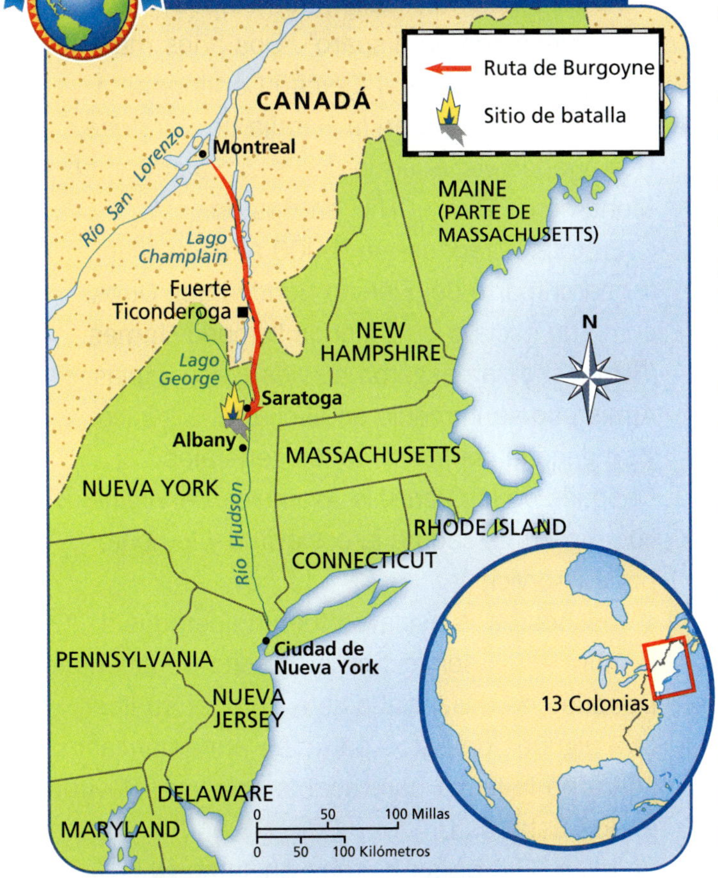

▶ **El avance británico fue detenido cerca de Saratoga, Nueva York.**

DESTREZA: MAPAS Usar la escala del mapa

¿Cuántas millas recorrió la ruta de Burgoyne, de Montreal a Saratoga?

REPASO ¿Por qué los británicos querían controlar el lago Champlain y el río Hudson? **Sacar conclusiones**

Peter Salem ***(a la izquierda, disparando un mosquete)*** **fue uno de los héroes patriotas en la Batalla de Bunker Hill.**

Los afroamericanos y la Guerra de Independencia

Ambos bandos animaron a los afroamericanos a luchar en su ejército. En los inicios de la guerra, el gobernador de Virginia leal al rey, Lord Dunmore, ofreció libertad a todos los esclavos que lograran escapar de sus propietarios y luchar del lado británico. Dunmore reunió más de 500 soldados afroamericanos. Un diario informó que su uniforme incluía las palabras "libertad para los esclavos". Cuando terminó la guerra, miles de afroamericanos habían obtenido su libertad al servicio del ejército británico; otros miles se unieron a los leales al rey que habían huido a Canadá, controlado por Gran Bretaña.

También del lado de los patriotas lucharon muchos afroamericanos, pues creían que una guerra por la libertad debía traducirse en libertad para todos los que vivían en América, incluidos los esclavos. Los soldados afroamericanos lucharon en casi todas las batallas de la guerra. **Peter Salem** se hizo de fama en Bunker Hill al no ceder frente al ataque encabezado por John Pitcairn. Este oficial británico escaló el muro del fuerte patriota al grito de "¡El día es nuestro!". Los registros de la batalla indican que en cuanto Pitcairn terminó su proclama, "Salem, un soldado negro... lo atravesó con un disparo". Dos años más tarde, Salem ayudó al Ejército Continental a alcanzar la victoria en la Batalla de Saratoga. Hoy puedes ver el arma de Peter Salem en el Monumento Bunker Hill, en Boston.

En total, alrededor de 5,000 afroamericanos formaron parte del Ejército Continental. Otros, como un esclavo de 21 años llamado **James Armistead,** arriesgaron su vida como espías. Armistead se introdujo en el cuartel británico y se ganó la confianza de los generales. Después de la guerra, la Asamblea de Virginia liberó a Armistead de la esclavitud y lo honró por su servicio.

Muchos otros esclavos fueron liberados a cambio de su servicio en el Ejército Continental. Después de ayudar al país a obtener su libertad, algunos de estos patriotas afroamericanos lideraron la lucha para acabar con la esclavitud en los Estados Unidos. **Prince Hall** fue uno de ellos. Leerás su historia en Temas y perspectivas, páginas 310 y 311.

REPASO ¿Cómo contribuyó Peter Salem a la Guerra de Independencia? **Resumir**

Las mujeres en la Guerra de Independencia

Encontrar soldados era tan sólo uno de los problemas de Washington. Además, su ejército nunca parecía tener suficiente equipo, ropa abrigadora o alimentos. "Ningún ejército ha estado peor abastecido que el nuestro", escribió Washington. Esto explica por qué sus hombres se cuadraron y vitorearon un día helado de 1778 cuando varias mujeres llegaron al campo con 10 carretas llenas de comida.

Durante la guerra, las mujeres patriotas ayudaron a mantener vivo el espíritu independentista reuniendo alimentos y dinero, y haciendo ropa para los soldados. Una de las más activas fue Martha Washington, la esposa de George Washington.

Martha Washington viajó muchas veces con el ejército. En la mañana cocinaba, repartía alimentos y visitaba a los soldados heridos. Por las tardes, se unía a otras mujeres para tejer calcetines y remendar uniformes.

Una joven llamada **Mary Ludwig Hays** contribuyó a la lucha por la independencia de una manera diferente. Arriesgando su vida en la línea de fuego enemiga, llevaba vasijas de agua al campo de batalla para que los soldados bebieran. Los soldados la apodaban "Molly vasijas". Cuando su esposo se desmayó por el calor durante la batalla de Monmouth, en Nueva Jersey, Molly tomó su lugar y ayudó a disparar cañones contra los británicos.

Otra mujer que se unió a la lucha fue **Deborah Sampson,** de 21 años. En mayo de 1782, se vistió de hombre y se incorporó al Ejército Continental con el nombre de Robert Shurtleff. Nadie sabía que era mujer; luchó en varias batallas y fue herida dos veces antes de que se descubriera su secreto. Su comandante, el coronel Henry Jackson, recordó a Sampson como "un buen y leal soldado".

Otras mujeres contribuyeron a la lucha con su pluma. Mercy Otis Warren, quien ya había ayudado a boicotear el té británico, escribió obras de teatro que apoyaban la Guerra de Independencia. Abigail Adams, la esposa de John Adams, escribió atrevidas cartas de apoyo a la independencia. Habló también en favor de los derechos de la mujer y pidió a John Adams que "recordara a las damas" cuando creara las leyes para el nuevo país. Una joven afroamericana llamada **Phillis Wheatley** publicó poemas que apoyaban la independencia y se oponían a la esclavitud. Leerás más acerca de la notable vida de Wheatley en la biografía de la página 309.

REPASO ¿Cómo apoyaron las mujeres la guerra? **Resumir**

▶ **Martha Washington *(arriba)* y Mary Ludwig Hays *(izquierda)*, dos de las muchas mujeres que fueron patriotas activas**

El invierno en Valley Forge

Tal vez la victoria de Saratoga fue el momento crucial de la Guerra de Independencia, pero la guerra aún estaba lejos de terminar. A finales de 1777, los británicos tomaron Filadelfia. El ejército de Washington marchaba hacia **Valley Forge,** Pennsylvania, y acampó para pasar el invierno.

Washington sabía que sería un invierno difícil. El ejército vivía una escasez peligrosa de alimento y ropa de invierno. Muchos soldados no tenían ni siquiera zapatos y, cuando caminaban, dejaban un rastro de sangre con los pies. Mientras hacían guardia, los hombres se paraban sobre su sombrero para evitar que los pies descalzos se les congelasen en la nieve.

Durante el invierno en Valley Forge, más de 2,500 hombres murieron de hambre, frío y enfermedades. Washington trabajó incansablemente para conseguir alimentos y ropa para sus hombres. "Lamento sus sufrimientos", escribió. Washington hacía lo posible por mantener a su ejército unido.

REPASO ¿Qué causó la muerte de miles de soldados en Valley Forge? Causa y efecto

Resume la lección

- **1776** El general Washington sorprendió a los mercenarios hessianos en Trenton, Nueva Jersey, y tomó la ciudad.
- **1777** La victoria del Ejército Continental en Saratoga, Nueva York, fue un momento crucial de la guerra.
- **1777–1778** Con pocas provisiones, el Ejército Continental padeció durante el invierno en Valley Forge, Pennsylvania.

LECCIÓN 2 REPASO

Verifica hechos e ideas principales

1. **Secuencia** En una hoja aparte, completa el siguiente organizador gráfico escribiendo en el orden correcto los cuatro sucesos principales de esta lección.
2. ¿Cómo obligó Washington a los británicos a abandonar Boston?
3. Describe un efecto importante de la victoria de los patriotas en Saratoga.
4. **Razonamiento Crítico: *Hecho u opinión*** Cuando comenzó la guerra, algunos patriotas no creían que los afroamericanos fueran buenos soldados en el Ejército Continental. ¿Esto era un hecho o una opinión? ¿Cómo lo sabes?
5. Describe tres maneras en que las mujeres apoyaron la Guerra de Independencia.

Enlace con la lectura

Lee acerca de la Guerra de Independencia En la biblioteca o en la Internet, lee más sobre un héroe patriota de esta lección. Escribe un informe de una página acerca de ese personaje. ¿Cómo contribuyó a la victoria en la Guerra de Independencia?

BIOGRAFÍA

Phillis Wheatley

alrededor de 1753–1784

Phillis Wheatley tenía siete años cuando fue arrancada de su hogar en África occidental para ser llevada a Boston y vendida como esclava a la rica familia Wheatley.

La familia Wheatley se dio cuenta de que Phillis era extremadamente inteligente y la animó a estudiar, algo que se permitía a muy pocos esclavos. A los 20 años, Phillis cruzó el océano Atlántico por segunda vez cuando viajó a Londres para vender su libro de poemas recién publicado; fue la primera afroamericana que publicó un libro.

Cuando regresó a Boston, Phillis fue liberada de la esclavitud. Siendo ya famosa en Nueva Inglaterra, se convirtió en una firme partidaria de los colonos en su lucha por liberarse de Gran Bretaña. En 1775, escribió un poema acerca del general George Washington; a Washington le gustó tanto el poema que invitó a Phillis Wheatley a visitarlo.

Phillis Wheatley habló en contra de la esclavitud con estas palabras:

"En cada ser humano… Dios ha implantado un principio al que llamamos amor a la libertad".

BIODATO

POEMS
ON
VARIOUS SUBJECTS,
RELIGIOUS AND MORAL.
BY
PHILLIS WHEATLEY,
NEGRO SERVANT to Mr. JOHN WHEATLEY,
of BOSTON, in NEW ENGLAND.

LONDON:
Printed for A. BELL, Bookseller, Aldgate; and sold by
Messrs. COX and BERRY, King-Street, BOSTON.
MDCCLXXIII.

Wheatley fue la primera afroamericana que publicó un libro.

Aprende de las biografías

¿Cómo crees que influyeron las experiencias personales de Phillis Wheatley en su visión de la libertad?

Para más información, visita *Personajes de la historia* en **www.estudiossocialessf.com.**

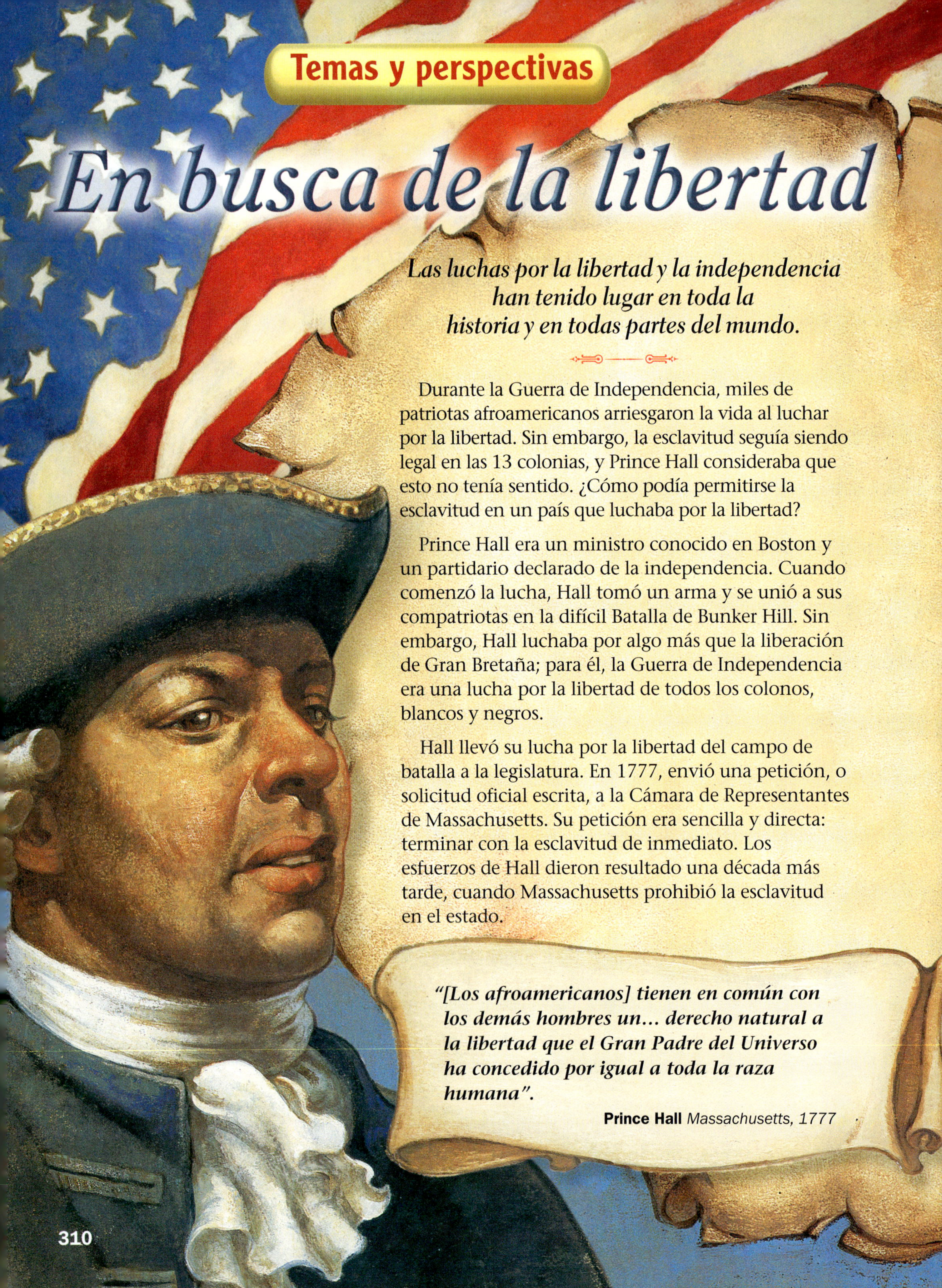

Temas y perspectivas

En busca de la libertad

Las luchas por la libertad y la independencia han tenido lugar en toda la historia y en todas partes del mundo.

Durante la Guerra de Independencia, miles de patriotas afroamericanos arriesgaron la vida al luchar por la libertad. Sin embargo, la esclavitud seguía siendo legal en las 13 colonias, y Prince Hall consideraba que esto no tenía sentido. ¿Cómo podía permitirse la esclavitud en un país que luchaba por la libertad?

Prince Hall era un ministro conocido en Boston y un partidario declarado de la independencia. Cuando comenzó la lucha, Hall tomó un arma y se unió a sus compatriotas en la difícil Batalla de Bunker Hill. Sin embargo, Hall luchaba por algo más que la liberación de Gran Bretaña; para él, la Guerra de Independencia era una lucha por la libertad de todos los colonos, blancos y negros.

Hall llevó su lucha por la libertad del campo de batalla a la legislatura. En 1777, envió una petición, o solicitud oficial escrita, a la Cámara de Representantes de Massachusetts. Su petición era sencilla y directa: terminar con la esclavitud de inmediato. Los esfuerzos de Hall dieron resultado una década más tarde, cuando Massachusetts prohibió la esclavitud en el estado.

"[Los afroamericanos] tienen en común con los demás hombres un... derecho natural a la libertad que el Gran Padre del Universo ha concedido por igual a toda la raza humana".

Prince Hall *Massachusetts, 1777*

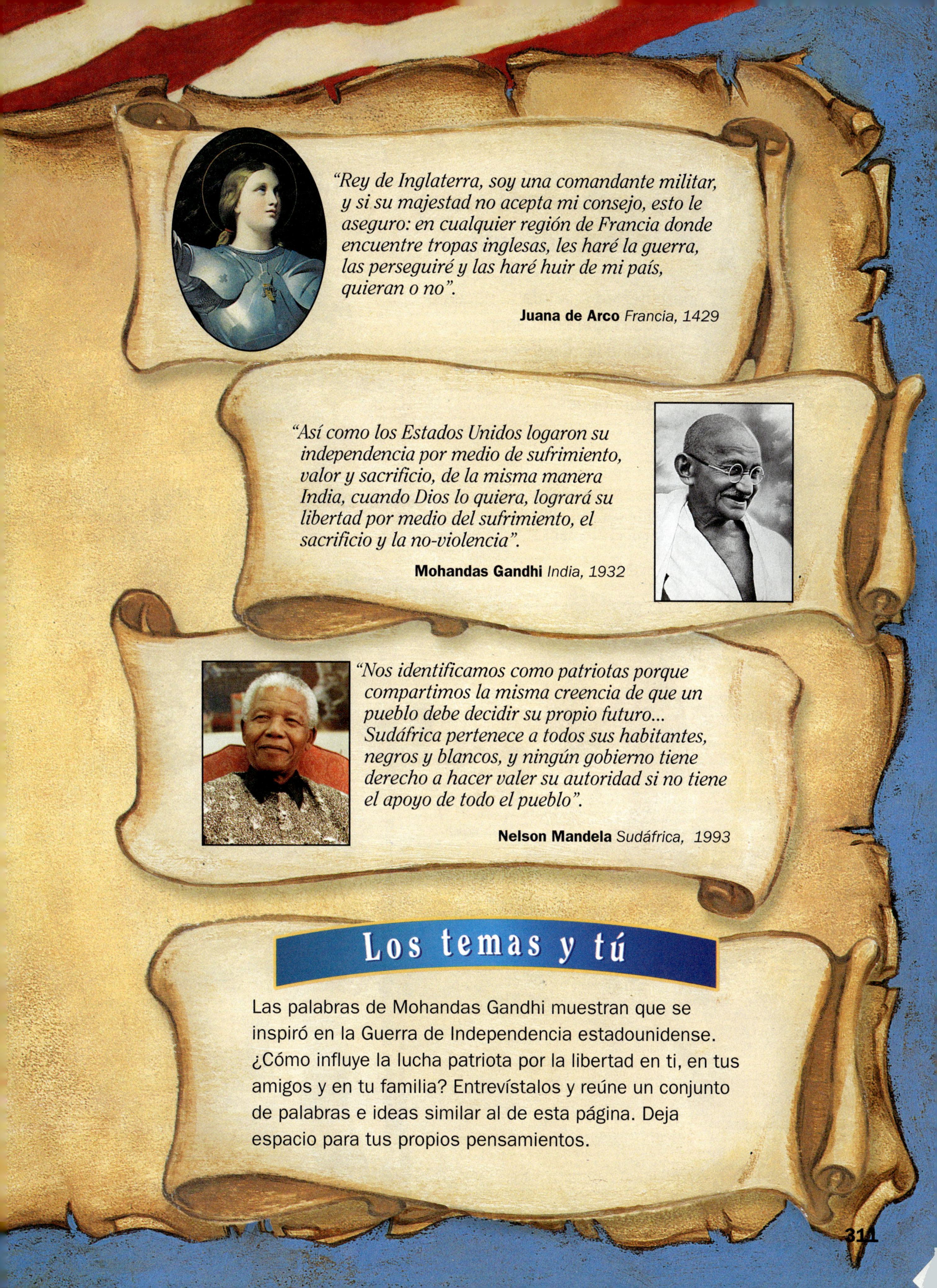

"Rey de Inglaterra, soy una comandante militar, y si su majestad no acepta mi consejo, esto le aseguro: en cualquier región de Francia donde encuentre tropas inglesas, les haré la guerra, las perseguiré y las haré huir de mi país, quieran o no".

Juana de Arco *Francia, 1429*

"Así como los Estados Unidos logaron su independencia por medio de sufrimiento, valor y sacrificio, de la misma manera India, cuando Dios lo quiera, logrará su libertad por medio del sufrimiento, el sacrificio y la no-violencia".

Mohandas Gandhi *India, 1932*

"Nos identificamos como patriotas porque compartimos la misma creencia de que un pueblo debe decidir su propio futuro... Sudáfrica pertenece a todos sus habitantes, negros y blancos, y ningún gobierno tiene derecho a hacer valer su autoridad si no tiene el apoyo de todo el pueblo".

Nelson Mandela *Sudáfrica, 1993*

Los temas y tú

Las palabras de Mohandas Gandhi muestran que se inspiró en la Guerra de Independencia estadounidense. ¿Cómo influye la lucha patriota por la libertad en ti, en tus amigos y en tu familia? Entrevístalos y reúne un conjunto de palabras e ideas similar al de esta página. Deja espacio para tus propios pensamientos.

Uniformes de la Guerra de Independencia

Los uniformes que aquí se muestran pertenecían a la infantería, es decir, soldados que combatían a pie. Menciona las diferencias principales entre los tres uniformes.

Gorra de piel de oso, Infantería británica

Chaqueta de un oficial, Infantería británica

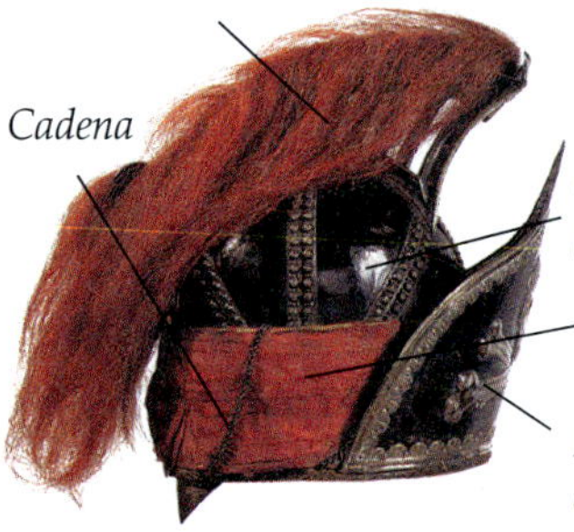

Casco "Tarleton" de un oficial, Caballería británica

Infantería británica

Infantería francesa

Bicornio
Pompón de granadero
Escarapela nacional
Botón
Bufanda
Bayoneta
Charretera
Chaqueta
Solapa
Talabarte
Empuñadura
Chaleco
Vuelta de manga
Cartuchera
Mosquete
Adornos del forro
Forro
Pantalones
Portafusil
Cerrojo
Polaina
Zapato
Culata

Infantería del Ejército Continental

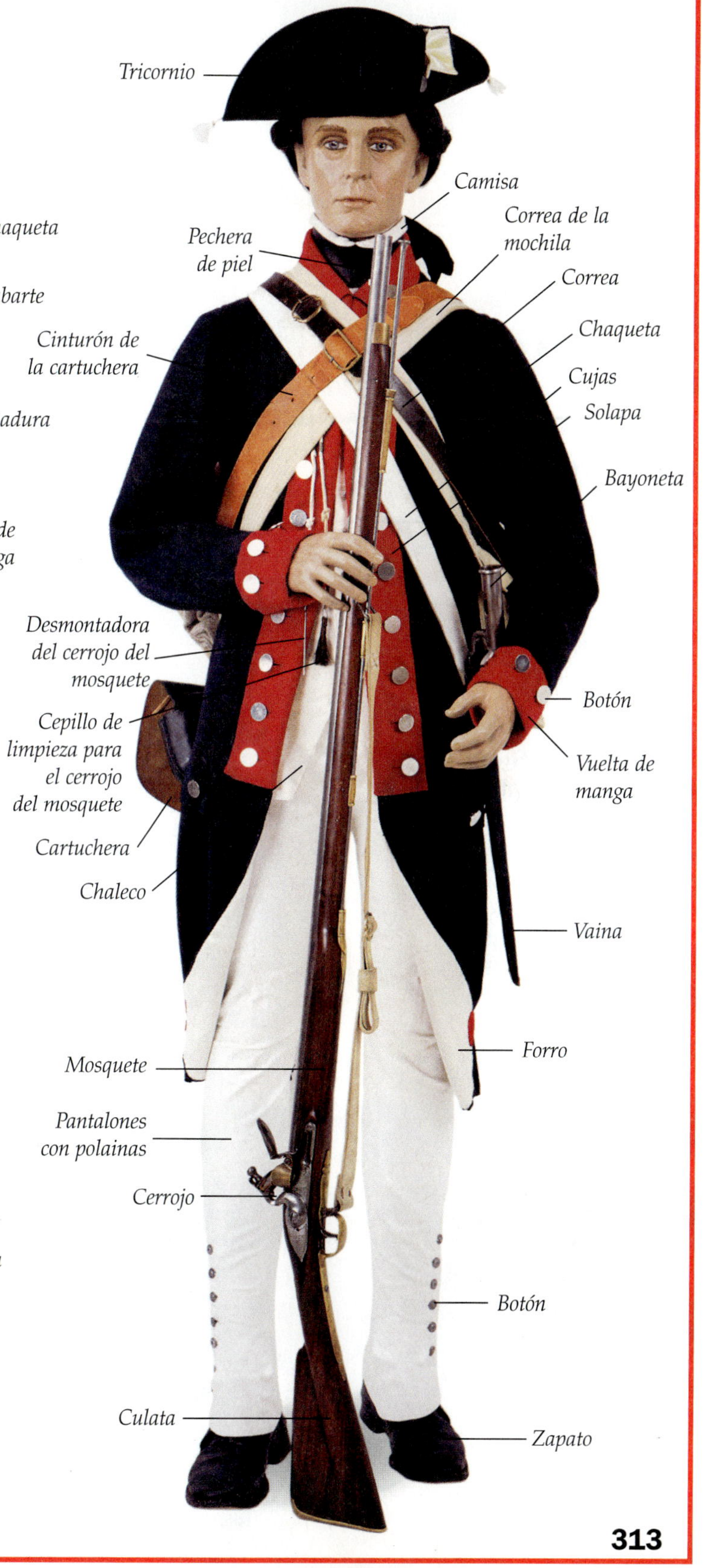

Tricornio
Camisa
Pechera de piel
Correa de la mochila
Correa
Cinturón de la cartuchera
Chaqueta
Cujas
Solapa
Bayoneta
Desmontadora del cerrojo del mosquete
Botón
Cepillo de limpieza para el cerrojo del mosquete
Vuelta de manga
Cartuchera
Chaleco
Vaina
Forro
Mosquete
Pantalones con polainas
Cerrojo
Botón
Culata
Zapato

LECCIÓN 3

1775 — 1785

1778 Francia se une a la guerra contra Gran Bretaña

1781 Los colonos derrotan a los británicos en Yorktown

1783 El Tratado de París pone fin a la Guerra de Independencia

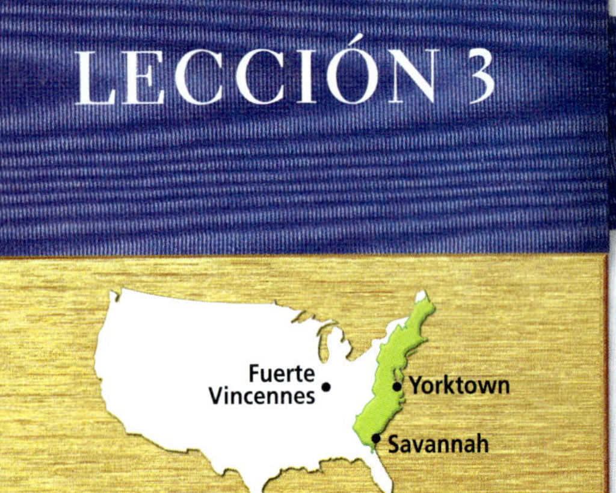

El mundo de cabeza

EN BREVE

Enfoque en la idea principal
Con la ayuda de Francia y España, el Ejército Continental ganó la Guerra de Independencia.

LUGARES
Savannah, Georgia
fuerte Vincennes
Yorktown, Virginia

PERSONAJES
Friedrich von Steuben
marqués de Lafayette
Bernardo de Gálvez
Francis Marion
George Rogers Clark
John Paul Jones
Nathanael Greene
Charles Cornwallis

VOCABULARIO
Tratado de París

Estás ahí Friedrich von Steuben cabalga a Valley Forge en febrero de 1778. Es un militar alemán con experiencia que viene para ayudar a entrenar a los soldados patriotas. Cuando reúne a los hombres, von Steuben se impresiona al ver a los hambrientos soldados en harapos y con sus armas oxidadas. Sin embargo, al comenzar a entrenarlos, le impresiona algo más: el espíritu de aquellos hombres.

Von Steuben, que casi no habla inglés, grita las órdenes con un fuerte acento alemán. Cuando los jóvenes soldados cometen un error, von Steuben llama a su intérprete y vocifera en alemán: "¡Estos tipos no hacen lo que les digo! ¡Ven, grítales por mí!".

El entrenamiento continúa. Las tropas han sobrevivido batallas contra los británicos y a un invierno terrible, y ahora están aprendiendo a ser todavía mejores soldados; serán más fuertes que nunca.

Sacar conclusiones Al leer, piensa en los factores que permitieron al Ejército Continental ganar la Guerra de Independencia.

▶ **Friedrich von Steuben ayudó a los soldados patriotas a entrenarse para la batalla.**

La ayuda de otras naciones

Para la primavera de 1778, las cosas habían mejorado para George Washington en Valley Forge. El abastecimiento de alimentos y de ropa finalmente mejoraba, nuevos soldados llegaban al campamento y, como acabas de leer, un oficial alemán de nombre **Friedrich von Steuben** ayudaba a los soldados patriotas a convertirse en un ejército profesional. "El ejército se fortalece día con día", informó el diario *New Jersey Gazette.* Los soldados notaron que George Washington empezaba a relajarse cuando aceptó unírseles en un juego de cricket, un deporte similar al beisbol.

En abril llegaron más noticias favorables. Washington se enteró de que, en febrero, Francia había aceptado unirse a la guerra contra Gran Bretaña. Los franceses enviaban barcos, soldados y dinero para ayudar a los patriotas en su lucha.

La ayuda de Francia fue un ejemplo de cómo otros países apoyaron a los patriotas. Ya has leído acerca de la contribución de Thaddeus Kosciusko y Friedrich von Steuben. Otro valioso voluntario europeo fue el **marqués de Lafayette,** un joven soldado francés. A los 19 años, Lafayette se unió a Washington en Valley Forge y pronto se convirtió en uno de sus oficiales favoritos. "Lo quiero como a mi propio hijo", dijo Washington de Lafayette.

También llegó ayuda valiosa de España, que se unió a la guerra contra Gran Bretaña en 1779. Como gobernador de la Luisiana española, **Bernardo de Gálvez** dirigió las tropas españolas contra los británicos. Gálvez tomó fuertes británicos clave a lo largo del río Mississippi y del golfo de México. Estas victorias españolas debilitaron severamente el poder británico en lo que ahora es el Sureste de los Estados Unidos.

REPASO Menciona uno de los efectos de la participación española en la guerra contra Gran Bretaña. **Causa y efecto**

Bernardo de Gálvez *(arriba)* tomó fuertes británicos en el Sureste. El marqués de Lafayette *(abajo)* se unió a Washington en Valley Forge.

La lucha continúa

El ejército británico inició una nueva estrategia al tomar **Savannah, Georgia,** en diciembre de 1778. Dado que no habían podido derrotar al Ejército Continental en el norte, los británicos esperaban tener más éxito en el sur. Creían que muchos pobladores de esa región aún eran leales al rey George III.

Pero los patriotas del sur se levantaron contra los británicos. Un valiente miliciano de Carolina del Sur llamado **Francis Marion** se volvió famoso por sus ataques por sorpresa contra el ejército británico. Con pequeñas bandas de sólo 20 hombres, Marion atacaba de repente y luego desaparecía en los bosques y pantanos. Estos ataques frustraron a los británicos y le valieron a Marion el sobrenombre de "Zorro del Pantano".

La lucha también continuó en el oeste. Fíjate en el mapa de la siguiente página y busca el **fuerte Vincennes.** Los británicos controlaban este fuerte a principios de 1779, pero un pequeño grupo patriota dirigido por **George Rogers Clark** estaba decidido a tomarlo. Era una fría mañana lluviosa de febrero y Clark sabía que los británicos no esperarían un ataque en esas condiciones. Clark y su ejército de 170 hombres marcharon 180 millas a través de las inundadas tierras pantanosas. Durante días enteros caminaron en agua helada que, a veces, les llegaba hasta los hombros. Clark sorprendió a los británicos y tomó Vincennes en 1779. Esta victoria fortaleció el control patriota sobre el valle del río Ohio.

Los patriotas también lucharon contra los británicos en el mar. Uno de los primeros hombres que se unió a esta lucha fue **John Paul Jones,** quien se ofreció como voluntario de la Marina Continental en 1775, cuando ésta sólo tenía cuatro naves. En 1779, Jones era capitán del barco que llamó *Bonhomme Richard.* Una tranquila noche de septiembre, frente a la costa de Gran Bretaña, Jones se enfrentó a un barco británico llamado *Serapis*. Bajo la brillante luna llena, los navíos se atacaron con balas de cañón y con granadas durante más de dos horas. El barco de Jones estaba lleno agujeros y le entraba mucha agua. Pero cuando el capitán británico le preguntó si estaba listo para rendirse, Jones gritó:

"¡Aún no he comenzado a pelear!".

Jones y sus marineros siguieron en la batalla hasta que la nave británica se rindió. Éste fue un momento de orgullo para la joven Marina Continental.

REPASO ¿Por qué fue tan importante la victoria del *Bonhomme Richard?*
Sacar conclusiones

John Paul Jones *(arriba)* se negó a entregar su barco. George Rogers Clark *(abajo)* condujo a sus tropas a través de pantanos helados y tomó por sorpresa a los británicos.

BANCO DE DATOS

Batallas de la Guerra de Independencia

La primera batalla de la Guerra de Independencia se libró en Massachusetts. La última se libró en Virginia. ¿Cuál fue el nombre de la última batalla? ¿Qué bando ganó?

Los británicos se rinden ante las fuerzas patriotas y francesas en Yorktown.

La victoria de Yorktown

En 1780, habían pasado cinco años desde el inicio de la Guerra de Independencia. Las fuerzas patriotas en el sur estaban ahora bajo las órdenes del general **Nathanael Greene,** cuya estrategia era sacar ventaja de los espacios abiertos en esa región. Obligó a los británicos, comandados por el general **Charles Cornwallis,** a seguir a su ejército por todo Carolina del Norte y del Sur. Cuando Greene veía una buena oportunidad, daba la vuelta y atacaba para luego seguir avanzando. Esta estrategia empezó a agotar a los británicos. "Estoy muy cansado de marchar por todo el país", escribió Cornwallis en abril de 1781 y decidió llevar a su ejército al norte. Los británicos acamparon en **Yorktown, Virginia,** un puerto en la bahía de Chesapeake.

Washington y su ejército estaban cientos de millas hacia el norte. Washington había considerado atacar a los británicos en Nueva York, pero ahora tenía un nuevo plan. "Me concentré... en una operación hacia el sur", escribió.

Washington vio que los británicos podían quedar atrapados en Yorktown. Si llevaba su ejército hacia el sur para unirse a Greene, los soldados patriotas y los franceses rodearían Yorktown por tierra. Luego, si la marina francesa entraba en la bahía de Chesapeake, los barcos completarían la trampa bloqueando un escape británico por mar.

Washington marchó de inmediato hacia Virginia. Estaba en Pennsylvania cuando recibió la noticia de que la marina francesa estaba cerca de Yorktown. Washington, que en pocas ocasiones mostraba sus emociones, arrojó su sombrero al aire, rió y abrazó a un general francés. Mientras tanto, Cornwallis sabía que estaba en problemas. "La posición es mala", escribió.

El ejército de Washington llegó a Yorktown en septiembre. Los británicos estaban atrapados y, a diario, eran atacados por los cañones patriotas. El 19 de octubre, Cornwallis se rindió con todo su ejército ante Washington. Ésta fue la última batalla importante de la Guerra de Independencia.

Mientras los soldados británicos abandonaban Yorktown, su banda iba tocando una melodía llamada "El mundo de cabeza", y seguramente parecía que el mundo estaba de cabeza. Los colonos habían derrotado a la poderosa Gran Bretaña.

REPASO ¿Por qué Washington decidió ir a Virginia en vez de atacar a los británicos en la Ciudad de Nueva York? **Sacar conclusiones**

El Tratado de París

Las noticias sobre la victoria de Washington se extendieron con rapidez. Los colonos celebraron haciendo sonar campanas, disparando cañones y organizando fiestas y bailes, pero la reacción fue muy diferente en Londres. Cuando Lord North, primer ministro de Gran Bretaña, se enteró de la derrota de Cornwallis, exclamó: "¡Se acabó! ¡Todo se acabó!". La Guerra de Independencia se dio por terminada oficialmente con el **Tratado de París,** firmado en 1783, en el que Gran Bretaña reconocía a los Estados Unidos de América como una nación independiente.

"Ahora somos un pueblo independiente", escribió Washington en 1783. Una lucha había concluido, pero ya se iniciaba una nueva, pues los estadounidenses se hacían nuevas preguntas: ¿Qué tipo de gobierno debía tener el país? ¿Cuánto duraría la esclavitud en los Estados Unidos? ¿Qué pasaría con los indígenas norteamericanos que vivían en las tierras ahora controladas por los Estados Unidos? Leerás estas historias en los capítulos siguientes.

REPASO Resume los efectos del Tratado de París. **Resumir**

Resume la lección

- **1778** Francia se unió a la guerra contra Gran Bretaña.
- **1781** La victoria patriota sobre los británicos en Yorktown fue la última gran batalla de la Guerra de Independencia.
- **1783** El Tratado de París puso fin a la Guerra de Independencia.

LECCIÓN 3 REPASO

Verifica hechos e ideas principales

1. **Sacar conclusiones** En una hoja aparte, completa el organizador gráfico escribiendo los tres factores que contribuyeron a que los colonos ganaran la Guerra de Independencia.

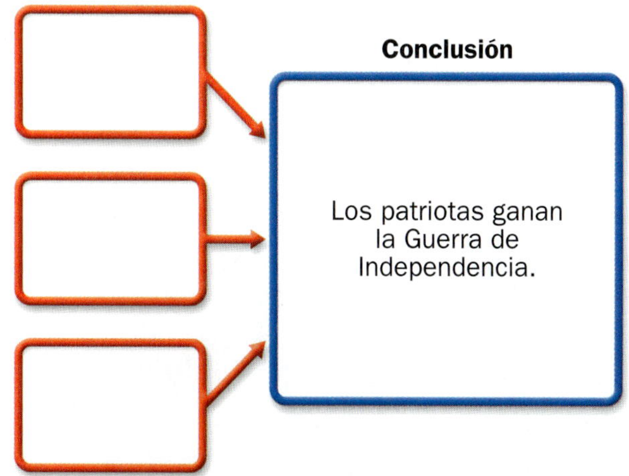
Conclusión
Los patriotas ganan la Guerra de Independencia.

2. ¿Ayudaron otras naciones a los patriotas a ganar la Guerra de Independencia? Explica.
3. ¿Qué logros hicieron famoso al patriota John Paul Jones?
4. Explica la estrategia de Washington para atrapar a los británicos en Yorktown.
5. **Razonamiento crítico:** ***Predecir*** ¿Qué efecto crees que tendrá el resultado de la Guerra de Independencia en los indígenas norteamericanos? Explica.

Enlace con las artes

Diseña una bandera En 1777, el Congreso aprobó la primera bandera oficial de los Estados Unidos de América. Encuentra una foto de esta bandera en un libro o en la Internet. Haz un dibujo de esta bandera original. Luego, imagina que estás a cargo de diseñar la primera bandera para los Estados Unidos y dibuja tu propio diseño. Explica los símbolos de tu bandera.

Hacer generalizaciones

¿Qué son? Las **generalizaciones** son oraciones o ideas amplias sobre un tema. Explican la manera en que diferentes hechos pueden tener alguna idea importante en común. Por ejemplo, en la Lección 3 aprendiste que otros países ayudaron a los colonos a ganar la Guerra de Independencia. Ésa es una generalización; se basa en ejemplos específicos de cómo soldados alemanes, franceses y españoles ayudaron a los patriotas en su causa.

George Washington dijo una vez a sus soldados: "Han hecho todo lo que les he pedido y más".

Robert Morris nació en Inglaterra en 1734. Se trasladó a las colonias en América en 1747 y, en 1776, firmó la Declaración de Independencia. Durante la Guerra de Independencia, Morris estuvo a cargo de reunir dinero para pagar los gastos de la guerra. Gracias a esto, George Washington pudo llevar al Ejército Continental a Yorktown, donde vencieron a los británicos.

Un hombre llamado Haym Salomon ayudó a Morris a apoyar la independencia. Salomon nació en Polonia en 1740, llegó la Ciudad de Nueva York en 1772 y ahí se convirtió en un exitoso hombre de negocios. Durante la Guerra de Independencia, los británicos lo arrestaron dos veces. La segunda ocasión huyó a Filadelfia. Sin recibir ninguna paga, ayudó a reunir dinero para las fuerzas francesas en las colonias. También prestó dinero para abastecer las unidades militares y apoyar a los gobiernos coloniales. Entre 1781 y 1784, prestó más de 200,000 dólares al gobierno.

El dinero que reunieron estos dos hombres fue esencial para el éxito del Ejército Continental.

¿Por qué las hacemos? Las generalizaciones son útiles porque ayudan a explicar la idea general y hacen que sea fácil recordar muchos hechos. También te ayudan a entender información nueva acerca de un tema que ya has estudiado. Saber que los colonos recibieron ayuda esencial de otros países en la Guerra de Independencia te ayudará a entender mejor lo que leerás sobre la nueva nación en capítulos posteriores.

¿Cómo las hacemos? Para hacer una generalización, necesitas identificar el tema y reunir datos acerca de él. Luego, debes encontrar qué tiene en común toda la información. Por último, tienes que formular una declaración que sea verdadera para toda la información.

Para practicar las generalizaciones, lee el texto (arriba). Trata acerca de dos hombres que ayudaron a reunir dinero para los patriotas durante la Guerra de Independencia.

Para reunir los datos, haz una lista de lo que hicieron Robert Morris y Haym Salomon para ayudar a los patriotas.

Compara la información que reuniste. ¿En qué se parecen las acciones de Morris y las de Salomon?

Por último, escribe una oración que diga lo que todos los ejemplos tienen en común.

Piensa y aplícalo

1. ¿Cómo ayudaron Morris y Salomon al Ejército Continental?
2. ¿Qué oración del texto es una generalización?
3. ¿Por qué son útiles las generalizaciones al aprender acerca de la historia?

CAPÍTULO 9 REPASO

1775

4 de julio de 1776 El Congreso aprueba la Declaración de Independencia

Septiembre a octubre de 1777 Los patriotas derrotan a los británicos en Saratoga

Diciembre de 1777 a junio de 1778 El Ejército Continental padece durante el invierno en Valley Forge

Resumen del capítulo

Causa y efecto

En una hoja aparte, escribe tres efectos que sean consecuencia de la causa.

Causa

Gran Bretaña se niega a otorgar a los colonos un mayor autogobierno.

Efectos

Vocabulario

Relaciona cada palabra con la definición o descripción correcta.

1. **Petición de la rama de olivo** (p. 297)
2. **traidor** (p. 300)
3. **mercenario** (p. 303)
4. **Batalla de Saratoga** (p. 305)
5. **Tratado de París** (p. 319)

a. soldado que recibe dinero para pelear por otro país

b. documento que dio fin a la Guerra de Independencia

c. alguien que actúa en contra de su país

d. carta que el Congreso envío a Gran Bretaña para evitar la guerra

e. momento crucial de la Guerra de Independencia

Personajes y grupos

Escribe una oración que explique por qué fue importante cada uno de los siguientes personajes o grupos para ganar la Guerra de Independencia. Puedes mencionar dos o más en una sola oración.

1. **Ejército Continental** (p. 297)
2. **Thomas Paine** (p. 298)
3. **Richard Henry Lee** (p. 298)
4. ***Green Mountain Boys*** (p. 303)
5. **Thaddeus Kosciusko** (p. 305)
6. **James Armistead** (p. 306)
7. **Mary Ludwig Hays** (p. 307)
8. **marqués de Lafayette** (p. 315)
9. **Bernardo de Gálvez** (p. 315)
10. **John Paul Jones** (p. 316)

1780

1785

Octubre de 1781
Los británicos se rinden en Yorktown

Septiembre de 1783
El Tratado de París pone fin a la Guerra de Independencia

Hechos e ideas principales

1. ¿Por qué era peligroso para los colonos declararse independientes de Gran Bretaña?
2. ¿Cuáles fueron algunas de las dificultades que enfrentó el Ejército Continental durante la lucha por la independencia?
3. ¿Por qué George Washington atacó Trenton, Nueva Jersey, y cuál fue el resultado del ataque?
4. **Línea cronológica** ¿Cuántos años pasaron entre la Declaración de Independencia y el Tratado de París?
5. **Idea principal** ¿Qué sucesos clave llevaron a los colonos a declarar su independencia de Gran Bretaña?
6. **Idea principal** ¿Cómo contribuyeron las mujeres y los afroamericanos al éxito patriota?
7. **Idea principal** ¿Cómo ayudaron otros países a que los patriotas vencieran a los británicos?
8. **Razonamiento crítico: *Sacar conclusiones*** ¿Por qué piensas que hubo extranjeros que ayudaron a los patriotas en su guerra por la independencia?

Escribe sobre la historia

1. **Escribe un diario** como lo hubiera escrito un soldado patriota durante la Guerra de Independencia. Describe lo que ves y los peligros a los que te enfrentas.
2. **Escribe una historia** acerca del ejército de George Rogers Clark en su marcha a través de los helados pantanos para atacar el fuerte Vincennes. Describe cómo los soldados sobrevivieron y lograron la victoria.
3. **Escribe la carta** que Martha Washington hubiera escrito a los soldados patriotas en Valley Forge para levantarles el ánimo.

Aplica las destrezas

Hacer generalizaciones

Lee el párrafo siguiente; luego, responde las preguntas.

Durante la Guerra de Independencia, Benjamin Franklin, de Pennsylvania, fue a Francia para pedir a los franceses su apoyo contra Gran Bretaña en la causa de la independencia. El neoyorquino John Jay representó a las colonias en España para tratar de obtener apoyo y reconocimiento para los colonos en su lucha. John Adams, de Massachusetts, fue a Holanda para obtener el apoyo holandés, mientras que Francis Dana, también de Massachusetts, sirvió a los Estados Unidos en Rusia.

1. ¿Qué tema común encuentras en la información de este párrafo?
2. ¿Por qué cada uno de estos hombres viajó a otro país?
3. ¿Qué generalización puedes hacer sobre este párrafo?

Actividad en la Internet

Para obtener ayuda con el vocabulario, los personajes y los términos, selecciona el diccionario o la enciclopedia de la *Biblioteca de estudios sociales* en **www.estudiossocialessf.com.**

Terminemos con una canción

Yankee Doodle

Muchos misterios rodean la composición de "Yankee Doodle"; no se sabe a ciencia cierta cuándo fue compuesta ni quién la escribió. Una de las versiones sobre el origen de la canción dice que la letra que se conoce fue escrita por un oficial británico en 1755 para burlarse de los soldados patriotas. En lugar de ofenderse, los soldados patriotas adoptaron la canción. "Yankee Doodle" es la canción más famosa de la Guerra de Independencia.

Words by Dr. Richard Shuckburgh *Traditional*

1. Fath'r and I went down to camp, A - long with Cap - tain Good-in',
2. And there we saw a thou-sand men, As rich as Squire ___ Da - vid;

And there we saw the men and boys As thick as hast - y pud - din'.
And what they wast-ed ev - 'ry day, I wish it could be sav - ed.

Yan - kee Doo - dle, keep it up, Yan - kee Doo - dle dan - dy,

Mind the mu - sic and the step And with the girls be hand - y.

3. And there was Captain Washington
Upon a slapping stallion,
A-giving orders to his men;
I guess there was a million. *Refrain*

Letra por Dr. Richard Shuckburgh *Canción tradicional*

1. Papá y yo fuimos al campamento
junto al capitán Goodin,
vimos tantos hombres y muchachos
que parecían un pudín.

ESTRIBILLO
Adelante, Yankee Doodle,
Yankee Doodle dandi,
Sigue la música con los pies,
y piensa en las damas.

2. Y vimos mil hombres,
ricos como el caballero David;
y lo que a diario derrochaban,
quisiera conservarlo.

3. Estaba el capitán Washington
montado en su garañón,
dando órdenes a sus hombres;
había como un millón.

UNIDAD 4

Repaso

Busca detalles que apoyen tu respuesta.

Ideas principales y vocabulario

LISTOS para los EXÁMENES

Lee el siguiente texto y úsalo para contestar las siguientes preguntas.

Después de la Guerra Franco-Indígena, los americanos se sentían orgullosos de ser colonos británicos. Incluso cuando Gran Bretaña comenzó a cobrarles impuestos, permanecieron fieles al gobierno aunque le escribieron al rey George III para pedirle que eliminara esos cobros.

El gobierno británico derogó la Ley del Timbre pero ordenó nuevos impuestos. Muchos colonos decidieron hacer un boicot en contra de los productos británicos, pues esperaban que así Gran Bretaña dejara de cobrar impuestos.

En 1768, los soldados británicos que llegaron a Boston tuvieron frecuentes enfrentamientos con los colonos. En 1770, mataron a cinco colonos en la Masacre de Boston. Gran Bretaña derogó casi todos los impuestos excepto el del té, pero los colonos, enojados, arrojaron el té británico a las aguas del puerto de Boston. A raíz de ello, el gobierno británico trató con mano dura a los colonos: ordenó cerrar el puerto y envió tropas para que controlaran la ciudad.

El Primer Congreso Continental se reunió en 1774. En él se acordó detener el comercio con Gran Bretaña y entrenar a las milicias locales para que los colonos pudieran defenderse.

Cuando los soldados británicos buscaron las armas que las milicias habían escondido cerca de Boston, los colonos ya estaban preparados. Empezaron los disparos en Lexington y Concord. En el Segundo Congreso Continental se declaró la independencia de Gran Bretaña.

Así se inició la guerra entre los colonos y Gran Bretaña. Aunque ambas partes ganaron batallas, finalmente los colonos lograron su independencia.

1. De acuerdo con el texto, ¿qué buscaban los soldados cerca de Boston?
   A té hecho en casa
   B armas
   C pelear con los colonos
   D a los miembros del Congreso Continental

2. En el texto, la palabra boicot significa:
   A comprar algo
   B negarse a comprar algo
   C tirar algo
   D esconder algo

3. En el texto, la palabra milicias significa:
   A representantes del gobierno
   B agentes de impuestos
   C jóvenes
   D ejércitos de ciudadanos

4. ¿Cuál es la idea principal del texto?
   A Los colonos no querían impuestos.
   B El gobierno británico necesitaba dinero.
   C Las colonias nacieron bajo el gobierno británico y se convirtieron en una nación independiente.
   D El gobierno británico decidió castigar a los colonos por la Guerra Franco-Indígena.

Personajes y vocabulario

Al lado del personaje o término, escribe la letra de la definición correcta.

1. **La Guerra de Independencia** (p. 289)
2. **Phillis Wheatley** (p. 307)
3. **Leyes Townshend** (p. 272)
4. **El Motín del Té** (p. 279)
5. **Marqués de Lafayette** (p. 315)
6. **Tratado de París** (p. 319)

a. guerra para liberarse de Gran Bretaña

b. primera persona afroamericana que publicó un libro

c. agregaron un impuesto a los artículos importados

d. puso fin a la Guerra de Independencia

e. condujo a que se decretaran las Leyes Intolerables

f. personaje francés que apoyó la independencia de los Estados Unidos

Aplica las destrezas

Prepara un cartel de fuentes primarias Haz un cartel sobre un suceso de tu vida, por ejemplo: un cumpleaños, un viaje o una celebración especial. Busca y reúne fotos, cartas o anotaciones de diario que hayas hecho sobre esa ocasión. Explica por qué cada objeto es una fuente primaria y qué indica sobre la ocasión.

Escribe y comenta

Presenta un panel de discusión Con algunos compañeros, presenta los puntos de vista de los británicos, los patriotas y los leales al rey. Forma un panel de discusión con un moderador al estilo de un programa de charlas y comentarios. Los demás estudiantes de la clase escribirán las preguntas para los invitados. Da a los invitados la oportunidad de escribir sus respuestas antes de que se presente el programa. Presenten el panel a otra clase de la escuela.

Lee por tu cuenta

Busca libros como éstos en la biblioteca.

UNIDAD

Proyecto 4

Noticias de ayer

Presenta un programa especial de noticias sobre un suceso de la década de 1760 o de la Guerra de Independencia.

1 **Forma** un equipo para crear un noticiero sobre un suceso descrito en la unidad.

2 **Asigna** roles a cada miembro del equipo: conductor, reportero y residentes testigos de los sucesos.

3 **Informa** acerca de sucesos que hayan sido importantes para los pobladores de esa época.

4 **Elabora** un cartel o escenario para tu noticiero. Trae o haz objetos de utilería, o vístete con ropa que ilustre la época y el suceso.

5 **Presenta** tu programa a la clase.

Actividad en la Internet

Busca información sobre la Guerra de Independencia en la Internet. Visita **www.estudiossocialessf.com/actividades** y selecciona tu grado y unidad.

UNIDAD 5

La vida en una nueva nación

¿Por qué formamos gobiernos?

UNIDAD 5

Empecemos con una fuente primaria

1780

1790

1781
Los estados aprueban los Artículos de Confederación

1787
Se inicia la Convención Constitucional

1788
Se ratifica la Constitución

1789
George Washington se convierte en el primer presidente

1791
Se ratifica la Declaración de Derechos

"...con el fin de hacer más perfecta la Unión...".

–Del Preámbulo de la Constitución de los Estados Unidos

Este cuadro de George Washington tomando posesión como el primer presidente de los Estados Unidos fue pintado en 1899.

1800 · 1810 · 1820

1800
El gobierno federal se traslada a Washington, D.C.

1803
La Compra de Luisiana expande el territorio del país

1812
Se inicia la Guerra de 1812

1815
Termina la Guerra de 1812

UNIDAD 5

Personajes de la historia

Benjamin Banneker

1731–1806

Lugar de nacimiento:
Ellicott's Mills, Maryland

Inventor, matemático, astrónomo

- Fue miembro del comité para planear la capital de los Estados Unidos
- Ayudó a hacer el levantamiento del territorio que se convirtió en Washington, D.C.
- Construyó un reloj únicamente con madera

Abigail Adams

1744–1818

Lugar de nacimiento:
Weymouth, Massachusetts

Primera Dama

- Sus cartas ayudaron luego a los historiadores a aprender sobre los Estados Unidos
- Apoyó con gran decisión la independencia de los Estados Unidos
- Estuvo a favor de los derechos de la mujer y la abolición de la esclavitud

Benjamin Rush

1746–1813

Lugar de nacimiento:
Byberry, Pennsylvania

Doctor, líder político

- Firmó la Declaración de Independencia
- Logró que Pennsylvania ratificara la Constitución de los Estados Unidos
- Colaboró en la redacción de la Constitución del estado de Pennsylvania

James Madison

1751–1836

Lugar de nacimiento:
Port Conway, Virginia

Líder político

- Escribió el registro de la Convención Constitucional
- Fue uno de los líderes del movimiento para aprobar la Constitución
- Fue elegido cuarto presidente de los Estados Unidos en 1808

1730 1740 1750 1760 1770 1780

1731 • Benjamin Banneker

1744 • Abigail Adams

1746 • Benjamin Rush

1751 • James Madison

¿1755? • Alexander Hamilton

1768 • Tecumseh

1774

Para más información, visita *Personajes de la historia* en **www.estudiossocialessf.com.**

Alexander Hamilton

¿1755?–1804

Lugar de nacimiento: Nevis, Antillas Británicas

Abogado

- Fue asistente de George Washington durante la Guerra de Independencia
- Fue uno de los líderes que lucharon por que se ratificara la Constitución
- Fue el primer secretario del Tesoro de los Estados Unidos

Tecumseh

1768–1813

Lugar de nacimiento: En lo que hoy es el condado de Clark, Ohio

Líder shawnee

- Fue un líder y orador convincente
- Unificó a los indígenas norteamericanos para luchar en contra de los asentamientos de los colonos
- Se unió a los británicos durante la Guerra de 1812

Meriwether Lewis

1774–1809

Lugar de nacimiento: Cerca de Charlottesville, Virginia

Capitán, explorador

- Exploró junto con William Clark el territorio de Louisiana
- Escribió registros detallados de sus expediciones
- Fue gobernador del territorio de Louisiana

Sacagawea

Alrededor de 1786–¿1812?

Lugar de nacimiento: Cerca de lo que hoy es Lemhi, Idaho

Intérprete, guía

- Fue una indígena shoshone que acompañó a Lewis y Clark en sus expediciones
- Ayudó a los exploradores a comunicarse con los indígenas
- Salvó diarios importantes y otros artículos valiosos cuando un bote de la expedición se volteó

1790 | 1800 | 1810 | 1820 | 1830

1806

1818

1813

1836

1804

1813

• Meriwether Lewis 1809

Alrededor de 1786 • Sacagawea ¿1812?

UNIDAD 5

Lectura de estudios sociales

La vida en una nueva nación

Sacar conclusiones

Sacar conclusiones sobre lo que lees puede ayudarte a entender mejor la historia. A veces, un escritor presenta hechos a partir de los cuales tú puedes formarte una opinión o conclusión. Los escritores también pueden ofrecer sus propias conclusiones.

Identifica los **hechos** y, después, **saca conclusiones** basadas en ellos.

- Para sacar conclusiones, piensa lógicamente. También puedes buscar pistas en el texto que leíste y en tus propios conocimientos y experiencias.
- Asegúrate de revisar tu conclusión. Pregúntate si tiene sentido o si hay otras conclusiones posibles.

En este párrafo, los hechos y la conclusión obtenida a partir de ellos aparecen resaltados.

En los Capítulos 8 y 9 leíste sobre el conflicto entre Gran Bretaña y las colonias. Gran Bretaña les imponía impuestos a los colonos sin su consentimiento, y estos insistían en que los británicos violaban su derecho a tener voz en el gobierno. Con el tiempo, las colonias declararon su independencia de Gran Bretaña y defendieron su derecho a autogobernarse.

Sacar conclusiones sobre la vida en una nueva nación

Durante la Guerra de Independencia, los estados tuvieron que definir un plan para autogobernarse. En 1781, los 13 estados aprobaron los Artículos de Confederación, que establecían un gobierno central débil. Sucesos como el levantamiento de agricultores en la Rebelión de Shays causaron preocupación de que el gobierno fuera demasiado débil.

En 1787, los representantes de la mayoría de los estados se reunieron para fortalecer al gobierno central. Terminaron desechando los Artículos de Confederación y escribiendo la Constitución.

Al principio, el nuevo documento no fue del agrado de todos y los representantes trataban de convencerse unos a otros. Sin embargo, a la larga la Constitución fue aprobada.

El país eligió a su primer presidente, George Washington, en 1789. Washington estableció la práctica de elegir un gabinete, o grupo de consejeros. También dirigió el plan para trasladar la capital al sitio que ahora se llama Washington, D.C., y escogió a los miembros clave del equipo que llevó a cabo el plan.

El gobierno pronto tendría que gobernar un área más extensa. Más y más estadounidenses empezaron a trasladarse en dirección oeste. Cruzaron los montes Apalaches en busca de nuevos terrenos de caza, nuevas tierras agrícolas y un nuevo hogar. En 1803, los Estados Unidos adquirieron aún más tierras: el territorio de Luisiana. Ahora, el territorio del país se extendía hasta las montañas Rocosas.

Los Estados Unidos se enfrentaron una vez más a Gran Bretaña en la Guerra de 1812. El himno de los Estados Unidos, *The Star-Spangled Banner,* se escribió para celebrar una victoria estadounidense durante esa guerra.

Utiliza la estrategia de lectura de sacar conclusiones para contestar estas preguntas.

1. ¿Qué conclusiones sacas sobre el papel de George Washington en la historia temprana de los Estados Unidos?
2. ¿Qué hechos apoyan la siguiente conclusión: Los estadounidenses se trasladaron en dirección oeste para buscar nuevas oportunidades?
3. ¿Qué conclusión sacas sobre la extensión de los Estados Unidos a principios del siglo XIX?

La creación de un nuevo gobierno

1786

Springfield, Massachusetts
La rebelión de los agricultores demuestra la debilidad del gobierno central.

Lección 1

1

1787

Filadelfia, Pennsylvania
Se reúnen los delegados para escribir la Constitución.

Lección 2

2

1787

Nueva York, Nueva York
Los ensayos de *The Federalist* ayudan a que se acepte la Constitución.

Lección 3

THE
FEDERALIST:
A COLLECTION
OF
ESSAYS,
WRITTEN IN FAVOUR OF THE
NEW CONSTITUTION,

3

Tiempo y lugar

Por qué lo recordamos

En el verano de 1787, cincuenta y cinco personas se reunieron en Filadelfia para escribir la Constitución. Este documento es el plan para un gobierno que ha durado más de 200 años. La Constitución creó una estructura duradera para gobernar a los Estados Unidos. No sólo estableció los planes para nuestra democracia representativa, sino que también protege nuestras libertades. Los cambios que se le han hecho —como dar a más ciudadanos el derecho al voto— muestran que la Constitución sigue cambiando con el paso del tiempo.

1780 — 1790

1781 Los estados ratifican los Artículos de Confederación

1786–1787 La Rebelión de Shays se desata en el oeste de Massachusetts

1787 El Decreto del Noroeste organiza el territorio del Noroeste

Un gobierno débil

EN BREVE

Enfoque en la idea principal
La nueva nación se esforzó por gobernarse a sí misma con los Artículos de Confederación.

LUGARES
Springfield, Massachusetts
territorio del Noroeste

PERSONAJES
Daniel Shays

VOCABULARIO
Artículos de Confederación
ratificar
poder legislativo
poder ejecutivo
poder judicial
inflación
Rebelión de Shays
Decreto del Noroeste de 1787

Estás ahí Estás en la cama, pero las voces que vienen de la planta baja no te dejan dormir. Acaba de proclamarse la Declaración de Independencia. Los adultos de tu familia comentan su significado con gran emoción.

—Por fin —dice uno— nos liberaremos de la tiranía del gobierno británico.

—Pero —agrega otro—, ¿qué tipo de gobierno crearemos en su lugar? ¿Simplemente reemplazaremos la tiranía británica con una tiranía estadounidense?

Al igual que muchos otros estadounidenses, tus familiares desconfían del gobierno. No quieren volver a tener gobernantes poderosos y leyes injustas. Desean un gobierno con fuerza suficiente para proteger los derechos de los ciudadanos, pero temen que ese gobierno también pueda poner en peligro sus libertades. ¿Cómo encontrar el equilibrio?

Sacar conclusiones Al leer, decide si los Artículos de Confederación lograron establecer un gobierno fuerte.

Los Artículos de Confederación

Después de librarse del gobierno británico, los estadounidenses debían crear nuevos planes de gobierno. Los líderes querían que su nueva nación fuera una república, pero no querían que este gobierno tuviera demasiado poder sobre el pueblo. Poco después de aprobar la Declaración de Independencia en 1776, los miembros del Congreso Continental empezaron a debatir un nuevo plan para un gobierno nacional. Este plan recibió el nombre de Artículos de Confederación. Una confederación es un grupo o liga. Los **Artículos de Confederación** señalaban que los estados conservarían su "libertad e independencia" y que se mantendrían unidos en "una firme liga de amistad", no por un gobierno central fuerte. El plan no entraría en vigor hasta que los 13 estados lo ratificaran. **Ratificar** es aprobar algo. Los 13 estados ratificaron los Artículos de Confederación en 1781.

Según los Artículos de Confederación, el Congreso sería la principal entidad gobernante. Crearía leyes para la nueva nación, pero no podía aprobar leyes que establecieran impuestos para administrar el gobierno. El Congreso sólo podría pedir a cada estado que pagara impuestos para cubrir los gastos del Congreso. Sin embargo, para el Congreso era muy difícil reunir suficiente dinero de esta manera. Cada estado tenía un voto en el Congreso y para que se aprobara una ley, por lo menos nueve de los 13 estados tendrían que votar en su favor.

Los Artículos de Confederación crearon un gobierno central con un solo poder: un cuerpo legislativo conocido como Congreso. El **poder legislativo** es la parte del gobierno que aprueba las leyes. No existía un poder ejecutivo que hiciera cumplir las leyes. El **poder ejecutivo** del gobierno está encabezado por un dirigente, tal como un presidente. Tampoco había un **poder judicial,** es decir, un sistema de tribunales que interpretaran las leyes.

REPASO ¿Por qué los autores de los Artículos de Confederación crearon intencionalmente un gobierno central débil? **Sacar conclusiones**

▶ **Robert Livingston ayudó a escribir la Declaración de Independencia y los Artículos de Confederación.**

Pintura de John Trumbull

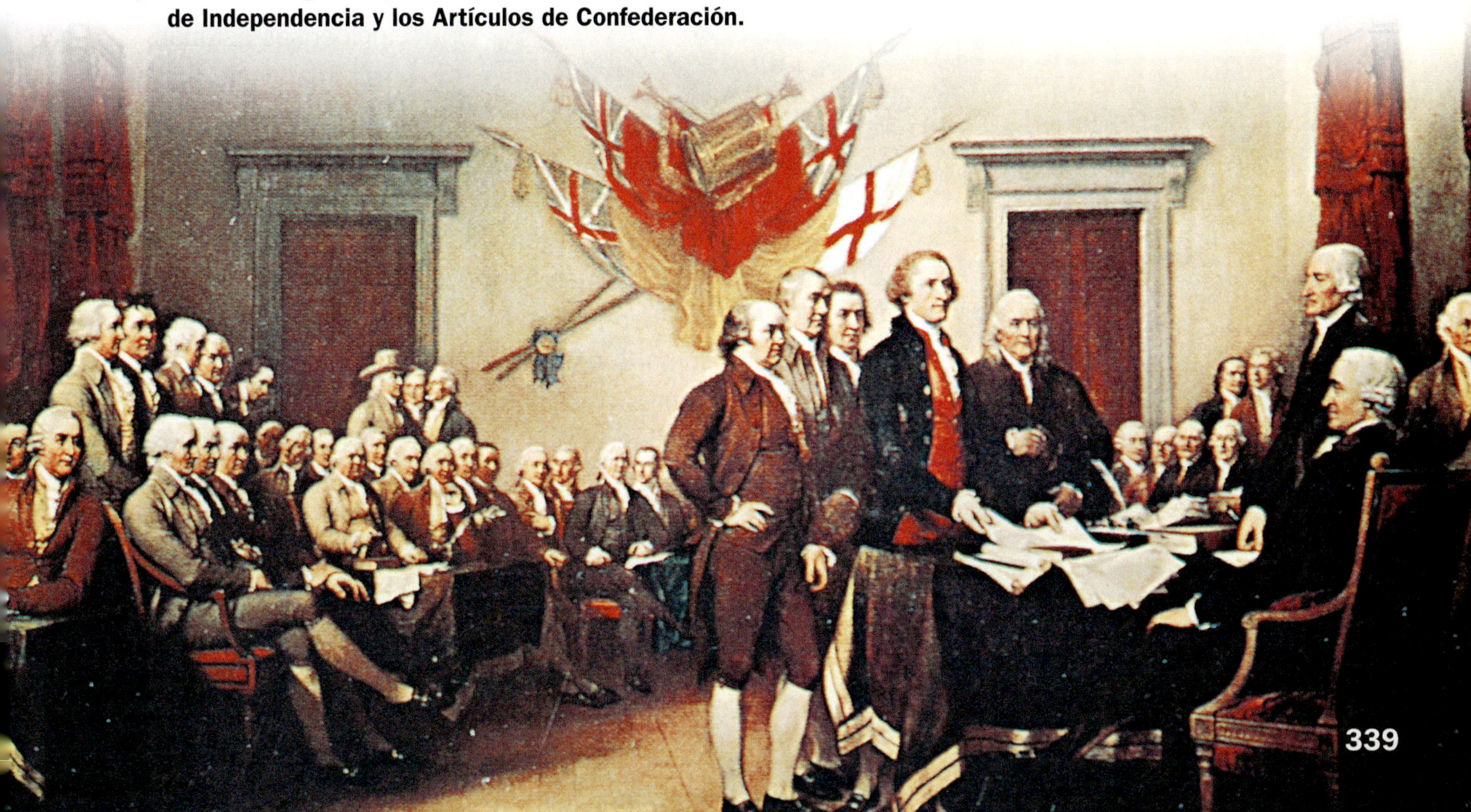

Un gobierno en problemas

Las deficiencias de los Artículos de Confederación representaron un problema para la joven nación. Imagínate lo difícil que sería para un gobierno funcionar sin poder aprobar leyes para cobrar impuestos. Por ejemplo, el Congreso tuvo que pedir mucho dinero prestado, tanto a individuos como a otros países, para sostener la Guerra de Independencia. Si no cobraba impuestos, tampoco podía pagar esas deudas y menos aún a los soldados.

La nueva nación también tenía otros problemas monetarios. Hoy contamos con monedas y billetes que valen lo mismo en todo el país pero, en ese momento, tanto el Congreso como los diferentes estados podían hacer su propio dinero. Y cada dinero podía tener un valor diferente. Si hubieras vivido en esa época, habrías tenido que llevar contigo varios tipos de dinero: *continentals,* o sea, los billetes impresos por el Congreso y, tal vez, papel moneda impreso por Vermont o Pennsylvania. Quizás, incluso llevarías contigo algunas monedas extranjeras.

El Congreso y los estados imprimieron papel moneda durante y después de la Guerra de Independencia.

Con tanta variedad, resultaba muy difícil darse una idea del valor del dinero. El papel moneda del Congreso valía muy poco debido a la inflación ocurrida durante la Guerra de Independencia. La **inflación** se presenta cuando los precios suben rápidamente. Cuando esto sucede, ya no pueden comprarse las mismas cosas con la misma cantidad de dinero. El dicho "no vale ni un *continental*" sirvió para describir algo de poco o ningún valor. ¿Cómo podrían funcionar bien los negocios con tanta mezcolanza de dinero?

Bajo los Artículos de Confederación, el gobierno no sólo era débil dentro de los Estados Unidos; también carecía de poder en los tratos con otros países. La nueva nación necesitaba crear enlaces comerciales fuertes con las naciones europeas. Pero como el Congreso no tenía facultades para aprobar leyes que regularan el comercio, algunos gobiernos sentían poco respeto por los Estados Unidos. Incluso muchos esperaban que la joven nación fracasara.

Hacia 1785, algunos estadounidenses estaban alarmados por la debilidad de su país. Un grupo conocido como los nacionalistas empezó a sugerir una nueva forma de gobierno nacional más fuerte. Entre los nacionalistas estaban líderes de la Guerra de Independencia como George Washington y Ben Franklin. George Washington pidió este cambio: "Si las facultades del Congreso son inadecuadas [no son suficientemente fuertes], enmiéndenlas [corríjanlas] o cámbienlas".

REPASO ¿Qué conclusiones sacaron los nacionalistas con respecto a los Artículos de Confederación? **Sacar conclusiones**

La Rebelión de Shays

Un levantamiento de agricultores en el oeste de Massachusetts en 1786 alarmó a los nacionalistas aún más que la debilidad del país. Al igual que otros estados, Massachusetts había pedido dinero prestado para pelear en la Guerra de Independencia. Y, al igual que otros estados, tenía el poder para cobrar impuestos a sus ciudadanos. Una manera de pagar su deuda era cobrar un impuesto sobre la propiedad. Este impuesto afectó sobre todo a los agricultores del estado.

Para los agricultores fue cada vez más difícil pagar el impuesto sobre la propiedad y cubrir otras deudas. Cuando no podían pagar, los tribunales del estado les quitaban su granja o los metían a la cárcel. Los agricultores se enojaron cada vez más.

Daniel Shays fue uno de esos agricultores. Era veterano de la Guerra de Independencia y había peleado en las batallas de Bunker Hill, Ticonderoga y Saratoga, y llegó a tener el rango de capitán. El marqués de Lafayette le había dado una espada ceremonial en honor de su servicio, pero las deudas lo habían obligado a vender tan apreciado regalo.

Shays se convirtió en líder de un movimiento que exigía menos impuestos y el cierre de los tribunales que castigaban a los deudores. Un deudor es una persona que debe dinero. En septiembre de 1786, el capitán Shays dirigió un "ejército" de 700 hombres para cerrar el tribunal de **Springfield, Massachusetts.** Más de tres cuartas partes iban armados apenas con palos. Para continuar con la **Rebelión de Shays,** los agricultores necesitaban mejores armas. Así que, en enero de 1787, Shays dirigió un ataque contra el arsenal federal en Springfield, donde se guardaban rifles y municiones.

El ataque de Shays fracasó y él huyó a Vermont, pero su rebelión dio a los nacionalistas más argumentos para su lucha por fortalecer el gobierno nacional.

REPASO ¿Por qué la Rebelión de Shays asustó a los nacionalistas y a otros estadounidenses? **Sacar conclusiones**

AQUÍ Y ALLÁ

La Revolución Francesa

Al mismo tiempo que los Estados Unidos luchaban por crear un gobierno, Francia estaba viviendo su propia revolución. El 14 de julio de 1789, una multitud enfurecida se levantó en París contra el rey de Francia. Al igual que la Guerra de Independencia en los Estados Unidos, la Revolución Francesa tenía como objetivo crear un gobierno representativo. Francia pronto se declaró república, pero también tuvo que enfrentar muchos problemas antes de hacer realidad un gobierno estable y representativo.

▶ **El territorio del Noroeste se dividió en territorios más pequeños que después se convirtieron en estados o partes de estados.**

DESTREZA: MAPAS **Localización** ***¿Qué ríos marcaban los límites al oeste y al sur del territorio del Noroeste?***

El Decreto del Noroeste de 1787

Según el Tratado de París de 1783, los Estados Unidos obtuvieron extensas tierras de los británicos. Esas nuevas tierras se extendían hasta el río Mississippi al oeste. ¿Cómo podrían convertirse esas tierras en estados que fueran iguales a los 13 primeros?

Una parte de esas tierras se conocía como **territorio del Noroeste.** El Congreso ideó un plan denominado **Decreto del Noroeste de 1787.** Este decreto u orden oficial dispuso que el territorio del Noroeste se dividiera en territorios más pequeños, y describía los pasos que todos los territorios debían seguir para convertirse en estados.

En primer lugar, el Congreso tendría que nombrar un gobernador y tres jueces que gobernaran el territorio. Después, cuando la población del territorio fuera de 5,000 hombres adultos libres, el territorio podría elegir una legislatura. Luego, cuando la población fuera de 60,000 hombres adultos, podría presentar una petición, o solicitud, para convertirse en estado. Por último, cuando el Congreso ratificara la petición, el nuevo estado tendría "la misma condición de igualdad que los estados originales".

Fíjate en el mapa de esta página. ¿Qué estados se formaron a partir del territorio del Noroeste?

El Decreto del Noroeste prohibía la esclavitud en el territorio del Noroeste; también prometía derechos como la libertad de expresión y de religión, y el derecho a tener un juicio con jurado. Además, manifestaba que se debían crear escuelas públicas en todo el territorio.

REPASO ¿Por qué se podría decir que el Decreto del Noroeste fue una buena medida del Congreso bajo los Artículos de Confederación? **Sacar conclusiones**

La preocupación aumenta

A pesar del éxito del Decreto del Noroeste, los nacionalistas seguían preocupados por la debilidad del gobierno central. Desórdenes como la Rebelión de Shays aumentaban sus temores. Una vez más, George Washington expresó su preocupación:

> ***"¿Qué más prueba puede haber que estos desórdenes de la falta de vigor en nuestro gobierno?... Trece [estados] unos contra otros y todos contra la... cabeza [el gobierno central] pronto significarán la ruina de todos".***

Comentarios como éste llevaron al Congreso a solicitar a los estados que enviaran representantes a una reunión en Filadelfia en mayo de 1787. Esta reunión se llevaría a cabo con "el único y expreso propósito de revisar los Artículos de Confederación".

REPASO ¿Por qué llegó George Washington a la conclusión de que era necesaria una mayor unidad entre los estados? **Sacar conclusiones**

Resume la lección

1781 Los 13 estados ratificaron los Artículos de Confederación, que se convirtieron en el marco del nuevo gobierno nacional.

1786 Los agricultores del oeste de Massachusetts, con Daniel Shays a la cabeza, se rebelaron contra los impuestos.

1787 El Congreso aprobó el Decreto del Noroeste, que proporcionó un modelo de cómo los territorios podían convertirse en nuevos estados.

LECCIÓN 1 REPASO

Verifica hechos e ideas principales

1. **Sacar conclusiones** En una hoja aparte, escribe los hechos que llevaron a la conclusión indicada.

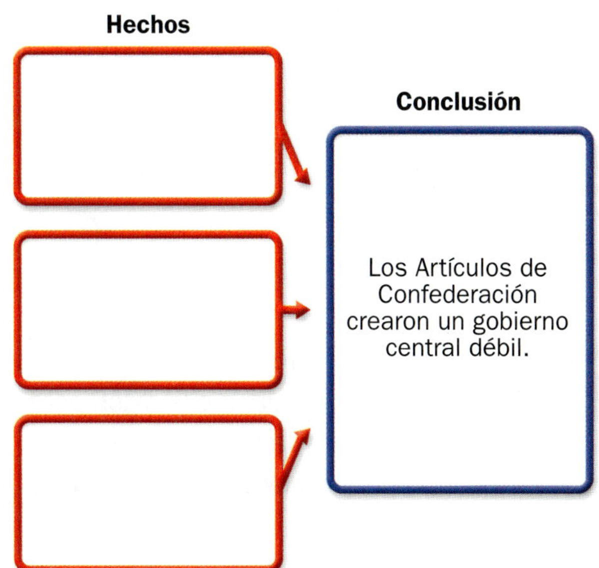
Hechos
Conclusión
Los Artículos de Confederación crearon un gobierno central débil.

2. ¿Cuáles eran los objetivos de los Artículos de Confederación?

3. ¿Cuál fue la causa de la Rebelión de Shays?

4. **Razonamiento crítico: *Causa y efecto*** Identifica los sucesos que condujeron al Decreto del Noroeste de 1787.

5. Di qué llevó a George Washington a decir: "¿Qué más prueba puede haber... de la falta de vigor en nuestro gobierno?"

Enlace con la escritura

Escribe una carta al editor Imagina que acabas de leer un artículo sobre la Rebelión de Shays en el periódico de tu localidad. Escribe una carta al editor en la que expliques por qué apoyas o te opones a la rebelión.

LECCIÓN 2

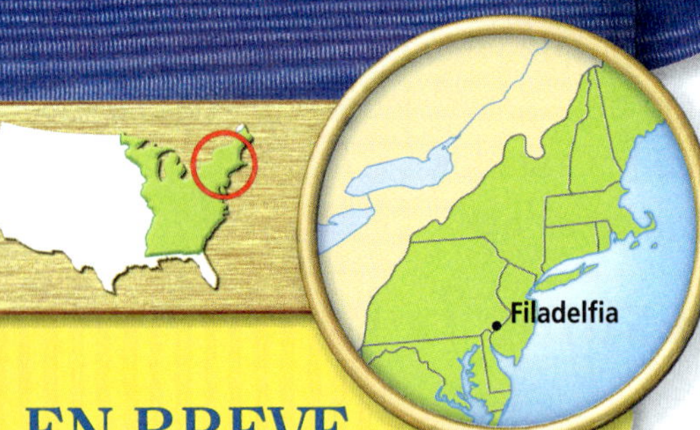

1785 — 1790

Mayo de 1787 Se inicia la Convención Constitucional

Septiembre de 1787 Los delegados de la Convención Constitucional aprueban la Constitución

Debates en Filadelfia

EN BREVE

Enfoque en la idea principal
En la Convención Constitucional, un grupo de líderes escribieron la Constitución, un nuevo plan para un gobierno nacional más fuerte.

LUGARES
Filadelfia, Pennsylvania

PERSONAJES
James Madison
Alexander Hamilton

VOCABULARIO
delegado
Convención Constitucional
Plan de Virginia
Plan de Nueva Jersey
concertar
Gran Concertación
Acuerdo de los Tres Quintos
Preámbulo
poderes reservados
separación de poderes
controles y equilibrios
vetar

Estás ahí Es 1787 y trabajas para un periódico de Filadelfia. Estás a punto de cubrir tu primer gran reportaje. En tu ciudad se están reuniendo representantes de todo el país. ¿Con qué propósito? Para fortalecer el débil gobierno nacional.

Entre los representantes está el venerado George Washington. A su llegada, lo reciben con un saludo de artillería y con campanas al vuelo. Benjamin Franklin, de Pennsylvania, es el anfitrión de la convención. Con sus 81 años, es el participante de más edad.

¿Logrará su objetivo la asamblea? Te preguntas cuál será su plan para fortalecer la democracia representativa en la nación.

Sacar conclusiones Al leer, saca conclusiones sobre cuál fue la razón para que los autores de la Constitución tomaran las decisiones que tomaron.

La Convención Constitucional

A finales de mayo de 1787, empezaron a llegar 55 representantes o **delegados** a la Cámara Legislativa de **Filadelfia, Pennsylvania.** Algunos ya habían estado ahí muchas veces, como miembros del Segundo Congreso Continental. En ese mismo salón, algunos habían escuchado la proclamación de la Declaración de Independencia. Ahí, otros habían enfrentado el reto de luchar en la Guerra de Independencia. Ahora se enfrentaban al desafío de fortalecer el gobierno en la nueva república. El objetivo original de los delegados era modificar los Artículos de Confederación. Sin embargo, a final de cuentas acabaron reemplazándolos con una nueva Constitución. Esta reunión sería conocida como la **Convención Constitucional.**

Uno de los primeros en llegar fue **James Madison** de Virginia. Madison había sido uno de los miembros más jóvenes del Congreso Continental. Ahora se había convertido en un nacionalista importante y sus anotaciones diarias son el registro más completo de la Convención Constitucional. El esfuerzo, admitiría Madison después, "casi me mata". Leerás más sobre Madison en la biografía de la página 351.

Alexander Hamilton llegó de Nueva York. Con escasos veinte años, había sido ayudante militar del general Washington durante la Guerra de Independencia. Ahora era un reconocido abogado con ideas firmes sobre cómo podría y debería funcionar el gobierno.

Al igual que estos hombres, los otros delegados se encontraban entre los líderes más inteligentes del país. Más de la mitad había combatido en la Guerra de Independencia; muchos además habían ayudado a escribir la constitución de su estado.

No fue ninguna sorpresa que los delegados eligieran por unanimidad a George Washington como líder de la convención. También decidieron trabajar en secreto. Madison explica el motivo de esta decisión en sus escritos: los delegados debían poder hablar libremente y cambiar de opinión. Con este fin, se colocaron guardias en la puerta, las ventanas se cerraron con clavos y en la calle se tendió grava para disminuir el ruido.

REPASO ¿Por qué los delegados mantuvieron en secreto su trabajo? **Sacar conclusiones**

James Madison *(derecha)* fue uno de los líderes de la Convención Constitucional. Hoy, el edificio legislativo donde se reunieron los delegados se conoce como Salón de la Independencia.

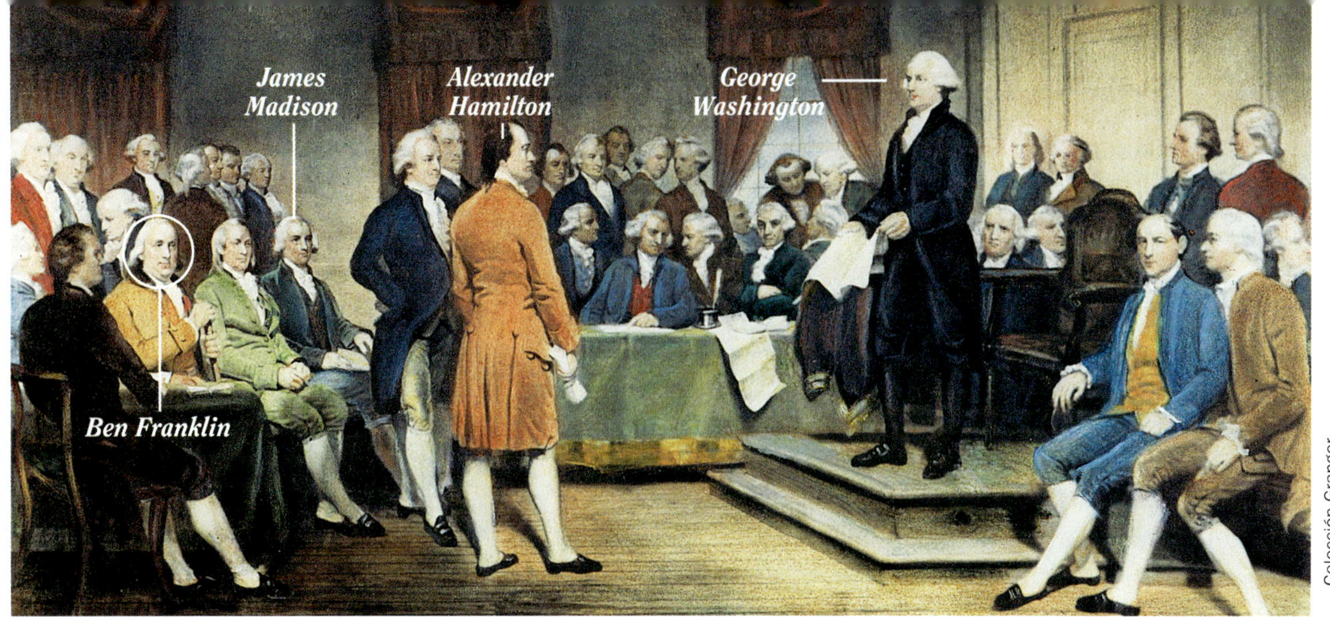

Entre los 55 delegados a la Convención Constitucional estaban algunos de los hombres más importantes del país. Eligieron a George Washington como líder de la convención.

Dos planes distintos

El delegado George Mason, representante de Virginia, marcó el tono de la Convención Constitucional:

> ***"Los ojos de los Estados Unidos están puestos en esta asamblea... Dios quiera que podamos estar a su altura mediante la creación de un gobierno sabio y justo".***

Casi todos los delegados estuvieron de acuerdo en que era necesario fortalecer el gobierno nacional. Muchos consideraban que eso se lograría haciendo unos cuantos cambios a los Artículos de Confederación. Pero James Madison y otros delegados pensaban de otra manera. Querían desechar los Artículos y escribir una nueva constitución, así que hicieron su propio plan. Edmund Randolph, el delegado de Virginia, lo presentó ante la convención.

El **Plan de Virginia** proponía que el Congreso tuviera mucho más poder sobre los estados. También decía que el gobierno nacional debía tener un poder ejecutivo que hiciera cumplir las leyes creadas por el Congreso y un poder judicial que interpretara dichas leyes. Agregaba que los estados más poblados, como Virginia, debían tener más representantes en el Congreso que los estados pequeños.

Los estados pequeños tenían una objeción principal al Plan de Virginia: no creían que los estados grandes debían tener más poder. Por lo tanto, el delegado de Nueva Jersey, William Paterson, propuso el **Plan de Nueva Jersey**, que proponía que cada estado —fuera grande o pequeño— tuviera el mismo número de representantes en el Congreso. De esta manera, todos los estados tendrían el mismo poder.

Paterson sustentó su plan de esta manera: "No hay ninguna razón por la que un estado grande, que aporta mucho, tenga más votos que uno pequeño, que aporta poco, de la misma manera que un ciudadano rico no tiene más votos que otro pobre".

Sin embargo, el debate por cada uno de los planes presentados continuó durante el caluroso verano.

REPASO ¿Cómo compararías y contrastarías el Plan de Virginia con el Plan de Nueva Jersey? **Comparar y contrastar**

Un plan concertado

Lo único que podría impedir el fracaso de la Convención era una concertación Cuando se establece una **concertación,** cada una de las partes cede un poco para llegar a un acuerdo. Roger Sherman de Connecticut sugirió que el Congreso debería tener dos secciones, llamadas cámaras, en vez de una. Una sería el Senado y, la otra, la Cámara de Representantes. En el Senado, cada uno de los estados estaría representado por dos senadores, de manera que todos tuvieran el mismo poder. Pero en la Cámara de Representantes, la población determinaría el número de representantes por cada estado. Los estados grandes tendrían más representantes que los pequeños.

Después de debatir durante un mes, la Convención finalmente estuvo de acuerdo con la concertación de Sherman, la cual se conocería como la **Gran Concertación.**

Al mismo tiempo, los delegados se enfrentaban a otro difícil problema. Los estados donde la esclavitud era práctica común —los estados sureños— querían que los esclavos se consideraran parte de la población para así tener más representación en el Congreso. Sin embargo, no querían que se tomara en cuenta a los esclavos al cobrar impuestos. Los estados donde la esclavitud no era tan común— los estados norteños— se opusieron.

Finalmente se concertó el **Acuerdo de los Tres Quintos,** y los esclavos fueron tomados en cuenta como parte de la población de cada estado para su representación en el Congreso y para el cobro de impuestos. Sin embargo, sólo se considerarían tres quintos, o sea, tres de cada cinco, del total de esclavos. Por ejemplo, si un estado tenía 50,000 esclavos, sólo 30,000 se tomarían en cuenta como población.

Los estados del Norte y del Sur también llegaron a una concertación sobre el comercio de esclavos. Los delegados norteños acordaron que el Congreso no tomaría medidas contra la importación de esclavos por 20 años. En 1808, 20 años después, el Congreso declaró ilegal la importación de esclavos.

En septiembre, el largo verano de debates finalmente terminó en Filadelfia. Los delegados no imaginaban que un día la Constitución convertiría a los Estados Unidos en la república que más ha durado en el mundo sin interrupciones.

REPASO Explica cómo Roger Sherman contribuyó al éxito de la Convención Constitucional. **Resumir**

▶ **La población de los estados variaba mucho en 1790.**

DESTREZA: GRÁFICAS ***Menciona cuáles eran el estado más poblado y el menos poblado en 1790.***

Nuestra Constitución

La Constitución empieza con un **Preámbulo** o introducción que incluye estas memorables palabras:

"Nosotros, el pueblo de los Estados Unidos, con el fin de hacer más perfecta la Unión, establecer la justicia, asegurar la tranquilidad nacional, proveer a la defensa común, fomentar el bienestar general y afianzar los beneficios de la libertad para nosotros mismos y para nuestros descendientes, decretamos e instituimos esta Constitución para los Estados Unidos de América".

El Preámbulo indica claramente los principales objetivos de la Constitución: establecer justicia, garantizar la paz, defender a la nación y proteger el bienestar y la libertad del pueblo.

Después, la Constitución describe los poderes que sólo el gobierno nacional puede tener. Por ejemplo, sólo el gobierno nacional puede hacer leyes sobre comercio con otros países y producir monedas y papel moneda. La Constitución deja muchos otros poderes estrictamente en manos de los gobiernos estatales, es decir, son **poderes reservados** porque se "reservan" o apartan para los estados. Entre los poderes reservados está el que cada estado se haga cargo de la educación y de las elecciones. Los dos niveles de gobierno comparten algunos poderes, como aprobar leyes sobre impuestos y administrar las carreteras.

La Constitución divide al gobierno nacional en tres poderes. El Congreso conforma el poder legislativo, cuya función es hacer las leyes. La tarea de llevar las leyes a la práctica y de garantizar que sean obedecidas le corresponde al poder ejecutivo, que está encabezado por el presidente. El poder judicial, encabezado por la Corte Suprema, vigila que las leyes se interpreten de acuerdo con la Constitución. Fíjate en el diagrama de la página siguiente y analiza las funciones de los tres poderes. Este gobierno dividido en tres secciones proporciona una **separación de poderes.** En otras palabras, cada sección tiene poderes distintos e independientes.

Para evitar que uno de los poderes tenga demasiada influencia, la Constitución proporciona un sistema de **controles y equilibrios.** Como muestra el diagrama, el Congreso tiene el derecho a aprobar leyes, pero el presidente las puede **vetar,** es decir, puede impedir su aprobación. De esta manera el presidente controla o limita al Congreso. Pero el Congreso puede dejar sin efecto el veto si dos terceras partes de sus miembros mantienen que sí quieren aprobar la ley. Así, el Congreso controla al presidente. Por último, los tribunales, o sea, el poder judicial, pueden rechazar lo que hace el poder legislativo o el ejecutivo si consideran que la ley aprobada va en contra de lo señalado en la Constitución.

Un poder puede controlar las atribuciones de otro. De esta manera hay un equilibrio entre los tres poderes. Busca más ejemplos de los controles y equilibrios en el diagrama.

REPASO Identifica el papel de cada uno de los tres poderes del gobierno. **Idea principal y detalles**

▶ **En el Preámbulo se indican los objetivos de la Constitución.**

BANCO DE DATOS

Los tres poderes del gobierno

Quienes escribieron la Constitución pensaban que se debía limitar el poder del gobierno y por ello crearon tres poderes independientes con un sistema de controles y equilibrios que limita las funciones de cada poder. El pueblo dispone del control final sobre los tres poderes.

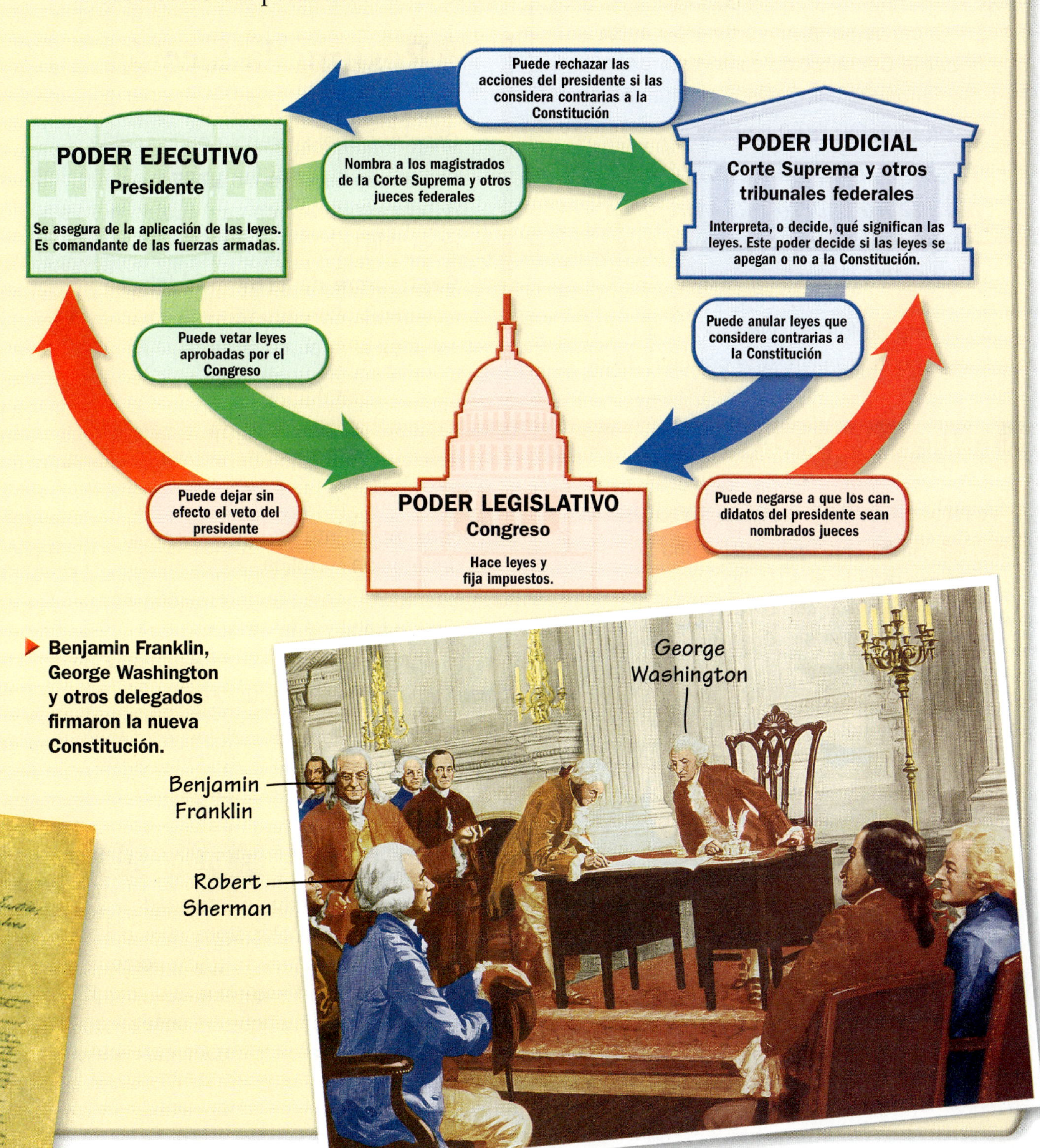

PODER EJECUTIVO
Presidente
Se asegura de la aplicación de las leyes. Es comandante de las fuerzas armadas.
Puede rechazar las acciones del presidente si las considera contrarias a la Constitución
Nombra a los magistrados de la Corte Suprema y otros jueces federales
PODER JUDICIAL
Corte Suprema y otros tribunales federales
Interpreta, o decide, qué significan las leyes. Este poder decide si las leyes se apegan o no a la Constitución.
Puede vetar leyes aprobadas por el Congreso
Puede anular leyes que considere contrarias a la Constitución
Puede dejar sin efecto el veto del presidente
PODER LEGISLATIVO
Congreso
Hace leyes y fija impuestos.
Puede negarse a que los candidatos del presidente sean nombrados jueces
George Washington
Benjamin Franklin
Robert Sherman

Benjamin Franklin, George Washington y otros delegados firmaron la nueva Constitución.

Mucho trabajo por delante

La mañana del lunes 17 de septiembre de 1787 amaneció fresca y clara. Había llegado la hora en que los delegados de la Convención Constitucional sometieran a votación el documento que habían creado.

Cansados, tras cuatro meses de desacuerdos y concertaciones, muchos tenían dudas sobre el documento. Uno incluso dijo: "Preferiría cortarme la mano derecha antes que firmar la Constitución como está ahora". Pero Benjamin Franklin insistió en que los delegados la firmaran junto con él.

> ***"Acepto... esta Constitución porque no espero nada mejor y porque no estoy seguro de que no sea la mejor".***

La mayoría de los 55 delegados estuvieron de acuerdo con Franklin. Uno por uno, 39 de ellos tomaron la pluma y firmaron.

Pero el trabajo apenas comenzaba. Nueve de los estados tenían que ratificar la Constitución antes de que se convirtiera en ley suprema de la nación. Y convencerlos no sería nada fácil.

REPASO ¿Cuál fue la secuencia de los sucesos que ocurrieron para que la Constitución se convirtiera en ley suprema de la nación? **Secuencia**

Resume la lección

- **Mayo de 1787** La Convención Constitucional se reunió en Filadelfia.
- **Mayo–septiembre de 1787** Los delegados dedicaron casi cuatro meses a crear una nueva Constitución.
- **Septiembre de 1787** Los delegados firmaron la Constitución y la enviaron a los estados para su ratificación.

LECCIÓN 2 REPASO

Verifica hechos e ideas principales

1. **Sacar conclusiones** En una hoja aparte, añade dos hechos más que pudieran servir como base para la conclusión que sigue.

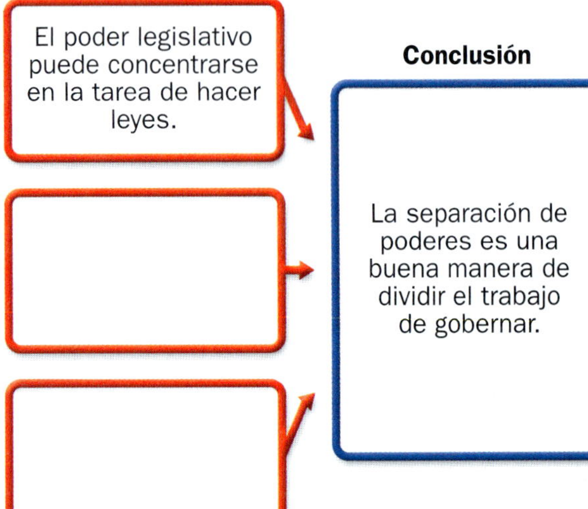

Hechos
El poder legislativo puede concentrarse en la tarea de hacer leyes.
Conclusión
La separación de poderes es una buena manera de dividir el trabajo de gobernar.

2. ¿Crees que James Madison tuvo un papel importante en la creación de la Constitución? Explica.
3. ¿Qué eran la Gran Concertación y el Acuerdo de los Tres Quintos?
4. ¿Qué esperaban lograr los delegados en la Convención Constitucional?
5. **Razonamiento crítico:** ***Evaluar*** ¿Por qué los autores de la Constitución crearon un sistema de controles y equilibrios?

Enlace con las matemáticas

Saca porcentajes De los 55 delegados iniciales de la Convención Constitucional, 39 firmaron la Constitución. ¿Qué porcentaje del grupo original la firmó? Nueve de los 13 estados tenían que ratificar la Constitución antes de convertirla en ley. ¿Qué porcentaje representaban?

James Madison

1751–1836

James Madison fue un niño menudo, tímido, enfermizo y de voz suave. No tenía las cualidades obvias de un líder y, sin embargo, al crecer se convirtió en el cuarto presidente de los Estados Unidos. Tal vez su voz no era fuerte, pero supo usarla para defender sus creencias.

Madison creía firmemente en la libertad de religión. En 1776, asistió a la convención reunida con el fin de crear una constitución para el estado de Virginia. Madison se aseguró de que esa constitución garantizara el "libre ejercicio de la religión" para todos. Unos diez años después, luchó a favor de que se aprobara el Estatuto para la Libertad de Religión de Virginia, escrito por Thomas Jefferson, su amigo de toda la vida. El estatuto impedía que el gobierno estatal interfiriera en la religión. Muchos otros estados apoyaban esta idea, la cual pronto se convertiría en ley para todos los Estados Unidos al hacerse la Primera Enmienda o modificación a la Constitución.

BIODATO

Madison y Jefferson se escribían cartas en clave para asegurarse de que nadie más pudiera leerlas.

Madison también creía que un gobierno central fuerte era importante para el éxito de la nación. Además de ser un importante líder en la Convención Constitucional de 1787, muchas de sus ideas formaron parte de la Constitución. Después, sus escritos —publicados en *The Federalist*— ayudaron a convencer al pueblo de ratificar la Constitución.

Madison fue elegido presidente en 1809. Durante su gobierno, el país peleó en otra guerra contra Gran Bretaña. Poco antes de morir, Madison expresó la importancia de que el país estuviera unido bajo un gobierno central:

> ***"El consejo más cercano a mi corazón y mi convicción [creencia] más profunda es que la Unión de los Estados sea protegida y perpetuada [que dure]".***

Aprende de las biografías

La voz de Madison no era fuerte, pero sus ideas fueron escuchadas y tuvieron una enorme influencia. ¿Cómo crees que Madison se hizo escuchar?

Para más información, visita *Personajes de la historia* en **www.estudiossocialessf.com.**

LECCIÓN 3

1785 | 1790

1787 Delaware es el primer estado en ratificar la Constitución

1788 Se ratifica la Constitución

1791 Se ratifica la Declaración de Derechos

Cómo se ratificó la Constitución

EN BREVE

Enfoque en la idea principal
Después de un largo debate, los estados ratificaron la Constitución de los Estados Unidos.

LUGARES
Ciudad de Nueva York, Nueva York

PERSONAJES
Benjamin Rush

VOCABULARIO
federalistas
federal
antifederalistas
The Federalist
enmienda
Declaración de Derechos

Estás ahí Es el 4 de junio de 1788. Acabas de tomar tu asiento como delegado de la Convención Constitucional de Virginia. George Mason se pone en pie para hablar. Es el mismo hombre que manifestó gran esperanza en la Convención Constitucional de Filadelfia hace un año. Pero ahora habla en contra de la Constitución:

"La idea misma de convertir lo que antes era una confederación en un gobierno consolidado [central] es totalmente [contraria a] cualquier principio que... nos haya gobernado... ¿Aceptará el pueblo... que le cobren impuestos dos poderes diferentes y distintivos [los estados y el gobierno nacional]?... Estos dos... poderes no pueden existir juntos por mucho tiempo. Uno destruirá al otro...".

En los 13 estados ha habido muchos debates como éste. En cada uno, los ciudadanos se reúnen para decidir si su estado debe ratificar o no la Constitución. La discusión será difícil.

Sacar conclusiones Al leer, fíjate en qué conclusiones puedes sacar sobre la razón por la cual la Constitución provocó debates tan acalorados en las convenciones estatales.

Los federalistas y los antifederalistas

La Constitución les dio a los nacionalistas el gobierno nacional fuerte que querían. Ahora se les conocía como **federalistas.** La palabra **federal** se refiere al gobierno nacional. Muchos, como George Mason, no estaban contentos con la Constitución; a ellos se les llamaba **antifederalistas.**

Muchos estadounidenses famosos y poderosos eran antifederalistas. En Virginia, además de Mason estaba Patrick Henry. En Massachusetts, Samuel Adams y John Hancock expresaban su oposición a la Constitución.

Los antifederalistas expresaban abiertamente sus temores. Uno de ellos era que la Constitución reduciría el poder de los estados. Patrick Henry expresó otro temor: "Su presidente fácilmente podría convertirse en rey". A los antifederalistas les preocupaba que el gobierno federal aprobara leyes inadecuadas para una u otra parte del país. Algunos antifederalistas argumentaban que era "imposible" complacer a todas las partes del país con las mismas leyes.

Los antifederalistas también argumentaban que la Constitución en realidad no protegía los derechos importantes de los ciudadanos: libertad de religión, libertad de prensa, y derecho a tener un juicio justo, entre otros. Aunque no era antifederalista, Thomas Jefferson, que todavía se encontraba en Francia, apoyaba este argumento. Jefferson pensaba que era necesario garantizar ciertos derechos al pueblo, y decía que el gobierno no podía quitárselos. Jefferson se expresó así: "Una declaración de derechos es lo que le corresponde al pueblo para protegerse de cualquier gobierno en el mundo".

James Madison, Alexander Hamilton y John Jay encabezaron la lucha federalista a favor de la Constitución y tomaron medidas para informar al pueblo. Los tres escribieron una serie de ensayos conocidos como ***The Federalist.*** Estos textos se publicaron por primera vez en 1787 en los periódicos de la **Ciudad de Nueva York, Nueva York,** y fueron leídos por muchos estadounidenses. En cada ensayo se explicaban los puntos débiles de los argumentos antifederalistas.

En el número 51 de *The Federalist,* Madison defendió al gobierno nacional que la Constitución había creado con estas palabras:

> ***"Si los hombres fueran ángeles, no sería necesario un gobierno. Si los ángeles gobernaran a los hombres, ...[no] sería necesario ningún control sobre el gobierno".***

REPASO Resume los argumentos presentados en contra y a favor de la Constitución.
Resumir

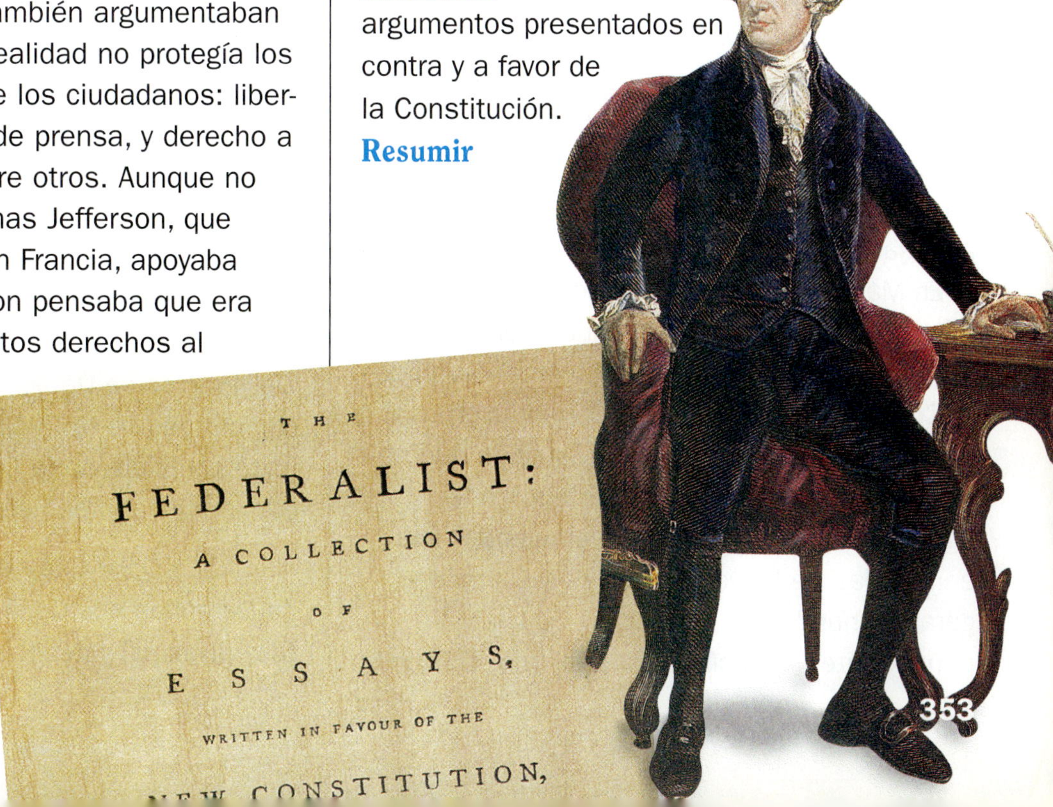

▶ **Alexander Hamilton escribió muchos de los ensayos que se publicaron en *The Federalist.***

Declaración de Derechos

Enmienda	Propósito
Primera	Protege la libertad de religión, la libertad de expresión, la libertad de prensa, el derecho a reunirse pacíficamente y el derecho a quejarse ante el gobierno.
Segunda	Protege el derecho a poseer y llevar armas de fuego.
Tercera	Señala que el gobierno no puede obligar a nadie a albergar soldados en tiempos de paz.
Cuarta	Protege al pueblo del registro e incautación injusta de una propiedad.
Quinta	Garantiza que a nadie se le quite su vida, libertad o propiedad sin la autorización de un tribunal.
Sexta	Garantiza el derecho a un juicio con un jurado en casos penales.
Séptima	Garantiza el derecho a un juicio con un jurado en casi todos los casos civiles.
Octava	Prohíbe fianzas y multas elevadas, así como castigos extremos.
Novena	Declara que los derechos del pueblo no se limitan a los señalados en la Constitución.
Décima	Señala que los poderes no otorgados al gobierno federal recaen en los estados o en el pueblo.

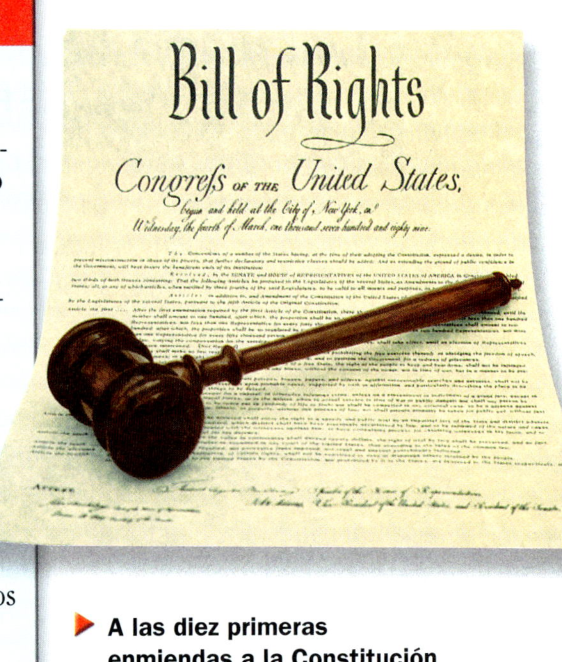

A las diez primeras enmiendas a la Constitución se les conoce como Declaración de Derechos.

DESTREZA: GRÁFICAS ***¿Qué declara la Novena Enmienda?***

La Declaración de Derechos

Algunos estados ratificaron la Constitución rápidamente. Delaware fue el primero, el 7 de diciembre de 1787. Pennsylvania fue el segundo, gracias en parte a los esfuerzos de **Benjamin Rush,** afamado médico y escritor que había firmado la Declaración de Independencia. Rush publicó varios artículos en los diarios de Filadelfia a favor de que se aceptara la Constitución. Para enero de 1788, cinco de los nueve estados necesarios habían ratificado la Constitución.

En Massachussets, la falta de una declaración de derechos favoreció a los antifederalistas. Sin embargo, los federalistas prometieron que el Congreso le añadiría a la Constitución una declaración de derechos. Los cambios que se le hacen a la Constitución o lo que se le agrega reciben el nombre de **enmienda.** Las enmiendas de la Declaración de Derechos garantizarían las libertades individuales al poner límites específicos al gobierno. Debido a la promesa de los federalistas, la convención constitucional reunida en Massachussets en febrero de 1788 votó a favor de la ratificación.

Prometer una Declaración de Derechos sirvió para convencer a otros estados. En junio de 1788, New Hampshire se convirtió en el noveno estado en ratificar la Constitución. El Congreso fijó el 4 de marzo de 1789 como la fecha en que empezaría a trabajar el nuevo gobierno. Para 1790, los 13 estados habían aceptado la Constitución como ley suprema de su nación.

Cuando se reunió el primer Congreso, una de sus primeras acciones fue aprobar las diez enmiendas que llegarían a conocerse como la **Declaración de Derechos.** El diagrama de esta página resume la Declaración de Derechos. El texto completo de la Constitución y sus enmiendas aparece en las páginas R31–R56.

REPASO ¿Por qué se añadió la Declaración de Derechos a la Constitución?
Idea principal y detalles

Un nuevo gobierno

Habían pasado unos cinco años desde que los nacionalistas empezaron a pedir un gobierno central más fuerte. Por fin, la Constitución proporcionaba un marco para ese gobierno. George Washington describió la Constitución como "ese precioso depósito [lugar seguro] de la felicidad estadounidense".

Benjamin Franklin sabía que la batalla para crear un gobierno justo y fuerte no había terminado. De acuerdo con el delegado de Maryland James McHenry, cuando se le preguntó a Franklin después de la Convención qué tipo de gobierno tenía el país, él contestó:

> ***"Una república, si logramos conservarla".***

El pueblo estadounidense tenía aún mucho que hacer para que su república no se debilitara.

REPASO En tu opinión, ¿qué quiso decir Washington cuando llamó a la Constitución "ese precioso depósito de la felicidad estadounidense"? **Sacar conclusiones**

Resume la lección

- **1787** Delaware fue el primer estado en ratificar la Constitución.
- **1788** Se ratificó la Constitución.
- **1791** Se ratificó la Declaración de Derechos.

LECCIÓN 3 REPASO

Verifica hechos e ideas principales

1. **Sacar conclusiones** En una hoja aparte, completa el diagrama con dos hechos más que apoyen la conclusión.

Hechos	Conclusión
Los antifederalistas argumentaban que la Constitución disminuiría el poder de los estados.	Los antifederalistas no querían que se ratificara la Constitución.

2. ¿Quiénes eran los federalistas? ¿Y los antifederalistas?
3. ¿Qué era *The Federalist?*
4. ¿Por qué es tan importante la Declaración de Derechos para el gobierno estadounidense?
5. **Razonamiento crítico: *Expresar ideas*** ¿Por qué crees que se dice que la Constitución es un "documento vivo"?

Enlace con las artes

Crea un cartel Utiliza fotografías recortadas de periódicos o revistas para ilustrar algunas de las primeras diez enmiendas a la Constitución (la Declaración de Derechos). Pega las fotografías a un cartel. Ponle un título a cada fotografía para indicar con qué enmienda se relaciona. Ponle un título a tu cartel.

Destrezas de investigación y escritura

Reunir información y presentarla en un informe

¿Qué es? Para escribir un **informe**, con frecuencia tendrás que encontrar más **información** de la que hay en tu libro de texto. ¿Dónde puedes encontrar hechos sobre temas que te interesen? La biblioteca y la Internet contienen una gran cantidad de recursos que proporcionan información sobre casi cualquier tema. Pero reunir mucha información tampoco garantiza un buen informe. Por eso debes saber cómo organizar tu informe con la información más importante y cómo escribir con claridad.

¿Por qué lo hacemos? En la lección anterior aprendiste que los federalistas trabajaron a favor de que se ratificara la Constitución, mientras que los antifederalistas hicieron justamente lo contrario. Supongamos que deseas reunir información sobre los federalistas para elaborar un informe. Primero tienes que reunir hechos sobre los federalistas clave y lo que hicieron para favorecer la ratificación de la Constitución. Puedes utilizar varias fuentes de consulta como sus propios escritos, enciclopedias, libros y la Internet. Después, necesitarás organizar la información y, por último, escribir el informe.

¿Cuáles eran sus ideas?
¿Quiénes eran?
Federalistas
¿Cómo trataron de convencer al público de ratificar la Constitución?
¿Qué argumentos se usaron contra ellos?

Federalistas

I. Sus ideas

A. Se necesitaba un gobierno central fuerte en los Estados Unidos.

B. La Constitución proporcionaba un buen plan para este tipo de gobierno.

¿Cómo se hace un informe?

Antes de iniciar tu investigación, debes preguntarte qué quieres saber sobre los federalistas. Puedes utilizar un organizador gráfico como el que se muestra para ayudarte a organizar tus ideas. Fíjate en el tema del informe, al centro, y en los temas secundarios clave alrededor. Cuando empieces tu investigación, podrás añadir más temas secundarios que te proporcionarán más información específica. Eso te ayudará a organizar tu informe más adelante.

Una vez que hayas creado un organizador gráfico básico, puedes iniciar tu investigación. En la biblioteca encontrarás escritos de muchos de los federalistas, así como enciclopedias con información sobre casi cualquier tema. Estas fuentes se organizan alfabéticamente por tema. Para encontrar información sobre los federalistas, puedes buscar bajo "federalista", "Constitución" o "historia de los Estados Unidos". Puedes utilizar el catálogo de la biblioteca para encontrar libros sobre los federalistas. Otro recurso útil podrían ser los atlas históricos, que contienen mapas e información sobre el pasado. La Internet incluye enciclopedias en línea y muchos sitios Web con información histórica. Recuerda anotar las fuentes de toda la información que encuentres.

Una vez que reúnas información sobre tu tema y temas secundarios, es hora de organizarlos y escribir el informe. Puedes utilizar tu organizador gráfico para hacer un bosquejo de tu informe. Asegúrate de poner la información en el orden correcto; luego escribe un borrador. Lee tu borrador para corregir errores de ortografía y gramática. Revísalo para asegurarte de haber expresado tus ideas con claridad. Pídele a un compañero o maestro que lea tu borrador. Por último, escribe a mano o a máquina la versión final de tu informe.

Piensa y aplícalo

1. Escribe los pasos para reunir información y proporcionarla de manera ordenada en un informe.
2. ¿Qué temas podrías buscar en una enciclopedia si necesitaras escribir un informe sobre la Declaración de Derechos?
3. ¿Por qué es importante escribir un borrador?

CAPÍTULO 10
REPASO

1780

1781
Los estados ratifican los Artículos de Confederación

Resumen del capítulo

Destreza clave

Sacar conclusiones

En una hoja aparte, completa el organizador gráfico con tres hechos en los que pueda basarse la conclusión que se da.

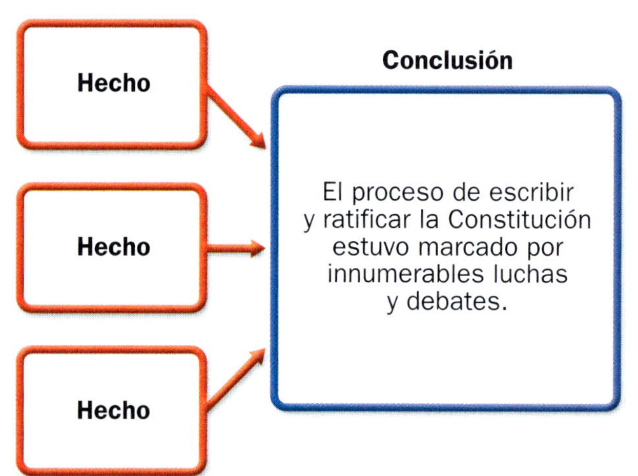
Hecho
Hecho
Hecho
Conclusión
El proceso de escribir y ratificar la Constitución estuvo marcado por innumerables luchas y debates.

Vocabulario

Escribe una oración en la cual expliques el significado de cada palabra de vocabulario. Puedes utilizar dos o más palabras de vocabulario en una oración.

1. **ratificar** (p. 339)
2. **enmienda** (p. 354)
3. **delegado** (p. 345)
4. **Plan de Nueva Jersey** (p. 346)
5. **poderes reservados** (p. 348)
6. **controles y equilibrios** (p. 348)
7. **antifederalistas** (p. 353)
8. **Declaración de Derechos** (p. 354)

Personajes y lugares

Llena el espacio en blanco con el nombre de la persona o el lugar que mejor complete la oración.

1. ______organizó una rebelión de los agricultores de Massachusetts contra el gobierno del estado. (p. 341)
2. La Convención Constitucional se llevó a cabo en ______. (p. 345)
3. ______ llevó un registro de los debates en la Convención Constitucional. (p. 345)
4. ______, de Nueva York, escribió artículos para *The Federalist*. (p. 353)
5. En 1787, el Congreso decidió la manera de convertir los territorios ______ en estados. (p. 342)

1785

1790

1786
Se inicia la Rebelión de Shays

1787
Se inicia la Convención Constitucional

1788
Se ratifica la Constitución

1791
Se ratifica la Declaración de Derechos

Hechos e ideas principales

1. Según el Decreto del Noroeste de 1787, ¿cómo podía un territorio convertirse en estado?
2. Explica el propósito de cada poder del gobierno establecido por la Constitución.
3. ¿Qué derechos garantiza la Primera Enmienda?
4. **Línea cronológica** ¿Cuántos años pasaron entre la Convención Constitucional y la ratificación de la Constitución?
5. **Idea principal** ¿Por qué era tan débil el gobierno nacional bajo los Artículos de Confederación?
6. **Idea principal** ¿Por qué era importante concertar para hacer la Constitución? Da un ejemplo que apoye tu respuesta.
7. **Idea principal** Menciona dos cosas importantes que hicieron los federalistas para que la Constitución fuera aprobada por los estados.
8. **Razonamiento crítico: *Comparar y contrastar*** Compara y contrasta el gobierno establecido por los Artículos de Confederación y el establecido por la Constitución.

Aplica las destrezas

Reunir información y presentarla en un informe

Utiliza el organizador gráfico y la información en las páginas 356–357 para responder las siguientes preguntas.

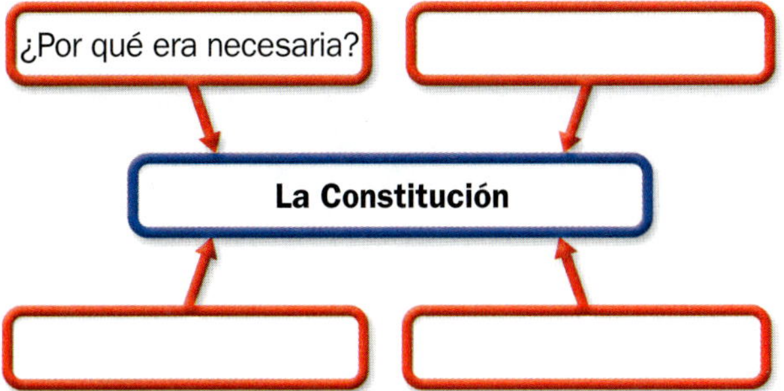
¿Por qué era necesaria?
La Constitución

1. ¿Qué pasos seguirías para reunir información para un informe sobre la Constitución?
2. Completa el organizador gráfico de arriba con tres temas secundarios más acerca de la Constitución.
3. Utiliza lo que aprendiste en el Capítulo 10 para escribir un esquema utilizando dos de los temas secundarios del organizador gráfico para la Constitución.

Escribe sobre la historia

1. **Escribe un panfleto** como si fueras Daniel Shays explicando los problemas que tienen los agricultores con las acciones del gobierno de Massachusetts. Utiliza palabras y lemas que llamen la atención del cuerpo legislativo.
2. **Escribe un editorial** para un periódico en el cual expliques por qué consideras que los estados deberían ratificar o no la Constitución.
3. **Escribe una biografía** de una página sobre Alexander Hamilton. Utiliza información del texto y los recursos de una biblioteca para escribirla. Incluye una ilustración o fotografía en tu biografía.

Actividad en la Internet

Para obtener ayuda con el vocabulario, los personajes y los términos, selecciona el diccionario o la enciclopedia de la *Biblioteca de estudios sociales* en **www.estudiossocialessf.com.**

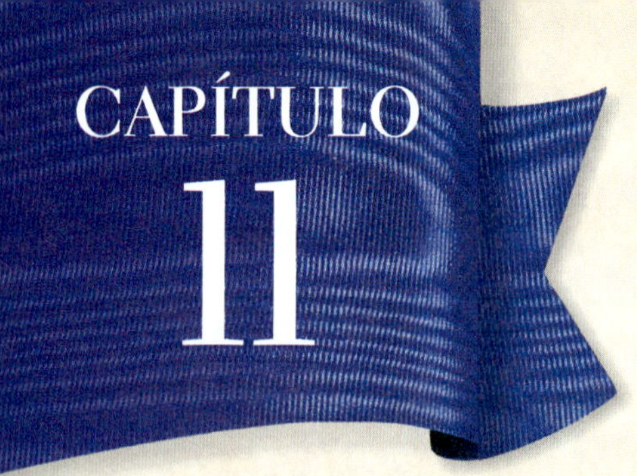

Los Estados Unidos: Un país joven

1800

Washington, D.C.
El gobierno federal se traslada a la nueva ciudad capital.

Lección 1

1

1805

Cerca de lo que hoy es Astoria, Oregón
Lewis y Clark llegan al océano Pacífico en su expedición por el Oeste.

Lección 2

2

1814

Baltimore, Maryland
Francis Scott Key escribe *The Star-Spangled Banner* mientras observa la batalla del fuerte McHenry.

Lección 3

3

Tiempo y lugar

Por qué lo recordamos

"...nuestra bandera aún estaba allí...".

Mientras Francis Scott Key escribía estas palabras que formarían parte de nuestro himno nacional, los Estados Unidos enfrentaban una grave amenaza. Era el año de 1814. Las tropas británicas habían invadido la capital del país e incendiado la residencia presidencial y el Capitolio. Ese día, Key seguramente se preguntó si la joven república sobreviviría. Sí sobrevivió. En sus primeros años, el país enfrentó muchos problemas pero la bandera se mantuvo en alto. El joven país se iba convirtiendo en una nación fuerte y llena de oportunidades.

LECCIÓN 1

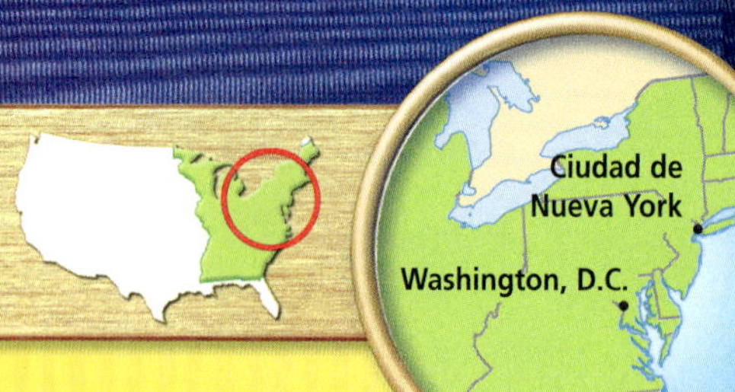

1785

1800

1789 George Washington es elegido primer presidente de los Estados Unidos

1796 John Adams es elegido segundo presidente de los Estados Unidos

1800 El gobierno federal se traslada a Washington, D.C.

EN BREVE

Enfoque en la idea principal
George Washington fue el primer presidente del país y organizó el nuevo gobierno.

LUGARES
Ciudad de Nueva York, Nueva York
Washington, D.C.

PERSONAJES
Pierre L'Enfant
Benjamin Banneker
Abigail Adams

VOCABULARIO
colegio electoral
inauguración
gabinete
partido político

Washington, presidente

Estás ahí Éste es el momento más emocionante de toda tu vida. Eres parte del grupo que acompaña a George Washington en un viaje de 235 millas desde Mount Vernon, su plantación en Virginia, hasta la Ciudad de Nueva York, la capital temporal del país. Ahí es donde se le tomará juramento como primer presidente de los Estados Unidos.

Durante todo el camino, los estadounidenses salen de su casa para aclamarlo. En Filadelfia, la multitud llena las calles, suenan las campanas de las iglesias y los fuegos artificiales tiñen el cielo.

Después de llegar a la orilla del río Hudson en Nueva Jersey, una barca adornada con raso transporta a Washington durante la parte final del viaje. A lo largo de la costa de Nueva York, la gente sale a recibirlo en barcos decorados con vivos colores. Sientes gran emoción porque vas a contarles todo lo que has visto a tus amigos que se quedaron en casa.

▶ **Este botón se hizo para conmemorar que George Washington se había convertido en el primer presidente de los Estados Unidos.**

Sacar conclusiones Al leer, saca conclusiones sobre por qué George Washington era popular entre el pueblo estadounidense.

El presidente Washington asume su cargo

George Washington había dicho que no quería ser presidente. A sus 56 años, se consideraba demasiado viejo, y no gozaba de buena salud. Pero Thomas Jefferson y Alexander Hamilton finalmente lo hicieron cambiar de opinión. Hamilton convenció a Washington de que era "indispensable" —absolutamente necesario— en el proceso de crear el nuevo gobierno.

El 4 de febrero de 1789, el colegio electoral eligió a Washington como presidente. El **colegio electoral** está formado por personas elegidas por cada estado que votan por el presidente y el vicepresidente. El número de esas personas, o electores de cada estado, es igual al número de senadores, más el número de representantes en la Cámara de Representantes.

El voto por Washington fue unánime, lo que quiere decir que todos los miembros del colegio electoral votaron por él. Desde Washington, ningún presidente ha sido elegido de manera unánime. Más adelante, uno de sus generales lo describiría como "primero en la guerra, primero en la paz y primero en el corazón de sus compatriotas". John Adams, que también había firmado la Declaración de Independencia, fue elegido vicepresidente.

George Washington colocó la mano sobre la Biblia en su inauguración.

El 30 de abril fue la fecha fijada para la inauguración de Washington como presidente. La **inauguración** es la ceremonia en la que el presidente recién elegido jura lealtad a la Constitución y entra en funciones. Cerca de mediodía, Washington salió al balcón del Federal Hall en la **Ciudad de Nueva York, Nueva York.** Mientras la multitud lo observaba, puso una mano sobre la Biblia y levantó la otra mano para que le tomaran juramento como presidente de los Estados Unidos. La muchedumbre lo ovacionó, diciendo: "¡Que viva George Washington, presidente de los Estados Unidos!".

Washington dividió el trabajo del poder ejecutivo en distintos departamentos y eligió a quienes los encabezarían. Las relaciones con otros países se convirtieron en tarea del Departamento de Estado. Para dirigir este departamento, Washington nombró a Thomas Jefferson secretario de Estado. El Departamento del Tesoro se encargaría de los asuntos monetarios, y como secretario se nombró a Alexander Hamilton.

Los encargados de éstos y otros departamentos formaron parte del **gabinete** del presidente. Su trabajo consistía en aconsejar al presidente y ayudarle a gobernar. La Constitución no establecía la creación de un gabinete y departamentos; ésa fue idea de Washington, quien tomó sus decisiones con mucho cuidado pues era consciente de que sus acciones servirían de ejemplo para futuros presidentes.

REPASO ¿Por qué uno de sus generales dijo que Washington era el primero en la guerra *y* en la paz? **Sacar conclusiones**

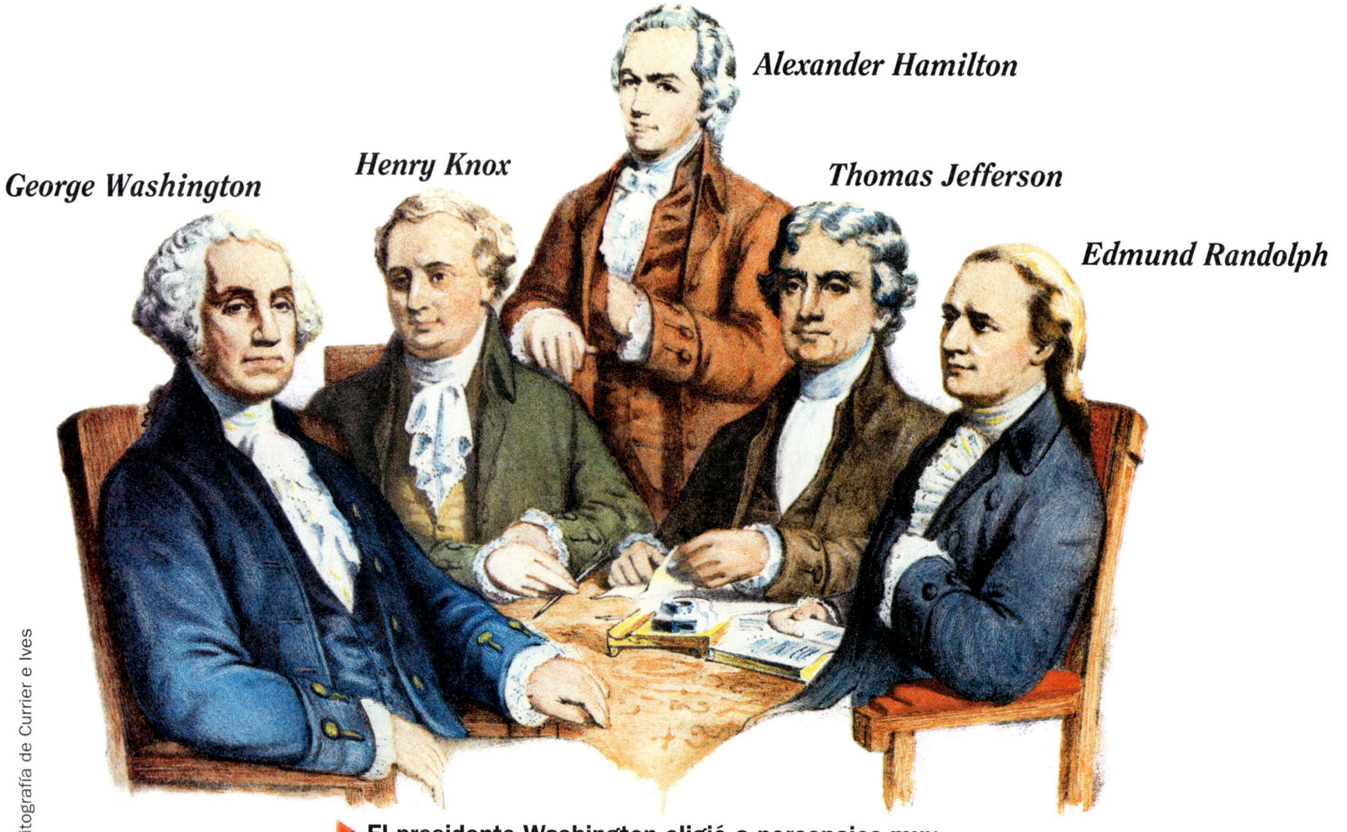

Litografía de Currier e Ives

El presidente Washington eligió a personajes muy conocidos para que formaran parte de su gabinete.

Surgen los partidos políticos

Ahora, el nuevo gobierno enfrentaba importantes decisiones, y los funcionarios clave tenían ideas muy distintas sobre cómo tomarlas. Por un lado estaba Alexander Hamilton, secretario del Tesoro, quien aún creía firmemente en un gobierno nacional fuerte. Hamilton pensaba que este gobierno fuerte debería fomentar el crecimiento de las ciudades, el comercio y las fábricas. Por otra parte, Thomas Jefferson, secretario de Estado, no creía en un gobierno nacional fuerte; quería que la nación siguiera siendo una tierra de pequeños agricultores y hábiles artesanos. Jefferson pensaba que el país que él imaginaba no necesitaría un gobierno fuerte como el que deseaba tener Hamilton.

Una y otra vez, ambos chocaban en las reuniones del gabinete. Cuando Hamilton anunció su plan de crear un banco nacional, Jefferson se opuso y argumentó que la Constitución no daba ese poder al gobierno nacional.

Tanto Hamilton como Jefferson tenían muchos seguidores. Con el tiempo, cada bando se organizó en un partido político. Un **partido político** es un grupo organizado de personas que comparten la misma visión sobre lo que un gobierno debe hacer. Su trabajo se orienta a lograr que se elija a sus miembros para ocupar puestos en el gobierno.

El partido de Hamilton conservó el nombre de Partido Federalista. Los federalistas generalmente estaban a favor de un gobierno federal fuerte y activo. El partido de Jefferson, conocido después como Partido Democrático-Republicano, apoyaba un gobierno federal menos fuerte y activo.

En 1796, en su discurso de despedida como presidente, Washington advirtió sobre los “efectos nocivos [destructivos] del espíritu partidista”. Puedes leer más sobre el origen de los partidos políticos en Temas y perspectivas, en las páginas 368–369.

REPASO ¿Cómo compararías y contrastarías las ideas de Hamilton y Jefferson sobre cómo debería ser el gobierno? **Comparar y contrastar**

Una nueva ciudad

El Congreso había discutido sobre un lugar permanente para la capital de la nación durante 10 años. En 1790, se tomó una decisión que cerró el debate.

Se eligió como capital de la nación el Distrito de Columbia, un área de 10 millas cuadradas a lo largo del río Potomac, no lejos de la casa de Washington en Virginia. En 1799, después de la muerte de Washington, se le cambió el nombre a **Washington, D.C.** Las letras D.C. significan Distrito de Columbia.

Para trazar la ciudad, Washington eligió a **Pierre L'Enfant,** artista e ingeniero francés que había llegado a los Estados Unidos para luchar en la Guerra de Independencia. Se necesitaba un astrónomo que midiera y tomara en cuenta tanto la latitud como la longitud para levantar un plano del terreno. A **Benjamin Banneker,** inventor, matemático y astrónomo que era hijo de un esclavo liberado, se le pidió que apoyara esta tarea. Puedes leer más sobre Banneker en la página 367. Abajo, en Aventuras en mapas, tendrás la oportunidad de investigar el trabajo de L'Enfant y Banneker.

REPASO ¿Por qué se necesitaba un astrónomo para construir la nueva ciudad capital? **Resumir**

Aventuras en mapas

El diseño de Washington, D.C.

Fíjate en el plano actual de Washington, D.C. ¿Puedes identificar la ubicación de los sitios más característicos de la capital?

1. **L'Enfant quería que el Capitolio, el edificio donde se reúne el Congreso, estuviera en una colina. De ahí parten anchas calles diagonales y el edificio da al oeste. ¿Qué letra señala este lugar?**
2. **Querían colocar un área de 12,000 pies de largo con pasto frente al Capitolio, la cual se conoce ahora como "the Mall". ¿Qué letra señala este lugar?**
3. **L'Enfant y Banneker colocaron la residencia presidencial, conocida ahora como la Casa Blanca, al final de una calle que corre hacia el noroeste desde el Capitolio. Esta calle se llama ahora Pennsylvania Avenue. ¿Qué letra señala la Casa Blanca?**

La vida en la residencia presidencial

En 1800, cuando John Adams era presidente, el gobierno federal se trasladó a Washington, D.C., aunque había pocos edificios y sus calles eran caminos lodosos. El Congreso se reunió ahí por primera vez en noviembre. Sus miembros tuvieron que apiñarse en las pocas viviendas disponibles.

John Adams, elegido segundo presidente de los Estados Unidos en 1796, y su esposa Abigail se mudaron a la residencia presidencial, que luego se conocería como la Casa Blanca. La residencia era tan nueva que el yeso de las paredes aún estaba húmedo. **Abigail Adams** la describió de esta manera en una carta a una amiga:

Pintura de Gilbert Stuart

▶ **Abigail Adams fue la primera "primera dama" que vivió en la Casa Blanca.**

> ***"No hay un solo aposento [habitación] terminado... No tenemos la más mínima cerca, ni jardín, ni ninguna otra comodidad".***

Peor aún, la casa estaba construida sobre un área pantanosa y llena de mosquitos.

REPASO ¿A qué conclusión llegas sobre las condiciones en la residencia presidencial y sus alrededores cuando se mudaron John y Abigail Adams? **Sacar conclusiones**

Resume la lección

- **1789** George Washington se convirtió en el primer presidente y organizó el poder ejecutivo con un gabinete.
- **1796** John Adams fue elegido segundo presidente de los Estados Unidos.
- **1800** El gobierno federal se trasladó a Washington, D.C.

LECCIÓN 1 REPASO

Verifica hechos e ideas principales

1. **Sacar conclusiones** En una hoja aparte, escribe los hechos faltantes.

Hechos

Conclusión

George Washington era extremadamente popular entre el pueblo estadounidense.

2. Explica el objetivo de Washington al nombrar funcionarios para su gabinete.
3. **Razonamiento crítico:** ***Sacar conclusiones*** ¿Por qué surgieron partidos políticos distintos en el gobierno estadounidense?
4. ¿Quién fue el líder del Partido Federalista y el del Partido Demócratico-Republicano?
5. ¿Por qué se le pidió ayuda a Benjamin Banneker para diseñar la capital?

Enlace con la geografía

Dibuja un mapa Fíjate de nuevo en el mapa de Washington D.C., en la página 365. ¿Hubieras hecho un plano diferente al de L'Enfant? Dibuja un mapa donde muestres cómo habrías trazado el plano de la capital del país.

BIOGRAFÍA

Benjamin Banneker

1731–1806

Cuando Benjamin Banneker tenía cerca de 21 años, vio un reloj de bolsillo que pertenecía a un hombre llamado Josef Levi. Banneker se sintió tan fascinado por el reloj que Levi se lo regaló. Banneker lo desarmó para ver cómo funcionaba; estudió las piezas y las utilizó como modelos para crear un reloj hecho totalmente de madera.

Años más tarde, la atención que Banneker ponía a los detalles ayudó a que no se perdiera el plano de la nueva ciudad capital del país. A solicitud de Thomas Jefferson, Banneker se incorporó en 1790 al equipo de trazado de planos de la capital. Cuando Pierre L'Enfant, el planificador principal, renunció y se llevó los planos, Banneker volvió a hacerlos de memoria, en unos cuantos días, y el proyecto no tuvo mayores contratiempos.

BIODATO

Al reloj de Banneker se lo considera como el primero fabricado en las colonias británicas y se dice que sonó cada hora durante más de 40 años.

Banneker utilizó su creciente fama para hablar en contra de la esclavitud. Aunque él creció como hombre libre en la granja de su familia en Maryland, su padre había sido esclavo y conocía los efectos de la esclavitud. Cuando Banneker terminó su primer libro, se lo envió al secretario de Estado, Thomas Jefferson, con una nota adjunta en la que le pedía mejorar el trato a los afroamericanos:

> ***"Sin importar qué tan variables [diferentes] seamos en la sociedad o en la religión, sin importar qué tan distintos en situación o color, todos somos parte de la misma familia y tenemos la misma relación con [Dios]".***

Aprende de las biografías

¿De qué manera el deseo de Banneker por entender el mundo que lo rodeaba influyó en su vida y en la de otros?

Para más información, visita *Personajes de la historia* en **www.estudiossocialessf.com.**

Temas y perspectivas

La formación de partidos políticos

Hoy todavía hay diferentes ideas sobre el gobierno en los Estados Unidos, tal y como las había hace más de 200 años.

"...El Sr. Jefferson está al frente de una facción [grupo] que me es decididamente hostil [poco amistosa]...". Alexander Hamilton escribió estas palabras a un amigo en mayo de 1792. Hamilton y Thomas Jefferson eran dos de los consejeros más apreciados por el presidente George Washington. No obstante, sus puntos de vista eran muy diferentes, y los grupos que se formaron a su alrededor se convirtieron en los primeros partidos políticos del país.

Los partidos políticos se formaron cuando George Washington era presidente debido a que el pueblo tenía diferentes ideas sobre el gobierno. Alexander Hamilton y sus seguidores llegaron a conocerse como "Federalistas", pues estaban a favor de un gobierno nacional fuerte. A Thomas Jefferson y sus seguidores se los conocía como "Democrático-Republicanos", y estaban en contra de un gobierno nacional fuerte.

El presidente Washington quería que los miembros de su gobierno trabajaran juntos. Como leíste, en su discurso final advirtió contra "los efectos nocivos [destructivos] del espíritu partidista".

> ***"[El espíritu partidista] siempre sirve para distraer a los consejos públicos y debilita la administración pública. Agita a la comunidad con celos infundados y falsas alarmas; atiza [enciende] la animosidad [desagrado] de una parte hacia la otra; fomenta [promueve] las revueltas e insurrecciones [levantamientos] ocasionales".***
>
> —**George Washington,** *1796*

Aun así, Washington se dio cuenta de que los partidos reflejaban "las más fuertes pasiones de la mente humana". Cuando Washington dejó la presidencia, los partidos políticos se fortalecieron. Hoy, más de 200 años después, los partidos políticos siguen debatiendo sus distintas concepciones de gobierno.

George Washington *(izquierda)* se reúne con dos miembros de su gabinete: Thomas Jefferson *(centro)* y Alexander Hamilton *(derecha)*.

"Es cierto, ha habido alguna agitación entre los partidos existentes, pero no cabe duda de que la prudencia [precaución] de los habitantes de los Estados Unidos hará que esa perturbación se evapore".

—**Mercy Otis Warren,** 1728–1814

"No admiro las contiendas [batallas] de los partidos... a pesar de que, en lo personal... estoy ansiosa por conocer todas las maniobras [planes] de ambos, el uno y el otro...".

—**Dolley Madison** 1768–1849

"Los hombres... naturalmente se dividen en dos partidos:
1. Los que desconfían del pueblo y desean quitarle todos sus poderes para dejarlos en manos de las clases altas.
2. Aquellos que se identifican con el pueblo [y] confían en él...
En todos los países, existen estos dos partidos.

—**Thomas Jefferson,** 1743–1826

Los temas y tú

A finales del siglo XVIII y principios del siglo XIX, muchos temían que los partidos políticos destruyeran la nueva república. En tu opinión, ¿esta rivalidad entre partidos políticos es buena o mala para los Estados Unidos? Escribe un argumento a favor o en contra de los partidos políticos. Busca ejemplos que apoyen tu posición en periódicos, revistas o la Internet.

LECCIÓN 2

1800 | 1805

1800
Thomas Jefferson es elegido tercer presidente de los Estados Unidos

1803
La Compra de Luisiana extiende el territorio del país

1804
Lewis y Clark empiezan a explorar el territorio de Luisiana

TERRITORIO DE LUISIANA
San Luis
Nueva Orleáns

Río Ohio
Camino Wilderness
Paso de Cumberland

EN BREVE

Enfoque en la idea principal
La nueva nación duplicó su territorio y extendió los asentamientos hacia el oeste.

LUGARES
Camino Wilderness
paso de Cumberland
río Mississippi
Nueva Orleáns
territorio de Luisiana
San Luis, Missouri
río Missouri

PERSONAJES
Daniel Boone
James Monroe
Meriwether Lewis
William Clark
York
Sacagawea

VOCABULARIO
pionero
frontera
Compra de Luisiana

Jefferson mira hacia el oeste

Estás ahí La campaña presidencial de 1800 está en pleno apogeo. Se han producido situaciones amargas y desagradables. Los Democrático-Republicanos y su candidato, Thomas Jefferson, lanzan una acusación tras otra contra los Federalistas y su candidato, el presidente John Adams. A su vez, los federalistas lanzan otras acusaciones. Tú no sabes qué creer.

Los Federalistas son el partido de los ricos, dicen los Democrático-Republicanos. *Los funcionarios Federalistas han puesto a los bancos en primer lugar, y al pueblo, en segundo.*

Los Federalistas responden: *Los Democrático-Republicanos son buscapleitos. Tratan de que los ciudadanos del país estén unos contra otros.*

¿Cuál de los dos bandos tiene la razón? Los estadounidenses pronto tendrán que votar, y tienen mucho en qué pensar antes de hacerlo.

Resumir Al leer, fíjate en las ideas que te ayudarán a resumir cómo las acciones del gobierno federal contribuyeron al desarrollo y crecimiento de la nueva nación.

Jefferson gana las elecciones de 1800

La mañana del 4 de marzo de 1801, Thomas Jefferson salió de la pensión donde se hospedaba y caminó cuesta arriba hacia el Capitolio para su inauguración como tercer presidente de los Estados Unidos. Había ganado unas amargas elecciones, pero esperaba poder trabajar con sus opositores. En su discurso inaugural, dijo: "Una diferencia de opinión no es una diferencia de principios... Todos somos Republicanos; todos somos Federalistas".

El nuevo presidente tenía muchas aficiones y talentos. Como lo muestra la Declaración de Independencia, Jefferson era un buen escritor; también era un hábil violinista, un dedicado observador de la naturaleza y la ciencia, y un arquitecto talentoso. Su hermosa casa llamada Monticello fue uno de los edificios que él diseñó.

Como presidente, Jefferson quería "devolver el gobierno al pueblo". Creía que la única manera de garantizar las libertades de todos y cada uno de los ciudadanos era manteniendo el poder en sus manos. Jefferson hizo que el Congreso redujera los impuestos aprobados durante el gobierno Federalista, y disminuyó el tamaño del gobierno y de las fuerzas armadas. "No soy de esos que temen al pueblo", dijo. "De ellos, y no de los ricos, dependemos para conservar nuestra libertad".

Después de que Jefferson dejó la presidencia, resumió su filosofía de gobierno:

> ***"El cuidado de la vida humana y de la felicidad, y no su destrucción, es el primer y único objetivo legítimo [verdadero] de un buen gobierno".***

REPASO Según Jefferson, ¿quién debería tener el poder del gobierno?
Sacar conclusiones

Hoy en día, el público puede visitar Monticello. Jefferson tenía muchos intereses; usaba una máquina para escribir cartas y copiarlas al mismo tiempo *(derecha, arriba)* y poseía instrumentos de topografía *(derecha, abajo)*.

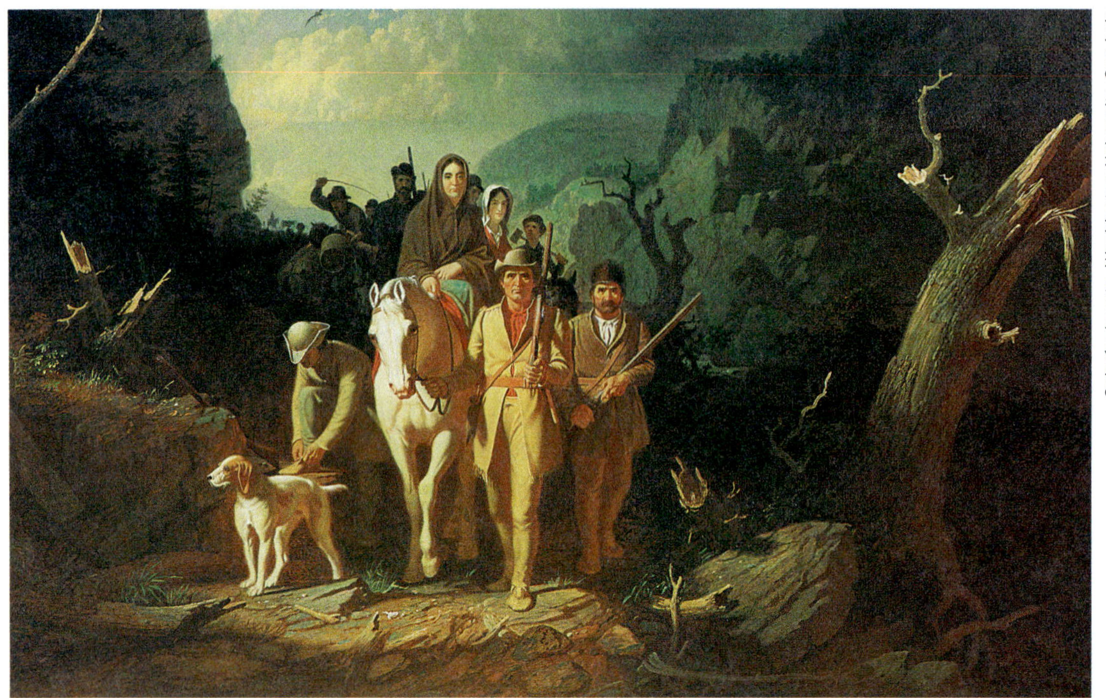

Galería de arte, Washington University, San Luis

▶ **Daniel Boone dirigió a los pioneros por los montes Apalaches en el Camino Wilderness.**

La nación se desplaza hacia el oeste

Mucho antes de que Thomas Jefferson fuera presidente, los estadounidenses empezaron a encaminarse hacia el oeste. Cuando se desató la Guerra de Independencia, ya algunos habían cruzado los montes Apalaches en busca de tierras fértiles. Hoy llamamos **pioneros** a esos colonos.

Por supuesto, en esas tierras ya vivían otros pueblos. Varios grupos de indígenas norteamericanos reclamaban esas tierras, y durante algún tiempo hubo enfrentamientos entre los indígenas y los pioneros. Sin embargo, la colonización continuó, y el límite de los asentamientos de los pioneros se extendía cada vez más hacia el oeste. A este límite se le conocía como la **frontera.**

Daniel Boone probablemente sea el pionero más famoso. Hábil leñador, dirigió a muchos pioneros rumbo a las tierras al oeste de los montes Apalaches.

En 1775, Boone creó una ruta de Virginia a Kentucky, a través de los Apalaches, que llegó a ser conocida como el **Camino Wilderness.** Esta ruta atraviesa el **paso de Cumberland,** un pequeño valle que los indígenas norteamericanos habían utilizado desde tiempo atrás para cruzar los Apalaches. Pronto, miles de pioneros dirigían sus carretas en dirección oeste por el Camino Wilderness.

La vida en la frontera era muy difícil. Todo tenía que hacerse a mano: desde talar árboles y construir casas, hasta hilar tela. La vida de los pioneros también era solitaria, pues con frecuencia los vecinos más cercanos se encontraban a millas de distancia. A pesar de todo, los pioneros superaron las dificultades y construyeron granjas, casas, caminos y poblados a lo largo de la frontera.

Al igual que muchos otros pioneros, Daniel Boone siguió un camino que lo llevó cada vez más lejos del Este. Antes de morir ya había llegado hasta Missouri, al oeste del río Mississippi. Boone describió las tierras al este, de donde había venido, como "¡llenas de gente! ¡Demasiada gente! ¡Necesito más espacio para moverme!".

REPASO Menciona tres detalles que apoyen la siguiente idea principal: La vida de los pioneros era difícil. **Sacar conclusiones**

La Compra de Luisiana

En su avance hacia el oeste, los pioneros pronto levantaron asentamientos cerca o a lo largo del río Ohio y del **río Mississippi.** En poco tiempo, empezaron a utilizar estas vías fluviales como rutas comerciales para transportar productos como trigo y cerdos hacia el Sur, al puerto de **Nueva Orleáns.** Desde ahí, la mercancía viajaba en barco a las ciudades de la costa este y, luego a Europa. Sin la prosperidad de las vías fluviales y los puertos, a los pioneros les habría resultado muy difícil llevar sus productos a otros mercados, sobre todo a los más distantes.

A finales del siglo XVIII, España reclamó un área extensa al oeste del río Mississippi conocida como Luisiana. En este territorio se encontraba Nueva Orleáns. En octubre de 1802, España cerró el puerto de Nueva Orleáns al comercio estadounidense. La mercancía de los pioneros no pudo salir del puerto. España reabrió el puerto unos meses más tarde, pero su cierre preocupó al presidente Jefferson. En su opinión, algo debía hacerse para garantizar que Nueva Orleáns permaneciera abierto al comercio estadounidense. Jefferson llegó a la conclusión de que los Estados Unidos debían comprar el puerto.

En 1803, Francia le había quitado a España el control de Luisiana, de manera que Jefferson envió a **James Monroe** a París para que intentara comprar a los franceses Nueva Orleáns y algunas tierras alrededor. Monroe le ofreció a Francia $2 millones.

Al principio, Napoleón, el gobernante francés, no quería vender las tierras, pues tenía la esperanza de poblar todo Luisiana con colonos franceses. Pero debido a que también necesitaba dinero para la guerra contra Gran Bretaña, hizo una propuesta sorprendente: vendería, pero no sólo Nueva Orleáns, sino todo el territorio de Luisiana por ¡$15 millones! Monroe estuvo de acuerdo.

En 1803, los Estados Unidos realizaron la **Compra de Luisiana.** Con ello, la nación duplicó su tamaño al sumarse 828,000 millas cuadradas desde el río Mississippi hasta las montañas Rocosas. ¡Y lo logró por menos de tres centavos por acre! Hoy, muchas de esas tierras cuestan miles de dólares el acre.

REPASO Escribe en secuencia los sucesos que condujeron a la Compra de Luisiana **Secuencia**

Treaty

Between the United States of America and the French Republic

The President of the United States of America and the First Consul of the French Republic in the name of the French People desiring to remove all Source of misunderstanding ...

▶ **Con la Compra de Luisiana, los Estados Unidos se extendieron hacia el oeste hasta las montañas Rocosas.**

Lewis y Clark

Mucho antes de la Compra de Luisiana, Thomas Jefferson ya sentía atracción por las tierras del Oeste. Se preguntaba quiénes vivían ahí, cómo serían esas tierras y si el río Missouri podría conducir a una ruta fluvial hacia el océano Pacífico. Jefferson quería saber la respuesta a esas preguntas.

Para encontrarla, envió una expedición a las tierras recién adquiridas que hoy conocemos como el **territorio de Luisiana.** Jefferson eligió como líder de la expedición a **Meriwether Lewis,** un capitán del ejército. Lewis compartió el mando con otro capitán, su amigo **William Clark.**

Jefferson les dijo a ambos capitanes sus tres objetivos. Uno era buscar una ruta fluvial hacia el océano Pacífico. El segundo era establecer relaciones con los indígenas norteamericanos que encontraran en su camino. Jefferson quería que los indígenas supieran su "deseo de ser un buen vecino y resultarles útil". El tercer objetivo era prestar mucha atención "al suelo y a la superficie del país", a sus plantas, animales, minerales y clima, y llevar un cuidadoso registro escrito de sus descubrimientos. Hoy, los diarios de Lewis y Clark son la principal fuente de información sobre su expedición.

En mayo de 1804, Lewis y Clark y otros miembros de la expedición partieron hacia el oeste desde **San Luis, Missouri,** a lo largo del **río Missouri.** Sigue su ruta en el mapa de la página siguiente. La expedición incluía a soldados, remeros, cazadores y a **York,** un esclavo de Clark y su amigo de la infancia. Durante la expedición, York trabajó al lado de Clark gran parte del tiempo, y demostró que estaba dispuesto a sacrificar su vida por salvar la de Clark. No obstante, cuando tiempo después York le pidió que lo liberara como recompensa a sus aportaciones a la expedición, Clark se negó.

Los miembros de la expedición, el equipo y las provisiones se transportaban en tres botes. Cuando salieron, no sabían que no volverían a su tierra hasta 28 meses después.

Durante su primer invierno, contrataron a un trampero de la parte francesa de Canadá y a su esposa shoshone, **Sacagawea,** como intérpretes y guías. Sacagawea ayudó a Lewis y

Literatura y estudios sociales

En su diario, el capitán Meriwether Lewis escribió el siguiente relato sobre una tormenta de arena:

24 de abril de 1805

El viento sopló tanto durante todo este día, que no pudimos avanzar... La irritación en los ojos es una queja común. Creo que [se debe] a las grandes cantidades de arena que lleva el viento desde los bancos de arena del río, en nubes tales que resulta imposible ver el otro lado del río...".

Sacagawea fue guía de Lewis y Clark.

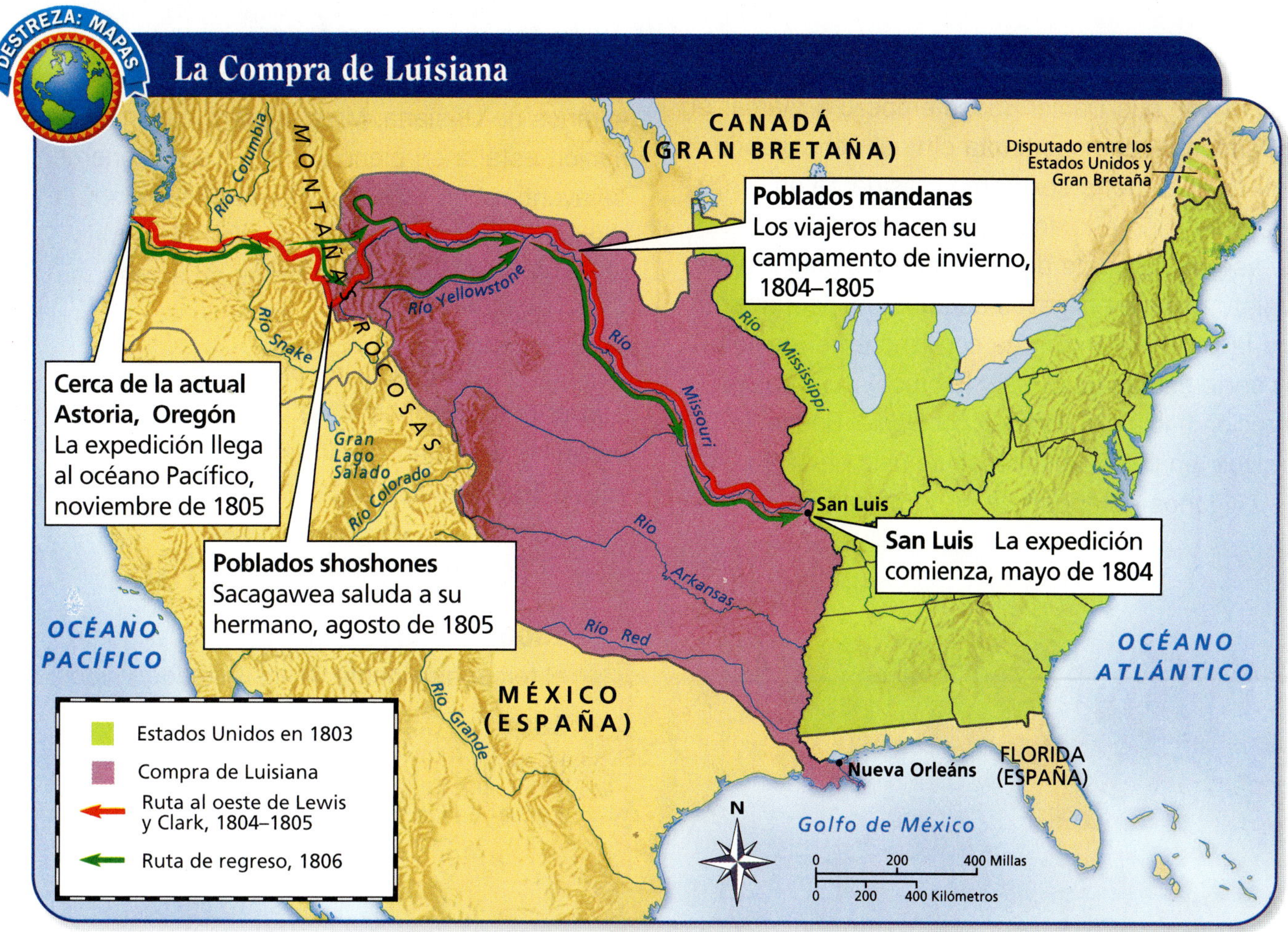

La expedición de Lewis y Clark exploró la región del territorio de Luisiana y se dirigió hacia el océano Pacífico.

DESTREZA: MAPAS **Usar la escala del mapa** ***¿Aproximadamente cuántas millas recorrió la expedición desde los poblados shoshones hasta el océano Pacífico?***

Clark a iniciar buenas relaciones con los indígenas norteamericanos que encontraron en el viaje. También ayudó a traducir las lenguas indígenas para los miembros de la expedición. El bebé que cargaba en la espalda indicaba los fines pacíficos de la expedición.

Los miembros de la expedición enfrentaron muchas dificultades. Tuvieron que navegar entre fuertes corrientes y, de vez en cuando, el equipo caía al agua cuando un bote se volteaba. Además, siempre corrían peligro de ser atacados por animales peligrosos, como los osos pardos, de 900 libras.

Pero Lewis y Clark fueron recompensados con paisajes fabulosos. Vieron una manada de 20,000 bisontes sobre la llanura y grupos de berrendos, una especie de venado muy veloz. También cruzaron las elevadas y espectaculares montañas Rocosas. Finalmente, sus ojos se llenaron de alegría al ver al gran océano Pacífico: "¡Océano a la vista! ¡Qué alegría!", escribió Clark.

Los exploradores finalmente regresaron a San Luis en septiembre de 1806. No habían encontrado una ruta fluvial hacia el Pacífico, pero registraron y describieron miles de variedades de plantas y animales. Incluso se llevaron algunas para mostrárselas a Jefferson. También hicieron mapas de esa extensa área, con lo cual se abrió la puerta para futuras exploraciones y nuevos asentamientos estadounidenses.

REPASO Compara lo que los estadounidenses sabían sobre el territorio de Luisiana antes y después de la expedición de Lewis y Clark. **Comparar y contrastar**

La nación crece

Desde que Daniel Boone empezó a marcar el Camino Wilderness hasta el final del segundo período de Jefferson como presidente en 1809, la población estadounidense casi se triplicó. Pasó de cerca de dos millones y medio a unos siete millones. Nuevos estados se incorporaron a la Unión. Vermont se convirtió en el decimocuarto estado en 1791 y Kentucky, cuya colonización había sido dirigida por Daniel Boone, le siguió en 1792. Tennessee se unió en 1796.

Algunos estados que se formaron del territorio del Noroeste —Ohio, Indiana e Illinois— pronto les seguirían, al igual que los estados sureños de Luisiana, Mississippi y Alabama. La nación estaba en pleno cambio y sus pioneros se aventuraban más allá del río Mississippi. A medida que la frontera se movía más y más hacia el oeste, nuevos estados se agregaban a la nación.

REPASO ¿Qué detalles puedes dar para apoyar la idea principal de que la nación se estaba extendiendo hacia el oeste? **Idea principal y detalles**

Los pioneros empezaron a explorar el territorio del Noroeste a finales del siglo XVIII.

Resume la lección

- **1800** Thomas Jefferson se convirtió en el tercer presidente de los Estados Unidos.
- **1803** La Compra de Luisiana duplicó el tamaño del país.
- **1804** Lewis y Clark iniciaron la exploración del territorio de Luisiana.

LECCIÓN 2 REPASO

Verifica hechos e ideas principales

1. **Resumir** En una hoja aparte, escribe los sucesos faltantes que se resumen.

Estos sucesos permitieron la expansión de los Estados Unidos a nuevas tierras.

2. Resume en tus palabras las ideas de Jefferson sobre el gobierno.
3. ¿Cómo ayudó Daniel Boone a los pioneros a trasladarse hacia el oeste?
4. **Razonamiento crítico:** ***Evaluar*** ¿Fue la Compra de Luisiana una buena transacción para los Estados Unidos? Explica tu respuesta.
5. ¿De qué manera cumplió la expedición de Lewis y Clark con su misión?

Enlace con las matemáticas

Calcula precios Ya leíste que el territorio de Luisiana abarcaba 828,000 millas cuadradas y que los Estados Unidos pagaron $15 millones por él. Calcula el precio por milla cuadrada.

Lewis y Clark

La expedición de Lewis y Clark partió de San Luis en 1804 con el propósito de conocer las tierras y los habitantes del territorio de Louisiana. Meriwether Lewis organizó la expedición y escogió a William Clark para que le ayudara a dirigirla. Clark era el responsable de elaborar los mapas con los accidentes geográficos y masas de agua.

Diario minucioso
Lewis y Clark anotaban cuidadosamente todo lo que veían en este diario.

Manta de búfalo
Esta manta, obtenida por Lewis y Clark durante su expedición, tiene pintada una lucha de los indígenas mandanas y minnetarees contra los sioux y arikaras.

Cinta métrica
Los topógrafos del siglo XIX utilizaban cintas métricas de lino como ésta, que se guardaba en un estuche de piel.

Donde pastaban los búfalos
Los primeros exploradores de América del Norte se sorprendieron al ver millones de búfalos pastando en las llanuras, como lo ilustra este cuadro de John Audubon.

Comparar mapas de densidad demográfica

¿Qué son? Los **mapas de distribución** muestran cómo están distribuidas la población y los recursos naturales en un área determinada. Un mapa que muestra la distribución de la población se llama **mapa de densidad demográfica.** Un área donde vive mucha gente estará densamente poblada. Si hay poca gente, estará escasamente poblada.

¿Por qué los comparamos? En la Lección 2 aprendiste sobre el avance de la población hacia el oeste después de la Guerra de Independencia. Luego, más y más pobladores siguieron encaminándose hacia el oeste. Al comparar los mapas de densidad demográfica de diferentes épocas puedes ver cómo ha cambiado la población de un área.

Mapa A: Densidad demográfica, 1790

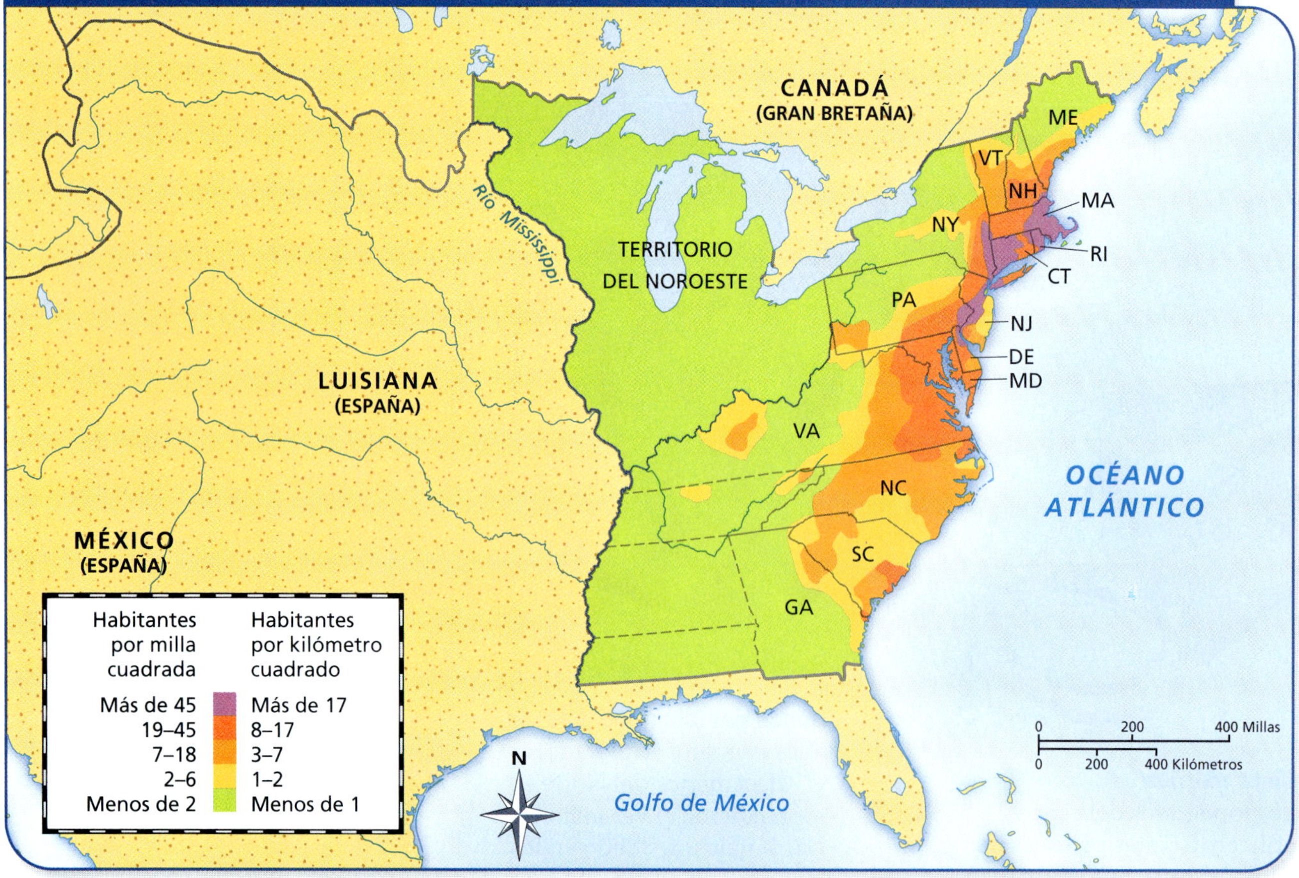

CANADÁ (GRAN BRETAÑA)
ME
VT
NH
MA
NY
RI
CT
TERRITORIO DEL NOROESTE
Río Mississippi
PA
NJ
DE
MD
LUISIANA (ESPAÑA)
VA
NC
OCÉANO ATLÁNTICO
MÉXICO (ESPAÑA)
SC
GA
Golfo de México
N
0 200 400 Millas
0 200 400 Kilómetros

Habitantes por milla cuadrada	Habitantes por kilómetro cuadrado
Más de 45	Más de 17
19–45	8–17
7–18	3–7
2–6	1–2
Menos de 2	Menos de 1

Mapa B: Densidad demográfica, 1830

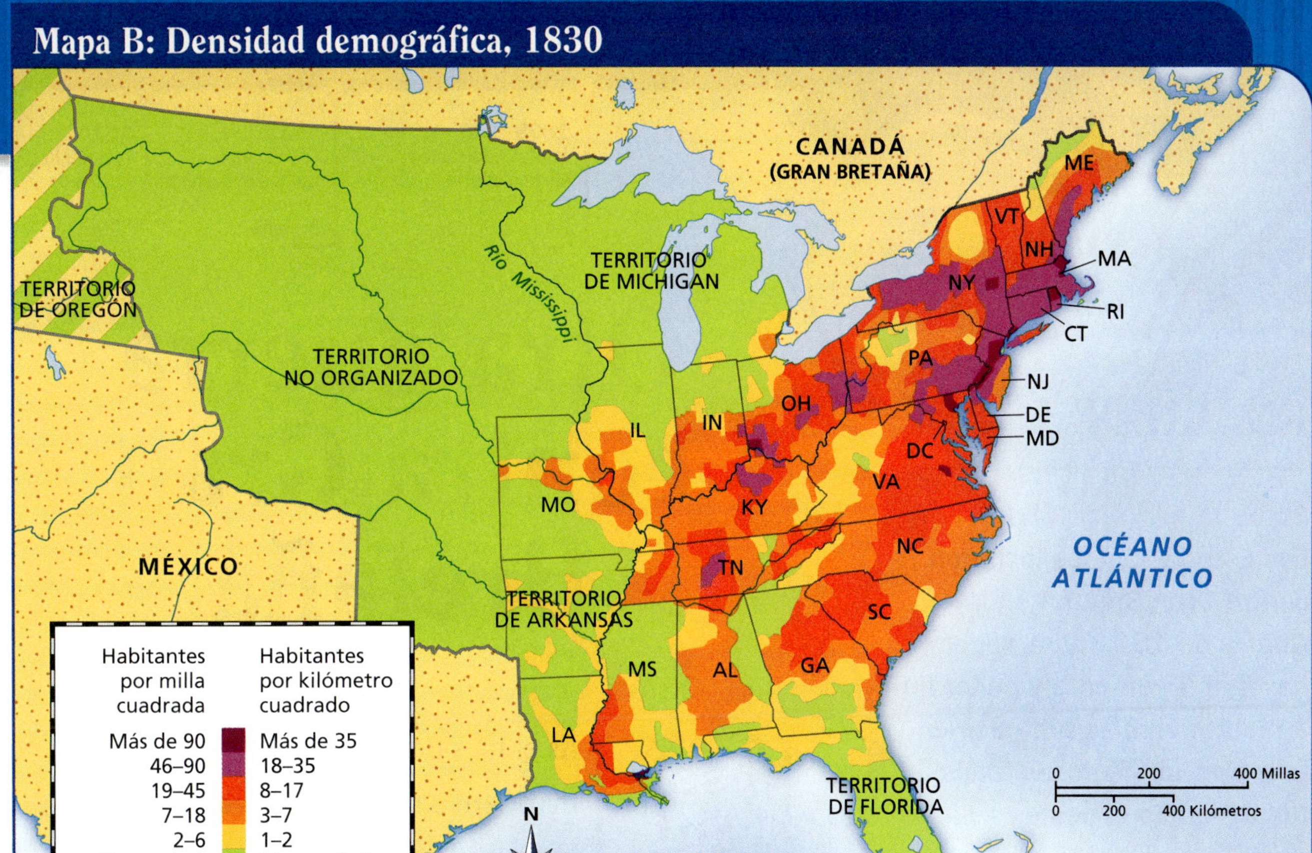

¿Cómo los comparamos?

El Mapa A muestra la densidad demográfica de los Estados Unidos en 1790, según el primer censo del país. Este censo no incluyó a los indígenas norteamericanos, así que los mapas no muestran la densidad demográfica indígena. Cada color en el mapa representa el número de personas que vivían en una milla cuadrada. Para entender qué es una milla cuadrada, imagina un gran cuadrado pintado sobre la tierra y cuyos lados miden una milla cada uno. Según el Mapa A, las áreas más densamente pobladas son aquellas en las que vivían más de 45 personas en una milla cuadrada de terreno. ¿Qué color representa esas áreas en el mapa? Verás que la población es más densa a lo largo de la costa en los 13 estados originales. Pocos estadounidenses vivían fuera de estas áreas en 1790.

El Mapa B muestra la densidad demográfica de los Estados Unidos en 1830. Puedes ver que áreas como Kentucky se habían poblado más para esa fecha, o sea, unos 50 años después de que Daniel Boone se asentó ahí. Las tierras que formaban parte de la Compra de Luisiana, como Missouri y Luisiana, también se poblaron más.

Piensa y aplícalo

1. ¿Qué es un mapa de distribución? ¿Qué es un mapa de densidad demográfica?
2. ¿Cómo cambió la población de Virginia de 1790 a 1830?
3. ¿Qué parte del Mississippi estaba más densamente poblada en 1830? ¿Por qué lo estaba?

Actividad en la Internet

Para más información, visita el *Atlas* en **www.estudiossocialessf.com.**

LECCIÓN 3

1805 — 1815

1808 James Madison es elegido cuarto presidente de los Estados Unidos

1812 Los Estados Unidos le declaran la guerra a Gran Bretaña

1815 Termina la Guerra de 1812

Otra guerra contra Gran Bretaña

EN BREVE

Enfoque en la idea principal
Los Estados Unidos lucharon contra Gran Bretaña en la Guerra de 1812 para poder navegar libremente y poner fin a la interferencia británica en la expansión de los Estados Unidos hacia el oeste.

LUGARES
Baltimore, Maryland
fuerte McHenry
Nueva Orleáns, Luisiana

PERSONAJES
Tecumseh
James Madison
Henry Clay
Oliver Hazard Perry
Francis Scott Key
Dolley Madison
Andrew Jackson

VOCABULARIO
neutral
Batalla de Tippecanoe
halcones
Guerra de 1812
himno nacional
Batalla de Nueva Orleáns

Estás ahí Es el mes de junio de 1807 y eres un marinero a bordo del *Chesapeake,* un barco de la armada estadounidense. Cuando zarpaste de Virginia, pensabas que tu misión era pacífica. Pero, de pronto, la fragata británica *Leopard* se acerca y su tripulación exige abordar tu barco. "Estamos buscando desertores de la armada británica", grita el capitán británico.

Tu capitán se niega a que los británicos suban al *Chesapeake.* Los británicos responden con una lluvia de cañonazos, y mueren tres marineros. Para evitar más derramamiento de sangre, tu capitán deja que los británicos suban a bordo. Los marineros británicos escogen a cuatro miembros de la tripulación alegando que son desertores británicos, y se los llevan al *Leopard.*

En ese momento no lo sabes, pero has participado en un suceso que dará inicio a una nueva guerra entre los Estados Unidos y Gran Bretaña.

Causa y efecto Al leer, identifica las causas y los efectos de los principales sucesos descritos en la lección.

Rumbo a la guerra

A principios del siglo XIX, sucesos como el que acabas de leer ocurrían una y otra vez a los barcos estadounidenses, que no sólo eran detenidos por los británicos sino también por los franceses. En ese entonces, Gran Bretaña y Francia estaban en guerra. Ninguno quería que el otro recibiera provisiones de los Estados Unidos, así que interferían en su flota.

Las acciones británicas en particular enfurecían a los Estados Unidos. La marina británica con frecuencia se llevaba a marineros estadounidenses al afirmar que eran desertores de la armada británica. Los británicos obligaban a estos marineros a trabajar en sus barcos y, con frecuencia, los hombres que se llevaban no eran desertores británicos sino ciudadanos de los Estados Unidos. Además, los británicos también se quedaban con la carga, los productos que transportaban los barcos. Debido a estas acciones, para 1808 los Estados Unidos prácticamente no tenían comercio con los países del otro lado del mar.

Esta situación creó mucha tensión entre los Estados Unidos y Gran Bretaña. Pero el presidente Jefferson no quería que los Estados Unidos tomaran partido por los franceses ni por los británicos. Quería que la nación permaneciera **neutral,** es decir, que no tomara partido en esa guerra. "La paz es nuestra pasión", escribió.

En el territorio del Noroeste existía otra fuente importante de tensiones con los británicos. El líder shawnee **Tecumseh** estaba uniendo a los indígenas norteamericanos en contra de los asentamientos pioneros. Refiriéndose a las tribus que antes vivían en el territorio, dijo: "Desaparecieron ante la [avaricia] y la opresión del hombre blanco como la nieve bajo el sol de verano". Los Estados Unidos tenían la certera sospecha de que los británicos apoyaban a Tecumseh.

En 1811, las fuerzas estadounidenses y los soldados de Tecumseh se enfrentaron en lo que hoy es Indiana en la **Batalla de Tippecanoe,** que se consideró una victoria para los Estados Unidos. Esto debilitó la posición de Tecumseh entre los indígenas norteamericanos, quienes esperaban una gran victoria. Leerás más sobre Tecumseh en la página 385.

REPASO ¿A qué conclusión llegas sobre la actitud de Gran Bretaña hacia los Estados Unidos a principios del siglo XIX?
Sacar conclusiones

Aunque ningún bando ganó la Batalla de Tippecanoe, fue considerada una victoria para los Estados Unidos.

Archivos pictográficos North Wind

El buque estadounidense *USS Constitution,* conocido también como "Old Ironsides", derrotó al buque británico *Guerrière.*

La Guerra de 1812

En 1809, **James Madison** se convirtió en presidente. Igual que Jefferson, no quería que la nación entrara en guerra contra Gran Bretaña. Pero las acciones británicas en el mar causaron una oleada de enojo que recorrió el país. En el Congreso, un grupo conocido como los **halcones** quería la guerra. Estos congresistas protestaban por los ataques británicos contra los barcos estadounidenses. Uno de sus líderes, **Henry Clay** de Kentucky, dijo que los Estados Unidos tenían que entrar en guerra o "mejor sería abandonar el océano".

Los halcones también querían la guerra por otras razones. En primer lugar, esperaban poner fin a los ataques contra los colonos en la frontera noroeste que apoyaban los británicos. Además, querían sacar a los británicos de Canadá. Finalmente, en junio de 1812, el presidente Madison pidió al Congreso que le declarara la guerra a Gran Bretaña.

La **Guerra de 1812** se recuerda por sus dramáticas batallas en alta mar. En las aguas del océano Atlántico frente a la costa este del Canadá, el buque de guerra estadounidense *Constitution* derrotó al navío británico *Guerrière.* Las balas de cañón británicas parecían rebotar en el *Constitution.* "¡Sus costados están hechos de hierro!", gritó un marinero estadounidense. En realidad, los costados del *Constitution* estaban hechos de encino. Hoy en día puedes visitar ese barco, apodado "Old Ironsides" en el puerto de Boston. Todavía forma parte de la armada estadounidense, y es su barco más antiguo.

En 1813, el *Chesapeake,* mencionado en la sección "Estás ahí", combatió contra el navío británico *Shannon* frente al puerto de Boston. El capitán del *Chesapeake,* James Lawrence, resultó herido de gravedad. Sus últimas palabras fueron: "¡No abandonen el barco!" Desafortunadamente, su tripulación tuvo que rendirse, pero sus palabras se convirtieron en el grito de ánimo que une a la armada.

Ese mismo año, los estadounidenses libraron otra famosa batalla naval, esta vez en uno de los Grandes Lagos, el Erie. Por más de tres horas, una flota estadounidense comandada por **Oliver Hazard Perry** luchó contra una flota británica en lo que sería una de las batallas más feroces de la guerra. Después de ganar la batalla, Perry envió el siguiente mensaje: "Nos hemos enfrentado al enemigo y es nuestro".

El punto más bajo de la guerra para los Estados Unidos posiblemente fue en agosto de

1814, cuando fuerzas británicas marcharon hacia Washington, D.C., y tomaron la ciudad. El presidente Madison y otros funcionarios apenas salieron a tiempo. Documentos históricos importantes, como la Declaración de Independencia, se rescataron y se llevaron a un lugar seguro. Las tropas británicas incendiaron el Capitolio y la residencia presidencial.

Esas mismas fuerzas británicas después avanzaron hacia **Baltimore, Maryland,** para invadir la ciudad, pero en esa ocasión las defensas estadounidenses estaban mejor preparadas. El **fuerte McHenry,** defendido por 1,000 soldados estadounidenses, se localizaba en el puerto. La flota británica tenía que navegar frente a los cañones del fuerte para llegar a Baltimore. La mañana del 13 de septiembre de 1814, los barcos británicos empezaron a lanzar cañonazos contra el fuerte.

Francis Scott Key, un joven abogado de Washington, observaba el bombardeo que continuó durante la noche. Se preguntaba cuánto resistiría el fuerte. Al amanecer el 14 de septiembre, tenía la respuesta. ¡La bandera estadounidense permanecía izada en el fuerte!

Los invasores británicos al final renunciaron a tomar Baltimore. Key había escrito en un sobre unos cuantos versos que describían lo que había visto. Después le pusieron música a su poema y fue conocido como *The Star-Spangled Banner.* En 1931, se convirtió en la canción oficial de los Estados Unidos, en su **himno nacional.** Puedes leer su letra y música en las páginas 388–389.

REPASO ¿En qué secuencia pondrías los sucesos importantes de la invasión británica a los Estados Unidos? **Secuencia**

Ayer y hoy

Dolley Madison salva un cuadro

Cuando las fuerzas británicas se acercaron a Washington, D.C., le informaron a ***Dolley Madison,*** esposa del presidente Madison, que tenía que salir rápidamente de la residencia presidencial. Se negó y dijo que primero debía asegurarse de que el "precioso retrato" que Gilbert Stuart había hecho de George Washington fuera llevado a un lugar seguro. Dado que el marco del cuadro estaba firmemente clavado a la pared, "ordené que se rompiera el marco", escribió Dolley más adelante, "y que el lienzo fuera extraído" y puesto a salvo. Sólo entonces salió Dolley Madison de la residencia presidencial. Hoy en día puedes visitar la Casa Blanca y ver ese famoso cuadro colgado en el Salón Este.

La Batalla de Nueva Orleáns

Otra fuerza de combate británica puso la mira en la ciudad portuaria de **Nueva Orleáns, Luisiana**. Ahí, se encontraba el general estadounidense **Andrew Jackson** con un ejército de milicianos de Kentucky y Tennessee.

En la mañana del 8 de enero de 1815, los británicos marcharon a través de la niebla para atacar a los hombres de Jackson. Las fuerzas de Jackson mataron a miles de soldados británicos. Un soldado de Kentucky dijo: "El campo parecía... un mar de sangre".

La victoria convirtió a Jackson en un héroe nacional. Sin embargo, la **Batalla de Nueva Orleáns** no habría ocurrido si ciertas noticias hubieran llegado a Nueva Orleáns antes del 8 de enero de 1815. Dos semanas antes se había firmado en Europa un tratado que ponía fin a la guerra, pero para el 8 de enero, las noticias aún no habían cruzado el Atlántico.

La Guerra de 1812 resultó tener menos consecuencias de lo que esperaban sus combatientes. Dado que Gran Bretaña y Francia terminaron su guerra en 1814, ya no interferían con los barcos estadounidenses. Los Estados Unidos nunca obtuvieron el control del Canadá, pero sí demostraron al mundo sus intenciones de defenderse de cualquier ataque por mar o por tierra.

REPASO Identifica un detalle que apoye la idea principal de que la Guerra de 1812 tuvo menos consecuencias de lo que esperaban sus combatientes. **Idea principal y detalles**

Resume la lección

- **1808** James Madison fue elegido cuarto presidente de los Estados Unidos.
- **1812** Se inició la Guerra de 1812 entre los Estados Unidos y Gran Bretaña.
- **1815** Terminó la Guerra de 1812.

LECCIÓN 3 REPASO

Verifica hechos e ideas principales

1. **Causa y efecto** En una hoja aparte, escribe cada causa o efecto.

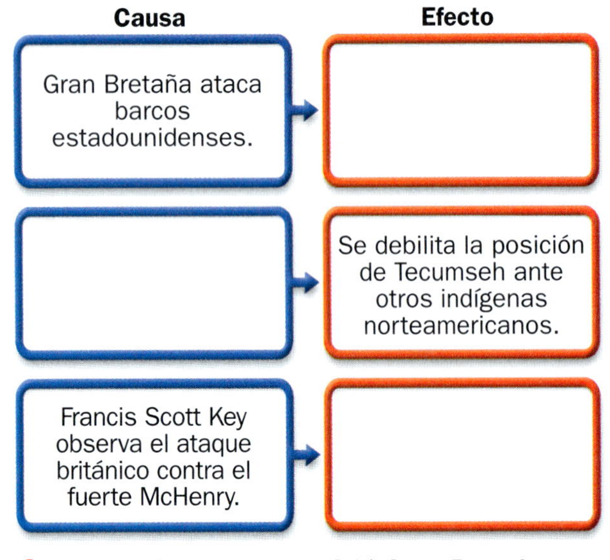
Causa
Efecto
Gran Bretaña ataca barcos estadounidenses.
Se debilita la posición de Tecumseh ante otros indígenas norteamericanos.
Francis Scott Key observa el ataque británico contra el fuerte McHenry.

2. ¿De qué manera interfirió Gran Bretaña con los barcos estadounidenses en alta mar?
3. **Razonamiento crítico:** ***Tomar decisiones*** Si hubieras sido presidente, ¿habrías entrado en guerra contra Gran Bretaña en 1812? Utiliza los pasos para tomar decisiones de la página M5 para explicar por qué sí o por qué no.
4. ¿Qué se produjo en la batalla del fuerte McHenry, además de la victoria de los Estados Unidos?
5. De haberse sabido, ¿qué hecho habría impedido la Batalla de Nueva Orleáns?

Enlace con la escritura

Escribe una canción Imagina que acabas de ver una batalla en la Guerra de 1812. Escribe la letra de una canción sobre el combate, tal como lo hizo Francis Scott Key después de la batalla en el fuerte McHenry.

BIOGRAFÍA

Tecumseh *1768–1813*

Tecumseh creció en tiempos de lucha. La nación shawnee estaba iniciando una larga lucha para defender su territorio de los nuevos colonos estadounidenses en el valle del río Ohio. Durante su infancia ocurrieron sangrientas batallas que causaron la muerte de muchos shawnees, entre ellos su padre. De adulto, Tecumseh encabezaría los esfuerzos de los shawnees por conservar sus tierras.

Peleó su primera batalla junto a su hermano mayor cuando tenía 14 años. Tecumseh se ganó el respeto por su valentía y llegó a ser conocido como un orador convincente. Después de que algunos indígenas norteamericanos cedieron unas tierras en Ohio, Tecumseh explicó a un gobernador estadounidense por qué debían devolverlas:

"Los blancos no tienen derecho a quitarles la tierra a los indígenas, porque ellos la tenían primero; es suya".

BIODATO

El general británico Isaac Brock le obsequió esta brújula a Tecumseh antes de la Batalla de Detroit en la Guerra de 1812.

No les devolvieron las tierras, pero Tecumseh no se desanimó. Pensaba que todos los grupos indígenas debían unirse. Viajó muchas millas para invitar a otros grupos a unirse para proteger los territorios indígenas. Sus acalorados discursos le ganaron miles de seguidores.

Tecumseh decidió aliarse al ejército británico durante la Guerra de 1812. Sus soldados ayudaron a los británicos a ganar la Batalla de Detroit. Tecumseh estaba decidido a seguir luchando a favor de los indígenas. En un enérgico discurso, Tecumseh dijo:

> ***"Nuestra vida está en manos del Gran Espíritu. Estamos decididos a defender nuestra tierra, y si es Su voluntad, deseamos dejar nuestros huesos sobre ella".***

Estas palabras fueron una predicción de su propio futuro, pues murió en la Batalla del Támesis en 1813.

Aprende de las biografías

Di cómo su habilidad para hablar apasionadamente y con claridad ayudó a Tecumseh a alcanzar sus objetivos.

Para más información, visita *Personajes de la historia* en **www.estudiossocialessf.com.**

CAPÍTULO 11
REPASO

1785

1789
George Washington es elegido primer presidente de los Estados Unidos

Resumen del capítulo

Destreza clave

Sacar conclusiones

En una hoja aparte, escribe los tres hechos faltantes en los que pudiera basarse la conclusión proporcionada.

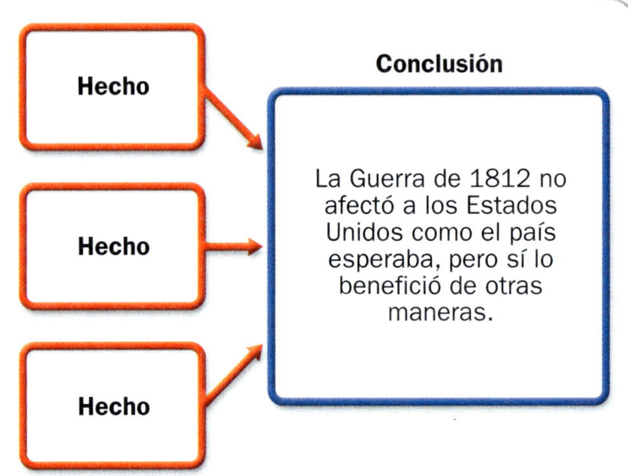
Hecho
Hecho
Hecho
Conclusión
La Guerra de 1812 no afectó a los Estados Unidos como el país esperaba, pero sí lo benefició de otras maneras.

Vocabulario

Llena los espacios en blanco con la palabra de vocabulario que complete mejor la oración.

1. El presidente elige al _______ para que lo aconseje y le ayude a gobernar. (p. 363)
2. La _______ ocurrió por error después de que ya se había firmado un tratado que puso fin a la Guerra de 1812. (p. 384)
3. Thomas Jefferson eligió a James Monroe para que realizara la _______ en 1803. (p. 373)
4. Los soldados de Tecumseh lucharon contra los estadounidenses en la _______. (p. 381)
5. Los miembros del _______ son personas elegidas por cada estado que votan por el presidente. (p. 363)

Personajes y lugares

Relaciona cada persona o lugar con la descripción correcta.

1. **Ciudad de Nueva York** (p. 363)
2. **Benjamin Banneker** (p. 365)
3. **William Clark** (p. 374)
4. **paso de Cumberland** (p. 372)
5. **Oliver Hazard Perry** (p. 382)
6. **Baltimore** (p. 383)

a. comandante de la flota estadounidense

b. exploró el territorio de Luisiana

c. capital temporal; ahí fue la inauguración del presidente Washington

d. elaboró mapas del lugar donde iba a estar la nueva capital de la nación

e. los británicos no pudieron tomar esta ciudad en la Guerra de 1812

f. parte del Camino Wilderness

1800 — **1815**

1800 El gobierno federal se traslada a Washington, D.C.

1803 La Compra de Luisiana extiende el territorio del país

1804 Lewis y Clark comienzan a explorar el territorio de Luisiana

1812 Los Estados Unidos le declaran la guerra a Gran Bretaña

1815 Termina la Guerra de 1812

Hechos e ideas principales

1. ¿Cómo ayudó Sacagawea a Lewis y Clark en su expedición?
2. Describe la batalla que Francis Scott Key observó mientras escribía la letra de *The Star-Spangled Banner.*
3. **Línea cronológica** ¿Cuántos años transcurrieron entre la Compra de Luisiana y su exploración?
4. **Idea principal** ¿Qué cambios ocurrieron en el gobierno durante la presidencia de George Washington?
5. **Idea principal** Menciona cómo los esfuerzos de Daniel Boone y la Compra de Luisiana animaron a los pobladores a trasladarse al oeste.
6. **Idea principal** ¿Por qué los Estados Unidos le declararon la guerra a Gran Bretaña en 1812?
7. **Razonamiento crítico: *Evaluar*** ¿Piensas que Washington, D.C. era un buen lugar para establecer la capital en 1800? ¿Hoy es una buena ubicación? Explica tu respuesta.

Aplica las destrezas

Comparar mapas de densidad demográfica

El mapa de abajo muestra la densidad demográfica de los condados de Virginia. Utiliza el mapa para contestar las siguientes preguntas.

1. ¿Qué color representa los condados con menor densidad demográfica?
2. ¿Cuál es la densidad demográfica del condado en el que se encuentra Roanoke?
3. ¿Cuántos condados tienen el mayor nivel de densidad demográfica? ¿Cómo lo sabes?

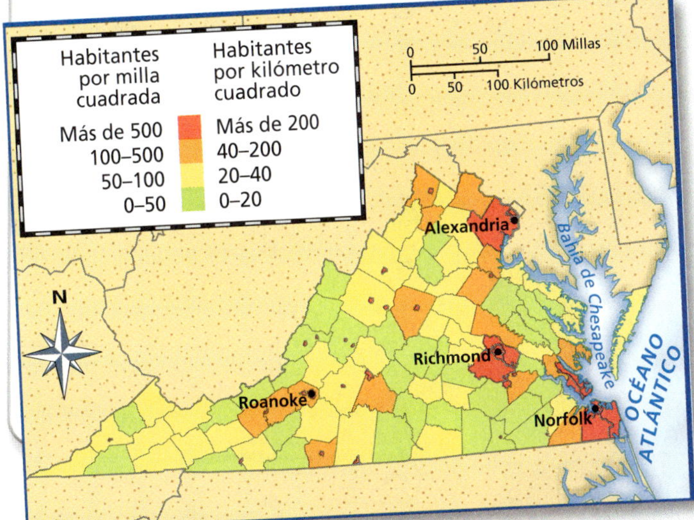

Escribe sobre la historia

1. **Escribe una carta** al gobierno de los Estados Unidos como si vivieras en 1812 y explica por qué el país debería o no declararle la guerra a Gran Bretaña.
2. **Escribe un anuncio** en el que animes a los estadounidenses a establecerse en las nuevas tierras en el oeste de los Estados Unidos. Usa frases llamativas y fotografías o ilustraciones.
3. **Escribe una anotación de diario** como si fueras Tecumseh. Explica por qué deberían unirse los grupos de indígenas norteamericanos y cómo piensas animarlos a hacerlo.

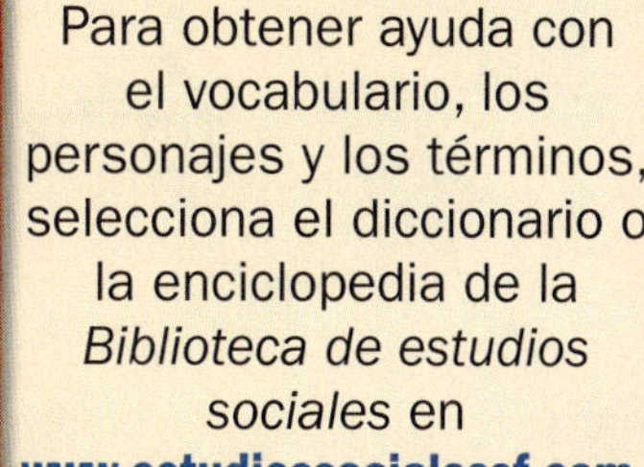

Para obtener ayuda con el vocabulario, los personajes y los términos, selecciona el diccionario o la enciclopedia de la *Biblioteca de estudios sociales* en **www.estudiossocialessf.com.**

UNIDAD 5

Terminemos con una canción

The Star-Spangled Banner

por Francis Scott Key

Como leíste en la página 383, Francis Scott Key escribió la letra de lo que llegaría a ser nuestro himno nacional durante una batalla clave de la Guerra de 1812. La canción se popularizó rápidamente por toda la nación. Lee los versos de The Star-Spangled Banner. ¿Qué emoción le causó a Key el ver la bandera estadounidense? ¿Por qué piensas que se escogió esta canción como nuestro himno nacional?

Oh, __ say! can you see, by the dawn's ear - ly light,
On the shore, dim - ly seen through the mists of the deep,
Oh, __ thus be it ever when __ free men shall stand

What so proud - ly we hailed at the twi - light's last gleam-ing,
Where the foe's haugh-ty host in dread si - lence re - pos - es,
Be - tween their loved homes and the war's des - o - la - tion!

Whose broad stripes and bright stars, through the per - il - ous fight,
What is that which the breeze, o'er the tow - er - ing steep,
Blest with vict - 'ry and peace, may the heav'n-res - cued land

O'er the ram - parts we watched were so gal - lant - ly stream-ing?
As it fit - ful - ly blows, half con - ceals, half dis - clos - es?
Praise the Pow'r that hath made and pre - served us a na - tion!

And the rock - ets' red glare, the bombs burst - ing in air,
Now it catch - es the gleam of the morn-ing's first beam,
Then con - quer we must, for our cause it is just,
Gave proof through the night that our flag was still there.
In full glo - ry re - flected now shines on the stream;
And this be our motto: "In God is our trust!"
Oh, say, does that Star-Span-gled Ban - ner yet wave
'Tis the Star-Span - gled Ban - ner, oh, long may it wave
And the Star-Span - gled Ban - ner in tri - umph shall wave
O'er the land of the free and the home of the brave?
O'er the land of the free and the home of the brave!
O'er the land of the free and the home of the brave!

1. Oh, díganme, ¿ven a la primera luz de la aurora
   La que izamos con orgullo al último rayo
   del crepúsculo,
   Cuyas anchas franjas y brillantes estrellas, en la
   fiera lucha
   Contemplamos ondeando gallardas sobre
   las murallas?
   El resplandor rojizo de los cohetes y el fragor
   de las bombas
   Probaban que por la noche nuestra bandera
   aún estaba allí.
   Oh, díganme, ¿ondea todavía la bandera de
   franjas y estrellas
   Sobre la tierra de los libres y la patria
   de los valientes?
2. En la costa apenas perceptible entre
   las nieblas del mar
   Donde la altiva hueste enemiga reposa
   en temeroso silencio,
   ¿Qué es lo que la brisa al soplar oculta en parte
   Y en parte descubre su elevado pedestal?
   Ahora recibe el destello del primer rayo matutino
   Reflejado en todo su esplendor,
   y ahora se destaca en el aire.
   ¡Es la bandera de franjas y estrellas
   Que ondee largos años
   Sobre la tierra de los libres y la patria
   de los valientes!
3. Así sea siempre, cuando los hombres libres
   se interpongan
   Entre sus amados hogares y la desolación
   de la guerra:
   En la victoria y la paz, este país,
   socorrido por el cielo,
   Alabe al Poder que nos creó y conservó
   como Nación.
   Hemos de triunfar, pues nuestra causa
   es tan justa,
   Y sea nuestra divisa:
   "¡En Dios está nuestra confianza!"
   ¡Y la bandera de franjas y estrellas
   ondeará triunfante
   Sobre la tierra de los libres y la patria
   de los valientes!

UNIDAD 5

Repaso

Ideas principales y vocabulario

LISTOS para los EXÁMENES

Lee el siguiente texto y úsalo para contestar las siguientes preguntas.

En 1781, los estados adoptaron los Artículos de Confederación. Este plan establecía un gobierno central débil, pero el gobierno de cada estado era muy fuerte. Debido a las rebeliones y a la inflación generalizada en los 13 estados, muchos creyeron que era necesario elaborar un nuevo plan de gobierno.

En 1787, delegados de muchos de los estados se reunieron en Filadelfia para volver a escribir los Artículos de Confederación. Pero en lugar de eso, crearon una nueva Constitución, en la cual se esbozaba un plan para establecer un gobierno central fuerte que también diera a cada estado la habilidad de autogobernarse.

Para los que apoyaban la Constitución fue un reto convencer a los estados de ratificarla. Algunos aprobaron el nuevo plan para el gobierno, pero otros no. En 1788 se aprobó la Constitución. Al año siguiente, George Washington fue elegido el primer presidente del país.

Durante esta época, los estadounidenses empezaron a irse hacia el Oeste cruzando los montes Apalaches. Estos pioneros querían construir nuevos hogares y cultivar la tierra. En 1803, los Estados Unidos le compraron a Francia el territorio de Luisiana, el cual aumentó la extensión del país hasta las montañas Rocosas. El presidente Thomas Jefferson envió a Meriwether Lewis y a William Clark a explorar esas tierras.

Mientras el país se extendía hacia el Oeste, surgieron conflictos entre los estadounidenses y los indígenas norteamericanos y los británicos. En junio de 1812, los Estados Unidos le declararon la guerra a Gran Bretaña. Ninguno ganó la Guerra de 1812, pero los estadounidenses demostraron que estaban dispuestos a luchar para defender su país.

1. De acuerdo con el texto, ¿cuál era el principal problema con el plan de gobierno creado por los Artículos de Confederación?
   - **A** Creaba un gobierno central fuerte y gobiernos estatales débiles.
   - **B** Causaba guerras entre los estados.
   - **C** Creaba un gobierno central débil y gobiernos estatales fuertes.
   - **D** Daba demasiado poder a los líderes del país.

2. En el texto, la palabra ratificarla significa:
   - **A** aprobarla
   - **B** rechazarla
   - **C** ayudarla
   - **D** permitirla

3. En el texto, la palabra pioneros significa:
   - **A** exploradores
   - **B** colonos
   - **C** empresarios
   - **D** políticos

4. ¿Cuál es la idea principal del texto?
   - **A** George Washington fue el primer presidente del país.
   - **B** Los Estados Unidos iniciaron otra guerra contra Gran Bretaña en 1812.
   - **C** Los Estados Unidos crearon un nuevo plan para el gobierno y extendieron su territorio después de la Guerra de Independencia.
   - **D** Los Artículos de Confederación no fueron un plan de gobierno eficaz para los Estados Unidos.

En los exámenes

Usa el diagrama para encontrar la respuesta correcta.

Personajes y vocabulario

Relaciona cada persona y palabra de vocabulario con su definición.

1. **Decreto del Noroeste** (p. 342)
2. **Gran Concertación** (p. 347)
3. ***The Federalist*** (p. 353)
4. **Pierre L'Enfant** (p. 365)
5. **York** (p. 374)
6. **Tecumseh** (p. 381)

a. jefe shawnee

b. describió cómo se crearían los nuevos estados

c. decía que el Congreso tendría dos cámaras

d. ensayos en apoyo a la Constitución publicados en periódicos de Nueva York

e. participó en la expedición de Lewis y Clark

f. ayudó a trazar los planos de Washington, D.C.

Aplica las destrezas

Crea un mapa de distribución Crea un mapa de densidad demográfica para la cafetería de tu escuela. Primero, registra cuántas personas están sentadas en cada mesa. Luego, haz un mapa que muestre la población de cada mesa. Asegúrate de hacer una clave que indique cuántas personas representa cada color. ¿Cuál de las mesas tiene la mayor densidad demográfica?

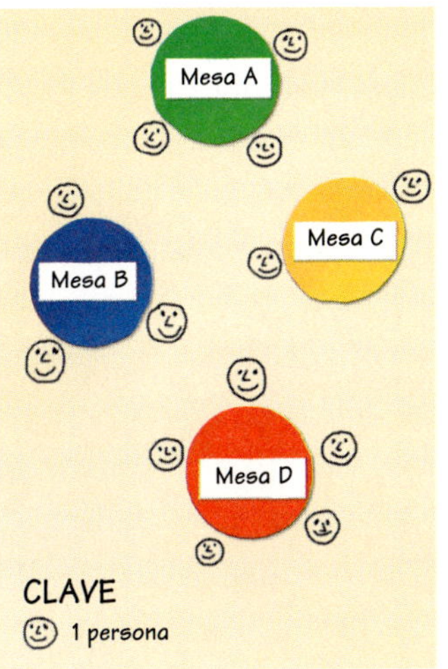

Escribe y comenta

Sostengan un debate Piensa en el año de 1787, cuando se escribió la Constitución. No todo el mundo estaba a favor de ella. Divídanse en dos grupos; uno representará a los federalistas; el otro, a los antifederalistas. Los grupos debatirán si los 13 estados deberían ratificar o no la Constitución. Los miembros de cada grupo escribirán un argumento en contra o a favor de la ratificación, y después lo presentarán a la clase en un debate formal.

Lee por tu cuenta

Busca libros como éstos en la biblioteca.

UNIDAD 5 Proyecto

Dos partes

Sintonízate con el pasado para participar en un cabildo especial.

1 **Prepárate** para realizar un cabildo en el que se presenten argumentos a favor y en contra de los planes de Virginia y Nueva Jersey.

2 **Asigna** roles de reportero, portavoz de cada plan y público que haga preguntas.

3 **Investiga** los argumentos en favor y en contra de cada plan. Escribe una lista de preguntas para los portavoces. Los portavoces responderán a las preguntas y comentarios del público.

4 **Presenta** el cabildo. Túrnense para hacer preguntas y responderlas.

Actividad en la Internet

Busca más información sobre los Estados Unidos y su crecimiento como nación. Visita **www.estudiossocialessf.com/actividades** y selecciona tu grado y unidad.

Una nación en crecimiento

UNIDAD 6

¿Por qué viajamos en busca de un nuevo hogar?

UNIDAD 6

Empecemos con una fuente primaria

1820

1830

1823
Se proclama la Doctrina de Monroe

1825
Se termina el canal del Erie

1828
Andrew Jackson es elegido séptimo presidente de los Estados Unidos

"Apenas podía creer que ese largo viaje había terminado y que por fin tenía un hogar".

—Sarah Smith, pobladora del territorio de Oregón, 1838

Este grabado de Currier e Ives, hecho en 1886, muestra a unos peregrinos cruzando las montañas Rocosas.

1840 — 1850

1836
Texas se convierte en un país independiente

1838
Frederick Douglass escapa de la esclavitud y se convierte en líder abolicionista

1846
Comienza la Guerra con México

1847
Los mormones se establecen en Utah

1848
Se descubre oro en California

UNIDAD 6

Personajes de la historia

Andrew Jackson

1767–1845

Lugar de nacimiento:
Waxhaw, Carolina del Sur

Militar, líder político

- Condujo al ejército estadounidense a la victoria en la Batalla de Nueva Orleáns en 1815
- Fue senador en el Congreso
- Fue elegido presidente de los Estados Unidos en 1828

Lorenzo de Zavala

1788–1836

Lugar de nacimiento:
Yucatán, México

Político

- Fue miembro de la asamblea legislativa mexicana
- Firmó la Declaración de Independencia de Texas
- Sirvio como vicepresidente de la República de Texas en 1836

John Ross

1790–1866

Lugar de nacimiento:
Cerca de Lookout Mountain, Tennessee

Jefe cheroquí

- Trató de evitar que los colonos estadounidenses se adueñaran de las tierras cheroquíes
- Fue obligado a dirigir a los cheroquíes en el "Camino de Lágrimas"
- Ayudó a escribir la constitución cheroquí

Stephen F. Austin

1793–1836

Lugar de nacimiento:
Condado de Wythe, Virginia

Pionero, líder político

- Condujo a los primeros colonos de los Estados Unidos a Texas
- Ayudó a los texanos a independizarse de México
- Fue secretario de Estado de la República de Texas

1760 1780 1800 1820 1840

1767 • Andrew Jackson

1788 • Lorenzo de Zavala 1836

1790 • John Ross

1793 • Stephen F. Austin 1836

Alrededor de 1797 • Sojourner Truth

1815 • Elizabeth Cady Stanton

1817 • Frederick Douglass

1829 • Levi Strauss

Para más información, visita *Personajes de la historia* en **www.estudiossocialessf.com.**

Sojourner Truth

Alrededor de 1797–1883

Lugar de nacimiento: Condado de Ulster, Nueva York

Abolicionista

- Hizo viajes para hablar a favor del fin de la esclavitud
- Dio muchos discursos a favor de los derechos de la mujer
- Visitó al presidente Abraham Lincoln en la Casa Blanca en 1864

Elizabeth Cady Stanton

1815–1902

Lugar de nacimiento: Johnstown, Nueva York

Abolicionista, líder de los derechos de la mujer

- Ayudó a organizar la primera convención sobre derechos de la mujer
- Exigió igualdad de derechos para la mujer
- Líder del movimiento para dar a la mujer el derecho al voto

Frederick Douglass

1817–1895

Lugar de nacimiento: Tuckahoe, Maryland

Abolicionista

- Líder del movimiento antiesclavista
- Fundó el periódico abolicionista *North Star*
- Publicó su autobiografía, *Narrative of the Life of Frederick Douglass,* en 1845

Levi Strauss

1829–1902

Lugar de nacimiento: Baviera, Alemania

Vendedor, fabricante de ropa

- Abrió una tienda de telas y ropa en San Francisco
- Fabricó pantalones de tela gruesa para los mineros
- Fundó una compañía fabricante de pantalones de mezclilla

1860 1880 1900 1920

1845

1866

1883

1902

1895

1902

UNIDAD 6

Lectura de estudios sociales

Una nación en crecimiento

Destreza clave

Comparar y contrastar

Estos dos organizadores gráficos te ayudan a comparar y contrastar mientras lees. El diagrama de Venn, como el de abajo a la izquierda, te ayuda a encontrar las similitudes o diferencias entre dos cosas o sucesos. El otro organizador gráfico te muestra sólo las diferencias.

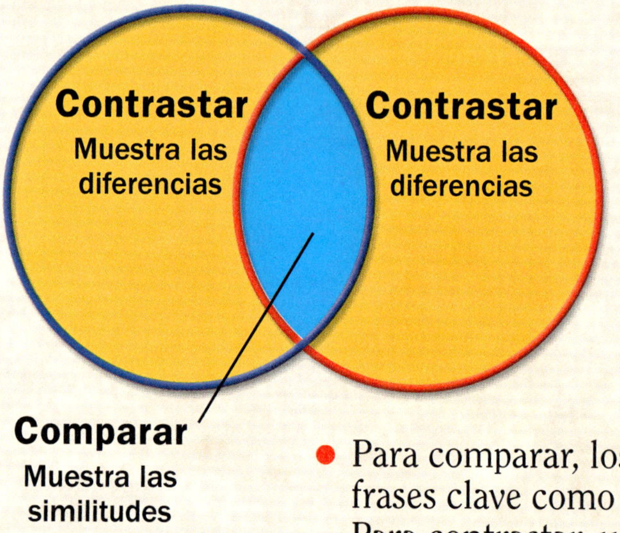

Contrastar
Muestra las diferencias

Contrastar
Muestra las diferencias

Comparar
Muestra las similitudes

Contrastar
Muestra las diferencias

Contrastar
Muestra las diferencias

- Para comparar, los escritores usan muchas palabras o frases clave como *tanto... como, al igual que* o *como.* Para contrastar, usan palabras o frases clave como *a diferencia de, en contraste con,* o *diferente de.*

Lee este párrafo en el que se resaltan las comparaciones y los contrastes.

En el Capítulo 11, leíste cómo la Compra de Luisiana contribuyó a que los Estados Unidos se extendieran en dirección oeste. Varios años más tarde, el país consiguió tierras de España y México y su territorio aumentó aún más, como resultado de las guerras en la Florida y Texas. La Florida era de España, y Texas y California pertenecían a México.

Comparar y contrastar los sucesos de una nación en crecimiento

Después de la Guerra de 1812, hubo grandes cambios en los Estados Unidos. Los más importantes se dieron en la manera de producir y transportar bienes.

Las fábricas usaban la energía obtenida de la fuerza del agua para hacer hilos y telas que antes se hacían a mano. Los jóvenes comenzaron a mudarse de las granjas a las ciudades para trabajar en las fábricas. Nuevos inventos, como el arado de acero y la segadora mecánica, aceleraron el trabajo agrícola.

El sistema de transporte también mejoró. Se construyeron canales, una carretera nacional y vías de ferrocarril que acortaron el tiempo de traslado de personas y mercancías.

Cada vez más ciudadanos obtuvieron el derecho a votar. Antes era muy común que sólo pudieran votar los hombres blancos con propiedades. Para 1828 casi todos los blancos podían votar, pero pocos hombres de color y ninguna mujer tenían ese derecho.

El territorio de los Estados Unidos aumentó tanto como su poder. En 1819, tras varias batallas entre los estadounidenses y las fuerzas indígenas en la Florida, España acordó vender la Florida a los Estados Unidos. Casi en la misma época, México comenzó a permitir que ciudadanos estadounidenses se establecieran en Texas. En la década de 1840 a 1850, México y los Estados Unidos entraron en guerra por el territorio de Texas. México perdió y en 1848 vendió a los Estados Unidos buena parte de su territorio, incluyendo California y parte de la región Suroeste.

Usa la estrategia de lectura de comparar y contrastar para contestar estas preguntas.

1. ¿Qué cambios ocurrieron en las granjas después de inventarse nuevas máquinas agrícolas?
2. ¿Quiénes obtuvieron el derecho a votar durante esa época y quiénes no?
3. Compara y contrasta la manera como la Florida y California pasaron a formar parte de los Estados Unidos. ¿En qué fueron similares? ¿En qué fueron diferentes?

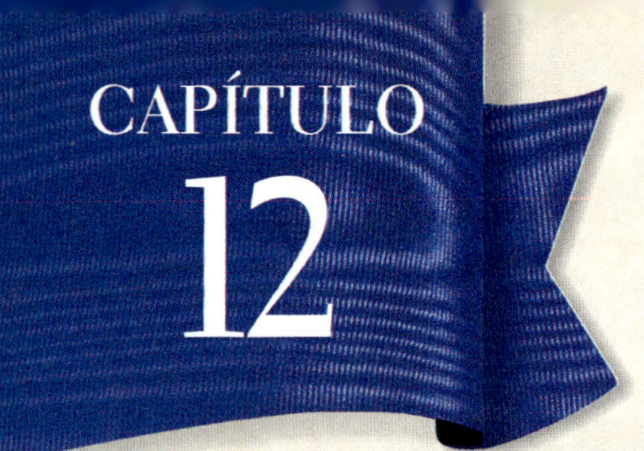

Época de cambios

1829

Washington, D.C.
Andrew Jackson se convierte en el séptimo presidente de los Estados Unidos.

Lección 1

1

1830

Baltimore, Maryland
La locomotora de vapor Tom Thumb compite con un caballo.

Lección 2

2

1848

Seneca Falls, Nueva York
En la Convención de Seneca Falls se hace un llamado por los derechos de la mujer.

Lección 3

3

Tiempo y lugar

Por qué lo recordamos

Hoy, los habitantes de los Estados Unidos viven principalmente en ciudades y suburbios. A principios del siglo XIX, casi todos eran granjeros que vivían en zonas rurales. Este enorme cambio se debió a la Revolución Industrial. Los granjeros comenzaron a mudarse a las ciudades para trabajar en las nuevas fábricas. Durante la Revolución Industrial también se inventaron nuevos medios de transporte. La locomotora y el buque de vapor, así como la excavación de canales, sirvieron para que personas y mercancías viajaran más lejos y más rápido. Los Estados Unidos crecían rápidamente, pero su crecimiento estaría acompañado de conflictos y luchas para lograr cambios.

LECCIÓN 1

1820	1830	1840
1823 Se proclama la Doctrina de Monroe	**1828** Andrew Jackson es elegido séptimo presidente de los Estados Unidos	**1838** Comienza el Camino de Lágrimas

EN BREVE

Enfoque en la idea principal
Durante las décadas de 1820 y 1830, los Estados Unidos aumentaron su territorio en América del Norte y su poderío en el hemisferio occidental.

LUGARES
la Florida
territorio indígena

PERSONAJES
James Monroe
Andrew Jackson
Sequoyah
John Ross

VOCABULARIO
nacionalismo
Era del Optimismo
Doctrina de Monroe
sufragio
Ley de Expulsión de Indígenas
Camino de Lágrimas

La Campana de la Libertad sonó en 1776 para celebrar la Declaración de Independencia. Cincuenta años más tarde, sonó en memoria de Jefferson y Adams.

Los Estados Unidos cumplen cincuenta años

Estás ahí Es el 4 de julio de 1826 y hace 50 años que se firmó la Declaración de Independencia en Filadelfia. Los estadounidenses confían en que dos fundadores, aunque ancianos y enfermos, asistan a esta celebración. ¡Luego sucede algo extraordinario! Thomas Jefferson, a punto de morir en Virginia, pregunta: "¿Hoy es 4 de julio?". Muchas millas al norte, en Massachusetts, y unas cuantas horas después, John Adams murmura sus últimas palabras: "Thomas Jefferson sigue vivo". Pero Jefferson ya había muerto. Estos dos hombres murieron en el cincuenta aniversario de su país, pero vivieron para ver qué fuerte y segura estaba creciendo la nación que ayudaron a fundar.

Comparar y contrastar Al leer, compara y contrasta la situación de los Estados Unidos durante la presidencia de Monroe y después de la presidencia de Andrew Jackson.

La Doctrina de Monroe

En 1817, entra en funciones un nuevo presidente: **James Monroe.** Por ser partidario del **nacionalismo,** creía que todos los ciudadanos debían estar unidos por un sentimiento de orgullo por su país. En su discurso inaugural, animó al pueblo estadounidense a actuar como "una gran familia con un interés común".

Muchos estadounidenses parecían estar de acuerdo con Monroe. Durante un breve lapso, no hubo desacuerdos por cuestiones nacionales. Un periódico de Boston llamó a este período la **"Era del Optimismo".**

Sin embargo, Monroe se enfrentaba a problemas mayores fuera del país. España gobernaba **la Florida** y también una enorme región desde Texas hasta California. Durante muchos años, los esclavos que escapaban del sur de los Estados Unidos encontraron seguridad en la Florida. Algunos se refugiaron con los seminolas, una tribu indígena de la Florida. A veces, los seminolas atacaban a los estadounidenses de Georgia que les habían quitado tierras, y los españoles no hacían gran cosa por detener estos ataques.

En 1817, Monroe envió al general **Andrew Jackson,** el popular héroe de la Guerra de 1812, a detener esos ataques. Jackson atacó a los españoles en la Florida y tomó dos de sus fuertes. Debido a los levantamientos en sus otras colonias, a España le resultó difícil defender la Florida. En un tratado de 1819, España aceptó vender la Florida a los Estados Unidos por 5 millones de dólares.

A Monroe también le preocupaban otras naciones europeas. Tanto Rusia como Gran Bretaña querían quedarse con parte del debilitado imperio de España en las Américas. En 1823, Monroe formuló una atrevida declaración conocida como **Doctrina de Monroe,** en la que pedía a las naciones europeas no interferir en el hemisferio occidental. "Las Américas —dijo Monroe— no deben considerarse objeto de colonizaciones futuras por parte de ninguna potencia europea".

REPASO ¿Cómo contrastarías la "Era del Optimismo" con el período inmediato anterior? **Comparar y contrastar**

Revoluciones en América del Sur

Al mismo tiempo... En 1819, Simón Bolívar condujo a 2,500 soldados por los fríos pasos montañosos de los Andes colombianos y derrotó al ejército español. La victoria de Bolívar llevó a la fundación de Colombia. Para principios de la década de 1820, se habían creado nuevas naciones independientes a lo largo de las Américas.

Miles de personas acudieron a la Casa Blanca en 1829 para celebrar la inauguración de Andrew Jackson.

"El presidente del pueblo"

Cada uno de los seis primeros presidentes provenía de una familia adinerada de Virginia o de Massachusetts, pero el séptimo era hijo de unos pioneros pobres. Ésta era una señal clara de que el país estaba cambiando.

A principios del siglo XIX, muchos más estadounidenses se mudaron en dirección oeste. Con este desplazamiento llegaron nuevas ideas, algunas de las cuales viajaron de vuelta al Este. Por ejemplo, los estados del Este otorgaban el **sufragio** —el derecho a votar— principalmente a los hombres blancos que tuvieran propiedades, pero los nuevos estados surgidos al oeste lo otorgaban a todos los hombres blancos, fueran o no propietarios. Los estados del Este pronto imitaron ese ejemplo. Para 1820, muchos más hombres blancos podían votar. Las mujeres, los indígenas y la mayoría de los afroamericanos todavía no tenían derecho a votar.

En las elecciones de 1828, Andrew Jackson compitió contra el presidente John Quincy Adams, hijo adinerado y con muchos estudios del segundo presidente, John Adams. En cambio, Jackson no había ido a la universidad, y había aprendido derecho por su cuenta. Era también un jefe militar que había ganado la Batalla de Nueva Orleáns durante la Guerra de 1812. Uno de los lemas electorales de Jackson era: "Adams... sabe escribir [pero] Jackson... sabe pelear".

Jackson encabezaba el nuevo Partido Demócrata. Al partido de Adams se le conocía como Nacional-Republicano. Ambos partidos afirmaban seguir las ideas de Thomas Jefferson. Los demócratas invitaban a todos a votar, especialmente a la "gente común", personas con pocas propiedades o dinero. La campaña de Jackson prometía "derechos iguales para todos; privilegios especiales para nadie".

Jackson obtuvo una victoria indiscutible y arrasó tanto en los estados del Oeste como en los del Sur. Muchos estadounidenses lo elogiaban llamándole el "hombre del pueblo". Para su inaguración presidencial, en 1829, cerca de 20,000 de sus partidarios acudieron a Washington D.C., y, entusiasmados, se precipitaron a la Casa Blanca. Un observador dijo: "...es imposible describir una escena de tal confusión... pero era el día del pueblo y del presidente del pueblo, y el pueblo manda". Leerás más acerca de Jackson en la biografía que sigue a esta lección.

REPASO ¿Cómo contrastarías los antecedentes de John Quincy Adams con los de Andrew Jackson?
Comparar y contrastar

Expulsión de los indígenas

De 1820 a 1840, muchos estadounidenses se fueron a vivir al oeste. En el Sureste, estos colonos comenzaron a mudarse a tierras de cinco grupos indígenas: cheroquíes, creeks, chickasaws, choctaws y seminolas.

Estos pueblos indígenas vivían de manera muy parecida a los colonos europeos: de la agricultura, el pastoreo, la caza y el comercio. Un cheroquí llamado **Sequoyah** inventó un alfabeto para el idioma cheroquí. Con este alfabeto, los cheroquíes produjeron documentos y publicaciones como el periódico *Phoenix*.

La vida pronto cambiaría para los cinco grupos de indígenas del Suroeste. Los colonos continuaron llegando a los territorios indígenas, en busca de oro y tierras de cultivo.

El presidente Jackson apoyaba a los colonos. En 1830, Jackson promovió en el congreso la **Ley de Expulsión de Indígenas.** Esta ley le daba al presidente el poder de desplazar a los indígenas a territorios ubicados al oeste del río Mississippi. Los indígenas serían llevados a unas tierras ubicadas en lo que hoy es Oklahoma. Estas tierras se conocían como **territorio indígena.**

Los cinco grupos se resistieron. Los seminolas lucharon por sus tierras, pero después de varias batallas fueron derrotados por el ejército estadounidense y obligados a irse hacia el oeste. Sigue su ruta en el mapa de esta página.

Los cheroquíes trataron de mantener sus territorios mediante denuncias en los tribunales de justicia. Cuando el estado de Georgia quiso tomar control de las tierras cheroquíes, el jefe cheroquí **John Ross** presentó los argumentos de su pueblo ante la Corte Suprema. El juez supremo John Marshall estuvo de acuerdo con esos argumentos, y la Corte dijo que los cheroquíes tenían el derecho de quedarse con sus tierras.

Cuando el presidente Jackson supo lo que había pasado en la Corte Suprema, comentó: "John Marshall ha tomado su decisión. A ver si puede hacerla cumplir". Sin el apoyo de Jackson, la Corte no podía hacer que se obedeciera su decisión.

REPASO Contrasta las opiniones de John Marshall sobre los derechos de los cheroquíes con las de Andrew Jackson.
Comparar y contrastar

Este mapa muestra las rutas que siguieron los diferentes grupos para llegar al territorio indígena.

DESTREZA: MAPAS **Movimiento** ***¿Qué grupo de indígenas norteamericanos cruzó el golfo de México?***

El Camino de Lágrimas

En 1838 el presidente Martin Van Buren ordenó al ejército que obligara a los cheroquíes a abandonar sus tierras. El camino de 800 millas desde esas tierras hasta el territorio indígena fue tan terrible que se llegó a conocer como el **Camino de Lágrimas.**

John Burnett, un soldado estadounidense, nunca pudo olvidar lo que había visto en el Camino de Lágrimas:

> ***"Vi cómo arrestaban a los indefensos cheroquíes y los sacaban arrastrando de sus casas... Vi cómo los metían en seiscientas cuarenta y cinco carretas, como si fueran ganado, para llevarlos hacia el oeste".***

El Camino de Lágrimas terminó en 1839. Una cuarta parte de los 15,000 cheroquíes que iniciaron el viaje no sobrevivió. Muchos murieron de enfermedades y por el mal tiempo.

La ruta de los cheroquíes se conoció como el Camino de Lágrimas.

REPASO Compara el modo de vida de los cheroquíes antes del Camino de Lágrimas con sus experiencias durante el viaje.
Comparar y contrastar

Resume la lección

- **1823** El presidente James Monroe proclamó la Doctrina de Monroe.
- **1828** Andrew Jackson fue elegido séptimo presidente de los Estados Unidos.
- **1838** Comenzó el largo viaje de los cheroquíes por el Camino de Lágrimas.

LECCIÓN 1 REPASO

Verifica hechos e ideas principales

1. **Comparar y contrastar** En una hoja aparte, completa el recuadro titulado "1830" para mostrar cómo cambiaron las condiciones en los Estados Unidos de 1817 a 1830.

1817	1830
• James Monroe es presidente. • La Florida pertenece a España. • Los indígenas viven en tierras de los estados del Sur.	

2. ¿Por qué formuló el presidente Monroe la Doctrina de Monroe?
3. ¿De qué manera demostró la elección del presidente Andrew Jackson que los Estados Unidos estaban cambiando?
4. ¿Por qué obligaron los Estados Unidos a los indígenas norteamericanos a dejar los estados del Sur y mudarse al territorio indígena?
5. **Razonamiento crítico:** ***Expresar ideas*** ¿Por qué en un gobierno democrático es importante el derecho a votar?

Enlace con la escritura

Escribe una declaración Ponte en el lugar de un jefe cheroquí. Escribe una declaración a la Corte Suprema en la expliques por qué razones tu pueblo tiene el derecho de permanecer en su territorio.

Andrew Jackson

1767–1845

Andrew Jackson tenía apenas nueve años de edad en 1776, cuando se firmó la Declaración de Independencia. Andrew se la leyó en voz alta a su madre y sus dos hermanos pues, como el resto de la familia, era partidario de la Guerra de Independencia.

Cuando tenía 13 años, se unió a la milicia, o ejército de voluntarios, de Carolina del Sur. Después de una difícil batalla, él y su hermano Robert fueron a la casa de un pariente a descansar y recuperarse. Sin embargo, las tropas británicas pronto los encontraron. Un oficial británico ordenó a Andrew que le limpiara las botas. Andrew se negó y el oficial lo golpeó con su espada.

Después, Andrew y Robert fueron llevados a un campo de prisioneros, donde se enfermaron de viruela. Durante un intercambio de prisioneros en 1781, se les permitió irse a casa, pero Robert estaba muy enfermo y murió. Poco después de que Andrew recobró la salud, su madre se enfermó y murió mientras cuidaba a los soldados enfermos y heridos. Andrew se quedó solo.

BIODATO

Los soldados que lucharon bajo las órdenes de Jackson lo apodaban "viejo nogal", porque era fuerte como la madera de ese árbol.

Los sacrificios de Andrew Jackson y su familia durante la Guerra de Independencia lo decidieron a proteger a quienes, como él, habían crecido en la pobreza. Más tarde dijo:

> ***"En general, los grandes pueden protegerse, pero los pobres y los humildes necesitan del brazo y el escudo [protección] de la ley".***

Andrew Jackson fue maestro, abogado, soldado, senador y, por último, presidente de los Estados Unidos.

Aprende de las biografías

¿Cómo influyeron las experiencias de Jackson durante la Guerra de Independencia en sus ideas sobre el gobierno?

Para más información, visita *Personajes de la historia* en **www.estudiossocialessf.com.**

LECCIÓN 2

1790	1811	1825	1830
Samuel Slater construye la primera fábrica de hilados de algodón del país	Empieza a construirse la Carretera Nacional	Se termina el canal del Erie	Peter Cooper crea la primera locomotora de los Estados Unidos

EN BREVE

Enfoque en la idea principal
La Revolución Industrial cambió notablemente el modo de vivir y trabajar de los estadounidenses.

LUGARES
Lowell
Carretera Nacional
canal del Erie

PERSONAJES
Samuel Slater
Francis Cabot Lowell
Eli Whitney
Robert Fulton

VOCABULARIO
Revolución Industrial
fabricar
tecnología
desmotadora de algodón
segadora mecánica
canal

Un nuevo tipo de revolución

Estás ahí Son las 5:40 de la mañana. Las campanadas te sacan de tu sueño... es hora de levantarse. Las otras siete jóvenes que comparten el cuarto contigo en la casa donde te hospedas también se levantan. Al igual que tú, provienen de familias de granjeros y llegaron hace poco a la ciudad.

Todas salen a la calle y se unen a la multitud de trabajadores que se dirige a las fábricas de hilados. A las 6:00, las campanas suenan de nuevo. ¡Hay que apresurarse! Las máquinas comienzan a funcionar en 10 minutos.

Corre el año de 1845 y tú eres una hilandera en la ciudad de Lowell, Massachusetts. ¡Ganas 40 centavos diarios por un largo día de trabajo!

Comparar y contrastar
Al leer, contrasta las maneras de hacer y transportar productos antes y después de la Revolución Industrial.

La Revolución Industrial

Una época de cambio conocida como la Revolución Industrial causó que las jóvenes mencionadas dejaran su casa y se mudaran a la ciudad. La **Revolución Industrial** fue un cambio en la manera de fabricar los productos: antes se hacían a mano y ahora se producían con máquinas. Y las empresas necesitaban trabajadores, como las jóvenes granjeras, para manejar las máquinas.

Las máquinas que se inventaron ayudaron a las empresas a fabricar productos mucho más rápido y a menos costo que antes. **Fabricar** es hacer productos, como la tela, a partir de materias primas, como la fibra de algodón. La Revolución Industrial comenzó en Gran Bretaña a mediados del siglo XVIII. A fines de ese siglo, había llegado a los Estados Unidos.

Samuel Slater, que comenzó su carrera como obrero especializado en una fábrica de telas de Gran Bretaña, ayudó a llevar la Revolución Industrial a los Estados Unidos, donde quería iniciar una fábrica de telas. Pero el gobierno británico quería mantener en secreto su tecnología. La **tecnología** es la manera de aplicar nuevas ideas para hacer herramientas que mejoren la vida. Gran Bretaña aprobó leyes que prohibían sacar del país el diseño de cualquier nueva tecnología.

Al igual que la fábrica de hilados de algodón de Slater, este molino harinero funcionaba con la energía obtenida de un río caudaloso.

Slater sabía que era peligroso llevarse los diseños, de modo que los memorizó y se embarcó rumbo a los Estados Unidos. Cuando llegó, usó los diseños que había memorizado para construir la primera fábrica de hilados de algodón, o hilandería, del país. La fábrica se construyó en 1790 en Pawtucket, Rhode Island.

Slater usó la corriente de los ríos para proporcionar energía a su fábrica. Las corrientes hacían girar ruedas gigantescas unidas a bandas y engranajes que ponían en movimiento las máquinas.

En 1812, **Francis Cabot Lowell,** un comerciante de Boston, decidió agrupar todas las etapas de la fabricación de tela. El hilado, el tejido y el teñido se harían en un solo lugar. Puso su idea en práctica y construyó una fábrica grande en **Lowell,** Massachusetts. ¿Por qué ahí? Por dos motivos: un río atravesaba la ciudad, y cerca había una reserva de fuerza laboral que cobraba poco por su trabajo.

El trabajo estaba a cargo de mujeres jóvenes que vivían en granjas ubicadas fuera de la ciudad. Debido a que pocas tenían otras destrezas que no fueran las de la granja y el hogar, no ganaban mucho dinero. En las décadas de 1830 y 1840, miles de esas "hilanderas", como las llamaban, se fueron a trabajar y a vivir a Lowell y a otras ciudades de Nueva Inglaterra donde había fábricas.

REPASO Explica por qué los fabricantes de hilados decidieron construir sus fábricas cerca de las granjas. **Causa y efecto**

Los inventos cambian las fábricas y las granjas

Las nuevas hilanderías de Nueva Inglaterra fabricaban telas con el algodón que crecía en las inmensas plantaciones del Sur, donde casi todos los trabajadores eran esclavos. Esa fibra era tan importante para la economía del Sur que se le conocía como "el rey algodón".

La cosecha del algodón había recibido un fuerte impulso gracias al invento de **Eli Whitney**, un joven de Nueva Inglaterra. Cuando estuvo de visita en Georgia en 1792, Whitney escuchó a los dueños de las plantaciones quejarse de lo difícil que era separar el algodón de las semillas, un paso necesario antes de vender el algodón. Se enteró de que un trabajador sólo podía separar una libra de algodón por día. Más tarde escribió:

> ***"Se me ocurrió... un plan: una máquina con la que un hombre separara diez veces más algodón..."***

Su invento, conocido como **desmotadora de algodón**, separaba 50 veces más algodón por día que el que podía separarse a mano. Dado que las fábricas de hilados necesitaban algodón, el número de plantaciones aumentó para proporcionarlo. La creciente demanda de algodón provocó mayor demanda de esclavos para plantarlo y recogerlo. La gráfica de abajo muestra con cuánta rapidez aumentó la producción de algodón.

Las máquinas también servían para realizar otros trabajos agrícolas. Antes de 1830, los agricultores cosechaban el trigo con una gran cuchilla curva. En 1831, Cyrus McCormick inventó una **segadora mecánica** jalada por caballos que facilitó mucho el trabajo. Poco después, John Deere inventó un arado de acero que sustituyó al de hierro porque podía arar con más facilidad la tierra dura.

Las nuevas máquinas que inventaron los estadounidenses causaron que las fábricas produjeran más, con frecuencia a menor costo. Los granjeros cultivaban más alimentos, y los dueños de plantaciones, más algodón. Más productos y más alimentos se tradujeron en más mercancía para venderla localmente y en otros lugares.

REPASO Compara y contrasta la cosecha del algodón antes y después de que se inventó la desmotadora de algodón.
Comparar y contrastar

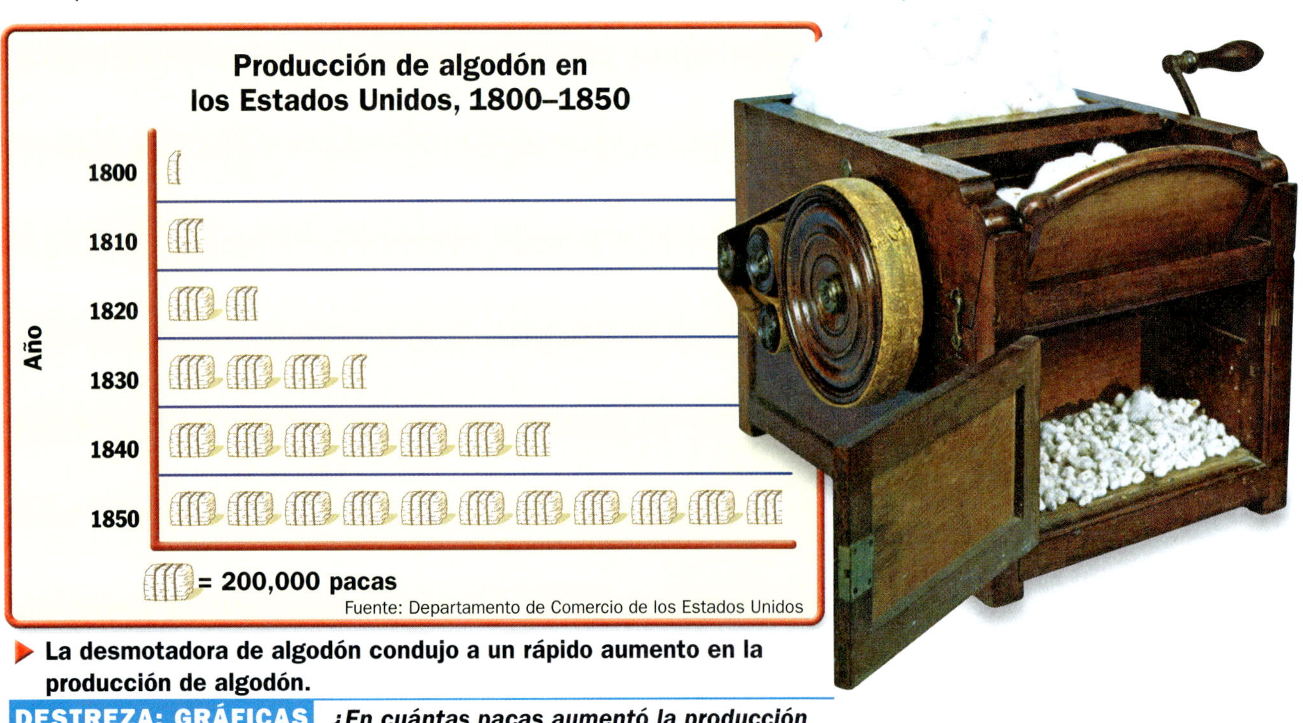

▶ **La desmotadora de algodón condujo a un rápido aumento en la producción de algodón.**

DESTREZA: GRÁFICAS ***¿En cuántas pacas aumentó la producción de algodón de 1830 a 1840?***

El *Clermont* de Robert Fulton viajaba de la Ciudad de Nueva York a Albany en 32 horas.

El transporte

En esta época, los estadounidenses producían más productos que nunca en sus fábricas y granjas, pero necesitaban mejores medios para llevarlos al mercado. Los pobladores que se iban al Oeste también requerían mejores medios de transporte. Estas necesidades causaron cambios importantes en el transporte a principios del siglo XIX.

En 1811, el gobierno federal comenzó a construir la **Carretera Nacional** que, una vez terminada, se extendía de Cumberland, Maryland, a Vandalia, Illinois. Los pobladores viajaban en dirección oeste por la Carretera Nacional, mientras que ovejas, reses y cerdos eran transportados en dirección opuesta, rumbo a los mercados del Este.

Viajar por la Carretera Nacional —y por todos los caminos de esa época— resultaba muy complicado. Las carretas se atascaban en el lodo y en los profundos surcos que hacían sus ruedas. Era mejor viajar por río, pero los barcos impulsados por velas o remos tenían dificultades para viajar corriente arriba.

Robert Fulton, un ingeniero estadounidense, resolvió ese problema. Inventó un buque impulsado por una máquina de vapor. Una tarde de agosto de 1807, una multitud se reunió para ver su buque, el *Clermont,* que partiría de la Ciudad de Nueva York. Un observador dijo: "La multitud lo vitoreaba una y otra vez". El destino del *Clermont* era Albany, Nueva York, 150 millas corriente arriba por el río Hudson. El *Clermont* llegó a Albany 32 horas después. A otros barcos les tomaba cuatro días hacer ese mismo recorrido. Con este invento, el viaje por río mejoró notablemente.

El transporte por barco era útil para llevar gente y mercancías, y resultaba más barato que el transporte terrestre. Sin embargo, dado que los ríos no atravesaban todo el país, se construyeron canales. Un **canal** es una zanja cavada en la tierra que luego se llena con agua. Se trata de una vía fluvial estrecha que generalmente conecta entre sí otras masas de agua como ríos, lagos y mares.

El **canal del Erie** fue uno de los más largos entre los construidos a principios del siglo XIX. En 1817, miles de trabajadores comenzaron a cavar una zanja que iba de Albany, sobre el río Hudson, a Buffalo, en el lago Erie. En 1825, cuando se inauguró, el canal conectaba los Grandes Lagos con el océano Atlántico. Miles de personas lo usaron para viajar desde la Ciudad de Nueva York hasta el Medio Oeste. Las mercancías fabricadas se enviaban por barco desde las fábricas del Este hasta la frontera oeste. Las mercancías agrícolas se enviaban en dirección opuesta.

REPASO ¿De qué manera cambiaron su ambiente los estadounidenses para mejorar el transporte? **Idea principal y detalles**

Los primeros ferrocarriles

En sus inicios, el ferrocarril sólo consistía de un vagón tirado por caballos sobre rieles de madera cubiertas de hierro que se colocaban en el camino. Dado que los rieles eran más lisos que los caminos, los caballos podían jalar más aprisa los vagones que las carretas.

Fue entonces cuando Peter Cooper, un director de la compañía Baltimore & Ohio Railroad, ideó algo mejor: ¿por qué no hacer una máquina de vapor, o locomotora, para jalar los vagones? Cooper pensaba que una locomotora podía arrastrar cargas pesadas más rápido que los caballos.

En 1830, Cooper construyó una locomotora impulsada por vapor. Debido a su pequeño tamaño —apenas pesaba una tonelada— se le conoció como Tom Thumb (Pulgarcito), el diminuto héroe de los viejos cuentos británicos.

Tom Thumb perdió la carrera contra el caballo, pero pronto las locomotoras llevaban más mercancías que los caballos.

Para que todos conocieran su nueva máquina, Cooper anunció una "carrera entre un caballo gris y Tom Thumb". ¿Quién ganaría: un caballo de carreras o el "caballo de hierro"?

Un día de agosto de ese año, la locomotora y el caballo gris se colocaron lado a lado.

Aventuras en mapas

El transporte en una nación en crecimiento

Estás a cargo de envíos y transporte en una fábrica.

1. **Quieres enviar tres toneladas de mercancía por la Carretera Nacional desde Baltimore hasta Wheeling, Virginia. Una carreta la transportará 260 millas en 13 días. Si la carreta recorre el mismo número de millas cada día, ¿cuántas millas recorrerá por día? Si transportar una tonelada cuesta 125 dólares, ¿cuánto costará el viaje?**
2. **Uno de tus empleados tiene que viajar de Buffalo a Albany, a unas 360 millas. Decides enviarlo en barco por el canal del Erie. Recorrerá seis millas por hora y el costo será de dos centavos por milla. ¿Cuántas horas durará el viaje? ¿Cuánto costará?**
3. **Años más tarde, tu empleado debe hacer el mismo viaje, pero ahora en tren. Si el tren viaja a 40 millas por hora, ¿cuántas horas menos durará el viaje en tren, comparado con el viaje en barco?**

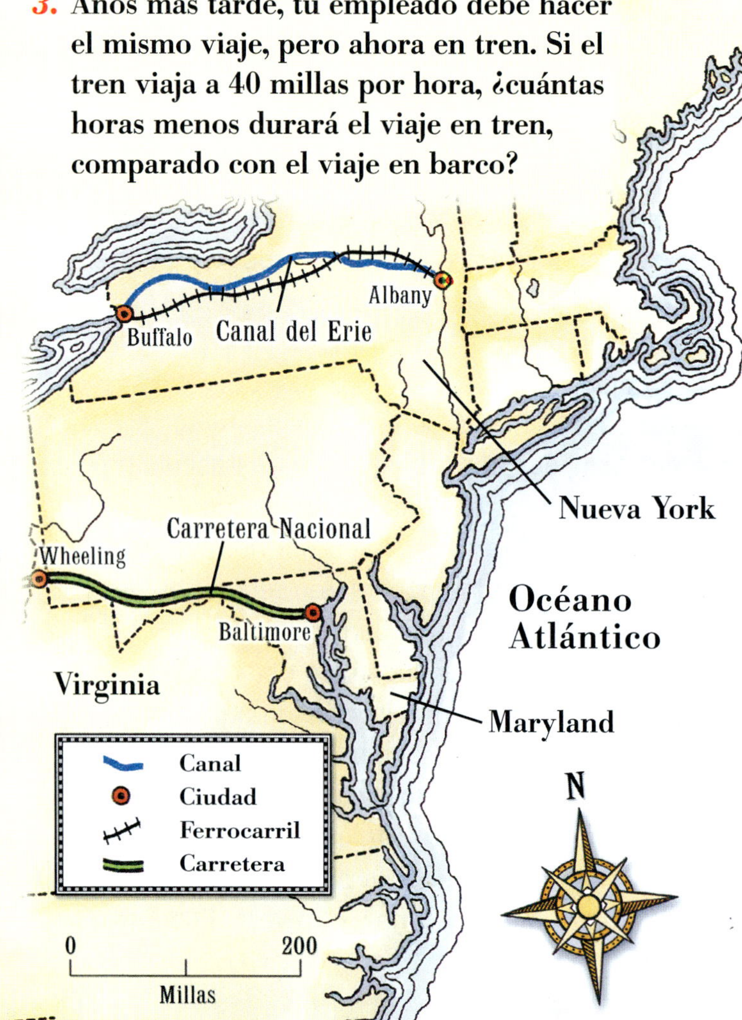

Cooper tomó los controles de Tom Thumb y comenzó la carrera. Al principio, el caballo se adelantó, pero luego el tren aceleró. No tardó en emparejarse con el caballo, y luego lo rebasó, lo que causó mucho alboroto.

De repente, una válvula de seguridad de la máquina se rompió. La locomotora bajó la velocidad y se quedó atrás. Tom Thumb perdió la carrera, pero no pasó mucho tiempo antes de que las locomotoras reemplazaran a los caballos.

En los siguientes 20 años, las vías de ferrocarril reemplazaron a los canales por ser un medio más sencillo y barato de viajar. Para 1840 había cerca de 3,000 millas de vías de ferrocarril en los Estados Unidos, casi el doble que en Europa. Recorrer las 90 millas entre la Ciudad de Nueva York y Filadelfia tomaba unas cuantas horas, en vez del día y medio que demoraba una carreta jalada por caballos.

REPASO ¿Qué efecto tuvieron en el modo de viajar los cambios en el transporte?
Causa y efecto

Resume la lección

- **1790** Samuel Slater construyó la primera fábrica de hilados de algodón del país.
- **1811** Empezó a construirse la Carretera Nacional.
- **1825** Se terminó el canal del Erie.
- **1830** Peter Cooper creó una locomotora impulsada por vapor.

LECCIÓN 2 REPASO

Verifica hechos e ideas principales

1. **Comparar y contrastar** En una hoja aparte, completa el recuadro para comparar la manera como se producían y transportaban las mercancías antes y después de la Revolución Industrial.

Antes de la Revolución Industrial	Después de la Revolución Industrial
• Las mercancías se hacían a mano. • Las plantas de algodón se limpiaban a mano. • El trigo se cosechaba con una cuchilla curva. • Las mercancías se transportaban con caballos sobre caminos difíciles.	

2. ¿Cómo cambió la Revolución Industrial el modo de producir mercancías en los Estados Unidos?
3. ¿Por qué las ciudades industriales de Nueva Inglaterra crecieron cerca de un río?
4. **Razonamiento crítico: *Resolver problemas*** Imagina que eres un inventor a principios de la década de 1830. ¿Qué problema te gustaría resolver? Usa los pasos para resolver problemas en la página M5.
5. ¿Qué ventajas tuvo la locomotora en comparación con los vagones en rieles?

Enlace con las matemáticas

Calcula un salario por hora En 1845, muchas hilanderas ganaban 40 centavos diarios por 12 horas de trabajo. En 2001, el salario mínimo en los Estados Unidos era de 5.15 dólares la hora. ¿Cuánto ganaban las hilanderas por hora?

Destrezas: Tablas y gráficas

Interpretar un diagrama transversal

¿Qué es?

Un **diagrama transversal** es un dibujo que muestra cómo se vería algo si lo rebanaras. Los diagramas transversales te sirven para ver cómo funciona un objeto.

¿Por qué lo usamos?

Resulta difícil entender cómo funciona algo si no lo puedes ver por dentro. En un diagrama transversal, el dibujante "elimina" parte del exterior de modo que veas cómo trabaja el interior. Un diagrama transversal te ayuda a ver cómo funcionan los canales como el del Erie.

Compuerta

Compuerta

Cámara de la esclusa

Nivel del agua corriente arriba

Nivel del agua corriente abajo

¿Cómo lo usamos? Para usar un diagrama transversal, debes analizar con todo cuidado el dibujo. Lee los títulos para identificar cada una de las partes.

El diagrama de esta página muestra cómo un barco pasa de un nivel de agua alto a un nivel bajo en la esclusa de un canal. Una esclusa es una sección del canal que se cierra para sacarle o meterle agua. El agua que entra o sale cambia el nivel del agua en la esclusa, de modo que el barco suba o baje.

Mira el diagrama transversal. Observa que el barco ha de pasar a un nivel de agua más bajo. Busca las compuertas que mantendrán al barco dentro de la esclusa mientras se cambia el nivel del agua. Fíjate dónde quedará el barco cuando haya cambiado el nivel del agua.

Piensa y aplícalo

1. ¿Para qué sirve una esclusa?
2. ¿Qué hacen las compuertas de la esclusa?
3. Este diagrama transversal muestra cómo pasa un barco de un nivel de agua alto a uno bajo. ¿Cómo crees que se usaría una esclusa para pasar un barco de un nivel de agua bajo a uno alto?

LECCIÓN 3

1830 — 1850

Comienzos de la década de 1830
El segundo Gran Despertar se vive en todo el país

1838
Frederick Douglass escapa de la esclavitud y se convierte en líder abolicionista

1848
En la Convención de Seneca Falls se hace un llamado por los derechos de la mujer

EN BREVE

Enfoque en la idea principal
A principios de la década de 1830, un espíritu de reforma cambió la vida en los Estados Unidos.

LUGARES
Seneca Falls

PERSONAJES
Frederick Douglass
William Lloyd Garrison
Sojourner Truth
Lucretia Mott
Elizabeth Cady Stanton

VOCABULARIO
reforma
renacimiento espiritual
templanza
abolicionista
Convención de Seneca Falls

La lucha por las reformas

Estás ahí Es la mañana veraniega del miércoles 19 de julio de 1848. Formas parte de una multitud que se dirige hacia la capilla Wesleyan en Seneca Falls, Nueva York. Ahí serás testigo de la primera convención sobre derechos de la mujer en los Estados Unidos.

Más de cien personas —mujeres y hombres— ocupan las filas de asientos. Un espíritu de cambio flota en el aire, aquí y en todo el país.

Una de las dos mujeres que llamó a esta convención, Elizabeth Cady Stanton, se levanta y toma la palabra: "Hoy nos reunimos aquí... para declarar nuestro derecho a ser libres... a tener representación en el gobierno... a exigir nuestro derecho a votar". Esas palabras servirán de inspiración a todo el país.

Elizabeth Cady Stanton dio un discurso en la primera convención por los derechos de la mujer.

Comparar y contrastar Al leer, contrasta las condiciones existentes en los Estados Unidos con las propuestas de cambio.

1870 1890 1910

El segundo Gran Despertar

El espíritu de **reforma,** o cambio, comenzó a extenderse por todo el país a principios del siglo XIX. Este movimiento, nacido del resurgimiento del fervor religioso, se conoció como el segundo Gran Despertar pues motivó a los estadounidenses —al igual que el primer Gran Despertar del siglo anterior— a reconsiderar el papel de la religión en su vida.

Cientos de personas acudían a reuniones campales como la que se muestra abajo. Esas asambleas religiosas se conocían como reuniones de **renacimiento espiritual,** porque generaban un fortalecimiento o resurgimiento del sentir religioso. En la década de 1830, predicadores cristianos como Charles G. Finney hablaban en esas reuniones durante horas. Finney exigía que sus oyentes aceptaran "una nueva vida del espíritu". Sus sermones eran tan entusiastas que la zona donde predicaba, en el centro y oeste del estado de Nueva York, llegó a conocerse como el "distrito en llamas".

Muchos se convencieron de que la religión los convertiría en mejores personas. Al ser mejores, podrían dar a los demás una vida mejor y contribuir a mejorar el país.

El segundo Gran Despertar trajo consigo la primera gran era de reforma de la nación. Algunos reformistas combatían lo que en su opinión era un mal comportamiento, como los juegos de azar y la bebida. Sobre todo las esposas se oponían al alcohol, porque los esposos que bebían mucho trataban mal a su familia. Para detener el consumo de alcohol se inició una gran cruzada denominada movimiento de la **templanza.** *Templanza* significa moderación. Los que pertenecían a este movimiento animaban a los demás a beber sólo un poco de alcohol o, de ser posible, nada.

Los reformistas luchaban también por otras causas. Como verás, acabar con la esclavitud y conseguir derechos para la mujer eran objetivos importantes de la reforma.

REPASO ¿Por qué el segundo Gran Despertar condujo al movimiento de la templanza? **Causa y efecto**

Las reuniones al aire libre del renacimiento espiritual atraían a grandes multitudes.

La lucha contra la esclavitud

Ya desde la Guerra de Independencia había grupos antiesclavistas en el Norte. Durante la Colonia, líderes como Benjamin Franklin, Abigail Adams y Benjamin Rush pertenecieron a esos grupos. Algunos delegados que asistieron a la Convención Constitucional estaban a favor de abolir la esclavitud. Años después, John Quincy Adams, sexto presidente de los Estados Unidos, escribió un poema en el que incluía estas palabras: "la naturaleza divina ordena a los esclavos rebelarse... hasta que no haya un solo esclavo en esta Tierra".

El movimiento antiesclavista resurgió en la década de 1830. Los reformistas combatieron la esclavitud como un mal que debía ser eliminado del todo, o abolido. A estos reformistas se les llamó **abolicionistas**; daban discursos e imprimían periódicos para difundir su mensaje.

Frederick Douglass fue una voz abolicionista convincente y poderosa. Nació esclavo en Maryland y escapó a la Ciudad de Nueva York en 1838, haciéndose pasar por marinero libre. En poco tiempo, empezó a viajar por todo el Norte y a dar conferencias para la Sociedad Antiesclavista de Massachusetts. En un discurso dijo:

> ***"Esta noche me presento ante ustedes como ladrón y bandido. Le robé a mi amo esta cabeza, estas piernas, este cuerpo, y me escapé con ellos".***

Las historias que contaba Douglass de sus experiencias como esclavo —golpizas sin piedad y hambre— sumaron muchos simpatizantes al movimiento abolicionista. Leerás más acerca de Douglass en Héroes cívicos, en la página 422.

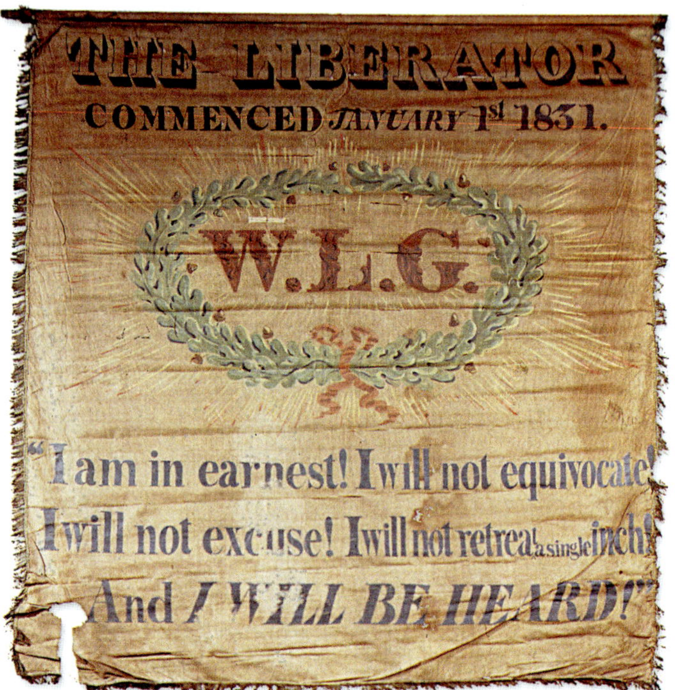

El abolicionista William Lloyd Garrison declaró que su periódico, *The Liberator*, nunca dejaría de luchar contra la esclavitud en los Estados Unidos.

En 1831, **William Lloyd Garrison** fundó en Boston el periódico abolicionista *The Liberator*. Garrison condenaba la esclavitud de manera decidida y clara: "Seré tan cruel como la verdad y tan inflexible como la justicia. Sobre este tema, no quiero pensar, ni hablar, ni escribir con moderación... ¡y seré escuchado!".

Otra abolicionista incansable, **Sojourner Truth**, nació esclava en Nueva York a fines del siglo XVIII, pero escapó y se hizo predicadora. Adoptó el nombre de Sojourner Truth ("Viajera de la Verdad") para dejar clara su misión: viajar, difundiendo la verdad. Aunque no sabía leer ni escribir, Sojourner Truth citaba pasajes de la Biblia para convencer a quienes la escuchaban hablar de los males de la esclavitud, y también hablaba a favor de los derechos de la mujer. Leerás más acerca de Sojourner Truth en la biografía que se encuentra después de esta lección.

REPASO ¿Cómo consiguieron los abolicionistas apoyo para su movimiento? **Causa y efecto**

Los derechos de la mujer

A principios del siglo XIX, las mujeres tenían pocos derechos. Por ejemplo, una mujer casada no podía tener propiedades. Si de soltera tenía alguna propiedad, al casarse ésta pasaba inmediatamente a manos del esposo. Las mujeres no tenían derecho a votar, y la mayoría de universidades sólo aceptaban hombres.

Muchas mujeres de esa época participaban activamente en los movimientos reformistas. Por ejemplo, **Lucretia Mott** y su amiga **Elizabeth Cady Stanton** trabajaron mucho por la templanza y la abolición. Sin embargo, cuando fueron a Londres a una convención antiesclavista en 1840, se les prohibió hablar o participar. Como mujeres, lo único que podían hacer era sentarse en la galería y escuchar.

En 1848, Mott y Stanton decidieron defender los derechos de la mujer y organizaron una convención en **Seneca Falls,** Nueva York. En la **Convención de Seneca Falls,** sobre la cual leíste en Estás ahí, Stanton presentó una Declaración de Opiniones basada en la Declaración de Independencia. En ella afirmó:

> ***"Sostenemos como verdades evidentes que hombres y mujeres fueron creados iguales...".***

Las mujeres y los hombres que asistieron a esa convención debatieron varias resoluciones, o declaraciones, sobre los derechos que debían tener las mujeres. Algunos se mencionan en el recuadro de abajo. Al final, 68 mujeres y 32 hombres firmaron la declaración. Entre los firmantes estaba Frederick Douglass. Aunque Sojourner Truth no fue a la convención, viajó mucho para apoyar los derechos de las mujeres.

Muchos periódicos atacaron la convención. Uno afirmó: "Las mujeres no son nadie". Otros decían que las mujeres no tenían aptitudes para ser ciudadanas. Sin embargo, a Stanton le agradó que la prensa por lo menos hubiera cubierto la convención. "Imaginen la publicidad que se da a nuestras ideas", dijo. "Dará qué pensar a las mujeres, y a los hombres también".

REPASO ¿Cómo resumirías los derechos que no tenía la mujer en el siglo XIX? **Resumir**

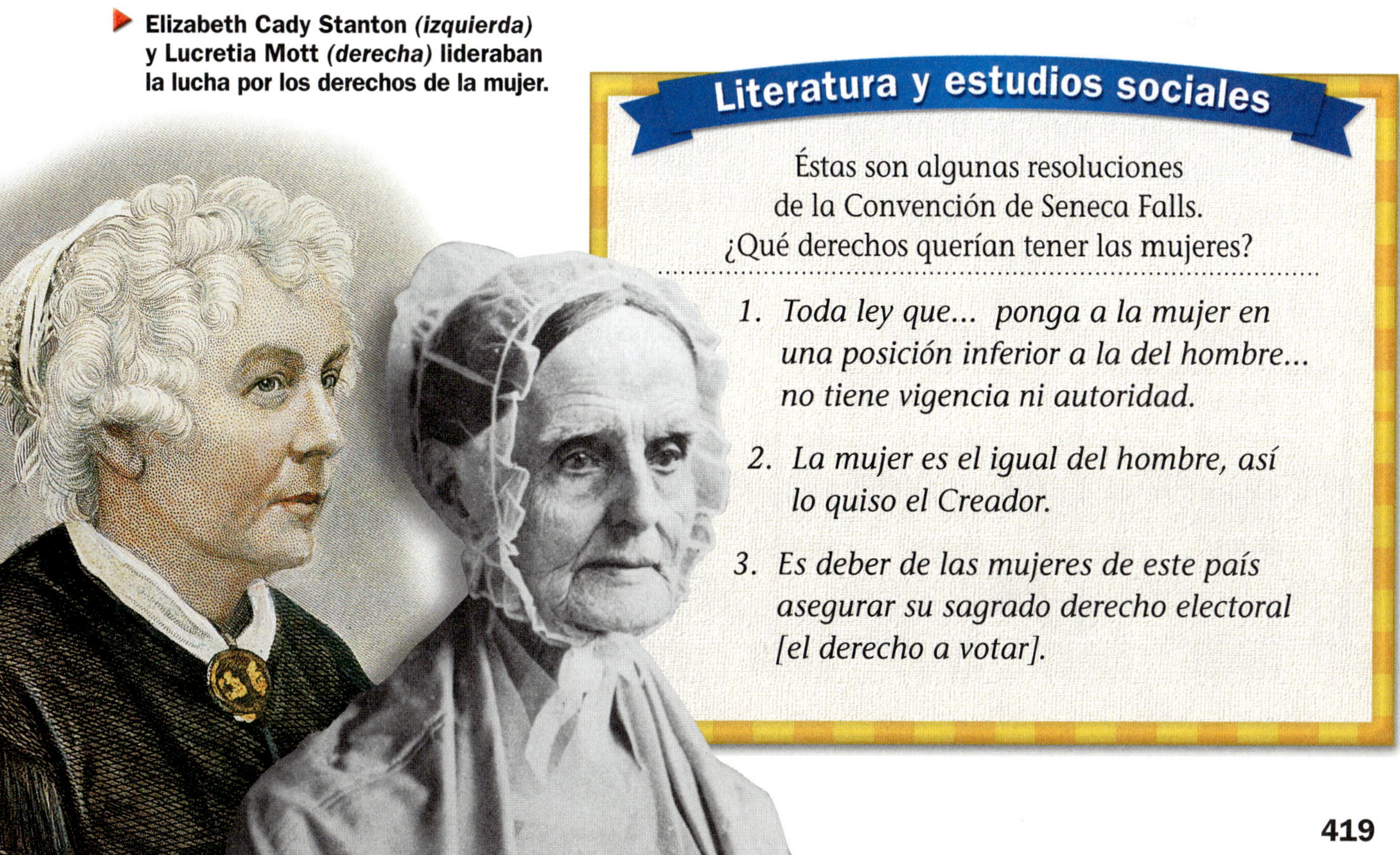

Elizabeth Cady Stanton *(izquierda)* y Lucretia Mott *(derecha)* lideraban la lucha por los derechos de la mujer.

Literatura y estudios sociales

Éstas son algunas resoluciones de la Convención de Seneca Falls. ¿Qué derechos querían tener las mujeres?

1. *Toda ley que... ponga a la mujer en una posición inferior a la del hombre... no tiene vigencia ni autoridad.*
2. *La mujer es el igual del hombre, así lo quiso el Creador.*
3. *Es deber de las mujeres de este país asegurar su sagrado derecho electoral [el derecho a votar].*

El espíritu de la reforma

En la primera mitad del siglo XIX, los reformistas identificaron varias situaciones que debían cambiar en los Estados Unidos. Además de la esclavitud y el trato desigual a la mujer, era necesario cambiar el deficiente sistema educativo, las malas condiciones de vida en las cárceles y el terrible trato a los enfermos mentales.

En Massachusetts, Horace Mann estaba convencido de que la educación era un modo de combatir la pobreza. La educación, decía, produciría "hombres inteligentes y prácticos" que dejarían de ser pobres. Así que abrió camino para ampliar la educación pública. Consiguió que el año escolar en Massachusetts se ampliara al menos a seis meses; también fundó más escuelas de educación media y mejoró la preparación de los maestros.

También en Massachusetts, Dorothea Dix investigó la situación en las cárceles y los asilos psiquiátricos. Sus informes sacaron a la luz condiciones espantosas que requerían una reforma. Dix averiguó que los enfermos mentales eran "golpeados con varas" y "azotados para que obedecieran".

Unas cuantas reformas se aplicaron de inmediato, pero muchas tardarían décadas en cumplirse. A pesar de todo, los reformistas siguieron adelante.

REPASO ¿Qué conclusiones sacaron quienes leyeron los informes de Dorothea Dix? **Sacar conclusiones**

Resume la lección

- **Década de 1830** El segundo Gran Despertar alentó el espíritu de la reforma.
- **1838** La lucha por acabar con la esclavitud obtuvo un poderoso orador cuando Frederick Douglass escapó de la esclavitud y se convirtió en líder del movimiento abolicionista.
- **1848** El movimiento por los derechos de la mujer surgió durante una convención celebrada en Seneca Falls, Nueva York.

LECCIÓN 3 REPASO

Verifica hechos e ideas principales

1. **Comparar y contrastar** En una hoja aparte, completa el recuadro de "Objetivos" para comparar los problemas que había en los Estados Unidos con los objetivos de los reformistas.

Problemas	Objetivos
• Esclavitud • Las mujeres no tenían los mismos derechos que los hombres.	

2. ¿Qué movimientos reformistas produjo el segundo Gran Despertar?
3. ¿Qué tenían en común Frederick Douglass y Sojourner Truth?
4. Compara los derechos de hombres y mujeres a principios del siglo XIX.
5. **Razonamiento crítico:** ***Inferir*** ¿Por qué muchos reformistas defendían, o al menos apoyaban, diversas reformas?

Enlace con las artes

Dibuja un cartel Eres partidario de una de las reformas mencionadas en esta lección. Escoge una reforma y dibuja un cartel que podrías usar para informar a otros sobre tu causa.

★ BIOGRAFÍA ★

Sojourner Truth

Alrededor de 1797–1883

Sojourner Truth nació esclava en el estado de Nueva York y recibió el nombre de Isabella. Cuando tenía nueve años, la separaron de sus padres para venderla a otro dueño de esclavos. Más tarde, ella recordaría esa época como "el comienzo de la guerra". Se refería a que la vida para ella sería aún más difícil sin su familia.

Sojourner se llenó de esperanzas cuando, en 1817, se aprobó una nueva ley en Nueva York que ordenaba la liberación de los esclavos mayores de 28 años. Su dueño, John Dumont, le prometió que si trabajaba muy duro, sería liberada en 1826, un año antes. Aunque por tanto trabajar se cortó una mano que no sanó bien, pasó el año y Sojourner Truth no fue liberada, pues su dueño no cumplió su promesa.

Sojourner ya no podía tolerar más su situación. Una madrugada, salió de la granja y escapó hacia la libertad.

En 1843 cambió su nombre a Sojourner Truth porque *sojourn* en inglés significa "viaje", y ella creía que su destino era recorrer todo el país para hablar sobre Dios y las injusticias de la esclavitud.

Antes de comenzar uno de sus discursos más famosos, cantó un himno escrito por ella. Una de las estrofas decía:

"Ruego porque mi pueblo
recobre sus derechos
porque ha hecho muchos esfuerzos
y no ha obtenido recompensa".

En 1850 se publicó The Narrative of Sojourner Truth: A Northern Slave. *Como no sabía escribir, Truth contó su historia y otra persona la puso por escrito.*

Aprende de las biografías

Vuelve a leer la estrofa del himno que cantó Sojourner Truth. Expresa en tus palabras lo que, en tu opinión, ella trataba de decir.

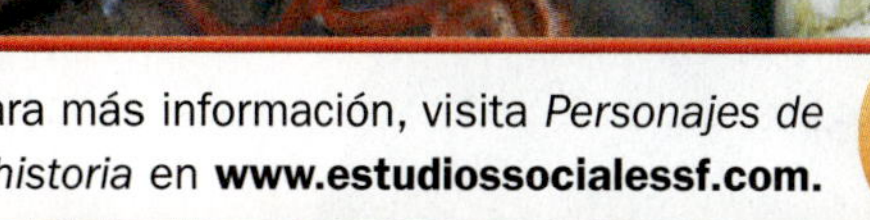
Para más información, visita *Personajes de la historia* en **www.estudiossocialessf.com.**

HÉROES CÍVICOS

Contra los males de la esclavitud

Frederick Douglass vivió los primeros 20 años de su vida como esclavo, pero escapó, contó su historia y luchó para conseguir un trato justo para todos y abolir la esclavitud.

El orador era un afroamericano muy alto. Su voz retumbaba sobre la multitud cuando levantó las manos y preguntó: "¿No son mías estas manos? ¿No es mío este cuerpo?". Y después dijo: "Todavía soy esclavo y los perros de caza me persiguen". Los cientos de asistentes a la Convención Estadounidense contra la Esclavitud escuchaban con toda atención cada una de sus palabras.

Se trataba de Frederick Douglass. Tres años antes, en 1838, había escapado de la esclavitud en Maryland para huir hacia el Norte. Al igual que muchos abolicionistas, Frederick Douglass creía firmemente que la esclavitud era un mal. Sin embargo, a diferencia de los abolicionistas blancos, Douglass hablaba de la esclavitud basado en su propia experiencia, y sus palabras tenían gran impacto.

En realidad, Frederick Douglass hablaba tan bien que algunos empezaron a acusarlo de ser un fraude. "¿Cómo es posible que un hombre tan expresivo haya sido esclavo?", se preguntaban. Para demostrarles su equivocación y sacar a la luz los horrores de la esclavitud, Douglass escribió su historia. Su libro, titulado *Narrative of the life of Frederick Douglass (Narrativa de la vida de Frederick Douglass),* se publicó en 1845 y de inmediato se convirtió en un éxito.

VALORES CÍVICOS

Bondad
Respeto
Responsabilidad
Justicia
Honestidad
Valentía

Los lectores se impresionaron al enterarse del trato que se les daba a los esclavos. De niño, decía Douglass, sólo tenía una camisa para abrigarse en el frío invierno, y con frecuencia no tenía qué comer. También fue testigo de cómo golpearon salvajemente a su tía. Cuando Douglass creció, un dueño cruel lo golpeó con ramas hasta que le sangró la espalda.

Otros dueños lo trataron mejor. Una mujer de Baltimore le enseñó a leer, pero Douglass siempre detestó ser propiedad de alguien. Contó que cuando miraba los barcos en el río Chesapeake, pensaba:

> ***"Ustedes pasean alegremente frente a la gentil brisa, y yo tristemente frente al maldito látigo... ¡Ay de mí, ojalá fuera libre!... ¿Por qué soy esclavo?... No lo toleraré más... Con la ayuda de Dios... No es posible que viva y muera como esclavo".***

NARRATIVE OF THE LIFE OF FREDERICK DOUGLASS, AN AMERICAN SLAVE.

WRITTEN BY HIMSELF.

THE NORTH STAR.

Cuando tenía 20 años, Douglass escapó a Nueva York. Dio miles de discursos y escribió varios artículos y tres autobiografías. En 1847 fundó su propio periódico antiesclavista, *The North Star.* Su combate contra la injusticia de la esclavitud inspiró a muchos para unirse a la lucha por abolirla. Hoy, sus poderosas palabras aún son fuente de inspiración para quienes buscan la libertad y la justicia en el mundo.

La justicia en acción

Investiga una situación en alguna parte del mundo actual donde se dé un trato injusto a las personas por su raza u origen étnico. Escribe un discurso breve sobre la situación; trata de ser muy convincente. Apoya tu argumento con hechos.

Tiempo de cambios

A mediados del siglo XIX, muchas personas promovieron reformas, como el sufragio para la mujer y la abolición de la esclavitud. Estos esfuerzos continuaron durante varios años. Finalmente, la esclavitud acabó en 1865, y las mujeres obtuvieron el derecho al voto en elecciones nacionales en 1920. Puedes aprender más observando los objetos de esta página, relacionados con ese tiempo de lucha y cambios.

Frederick Douglass
Este famoso retrato de Frederick Douglass muestra el rostro de un joven de gran determinación que escapó de la esclavitud y sacó a la luz sus horrores. Por medio de discursos y escritos, Douglass luchó contra la esclavitud hasta su muerte, en 1895.

Canción contra la esclavitud
Este libreto tiene la letra y la música de una canción de la década de 1840, que pedía la emancipación, o libertad, de los esclavos. La canción fue escrita y cantada por un grupo llamado The Hutchinsons, que comprendía a tres hermanos llamados Judson, John y Asa, y a su hermana pequeña, Abby.

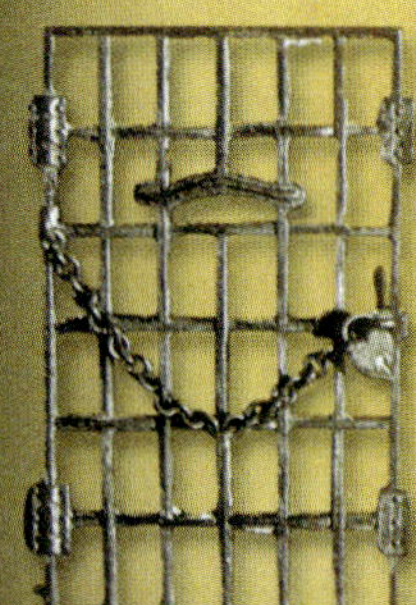

Broche de "Encarcelada por la libertad"
A principios del siglo XX, un grupo llamado el Partido Nacional de las Mujeres organizaba marchas para apoyar el derecho de la mujer al voto. Las manifestantes a menudo llevaban carteles y cantaban canciones frente a la Casa Blanca en Washington, D.C. El Partido Nacional de las Mujeres repartía broches de "Encarcelada por la libertad" a las mujeres que eran detenidas por participar en las protestas.

Estampilla de Frederick Douglass
Con frecuencia, la Oficina de Correos de los Estados Unidos imprime estampillas especiales para honrar a quienes han hecho aportes a los Estados Unidos. Esta estampilla honra al famoso autor y abolicionista.

Harriet Beecher Stowe
Cuando en 1852 se publicó *La cabaña del Tío Tom,* una novela en contra de la esclavitud escrita por Harriet Beecher Stowe, se vendieron rápidamente más de 300,000 ejemplares. La novela también se adaptó como obra de teatro, y tuvo un éxito enorme en el Norte. En su libro, Stowe hace una descripción vívida de los males de la esclavitud.

Estampilla de Susan B. Anthony
Las palabras "Sufragio para la mujer" aparecen en esta estampilla que honra a Susan B. Anthony, quien dedicó buena parte de su vida a luchar por los derechos de la mujer.

Estos objetos son del Smithsonian Institution.

CAPÍTULO 12 REPASO

1790 Samuel Slater construye la primera fábrica de hilados de algodón del país

1800

1811 Comienza la construcción de la Carretera Nacional

Resumen del capítulo

Comparar y contrastar

En una hoja aparte, copia el organizador gráfico para comparar y contrastar los Estados Unidos antes y después de 1820. Incluye información sobre estos dos temas: sufragio y tecnología.

Antes de 1820	Después de 1820

Vocabulario

Relaciona cada palabra con la definición o descripción correcta:

1. **nacionalismo** (p. 403)
2. **sufragio** (p. 404)
3. **desmotadora de algodón** (p. 410)
4. **segadora mecánica** (p. 410)
5. **abolicionista** (p. 418)

a. reformista que luchó contra la esclavitud

b. sentido de orgullo por su país que une a las personas

c. máquina para cosechar granos

d. derecho a votar

e. máquina para limpiar el algodón

Personajes y sucesos

Escribe una oración que explique por qué cada uno de los siguientes personajes o sucesos fue importante para el desarrollo de una nación en crecimiento. Puedes incluir dos o más en una sola oración.

1. **Era del Optimismo** (p. 403)
2. **Doctrina de Monroe** (p. 403)
3. **Sequoyah** (p. 405)
4. **Ley de Expulsión de Indígenas** (p. 405)
5. **Revolución Industrial** (p. 409)
6. **Eli Whitney** (p. 410)
7. **Robert Fulton** (p. 411)
8. **canal del Erie** (p. 411)
9. **Lucretia Mott** (p. 419)
10. **Convención de Seneca Falls** (p. 419)

1820 **1830** **1840** **1850**

1823
Se proclama la Doctrina de Monroe

1825
Se termina el canal del Erie

1828
Andrew Jackson es elegido presidente

1830
Peter Cooper construye la primera locomotora de los Estados Unidos

1838
Comienza el Camino de Lágrimas

1848
La Convención de Seneca Falls hace un llamado por los derechos de la mujer

Aplica las destrezas

Interpretar un diagrama transversal

Analiza el diagrama transversal de una locomotora moderna y luego contesta las preguntas.

1. ¿Cómo sabes que éste es un diagrama transversal?
2. ¿Qué información te proporciona?
3. ¿A qué está conectado el generador?

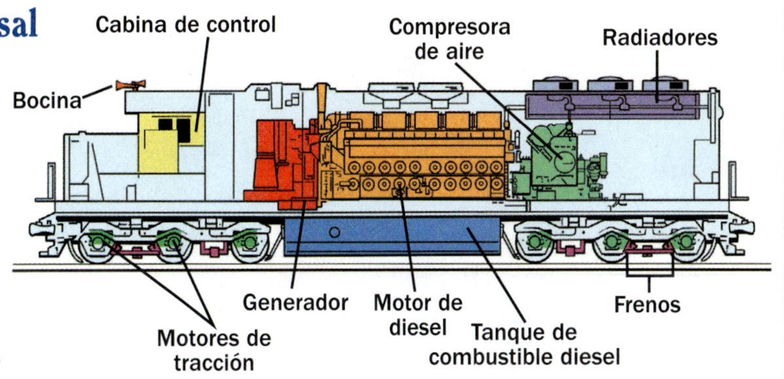

Hechos e ideas principales

1. ¿Por qué enviaron los Estados Unidos a Andrew Jackson a la Florida en 1817?
2. ¿Qué invento causó un aumento en la producción de algodón?
3. **Línea cronológica** ¿Cuántos años pasaron desde que se comenzó la Carretera Nacional hasta que se terminó el canal del Erie?
4. **Idea principal** ¿Cómo aumentaron los Estados Unidos su territorio y poder durante las décadas de 1820 y 1830?
5. **Idea principal** ¿Qué cambios importantes en el modo de vivir y trabajar de los estadounidenses fueron resultado de la Revolución Industrial?
6. **Idea principal** Menciona tres movimientos importantes iniciados por los reformistas en el siglo XIX y describe sus objetivos.
7. **Razonamiento crítico: *Sacar conclusiones*** ¿Por qué crees que al presidente Jackson se le llamó el "presidente del pueblo"?

Escribe sobre la historia

1. **Escribe una carta a la familia** como si fueras un soldado que está siendo testigo del Camino de Lágrimas.
2. **Escribe una anotación de diario** como si fueras un trabajador o trabajadora joven y describe las actividades del día.
3. **Escribe un artículo de periódico** sobre los sucesos ocurridos en la Convención de Seneca Falls.

Actividad en la Internet

Para obtener ayuda con el vocabulario, los personajes y los términos, selecciona el diccionario o la enciclopedia en la *Biblioteca de estudios sociales* en **www.estudiossocialessf.com.**

El avance hacia el Oeste

1836

San Antonio, Texas
Los texanos pierden la Batalla de El Álamo.

Lección 1

1

1846

Territorio de Oregón
Los Estados Unidos y Gran Bretaña firman un tratado para definir los límites entre Oregón y Canadá.

Lección 2

2

1848

Río American, California
Se descubre oro en California.

Lección 3

3

Tiempo y lugar

Por qué lo recordamos

Piensa en el lugar donde vives. ¿Era parte de los Estados Unidos cuando nació nuestro país? Si vives al oeste del río Mississippi, la respuesta a esa pregunta es no. De 1819 a 1848 —en menos de 30 años—, los Estados Unidos se expandieron en dirección oeste, hacia el océano Pacífico. Muchos pobladores estadounidenses viajaron en esa dirección para establecer sus casas y comunidades. Otros, como los indígenas y los mexicoamericanos, perdieron su hogar con el arribo de los recién llegados. En el Capítulo 13 se relata cómo esas regiones —y quizá la tuya—se convirtieron en parte de este país.

LECCIÓN 1

1820		1840	
1821 Los pobladores estadounidenses comienzan a mudarse a Texas	**1836** Se funda la República de Texas		**1846** Comienza la Guerra con México

La historia de Texas

EN BREVE

Enfoque en la idea principal
Una rebelión en Texas y una guerra contra México cambiaron las fronteras de los Estados Unidos.

LUGARES
Texas
México
San Antonio

PERSONAJES
Stephen F. Austin
Antonio López de Santa Anna
William Travis
Juan Seguín
Susanna Dickinson
Sam Houston
Lorenzo de Zavala
James K. Polk

VOCABULARIO
Revolución de Texas
anexar
destino manifiesto
Guerra con México
Rebelión de la Bandera del Oso
Tratado de Guadalupe Hidalgo

Estás ahí Es el año 1835 en Texas. Tu familia es una de las primeras 300 familias estadounidenses que se mudaron a este territorio gobernado por mexicanos. Tus padres decidieron salir de Nueva Orleáns en 1822 en busca de la oportunidad de comprar tierra barata para criar reses. Stephen F. Austin, quien fundó un asentamiento a lo largo del río Brazos, condujo a tu familia y a otras a esa región.

El asentamiento donde vives ha crecido y progresado, pero ahora hay tensiones con el gobierno mexicano. A los habitantes estadounidenses les disgusta cada vez más ser gobernados por México. Tu familia y otras quieren que Texas sea independiente. ¿Habrá guerra entre Texas y México?

▶ Stephen F. Austin

Comparar y contrastar
Al leer, compara cómo fue cambiando con el tiempo la frontera entre los Estados Unidos y México.

Rumbo a Texas

Los planes para llevar pobladores estadounidenses a Texas fueron idea de Moses Austin, un empresario que vivía en Missouri. En ese entonces, **Texas** era parte de **México,** país que en 1821 le había otorgado tierras a Austin. Cuando Moses Austin murió, su hijo, **Stephen F. Austin,** se encargó del proyecto de llevar a Texas pobladores de los Estados Unidos. En esa época sólo vivían ahí unos cuantos miles de rancheros mexicanos, y México quería que hubiera más pobladores para formar pueblos, granjas y ranchos.

Austin cobraba $12\frac{1}{2}$ centavos por acre. Los grandes terrenos baratos para siembra y pastoreo atrajeron a muchos pobladores, y para 1832, había cerca de 20,000 estadounidenses en Texas.

Pronto surgieron tensiones entre el gobierno mexicano y los pobladores estadounidenses. Aunque la esclavitud era ilegal en México, muchos pobladores trajeron a sus esclavos desde los Estados Unidos. Como condición para establecerse en Texas, debían convertirse a la religión católica, pero muchos se negaron. La enorme distancia entre Texas y Ciudad de México, la capital de México, dificultó que el gobierno mexicano aplicara sus leyes.

Los pobladores querían tener más voz en el gobierno. En algunas zonas de Texas había más estadounidenses que mexicanos —conocidos también como *tejanos*—; la proporción era de 10 a 1. Los gobernantes mexicanos temían que los pobladores descontentos se rebelaran. En 1830, México aprobó una ley que prohibía la llegada de más pobladores de los Estados Unidos.

En 1835, muchos pobladores de Texas, inclusive los *tejanos*, decidieron luchar para independizarse de México. Comenzaron a organizar un ejército y un nuevo gobierno. Se había iniciado la **Revolución de Texas.** En diciembre de 1835, el presidente mexicano, general **Antonio López de Santa Anna,** condujo un ejército desde la Ciudad de México hasta Texas. Estaba decidido a derrotar a los rebeldes. Como la lucha no terminaba, los líderes de Texas declararon la independencia y fundaron la República de Texas el 2 de marzo de 1836.

REPASO ¿En qué cambió la opinión de México acerca de los pobladores estadounidenses de 1821 a 1830? **Comparar y contrastar**

▶ **Austin, hoy la capital de Texas, era sólo un pueblo pequeño a principios de la década de 1830.**

Sam Houston fue el primer presidente de la República de Texas.

De república a estado

En diciembre de 1835, los texanos derrotaron a las fuerzas mexicanas en **San Antonio** y se enteraron de que Santa Anna y sus tropas llegarían desde el norte de México. Entonces, se trasladaron a El Álamo, una misión española convertida en fuerte. El 23 de febrero de 1836, el ejército de Santa Anna llegó a San Antonio para acabar con la rebelión. El coronel **William Travis** estaba al frente de los texanos. En El Álamo había sólo 184 hombres, además de mujeres y niños; sin embargo, este pequeño grupo enfrentó al ejército mexicano, que era más numeroso.

A pesar de los constantes cañonazos, los texanos resistieron por 13 días. Luego, el 6 de marzo, a sólo cuatro días de haber declarado los texanos su independencia, las tropas mexicanas atacaron El Álamo. Tras una lucha cuerpo a cuerpo, casi todos los que lo defendían murieron. Entre ellos estaban David "Davy" Crockett y James Bowie, ambos famosos colonos de la frontera. Muchos soldados *tejanos* bajo las órdenes de **Juan Seguín** también murieron defendiendo El Álamo. Seguín sobrevivió porque había salido a buscar ayuda antes de la caída de El Álamo.

Susanna Dickinson, cuyo esposo había muerto en la Batalla de El Álamo, estaba entre quienes cuidaron a los soldados heridos. Después de la batalla, ella y su hija fueron liberadas, junto con otros parientes de los texanos que murieron.

Aunque fueron derrotados, los texanos lograron detener el avance de los mexicanos lo suficiente para que Texas reclutara más soldados. **Sam Houston,** jefe del ejército de Texas, decidió atacar al ejército mexicano cerca del río San Jacinto. Antes de la batalla, Houston animó a los texanos:

> ***"Tal vez muchos muramos... pero, soldados, ¡recuerden El Álamo! ¡El Álamo! ¡El Álamo! ¡La victoria es nuestra!".***

El 21 de abril, las fuerzas de Houston sorprendieron al ejército de Santa Anna mientras descansaba junto al río. Al grito de "Recuerden El Álamo", los soldados de Texas derrotaron a los mexicanos y capturaron a Santa Anna. A cambio de su libertad, Santa Anna aceptó retirar sus tropas al sur del río Grande, o Bravo.

Cuando se fundo la República de Texas, Sam Houston fue elegido presidente y Mirabeau Lamar fue elegido vicepresidente. Lamar reemplazó a **Lorenzo de Zavala,** uno de los tejanos que había luchado por Texas.

Texas era ya un país independiente, pero aún enfrentaba muchos problemas. Necesitaba defenderse de los ataques sorpresivos de México y se encontraba casi en quiebra. Muchos texanos querían que los Estados Unidos **anexaran,** o agregaran, a Texas como estado.

En 1836, Sam Houston escribió una carta al presidente Andrew Jackson en la que le pedía que los salvara. Jackson se negó porque sabía que la anexión de Texas para convertirla en estado era un tema debatido. Muchos creían en el **destino manifiesto,** la idea de que los Estados Unidos debían extenderse en dirección oeste, hacia el océano Pacífico. En cambio, los antiesclavistas no querían a Texas porque decían que los Estados Unidos se llenarían de esclavos. Muchos también temían que la anexión de Texas provocara una guerra contra México. El debate sobre Texas continuó durante casi diez años.

James K. Polk, partidario del destino manifiesto y de la anexión de Texas, fue elegido presidente en 1844. Al año siguiente, el Congreso votó por la anexión de Texas y por convertirla en estado.

Las tensiones entre México y los Estados Unidos aumentaron rápidamente. Aunque México había firmado un tratado que garantizaba la independencia de Texas, seguía considerando a este territorio como suyo. Además, los Estados Unidos y México no se ponían de acuerdo sobre la ubicación de la frontera texana.

REPASO ¿Por qué estaba dividida la opinión del pueblo de los Estados Unidos respecto a que Texas se convirtiera en estado? **Resumir**

▶ **La bandera de Texas *(arriba)* muestra por qué se conoce a Texas como "el estado de la estrella solitaria".**

Ayer y hoy

El Álamo

En 1905, El Álamo fue declarado monumento histórico. Hoy, todavía sigue en pie en el centro de San Antonio. Puedes visitar este lugar que desempeñó un importante papel en la historia de Texas y de los Estados Unidos.

La Guerra con México

Los intentos por encontrar una solución pacífica al conflicto entre los Estados Unidos y México fracasaron. Para prepararse ante una posible guerra, el presidente Polk envió tropas comandadas por el general Zachary Taylor a la región entre el río Grande y el río Nueces, en enero de 1846. La batalla comenzó en abril, cuando las tropas mexicanas cruzaron el río Grande. Polk dijo a los estadounidenses que México "ha invadido nuestro territorio, y derramado sangre estadounidense en suelo estadounidense". El 13 de mayo de 1846, el Congreso declaró la guerra y con esto dio inicio la **Guerra con México.**

No todos los estadounidenses apoyaban la guerra. Abraham Lincoln, entonces congresista por Illinois, creía que los Estados Unidos iniciaban una guerra injusta para quitarle a México más territorio. México, dijo, reclamaba el territorio donde comenzó la lucha, igual que lo hacían los Estados Unidos. El escritor Henry David Thoreau, quien estaba de acuerdo con Lincoln, fue encarcelado por negarse a pagar impuestos para financiar la guerra.

A pesar de la oposición a la guerra, las tropas estadounidenses acumulaban victorias, sobre todo en el territorio del norte de México. En junio de 1846, los pobladores estadounidenses de California se rebelaron contra el gobierno mexicano. Tomaron el pueblo de Sonoma y declararon su independencia. Este suceso se conoció como la **Rebelión de la Bandera del Oso** porque la bandera de los pobladores tenía un oso gris. Los pobladores se unieron a las tropas estadounidenses para empujar al ejército mexicano hacia el sur. Hacia 1847, las fuerzas de los Estados Unidos controlaban todo Nuevo México y California.

El general Zachary Taylor enfrentó muchas dificultades al sur del río Grande. En la Batalla de Buena Vista, en febrero de 1847, sus tropas fueron superadas por las de Santa Anna. Antes de comenzar la batalla, Santa Anna envió un mensaje a Taylor: "Quiero salvarlo de una catástrofe. Mejor ríndase".

Taylor se negó a rendirse. Al segundo día de la batalla, la situación del ejército estadounidense no era nada favorable. Un oficial le dijo a Taylor: "General, nos han derrotado". A lo que Taylor contestó: "Eso lo decido yo". Las tropas de Taylor obligaron a Santa Anna a retirarse. La victoria lo convirtió en héroe nacional.

REPASO ¿Por qué se oponían algunos a la guerra contra México? **Idea principal y detalles**

La Rebelión de la Bandera del Oso debe su nombre a la bandera de California. El general Zachary Taylor condujo sus tropas a la victoria en México.

La expansión de los Estados Unidos, 1783–1898

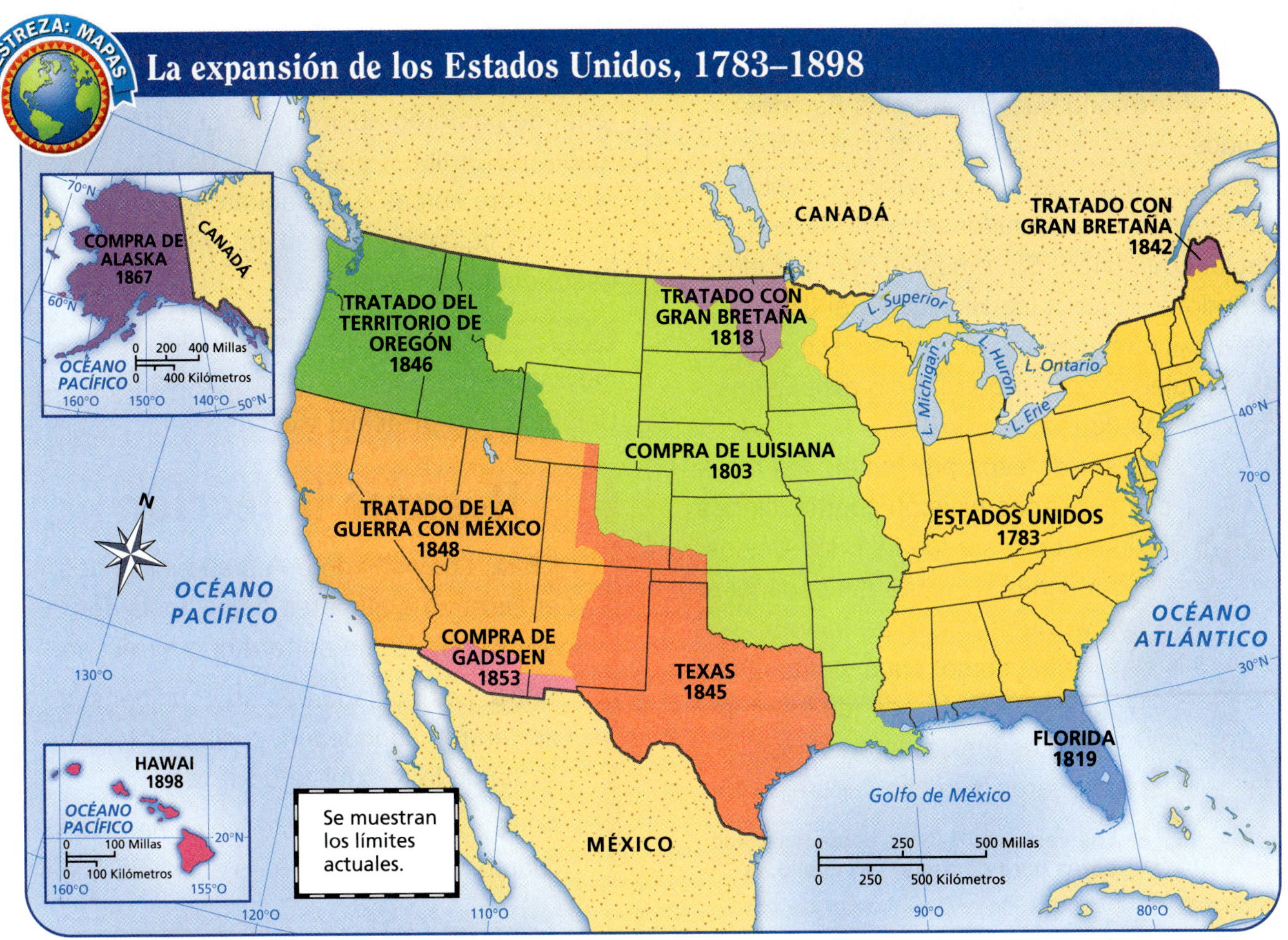

▶ **Como resultado de la Guerra con México, el territorio de los Estados Unidos se expandió hasta el océano Pacífico.**

DESTREZA: MAPAS **Lugar** ***¿Cuál fue el último estado que se agregó a los Estados Unidos?***

Nuevas fronteras

El presidente Polk ordenó al general Winfield Scott invadir México por mar. Al igual que Taylor, Scott era un veterano de la Guerra de 1812. Su ejército tomó la ciudad de Veracruz, en la costa este de México, y luego marchó hacia Ciudad de México, la cual tomó el 14 de septiembre de 1847.

En febrero de 1848, la Guerra con México terminó oficialmente con el **Tratado de Guadalupe Hidalgo.** México tuvo que ceder la mayor parte de su territorio del norte. A cambio, los Estados Unidos le pagaron 15 millones de dólares. Fíjate en el mapa; ahí verás el territorio que se volvió parte de los Estados Unidos después de la Guerra con México. Los estados de California, Nevada, Utah, Nuevo México y parte de Arizona, Colorado y Wyoming se crearon en el territorio ganado a México.

Cinco años más tarde, los Estados Unidos pagaron a México 10 millones de dólares por el territorio que hoy ocupa el sur de Arizona y el suroeste de Nuevo México. A esta operación se le conoce como Compra de Gadsden o Tratado de Mesilla.

Los Estados Unidos se habían expandido hasta atravesar el continente, desde el océano Atlántico hasta el Pacífico. Sin embargo, como leerás más adelante, el problema de la esclavitud en los nuevos territorios pronto dividiría a la nación.

REPASO ¿En qué benefició la Guerra con México a los Estados Unidos? **Causa y efecto**

Los mexicoamericanos

En el territorio que ganaron los Estados Unidos vivían cerca de 75,000 mexicanos. Después de la Guerra con México se volvieron ciudadanos estadounidenses y la mayoría decidió quedarse. Sin embargo, aunque el Tratado de Guadalupe Hidalgo garantizaba a los mexicoamericanos el derecho sobre sus propiedades, muchos fueron expulsados de sus tierras.

A pesar de esos problemas, los mexicoamericanos hicieron contribuciones importantes a los Estados Unidos. Muchas palabras del español se volvieron parte del idioma inglés, como: *patio, buffalo* (de búfalo) y *stampede* (de estampida). Los mexicoamericanos enseñaron a los pobladores estadounidenses a irrigar el suelo y a criar reses. Los mexicanos habían creado el sistema de pastoreo abierto, que permitía a las reses pastar libremente en vez de estar encerradas entre cercas. Los vaqueros, o *cowboys*, criaban y cuidaban del ganado, y lo conducían hasta donde era vendido.

Los vaqueros usaban espuelas como éstas para controlar el caballo.

REPASO ¿Cómo contribuyeron los mexicoamericanos a la cultura de los Estados Unidos? **Idea principal y detalles**

Resume la lección

1821 Los pobladores estadounidenses empezaron a mudarse a la colonia de Stephen F. Austin en territorio mexicano.

1836 Los pobladores estadounidenses declararon su independencia de México y fundaron la República de Texas.

1846 La Guerra con México comenzó en cuanto los Estados Unidos anexaron Texas.

LECCIÓN 1 REPASO

Verifica hechos e ideas principales

1. **Comparar y contrastar** En una hoja aparte, completa el siguiente organizador gráfico para comparar y contrastar las fronteras de los Estados Unidos en 1844 con las de 1854.

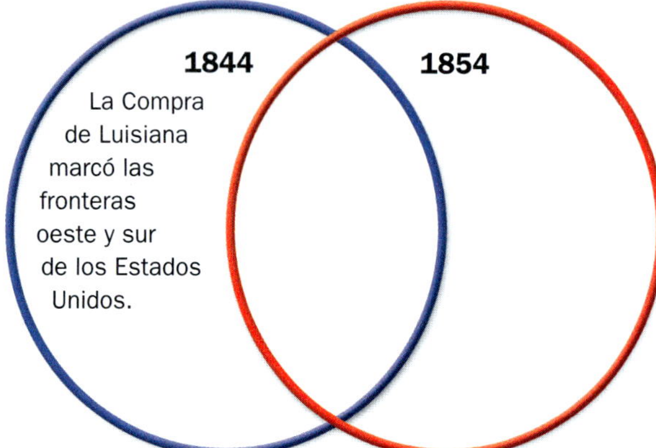
1844
1854
La Compra de Luisiana marcó las fronteras oeste y sur de los Estados Unidos.

2. ¿Por qué en 1830 el gobierno mexicano aprobó una ley que prohibía más asentamientos estadounidenses en Texas?
3. **Razonamiento crítico: *Resumir*** ¿Cómo se independizó Texas de México?
4. ¿Por qué se negó el presidente Andrew Jackson a aceptar la petición de Sam Houston de anexar Texas?
5. ¿Cómo contribuyeron los generales Winfield Scott y Zachary Taylor a la victoria de los Estados Unidos frente a México?

Enlace con la geografía

Haz una tabla con los nuevos estados Fíjate de nuevo en el mapa de la página 435 que muestra el territorio ganado a México. Haz una tabla con los estados surgidos en este nuevo territorio estadounidense y el año en que se convirtieron en estados. Usa la biblioteca o la Internet en tu investigación.

Stephen F. Austin

1793–1836

Stephen F. Austin sabía que su plan era arriesgado. Era el año de 1821 y su padre, Moses Austin, acababa de recibir permiso para llevar a 300 familias estadounidenses a Texas, que era parte de México. Moses quería que Stephen condujera a las familias a Texas y ayudara a establecer el asentamiento.

Aunque Stephen tenía dudas acerca del proyecto, no pudo negarse a ayudar a su padre. Recordó una carta que éste le había escrito cuando Stephen tenía 11 años: "Recuerda, querido hijo, que el presente es el momento de poner los cimientos de tu futura grandeza".

BIODATO

Stephen Austin dibujó este mapa de Texas en 1822

El 18 de junio de 1821, Stephen Austin salió rumbo a Texas. Cuando llegó a la frontera, se enteró de que su padre había muerto. A la mañana siguiente, él y otros 15 hombres se adentraron en Texas.

El asentamiento en Texas que había sido el sueño de su padre se volvió la realidad de Stephen. Ese asentamiento encabezó la lucha por la independencia de Texas. En 1839, tres años después de su muerte, la capital de Texas recibió el nombre de Austin, en honor a la memoria de un hombre al que muchos consideraron el padre de Texas. En una carta, Stephen Austin escribió:

> ***"Puse suficientes cimientos para los que siguen y, al tiempo prudente [apropiado], esta tierra será una de las mejores del mundo".***

Aprende de las biografías

¿Qué decidió hacer Stephen cuando se enteró de la muerte de su padre? ¿Por qué crees que tomó esa decisión?

Para más información, visita *Personajes de la historia* en **www.estudiossocialessf.com.**

LECCIÓN 2

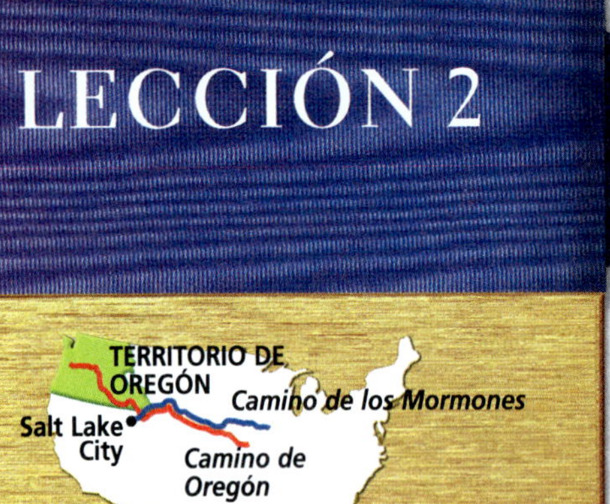

1840 — 1850

1840–1850 Las familias comienzan a dirigirse hacia el Oeste por el Camino de Oregón

1846 Se define la frontera entre el territorio de Oregón y Canadá

1847 Los mormones se establecen en Salt Lake City

Los caminos hacia el Oeste

EN BREVE

Enfoque en la idea principal
Los pobladores se trasladaron al Oeste a través de una red de caminos en busca de mejor vida.

LUGARES
territorio de Oregón
Camino de Oregón
Camino de los Mormones
Salt Lake City

PERSONAJES
Marcus Whitman
Narcissa Whitman
Joseph Smith
Brigham Young

VOCABULARIO
montañeses
caravana de carretas

Estás ahí Mary Ellen Todd es una jovencita que está aprendiendo a usar el látigo para conducir a los bueyes que jalan de la carreta en la que su familia viaja hacia el Oeste, a Oregón. Como sus padres decidieron vender su granja en el Este en 1852 y comenzar de nuevo en Oregón, Mary Ellen dice que su vida ha estado muy ocupada con "muchas cosas que pensar y hacer".

Ahora que por fin se dirigen por un camino hacia el Oeste con un grupo de familias, la vida es muy diferente de la rutina en la granja. Apenas ayer, al cruzar un río, una carreta fue arrastrada por la rápida corriente. A pesar de los peligros del camino, Mary Ellen espera con ansias su nueva vida en Oregón. Por lo que ha oído, confía en que su nuevo hogar será un sitio hermoso donde podrá vivir mejor.

Resumir Al leer, piensa qué oportunidades ofrecía el Oeste a los pobladores.

1860 | 1870 | 1880

"La fiebre de Oregón"

Mary Ellen Todd fue una de las más de 350,000 personas que se mudaron al territorio de Oregón entre 1840 y 1860. El **territorio de Oregón** fue el nombre que se dio a la región que hoy conforma el Noroeste de los Estados Unidos. Antes de 1846, lo reclamaban tanto los Estados Unidos como Gran Bretaña.

Los primeros pobladores del territorio de Oregón provenientes de los Estados Unidos fueron tramperos y misioneros. En el Oeste, se llamaba **montañeses** a los tramperos. Fueron ellos quienes exploraron la zona, a menudo basándose en lo que les habían enseñado los indígenas norteamericanos para sobrevivir.

Varios misioneros viajaron al territorio de Oregón para enseñar la religión cristiana a los indígenas norteamericanos. **Marcus Whitman** y su esposa **Narcissa** abandonaron Nueva York en 1836 para vivir y trabajar con los indígenas cayuses. Al igual que otros misioneros, enviaron cartas al Este en las que hablaban maravillas de su nuevo hogar.

El gran desplazamiento hacia el territorio de Oregón comenzó en la década de 1840. La ruta de 2,000 millas utilizada para llegar ahí recibió el nombre de **Camino de Oregón.** En 1846, los Estados Unidos y Gran Bretaña firmaron un tratado que definía la frontera entre Oregón y Canadá, y la definición de la línea fronteriza animó a más pobladores a irse a Oregón. Se decía que quienes buscaban con desesperación hacer una nueva vida ahí tenían la "fiebre de Oregón".

Este largo y difícil viaje se realizaba en carretas cubiertas jaladas por bueyes o caballos. Viajaban en grupos grandes, en una hilera larga que se llamó **caravana de carretas.** La vida era muy difícil y agotadora. Rebecca Ketcham escribió en su diario:

> ***"En cuanto nos detenemos, todos nos tiramos sobre el pasto o donde sea y nos quedamos dormidos en un instante".***

El camino estaba lleno de peligros. Un río con una corriente fuerte podía arrastrar fácilmente una carreta que intentara cruzarlo, y el mal tiempo reducía el avance de la caravana. Muchas personas murieron por enfermedades y accidentes.

A pesar de todos los problemas, más pobladores siguieron llegando al territorio de Oregón. Una de ellos, Sarah Smith, escribió: "Apenas podía creer que ese largo viaje había terminado y que por fin tenía un hogar".

REPASO ¿Qué dificultades encontraron los viajeros de las caravanas de carretas en el Camino de Oregón? **Idea principal y detalles**

Largas caravanas de carretas se desplazaban hacia el Oeste sobre el Camino de Oregón.

BANCO DE DATOS

Por los caminos al Oeste, 1840–1849

Como puedes ver en este mapa, muchos caminos llegaban al Oeste. Fíjate en que varios seguían el curso de los ríos, los cuales proporcionaban a los viajeros agua para beber, cocinar y lavarse.

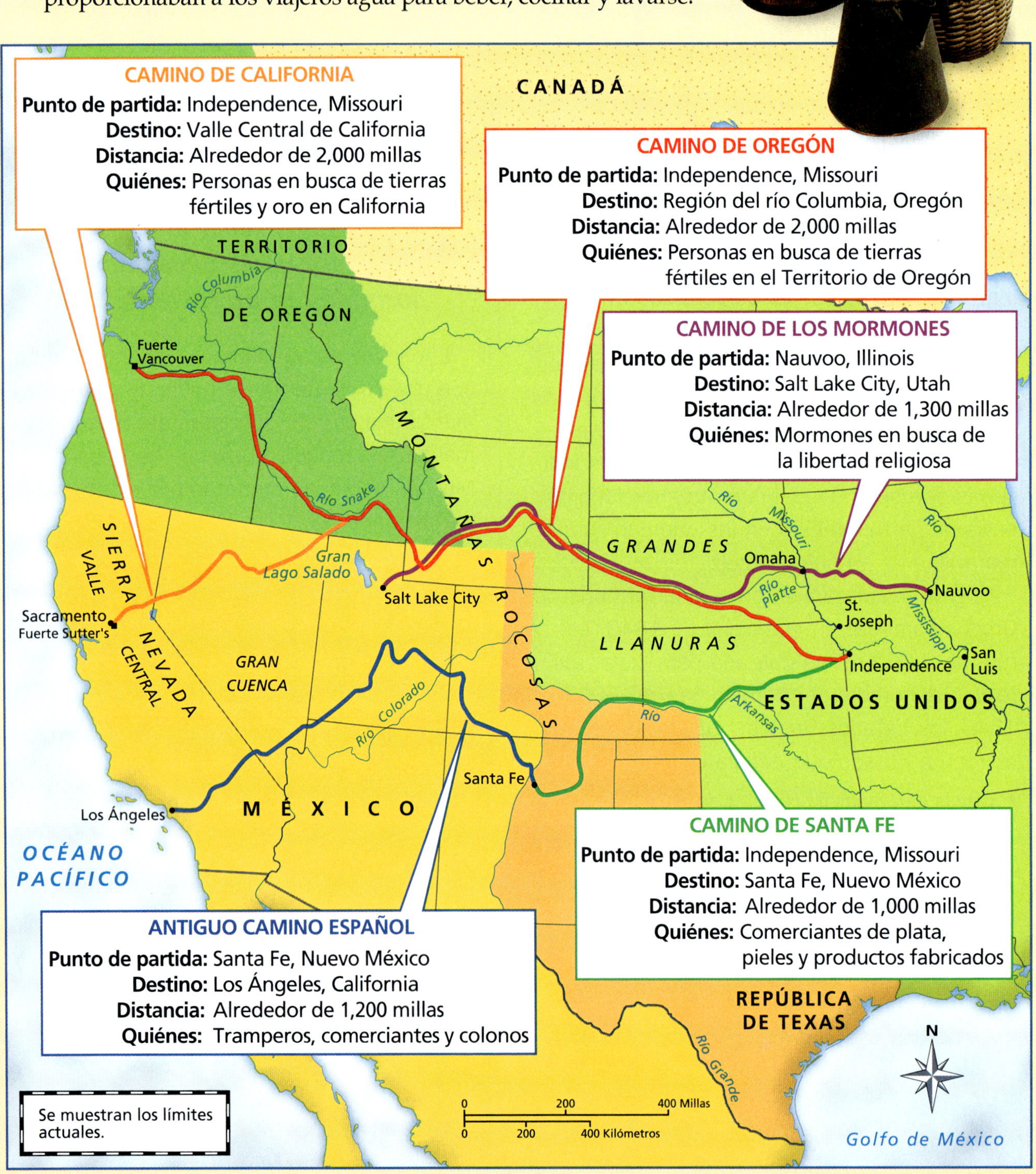

El Camino de los Mormones

Hubo quienes se fueron al Oeste en busca de libertad de religión. En 1830, **Joseph Smith** fundó la Iglesia de Jesucristo de los Santos de los Últimos Días en Fayette, Nueva York. Él y sus seguidores, conocidos como mormones, sufrían maltratos debido a sus creencias. Después de que una multitud antimormona asesinó a Smith en Illinois, el nuevo líder **Brigham Young** decidió que los miembros de la iglesia debían fundar su propia comunidad más al oeste para vivir y venerar a Dios como ellos quisieran.

En 1846, Young condujo a un enorme grupo de mormones de Illinois a través de las Grandes Llanuras y las montañas Rocosas. Muchos otros les siguieron, y la ruta que Young escogió llegó a conocerse como el **Camino de los Mormones.** En 1847, Young y sus seguidores se asentaron en la región del Gran Lago Salado, que entonces pertenecía a México. Los mormones fundaron **Salt Lake City,** hoy en el estado de Utah. Su comunidad estaba tan bien planeada que creció rápidamente.

▶ **Joseph Smith *(arriba)* tenía 25 años cuando fundó la Iglesia de Jesucristo de los Santos de los Últimos Días.**

Como leerás en la siguiente lección, la posibilidad de encontrar oro también atrajo a muchos más al Oeste.

REPASO ¿Qué sucesos llevaron a la fundación de Salt Lake City? **Secuencia**

Resume la lección

- **1840–1850** Las familias comenzaron a viajar en caravanas de carretas por el Camino de Oregón.
- **1846** Los Estados Unidos y Gran Bretaña definieron una frontera en el territorio de Oregón, lo que animó a más pobladores a mudarse a esa región.
- **1847** Los mormones se establecieron en Salt Lake City después de dirigirse hacia el Oeste en busca de libertad de religión.

LECCIÓN 2 REPASO

Verifica hechos e ideas principales

1. **Resumir** En una hoja aparte, completa el detalle que falta y resume la lección.

Se van a Oregón en busca de tierras fértiles.	Los misioneros van al Oeste a enseñar el cristianismo.	

2. ¿Cuáles eran las ventajas y desventajas de viajar al Oeste en una caravana de carretas?
3. En una oración describe cada uno de los caminos principales al Oeste.
4. Explica las razones por las que diferentes grupos se fueron al Oeste.
5. **Razonamiento crítico: *Sacar conclusiones*** ¿Por qué crees que el tratado de 1846 entre los Estados Unidos y Gran Bretaña produjo más asentamientos en el territorio de Oregón?

Enlace con la escritura

Escribe un relato breve Imagina que eres un poblador que se va a vivir al Oeste en la década de 1840. ¿Por cuál camino viajarías y por qué? Escribe un relato breve sobre tu viaje en una caravana de carretas.

LECCIÓN 3

EN BREVE

Enfoque en la idea principal
Debido al descubrimiento de oro en California, la región se pobló rápidamente.

LUGARES
río American
Camino de California
San Francisco

PERSONAJES
James Marshall
John Sutter
Luzena Stanley Wilson
Levi Strauss

VOCABULARIO
fiebre del oro
forty-niners
discriminación

1840 — 1850

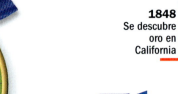

1848 Se descubre oro en California

1849 Llegan a California mineros de todo el mundo

1850 El nuevo estado de California tiene una población diversa y en rápido crecimiento

El estado dorado

Estás ahí James Marshall está a cargo de construir un aserradero cerca del río American, en California. El 24 de enero de 1848, Marshall inspecciona la zanja llena de agua que conduce al río.

De pronto, ve que algo brilla. Lo levanta y lo examina. Más tarde diría: "Me dio un vuelco el corazón porque estaba seguro de que era oro".

James Marshall descubrió oro en el aserradero de Sutter. El resto del mundo no tardó en enterarse de ese descubrimiento y muchos llegaron a California en busca de riqueza.

▶ El sueño de encontrar oro como éste llevó a miles hacia California.

Comparar y contrastar Al leer, piensa cómo cambió California después de que se descubrió oro.

La fiebre del oro en California

En 1848, el carpintero **James Marshall** descubrió oro mientras construía un aserradero cerca del **río American** en California. Su patrón era **John Sutter,** pionero y dueño de las tierras donde se encontró el oro. Sutter informó que sus trabajadores "se contagiaron de la fiebre del oro como todos los demás" y fueron en busca del mineral. Los mineros levantaron campamentos en todas las tierras de Sutter.

Era la **fiebre del oro,** una época en la que todos abandonaban trabajo, granjas y hogares para ir a California en busca de riqueza. Los informes sobre el descubrimiento del oro viajaron de boca en boca y en los periódicos y cartas, al Este y a todas partes del mundo. Más de 80,000 personas llegaron a California en busca de oro en 1849; de ahí que se les conociera como ***forty-niners*** ("los del cuarenta y nueve"). Era común ver en los negocios de los Estados Unidos letreros que decían: "Nos fuimos a las minas".

Miles de *forty-niners* llegaron en carretas y a caballo por el **Camino de California,** entre las peligrosas pendientes de la Sierra Nevada. Los pioneros siguieron las rutas marcadas por guías como James Beckwourth, quien abrió un camino a través de un paso en los altos picos de la Sierra Nevada que ahora se conoce como Beckwourth Pass.

Miles de *forty-niners* también viajaron por barco a **San Francisco,** que estaba cerca de las minas de oro. Algunos de esos viajeros por mar se embarcaron en la costa este de los Estados Unidos, rodearon América del Sur y se dirigieron al norte, a California. Este difícil viaje de 17,000 millas tomaba de cinco a siete meses. Otros *forty-niners* navegaban a la costa este de América Central, cruzaban selvas espesas hasta el océano Pacífico y ahí abordaban un barco hacia San Francisco. Otros más cruzaron el océano Pacífico desde China. Como muestra la tabla de esta página, el pequeño puerto de San Francisco se convirtió rápidamente en una de las principales ciudades del Oeste.

REPASO ¿Qué causó que la población de San Francisco aumentara rápidamente de 1848 a 1850? **Causa y efecto**

▶ **Gracias a la fiebre del oro, San Francisco se convirtió rápidamente en una ciudad muy activa.**

DESTREZA: TABLAS ***Según la tabla, ¿entre cuáles dos años aumentó más la población de San Francisco?***

Población de San Francisco, 1847–1860

Año	Población
1847	800
1848	6,000
1850	25,000
1852	35,000
1856	50,000
1860	57,000

Fuente: Oficina del Censo de los Estados Unidos

A los mineros que hacían el pesado trabajo de sacar el oro *(arriba)* les gustaban los pantalones de mezclilla fabricados por Levi Strauss *(abajo)*.

En busca del oro

Para algunos, los peligros y dificultades de viajar por tierra o por mar rumbo a California valieron la pena. Pero la mayoría sólo encontró desencantos, pues casi todos los *forty-niners* descubrieron muy poco oro. Buscar oro en los arroyos y cavar pozos en la arena era un trabajo muy duro. Un minero escribió que cuando se enfermaban, casi nunca "tenían medicinas, y su cama era el suelo".

La vida no era fácil en las minas. La escasez de alimentos y otros productos, además de la fuerte demanda, causaron que los comerciantes cobraran precios altos. William McSwain se quejó de que los mineros pagaban a un dólar la libra de papas. En Nueva York, estado natal de McSwain, una libra de papas costaba medio centavo. Los altos precios y otros problemas obligaron a muchos a irse de California. Un minero afirmó: "Ya me harté de California y me regreso a casa lo más rápido que pueda".

Sin embargo, otros tuvieron éxito con la venta de productos y servicios a los mineros. Algunas comerciantes, como **Luzena Stanley Wilson,** abrieron hoteles y restaurantes que, en general, eran poco más que chozas. "Compré dos tablas... (y) con mis propias manos corté unas estacas, las clavé en la tierra y coloqué una mesa (para comer)", contó Wilson. Y continuó: "Atender la casa no era difícil, porque no había ventanas que limpiar ni alfombras que sacudir", pero se podía ganar mucho dinero. "Más de una noche he guardado en mi horno dos recipientes de leche llenos de bolsas con polvo de oro".

Levi Strauss, un comerciante que emigró de Alemania, se mudó a San Francisco en 1850. Pronto se dio cuenta de que los mineros necesitaban pantalones gruesos que no se rompieran con facilidad. Junto con un sastre, Strauss diseñó y fabricó unos pantalones resistentes que estaban unidos con remaches, unos sujetadores de metal. Al principio, los pantalones eran de lona, pero luego se hicieron de mezclilla. El negocio de Strauss prosperó. Al igual que otros recién llegados a California, Strauss llegó para quedarse.

REPASO Compara los precios en California durante la fiebre del oro con los de Nueva York. ¿A qué se debía la diferencia?
Comparar y contrastar

California crece rápidamente

A raíz de la fiebre del oro, la población de California aumentó con rapidez. En 1845, cuando ese territorio era gobernado por México, California tenía unos 15,000 habitantes. En 1850, el año en que California se convirtió en estado, el censo de los Estados Unidos contó cerca de 93,000 habitantes.

La población del nuevo estado era muy variada. Varias Decenas de miles eran indígenas, pero la mayoría de ellos no se tomó en cuenta en el censo. Cerca de 10,000 eran mexicoamericanos que se habían hecho ciudadanos estadounidenses después de la Guerra con México. Prácticamente uno de cada cuatro californianos había llegado de otro país.

Los nuevos pobladores encontraron oportunidades, pero muchos sufrieron **discriminación,** o trato injusto. En 1850, el estado aprobó una ley para cobrar un impuesto de 20 dólares al mes a los mineros inmigrantes. Los mineros nacidos en los Estados Unidos no tenían que pagar ese impuesto. Sin embargo, a pesar de la discriminación, muchos siguieron llegando al "estado dorado".

REPASO Menciona algunos detalles que apoyen la idea principal de que la población de California aumentó con rapidez.
Idea principal y detalles

Resume la lección

- **1848** Se descubrió oro en California.
- **1849** Llegaron a California mineros de todo el mundo.
- **1850** Debido a la fiebre del oro, la población de California aumentó de 15,000 habitantes en 1845 a 93,000 en 1850, y se hizo más diversa.

LECCIÓN 3 REPASO

Verifica hechos e ideas principales

1. **Comparar y contrastar** En una hoja aparte, completa el recuadro para describir cómo era California antes y después de que se descubrió oro.

Antes de 1848	Después de 1848

2. ¿Quiénes fueron los *forty-niners* y por qué se les llamaba así?
3. Describe tres rutas usadas para viajar del Este de los Estados Unidos a California.
4. ¿Crees que la vida de buscador de oro era como esperaban los mineros? Explica.
5. **Razonamiento crítico: *Analizar información*** ¿Qué te llevaría a concluir que hubo discriminación contra los inmigrantes en California en 1850?

Enlace con las matemáticas

Usa una tabla Fíjate en la tabla de la página 443. ¿Cuánto aumentó la población de San Francisco de 1847 a 1860?

Destrezas de razonamiento

Evaluar anuncios

¿Qué son? Un **anuncio** sirve para vender mercancías, servicios o ideas. Un anuncio puede ser impreso, hablado, cantado o colocado en la Internet. Su finalidad es siempre la misma: despertar interés en lo que vende el anunciante.

El anunciante vende cualquier tipo de producto: desde cepillos de dientes hasta ropa o carros. O quizá venda servicios, como cortes de pelo, lecciones de cocina o viajes. O incluso quizá venda una idea, como invitar a los ciudadanos a votar por un candidato.

El anuncio de esta página se publicó en un periódico de la Ciudad de Nueva York durante los primeros años de la fiebre del oro. Debajo encontrarás su traducción al español.

COLEMAN'S
LÍNEA CALIFORNIANA A SAN FRANCISCO

"Asegúrate de estar en lo correcto, y luego avanza"

Partimos con regularidad los días anunciados

EL FAMOSO BARCO ULTRA RÁPIDO A1

DAVID CROCKETT

Comandado por SPENCER, está recibiendo carga en el Muelle 15. E. R. foot Wall St.

Este afamado barco, favorito de muchos, ha realizado el viaje a San Francisco en 115 días (y es reconocido por todos como una de las naves más veloces en la actualidad). Siempre ha entregado sus cargamentos en perfectas condiciones, pues cuenta con excelente ventilación, y, como es un barco de tres cubiertas, resulta mucho más atractivo que ningún otro barco de los que actualmente reciben carga. Este barco garantiza los precios más bajos, y saldrá del puerto el día anunciado, o antes. Para obtener el balance de carga, escriba a

WM. T. COLEMAN & CO., 88 WALL st.
Agentes en San Francisco: Srs. WM. T, COLEMAN & CO.

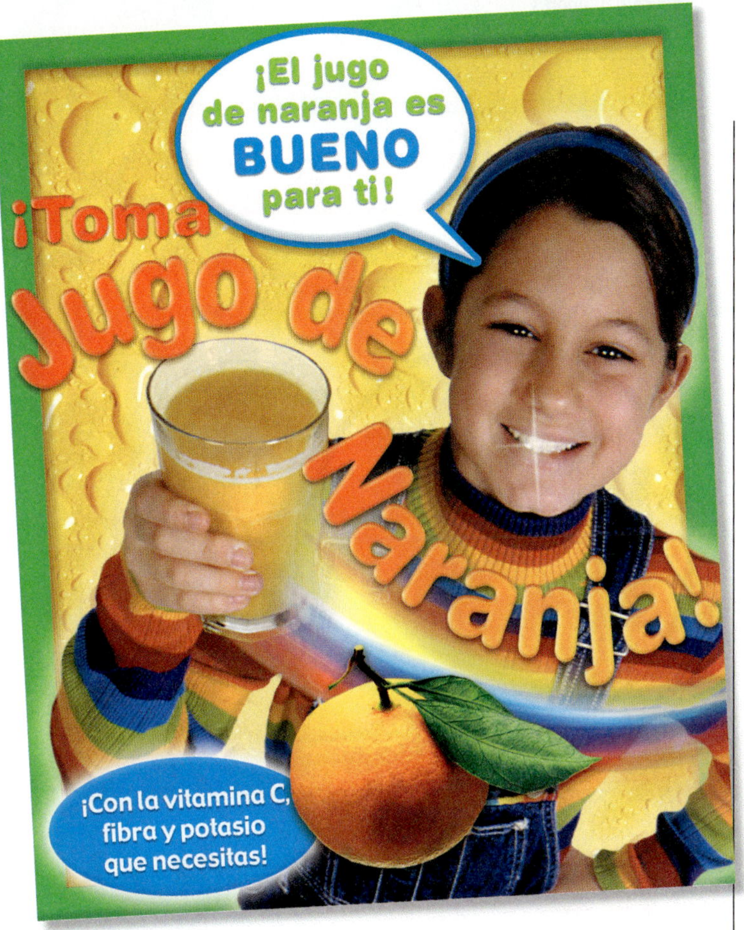

¿Por qué los evaluamos? Es importante **evaluar**, o juzgar, los anuncios para tomar buenas decisiones sobre qué producto o servicio comprar o qué ideas aceptar.

Los anuncios te dan información útil y te permiten saber qué se está vendiendo, pero también pueden exagerar. Podrían decir o sugerir cosas que no son exactas. Algo exacto se ajusta a la verdad. Sean exactos o engañosos, muchas veces los anuncios incluyen frases o imágenes que atraen nuestra atención.

¿Cómo los evaluamos?

Cuando mires un anuncio, debes hacerte algunas preguntas para evaluar si es o no exacto.

- ¿Qué vende el anunciante?
- ¿A quiénes va dirigido el anuncio?
- ¿Qué datos pueden encontrarse en el anuncio?
- ¿Qué palabras o ilustraciones usa para motivarte a comprar algo o apoyar una idea?
- ¿Es exacto el anuncio? ¿Dice algo que pueda no ser cierto?

Piensa y aplícalo

1. Mira el anuncio de la página 446. ¿Qué vende? ¿A quién podría interesarle lo que vende?
2. ¿Qué datos se proporcionan en el anuncio?
3. ¿Qué observas en la imagen que no puede ser verdad?

CAPÍTULO 13
REPASO

1820 — 1830

1821
Los pobladores estadounidenses comienzan a mudarse a Texas

Resumen del capítulo

Comparar y contrastar

Usa el organizador gráfico para comparar y contrastar las razones por las que aumentó la población en Texas y California durante la primera mitad del siglo XIX.

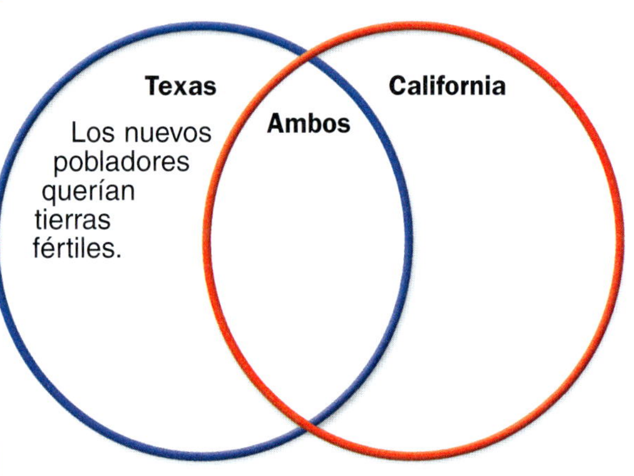

Vocabulario

Relaciona cada palabra con la definición o descripción correcta.

1. **anexar** (p. 433)
2. **destino manifiesto** (p. 433)
3. **montañeses** (p. 439)
4. **fiebre del oro** (p. 443)
5. ***forty-niner*** (p. 443)

a. persona que viajó a California para buscar oro

b. tramperos y guías en el Oeste

c. período en que muchos fueron a California a buscar riqueza

d. agregar

e. creencia de que los Estados Unidos debían extenderse hasta el océano Pacífico

Personajes y lugares

Escribe una oración que explique por qué cada uno de los siguientes personajes o lugares fue importante para una nación en crecimiento. Puedes utilizar dos o más en una sola oración.

1. **Stephen F. Austin** (p. 431)
2. **San Antonio** (p. 432)
3. **Lorenzo de Zavala** (p. 432)
4. **Juan Seguín** (p. 432)
5. **Camino de Oregón** (p. 439)
6. **Camino de los Mormones** (p. 441)
7. **Brigham Young** (p. 441)
8. **James Marshall** (p. 443)
9. **San Francisco** (p. 443)
10. **Luzena Stanley Wilson** (p. 444)

1840 | 1850

1836 Se funda la República de Texas

década de 1840 Las familias empiezan a mudarse al Oeste por el Camino de Oregón

1846 Comienza la Guerra con México

1848 Los Estados Unidos ganan la Guerra con México

1849 De todo el mundo llegan buscadores de oro a California

1850 California se convierte en estado

Hechos e ideas principales

1. Menciona dos sucesos que condujeron a la guerra entre los Estados Unidos y México.
2. ¿De qué maneras se benefició la gente con la fiebre del oro?
3. **Línea cronológica** ¿Cuántos años después de que llegaron a Texas los primeros pobladores estadounidenses comenzó la Guerra con México?
4. **Idea principal** ¿Por qué la Revolución de Texas y la Guerra con México aumentaron el territorio de los Estados Unidos?
5. **Idea principal** ¿Por qué muchos estadounidenses estaban dispuestos a enfrentar los problemas de viajar por los caminos hacia el Oeste?
6. **Idea principal** ¿Qué cambios ocurrieron en California debido al descubrimiento de oro?
7. **Razonamiento crítico: *Comprender puntos de vista*** ¿Habrías estado a favor de la Guerra con México en 1846? ¿Por qué sí o por qué no?

Aplica las destrezas

Evaluar anuncios

Lee el anuncio y luego contesta las preguntas.

LÍNEA MERCHANT'S EXPRESS DE BARCOS ULTRA RÁPIDOS

A SAN FRANCISCO

SÓLO UTILIZAMOS BARCOS ULTRA RÁPIDOS A1

EL BARCO ULTRA RÁPIDO

OCEAN EXPRESS

COMANDANTE WATSON

EN EL MUELLE 9, EAST RIVER

Esta espléndida nave es una de las más veloces de la actualidad, y una favorita de todos los comerciantes. Su comandante, el Capitán Watson, comandó antes el famoso "FLYING DRAGON", que llegó a su destino en 97 días, y también del "POLYNESIA", que lo hizo en 103 días.

El *Ocean Express* llega al puerto con un tercio de su capacidad de carga ocupada, y tiene ya contratos muy grandes.

Randolph M. Cooley,

118 Water St. esquina con Wall, edificio Tontine.

Agentes en San Francisco: De Witt, Kittle & Co.

1. ¿Qué vende este anuncio?
2. ¿Qué se muestra en él que no es verdad?
3. ¿Qué palabras y frases se usan para sugerir velocidad?

Escribe sobre la historia

1. **Escribe una noticia** sobre la Batalla de El Álamo.
2. **Escribe una carta a un amigo** del Este y cuéntale sobre tu viaje por el Camino de Oregón.
3. **Escribe el anuncio** de un producto para vendérselo a los buscadores de oro en 1849.

Actividad en la Internet

Para obtener ayuda con el vocabulario, los personajes y los términos, selecciona el diccionario o la enciclopedia de la *Biblioteca de estudios sociales* en **www.estudiossocialessf.com.**

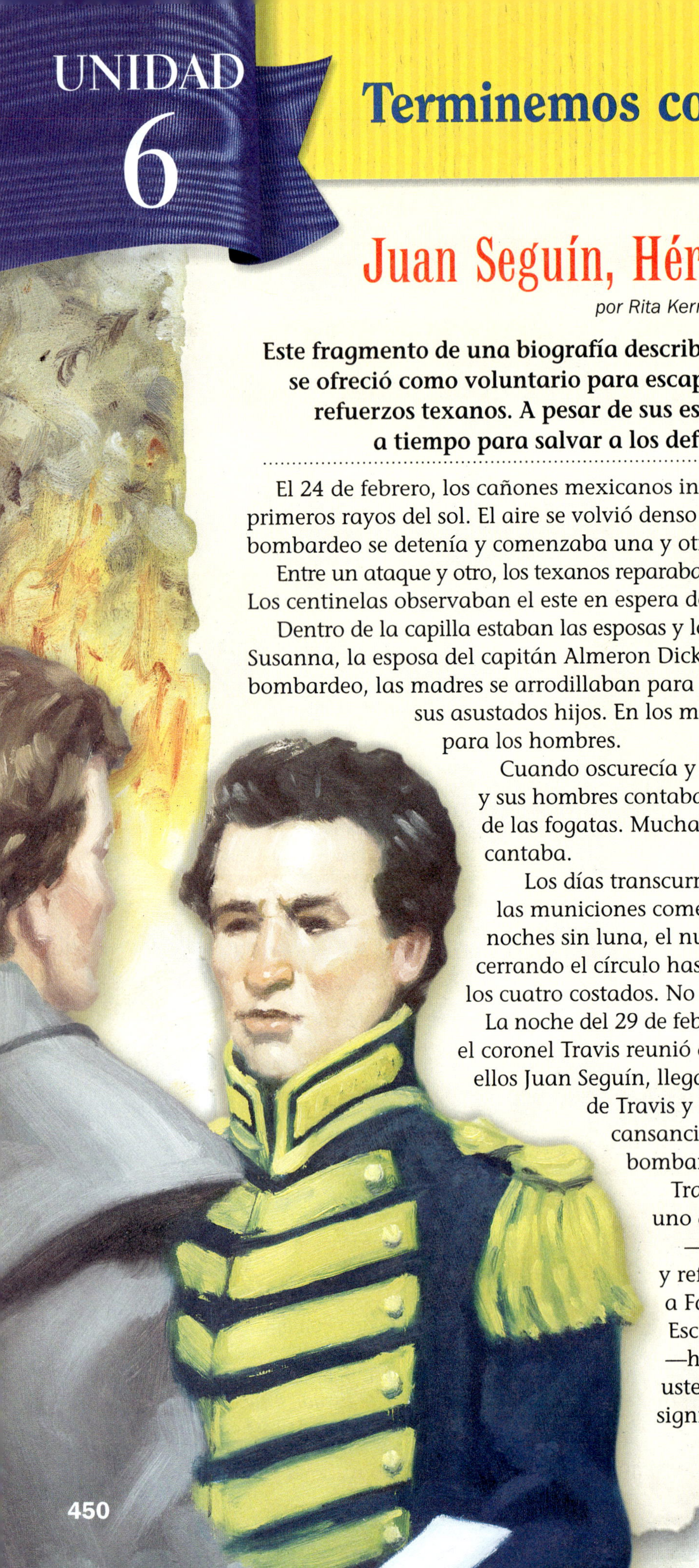

UNIDAD 6

Terminemos con literatura

Juan Seguín, Héroe de Texas

por Rita Kerr

Este fragmento de una biografía describe la forma en que Juan Seguín se ofreció como voluntario para escapar de El Álamo y volver con refuerzos texanos. A pesar de sus esfuerzos, la ayuda no llegó a tiempo para salvar a los defensores de El Álamo.

El 24 de febrero, los cañones mexicanos iniciaron el bombardeo con los primeros rayos del sol. El aire se volvió denso debido a la pólvora y el humo. El bombardeo se detenía y comenzaba una y otra vez.

Entre un ataque y otro, los texanos reparaban los daños sufridos en sus defensas. Los centinelas observaban el este en espera de refuerzos. Nunca llegaron.

Dentro de la capilla estaban las esposas y los hijos. Entre ellas se encontraban Susanna, la esposa del capitán Almeron Dickinson, y su hija. Durante el duro bombardeo, las madres se arrodillaban para rezar y trataban de tranquilizar a sus asustados hijos. En los momentos de calma, cocinaban para los hombres.

Cuando oscurecía y se detenía el tiroteo, Davy Crockett y sus hombres contaban historias y bromeaban alrededor de las fogatas. Muchas veces, Davy tocaba su violín y cantaba.

Los días transcurrían y la lucha continuaba, pero las municiones comenzaron a escasear. En las oscuras noches sin luna, el numeroso ejército de Santa Anna fue cerrando el círculo hasta que El Álamo quedó cercado por los cuatro costados. No había manera de escapar.

La noche del 29 de febrero, después de seis días de batalla, el coronel Travis reunió a sus oficiales. Los hombres, entre ellos Juan Seguín, llegaron uno por uno al cuartel general de Travis y esperaron. Su rostro mostraba el cansancio de la batalla, debido al constante bombardeo y a la falta de sueño.

Travis se dirigió a ellos, mirándolos uno a uno:

—Señores, debemos conseguir ayuda y refuerzos. Los mensajes que enviamos a Fannin no han tenido respuesta. Escribí otro. El problema es ¿quién irá? —hizo una pausa—. Desde luego, ustedes se dan cuenta del peligro que significa cruzar las líneas enemigas.

Estamos rodeados. ¿Algún voluntario? —miró a Crockett, luego a Dickinson y los demás.

Nadie contestó.

El capitán Juan Seguín dio un paso al frente. Todos los ojos se posaron en él.

—¡Yo iré, señor!

—Pero, Seguín, te necesito aquí —respondió Travis.

—Señor, creo que soy el único que podría burlar a esos centinelas. Como soy tejano, puedo responder en español si algún soldado me detiene; incluso puedo fingir que soy uno de ellos.

Travis movió la cabeza.

—Pues no me parece, pero votemos.

La mayoría votó a favor de que Juan Seguín fuera el mensajero. Travis aceptó a regañadientes.

—Además, puedo encontrar el camino en la oscuridad, conozco la zona. Pero no tengo caballo, coronel —hizo una pausa para tragar el nudo que se le hizo en la garganta cuando pensó en su caballo Prince.

—Mi caballo murió en uno de los ataques. Le preguntaré a Bowie si puede prestarme el suyo.

Travis asintió con la cabeza y se pasó los dedos por el cabello.

—Supongo que tienes razón, Seguín —suspiró—. Me ibas a ser útil si Santa Anna enviaba algún mensaje, pero este aviso debe salir de aquí. Trata de que alguno de tus hombres te acompañe. —Tomó un papel de su escritorio y se lo dio a Juan—. Dale esto a Fannin. Dile que necesitamos ayuda o... — No terminó la frase.

—Señor —replicó Juan, mientras enrollaba el mensaje y lo guardaba en su bolsillo—. Llevaré a Antonio Oroche conmigo. Pero si esperamos a que oscurezca y que ellos se preparen para pasar la noche, tendremos mejor oportunidad de atravesar sus líneas.

El coronel suspiró y aceptó.

—Probablemente tengas razón. Cuando regresen, si todavía estamos luchando, oirán un disparo de rifle cada hora como señal. Bien —agregó—, buena suerte, Seguín. Nuestro futuro depende de que ese mensaje llegue para que nos manden refuerzos.

—Haré todo lo que esté a mi alcance, señor —respondió Juan y miró a sus amigos, quienes lo despidieron de mano.

—Buena suerte, amigos. Vayan con Dios.

Con un rápido saludo, Juan se puso el sombrero, dio media vuelta y salió a la oscura noche. Las gotas de lluvia y el viento helado del norte golpearon su rostro.

UNIDAD 6

Repaso

Ideas principales y vocabulario

LISTOS para los EXÁMENES

Lee el siguiente texto y úsalo para contestar las siguientes preguntas.

Después de cumplir los 50 años en 1826, los Estados Unidos crecieron de muchas maneras. Obtuvieron tierras de España y México, y establecieron, junto con Gran Bretaña, la frontera de Oregón.

Los viajes se agilizaron gracias a canales, vías de ferrocarril y mejores caminos. Nuevas rutas, como la Carretera Nacional y el Camino de Oregón, facilitaron el desplazamiento hacia el Oeste.

Durante la Era del Optimismo, el espíritu de nacionalismo se extendió por todo el país. En las elecciones que ganó Andrew Jackson, en 1828, votaron más hombres que nunca. Jackson dirigió la expulsión forzada de los indígenas del Sureste a tierras situadas más al oeste.

Las mujeres comenzaron a actuar a favor del sufragio y otros derechos. Personajes como Frederick Douglass y Sojourner Truth se unieron a otros para abolir la esclavitud.

Algunos pobladores de los Estados Unidos se mudaron a Texas. A México le fue difícil que los nuevos pobladores obedecieran sus leyes. Para obtener su independencia, los texanos lucharon en la Revolución de Texas. Los Estados Unidos anexaron Texas en 1845, y por esa razón entraron en guerra contra México. Después de ganar, le compraron nuevos territorios a México en 1848.

Los pobladores se trasladaron al Oeste en busca de mejores oportunidades de vida en el territorio de Oregón. Muchos pioneros viajaron en caravanas de carretas y, a partir de 1848, multitudes llegaron a California tras el descubrimiento de oro.

1 Según el texto, ¿por qué motivo, entre otros, los pobladores se fueron al Oeste?

A El gobierno les ordenó mudarse.
B Fueron en busca de una vida mejor.
C Ya no había espacio en el Este.
D Tuvieron que mudarse porque había mejores medios de transporte.

2 En el texto, la palabra nacionalismo significa:

A un ataque a otros países
B la creencia de que el país debía desarrollarse
C la unión derivada de un sentido de orgullo por el país
D la creencia de que todas las naciones son iguales

3 En el texto, la palabra sufragio significa:

A sufrimiento debido a nuestras creencias
B el derecho a votar
C el fin de la esclavitud
D la posesión de propiedades

4 ¿Cuál es la idea principal del texto?

A Los Estados Unidos estaban creciendo.
B Los Estados Unidos estaban siempre en guerra.
C A los estadounidenses no les gustaban las políticas del país.
D En California hubo una fiebre del oro.

En los exámenes

¿Es tu respuesta correcta y bien enfocada? ¿Está completa?

Personajes y términos

Relaciona cada personaje y término con su definición.

1. **Doctrina de Monroe** (p. 403)
2. **Elizabeth Cady Stanton** (p. 419)
3. **Sam Houston** (p. 432)
4. **Narcissa Whitman** (p. 439)
5. **John Sutter** (p. 443)
6. ***forty-niner*** (p. 443)

a. dueño de la tierra donde se descubrió el oro

b. persona que fue a California a buscar oro

c. misionera que viajó al territorio de Oregón

d. advirtió a los europeos que se mantuvieran fuera del hemisferio occidental

e. primer presidente de la República de Texas

f. defensora de los derechos de la mujer

Aplica las destrezas

Crea anuncios para los pioneros Crea anuncios que atraigan gente a los lugares descritos en esta unidad, como el Gran Lago Salado, el territorio de Oregón o las minas de oro de California. Trata de exagerar un poco, como hacían los anuncios de la época. Toma como modelo el estilo del anuncio de las páginas 446–447. Después, muestra tu anuncio a tu clase, de modo que todos puedan evaluar si es exacto.

¡Oro! ¡Oro! ¡Oro!

Todo el oro que siempre quisiste, listo para que lo recojas.

Escribe y comenta

Presenta un viaje Trabaja en equipo para presentar un tema relacionado con el modo de viajar a distintas partes del país durante la primera mitad del siglo XIX. Incluye diferentes medios de transporte —ferrocarril, caballo, carreta, barco o una combinación de ellos— para viajar a las distintas regiones mencionadas en esta unidad. Cada estudiante debe escribir sus experiencias y preparar mapas o ilustraciones que muestren las rutas tomadas. Cada orador debe presentar su viaje de manera breve y después responder preguntas acerca de qué motivó su viaje y si encontró lo que esperaba.

Lee por tu cuenta

Busca libros como éstos en la biblioteca.

UNIDAD

Proyecto 6

El encanto de la tierra

Habla sobre un camino por el que los pobladores llegaron al Oeste.

1 **Forma** un equipo para preparar un programa de viajes sobre los pobladores que iban rumbo al Oeste. Elige uno de los caminos que podrían haber seguido.

2 **Investiga** y escribe las razones por las cuales los viajeros escogieron ese camino para llegar al Oeste.

3 **Dibuja** un mapa que ilustre el camino que siguieron los pobladores. También puedes combinar equipos para hacer un cartel o escenografía para el programa.

4 **Presenta** tu programa a la clase.

Actividad en la Internet

Busca más información sobre la migración hacia el Oeste en la Internet.
Visita **www.estudiossocialessf.com/actividades** y selecciona tu grado y unidad.

La guerra divide a la nación

UNIDAD 7

¿Qué podría dividir a una nación?

UNIDAD 7

Empecemos con una fuente primaria

1820 | 1850 | 1860

1820
El Congreso aprueba el Acuerdo de Missouri

1849
Harriet Tubman escapa de la esclavitud en el Tren Clandestino

1860
Abraham Lincoln es elegido presidente

Abril de 1861
Confederados disparan sobre el fuerte Sumter y empieza la Guerra Civil

Enero de 1863
La Proclama de Emancipación entra en vigor

"...su sacrificio no ha sido en vano; que esta nación, por la gracia de Dios, tenga una nueva aurora de libertad...".

—Palabras del presidente Abraham Lincoln en su Discurso de Gettysburg, 19 de noviembre de 1863

Este grabado de Currier e Ives muestra la toma de Richmond, Virginia por las fuerzas de la Unión, en 1865.

1870

Julio de 1863
Se libra la Batalla de Gettysburg

Abril de 1865
La Confederación se rinde y termina la Guerra Civil

Diciembre de 1865
La Decimotercera Enmienda acaba con la esclavitud

Marzo de 1867
El Congreso aprueba la Ley de Reconstrucción

UNIDAD 7

Personajes de la historia

Henry Clay

1777–1852

Lugar de nacimiento: Condado de Hanover, Virginia

Abogado, dueño de plantación

- Fue apodado "El Gran Concertador"
- Ayudó a elaborar el Acuerdo de Missouri en 1820
- Elaboró el Acuerdo de 1850

Robert E. Lee

1807–1870

Lugar de nacimiento: Stratford, Virginia

Militar

- Combatió en la Guerra con México
- Rechazó la oferta de Lincoln para comandar el ejército de la Unión
- Fue comandante del ejército confederado

Jefferson Davis

1808–1889

Lugar de nacimiento: El actual condado de Todd, Kentucky

Dueño de plantación

- Fue senador de los Estados Unidos por Mississippi
- Presidente de la Confederación durante la Guerra Civil
- Escribió un libro sobre el gobierno confederado

Abraham Lincoln

1809–1865

Lugar de nacimiento: Cerca de Hodgenville, Kentucky

Abogado

- Se opuso a la propagación de la esclavitud
- Fue presidente de los Estados Unidos de 1861 a 1865, periodo que incluye la Guerra Civil
- Promulgó la Proclama de Emancipación

1770 | 1790 | 1810 | 1830

1777 • Henry Clay

1807 • Robert E. Lee

1808 • Jefferson Davis

1809 • Abraham Lincoln

Alrededor de 1813 • Joseph Cinque

Alrededor de 1820 • Harriet Tubman

1821• Clara Barton

1822 • Ulysses S. Grant

Para más información, visita *Personajes de la historia* en **www.estudiossocialessf.com.**

Joseph Cinque

Alrededor de 1813–alrededor de 1879

Lugar de nacimiento:
Actual Sierra Leona, África occidental

Cultivador de arroz, líder de la rebelión en un barco de esclavos

- Su nombre africano era Sengbe Pieh, pero los españoles lo tradujeron como "Cinque"
- Dirigió a los africanos cautivos durante la revuelta a bordo del barco de esclavos *Amistad*
- Fue testigo clave durante el juicio del *Amistad*

Harriet Tubman

Alrededor de 1820–1913

Lugar de nacimiento:
Condado de Dorchester, Maryland

Conductora del Tren Clandestino, abolicionista

- Escapó de la esclavitud en 1849 y se estableció en Filadelfia
- Realizó 19 viajes hacia el Sur en el Tren Clandestino y ayudó a liberar a más de 300 esclavos
- Habló en contra de la esclavitud y a favor de los derechos de la mujer

Clara Barton

1821–1912

Lugar de nacimiento:
Oxford, Massachusetts

Maestra, enfermera

- Fue enfermera voluntaria durante la Guerra Civil
- Fue apodada el "Ángel del Campo de Batalla"
- Fundó la Cruz Roja Americana

Ulysses S. Grant

1822–1885

Lugar de nacimiento:
Point Pleasant, Ohio

Militar

- Ganó la primera victoria importante para la Unión durante la Guerra Civil en el fuerte Donelson
- El presidente Lincoln le encargó que comandara los ejércitos de la Unión
- Fue elegido presidente de los Estados Unidos en 1868

1850 | 1870 | 1890 | 1910

1852

1870

1889

1865

Alrededor de 1879

1913

1912

1885

UNIDAD 7

Lectura de estudios sociales

La guerra divide a la nación

Destreza clave

Idea principal y detalles

Fíjate en el organizador gráfico para ver cómo los detalles apoyan la idea principal.

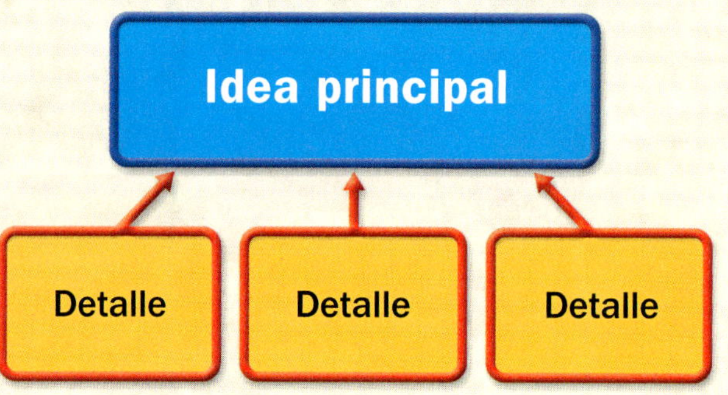

La **idea principal** es la idea más importante de un párrafo.

Los **detalles** son información relativa a la idea principal.

Cada detalle apoya la idea principal.

Lee el siguiente párrafo. Se han destacado la idea principal y los detalles.

En el Capítulo 13, leíste cómo los Estados Unidos fueron creciendo y cambiando. La construcción de caminos, las vías fluviales y el ferrocarril facilitaron el traslado de habitantes hacia el Oeste. El territorio de la nación también se expandía, y el modo de vida cambiaba. En algunas regiones, el crecimiento de las ciudades atrajo a obreros que trabajaban en las fábricas. En otras, la gente seguía viviendo en granjas, aunque cambió la forma de cosechar.

La guerra divide a la nación: Idea principal y detalles

Las diferencias entre los estados del Norte y los del Sur ocasionaron muchos problemas para los Estados Unidos. El Sur era rural y dependía de la agricultura y la esclavitud. En el Norte había más fábricas y las ciudades eran más grandes.

El problema creció cuando Abraham Lincoln fue elegido presidente en 1861. Carolina del Sur se separó de la Unión y, poco después, once estados más habían hecho lo mismo para formar los Estados Confederados de América. El país se dividió y empezó la Guerra Civil.

Ambos ejércitos ganaron algunas batallas. A finales de 1863, aumentaron las victorias del Norte, y en 1865 el Sur se rindió.

Lincoln esperaba reconciliar a la nación, pero lo mataron poco después de la Guerra Civil. El presidente Andrew Johnson y el Congreso discutieron sobre la Reconstrucción, nombre que se dio a los planes para reconstruir el Sur. Las enmiendas a la Constitución terminaron con la esclavitud y otorgaron el voto a todos los ciudadanos hombres, negros y blancos.

Las tropas federales y las leyes de Reconstrucción gobernaron los estados del Sur. Un organismo federal, la Oficina de Libertos, dio ayuda y creó escuelas para los afroamericanos.

Cuando terminó la Reconstrucción, en 1877, algunos sureños intentaron evitar que los esclavos liberados votaran. Grupos como el Ku Klux Klan quemaron escuelas para afroamericanos y aterrorizaron a los negros que intentaban votar. Los estados del Sur también promulgaron las leyes de Jim Crow, que determinaban que los afroamericanos sólo podían usar áreas designadas especialmente para ellos en restaurantes, trenes, autobuses, hoteles y otros lugares públicos.

Usa la estrategia de lectura de idea principal y detalles para contestar las siguientes preguntas.

1. ¿Cuál es la idea principal del primer párrafo?
2. ¿Qué detalles apoyan esa idea principal?
3. ¿Qué detalles indican cómo algunos sureños evitaron que los esclavos liberados avanzaran después de la Reconstrucción?

CAPÍTULO 14 Una nación dividida

1820

Estados Unidos
Aproximadamente millón y medio de esclavos viven en los Estados Unidos, la mayoría en los estados del Sur.

Lección 1

1

1849

Filadelfia, Pennsylvania
Harriet Tubman escapa de la esclavitud en el Tren Clandestino y va a Filadelfia.

Lección 2

2

Marzo de 1861

Washington, D.C.
Abraham Lincoln toma posesión como presidente.

Lección 3

3

Abril de 1861

Charleston, Carolina del Sur
Las tropas del Sur abren fuego sobre el fuerte Sumter.

Lección 4

4

Tiempo y lugar

Por qué lo recordamos

"...una nación ante Dios, indivisible, con libertad y justicia para todos". Estas palabras son parte del Juramento a la Bandera, y los estadounidenses las han pronunciado durante muchos años. Pero hubo un tiempo en que no se aplicaban a todos. A mediados del siglo XIX, los Estados Unidos eran una nación dividida en dos partes, el Norte y el Sur. En el Sur los esclavos cosechaban productos como el algodón en las plantaciones; en el Norte, la esclavitud era ilegal y muchas personas trabajaban en fábricas y vivían en ciudades. Las diferencias entre el Norte y el Sur llevaron a conflictos importantes que en 1861 causaron a una terrible guerra. Cuando acabó la guerra, los estadounidenses empezaron la larga tarea de reconstruir el país, "con libertad y justicia para todos".

LECCIÓN 1

1840 — **1860**

1846
El Congreso vota por reducir los aranceles de las importaciones

1860
El número de esclavos afroamericanos en los Estados Unidos llega a cuatro millones

EN BREVE

Enfoque en la idea principal
Las diferencias entre el Norte y el Sur llevaron a una creciente tensión entre las dos regiones.

PERSONAJES
David Walker

VOCABULARIO
seccionalismo

El Norte y el Sur se separan

Estás ahí Es el año 1850 y eres marinero en un barco que transporta bienes que llegan y salen de los puertos en la costa este de los Estados Unidos. Tu barco entra en el puerto de Charleston, Carolina del Sur, y lo atan al muelle. Ves cientos de pacas de algodón listas para que las suban a un barco; es algodón pizcado en plantaciones del Sur. Sabes que la mayor parte del trabajo en esas plantaciones lo hacen esclavos.

Te unes a los demás marineros para descargar de tu barco productos fabricados en Boston, Massachusetts, como herramientas, máquinas y telas hechas en las fábricas por trabajadores libres. Sabes que Charleston y Boston pertenecen al mismo país, los Estados Unidos, pero son tan diferentes que podrían estar en países distintos. En poco tiempo sus diferencias los llevarán a la guerra.

Idea principal y detalles Al leer, piensa en las diferencias entre el Norte y el Sur, y en cómo cada diferencia contribuyó a que las dos regiones se separaran.

Dos regiones

Mucho habían cambiado los Estados Unidos desde que se formaron como país. Desde el inicio de la Revolución Industrial, la región Norte del país se había vuelto cada vez más diferente del Sur.

La vida de los sureños era principalmente rural. La mayoría vivía y trabajaba en granjas y en pueblos pequeños. A mediados del siglo XIX, pocas ciudades del Sur tenían más de 15,000 habitantes.

Por el contrario, en el Norte, la vida en esa época era principalmente urbana. Aunque muchos norteños seguían viviendo en granjas, cada vez más de ellos trabajaban en fábricas y vivían en pueblos grandes y ciudades. En 1860, nueve de las diez ciudades más grandes de los Estados Unidos estaban en el Norte. La gráfica de barras de esta página muestra las diferencias entre las poblaciones del Sur y del Norte en 1850.

Los dueños y los trabajadores de las fábricas ubicadas en el Norte tenían objetivos diferentes de los propietarios de las plantaciones y los granjeros del Sur. Estas diferencias produjeron, en 1846, un serio desacuerdo. Una ley que aprobó el Congreso reducía los aranceles que los Estados Unidos cobraban por los bienes importados de otros países, lo cual enojó mucho a los dueños de las fábricas del Norte, pues ellos querían aranceles más altos. Como ya leíste, los aranceles son impuestos sobre bienes importados y, al subir los precios de los bienes importados, los estadounidenses tendrían que comprar bienes fabricados en el Norte.

Sin embargo, los estados del Sur querían bajar los aranceles, pues preferían comprar artículos más baratos hechos en Gran Bretaña.

El estilo de vida de una sección de los Estados Unidos amenazaba el estilo de vida de la otra, y estas diferencias causaron el seccionalismo en nuestro país. El **seccionalismo** es la lealtad a una sección o parte del país, en lugar de a todo el país.

REPASO Explica cómo las diferencias entre el Norte y el Sur causaron la tensión entre ambas regiones. **Idea principal y detalles**

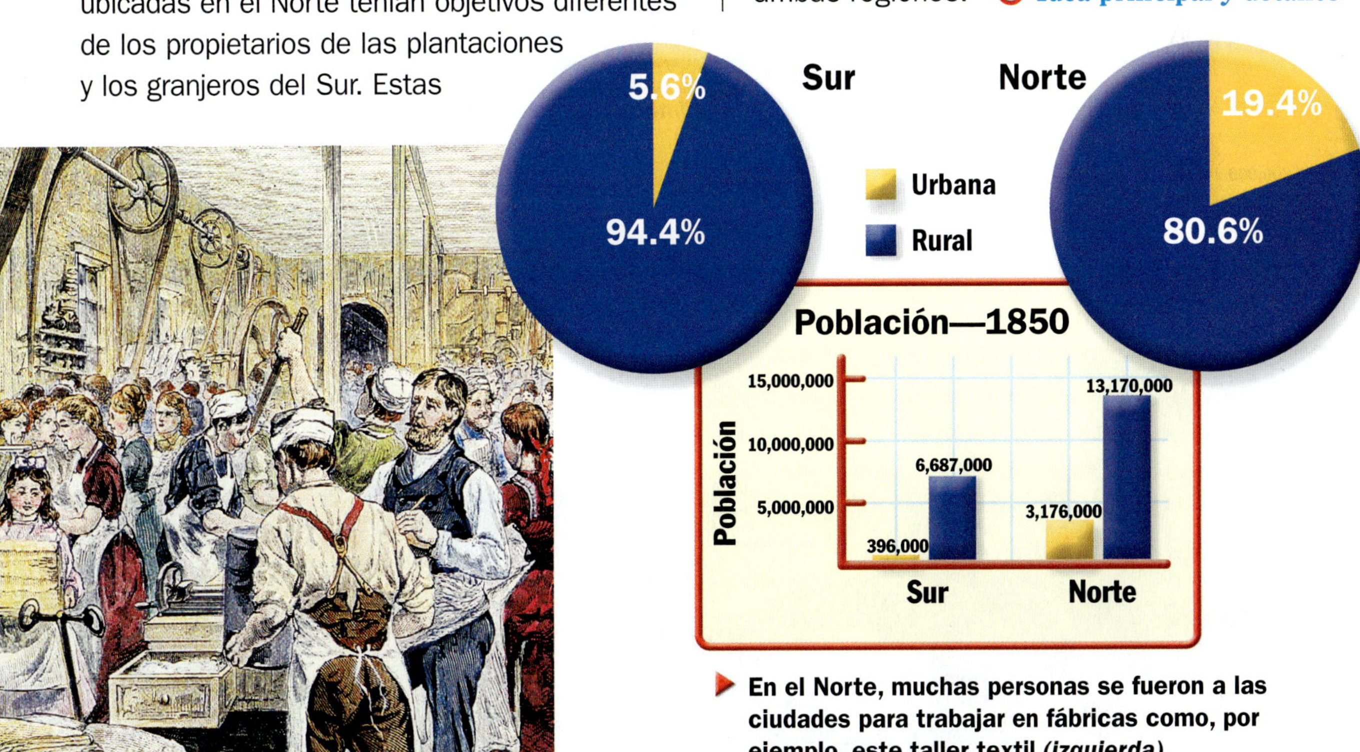

En el Norte, muchas personas se fueron a las ciudades para trabajar en fábricas como, por ejemplo, este taller textil *(izquierda)*.

DESTREZA: GRÁFICAS ***¿Cuántas personas vivían en las ciudades del Norte en 1850?***

La esclavitud en el Sur

La esclavitud representaba una diferencia muy importante entre el Norte y el Sur. En el Sur, donde los esclavos cosechaban algodón, tabaco y arroz, la esclavitud era permitida. Para 1850, la mayoría de los estados del Norte habían prohibido la esclavitud. Los trabajadores del Norte eran libres y se les pagaba por su trabajo aunque, en muchas fábricas, se trabajaba durante muchas horas en condiciones difíciles por una paga reducida.

La esclavitud generaba ganancias para la economía del Sur. Los bienes que un esclavo producía aportaban, por lo menos, el doble de lo que costaba mantenerlo. En 1850, casi seis de cada diez esclavos en el Sur trabajaban en campos de algodón, por lo general dentro de grandes plantaciones. Sin embargo, muchos esclavos vivían en granjas pequeñas y, en esos casos, el dueño con frecuencia trabajaba junto a un reducido grupo de esclavos. No todos los granjeros del Sur tenían esclavos.

Para 1860, los esclavos afroamericanos en los Estados Unidos sumaban casi cuatro millones. La gráfica lineal de esta página muestra el cambio en el número de esclavos entre 1820 y 1860, así como los cambios en la población de afroamericanos libres en la misma época. La mayoría de los esclavos vivían en el Sur, mientras que la mayoría de los afroamericanos libres habitaban en el Norte.

Ya fueran libres o esclavos, los afroamericanos no tenían el mismo derecho al voto que los blancos. Incluso en los estados donde los afroamericanos libres sí podían votar, como Nueva York, era necesario que fueran dueños de tierras y que hubieran vivido en el estado durante tres años antes de poder ejercer ese derecho. Los afroamericanos eran discriminados en todo el país; no tenían todos los derechos de ciudadanía.

REPASO Identifica la razón principal por la que el Sur quería mantener la esclavitud.
Idea principal y detalles

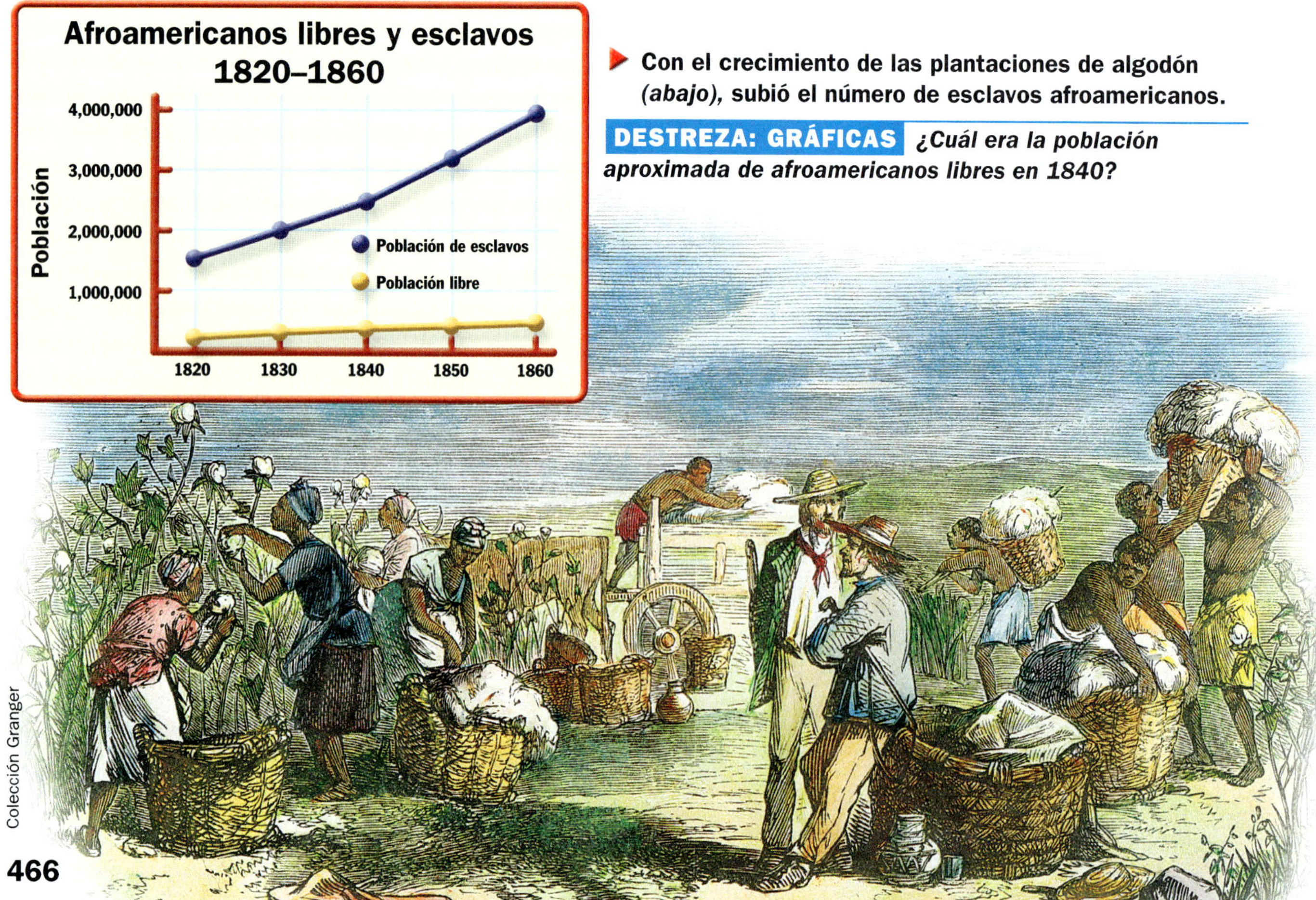

Con el crecimiento de las plantaciones de algodón *(abajo)*, subió el número de esclavos afroamericanos.

DESTREZA: GRÁFICAS ***¿Cuál era la población aproximada de afroamericanos libres en 1840?***

Colección Granger

Diferentes puntos de vista sobre la esclavitud

Como ya leíste, los abolicionistas se oponían a la práctica de la esclavitud y luchaban porque desapareciera en todo el país, pues insistían en que no era correcto que un ser humano fuera dueño de otro. David Walker, abolicionista y afroamericano libre, se hacía la siguiente pregunta acerca de los dueños de esclavos en el Sur:

> ***"¿Les gustaría que nosotros los convirtiéramos a ellos en esclavos?".***

Pero los dueños de esclavos del Sur defendían la esclavitud y señalaban las infamias que ocurrían en las fábricas del Norte donde se trabajaba muchas horas en un ambiente malsano por una paga reducida. Aseguraban que los esclavos vivían mejor que los trabajadores de las fábricas.

El debate continuó hasta mediados del siglo XIX, pero, como leerás, las palabras no fueron las únicas armas que se usaron en contra de la esclavitud.

REPASO Identifica un argumento que apoyaba la idea de abolir la esclavitud. **Idea principal y detalles**

Resume la lección

1846 El Congreso votó por reducir los aranceles a las importaciones, y muchos norteños se enojaron.

1860 El número de esclavos afroamericanos llegó a casi cuatro millones.

LECCIÓN 1 REPASO

Verifica hechos e ideas principales

1. **Idea principal y detalles** En una hoja aparte, completa el organizador gráfico para mostrar los detalles que apoyan la idea principal.

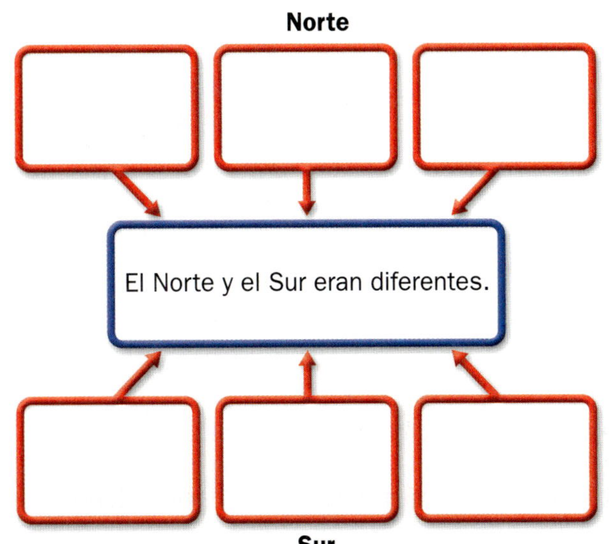

2. **Razonamiento crítico: *Comparar y contrastar*** Identifica las dos diferencias principales entre el estilo de vida del Norte y del Sur.
3. Describe cómo afectaron los aranceles a las relaciones entre el Norte y el Sur.
4. En 1860, ¿había más afroamericanos libres o esclavos? ¿Cómo lo sabes?
5. ¿Cuál era el argumento principal de los que se oponían a la esclavitud?

Enlace con las artes

Crea una gráfica o una ilustración Escoge un tema de esta lección. Luego, con una gráfica o una ilustración, muestra cómo se separaron el Norte y el Sur.

Reconocer puntos de vista

¿Qué son? Un **punto de vista** es la manera en que alguien ve o piensa respecto de un tema o una situación. Generalmente, el punto de vista de una persona depende de sus experiencias y su estilo de vida. Como leíste en la Lección 1, el Norte y el Sur tenían puntos de vista muy diferentes sobre la esclavitud. En estas páginas, dos escritores expresan sus puntos de vista sobre ese tema e intentan apoyarlos con descripciones y detalles.

La selección A fue escrita por George Fitzhugh, un abogado que estaba a favor de la esclavitud, pues su familia, que había vivido en el Sur durante muchos años, era propietaria de una plantación de 500 acres.

La selección B fue escrita por Frances Anne (Fanny) Kemble, una famosa actriz británica casada con el estadounidense Pierce Butler. En 1836, Butler heredó dos plantaciones en el Sur y se convirtió en uno de los principales esclavistas del país. Su esposa se opuso a la esclavitud y regresó a Gran Bretaña. Años más tarde, escribió sus experiencias en *Journal of a Residence on a Georgian Plantation* (*"Diario de residencia en una plantación de Georgia"*).

George Fitzhugh

¿Por qué debemos reconocerlos?

Como lector, necesitas identificar el punto de vista de un escritor para entender por qué seleccionó ciertos detalles. Los escritores pueden usar sus propias creencias y sentimientos cuando deciden qué incluir y cómo narrar su historia.

Fanny Kemble

¿Cómo los reconocemos? Para reconocer el punto de vista de un escritor puedes seguir los siguientes pasos:

1. Identifica el tema.
2. Determina cuáles afirmaciones son hechos y cuáles son opiniones.
3. Busca palabras o frases que indiquen el sentimiento del autor hacia el tema.
4. Considera las experiencias y el estilo de vida del autor. ¿Cómo pueden afectar su punto de vista?
5. Describe el punto de vista del autor.

Selección A

"Los esclavos negros del Sur son las personas más felices y, en cierta manera, las más libres del mundo. Los niños, los viejos y los enfermos no trabajan e incluso se les brindan todas las comodidades y necesidades. Disfrutan de libertad pues no están agobiados [angustiados] por preocupaciones ni por el trabajo. Las mujeres realizan poco trabajo pesado y sus amos [dueños] las protegen... de sus maridos. Generalmente, los hombres y los niños trabajan, cuando hace buen tiempo, no más de nueve horas al día; el resto del tiempo descansan. Además, tienen sus domingos y días de fiesta... Pueden dormir a cualquier hora... No sabemos si los trabajadores libres [en el Norte] duermen alguna vez".

—George Fitzhugh

Selección B

"A veces me atormenta la idea de que era... una obligación —sabiendo lo que sé y habiendo visto lo que he visto— hacer todo lo que estuviese en mi poder para mostrar los peligros y las infamias de esta aterradora institución [la esclavitud]... Los grilletes, el látigo, separar a los hijos de sus padres y a los maridos de sus mujeres, la fatigosa caminata... por los senderos comunes, el trabajo físico, la desesperanza mental, el sufrimiento del espíritu; éstas son realidades que pertenecen al sistema y que son la regla, no la excepción, en la experiencia de los esclavos".

—Fanny Kemble

Piensa y aplícalo

1. ¿Cuál es el tema de ambos autores?
2. ¿Qué detalles utiliza cada autor para apoyar su punto de vista?
3. ¿Cuáles son los puntos de vista que cada uno revela?
4. ¿Cómo afectaron las experiencias y el estilo de vida de cada autor sus puntos de vista?

LECCIÓN 2

1830 — **1850**

1831
Nat Turner dirige una rebelión de esclavos en Virginia

1841
La Corte Suprema libera a los prisioneros del barco de esclavos *Amistad*

1849
Harriet Tubman escapa de la esclavitud en el Tren Clandestino

La resistencia a la esclavitud

EN BREVE

Enfoque en la idea principal
Los esclavos afroamericanos se resistieron a la esclavitud de diferentes maneras.

LUGARES
condado de Southampton, Virginia
New Haven, Connecticut

PERSONAJES
Nat Turner
Joseph Cinque
Harriet Tubman
Levi Coffin
Catherine Coffin

VOCABULARIO
códigos de esclavos
Tren Clandestino

Estás ahí Es el 11 de septiembre de 1853. En una casa en la ciudad de Richmond, Virginia, J.H. Hill, un esclavo que ha escapado, espera un mensaje.

Más tarde Hill escribió: "Traté de huir durante nueve meses. Estuve oculto mucho tiempo en la cocina de un mercader". Por fin llega el tan ansiado mensaje: Hill debe encontrarse con un guía que intentará llevarlo al Norte, a la libertad. A la mañana siguiente, muy temprano, deja su escondite y con cuidado se encamina hacia su guía. Hill cuenta: "Me sentía tranquilo pues, aquella mañana, me dirigía hacia la libertad o la muerte". Hill llegó al Norte donde, al fin, encontró la libertad.

Idea principal y detalles Al leer, fíjate en los detalles que apoyan la idea principal de que los afroamericanos se resistían a la esclavitud.

Los afroamericanos se resisten a la esclavitud

Algunos esclavos, como J.H. Hill, se resistieron a la esclavitud y arriesgaron la vida en valientes escapes; otros encontraron diferentes maneras de resistir.

Los esclavos que se resistían a la esclavitud luchaban por su libertad y contra un sistema cruel que incluía castigos físicos, como el uso del látigo. Por ejemplo, los registros de una plantación de Luisiana muestran que entre 1840 y 1842 la mitad de los esclavos habían sido azotados.

Otra forma de crueldad era la separación de las familias. Abream Scriven, un esclavo vendido por su dueño en 1858, fue obligado a dejar a su esposa, a su padre y a su madre. Scriven escribió estas palabras a su esposa:

> ***"Dales mi amor a mi padre y a mi madre y diles adiós de mi parte, y si no nos hemos de encontrar en este mundo, espero que lo hagamos en el cielo".***

Los dueños de esclavos tenían un control casi total sobre la vida de sus esclavos; les decían cuándo empezar y cuándo terminar de trabajar, y no les permitían salir de la plantación sin permiso. Los dueños también decidían si los esclavos podían casarse y a qué edad debían empezar a trabajar los hijos.

Los **códigos de esclavos,** o leyes para controlar su comportamiento, les hacían la vida difícil. Por ejemplo, muchos códigos no les permitían golpear a un blanco, ni siquiera en defensa propia; tampoco se les permitía tener una propiedad ni comprar o vender bienes.

La resistencia adquirió muchas formas. Algunos esclavos simplemente se negaban a obedecer a sus dueños; otros trataban de controlar lo único que dependía de ellos: su trabajo, el cual realizaban con más lentitud. Otros más fingían estar enfermos o rompían las herramientas de trabajo.

Otra forma de resistencia era romper las reglas diseñadas para mantenerlos en la ignorancia. Por ejemplo, casi siempre se les impedía aprender a leer o a escribir. Algunos esclavos aprendían en secreto, a riesgo de ser castigados en caso de que los descubrieran.

REPASO Describe algunas de las formas en que los afroamericanos se resistieron a la esclavitud. **Idea principal y detalles**

Al vender a los esclavos, era frecuente que separaran a los miembros de una familia.

Las rebeliones de esclavos

Para evitar que los esclavos planearan una rebelión, los dueños trataban de evitar que se reunieran. Aun así, hubo rebeliones como la que planeó y dirigió **Nat Turner** en Virginia.

En agosto de 1831, Turner y sus seguidores mataron a cerca de 60 blancos en el **condado de Southampton, Virginia.** Las tropas estadounidenses y de Virginia los detuvieron y los soldados mataron a más de 100 afroamericanos antes de acabar con la rebelión. Aunque Turner escapó, después fue capturado y lo ahorcaron el 11 de noviembre de 1831.

Una rebelión posterior tuvo un final muy diferente. En 1839, un grupo de 53 africanos cautivos tomó el mando del *Amistad*, un barco de esclavos español que los llevaba de un puerto a otro en Cuba. Los dirigía un granjero de África occidental, conocido como **Joseph Cinque,** quien dijo a los africanos: "Más vale morir intentando ser libres".

Después de tomar el control del barco, los africanos le dijeron a un marinero español que los llevara de regreso a África. Pero éste los engañó y guió el *Amistad* hacia el norte por la costa de los Estados Unidos. La marina estadounidense capturó el barco cerca de Long Island, Nueva York y los africanos fueron llevados como prisioneros a **New Haven, Connecticut.**

Al principio, los Estados Unidos planeaban devolver el barco y los prisioneros a los españoles, pero los abolicionistas y los periódicos del Norte publicaron artículos en contra de este plan y en apoyo a los africanos. Con su ayuda, la lucha de los africanos por su libertad llegó a la Corte Suprema. John Quincy Adams, quien había sido presidente de los Estados Unidos, presentó el caso. Argumentó que los africanos no eran una propiedad, sino seres humanos, y que no debían ser enviados a España.

El 9 de marzo de 1841, la Corte Suprema llegó a una decisión. Estuvo de acuerdo con Adams y ordenó la liberación de los africanos. Los 35 que sobrevivieron a la rebelión regresaron a África ese mismo año.

REPASO Compara las rebeliones de Nat Turner y la del *Amistad*. **Comparar y contrastar**

Ayer y hoy

El *Amistad*

En 2000, se hizo una reproducción de tamaño natural del *Amistad* en Mystic Seaport, un museo de Connecticut. Se puede visitar el barco ahí o en los puertos a los que navega, para conocer la historia de la rebelión del *Amistad*.

Joseph Cinque *(arriba)* dirigió la rebelión que tomó control del barco de esclavos español *Amistad*. Esta pintura muestra la representación del barco.

Las rutas del Tren Clandestino

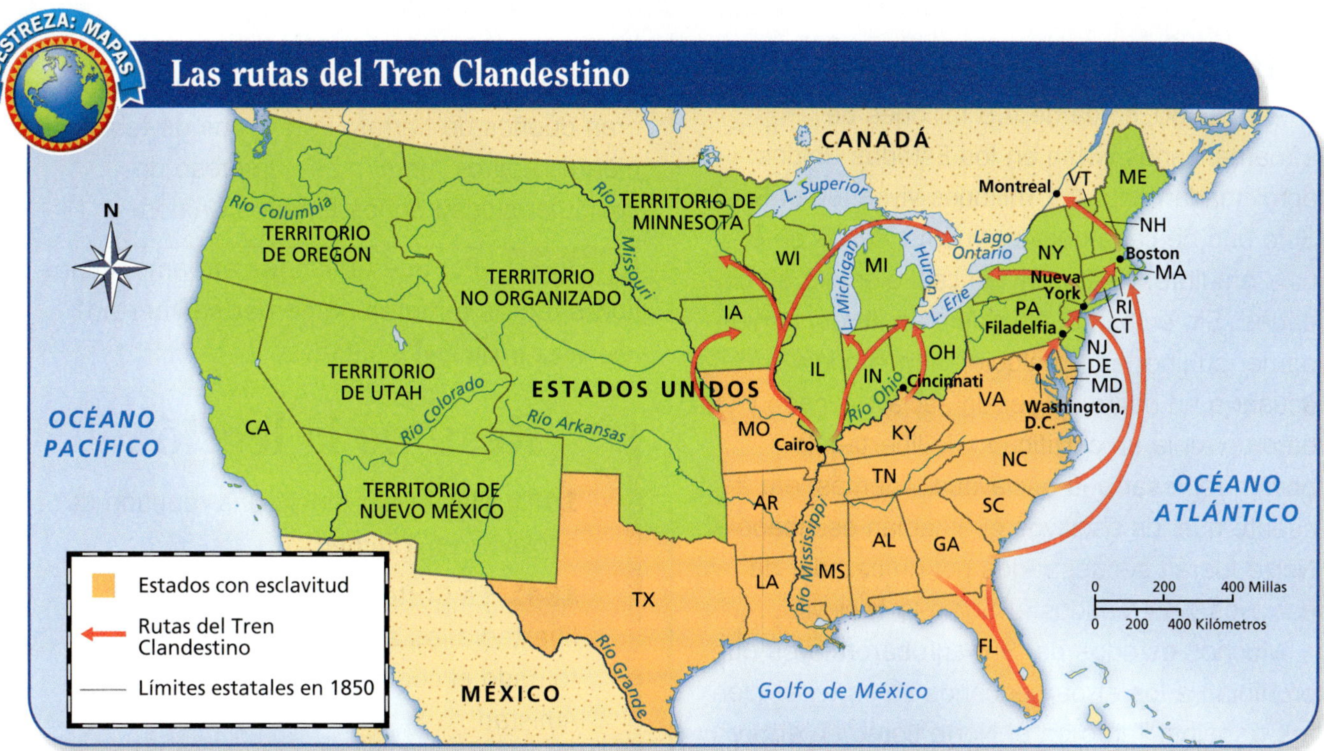

▶ **Este mapa muestra las rutas que recorrían quienes escapaban de la esclavitud en el Tren Clandestino.**

DESTREZA: MAPAS **Usar rutas** ***¿A qué país escaparon muchos esclavos?***

El Tren Clandestino

Miles de esclavos afroamericanos se resistieron a la esclavitud intentando escapar. El **Tren Clandestino** era un sistema secreto y organizado que se estableció para ayudar a los esclavos a escapar del Sur hacia su libertad en el Norte o en Canadá. El mapa de esta página muestra sus rutas.

Probablemente, el Tren Clandestino obtuvo su nombre cuando los trenes se hicieron populares. Los guías, o personas que ayudaban a quienes escapaban, eran llamados "conductores"; las casas, los graneros o establos y otros lugares donde los fugitivos se escondían en el trayecto se conocían como "estaciones".

Para guiarse hacia el Norte, los esclavos seguían la Estrella Polar. En las noches nubladas buscaban el musgo en los troncos de los árboles, pues sabían que el musgo tiende a crecer en el lado norte. Durante el trayecto, corrían el riesgo de ser capturados, golpeados severamente o morir.

Entre 40,000 y 100,000 esclavos escaparon en el Tren Clandestino. **Harriet Tubman** fue la "conductora" más famosa. Alrededor de 1849, Tubman escapó de la esclavitud y se estableció en Filadelfia, pero antes de la Guerra Civil regresó al Sur 19 veces para llevar a la libertad a más de 300 personas, entre ellas sus padres. Más adelante dijo: "Mi tren clandestino nunca se descarriló y nunca perdí un pasajero".

No todos los "conductores" del Tren Clandestino eran afroamericanos. **Levi Coffin** era un maestro blanco que abrió una escuela para esclavos en Carolina del Norte. Cuando los propietarios de esclavos cerraron su escuela, se fue a vivir a Indiana, donde se convirtió en uno de los principales "conductores" del Tren Clandestino. Levi y su esposa, **Catherine Coffin**, ayudaron a más de 2,000 esclavos a alcanzar la libertad.

REPASO Escribe un breve resumen sobre la manera en que el Tren Clandestino ayudaba a los esclavos a escapar. **Resumir**

Los afroamericanos libres

Para 1860, cerca de 4.5 millones de afroamericanos vivían en los Estados Unidos; aproximadamente 4.1 millones vivían en el Sur. Sólo uno de cada nueve afroamericanos en el país era libre, y éstos vivían casi siempre en ciudades. Sin embargo, aunque eran libres, temían perder su libertad. Cualquier blanco podía acusar a un negro de ser un esclavo fugado y si éste no tenía un certificado de libertad, lo podían regresar a la esclavitud. Además, era frecuente que los esclavos que habían escapado al Norte fueran secuestrados por un cazador de esclavos y regresados al Sur, a la esclavitud.

Muchos estados del Sur aprobaron leyes que prohibían a los afroamericanos libres tener ciertos trabajos. Tanto en el Norte como en el Sur era difícil encontrar trabajo debido a las amenazas y la violencia de los trabajadores blancos. Aun así, miles de afroamericanos libres encontraron empleo y compraron propiedades. En 1850, en Nueva Orleáns, 650 afroamericanos eran dueños de tierras. Este grupo de terratenientes negros fue el más numeroso de cualquier ciudad en los Estados Unidos.

REPASO ¿Por qué tenían los afroamericanos libres tantos temores de perder su libertad? **Idea principal y detalles**

Resume la lección

1831 Nat Turner dirigió una rebelión de esclavos en Virginia.

1841 La Corte Suprema concedió la libertad a los africanos que habían tomado el control del barco de esclavos *Amistad*.

1849 Harriet Tubman escapó de la esclavitud y empezó a guiar personas a la libertad en el Tren Clandestino.

LECCIÓN 2 REPASO

Verifica hechos e ideas principales

1. **Idea principal y detalles** En una hoja aparte, completa el organizador gráfico para mostrar los detalles que apoyan la idea principal de que los afroamericanos se resistieron a la esclavitud.

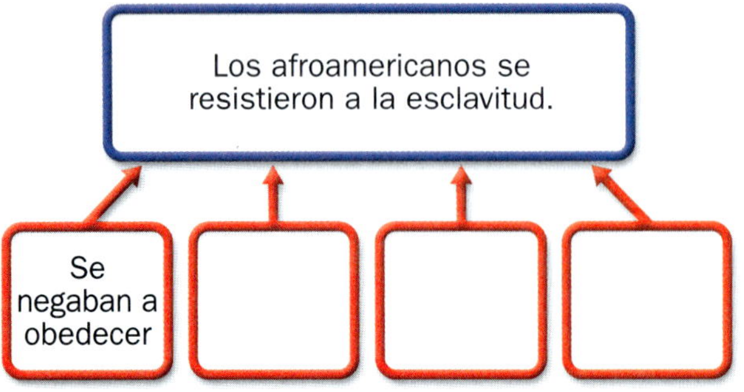

2. Compara y contrasta diferentes formas en que los afroamericanos se resistían a la esclavitud.

3. **Razonamiento crítico: *Causa y efecto*** ¿Qué hicieron los dueños de esclavos para evitar rebeliones como la de Nat Turner y sus seguidores?

4. Describe cómo escapaban hacia la libertad los esclavos afroamericanos en el Tren Clandestino.

5. ¿A qué retos se enfrentaron los afroamericanos libres en el Norte y en el Sur?

Enlace con las ciencias

Localiza la Estrella Polar Los afroamericanos que se escapaban utilizaban la Estrella Polar para ayudarse a encontrar el norte. Busca el norte en donde vives e investiga dónde se encuentra la Estrella Polar. Luego, una noche, cuando esté muy oscuro, busca la estrella y determina dónde está el norte.

BIOGRAFÍA

Harriet Tubman

Alrededor de 1820–1913

Siendo una adolescente en Maryland, Harriet Tubman sólo había conocido la vida en esclavitud, pero se hizo más fuerte al resistir o defenderse. Sobrevivió incluso a una seria herida en la cabeza que sufrió al intentar ayudar a otro esclavo a escapar. Como resultado de la herida, Harriet quedó marcada por una profunda cicatriz, y durante el resto de su vida se quedaba dormida sin querer y sufría dolores de cabeza. Sin embargo, nada pudo evitar que buscara su libertad.

Cuando tenía alrededor de 28 años, Harriet Tubman escapó y viajó 90 millas en el Tren Clandestino hacia Filadelfia. Aunque tenía miedo, luego explicó que

> ***"Había resuelto esto en mi mente… tenía derecho a la libertad o a la muerte; si no podía tener una, tendría la otra, pues nadie me capturaría con vida".***

Antes de la Guerra Civil, Tubman regresó una y otra vez al Sur, a pesar de los peligros, para ayudar a otros afroamericanos a liberarse de la esclavitud. Nadie bajo su cuidado fue capturado.

BIODATO

Durante la Guerra Civil, Tubman sirvió al ejército de los Estados Unidos como enfermera y exploradora, y ayudó a liberar a casi 800 esclavos en un solo intento.

Aprende de las biografías

¿Crees que su cicatriz y el que se quedara dormida sin querer hacían más peligroso el escape de Harriet Tubman? ¿Por qué crees que, a pesar de los peligros, regresó al Sur tantas veces?

Para más información, visita *Personajes de la historia* en **www.estudiossocialessf.com.**

LECCIÓN 3

TERRITORIO DE NEBRASKA
TERRITORIO DE KANSAS
Harpers Ferry

EN BREVE

Enfoque en la idea principal
A pesar de los intentos por llegar a un acuerdo, la esclavitud amenazaba con separar a los Estados Unidos.

LUGARES
territorio de Nebraska
territorio de Kansas
Harpers Ferry, Virginia

PERSONAJES
John C. Calhoun
Henry Clay
Daniel Webster
Stephen Douglas
Harriet Beecher Stowe
Dred Scott
John Brown
Abraham Lincoln

VOCABULARIO
estado libre
estado esclavista
derechos de los estados
Acuerdo de Missouri
Ley de Esclavos Fugitivos
Acuerdo de 1850
Ley Kansas-Nebraska

1820 — 1860

1820 Acuerdo de Missouri

1850 Ley de Esclavos Fugitivos

1857 Caso Dred Scott

1860 Abraham Lincoln es elegido presidente

La lucha contra la esclavitud

Estás ahí Tu antigua casa en Ohio se va quedando a cientos de millas de distancia conforme cabalgas hacia el interior del territorio de Kansas. Este día de la primavera de 1854, te encuentras con un grupo de 650 pobladores llegados desde Nueva Inglaterra, y ellos te dicen que han jurado no permitir la esclavitud en Kansas.

También has conocido a otras personas que llegan a Kansas con diferentes puntos de vista. Un grupo es del estado vecino de Missouri, un estado esclavista. Su intención es hacer que en el territorio de Kansas se pueda tener esclavos.

Adonde vayas escuchas discusiones sobre si Kansas debe o no permitir la esclavitud. También escuchas historias sobre la violencia entre las personas que sostienen una y otra opinión. El asunto de la esclavitud está separando a Kansas y pronto amenazará con separar a todo el país.

Idea principal y detalles Al leer, busca los detalles que apoyen la idea principal de que, a mediados del siglo XIX, la esclavitud amenazaba con separar al país.

El Acuerdo de Missouri, 1820

El Acuerdo de Missouri mantuvo el equilibrio entre los estados libres y los esclavistas.

DESTREZA: MAPAS **Usar la clave del mapa** ***Menciona los dos estados que fueron admitidos como parte del Acuerdo de Missouri.***

El Acuerdo de Missouri

En 1819, los Estados Unidos estaban formados por 11 estados libres y 11 estados esclavistas. En los **estados libres** no se permitía la esclavitud, pero en los **estados esclavistas** sí. Puesto que cada estado tenía dos senadores, en el Senado se mantenía el equilibrio entre quienes estaban a favor y quienes estaban en contra de la esclavitud.

En 1819, los habitantes de Missouri pidieron incorporarse a la Unión como un estado esclavista. Los estados del Norte no querían admitir a Missouri como tal, y los del Sur tomaron la posición contraria.

John C. Calhoun, de Carolina del Sur, era líder de los sureños en el Senado y creía en los **derechos de los estados:** la idea de que los estados tienen derecho a decidir sobre los temas que los afectan. Según Calhoun, la esclavitud debía ser legal si así lo decidía la población de un estado.

El senador **Henry Clay,** de Kentucky, a quien se conocería como "El Gran Concertador", promovió una solución que se conoció como el **Acuerdo de Missouri.** En 1820, se admitió a Missouri como estado esclavista y a Maine como estado libre, con lo cual se equilibraron los 24 estados: la mitad libres y la mitad esclavistas.

¿Qué pasaría cuando se formaran más estados en el territorio obtenido con la Compra de Luisiana? El Acuerdo de Missouri intentó resolverlo. Observa el mapa de arriba y busca el límite del Acuerdo de Missouri. Según el acuerdo, los nuevos estados al norte de esta línea serían libres y los nuevos estados al sur de ella podían permitir la esclavitud.

REPASO ¿Cómo afectó el Acuerdo de Missouri a la manera en que los nuevos estados serían admitidos en los Estados Unidos? **Idea principal y detalles**

El Acuerdo de 1850

Durante un tiempo, el Acuerdo de Missouri resolvió el problema del equilibrio entre los estados libres y los esclavistas. Pero en 1849, California, que era parte de los territorios que obtuvieron los Estados Unidos en la Guerra con México, solicitó ser admitida como estado libre. En ese momento el país tenía 15 estados libres y 15 esclavistas. Una vez más, el equilibrio estaba amenazado.

John Calhoun le escribió a su hija sobre la reacción en el Sur a la petición de California:

> ***"Confío en que persistamos con nuestra resistencia [ante California]... Hemos soportado las injusticias e insultos del Norte por mucho tiempo".***

Calhoun esperaba que los congresistas del Sur obligaran al Norte a rechazar la petición de California de entrar como estado libre.

Henry Clay sugirió, una vez más, un acuerdo. Propuso que el Sur aceptara a California como estado libre; a cambio, el Norte aceptaría la **Ley de Esclavos Fugitivos,** la cual expresaba que los esclavos que habían escapado tenían que ser devueltos a sus dueños, incluso si habían llegado a los estados del Norte donde la esclavitud no era permitida. El acuerdo de Clay sugería también una manera de aceptar otros estados nuevos de los territorios que se habían obtenido de México. Propuso que se permitiera la esclavitud si los habitantes de esos lugares votaban por ello.

Daniel Webster, senador de Massachusetts, habló en favor del acuerdo. Webster se oponía a la esclavitud, pero al igual que Clay, quería mantener al país unido. Dijo: "Debemos ver las cosas como son. La esclavitud sí existe en los Estados Unidos".

Con el apoyo de Calhoun y de Webster, el Congreso aprobó el plan de Clay. Se le llamó el **Acuerdo de 1850.** California se convirtió en un estado libre y se aprobó la Ley de Esclavos Fugitivos, pero la batalla contra la esclavitud estaba lejos de terminar.

El propósito del Acuerdo de 1850 era evitar que el Norte y el Sur se separaran a causa de la esclavitud. Pero como dijo más adelante el senador Salmon P. Chase, de Ohio: "El problema de la esclavitud en los territorios se ha evitado, pero no se ha resuelto". La verdad de estas palabras fue clara en 1854, cuando grandes cantidades de pobladores estaban entrando en el territorio de Nebraska, al oeste del río Missouri.

REPASO ¿Cuáles eran las propuestas principales del Acuerdo de 1850? **Idea principal y detalles**

Muchos periódicos publicaron opiniones sobre la nueva Ley de Esclavos Fugitivos.

Read and Ponder
THE
FUGITIVE SLAVE LAW!

Which disregards all the ordinary securities of PERSONAL LIBERTY, which tramples on the Constitution, by its denial of the sacred rights of Trial by Jury, *Habeas Corpus*, and Appeal, and which enacts, that the Cardinal Virtues of Christianity shall be considered, in the eye of the law, as CRIMES, punishable with the severest penalties,—*Fines and Imprisonment.*

Freemen of Massachusetts, REMEMBER, That Samuel A. Elliott of Boston, voted for this law, that Millard Filmore, our whig President *approved* it and the Whig Journals of Massachusetts sustain them in this iniquity.

La Ley Kansas-Nebraska, 1854

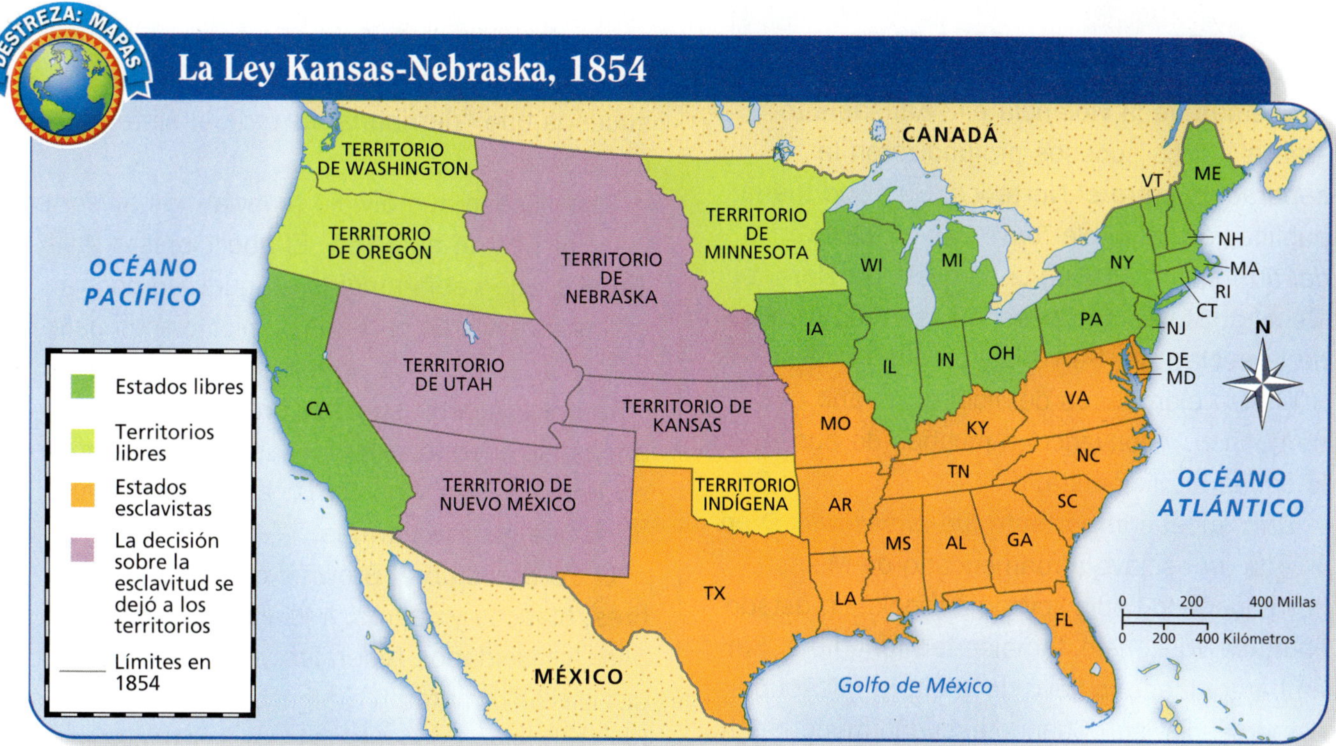

▶ **Este mapa muestra cómo la Ley Kansas-Nebraska afectó a los Estados Unidos.**

DESTREZA: MAPAS **Región** ***¿Cuál era el único estado de la región Oeste en 1854?***

"Kansas sangrante"

En 1854, el senador **Stephen Douglas,** de Illinois, propuso que Nebraska se dividiera en dos territorios: el **territorio de Nebraska,** al norte, y el **territorio de Kansas,** al sur. Puesto que ambos estaban al norte de la línea del Acuerdo de Missouri, ambos serían territorios libres; sin embargo, muchos sureños insistían en que se aceptara la esclavitud en los territorios de Nebraska y Kansas.

Una vez más, el Congreso buscó una solución. El senador Douglas sugirió un acuerdo: que la población de cada territorio decidiera si el territorio debía ser libre o esclavista. El Congreso aprobó la ley que se llamó **Ley Kansas-Nebraska.** En lugar de solucionar el problema, la ley creó uno nuevo en Kansas.

Puesto que un voto mayoritario decidiría si Kansas sería libre o esclavista, los que estaban a favor de una u otra posición se apresuraron a establecerse en Kansas. Del Norte llegaron quienes se oponían a la esclavitud. Del Sur —sobre todo de Missouri, estado esclavista vecino— llegaron personas que la apoyaban.

La población de Kansas votó en favor de la esclavitud. Pero algunos de los que votaron no eran en realidad de Kansas. Cruzaron la frontera con Missouri sólo para votar, por lo que los del Norte dijeron que el voto era ilegal; sin embargo, los del Sur no estuvieron de acuerdo. Debido a los actos violentos que provocó este problema, Kansas se conoció como "Kansas sangrante". Éstas no serían las últimas gotas de sangre derramadas entre los que estaban a favor y los que se oponían a la esclavitud.

REPASO ¿De qué forma modificó la Ley Kansas-Nebraska una parte del Acuerdo de Missouri? **Comparar y contrastar**

Un país dividido

Además de la violencia en "Kansas sangrante", otros sucesos profundizaron la separación entre el Norte y el Sur. Uno fue la publicación de *Uncle Tom's Cabin ("La cabaña del tío Tom")* en 1852, una novela de **Harriet Beecher Stowe** que describía las crueldades de la esclavitud. Se vendieron alrededor de 300,000 ejemplares del libro en el año que se publicó, y convenció a muchos de apoyar la causa abolicionista.

Otro suceso importante fue el caso de **Dred Scott,** un esclavo afroamericano de Missouri cuyo dueño lo había llevado a Illinois, un estado libre, y a Wisconsin, también territorio libre. Sin embargo, luego lo llevó de vuelta a Missouri, estado esclavista. Cuando el dueño murió, Scott fue a la corte para alegar que era un hombre libre porque había vivido en un estado libre.

Después de varios juicios, el caso llegó a la Corte Suprema de los Estados Unidos. En 1857, la Corte dijo que Scott "no tenía derechos" pues los afroamericanos no eran ciudadanos de los Estados Unidos.

Muchos estadounidenses se enfurecieron por la decisión de la Corte Suprema. Frederick Douglass expresó que la decisión llevaría a sucesos que "derribarían... todo el sistema esclavista".

Otro suceso que dividió todavía más al Norte y al Sur ocurrió en 1859. El abolicionista **John Brown,** que había dirigido ataques en contra de los esclavistas en Kansas, hizo planes para atacar a propietarios de esclavos en Virginia. Para llevar a cabo su plan, Brown necesitaba armas y planeó robarlas del arsenal del ejército en **Harpers Ferry, Virginia.** Un arsenal es un lugar donde se guardan armas.

El 16 de octubre, Brown y otros 21 hombres, blancos y negros, iniciaron su incursión, pero los soldados federales y del estado los detuvieron y mataron a algunos. Brown fue hecho prisionero y, después de ser declarado culpable, se le sentenció a muerte. Brown fue ahorcado, pero sus acciones mostraron que la lucha contra la esclavitud crecía y cada vez resultaba más difícil llegar a un acuerdo.

REPASO Contrasta los objetivos de Dred Scott y John Brown. Compara los resultados de su esfuerzo. **Comparar y contrastar**

Literatura y estudios sociales

En este pasaje de *La cabaña del tío Tom,* Harriet Beecher Stowe describe la lucha de una madre esclava llamada Eliza por mantener a su hijo lejos de los comerciantes de esclavos que querían quitárselo.

"La habitación [de Eliza] se abría al río por una puerta lateral. Tomó a su hijo y corrió por los escalones en dirección al agua. El tratante [de esclavos] pudo verla perfectamente mientras desaparecía por la orilla y, saltando de su caballo... la persiguió cual un cazador a su presa. En ese momento de confusión, los pies de ella... [apenas y] parecían tocar el suelo y, en un momento, llegó al borde del agua... y con el valor y la fuerza que Dios otorga sólo al que está desesperado, saltó con un grito salvaje sobre la... corriente de la orilla hacia la masa flotante de hielo que había más allá. Fue un salto desesperado, para todos imposible menos para el loco y el desconsolado".

Al lanzar su candidatura al Senado frente a Stephen Douglas, Abraham Lincoln habló en contra de la esclavitud.

Un nuevo partido político

A causa del asunto de la esclavitud, un partido político se acabó y comenzó otro. Los Whigs, divididos en un grupo a favor y otro en contra de la esclavitud, dejaron de existir. En 1854, algunos de sus miembros que se oponían a la esclavitud se unieron a otros para formar el Partido Republicano. Ahora, dos partidos políticos importantes, el Republicano y el Demócrata, se enfrentaban para discutir sobre los temas de la esclavitud y los derechos de los estados.

Ninguna elección mostró este conflicto con mayor claridad que la campaña para senador federal de 1858 en Illinois. Los republicanos escogieron a **Abraham Lincoln,** un abogado de Springfield, Illinois, como su candidato. Muchos lo apodaban "el corta-cercas" pues cuando era joven abría leños con un hacha para hacer los postes de las cercas. Lincoln se oponía a la expansión de la esclavitud y hablaba de su fin o "extinción completa".

El oponente de Lincoln era el senador demócrata Stephen Douglas, a quien se conocía como el "pequeño gigante" pues, aunque no era alto, parecía un gigante cuando pronunciaba discursos que hacían que el público cambiara de opinión. Douglas creía en los derechos de los estados. Dijo: "Cada estado... tiene derecho de hacer lo que desee acerca de... la esclavitud".

Los candidatos pronunciaron discursos en todo Illinois y debatieron sobre el tema de la expansión de la esclavitud. Los debates Lincoln-Douglas eran famosos porque los dos candidatos eran buenos oradores. Lincoln decía:

> ***"Si la esclavitud no es algo malo, entonces nada lo es... [Pero yo] no haría nada para provocar una guerra entre los estados libres y los esclavistas".***

Douglas afirmaba:

> ***"Si cada estado se preocupa sólo por sus propios asuntos... esta república puede existir por siempre dividida en estados libres y estados esclavistas".***

Douglas ganó las elecciones, pero los debates convirtieron a Lincoln en el nuevo líder del Partido Republicano. Dos años después, sería el candidato republicano a la presidencia.

REPASO Resume los puntos de vista de Lincoln y Douglas sobre la esclavitud. **Resumir**

Lincoln es elegido presidente

Durante las elecciones de 1860, el Partido Demócrata se dividió. Los demócratas del Norte escogieron a Stephen Douglas como candidato, y los del Sur a John Breckinridge, de Kentucky. El candidato de los republicanos fue Abraham Lincoln.

Lincoln ganó las elecciones sin obtener ningún voto electoral en el Sur. Los sureños temían que Lincoln tratara de terminar con la esclavitud, no sólo de los territorios del Oeste, sino también de los estados del Sur; también temían no tener voz en el nuevo gobierno. Lincoln dijo al Sur: "No debemos ser enemigos". Sin embargo, muchos en cada lado veían a los del otro como sus enemigos y ya era muy tarde para que el Norte y el Sur llegaran a un acuerdo.

REPASO ¿Por qué piensas que Lincoln dijo: "No debemos ser enemigos", al convertirse en presidente? **Sacar conclusiones**

Resume la lección

1820 El Congreso aprobó el Acuerdo de Missouri.

1850 Se aprobó la Ley de Esclavos Fugitivos como parte del Acuerdo de 1850.

1857 En el caso de Dred Scott, la Corte Suprema decidió que los esclavos no eran ciudadanos y no tenían derechos, ni siquiera en los estados libres.

1860 Abraham Lincoln fue elegido presidente sin el apoyo del Sur.

LECCIÓN 3 REPASO

Verifica hechos e ideas principales

1. **Idea principal y detalles** En una hoja aparte, completa el organizador gráfico para identificar los sucesos que apoyan la idea principal de la lección.

A pesar de los intentos por llegar a un acuerdo, la lucha sobre la esclavitud amenazaba con separar a los Estados Unidos.

El Acuerdo de Missouri			

2. ¿Cómo logró el Acuerdo de Missouri mantener el equilibrio entre los estados libres y los esclavistas?
3. ¿Cómo afectó el Acuerdo de 1850 a la esclavitud en California y en los territorios obtenidos de México?
4. ¿Quiénes fueron Dred Scott y John Brown? ¿Qué efecto tuvieron sus acciones en la división entre el Norte y el Sur?
5. **Razonamiento crítico: *Inferir*** ¿Qué era más importante para Lincoln, abolir la esclavitud o mantener al país unido? Explica.

Enlace con la escritura

Escribe una conversación Escribe una conversación entre estadounidenses en la década de 1850 sobre la expansión de la esclavitud. Puedes basar tu conversación en las palabras de los líderes estadounidenses que leíste en esta lección, como John C. Calhoun, Daniel Webster, Frederick Douglass, Harriet Beecher Stowe, Abraham Lincoln y Stephen Douglas. No necesitas usar sus mismas palabras.

Abraham Lincoln 1809–1865

El joven Abraham Lincoln tuvo que ayudar a su padre en la granja familiar y sólo asistió a la escuela un año en toda su vida. Sin embargo Abe leía todo lo que caía en sus manos. Una vez dijo: "Mi mejor amigo es aquél que me consigue un libro". Por eso, cuando un granjero vecino, Josiah Crawford, ofreció prestarle una biografía de George Washington, Abe se entusiasmó mucho. Desafortunadamente, una noche lluviosa el libro había quedado cerca de la pared de la cabaña y, como entró agua, se empapó. Cuando Abe le contó la verdad a Crawford, éste no se enojó y, para pagarle el daño, Abe trabajó en sus campos.

El libro sobre Washington se convirtió en uno de sus favoritos, junto con la autobiografía de Benjamin Franklin. De estos libros Abe aprendió algo sobre los hombres que fundaron los Estados Unidos, y supo por qué el sueño de un país libre era tan importante. A lo largo de su vida, Lincoln se educó con la lectura y cuando decidió ser abogado aprendió estudiando libros de leyes por su cuenta. Incluso cuando era presidente, leía libros para aprender a dirigir las acciones durante la guerra. Después de las elecciones de 1860, el presidente Lincoln pronunció un discurso en el que manifestó su fe en el futuro de los Estados Unidos, del que había leído desde la infancia. Ante la creciente tensión entre el Norte y el Sur, dijo:

BIODATO

Lincoln se dejó crecer la barba después de que Grace Bedell, una niña de 11 años de edad, se lo sugirió en una carta.

> ***"Si no hacemos causa común para salvar el buen barco de la Unión en este viaje, nadie tendrá la oportunidad de pilotarlo en otro viaje".***

Aprende de las biografías

¿Cómo crees que leer sobre los retos a los que se enfrentó Washington en la Guerra de Independencia ayudó a Lincoln a enfrentar los retos de la Guerra Civil?

Para más información, visita *Personajes de la historia* en **www.estudiossocialessf.com.**

LECCIÓN 4

EN BREVE

Enfoque en la idea principal
Con el tiempo, 11 estados del Sur se separaron de los Estados Unidos y eso desencadenó la Guerra Civil.

LUGARES
fuerte Sumter, Carolina del Sur

PERSONAJES
Jefferson Davis

VOCABULARIO
separarse
Confederación
Unión
estado fronterizo
guerra civil

1860 — 1862

Diciembre de 1860
Carolina del Sur es el primer estado que se separa de los Estados Unidos

Febrero de 1861
Siete estados del Sur forman los Estados Confederados de América

Abril de 1861
Fuerzas confederadas disparan sobre las tropas estadounidenses en el fuerte Sumter

Los primeros disparos

Estás ahí Es el 12 de abril de 1861 y está a punto de amanecer en Charleston, Carolina del Sur. Mary Boykin Chesnut, esposa de un oficial del Sur, es huésped en una casa cercana al puerto de Charleston. Las tropas de los estados del Sur empiezan a disparar contra el fuerte Sumter, un fuerte estadounidense en una isla del puerto.

Chesnut describe el suceso en su diario:

"Ni siquiera trato de dormir… ¿Cómo podría?" La mantiene despierta el "fuerte resonar de un cañón". Salta de la cama y se pone de rodillas. "Recé como nunca antes lo había hecho". Luego, Chesnut se pone un chal y sube al piso superior de la casa para ver mejor. "Los proyectiles estallaban", y el rugir de los cañones llenaba el aire. "Observamos desde ahí arriba, y a todos nos sorprendió que desde el fuerte Sumter no se hiciera ni un disparo".

Idea principal y detalles Al leer, identifica los sucesos que llevaron al inicio de la Guerra Civil.

Los estados del Sur se separan

Muchos sureños creían que el Sur debía **separarse** de los Estados Unidos. En diciembre de 1860, casi dos meses después de la elección de Lincoln como presidente, Carolina del Sur decidió separarse.

Para el 1 de febrero, otros seis estados —Alabama, Florida, Mississippi, Georgia, Luisiana y Texas— también se habían separado, y los representantes de estos siete estados se reunieron en Montgomery, Alabama. El 8 de febrero crearon su propio gobierno, que se llamó los Estados Confederados de América, o la **Confederación.**

La Confederación adoptó una constitución que apoyaba los derechos de los estados y la esclavitud, y afirmaba que su congreso no podía aprobar leyes que negaran el "derecho de propiedad sobre... esclavos".

La Confederación eligió a **Jefferson Davis,** antes senador de los Estados Unidos por el estado de Mississippi, como su presidente. Al igual que Abraham Lincoln, Jefferson Davis había nacido en Kentucky, en una cabaña de troncos. Pero Davis se crió en Mississippi en una plantación de su familia. Luego, estableció su propia plantación en tierras que le dio su hermano mayor.

Después de convertirse en presidente de la Confederación, Davis dijo que los estados del Sur debían esperar "el éxito, la paz y la prosperidad". Pero, en una carta a su esposa Varina, escribió que los estados del Sur estaban "amenazados por una poderosa oposición" de los Estados Unidos y de su presidente recién elegido, Abraham Lincoln.

Lincoln tomó posesión el 4 de marzo de 1861. Para entonces, la Confederación había tomado el control de la mayor parte de los fuertes y las propiedades militares de los Estados Unidos en el Sur. A los estados que permanecieron leales al gobierno estadounidense se les conocía como la **Unión.** Uno de los fuertes que aún estaban bajo control de la Unión era el **fuerte Sumter,** en el puerto de Charleston, Carolina del Sur.

REPASO Resume los sucesos que ocurrieron al mismo tiempo que se formaba la Confederación.
Resumir

Jefferson Davis *(abajo)* fue presidente de la Confederación. El ataque confederado al fuerte Sumter *(izquierda)* fue el inicio de la Guerra Civil.

La Unión y la Confederación, 1861–1865

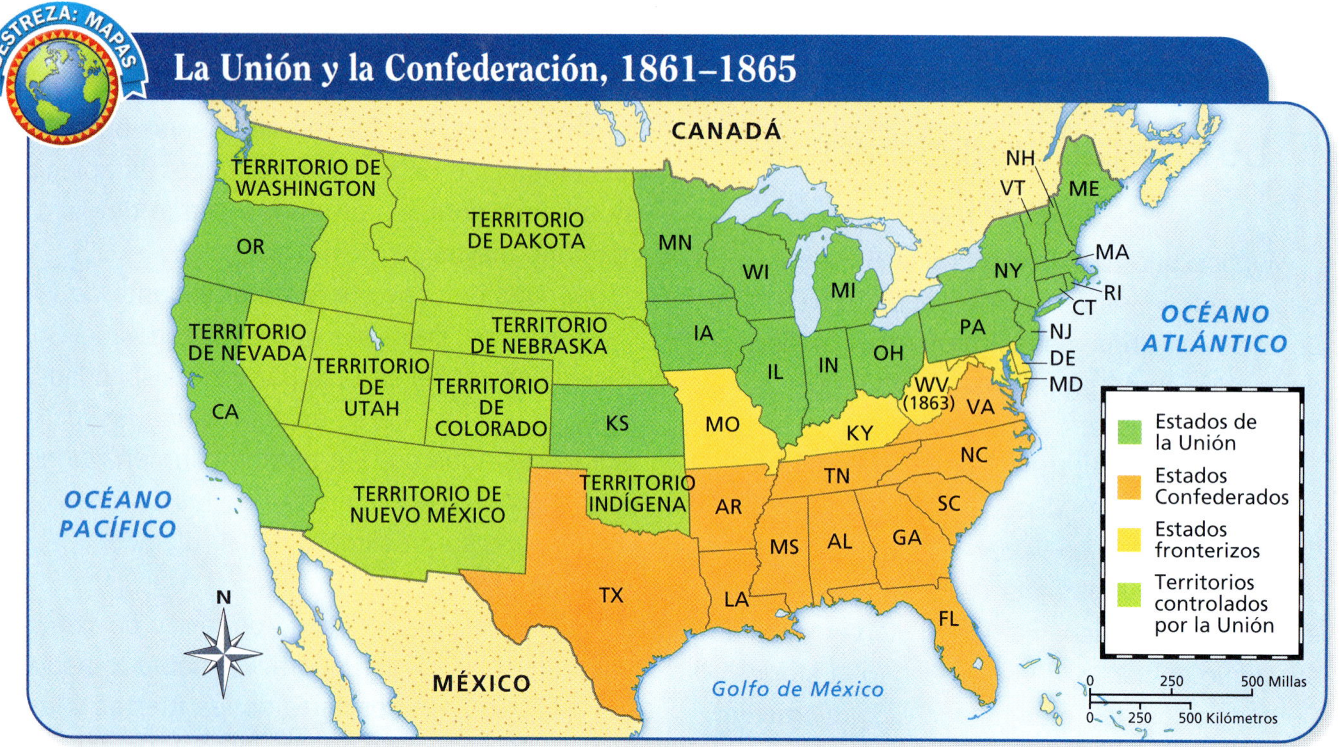

▶ **Este mapa muestra los Estados Unidos durante la Guerra Civil. Encuentra Virginia Occidental, que se separó de Virginia y votó por permanecer en la Unión. Virginia Occidental se convirtió en estado en 1863.**

DESTREZA: MAPAS **Lugar** ***Nombra el estado confederado que se ubicaba más hacia el oeste.***

La guerra comienza

El 9 de abril, Jefferson Davis se reunió con sus consejeros para discutir sobre el fuerte Sumter. Un consejero dijo que si daban el primer golpe contra la Unión, la Confederación sería la parte "culpable" del conflicto. Davis no estuvo de acuerdo y decidió enviar oficiales para exigir la rendición del fuerte.

El fuerte Sumter estaba comandado por Robert Anderson, oficial de la Unión, quien estuvo de acuerdo en rendir el fuerte si la Confederación esperaba tres días más. Pero el comandante confederado, Pierre G.T. Beauregard, había dado órdenes de disparar si Anderson no se rendía en una hora.

Los confederados empezaron a disparar contra el fuerte Sumter el viernes 12 de abril a las 4:30 a.m. El bombardeo continuó hasta el sábado. Con poca comida y agua, el mayor Anderson se vio obligado a rendirse y abandonó el fuerte el domingo.

Lincoln respondió al ataque al fuerte Sumter y su rendición pidiendo a los estados de la Unión que mandaran 75,000 soldados para acabar con la rebelión de los confederados. Pensó que esto le llevaría poco tiempo y afirmó que sólo necesitaría a los soldados durante 90 días.

El llamado de Lincoln para pedir tropas enojó tanto a los estados de Virginia, Arkansas, Tennessee y Carolina del Norte que se separaron y se unieron a la Confederación. Ahora había 11 estados en la Confederación y 23 en la Unión. Cuatro de los estados de la Unión —Delaware, Maryland, Missouri y Kentucky— eran estados esclavistas que parecían no estar seguros de si permanecer en la Unión o unirse a la Confederación. Se les llamaba **estados fronterizos** pues, como puedes ver en el mapa de arriba, se ubicaban entre la Unión y la Confederación. Tres de estos estados —Delaware, Missouri y Kentucky— dijeron que no mandarían soldados; Maryland dijo que sí, pero sólo para defender Washington, D.C.

Lincoln creía que era importante mantener a los estados fronterizos en la Unión aunque fueran esclavistas.

Por ello, en 1861 seguía diciendo que su meta no era abolir la esclavitud, sino mantener juntos a los Estados Unidos. Pronto verás que ninguna de las dos metas sería fácil de lograr.

El conflicto entre los estados surgió por numerosas razones. Para Lincoln y los que lo apoyaban, la razón de la lucha era preservar, o mantener unida, la Unión. Sin embargo, otros, que también apoyaban al Norte, consideraban que estaban luchando por abolir la esclavitud. Los del Sur luchaban para preservar los derechos de los estados y la esclavitud; también pensaban que lo hacían para defender su tierra y su estilo de vida.

La batalla en el fuerte Sumter fue el inicio de la Guerra Civil en los Estados Unidos. Una **guerra civil** es una guerra entre los habitantes de un mismo país. Es posible que hayas oído otros nombres para esta guerra. Algunos norteños la describían como una rebelión y, a la Confederación, como un grupo de rebeldes. Muchos sureños aceptaron con orgullo ser llamados rebeldes. Para ellos el conflicto era una guerra por la independencia del Sur. También se le ha llamado la Guerra entre los Estados y Guerra de Secesión (que significa separación). Pero sin importar el nombre, la guerra sería más larga y sangrienta de lo que se pensaba en 1861.

REPASO ¿Cuáles fueron las diferencias principales entre las razones del Norte y el Sur para pelear en la Guerra Civil? **Comparar y contrastar**

Resume la lección

- **Diciembre de 1860** Carolina del Sur fue el primer estado que se separó de los Estados Unidos.
- **Febrero de 1861** Siete estados del Sur formaron los Estados Confederados de América.
- **Abril de 1861** Las fuerzas confederadas dispararon contra tropas estadounidenses en el fuerte Sumter, batalla que dio inicio a la Guerra Civil.

LECCIÓN 4 REPASO

Verifica hechos e ideas principales

1. **Idea principal y detalles** En una hoja aparte, completa el organizador gráfico para mostrar los detalles que apoyan la idea principal.

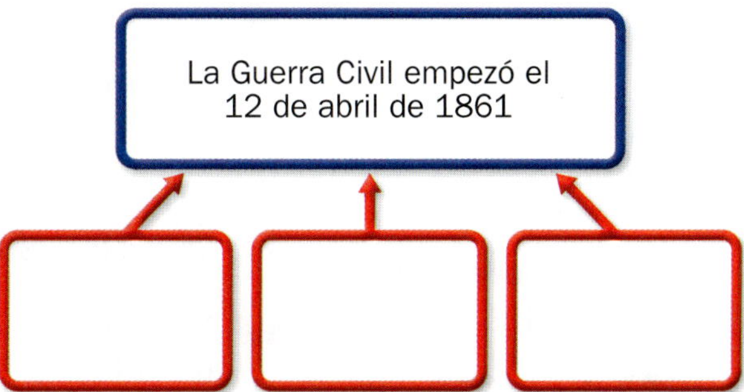
La Guerra Civil empezó el 12 de abril de 1861

2. Describe dos metas fundamentales de la constitución confederada.
3. Identifica el suceso que dio inicio a la Guerra Civil.
4. ¿Cuál fue la razón principal de Abraham Lincoln para luchar en la Guerra Civil?
5. **Razonamiento crítico: *Expresar ideas*** ¿Por qué crees que, al principio de la Guerra Civil, Lincoln no decía que luchaba por acabar con la esclavitud?

Enlace con las artes del lenguaje

Escribe un párrafo Imagina que vives en el Norte o en el Sur cuando comienza la guerra en 1861. Escribe un párrafo donde escojas el nombre que consideres más apropiado para el conflicto. Da por lo menos dos razones que apoyen tu elección.

CAPÍTULO 14 REPASO

1820

1830

1840

1820 Acuerdo de Missouri

1831 Nat Turner dirige una rebelión de esclavos en Virginia

1846 El Congreso vota por reducir los aranceles sobre importaciones

Resumen del capítulo

Idea principal y detalles

En una hoja aparte, completa el organizador gráfico con los principales acuerdos tomados en el Congreso antes de la Guerra Civil.

El Congreso tomó varios acuerdos para evitar que el Norte y el Sur se separaran.

Acuerdo de Missouri

Bandera dañada en la Batalla del fuerte Sumter

Vocabulario

Relaciona cada palabra con su definición o descripción correcta.

1. **seccionalismo** (p. 465)
2. **códigos de esclavos** (p. 471)
3. **estado libre** (p. 477)
4. **separarse** (p. 485)
5. **Tren Clandestino** (p. 473)

a. estado que no permite la esclavitud

b. lealtad a una parte del país, no a toda la nación

c. sistema secreto para ayudar a los esclavos a escapar hacia la libertad

d. leyes que controlan la conducta de los esclavos

e. desunirse

Personajes y términos

Escribe una oración que explique por qué cada uno de los siguientes personajes o términos es importante en los sucesos que llevaron a la Guerra Civil. Puedes usar dos o más de ellos en una misma oración.

1. **David Walker** (p. 467)
2. **Nat Turner** (p. 472)
3. **Confederación** (p. 485)
4. **Harriet Tubman** (p. 473)
5. **John C. Calhoun** (p. 477)
6. **Ley de Esclavos Fugitivos** (p. 478)
7. **Harriet Beecher Stowe** (p. 480)
8. **Dred Scott** (p. 480)
9. **Jefferson Davis** (p. 485)
10. **Unión** (p. 485)

1850 1860 1870 1880

1849
Harriet Tubman escapa de la esclavitud en el Tren Clandestino

1857
Caso Dred Scott

1860
Abraham Lincoln es elegido presidente

Febrero de 1861
Se forman los Estados Confederados de América

Abril de 1861
Las fuerzas del Sur disparan contra tropas de Estados Unidos en el fuerte Sumter

Hechos e ideas principales

1. ¿Qué tipo de control tenían los dueños sobre la vida de los esclavos?
2. Explica cómo el problema de la esclavitud llevó a establecer un nuevo partido político.
3. **Línea cronológica** ¿Cuántos años pasaron entre la rebelión de Nat Turner y el caso de Dred Scott?
4. **Idea principal** Menciona algunas de las diferencias entre el Norte y el Sur que aumentaron la tensión entre las dos regiones.
5. **Idea principal** ¿Cómo sabemos que muchos esclavos se resistieron a la esclavitud?
6. **Idea principal** Explica la manera en que las diferencias respecto de la esclavitud amenazaban la existencia de los Estados Unidos.
7. **Idea principal** ¿Qué efecto tuvo en el Sur la elección de Lincoln?
8. **Razonamiento crítico: *Causa y efecto*** ¿Cuál fue la causa inmediata de la Guerra Civil?

Escribe sobre la historia

1. **Escribe una anotación de diario** como si fueras una persona observando la batalla en el fuerte Sumter.
2. **Escribe un poema** sobre una persona mencionada en este capítulo a quien admires.
3. **Escribe un discurso corto** que habrías dado como senador o senadora en favor o en contra del Acuerdo de Missouri.

Aplica las destrezas

Reconocer el punto de vista

Lee las dos secciones siguientes que están tomadas de los debates Lincoln-Douglas. Luego contesta las preguntas.

> *"Si la esclavitud no es algo malo, entonces nada lo es... [Pero yo] no haría nada para provocar una guerra entre los estados libres y los esclavistas".*
>
> —Abraham Lincoln

> *"Si cada estado se preocupa sólo por sus propios asuntos... esta república puede existir por siempre dividida en estados libres y estados esclavistas".*
>
> —Stephen Douglas

1. ¿Cuál es el tema de cada sección?
2. ¿Cuál es el punto de vista de Lincoln sobre la esclavitud?
3. ¿Cuál es el punto de vista de Douglas sobre la esclavitud?

Actividad en la Internet

Para obtener ayuda con el vocabulario, los personajes y los términos, selecciona el diccionario o la enciclopedia de la *Biblioteca de estudios sociales* en **www.estudiossocialessf.com.**

Guerra y Reconstrucción

1861

Manassas Junction, Virginia
Las tropas confederadas ganan la primera batalla importante de la Guerra Civil.

Lección 1

1

1863

Charleston, Carolina del Sur
Tropas afroamericanas del ejército de la Unión atacan el fuerte Wagner.

Lección 2

2

1865

Tribunal de Appomattox, Virginia
El Sur se rinde.

Lección 3

3

1865

Washington, D.C.
El presidente Lincoln es asesinado.

Lección 4

4

Tiempo y lugar

Por qué lo recordamos

"...que el gobierno del pueblo, por el pueblo y para el pueblo no desaparezca de la faz de la Tierra".

En 1863, en plena Guerra Civil, estas palabras sonaron en un campo de batalla donde muchos soldados de la Unión y de la Confederación habían muerto hacía algunos meses. El campo de batalla estaba en Gettysburg, Pennsylvania. El orador era el presidente Abraham Lincoln. En ese momento, nadie sabía quién ganaría la guerra. Pero Lincoln estaba seguro de su meta: preservar la nación, nacida hacía sólo 87 años.

LECCIÓN 1

1861 — **1863**

Abril de 1861
La Unión empieza el bloqueo de los puertos del Sur

Julio de 1861
Primera Batalla de Bull Run

Septiembre de 1862
Batalla de Antietam

EN BREVE

Enfoque en la idea principal
En los primeros años de la Guerra Civil, el Norte y el Sur diseñaron estrategias con la esperanza de obtener una victoria rápida.

LUGARES
Washington, D.C.
Richmond, Virginia
Manassas Junction, Virginia

PERSONAJES
Winfield Scott
Thomas "Stonewall" Jackson
Robert E. Lee

VOCABULARIO
bloqueo
Plan Anaconda
Primera Batalla de Bull Run
Batalla de Antietam

▶ Un soldado confederado usó esta cantimplora durante la Guerra Civil.

Las primeras etapas de la guerra

Estás ahí Es el verano de 1861 y amanece en tu granja de Kentucky. Escuchas el canto del gallo. Bajo tu habitación, que está en el ático, tu madre grita. Te asomas y la ves con un papel en la mano. Es una carta de tu hermano mayor, Joshua, que se fue durante la noche para unirse al ejército de la Unión.

Joshua y el segundo de tus hermanos, William, habían estado discutiendo sobre la guerra desde la primavera. Joshua decía: "¡La Unión para siempre!". William gritaba: "¡Abajo la tiranía del Norte!". Tú sólo deseas que la guerra termine pronto.

Lees en el periódico que los confederados han logrado una victoria en Virginia. Con la esperanza de que la guerra sea corta, muchos sureños se apresuran a unirse al ejército antes de que termine. Te preguntas si William se irá para unirse a las fuerzas confederadas. Si lo hace, ¿terminarían él y Joshua luchando entre sí, hermano contra hermano?

Idea principal y detalles Al leer, fíjate en cómo el Norte y el Sur se prepararon para la guerra.

Ventajas y desventajas

Muchos de los que apoyaban al Norte creían que peleaban por preservar la Unión. Sin embargo, la mayoría de los que apoyaban al Sur creían que luchaban para preservar su estilo de vida. En ocasiones estas opiniones dividieron a las familias. Algunos familiares del presidente Lincoln tomaron partido por el Sur. Cuatro hermanos de su esposa Mary pelearon por la Confederación.

Además de los fuertes sentimientos, cada bando pensaba que tenía alguna ventaja sobre el otro. Los del Sur creían que su estilo de vida rural era una mejor manera de preparar a los soldados para la guerra. Muchos sureños cazaban y estaban familiarizados con las armas. El Sur tenía también un historial de líderes militares; un mayor número de los veteranos de la Guerra con México eran del Sur.

Pero un ejército necesita provisiones. En 1860, los estados del Norte fabricaron más del 90 por ciento de las armas, las telas, los zapatos y el hierro del país; también produjeron más de la mitad del maíz y el 80 por ciento del trigo.

Otro factor importante para un ejército es el transporte de las provisiones. La Unión tenía muchas más vías ferroviarias, canales y caminos que la Confederación; además, pudo reunir más dinero. Al final de la guerra, la Unión había gastado más de $2,600 millones y la Confederación sólo gastó $1,000 millones.

REPASO ¿Por qué cada bando pensaba que podía ganar? **Resumir**

BANCO DE DATOS

La Unión y la Confederación, 1861

Observa las gráficas siguientes y compara los recursos que tenía cada bando.

Unión
Confederación

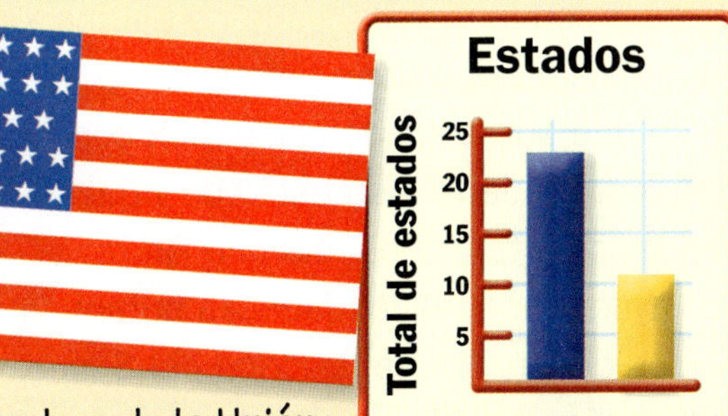

Bandera de la Unión

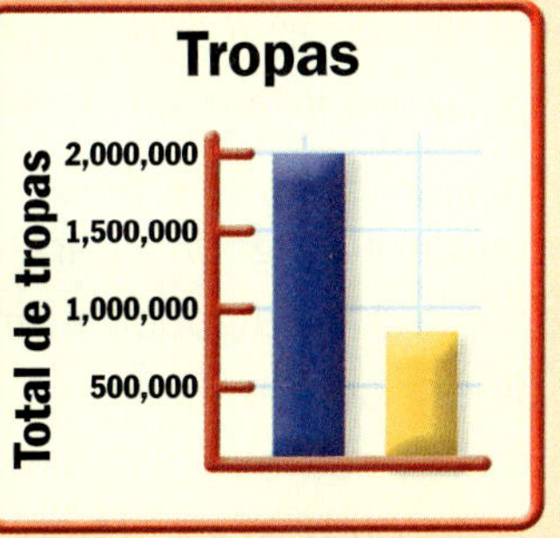

Bandera de la Confederación

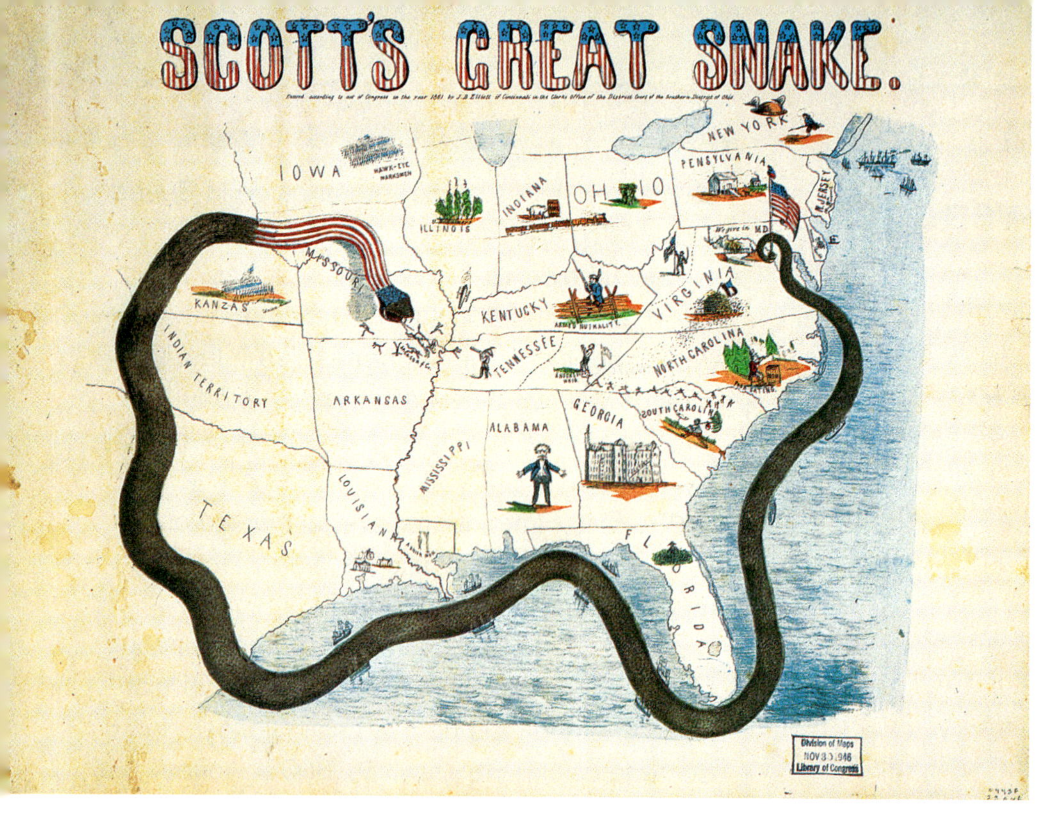

Esta caricatura ilustraba el Plan Anaconda al mostrar a una de estas víboras rodeando a la Confederación.

Las estrategias

El presidente Abraham Lincoln le pidió consejo al general **Winfield Scott,** quien había peleado en la Guerra con México, sobre cómo ganar la guerra. Scott planeó una estrategia de tres partes. La primera consistía en un **bloqueo** de las costas de la Confederación en el Atlántico y en el Golfo. Un bloqueo es el cierre de un área con tropas o con barcos para evitar la entrada o salida de gente y provisiones. Con un bloqueo, el Sur no podría embarcar su algodón para venderlo en Europa. Las ventas de algodón eran la principal fuente de dinero del Sur para poder pagar la guerra.

La segunda etapa del plan de Scott era tomar territorios a lo largo del río Mississippi, el corazón de la Confederación. Al controlar el río, se debilitaría la Confederación porque los estados del Sur se dividirían en dos.

En la tercera parte, la Unión atacaría a la Confederación desde el este y desde el oeste. La estrategia de Scott se llamó **Plan Anaconda,** porque él dijo que aplastaría a la Confederación como si fuera una anaconda. Una anaconda es una víbora grande que mata a su presa rodeándola y sofocándola. A Lincoln le gustó el plan y ordenó el bloqueo el 19 de abril, una semana después de la caída del fuerte Sumter.

El gobierno de la Confederación tenía su propia estrategia para la victoria. Primero, pensaba que sólo debía defender su territorio hasta que la Unión se cansara y se rindiera. Muchos sureños creían que los del Norte no tenían nada que ganar con la victoria y que no estaban dispuestos a pelear por mucho tiempo. En el Sur se pensó que sus soldados pelearían con mayor coraje por su tierra y su estilo de vida.

La Confederación también creía que Gran Bretaña les ayudaría, pues las fábricas británicas de hilados dependían del algodón del Sur. Pero Gran Bretaña ya tenía un excedente de algodón y buscaba nuevas fuentes de ese material en India y Egipto. Gran Bretaña permitió que se construyeran barcos de guerra para el Sur en sus astilleros, pero no envió ningún soldado.

REPASO ¿Cómo intentaba debilitar a los estados del Sur el Plan Anaconda de Winfield Scott? **Idea principal y detalles**

Las primeras batallas

Los éxitos iniciales en el campo de batalla dieron a la Confederación una razón para sentirse confiada. El presidente Lincoln envió 35,000 tropas al sur desde **Washington, D.C.,** para invadir **Richmond, Virginia,** la capital de la Confederación. En el camino, las tropas de la Unión y de la Confederación se enfrentaron el 21 de julio de 1861 en un riachuelo llamado Bull Run, cerca del pueblo de **Manassas Junction,** Virginia.

La **Primera Batalla de Bull Run** fue un suceso confuso. La mayor parte de las tropas en ambos bandos eran nuevas en la guerra. Al principio, la batalla se desarrolló a favor de la Unión y algunos soldados confederados empezaron a replegarse. Pero un general de Virginia se negó a rendirse y ordenó a sus hombres que se mantuvieran en su lugar. Puesto que el general y sus hombres se quedaron "como un muro de piedra", llegó a ser conocido como **Thomas "Stonewall" Jackson.**

Llegaron más confederados y pronto las cosas se volvieron en su favor; los soldados de la Unión se replegaron. Las bajas en la Primera Batalla de Bull Run fueron de 3,000 para la Unión y 2,000 para la Confederación. Las bajas incluyen soldados muertos, heridos, capturados o perdidos.

El 17 de septiembre de 1862, la Unión y la Confederación se enfrentaron cerca del pueblo de Sharpsburg, Maryland, en la **Batalla de Antietam.** En la batalla participó uno de los generales más capaces de la Confederación, **Robert E. Lee.** Se le había pedido que peleara por la Unión, pero se negó y decidió servir a la Confederación cuando Virginia, su estado natal, se unió a los estados del Sur. Leerás acerca de Robert E. Lee en la biografía de la página 497.

La batalla fue una victoria importante para la Unión. Hasta este momento, existía la posibilidad de que Gran Bretaña ayudara a la Confederación. Después de Antietam, Gran Bretaña dejó de apoyar a los estados del Sur. Ahora la Confederación pelearía sola.

REPASO ¿Qué efecto tuvo en la Unión la victoria en la Batalla de Antietam? **Causa y efecto**

Litografía de Kurz & Allison

Con más de 23,000 bajas, la Batalla de Antietam fue el día más sangriento de toda la Guerra Civil.

Un nuevo tipo de guerra

En la Guerra Civil se usaron nuevas tecnologías. Los soldados usaban rifles que podían disparar a mayor distancia y con mayor precisión que los fusiles usados en guerras anteriores. Los ferrocarriles transportaban tropas y provisiones al frente de batalla con mayor rapidez. La Confederación construyó varios submarinos —barcos que se movían debajo del agua— para superar el bloqueo de la Unión. Ambos lados usaron una primera versión de la granada de mano.

Otra nueva arma fue el acorazado, o buque cubierto de hierro. Los confederados construyeron un acorazado con un barco abandonado de la Unión llamado *Merrimack* que cubrieron de hierro. Lo rebautizaron *Virginia*. En marzo de 1862, el *Virginia* hundió con facilidad varios barcos de madera de la Unión; las balas de cañón sólo rebotaban en los costados de hierro del *Virginia*. Luego, el 9 de marzo, el *Monitor*, un acorazado de la Unión, llegó para hacer frente al *Virginia*. Los dos buques se bombardearon durante horas, pero ninguno pudo dañar seriamente al otro.

Estas nuevas tecnologías hicieron posible que los soldados tuvieran armas más precisas, a raíz de lo cual hubo más bajas. Por desgracia, el conocimiento médico no había avanzado tanto como las otras tecnologías y muchos soldados murieron debido a enfermedades e infecciones.

REPASO ¿Cuáles fueron las ventajas y las desventajas de la nueva tecnología en la Guerra Civil? **Comparar y contrastar**

Resume la lección

- **19 de abril de 1861** La Unión empezó a bloquear los puertos del Sur.
- **21 de julio de 1861** Las fuerzas confederadas derrotaron a las de la Unión en la Primera Batalla de Bull Run en Manassas.
- **17 de septiembre de 1862** La Unión y la Confederación se enfrentaron en una sangrienta batalla en Antietam, victoria importante para la Unión.

LECCIÓN 1 REPASO

Verifica hechos e ideas principales

1. **Idea principal y detalles** En una hoja aparte, completa los detalles del Plan Anaconda.

El Plan Anaconda del general Winfield Scott buscaba debilitar a los estados confederados.

2. Compara las ventajas de la Unión con las de la Confederación al inicio de la guerra.

3. ¿Cómo diferían las estrategias del Norte y del Sur?

4. Resume los sucesos de la primera Batalla de Bull Run.

5. **Razonamiento crítico:** ***Analizar información*** ¿Qué efecto tuvo la tecnología militar en los soldados de la Guerra Civil?

Enlace con las matemáticas

Analizar gráficas Fíjate una vez más en las gráficas de la página 493. ¿Cuántas personas más vivían en el Norte que en el Sur? ¿Cuántas millas más de ferrocarriles tenía el Norte que el Sur? ¿Por qué sería una ventaja tener una población más numerosa y más millas de ferrocarril?

Robert E. Lee 1807–1870

Robert E. Lee no conoció a su padre durante mucho tiempo. Cuando tenía seis años, su padre, Harry Lee, visitó a un amigo que publicaba un periódico que criticaba a los Estados Unidos por haberse ido a la guerra con Gran Bretaña en 1812. Al igual que su amigo, Harry se oponía a esa guerra. Un grupo de gente furiosa atacó las oficinas del periódico cuando Harry Lee estaba dentro y lo golpearon severamente. Robert se despidió de su padre cuando éste se embarcó hacia Barbados, a donde fue para curar sus heridas. Harry Lee murió antes de poder regresar a casa.

Muchos años después, al inicio de la Guerra Civil, se le pidió a Robert E. Lee que tomara la decisión más difícil de su vida. Lee era una estrella prominente en el ejército de los Estados Unidos, pero había nacido y se había criado en Virginia, y aunque no estaba de acuerdo con la esclavitud, amaba su hogar y su estado. Tal vez pensando en su padre, quien defendió las cosas que amaba a un alto costo, Lee renunció al ejército de los Estados Unidos y escribió:

BIOFACT

Lee montó su querido caballo Traveller durante la Guerra Civil. Traveller sobrevivió a Lee, en el funeral caminó detrás de su ataúd y está enterrado cerca de su tumba en Lexington, Virginia.

> ***"No puedo decidirme a levantar la mano contra mis familiares, mis hijos, mi hogar".***

Lee esperaba que Virginia no tomara parte en el conflicto y así no tener que pelear, pero cuando Virginia se separó y se unió a la Confederación, le quedó claro lo que debía hacer. Lee aceptó la comandancia de las fuerzas de Virginia. Más adelante, su esposa, Mary, recordaba la noche de su decisión; dijo que él había "llorado lágrimas de sangre".

Aprende de las biografías

¿Por qué fue tan difícil para Lee tomar la decisión? ¿Qué crees que quiso decir su esposa cuando dijo que él había "llorado lágrimas de sangre"?

Para más información, visita *Personajes de la historia* en **www.estudiossocialessf.com.**

LECCIÓN 2

1863 | 1864

Enero de 1863
La Proclama de Emancipación entra en vigor

Julio de 1863
Tropas afroamericanas atacan el fuerte Wagner

Junio de 1864
El Congreso da la misma paga a soldados negros y blancos

EN BREVE

Enfoque en la idea principal
Conforme se desarrollaba la Guerra Civil, en el Norte y en el Sur se sufrían muchas penurias, incluso una creciente pérdida de vidas.

LUGARES
fuerte Wagner, Carolina del Sur

PERSONAJES
Mathew Brady
William Carney
Belle Boyd
Clara Barton

VOCABULARIO
conscripción
Proclama de Emancipación

La vida durante la guerra

Estás ahí Estas cartas son de militares que pelearon en la Batalla de Fredericksburg en Virginia el 13 de diciembre de 1862. Estaban en lados opuestos, pero, ya sea peleando por la Unión o por la Confederación, los militares estaban horrorizados ante la pérdida de vidas.

16 de diciembre de 1862

Lejos están las esperanzas orgullosas, las altas aspiraciones [metas] que llenaban nuestro pecho hace unos días. Una vez más sin éxito, y sólo un registro sangriento para mostrar que nuestros hombres eran valientes.

Capitán William T. Lusk, del ejército de la Unión

11 de enero de 1863

Puedo informarte que al fin he visto el Gran Espectáculo [batalla] y no quiero verlo más. Martha, no puedo decirte cuántos muertos he visto... pero te aseguro una cosa: es algo que no quiero ver nunca más.

Soldado raso Thomas Warrick, de la Confederación

Idea principal y detalles Al leer, fíjate en las dificultades que pasaron durante la Guerra Civil tanto soldados como civiles.

La vida militar

Las familias de los militares como el capitán Lusk y el soldado raso Warrick se enteraban de la guerra por las cartas y por los periódicos. También podían ver los horrores de la guerra gracias a una nueva tecnología: la fotografía. Fotógrafos de la Guerra Civil como **Mathew Brady** tomaron fotos de los innumerables muertos en el campo de batalla, así como de los soldados calentándose junto a la fogata o descansando después de una larga marcha.

Los soldados que Brady fotografió se parecían mucho a cualquier joven estadounidense de finales del siglo XIX. La edad promedio de un soldado de la Guerra Civil era aproximadamente de 25 años, pero hubo tamborileros de hasta doce años en el campo de batalla.

La vida de los soldados era dura, incluso cuando no estaban en batalla. Podían marchar hasta 25 millas diarias cargando cerca de 50 libras de provisiones en sus mochilas. Padecían sed al marchar por caminos polvorientos en el verano, y en el invierno tiritaban al cruzar zanjas lodosas.

Marchar era especialmente pesado para los confederados. El bloqueo evitaba que muchas provisiones llegaran al Sur, y los soldados gastaban sus zapatos; con frecuencia peleaban descalzos hasta que conseguían otro par.

En ambos bandos, los soldados estaban descontentos con la comida. Les daban frijoles, tocino, res adobada, puerco salado y un duro pan de harina y agua llamado *"hardtack"* (clavo duro). Cuando podían, cazaban en los bosques o saqueaban las granjas locales.

Conforme se prolongaba la guerra, los voluntarios disminuían. Un voluntario es una persona que escoge libremente entrar en el ejército. Ambos bandos promulgaron leyes de **conscripción** que exigían que los hombres de cierta edad sirvieran en el ejército si se les llamaba. Sin embargo, los confederados con 20 o más esclavos podían pagar a substitutos para tomar su lugar. En la Unión podían pagar $300 y no pelear en la guerra.

La conscripción era impopular en el Norte y en el Sur porque favorecía a los ricos, y en julio de 1863 hubo protestas contra ella en la Ciudad de Nueva York. Muchos decían que el conflicto era "la guerra de los ricos, la lucha de los pobres".

Las pérdidas en ambos bandos eran terribles. Alrededor de un millón de soldados murieron o fueron heridos en total. En comparación, sólo 10,600 patriotas murieron en la Guerra de Independencia. En la Guerra Civil la causa más común de muerte eran las enfermedades. De los más de 360,000 soldados de la Unión que murieron sólo unos 110,000 fallecieron en combate. De los confederados murieron alrededor de 258,000 soldados, pero sólo 94,000 en combate. Como leíste en la Lección 1, las enfermedades mataron a tantos hombres porque los médicos no sabían cómo evitar que los gérmenes infectaran las heridas.

REPASO ¿Cuáles fueron algunos de los retos que enfrentaron los soldados de la Guerra Civil?

Idea principal y detalles

▶ **La vida era difícil y peligrosa tanto para los soldados de la Unión *(izquierda)* como para los de la Confederación *(derecha)*.**

La Proclama de Emancipación

Al principio, la Guerra Civil no fue una guerra contra la esclavitud. La meta de Lincoln era preservar la unión, o mantener al país unido. Pero para 1862 Lincoln pensaba que sólo podría salvar la Unión si la abolición de la esclavitud era un objetivo de la guerra.

Los consejeros de Lincoln temían que terminar con la esclavitud afectaría el desenlace de la guerra. Algunos decían que uniría al Sur y dividiría al Norte, pero Lincoln explicó: "La esclavitud debe morir para que la nación pueda vivir".

El 1 de enero de 1863, el presidente Lincoln publicó la **Proclama de Emancipación.** Emancipar significa "liberar", y una proclama es una declaración. La Proclama de Emancipación era una declaración que liberaba a todos los esclavos de los estados confederados en guerra con la Unión. Momentos antes de firmar la proclama, Lincoln dijo: "Nunca en mi vida estuve tan seguro de estar haciendo lo correcto".

La Proclama decía:

> ***"Todas las personas tenidas como esclavos en los estados rebeldes... son, y en lo sucesivo deberán ser... libres".***

La Proclama de Emancipación no acabó con la esclavitud en los estados fronterizos ni en las tierras confederadas controladas por las fuerzas de la Unión. Sí declaraba el fin de la esclavitud en el resto de la Confederación, pero puesto que la Unión no controlaba estas áreas, muchos afroamericanos siguieron siendo esclavos ahí.

Los afroamericanos libres, como Frederick Douglass, apoyaron los esfuerzos de Lincoln. Douglass animó a los afroamericanos a ayudar a la Unión en la guerra. "Corran a las armas", escribió. Muchos afroamericanos respondieron y se unieron al ejército de la Unión.

REPASO ¿Cuál fue el resultado de la Proclama de Emancipación? **Causa y efecto**

Esclavos y siervos

Al mismo tiempo que el presidente Lincoln dictaba la Proclama de Emancipación, en otras partes del mundo otras personas sometidas obtenían su libertad. En 1861, los líderes en Rusia empezaron a liberar a los siervos, quienes trabajaban tierras que pertenecían a otros a cambio de techo y protección. Al igual que los esclavos, los siervos no podían casarse, cambiar de ocupación o dejar la tierra sin permiso.

Colección Granger

Biblioteca del Congreso

Los soldados afroamericanos del 54° Regimiento obtuvieron fama por su valiente ataque al fuerte Wagner.

Los afroamericanos en la guerra

Al principio de la guerra, los afroamericanos no podían alistarse en el ejército, pero servían como cocineros o sirvientes. En 1862 se les permitió alistarse al ejército de la Unión.

Los soldados afroamericanos no recibían el mismo trato que los blancos; se les pagaba menos y, a diferencia de sus colegas blancos, tenían que comprar sus propios uniformes.

La situación de los soldados afroamericanos mejoró antes de terminar la guerra. Una razón del cambio fue el desempeño del 54° Regimiento de Color de Massachusetts. Un regimiento es un grupo de entre 600 y 1,000 soldados. El 54° fue uno de los primeros grupos de soldados negros organizados para el combate en el ejército de la Unión.

El 18 de julio de 1863, el 54° Regimiento encabezó un ataque contra el **fuerte Wagner** en Carolina del Sur. El fuego de los confederados era continuo, pero los hombres del 54° atacaron el fuerte antes de ser obligados a retirarse; perdieron a más de cuatro de cada diez hombres.

El sargento **William Carney** fue herido gravemente en la batalla, pero nunca dejó la bandera del regimiento. Carney dijo después que había peleado "para servir a mi país y a mis hermanos oprimidos". Fue uno de los 16 afroamericanos que obtuvieron la Medalla de Honor del Congreso durante la guerra.

La Unión no ganó la batalla en el fuerte Wagner, pero la valentía del 54° Regimiento cambió la opinión de muchos norteños que dudaban de las habilidades de combate de los soldados negros. Casi 200,000 soldados negros lucharon por la Unión durante la Guerra Civil, y 37,000 perdieron la vida. En junio de 1864, el Congreso aprobó que la paga de los soldados negros fuera igual que la de los blancos.

REPASO ¿Cuál es tu conclusión sobre las razones por las que las tropas afroamericanas lucharon en la Guerra Civil? **Sacar conclusiones**

Belle Boyd *(abajo)* era espía; otras mujeres cuidaban a los soldados en los hospitales *(derecha).*

Las mujeres y la guerra

Las mujeres contribuyeron durante la guerra de muchas maneras. Manejaban las granjas y los negocios de sus maridos, se volvieron maestras y oficinistas, y algunas se involucraron más directamente. Frances Clalin, por ejemplo, se disfrazó de hombre para pelear en el ejército de la Unión.

Algunas mujeres se convirtieron en espías, pues era menos probable que sospecharan de ellas, y si las capturaban el castigo era menos severo. Con frecuencia ocultaban armas y documentos bajo sus amplias faldas de aro para evitar ser sorprendidas. **Belle Boyd,** apodada "La Belle Rebelle", fue una de las más famosas espías confederadas, y siguió espiando incluso después de seis arrestos. En una ocasión se comunicó con un confederado con mensajes ocultos en pelotas de caucho que arrojaba desde la ventana de su celda.

Las mujeres en el Norte y en el Sur trabajaban en los hospitales como enfermeras y cuidadoras. Sojourner Truth recolectaba provisiones para los regimientos negros. Una mujer del Norte, **Clara Barton,** explicó por qué cuidaba a los soldados: "Mientras nuestros soldados se mantienen en pie y luchan, yo puedo mantenerme en pie y alimentarlos y cuidarlos". Barton cuidó por primera vez a los soldados durante la Primera Batalla de Bull Run. Se ganó el sobrenombre de "Ángel del Campo de Batalla", porque cuidaba a los heridos. En 1881, Barton organizó la Asociación Americana de la Cruz Roja para ayudar a las víctimas de las guerras y de desastres naturales.

Las mujeres del Sur también tuvieron que lidiar con la escasez de provisiones, lo que elevaba los precios drásticamente. El gasto promedio mensual en alimentos de una familia sureña aumentó de \$6.65 antes de la guerra a \$68 en 1863. En abril de ese año, cientos de mujeres se amotinaron en Richmond para protestar contra el alza de precios.

A pesar de sus propias dificultades, las mujeres del Norte y del Sur hacían lo que podían por los soldados. Cosían ropa, hacían vendajes, vendían sus pertenencias personales y enviaban cuanta comida podían a las tropas.

REPASO ¿Cómo contribuyeron las mujeres durante la guerra? **Causa y efecto**

La guerra continúa

En 1863, el vicepresidente de la Confederación, Alexander Stephens, dijo: "En ambos bandos, una gran mayoría está cansada de la guerra". Y era cierto. Tanto los soldados de la Unión como los de la Confederación entonaban una canción titulada "Cuando esta cruel guerra termine". La falta de provisiones, los retrasos en la paga, dormir al descubierto bajo la lluvia y la terrible muerte de amigos y familiares pesaban cada vez más sobre ellos.

Para 1863, algunos soldados se negaban a seguir peleando. Miles de soldados de la Unión y de la Confederación desertaron, o dejaron su deber militar sin permiso. Un soldado de la Unión explicó: "Estoy cansado de la guerra y pronto se acabará mi servicio".

▶ **Los soldados de ambos bandos estaban cansados de la guerra.**

Pero, como leerás, las victorias de la Unión pronto llevarían la guerra a su fin.

REPASO Compara lo que pensaban sobre la guerra los del Norte y los del Sur después de dos años. **Comparar y contrastar**

Resume la lección

- **Enero de 1863** El presidente Abraham Lincoln publicó la Proclama de Emancipación, que liberaba a los esclavos en los territorios que seguían peleando contra las fuerzas de la Unión.
- **Julio de 1863** El 54° de Massachusetts, uno de los primeros regimientos de afroamericanos que peleó por la Unión, atacó el fuerte Wagner en Carolina del Sur.
- **Junio de 1864** El Congreso dio a los soldados negros la misma paga que a los blancos.

LECCIÓN 2 REPASO

Verifica hechos e ideas principales

1. **Idea principal y detalles** En una hoja aparte, completa los detalles que apoyan la idea principal.

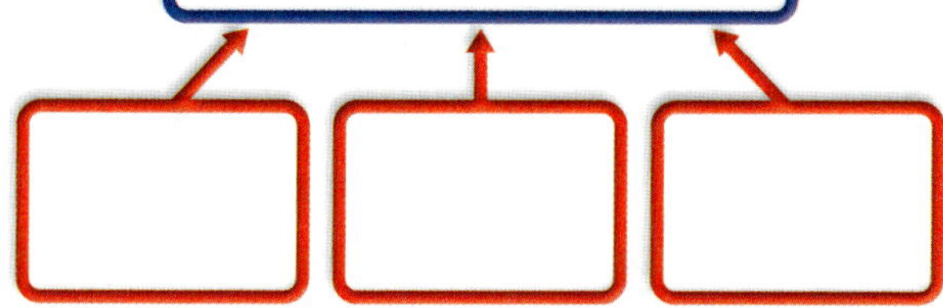
Los soldados y los civiles enfrentaron muchas dificultades durante la Guerra Civil.

2. ¿Por qué decían que la Guerra Civil era una "guerra de los ricos, lucha de los pobres"?
3. **Razonamiento crítico: *Resolver problemas*** Imagina que tienes que ayudar al presidente Lincoln a decidir cuándo dictar la Proclama de Emancipación. ¿Cómo solucionarías este problema? Utiliza los pasos para resolver problemas de la página M5.
4. ¿Cómo ayudó el 54° Regimiento de Massachusetts a la Unión?
5. ¿Qué función desempeñaron las mujeres durante la Guerra Civil?

Enlace con la escritura

Escribe cartas Las cartas que escribían los soldados y sus familias describían, con frecuencia, las condiciones en el campo de batalla o en el hogar. Escribe una carta en la que detalles la vida que llevaba un soldado de la Guerra Civil. Escribe otra carta de respuesta donde narres la situación en un hogar de una ciudad o de una granja.

En busca de una paz duradera

Muchos años después de la sangrienta Guerra Civil, nuevos tipos de armas como las minas representan una amenaza para la vida de personas inocentes.

Cuando Jody Williams oía que los niños de la escuela molestaban a su hermano Stephen, se enojaba. "No entendía por qué lo trataban mal por ser sordo", cuenta. De aquella primera experiencia con la crueldad en Poultney, Vermont, surgió el fuerte deseo de hacer que "los abusivos dejen de ser crueles con las personas sólo porque son débiles".

Hoy, Jody Williams dedica su vida a defender a personas inocentes que han sido heridas por las minas. Las minas, que se han utilizado desde finales del siglo XIX, se ocultan en la tierra con la intención de causar daño a soldados enemigos, ya que explotan cuando se camina sobre ellas. Pero cuando las guerras terminan, las minas permanecen ahí. Hoy, millones de minas permanecen enterradas en unos 70 países, sobre todo en países pobres, como Angola, Afganistán y Camboya. Williams dice:

"La mina no distingue entre un soldado y un civil [persona que no es militar]... Cuando se declara la paz, la mina no la reconoce. La mina está eternamente [siempre] preparada para cobrar víctimas".

Jody Williams compartió el Premio Nobel de la Paz en 1997 con Tun Channareth, víctima de una mina en Camboya.

VALORES CÍVICOS

- **Bondad**
- Respeto
- Responsabilidad
- Justicia
- Honestidad
- Valentía

En la década de 1980, Jody Williams conoció los peligros de las minas cuando trabajó por los derechos humanos en una América Central desgarrada por la guerra. Ahí vio niños que habían perdido brazos o piernas al pisar una mina enterrada, y conoció familias que no podían sembrar porque había demasiadas minas en el terreno.

En 1991, Jody Williams y otros iniciaron la Campaña Internacional para Prohibir las Minas (*International Campaign to Ban Landmines,* ICBL). Su meta es un mundo sin minas. Williams trabaja incansablemente por la prohibición de las minas, visita países afectados y envía correos electrónicos y faxes para informar a personas de todas partes del mundo sobre los peligros de estos asesinos enterrados.

Como reconocimiento a sus esfuerzos, Jody Williams e ICBL recibieron el premio Nobel de la Paz en diciembre de 1997. Al final de ese año, los líderes de 121 países firmaron un tratado para prohibir la producción de más minas y destruir las que ya existen.

La bondad en acción

Enlace con temas de hoy **"Cuando comenzamos, éramos sólo tres personas en una habitación," dice Jody Williams acerca del inicio de ICBL. "Es asombroso lo que puedes lograr cuando tienes una meta y aplicas toda tu energía para alcanzarla". Reúnete con dos compañeros de tu clase. ¿Qué acción de bondad podrían planear para su escuela o comunidad? ¿Cuáles son algunos de los pasos que podrían seguir?**

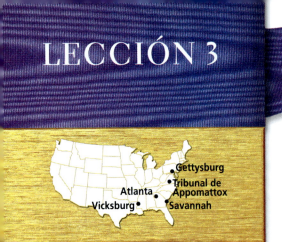

LECCIÓN 3

1863

1865

Julio de 1863
La Unión obtiene el control del río Mississippi

Noviembre de 1863
El presidente Lincoln pronuncia el discurso de Gettysburg

Abril de 1865
La Confederación se rinde ante la Unión

Cómo ganó el Norte

EN BREVE

Enfoque en la idea principal
Una serie de victorias del Norte acabaron con la Guerra Civil en 1865.

LUGARES
Gettysburg, Pennsylvania
Vicksburg, Mississippi
Atlanta, Georgia
Savannah, Georgia
Tribunal de Appomattox, Virginia

PERSONAJES
Ulysses S. Grant
William Tecumseh Sherman

VOCABULARIO
Batalla de Gettysburg
Discurso de Gettysburg
Batalla de Vicksburg
guerra total

Estás ahí Es el 19 de noviembre de 1863. Cerca de 15,000 personas se han reunido en Gettysburg, Pennsylvania para celebrar una ceremonia en honor a los soldados que murieron en la Batalla de Gettysburg, apenas cuatro meses antes. Se le ha pedido al presidente Lincoln que diga unas palabras.

El principal orador es Edward Everett, quien fuera gobernador de Massachusetts. Pronuncia un discurso de casi dos horas. Finalmente el presidente Lincoln se pone de pie y dirige la palabra a la multitud durante unos tres minutos. El discurso es tan corto que nadie se da cuenta de que ha terminado. La multitud guarda silencio por un momento; luego, unos cuantos comienzan a aplaudir. Lincoln se sienta antes de que el fotógrafo pueda tomarle una foto.

Un periódico dice que el discurso es "tonto ". Lincoln considera que fue "un fracaso total". Sin embargo, el Discurso de Gettysburg se convirtió en uno de los más importantes de la historia de los Estados Unidos.

Idea principal y detalles Al leer, ten en mente las metas del Norte cuando la guerra llegaba a su fin.

La Batalla de Gettysburg

Una de las batallas más importantes de la Guerra Civil fue la lucha de tres días en **Gettysburg, Pennsylvania.** Éste fue el punto más al norte adonde llegaron las fuerzas de la Confederación al avanzar sobre el territorio de la Unión.

La **Batalla de Gettysburg** empezó el 1 de julio de 1863. Los confederados, dirigidos por Robert E. Lee, obligaron a los soldados de la Unión a retirarse, pero perdieron una oportunidad de perseguir a los norteños y de continuar su ataque. Para el segundo día, llegaron más soldados de la Unión. Los confederados atacaron de nuevo, pero las tropas de la Unión se mantuvieron firmes. Un confederado de Texas recordó luego: "Las balas zumbaban tanto y eran tan tupidas que parecía que un hombre podría levantar un sombrero y llenarlo con ellas".

El 3 de julio, más de 150 cañones confederados dispararon contra las tropas de la Unión, y los norteños respondieron con sus propios cañones. El ruido era tan fuerte que se escuchó a 140 millas de distancia, en Pittsburgh. El general sureño George Pickett dirigió un ataque conocido como "la carga de Pickett". Miles de confederados marcharon en un espacio abierto colina arriba hacia las tropas de la Unión, que estaban bien protegidas. El ataque fue un desastre. Cerca de 4,000 confederados fueron capturados en la carga de Pickett.

La Batalla de Gettysburg fue una victoria importante para el Norte porque se detuvo el avance de Lee, quien se replegó a Virginia. Fue también una batalla costosa. La Unión sufrió más de 23,000 bajas y la Confederación más de 28,000.

REPASO Describe los sucesos de cada día de la Batalla de Gettysburg. **Secuencia**

Aventuras en mapas

La Batalla de Gettysburg, 1863

Imagina que visitas el sitio donde tuvo lugar la Batalla de Gettysburg, hoy convertido en un parque militar nacional. Contesta las preguntas sobre el sitio de la batalla.

1. **Describe la ubicación de los cuarteles generales de la Unión y de la Confederación.**
2. **¿En qué dirección se hizo la carga de Pickett?**
3. **¿Qué ventajas le dio a la Unión la ubicación de Little Round Top y de Big Round Top?**

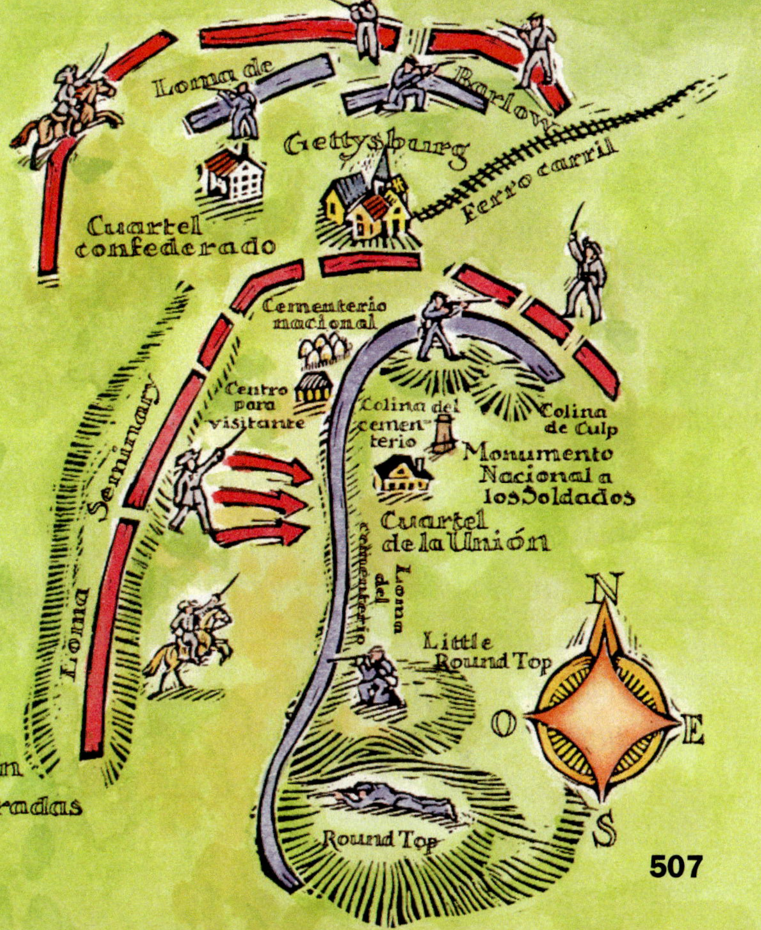

Clave del mapa
- Ubicación de las tropas de la Unión
- Ubicación de las tropas confederadas
- Carga de Pickett

El Discurso de Gettysburg

En noviembre de 1863, el campo de batalla de Gettysburg se convirtió en cementerio nacional para honrar a los hombres que murieron ahí. Como leíste, se pidió al presidente Lincoln que hablara en la ceremonia. Lee su discurso, conocido como el **Discurso de Gettysburg.**

El Discurso de Gettysburg inspiró a la Unión a seguir luchando e hizo ver que valía la pena luchar por una nación unida y por acabar con la esclavitud.

REPASO ¿Cómo expresó el presidente Lincoln su admiración por los soldados que murieron en Gettysburg?
Idea principal y detalles

El Discurso de Gettysburg

Hace ochenta y siete años, nuestros padres fundaron en este continente una nueva nación concebida en la libertad y consagrada al principio de que todos los hombres son creados iguales.

Nos hallamos ahora empeñados en una guerra civil en la que se está poniendo a prueba si esta nación, o cualquier nación igualmente concebida y consagrada, puede perdurar. Estamos reunidos en un gran campo de batalla de esa guerra. Hemos venido a dedicar parte de ese campo a lugar de eterno reposo de aquéllos que aquí dieron la vida para que esta nación pudiera vivir. Es perfectamente justo y propio que así lo hagamos, aunque en realidad, en un sentido más alto, nosotros no podemos dedicar, no podemos consagrar, no podemos santificar este suelo: los valientes que aquí combatieron, los que murieron y los que sobrevivieron, lo han consagrado mucho más allá de la capacidad de nuestras pobres fuerzas para sumar o restar algo a su obra.

El mundo advertirá poco y no recordará mucho lo que aquí digamos nosotros, pero nunca podrá olvidar lo que aquí hicieron ellos. A los que aún vivimos nos corresponde más bien dedicarnos ahora a la obra inacabada que quienes aquí lucharon dejaron tan noblemente adelantada; nos corresponde más bien dedicarnos a la gran tarea que queda por delante: que, por deber con estos gloriosos muertos, nos consagremos con mayor devoción a la causa por la cual dieron hasta la última y definitiva prueba de amor; que tomemos aquí la solemne resolución de que su sacrificio no ha sido en vano; que esta nación, por la gracia de Dios, tenga una nueva aurora de libertad, y que el gobierno del pueblo, por el pueblo y para el pueblo no desaparezca de la faz de la Tierra.

Pintura de J. L. G. Ferris

La marea cambia

La Batalla de Gettysburg fue una de las varias batallas que cambiaron el curso de la guerra en favor de la Unión. Como leíste en la Lección 1, parte del Plan Anaconda pretendía obtener el control del río Mississippi para debilitar a la Confederación. Tomar **Vicksburg, Mississippi,** al lado este del río, conseguiría esa meta.

El general **Ulysses S. Grant,** quien había servido con el general Robert E. Lee en la Guerra con México, encabezó las fuerzas de la Unión en la **Batalla de Vicksburg.** En mayo de 1863, las fuerzas de la Unión empezaron un bloqueo de la ciudad. Bombardearon Vicksburg con cañones por tierra y por mar durante 48 días. Muchos de los pobladores cavaron cuevas en la colina para protegerse.

Los civiles y los soldados confederados que estaban en Vicksburg padecieron hambre durante el bloqueo; las carnicerías vendían ratas y los soldados recibían un pan y un pedazo de tocino al día.

Finalmente, el 4 de julio de 1863, un día después de que la Batalla de Gettysburg terminó, los sureños rindieron Vicksburg. La Confederación estaba partida en dos. Estudia el mapa de abajo para ver dónde tuvieron lugar la Batalla de Vicksburg y otras batallas importantes de la Guerra Civil.

REPASO ¿Por qué crees que la Confederación tardó tanto tiempo en rendirse en Vicksburg? **Sacar conclusiones**

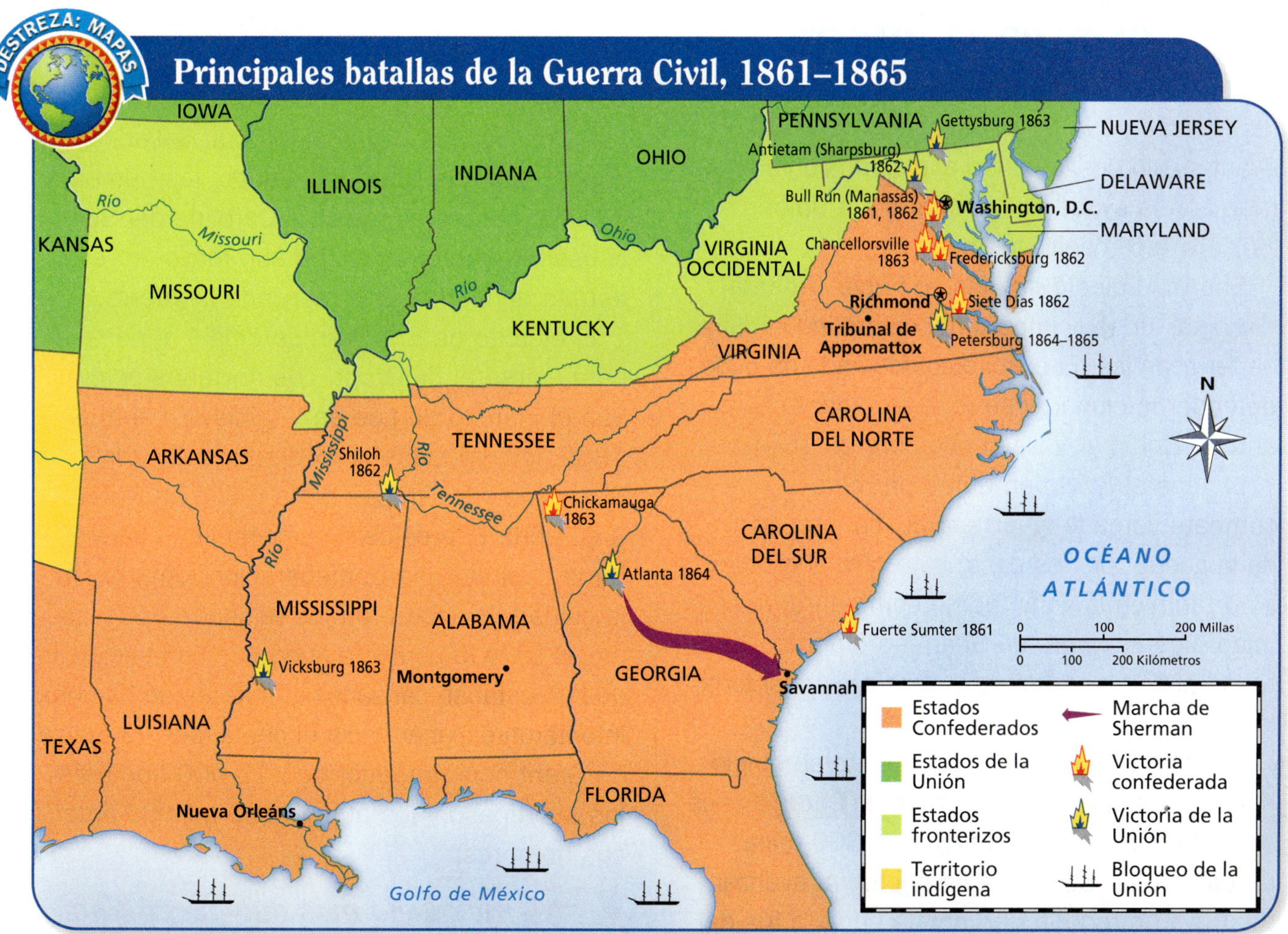

En julio de 1863, las victorias de la Unión en Gettysburg y en Vicksburg cambiaron el curso de la guerra.

DESTREZA: MAPAS Usar la escala del mapa ***¿A cuántas millas de distancia ocurrieron la Batalla de Gettysburg y la de Vicksburg?***

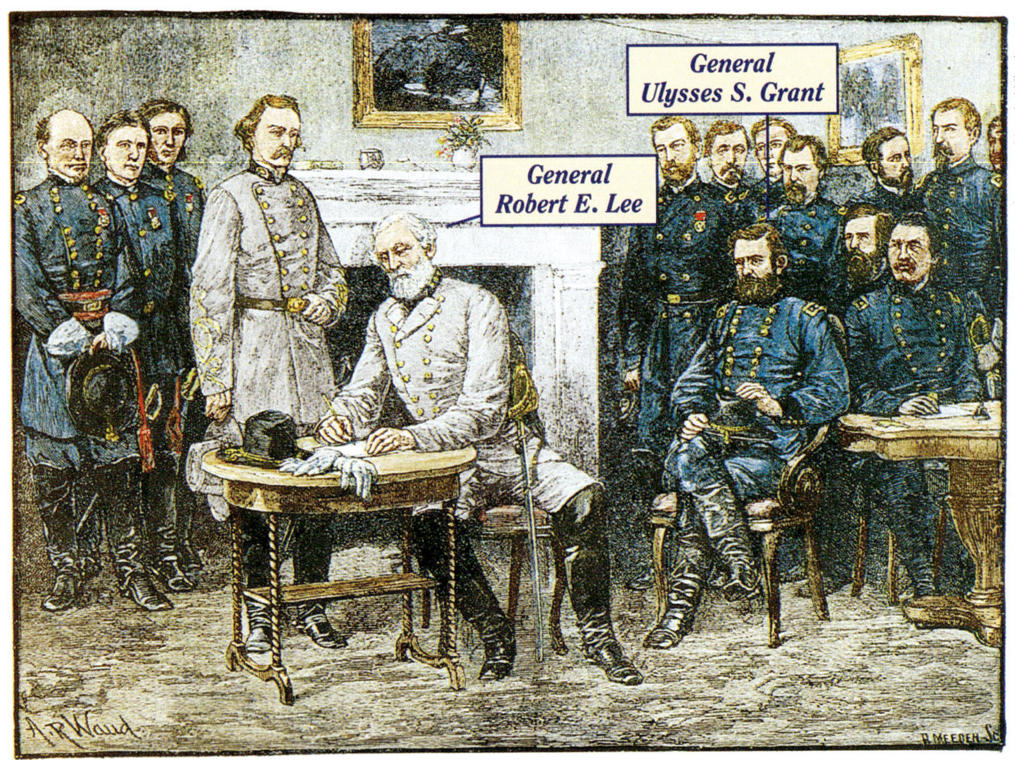

Archivo de imágenes North Winds

Tras cuatro años de lucha, el general Lee accedió a rendir su ejército ante el general Grant.

Termina la guerra

El general Grant recibió el control de todas las fuerzas de la Unión en marzo de 1864. Grant siguió desgastando al ejército confederado con la ayuda del general de la Unión **William Tecumseh Sherman.**

Sherman dirigió su ejército hacia **Atlanta, Georgia,** un muy importante centro industrial y de ferrocarriles. El ejército confederado no pudo defender la ciudad y se replegó. Atlanta cayó ante la Unión el 2 de septiembre de 1864.

El general Sherman utilizó un método de combate llamado **guerra total.** La intención de la guerra total es destruir no sólo al ejército, sino también la voluntad de combatir del enemigo. Los hombres de Sherman ordenaron a todos abandonar Atlanta y quemaron casi toda la ciudad.

A partir de noviembre, su ejército se dirigió hacia el sureste, hacia **Savannah, Georgia.** Los soldados de la Unión marcharon 300 millas en un camino de 60 millas de ancho. Al avanzar, destruyeron todo lo que podría servir a los del Sur para seguir peleando, incluyendo casas, ferrocarriles, graneros, establos y campos. Los soldados causaron daños por 100 millones de dólares en la "marcha hacia el mar" de Sherman.

Savannah cayó sin ofrecer resistencia el 21 de diciembre de 1864. Sherman le escribió a Lincoln: "Yo... le doy la ciudad de Savannah como regalo de Navidad". Luego, los hombres de Sherman se dirigieron a Carolina del Sur, causando una destrucción aun mayor en el estado donde había comenzado la guerra.

El ejército de Sherman se dirigió al norte para unirse al de Grant. Los norteños cercaban el ejército de Lee en Virginia. En abril de 1865, los soldados confederados dejaron Richmond y las tropas de la Unión entraron el 3 de abril. El presidente Lincoln llegó para visitar la capital de la Confederación tomada; en la ciudad, lo vitorearon los antiguos esclavos.

Los 55,000 hombres que formaban el ejército de Lee estaban cansados y muertos de hambre. Intentaron escapar hacia el oeste, pero la fuerza de Grant con alrededor de 113,000 hombres los sobrepasó y los atrapó. Lee admitió ante sus hombres:

> ***"No me queda más que hacer sino ir a ver al general Grant, y antes preferiría morir mil veces".***

Los generales Lee y Grant se encontraron en una granja del **Tribunal de Appomattox, Virginia,** el 9 de abril de 1865, para hablar sobre los términos de la rendición. Grant no apresó a los hombres de Lee; se les permitió conservar sus armas personales y sus caballos. Grant ofreció también darles comida de las provisiones de la Unión. Lee aceptó. Cuando Lee regresaba con sus hombres, los soldados de la Unión empezaron a gritar de alegría, pero Grant les pidió guardar silencio con estas palabras:

> ***"La guerra ha terminado; los rebeldes son nuestros compatriotas otra vez".***

La Guerra Civil fue una de las más destructivas de la historia de los Estados Unidos. Alrededor de 620,000 soldados murieron. Pueblos, granjas e industrias, sobre todo en el Sur, quedaron en ruinas. La guerra había dividido a las familias.

Aun así, Lincoln expresó solidaridad con el Sur. Después de que las noticias de la rendición llegaron a Washington, D.C., apareció ante una multitud y pidió que una banda tocara "Dixie", una de las canciones de batalla de la Confederación. Dijo: "Siempre he pensado que 'Dixie' es una de las melodías más hermosas que he escuchado". Lincoln quería que se reconstruyera el país. Tenía un plan para sanar las profundas divisiones de la nación, pero no llegaría a verlo en marcha.

REPASO ¿Por qué el general Sherman utilizó la estrategia de guerra total? **Causa y efecto**

Resume la lección

- **4 de julio de 1863** La Unión, dirigida por el general Grant, dividió a la Confederación en dos al tomar Vicksburg, Mississippi.
- **19 de noviembre de 1863** El presidente Lincoln pronunció el discurso de Gettysburg, en el que honró a los hombres que murieron en la batalla de ese lugar.
- **9 de abril de 1865** El general Lee se rindió ante el general Grant en el Tribunal de Appomattox, Virginia, y terminó la Guerra Civil.

LECCIÓN 3 REPASO

Verifica hechos e ideas principales

1. **Idea principal y detalles** En una hoja aparte, llena el organizador gráfico con los detalles faltantes de la idea principal.

   La Unión utilizó diferentes estrategias para lograr victorias decisivas en los últimos años de la Guerra Civil.

2. ¿Qué circunstancias llevaron a la victoria de la Unión en el tercer día de la Batalla de Gettysburg?
3. ¿Cuáles eran las metas de Lincoln, según las expresó en el Discurso de Gettysburg?
4. **Razonamiento crítico:** ***Interpretar mapas*** ¿En qué estado ocurrieron la mayor parte de las principales batallas de la Guerra Civil? Di una razón para pensar que así sería.
5. ¿Cuál fue el propósito de la "marcha hacia el mar" de Sherman?

Enlace con las matemáticas

Analiza un discurso Vuelve a leer el Discurso de Gettysburg del presidente Lincoln en la página 508. ¿A qué año se refería cuando dijo "hace ochenta y siete años"? ¿Por qué hizo referencia a ese año?

Destrezas: Mapas y globos terráqueos

Leer un mapa de carreteras

¿Qué es? Un **mapa de carreteras** es un mapa que muestra caminos, ciudades y lugares de interés. Diferentes tipos de líneas muestran las carreteras grandes y las pequeñas e incluso caminos más angostos. Los símbolos muestran si un camino es una **carretera interestatal**, un camino grande que conecta ciudades de diferentes estados. Los símbolos también muestran carreteras estatales y caminos más pequeños.

Se utilizan áreas de colores y puntos de diferentes tamaños para mostrar las ciudades y los pueblos de diferentes tamaños. Muchos mapas de carreteras usan símbolos especiales para mostrar los lugares de interés; algunos muestran también las distancias entre un lugar y otro.

¿Por qué lo usamos? Con frecuencia debemos viajar hacia lugares que no conocemos, ya sea por negocios, vacaciones u otras razones. Cuando manejamos, usamos mapas de carreteras para saber cómo llegar de un lugar a otro.

Muchas personas están interesadas en la historia de la Guerra Civil y van a visitar lugares que fueron importantes en esa época. Nuestra nación conserva muchos sitios de la Guerra Civil, como parques, monumentos, o campos de batalla. Los turistas pueden ir de un lugar a otro durante las vacaciones. Con frecuencia, visitan lugares a los que nunca antes habían ido y los encuentran con los mapas de carreteras.

Hoy, el campo de batalla de Gettysburg es un parque militar nacional.

¿Cómo lo usamos? Para usar un mapa de carreteras, necesitas saber dónde estás y adónde quieres ir. Luego debes buscar esos lugares en el mapa. También debes entender los tipos de caminos que se muestran y cómo se indican en el mapa.

Digamos que empiezas en Richmond, Virginia, y quieres ir a Gettysburg, Pennsylvania. Fíjate en el mapa de esta página donde se muestran varios sitios de la Guerra Civil en Pennsylvania, Maryland y Virginia. Ves que Gettysburg está a unas 180 millas al norte de Richmond; ves que la ruta 64 va hacia el noroeste desde Richmond hacia la ruta 15. De ahí la ruta 15 va hacia el norte hasta llegar a Gettysburg.

Piensa y aplícalo

1. ¿Cómo viajarías del Parque Militar Nacional de Gettysburg al Campo de Batalla Nacional de Manassas?
2. ¿Qué carretera interestatal es parte de la ruta más corta del Campo de Batalla Nacional de Manassas a Washington, D.C.?
3. ¿Cómo podrías viajar de Washington, D.C. al Parque Nacional Militar de Fredericksburg y Spotsylvania?

Actividad en la Internet

Para mayor información, visita el *Atlas* en **www.estudiossocialessf.com.**

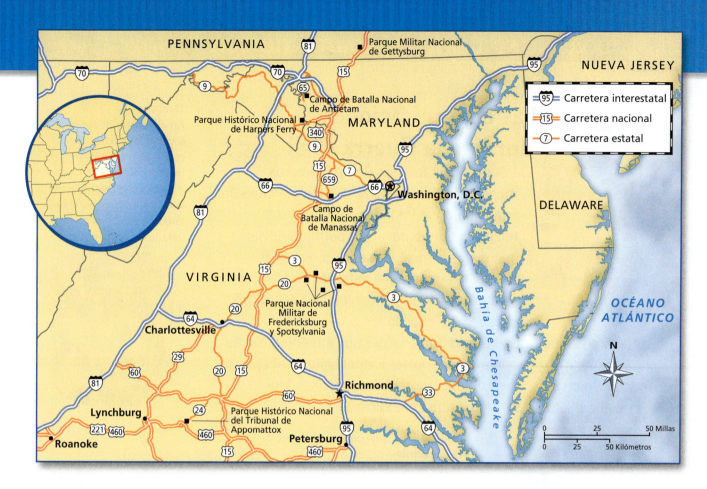

Las comunicaciones durante la Guerra Civil

La Guerra Civil fue uno de los primeros grandes conflictos en los que los ejércitos se comunicaron al instante por medio del telégrafo, un aparato que permitía enviar mensajes a través de cables. Para 1861, todos los estados al este del río Mississippi estaban unidos por cables de telégrafo. En abril de ese año, cuando los confederados atacaron el fuerte Sumter en Carolina del Sur, inmediatamente se corrió la voz de: "Ataque al fuerte Sumter". Tanto el ejército de la Unión como los confederados utilizaban clave Morse y códigos militares secretos para comunicarse.

Tambor
En el campo de batalla, se tocaban tambores y cornetas para dar instrucciones de disparar y dirigir los movimientos de la tropa. Este tambor fue encontrado en el campo de batalla de Gettysburg.

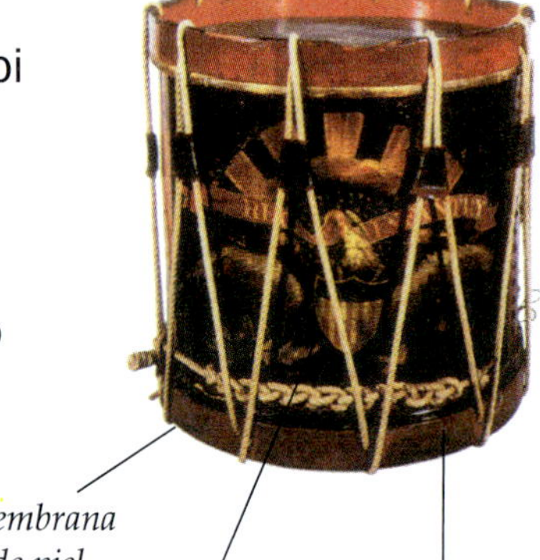

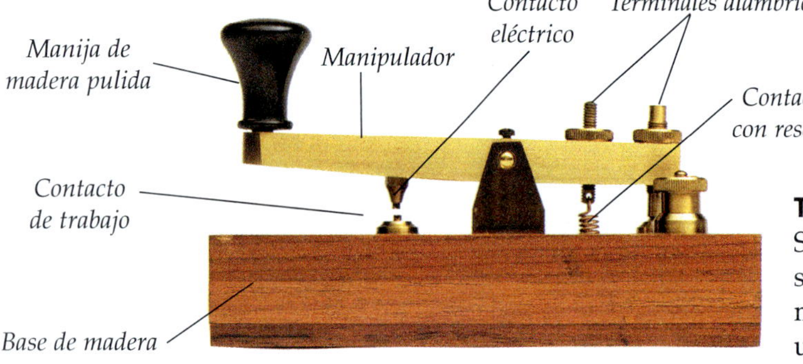

Telégrafo portátil
Samuel Morse, un artista estadounidense que se convirtió en inventor, desarrolló una manera de enviar mensajes telegráficos utilizando un código llamado clave Morse.

Carreta con telegrafista del ejército
Esta oficina de telégrafo móvil tenía equipo para enviar y recibir mensajes.

Tendido de cables telegráficos para uso militar
Conforme los ejércitos avanzaban, era necesario tender cables en zonas que tal vez no los tenían. Por lo general, los soldados hacían los postes de telégrafo con troncos de árbol, a los que les quitaban la corteza y las ramas.

Indicador para enviar y recibir claves y letras

Placa de latón con letras grabadas

El telégrafo de Beardslee
La mayoría de los soldados no podían leer la clave Morse, por lo cual el ejército de la Unión adoptó el telégrafo de Beardslee. Las señales eléctricas que se enviaban o recibían a través del sistema Beardslee activaban una flecha de metal que giraba sobre una gran rueda de latón que tenía grabadas las letras del abecedario. Con estas letras se formaban mensajes en inglés o en códigos secretos. El telégrafo de Beardslee sólo tenía un alcance de 5 millas.

LECCIÓN 4

1865		1867
Abril de 1865 El presidente Lincoln es asesinado	**Diciembre de 1865** La Decimotercera Enmienda acaba con la esclavitud	**Marzo de 1867** El Congreso aprueba la primera Ley de Reconstrucción

EN BREVE

Enfoque en la idea principal
Después de la Guerra Civil, el país enfrentó retos difíciles, entre ellos la reconstrucción del Sur y la protección de los derechos de los afroamericanos recién liberados.

LUGARES
Washington, D.C.

PERSONAJES
Andrew Johnson
Hiram R. Revels
Blanche K. Bruce

VOCABULARIO
magnicidio
Reconstrucción
Decimotercera Enmienda
códigos negros
Oficina de Libertos
Decimocuarta Enmienda
Decimoquinta Enmienda
interpelación
Leyes de Jim Crow
segregación
aparcería

El fin de la esclavitud

Estás ahí Es viernes, poco después de las 10 de la noche. El presidente Abraham Lincoln y su esposa Mary disfrutan de una obra de teatro. El presidente y sus invitados están en un palco frente al escenario del Teatro Ford.

De pronto, el público oye un ruido parecido a una explosión. Del palco presidencial sale un humo azulado. Mary Lincoln grita. Le han disparado al presidente. La bala entró por la nuca, cerca de la oreja izquierda. Lincoln todavía respira, pero está inconsciente.

Un médico joven se acerca a ayudar al presidente. Después de revisar la herida, dice: "Es imposible que se recupere".

▶ **Este cartel anunciaba la obra que el presidente Lincoln estaba viendo cuando le dispararon.**

Destreza clave

Idea principal y detalles

Al leer, piensa en la idea principal y en los detalles que te dicen más acerca de la reconstrucción de la nación después de la Guerra Civil.

Un nuevo presidente

Después del disparo, el presidente Abraham Lincoln murió en la madrugada del 15 de abril de 1865, en **Washington, D.C.** Hasta ese momento, ningún presidente de los Estados Unidos había sido asesinado. Al asesinato de alguien importante del gobierno o de la política se le llama **magnicidio.**

El asesino de Lincoln fue John Wilkes Booth, un actor de 26 años que apoyaba a la Confederación. Las tropas federales lo encontraron en un granero en Virginia donde lo mataron después de que se negó a rendirse. Los demás que formaron parte del plan de magnicidio fueron capturados y posteriormente ahorcados.

Un tren fúnebre llevó el cuerpo del presidente Lincoln a Springfield, Illinois, donde fue enterrado. En la Ciudad de Nueva York, Filadelfia, Cleveland, Chicago y otras ciudades, la gente mostraba su respeto cuando el tren pasaba por su comunidad.

Cuando el tren fúnebre de Lincoln cruzó la Ciudad de Nueva York, las calles se llenaron.

Colección de la Sociedad Histórica de Nueva York

El vicepresidente **Andrew Johnson** se convirtió en el nuevo presidente. Johnson había sido senador por Tennessee y pensaba continuar con el plan Lincoln para la **Reconstrucción:** reconstruir y sanar al país después de la guerra.

Uno de los primeros pasos hacia la Reconstrucción era acabar con la esclavitud en toda la nación. La **Decimotercera Enmienda,** que abolía la esclavitud en los Estados Unidos, entró en vigor el 18 de diciembre de 1865.

Johnson también tenía un plan para volver a admitir a los estados confederados en la Unión. Cada estado debía crear un nuevo gobierno estatal, prometer obedecer todas las leyes federales y tratar con justicia a los afroamericanos recién liberados. Hacia finales de 1865, el presidente Johnson pensaba que la Reconstrucción había concluido.

Pero, con el plan de Johnson, los estados del Sur eran libres de crear **códigos negros,** leyes que negaban a los afroamericanos el derecho a votar o a tomar parte en los juicios con jurado. Tampoco podían poseer armas, tener ciertos empleos o ser propietarios de tierras. Los afroamericanos que no tuvieran trabajo podían ser multados o arrestados. En síntesis, con estas leyes la vida de un afroamericano resultaba muy parecida a la que tenía cuando era esclavo.

Muchos miembros del Congreso se enojaron por los códigos negros. Pensaban que el plan de Reconstrucción de Johnson no le exigía lo suficiente al Sur. Los republicanos, que habían ganado una mayoría en ambas cámaras del Congreso, no confiaban en Johnson, quien era sureño y había sido demócrata antes de ser el vicepresidente de Lincoln. Los congresistas empezaron a desarrollar un nuevo plan de Reconstrucción.

REPASO ¿Qué efectos tuvieron los códigos negros para los afroamericanos?
Causa y efecto

La Reconstrucción en manos del Congreso

El Congreso aprobó la primera Ley de Reconstrucción en 1867. Los antiguos estados confederados se dividieron en cinco distritos militares y alrededor de 20,000 tropas federales fueron enviadas al Sur. Las tropas, encabezadas por gobernadores militares, eran responsables de mantener el orden, de supervisar las elecciones y de evitar la discriminación contra los afroamericanos.

Las Leyes de Reconstrucción exigían que los estados del Sur redactaran nuevas constituciones en las que se diera a los hombres afroamericanos el derecho al voto. Además, las leyes no permitían que los que antes habían sido líderes y oficiales militares confederados votaran o que tuvieran puestos de elección.

También se estableció la **Oficina de Libertos,** para ayudar a los 4 millones de libertos, o antiguos esclavos, después de la guerra. La Oficina de Libertos construyó hospitales y escuelas para los negros en el Sur. La Oficina contrataba maestros blancos y negros del Norte y del Sur.

Por primera vez en la historia de los Estados Unidos, había funcionarios afroamericanos elegidos. En Mississippi, dos afroamericanos fueron elegidos senadores federales. En 1870, el republicano **Hiram R. Revels,** ministro y profesor, fue elegido para el puesto en el Senado que había tenido Jefferson Davis antes de la Guerra Civil. En 1874, **Blanche K. Bruce,** antiguo esclavo, fue elegido senador. Otros veinte afroamericanos del Sur fueron elegidos para formar parte de la Cámara de Representantes. A muchos sureños les disgustaban los cambios producidos por la Reconstrucción. Algunos desconfiaban de los nuevos gobiernos estatales, que consideraban una imposición. Otros estaban furiosos con los norteños que se mudaban al Sur para iniciar negocios.

Hiram R. Revels fue elegido miembro del Senado.

Durante la Reconstrucción, los niños y las niñas afroamericanos estudiaban en las nuevas escuelas del Sur.

Los sureños llamaban *carpetbaggers* a estos recién llegados, pues con frecuencia llegaban trayendo sus pertenencias en maletas *(bags)* hechas de tela de alfombra *(carpet)*. A los *carpetbaggers* se les acusaba de beneficiarse de las penurias del Sur.

Otra causa de tensiones en el Sur eran los elevados impuestos que los nuevos líderes crearon para reconstruir carreteras y ferrocarriles, y para establecer un sistema de educación gratuita. A muchos sureños les era difícil pagarlos, porque también ellos tenían que reconstruir sus granjas y sus negocios.

Algunos sureños blancos también se negaban a aceptar los derechos ganados por los afroamericanos. Cuando los nuevos gobiernos estatales derogaron los códigos negros, un grupo de sureños blancos formó el Ku Klux Klan. Su objetivo era restablecer el control de los blancos sobre las vidas de los afroamericanos. Los miembros de este grupo quemaban escuelas y casas de afroamericanos, y atacaban a los que intentaban votar.

REPASO ¿Qué cambios produjeron en el Sur las leyes de Reconstrucción aprobadas por el Congreso?
Idea principal y detalles

Nuevas enmiendas

Antes de ser admitidos nuevamente en la Unión, los antiguos estados confederados tuvieron que aceptar dos nuevas enmiendas. La **Decimocuarta Enmienda,** ratificada en julio de 1868, daba a los afroamericanos la ciudadanía y decía que ningún estado podía negar la protección de la ley a todos los ciudadanos.

La **Decimoquinta Enmienda,** ratificada en marzo de 1870, daba a todos los ciudadanos varones el derecho al voto. Decía:

> ***"El derecho de los ciudadanos de los Estados Unidos a votar no será negado... por motivos de raza, color o condición previa de servidumbre [esclavitud]".***

Sojourner Truth señaló que una mujer tenía "el derecho a tener lo mismo que un hombre". Pero la Decimoquinta Enmienda no daba el derecho al voto a las mujeres. Esto enojó a muchas mujeres que habían luchado por la abolición y pensaban que ellas, al igual que los afroamericanos, tenían derecho a votar.

El presidente Johnson se opuso a la Decimocuarta Enmienda y a otras leyes de la Reconstrucción. Pensaba que las Leyes de Reconstrucción eran ilegales porque fueron aprobadas sin representantes de los estados del Sur en el Congreso. Por ello, intentó bloquear muchas de las leyes que daban aun más derechos a los afroamericanos.

Molestos con las acciones de Johnson, los republicanos del Congreso intentaron quitarlo del cargo por medio de una **interpelación.** Una interpelación es cuando la Cámara de Representantes formula acusaciones por una acción incorrecta contra un funcionario elegido. Si se le encuentra culpable en un juicio en el Senado, un presidente interpelado es retirado de sus funciones. Johnson evitó ser retirado de su puesto por un voto en mayo de 1868, pero su capacidad para guiar a la nación se había debilitado.

REPASO ¿Por qué quería el Congreso interpelar al presidente Johnson? **Resumir**

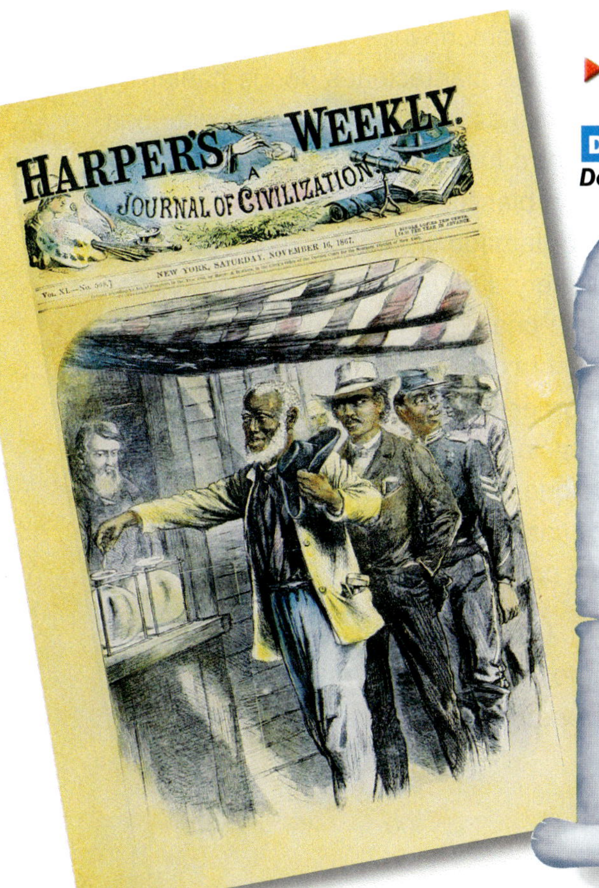

▶ **Una vez que la Decimoquinta Enmienda se convirtió en ley, los hombres afroamericanos pudieron votar.**

DESTREZA: TABLAS ***Describe los derechos otorgados por la Decimotercera, Decimocuarta y Decimoquinta enmiendas.***

Enmiendas de la Reconstrucción, 1865–1870

Enmienda	*Ratificada*	*Descripción*
Decimotercera	Diciembre de 1865	Declara ilegal la esclavitud.
Decimocuarta	Julio de 1868	Otorga ciudadanía a los antiguos esclavos y garantiza igual protección de la ley a todos los ciudadanos.
Decimoquinta	Febrero de 1870	Evita que se niegue el derecho al voto por raza o por una previa condición de esclavitud.

Biblioteca del Congreso

Las tropas federales dejaron el Sur en 1877, marcando así el final de la Reconstrucción.

Acaba la Reconstrucción

Para 1870, todos los antiguos estados confederados habían cumplido los requisitos de la Reconstrucción y habían sido admitidos nuevamente en la Unión. En 1877, el resto de las tropas federales se retiró del Sur.

Los demócratas blancos sureños recupera-ron el poder en los gobiernos estatales. Casi de inmediato, se crearon nuevas leyes que restringían los derechos de los afroamericanos. Los blancos intentaron evitar que los negros votaran. Colocaban los lugares de votación lejos de las comunidades afroamericanas o los cambiaban de ubicación sin avisar. Algunos estados exigían un impuesto para votar y muchos afroamericanos no podían pagarlo. En algunos lugares se obligaba a los afroamericanos a dar un examen de lectura antes de votar. Como siendo esclavos no se les había permitido aprender a leer ni a escribir, no aprobaban el examen.

Algunas constituciones estatales agregaron una "cláusula del abuelo", la cual decía que un hombre podía votar sólo si su padre o abuelo había votado antes de 1867. La "cláusula del abuelo" evitó que muchos afroamericanos votaran porque no obtuvieron el derecho al voto sino hasta 1870. También se crearon las **Leyes de Jim Crow** que apoyaban la **segregación** o separación de blancos y negros. Con esas leyes, los afroamericanos no podían sentarse con los blancos en trenes ni alojarse en ciertos hoteles; tampoco podían comer en ciertos restaurantes ni asistir a ciertas escuelas, parques o teatros.

Durante la Reconstrucción, el congresista Thaddeus Stevens dijo que cada afroamericano adulto debía recibir "40 acres y una mula", para ayudar a los antiguos esclavos a iniciar una nueva vida. Sin embargo, nunca se les dio tierra.

Muchos afroamericanos se vieron obligados a regresar a las plantaciones donde habían trabajado como esclavos porque no encontraban trabajo en otro lugar. Muchos de ellos, al igual que muchos blancos, quedaban atrapados en un sistema llamado **aparcería.** Los aparceros alquilaban tierras a los terratenientes y pagaban la renta con una porción de su cosecha. Con el resto de la cosecha, pagaban comida, ropa y el equipo necesario para trabajar la tierra.

Por lo regular, los costos de la aparcería eran más altos que la paga. El aparcero John Mosley explicó: "Cuando levantábamos nuestra cosecha seguíamos con la deuda".

REPASO ¿Qué conclusiones puedes sacar sobre cómo cambió la vida en el Sur después de la Reconstrucción? **Sacar conclusiones**

Después de la Reconstrucción

La Reconstrucción tuvo algunos éxitos en el Sur, como el establecimiento de un sistema de escuelas públicas y la expansión de muchas industrias. Sin embargo, muchas de sus metas no tuvieron efectos duraderos.

Después de la Reconstrucción, el Sur siguió siendo la región más pobre del país. Además, los afroamericanos perdieron el poder político que habían ganado durante el proceso y la mayoría siguieron haciendo las mismas labores que realizaban como esclavos.

En el Norte, muchos blancos perdieron interés en los problemas que enfrentaban los afroamericanos del Sur y la nación pronto dirigió su atención hacia otros asuntos. Pasarían muchos años para que los afroamericanos obtuvieran las libertades que la Reconstrucción esperaba garantizarles.

REPASO ¿Cuáles fueron algunos de los éxitos y fracasos de la Reconstrucción? **Sacar conclusiones**

Resume la lección

Abril de 1865 El presidente Abraham Lincoln murió asesinado.

Diciembre de 1865 Se adoptó la Decimotercera Enmienda para abolir la esclavitud en los Estados Unidos.

Marzo de 1867 El Congreso aprobó las Leyes de Reconstrucción y envió fuerzas militares a los antiguos estados confederados.

LECCIÓN 4 REPASO

Verifica hechos e ideas principales

1. **Idea principal y detalles** En una hoja aparte, completa los detalles que apoyan la idea principal.

   La nación se enfrentó a muchos retos después de la Guerra Civil.

2. ¿Por qué no les gustó a los congresistas republicanos el plan de Reconstrucción de Johnson?
3. **Razonamiento crítico: *Causa y efecto*** ¿Cómo afectaron al Sur las Leyes de Reconstrucción?
4. ¿Por qué se hicieron enmiendas a la Constitución durante la Reconstrucción?
5. ¿Cómo se dificultó la vida de los afroamericanos después de la Reconstrucción?

Enlace con la escritura

Investiga biografías Como leíste en la página 518, muchos afroamericanos fueron líderes de gobierno por primera vez durante la Reconstrucción. Investiga sobre Hiram R. Revels, Blanche K. Bruce u otro congresista afroamericano elegido durante la Reconstrucción. ¿Eran esclavos o libres antes de la Guerra Civil? ¿Cómo se involucraron en la política? ¿Cómo les afectó el final de la Reconstrucción? Escribe un resumen con los datos que aprendas.

CAPÍTULO 15 REPASO

1861 | 1862 | 1863

Abril de 1861
La Unión inicia el bloqueo de los puertos del Sur

Enero de 1863
Entra en vigor la Proclama de Emancipación

Resumen del capítulo

Idea principal y detalles

En una hoja aparte, llena los detalles de la siguiente idea principal. Busca al menos un detalle por cada lección del capítulo.

La Guerra Civil y la Reconstrucción tuvieron muchos efectos en la nación.

Vocabulario

Relaciona cada palabra con la definición o descripción correcta.

1. **bloqueo** (p. 494)
2. **conscripción** (p. 499)
3. **guerra total** (p. 510)
4. **códigos negros** (p. 517)
5. **interpelación** (p. 519)

a. evitar la entrada y salida de provisiones

b. leyes que negaban los derechos de los afroamericanos

c. formulación de acusaciones contra un funcionario por una acción incorrecta

d. destruir la voluntad de pelear del enemigo

e. ley que exige el servicio militar

Personajes y términos

Escribe una oración que explique por qué fue importante cada uno de los siguientes personajes o términos. Puedes mencionar dos o más en una sola oración.

1. **Plan Anaconda** (p. 494)
2. **Thomas "Stonewall" Jackson** (p. 495)
3. **Mathew Brady** (p. 499)
4. **Proclama de Emancipación** (p. 500)
5. **Clara Barton** (p. 502)
6. **Batalla de Gettysburg** (p. 507)
7. **William Tecumseh Sherman** (p. 510)
8. **Oficina de Libertos** (p. 518)
9. **Hiram R. Revels** (p. 518)
10. **Leyes de Jim Crow** (p. 520)

1864 1865 1866 1867

Julio de 1863
La Batalla de Gettysburg es una victoria para las fuerzas de la Unión

Noviembre de 1863
El presidente Lincoln pronuncia el Discurso de Gettysburg

Abril de 1865
Se rinde la Confederación
El presidente Lincoln es asesinado

Diciembre de 1865
La Decimotercera Enmienda termina con la esclavitud

Hechos e ideas principales

1. Menciona algunas nuevas tecnologías que se utilizaron durante la Guerra Civil.
2. Describe la importancia del ataque al fuerte Wagner.
3. **Línea cronológica** ¿Cuánto duró la Guerra Civil?
4. **Idea principal** ¿Qué estrategias planeó inicialmente cada bando para obtener victorias rápidas?
5. **Idea principal** ¿Qué privaciones sufrieron ambos bandos durante la Guerra Civil?
6. **Idea principal** ¿Cómo ganó la Unión batallas importantes en los últimos años de la guerra?
7. **Idea principal** ¿Cuáles eran las metas de la Reconstrucción?
8. **Razonamiento crítico: *Comparar y contrastar*** Compara la vida de los afroamericanos del Sur antes de la Guerra Civil y después de la Reconstrucción.

Escribe sobre la historia

1. **Escribe un artículo de periódico** acerca de una de las batallas mencionadas en tu texto.
2. **Escribe una anotación de diario** en la que un soldado describa la rendición del general Robert E. Lee ante el general Grant.
3. **Escribe una carta al editor** como la hubiera escrito una mujer, en reacción a la Decimoquinta Enmienda que otorgaba el derecho al voto a todos los ciudadanos hombres mayores de 21 años.

Aplica las destrezas

Usar mapas de carreteras

Estudia el mapa siguiente. Luego, contesta las preguntas.

1. ¿Cuáles son las tres carreteras interestatales que entran y salen de Atlanta?
2. ¿Cómo viajarías de Atlanta a Savannah?
3. El Sitio Histórico Nacional de Andersonville era el campo para prisioneros de la Guerra Civil. ¿Cómo viajarías a Andersonville desde el Campo de Batalla Nacional de Kennesaw Mountain?

Actividad en la Internet

Para obtener ayuda con el vocabulario, los personajes y los términos, selecciona el diccionario o la enciclopedia de la *Biblioteca de estudios sociales* en **www.sfsocialstudies.com.**

UNIDAD 7

Terminemos con una canción

When Johnny Comes Marching Home

De Patrick S. Gilmore

La Guerra Civil inspiró muchas canciones en el Norte y en el Sur. Algunas fueron populares en ambos lugares. Una de éstas fue "When Johnny Comes Marching Home", escrita en 1863 por Patrick Gilmore, un director de banda del ejército de la Unión. ¿Quién es "Johnny" en esta canción?

1. When John-ny comes march-ing home a-gain,
2. Let love __ and friend-ship on the day, Hur - rah! ___ Hur - rah! ___
3. Get read - y for the ju - bi - lee,

We'll give him a heart - y wel - come then,
Their choic - est trea - sure then dis - play, Hur - rah! ___ Hur - rah! ___
We'll give __ the he - ro three times three,

The _ men will cheer, _ the boys will shout, The la - dies they _ will all turn out,
And _ let each one __ per-form some part, To fill with joy __ the war-rior's heart,
The _ laur - el wreath _ is read - y now To place up - on __ his roy - al brow,

And we'll shout "Hur - rah" when John-ny comes march-ing home! __

1. Cuando Johnny vuelva marchando
a casa una vez más, ¡Hurra, hurra!
le daremos una calurosa bienvenida,
¡Hurra, hurra!
Los hombres se alegrarán, los niños
gritarán, todas las mujeres saldrán
Y gritaremos "Hurra" cuando Johhny
vuelva marchando a casa.
2. Que haya amor y amistad en ese día,
¡Hurra, hurra!
Que se muestren sus mejores
tesoros, ¡Hurra, hurra!
Y que cada quien haga algo para
llenar de alegría el corazón de
un guerrero
Y gritaremos "Hurra" cuando Johnny
vuelva marchando a casa.
3. Alistémonos para el jubileo,
¡Hurra, hurra!
Daremos al héroe tres veces tres,
¡Hurra, hurra!
La hoja de laurel está ya lista para
ponerla sobre su frente real
Y gritaremos "Hurra" cuando Johnny
vuelva marchando a casa.

UNIDAD 7

Repaso

En los exámenes

Busca palabras clave en el texto.

Ideas principales y vocabulario

LISTOS para los EXÁMENES

Lee el texto que sigue y úsalo para contestar las preguntas.

La nación en crecimiento enfrentó problemas de seccionalismo. El Norte y el Sur diferían sobre si debía permitirse o no la esclavitud en los nuevos estados. También tenían estilos de vida diferentes, y tanto norteños como sureños eran muy leales a su región.

Abraham Lincoln se unió al Partido Republicano, que se oponía a la expansión de la esclavitud. Después de su elección como presidente en 1860, Carolina del Sur se separó de la Unión. Otros estados del Sur le siguieron y formaron la Confederación, cuyas tropas atacaron el fuerte Sumter —bajo el control de la Unión— en abril de 1861, con lo que se inició la Guerra Civil.

La Guerra Civil duró cuatro largos años. A causa de las nuevas armas y del desconocimiento de las enfermedades, hubo muchos muertos y heridos. En la primavera de 1865, la Confederación se rindió y, poco después, el presidente Lincoln fue asesinado por un partidario de la Confederación.

El Congreso aprobó las Leyes de Reconstrucción para reparar al país y para readmitir a los estados del Sur en la Unión. Se enviaron tropas federales al Sur para mantener el orden y vigilar las elecciones. Durante este período se reparó mucho del daño ocasionado por la guerra. A los hombres afroamericanos se les otorgó el derecho al voto y algunos fueron congresistas. La Oficina de Libertos construyó hospitales y escuelas para ayudar a los esclavos liberados.

Cuando terminó la Reconstrucción en 1877, se crearon diversas leyes para volver a restringir los derechos de los afroamericanos. Las Leyes de Jim Crow segregaban a negros y blancos.

1. Según el texto, ¿cuál era una diferencia entre el Norte y el Sur?
   A El Norte quería la esclavitud y el Sur no.
   B Los estados del Sur querían la esclavitud.
   C El Sur tenía más recursos.
   D El Norte tenía más recursos.

2. En el texto, la palabra seccionalismo significa:
   A querer dividir el país a la mitad
   B terminar con la esclavitud en parte del país
   C lealtad al país
   D lealtad a una región

3. En el texto, se separó significa:
   A se unió a otros
   B rompió relaciones con un grupo
   C objetó algo
   D formó un nuevo gobierno

4. ¿Cuál es la idea principal del texto?
   A El Norte ganó la Guerra Civil.
   B La Guerra Civil terminó con la esclavitud.
   C Las diferencias entre el Norte y el Sur llevaron a la Guerra Civil.
   D La guerra destruye personas y lugares.

Personajes y términos

Relaciona cada personaje o término con su definición.

1. **Joseph Cinque** (p. 472)
2. **John Brown** (p. 480)
3. **estado fronterizo** (p. 486)
4. **Catherine Coffin** (p. 473)
5. **Ulysses S. Grant** (p. 509)
6. **segregación** (p. 520)

a. abolicionista que atacó un arsenal en Harpers Ferry

b. separación de las personas

c. ayudó a los esclavos a escapar

d. líder del Norte en la Batalla de Vicksburg

e. líder de la rebelión del *Amistad*

f. permitió la esclavitud, pero no se separó

Aplica las destrezas

Prepara un álbum sobre diferentes puntos de vista acerca de un tema de actualidad. Primero, escoge un tema. Luego recorta artículos que presenten puntos de vista opuestos sobre el tema y pégalos en un álbum. Bajo cada artículo escribe una oración que resuma el punto de vista del autor.

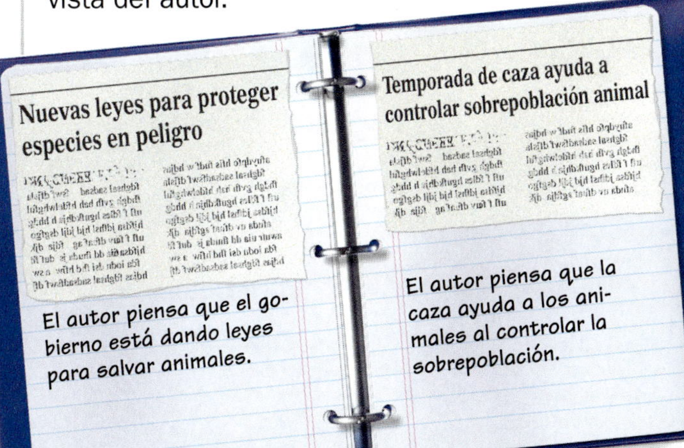

Nuevas leyes para proteger especies en peligro
El autor piensa que el gobierno está dando leyes para salvar animales.
Temporada de caza ayuda a controlar sobrepoblación animal
El autor piensa que la caza ayuda a los animales al controlar la sobrepoblación.

Escribe y comenta

Presenta un programa de preguntas Con un grupo de tus compañeros, crea un programa de preguntas acerca de los principales sucesos y personas antes, durante y después de la Guerra Civil. Escojan a un conductor y a algunos asistentes para que escriban las preguntas y las respuestas. Luego escojan a los concursantes y desarrollen un sistema de calificación. Decidan cuál será el premio para el ganador y presenten su programa ante la clase.

Lee por tu cuenta

Busca libros como éstos en la biblioteca.

La roja insignia del valor
Stephen Crane
EDICIONES GAVIOTA
La Peineta Colorada
Fernando Picó
María Antonia Ordóñez
LINCOLN

UNIDAD

Proyecto 7

La historia habla

Presenta la historia de un pueblo de la época de la Guerra Civil.

1 **Forma** un equipo y elige a un personaje famoso que haya vivido en la época de la Guerra Civil o la Reconstrucción.

2 **Escribe** una charla para que tu personaje la dé frente la clase, con detalles sobre cómo era la vida durante esa época.

3 **Elige** a un miembro de tu equipo para que represente al personaje famoso.

4 **Presenta** la charla a la clase. Si lo deseas, muéstrales dibujos sobre la vida durante la Guerra Civil.

5 **Pide** al resto del grupo que haga preguntas después de la presentación.

Actividad en la Internet

Busca más información sobre la Guerra Civil. Visita **www.estudiossocialessf.com/actividades** y selecciona tu grado y unidad.

Expansión y cambio

UNIDAD 8

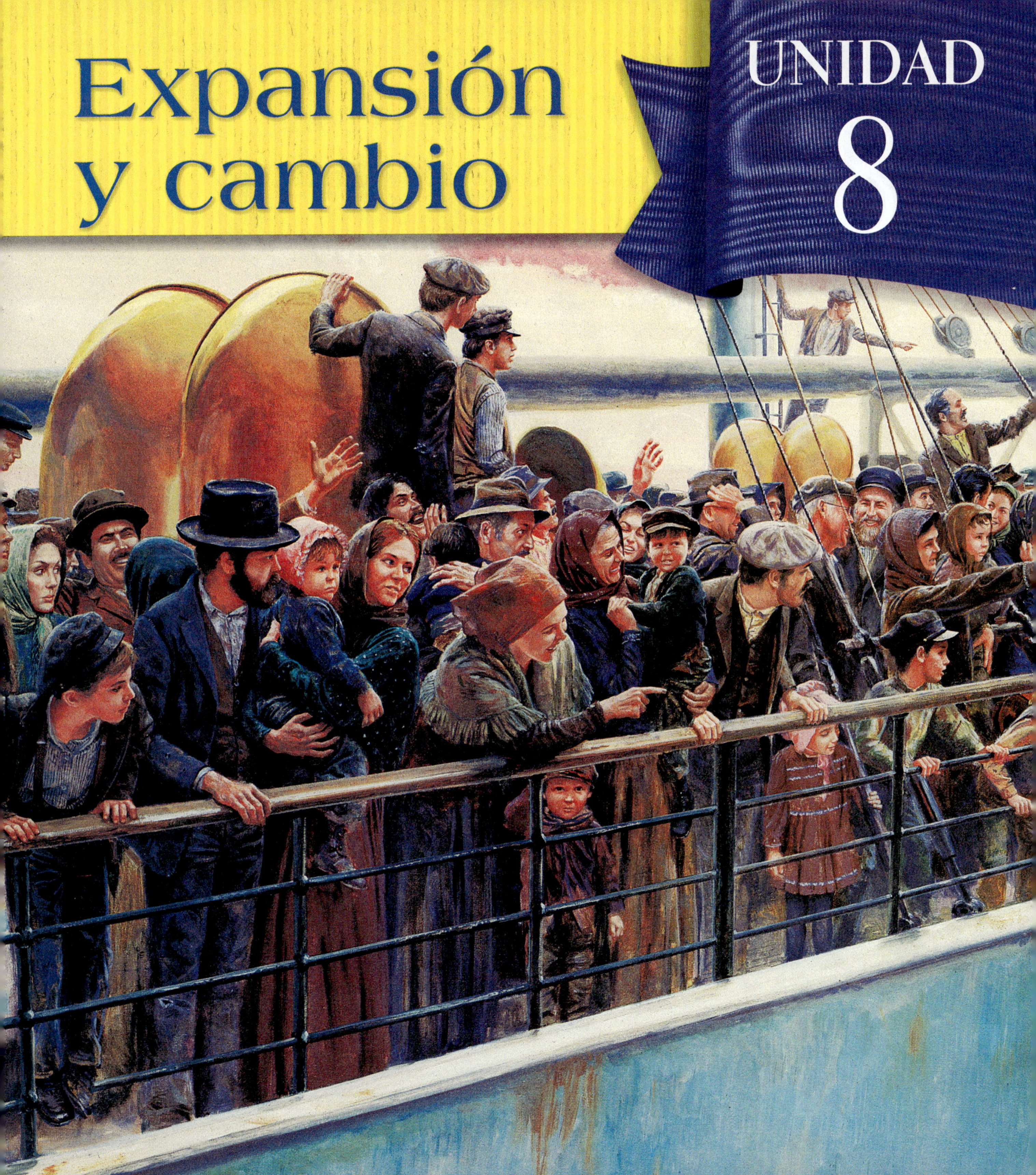

¿Por qué llegan inmigrantes a los Estados Unidos?

UNIDAD 8

Empecemos con una fuente primaria

1860 — 1870 — 1880

1862
El Congreso aprueba la Ley de Fincas

1867
Los Estados Unidos compran Alaska a Rusia

1869
Se termina la construcción del ferrocarril transcontinental

Marzo de 1876
Alexander Graham Bell inventa el teléfono

Junio de 1876
Los lakotas derrotan a Custer en la Batalla de Little Bighorn

"Nuestros ojos contemplaron la Tierra Prometida".

—Escrito por Mary Antin en *The Promised Land (La Tierra Prometida)*, publicado en 1912

Esta pintura del artista Mort Künstler, *Primera visión de la Dama,* muestra a los nuevos inmigrantes viendo la Estatua de la Libertad por primera vez.

1890

1900

1877
Pioneros afroamericanos establecen la ciudad de Nicodemus, Kansas

1889
Jane Addams abre la Casa Hull en Chicago

1898
Victoria de los Estados Unidos en la Guerra Hispano-estadounidense

UNIDAD 8

Personajes de la historia

Andrew Carnegie

1835–1919

Lugar de nacimiento: Escocia

Empresario

- Empezó a trabajar a los 12 años en una fábrica de algodón
- Fundó la compañía Carnegie Steel
- Donó millones de dólares a obras de beneficencia

Liliuokalani

1838–1917

Lugar de nacimiento: Honolulu, Hawai

Líder hawaiana

- Organizó escuelas para los niños hawaianos
- Se convirtió en reina de Hawai en 1891
- Se opuso a la anexión de Hawai a los Estados Unidos en 1898

Jefe Joseph

1840–1904

Lugar de nacimiento: Wallowa Valley, territorio de Oregón

Jefe de los nez percés

- Se convirtió en jefe de los nez percés en 1871
- Guió a sus seguidores a lo largo de 1,600 millas para escapar del ejército de los Estados Unidos
- Se rindió ante el ejército estadounidense en 1877

Alexander Graham Bell

1847–1922

Lugar de nacimiento: Escocia

Inventor

- Desarrolló técnicas para enseñar a hablar a los sordos
- Inventó el teléfono en 1876
- Se convirtió en presidente de la National Geographic Society, que informaba al público sobre tierras distantes

1830 · 1850 · 1870 · 1890

1835 • Andrew Carnegie

1838 • Liliuokalani

1840 • Jefe Joseph

1847 • Alexander Graham Bell

1848 • Lewis Latimer

1858 • Theodore Roosevelt

1863? • George Shima

1881 • Mary Antin

Para más información, visita *Personajes de la historia* en **www.estudiossocialessf.com.**

Lewis Latimer

1848–1928

Lugar de nacimiento: Chelsea, Massachusetts

Inventor

- Prestó sus servicios en la marina de los Estados Unidos durante la Guerra Civil
- Hizo mejoras a la bombilla eléctrica inventada por Thomas Edison
- Enseñó inglés y dibujo a inmigrantes

Theodore Roosevelt

1858–1919

Lugar de nacimiento: Nueva York, Nueva York

Militar, gobernante

- Dirigió tropas en la Guerra Hispano-estadounidense
- En 1901, a los 42 años, se convirtió en el presidente más joven de los Estados Unidos
- Ganó el Premio Nobel de la Paz por ayudar a terminar la Guerra Ruso-japonesa

George Shima

1863–1926

Lugar de nacimiento: Japón

Agricultor

- Superó la pobreza y se convirtió en el "Rey de la Papa"
- Creó un sistema para bombear agua del subsuelo
- Donó alimentos y dinero para ayudar a los necesitados

Mary Antin

1881–1949

Lugar de nacimiento: Rusia

Escritora

- Emigró a los Estados Unidos en 1894
- Escribió varios libros sobre las experiencias de los inmigrantes
- Se opuso a las leyes contra la inmigración

1910 1930 1950

1919

1917

1904

1922

1928

1919

1926

1949

UNIDAD 8

Lectura de estudios sociales

Expansión y cambio

Secuencia

Al leer sobre la historia, es importante entender la secuencia, o el orden, en que ocurrieron los sucesos.

Primero

Luego

Por último

- Las fechas pueden servir para establecer la secuencia.
- Las palabras clave como primero o antes también indican secuencia.
- Si no hay fechas ni palabras clave, puedes deducir la secuencia leyendo con mucho cuidado para entender la intención del escritor.

Las fechas y las frases clave están resaltadas en amarillo. Las secuencias sin frases clave están resaltadas en azul.

Incluso antes de que terminara la Guerra Civil, los Estados Unidos empezaron a construir vías de ferrocarril. La construcción del primer ferrocarril que cruzó el país se inició en 1862 y se terminó en 1869, año en que las líneas procedentes del Este y del Oeste se encontraron en Promontory Point, territorio de Utah. Los viajes en ferrocarril empezaron a reemplazar a los viajes por barco y por carreta o diligencia.

Expansión y cambio: Secuencia de sucesos

Antes de terminar la Guerra Civil, se empezaron a construir vías de ferrocarril en todo el país. Una compañía construyó vías en dirección oeste desde Omaha, Nebraska; otra, en dirección este desde Sacramento, California. Las dos vías se encontraron en Promontory Point, territorio de Utah, el 10 de mayo de 1869.

Al mismo tiempo, se trabajaba para que las comunicaciones fueran más rápidas. En 1860, el servicio de Pony Express redujo el número de días que tardaba el correo en atravesar el país. El año siguiente se tendieron líneas de telégrafo que reemplazaron al Pony Express. Con el tiempo, el teléfono reemplazaría al telégrafo.

El gobierno cedió tierras de las Grandes Llanuras a quienes quisieran cultivarlas, pero los indígenas norteamericanos estaban preocupados por los cambios; los nuevos pobladores mataban búfalos y se establecían en el territorio indígena.

Llegaron inmigrantes de muchos países. Los primeros venían principalmente del norte y del oeste de Europa. Luego les siguieron inmigrantes del este y del sur de Europa.

Algunos inmigrantes cultivaban la tierra o trabajaban en las minas de carbón; otros se establecieron en ciudades y trabajaban, entre otros empleos, en la fabricación de acero o de ropa. La mayoría trabajaba muchas horas por poco salario, por lo que se unieron a sindicatos para exigir mejores condiciones. Después de muchos años de lucha, lograron horarios de trabajo más cortos y condiciones más seguras.

La nación también amplió su territorio: compró Alaska en 1867, y en 1898 anexó a Hawai.

Usa la estrategia de lectura de secuencia para contestar las siguientes preguntas.

1. ¿En qué secuencia aparecieron el telégrafo, el teléfono y el Pony Express?
2. ¿Se adquirió Alaska antes o después de que se anexó Hawai?
3. ¿De qué partes de Europa llegaron a los Estados Unidos los primeros inmigrantes?

CAPÍTULO 16

El cruce del continente

1

1869

Promontory Point, territorio de Utah
Se termina la vía del tren que une al Este con el Oeste.

Lección 1

2

1877

Nicodemus, Kansas
Pioneros afroamericanos fundan un nuevo pueblo.

Lección 2

3

1877

Montañas Bear Paw, territorio de Montana
El jefe Joseph y los nez percés son obligados a rendirse.

Lección 3

Tiempo y lugar

Por qué lo recordamos

Hacia finales de la década de 1860, el mapa de los Estados Unidos te habría parecido muy conocido. Viejos y nuevos estados se concentraban al centro y al este del país, desde Canadá hasta el golfo de México. Dos nuevos estados, Oregón y California, formaban una franja de tierra en el lejano Oeste. El Este y el Oeste comenzaban a unirse. Se tendieron cables de telégrafo y vías de ferrocarril a través de las llanuras abiertas y las montañas para unir los dos extremos de un país en crecimiento. Pronto, los pioneros empezaron a establecerse en este territorio. Al mismo tiempo, los indígenas fueron obligados a abandonar su hogar. La forma de vida de todos los estadounidenses estaba cambiando de manera nunca antes imaginada.

LECCIÓN 1

1860 — 1870

1861 La primera línea de telégrafo atraviesa la nación

1862 Empieza la construcción del ferrocarril transcontinental

1869 Termina la construcción del ferrocarril transcontinental

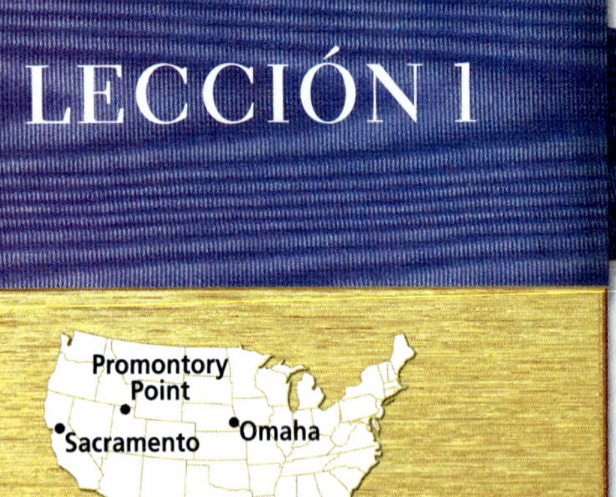

El ferrocarril cruza la nación

EN BREVE

Enfoque en la idea principal
Tras varios años de arduo trabajo, se terminó en 1869 el primer ferrocarril que atravesaría los Estados Unidos.

LUGARES
Omaha, Nebraska
Sacramento, California
Promontory Point, territorio de Utah

PERSONAJES
Samuel Morse

VOCABULARIO
Pony Express
telégrafo
ferrocarril transcontinental

Es un caluroso día de julio de 1859. Vas apretado en la parte posterior de una carreta jalada por caballos que atraviesa una llanura interminable. Te sientes un poco mal por los constantes saltos y el balanceo del asiento. Estás cubierto de polvo y tienes comezón en todo el cuerpo porque te picó quién sabe qué insecto. "Son picaduras de jején", te dice el hombre sentado junto a ti, al ver que te rascas.

Empezaste el viaje hace tres días en Missouri y ahora no sabes con seguridad si estás en Kansas o en Nebraska. Pero sí sabes que te diriges al Oeste, rumbo a California, y que el viaje durará por lo menos tres semanas.

¿Te arrepientes de la decisión de atravesar el país en diligencia? Realmente no. Ésta es tu primera oportunidad de ver las enormes manadas de búfalos y las montañas cubiertas de nieve. Será toda una aventura.

Secuencia Al leer, presta atención al orden de los sucesos que ayudaron a unir el Este y el Oeste.

La unión del Este y el Oeste

No era fácil atravesar los Estados Unidos en la década de 1850. Había miles de millas de vías de ferrocarril construidas, pero casi todas se encontraban en el Este del país. Para llegar al Oeste, se viajaba en carretas jaladas por bueyes o caballos. El único otro medio para ir de la costa este a la costa oeste era el barco. El viaje duraba meses. Y como el correo recorría las mismas rutas que las personas, las noticias tardaban meses en llegar de un extremo a otro del país. Por eso se empezaron a buscar formas más rápidas para transportar gente y correo por los Estados Unidos.

En 1858, se ofreció a los viajeros un nuevo medio para atravesar el país: la diligencia. Las diligencias eran carretas jaladas por caballos y hacían los recorridos por etapas, o trayectos cortos. Si hacía buen tiempo, las diligencias podían trasladar pasajeros y sacos de correo desde Missouri hasta California en sólo 25 días.

En 1860, surgió un nuevo servicio conocido como **Pony Express,** que entregaba correo desde Missouri hasta California en sólo 10 días. ¿Cómo era posible? El Pony Express era como una carrera de relevos de 2,000 millas. Cada jinete cabalgaba alrededor de 75 millas y en ese punto entregaba los sacos de correo a un nuevo jinete. En su mayoría, los jinetes eran adolescentes, algunos apenas de 13 años.

El Pony Express pronto fue desplazado por el **telégrafo,** invención que permitía enviar mensajes por cables que utilizaban electricidad. Un inventor estadounidense de nombre **Samuel Morse** ideó una forma de enviar mensajes telegráficos utilizando un código llamado clave Morse. La primera línea de telégrafo que cruzó el país se terminó en octubre de 1861. ¡Ahora los mensajes en clave Morse podían enviarse de costa a costa en unos cuantos minutos!

El telégrafo permitió que las noticias viajaran rápidamente, pero no servía para que las personas o los objetos atravesaran el país. Muchos consideraron que la mejor forma para unir el Este y el Oeste sería la construcción de un **ferrocarril transcontinental:** es decir, un ferrocarril que cruzara el continente. El presidente Abraham Lincoln estuvo de acuerdo. En 1862, durante la Guerra Civil, el gobierno de los Estados Unidos autorizó a dos compañías la construcción del ferrocarril transcontinental. La compañía Union Pacific comenzó a tender la vía hacia el oeste desde **Omaha, Nebraska,** y la compañía Central Pacific construyó hacia el este desde **Sacramento, California.**

REPASO ¿Qué suceso puso fin al Pony Express en 1861? **Secuencia**

▶ **Al cambiar el caballo cada 10 ó 15 millas, los jinetes del Pony Express podían llevar el correo más rápido.**

La construcción del ferrocarril

Ambas compañías ferroviarias enfrentaron graves dificultades. Uno de sus problemas fue conseguir suficientes trabajadores para este enorme proyecto. Union Pacific contrató soldados que habían peleado en la Guerra Civil, antiguos esclavos, e inmigrantes irlandeses y alemanes. La fuerza de trabajo de Central Pacific también era variada e incluía a miles de inmigrantes chinos.

Las dos compañías competían entre sí. Cada una recibía tierra y dinero como pago por cada milla de vía que tendía. Pero los accidentes geográficos del Oeste no siempre permitían que el trabajo avanzara con rapidez. Para los trabajadores de Central Pacific, resultaba casi imposible tender vías en las inclinadas pendientes de la Sierra Nevada. Los trabajadores chinos realizaron gran parte del trabajo difícil y peligroso de abrir túneles en la sólida roca de las montañas utilizando explosivos. Muchos de ellos murieron en accidentes con dinamita.

En las Grandes Llanuras, los trabajadores de Union Pacific entraron en conflicto con los indígenas norteamericanos. Conforme el ferrocarril avanzaba hacia el Oeste, las vías comenzaron a cruzar las tierras de caza tradicionales de grupos como los lakotas y los cheyenes. Muchos jefes de tribus norteamericanas se negaban a que el ferrocarril atravesara esas tierras. "No los queremos aquí", les dijo un jefe lakota llamado Nube Roja a los trabajadores de Union Pacific. "Están ahuyentando al búfalo".

Pero la compañía Union Pacific estaba decidida a continuar con el proyecto y los soldados tuvieron que proteger a los trabajadores ferroviarios. La vía siguió avanzando hacia el Oeste.

REPASO Describe las dificultades que tuvo que enfrentar cada compañía del ferrocarril transcontinental después de 1862.
Causa y efecto

Los inmigrantes chinos construyeron vías a través de las montañas del Oeste.

Para 1893 ya se habían tendido varias vías transcontinentales.

DESTREZA: MAPAS **Usar rutas** ***¿Qué línea de ferrocarril llegaba a la ciudad de Nueva Orleáns?***

El clavo de vía dorado

El 10 de mayo de 1869, las vías de Union Pacific y de Central Pacific por fin se encontraron en **Promontory Point, territorio de Utah.** Como símbolo del éxito del proyecto se colocó en este sitio un clavo de vía dorado. A todas partes del país se difundió por telégrafo el siguiente mensaje: "Terminado". Se organizaron celebraciones desde la Ciudad de Nueva York hasta San Francisco.

Como puedes ver en el mapa de la página 540, pronto varias líneas más cruzaron el Oeste. Ahora se podía viajar de costa a costa en menos de 10 días. Estas nuevas líneas de ferrocarril trajeron cambios y conflictos a los Estados Unidos.

REPASO ¿En cuántos años se construyó el ferrocarril transcontinental? **Secuencia**

Resume la lección

- **1861** Se terminó la primera línea de telégrafo que cruzó todo el territorio estadounidense.
- **1862** Las compañías Union Pacific y Central Pacific empezaron la construcción del ferrocarril transcontinental.
- **1869** Se terminó el ferrocarril transcontinental en Promontory Point, territorio de Utah.

LECCIÓN 1 REPASO

Verifica hechos e ideas principales

1. **Secuencia** En una hoja aparte, escribe las fechas que faltan para completar este organizador gráfico.

   El Pony Express empieza a entregar correo en todo el Oeste—1860

   ↓

   Se extiende a través de los Estados Unidos la primera línea de telégrafo

   ↓

   Empieza la construcción del ferrocarril transcontinental

   ↓

   Las vías de Union Pacific y de Central Pacific se unen en Utah

2. ¿Qué desplazó al Pony Express?
3. Describe los diferentes problemas que enfrentaron los ferrocarriles de Union Pacific y Central Pacific.
4. De acuerdo con la cita de la página 540, ¿por qué se opuso Nube Roja a la construcción del ferrocarril en las Grandes Llanuras?
5. **Razonamiento crítico: *Predecir*** ¿Qué clase de cambios crees que trajo el ferrocarril transcontinental a los Estados Unidos?

Enlace con las matemáticas

Planea el servicio Pony Express Imagina que estás planeando el Pony Express. Sabes que la ruta mide 2,000 millas y que cada jinete recorrerá 75 millas. ¿Cuántos jinetes deberás contratar como mínimo?

Destrezas: Mapas y globos terráqueos

Hora de Hawai-Aleutianas

Leer un mapa de husos horarios

¿Qué es? Un **huso horario** es un área de la Tierra que corre de norte a sur y en la que todos los lugares tienen la misma hora. La Tierra está dividida en 24 diferentes husos horarios. La **hora oficial** es la hora fijada por ley para todos los lugares de un mismo huso horario.

¿Por qué hay husos horarios? Hubo una época en que cada comunidad decidía su propia hora. Por eso, dos comunidades cercanas entre sí podían tener distinta hora, lo cual provocaba confusión y no era práctico. Los problemas aumentaron cuando los trenes comenzaron a atravesar el país en la década de 1870. Imagínate qué confusos habrían sido los horarios de los trenes si cada ciudad por la que pasaba la línea del ferrocarril tuviera distinta hora. Se necesitaba un sistema de horas confiable.

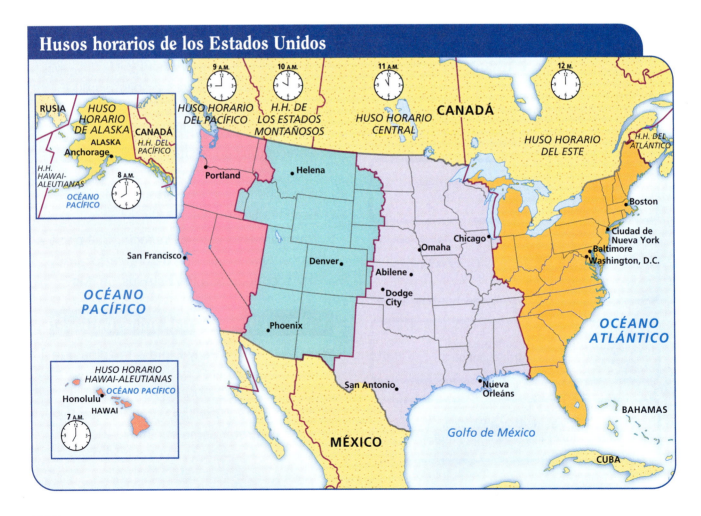

Husos horarios de los Estados Unidos

Para resolver este problema, a finales de la década de 1870, Sandford Fleming, un maquinista canadiense, desarrolló un plan para establecer los 24 husos horarios, que se utiliza hasta hoy.

Si viajas de Nueva York a California en automóvil, cruzas cuatro de estos husos horarios. Es importante que sepas cuándo cambia el horario y qué hora es en el nuevo huso. Si le prometiste a alguien hablarle por teléfono a una hora específica en una parte del país, necesitas saber cuál es el huso horario ahí.

¿Cómo lo usamos? El mapa muestra los seis husos horarios de los Estados Unidos. La hora oficial en cada uno varía una hora con respecto al huso horario anterior y al huso horario siguiente. Para ayudarte a entender cómo funciona esto, observa los relojes que se muestran con cada huso horario. Verás que cada huso horario tiene un nombre. La hora oficial es la misma en todo el huso horario.

Para usar un mapa de husos horarios, necesitas saber si estás al este o al oeste de otro huso horario. La hora en un huso horario al este de donde tú vives estará adelantada respecto a la hora oficial de tu huso horario. La hora en un huso horario al oeste de donde tú vives estará atrasada respecto a la hora oficial de tu huso horario.

Si fueras a viajar hacia el este, tendrías que adelantar tu reloj una hora por cada huso horario que cruzaras. Si viajaras hacia el oeste, lo atrasarías una hora por cada huso horario que cruzaras.

Por ejemplo, digamos que vives en San Antonio y tu reloj marca las 3:00 P.M. ¿Qué hora es en la Ciudad de Nueva York y qué hora en San Francisco? Busca las tres ciudades en el mapa y anota el huso horario de cada una. San Antonio está en el huso horario central. ¿En qué huso horario está la Ciudad de Nueva York? ¿En cuál está San Francisco? La Ciudad de Nueva York está en un horario al este de San Antonio, de manera en Nueva York será una hora más tarde que en San Antonio: 4:00 P.M. San Francisco está dos husos horarios al oeste, así que será dos horas antes que San Antonio: 1:00 P.M.

Piensa y aplícalo

1. ¿En qué huso horario vives?
2. ¿En qué husos horarios están Denver y Boston? ¿Qué hora es en Denver cuando son las 12 del mediodía en Boston?
3. Si estás en Baltimore y quieres ver un juego de pelota que empieza a las 2:00 P.M. en Chicago, ¿a qué hora debes encender la televisión?

Para más información, visita el *Atlas* en **www.estudiossocialessf.com.**

El surgimiento del ferrocarril

Desde mediados del siglo XIX, el ferrocarril cambió rápidamente la manera en que los estadounidenses viajaban y transportaban productos. La historia de los ferrocarriles y de cómo cambiaron al país es una parte importante de la historia de los Estados Unidos.

"The Midnight Flyer"
La emoción que sentían los estadounidenses por los trenes inspiró nuevas canciones como "The Midnight Flyer" *(La voladora de medianoche)*, escrita en 1903.

El ferrocarril transcontinental
Este cartel de la compañía Union Pacific, de 1869, anunciaba la venta de boletos para el nuevo ferrocarril transcontinental. El viaje de Omaha a San Francisco tomaba sólo cuatro días, si todo salía como estaba planeado.

Los vagones refrigerados
¿Cómo podían transportarse alimentos frescos como carne, fruta y leche largas distancias sin que se echaran a perder? Este problema se resolvió con la llegada de los vagones refrigerados. Al poder transportar más comida fresca de las granjas, los estadounidenses que vivían en las ciudades podían tener una dieta más sana.

La *Old Ironsides*
Éste es un modelo de la *Old Ironsides,* una locomotora estadounidense de la década de 1830.

La *Pioneer*
La *Pioneer* se construyó en 1851. Durante la Guerra Civil, jalaba trenes del ejército de la Unión. La locomotora fue dañada en un ataque de los confederados, aunque siguió funcionando durante 30 años más.

La 1401, el gigante de Railroad Hall
Construida en 1926, la 1401, un gigante de 92 pies de largo y 561,600 libras de peso, era una de las locomotoras de vapor más potentes de su tiempo. Para llevar esta gigantesca locomotora al Smithsonian Railroad Hall, hubo que construir vías de ferrocarril temporales hasta el interior del museo.

Estos objetos son del Smithsonian Institution.

LECCIÓN 2

1860 — 1880

1862 El Congreso aprueba la Ley de Fincas

1866 Se establece el Camino Goodnight-Loving

1877 Pioneros afroamericanos fundan la ciudad de Nicodemus, Kansas

GRANDES LLANURAS
Nicodemus
Abilene

EN BREVE

Enfoque en la idea principal
Después de la Guerra Civil, agricultores y vaqueros ayudaron a que las Grandes Llanuras se convirtieran en una importante región agrícola y ganadera.

LUGARES
Grandes Llanuras
Nicodemus, Kansas
Abilene, Kansas

PERSONAJES
Charles Goodnight
Nat Love
George Shima

VOCABULARIO
Ley de Fincas
nuevos colonos
sodbusters
exodusters
arreo de ganado
alambre de púas

Agricultores y vaqueros

Howard Ruede acaba de construir su nueva casa, si es que se le puede llamar así. En realidad, no es más que un enorme espacio cavado en la tierra con un techo de madera, pero lo protegerá del viento y un poco de la lluvia.

Es el verano de 1877, y este pionero de 23 años de edad acaba de llegar a las llanuras de Kansas. Trajo consigo los ahorros de toda su vida: aproximadamente 50 dólares. Por fortuna, construir la casa sólo le costó 10 dólares.

Sentado en una silla hecha en casa en su oscuro y húmedo hogar, Howard escribe una carta a su familia, que se quedó en Pennsylvania. Describe sus tierras y la granja que sueña con llegar a construir. Le esperan años de arduo trabajo, pero le emociona la idea.

Secuencia Al leer, haz una lista de la secuencia de sucesos que provocaron cambios en las Grandes Llanuras.

La Ley de Fincas

Como ya has leído, a mediados del siglo XIX muchos estadounidenses querían ir al Oeste. Las tierras cultivables de Oregón y el oro de California atrajeron a miles de colonizadores al Oeste, y los pioneros cruzaron las **Grandes Llanuras.** Nunca se pensó que esta extensa región de llanuras áridas —con frecuencia llamadas el "Gran Desierto Americano"— pudieran llegar a ser magníficas tierras cultivables. Por eso, las Grandes Llanuras atraían a muy pocos pioneros.

Con el propósito de alentar la colonización en las Grandes Llanuras, en 1862 el Congreso aprobó la **Ley de Fincas,** que ofrecía tierras gratuitas a los pioneros dispuestos a establecer nuevas granjas. Si eras un hombre de más de 21 años de edad, una viuda, o cabeza de una familia, podías reclamar 160 acres de tierra. Sólo tenías que pagar una pequeña cuota de registro —casi siempre unos 10 dólares—, y cultivar tu tierra y vivir en ella durante cinco años. Después, la tierra era tuya. A quienes reclamaban tierras con esta ley se les conocía como **nuevos colonos** *(homesteaders).*

Las líneas del nuevo ferrocarril transcontinental ayudaron a los nuevos colonos a viajar al Oeste. Como muchos otros, Howard Ruede viajó en tren a su nuevo hogar. Después de reclamar su parcela y excavar un refugio subterráneo, trató de establecer una granja. No fue fácil. Los pastos de las Grandes Llanuras tenían raíces gruesas y enredadas que se enterraban varias pulgadas en el suelo. Antes de sembrar, Ruede tenía que excavar entre de este posto y tepe *(sod).* A los agricultores de las Grandes Llanuras, como Ruede, pronto se les conoció como ***sodbusters.***

Después de romper el tepe de sus tierras, Ruede hizo lo que la mayoría de los nuevos colonos: lo usó para construir una nueva casa. En una región con pocos árboles o piedras, el tepe era un material de construcción muy útil. Las casas hechas con bloques de tepe eran frescas en verano, calientes en invierno y a prueba de fuego. Desgraciadamente para los nuevos colonos, las paredes de tepe con frecuencia se llenaban de insectos, ratones y culebras.

REPASO En el orden correcto, menciona cuatro cosas que hizo Howard Ruede después de llegar a Kansas en 1877. **Secuencia**

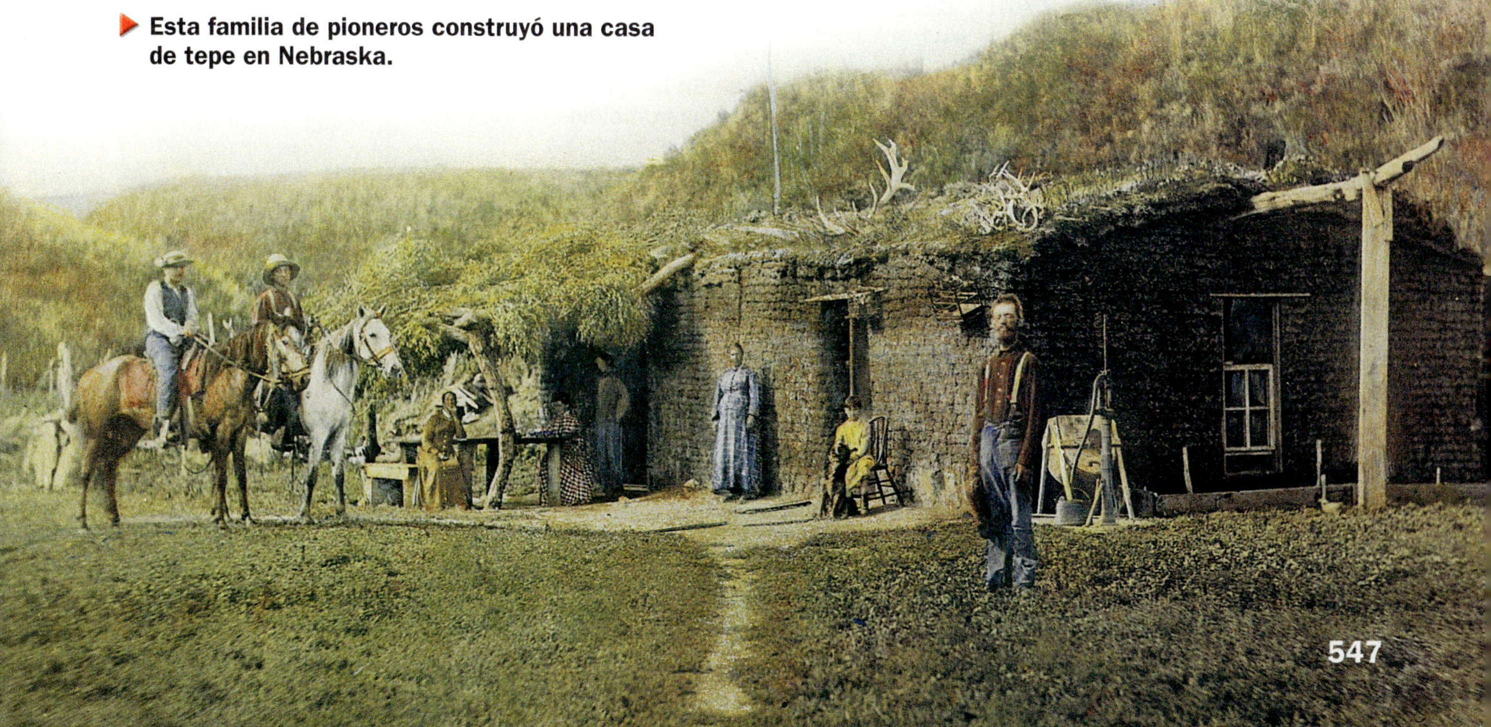

Esta familia de pioneros construyó una casa de tepe en Nebraska.

La vida en las llanuras

Nuevas tecnologías ayudaron a los nuevos colonos a sobrevivir en las Grandes Llanuras. Un inventor de Indiana llamado James Oliver diseñó un nuevo arado de acero que podía atravesar el resistente tepe de las llanuras. También se diseñaron molinos de viento especiales para bombear agua desde las profundidades del subsuelo. Sin embargo, la mayoría de los nuevos colonos dependía de su determinación y su fuerza. Percy Ebbutt, un pionero que llegó de Inglaterra, lo expresó en pocas palabras: "Hay que estar decidido a pasar trabajos".

Pasar trabajos incluía enfrentar el mal tiempo y los mortales desastres naturales de las Grandes Llanuras. Con frecuencia, la primavera llegaba acompañada de tornados, granizadas e inundaciones; el verano traía un calor abrasador y sequías frecuentes. En otoño, el pasto de la pradera se secaba y los colonos tenían que estar alertas para prevenir incendios. Un inmigrante de Noruega llamado Gro Svendsen describió estos incendios en una carta a su familia en 1863.

> ***"Es extraño y terrible ver los campos convertidos en un mar de fuego. Con frecuencia, las llamas abrasadoras arrasan con todo lo que encuentran a su paso: personas, ganado, heno, cercas".***

En invierno había un frío intenso, tormentas de hielo y ventiscas. Una ventisca especialmente mortífera arrasó el territorio de Dakota y Nebraska en enero de 1888. Se le conoció como la "tormenta de los escolares" porque cayó en la tarde, mientras muchos niños regresaban a su casa de la escuela.

Un granjero espera la lluvia en las Grandes Llanuras.

Como si el mal tiempo no fuera bastante preocupación, los agricultores también se enfrentaban al temido saltamontes. A mediados de la década de 1870, millones de saltamontes invadieron las Grandes Llanuras. Oscurecieron el cielo y cubrieron los campos en capas de seis pulgadas de alto. Los insectos se comían todo lo que encontraban a su paso: cosechas, pastos, hasta cercas y mangos de hacha. "Nebraska habría tenido una espléndida cosecha si no hubiera llegado los saltamontes", escribió la nueva colona Mattie Oblinger en 1876.

REPASO ¿Qué obstáculos enfrentaron los nuevos colonos? **Resumir**

En las granjas de las Grandes Llanuras aún se usan molinos de viento.

La "fiebre americana"

El ambiente hostil de las Grandes Llanuras hizo que muchos agricultores regresaran a los pueblos y a las ciudades del Este. Pero la promesa de buenas tierras siguió atrayendo a nuevos colonos. En Europa, el deseo de viajar a las Grandes Llanuras era tan grande que se llegó a conocer como la "fiebre americana". Cientos de miles de personas de Alemania, Suecia, Noruega, Rusia y otras naciones europeas atravesaron el océano Atlántico para empezar una nueva vida en las Grandes Llanuras.

Muchos de estos inmigrantes trajeron valiosos conocimientos agrícolas a los Estados Unidos. Por ejemplo, miembros de un grupo religioso llamado menonita comenzaron a llegar a Kansas a principios de la década de 1870. Los agricultores menonitas trajeron semillas de un tipo de trigo resistente que habían cultivado en Europa. Hasta entonces, los agricultores estadounidenses no habían podido encontrar un tipo de trigo capaz de sobrevivir en las Grandes Llanuras, pero el trigo que trajeron los menonitas se dio bien en Kansas. Pronto, las Grandes Llanuras se convirtieron en una de las principales regiones productoras de trigo en el mundo, y lo son hasta el día de hoy.

La Ley de Fincas también dio oportunidades a los nuevos colonos afroamericanos. Como has leído, los afroamericanos siguieron siendo discriminados después que se abolió la esclavitud. En la década de 1870, un carpintero procedente de Tennessee de nombre Benjamin Singleton empezó a recomendar a sus compatriotas afroamericanos que se fueran al Oeste. "Necesitábamos tierra para nuestros hijos", dijo más tarde.

Estos miles de pioneros afroamericanos, autonombrados ***exodusters,*** comenzaron una nueva vida en Kansas y Nebraska. El nombre de *exodusters* viene de un libro de la Biblia llamado Éxodo, que cuenta la historia de Moisés cuando guió a los esclavos israelitas hacia la libertad. Muchos afroamericanos del Sur pensaban que la suya era una historia similar: ellos también hacían un viaje hacia la libertad.

REPASO ¿Cómo contribuyeron los menonitas al éxito de la agricultura en las Grandes Llanuras? **Sacar conclusiones**

Ayer y hoy

Nicodemus, Kansas

El pueblo de **Nicodemus, Kansas,** fue fundado por pioneros afroamericanos en 1877. Hacia finales de la década de 1880, Nicodemus se había convertido en un pueblo con mucha actividad; había tiendas, iglesias, periódicos, una escuela y un equipo de beisbol. Hoy en día, Nicodemus perdura como símbolo de libertad y oportunidad. Lo visitan personas de todas partes del país para ver los edificios históricos y conmemorar las importantes contribuciones de los pioneros afroamericanos.

El arreo de ganado

Mientras que los agricultores luchaban por sobrevivir en las Grandes Llanuras, la industria ganadera se desarrollaba más al sur. Las primeras reses fueron traídas a América del Norte por los españoles a principios del siglo XVII. Al terminar la Guerra Civil, había alrededor de 5 millones de reses en Texas, de una raza muy resistente conocida como ganado *longhorn* de Texas.

En la década de 1860, las reses *longhorn* se vendían en Texas a cerca de 4 dólares cada uno; en cambio, valían alrededor de 40 dólares por cabeza en las ciudades del Este, donde la carne de res era escasa. Los ganaderos se dieron cuenta de que podían tener enormes ganancias, aunque tenían que encontrar la manera de llevar el ganado al otro lado del país.

La solución fue el **arreo de ganado:** los vaqueros arreaban enormes manadas al norte hasta las nuevas líneas ferroviarias que cruzaban las Grandes Llanuras. El arreo de ganado empezaba en Texas y terminaba en los poblados a los que llegaba el ferrocarril. Desde allí, el ganado se enviaba por tren al Este. Algunos poblados, como **Abilene, Kansas,** llegaron a conocerse como pueblos ganaderos. Tan sólo en 1871, cerca de 700,000 reses pisaron las polvorientas calles de Abilene.

REPASO ¿Cuál era la diferencia de precio del ganado en Texas y en el Este? ¿Por qué? **Comparar y contrastar**

Aventuras en mapas

Los enormes arreos de ganado

Con Texas como punto de partida, hay varias rutas que puedes seguir para arrear tu ganado hasta el ferrocarril.

1. ¿Qué camino seguirías si quisieras arrear tu ganado a Abilene, Kansas?
2. Si viajas 10 millas diarias, ¿en cuánto tiempo arrearías tu ganado de San Antonio a Dodge City?
3. Hacia la década de 1880, la ciudad de Chicago se había convertido en el principal proveedor de carne fresca del país. ¿Cómo te ayuda el mapa a entender esto?

Ferrocarril
Camino ganadero
Se muestran las fronteras actuales

Pintura de Frederick Remington

▶ **Los vaqueros trabajaban por largos días sobre sus caballos, y ganaban unos 30 dólares al mes.**

La vida de los vaqueros

En 1866, **Charles Goodnight** y su socio Oliver Loving arrearon su manada de 2,000 reses *longhorn* desde el norte de Texas hasta Colorado. Esta ruta pronto fue conocida como el Camino Goodnight-Loving. "Sufrimos muchas privaciones y peligros", escribió Charles Goodnight. Pero, a pesar de todo, recordaba los días en que viajaba por ese camino como los más felices de su vida.

"La mayor parte del tiempo éramos aventureros solitarios en un extenso territorio tan fresco y nuevo como una mañana de primavera".

Los vaqueros eran un grupo variado. Cerca de una tercera parte eran mexicoamericanos o afroamericanos. Muchos eran muy jóvenes. Un vaquero afroamericano llamado **Nat Love** empezó a trabajar arreando ganado cuando apenas tenía 15 años. Tiempo después, fue famoso por su habilidad y escribió un libro sobre sus aventuras.

Los vaqueros como Nat Love llevaban una vida difícil, peligrosa y solitaria, arreando ganado a través de grandes extensiones. Cabalgaban 16 horas diarias, los siete días de la semana. En la noche, se turnaban para vigilar el ganado.

▶ **Nat Love fue un vaquero famoso.**

Por lo general, el ganado se arreaba 10 millas diarias. Las manadas más grandes avanzaban lentamente, pastando mientras caminaban. Pero las reses *longhorn* eran animales nerviosos y siempre había el peligro de una estampida. En una estampida, todas las reses de la manada se echan a correr sin control; atropellan a caballos y personas, o se meten a los ríos y se ahogan. Para mantenerlas tranquilas, los vaqueros les cantaban. Puedes leer la letra de una de estas canciones en la página 589.

Los arreos de ganado acabaron a finales de la década de 1880. Una de las causas fue el conflicto creciente entre los ganaderos y los agricultores de las Grandes Llanuras. Para que el ganado no se metiera en las tierras de cultivo, los nuevos colonos cercaron sus propiedades y utilizaron un nuevo tipo de cerca hecha de **alambre de púas,** o alambre retorcido con puntas afiladas. Estas cercas, baratas y fáciles de construir, empezaron a encerrar las vastas llanuras. El creciente número de líneas de ferrocarril también contribuyó a poner fin al arreo del ganado. A medida que fueron llegando a Texas nuevas líneas de ferrocarril, ya no fue necesario que los ganaderos llevaran su ganado en dirección norte.

REPASO ¿Qué puso fin a la época del arreo del ganado? **Causa y efecto**

El Oeste en crecimiento

A finales del siglo XIX, las nuevas líneas de ferrocarril llevaron a miles de personas al Oeste. Los poblados situados en el extremo oeste de las líneas ferroviarias, como Los Ángeles, California y Seattle, Washington, pronto se convirtieron en ciudades importantes. Muchos de los nuevos pobladores establecieron granjas en el Oeste.

El Oeste también atrajo a agricultores de otros países. A finales del siglo XIX, miles de inmigrantes japoneses empezaron a llegar a California y muchas familias japonesas construyeron granjas prósperas en el Oeste. En la biografía de la página siguiente, leerás sobre un exitoso agricultor japonés, **George Shima.**

REPASO ¿Cómo contribuyeron los ferrocarriles al crecimiento del Oeste? **Resumir**

Resume la lección

- **1862** Se aprobó la Ley de Fincas, que dio acceso a los estadounidenses a tierras gratuitas en las Grandes Llanuras.
- **1866** El Camino Goodnight-Loving fue el primero de varios para arrear ganado desde Texas.
- **década de 1870** Pioneros afroamericanos fundaron diversos poblados nuevos, entre ellos, Nicodemus, Kansas.

LECCIÓN 2 REPASO

Verifica hechos e ideas principales

1. **Secuencia** Vuelve a hacer este organizador gráfico en una hoja aparte, poniendo los sucesos en el orden correcto. Incluye el año en que ocurrió cada uno.

Se estableció el Camino Goodnight-Loving para arrear ganado—1866.

↓

Se fundó Nicodemus, Kansas.

↓

El territorio de Dakota fue azotado por la "tormenta de los escolares".

↓

Se aprobó la Ley de Fincas.

↓

700,000 reses *longhorn* fueron arreadas hasta Abilene, Kansas.

2. Según la Ley de Fincas, ¿qué se tenía que hacer para recibir tierras?

3. Describe tres dificultades que enfrentaron los agricultores en las Grandes Llanuras.

4. **Razonamiento crítico:** ***Tomar decisiones*** Ya has leído sobre las dificultades de vivir y practicar la agricultura en las Grandes Llanuras. ¿Te hubiera gustado irte a vivir allí? Sigue los pasos para tomar decisiones en la página M5.

5. ¿Por qué se desarrolló el arreo de ganado?

Enlace con la escritura

Escribe una carta Imagínate que eres un nuevo colono joven en Kansas. Escribe una carta a tu familia, que vive en el Este, en la que describas tu nueva vida. ¿Qué has logrado? ¿Qué retos enfrentas? ¿Esperas quedarte en Kansas mucho tiempo? ¿Por qué sí o por qué no?

George Shima

alrededor de 1863–1926

George Shima nació en Japón y llegó a California en 1888. Era tan pobre que no tenía nada que comer. Pronto consiguió trabajo cosechando papas y desenterrando tocones de árbol en una granja en el valle de San Joaquín. Shima hizo todo lo que pudo para aprender a cultivar la tierra. Años después, recordaba:

BIODATO

Shima fue el primer agricultor que lavó y clasificó las papas antes de venderlas, y así pudo obtener más dinero por lo mejor de su cosecha.

"Empecé a estudiar libros, a hablar con agricultores y a aprender a cultivar".

Pronto, Shima había ganado dinero suficiente para rentar diez acres de tierra, donde experimentó con el cultivo de papas. Bombeando el agua del subsuelo y creando las condiciones ideales para cultivar papas, volvió cultivables las islas pantanosas en el río San Joaquín. Con el tiempo, compró y drenó más tierras, en las que plantó papas por todos lados. Muy pronto, creó una empresa que creció rápidamente y lo hizo rico. Shima se hizo famoso como el "Rey de la Papa".

Pero las cosas no siempre fueron fáciles. A pesar de su éxito, Shima a veces sufría discriminación por su origen. Cuando compró una casa nueva cerca de una universidad, algunas personas de raza blanca protestaron. Pero Shima no se fue de allí. Los Estados Unidos eran su hogar, dijo, y su familia se quedaría.

Shima llegó a ser un líder importante en su comunidad. Fue presidente de la Asociación Japonesa de California durante muchos años. También donó comida para los necesitados y pagó la educación universitaria de estudiantes pocos recursos.

Aprende de las biografías

Al igual que muchos inmigrantes, George Shima contribuyó mucho a los Estados Unidos. ¿Cuáles fueron algunas de sus contribuciones?

Para más información, visita *Personajes de la historia* en **www.estudiossocialessf.com.**

LECCIÓN 3

1870			1880	
1874 Se encuentra oro en tierras lakotas en las colinas Black	**1876** Los lakotas derrotan a Custer en la Batalla de Little Bighorn		**1877** Los nez percés son derrotados en Montana	

Colinas Black

DAKOTA DEL SUR

Colinas Black

EN BREVE

Enfoque en la idea principal
En las décadas de 1860 y 1870, muchos grupos de indígenas norteamericanos lucharon por conservar el control de sus tierras tradicionales.

LUGARES
colinas Black

PERSONAJES
Toro Sentado
George Custer
Jefe Joseph

VOCABULARIO
reservación
Batalla de Little Bighorn

La guerra en el Oeste

Estás ahí Al referirse a las colinas Black, los lakotas las llaman *Paha Sapa*. Esta región de accidentados precipicios, colinas boscosas y valles de vegetación verde oscuro es sagrada para el pueblo lakota. De acuerdo con un tratado firmado en 1868, las colinas Black deben pertenecer a los lakotas para siempre. Pero las cosas han cambiado desde entonces. Estamos en 1875. Se encontró oro en las colinas Black.

El gobierno de los Estados Unidos espera que los lakotas estén dispuestos a vender las colinas Black. El gobierno le pide al jefe lakota llamado Toro Sentado que asista a una reunión en la que puedan ponerse de acuerdo en un precio. "No quiero venderle ninguna tierra al gobierno", responde Toro Sentado. Toma una pizca de tierra entre el pulgar y el índice, y agrega: "Ni siquiera esta poca".

Destreza clave

Secuencia Al leer, presta atención al orden de los sucesos que llevaron a la derrota de los indígenas norteamericanos en las Grandes Llanuras.

▶ **Jefe lakota Toro Sentado**

El conflicto en las llanuras

El jefe lakota **Toro Sentado** se dio cuenta de que las Grandes Llanuras estaban cambiando. Las nuevas líneas del ferrocarril llevaban ahí a miles de colonos y los agricultores y los ganaderos empezaban a cercar sus tierras. Poco a poco, las enormes manadas de búfalos comenzaban a desaparecer. Se cazaban búfalos para alimentar a los trabajadores del ferrocarril, para utilizar su piel, o por deporte. Alguna vez llegó a haber 30 millones de búfalos en las Grandes Llanuras; a finales de la década de 1880, había menos de 1,000.

Los indígenas de las Grandes Llanuras vieron amenazada su forma de vida, pues dependían del búfalo para obtener alimento, vestido y cobijo. Su forma tradicional de vida incluía la caza del búfalo y el movimiento libre por las abiertas llanuras. Como explicó Toro Sentado, la mayoría de los lakotas quería seguir viviendo de esa manera.

> ***"Mi pueblo quiere una vida de libertad. No he visto nada que el hombre blanco tenga, casas o ferrocarriles, ropa o comida, que se compare con el derecho de caminar en el campo abierto y vivir según nuestras costumbres".***

El gobierno de los Estados Unidos alentó la matanza de búfalos para apresurar la derrota de los indígenas norteamericanos al acabar con uno de sus principales recursos. Las autoridades estadounidenses querían llevar a los indígenas a reservaciones. Una **reservación** es una extensión de tierra apartada para indígenas norteamericanos. Finalmente, en 1868, el gobierno de los Estados Unidos y los jefes lakotas firmaron un tratado para crear la Gran Reservación Lakota. Esta gran reservación incluía las **colinas Black** y otras tierras en lo que ahora es Dakota del Norte, Wyoming y Montana. Después, en 1874, se encontró oro en las colinas Black y aproximadamente 15,000 mineros entraron ilegalmente en territorio lakota. Los Estados Unidos ofrecieron 6 millones de dólares a los jefes lakotas a cambio de sus tierras, pero ellos no estaban interesados en venderlas.

En 1876, un grupo de soldados estadounidenses avanzó hacia las colinas Black; tenían la esperanza de derrotar a los lakotas y forzarlos a ocupar una nueva reservación. Pero los lakotas estaban listos para pelear por sus tierras.

REPASO ¿Qué sucesos clave ocurrieron después de que se encontró oro en las colinas Black? **Secuencia**

Los trenes con frecuencia reducían la velocidad para que los trabajadores y los pasajeros pudieran disparar a los búfalos.

El final de las guerras

En junio de 1876, Toro Sentado y varios miles de indígenas lakotas acampaban cerca del río Little Bighorn, en Montana. El 25 de junio, **George Custer** dirigió un ataque contra el campamento. Un jefe lakota llamado Caballo Loco encabezó la lucha contra Custer. Los soldados estadounidenses eran muchos menos y los indígenas los rodearon rápidamente. Custer perdió la vida, junto con toda su tropa de más de 200 hombres. A este suceso se lo conoció como la **Batalla de Little Bighorn.**

Después de esta batalla, los Estados Unidos enviaron más soldados a derrotar al pueblo lakota. Para 1877, la mayoría de los lakotas habían sido forzados a irse a las reservaciones.

Otros pueblos indígenas también luchaban por sus tierras en esa misma época. Los nez percés vivían en el valle de Wallowa, en Oregón, y el gobierno quería llevarlos a una reservación en el territorio de Idaho contra su voluntad. "Estas tierras han pertenecido siempre a mi pueblo", dijo el **jefe Joseph,** líder de los nez percés.

En junio de 1877, se ordenó a los soldados estadounidenses capturar a los nez percés y llevarlos a una reservación. Pero los nez percés se resistieron. Durante los siguientes tres meses, el ejército los persiguió por todo Oregón, Idaho y Montana, a lo largo de 1,600 millas. Durante el trayecto se libraron varias feroces batallas.

Con poca comida y pocos suministros, los nez percés trataron de huir a Canadá. Estaban a sólo 40 millas de la frontera cuando los soldados estadounidenses los rodearon. El jefe Joseph aceptó rendirse, diciendo:

> ***"Estoy cansado de luchar. Han matado a nuestros jefes... Los niños pequeños se mueren de frío... Mi corazón está enfermo y cansado. Desde este momento, en esta posición del sol, no lucharé más...".***

▶ **Hacia 1890, los indígenas norteamericanos fueron obligados a vivir en reservaciones en todo el Oeste.**

DESTREZA: MAPAS **Ubicación** ***Nombra los dos grupos que vivían cerca de la reservación navajo.***

Los lakotas y los nez percés fueron dos de los muchos grupos de indígenas norteamericanos que lucharon por su territorio. Sin embargo, para fines del siglo XIX estas guerras habían llegado a su fin y la mayoría de los indígenas norteamericanos habían sido forzados a irse a las reservaciones.

Fíjate en el mapa de las reservaciones indígenas en la página 556. De los dos millones y medio de indígenas que viven hoy en los Estados Unidos, la mitad vive en las reservaciones o cerca de ellas.

Diversos grupos, en reservaciones y fuera de ellas, están tratando de conservar su cultura. Los jóvenes aprenden el idioma de sus ancestros, y hoy se siguen hablando alrededor de 200 lenguas tribales. Los escritores y los directores de cine de origen indígena norteamericano siguen contando historias sobre su pueblo y su forma de vida.

El jefe Joseph intentó dirigir a los nez percés hasta Canadá.

REPASO ¿Cuántos indígenas norteamericanos viven hoy en reservaciones?
Idea principal y detalles

Resume la lección

- **1874** Miles de mineros entraron ilegalmente en territorio lakota cuando se descubrió oro en las colinas Black.
- **1876** Los lakotas derrotaron al ejército de Custer en la Batalla de Little Bighorn.
- **1877** Después de una persecución de 1,600 millas, los nez percés fueron capturados en Montana.

LECCIÓN 3 REPASO

Verifica hechos e ideas principales

1. **Secuencia** En una hoja aparte, crea una línea cronológica de las luchas del pueblo lakota por su tierra. Escribe un suceso clave por cada año.

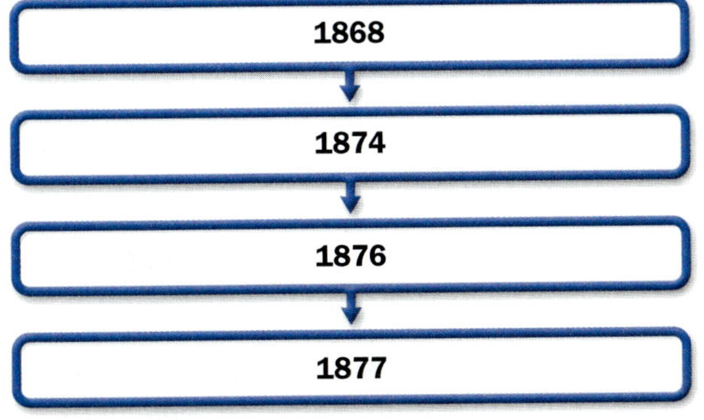

2. ¿Cómo afectaron el ferrocarril, los agricultores y los ganaderos al búfalo en las Grandes Llanuras?
3. ¿Cómo afectó a los indígenas de las Llanuras la disminución de la población de búfalos?
4. **Razonamiento crítico: *Analizar fuentes primarias*** El jefe Joseph, líder de los nez percés, dijo una vez: "Si el hombre blanco quiere vivir en paz con los indígenas, puede vivir en paz. No tiene por qué haber problemas". ¿Crees que era posible la paz entre los indígenas y el gobierno de los Estados Unidos? ¿Por qué sí o por qué no?
5. Menciona algunas formas en que los indígenas norteamericanos mantienen vivas sus tradiciones.

Enlace con las artes del lenguaje

Cuenta una historia Una de las formas en que los indígenas norteamericanos mantienen vivas sus tradiciones es contando historias. En la biblioteca, busca un libro de historias de indígenas, lee una y resúmela. Luego lee tu resumen a la clase.

CAPÍTULO 16 REPASO

1860 — 1865

1861 La primera línea de telégrafo cruza el país

1862 Empieza la construcción del ferrocarril transcontinental

El Congreso aprueba la Ley de Fincas

Resumen del capítulo

Destreza clave

Secuencia

Copia este organizador gráfico en una hoja aparte. Escribe los sucesos en el orden cronológico correcto, de acuerdo con sus respectivas fechas.

______ Termina la construcción del ferrocarril transcontinental.

↓

______ Los nez percés son derrotados.

↓

______ El Congreso aprueba la Ley de Fincas.

↓

______ La primera línea telegráfica cruza la nación.

Vocabulario

Relaciona cada palabra con la definición o la descripción correcta.

1. **telégrafo** (p. 539)
2. **nuevo colono** (p. 547)
3. ***sodbuster*** (p. 547)
4. ***exoduster*** (p. 549)
5. **reservación** (p. 555)

a. colono que recibió tierras gracias a la Ley de Fincas

b. agricultor pionero afroamericano

c. invento con el que se envían mensajes a través de cables eléctricos

d. agricultor de las Grandes Llanuras

e. extensión de tierra apartada para los indígenas norteamericanos

Personajes y términos

Escribe una oración que explique por qué cada uno de los siguientes personajes o términos fue importante durante la expansión al Oeste. Puedes usar dos o más de ellos en una misma oración.

1. **Samuel Morse** (p. 539)
2. **Pony Express** (p. 539)
3. **Ley de Fincas** (p. 547)
4. **arreo de ganado** (p. 550)
5. **George Shima** (p. 552)
6. **Toro Sentado** (p. 555)
7. **Batalla de Little Bighorn** (p. 556)
8. **jefe Joseph** (p. 556)

1870		1875		1880
1869 Se termina de construir el ferrocarril transcontinental	**1874** Se encuentra oro en territorio lakota en las colinas Black	**1876** Los lakotas derrotan a Custer en la Batalla de Little Bighorn	**1877** Pioneros afroamericanos establecen la ciudad de Nicodemus, Kansas Los nez percés son vencidos en Montana	

Hechos e ideas principales

1. ¿Por qué fue mejor la diligencia que otros medios de transporte anteriores?
2. ¿Cómo afectaron a los indígenas norteamericanos las líneas ferroviarias y los nuevos colonizadores?
3. **Línea cronológica** ¿Cuántos años pasaron entre el descubrimiento del oro en las colinas Black y la Batalla de Little Bighorn?
4. **Idea principal** ¿Qué retos hicieron tan difícil el trabajo de los ferrocarriles Union Pacific y Central Pacific?
5. **Idea principal** ¿Cómo ayudó la Ley de Fincas a que las personas adquirieran tierras?
6. **Idea principal** ¿Cómo y por qué las tierras de los indígenas norteamericanos estaban amenazadas por los recién llegados?
7. **Razonamiento crítico: *Comparar y contrastar*** Compara los puntos de vista de los indígenas norteamericanos y del gobierno de los Estados Unidos sobre las tierras indígenas.

Aplica las destrezas

Usar mapas de husos horarios

Estudia el mapa de los husos horarios de los Estados Unidos en la página 542. Después contesta las preguntas.

1. ¿Cuántos husos horarios tienen frontera con México? ¿Cuáles son?
2. ¿Cuántos husos horarios separan a Omaha de Denver? ¿Qué hora es en Denver cuando en Omaha son las 8:00 a.m.?
3. ¿Cuántos husos horarios separan a Portland de Boston? ¿A qué hora alguien en Portland tendría que hacer una llamada para localizar a un amigo en Boston a la 1 p.m., hora de Boston?

Actividad en la Internet

Para obtener ayuda con el vocabulario, los personajes y los términos, selecciona el diccionario o la enciclopedia en *Biblioteca de estudios sociales* en **www.estudiossocialessf.com.**

Escribe sobre la historia

1. **Escribe una noticia breve** que describa los sucesos ocurridos en Promontory Point, territorio de Utah, el 10 de mayo de 1869.
2. **Escribe una carta a tu familia** para contarle tus experiencias como nuevo colono.
3. **Escribe un anuncio ofreciendo empleo** para vaqueros. Explica las obligaciones y los beneficios de este trabajo.

Industria e inmigración

1876

Boston, Massachusetts
Alexander Graham Bell inventa el teléfono.

Lección 1

1

1889

Chicago, Illinois
Jane Addams abre una casa comunitaria para ayudar a los pobres.

Lección 2

2

1898

La Habana, Cuba
Con la explosión del buque de guerra estadounidese *Maine,* se inicia la Guerra Hispano-estadounidense.

Lección 3

3

Por qué lo recordamos

"Dame tus cansados, tus pobres,
tus masas apiñadas que anhelan respirar con libertad...".

Estos versos son parte de un poema que escribió Emma Lazarus para la Estatua de la Libertad en el puerto de la Ciudad de Nueva York. La "Señora Libertad" ha sido un símbolo de esperanza y libertad para los millones de inmigrantes que han llegado a los Estados Unidos de todas partes del mundo. En esta unidad verás cómo los estadounidenses —tanto los recién llegados como los que nacieron aquí— contribuyeron al notable crecimiento y a los cambios que modificaron nuestra nación para siempre.

LECCIÓN 1

1855 — 1880

1859 Se descubre petróleo en Pennsylvania

1876 Alexander Graham Bell inventa el teléfono

1879 Thomas Edison inventa la bombilla eléctrica

Inventos y grandes empresas

EN BREVE

Enfoque en la idea principal
A finales del siglo XIX, nuevos inventos impulsaron el crecimiento de la industria de los Estados Unidos y cambiaron nuestra forma de vida.

LUGARES
Menlo Park, Nueva Jersey
Pittsburgh, Pennsylvania
Cleveland, Ohio

PERSONAJES
Alexander Graham Bell
Thomas Edison
Lewis Latimer
Andrew Carnegie
John D. Rockefeller

VOCABULARIO
monopolio
corporación

Estás ahí Es el año de 1863 en Edimburgo, Escocia. Un chico de 16 años llamado Alexander acaba de construir una máquina muy extraña hecha de estaño, hule y madera, con la ayuda de su hermano Melville, de 18 años. La llama la "máquina parlante" porque está diseñada para imitar la voz humana.

Los hermanos preparan la máquina para que pronuncie la palabra *mamá*. Pero, ¿acaso alguien pensará que suena como una persona de verdad? Deciden averiguarlo y llevan la máquina a la calle. Los hermanos se esconden mientras la máquina grita: "Mamá, mamá". Y, en efecto, la gente sale a ver quién habla. "¡Dios mío!", dice un vecino, "¿qué le pasa a este bebé?". Los hermanos se felicitan mutuamente por el éxito de su experimento.

El primer teléfono del mundo

Secuencia Al leer, fíjate en la secuencia de los sucesos importantes que cambiaron la forma de vida de los estadounidenses.

Los inventores cambian el país

Alexander Graham Bell siempre se interesó por los sonidos y las palabras. Como acabas de leer, fabricó una máquina parlante a los 16 años. Después de cumplir los veinte, se le ocurrió una nueva idea. Pensó que era posible fabricar una máquina que les permitiera a las personas hablar entre sí a través de cables. Llamó a esta idea el "telégrafo parlante".

En 1871, Bell se fue a vivir a Boston, Massachusetts. Trabajó en la Escuela para Sordos de Boston enseñando a los estudiantes sordos a hablar. Por las noches, Bell siguió trabajando en su telégrafo parlante, o teléfono. Contrató a Thomas Watson para que le ayudara a construir modelos de sus inventos. El 10 de marzo de 1876, Bell estaba listo para probar su invento. Bell y Watson entraron en cuartos separados y cerraron las puertas. Por un extremo del teléfono, Bell gritó:

> ***"Sr. Watson, venga para acá, quiero verlo".***

Watson corrió al cuarto de Bell y declaró haber oído claramente la instrucción de Bell.

En poco tiempo, el teléfono cambió nuestra forma de comunicarnos. Cuando Bell murió, en 1922, había más de 13 millones de teléfonos en uso en los Estados Unidos y Canadá.

Otro inventor que ayudó a cambiar el país fue **Thomas Edison.** En su taller en **Menlo Park, Nueva Jersey,** Edison desarrolló cientos de inventos, entre ellos el fonógrafo y la cámara de cine. Sin embargo, de todos sus inventos, el más difícil fue la bombilla eléctrica. Todas las bombillas que fabricaba se quemaban rápidamente o explotaban. "Probé todo", escribió Edison. "No he fallado. Sólo encontré diez mil maneras que no funcionarán".

En 1879, Edison resolvió el problema. Fabricó una bombilla que brilló durante dos días. En 1882, **Lewis Latimer,** cuyo padre había escapado de la esclavitud, inventó una bombilla que duraba mucho más tiempo. Gracias al trabajo de Edison y de Latimer, las lámparas eléctricas llegaron a ser prácticas para uso diario.

REPASO ¿Qué se inventó primero, el teléfono o la bombilla eléctrica? **Secuencia**

Alexander Graham Bell *(extremo izquierdo)* y Lewis Latimer *(izquierda)* contribuyeron a cambiar la forma de vida de los estadounidenses.

El auge del acero

A principios de la Revolución Industrial, se usaba el hierro para los principales proyectos de construcción, como ferrocarriles y puentes. Se sabía que el acero era más resistente que el hierro; por ejemplo, las vías ferroviarias de acero duraban 20 veces más que las de hierro. Pero producir acero era muy caro, de modo que no podía usarse en proyectos grandes como la construcción de ferrocarriles. Esto cambió en 1856, cuando el inventor inglés Henry Bessemer desarrolló el proceso que lleva su nombre, una nueva forma de producir acero. Sus hornos especialmente diseñados producían un acero resistente a precios accesibles. Ahora sí era posible producir acero en cantidades masivas.

El empresario **Andrew Carnegie** se dio cuenta de que podía haber un amplio mercado para el acero en un país en rápido crecimiento. En la década de 1870, Carnegie empezó a utilizar el proceso Bessemer en **Pittsburgh, Pennsylvania,** para producir acero al precio más bajo posible. Compró minas para suministrar a sus fábricas los recursos necesarios, tales como hierro y carbón, y compró barcos y ferrocarriles para distribuir acero terminado en todo el país.

Carnegie contribuyó a que la industria del acero fuera importante en los Estados Unidos. Hacia 1900, los Estados Unidos producían más acero que ningún otro país del mundo. El acero se usaba para construir nuevos ferrocarriles, edificios y puentes en todo el país.

Tan sólo en 1900, las ganancias personales de Andrew Carnegie superaron los 25 millones de dólares. Había llegado a los Estados Unidos a los 13 años, como un inmigrante pobre de Escocia, y ahora era una de las personas más ricas del mundo. Pensaba que era su respon-sabilidad usar esta riqueza para ayudar a los demás. "El hombre que muere rico muere en desgracia", decía a menudo. Carnegie donó aproximadamente 300 millones de dólares para construir universidades, bibliotecas, museos y teatros.

REPASO ¿Por qué los primeros ferrocarriles se construyeron con hierro en lugar de acero? **Resumir**

Andrew Carnegie producía acero para un país en rápido crecimiento.

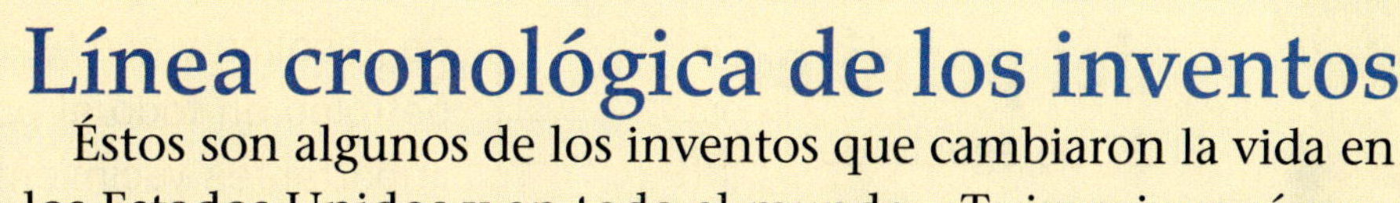

Línea cronológica de los inventos

Éstos son algunos de los inventos que cambiaron la vida en los Estados Unidos y en todo el mundo. ¿Te imaginas cómo sería la vida hoy sin algunos de ellos?

1855

1856 Proceso Bessemer para fabricar acero
El acero permite construir rascacielos a finales del siglo XIX.

1865

1873 Máquina de escribir
El inventor estadounidense Christopher Latham Sholes fabrica la primera máquina de escribir.

1876 Teléfono
En 1887, la primera línea telefónica de larga distancia conecta Nueva York con Filadelfia.

1875

1879 Bombilla eléctrica
En 1880, se empieza a iluminar las calles de las ciudades con lámparas eléctricas.

1885

1885 Automóvil
Los primeros automóviles avanzan a sólo 8 millas por hora.

1895 Radio
Guglielmo Marconi, un italiano de 20 años, inventa la radio.

1895

1903 Aeroplano
Orville y Wilbur Wright construyen el *Flyer,* el primer aeroplano del mundo que logra volar.

1905

Rockefeller y la industria del petróleo

El 27 de agosto de 1859, Edwin Drake, un ex cobrador del ferrocarril, perforó el suelo en el oeste de Pennsylvania. Al llegar a los 69 pies de profundidad, un líquido denso y negro brotó del subsuelo. Era petróleo, exactamente lo que Drake esperaba encontrar. Muchos empezaron a llegar a la región para buscar petróleo, u "oro negro" como se empezó a llamar. Así nació una nueva industria.

El petróleo extraído del subsuelo se llama petróleo crudo. El petróleo crudo se enviaba a las refinerías, donde se transformaba en productos útiles como el queroseno. Las lámparas de queroseno eran la fuente principal de iluminación en los Estados Unidos antes de que Edison inventara la bombilla eléctrica.

John D. Rockefeller vio la oportunidad de hacer una fortuna. Construyó su primera refinería de petróleo en **Cleveland, Ohio,** en 1863. Con las utilidades de su negocio, compró otras refinerías. A principios de la década de 1880, su compañía, la Standard Oil, controlaba cerca del 90 por ciento de la industria petrolera en los Estados Unidos y se convirtió en un monopolio. Un **monopolio** es una compañía que controla toda una industria e impide la competencia.

A principios del siglo XX, un nuevo invento —el automóvil— creó una demanda de productos basados en el petróleo. Los automóviles necesitaban gasolina y aceite para el motor, y las refinerías empezaron a transformar el petróleo crudo en estos valiosos productos. Al crecer la demanda de gasolina y aceite, empezó la búsqueda de petróleo en todo el país. Se descubrieron importantes yacimientos petrolíferos en Texas, Oklahoma y California. La industria petrolera siguió creciendo y todavía hoy es una de las más grandes e importantes del país.

Las grandes empresas también eran importantes en otras industrias, como las de la construcción, los ferrocarriles y la extracción de carbón. Muchas de ellas eran corporaciones. En una **corporación** los inversionistas son los dueños de la empresa. Se puede invertir en una corporación comprando una participación, o acciones, en la compañía. Los inversionistas compran las acciones esperando que el precio suba. Hoy día, muchas de las empresas más grandes del país son corporaciones.

REPASO ¿Qué efecto tuvieron los automóviles en la demanda de petróleo? **Causa y efecto**

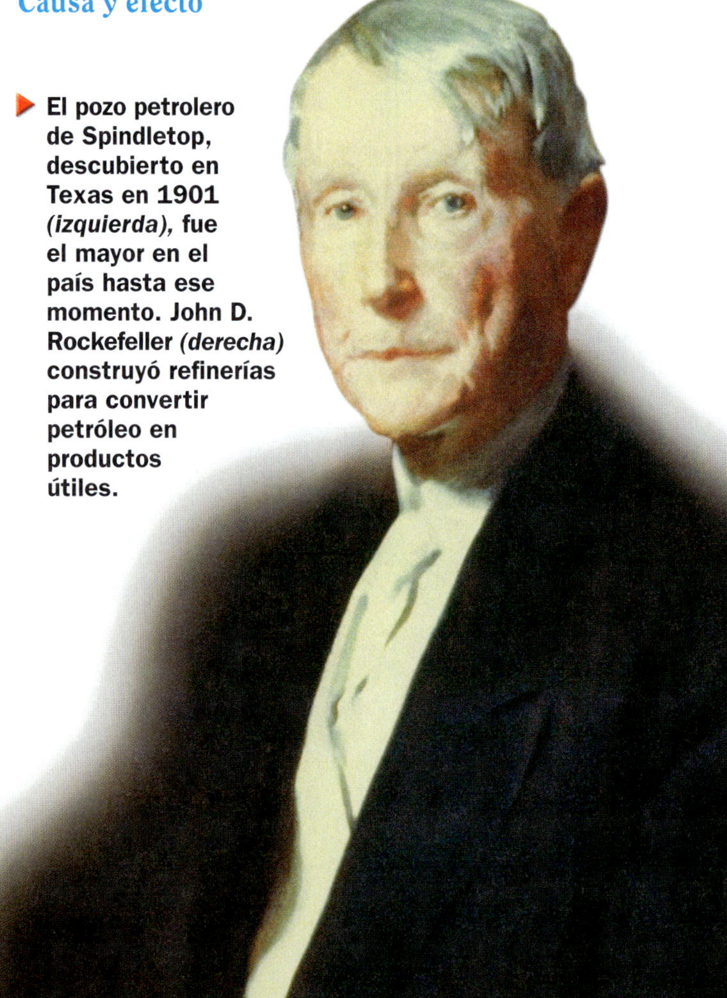

El pozo petrolero de Spindletop, descubierto en Texas en 1901 *(izquierda)*, fue el mayor en el país hasta ese momento. John D. Rockefeller *(derecha)* construyó refinerías para convertir petróleo en productos útiles.

Época de crecimiento

Los últimos años del siglo XIX fueron una época de rápidos cambios en los Estados Unidos. Los inventos y las industrias en crecimiento generaron millones de nuevos empleos. Más mujeres empezaron a trabajar fuera de casa, empleándose en oficinas o como operadoras de teléfonos.

Antes de la Guerra Civil, la mayoría de los estadounidenses vivían y trabajaban en granjas. Para 1900, más personas trabajaban en industrias que en granjas. En la medida en que las industrias generaban nuevos empleos en las ciudades, miles de personas llegaban a ellas. Chicago, por ejemplo, que en 1850 era un pueblo de 30,000 habitantes, para 1900 tenía una población de aproximadamente 2 millones. Gran parte de sus habitantes eran inmigrantes que llegaban de todo el mundo en busca de trabajo en los Estados Unidos. Leerás su historia en la siguiente lección.

REPASO ¿Cómo contribuyeron las empresas al crecimiento de las ciudades?
Idea principal y detalles

Resume la lección

- **1859** Se descubrió petróleo en Pennsylvania, lo que llevó al auge de la industria del petróleo.
- **1876** Alexander Graham Bell inventó el teléfono.
- **1879** Thomas Edison inventó la primera bombilla eléctrica que funcionó.

LECCIÓN 1 REPASO

Verifica hechos e ideas principales

1. **Secuencia** Copia este organizador gráfico en una hoja aparte, y ordena correctamente los sucesos. Incluye el año en que ocurrió cada uno.

   - Christopher Latham Sholes fabrica la primera máquina de escribir – 1873
   - John D. Rockefeller construye su primera refinería de petróleo
   - Henry Bessemer desarrolla el proceso Bessemer
   - Se fabrica el primer automóvil
   - Alexander Graham Bell se va a vivir a Boston

2. ¿Cómo afectó a la comunicación en los Estados Unidos el invento de Alexander Graham Bell?
3. ¿Qué invento importante hizo Henry Bessemer? ¿Por qué fue importante?
4. **Razonamiento crítico: *Sacar conclusiones*** ¿Por qué crees que Andrew Carnegie compró minas de hierro y de carbón?
5. ¿Por qué la compañía Standard Oil, de Rockefeller, se consideraba un monopolio?

Enlace con las ciencias

Estudia inventores Durante cientos de años, los inventores han cambiado la forma en que vivimos. Elige un inventor o inventora e investiga sobre su vida. Escribe un informe de una página en que expliques cómo su trabajo cambió la vida de las personas.

LECCIÓN 2

1885 — 1895

1886 Samuel Gompers funda la Federación Estadounidense del Trabajo

1889 Jane Addams abre la Casa Hull en Chicago

1894 Mary Antin llega a los Estados Unidos

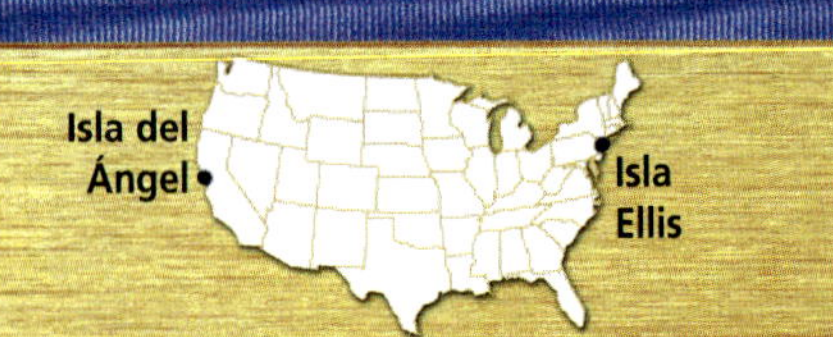

EN BREVE

Enfoque en la idea principal
A finales del siglo XIX y principios del XX, millones de inmigrantes llegaron a las ciudades estadounidenses, y los trabajadores luchaban por obtener mejores condiciones.

LUGARES
isla Ellis
isla del Ángel

PERSONAJES
Mary Antin
Jane Addams
Samuel Gompers
Mary Harris Jones

VOCABULARIO
casa de vecindad
prejuicio
casa comunitaria
sindicato
huelga

Nuevos estadounidenses

Estás ahí Nathan Nussenbaum, un inmigrante recién llegado, se encuentra en una concurrida calle de la Ciudad de Nueva York. Mira los altos edificios y a la multitud que camina muy de prisa.

Es el año de 1896. Nathan, un adolescente judío de Austria, acaba de llegar a los Estados Unidos. Tiene sólo nueve dólares en el bolsillo. Habla alemán y yiddish, un idioma hablado por muchos judíos en Europa, pero casi nada de inglés. Además, no conoce a nadie en este país.

Camina por las calles llenas de gente. Cada vez que oye la palabra *listen*, voltea. Piensa que están diciendo *Nisn,* que significa Nathan en yiddish. Pronto se da cuenta de que no le están hablando a él.

Nathan sabe que le será difícil ajustarse a la vida en los Estados Unidos, pero no se da por vencido. "Estaba decidido a probar suerte en este país", dijo tiempo después.

Idea principal y detalles Al leer, presta atención a los diferentes cambios que los Estados Unidos vivieron a finales del siglo XIX y principios del XX.

Los nuevos inmigrantes

Nathan Nussenbaum fue uno de los más de 23 millones de inmigrantes que llegaron a los Estados Unidos entre las décadas de 1880 y 1920. A finales del siglo XIX, la mayoría de los inmigrantes llegaban de los países del norte y del oeste de Europa, incluyendo Irlanda, Gran Bretaña, Alemania y Suecia. A principios del siglo XX, llegaban principalmente de países del sur y el este de Europa, como Italia, Austria-Hungría y Rusia.

¿Por qué tantas personas dejaron su país de origen? Muchas escapaban de problemas como la pobreza, el hambre, el desempleo o la falta de libertad. Muchos inmigrantes judíos abandonaron Europa para escapar de la persecución religiosa. Una joven inmigrante de Rusia llamada **Mary Antin** recordaba que no la habían dejado ir a la escuela en su país. Leerás su historia en la biografía que sigue a esta lección.

Para millones de inmigrantes procedentes de Europa, la primera parada en los Estados Unidos fue la **isla Ellis,** una pequeña isla en el puerto de Nueva York. Ahí los revisaban para comprobar que no estuvieran enfermos y se les preguntaba dónde pensaban vivir y trabajar.

Para los inmigrantes que llegaban de Asia a principios del siglo XX, la primera parada era la **isla del Ángel** en la bahía de San Francisco. Muchos de ellos pasaban semanas o meses en la isla del Ángel esperando el permiso para entrar en los Estados Unidos. Algunos expresaban su frustración escribiendo poemas como el siguiente:

> ***"Contando con los dedos, varios meses se han ido. Y yo, al principio del camino sigo".***

REPASO Menciona algunas de las causas por las que los inmigrantes dejaron sus hogares para venir a los Estados Unidos.
Idea principal y detalles

AQUÍ Y ALLÁ

La escasez de papas en Irlanda

Al mismo tiempo... A principios del siglo XIX, para las familias pobres de toda Irlanda las papas eran la única fuente segura de alimentación. En 1845, cuando una enfermedad destruyó los sembradíos de papa, los irlandeses sufrieron una terrible hambruna, o escasez de alimentos. Muchos escaparon abandonando Irlanda. De 1845 a 1860, casi 2 millones de personas dejaron su hogar en Irlanda para empezar una nueva vida en los Estados Unidos.

Llegar y establecerse

¿Cómo era para los inmigrantes la llegada a una gran ciudad en los Estados Unidos a finales del siglo XIX o principios del XX? Para muchos, fue como entrar en un mundo diferente. Era la época en que las ciudades estadounidenses crecían y cambiaban. Ciudades como Nueva York y Chicago empezaban a construir rascacielos. Boston construyó el primer tren subterráneo de los Estados Unidos en 1897. En muchas ciudades se usaban tranvías eléctricos para ir y regresar del trabajo. Y a principios del siglo XX, los automóviles empezaron a competir por espacio en las repletas calles urbanas.

Un inmigrante polaco llamado Walter Mrozowski nunca olvidó cómo se sintió en los primeros minutos a su llegada a la Ciudad de Nueva York. "Estaba en un mundo nuevo", recordó. "No me dejé vencer por el miedo. No podía. No había nadie que me ayudara".

Como muchos recién llegados, Mrozowski necesitaba hacer dos cosas de inmediato: encontrar dónde vivir y hallar un trabajo. Algunos inmigrantes tenían amigos o parientes a quienes pedir ayuda. Los que no conocían a nadie generalmente se encaminaban a un barrio donde vivieran compatriotas suyos. Vivir en una comunidad en la que el idioma y las tradiciones eran conocidos los ayudaba un poco a adaptarse a la vida en un país nuevo.

REPASO Al llegar a la Ciudad de Nueva York, ¿cuáles eran las dos cosas que Walter Mrozowski quería hacer de inmediato? **Secuencia**

La inmigración en el siglo XX

Casi 50 millones de inmigrantes llegaron a los Estados Unidos en el siglo XX. Esta gráfica te muestra cómo cambió la inmigración a lo largo del siglo.

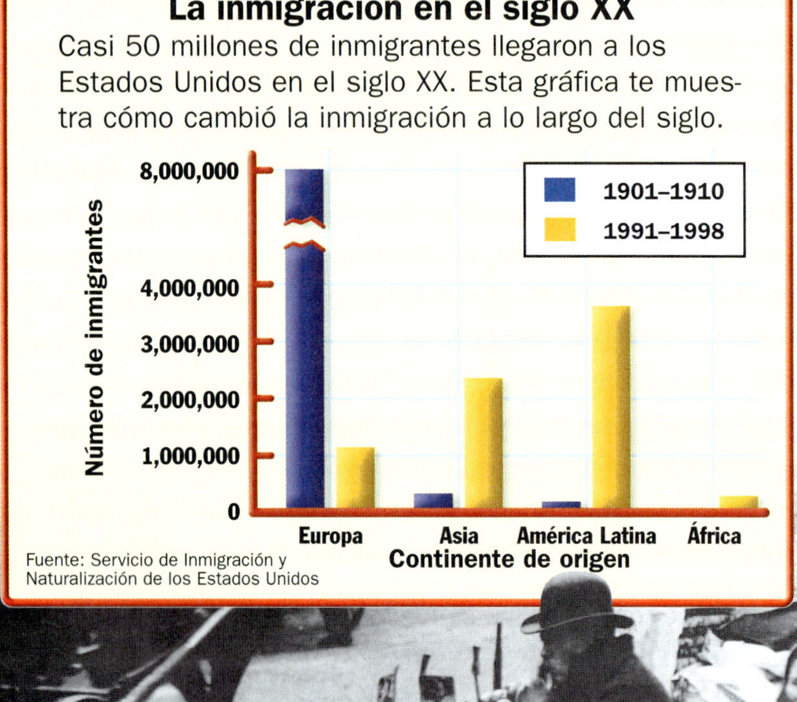

Fuente: Servicio de Inmigración y Naturalización de los Estados Unidos

DESTREZA: GRÁFICAS ***¿Cuántos europeos llegaron a los Estados Unidos entre 1901 y 1910?***

▶ **Los bulliciosos mercados callejeros eran comunes en los vecindarios de inmigrantes.**

La vida en las ciudades

La mayoría de los inmigrantes se establecieron en las ciudades, donde se encontraban las fábricas y había mucho trabajo. También llegaba gente de los pequeños pueblos y granjas de todas partes de los Estados Unidos. Con la llegada de tanta gente a las ciudades, pronto empezaron a faltar lugares donde vivir. Los recién llegados se amontonaban en **casas de vecindad,** o edificios divididos en pequeños departamentos. En las casas de vecindad, era frecuente que familias de ocho o más miembros vivieran juntos en un pequeño departamento. Algunos departamentos no tenían calefacción; otros no tenían ventanas, y faltaba aire fresco. En condiciones de vida tan poco sanas, las enfermedades se extendieron rápidamente.

Al buscar trabajo, los inmigrantes se enfrentaban a veces con un problema más: el prejuicio. El **prejuicio** es una opinión negativa injusta sobre un grupo de personas. Por ejemplo, los anuncios que ofrecían empleo a veces incluían frases como ésta: "No se admiten solicitudes de irlandeses". Los inmigrantes de muchos países se enfrentaban a prejuicios similares.

Al mismo tiempo, muchos estadounidenses trabajaban para ayudar a los inmigrantes a mejorar sus condiciones de vida. En 1889, **Jane Addams** rentó una vieja casa en un barrio pobre de Chicago, que arregló y abrió como una casa comunitaria llamada Casa Hull. Una **casa comunitaria** es un centro que brinda ayuda a quienes tienen poco dinero. En la Casa Hull, los inmigrantes podían tomar clases de inglés gratuitas y recibir ayuda para conseguir empleo. Había además una guardería para los hijos de familias en las que ambos padres tenían que trabajar. Siguiendo el ejemplo de la Casa Hull, pronto se abrieron cientos de casas comunitarias en diferentes ciudades del país.

Jane Addams abrió la Casa Hull en 1889.

REPASO Resume las condiciones de vida de los inmigrantes en las casas de vecindad. **Resumir**

Muchas familias inmigrantes vivían en pequeños departamentos dentro de casas de vecindad, como éste en la Ciudad de Nueva York.

Trabajadores y sindicatos

Como has leído, la industria creó millones de empleos nuevos. Tanto los inmigrantes como los nacidos en los Estados Unidos encontraban trabajo en fábricas y minas. Pero eran tiempos difíciles para los trabajadores.

Ya leíste sobre el éxito de las fábricas de Andrew Carnegie. Sin embargo, muchos de sus trabajadores apenas ganaban lo suficiente para sobrevivir. En Homestead Steel Works —propiedad de Carnegie en Homestead, Pennsylvania— los trabajadores trabajaban 12 horas diarias, siete días a la semana, y sólo tenían dos días de vacaciones al año: el Día de la Independencia y Navidad. El salario promedio era de 10 dólares semanales.

Muchas mujeres trabajaban en fábricas de ropa, donde ganaban todavía menos. Operaban las máquinas de coser en talleres mal ventilados y muy reducidos, conocidos como *sweatshops.* Una adolescente llamada Sadie Frowne habló de cómo era el trabajo en uno de esos talleres en la Ciudad de Nueva York.

> ***"Las máquinas corren como locas todo el día porque entre más rápido trabajes más dinero ganas. A veces, con las prisas, se me atora un dedo y la aguja lo atraviesa... Me envuelvo el dedo con un pedazo de algodón y sigo trabajando".***

Los *sweatshops* podían ser lugares muy peligrosos. En un *sweatshop* de la compañía Triangle Shirtwaist, en la Ciudad de Nueva York, los trabajadores estaban preocupados por un posible incendio y les pidieron a los dueños que construyeran escaleras de emergencia y no cerraran la puerta con llave. Los dueños no aceptaron. Un sábado en la tarde, en marzo de 1911, se produjo un incendio y los trabajadores quedaron atrapados dentro de la fábrica. Murieron 146 personas, la mayoría mujeres jóvenes.

En las plantas algodoneras como ésta, los niños tenían que treparse a las máquinas para hacerlas funcionar.

Los bajos salarios, las largas jornadas de trabajo y los desastres, como el incendio de la compañía Triangle Shirtwaist, motivaron a muchos trabajadores a unirse a sindicatos. En los **sindicatos,** los trabajadores se unen para luchar por mejores condiciones de trabajo y salarios más justos.

Los sindicatos también se esforzaron, junto con otras instituciones y personas, por acabar con el trabajo infantil. En 1910, cerca de 2 millones de niños en los Estados Unidos realizaban trabajos peligrosos en lugares como plantas algodoneras y minas de carbón, donde ganaban entre 10 y 20 centavos al día. Leerás más sobre la lucha por acabar con el trabajo infantil en la sección Temas y perspectivas que sigue a esta lección.

REPASO ¿Qué causó que los trabajadores se unieran a los sindicatos? **Causa y efecto**

¡A la huelga!

Uno de los primeros líderes sindicales en los Estados Unidos fue **Samuel Gompers,** quien siendo adolescente trabajó en una fábrica de puros en la Ciudad de Nueva York. Samuel participó en la formación de un sindicato de trabajadores de fábricas de puros. En 1877, cuando los dueños de las fábricas bajaron los salarios de los trabajadores, Gompers ayudó al sindicato a irse a la huelga. En una **huelga,** los trabajadores se rehúsan a trabajar hasta que los propietarios de la empresa cumplan sus demandas.

Esta huelga no funcionó. Los dueños de las fábricas no hicieron caso de la demanda del sindicato de mejorar los salarios, y Gompers se dio cuenta de que los sindicatos tendrían más fuerza si se unían. En 1886, reunió a varios sindicatos de trabajadores en la Federación Estadounidense del Trabajo, o AFL (American Federation of Labor). La AFL luchó por conseguir mejores sueldos, jornadas de 8 horas y condiciones más seguras, y por poner fin al trabajo infantil.

A veces, las tensiones entre los trabajadores sindicalizados en huelga y los dueños de las empresas explotaban de manera violenta. Éste fue el caso en Homestead Steel Works de Carnegie en 1892. Los trabajadores se fueron a la huelga para conseguir mejores salarios, pero el gerente de la fábrica se negó a negociar con ellos y contrató a guardias armados para romper la huelga. Los guardias se enfrentaron a los trabajadores y hubo muertos de ambos bandos. La huelga de Homestead duró varios meses, pero los trabajadores no consiguieron ganar mejores salarios.

Los trabajadores de las minas de carbón también estaban luchando por mejorar sus condiciones de trabajo. Una mujer de nombre **Mary Harris Jones** ayudó en este esfuerzo. A los 50 años, Jones empezó a viajar a los pueblos mineros en los montes Apalaches para invitar a los mineros a unirse. "Únanse al sindicato, muchachos", les decía. Los mineros empezaron a llamarla la "Madre Jones". Aunque los dueños de las minas la amenazaron, ella siguió haciendo su trabajo y, a los 90 años, seguía organizando sindicatos y buscando un mejor trato para los trabajadores.

REPASO ¿Por qué Samuel Gompers quería que se unieran varios sindicatos de trabajadores? **Sacar conclusiones**

Mary Harris Jones *(arriba)* continuó trabajando para los sindicatos aún después de cumplir 90 años. Una huelga en 1913 *(abajo)* se componía de trabajadores de muchos países.

Mejores condiciones

Además de los sindicatos, algunos dueños de compañías, organizaciones religiosas y líderes políticos ayudaron a cambiar la vida de los trabajadores. Poco a poco, las condiciones empezaron a mejorar: nuevas leyes redujeron el número de horas de trabajo y aumentaron la seguridad en los lugares de trabajo.

De todas partes del mundo seguía llegando gente a los Estados Unidos en busca de empleo. Aunque la paga no fuera alta, era más de lo que muchos podían ganar en su país de origen.

Se creó un nuevo día festivo en honor de los logros de los trabajadores de los Estados Unidos. El primer Día del Trabajo se celebró en la Ciudad de Nueva York en septiembre de 1882. En 1894, el Congreso declaró el Día del Trabajo como día festivo nacional.

REPASO ¿Cómo se mejoraron las condiciones de trabajo? **Idea principal y detalles**

La primera celebración del Día del Trabajo se realizó en la Ciudad de Nueva York en 1882.

Resume la lección

- **1886** Samuel Gompers reunió a muchos sindicatos para formar la Federación Estadounidense del Trabajo.
- **1889** Jane Addams abrió la Casa Hull en Chicago para ayudar a los pobres.
- **1894** Mary Antin llegó a los Estados Unidos, como millones de inmigrantes en busca de una vida mejor.

LECCIÓN 2 REPASO

Verifica hechos e ideas principales

1. **Idea principal y detalles** Completa el siguiente organizador gráfico escribiendo tres detalles que digan cómo cambiaron los Estados Unidos a finales del siglo XIX y principios del siglo XX.

Los Estados Unidos cambiaron a finales del siglo XIX y principios del siglo XX.

2. Menciona tres diferentes razones por las que los inmigrantes llegaban a los Estados Unidos.
3. ¿Cómo afectó a los inmigrantes la escasez de vivienda en las ciudades estadounidenses?
4. **Razonamiento crítico:** ***Evaluar*** ¿Por qué crees que un desastre como el incendio en la compañía Triangle Shirtwaist podría haber motivado a los trabajadores a unirse a los sindicatos?
5. ¿Cuál es la finalidad del Día del Trabajo?

Enlace con la escritura

Escribe una carta Imagínate que estás en el año 1896 y eres un inmigrante recién llegado a los Estados Unidos. Escribe una carta a tu familia para explicar por qué decidiste venir a este país. Describe lo que has visto y lo que piensas sobre eso. Explica cuáles son tus planes para el futuro.

Mary Antin

1881–1949

Mary Antin, de 13 años de edad, no podía creer lo que veía. Después de años de espera, finalmente su madre tenía los boletos de barco para llevar a toda la familia a los Estados Unidos. Se los envió el padre de Mary, quien tres años antes se había ido a Boston, Massachusetts, en busca de trabajo. La familia de Mary era judía, y por esa razón no gozaban de muchos derechos en su patria, Rusia. Siempre había el peligro de los pogroms, o ataques organizados en contra de los judíos. El padre de Mary creía que la familia viviría mejor en los Estados Unidos.

BIODATO

Se vendieron más de 80,000 ejemplares del libro The Promised Land (La tierra prometida), *autobiografía de Mary Antin.*

Antes de que Mary viajara a los Estados Unidos, su tío le hizo prometer que le escribiría todo lo que ocurriera en el viaje. Incluso llegar al barco fue difícil, y Mary con frecuencia se sentía asustada. A veces viajaba en trenes tan llenos que no había espacio para moverse.

Por fin, Mary abordó el barco en el que cruzaría el océano Atlántico. Más tarde describiría el final del viaje:

> ***"Y, así, sufriendo, con miedo, con tristeza, con alegría, nos fuimos acercando cada vez más a la codiciada [deseada] playa, hasta que, una gloriosa mañana de mayo, seis semanas después de nuestra salida [de Rusia], nuestros ojos contemplaron la tierra prometida y mi padre nos recibió en sus brazos".***

Mary cumplió su promesa y le escribió a su tío una larga carta sobre el viaje que la llevó a una nueva tierra. Después, Mary usaría una copia de esa carta como base para escribir varios libros exitosos sobre sus experiencias.

Aprende de las biografías

¿Qué quiso decir Mary con "nuestros ojos contemplaron la tierra prometida"?

Para más información, visita *Personajes de la historia* en **www.estudiossocialessf.com.**

La lucha en contra del trabajo infantil

En todo el mundo se sigue luchando para poner fin al trabajo infantil.

En 1871, Florence Kelley, de apenas 12 años, vio algo que cambiaría su vida. Su padre la llevó a una fábrica de vidrio. Mientras que los adultos admiraban los enormes hornos, los ojos de Florence vieron algo más: niños no mayores que ella hacían trabajos pesados y peligrosos.

Para 1900, dos millones de niños menores de 16 años trabajaban en los campos, las fábricas, las acerías y las minas de los Estados Unidos. Florence Kelley se convirtió en una de las primeras luchadoras en contra del trabajo infantil en el país y escribió un informe sobre el trabajo infantil en su barrio de Chicago. Gracias al informe de Kelley, el estado de Illinois aprobó la primera ley que prohibía el trabajo infantil.

Sin embargo, otros estados no tenían una ley igual, e incluso algunas empresas de Illinois no la obedecían. Entonces Florence Kelley pidió que se hiciera un boicot a los productos fabricados con trabajo infantil.

Hoy en día, es muy raro encontrar a niños que trabajen en los Estados Unidos, pero esto sigue sucediendo en países más pobres. Sin embargo, siguiendo los pasos de Florence Kelley, muchas personas están luchando por poner fin al trabajo infantil dondequiera que exista.

"Niños y niñas fabrican nuestros zapatos en las fábricas de calzado; tejen nuestros calcetines... en las fábricas de tejido... Cargan bultos de prendas de vestir de las fábricas a las casas de vecindad... los han despojado de su vida escolar para trabajar para nosotros".

Florence Kelley, *1905*

Pregunta: *¿Cuántas horas trabajabas?*

Respuesta: *Cuando empecé a trabajar en la fábrica de acero, entrábamos a las seis de la mañana y salíamos a las siete de la noche. Después de un tiempo, empezábamos a las cinco de la mañana y trabajábamos hasta las diez de la noche.*

Pregunta: *¿Te cansaba mucho esa jornada tan larga?*

Respuesta: *Sí.*

Eliza Marshall *de Gran Bretaña, entrevistada en 1832. Empezó a trabajar a los 8 años.*

"Empecé a trabajar en una fábrica de tapetes cuando tenía cuatro años. Si los niños se dormían o trabajaban despacio, se les castigaba a golpes o dejándolos sin comer. Si éramos lentos nos azotaban la espalda y la cabeza".

Iqbal Masih *de Pakistán, quien a los 12 años de edad luchó contra el trabajo infantil, en 1994*

"Siempre habrá quienes digan que el trabajo infantil llegó para quedarse. Pero lo más importante es que ningún niño debería estar expuesto a condiciones peligrosas y de explotación. Podemos quedarnos sentados sin hacer nada y justificar esta situación, o ayudar a encontrar una solución".

Craig Kielburger *de Canadá, quien fundó la organización* Free the Children *(Liberen a los niños) a los 14 años de edad, en 1997*

Los temas y tú

La lucha en contra del trabajo infantil sigue hasta hoy. Investiga en los periódicos y en la Internet qué se está haciendo para poner fin al trabajo infantil en todo el mundo.

LECCIÓN 3

1860 — 1900

1867 Los Estados Unidos compran Alaska a Rusia

Julio de 1898 Hawai es anexado por los Estados Unidos

Agosto de 1898 La Guerra Hispano-estadounidense termina con la victoria de los Estados Unidos

EN BREVE

Enfoque en la idea principal
Hacia finales del siglo XIX, los Estados Unidos habían ampliado su territorio y se habían convertido en una potencia mundial.

LUGARES
Puerto Rico
Cuba

PERSONAJES
Liliuokalani
Theodore Roosevelt

VOCABULARIO
Guerra Hispano-estadounidense
Rough Riders
soldados búfalo

▶ **Alaska es inmenso: es más grande que Texas, California y Montana juntos.**

Expansión en ultramar

Estás ahí Es marzo de 1867. Rusia ofrece a los Estados Unidos la venta de Alaska. Pero, ¿quieren los Estados Unidos comprar Alaska? Como senador estadounidense, tendrás que ayudar a decidir este asunto. Nadie parece saber mucho sobre Alaska, pero tú encontraste la siguiente información:

- Rusia ofreció vender Alaska por 7.2 millones de dólares, o sea, aproximadamente 2 centavos por acre.
- Varios miles de personas viven en Alaska; la mayoría son inuits, otros son rusos.
- Hay informes de que las tierras son ricas en recursos como madera y carbón, y quizás también oro.

¿Ya te decidiste? ¿Cuál será tu voto en este tema tan importante?

Causa y efecto Al leer, presta atención a los sucesos que propiciaron la expansión de los Estados Unidos más allá de sus costas.

Alaska y Hawai

No siempre se tiene la oportunidad de comprar tierras por 2 centavos el acre. Sin embargo, cuando el gobierno ruso ofreció la venta de Alaska a los Estados Unidos, muchos estadounidenses se opusieron al trato. Se imaginaban que Alaska era un territorio extenso e inútil de nieve y hielo. Pero William Seward, secretario de Estado de los Estados Unidos, insistió en que valía la pena comprarlo, y en abril de 1867 el Senado votó a favor de adquirir Alaska por 7.2 millones de dólares.

Al principio, los periódicos bromeaban acerca de Alaska llamándola la "hielera de Seward". Sin embargo, dejaron de reírse cuando se descubrió oro en ese territorio. Miles de mineros se fueron de inmediato a Alaska en busca de riquezas y aventura.

A miles de millas al suroeste de Alaska está Hawai, un grupo de islas del océano Pacífico. Durante el siglo XIX, algunos dueños de plantaciones estadounidenses empezaron a irse a Hawai. Descubrieron que el clima caliente de las islas era perfecto para cultivar caña de azúcar y piña. A finales del siglo XIX, se habían establecido varias plantaciones estadounidenses importantes en Hawai.

Hawai estaba gobernado por la reina **Liliuokalani,** quien pensaba que los plantadores estadounidenses se estaban volviendo demasiado poderosos. Ella quería que las islas permanecieran bajo el control de los hawaianos que habían nacido allí.

En 1893, los plantadores estadounidenses encabezaron una revuelta en contra de la reina, y llegaron soldados estadounidenses a apoyarlos. La reina, Liliuokalani se dio cuenta de que no podía ganar esa batalla; escribió: "Cedí mi autoridad a las fuerzas estadounidenses para evitar el derramamiento de sangre". El territorio de Hawai fue anexado por los Estados Unidos en julio de 1898.

REPASO ¿Cómo fue que Hawai llegó a ser parte de los Estados Unidos? **Causa y efecto**

La reina Liliuokalani *(arriba)* escribió muchas canciones sobre Hawai que la gente aún canta.

Literatura y estudios sociales

Encender una fogata

Jack London, un joven escritor estadounidense, viajó a Alaska en 1897. En un cuento titulado *"To Build a Fire"* ("Encender una fogata"), un minero cae en un arroyo en un frío día típico de Alaska. Tiene que encender una fogata de inmediato o morirá de frío.

"Encendió la fogata lenta y cuidadosamente, consciente del peligro que corría. Poco a poco, conforme las llamas se hacían más fuertes, empezó a echar ramas más grandes al fuego. Se acuclilló en la nieve para separar las ramas enredadas y arrojarlas directamente a las llamas. Sabía que no podía equivocarse. Cuando se está a setenta y cinco grados bajo cero, se tiene que encender una fogata al primer intento...".

La explosión del *Maine* conmocionó a los estadounidenses.

La Guerra Hispano-estadounidense

Sabes que España tuvo un enorme imperio en América del Norte y en Sudamérica. A finales del siglo XIX, sin embargo, España sólo tenía dos colonias en el hemisferio occidental: las islas caribeñas de **Puerto Rico** y **Cuba.** En 1895, el pueblo cubano se rebeló en contra del gobierno español. El ejército de España reaccionó duramente. Para evitar que el pueblo se uniera a la revolución, los soldados españoles encarcelaron a cientos de miles de cubanos.

Muchas personas en los Estados Unidos estaban enojadas por el trato que España daba a los cubanos. Además, la guerra estaba destruyendo las empresas de propiedad estadounidense en Cuba por lo que el gobierno de los Estados Unidos decidió tomar medidas. En 1898, el presidente McKinley envió el buque de guerra *U.S.S. Maine* al puerto de La Habana para proteger la vida y las propiedades de los estadounidenses en Cuba.

La noche del 15 de febrero, una fuerte explosión destruyó el *Maine* y les costó la vida a 260 estadounidenses. Varios periódicos de los Estados Unidos publicaron que España era responsable de la fatal explosión, aunque no había pruebas de ello. En los años posteriores, los estudios sobre el tema han demostrado que es probable que la explosión fuera causada por un accidente a bordo del *Maine.* Pero en ese momento, los estadounidenses culparon a España. Al grito de "¡Recuerden el *Maine!*", exigían que se hiciera algo. El Congreso le declaró la guerra a España el 25 de abril de 1898 y comenzó la **Guerra Hispano-estadounidense.**

El primer objetivo de la marina estadounidense era destruir la flota española en las Filipinas, una colonia española en el océano Pacífico. Los buques de guerra de los Estados Unidos zarparon hacia las Filipinas bajo el mando del comodoro George Dewey. Cuando Dewey divisó los barcos españoles en la bahía de Manila, le dijo al capitán Charles Gridley: "Puede disparar cuando esté listo, Gridley". La flota española quedó totalmente destruida.

Casi un millón de estadounidenses se alistaron voluntariamente para pelear en la guerra. **Theodore Roosevelt,** Subsecretario de Marina, dejó su cargo para organizar a un grupo de soldados voluntarios. Reunió una fuerza militar diversa integrada por vaqueros, indígenas norteamericanos y atletas universitarios. Los periódicos llamaban ***Rough Riders*** a los soldados de Roosevelt.

El 1 de julio de 1898, los *Rough Riders* atacaron a los españoles en la colina de San Juan, en Cuba. En el ataque participaron, junto

▶ **Theodore Roosevelt condujo a los *Rough Riders* a la victoria en la colina de San Juan.**

con Roosevelt y sus tropas, varias unidades de experimentados soldados afroamericanos conocidos como los **soldados búfalo.** Recibieron ese sobrenombre en las guerras contra los indígenas de las Grandes Llanuras.

Los estadounidenses derrotaron a los españoles en la Batalla de la colina de San Juan. Dos días después, los buques estadounidenses destruyeron la flota española en Cuba. En agosto, los Estados Unidos y España firmaron un tratado para poner fin a la guerra.

En el siguiente mapa, puedes ver algunos de los efectos de la victoria de los Estados Unidos en esta guerra. Los Estados Unidos obtuvieron el control de varios territorios españoles, incluyendo Puerto Rico, las Filipinas y Guam. Cuba se independizó de España.

Las Filipinas siguieron siendo territorio estadounidense hasta 1946, año en que se convirtieron en nación independiente. Puerto Rico y Guam aún son parte de los Estados Unidos y sus habitantes son ciudadanos estadounidenses.

REPASO ¿Qué territorios ganaron los Estados Unidos con la victoria en la Guerra Hispano-estadounidense? **Idea principal y detalles**

DESTREZA: MAPAS

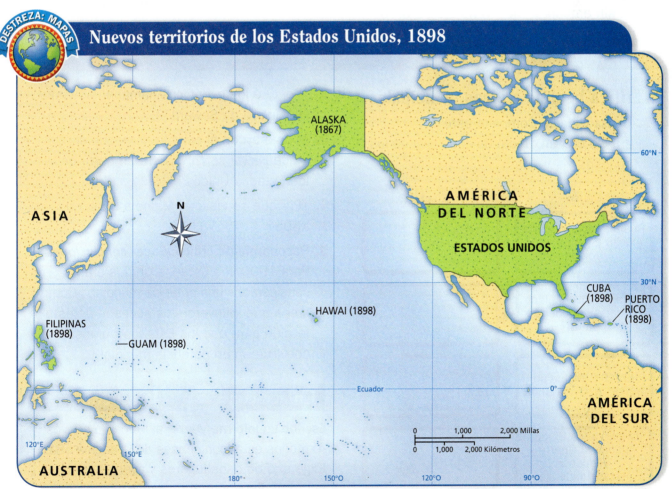

Nuevos territorios de los Estados Unidos, 1898

ALASKA (1867)
ASIA
AMÉRICA DEL NORTE
ESTADOS UNIDOS
CUBA (1898)
PUERTO RICO (1898)
HAWAI (1898)
FILIPINAS (1898)
GUAM (1898)
Ecuador
AMÉRICA DEL SUR
AUSTRALIA
N
60°N
30°N
0°
120°E
150°E
180°
150°O
120°O
90°O
0 1,000 2,000 Millas
0 1,000 2,000 Kilómetros

▶ **Hacia 1898, los Estados Unidos controlaban territorios por todo el océano Pacífico.**

DESTREZA: MAPAS **Usar latitud y longitud** ***Calcula la localización de Guam utilizando la latitud y la longitud.***

Una nueva potencia mundial

Con la rápida victoria sobre España, los Estados Unidos demostraron que se habían convertido en una nación poderosa. Los Estados Unidos eran ahora una potencia mundial, o una de las naciones más poderosas del mundo.

Theodore Roosevelt se convirtió en un nuevo héroe nacional. Cuando descendió del barco procedente de Cuba, la multitud le gritó: "¡Vivan Teddy y los *Rough Riders!*". Poco después, Roosevelt fue elegido gobernador de Nueva York y posteriormente llegó a ser presidente de los Estados Unidos. En la biografía de la página siguiente descubrirás cómo las experiencias de la niñez prepararon a Roosevelt para el liderazgo.

La victoria tuvo un costo para los Estados Unidos, sin embargo: murieron más de 5,000 soldados estadounidenses. De éstos, menos de 400 perdieron la vida en combate. El resto murió de enfermedades como la malaria y la fiebre amarilla.

REPASO ¿Cómo cambió la Guerra Hispano-estadounidense el papel de los Estados Unidos en el mundo? **Causa y efecto**

Resume la lección

1867 Los Estados Unidos compraron Alaska a Rusia por 7.2 millones de dólares.

Julio de 1898 Hawai fue anexado por los Estados Unidos.

Agosto de 1898 Con la victoria en la Guerra Hispano-estadounidense, los Estados Unidos ganaron nuevos territorios y se convirtieron en potencia mundial.

LECCIÓN 3 REPASO

Verifica hechos e ideas principales

1. **Causa y efecto** Completa este organizador gráfico con un efecto de cada uno de los sucesos siguientes.

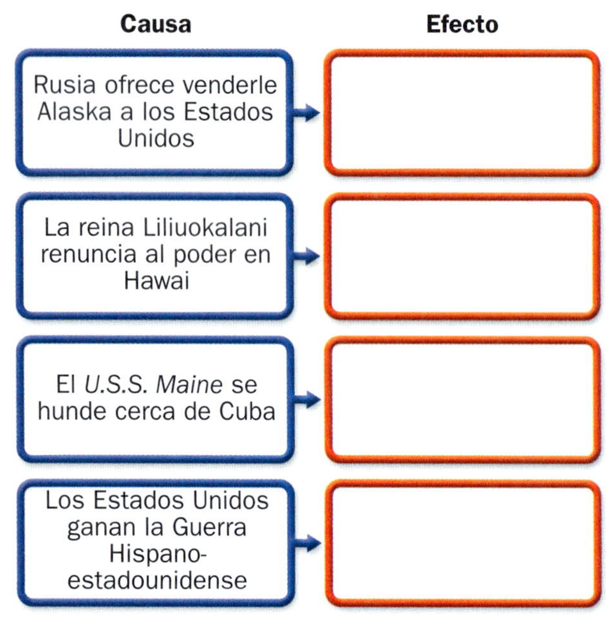

Causa	Efecto
Rusia ofrece venderle Alaska a los Estados Unidos	
La reina Liliuokalani renuncia al poder en Hawai	
El *U.S.S. Maine* se hunde cerca de Cuba	
Los Estados Unidos ganan la Guerra Hispano-estadounidense	

2. ¿Por qué los periódicos llamaban a Alaska la "hielera de Seward"?
3. ¿Cómo ayudó el ejército estadounidense a que Hawai se convirtiera en parte de los Estados Unidos?
4. ¿Por qué se envió al *Maine* a Cuba en 1898?
5. **Razonamiento crítico: *Sacar conclusiones*** Para 1900, los Estados Unidos eran considerados una potencia mundial. ¿Cómo crees que influyeron los sucesos de esta lección para que los Estados Unidos se convirtieran en potencia mundial?

Enlace con la geografía

Escribe un informe Vuelve al mapa de nuevos territorios estadounidenses de la página 581. Elige uno de esos lugares y averigua más sobre él. Escribe un breve informe en el que describas el territorio y su población.

★ BIOGRAFÍA ★

Theodore Roosevelt

1858–1919

De niño, Teddy Roosevelt se enfermaba con frecuencia y quedaba muy débil después de cada enfermedad. Un día, cuando tenía 13 años, Teddy estaba solo en un tren y dos niños empezaron a burlarse de él. Se reían de sus anteojos, de su ropa y de lo delgado que estaba. Fue en ese momento cuando Teddy decidió fortalecer su cuerpo para no volver a ser la burla de nadie.

De regreso en su casa, empezó a hacer ejercicio con pesas y a tomar clases de boxeo. En poco tiempo empezó a ganar competencias de atletismo como carreras y salto de longitud. Después de cumplir veinte años, Roosevelt viajó al Oeste, al territorio de Dakota, donde se volvió un experto jinete; lazaba ganado y construía cercas junto con los vaqueros. Pero nunca olvidó la lección aprendida en su infancia y estaba decidido a hacer todo lo que estuviera a su alcance para proteger al débil.

Entre 1898 y 1900, siendo gobernador de Nueva York, Roosevelt estuvo a favor de leyes que protegieran a mujeres y niños de tener que trabajar en condiciones inseguras y durante largas jornadas. Roosevelt se dio a conocer como defensor de los pobres.

Roosevelt también amaba la naturaleza y luchó por protegerla. Cuando llegó a la presidencia, le dijo al Congreso:

"Desperdiciar, destruir nuestros recursos naturales y agotar [acabar con] la tierra en lugar de aprovecharla para incrementar su utilidad menoscabará [debilitará]... la prosperidad misma [riqueza]... que debemos... heredarles a [nuestros hijos]..."

BIODATO

A principios del siglo XX, el osito teddy, llamado así en honor de Teddy Roosevelt, se convirtió en un juguete muy popular.

Aprende de las biografías

Describe de qué manera ser un niño enfermizo influyó en las ideas de Roosevelt como adulto.

Para más información, visita *Personajes de la historia* en **www.estudiossocialessf.com.**

Destrezas de razonamiento

Determinar la credibilidad de una fuente

¿Qué es? Una **fuente** es cualquier relato escrito u oral que proporcione información. Algunas fuentes son verosímiles, o creíbles, y otras no. Al determinar si una fuente es o no verosímil, decides si crees o no la información que te proporciona.

Esta pintura muestra cómo un artista imaginó la explosión del *Maine*.

Fuente A

Estaba... tan callado que el teniente J. Hood se acercó y me preguntó riéndose si estaba dormido. Le dije: "No, estoy de guardia". Acababa de decírselo cuando se oyó un fuerte estruendo. Ojalá pudiera hacer desaparecer el ruido y las escenas que siguieron. Después se produjo una fuerte explosión —algunos dicen que oyeron muchas detonaciones [descargas]. Yo sólo recuerdo una... no tengo idea de lo que causó la explosión. No puedo imaginarme qué fue. Yo, al igual que otros, había oído que el puerto de La Habana estaba lleno de torpedos [minas], pero los oficiales que tenían la obligación de comprobarlo informaron que no habían encontrado ningún rastro. Personalmente, no creo que los españoles hayan tenido algo que ver con el desastre.

—Teniente John J. Blandin

¿Por qué lo hacemos?

¿A veces lees u oyes cosas que te parecen difíciles de creer? Quizás deberías creerlas, quizás no. Necesitas saber cómo determinar la credibilidad de cualquier fuente de información.En 1989, el buque de guerra estadounidense Maine explotó en el puerto de La Habana. Los Estados Unidos y otros países se preguntaban qué habría causado la explosión. Los oficiales y la tripulación sobrevivientes escribieron varios informes.

Al mismo tiempo, algunos periódicos pensaron que podían vender muchos ejemplares si publicaban reportajes sensacionalistas, historias que interesaran y emocionaran a los lectores.

La Fuente A fue tomada de un informe del teniente John J. Blandin, que iba a bordo del *Maine* cuando éste explotó. La Fuente B corresponde a un artículo de primera plana publicado en el *New York Journal* el 17 de febrero de 1898.

$50,000 REWARD.—WHO DESTROYED THE MAINE?—$50,000 REWARD.

NEW YORK JOURNAL

AND ADVERTISER. FIRST EDITION.

NO. 5,572. —NEW YORK, THURSDAY, FEBRUARY 17, 1898.—16 PAGES. PRICE ONE CENT

DESTRUCTION OF THE WAR SHIP MAINE WAS THE WORK OF AN ENEMY

$50,000!

$50,000 REWARD! For the Detection of the Perpetrator of the Maine Outrage!

Assistant Secretary Roosevelt Convinced the Explosion of the War Ship Was Not an Accident.

The Journal Offers $50,000 Reward for the Conviction of the Criminals Who Sent 258 American Sailors to Their Death. Naval Officers Unanimous That the Ship Was Destroyed on Purpose.

$50,000!

$50,000 REWARD! For the Detection of the Perpetrator of the Maine Outrage!

NAVAL OFFICERS THINK THE MAINE WAS DESTROYED BY A SPANISH MINE.

Hidden Mine or a Sunken Torpedo Believed to Have Been the Weapon Used Against the American Man-of-War---Officers and Men Tell Thrilling Stories of Being Blown Into the Air Amid a Mass of Shattered Steel and Exploding Shells---Survivors Brought to Key West Scout the Idea of Accident---Spanish Officials Protest Too Much---Our Cabinet Orders a Searching Inquiry---Journal Sends Divers to Havana to Report Upon the Condition of the Wreck. Was the Vessel Anchored Over a Mine?

Assistant Secretary of the Navy Theodore Roosevelt says he is convinced that the destruction of the Maine in Havana Harbor was not an accident. The Journal offers a reward of $50,000 for exclusive evidence that will convict the person, persons or Government criminally responsible for the destruction of the American battleship and the death of 258 of its crew.

Captain Sigsbee, of the Maine, and Consul-General Lee both urge that public opinion be suspended until they have completed their investigation. ...ey are taking the course of tactful men who are convinced that there has been treachery.

Spanish Government officials are pressing forward all sorts of explanations of how it could have been an accident. The facts show that there was a ...eport before the ship exploded, and that, had her magazine exploded, she would have sunk immediately.

Every naval expert in Washington says that if the Maine's magazine had exploded the whole vessel would have been blown to atoms.

Fuente B

¿Cómo lo hacemos?

Para determinar si una fuente es verosímil, el primer paso es analizar al autor de la fuente. Decide si el autor tiene conocimiento directo del suceso o si es experto en el tema. Decide si tiene alguna razón para exagerar, cambiar los hechos o describir los sucesos de una forma en particular. También es útil investigar si al autor se le conoce por ser veraz y preciso.

Piensa y aplícalo

1. ¿De dónde se tomó la Fuente A? ¿De dónde se tomó la Fuente B?
2. ¿Qué dijo el teniente Blandin sobre la probable causa de la explosión? ¿Qué publicó el periódico sobre la probable causa de la explosión?
3. ¿Cuál de los dos informes crees que tiene más credibilidad? ¿Por qué?

1860 — 1865 — 1870

1859
Se descubre petróleo en Pennsylvania

1867
Los Estados Unidos compran Alaska a Rusia

Resumen del capítulo

Secuencia

En una hoja aparte, copia el organizador gráfico y ordena los siguientes sucesos en la secuencia en que ocurrieron. Incluye la fecha de cada uno.

- _____ Se celebra el primer Día del Trabajo.
- _____ Christopher Latham Sholes construye la primera máquina de escribir.
- _____ Empieza la Guerra Hispano-estadounidense.
- _____ Se construye en Boston el primer tren subterráneo del país.
- _____ John D. Rockefeller construye su primera refinería de petróleo.
- _____ El pueblo cubano se rebela contra el gobierno español.

Vocabulario

En una hoja aparte, escribe ***V*** para cada oración que defina correctamente la palabra subrayada y ***F*** para cada definición que sea falsa. Si es falsa, vuelve a escribir la definición para que sea correcta.

1. Un <u>monopolio</u> es una compañía que controla toda una industria. (p. 566)
2. Una <u>corporación</u> es una compañía con un solo dueño. (p. 566)
3. Un edificio dividido en pequeños departamentos se llama <u>casa de vecindad</u>. (p. 571)
4. Los patrones organizaron <u>sindicatos laborales</u> para mejorar sus condiciones de trabajo. (p. 572)
5. A los soldados que pelearon al lado de Theodore Roosevelt se les llamaba <u>*Rough Riders*</u>. (p. 580)

Personajes y términos

Escribe una oración que explique el papel de cada uno de los siguientes personajes o términos en los cambiantes Estados Unidos de finales del siglo XIX. Puedes usar dos o más en una misma oración.

1. **Lewis Latimer** (p. 563)
2. **Andrew Carnegie** (p. 564)
3. **John D. Rockefeller** (p. 566)
4. **Jane Addams** (p. 571)
5. **Samuel Gompers** (p. 573)
6. **Mary Harris Jones** (p. 573)
7. **Liliuokalani** (p. 579)
8. **Soldado búfalo** (p. 581)

1875 | 1880 | 1885 | 1890 | 1895

1876
Alexander Graham Bell inventa el teléfono

1879
Thomas Edison inventa la bombilla eléctrica

1889
Jane Addams abre la Casa Hull en Chicago

Julio de 1898
Los Estados Unidos anexan Hawai
Agosto de 1898
Termina la Guerra Hispano-estadounidense con la victoria de los Estados Unidos

Hechos e ideas principales

1. ¿Qué negocios compró Andrew Carnegie para poder producir y transportar acero?
2. ¿Qué diferencias hay entre la inmigración a principios del siglo XX y a fines del XIX?
3. ¿Qué territorios ganaron los Estados Unidos en la Guerra Hispano-estadounidense?
4. **Línea cronológica** ¿Cuántos años pasaron entre la compra de Alaska y la anexión de Hawai?
5. **Idea principal** ¿Cuáles fueron algunos de los inventos que trajeron cambios importantes en la vida cotidiana a finales del siglo XIX?
6. **Idea principal** ¿Qué problemas enfrentaron muchos inmigrantes?
7. **Idea principal** ¿Qué sucesos hicieron de los Estados Unidos una potencia mundial a finales del siglo XIX?
8. **Razonamiento crítico: *Sacar conclusiones*** La vida era difícil para un inmigrante a finales del siglo XIX y principios del siglo XX. ¿Por qué crees que seguían llegando?

Escribe sobre la historia

1. **Escribe una carta** a un amigo en la que describas un invento de finales del siglo XIX. Explica cómo cambiará la vida cotidiana.
2. **Escribe un editorial** donde trates de convencer a los trabajadores de unirse o no unirse a un sindicato.
3. **Escribe un artículo de periódico** que señale las ventajas y los problemas de que los Estados Unidos compren Alaska a Rusia.

Aplica las destrezas

Evaluar la credibilidad de una fuente

Lee el siguiente artículo de periódico. Después contesta las preguntas.

LOS HAWAIANOS QUIEREN SU INDEPENDENCIA

Miles se reúnen en Palace Square

Honolulu, 8 de octubre, 1897—Miles de hawaianos se reunieron hoy en Palace Square, en Honolulu, para manifestarse a favor de la independencia hawaiana. Los líderes hawaianos pronunciaron discursos patrióticos y la multitud respondió con gritos de "¡Independencia hoy y siempre!". Los manifestantes esperaban enviar un enérgico mensaje a Washington, D.C., donde el gobierno está estudiando la firma de un tratado de anexión, el cual tendría como resultado que Hawai fuera parte de los Estados Unidos.

Sin embargo, los manifestantes no son los únicos que se están dejando escuchar en este debate. El senador estadounidense John Tyler Morgan está aquí en Hawai para tratar de convencer al pueblo hawaiano de que apoye la anexión. En discursos públicos y entrevistas, Morgan ha afirmado que los hawaianos disfrutarán de mayores oportunidades si son ciudadanos estadounidenses.

1. ¿Qué información da el artículo de periódico?
2. ¿Qué puntos de vista incluye?
3. ¿Qué tan creíble es este artículo de periódico?

Actividad en la Internet

Para obtener ayuda con el vocabulario, los personajes y los términos, selecciona el diccionario o la enciclopedia en *Biblioteca de estudios sociales* en **www.estudiossocialessf.com.**

UNIDAD 8

Terminemos con una canción

Red River Valley

Si hubieras participado en los arreos de ganado del siglo XIX, de seguro habrías aprendido muchas canciones de vaqueros. Los vaqueros cantaban para calmar al ganado, y también para pasar el tiempo durante los largos y solitarios días y noches que andaban en el camino. ¿Qué te dice esta canción sobre la vida de los vaqueros?

Cowboy Song from the United States
VERSE
do
1. From this val - ley they say you are go - ing, __ We will
2. Won't you think of the val - ley you're leav - ing? __ Oh, how
miss your bright eyes and sweet smile; For they say you are tak - ing the
lone - ly, how sad it will be. Oh, __ think of the fond heart you're
sun - shine, __ That bright - ens our path - way a - while.
break - ing, __ And the grief you are causing me to see.
REFRAIN
Come and sit by my side if you love me, __ Do not
has - ten to bid me a - dieu; But re - mem - ber the Red Riv - er
Val - ley __ And the girl that has loved you so true.

Canción de vaqueros de los Estados Unidos

ESTROFA

1. De este valle saldrás,
   Extrañaremos tus brillantes ojos
   y tu dulce risa,
   Dicen que te llevarás la luz
   del sol contigo,
   La luz que ilumina nuestro camino.
2. ¿Pensarás en el valle que dejas atrás?
   Oh, qué solos, qué tristes estaremos.
   Oh, piensa que dejas roto
   un corazón amigo
   Y en el dolor que nos causas.

ESTRIBILLO

Ven y siéntate a mi lado si me amas,
No apresures la despedida,
Pero recuerda Red River Valley
Y la mujer que te ha amado toda la vida.

UNIDAD 8

Repaso

Busca palabras clave en el texto.

Ideas principales y vocabulario

LISTOS para los EXÁMENES

Lee el siguiente texto y úsalo para contestar las siguientes preguntas.

Después de la Guerra Civil, los Estados Unidos crecieron de diversas maneras. Desarrollaron nuevas industrias y ganaron más territorio. La población creció en número y diversidad.

Las mejoras en el transporte y las comunicaciones unieron las distintas partes del país. El ferrocarril transcontinental redujo la duración de los viajes. El telégrafo hizo posible enviar mensajes casi inmediatamente utilizando la clave Morse. Un nuevo proceso hizo posible producir acero en grandes cantidades. La bombilla eléctrica pronto iluminó calles y casas.

Llegaron inmigrantes de Europa, Asia y América Latina. Con frecuencia se enfrentaban a prejuicios. Sin embargo, eran una parte importante de la fuerza de trabajo en minas y fábricas, así como en granjas.

Algunos trabajadores organizaron sindicatos para exigir mejores salarios y condiciones de trabajo. A veces organizaban huelgas si los dueños de las empresas rechazaban sus peticiones. Después de muchos años, el gobierno dio leyes para reglamentar las horas de trabajo y la seguridad.

En 1867, los Estados Unidos compraron Alaska a Rusia. También agregaron más territorio al anexarse Hawai en 1898.

1. Según el texto, ¿qué ayudó a unir las distintas partes de los Estados Unidos?
   - **A** Las cartas que se escribían a familiares.
   - **B** Las mejoras en el transporte y las comunicaciones redujeron el tiempo que tomaba viajar y enviar mensajes.
   - **C** Los agricultores difundían noticias al llevar sus productos al mercado.
   - **D** Los líderes obreros informaban a los miembros de los sindicatos.
2. En el texto, la palabra prejuicios significa:
   - **A** trabajo arduo
   - **B** problemas con el idioma
   - **C** inventos nuevos
   - **D** opiniones injustas
3. En el texto, la palabra huelgas significa:
   - **A** escribir una carta para solicitar mejores condiciones
   - **B** unirse para dañar el equipo
   - **C** negarse a trabajar hasta que se cumpla con las peticiones
   - **D** buscar un nuevo trabajo
4. ¿Cuál es la idea principal del texto?
   - **A** Los nuevos inventos cambiaron la agricultura.
   - **B** El país creció en industrias, población y territorio.
   - **C** Los inmigrantes organizaban huelgas.
   - **D** Los Estados Unidos compraron Alaska.

Personajes y términos

Relaciona cada personaje y cada término con la definición correcta.

1. **ferrocarril transcontinental** (p. 539)
2. **alambre de púas** (p. 551)
3. **George Custer** (p. 556)
4. **corporación** (p. 566)
5. **Mary Antin** (p. 569)
6. **Theodore Roosevelt** (p. 580)

a. murió en la Batalla de Little Bighorn

b. alambre torcido usado como cerca

c. escribió sobre sus experiencias como inmigrante

d. peleó con los *Rough Riders* en la Guerra Hispano-estadounidense

e. tren que recorría el país de un extremo a otro

f. negocio propiedad de los inversionistas

Aplica las destrezas

Crea un plano de los husos horarios Utiliza un mapa grande de los Estados Unidos y selecciona por lo menos diez lugares, incluyendo uno cercano a donde vives. Elige lugares que te gustaría visitar. Asegúrate de que algunos de los lugares estén en distintos husos horarios al del lugar donde vives. Señala qué hora es en cada lugar cuando en tu localidad son las 12:00 del mediodía. Explica por qué es importante saber qué hora es en otros lugares.

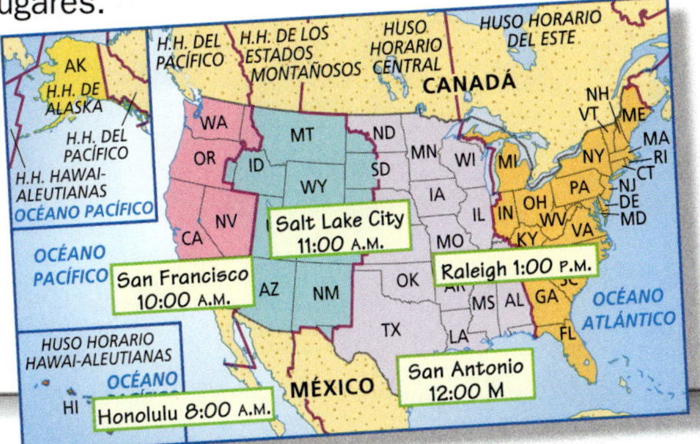

Escribe y comenta

Presenta la historia de los inmigrantes Pide que todos los estudiantes del salón identifiquen por lo menos un país o una región de donde hayan emigrado sus familias o alguien que conozcan. Utilizando un mapamundi grande, coloca alfileres en cada lugar de donde hayan venido. Investiga algo sobre esos lugares y comparte tus hallazgos con la clase.

Lee por tu cuenta

Busca libros como éstos en la biblioteca.

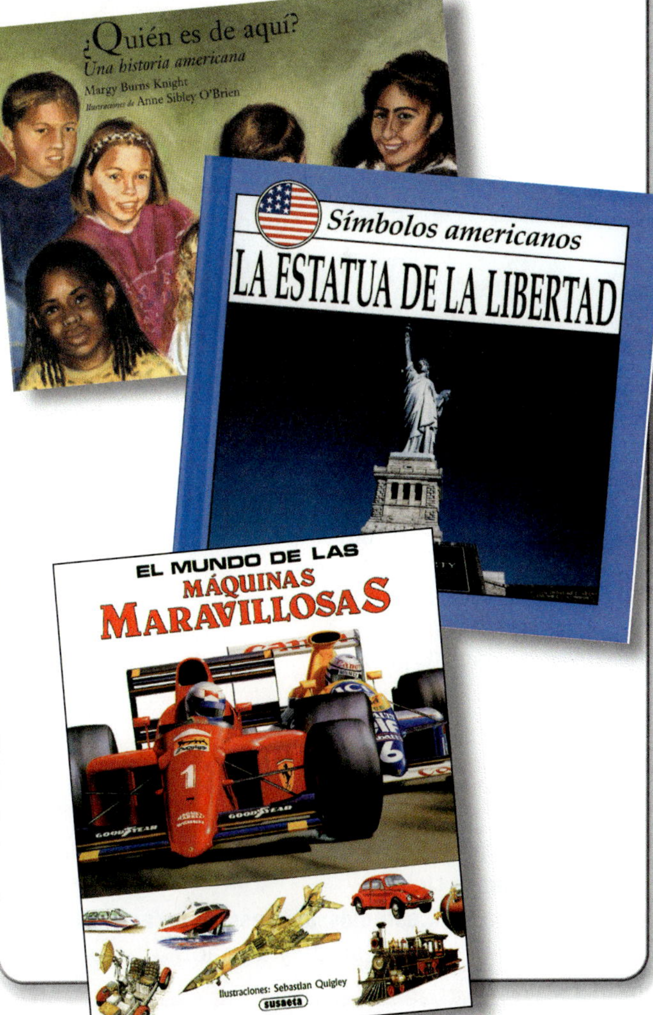

UNIDAD

Proyecto 8

Ventajas de los inventos

Anuncia un producto del pasado.

1 **Forma** un equipo y elige un invento de finales del siglo XIX.

2 **Investiga** sobre este invento y describe qué elementos lo hicieron popular o revolucionario. Escribe quién lo creó y por qué, de qué manera ayudó a los demás, si ahorró tiempo o dinero, y si cambió al mundo.

3 **Elabora** un cartel o un anuncio grande sobre este invento e incluye una imagen del producto.

4 **Presenta** tu anuncio al resto del grupo. Puedes hacerte pasar por el inventor.

Actividad en la Internet

Investiga en la Internet la expansión de los Estados Unidos.
Visita **www.estudiossocialessf.com/actividades** y selecciona tu grado y unidad.

Los Estados Unidos y el mundo

UNIDAD 9

¿Qué sueñas para el futuro de nuestro país?

Empecemos con una fuente primaria

1910 — 1930 — 1950

1914
Se abre el canal de Panamá

1917
Los Estados Unidos entran en la Primera Guerra Mundial

1929
Cae la bolsa de valores

1941
Los Estados Unidos entran en la Segunda Guerra Mundial

1954
Se declara ilegal la segregación en escuelas públicas

"Tengo un sueño...". —Fragmento de un discurso de Martin Luther King, Jr., 1963

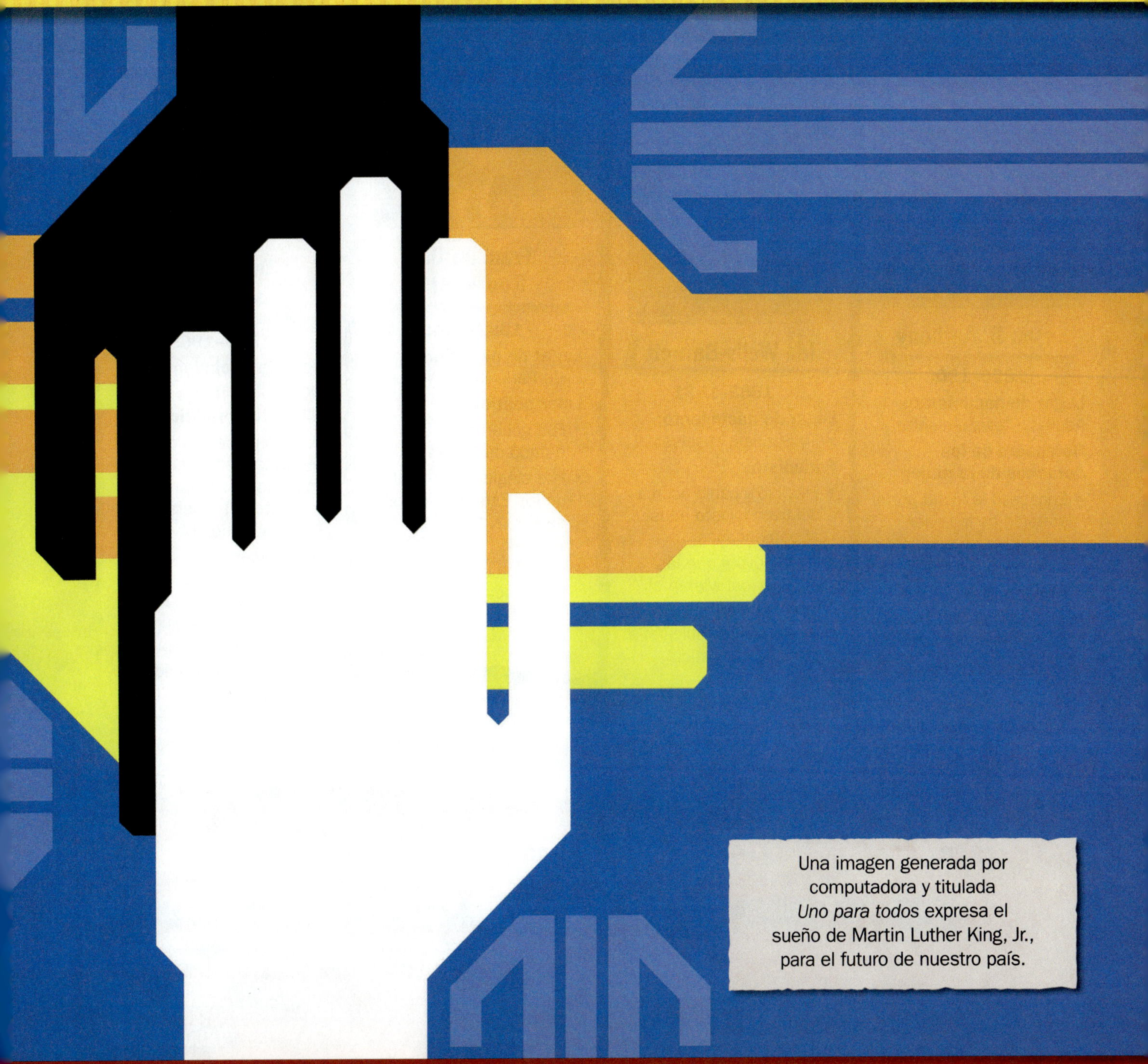

Una imagen generada por computadora y titulada *Uno para todos* expresa el sueño de Martin Luther King, Jr., para el futuro de nuestro país.

1970 1990 2010

1962
Crisis de los misiles en Cuba

1969
Astronautas estadounidenses caminan en la Luna

1989
Cae el Muro de Berlín

2001
Miles de personas mueren en ataques terroristas a los Estados Unidos

UNIDAD 9

Personajes de la historia

Susan B. Anthony

1820–1906

Lugar de nacimiento:
Adams, Massachusetts

Defensora de los derechos de la mujer

- Encabezó la lucha por el sufragio de la mujer
- Contribuyó a que se aboliera la esclavitud
- Fue la primera mujer que apareció en una moneda estadounidense: el dólar Susan B. Anthony

Ida Wells-Barnett

1862–1931

Lugar de nacimiento:
Holly Springs, Mississippi

Periodista

- Escribió y habló acerca del trato injusto a los afroamericanos
- Contribuyó a que las mujeres obtuvieran el derecho al voto
- Escribió su autobiografía: *Crusade for Justice*

Franklin D. Roosevelt

1882–1945

Lugar de nacimiento:
Hyde Park, Nueva York

Líder político

- Fue gobernador del estado de Nueva York
- Fue elegido presidente de los Estados Unidos en 1932, 1936, 1940 y 1944
- Gobernó los Estados Unidos durante la Gran Depresión y la Segunda Guerra Mundial

Dwight D. Eisenhower

1890–1969

Lugar de nacimiento:
Denison, Texas

Militar, líder político

- Dirigió un centro de entrenamiento en el manejo de tanques durante la Primera Guerra Mundial
- Fue comandante supremo de las fuerzas aliadas en Europa durante la Segunda Guerra Mundial
- Fue elegido presidente de los Estados Unidos en 1952 y 1956

1820 1840 1860 1880 1900

1820 • Susan B. Anthony 1906

1862 • Ida Wells-Barnett

1882 • Franklin D. Roosevelt

1890

Para más información, visita *Personajes de la historia* en **www.estudiossocialessf.com.**

Ronald Reagan

1911–

Lugar de nacimiento:
Tampico, Illinois

Líder político, actor

- Llegó a ser actor de cine antes de cumplir 30 años
- Fue gobernador de California durante ocho años
- Fue elegido presidente de los Estados Unidos en 1980 y 1984

Martin Luther King, Jr.

1929–1968

Lugar de nacimiento:
Atlanta, Georgia

Ministro, defensor de los derechos civiles

- Se dio a conocer como un defensor de los derechos civiles que creía en la protesta no violenta
- Pronunció el discurso "Tengo un sueño" ante más de 200,000 personas en Washington, D.C., en 1963
- Recibió el Premio Nobel de la Paz en 1964

Dolores Huerta

1930–

Lugar de nacimiento:
Dawson, Nuevo México

Líder sindical

- Luchó para mejorar la vida de los trabajadores agrícolas migratorios
- Se unió a César Chávez para formar el Sindicato de Trabajadores Agrícolas Unidos
- Abrió una estación de radio para defender a los trabajadores del campo y a los inmigrantes

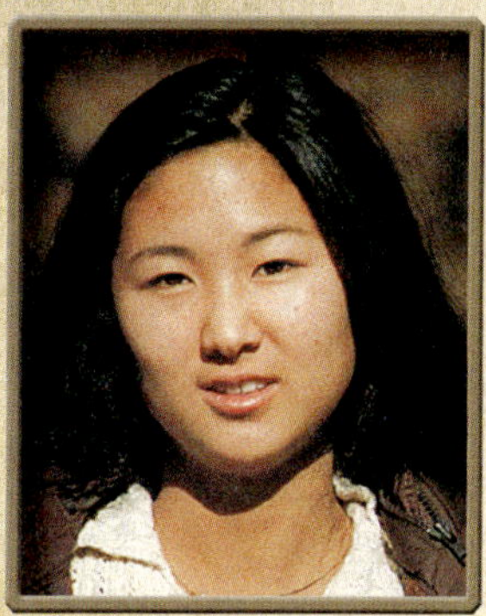

Maya Ying Lin

1959–

Lugar de nacimiento:
Athens, Ohio

Arquitecta, artista

- Diseñó el Monumento a los Caídos en la Guerra de Vietnam en Washington, D.C.
- Diseñó el Monumento a los Derechos Civiles en Montgomery, Alabama
- Escribió *Boundaries,* libro sobre su vida y obra

1920 | 1940 | 1960 | 1980 | 2000

1931

1945

• Dwight D. Eisenhower 1969

1911 • Ronald Reagan

1929 • Martin Luther King, Jr. 1968

1930 • Dolores Huerta

1959 • Maya Ying Lin

UNIDAD 9

Lectura de estudios sociales

Los Estados Unidos y el mundo

Resumir

Aprender a escribir un resumen te ayudará a encontrar la idea principal de lo que lees.

- **Resumir** es describir con pocas palabras la idea principal de un pasaje, párrafo o relato.
- Un buen resumen es breve e incluye palabras clave.

A veces encontramos el **resumen** de un párrafo después de quitar los **detalles.**

En los Capítulos 18 y 19 leerás que los Estados Unidos participaron en actividades fuera de sus fronteras. En el siglo XX, intervinieron aún más en los asuntos mundiales y enviaron tropas a pelear junto con sus aliados en las dos guerras mundiales. Se incorporaron a las Naciones Unidas y encabezaron la lucha contra la expansión del comunismo; a finales del siglo XX, se convirtieron en la mayor potencia mundial.

Resumir los Estados Unidos y el mundo

Los Estados Unidos se convirtieron en potencia mundial a finales del siglo XIX, y a principios del siglo XX se volvieron una nación aún más poderosa.

En 1914, los Estados Unidos terminaron de construir el canal de Panamá, que se convirtió en una vía corta importante para la navegación internacional entre los océanos Pacífico y Atlántico.

En 1914 estalló la guerra en Europa. Los Estados Unidos trataron de permanecer fuera del conflicto pero, después de que Alemania hundió barcos estadounidenses, los Estados Unidos le declararon la guerra a ese país. Los Estados Unidos ayudaron a sus aliados a ganar la Primera Guerra Mundial.

En la década de 1930 los Estados Unidos y Europa sufrieron una depresión económica. Los malos tiempos contribuyeron al surgimiento de dictadores en Alemania, Japón e Italia, que querían conquistar otras naciones. Una vez más, los Estados Unidos trataron de no intervenir en la guerra pero cuando Japón bombardeó barcos estadounidenses en Pearl Harbor, Hawai, nuestro país le declaró la guerra a Japón, y Alemania e Italia le declararon la guerra a los Estados Unidos. Una vez más, los estadounidenses peleaban en el extranjero.

Después de ganar la Segunda Guerra Mundial, los Estados Unidos enfrentaron una Guerra Fría contra la Unión Soviética y el comunismo. Aunque las dos naciones nunca pelearon directamente, estallaron varias guerras en las que los Estados Unidos lucharon contra el comunismo y los aliados de la Unión Soviética. Los estadounidenses pelearon en la Guerra de Corea y en la de Vietnam para impedir la expansión del comunismo.

En 1991, cuando la Unión Soviética se dividió en 15 países, los Estados Unidos quedaron como la única superpotencia mundial.

Usa la estrategia de lectura de resumir para contestar las siguientes preguntas.

1. ¿Qué sucesos llevaron a los Estados Unidos a participar en dos guerras mundiales?
2. ¿De qué maneras los Estados Unidos lucharon contra la expansión del comunismo?
3. Resume cómo cambió la participación de los Estados Unidos en los asuntos mundiales desde principios hasta finales del siglo XX.

La formación de una potencia mundial

1914

Panamá
Se abre el canal de Panamá.

Lección 1

1

1920

Estados Unidos
Las mujeres obtienen el derecho a votar.

Lección 2

2

1929

Ciudad de Nueva York
Cae la bolsa de valores y se inicia la Gran Depresión.

Lección 3

3

1941

Pearl Harbor, Hawai
Después del ataque japonés a Pearl Harbor, los Estados Unidos entran en la Segunda Guerra Mundial.

Lección 4

4

Tiempo y lugar

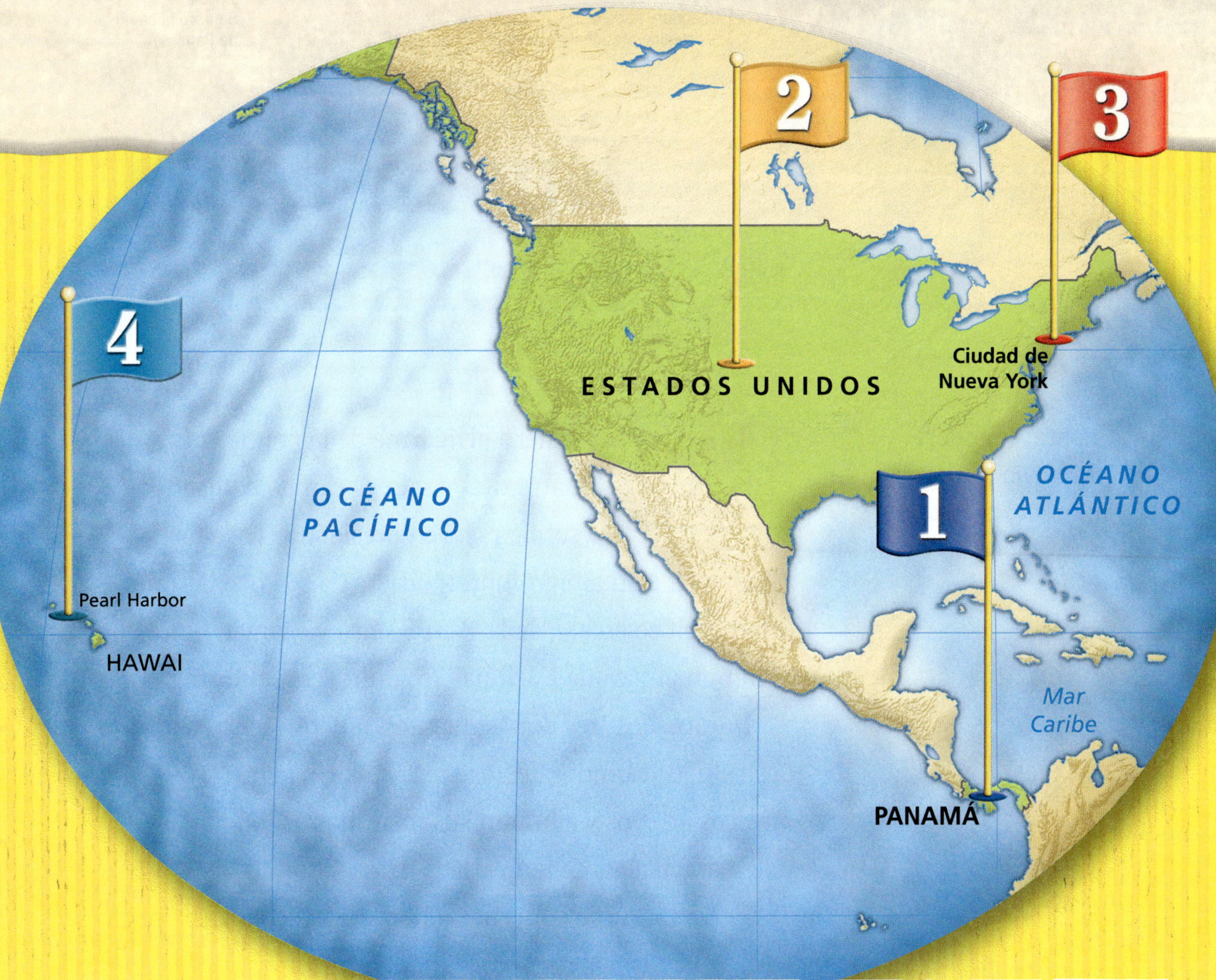

Por qué lo recordamos

En 1936, el presidente Franklin D. Roosevelt declaró: "Esta generación de estadounidenses tiene una cita con su destino". Aunque se refería a los estadounidenses de los años treinta, sus palabras podrían describir a todos los estadounidenses que vivieron en la primera mitad del siglo XX. En esa época, los Estados Unidos enfrentaron grandes retos: pelearon en dos terribles guerras mundiales, en las que participaron muchas naciones, y sufrieron graves problemas económicos. Pero superaron cada reto y se convirtieron en una de las naciones más poderosas del mundo.

LECCIÓN 1

1900		1915
1901 Theodore Roosevelt es elegido presidente	**1906** Upton Sinclair escribe *La jungla*	**1914** Se abre el canal de Panamá

Canal de Panamá

Época de reformas

EN BREVE

Enfoque en la idea principal
Como presidente, Theodore Roosevelt promovió reformas internas y aumentó el poder de los Estados Unidos en el extranjero.

LUGARES
canal de Panamá

PERSONAJES
Ida Tarbell
Upton Sinclair

VOCABULARIO
progresistas
periodista de denuncia
istmo

▶ **El presidente Theodore Roosevelt**

Estás ahí "Quiero olvidarme de la política durante cuatro días y salir al campo contigo", escribe el joven presidente Theodore Roosevelt a su amigo John Muir en 1903. Poco después, Roosevelt se escapa de la Casa Blanca y acampa junto con Muir en el Parque Nacional Yosemite, en California.

Durante los tres días siguientes, ambos recorren a caballo los caminos de Yosemite. Se detienen en sus frescos arroyos y admiran sus majestuosas montañas. Se maravillan ante tan variada fauna y flora.

El viaje convence a Roosevelt de que debe hacer más por conservar nuestros recursos naturales. De los sitios que ha visto, dice: "Sería una vergüenza para nuestra civilización dejar que desaparecieran... No estamos construyendo nuestro país por un día, sino para siempre".

Resumir Al leer, escribe los cambios que Theodore Roosevelt y otros reformistas apoyaron y después resúmelos.

Reformas internas

La Guerra Hispano-estadounidense convirtió a Theodore Roosevelt en héroe nacional. En 1900 fue elegido vicepresidente durante el gobierno del presidente republicano William McKinley, quien fue asesinado antes de cumplir un año en el cargo. En 1901, a los 42 años, Roosevelt se convirtió en el presidente más joven de los Estados Unidos. En 1904, fue elegido para un período completo.

Una de sus metas era fomentar la conservación de la tierra y de los recursos naturales. Cuando dejó la Casa Blanca en 1909, Roosevelt había agregado varios parques nacionales a las áreas protegidas del país. También estaba de acuerdo con los objetivos de un grupo de reformistas conocidos como los **progresistas,** quienes trataban de detener las prácticas comerciales desleales y mejorar el modo de trabajar del gobierno.

Otro grupo de progresistas estaba formado por escritores. Se les conoció como **periodistas de denuncia** porque daban a conocer lo que consideraban un "escándalo": condiciones vergonzosas en los negocios y en otras áreas de la vida estadounidense.

En 1902, la periodista de denuncia **Ida Tarbell** escribió una serie de artículos sobre la Standard Oil, compañía fundada por John D. Rockefeller, donde describía cómo varias empresas podían unirse para controlar toda una industria, como la del petróleo. Estas grandes compañías, llamadas monopolios, tenían el poder para acabar con cualquier competidor. Las corporaciones generalmente compiten entre sí al tratar de fabricar el mejor producto al precio más bajo. Pero si no hay competencia, el monopolio puede vender sus productos a precios más altos.

El trabajo de Tarbell sirvió para convencer a Roosevelt de que debía ser un presidente "antimonopolios". Para combatirlos se basó en la Ley Sherman, aprobada en 1890. Esta ley le permitió al gobierno obligar a los monopolios a dividirse en compañías más pequeñas.

En 1906, el periodista de denuncia **Upton Sinclair** escribió una novela titulada *The Jungle* (*La jungla*). En ella, Sinclair habla de las condiciones antihigiénicas de las plantas empacadoras de carne en Chicago. Apenas terminó de leer el libro, Roosevelt le ordenó a su secretario de Agricultura, James Wilson, que investigara la falta de limpieza en el procesamiento de alimentos.

Poco después, Roosevelt apoyó y firmó dos leyes de reforma: la Ley de Inspección de la Carne y la Ley de Alimentos y Medicamentos Puros. La Ley de Inspección de la Carne permitió a los inspectores del gobierno examinar la carne para asegurarse de que no fuera dañina para la salud, mientras que la Ley de Alimentos y Medicamentos Puros exigía a las compañías decir la verdad sobre sus productos. Ambas leyes hicieron más seguros los alimentos y medicamentos.

REPASO ¿Cómo resumirías las reformas que Theodore Roosevelt promovió? **Resumir**

Archivos pictográficos North Wind

Esta famosa caricatura política muestra la reacción del presidente Roosevelt a los problemas en la industria de la carne.

El canal de Panamá

Desde sus días como subsecretario de Marina, Theodore Roosevelt apoyó el crecimiento del poderío naval estadounidense. Como muchos otros, quería que los barcos estadounidenses pudieran viajar rápidamente entre los océanos Pacífico y Atlántico, tanto con fines comerciales como militares. Sin embargo, ese viaje podía tomar más de dos meses, ya que para ir de la costa este de los Estados Unidos a la costa oeste, un buque tenía que rodear el cabo de Hornos, en la punta de América del Sur.

Ese mismo viaje podía acortarse de meses a días si existiera un canal que cruzara el istmo de Panamá. Un **istmo** es una franja estrecha de tierra que conecta dos áreas de mayor tamaño. El istmo de Panamá une América del Norte con América del Sur. Roosevelt decidió construir ese canal, pero primero tenía que resolver varios problemas.

En primer lugar, los Estados Unidos tenían que obtener control sobre esas tierras. En esa época, Panamá era parte de Colombia, una nación sudamericana. Como Colombia se negó a ceder Panamá, las autoridades panameñas declararon la independencia en 1903 con el respaldo de los Estados Unidos. Después, Panamá aceptó que los Estados Unidos construyeran un canal que cruzara su territorio.

En segundo lugar, en la espesa selva que cruzaría el canal abundaban mosquitos portadores de enfermedades mortales como la fiebre amarilla y el paludismo. Los Estados Unidos no podrían lograr su objetivo mientras no controlaran los mosquitos que transmitían esas enfermedades, por lo cual los médicos militares Walter Reed y W. C. Gorgas dirigieron los esfuerzos por drenar las áreas del agua estancada donde los mosquitos ponían sus huevecillos. La población de mosquitos se redujo y, con ello, el número de casos de fiebre amarilla y paludismo.

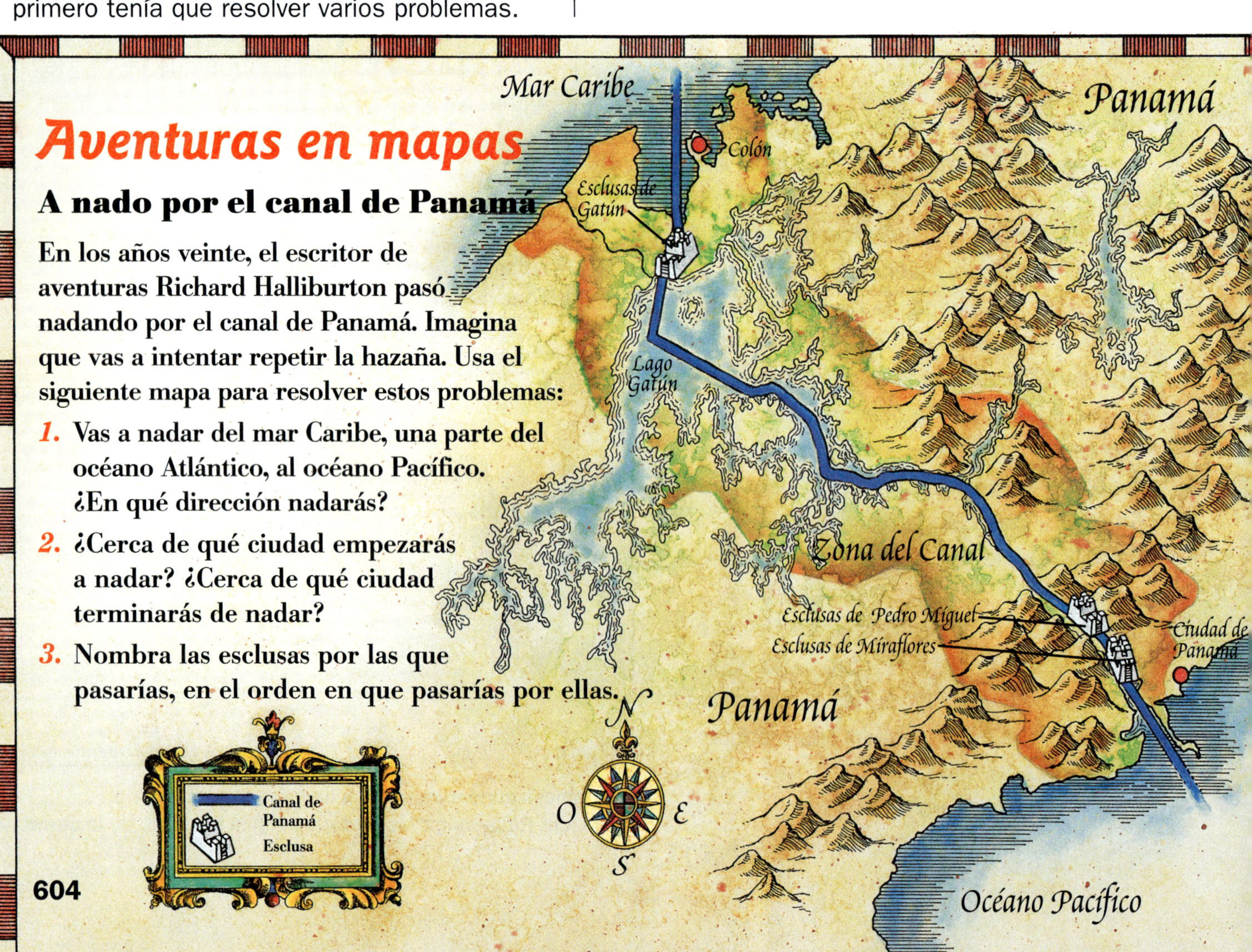

Aventuras en mapas

A nado por el canal de Panamá

En los años veinte, el escritor de aventuras Richard Halliburton pasó nadando por el canal de Panamá. Imagina que vas a intentar repetir la hazaña. Usa el siguiente mapa para resolver estos problemas:

1. **Vas a nadar del mar Caribe, una parte del océano Atlántico, al océano Pacífico. ¿En qué dirección nadarás?**
2. **¿Cerca de qué ciudad empezarás a nadar? ¿Cerca de qué ciudad terminarás de nadar?**
3. **Nombra las esclusas por las que pasarías, en el orden en que pasarías por ellas.**

El presidente Roosevelt toma el control de una excavadora de vapor en Panamá.

En tercer lugar, las montañas, los pantanos y el lodo dificultaban la excavación del canal. En 1904, más de 40,000 trabajadores y muchas excavadoras de vapor empezaron las labores. El **canal de Panamá**, de 50 millas de largo, se abrió a la navegación diez años después, el 15 de agosto de 1914. Roosevelt lo llamó "la mayor hazaña de ingeniería de todos los tiempos". Ahora un barco de vapor podía ir de un extremo a otro del canal en sólo nueve horas.

REPASO Resume los obstáculos que los Estados Unidos tuvieron que superar para terminar el canal de Panamá **Resumir**

Resume la lección

1901 Theodore Roosevelt asumió la presidencia tras el asesinato del presidente McKinley.

1906 Upton Sinclair escribió *The Jungle,* libro en el que describe las condiciones antihigiénicas de las plantas empacadoras de carne en Chicago.

1914 Se abrió el canal de Panamá, lo que permitió a los barcos navegar mucho más rápido de una costa de los Estados Unidos a la otra.

LECCIÓN 1 REPASO

Verifica hechos e ideas principales

1. **Resumir** En una hoja aparte, completa el organizador gráfico escribiendo un resumen de los principales sucesos de la presidencia de Theodore Roosevelt.

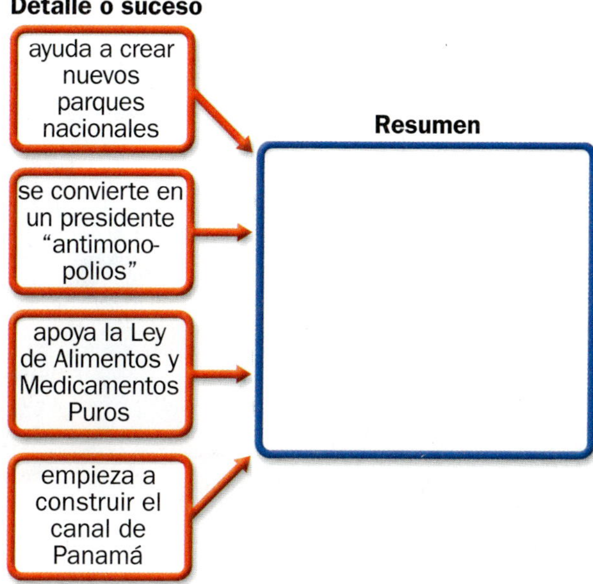

2. **Razonamiento crítico: *Evaluar*** ¿Crees que el término "periodista de denuncia" describe bien a escritores como Ida Tarbell y Upton Sinclair? Explica.
3. Describe tres reformas apoyadas por Theodore Roosevelt.
4. ¿Por qué los Estados Unidos querían construir un canal que cruzara Panamá?
5. Describe los problemas que enfrentaron los Estados Unidos al construir el canal.

Enlace con las matemáticas

Calcula los costos Los barcos que usan el canal de Panamá deben pagar un peaje según su espacio de carga. El nadador Richard Halliburton también pagó peaje: 36 centavos. El canal de Panamá mide aproximadamente 50 millas. ¿Cuánto pagó Halliburton por cada milla que nadó?

Interpretar caricaturas políticas

¿Qué son? Una **caricatura política** es un dibujo que representa personajes o sucesos de las noticias de tal manera que causan gracia. El objetivo de las caricaturas políticas es hacerte pensar sobre los sucesos. Las caricaturas políticas con frecuencia expresan un punto de vista.

¿Por qué las interpretamos? Puedes encontrar caricaturas políticas en periódicos y revistas. Con frecuencia, el caricaturista quiere expresar una opinión sobre cierta persona o suceso. Puedes estar o no de acuerdo, pero una buena caricatura política debe ponerte a pensar sobre el asunto que retrata.

¿Cómo las interpretamos? Para entender una caricatura política necesitas comprender los símbolos que utiliza el caricaturista. Por ejemplo, el dibujo del personaje conocido como el Tío Sam con frecuencia simboliza a los Estados Unidos. El dibujo de un burro simboliza al Partido Demócrata, y el de un elefante, al Partido Republicano. Estos símbolos fueron creados por caricaturistas políticos.

Partido Republicano

El Tío Sam

Partido Demócrata

En la Lección 1 leíste sobre las reformas del presidente Theodore Roosevelt. Fíjate en la caricatura política de esta página. ¿Reconoces al domador? Es el presidente Roosevelt. El caricaturista dibujó su cara y, por si acaso no lo reconociste, escribió "San Juan" en la medalla que lleva al pecho para mostrar que el domador es el héroe de la Batalla de la Colina de San Juan durante la Guerra Hispano-estadounidense.

En la caricatura, Roosevelt sostiene un látigo para domar a los leones. Cada león tiene una leyenda para que se entienda lo que representa. Por ejemplo, el león más cercano al lector tiene escrito "MONOPOLIO DE LA CARNE". Los leones salen de una puerta que dice "WALL STREET". Las acciones de muchas compañías grandes se negocian en la Bolsa de Valores de Nueva York, situada en Wall Street, en la Ciudad de Nueva York.

El caricaturista está diciendo algo acerca de Theodore Roosevelt y los monopolios. Si alguna vez has visto un domador de leones, probablemente puedes imaginarte la intención del caricaturista.

Piensa y aplícalo

1. ¿Qué leyendas llevan los otros leones?
2. ¿Qué dice el letrero de la puerta por la que sale otro león? ¿Por qué crees que está ese letrero en la puerta?
3. ¿Qué crees que el caricaturista quiere decir sobre Theodore Roosevelt y los monopolios?

LECCIÓN 2

1910				1920
	1914 Estalla la Primera Guerra Mundial en Europa	**1915** Empieza la Gran Migración de afroamericanos	**1917** Los Estados Unidos entran en la Primera Guerra Mundial	**1920** Las mujeres obtienen el derecho al voto en los Estados Unidos

Versalles
FRANCIA

La Primera Guerra Mundial

EN BREVE

Enfoque en la idea principal
La participación de los Estados Unidos en la Primera Guerra Mundial causó cambios importantes y duraderos en la vida de los estadounidenses.

LUGARES
Versalles, Francia

PERSONAJES
Woodrow Wilson
Susan B. Anthony
Carrie Chapman Catt
W. E. B. Du Bois
Booker T. Washington
Ida Wells-Barnett

VOCABULARIO
Primera Guerra Mundial
alianza
Liga de las Naciones
Tratado de Versalles
Decimonovena Enmienda
Gran Migración

Estás ahí Es el año de 1916. Una de las batallas más sangrientas de la historia de la humanidad acaba de terminar en Verdún, Francia. Un joven estadounidense, Samuel Benson, está ahí ayudando a los soldados franceses heridos como voluntario del Servicio Estadounidense de Ambulancias. Durante meses ha llevado soldados heridos a los centros de atención médica. Ahora, se sienta a escribir una carta:

"Estimado señor yo mismo: Quizás a veces piense que ha sido muy difícil estar en Francia, lejos de casa y de los seres queridos... trabajando sin sueldo, sin dormir bien y sin descanso adecuado. Pero, mire... está en medio de la peor crisis de la historia. El mundo nunca conoció un momento como éste... y usted vive para ayudar a los demás".

Ese "momento" es la Primera Guerra Mundial. El conflicto se desarrolla principalmente en Europa, pero también en África y Asia. Pronto, los Estados Unidos entrarán en la guerra.

Destreza clave

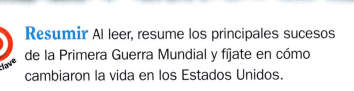

Resumir Al leer, resume los principales sucesos de la Primera Guerra Mundial y fíjate en cómo cambiaron la vida en los Estados Unidos.

La lucha empieza en Europa

¿Qué provocó esta guerra mundial, que un día se conocería como **Primera Guerra Mundial?** Las intensas rivalidades surgidas entre algunas naciones europeas que competían por la tierra, el comercio y el poderío militar.

Ante el temor de ser atacadas por sus rivales, varias naciones habían formado alianzas. Una **alianza** es un pacto en el que las naciones acuerdan defenderse entre sí. Si un miembro de la alianza es atacado, los demás se comprometen a ir en su ayuda. Las dos principales alianzas eran las Potencias Aliadas, que incluían a Gran Bretaña, Francia y Rusia, y las Potencias Centrales, encabezadas por Alemania, Austria-Hungría y Turquía.

En agosto de 1914, el sistema de alianzas arrastró a la mayor parte de Europa a una guerra prolongada y difícil. Al leer sobre la Guerra Civil estadounidense, aprendiste que la tecnología cambió la manera de combatir. Casi 60 años después, la nueva tecnología había creado armas mucho más poderosas y mortales. Por ejemplo, ambos bandos utilizaron gases tóxicos que ampollaban la piel, quemaban los pulmones y causaban ceguera.

Los ingenieros convirtieron el aeroplano, inventado apenas unos años antes, en un arma de guerra: los aeroplanos arrojaban bombas sobre blancos enemigos, disparaban ametralladoras contra tropas en tierra y peleaban entre sí en el aire.

Sin embargo, la mayor parte de la guerra se desarrollaba en tierra. Los soldados de cada bando excavaban un sistema de trincheras que podía extenderse cientos de millas. Cercas de alambre de púas protegían el frente de cada trinchera y una "tierra de nadie" se extendía entre los ejércitos enemigos. Los soldados comían, bebían y dormían en las oscuras trincheras, que con frecuencia estaban inundadas y llenas de ratas.

Cada bando disparaba o lanzaba gases contra las trincheras del otro. A veces, los soldados de un lado salían de la trinchera, se arrastraban entre el alambre de púas y atravesaban corriendo la tierra de nadie para atacar al enemigo. El número de muertos aumentaba mes tras mes, y parecía que la matanza nunca iba a terminar.

REPASO ¿Por qué hubo más muertos en la Primera Guerra Mundial que en guerras anteriores? **Sacar conclusiones**

Los soldados peleaban en trincheras *(abajo)* y usaban máscaras antigás *(izquierda)* para protegerse durante los ataques con gases tóxicos.

Los Estados Unidos entran en la guerra

Al principio, los Estados Unidos se mantuvieron fuera de la Primera Guerra Mundial. El presidente **Woodrow Wilson** pidió a los estadounidenses que permanecieran "imparciales [neutrales] tanto en pensamiento como en acción".

Sin embargo, a principios de 1917, ciertos sucesos hicieron que los estadounidenses se opusieran con firmeza a las Potencias Centrales. Uno de ellos era un telegrama. En enero, los Estados Unidos supieron que Alemania había enviado un telegrama a México para pedirle que entrara en la guerra uniéndose a las Potencias Centrales. A cambio, Alemania prometía ayudar a México a recuperar el territorio que los Estados Unidos habían ganado en la Guerra con México.

Un segundo suceso ocurrió en febrero. Alemania ordenó a sus submarinos atacar cualquier barco sospechoso de llevar armamento a las Potencias Aliadas. En marzo, los submarinos alemanes hundieron tres barcos mercantes propiedad de estadounidenses, y la muerte de los marineros estadounidenses enojó a muchos en los Estados Unidos.

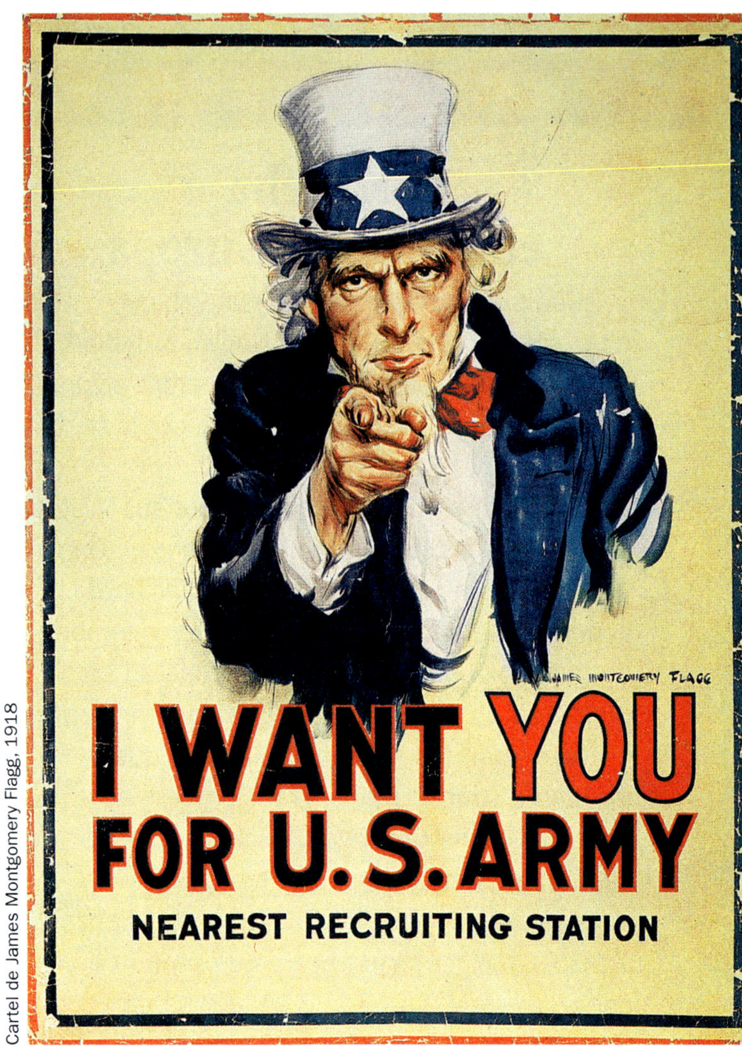
JAMES MONTGOMERY FLAGG
I WANT YOU
FOR U.S. ARMY
NEAREST RECRUITING STATION

Cartel de James Montgomery Flagg, 1918

En este cartel se utilizó el símbolo del Tío Sam para animar a los jóvenes a unirse al ejército.

El 12 de abril, el presidente Wilson le pidió al Congreso que declarara la guerra a las Potencias Centrales. Dijo lo siguiente:

> ***"Es terrible llevar a este gran pueblo pacífico a la guerra, a la más terrible y desastrosa de todas las guerras... Pero lo correcto es más valioso que la paz".***

El presidente Wilson esperaba que, al entrar en la guerra, los Estados Unidos lograran que el mundo fuera un lugar "seguro para la democracia". El 16 de abril de 1917, el Congreso le declaró la guerra a Alemania.

REPASO Resume las razones que llevaron a los Estados Unidos a entrar en la Primera Guerra Mundial. **Resumir**

El presidente Wilson le pidió al Congreso que declarara la guerra en 1917.

Termina la guerra

La llegada de tropas estadounidenses a Europa incrementó la capacidad de lucha de las desgastadas Potencias Aliadas. Poco a poco, los estadounidenses contribuyeron a que las igualmente cansadas tropas de las Potencias Centrales tuvieran que marchar en retirada. Más de 4 millones de soldados, marineros e infantes de marina estadounidenses pelearon en la Primera Guerra Mundial.

En septiembre de 1918, más de un millón de soldados estadounidenses pelearon en una gran batalla en Meuse-Argonne, región del noreste de Francia. Más estadounidenses pelearon en esa batalla que en cualquier otra en la historia de los Estados Unidos. Las Potencias Aliadas ganaron la batalla, lo que llevó a la derrota final de las Potencias Centrales, que se rindieron el 11 de noviembre de 1918. Hoy, el 11 de noviembre se celebra el Día de los Veteranos para recordar a los estadounidenses que pelearon en la Primera Guerra Mundial y en otras guerras.

Las pérdidas humanas causadas por la Primera Guerra Mundial fueron enormes para ambos bandos. Las Potencias Centrales perdieron más de 3 millones de soldados y casi 3.5 millones de civiles. Las Potencias Aliadas perdieron casi 5 millones de soldados y más de 3 millones de civiles. Tan sólo los Estados Unidos perdieron unos 120,000 soldados y muchos más resultaron heridos.

En diciembre de 1918, Francia dio la bienvenida al presidente Wilson. En enero de 1919, él y los dirigentes de las Potencias Aliadas se reunieron en **Versalles, Francia,** en las afueras de París, para elaborar un tratado de paz. Wilson quería un tratado que no castigara a las Potencias Centrales y asegurara una paz duradera. Propuso la creación de una organización internacional para evitar guerras: una **Liga de las Naciones.**

El **Tratado de Versalles** puso fin oficialmente a la Primera Guerra Mundial pero, contrariamente a los deseos de Wilson, sí castigó a las Potencias Centrales. Exigió que Alemania pagara multas muy altas y que no reorganizara sus fuerzas armadas. Sin embargo, el tratado también creó la Liga de las Naciones, como Wilson deseaba.

El Senado estadounidense se negó a aprobar el Tratado de Versalles porque muchos estadounidenses temían que la Liga pudiera obligarlos a participar en guerras futuras. Por lo tanto, los Estados Unidos nunca se unieron a la Liga de las Naciones. La paz duradera que tanto deseaba Wilson sólo duraría alrededor de 20 años.

REPASO Escribe en orden los principales sucesos que pusieron fin a la Primera Guerra Mundial y condujeron a la firma de un tratado de paz. **Secuencia**

Colección del Whitney Museum of American Art, Nueva York

Esta pintura, titulada *La noche del armisticio*, muestra a los estadounidenses celebrando el fin de la Primera Guerra Mundial.

Voto para las mujeres

El año en que terminó la Primera Guerra Mundial se cumplió el 70 aniversario de la primera convención para los derechos de la mujer: la Convención de Seneca Falls. Sus líderes, Lucretia Mott y Elizabeth Cady Stanton, habían muerto hacía muchos años, pero su lucha por el derecho de la mujer al voto continuaba.

Susan B. Anthony, otra luchadora por el sufragio femenino, dijo:

> ***"Nunca habrá una igualdad total mientras las mujeres no participen en la elaboración de leyes y elijan a los legisladores".***

Poco antes de su muerte en 1906, Anthony señaló lo siguiente sobre la lucha por el sufragio para la mujer: "Fracasar es imposible".

Otra defensora del movimiento por el sufragio, **Carrie Chapman Catt,** trató de conseguir que el Congreso y los estados aprobaran una enmienda a la constitución para que la mujer tuviera derecho a votar. Al igual que Anthony, estaba segura de la victoria. "Cuando una causa justa crece como la marea... caerá bajo su fuerza abrumadora todo lo que se interponga en su camino".

La Primera Guerra Mundial ayudó a fortalecer la causa por el sufragio de la mujer. Como los hombres se alistaban en las fuerzas armadas, las mujeres los reemplazaron como fuerza laboral, e hicieron trabajos que nunca antes habían realizado, como reparar automóviles y conducir autobuses. Las mujeres trabajaban en fábricas de armamento, y unas 11,000 se unieron a la división femenina de la Marina, que nunca había aceptado mujeres en sus filas. Si las mujeres podían hacer todo esto, alegaban, sin duda debía permitírseles votar.

En 1919, el Congreso aceptó y aprobó la **Decimonovena Enmienda** a la Constitución:

> ***"El derecho de sufragio de los ciudadanos de los Estados Unidos no será negado ni limitado... por razón de sexo".***

Carteles como éste apoyaban derecho de la mujer al voto.

En agosto de 1920, los estados ratificaron la enmienda, que se convirtió en ley nacional. Ese mismo año, Charlotte Woodward, de 91 años, última sobreviviente de la Convención de Seneca Falls, emitió con orgullo su primer voto.

REPASO ¿Cómo contribuyó Carrie Chapman Catt a obtener el derecho al voto para las mujeres? **Idea principal y detalles**

Unas mujeres hacen fila para votar después de que se aprobó la Decimonovena Enmienda.

El artista Jacob Lawrence contó la historia de la Gran Migración en una famosa serie de 60 pinturas realizadas entre 1940 y 1941. Esta pintura, titulada *Los migrantes llegaron en grandes cantidades,* muestra a las familias desplazándose hacia el Norte.

The Museum of Modern Art, Nueva York. Obsequio de Mrs. David M. Levy. Tempera sobre yeso en tablero de composición, 12" x 18".

La Gran Migración

La Primera Guerra Mundial contribuyó a iniciar el desplazamiento de millones de afroamericanos del Sur hacia el Norte. Como las fuerzas armadas de los Estados Unidos necesitaban toneladas de equipo militar —tanques, camiones, barcos y municiones—, la demanda de trabajadores para las fábricas que producían esa clase de equipo aumentó muchísimo, y casi todas esas fábricas se localizaban en ciudades del Norte.

Muchos afroamericanos del Sur eran aparceros muy pobres. La discriminación les impedía recibir una buena educación, encontrar oportunidades de empleo y disfrutar de muchos de sus derechos fundamentales como ciudadanos. La industria armamentista del Norte ofrecía empleos mejor pagados, y los afroamericanos se iban esperando encontrar menos discriminación.

Entre 1915 y los años cuarenta, unos 5 millones de afroamericanos se fueron al Norte en lo que se denominó la **Gran Migración.** Desgraciadamente, las condiciones en el Norte no fueron tan favorables como muchos de ellos esperaban. En las ciudades norteñas también sufrieron discriminación, pues sólo podían vivir en determinadas zonas y asistir a ciertas escuelas. Al terminar la Primera Guerra Mundial, muchos perdieron su trabajo o se encontraron con que sólo podían conseguir empleos mal pagados.

Algunos líderes afroamericanos se esforzaron por acabar con esa discriminación. A principios del siglo XX, **W. E. B. Du Bois** ayudó a iniciar la Asociación Nacional para el Progreso de la Gente de Color, o NAACP por sus siglas en inglés. La meta principal de Du Bois y de la NAACP era poner fin de inmediato a la discriminación racial hacia los afroamericanos.

Booker T. Washington también trabajó a favor de los derechos de los afroamericanos, pero creía que era mejor terminar poco a poco con la discriminación. Nacido en la esclavitud, Washington fue fundador del Instituto Tuskegee, una universidad para afroamericanos. Para él, la educación y la capacitación laboral eran indispensables para conseguir la igualdad, pues creía que con educación, los afroamericanos superarían poco a poco la discriminación racial tanto en el Sur como en el Norte.

REPASO Compara y contrasta lo que los afroamericanos esperaban del Norte y lo que encontraron. **Comparar y contrastar**

La lucha contra la discriminación

Ida Wells-Barnett, hija de esclavos, nació en 1862 en Mississippi. Wells-Barnett se mudó a Chicago en 1893, y ahí ayudó a iniciar un periódico afroamericano para el cual escribía artículos. Fundó una de las primeras organizaciones a favor del sufragio de la mujer afroamericana. Peleó, y ganó, una batalla contra la aprobación de una ley estatal que habría segregado a negros y blancos en los trenes y autobuses de Illinois.

Ida Wells-Barnett contó la historia de su vida en una autobiografía titulada *Crusade for Justice (Cruzada por la justicia)*.

REPASO ¿Qué acciones de Ida Wells-Barnett apoyan la idea principal de que era una luchadora contra la discriminación? **Idea principal y detalles**

Resumir la lección

- **1914** La Primera Guerra Mundial empezó en Europa entre las Potencias Aliadas y las Potencias Centrales.
- **1915** La necesidad de trabajadores en las fábricas contribuyó a la Gran Migración de afroamericanos del Sur hacia el Norte.
- **1917** Los Estados Unidos entraron en la Primera Guerra Mundial uniéndose a las Potencias Aliadas.
- **1920** Se ratificó la Decimonovena Enmienda a la Constitución, que dio a las mujeres estadounidenses el derecho al voto.

LECCIÓN 2 REPASO

Verifica hechos e ideas principales

1. **Resumir** En una hoja aparte, completa el organizador gráfico con un resumen de los cambios causados por la Primera Guerra Mundial.

2. Identifica las dos alianzas que se enfrentaron en la Primera Guerra Mundial.
3. ¿Qué papel tuvieron los Estados Unidos en la Primera Guerra Mundial?
4. **Razonamiento crítico: *Solucionar problemas*** Busca un problema en las noticias de hoy y sugiere una posible solución. Sigue los pasos para resolver problemas, en la página M5.
5. ¿Qué efecto tuvo la Gran Migración en los afroamericanos de los Estados Unidos?

Enlace con la escritura

Escribe una carta Ponte en el lugar de un soldado o una enfermera estadounidense en Francia durante la Primera Guerra Mundial. Escribe una carta a tu familia y cuéntales tu experiencia. Describe lo que ves, cómo vives y qué esperas del futuro.

Los aviones de la Primera Guerra Mundial

Los aviones eran un invento reciente cuando comenzó la Primera Guerra Mundial. ¿Cómo crees que se sentía volar en uno de estos primeros aviones sobre territorio enemigo? Para tener una idea más clara, lee sobre aviones de la Primera Guerra Mundial como los de esta página.

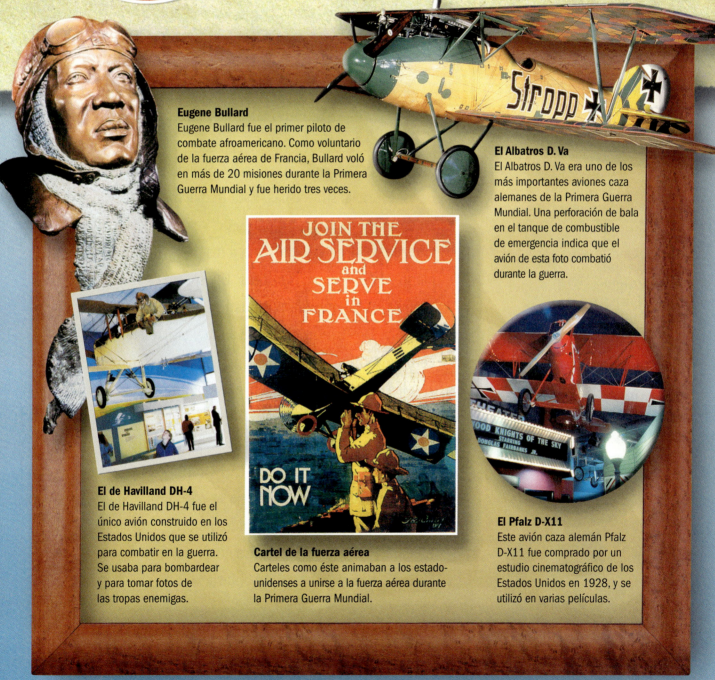

Eugene Bullard
Eugene Bullard fue el primer piloto de combate afroamericano. Como voluntario de la fuerza aérea de Francia, Bullard voló en más de 20 misiones durante la Primera Guerra Mundial y fue herido tres veces.

El Albatros D. Va
El Albatros D. Va era uno de los más importantes aviones caza alemanes de la Primera Guerra Mundial. Una perforación de bala en el tanque de combustible de emergencia indica que el avión de esta foto combatió durante la guerra.

El de Havilland DH-4
El de Havilland DH-4 fue el único avión construido en los Estados Unidos que se utilizó para combatir en la guerra. Se usaba para bombardear y para tomar fotos de las tropas enemigas.

Cartel de la fuerza aérea
Carteles como éste animaban a los estadounidenses a unirse a la fuerza aérea durante la Primera Guerra Mundial.

El Pfalz D-X11
Este avión caza alemán Pfalz D-X11 fue comprado por un estudio cinematográfico de los Estados Unidos en 1928, y se utilizó en varias películas.

Estos objetos son del Smithsonian Institution.

LECCIÓN 3

1925				1935
	1927 Charles Lindbergh cruza en aeroplano el océano Atlántico	**1929** Cae la bolsa de valores	**1933** Franklin D. Roosevelt llega a la presidencia	

Tiempo de abundancia, tiempo de escasez

EN BREVE

Enfoque en la idea principal
Después de la Primera Guerra Mundial, los Estados Unidos vivieron el auge de los años veinte y la Gran Depresión de los años treinta.

LUGARES
Kitty Hawk, Carolina del Norte

PERSONAJES
Charles Lindbergh
Wilbur Wright
Orville Wright
Amelia Earhart
Henry Ford
F. Scott Fitzgerald
Ernest Hemingway
Langston Hughes
Zora Neale Hurston
Franklin D. Roosevelt
Eleanor Roosevelt

VOCABULARIO
línea de montaje
Renacimiento de Harlem
desempleo
bolsa de valores
Gran Depresión
Nuevo Trato
Dust Bowl

▶ Charles Lindbergh tras su famoso vuelo

Estás ahí ¡Empezó la carrera! Desde 1919 hay un premio de $25,000 para la primera persona que pueda volar de Nueva York a París, Francia, sin escalas. Esta mañana gris y lluviosa del 20 de mayo de 1927, un piloto del servicio postal, de 25 años de edad, se coloca frente a los controles de su aeroplano, el *Espíritu de San Luis*. El espacio es reducido porque los tanques de combustible ocupan hasta la última pulgada. Dos cantimploras de agua y cinco latas de comida son todo lo que lleva para beber y comer.

A las 8:00 A.M., una vez encendido el motor, el avión comienza a rodar por la pista. Despega, pero adelante se observan unas líneas telefónicas. Esquivándolas por apenas 20 pies, el avión alza vuelo. Durante casi 34 horas, Charles Lindbergh volará hacia el este. Tendrá que esforzarse para no caer dormido, pero logrará su hazaña. Llegará a París y se convertirá en un héroe mundial conocido como el "Águila Solitaria".

Resumir Al leer, identifica y resume los principales sucesos de los años veinte y treinta.

Nuevos medios de transporte

El intrépido vuelo de **Charles Lindbergh** fue posible gracias a un suceso ocurrido casi 25 años antes en una playa de **Kitty Hawk, Carolina del Norte.** Allí, el 17 de diciembre de 1903, **Wilbur Wright** y **Orville Wright,** mecánicos de bicicletas de Dayton, Ohio, construyeron el primer aeroplano capaz de volar impulsado por combustible. Se había iniciado una nueva era del transporte.

La industria aérea se fue desarrollando poco a poco en los Estados Unidos gracias a pilotos como **Amelia Earhart,** quien en 1932 se convirtió en la primera mujer en volar sola sobre el océano Atlántico. En 1937, Earhart trató de hacer el primer vuelo alrededor del mundo, pero su aeroplano desapareció y ella nunca fue encontrada.

Al mismo tiempo, otra nueva industria cambiaba la vida del pueblo estadounidense: la del automóvil. Desde finales del siglo XIX, las compañías estadounidenses fabricaban automóviles a mano. Eran muy caros y a veces les decían los "juguetes de los ricos". Pero **Henry Ford,** empresario e inventor nacido en Michigan, encontró la manera de fabricar automóviles más baratos. Ford utilizó la **línea de montaje,** un sistema de producción en el que el automóvil era ensamblado por distintos grupos de trabajadores. Cada grupo cumplía con una tarea específica. Primero, se colocaba en la línea el chasis del automóvil; conforme éste avanzaba, los trabajadores le iban montando partes. Al llegar al final de la línea de montaje, el automóvil estaba terminado.

En 1908, Ford empezó a vender un nuevo automóvil, el Modelo T, con gran éxito. Era sencillo y compacto, y los trabajadores podían montarlo en hora y media. El Modelo T se vendía a menos de 500 dólares, un precio al alcance de muchas personas, y los automóviles dejaron de ser sólo para los ricos.

Los automóviles les dieron a los estadounidenses una clase de libertad que nunca habían tenido. Podían vivir más lejos del trabajo y, sin embargo, llegar rápidamente; los agricultores estaban menos aislados en las zonas rurales, y las familias podían salir de vacaciones más fácilmente.

REPASO Resume los cambios en el transporte a principios del siglo XX y sus efectos.
Resumir

El Modelo T de Ford *(arriba)* y el *Flyer,* avión de los hermanos Wright *(abajo),* cambiaron la forma en que la gente se transportaba.

Los Felices Años Veinte

Los años veinte fueron una década de intenso crecimiento económico: una época de auge, o *boom.* Este *boom* se tradujo en salarios más altos y menos horas de trabajo. A este período se le llamó los "Felices Años Veinte", una expresión indicativa de los buenos tiempos y de una mejor vida.

El cine atraía cada vez a más público. Los primeros filmes recibieron el nombre de "películas mudas" porque no tenían sonido. Las "habladas", o películas con sonido, empezaron a proyectarse a finales de los años veinte.

Otro nuevo invento, la radio, también divertía a las familias estadounidenses, al llevar a sus hogares música, comedia, drama, deportes y noticias. Varios jóvenes escritores estadounidenses escribieron libros populares. **F. Scott Fitzgerald** escribió sobre la vida durante los Felices Años Veinte. **Ernest Hemingway** basó sus libros más famosos en sus experiencias durante la Primera Guerra Mundial. Harlem, una sección de la Ciudad de Nueva York donde vivían muchos afroamericanos, experimentó un período de crecimiento cultural denominado el **Renacimiento de Harlem,** de donde salieron muchos famosos artistas afroamericanos, incluidos los escritores **Langston Hughes** y **Zora Neale Hurston.** Harlem también se convirtió en centro de un nuevo tipo de música surgida de las vivencias del pueblo afroamericano: el jazz. La popularidad de esta música le dio a los años veinte otro nombre: la "Era del Jazz".

REPASO ¿Qué detalles apoyan la idea principal de que los años veinte fueron una época en la que se popularizaron nuevas formas de entretenimiento? **Idea principal y detalles**

Babe Ruth *(derecha)*, una estrella del beisbol, contribuyó a la popularidad de este deporte en todo el país. Langston Hughes *(extrema derecha)* escribió poemas y obras de teatro sobre las vivencias del pueblo afroamericano.

Literatura y estudios sociales

Langston Hughes escribió este poema, "Yo también", en 1925. ¿Qué quiso decir con las palabras "Yo también soy América"?

Yo también canto América.

Soy el hermano negro.
Me mandan a comer en la cocina,
cuando llegan visitas,
mas yo me río
y como bien,
y me fortalezco.

Mañana
me sentaré a la mesa
cuando lleguen visitas.
Entonces,
nadie se atreverá
a decirme
"Come en la cocina".

Además,
verán cuán hermoso soy
y se avergonzarán...

Yo también soy América.

Este encabezado de periódico anuncia la caída de la bolsa de valores en 1929, que llevó a la Gran Depresión. Dice: "10 mil millones perdidos en caída de la bolsa". Las largas filas para recibir pan pronto se convirtieron en una escena común en muchas ciudades y pueblos.

La gran crisis

El auge económico de los Felices Años Veinte pronto mostró sus desventajas. Para ayudar a las Potencias Aliadas en la Primera Guerra Mundial, los agricultores pidieron dinero prestado para comprar más tierras y herramientas con qué producir más alimentos. Después de la guerra, tenían un excedente de cosechas y, debido al aumento de la oferta, el precio de los alimentos bajó. Los agricultores tenían dificultades para pagar sus deudas.

También las fábricas producían más de lo que podían vender. Al no encontrar suficientes compradores para sus productos, las fábricas empezaron a despedir a los trabajadores y el **desempleo,** o número de personas sin trabajo, empezó a aumentar. El incremento del desempleo significó que menos personas podían comprar nuevos productos.

Al mismo tiempo, muchos estadounidenses trataban de ganar dinero en la **bolsa de valores,** un mercado organizado donde se compran y venden acciones. Los inversionistas, quienes compran acciones, esperaban que el precio de éstas subiera para venderlas y obtener una ganancia. A finales de los años veinte, el precio de las acciones no dejaba de subir.

Pero en 1929 los precios poco a poco empezaron a bajar. En octubre, se produjo una crisis: el precio de las acciones bajó de golpe. Un ejemplo fueron las acciones de una compañía radiofónica, cuyo precio cayó de más de $100 a $28. La caída de la bolsa de valores provocó la pérdida de miles de millones de dólares y muchos perdieron todos sus ahorros.

La economía pasó del auge a la ruina. Los agricultores endeudados empezaron a perder sus granjas y, hacia 1932, una de cada cuatro personas estaba desempleada. Quienes habían comprado su casa a crédito y se quedaron sin trabajo no pudieron pagar el préstamo y perdieron su propiedad. Algunos bancos quebraron al no poder recuperar el dinero que habían prestado.

Empezó entonces en los Estados Unidos un período conocido como la **Gran Depresión,** que duró aproximadamente de 1929 a 1939. No era la primera depresión, o período de crisis económica, que vivía el país, pero sí la peor. Durante la Gran Depresión, algunos de los que perdieron su casa vivían en chozas de cartón. Otros, desempleados, formaban largas filas en espera de un tazón de sopa y pan. "Todo el pueblo estadounidense buscaba trabajo", dijo Langston Hughes.

REPASO Menciona algunas causas y efectos de la Gran Depresión. **Causa y efecto**

El Nuevo Trato

"Les prometo, me prometo a mí mismo, hacer un nuevo trato con el pueblo estadounidense". **Franklin D. Roosevelt** hizo esta promesa en su campaña para la presidencia en 1932. Roosevelt, primo lejano de Theodore Roosevelt, ganó fácilmente y ocupó la Casa Blanca en 1933. En la inauguración, invitó a su preocupada nación a tener esperanza en el futuro. Dijo:

"A lo único a lo que debemos tener miedo es al miedo mismo".

Roosevelt tenía tres metas. La primera era ayudar a los desempleados y a los pobres. La segunda era ayudar a la recuperación de la economía nacional. Por último, Roosevelt quería cambiar las condiciones que causaron la Gran Depresión y, con la cooperación del Congreso, empezó a aplicar una serie de programas a los que se conoció como el **Nuevo Trato.**

El Congreso aprobó muchos programas del Nuevo Trato durante los primeros 100 días del gobierno de Roosevelt. Uno de ellos fue el del Cuerpo Civil de Conservación, o CCC, que creó campamentos de trabajo para más de 2 millones de jóvenes desempleados y les dio salario, casa y comida. Los hombres trabajaban en la conservación de los bosques y otros recursos naturales. Varios programas del Nuevo Trato crearon empleos o animaron a las compañías privadas a crearlos. Otros tenían como meta ayudar a los bancos a recuperarse. La Ley de Seguridad Social, aprobada en 1935, disponía pagos para los desempleados y ancianos, que se cubrían con los impuestos cobrados a patrones y empleados.

Como leerás en la biografía de la página 623, la polio había discapacitado a Roosevelt, quien pasó gran parte de su vida en silla de ruedas. Pero contaba con la ayuda de su esposa, **Eleanor Roosevelt,** quien recorría el país para ver si las condiciones mejoraban. Eleanor Roosevelt dijo: "Estos viajes me dieron la gran oportunidad de visitar todo tipo de lugares y ver y conocer una sección representativa del pueblo. Durante mi tiempo libre visité tantos proyectos gubernamentales como me fue posible, a menudo sin previo aviso para que no los prepararan para mi llegada". Le preocupaba especialmente que los niños, las mujeres y los afroamericanos recibieran un trato justo.

REPASO ¿Qué crees que quiso decir el presidente Roosevelt con "A lo único a lo que debemos tener miedo es al miedo mismo"? **Sacar conclusiones**

Franklin y Eleanor Roosevelt saludan a sus partidarios en 1941, el día que él inició su tercer período como presidente.

Esta foto de una familia viajando hacia el Oeste durante el *Dust Bowl* fue tomada por Dorothea Lange. Sus imágenes muestran las difíciles condiciones de vida durante la Depresión.

El *Dust Bowl*

Los programas del Nuevo Trato trajeron cambios a los habitantes de las áreas rurales. La Autoridad del Valle de Tennessee, o TVA por sus siglas en inglés, construyó presas en los ríos del Sur para evitar inundaciones, suministrar electricidad al área y facilitar el transporte en los ríos. Las construcciones de la TVA crearon miles de empleos y mejoraron las tierras y las condiciones de vida de los agricultores.

Más al oeste, el clima extremadamente seco en las Grandes Llanuras causó lo que llegó a conocerse como el **Dust Bowl:** una severa sequía que afectó esa región en los años treinta. Los agricultores veían cómo la tierra se convertía irremediablemente en polvo bajo el ardiente sol. Fuertes vientos dispersaban la tierra e inutilizaban muchas granjas. Un agricultor texano dijo:

> ***"Si el viento soplaba en una dirección, nos llegaba el oscuro polvo de Oklahoma. Si cambiaba de rumbo, el polvo gris de Kansas... Las granjas pequeñas quedaron enterradas. El pueblo se oscureció".***

Muchos dejaron sus granjas inutilizadas por el *Dust Bowl,* empacaron todas sus pertenencias y se fueron al Oeste con la esperanza de encontrar trabajo y una nueva vida en California. Un viajero comentó: "¿Cree que andaría por los caminos si me hubiera ido bien donde vivía?".

Sin embargo, la desilusión esperaba a muchos de los que se fueron al Oeste. En California había pocos empleos, y en su mayoría eran mal pagados.

REPASO ¿Cuáles fueron los efectos del *Dust Bowl*? **Causa y efecto**

La sequía convirtió algunas partes de las Grandes Llanuras en un "cuenco polvoriento", o *Dust Bowl.*

DESTREZA: MAPAS **Lugar** ***¿Cuáles estados se vieron más afectados por la sequía?***

Continúan los tiempos difíciles

A pesar de todos los programas del Nuevo Trato, la Gran Depresión continuó y el desempleo no disminuyó. Para 1935, sólo cerca de 12 por ciento de quienes se encontraban desempleados en 1932 habían encontrado trabajo. En 1937, el presidente Roosevelt admitió que los tiempos seguían siendo difíciles. Declaró:

> ***"Veo una tercera parte de la nación viviendo en malas condiciones, mal vestida y mal alimentada".***

Sin embargo, el Nuevo Trato y muchos grupos privados ayudaron a la población a sobrevivir a la Gran Depresión hasta que mejoró la situación económica. Algunos programas, como el de Seguridad Social, se siguen aplicando hasta hoy.

Con las reformas de Roosevelt, el gobierno creció y se hizo más poderoso. Hoy, a muchos estadounidenses no les parece bien que el gobierno influya tanto en la vida de los ciudadanos.

REPASO Describe el resultado de los programas del Nuevo Trato del presidente Roosevelt. **Sacar conclusiones**

Resume la lección

- **1927** Charles Lindbergh fue el primer piloto en cruzar solo el océano Atlántico.
- **1929** Cayó la bolsa de valores y empezó la Gran Depresión.
- **1933** Franklin D. Roosevelt llegó a la presidencia e inició el Nuevo Trato.

▶ El desempleo no disminuyó durante la Gran Depresión. Este cartel dice: "¿Por qué no pueden darle un trabajo a mi papá?".

LECCIÓN 3 REPASO

Verifica hechos e ideas principales

1. **Resume** En una hoja aparte, escribe los detalles del siguiente resumen.

Desde los años veinte hasta los años treinta, los Estados Unidos pasaron de un *boom* económico a una depresión severa.

2. ¿Qué sistema de producción inventó Henry Ford, y cómo afectó a la nación?
3. **Razonamiento crítico:** ***Comparar y contrastar*** Compara el estilo de vida estadounidense en los "Felices Años Veinte" con el de la Gran Depresión en los treinta.
4. Describe dos programas del Nuevo Trato.
5. ¿Por qué los agricultores se fueron a California durante el *Dust Bowl*?

Enlace con las artes del lenguaje

Lee una biografía Elige un personaje de los Felices Años Veinte o de la Gran Depresión y lee su biografía. Después, escribe una composición breve donde expliques el papel que representó ese personaje durante ese período.

Franklin Delano Roosevelt

1882–1945

En su juventud, la vida le sonrió a Franklin D. Roosevelt: nació en una familia adinerada y tuvo lo mejor de todo. Por eso, cuando se fue de vacaciones con su esposa e hijos en 1921, nunca imaginó que algo pudiera salir mal. Pero una mañana, al tratar de levantarse de la cama, sus piernas no respondieron. Tenía una enfermedad llamada polio, y durante el resto de su vida no pudo caminar sin ayuda.

Franklin Roosevelt nunca se dio por vencido. Una vez que los médicos le permitieron levantarse, se obligaba a subir las escaleras y trataba de llegar más lejos cada día utilizando muletas. Tres años después, se le pidió a Roosevelt que diera un discurso en apoyo del candidato demócrata a la presidencia. La noche del discurso, con pesados aparatos en las piernas, Roosevelt apoyó un brazo en un bastón y el otro en su hijo, James. Respirando con dificultad y esforzándose a cada paso, Roosevelt llegó al podio. Una vez allí, se inclinó para recuperar el aliento, después se enderezó y sonrió. La multitud le aplaudió.

BIODATO

El monumento a Franklin Delano Roosevelt se inauguró oficialmente el 1 de mayo de 1997, en Washington, D.C.

En 1932, durante la Gran Depresión, Roosevelt fue elegido presidente. Trató de ayudar a los demás a enfrentar situaciones difíciles. Dado que Roosevelt era fotografiado muy a menudo sentado tras su escritorio, muchos estadounidenses no sabían que no podía caminar. Después de contraer su enfermedad, empezó a ver el mundo de manera diferente.

Una vez dijo:

> ***"Si has pasado dos años en la cama tratando de mover tu dedo gordo, todo lo demás te parecerá muy fácil".***

Aprende de las biografías

Uno de sus amigos cercanos dijo que, después de enfermar de polio, Roosevelt "empezó a tomar en cuenta el punto de vista de los demás". ¿Por qué un líder debe ser capaz de considerar más de un punto de vista?

Para más información, visita *Personajes de la historia* en **www. estudiossocialessf.com.**

LECCIÓN 4

1940 — 1945

1941 Los japoneses bombardean Pearl Harbor

1944 Invasión de Normandía

Mayo de 1945 Se rinde Alemania

Agosto de 1945 Se rinde Japón

La Segunda Guerra Mundial

EN BREVE

Enfoque en la idea principal
Los Estados Unidos y sus aliados pelearon y ganaron la Segunda Guerra Mundial, la guerra más generalizada y costosa en la historia de la humanidad.

LUGARES
Pearl Harbor, Hawai
Normandía, Francia
Hiroshima, Japón

PERSONAJES
Benito Mussolini
Adolf Hitler
Stalin
Dwight D. Eisenhower
Harry S. Truman

VOCABULARIO
dictador
Segunda Guerra Mundial
campo de concentración
Holocausto
bomba atómica

Estás ahí Es la tarde del 5 de octubre de 1937. Enciendes la radio para escuchar tu programa favorito. En lugar de eso, oyes al presidente Franklin Roosevelt pronunciar un discurso:

"La paz, la libertad y la seguridad del 90 por ciento de la población del mundo está amenazada por el 10 por ciento restante... Desgraciadamente parece ser cierto que la epidemia de anarquía en el mundo se está extendiendo... Estamos decididos a no entrar en la guerra, pero no podemos protegernos de sus efectos desastrosos ni de los peligros de participar en ella".

¿De qué guerra está hablando el presidente Roosevelt? ¿Cómo afectará tu vida y la de otros estadounidenses? Escuchas el resto del discurso y te preguntas qué irá a pasar en el futuro.

▶ **En los años treinta, las noticias se escuchaban en radios como éste.**

Resumir Al leer, resume las razones principales por las que la Segunda Guerra Mundial empezó y terminó de la forma en que lo hizo.

Empieza la Segunda Guerra Mundial

El presidente Roosevelt se refería a un problema que crecía en Europa. Ese continente también vivía tiempos económicos difíciles y muchos europeos deseaban que hubiera líderes capaces de resolver los problemas. Algunos se encontraban tan desesperados que estaban dispuestos a sacrificar su propia libertad. El momento era favorable para el surgimiento de líderes ambiciosos que llegaron a controlar por completo su país y su pueblo. A estos líderes se les conoció como **dictadores.**

En Italia, el dictador **Benito Mussolini** llegó al poder en 1922. En 1933, otro dictador subió al poder en Alemania: **Adolf Hitler,** dirigente del Partido Nazi alemán. Hitler creía que los alemanes eran superiores a las demás personas. También hablaba de odiar a los judíos, que habían vivido en Alemania por más de mil años. Durante los años treinta, Hitler obtuvo más poder y aumentó el maltrato a los judíos. Hitler hablaba de usar la fuerza para extender las fronteras del país. Decía: "Algún día, cuando declare la guerra, no... titubearé por los diez millones de jóvenes que enviaré a la muerte".

En Japón, un grupo de líderes militares subió al poder. Al igual que Mussolini y Hitler, hablaban de conquistar otros países. Querían que Japón dominara el este de Asia.

Pronto, estas tres naciones —Italia, Alemania y Japón— iniciaron la conquista de otros países. En 1935, Mussolini atacó la nación africana de Etiopía para convertirla en una colonia italiana. En 1937, Japón invadió China. A finales de los años treinta, Hitler obtuvo el control de Austria y Checoslovaquia. En 1936, Alemania e Italia firmaron un pacto, o tratado, en el que acordaron apoyarse entre sí, y más adelante se les unió Japón. Su alianza llegó a conocerse como el Eje.

En Europa occidental, Gran Bretaña y Francia se opusieron a Alemania e Italia. Se les llegó a conocer como los Aliados. El 1 de septiembre de 1939, Hitler envió sus tropas a Polonia, país que los Aliados habían prometido proteger. Gran Bretaña y Francia le declararon la guerra a Alemania. Por segunda vez en 25 años, había empezado una guerra de grandes proporciones: la **Segunda Guerra Mundial.**

REPASO ¿Cómo resumirías el inicio de la Segunda Guerra Mundial? **Resumir**

Adolf Hitler observa el avance de las tropas alemanas a través de Polonia en 1939.

Los estadounidenses entran en guerra

Los ejércitos alemanes lograron muchas victorias durante los primeros años de la guerra. Avanzaron hacia el oeste y, en cuestión de meses, Francia se rindió. Inglaterra se defendió de un intenso ataque aéreo de la aviación alemana y peleó contra las fuerzas alemanas en el norte de África.

En junio de 1941, Alemania invadió la Unión Soviética, país enorme que se extendía sobre Europa oriental y el norte de Asia. Otro dictador gobernaba la Unión Soviética: **Stalin.** Días antes de iniciarse la Segunda Guerra Mundial, Stalin y Hitler habían firmado un pacto en el que acordaron que sus naciones no se atacarían entre sí, pero dos años después Hitler rompió el pacto al atacar la Unión Soviética. Stalin se unió entonces a los Aliados.

Los Estados Unidos observaban cómo las fuerzas alemanas atacaban hacia el este y el oeste, el norte y el sur. Las madres le pedían al presidente Roosevelt que no enviara a sus hijos a Europa otra vez. En 1940, Roosevelt les prometió: "No enviaremos a sus hijos a ninguna guerra extranjera".

Sin embargo, una mañana de domingo, el 7 de diciembre de 1941, los Estados Unidos se vieron obligados a entrar en la guerra. En un ataque sorpresivo, los aviones japoneses bombardearon los buques de la marina estadounidense anclados en **Pearl Harbor,** en Hawai. Perdieron la vida más de 2,000 estadounidenses, entre soldados, marineros y civiles. Al día siguiente, el presidente Roosevelt se dirigió al Congreso:

> ***"Ayer, 7 de diciembre, una fecha que vivirá en la infamia, los Estados Unidos de América fueron súbita y deliberadamente atacados por fuerzas navales y aéreas del Imperio del Japón".***

A petición de Roosevelt, el Congreso declaró la guerra a Japón. El 11 de diciembre, Alemania e Italia declararon la guerra a los Estados Unidos, que se unieron a los demás Aliados.

Pearl Harbor, Hawai

Uno de los buques estadounidenses hundidos en el ataque a Pearl Harbor fue el USS *Arizona.* En él murieron más de 1,100 marineros estadounidenses, muchos al hundirse con el barco. Hoy en día puedes ver el *Arizona:* los restos del buque todavía están bajo las transparentes aguas del puerto. Un monumento flotante encima del lugar del hundimiento honra la memoria de los estadounidenses muertos en Pearl Harbor.

Colección Granger

"Rosie la Remachadora" ***(a la derecha)*** **se convirtió en el símbolo de las mujeres que mantuvieron en operación las fábricas estadounidenses durante la Segunda Guerra Mundial.**

Los fabricantes de automóviles empezaron a producir aviones y tanques de guerra; los fabricantes de ropa vendieron millones de uniformes militares. Para 1942, una tercera parte de la producción estadounidense estaba dirigida a la guerra. Todo este gasto del gobierno y de las compañías creó más empleos. A medida que los hombres se unían por millones al ejército, las mujeres los reemplazaron en las líneas de montaje de las fábricas. Para 1944, tres y medio millones de mujeres trabajaban en fábricas de armamento.

El sentimiento patriótico era muy fuerte, pero también el temor de que hubiera enemigos viviendo en el país. A una semana del ataque a Pearl Harbor, más de 2,000 alemanes, italianos y japoneses que se encontraban en los Estados Unidos fueron arrestados como sospechosos de trabajar en contra del país.

Los japoneses que vivían en Estados Unidos también sufrieron maltrato. El presidente Roosevelt firmó el Decreto Ejecutivo #9066, que permitía a los militares expulsar de la costa oeste a cualquiera que representara una amenaza. La Corte Suprema aprobó el decreto. Para el verano de 1942, más de 110,000 japoneses estadounidenses fueron obligados a dejar su hogar en la costa oeste. Aunque ninguno fue acusado de traición, fueron trasladados a campos de reubicación en todo el país. Yoshiko Uchida describió así el día en que llegaron los militares a desalojar su comunidad:

> ***"Muy pronto nos dijeron que subiéramos a los autobuses que esperaban en la calle, y la gente del vecindario salió de sus casas para vernos".***

Muchos fueron obligados a pasar el resto de la guerra en esos campos.

No obstante, muchos querían pelear por los Estados Unidos. Un hombre, Henry Ebihara, escribió al secretario de Defensa: "Sólo pido que me den la oportunidad de pelear para preservar los principios con los que fui criado". A la larga, se permitió a los nacidos en los Estados Unidos unirse al ejército. Miles sirvieron al país en la Segunda Guerra Mundial.

REPASO ¿Cómo cambió Pearl Harbor la actitud de los Estados Unidos frente a la Segunda Guerra Mundial? **Causa y efecto**

La victoria en Europa

Como Gran Bretaña y la Unión Soviética necesitaban ayuda para seguir peleando contra Alemania, los Estados Unidos enviaron buques con millones de toneladas de equipo y alimentos para los Aliados. También llevaban soldados; más de 16 millones de estadounidenses pelearon en la Segunda Guerra Mundial.

Los Aliados planeaban realizar la mayor invasión marítima de la historia para atacar a los países europeos ocupados por Alemania. Cinco mil buques transportaron soldados Aliados desde Gran Bretaña hasta las playas de **Normandía,** en el norte de Francia. **Dwight D. Eisenhower,** general del ejército estadounidense, dirigió la invasión. El Día D, el día del ataque, empezó el 6 de junio de 1944. A las 6:30 de la mañana, 150,000 soldados Aliados desembarcaron en las playas de Normandía mientras Alemania disparaba sus armas contra ellos. Se unieron a la lucha 11,000 aeroplanos de los Aliados.

Aunque los Aliados sufrieron numerosas bajas, la invasión fue un éxito. En un mes, un millón de soldados Aliados llegaron a las playas de Francia. Durante los siguientes ocho meses, se abrieron paso hacia el este, rumbo a Alemania, lo que obligó a los alemanes a salir de Europa occidental. Al mismo tiempo, los soldados de la Unión Soviética avanzaban hacia el oeste, y los Aliados rodearon Alemania en dos frentes. Finalmente, el 8 de mayo de 1945, Alemania se rindió. Los Aliados recibieron la victoria con alegría y designaron el 8 de mayo como el Día V-E, o el Día de la Victoria en Europa.

Al liberar Europa, los Aliados iban descubriendo horrores a su paso. Hitler y los nazis habían construido **campos de concentración,** donde encerraban judíos y gente de otros pueblos a quienes culpaban injustamente de los problemas de Alemania. Cerca de 12 millones de hombres, mujeres y niños —6 millones de ellos de origen judío— fueron asesinados en los campos de concentración, pues la meta de Hitler era destruir al pueblo judío. Los historiadores se refieren al asesinato de 6 millones de judíos como el **Holocausto,** palabra que significa "exterminio masivo". William Cowling, un oficial del ejército estadounidense que ayudó a liberar uno de los campos de concentración, escribió lo siguiente acerca de los prisioneros:

> ***"Eran esqueletos sucios, muertos de hambre, vestidos con harapos... Es increíble cómo los seres humanos pueden tratar a otros de esa forma".***

REPASO ¿Qué descubrieron los Aliados al liberar Europa? **Resumir**

En la Europa controlada por los nazis, los judíos fueron obligados a usar parches que los identificaran *(arriba)*. Las tropas de los Aliados se enfrentaron a las armas del enemigo al desembarcar en las playas de Normandía *(abajo)*.

Segunda Guerra Mundial, 1939–1945

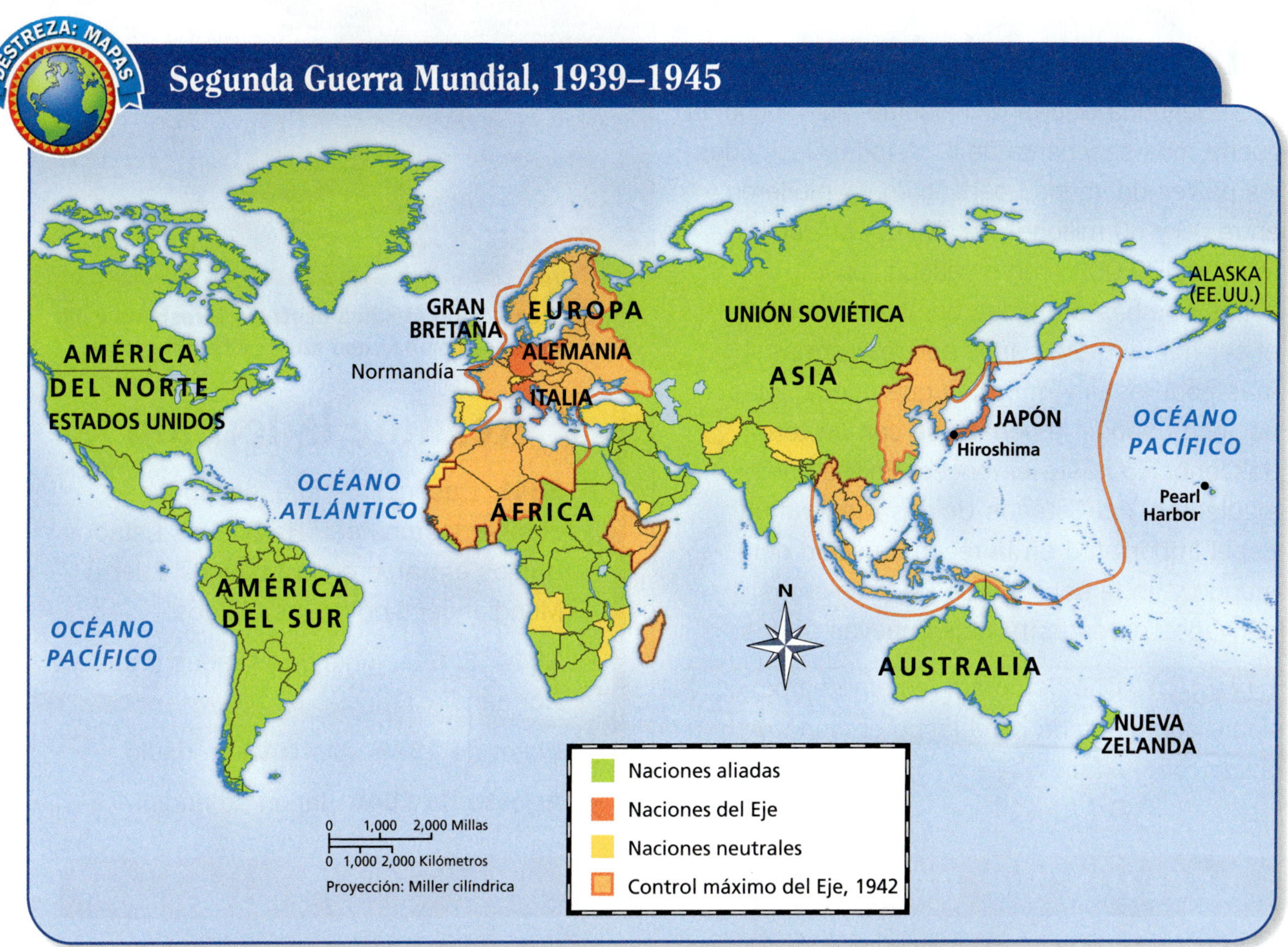

▶ **Para 1942, el ejército alemán había capturado casi toda Europa y el norte de África.**

DESTREZA: MAPAS **Ubicación** ***¿Qué nación importante del Eje se encontraba en Asia?***

La victoria en Asia

Mientras tanto, la guerra continuaba en Asia. Las fuerzas aliadas peleaban para liberar las islas del Pacífico del dominio japonés. A principios de 1945, los Estados Unidos tenían rodeado a Japón y el ejército planeaba invadirlo, pero temían que ese ataque costara un millón de vidas estadounidenses.

En abril de 1945, el presidente Roosevelt murió súbitamente. El vicepresidente **Harry S. Truman** prestó juramento como presidente. Más tarde dijo: "Sentí como si la luna, las estrellas y todos los planetas me hubieran caído encima".

Truman se enteró poco después de que los científicos estadounidenses habían creado el arma más mortal conocida hasta entonces: la **bomba atómica.** Arrojar una de esas "súper bombas" sobre el enemigo podría causar más destrucción que 20,000 toneladas de explosivos comunes. Truman decidió utilizarla contra Japón. Esperaba que eso lo obligara a rendirse y que la invasión fuera innecesaria. Así, se salvarían muchas vidas estadounidenses.

El 6 de agosto de 1945, la fuerza aérea estadounidense arrojó una bomba atómica en la ciudad japonesa de **Hiroshima.** Con una luz cegadora, la bomba destruyó la ciudad y mató a casi 80,000 personas en un momento. Tres días después, los Estados Unidos arrojaron una segunda bomba atómica en la ciudad de Nagasaki, donde murieron otros 40,000 japoneses. El 14 de agosto, Japón se rindió. La Segunda Guerra Mundial había terminado al fin.

REPASO ¿Por qué el presidente Truman decidió usar la bomba atómica? **Idea principal y detalles**

Los costos de la guerra

La Segunda Guerra Mundial fue, por mucho, la guerra más sangrienta de la historia. Casi todos los países del mundo participaron, y murieron entre 40 y 50 millones de civiles y soldados; más de 400,000 eran estadounidenses.

Las bombas atómicas demostraron que el ser humano era capaz de crear armas más poderosas y mortales que nunca, y las naciones podían amenazarse con un terror desconocido hasta entonces. En los años siguientes, los Estados Unidos tendrían un papel importante en la reconstrucción del mundo y en la solución de los problemas derivados de estas terribles nuevas armas.

REPASO ¿Qué demostró la bomba atómica sobre cómo estaba cambiando el mundo? **Sacar conclusiones**

Colección Granger

Esta explosión atómica destruyó Hiroshima y dio a conocer al mundo una nueva y terrible arma.

Resume la lección

1941 Después de que los japoneses bombardearon Pearl Harbor, los Estados Unidos entraron en la Segunda Guerra Mundial del lado de los Aliados.

1944 El 6 de junio, los Aliados invadieron Normandía, Francia.

Mayo de 1945 Alemania se rindió.

Agosto de 1945 Japon se rindió.

LECCIÓN 4 REPASO

Verifica hechos e ideas principales

1. **Resumir** En una hoja aparte, escribe una oración que resuma los siguientes detalles.

Resumen

Miles de estadounidenses murieron en el ataque japonés a Pearl Harbor.	Millones de prisioneros fueron asesinados en campos de concentración nazis durante la Segunda Guerra Mundial.	La bomba atómica que los EE.UU. arrojaron sobre Hiroshima causó casi 80,000 muertes japonesas.

Sucesos

2. ¿Qué naciones importantes pelearon en la Segunda Guerra Mundial y por qué?

3. ¿Cómo reaccionó el gobierno de los Estados Unidos al bombardeo de Pearl Harbor?

4. ¿Qué estrategias siguieron los Aliados en Europa y el Pacífico?

5. **Razonamiento crítico: *Hacer generalizaciones*** Describe algunos de los efectos terribles de la Segunda Guerra Mundial en la población civil.

Enlace con las artes del lenguaje

Investiga anuncios Durante la Segunda Guerra Mundial escasearon muchos productos, así que se pidió al pueblo conservar y aportar todo lo que pudiera. Investiga de qué manera los anuncios en los Estados Unidos animaban a la gente a participar. Escribe un párrafo en el que resumas tus descubrimientos.

Dwight David Eisenhower

1890–1969

Dwight David Eisenhower, apodado "Ike", estaba donde más le gustaba estar: en un campo de futbol americano. Ike corría con el balón en el penúltimo juego de la temporada y, mientras se alejaba de sus contrarios, alguien lo sujetó de un pie. Ike terminó la jugada, pero sabía que algo estaba mal; se había lastimado gravemente la rodilla. Unos días después, los médicos le dieron la mala noticia: no podría volver a jugar futbol.

La lesión entristeció a Ike. Aunque al principio pensó dejar la Academia Militar de West Point, se quedó. Pronto empezó a hacer ejercicio de nuevo; compensó la rodilla débil concentrándose en fortalecer los brazos.

Poco antes de graduarse, un médico de West Point le dijo que su rodilla lastimada le impediría ser un buen soldado y que considerara renunciar a su carrera militar. A pesar de eso, Ike logró convertirse en oficial del ejército de los Estados Unidos.

BIODATO

En 1943, Eisenhower colaboró en el diseño de una chaqueta corta para los soldados del ejército de los Estados Unidos. A este tipo de chaquetas se le llamó "chaqueta Eisenhower" o "chaqueta Ike".

Eisenhower llegó a ser un excelente oficial. Durante la Segunda Guerra Mundial, comandó las tropas de los Aliados que desembarcaron durante el Día D en Europa, el 6 de junio de 1944. Ésa fue la mayor invasión marítima de la historia, el impulso que llevaría a la derrota de Alemania. En 1953, Eisenhower se convirtió en presidente de los Estados Unidos. En su primer discurso como presidente, dijo:

"Debemos tener la voluntad, como individuos y como nación, de aceptar cualquier sacrificio que se nos exija. Un individuo que antepone sus privilegios a sus principios pierde ambos en el corto plazo".

Aprende de las biografías

¿Por qué crees que Eisenhower no abandonó West Point después de su lesión? ¿Cómo crees que esta experiencia afectó sus decisiones posteriores como soldado y como presidente?

Para más información, visita *Personajes de la historia* en **www.estudiossocialessf.com.**

1900 — 1910

1901 Theodore Roosevelt llega a la presidencia

1914 Se abre el canal de Panamá

1915 Empieza la Gran Migración

1917 Los Estados Unidos entran en la Primera Guerra Mundial

Resumen del capítulo

Destreza clave

Resumir

En una hoja aparte, completa el organizador gráfico escribiendo un resumen de los detalles del capítulo.

Detalles

- Los Estados Unidos terminan de construir el canal de Panamá en 1914.
- Los Estados Unidos ayudan a las Potencias Aliadas a ganar la Primera Guerra Mundial.
- Los Aliados, entre ellos los Estados Unidos, ganan la Segunda Guerra Mundial.

Resumen

Vocabulario

Relaciona cada palabra con su definición correcta.

1. **istmo** (p. 604)
2. **alianza** (p. 609)
3. **línea de montaje** (p. 617)
4. **desempleo** (p. 619)
5. **dictador** (p. 625)

a. pacto entre naciones para defenderse entre sí

b. número de trabajadores sin empleo

c. líder con control total de un país y su pueblo

d. franja de tierra que conecta dos áreas más grandes

e. método de fabricación en el que el producto pasa por grupos de trabajadores

Personajes y términos

Escribe una oración que explique por qué cada uno de los siguientes personajes o términos fue importante en la primera mitad del siglo XX. Puedes usar dos o más en una misma oración.

1. **Ida Tarbell** (p. 603)
2. **Upton Sinclair** (p. 603)
3. **Tratado de Versalles** (p. 611)
4. **Susan B. Anthony** (p. 612)
5. **Gran Migración** (p. 613)
6. **Charles Lindbergh** (p. 617)
7. **Gran Depresión** (p. 619)
8. ***Dust Bowl*** (p. 621)
9. **Dwight D. Eisenhower** (p. 628)
10. **bomba atómica** (p. 629)

1920	1930	1940	1950

1929
Cae la bolsa de valores

1933
Franklin D. Roosevelt llega a la presidencia

1941
Japón ataca Pearl Harbor

1945
Termina la Segunda Guerra Mundial

Hechos e ideas principales

1. ¿Quiénes fueron los periodistas de denuncia? ¿Qué lograron?
2. ¿Qué hizo la Autoridad del Valle de Tennessee?
3. **Línea cronológica** ¿Cuánto tiempo pasó entre la entrada de los Estados Unidos en la Primera Guerra Mundial y el ataque de Japón a Pearl Harbor?
4. **Línea cronológica** ¿Cómo promovió Theodore Roosevelt las reformas internas y aumentó el poder de los Estados Unidos en el extranjero?
5. **Idea principal** ¿Qué cambios importantes y duraderos se produjeron en el estilo de vida estadounidense como resultado de pelear en la Primera Guerra Mundial?
6. **Idea principal** ¿En qué se diferenciaba la economía de los Estados Unidos de los años veinte de la economía de los años treinta?
7. **Idea principal** ¿Cómo afectó la Segunda Guerra Mundial a civiles y soldados?
8. **Razonamiento crítico:** ***Hacer generalizaciones*** Los Estados Unidos no querían entrar en la Primera Guerra Mundial ni en la Segunda Guerra Mundial. ¿Por qué causa tuvieron que hacerlo?

Escribe sobre la historia

1. **Escribe la biografía** de uno de los personajes de este capítulo.
2. **Escribe una composición breve** sobre los avances logrados en el transporte en el siglo XX.
3. **Dibuja una caricatura política** sobre un suceso actual y escribe la nota de pie correspondiente.

Aplica las destrezas

Interpretar caricaturas políticas

Contesta las preguntas relacionadas con esta caricatura.

"¿RECICLAR? ¡BAH! DEMASIADO TRABAJO".

1. ¿De qué trata la caricatura?
2. ¿Qué está tirando el hombre? ¿Qué representa?
3. ¿Cuál crees que sea el punto de vista del caricaturista?

Actividad en la Internet

Para obtener ayuda con el vocabulario, los personajes y los términos, selecciona el diccionario o la enciclopedia de la *Biblioteca de estudios sociales* en **www.estudiossocialessf.com**.

Hacia el siglo XXI

1945

San Francisco, California
Se forman las Naciones Unidas.

Lección 1

1

1963

Washington, D.C.
Martin Luther King, Jr., encabeza una gran manifestación por los derechos civiles.

Lección 2

2

1969

Vietnam del Sur
Miles de soldados estadounidenses pelean en la Guerra de Vietnam.

Lección 3

3

1989

Berlín, Alemania
Cae el Muro de Berlín.

Lección 4

4

Tiempo y lugar

Por qué lo recordamos

El final del siglo XX fue una época de grandes cambios tanto en los Estados Unidos como en el resto del mundo. Durante esos años, el trato que recibía la mayoría de los estadounidenses era más justo que nunca. Algunos países, como la Unión Soviética, se dividieron en países más pequeños. Los Estados Unidos y el resto del mundo enfrentaron nuevos retos. Muchos de estos retos aún continúan, pero se está tratando de resolver los problemas pacíficamente y de utilizar la nueva tecnología y los descubrimientos médicos para mejorar las condiciones de vida en todo el mundo.

LECCIÓN 1

1945 — 1965

1945 Se forman las Naciones Unidas

1950 Empieza la Guerra de Corea

1962 Crisis de los misiles en Cuba

COREA DEL NORTE
COREA DEL SUR

Un mundo peligroso

EN BREVE

Enfoque en la idea principal
La Guerra Fría fue una lucha de alcance mundial entre los Estados Unidos y la Unión Soviética.

LUGARES
Corea del Norte
Corea del Sur

PERSONAJES
Harry S. Truman
Douglas MacArthur
Dwight D. Eisenhower
John F. Kennedy
Lyndon B. Johnson

VOCABULARIO
Naciones Unidas
comunismo
Guerra Fría
Cortina de Hierro
Guerra de Corea
crisis de los misiles en Cuba
carrera de armamentos

Estás ahí Caminas de la escuela hacia tu casa un día de primavera de 1954. Ves que tu vecino está cavando en su patio trasero. Te acercas por curiosidad y le preguntas qué hace.

—Construyo un refugio contra bombas—, te responde.

—¿Para qué?—, le preguntas.

—Por si acaso la Unión Soviética nos ataca con bombas atómicas—, explica el vecino.

—¿Te esconderías ahí dentro?—, le preguntas.

—Yo y toda mi familia —dice—. Voy a llenar este refugio subterráneo con comida y agua suficiente para varios meses.

El vecino sigue excavando. Te vas a tu casa. Últimamente has oído hablar mucho sobre las bombas nucleares. En la escuela, tu maestra le mostró a la clase cómo acomodarse bajo el escritorio en caso de un ataque nuclear. ¿Por qué están todos tan preocupados? ¿Existe realmente la posibilidad de una guerra nuclear?

Este letrero señalaba la ubicación de los refugios públicos contra bombas.

Destreza clave

Resumir Al leer, presta atención a los sucesos importantes que aumentaron las tensiones entre los Estados Unidos y la Unión Soviética.

Una nueva clase de guerra

En abril de 1945, la Segunda Guerra Mundial llegó a su fin y 50 representantes de diferentes naciones se reunieron en San Francisco, California, para formar una nueva organización llamada las **Naciones Unidas,** u ONU. Los miembros de la ONU prometieron colaborar entre sí para encontrar soluciones pacíficas a los problemas internacionales.

Los Estados Unidos y la Unión Soviética se unieron a las Naciones Unidas. Eran las dos "superpotencias" mundiales, es decir, las naciones más poderosas de la Tierra. Sin embargo, eso era lo único que tenían en común, pues un gobierno comunista controlaba la Unión Soviética. El **comunismo** es un sistema político y económico en el que el gobierno es propietario de todas las empresas y de la tierra. Los individuos tienen poca libertad personal en un gobierno comunista.

El líder soviético, Stalin, quería que otros gobiernos comunistas llegaran al poder en todo el mundo. En cambio, los Estados Unidos apoyaban los gobiernos elegidos por el pueblo y la libre empresa. Los líderes estadounidenses estaban decididos a detener la expansión del comunismo. Esta decisión llevó a la **Guerra Fría,** una lucha prolongada y amarga entre los Estados Unidos y la Unión Soviética, y entre sus respectivos estilos de vida. La Guerra Fría se peleó en todo el mundo, a veces con palabras y dinero, a veces con armas.

Tanto los Estados Unidos como la Unión Soviética fabricaron miles de bombas atómicas durante la Guerra Fría. Estas bombas, también conocidas como armas nucleares, causaron temor entre los pueblos del mundo. En las escuelas estadounidenses se enseñaba a los niños a meterse debajo de su escritorio en caso de un ataque nuclear, y las empresas empezaron a vender un nuevo producto: refugios subterráneos contra bombas. Por $5,000 se podía comprar un refugio a todo lujo con teléfono y baño.

REPASO ¿Qué naciones pelearon entre sí en la Guerra Fría? ¿Por qué pelearon? **Resumir**

▶ **La bandera de las Naciones Unidas *(arriba)* empezó a ondear en 1945. En los años cincuenta, las escuelas realizaban simulacros de "agacharse y protegerse" *(izquierda)*, y algunas familias construyeron refugios en su patio trasero *(abajo)*.**

La Cortina de Hierro en Europa, 1945–1989

La Cortina de Hierro separó Europa oriental de Europa occidental. El presidente Truman *(derecha)* ayudó a la recuperación de Europa occidental después de la Segunda Guerra Mundial.

DESTREZA: MAPAS **Lugar** ***¿Cuáles son los cuatro países capitalistas que tenían frontera con la Cortina de Hierro?***

Cae la Cortina de Hierro

La Guerra Fría empezó al terminar la Segunda Guerra Mundial, en 1945, cuando las tropas soviéticas controlaban Europa oriental. Stalin se aseguró de que cada país tuviera un gobierno comunista leal a la Unión Soviética. Las medidas tomadas por los soviéticos alarmaron a los líderes de los Estados Unidos y de otras naciones. Winston Churchill, líder de Gran Bretaña durante la Segunda Guerra Mundial, declaró en 1946:

> ***"Una cortina de hierro ha descendido [caído] sobre el continente".***

Fíjate en el mapa de esta página y comprenderás lo que quiso decir Churchill.

La Cortina de Hierro era la línea que dividía Europa en países comunistas y no comunistas. En respuesta al control soviético de Europa oriental, el presidente **Harry S. Truman** hizo lo posible por fortalecer a Europa occidental.

Mediante un programa denominado Plan Marshall, los Estados Unidos gastaron miles de millones de dólares para ayudar a los países de Europa occidental a superar los daños causados por la Segunda Guerra Mundial. También formó una alianza militar con esos países conocida como la Organización del Tratado del Atlántico Norte, la OTAN.

REPASO ¿Cuál era el objetivo del Plan Marshall? **Idea principal y detalles**

Conflictos de la Guerra Fría

La Guerra Fría se volvió violenta en Corea en 1950. Después de la Segunda Guerra Mundial, Corea se dividió en **Corea del Norte** y **Corea del Sur.** En Corea del Norte se estableció un gobierno comunista con el apoyo de la Unión Soviética. La noche del 25 de junio, las fuerzas norcoreanas invadieron Corea del Sur con el fin de unificar el país bajo un mismo gobierno comunista.

Las Naciones Unidas pidieron a las tropas norcoreanas que regresaran a su país, pero la invasión continuó. El presidente Truman decidió enviar a las fuerzas armadas estadounidenses para proteger Corea del Sur. No quería que ningún otro país más cayera bajo control soviético. "No sabemos de qué son capaces si no oponemos resistencia ahora", dijo. La **Guerra de Corea** había empezado.

En la Guerra de Corea, soldados de otros 15 países miembros de las Naciones Unidas se unieron a los soldados estadounidenses. Al mando del general **Douglas MacArthur,** que se había hecho famoso en la Segunda Guerra Mundial, las fuerzas de la ONU hicieron retroceder a los soldados de Corea del Norte. Después, en octubre, los soldados chinos se unieron a los norcoreanos. China se había convertido en una nación comunista en 1949. Los intensos combates continuaron durante dos años, pero ningún bando lograba tomar el control del país.

En 1952, **Dwight D. Eisenhower** fue elegido presidente de los Estados Unidos y luchó por poner fin a la Guerra de Corea. La guerra terminó en 1953, con una Corea dividida todavía en dos naciones. Los Estados Unidos ayudaron a impedir que las fuerzas comunistas tomaran el control de Corea del Sur. Sin embargo, lograrlo tuvo un precio: más de 33,000 soldados estadounidenses murieron en la Guerra de Corea.

Los conflictos durante la Guerra Fría también afectaron la vida en los Estados Unidos. En 1950, Joseph McCarthy, senador por Wisconsin, sorprendió a la nación al declarar que había comunistas en el gobierno y el ejército estadounidenses. Tanto la Cámara de Representantes como el Senado formaron comités para investigar la existencia de comunistas en los Estados Unidos. A muchas personas se les pidió presentarse ante esos comités, donde se les preguntaba sobre sus creencias políticas y su lealtad hacia los Estados Unidos. Muchos de los que se negaban a responder eran encarcelados; otros perdían su empleo, aun cuando no hubiera pruebas de que apoyaran el comunismo.

REPASO ¿Qué sucesos dieron inicio a la Guerra de Corea? **Secuencia**

Dwight D. Eisenhower visitó a los soldados estadounidenses en Corea en diciembre de 1952, poco después de ser elegido presidente.

El presidente Kennedy informó a la nación sobre la crisis de las misiles en Cuba por televisión.

La crisis de los misiles en Cuba

En 1959, Fidel Castro encabezó con éxito una revolución en Cuba. Con el apoyo de la Unión Soviética, formó un gobierno comunista. Cuba se convirtió en el primer país comunista del hemisferio occidental. Esto alarmó a muchos estadounidenses, incluso a **John F. Kennedy,** quien fue elegido presidente en 1960.

Kennedy era el primer presidente católico en la historia de los Estados Unidos. A sus 43 años, también era el hombre más jóven en ser elegido a ese cargo. Al igual que Truman y Eisenhower, Kennedy pasó gran parte de su gobierno enfrentando conflictos de la Guerra Fría.

El más peligroso de esos conflictos fue la **crisis de los misiles en Cuba.** En octubre de 1962, aviones espías estadounidenses descubrieron que los soviéticos estaban instalando misiles nucleares en Cuba, a sólo 90 millas de la costa de la Florida.

Kennedy transmitió la alarmante noticia por televisión la noche del 22 de octubre. Insistió en que los soviéticos debían retirar sus misiles de Cuba y declaró que la marina de los Estados Unidos impediría que los buques soviéticos llevaran más armas a Cuba.

En los siguientes días, todo el mundo siguió con atención y miedo las noticias. A medida que los buques soviéticos se acercaban a Cuba, parecía que las dos naciones más poderosas del mundo estaban cada vez más cerca de una guerra nuclear. Al final, los buques soviéticos regresaron a su país y la Unión Soviética aceptó retirar sus misiles de Cuba.

La crisis había terminado, pero tanto los dirigentes estadounidenses como los soviéticos se dieron cuenta de lo poco que faltó para una guerra desastrosa. En Washington, D.C., Kennedy habló en un discurso de la importancia de trabajar por la paz. Dijo que el pueblo estadounidense y el soviético tenían muchos intereses y metas en común.

> ***"Lo más fundamental que tenemos en común es que todos vivimos en este pequeño planeta. Todos respiramos el mismo aire. Todos valoramos el futuro de nuestros hijos".***

El 22 de noviembre de 1963, el presidente Kennedy viajó a Dallas, Texas. Él y su esposa, Jacqueline Kennedy, circulaban en un automóvil descubierto, saludando a sus seguidores cuando, de repente, se oyeron disparos. El presidente Kennedy había sido asesinado. Horas después, el vicepresidente **Lyndon B. Johnson** prestó juramento como presidente. En su primer discurso ante el Congreso, Johnson expresó la pena de millones de estadounidenses diciendo: "Daría con gusto todo lo que tengo con tal de no estar aquí el día de hoy".

REPASO ¿Por qué el pueblo seguía con miedo las noticias durante la crisis de los misiles en Cuba? **Idea principal y detalles**

Continúa la carrera de armamentos

La Guerra Fría continuó, y también lo hizo la carrera de armamentos entre los Estados Unidos y la Unión Soviética. Una **carrera de armamentos** es una competencia para fabricar armas cada vez más potentes.

La Unión Soviética hizo explotar su primer arma nuclear en 1949. Después, en los años cincuenta, los científicos de ambos países crearon la bomba de hidrógeno, o bomba H. Cada bomba H es 1,000 veces más poderosa que las bombas atómicas que destruyeron Hiroshima y Nagasaki en la Segunda Guerra Mundial.

A muchos estadounidenses les preocupaba la carrera para construir armas tan poderosas como ésas. "¿Adónde nos llevará?", se preguntaba el presidente Eisenhower. Sin embargo, las autoridades estadounidenses pensaban que era importante llevarle la delantera a la Unión Soviética en la carrera de armamentos. La estrategia era sencilla: si los Estados Unidos tenían armas más poderosas que la Unión Soviética, los soviéticos tendrían miedo de atacar. Por lo tanto, los Estados Unidos siguieron fabricando armas nucleares con la esperanza de no tener que usarlas nunca.

REPASO ¿Por qué los Estados Unidos querían ganar la carrera de armamentos? **Resumir**

Resume la lección

1945 Se formó la Organización de las Naciones Unidas para que las naciones cooperaran en la búsqueda de soluciones pacíficas a los problemas.

1950 Se inició la Guerra de Corea después de que Corea del Norte invadió Corea del Sur.

1962 La Unión Soviética colocó misiles nucleares en Cuba, lo que provocó la crisis de los misiles en Cuba.

LECCIÓN 1 REPASO

Verifica hechos e ideas principales

1. **Resumir** En una hoja aparte, completa el siguiente organizador gráfico resumiendo tres sucesos clave de la Guerra Fría.

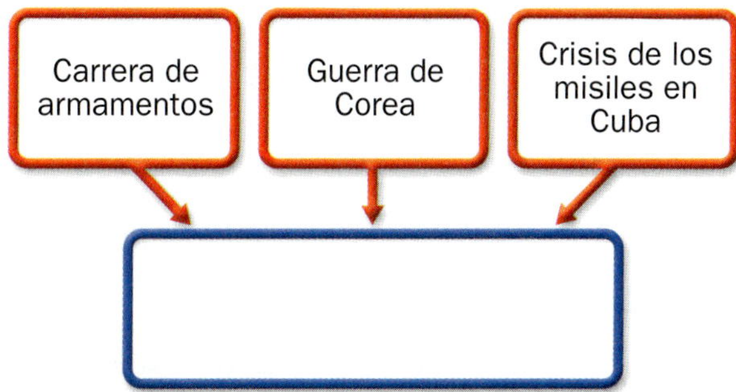

2. ¿Qué diferencias entre los Estados Unidos y la Unión Soviética llevaron al inicio de la Guerra Fría?
3. ¿Por qué Truman creía que los Estados Unidos debían pelear en la Guerra de Corea?
4. ¿Qué medidas tomó Kennedy cuando se descubrieron misiles soviéticos en Cuba?
5. **Razonamiento crítico: *Expresar ideas*** ¿Crees que fue importante que los Estados Unidos llevaran la delantera a la Unión Soviética en la carrera de armamentos? Explica.

Enlace con la geografía

Trabaja con mapas Consulta el mapa de la página 638. De las naciones comunistas, ¿cuál está más al sur? De las naciones capitalistas, ¿cuál está más al sur?

LECCIÓN 2

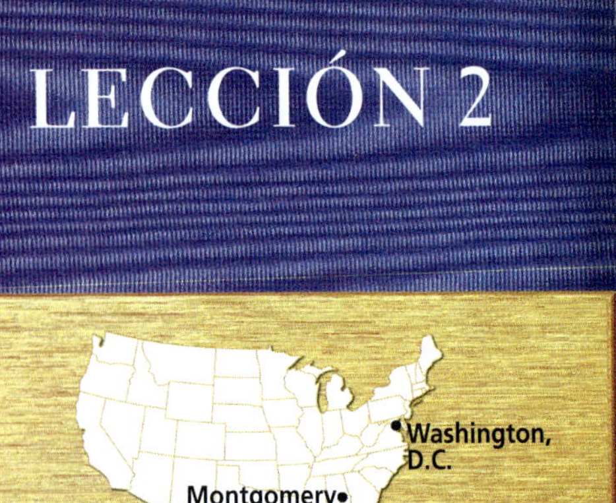

EN BREVE

Enfoque en la idea principal
En los años cincuenta y sesenta, los afroamericanos, las mujeres y otros grupos luchaban por sus derechos civiles e igualdad de oportunidades.

LUGARES
Montgomery, Alabama
Washington, D.C.

PERSONAJES
Thurgood Marshall
Rosa Parks
Martin Luther King, Jr.
Malcolm X
Sandra Day O'Connor
César Chávez
Dolores Huerta

VOCABULARIO

derechos civiles

▶ Thurgood Marshall

1950 — **1980**

1954 La Corte Suprema declara ilegal la segregación en escuelas públicas

1963 Martin Luther King, Jr., encabeza una manifestación por los derechos civiles en Washington, D.C.

1981 Sandra Day O'Connor es la primera mujer en ser nombrada jueza de la Corte Suprema

La lucha por la igualdad de derechos

Estás ahí Es el 9 de diciembre de 1952. En la Corte Suprema, en Washington, D.C., está a punto de empezar uno de los juicios más importantes en la historia de los Estados Unidos. La corte está completamente llena y cientos de personas más permanecen afuera, con la esperanza de entrar.

Un abogado llamado Thurgood Marshall se pone de pie para hablar. Marshall ya ha sido abogado defensor en 15 juicios ante la Corte Suprema, de los cuales ha ganado trece.

Este juicio se refiere a la segregación en las escuelas públicas. En muchos estados, las leyes señalan que los niños blancos y los niños negros deben asistir a escuelas separadas. Marshall alega que esas leyes están equivocadas, pues insiste en que la segregación les quita a los niños afroamericanos los derechos garantizados por la Constitución.

Los argumentos continúan durante tres días más; después, la nación espera la decisión de la corte.

Causa y efecto Al leer, presta atención a las causas y los efectos del movimiento a favor de los derechos civiles.

La lucha contra la segregación

La lucha para poner fin a la segregación obtuvo una importante victoria después de la Segunda Guerra Mundial. En 1948, el presidente Truman ordenó acabar con la segregación en el ejército estadounidense. Desde antes de la Guerra Civil, los ciudadanos estadounidenses blancos y negros peleaban en unidades separadas. Este tipo de segregación terminó por fin a partir de la Guerra de Corea en 1950.

Sin embargo, la segregación continuaba en muchos lugares públicos, especialmente en el Sur. En esa época, la segregación era legal. En 1892, la Corte Suprema decidió que los servicios para blancos y negros podían ser "independientes pero iguales". En otras palabras, un estado podía separar a los niños blancos y a los negros en escuelas distintas, siempre y cuando las escuelas fueran de la misma calidad. Pero, en realidad, las escuelas segregadas casi nunca eran de la misma calidad, ya que los estados gastaban mucho menos dinero en las instalaciones, los maestros y libros para niños afroamericanos.

La NAACP decidió poner fin a la segregación en las escuelas. El líder de la organización, el abogado **Thurgood Marshall**, tenía que lograr que la Corte Suprema declarara la segregación ilegal según a la Constitución.

Marshall encontró la oportunidad con un juicio basado en la experiencia de una niña afroamericana de siete años llamada Linda Brown. Como no la admitieron en la escuela pública exclusiva para niños blancos, a unas cuantas calles de su casa en Topeka, Kansas, ella tenía que tomar un autobús para ir a una escuela para niños afroamericanos. Sus padres insistían en que esa escuela era de menor calidad que la cercana a su casa, y llevaron su caso a la corte.

El 17 de mayo de 1954, la Corte Suprema anunció su decisión en este caso: la segregación en las escuelas públicas era ilegal según la Constitución.

Un periódico llamado *Chicago Defender* calificó la decisión de la Corte como una "segunda proclama de emancipación". El creciente movimiento por los derechos civiles había logrado una victoria importante. Los **derechos civiles** son los derechos que la Constitución garantiza a todos los ciudadanos.

REPASO ¿Por qué acudieron a la corte los padres de Linda Brown? **Causa y efecto**

Las escuelas segregadas *(abajo)* fueron declaradas ilegales en el caso presentado ante la Corte Suprema que se basó en la experiencia de Linda Brown *(derecha)*.

El boicot a los autobuses de Montgomery

El 1 de diciembre de 1955, **Rosa Parks**, una mujer afroamericana, abordó un autobús en **Montgomery, Alabama,** y ocupó uno de los asientos de la parte central. Según las leyes del estado, los afroamericanos debían sentarse en la parte posterior y sólo les estaba permitido sentarse al centro si ningún pasajero blanco quería ocupar esos lugares.

El autobús continuó su recorrido y, cuando subieron más personas, el conductor le dijo a Parks que se moviera hacia atrás para que un pasajero blanco pudiera sentarse en el lugar que ella ocupaba. Parks se negó. "Si no te levantas tendré que llamar a la policía para que te arreste", la amenazó el conductor. "Hágalo", contestó Parks. La arrestaron y se la llevaron a la cárcel.

La noticia del arrestó de Parks enojó a muchos afroamericanos en Montgomery. "Estábamos hartos", explicó Jo Ann Robinson, una líder local. Robinson y otros líderes decidieron organizar un boicot a los autobuses.

Rosa Parks, líder de los derechos civiles, se sienta en la parte delantera de un autobús luego del exitoso boicot en Montgomery.

El boicot empezó el lunes siguiente. Los ciudadanos afroamericanos se negaron a subir a los autobuses, e iban al trabajo compartiendo el automóvil o caminando. Un ministro de 26 años llamado **Martin Luther King, Jr.,** veía pasar con entusiasmo los autobuses vacíos frente a su casa. "No podía creer lo que veía", dijo King, quien era uno de los líderes del boicot a los autobuses.

El boicot siguió durante más de un año. Mientras tanto, el caso de Rosa Parks y la segregación en los autobuses llegó hasta la Corte Suprema. En noviembre de 1956, la corte declaró que la segregación en autobuses públicos era ilegal. El prolongado boicot terminó con una victoria. King dio el mérito a todos los afroamericanos que habían caminado hasta que

> ***"por fin los muros de la segregación fueron derribados por las fuerzas de la justicia".***

King atrajo la atención del país como orador convincente e importante líder del movimiento por los derechos civiles. A finales de los años cincuenta y principios de los sesenta, encabezó protestas y manifestaciones en muchas partes del país. Como leerás en la biografía de la página siguiente, King creía que la protesta no violenta era la mejor manera de lograr cambios.

El esfuerzo de miles de personas en el Movimiento por los Derechos Civiles convenció al presidente Kennedy de que el gobierno federal debía hacer más para proteger los derechos de todos los ciudadanos estadounidenses. En 1963, Kennedy propuso una nueva iniciativa de ley de los derechos civiles que pondría fin a la segregación en todo el país.

REPASO ¿Por qué fue arrestada Rosa Parks en 1955? **Idea principal y detalles**

Martin Luther King, Jr. *1929–1968*

A los catorce años, Martin Luther King, Jr., vivía una noche muy emocionante. Él y su maestra habían viajado desde su ciudad natal, Atlanta, Georgia, hasta Dublin, una ciudad más al sur, para que Martin compitiera en un concurso de oratoria. En su discurso, declaró que, según la Constitución de los Estados Unidos, las personas negras debían tener los mismos derechos que las blancas. Martin dijo:

> ***"Hoy, trece millones de hijos e hijas negros de nuestros antepasados seguimos luchando... Como ellos, creemos que si la libertad es algo bueno para alguien, lo es para todos".***

BIODATO

En 1964, en honor a su labor no violenta por la igualdad de derechos, Martin Luther King, Jr., recibió el Premio Nobel de la Paz.

Martin ganó el concurso. Él y su maestra abordaron felices el autobús de regreso a Atlanta pero, unas paradas más adelante, se subieron unos pasajeros blancos. El conductor les pidió a Martin y a su maestra que le cedieran el asiento a los blancos, pues eso decía la ley. Martin no quiso moverse y el conductor se enojó. Finalmente, la maestra lo convenció de que se pusiera de pie, y así se fueron durante las 90 millas del viaje de regreso a Atlanta. Tiempo después, Martin señaló que nunca volvió a sentirse tan enojado como ese día en que tuvo que levantarse de su asiento.

Los ideales expresados por Martin Luther King, Jr., como adolescente se convirtieron en los cimientos de la labor que realizaría durante su vida. Como ministro y líder del Movimiento por los Derechos Civiles, pasó su vida adulta hablando y organizando esfuerzos a favor del derecho de los afroamericanos al voto, a ir a escuelas de calidad, a conseguir un empleo digno, y a disfrutar de todas las oportunidades y libertades de que disfrutan otros estadounidenses. King predicaba la no violencia, es decir, la resistencia pacífica, y ayudó a lograr grandes cambios en los Estados Unidos. Fue asesinado en 1968, a la edad de 39 años.

Aprende de las biografías

¿Qué contraste encuentras entre el discurso que dio el joven Martin durante el concurso y lo que le sucedió esa misma noche?

Para más información, visita *Personajes de la historia* en **www.estudiossocialessf.com.**

Pérdidas y ganancias

King y otros defensores de los derechos civiles planificaron una manifestación masiva en **Washington, D.C.,** esperando que esa marcha convenciera al Congreso de aprobar la iniciativa de ley de los derechos civiles presentada por el presidente Kennedy. El 28 de agosto de 1963, más de 200,000 estadounidenses se reunieron en la capital del país para mostrar su apoyo a la causa de los derechos civiles. Ante el Monumento a Lincoln, King invitó a los presentes a poner fin a los prejuicios en los Estados Unidos. Habló de lo que esperaba del futuro, diciendo:

> ***"Tengo un sueño de que mis cuatro hijos pequeños vivan un día en una nación en la que no sean juzgados por el color de su piel, sino por el contenido de su personalidad...".***

Como has leído, el presidente Kennedy fue asesinado en noviembre de 1963. El presidente Johnson pidió al Congreso "honrar la memoria del presidente Kennedy" aprobando la iniciativa de ley de los derechos civiles. El siguiente año, el Congreso aprobó la Ley de los Derechos Civiles de 1964 que prohibía la segregación en todos los lugares públicos en los Estados Unidos. Un año después, el Congreso aprobó la Ley del Derecho al Voto de 1965. Aunque los afroamericanos ya disfrutaban del derecho al voto, era frecuente que no se les dejara votar en algunas partes del Sur. Ahora esta ley protegía el derecho de todos los estadouniden ses a votar y, como resultado, cientos de miles de afroamericanos pudieron votar por primera vez.

Otro defensor de los derechos civiles, **Malcolm X,** pensaba que las nuevas leyes de los derechos civiles no provocarían cambios con la rapidez necesaria. Creía que los estadounidenses blancos nunca apoyarían por completo la igualdad de derechos para los ciudadanos negros e invitó a los afroamericanos a confiar en sí mismos. Dijo: "El estadounidense negro debe centrar sus esfuerzos en construir un negocio propio y un hogar decente". Más adelante, Malcolm X habló de que negros y blancos debían trabajar juntos para producir el cambio.

> ***"Negros y blancos en verdad podrían ser hermanos".***

A finales de los años sesenta, más y más afroamericanos ganaban las elecciones para congresistas y ocupaban otros puestos gubernamentales. Pero ni Malcolm X ni Martin Luther King, Jr., vivieron para ver estos cambios históricos. Malcolm X fue baleado mientras pronunciaba un discurso en la Ciudad de Nueva York, en febrero de 1965. Después, en abril de 1968, Martin Luther King, Jr., fue asesinado en Memphis, Tennessee.

REPASO Menciona uno de los efectos de la Ley del Derecho al Voto de 1965.
Causa y efecto

Martin Luther King, Jr., y su esposa Coretta Scott King *(derecha)* encabezaron muchas marchas en apoyo a los derechos civiles.

Ruth Bader Ginsburg *(segunda fila)* se sumó a Sandra Day O'Connor *(primera fila)* como jueza de la Corte Suprema en 1993.

Igualdad para la mujer

Ya sabes que muchas mujeres empezaron a trabajar fuera del hogar durante las dos guerras mundiales y, en los años cincuenta, aumentó el número de mujeres con empleo. Sin embargo, como muestra la gráfica de esta página, las mujeres por lo general ganaban menos que los hombres. Además, a la hora de elegir un determinado tipo de trabajo, las mujeres no siempre tenían las mismas oportunidades que los hombres.

Una joven llamada **Sandra Day O'Connor** se graduó de la Escuela de Derecho de Stanford en 1952. A pesar de haber sido una de las mejores alumnas de su clase, cuando comenzó a buscar trabajo como abogada descubrió que muchos despachos de abogados no querían contratar mujeres. Así lo recuerda:

> ***"Me entrevistaron en despachos de abogados de Los Ángeles y San Francisco, pero jamás habían contratado una mujer y no estaban preparados para hacerlo".***

Como descubrió O'Connor, ocupaciones como las de abogado, médico y ejecutivo de negocios se consideraban trabajo de hombres.

En 1966, Betty Friedan ayudó a formar la Organización Nacional de Mujeres, o NOW (por sus siglas en inglés), que se convirtió en líder del movimiento por los derechos de la mujer. La NOW luchaba por salarios justos e igualdad de oportunidades para las mujeres. Sin embargo, no todas las mujeres estaban de acuerdo con las metas del movimiento. Phyllis Schlafly escribió libros y artículos que apoyaban a las mujeres que querían dedicarse a su papel tradicional de amas de casa.

Durante los años sesenta y setenta, las mujeres empezaron a abrirse oportunidades en distintas áreas. En 1968, Shirley Chisholm se convirtió en la primera afroamericana elegida para el Congreso de los Estados Unidos. Y en 1981, después de una carrera exitosa como abogada y jueza, Sandra Day O'Connor se convirtió en la primera mujer nombrada miembro de la Corte Suprema.

REPASO ¿Hubo cambios en las oportunidades para la mujer entre los años cincuenta y setenta? Explica. **Comparar y contrastar**

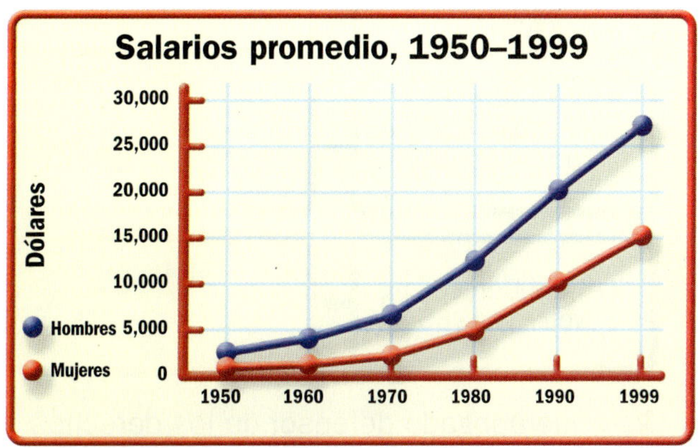

DESTREZA: GRÁFICAS ***¿Aproximadamente cuánto más alto era el salario promedio de los hombres en comparación con el de las mujeres en 1999?***

En busca del cambio

El Movimiento por los Derechos Civiles inspiró a muchos grupos a buscar el cambio. Los líderes indígenas lucharon por mejorar las condiciones de vida e incrementar las oportunidades para su grupo étnico. Dos líderes mexicoamericanos, **César Chávez** y **Dolores Huerta,** formaron un sindicato de trabajadores agrícolas migratorios. Los trabajadores migratorios van de granja en granja realizando trabajos agotadores durante muchas horas por muy poco salario. En la biografía de la página 649 leerás sobre Huerta y la lucha de los trabajadores agrícolas migratorios.

César Chávez luchó por los derechos de los trabajadores agrícolas.

La Ley de Estadounidenses con Discapacidad fue otro paso hacia la igualdad de derechos. Aprobada en 1990, esta ley declaró ilegal que las empresas se negaran a contratar a quien tuviera alguna discapacidad.

REPASO ¿Cuál es el objetivo de la Ley de Estadounidenses con Discapacidad?
Resumir

Resume la lección

- **1954** La Corte Suprema declaró ilegal la segregación en escuelas públicas.
- **1963** Martin Luther King, Jr., encabezó a 250,000 personas en una manifestación por los derechos civiles en Washington, D.C.
- **1981** Sandra Day O'Connor se convirtió en la primera jueza de la Corte Suprema.

LECCIÓN 2 REPASO

Verifica hechos e ideas principales

1. **Causa y efecto** En una hoja aparte, completa el organizador gráfico con el efecto de los sucesos del Movimiento por los Derechos Civiles.

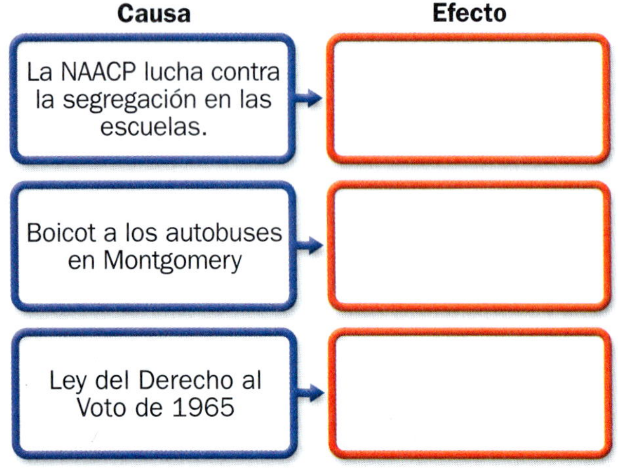

2. ¿Qué abogado defensor de los derechos civiles ganó el juicio que declaró ilegal la segregación en las escuelas?
3. Describe el papel de Rosa Parks, Jo Ann Robinson y Martin Luther King, Jr., en el boicot a los autobuses de Montgomery.
4. Menciona algunas metas del movimiento por los derechos de la mujer en los años sesenta y setenta.
5. **Razonamiento crítico:** ***Comparar y contrastar*** ¿En qué se diferenciaban las opiniones de Malcolm X y Martin Luther King, Jr.?

Enlace con las artes del lenguaje

Busca información Leíste que Sandra Day O'Connor fue la primera mujer jueza de la Corte Suprema. En 1967, otra persona mencionada en esta lección se convirtió en el primer afroamericano que recibió ese mismo nombramiento. ¿Quién fue? Busca la respuesta en un libro o en la Internet.

Dolores Huerta

1930–

De niña, Dolores Huerta vio cómo su padre trataba de ganarse la vida como trabajador migratorio buscando de granja en granja trabajo suficiente para alimentar a su familia. Los trabajadores migratorios, muchos de ellos mexicoamericanos, recibían un salario muy bajo y generalmente no tenían la menor idea de cuándo o dónde encontrarían el siguiente trabajo. En la secundaria, Dolores se dio a conocer como una niña platicadora que siempre sacaba buenas calificaciones. Por eso se sorprendió mucho cuando en una materia en la que había recibido A en todos sus trabajos y exámenes, su calificación final fue de C. La maestra no creía que Dolores, una niña mexicoamericana, pudiera trabajar tan bien por sí sola. Dolores recuerda esta etapa de su vida como un período difícil. Dice:

BIODATO

En apoyo a una huelga de trabajadores agrícolas, Dolores Huerta ayudó a organizar un boicot a las uvas de mesa en los años sesenta.

"Desde adolescente empecé a notar el racismo, y me tomó mucho tiempo superar lo que eso me hacía sentir".

Al graduarse de la universidad, Huerta se convirtió en maestra de primaria, pero pronto decidió que quería tratar de mejorar las condiciones de vida de los trabajadores migratorios. "No soportaba ver a esos niños que llegaban a clase hambrientos y descalzos", dice.

Junto con César Chávez, Huerta ayudó a crear el primer sindicato para trabajadores agrícolas en los Estados Unidos. El sindicato, la Asociación Nacional de Trabajadores Agrícolas, luchó con éxito por obtener beneficios como mejor salario, seguro de gastos médicos y condiciones de trabajo más seguras para los trabajadores agrícolas. Hoy día también luchan por reducir la exposición de los trabajadores agrícolas a productos químicos peligrosos.

Aprende de las biografías

¿Cómo crees que las vivencias de Dolores Huerta durante su niñez influyeron en su trabajo? ¿A qué se debe que dejara la carrera de maestra para organizar sindicatos?

Para más información, visita *Personajes de la historia* en **www.estudiossocialessf.com.**

LECCIÓN 3

1965 — 1970

1968 Más de 500,000 soldados estadounidenses pelean en Vietnam

1969 Los astronautas estadounidenses caminan en la Luna

1972 El presidente Nixon viaja a China y a la Unión Soviética

EN BREVE

Enfoque en la idea principal
Los Estados Unidos se siguieron oponiendo a la expansión del comunismo y del poder soviético en los años sesenta y setenta.

LUGARES
Vietnam del Norte
Vietnam del Sur

PERSONAJES
John Glenn
Richard Nixon
Maya Ying Lin
Gerald Ford
Jimmy Carter

VOCABULARIO
carrera espacial
Guerra de Vietnam
control de armamentos
escándalo Watergate

Continúa la Guerra Fría

Estás ahí Es el 20 de julio de 1969. La nave espacial estadounidense *Eagle* desciende sobre la superficie de la Luna. En ella viajan los astronautas estadounidenses Neil Armstrong y Edwin Aldrin. Aterrizan la nave suavemente sobre la polvorienta superficie gris de la Luna. "La *Eagle* ha alunizado", informa Armstrong.

Se abre la pequeña escotilla de la nave. Vestido con un voluminoso traje espacial de color blanco y un enorme casco, Armstrong baja con cuidado la escalerilla. Al convertirse en el primer ser humano en pisar la Luna, declara: "Éste es un pequeño paso para el hombre… un salto gigantesco para la humanidad".

Una cámara de televisión en la nave *Eagle* transmite estas increíbles imágenes a la Tierra. En todo el mundo, millones de personas las admiran maravilladas en la pantalla de su televisor pues nadie había visto algo así antes.

▶ **La nave *Eagle* fue diseñada especialmente para alunizar.**

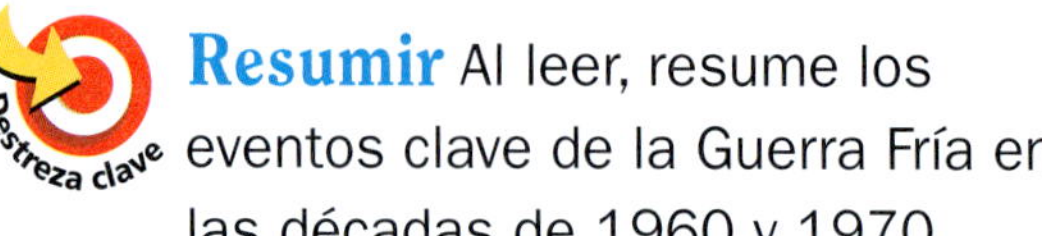

Resumir Al leer, resume los eventos clave de la Guerra Fría en las décadas de 1960 y 1970.

La carrera espacial

El 4 de octubre de 1957, la Unión Soviética lanzó al espacio un satélite del tamaño de un balón llamado *Sputnik.* Un satélite es un objeto que se envía al espacio y gira alrededor de la Tierra. El *Sputnik* fue el primer satélite lanzado al espacio.

Los estadounidenses estaban sorprendidos de que su país se estuviera quedando atrás en la **carrera espacial,** la competencia para explorar primero el espacio, y muchos pensaron que sería peligroso perder esa carrera.

A los estadounidenses les preocupaba que los soviéticos supieran más sobre la exploración espacial, pues podrían aprovechar esos conocimientos para atacar a los Estados Unidos.

El *Sputnik* hizo historia en 1957.

Los soviéticos dieron otro paso adelante en 1961, cuando un astronauta soviético se convirtió en la primera persona en circular en órbita alrededor de la Tierra desde el espacio.

Después, los Estados Unidos empezaron a acelerar el paso y, en 1962, **John Glenn** fue el primer estadounidense en órbita alrededor de la Tierra. El 16 de julio de 1969, la nave espacial estadounidense *Apollo 11* despegó en dirección a la Luna y llegó a su destino cuatro días después.

Los astronautas Neil Armstrong y Edwin "Buzz" Aldrin se metieron en la *Eagle,* pequeña nave espacial especialmente diseñada para alunizar. Dirigieron la *Eagle* hasta detenerse sobre la superficie lunar. Con los ojos del mundo puestos en el televisor, Armstrong y Aldrin se convirtieron en los primeros seres humanos en caminar sobre la Luna. Recogieron rocas y realizaron algunos experimentos. También hablaron con el presidente **Richard Nixon,** quien les dijo:

"Neil y Buzz, les hablo desde el teléfono de la Oficina Oval de la Casa Blanca; ciertamente, puede que ésta sea la llamada más importante en la historia".

Antes de dejar la Luna, Armstrong y Aldrin clavaron una bandera estadounidense y una placa con la frase "Llegamos en paz". Gracias al éxito del *Apollo 11,* los Estados Unidos se pusieron a la cabeza en la carrera espacial.

REPASO Escribe cuatro cosas que Armstrong y Aldrin hicieron mientras estuvieron en la Luna en 1969. **Resumir**

El mundo observó cómo los astronautas estadounidenses caminaron sobre la Luna en 1969.

Vietnam se dividió en 1954. Los soldados estadounidenses pelearon para que Vietnam del Sur se mantuviera independiente de Vietnam del Norte.

DESTREZA: MAPAS **Ubicación** *¿Qué país tenía frontera tanto con Vietnam del Norte como con Vietnam del Sur?*

La Guerra de Vietnam

Desde finales del siglo XIX, Vietnam había sido una colonia de Francia. Después de la Segunda Guerra Mundial, los vietnamitas pelearon por independizarse de Francia y lo lograron en 1954. Sin embargo, una guerra terminaba pero otra estaba a punto de empezar.

El tratado que ponía fin a la guerra entre Francia y Vietnam dividió este país en **Vietnam del Norte** y **Vietnam del Sur,** como puedes ver en el mapa de esa región en esta página.

Vietnam del Norte estableció un gobierno comunista y, con el apoyo de la Unión Soviética y China, trató de unir todo Vietnam bajo ese tipo de gobierno. Pero el gobierno de Vietnam del Sur se opuso a los comunistas y empezó una guerra muy prolongada.

Los Estados Unidos se habían comprometido a detener la expansión del comunismo, por lo que el gobierno estadounidense esperaba ayudar a Vietnam del Sur a ser una república democrática. Los presidentes Eisenhower y Kennedy enviaron dinero y armas al gobierno de Vietnam del Sur, y su ejército fue entrenado por militares estadounidenses.

A pesar de la ayuda, los comunistas estaban ganando la guerra. Lyndon Johnson, quien llegó a la presidencia en 1963, estaba decidido a no permitir que las fuerzas comunistas ganaran la guerra: "No voy a perder Vietnam", decía. En 1964, envió más soldados estadounidenses a Vietnam y, en los años siguientes, la participación de los Estados Unidos en la **Guerra de Vietnam** aumentó rápidamente. Para 1968, había más de 500,000 soldados estadounidenses en Vietnam.

El ejército de los Estados Unidos con frecuencia peleaba en pequeños grupos que se abrían paso por la espesa selva y los inundados campos de arroz en busca de soldados comunistas. Podían recibir ataques sorpresa desde cualquier dirección, en cualquier momento, de día o de noche.

En los Estados Unidos se transmitía la guerra por televisión. Ésa fue la primera vez que los estadounidenses vieron escenas de guerra en los noticieros.

¿Debían los Estados Unidos seguir peleando en Vietnam? A finales de los años sesenta, esta pregunta empezó a dividir al pueblo estadounidense. Los partidarios de la guerra, conocidos como "halcones", creían que la guerra era necesaria para detener la expansión del comunismo. Los opositores eran conocidos como "palomas"; pensaban que el conflicto en Vietnam era una guerra civil que los vietnamitas debían resolver.

Richard Nixon fue elegido presidente en 1968. Quería retirar las tropas estadounidenses de Vietnam, pero no que los comunistas ganaran la guerra. De 1969 a 1972, el número de soldados estadounidenses en Vietnam disminuyó de 500,000 a 50,000. Al mismo tiempo, la fuerza aérea estadounidense incrementó los bombardeos sobre Vietnam del Norte. Nixon esperaba convencer así a los norvietnamitas de abandonar la lucha. Sin embargo, la guerra continuó.

En enero de 1973, los Estados Unidos firmaron una tregua, o un convenio, para detener la lucha con Vietnam del Norte. En marzo, salieron de Vietnam los últimos soldados estadounidenses. Vietnam del Sur y Vietnam del Norte siguieron peleando. En abril de 1975, Vietnam del Sur se rindió ante Vietnam del Norte. La guerra había terminado y Vietnam se unió bajo un gobierno comunista.

Alrededor de 2 millones de vietnamitas murieron durante el conflicto. Más de 570,000 soldados estadounidenses perdieron la vida, y cerca de 2,000 siguen desaparecidos. En 1980, se organizó un concurso para diseñar un monumento en honor de los hombres y las mujeres estadounidenses que pelearon en Vietnam. Lo ganó una estudiante universitaria de 21 años llamada **Maya Ying Lin.** Hoy puedes ver su diseño si visitas el Monumento a los Caídos en la Guerra de Vietnam en Washington, D.C.

REPASO ¿En qué diferían el punto de vista de los "halcones" y el de las "palomas" con respecto a la Guerra de Vietnam? **Comparar y contrastar**

El nombre de los soldados estadounidenses muertos en Vietnam está grabado en el granito negro del Monumento a los Caídos en la Guerra de Vietnam.

El presidente Nixon recorrió la Gran Muralla China durante su histórica visita en 1972.

Nixon visita China

Desde que un gobierno comunista llegó al poder en China en 1949, ese país y los Estados Unidos habían sido rivales en la Guerra Fría.

El presidente Nixon quería cambiar esa situación, y empezó a tratar de mejorar las relaciones con China. "Antes de morir quiero visitar China", decía Nixon. Ningún presidente estadounidense había estado en ese país.

Los esfuerzos de Nixon dieron resultado en 1972, año en que el gobierno chino le hizo una invitación para que viajara a China. Nixon conoció a Mao Tse-tung, el gobernante chino, un paso importante hacia una relación más cordial con China.

Ese mismo año, Nixon viajó después a la Unión Soviética, donde se reunió con los líderes soviéticos y firmó un convenio de **control de armamentos,** un pacto para limitar la producción de armas. Este convenio limitó el número de armas nucleares que cada bando podía tener y ayudó a relajar las tensiones entre los Estados Unidos y la Unión Soviética.

El éxito de Nixon en China y Rusia le ayudó a que lo reeligieran presidente en noviembre de 1972. Sin embargo, el **escándalo Watergate** terminó pronto con su segundo período. Un escándalo es una acción que lleva a quien la comete a la vergüenza o la deshonra.

¿Por qué se llamó Watergate a ese escándalo? Mientras Nixon estaba en campaña para ser reelegido, se descubrió que cinco hombres entraron por la fuerza en una oficina del edificio Watergate, en Washington, D.C. La oficina era del Partido Demócrata y Nixon era republicano. Los hombres que entraron en la oficina buscaban información sobre los opositores políticos de Nixon.

Nixon insistió en que no había ayudado a planear el robo de información. Sin embargo, un año después, las pruebas demostraron que sí había realizado actos ilegales para ocultar información sobre el robo en Watergate.

El Congreso hizo lo necesario para someter a Nixon a un juicio político por sus delitos. El 9 de agosto de 1974, Nixon presentó su renuncia y el vicepresidente **Gerald Ford** asumió la presidencia. Nixon ha sido el único presidente en renunciar a su cargo.

REPASO Menciona uno de los efectos del convenio de control de armamentos entre los Estados Unidos y la Unión Soviética.
Causa y efecto

Vuelven las tensiones

Jimmy Carter fue elegido presidente en 1976. Una de sus metas principales era ayudar a establecer la paz entre Egipto e Israel, dos naciones en el suroeste de Asia —región también conocida como Medio Oriente— que tienen una frontera común. Durante mucho tiempo, Egipto e Israel habían sido enemigos y habían peleado varias guerras. Carter invitó a sus gobernantes a los Estados Unidos, y elaboraron un tratado de paz que se firmó en marzo de 1979.

Carter también esperaba disminuir las tensiones de la Guerra Fría con la Unión Soviética. Sus esperanzas desaparecieron en diciembre de 1979, cuando las tropas soviéticas invadieron Afganistán, un país asiático que tiene frontera con la Unión Soviética. Carter manifestó su oposición a ese intento de aumentar el poder soviético negándose a enviar atletas a los Juegos Olímpicos de 1980, celebrados en Moscú, la capital soviética. A principios de los años ochenta, las tensiones de la Guerra Fría iban en aumento.

▶ **El presidente Jimmy Carter *(arriba)***

REPASO ¿Cuáles fueron las dos naciones del Medio Oriente a las que Carter ayudó a elaborar un tratado de paz en 1979? **Idea principal y detalles**

Resume la lección

1968 Más de 500,000 soldados estadounidenses pelearon en Vietnam.

1969 El astronauta estadounidense Neil Armstrong fue la primera persona que caminó sobre la Luna.

1972 El viaje del presidente Nixon a China y la Unión Soviética ayudó a relajar las tensiones de la Guerra Fría.

LECCIÓN 3 REPASO

Verifica hechos e ideas principales

1. **Resumir** En una hoja aparte, completa el siguiente organizador gráfico con un resumen de los sucesos clave de la Guerra Fría.

Carrera espacial	Guerra de Vietnam	Nixon visita China

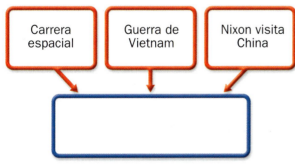

2. ¿Por qué preocupó a los estadounidenses el lanzamiento exitoso del satélite *Sputnik*?
3. **Razonamiento crítico: *Punto de vista*** ¿El presidente Johnson era un "halcón" o una "paloma"? Explica tu respuesta.
4. ¿Qué efecto tuvo el viaje de Nixon a China en las relaciones entre los Estados Unidos y China?
5. ¿Aumentaban o disminuían las tensiones de la Guerra Fría a principios de los años ochenta? Explica.

Enlace con las ciencias

Investiga sobre el espacio Hoy día los Estados Unidos y Rusia trabajan juntos en la Estación Espacial Internacional. Investiga sobre ella en libros o en la Internet. Escribe una composición de una página sobre la estación espacial. ¿Qué clase de experimentos se realizan actualmente en la estación espacial?

Destrezas: Mapas y globos terráqueos

Comprender proyecciones cartográficas

¿Qué son? En este libro has visto muchos mapas del mundo, como el de la página 629. En realidad, cada mapa es una **proyección cartográfica**, o sea, una forma de mostrar la Tierra redonda sobre una superficie plana, como una hoja de papel. Por ser esféricos como la Tierra, los globos terráqueos muestran lugares con precisión en cuanto a tamaño y forma. Los globos terráqueos también muestran distancias exactas entre lugares. Pero todos los mapas planos, o proyecciones cartográficas, tienen errores en tamaño, forma, distancia o dirección. Estos errores, llamados distorsiones, se deben a que no es posible mostrar nuestra redonda Tierra como si fuera una superficie plana sin que algo cambie. Cada proyección cartográfica tiene ventajas y desventajas.

¿Por qué las usamos? Un globo terráqueo es la forma más precisa de mostrar el mundo, pero nadie carga un globo cuando sale de viaje. En esos casos utilizamos mapas. Es importante entender la clase de mapa que estamos usando y el tipo de distorsión que tiene. Así entenderemos qué aparece con precisión en el mapa y qué aparece distorsionado.

Mapa A

Mapa B

¿Cómo las usamos?

Fíjate en el Mapa A. Se elaboró utilizando la proyección de Mercator. Gerardus Mercator presentó este tipo de mapa por primera vez en 1569. Si estudias el mapa, verás que las líneas de latitud son todas paralelas entre sí, como en un globo terráqueo. Pero las líneas de longitud también se ven paralelas. En un globo terráqueo, las líneas de longitud se unen en los polos norte y sur.

En una proyección de Mercator, las distancias, formas y tamaños de la Tierra son bastante exactos cerca del ecuador. Pero los lugares más al norte y al sur aparecen más grandes y alejados en el mapa de lo que realmente están. Por ejemplo, Groenlandia parece más grande que África, pero África en realidad es 14 veces más grande que Groenlandia.

Esta clase de mapa era útil para los marineros que zarpaban de Europa rumbo al este o al oeste porque les interesaba localizar lugares por su latitud.

Otro tipo de proyección es la de superficies iguales, como la del Mapa B. Esta proyección trata de corregir las distorsiones al mostrar todas las líneas de longitud —excepto el primer meridiano— en curva hacia los polos. Por consiguiente, el tamaño de los continentes se acerca más a su tamaño real que en la proyección de Mercator. Compara los tamaños de África y Groenlandia en este mapa. Compara la forma de los continentes en los dos mapas.

1. ¿Qué es una proyección cartográfica?
2. ¿En cuál mapa resultan más parecidos el tamaño de América del Sur y el de África?
3. ¿Qué tipo de mapa utilizarías para comparar el tamaño real de América del Norte y América del Sur?

LECCIÓN 4

1985 — 2000

1989 Cae el Muro de Berlín

1991 Irak es derrotado en la Guerra del Golfo Pérsico

2001 Miles de personas mueren en ataques terroristas a los Estados Unidos

Una mirada hacia el futuro

EN BREVE

Enfoque en la idea principal
La Guerra Fría por fin terminó a finales de los años ochenta y los Estados Unidos quedaron como la única superpotencia mundial.

PERSONAJES
Ronald Reagan
Mikhail Gorbachov
George Bush
Colin Powell
Bill Clinton
Madeleine Albright
George W. Bush

VOCABULARIO
Guerra del Golfo Pérsico
Internet

Estás ahí Es el 9 de noviembre de 1989, y algo sorprendente está sucediendo en la ciudad alemana de Berlín. Desde 1961, el Muro de Berlín ha dividido la ciudad. Berlín oriental es parte de la Alemania comunista mientras que Berlín occidental pertenece a la Alemania Federal y tiene un gobierno democrático y una economía de libre mercado.

Pero todo eso está cambiando ahora. Cientos de personas de Berlín oriental y occidental se subieron al Muro de Berlín, donde cantan y bailan. Algunos llevan martillos o hachas con los que desprenden pedazos del odiado muro.

El mundo entero tiene razón para celebrar. Durante 28 años, el Muro de Berlín fue un recordatorio de la Guerra Fría. Y ahora que se viene abajo, la Guerra Fría finalmente ha terminado.

Un trozo del Muro de Berlín

Idea principal y detalles Al leer, piensa en cómo ha cambiado el mundo desde el final de la Guerra Fría.

Termina la Guerra Fría

Al empezar los años ochenta, el final de la Guerra Fría parecía muy lejano. El nuevo presidente estadounidense, **Ronald Reagan,** llamó a la Unión Soviética un "imperio del mal". Reagan creía que los Estados Unidos necesitaban fortalecer su poder militar para bloquear los intentos soviéticos por extender el comunismo en todo el mundo; por lo tanto, incrementaron el gasto en armas nuevas y más potentes.

La Unión Soviética también gastaba grandes cantidades de dinero en armamento, pero su economía no era tan fuerte como la de los Estados Unidos. El alto costo de la carrera de armamentos estaba debilitando a la Unión Soviética.

En 1985, un nuevo gobernante llamado **Mikhail Gorbachov** llegó al poder en la Unión Soviética. Gorbachov empezó a reformar el país al otorgar al pueblo más libertad política y económica. También le dio más libertad a las naciones de Europa oriental.

Las relaciones entre la Unión Soviética y los Estados Unidos empezaron a mejorar. En 1987, Reagan y Gorbachov firmaron un nuevo tratado de control de armamentos. Por primera vez, los Estados Unidos y la Unión Soviética acordaron destruir parte de sus armas nucleares.

Después de ser vicepresidente ocho años durante el gobierno de Reagan, **George Bush** fue elegido presidente en 1989. Bush siguió colaborando con Gorbachov para relajar las tensiones de la Guerra Fría.

Mientras tanto, a medida que los pueblos de Europa oriental obtenían mayor libertad, empezaron a derrocar a sus gobiernos comunistas. En 1989, cayeron los gobiernos comunistas de Polonia, Hungría y en otras naciones más. En toda Europa oriental, los gobiernos comunistas empezaron a ser reemplazados por gobiernos elegidos y economías de mercado. El Muro de Berlín fue destruido. Después, en 1991, la propia Unión Soviética se dividió en 15 repúblicas independientes. "La Guerra Fría ha quedado atrás", anunció Gorbachov.

La Guerra Fría por fin había terminado. El presidente Bush dijo:

> ***"El fin de la Guerra Fría es una victoria clara para las fuerzas de la libertad y la democracia".***

REPASO ¿Qué reformas aplicó Mikhail Gorbachov en la Unión Soviética?
Idea principal y detalles

▶ **En 1987, el presidente Reagan se paró junto al Muro de Berlín y dijo desafiante: "¡Señor Gorbachov, tire abajo este muro!". Tres años después, el propio Reagan ayudó a demolerlo.**

El general Colin Powell se reunió con las tropas estadounidenses en Arabia Saudí antes de la operación Tormenta del Desierto.

Un nuevo papel en el mundo

Los Estados Unidos eran ahora la única superpotencia mundial, una posición que presentaba muchos retos. Por ejemplo, ¿cómo debían los Estados Unidos usar su poder? ¿Debían el gobierno y el ejército estadounidenses tener un papel protagónico en el esfuerzo de poner fin a los conflictos en el mundo?

Los Estados Unidos se hicieron esas preguntas en la **Guerra del Golfo Pérsico.** En 1990, Irak, una nación del Medio Oriente, invadió a su vecino, Kuwait. El dictador de Irak, **Saddam Hussein,** quería controlar los ricos yacimientos de petróleo de Kuwait.

El presidente Bush decidió cooperar con otras naciones para obligar a Irak a salir de Kuwait. Las Naciones Unidas exigieron a Irak abandonar Kuwait, pero Hussein se negó. En enero de 1991, los Estados Unidos encabezaron una alianza de más de 20 naciones en la operación Tormenta del Desierto, un ataque contra las fuerzas iraquíes en Kuwait. Por ser el oficial de más alto rango en las fuerzas armadas estadounidenses, el general **Colin Powell** fue uno de los que planearon la Tormenta del Desierto. Después de sólo seis semanas de lucha, Irak fue expulsado de Kuwait.

El presidente **Bill Clinton,** elegido en 1992, siguió cooperando con otras naciones para resolver conflictos en el mundo. Una de las personas que lo ayudó a tomar decisiones fue **Madeleine Albright,** quien se convirtió en secretaria de Estado en 1997. Albright, la primera mujer en ocupar este cargo, creía que la cooperación entre las naciones era la clave para la paz. Decía:

> ***"Debemos mantener alianzas fuertes; son la mejor manera de prevenir la guerra".***

Albright prestó sus servicios hasta 2001, año en que Colin Powell se convirtió en el nuevo secretario de Estado. Powell fue el primer afroamericano en dirigir esa secretaría.

REPASO ¿Qué causó la Guerra del Golfo Pérsico y cómo terminó? **Secuencia**

El fin de un siglo

El presidente Clinton fue reelegido en 1996. Sin embargo, al igual que Nixon, enfrentó un grave escándalo durante su segundo período como presidente. Durante la investigación de sus actos, Clinton mintió bajo juramento. En 1998, la Cámara de Representantes votó a favor de que se le hiciera a juicio político. Clinton fue el segundo presidente en enfrentar un juicio de ese tipo. Después de enjuiciarlo en el Senado, los senadores votaron a favor de que Clinton permaneciera en su cargo.

Las elecciones presidenciales del año 2000 fueron unas de las más reñidas en la historia estadounidense. **George W. Bush,** hijo del presidente George Bush, se enfrentó a Al Gore, vicepresidente durante los ocho años del gobierno de Bill Clinton. Gore obtuvo 50.9 millones de votos y Bush, 50.4 millones. Sin embargo, Bush obtuvo el voto del colegio electoral por 271 contra 266. Así, en 2001 Bush se convirtió en el presidente número 43.

Uno de los grandes avances de los años noventa fue el nacimiento de la Internet. Quizá sepas que la **Internet** es una red mundial de computadoras pero, ¿sabías que fue resultado de la Guerra Fría? Durante los años sesenta, el gobierno de los Estados Unidos quería construir un sistema de comunicaciones que funcionara aun después de un ataque nuclear. A los científicos estadounidenses se les ocurrió la idea de enlazar las computadoras. En un principio, sólo el ejército y las universidades usaban esta red. Actualmente, millones de personas utilizan la Internet todos los días.

REPASO ¿Quiénes fueron los dos candidatos principales en las elecciones presidenciales de 2000? **Idea principal y detalles**

▶ **El presidente George W. Bush *(arriba)***

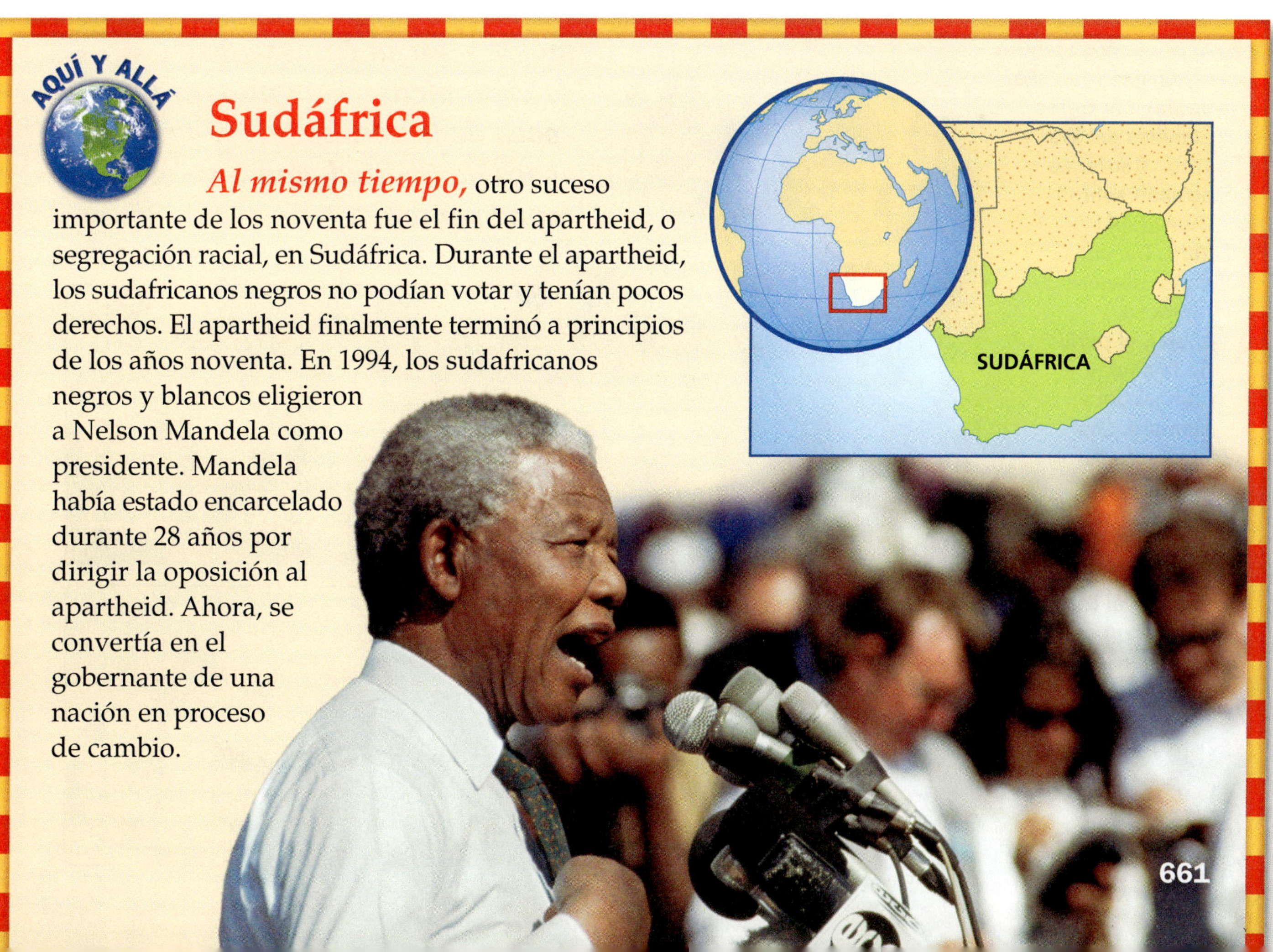

Sudáfrica

Al mismo tiempo, otro suceso importante de los noventa fue el fin del apartheid, o segregación racial, en Sudáfrica. Durante el apartheid, los sudafricanos negros no podían votar y tenían pocos derechos. El apartheid finalmente terminó a principios de los años noventa. En 1994, los sudafricanos negros y blancos eligieron a Nelson Mandela como presidente. Mandela había estado encarcelado durante 28 años por dirigir la oposición al apartheid. Ahora, se convertía en el gobernante de una nación en proceso de cambio.

El pueblo se une

Quizá pienses que la historia es algo que sucedió hace mucho tiempo. No es así: uno de los sucesos más traumáticos en la historia de los Estados Unidos ocurrió el 11 de septiembre de 2001. Ese día, un grupo de terroristas llevó a cabo una serie de ataques contra nuestro país. Un terrorista es una persona que utiliza la violencia y el miedo para alcanzar sus metas.

Los estadounidenses nunca olvidaremos la mañana del 11 de septiembre de 2001. Los terroristas secuestraron, o capturaron por la fuerza, cuatro aviones que en total llevaban 226 personas. Luego hicieron estrellar dos de esos aviones contra las torres gemelas del World Trade Center, en la Ciudad de Nueva York. Ambos edificios, cada uno de 110 pisos, fueron completamente destruidos. Los terroristas estrellaron un tercer avión contra el Pentágono, donde se encuentran las oficinas del Departamento de Defensa, cerca de Washington, D.C. El cuarto avión se estrelló en un campo de Pennsylvania. Alrededor de 3,000 personas murieron a causa de estos terribles ataques.

El pueblo estadounidense mostró su valentía y su bondad al enfrentar un desafío tan grande. Los bomberos, policías y trabajadores de rescate llegaron pronto a los lugares de la tragedia, arriesgando su propia vida para salvar las de otras personas. En ciudades y pueblos de todo el país, mucha gente se presentó voluntariamente para donar sangre y así ayudar a los heridos. Millones de personas de todas las edades donaron alimentos, ropa y dinero.

El gobierno y el ejército de los Estados Unidos empezaron de inmediato a planificar nuevas formas de combatir el terrorismo y prevenir nuevos ataques. En un discurso pronunciado el 20 de septiembre, el presidente George W. Bush le pidió al país que se preparara para una guerra larga y difícil contra grupos terroristas de todo el mundo. También elogió al pueblo estadounidense por la forma en que se unió, y expresó sus esperanzas para el futuro:

"Mientras los Estados Unidos mantengan su firmeza y su determinación, ésta no será una época de terror. Ésta será una época de libertad aquí y en el mundo entero".

Antes de los ataques terroristas (derecha, arriba), las torres gemelas del World Trade Center se alzaban sobre la Ciudad de Nueva York. Después de los ataques (derecha, abajo), el perfil de la ciudad cambió para siempre. Los bomberos de Nueva York *(derecha)* demostraron la fortaleza de su espíritu al izar la bandera estadounidense en el lugar de los ataques.

Al permanecer unidos, los estadounidenses dejaron en claro que mantenían su firmeza y su determinación. Como leíste en la primera lección de este libro, nuestro país tiene una población numerosa y muy variada, con diferentes orígenes, pero todos compartimos ideales como la libertad, la justicia y la igualdad. Después de los ataques del 11 de septiembre de 2001, estos ideales comunes ayudaron a que los estadounidenses se unieran para enfrentar los desafíos.

El pueblo estadounidense, además, no se encontró solo. Desde todas partes del mundo llegaron mensajes de solidaridad y apoyo, y los líderes de muchas naciones se sumaron de inmediato a la lucha contra el terrorismo. "Éstos son ataques contra los valores democráticos fundamentales en los que todos creemos", dijo Tony Blair, primer ministro de Gran Bretaña.

El gobierno de los Estados Unidos estableció que los ataques del 11 de septiembre fueron planificados por un grupo terrorista basado en Afganistán, un país de Asia central. A principios de octubre, los Estados Unidos y sus aliados iniciaron acciones militares contra los terroristas.

REPASO ¿Cómo respondieron los estadounidenses a los ataques terroristas del 11 de septiembre de 2001? **Idea principal y detalles**

BANCO DE DATOS

Los héroes ayudan a los demás

El 11 de septiembre de 2001, más de 300 bomberos, policías y trabajadores de rescate perdieron la vida en el esfuerzo de salvar a otras personas. Los estadounidenses honraron a estos héroes haciendo lo mismo: ayudando a los demás.

Estas personas hacen fila para donar sangre en Chicago. En todo el país se formaron filas similares, y mucha gente esperó durante horas para hacer su contribución.

Este perro de búsqueda, llamado Porkchop, tuvo que ser atendido por médicos después de trabajar en la búsqueda de víctimas en el World Trade Center.

Estos estudiantes de Burnet, Texas, recolectaron cerca de 3,000 animales de peluche y juguetes para enviárselos a los niños de Nueva York.

Con la mirada en el futuro

Piensa en algunos de los grandes acontecimientos de los que has leído en este libro. Sabes que, a finales del siglo XVIII, los estadounidenses lucharon por obtener su independencia de Gran Bretaña y por formar un nuevo país. A finales del siglo XIX, la nación casi se dividió por la Guerra Civil. En el siglo XX, los Estados Unidos pelearon en dos guerras mundiales, mientras que los ciudadanos estadounidenses seguían luchando por obtener igualdad de derechos en su país. Hoy los estadounidenses enfrentan el reto del terrorismo en los Estados Unidos y en el resto del mundo. Al mirar hacia el futuro, vemos nuevos retos, pero también nuevas oportunidades.

¿Qué crees que sucederá en el futuro? Por ejemplo, ¿crees que tengamos éxito en acabar con el terrorismo? ¿Cuál crees que será el invento más importante del siglo XXI? ¿Crees que nuevas medicinas le permitan a la mayoría de las personas vivir más de cien años? ¿Encontraremos nuevas maneras de conservar los recursos naturales y de proteger nuestro ambiente?

BANCO DE DATOS

Retos del siglo XXI

Has leído sobre muchos de los retos que han enfrentado los Estados Unidos a lo largo de su historia. ¿Qué retos enfrentarán los estadounidenses en el futuro?

Los Estados Unidos y Rusia fueron enemigos durante la Guerra Fría, pero ahora cooperan en la exploración del espacio. ¿Qué descubrimientos se harán en el espacio?

Gracias a las computadoras, ahora es mucho más fácil compartir información y mantenerse en contacto con personas en todo el mundo. ¿Cómo seguirán cambiando las computadoras y la Internet nuestras vidas?

Conforme el mundo cambia, los Estados Unidos y sus aliados se preparan para enfrentar nuevos tipos de amenazas. ¿Crees que las naciones enfrenten diferentes tipos de guerras en relación con las guerras del pasado?

Los científicos han dado nuevas esperanzas a personas con lesiones serias o enfermedades que amenazan la vida. ¿Qué descubrimientos médicos mejorarán la vida en el futuro?

No sólo es fascinante pensar en estas preguntas. También es muy importante, porque en el futuro harás más que pensar en ellas. Tú y tus compañeros serán quienes ayuden a responderlas. Y las respuestas que tú y otros encuentren tal vez lleguen a las páginas de los libros de historia que estudiarán tus hijos y nietos.

REPASO ¿Cuál es una de las preguntas que tienes sobre el futuro? Haz una pregunta y agrégala a la lista de preguntas que se incluyen en esta página. **Idea principal y detalles**

Resume la lección

1989 Cayó el Muro de Berlín, símbolo de la Guerra Fría.

1991 Los Estados Unidos y sus aliados expulsaron a Irak de Kuwait en la Guerra del Golfo Pérsico.

2001 Miles de personas murieron en ataques terroristas a los Estados Unidos.

LECCIÓN 4 REPASO

Verifica hechos e ideas principales

1. **Idea principal y detalles** En una hoja aparte, completa el organizador gráfico escribiendo tres cambios importantes ocurridos a partir de 1980.

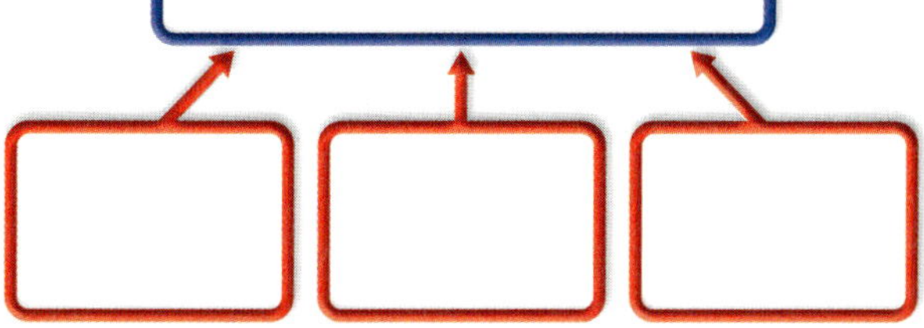

El mundo ha cambiado desde principios de los años ochenta.

2. ¿Mejoraron las relaciones entre los Estados Unidos y la Unión Soviética durante los años ochenta? Explica.
3. ¿Cómo contribuyó la Guerra Fría al desarrollo de la Internet?
4. ¿Estuvieron solos los Estados Unidos en su lucha contra el terroismo luego de los ataques del 11 de septiembre de 2001? Explica.
5. **Razonamiento crítico: *Predecir*** Vuelve a leer la lista de preguntas de esta página. Elige una de ellas, o haz tu propia pregunta sobre el futuro. Después escribe una composición de una página en la que contestes la pregunta con tus predicciones para el futuro.

Enlace con la escritura

Mira hacia el futuro Escribe una composición de una página en la que describas el reto que te parezca más importante para los Estados Unidos hoy día. Explica qué puedes hacer para ayudar a superar ese reto.

HÉROES CÍVICOS

¡Al rescate!

En un día de terribles ataques, la acción heroica de los bomberos de Nueva York salvó miles de vidas.

La compañía de bomberos Ladder Company 21 de la Ciudad de Nueva York tiene una larga historia; desde 1890 apaga incendios y salva vidas. En sus inicios, los bomberos iban al rescate en un camión jalado por tres caballos. Hoy Ladder Company 21 usa computadoras y camiones modernos. Sin embargo, algunas cosas no han cambiado. Apagar incendios sigue siendo un trabajo peligroso que exige gran valor. Por eso los neoyorquinos le han puesto a los bomberos de esa ciudad el sobrenombre de "Los Más Valientes de Nueva York".

En la mañana del 11 de septiembre de 2001, unos terroristas estrellaron dos aviones en las torres del World Trade Center. La solicitud de auxilio llegó de inmediato a todas las estaciones de bomberos de la ciudad. En Ladder Company 21, Benjamin Suárez, como muchos otros de sus compañeros, estaba por terminar su turno de 24 horas. Pero Suárez ni siquiera pensó en irse a descansar. Llamó a su esposa y le dijo:

> ***"Tengo que ayudar a la gente".***

Enseguida, él y otros compañeros saltaron a los camiones y se apresuraron a llegar al lugar de los hechos.

Cuando llegaron los bomberos desde todas las estaciones de la ciudad, observaron que las torres gemelas del World Trade Center se estaban incendiando. Entraron de inmediato y subieron por las escaleras. "Los vimos subir las escaleras cuando nosotros bajábamos", dijo una mujer que escapó de una de las torres. Los bomberos ayudaron a muchas personas que estaban heridas o perdidas en medio del humo. Con su ayuda, miles de personas pudieron salir hasta un lugar seguro.

VALORES CÍVICOS
Bondad
Respeto
Responsabilidad
Justicia
Honestidad
★ Valentía

Pero no todos sobrevivieron. Alrededor de 3,000 personas quedaron atrapadas en los edificios cuando éstos colapsaron. Más de 300 bomberos, incluso Benjamin Suárez, murieron al salvar la vida de otros. Como tantos otros héroes en ese día terrible, Suárez antepuso su deseo de ayudar a los demás a su propia seguridad. "Eso quería hacer Benny", dijo el capitán Michael Farrell de la Ladder Company 21.

En los días siguientes a los ataques terroristas, los vecinos visitaron la Ladder Company 21 para dar el pésame por los bomberos que perdieron la vida. Muchas personas dejaban flores o hacían donaciones para las familias de los bomberos. Los niños escribieron cartas en las que les daban las gracias por salvar vidas. Algunos niños hicieron dibujos donde mostraban a bomberos en el momento de realizar acciones de gran valentía. Los bomberos colgaron esas cartas y dibujos en las paredes de la estación. Escenas similares ocurrieron en todas las estaciones de bomberos de la ciudad.

Rudolph Giuliani, alcalde de la Ciudad de Nueva York, agradeció a los bomberos su increíble valentía:

> ***"Sin valentía, nada es posible. Y no hay mejor ejemplo, ninguno, que el valor del Departamento de Bomberos de la Ciudad de Nueva York".***

Los bomberos de la Ciudad de Nueva York no sólo salvaron miles de vidas. Sus acciones inspiraron a la nación entera. En un momento de temor y peligro, ayudaron a los estadounidenses a tener la valentía de enfrentar momentos difíciles.

La valentía en acción

Enlace con temas de hoy **Diariamente, los bomberos, oficiales de policía y otras personas que trabajan rescatando a otros realizan actos heroicos en comunidades de toda la nación. Lee un periódico de tu comunidad para enterarte de las acciones recientes de los bomberos u otros trabajadores de emergencias de tu localidad. ¿Qué acciones realizaron? ¿De qué manera esas acciones mostraron valentía?**

CAPÍTULO 19
REPASO

1945	1955	1965

1945 Se forman las Naciones Unidas

1950 Empieza la Guerra de Corea

1963 Martin Luther King, Jr., encabeza una marcha por los derechos civiles en Washington, D.C.

Resumen del capítulo

Destreza clave

Resumir

En una hoja aparte, completa el organizador gráfico escribiendo cuatro detalles del capítulo.

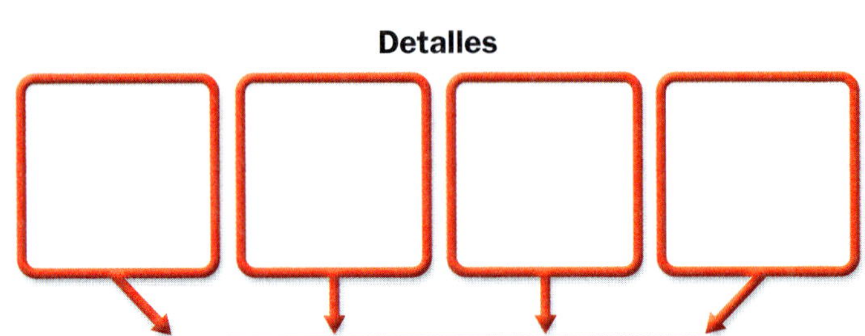
Detalles
Muchos cambios importantes han ocurrido en los Estados Unidos y el resto del mundo desde el fin de la Segunda Guerra Mundial.
Resumen

▶ Un fragmento de roca lunar

Vocabulario

Relaciona cada término con la definición o descripción correcta.

1. **comunismo** (p. 637)
2. **carrera de armamentos** (p. 641)
3. **carrera espacial** (p. 651)
4. **control de armamentos** (p. 654)
5. **Internet** (p. 661)

a. convenio para limitar la producción de armamentos

b. competencia para construir armas más poderosas

c. sistema político y económico en el que el gobierno es propietario de la tierra y las empresas

d. red mundial de computadoras

e. competencia para explorar el espacio

Personajes y términos

Escribe una oración que explique por qué cada uno de los términos y personajes siguientes fueron importantes para los Estados Unidos en el siglo XX. Puedes usar dos o más en una misma oración.

1. **Cortina de Hierro** (p. 638)
2. **Guerra de Corea** (p. 639)
3. **crisis de los misiles en Cuba** (p. 640)
4. **Thurgood Marshall** (p. 643)
5. **Rosa Parks** (p. 644)
6. **John Glenn** (p. 651)
7. **Guerra de Vietnam** (p. 653)
8. **Guerra del Golfo Pérsico** (p. 660)
9. **Colin Powell** (p. 660)
10. **Madeleine Albright** (p. 660)

1975 1985 1995 2005

1969 Dos astronautas estadounidenses caminan sobre la Luna

1972 El presidente Nixon viaja a China

1981 Sandra Day O'Connor se convierte en la primera mujer nombrada jueza de la Corte Suprema

1989 Cae el Muro de Berlín

2001 Miles mueren en un ataque terrorista a los Estados Unidos

Hechos e ideas principales

1. ¿Por qué se crearon las Naciones Unidas?
2. ¿Qué logró la Ley del Derecho al Voto de 1965?
3. ¿Cómo ha cambiado la Internet nuestra vida?
4. **Línea cronológica** ¿Cuántos años después de la creación de las Naciones Unidas empezó la Guerra de Corea?
5. **Idea principal** ¿Qué era la Guerra Fría y qué países participaron en ella?
6. **Idea principal** Menciona algunos sucesos clave en la lucha afroamericana por obtener derechos civiles e igualdad de oportunidades.
7. **Idea principal** ¿Cómo se siguieron oponiendo los Estados Unidos a la expansión del comunismo en los años sesenta y setenta?
8. **Idea principal** ¿Cuáles han sido algunos de los retos que enfrentaron los Estados Unidos al terminar la Guerra Fría?
9. **Razonamiento crítico: *Evaluar*** ¿En qué podrían ayudar a los Estados Unidos reuniones como la del presidente Nixon y el gobernante chino Mao Tse-tung?

Aplica las destrezas

Comprender proyecciones cartográficas

Analiza el siguiente mapa y después contesta las preguntas.

1. ¿Es ésta una proyección de Mercator o una proyección de superficies iguales? Explica.
2. Compara este mapa con el Mapa B de la página 657. ¿En qué se parecen? ¿En qué se diferencian?
3. ¿Cuál mapa crees que es mejor para medir la distancia entre América del Norte y Asia? ¿Por qué?

Escribe sobre la historia

1. **Escribe una lista de esperanzas** para el futuro de los Estados Unidos.
2. **Escribe un reportaje para un noticiero de televisión** sobre la crisis de los misiles en Cuba.
3. **Escribe un cuento** sobre Rosa Parks y el boicot a los autobuses de Montgomery.

Actividad en la Internet

Para obtener ayuda con el vocabulario, los personajes y los términos, selecciona el diccionario o la enciclopedia de la *Biblioteca de Estudios sociales* en **www.estudiossocialessf.com.**

UNIDAD 9

Terminemos con una canción

La bandera estadounidense ha inspirado a artistas y escritores por más de doscientos años. A principios del siglo XX, el compositor estadounidense George M. Cohan escribió su propio homenaje a la bandera. Lee la letra de *"You're a Grand Old Flag"*. ¿Qué dice Cohan sobre la bandera y sobre la nación que ella representa?

por George M. Cohan

Nuestra gran bandera,
la que vuela más alto.
¡Qué se eleve en paz
para siempre!
Emblema de la tierra querida,
tierra de los libres y valientes.

Los corazones palpitan leales,
ante el rojo, el blanco y el azul,
donde sólo se dicen verdades.
Si algún día empiezas a olvidar,
en nuestra gran bandera no
dejes de pensar.

"You're a Grand Old Flag"
Words and Music by George M. Cohan
do
You're a grand old flag, you're a high - fly - ing flag;
And for - ev - er in peace may you wave;
You're the em - blem of the land I love,
The home of the free and the brave.
Ev - 'ry heart beats true un - der red, white, and blue,
Where there's nev - er a boast or brag;
But should auld ac - quaint - ance be for - got,
Keep your eye on the grand old flag.

UNIDAD 9

Repaso

Ideas principales y vocabulario

LISTOS para los EXÁMENES

Lee el texto y úsalo para contestar las preguntas.

A principios del siglo XX, ocurrieron cambios en los Estados Unidos como resultado de participar en actividades dentro y fuera de sus fronteras. Los reformistas exigían la conservación de los recursos naturales. Los periodistas de denuncia exponían las condiciones vergonzosas de algunas industrias como la del procesamiento de alimentos.

En 1917, los Estados Unidos se unieron a las Potencias Aliadas para luchar en contra de las Potencias Centrales en la Primera Guerra Mundial. Debido a la guerra, muchas mujeres y afroamericanos comenzaron a trabajar en las fábricas, y después de la guerra, las mujeres obtuvieron el derecho al voto.

Los años veinte trajeron mejores condiciones de vida para muchos. El cine, la radio y los automóviles cambiaron la manera de divertirse y transportarse.

En 1929, con la caída de la bolsa de valores, empezó la Gran Depresión. Muchos trabajadores perdieron su empleo pero los programas del Nuevo Trato fueron un intento de ayudar a la nación a recuperarse.

La Segunda Guerra Mundial ayudó a los Estados Unidos a salir de la Gran Depresión. Una tercera parte de la producción total de la nación se destinó al esfuerzo de guerra, y se crearon muchos nuevos empleos.

Después de la guerra, los Estados Unidos y la Unión Soviética se enfrentaron en la Guerra Fría. Durante esa época, las dos naciones competían por la creación de armamentos más poderosos y la exploración del espacio.

A finales del siglo XX, la vida de los estadounidenses era muy distinta que al comenzar el siglo. Con el fin de a Guerra Fría, los Estados Unidos quedaron como la única superpotencia. Había más oportunidades que en el pasado, y nuevas tecnologías, como la Internet, mejoraron las comunicaciones.

1. Según el texto, ¿por qué las mujeres y los afroamericanos encontraron nuevos empleos durante la Primera Guerra Mundial?
   - **A** Las fábricas necesitaban trabajadores.
   - **B** Se crearon nuevas leyes.
   - **C** Los reformistas insistían en que se contratara a mujeres y afroamericanos.
   - **D** La Decimonovena Enmienda exigía mejores empleos.

2. En el texto, periodistas de denuncia significa:
   - **A** inventores
   - **B** soldados
   - **C** escritores que exponían las malas condiciones
   - **D** activistas a favor de los derechos civiles

3. En el texto, bolsa de valores significa:
   - **A** mercado donde se comercia ganado
   - **B** mercado donde se comercian acciones de empresas
   - **C** mercado donde se comercian tierras
   - **D** mercado donde se ofrecen empleos

4. ¿Cuál es la idea principal del texto?
   - **A** Los reformistas exponían las malas condiciones.
   - **B** El siglo XX trajo cambios en el estilo de vida estadounidense.
   - **C** Los Estados Unidos pelearon en varias guerras.
   - **D** Nuevos inventos cambiaron la vida en los Estados Unidos.

En los exámenes

Reduce las posibles respuestas. Si sabes que una respuesta está equivocada, descártala.

Personajes y lugares

Relaciona cada personaje y lugar con su definición.

1. **canal de Panamá** (p. 605)
2. **Versalles, Francia** (p. 611)
3. **Kitty Hawk** (p. 617)
4. **George W. Bush** (p. 661)
5. **César Chávez** (p. 648)
6. **Maya Ying Lin** (p. 653)

a. lugar donde se firmó el tratado de paz de la Primera Guerra Mundial

b. presidente en 2001

c. luchó para mejorar las condiciones de los trabajadores agrícolas

d. diseñadora del Monumento a los caídos en la Guerra de Vietnam

e. construido por los Estados Unidos para unir los océanos Atlántico y Pacífico

f. sitio del primer vuelo en aeroplano

Aplica las destrezas

Haz un cartel de caricaturas políticas Haz un cartel con caricaturas políticas tomadas de periódicos o revistas. Puedes agregar caricaturas que tú mismo hayas dibujado. Debajo de cada caricatura escribe una o dos oraciones que expliquen de qué se trata la caricatura y qué punto de vista expresa sobre el tema.

Escribe y comenta

Presenta una línea cronológica Divide la clase en 10 grupos. Cada grupo preparará una línea cronológica que muestre los principales sucesos de alguna década del siglo XX: 1901–1910, 1911–1920, etc. Utiliza tu libro de texto y otros recursos para identificar los sucesos importantes de cada década. Después, prepara ilustraciones sobre los sucesos seleccionados. Cada grupo hará una presentación breve sobre esos sucesos, acompañada de las ilustraciones.

Lee por tu cuenta

Busca libros como éstos en la biblioteca.

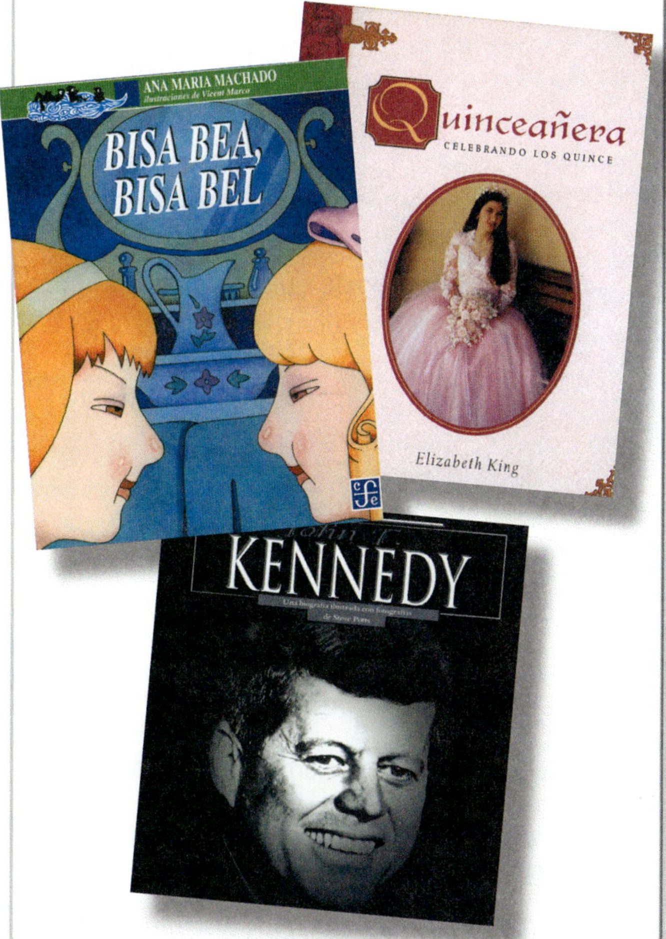

UNIDAD

Proyecto 9

Ayer y hoy

Recuerda el pasado en un documental.

1 **Forma** un equipo y elige una década del siglo XX.

2 **Investiga** sobre sucesos históricos, avances tecnológicos y cambios en la vida diaria que hayan ocurrido durante la década que elegiste.

3 **Pide** a cada miembro del equipo que represente un personaje de esa época. Escribe lo que dirá cada uno en el documental y decide quién hablará primero, quién segundo, y así sucesivamente.

4 **Haz** una presentación frente a la clase. Si cuentas con una cámara de video, graba tu presentación.

Actividad en la Internet

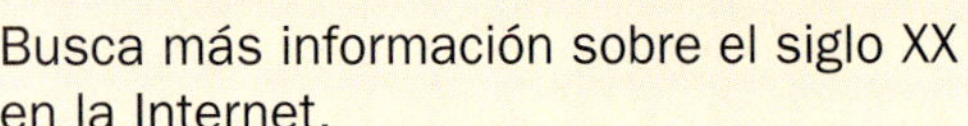

Busca más información sobre el siglo XX en la Internet.
Visita **www.estudiossocialessf.com/actividades** y selecciona tu grado y unidad

El hemisferio occidental

Una introducción visual

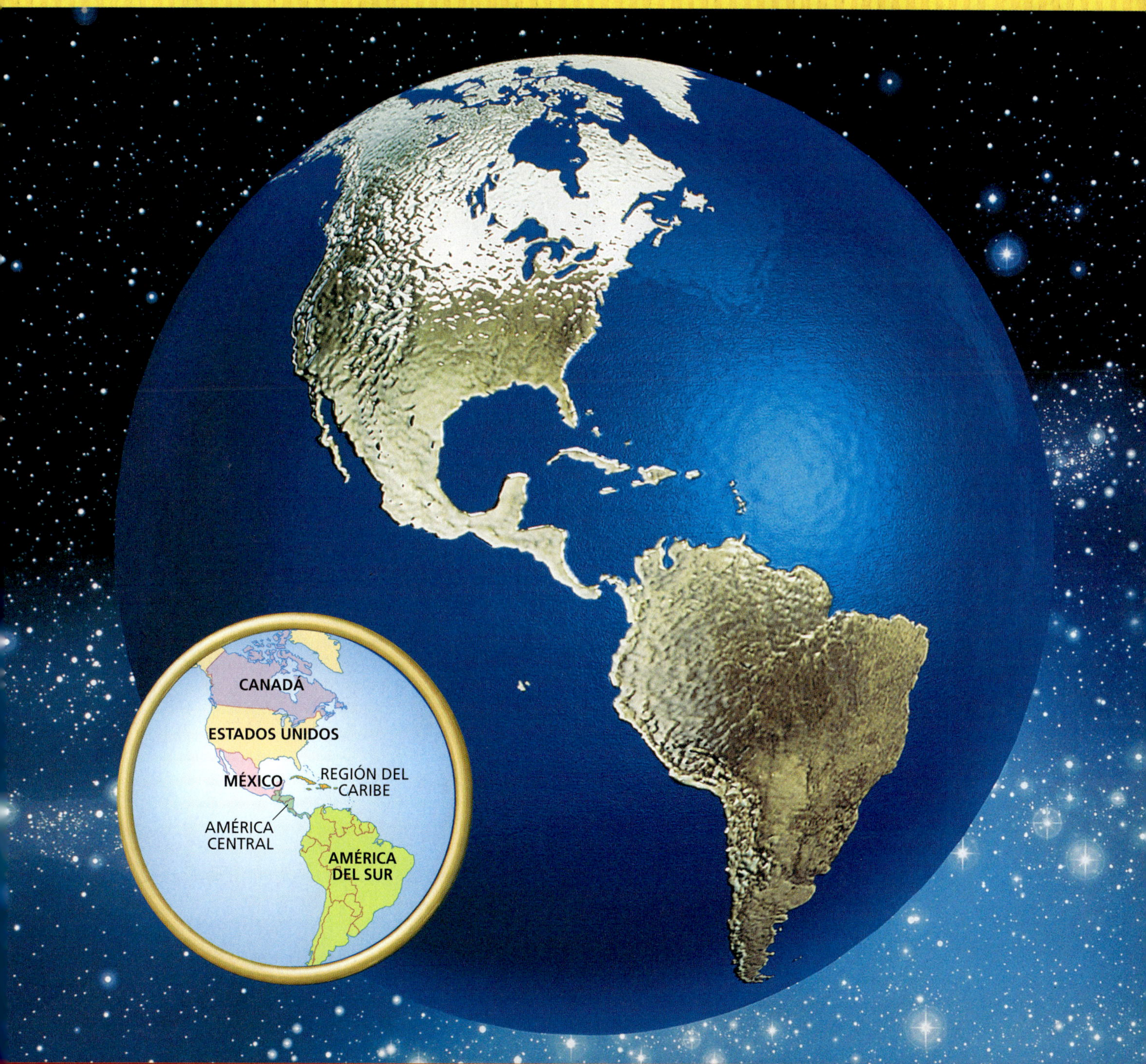

¿Quiénes son nuestros vecinos en el hemisferio occidental?

Canadá

Capital
Ottawa

Población
31,278,097

Superficie
3,851,800
millas cuadradas

Idiomas oficiales
Inglés y francés

El Escudo Canadiense ocupa casi la mitad del territorio del Canadá. Ahí se encuentran algunas de las rocas más antiguas de América del Norte.

La isla Ellesmere es la parte del Canadá que se encuentra más al norte, cerca del polo norte.

En la bahía de Fundy hay una diferencia muy grande entre la marea alta y la marea baja. Se han registrado mareas altas de hasta 50 pies más que la marea baja.

Historia del Canadá

1896
Descubren oro cerca del río Klondike, en lo que hoy es el territorio del Yukón

1974
Se declara al francés el idioma oficial de Quebec

1867
El Acta de la América del Norte Británica establece el Dominio del Canadá

40,000–10,000 años atrás
Los primeros pobladores cruzan de Asia a América del Norte

1763
El Tratado de París otorga Canadá a Gran Bretaña y expulsa a los franceses de gran parte de América del Norte

1000 — 1200 — 1400 — 1600 — 1800 — 2000

1000
Exploradores vikingos llegan a Terranova

1608
Samuel de Champlain funda la ciudad de Quebec

1885
Canadá termina de construir su ferrocarril transcontinental

1931
Se proclama al Canadá dominio autónomo dentro del imperio británico

1999
Las tierras inuits se convierten en el nuevo territorio de Nunavut

El Canadá en la actualidad

Por sus hermosos paisajes naturales, el Canadá es uno de los lugares preferidos por los turistas.

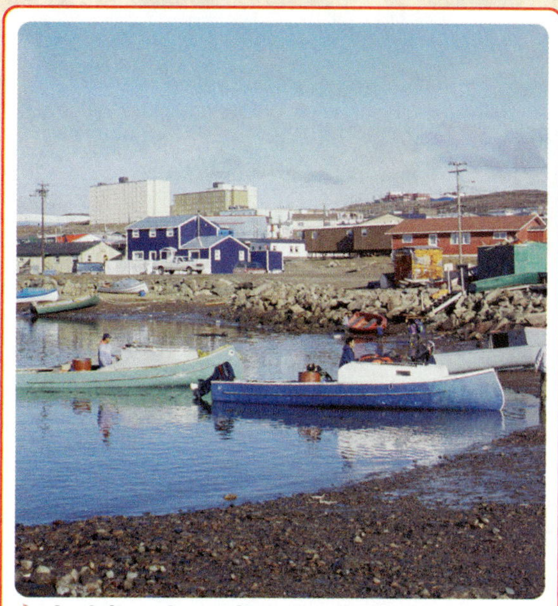

Iqaluit es la capital y la comunidad con mayor número de habitantes del recién creado territorio de Nunavut.

Toronto es la ciudad más grande del Canadá.

Lee por tu cuenta

Busca libros como éstos en la biblioteca.

México

Capital
Ciudad de México

Población
100,349,766

Superficie
761,600
millas cuadradas

Idioma oficial
Español

Mexicali
Río Colorado
DESIERTO DE SONORA
BAJA CALIFORNIA
30°N
Baja California
Golfo de California
SONORA
Hermosillo
Isla Cedros
Punta Eugenia
CHIHUAHUA
Chihuahua
Río Yaqui
SIERRA MADRE OCCIDENTAL
Río Conchos
115°O
MESETA DE MÉXICO
25°N
110°O
BAJA CALIFORNIA SUR
DURANGO
Trópico de Cáncer
Río Nazas
Culiacán
La Paz
SINALOA
Durango
Cabo San Lucas
ZACATECAS
Zacatecas
NAYARIT
AGUASCALIENTES
Islas Marías
Tepic
Río Grande de Santiago
Aguascalientes
Cabo Corrientes
Guadalajara
JALISCO
Lago de Chapala
TIERRAS
Colima
COLIMA
MICHOACÁN
105°O

El desierto de Sonora es el de temperatura más alta en toda América del Norte. Ahí se encuentra gran variedad de plantas, como el enorme cactus saguaro.

▶ **El volcán de Orizaba —con una altura de más de 18,400 pies— es la cumbre más alta de México.**

Capital nacional
Capital del estado
Límite del estado
Frontera internacional
Carretera Panamericana

▶ **Diversos pueblos, animales y plantas habitan en las densas selvas tropicales de la península de Yucatán.**

30°N
25°N
20°N
95°O
90°O
85°O
100°O
N
Trópico de Cáncer
Río Grande
Río Bravo del Norte
COAHUILA
Río Salado
SIERRA MADRE ORIENTAL
NUEVO LEÓN
Monterrey
Saltillo
TAMAULIPAS
Ciudad Victoria
Río Tamesí
LLANURA COSTERA DEL GOLFO
SAN LUIS POTOSÍ
San Luis Potosí
GUANAJUATO
Guanajuato
QUERÉTARO
Querétaro
Río Lerma
L. de Cuitzeo
HIDALGO
Pachuca
Morelia
Ciudad de México
D.F.
Toluca
MÉXICO
TLAXCALA
Tlaxcala
Jalapa Enríquez
VERACRUZ
Puebla
Pico de Orizaba
Cuernavaca
MORELOS
PUEBLA
Río Balsas
ALTAS
SIERRA MADRE DEL SUR
Chilpancingo
DEL SUR
GUERRERO
Oaxaca
OAXACA
Istmo de Tehuantepec
Río Grijalva
Carretera Panamericana
Golfo de Tehuantepec
Tuxtla Gutiérrez
SIERRA MADRE DE CHIAPAS
CHIAPAS
TABASCO
Villahermosa
Bahía de Campeche
Campeche
CAMPECHE
Mérida
YUCATÁN
PENÍNSULA DE YUCATÁN
QUINTANA ROO
Chetumal
Isla de Cozumel
Canal de Yucatán
CUBA
BELICE
Golfo de Honduras
GUATEMALA
HONDURAS

Historia de México

2000
El gobierno de un solo partido llega a su fin con la elección del presidente Vicente Fox Quesada

1862
Los mexicanos derrotan a los franceses en la Batalla de Puebla, que se celebra el 5 de mayo

1821
México logra su independencia de España

1300 1400 1500 1600 1700 1800 1900 2000

1325
Los aztecas fundan Tenochtitlan como el centro de su imperio

1519–1521
El conquistador español Hernán Cortés derrota a los aztecas y funda la Ciudad de México en Tenochtitlan

1848
En la Guerra con los Estados Unidos, México pierde gran parte de su territorio

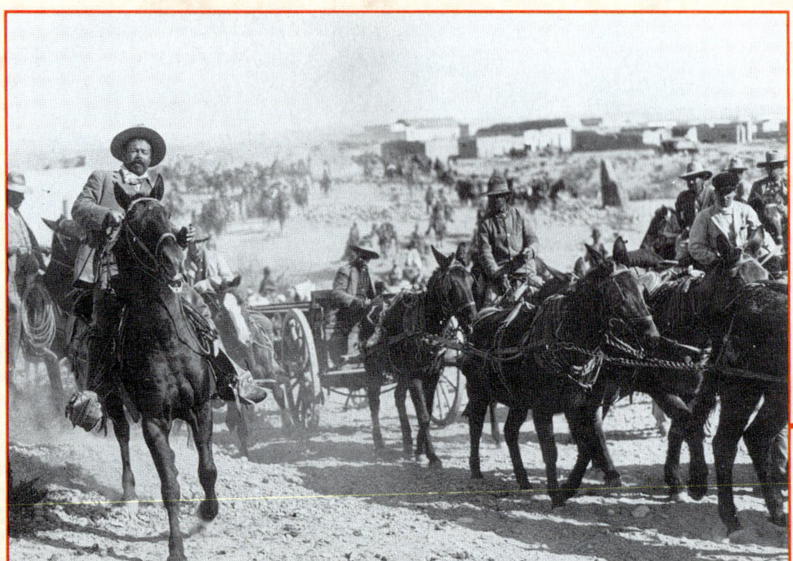

1910–1920
La Revolución Mexicana pone fin a la dictadura y da inicio a las reformas de gobierno

México en la actualidad

La capital del país, la Ciudad de México, es una de las ciudades más grandes y más pobladas del mundo.

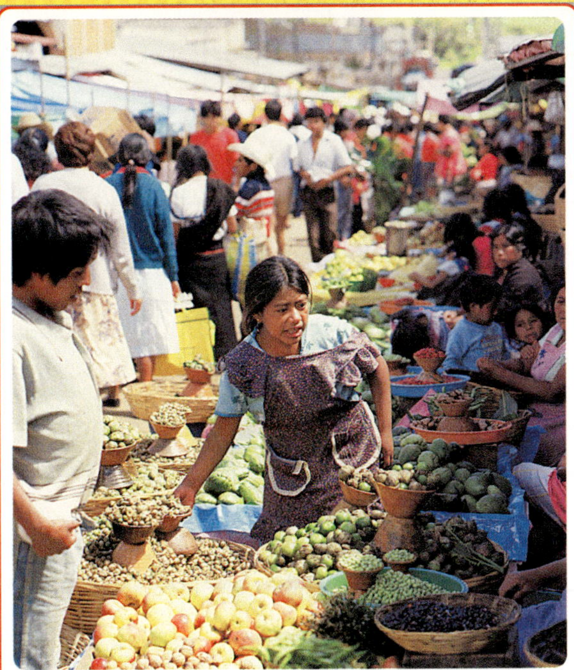

Prácticamente cualquier ciudad y pueblo de México tiene mercados como éste que se encuentra en Chiapas, donde los campesinos venden o intercambian sus productos.

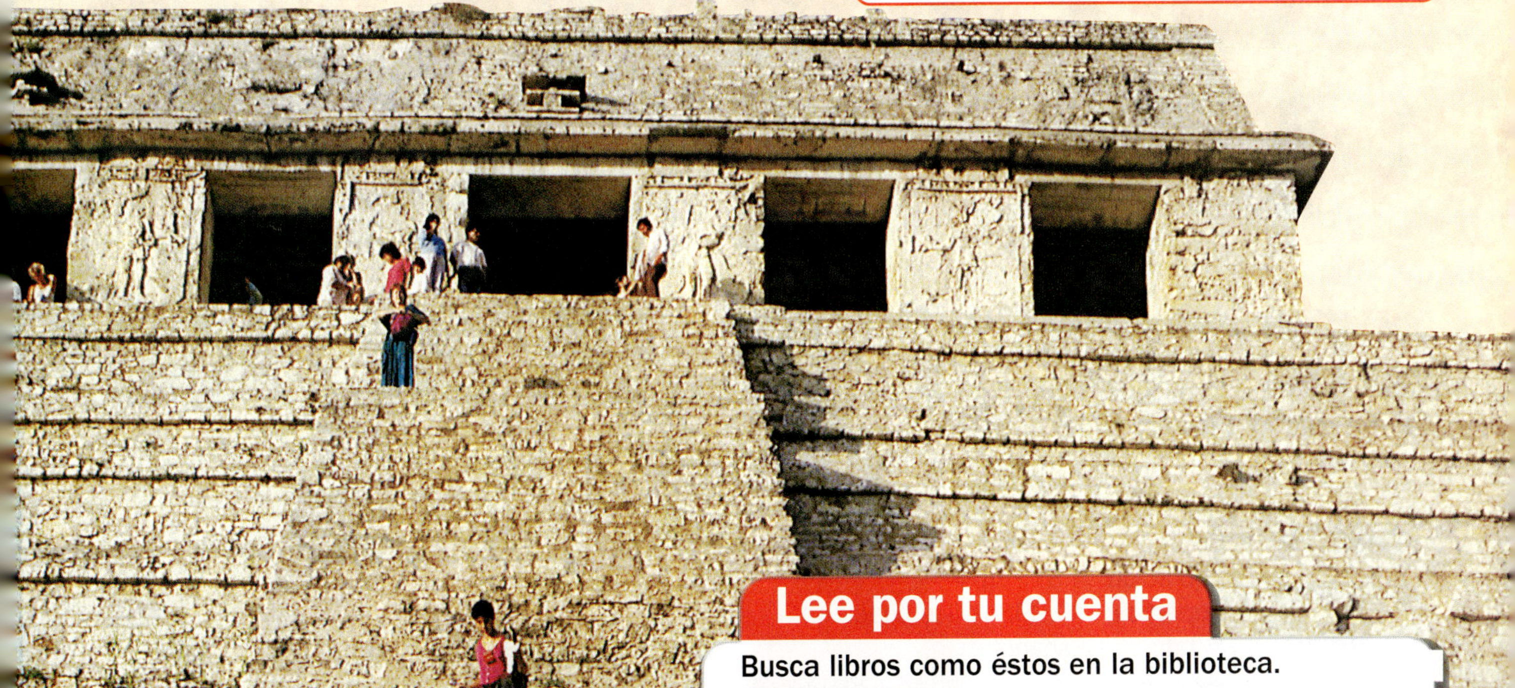

Muchos turistas visitan las antiguas ruinas mayas, como este templo en Palenque, estado de Chiapas.

Lee por tu cuenta

Busca libros como éstos en la biblioteca.

México

Al sur de nuestra frontera
MARAVILLAS DE MÉXICO

México
su gente

Los países de
América Central

País	Capital	Población	Superficie	Idioma
 **Belice**	Belmopan	249,183	8,900 millas cuadradas	Inglés
Costa Rica	San José	3,710,558	19,700 millas cuadradas	Español
El Salvador	San Salvador	6,122,515	8,100 millas cuadradas	Español
Guatemala	Ciudad de Guatemala	12,639,939	42,000 millas cuadradas	Español
Honduras	Tegucigalpa	6,249,598	43,300 millas cuadradas	Español
Nicaragua	Managua	4,812,569	49,998 millas cuadradas	Español
Panamá	Ciudad de Panamá	2,808,268	30,200 millas cuadradas	Español

El arrecife barrera de Belice, el segundo banco de coral más importante del mundo, se extiende 180 millas a lo largo de la costa de Belice.

Lee por tu cuenta

Busca libros como éstos en la biblioteca.

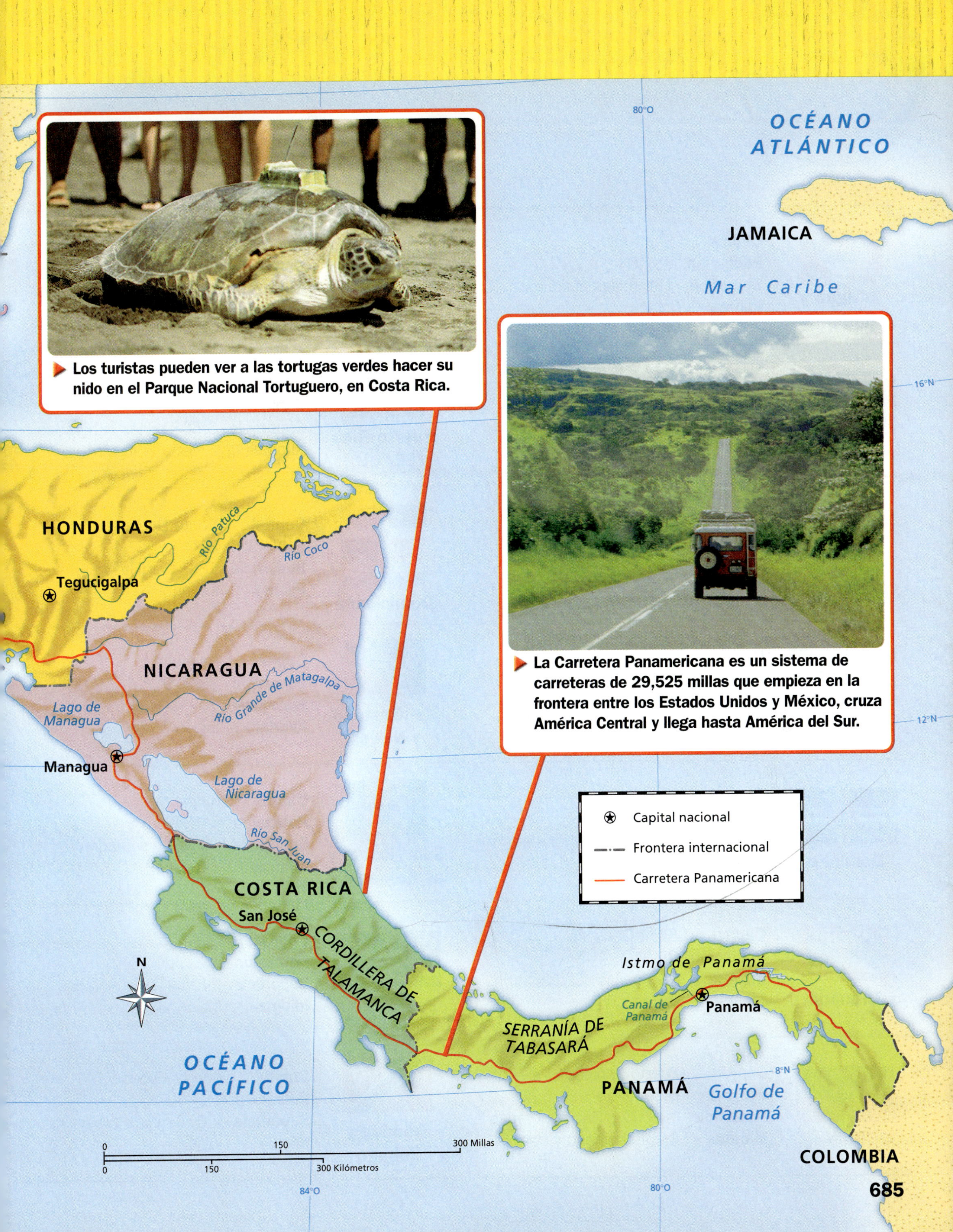

Los turistas pueden ver a las tortugas verdes hacer su nido en el Parque Nacional Tortuguero, en Costa Rica.

La Carretera Panamericana es un sistema de carreteras de 29,525 millas que empieza en la frontera entre los Estados Unidos y México, cruza América Central y llega hasta América del Sur.

Los países de la región del Caribe

Antigua y Barbuda

Capital	Saint John's
Población	66,464
Superficie	170 millas cuadradas
Idioma	Inglés

Las Bahamas

Capital	Nassau
Población	294,982
Superficie	5,400 millas cuadradas
Idioma	Inglés

Barbados

Capital	Bridgetown
Población	274,059
Superficie	170 millas cuadradas
Idioma	Inglés

Cuba

Capital	La Habana
Población	11,141,997
Superficie	42,800 millas cuadradas
Idioma	Español

Dominica

Capital	Roseau
Población	71,540
Superficie	300 millas cuadradas
Idioma	Inglés

Granada

Capital	Saint George's
Población	89,312
Superficie	130 millas cuadradas
Idioma	Inglés

Haití

Capital	Puerto Príncipe
Población	6,867,995
Superficie	10,700 millas cuadradas
Idiomas	Creole haitiano y francés

Jamaica

Capital	Kingston
Población	2,652,689
Superficie	4,200 millas cuadradas
Idioma	Inglés

Puerto Rico (EE. UU.)

Capital	San Juan
Población	3,889,507
Superficie	3,508 millas cuadradas
Idiomas	Español e inglés

República Dominicana

Capital	Santo Domingo
Población	8,442,533
Superficie	18,800 millas cuadradas
Idioma	Español

San Cristóbal y Nieves

Capital	Basseterre
Población	38,819
Superficie	104 millas cuadradas
Idioma	Inglés

San Vicente y las Granadinas

Capital	Kingstown
Población	115,461
Superficie	130 millas cuadradas
Idioma	Inglés

Santa Lucía

Capital	Castries
Población	156,260
Superficie	240 millas cuadradas
Idioma	Inglés

Trinidad y Tobago

Capital	Puerto España
Población	1,175,523
Superficie	2,000 millas cuadradas
Idioma	Inglés

Al hacer erupción en 1997, el volcán Soufrière destruyó gran parte de Plymouth, capital de la colonia británica de Montserrat.

Gracias a su agradable clima, con temperaturas que oscilan entre los 70 y 80 grados todo el año, Puerto Rico es un sitio popular para vacacionar.

Los países de América del Sur

País		
Argentina	**Capital**	Buenos Aires
	Población	36,955,182
	Superficie	1,068,300 millas cuadradas
	Idioma	Español
Bolivia	**Capitales**	La Paz y Sucre
	Población	8,152,620
	Superficie	424,200 millas cuadradas
	Idiomas	Español, quechua y aimara
Brasil	**Capital**	Brasilia
	Población	172,860,370
	Superficie	3,286,478 millas cuadradas
	Idioma	Portugués
Chile	**Capital**	Santiago
	Población	15,153,797
	Superficie	292,300 millas cuadradas
	Idioma	Español
Colombia	**Capital**	Bogotá
	Población	39,685,655
	Superficie	439,700 millas cuadradas
	Idioma	Español
Ecuador	**Capital**	Quito
	Población	12,920,092
	Superficie	109,500 millas cuadradas
	Idioma	Español
Guayana Francesa (Francia)	**Capital**	Cayena
	Población	172,605
	Superficie	33,399 millas cuadradas
	Idioma	Francés

Guyana	**Capital**	Georgetown
	Población	697,286
	Superficie	83,000 millas cuadradas
	Idioma	Inglés
Paraguay	**Capital**	Asunción
	Población	5,585,828
	Superficie	157,000 millas cuadradas
	Idioma	Español
Perú	**Capital**	Lima
	Población	27,012,899
	Superficie	496,200 millas cuadradas
	Idiomas	Español y quechua
Surinam	**Capital**	Paramaribo
	Población	431,303
	Superficie	63,000 millas cuadradas
	Idioma	Neerlandés
Uruguay	**Capital**	Montevideo
	Población	3,334,074
	Superficie	68,000 millas cuadradas
	Idioma	Español
Venezuela	**Capital**	Caracas
	Población	23,542,649
	Superficie	352,100 millas cuadradas
	Idioma	Español

Los visitantes pueden apreciar una hermosa vista de Bogotá, la capital colombiana ubicada en los Andes, desde el teleférico.

El río Amazonas es el más caudaloso del mundo.

Lee por tu cuenta

Busca libros como éstos en la biblioteca.

Sección de referencia

Contenido

Atlas

Fotografía de los continentes

Atlas
Mapamundi político

OCÉANO GLACIAL ÁRTICO
GROENLANDIA (DINAMARCA)
Círculo Polar Ártico
ALASKA (EE.UU.)
CANADÁ
AMÉRICA DEL NORTE
ESTADOS UNIDOS
BERMUDAS (R.U.)
OCÉANO ATLÁNTICO
ISLAS MIDWAY (EE.UU.)
Trópico de Cáncer
HAWAI (EE.UU.)
Véase el mapa insertado abajo
MÉXICO
OCÉANO PACÍFICO
VENEZUELA
GUYANA
SURINAM
GUAYANA FRANCESA (FRANCIA)
COLOMBIA
Ecuador
ISLAS GALÁPAGOS (ECUADOR)
ECUADOR
AMÉRICA DEL SUR
PERÚ
BRASIL
SAMOA
SAMOA AMERICANA (EE.UU.)
TONGA
POLINESIA FRANCESA (FRANCIA)
BOLIVIA
Trópico de Capricornio
PARAGUAY
URUGUAY
CHILE
ARGENTINA
ISLAS MALVINAS (R.U.)
ISLAS GEORGIAS DEL SUR (R.U.)
Círculo Polar Antártico
América Central y las Antillas
Golfo de México
BAHAMAS
Trópico de Cáncer
ISLAS TURKS Y CAICOS (R.U.)
OCÉANO ATLÁNTICO
CUBA
ISLAS CAIMÁN (R.U.)
JAMAICA
HAITÍ
REPÚBLICA DOMINICANA
ISLAS VÍRGENES (R.U.)
SAN CRISTÓBAL Y NIEVES
ANTIGUA Y BARBUDA
PUERTO RICO (EE.UU.)
ISLAS VÍRGENES (EE.UU.)
GUADALUPE (FRANCIA)
DOMINICA
BELICE
GUATEMALA
HONDURAS
Mar Caribe
MARTINICA (FRANCIA)
SANTA LUCÍA
EL SALVADOR
ANTILLAS HOLANDESAS (HOLANDA)
ARUBA (HOLANDA)
SAN VICENTE Y LAS GRANADINAS
BARBADOS
GRANADA
OCÉANO PACÍFICO
NICARAGUA
TRINIDAD Y TOBAGO
COSTA RICA
PANAMÁ
0 250 500 Millas
0 250 500 Kilómetros

OCÉANO GLACIAL ÁRTICO
SPITSBERGEN (NORUEGA)
SVALBARD (NORUEGA)
ISLANDIA
Véase el mapa insertado abajo
Círculo Polar Ártico
RUSIA
ASIA
EUROPA
KAZAJSTÁN
MONGOLIA
UZBEKISTÁN
KIRGUISTÁN
TURKMENISTÁN
TAYIKISTÁN
GEORGIA
ARMENIA
TURQUÍA
AZERBAIYÁN
COREA DEL NORTE
COREA DEL SUR
JAPÓN
CHINA
MARRUECOS
TÚNEZ
LÍBANO
SIRIA
ISRAEL
IRAQ
JORDANIA
IRÁN
AFGANISTÁN
OCÉANO PACÍFICO
ARGELIA
LIBIA
EGIPTO
KUWAIT
BAHREIN
QATAR
ARABIA SAUDÍ
PAKISTÁN
NEPAL
BUTÁN
EMIRATOS ÁRABES UNIDOS
INDIA
MYANMAR (BIRMANIA)
TAIWAN
Trópico de Cáncer
MAURITANIA
MALÍ
NÍGER
CHAD
SUDÁN
ERITREA
YEMEN
OMÁN
BANGLADESH
LAOS
ISLA WAKE (EE.UU.)
SENEGAL
BURKINA FASO
ÁFRICA
YIBUTI
TAILANDIA
VIETNAM
ISLAS MARIANAS (EE.UU.)
ISLAS MARSHALL
GUINEA
BENÍN
NIGERIA
REPÚBLICA CENTROAFRICANA
ETIOPÍA
FILIPINAS
GUAM (EE.UU.)
SIERRA LEONA
GHANA
SRI LANKA
CAMBOYA
PALAU
MICRONESIA
LIBERIA
CAMERÚN
TOGO
BRUNEI
COSTA DE MARFIL
SOMALIA
MALASIA
SANTO TOMÉ Y PRÍNCIPE
UGANDA
MALDIVAS
KIRIBATI
GUINEA ECUATORIAL
GABÓN
RUANDA
KENIA
SINGAPUR
Ecuador
GUINEA-BISSAU
REP. DEL CONGO
REP. DEM. DEL CONGO
BURUNDI
NAURU
INDONESIA
PAPÚA NUEVA GUINEA
TANZANIA
SEYCHELLES
ISLAS SALOMÓN
OCÉANO ATLÁNTICO
OCÉANO ÍNDICO
COMORAS
ANGOLA
MALAWI
TUVALU
ZAMBIA
MOZAMBIQUE
VANUATU
FIYI
NAMIBIA
ZIMBABUE
MADAGASCAR
MAURICIO
BOTSUANA
ISLA REUNIÓN (FRANCIA)
NUEVA CALEDONIA (FRANCIA)
AUSTRALIA
SUDÁFRICA
SUAZILANDIA
LESOTHO
NUEVA ZELANDA
N
0 1,000 2,000 Millas
0 1,000 2,000 Kilómetros
La escala es exacta en el ecuador
ISLAS KERGUELEN (FRANCIA)
Círculo Polar Antártico
ANTÁRTIDA
Europa
N
FINLANDIA
NORUEGA
SUECIA
ESTONIA
Mar del Norte
Mar Báltico
IRLANDA
REINO UNIDO
DINAMARCA
LETONIA
LITUANIA
RUSIA
RUSIA
HOLANDA
BIELORRUSIA
OCÉANO ATLÁNTICO
BÉLGICA
ALEMANIA
POLONIA
LUXEMBURGO
REPÚBLICA CHECA
UCRANIA
FRANCIA
LIECHTENSTEIN
ESLOVAQUIA
SUIZA
AUSTRIA
MOLDAVIA
HUNGRÍA
ESLOVENIA
CROACIA
RUMANIA
MÓNACO
SAN MARINO
BOSNIA-HERZEGOVINA
SERBIA Y MOTENEGRO (YUGOSLAVIA)
Mar Negro
PORTUGAL
ANDORRA
ESPAÑA
CÓRCEGA (FR.)
ITALIA
BULGARIA
ISLAS BALEARES (ESP.)
MACEDONIA
CERDEÑA (IT.)
ALBANIA
GIBRALTAR (R.U.)
Mar Mediterráneo
GRECIA
0 250 500 Millas
0 250 500 Kilómetros
SICILIA (IT.)
MALTA
CRETA (GR.)

Atlas

Mapa político del hemisferio occidental

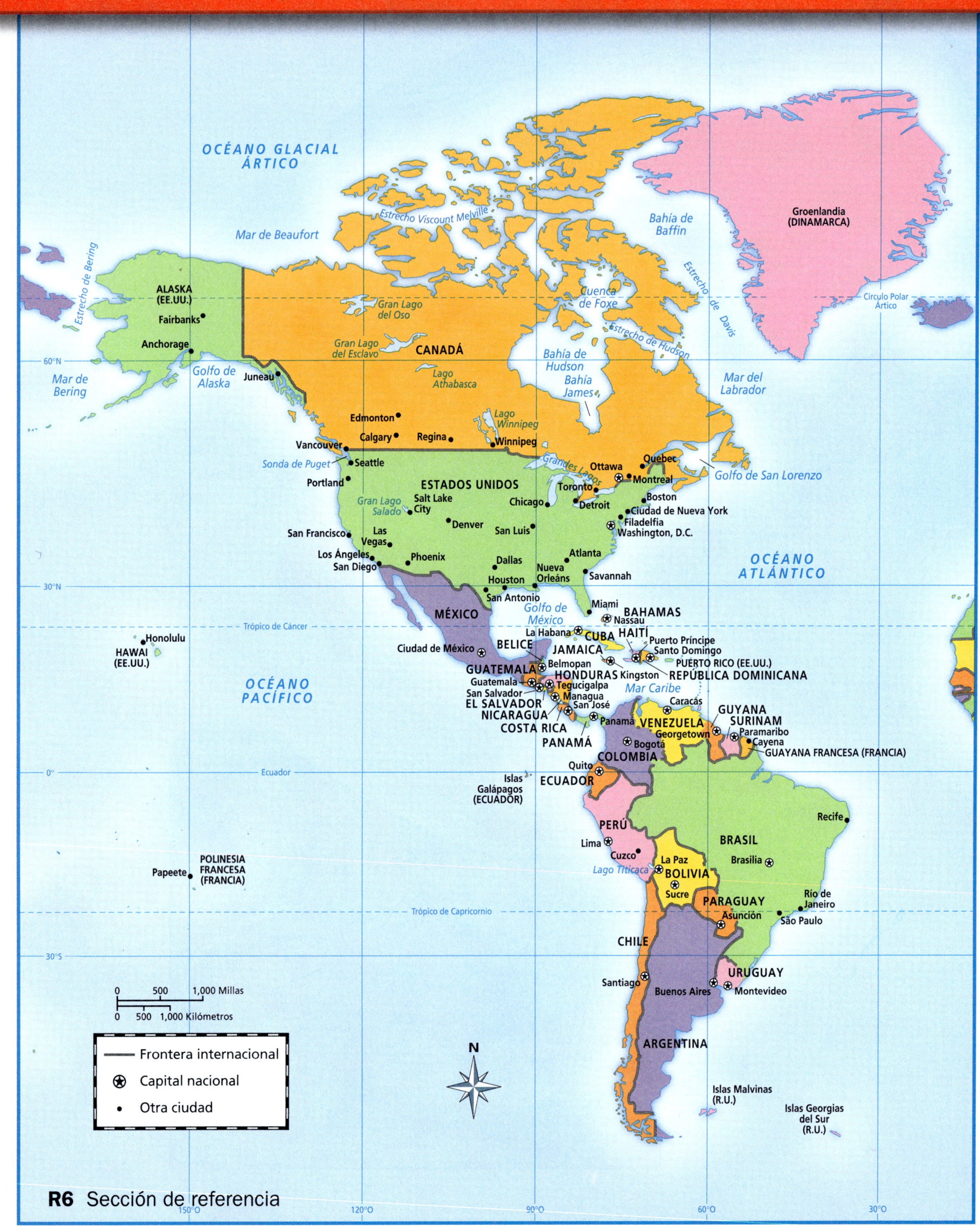

OCÉANO GLACIAL ÁRTICO
Mar de Beaufort
Estrecho Viscount Melville
Bahía de Baffin
Groenlandia (DINAMARCA)
Estrecho de Davis
Círculo Polar Ártico
Estrecho de Bering
ALASKA (EE.UU.)
Fairbanks
Anchorage
Gran Lago del Oso
Cuenca de Foxe
Estrecho de Hudson
Gran Lago del Esclavo
CANADÁ
Bahía de Hudson
Bahía James
Lago Athabasca
Mar del Labrador
60°N
Mar de Bering
Golfo de Alaska
Juneau
Edmonton
Lago Winnipeg
Calgary
Regina
Winnipeg
Vancouver
Sonda de Puget
Seattle
Grandes Lagos
Ottawa
Quebec
Montreal
Golfo de San Lorenzo
Portland
ESTADOS UNIDOS
Toronto
Boston
Gran Lago Salado
Salt Lake City
Chicago
Detroit
Ciudad de Nueva York
Filadelfia
Washington, D.C.
Denver
San Francisco
Las Vegas
San Luis
Los Ángeles
San Diego
Phoenix
Dallas
Atlanta
OCÉANO ATLÁNTICO
Nueva Orleáns
Savannah
Houston
30°N
San Antonio
Golfo de México
Miami
MÉXICO
BAHAMAS
Nassau
Trópico de Cáncer
La Habana
CUBA
HAITÍ
Honolulu
HAWAI (EE.UU.)
Ciudad de México
BELICE
JAMAICA
Puerto Príncipe
Santo Domingo
PUERTO RICO (EE.UU.)
Belmopan
GUATEMALA
HONDURAS
Kingston
REPÚBLICA DOMINICANA
Guatemala
Tegucigalpa
Mar Caribe
OCÉANO PACÍFICO
San Salvador
Managua
EL SALVADOR
San José
Caracas
GUYANA
NICARAGUA
SURINAM
Panamá
VENEZUELA
Georgetown
Paramaribo
COSTA RICA
Cayena
PANAMÁ
Bogotá
GUAYANA FRANCESA (FRANCIA)
COLOMBIA
Quito
0°
Ecuador
Islas Galápagos (ECUADOR)
ECUADOR
Recife
PERÚ
BRASIL
Lima
Cuzco
La Paz
Brasilia
POLINESIA FRANCESA (FRANCIA)
Papeete
Lago Titicaca
BOLIVIA
Sucre
PARAGUAY
Río de Janeiro
Trópico de Capricornio
Asunción
São Paulo
CHILE
30°S
URUGUAY
Santiago
Buenos Aires
Montevideo
0 500 1,000 Millas
0 500 1,000 Kilómetros
Frontera internacional
Capital nacional
Otra ciudad
N
ARGENTINA
Islas Malvinas (R.U.)
Islas Georgias del Sur (R.U.)
150°O
120°O
90°O
60°O
30°O

Mapa físico del hemisferio occidental

OCÉANO GLACIAL ÁRTICO
Polo Norte Magnético
Islas de la Reina Isabel
Isla Ellesmere
Isla Melville
Isla Devon
Estrecho Viscount Melville
Isla Banks
Mar de Beaufort
Punta Barrow
Isla Victoria
Bahía de Baffin
Groenlandia
Estrecho de Bering
Montes Brooks
Río Yukón
Monte McKinley 20,320 pies (6,194 m)
Montes de Alaska
Meseta de Yukón
Montes Mackenzie
Río Mackenzie
Gran Lago del Oso
MACIZO CANADIENSE
Cuenca de Foxe
Isla de Baffin
Estrecho de Davis
Círculo Polar Ártico
Estrecho de Hudson
Bahía de Hudson
Bahía James
Cabo Farewell
Mar del Labrador
Labrador
Mar de Bering
Golfo de Alaska
Monte Logan 19,524 pies (5,951 m)
Isla Kodiak
Península de Alaska
Islas Aleutianas
Río Liard
Gran Lago del Esclavo
Río Peace
Río Athabasca
Lago Athabasca
Cadena Costera
Archipiélago de la Reina Carlota
Río Saskatchewan
Lago Winnipeg
MONTAÑAS ROCOSAS
GRANDES LLANURAS
AMÉRICA DEL NORTE
Isla de Vancouver
Sonda de Puget
Terranova
Río San Lorenzo
Golfo de San Lorenzo
Grandes Lagos
Nueva Escocia
Bahía de Fundy
Cabo Cod
Long Island
Cordillera de las Cascadas
Cadena Costera
Río Snake
Colinas Black
Río Missouri
Río Mississippi
Río Platte
Gran Lago Salado
GRAN CUENCA
Sierra Nevada
LLANURAS INTERIORES
Río Ohio
MONTES APALACHES
Río Arkansas
Meseta Ozark
Monte Whitney 14,495 pies (4,418 m)
Valle de la Muerte (punto más bajo de América del Norte) -282 pies (-86 m)
Río Colorado
Desierto de Sonora
Cabo Hatteras
OCÉANO ATLÁNTICO
LLANURA COSTERA
Río Grande
Sierra Madre Occidental
Sierra Madre Oriental
Baja California
Golfo de México
Bahamas
Trópico de Cáncer
Islas Hawai
Península de Yucatán
Cuba
La Española
Puerto Rico
Antillas Mayores
Antillas Menores
Citlaltepetl 18,701 pies (5,700 m)
Mar Caribe
OCÉANO PACÍFICO
Lago de Nicaragua
Lago de Maracaibo
Río Orinoco
Llanos
Macizo de las Guayanas
Istmo de Panamá
Ecuador
Islas de la Línea
Chimborazo 20,561 pies (6,267 m)
Islas Galápagos
Río Negro
Río Amazonas
Cabo São Roque
CUENCA DEL AMAZONAS
CORDILLERA DE LOS ANDES
Islas Marquesas
Río Tapajós
Río Xingu
Río Tocantins
Río São Francisco
Huascarán 22,205 pies (6,768 m)
Meseta del Mato Grosso
Meseta Brasileña
Islas Cook
Archipiélago de Tuamotu
Islas de la Sociedad
Lago Titicaca
Altiplano
Río Paraguay
AMÉRICA DEL SUR
Trópico de Capricornio
Desierto de Atacama
Gran Chaco
Río Paraná
Cataratas del Iguazú
Río Uruguay
Aconcagua 22,831 pies (6,959 m)
Pampa
0 500 1,000 Millas
0 500 1,000 Kilómetros
N
Pico
Frontera internacional
Península Valdés (punto más bajo de América del Sur) -131 pies (-40 m)
Patagonia
Islas Malvinas
Islas Georgias del Sur
Estrecho de Magallanes
Tierra del Fuego
Cabo de Hornos
60°N
30°N
0°
30°S
150°O
120°O
90°O
60°O
30°O

Atlas
Mapa político de América del Norte

ASIA
EUROPA
OCÉANO GLACIAL ÁRTICO
ISLANDIA
GROENLANDIA (DINAMARCA)
Nuuk
ALASKA (EE.UU.)
Río Yukón
Fairbanks
Anchorage
Juneau
Iqaluit
Gran Lago del Oso
Yellowknife
Gran Lago del Esclavo
Bahía de Hudson
CANADÁ
Edmonton
Río Saskatchewan
St. John's
Vancouver
Victoria
Río Columbia
Lago Winnipeg
Regina
Winnipeg
Seattle
Portland
Lago Superior
Charlottetown
Fredericton
Halifax
Quebec
Río San Lorenzo
Ottawa
Montreal
Río Missouri
Minneapolis
Lago Hurón
Toronto
Lago Ontario
Boston
OCÉANO PACÍFICO
Salt Lake City
Gran Lago Salado
ESTADOS UNIDOS
Lago Michigan
Chicago
Detroit
Lago Erie
Nueva York
Filadelfia
OCÉANO ATLÁNTICO
San Francisco
Denver
Washington, D.C.
Las Vegas
Río Colorado
San Luis
Río Ohio
Richmond
Los Ángeles
San Diego
Phoenix
Río Mississippi
BERMUDAS (R.U.)
Atlanta
El Paso
Ciudad Juárez
Dallas
Río Grande
Houston
Nueva Orleáns
Miami
BAHAMAS
Nassau
Golfo de México
Monterrey
N
MÉXICO
La Habana
CUBA
REPÚBLICA DOMINICANA
PUERTO RICO (EE.UU.)
San Juan
Antillas Menores
HAITÍ
Puerto Príncipe
Santo Domingo
JAMAICA
Kingston
Guadalajara
Ciudad de México
0 500 1,000 Millas
0 500 1,000 Kilómetros
BELICE
Belmopan
Mar Caribe
HONDURAS
Tegucigalpa
GUATEMALA
Guatemala
San Salvador
EL SALVADOR
NICARAGUA
Managua
San José
COSTA RICA
Panamá
PANAMÁ
AMÉRICA DEL SUR
Frontera internacional
Capital
Otra ciudad

Mapa físico de América del Norte

ASIA
EUROPA
OCÉANO GLACIAL ÁRTICO
Mar de Chukchi
Estrecho de Bering
Mar de Bering
Islas Aleutianas
Monte McKinley 20,320 pies (6,194 m)
Bahía de Bristol
Península de Alaska
Río Yukón
Montes Brooks
Montes de Alaska
Mar de Beaufort
Isla Kodiak
Golfo de Alaska
Meseta de Yukón
Monte Logan 19,524 pies (5,951 m)
Montes Mackenzie
Río Mackenzie
Islas de la Reina Isabel
Isla Ellesmere
Groenlandia
Islandia
Islas Parry
Isla Banks
Isla Victoria
Bahía de Baffin
Estrecho de Davis
Isla de Baffin
Cuenca de Foxe
Cabo Farewell
Gran Lago del Oso
Estrecho de Hudson
Mar del Labrador
Cadena Costera
Gran Lago del Esclavo
Lago Athabasca
MACIZO CANADIENSE
Bahía de Hudson
Labrador
Archipiélago de la Reina Carlota
MONTAÑAS ROCOSAS
Bahía James
Terranova
Río Saskatchewan
Isla de Vancouver
Lago Manitoba
Lago Winnipeg
Golfo de San Lorenzo
GRANDES LLANURAS
Río Columbia
AMÉRICA DEL NORTE
Lago Superior
Río San Lorenzo
Cordillera de las Cascadas
Meseta de Columbia
Bahía de Fundy
Lago Hurón
Lago Ontario
Cabo Cod
Colinas Black
Río Missouri
Río Snake
Lago Michigan
Long Island
OCÉANO PACÍFICO
Cadena Costera
Sierra Nevada
GRAN CUENCA
Gran Lago Salado
Lago Erie
OCÉANO ATLANTICO
Río Platte
LLANURAS INTERIORES
MONTES APALACHES
Río Ohio
Bahía de Chesapeake
Monte Whitney 14,495 pies (4,418 m)
Río Colorado
Río Arkansas
Cabo Hatteras
Bermudas
Valle de la Muerte (punto más bajo en América del Norte) –282 pies (–86 m)
Desierto de Mojave
Meseta del Colorado
Meseta Ozark
Río Tennessee
Río Mississippi
Río Red
Desierto de Sonora
LLANURA COSTERA
Baja California
Golfo de California
Sierra Madre Occidental
Río Grande
Sierra Madre Oriental
Golfo de México
Estrecho de la Florida
Bahamas
Cuba
La Española
Puerto Rico
Antillas Menores
ANTILLAS
Antillas Mayores
Jamaica
Bahía de Campeche
Península de Yucatán
Citlaltepetl 18,701 pies (5,700 m)
Mar Caribe
N
0 500 1,000 Millas
0 500 1,000 Kilómetros
Istmo de Panamá
Lago de Nicaragua
Golfo de Panamá
AMÉRICA DEL SUR
Clave del mapa
Pico
Frontera internacional

Mapa de los Estados Unidos de América

Estado o área	Abreviatura
Alabama	AL
Alaska	AK
Arizona	AZ
Arkansas	AR
California	CA
Carolina del Norte	NC
Carolina del Sur	SC
Colorado	CO
Connecticut	CT
Dakota del Norte	ND
Dakota del Sur	SD
Delaware	DE
Distrito de Columbia	DC
Florida	FL
Georgia	GA
Hawai	HI
Idaho	ID
Illinois	IL
Indiana	IN
Iowa	IA
Kansas	KS
Kentucky	KY
Luisiana	LA
Maine	ME
Maryland	MD
Massachusetts	MA
Michigan	MI
Minnesota	MN
Mississippi	MS
Missouri	MO
Montana	MT
Nebraska	NE
Nevada	NV
New Hampshire	NH
Nueva Jersey	NJ
Nueva York	NY
Nuevo México	NM
Ohio	OH
Oklahoma	OK
Oregón	OR
Pennsylvania	PA
Rhode Island	RI
Tennessee	TN
Texas	TX
Utah	UT
Vermont	VT
Virginia	VA
Virginia Occidental	WV
Washington	WA
Wisconsin	WI
Wyoming	WY

Atlas

Mapa político de nuestros cincuenta estados

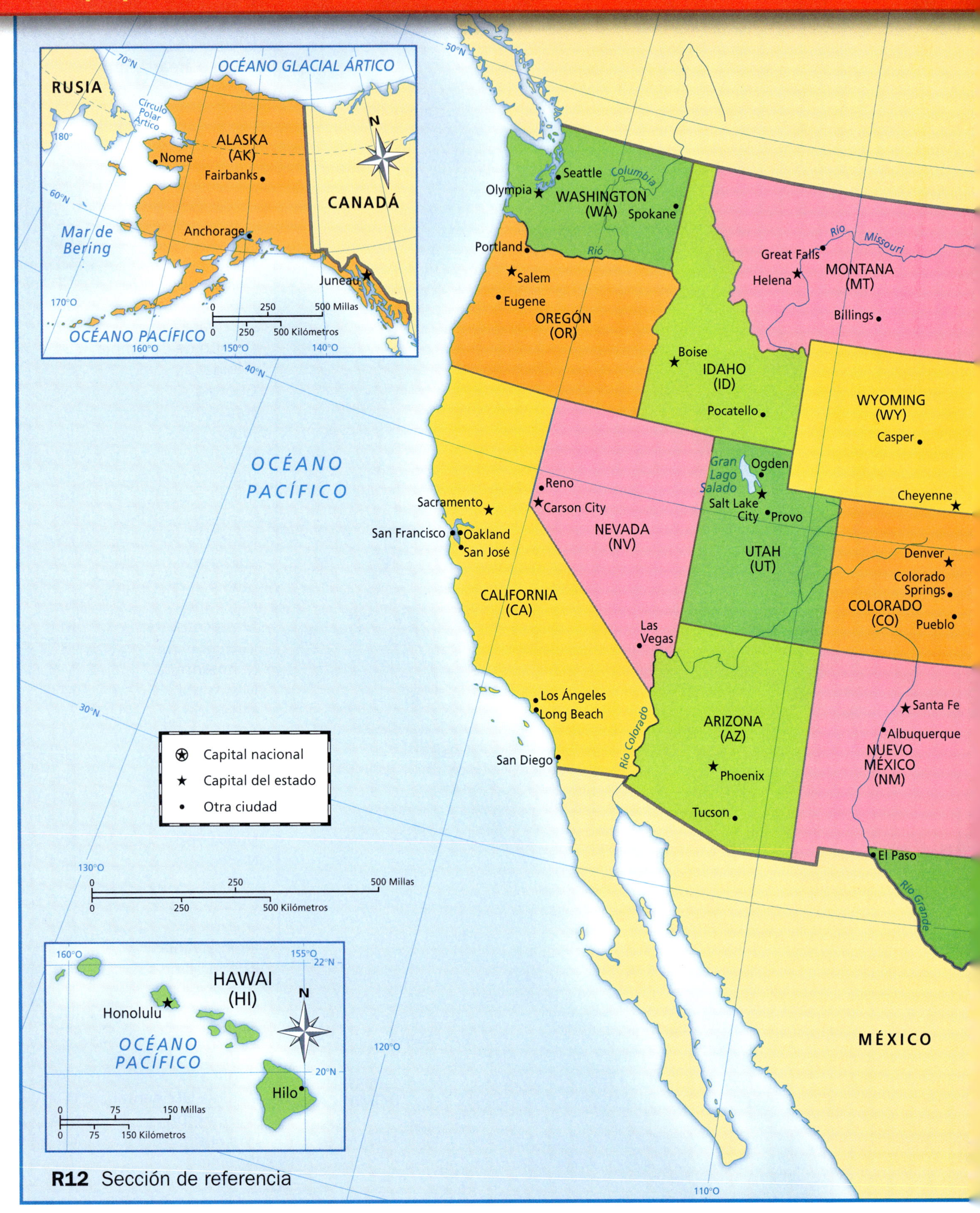

OCÉANO GLACIAL ÁRTICO
RUSIA
Círculo Polar Ártico
ALASKA (AK)
Nome
Fairbanks
CANADÁ
Mar de Bering
Anchorage
Juneau
OCÉANO PACÍFICO
0 250 500 Millas
0 250 500 Kilómetros
WASHINGTON (WA)
Seattle
Olympia
Spokane
Río Columbia
Portland
Salem
Eugene
OREGÓN (OR)
MONTANA (MT)
Great Falls
Helena
Billings
Río Missouri
Boise
IDAHO (ID)
Pocatello
WYOMING (WY)
Casper
Cheyenne
OCÉANO PACÍFICO
Reno
Carson City
NEVADA (NV)
Gran Lago Salado
Ogden
Salt Lake City
Provo
UTAH (UT)
Sacramento
San Francisco
Oakland
San José
CALIFORNIA (CA)
Denver
Colorado Springs
COLORADO (CO)
Pueblo
Las Vegas
Los Ángeles
Long Beach
San Diego
Río Colorado
ARIZONA (AZ)
Phoenix
Tucson
Santa Fe
Albuquerque
NUEVO MÉXICO (NM)
El Paso
Río Grande
Capital nacional
Capital del estado
Otra ciudad
0 250 500 Millas
0 250 500 Kilómetros
HAWAI (HI)
Honolulu
OCÉANO PACÍFICO
Hilo
0 75 150 Millas
0 75 150 Kilómetros
MÉXICO

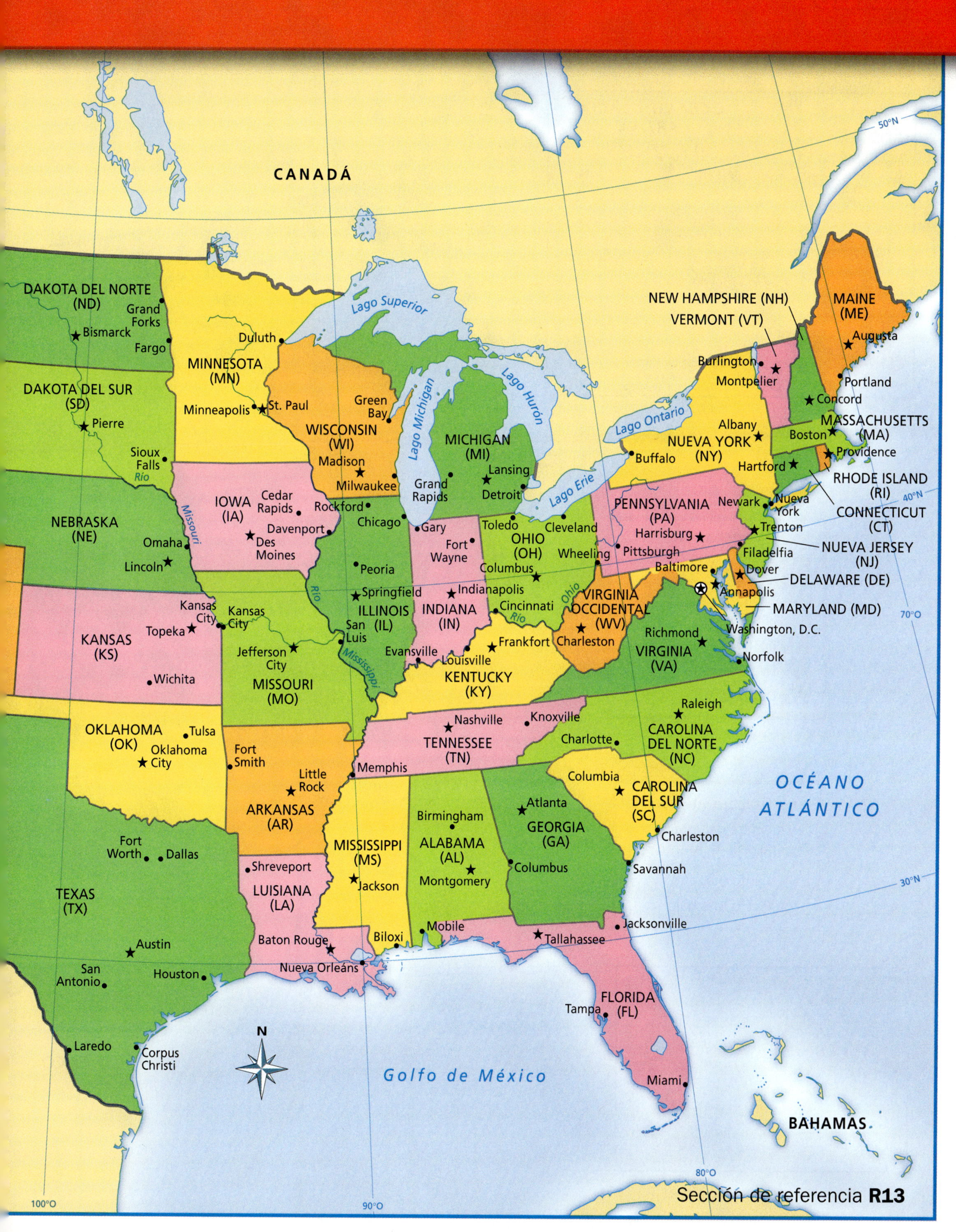
CANADÁ
DAKOTA DEL NORTE (ND)
Grand Forks
Bismarck
Fargo
Duluth
MINNESOTA (MN)
Lago Superior
DAKOTA DEL SUR (SD)
Pierre
Minneapolis
St. Paul
Sioux Falls
WISCONSIN (WI)
Green Bay
Madison
Milwaukee
Lago Michigan
Lago Hurón
MICHIGAN (MI)
Lansing
Grand Rapids
Detroit
Lago Ontario
Lago Erie
NEBRASKA (NE)
Omaha
Lincoln
IOWA (IA)
Cedar Rapids
Davenport
Des Moines
Rockford
Chicago
Gary
Fort Wayne
Peoria
Springfield
ILLINOIS (IL)
INDIANA (IN)
Indianapolis
Toledo
Cleveland
OHIO (OH)
Columbus
Cincinnati
Wheeling
Pittsburgh
PENNSYLVANIA (PA)
Harrisburg
Río Missouri
Río Mississippi
Río Ohio
KANSAS (KS)
Topeka
Kansas City
Wichita
Jefferson City
San Luis
MISSOURI (MO)
Evansville
Louisville
Frankfort
KENTUCKY (KY)
VIRGINIA OCCIDENTAL (WV)
Charleston
Richmond
VIRGINIA (VA)
Norfolk
OKLAHOMA (OK)
Tulsa
Oklahoma City
Fort Smith
Little Rock
ARKANSAS (AR)
Memphis
Nashville
Knoxville
TENNESSEE (TN)
Charlotte
Raleigh
CAROLINA DEL NORTE (NC)
Columbia
CAROLINA DEL SUR (SC)
Charleston
Atlanta
GEORGIA (GA)
Columbus
Savannah
Birmingham
ALABAMA (AL)
Montgomery
MISSISSIPPI (MS)
Jackson
Biloxi
Mobile
Shreveport
LUISIANA (LA)
Baton Rouge
Nueva Orleáns
Fort Worth
Dallas
TEXAS (TX)
Austin
San Antonio
Houston
Laredo
Corpus Christi
Tallahassee
Jacksonville
FLORIDA (FL)
Tampa
Miami
NEW HAMPSHIRE (NH)
VERMONT (VT)
MAINE (ME)
Augusta
Portland
Burlington
Montpelier
Concord
MASSACHUSETTS (MA)
Boston
Albany
NUEVA YORK (NY)
Buffalo
Providence
Hartford
RHODE ISLAND (RI)
Newark
Nueva York
CONNECTICUT (CT)
Trenton
Filadelfia
NUEVA JERSEY (NJ)
Baltimore
Dover
DELAWARE (DE)
Annapolis
MARYLAND (MD)
Washington, D.C.
OCÉANO ATLÁNTICO
Golfo de México
BAHAMAS
N
50°N
40°N
30°N
70°O
80°O
90°O
100°O

Atlas

Mapa físico de nuestros cincuenta estados

OCÉANO GLACIAL ÁRTICO
RUSIA
70°N
160°O
180°
Estrecho de Bering
MONTES BROOKS
AK
Río Yukón
Círculo Polar Ártico
N
MONTES DE ALASKA
Monte McKinley 20,320 pies (6,194 m)
CANADÁ
60°N
Mar de Bering
170°O
OCÉANO PACÍFICO
0 250 500 Millas
0 250 500 Kilómetros
150°O
140°O
50°N
40°N
Sonda de Puget
Monte Rainier 14,410 pies (4,392 m)
WA
CASCADAS
Monte St. Helens 8,364 pies (2,549 m)
Río Columbia
Monte Hood 11,235 pies (3,427 m)
CADENAS COSTERAS
CORDILLERA DE LAS
OR
MESETA DE COLUMBIA
MONTAÑAS ROCOSAS
Río Missouri
MT
Río Yellowstone
ID
Río Snake
MONTES TETON
WY
GRANDES
Cabo Mendocino
Gran Lago Salado
GRAN CUENCA
NV
Lago Tahoe
DESIERTO DEL GRAN LAGO SALADO
WASATCH
UT
MONTES
CADENAS
Río Sacramento
VALLE CENTRAL
SIERRA NEVADA
Bahía de San Francisco
Río San Joaquín
Monte Whitney 14,494 pies (4,418 m)
Monte Elbert 14,433 pies (4,399 m)
CO
COSTERAS
CA
VALLE DE LA MUERTE
-282 pies (-86 m)
Lago Mead
Colorado
MESETA DEL COLORADO
DESIERTO DE MOJAVE
Río
AZ
Vegetación
De zona árida
Bosques perennifolios
Pastizales
Bosques mixtos
De montaña
De tundra
30°N
OCÉANO PACÍFICO
Pico Baldy 11,403 pies (3,476 m)
Lago Salton
DESIERTO DE SONORA
Río Gila
NM
Río Pecos
Frontera internacional
Límite del estado
Pico
Punto más alto
Punto más bajo
Pico Guadalupe 8,749 pies (2,667 m)
Río Grande
130°O
160°O
155°O
22°N
Kauai
Oahu
HI
N
Maui
OCÉANO PACÍFICO
20°N
Hawai
Mauna Kea 13,796 pies (4,205 m)
0 75 150 Millas
0 75 150 Kilómetros
120°O
MÉXICO
110°O

CANADÁ
Lago de los Bosques
Lago Superior
GRANDES LAGOS
Lago Michigan
Lago Hurón
Lago Ontario
Lago Erie
Río San Lorenzo
Monte Katahdin 5,267 pies (1,605 m)
Monte Washington 6,288 pies (1,917 m)
MONTES WHITE
MONTES GREEN
MONTES ADIRONDACK
MONTES MESABI
ND
SD
NE
KS
OK
TX
MN
IA
MO
AR
LA
WI
IL
MI
IN
OH
KY
TN
MS
AL
GA
FL
SC
NC
VA
WV
MD
DE
NJ
PA
NY
CT
RI
MA
VT
NH
ME
COLINAS BLACK
LLANURAS CENTRALES
LLANURAS
LLANURAS INTERIORES
MESETA OZARK
MONTES OUACHITA
MONTES APALACHES
MONTES ALLEGHENY
PIEDMONT
LLANURA COSTERA
LLANURA COSTERA DEL GOLFO
Río Mississippi
Río Platte
Río Missouri
Río Arkansas
Río Red
Río Brazos
Río Colorado
Río Wabash
Río Ohio
Río Tennessee
Río Savannah
Río Alabama
Río Chattahoochee
Río Hudson
Río Susquehanna
Río Potomac
Monte Mitchell 6,684 pies (2,037 m)
Monte Stone
Cabo Cod
Long Island
Bahía de Delaware
Bahía de Chesapeake
Cabo Hatteras
Cabo Fear
Cabo Cañaveral
Lago Okeechobee
Bahía de Tampa
Cayos de la Florida
Estrecho de la Florida
BAHAMAS
OCÉANO ATLÁNTICO
Golfo de México
Bahía de Mobile
Delta del Mississippi
Bahía de Galveston
50°N
40°N
30°N
70°O
80°O
90°O
100°O
N
0 250 500 Millas
0 250 500 Kilómetros

Términos de geografía

acantilado pared empinada de roca o de tierra, algunas veces llamada farallón

afluente corriente o río que corre hacia un río más grande

bahía parte más angosta de un mar o lago, que entra en la costa

canal paso fluvial angosto excavado en la tierra principalmente para que pasen los barcos

cañón valle angosto y escarpado con laderas altas

cascada caída de agua empinada desde un lugar alto a un lugar bajo

colina terreno redondeado más alto que el terreno que lo rodea

cordillera cadena larga de montañas

costa tierra en el borde de una gran extensión de agua como un mar

cuenca extensión de tierra de forma circular rodeada de tierras más altas

delta zona de tierra de forma triangular en la desembocadura de un río

desembocadura lugar donde un río se une a otra masa de agua

desierto tierra muy seca

ensenada franja angosta de agua que corre desde una gran masa de agua hacia la tierra o entre islas

glaciar capa gigante de hielo que se mueve con lentitud sobre la tierra

golfo extensión de agua más grande que una bahía, rodeada en parte por tierra

isla tierra rodeada de agua

lago gran extensión de agua total o casi totalmente rodeada por tierra

línea de cascadas zona en la que los ríos forman cascadas o rápidos al correr a tierras bajas

llanura aluvial tierra plana, cerca de un río, que se forma con el lodo de una inundación

llanura costera zona de tierra plana a lo largo de un océano o mar

llanura extensión de tierra plana muy grande

manantial lugar donde comienza un río

mar gran masa de agua un poco más pequeña que un océano

mesa colina plana en la parte superior y con laderas empinadas

meseta extensión plana de tierra, muy alta, con laderas empinadas

montaña una colina muy alta; terreno más elevado de la Tierra

nivel del mar superficie del océano, con la cual puede compararse el nivel de la tierra, por arriba o debajo de ella

océano cualquiera de las cuatro masas de agua más grandes de la Tierra

pantano agua poco profunda que cubre tierras bajas llenas de árboles y otras plantas

paso de montaña canal o camino angosto a través de una cordillera

península tierra con agua por tres lados

pico punta de una montaña

pie de colina terreno ondulado al pie de una montaña

pradera gran extensión de tierra con pocos árboles, similar a una llanura

puerto extensión de agua protegida donde atracan los barcos

ribera terreno al borde de un río

río corriente grande de agua que llega a un lago, a otro río o al mar

valle tierra baja entre montañas o colinas

volcán montaña con una abertura en la cima, formada por violentas explosiones de vapor y rocas calientes

Datos sobre nuestros cincuenta estados

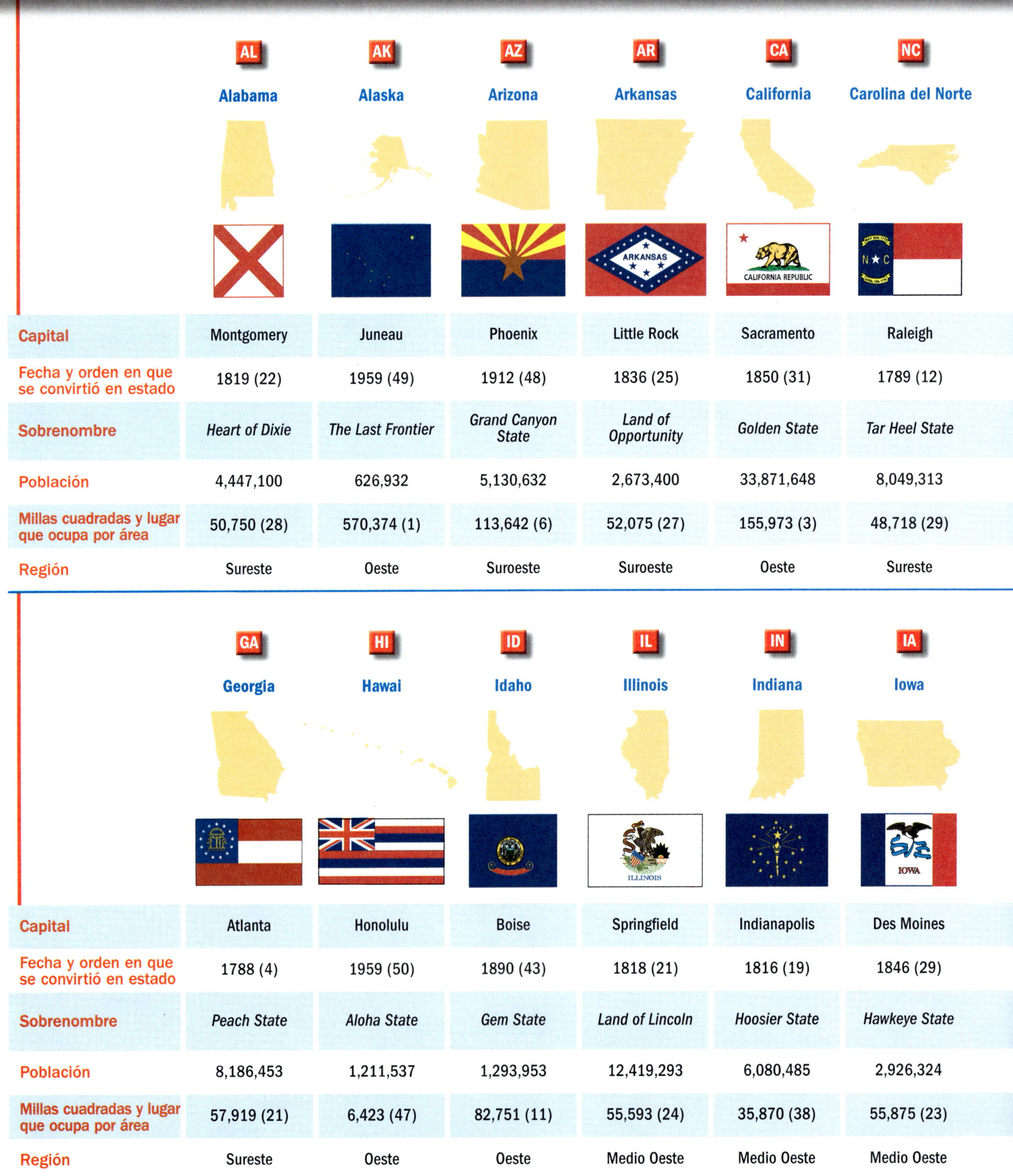

	AL Alabama	AK Alaska	AZ Arizona	AR Arkansas	CA California	NC Carolina del Norte
Capital	Montgomery	Juneau	Phoenix	Little Rock	Sacramento	Raleigh
Fecha y orden en que se convirtió en estado	1819 (22)	1959 (49)	1912 (48)	1836 (25)	1850 (31)	1789 (12)
Sobrenombre	*Heart of Dixie*	*The Last Frontier*	*Grand Canyon State*	*Land of Opportunity*	*Golden State*	*Tar Heel State*
Población	4,447,100	626,932	5,130,632	2,673,400	33,871,648	8,049,313
Millas cuadradas y lugar que ocupa por área	50,750 (28)	570,374 (1)	113,642 (6)	52,075 (27)	155,973 (3)	48,718 (29)
Región	Sureste	Oeste	Suroeste	Suroeste	Oeste	Sureste

	GA Georgia	HI Hawai	ID Idaho	IL Illinois	IN Indiana	IA Iowa
Capital	Atlanta	Honolulu	Boise	Springfield	Indianapolis	Des Moines
Fecha y orden en que se convirtió en estado	1788 (4)	1959 (50)	1890 (43)	1818 (21)	1816 (19)	1846 (29)
Sobrenombre	*Peach State*	*Aloha State*	*Gem State*	*Land of Lincoln*	*Hoosier State*	*Hawkeye State*
Población	8,186,453	1,211,537	1,293,953	12,419,293	6,080,485	2,926,324
Millas cuadradas y lugar que ocupa por área	57,919 (21)	6,423 (47)	82,751 (11)	55,593 (24)	35,870 (38)	55,875 (23)
Región	Sureste	Oeste	Oeste	Medio Oeste	Medio Oeste	Medio Oeste

SC	CO	CT	ND	SD	DE	FL
Carolina del Sur	**Colorado**	**Connecticut**	**Dakota del Norte**	**Dakota del Sur**	**Delaware**	**Florida**
Columbia	Denver	Hartford	Bismarck	Pierre	Dover	Tallahassee
1788 (8)	1876 (38)	1788 (5)	1889 (39)	1889 (40)	1787 (1)	1845 (27)
Palmetto State	*Centennial State*	*Constitution State*	*Sioux State*	*Mount Rushmore State*	*Diamond State o First State*	*Sunshine State*
4,012,012	4,301,261	3,405,565	642,200	754,844	783,600	15,982,378
30,111 (40)	103,730 (8)	4,845 (48)	68,994 (17)	75,898 (16)	1,955 (49)	53,997 (26)
Sureste	Oeste	Noreste	Medio Oeste	Medio Oeste	Noreste	Sureste

KS	KY	LA	ME	MD	MA	MI
Kansas	**Kentucky**	**Luisiana**	**Maine**	**Maryland**	**Massachusetts**	**Michigan**
Topeka	Frankfort	Baton Rouge	Augusta	Annapolis	Boston	Lansing
1861 (34)	1792 (15)	1812 (18)	1820 (23)	1788 (7)	1788 (6)	1837 (26)
Sunflower State	*Bluegrass State*	*Pelican State*	*Pine Tree State*	*Free State*	*Bay State*	*Wolverine State*
2,688,418	4,041,769	4,468,976	1,274,923	5,296,486	6,349,097	9,938,444
81,823 (13)	39,732 (36)	43,566 (33)	30,865 (39)	9,775 (42)	7,838 (45)	56,809 (22)
Medio Oeste	Sureste	Sureste	Noreste	Noreste	Noreste	Medio Oeste

Datos sobre nuestros cincuenta estados

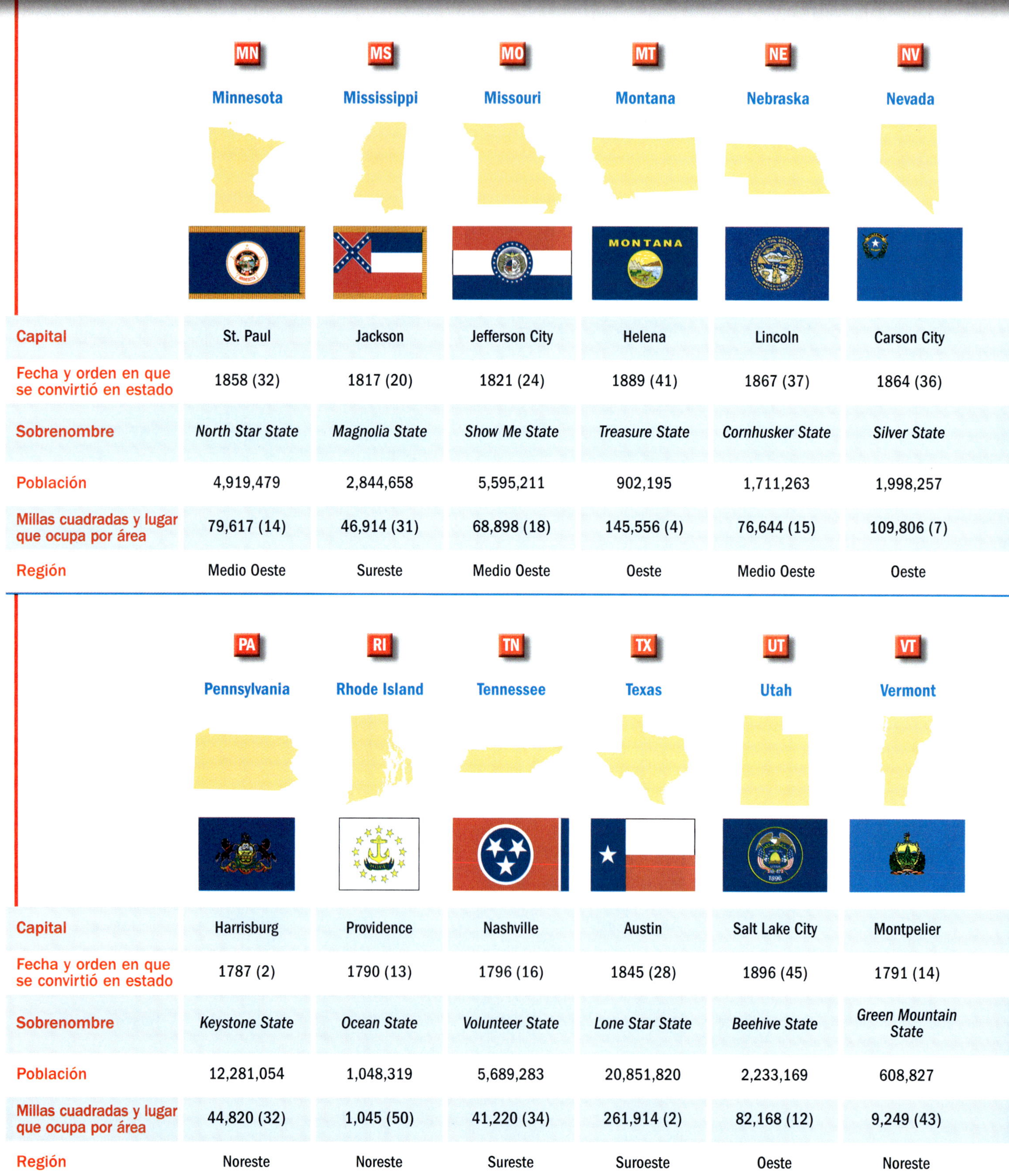

	MN Minnesota	MS Mississippi	MO Missouri	MT Montana	NE Nebraska	NV Nevada
Capital	St. Paul	Jackson	Jefferson City	Helena	Lincoln	Carson City
Fecha y orden en que se convirtió en estado	1858 (32)	1817 (20)	1821 (24)	1889 (41)	1867 (37)	1864 (36)
Sobrenombre	*North Star State*	*Magnolia State*	*Show Me State*	*Treasure State*	*Cornhusker State*	*Silver State*
Población	4,919,479	2,844,658	5,595,211	902,195	1,711,263	1,998,257
Millas cuadradas y lugar que ocupa por área	79,617 (14)	46,914 (31)	68,898 (18)	145,556 (4)	76,644 (15)	109,806 (7)
Región	Medio Oeste	Sureste	Medio Oeste	Oeste	Medio Oeste	Oeste

	PA Pennsylvania	RI Rhode Island	TN Tennessee	TX Texas	UT Utah	VT Vermont
Capital	Harrisburg	Providence	Nashville	Austin	Salt Lake City	Montpelier
Fecha y orden en que se convirtió en estado	1787 (2)	1790 (13)	1796 (16)	1845 (28)	1896 (45)	1791 (14)
Sobrenombre	*Keystone State*	*Ocean State*	*Volunteer State*	*Lone Star State*	*Beehive State*	*Green Mountain State*
Población	12,281,054	1,048,319	5,689,283	20,851,820	2,233,169	608,827
Millas cuadradas y lugar que ocupa por área	44,820 (32)	1,045 (50)	41,220 (34)	261,914 (2)	82,168 (12)	9,249 (43)
Región	Noreste	Noreste	Sureste	Suroeste	Oeste	Noreste

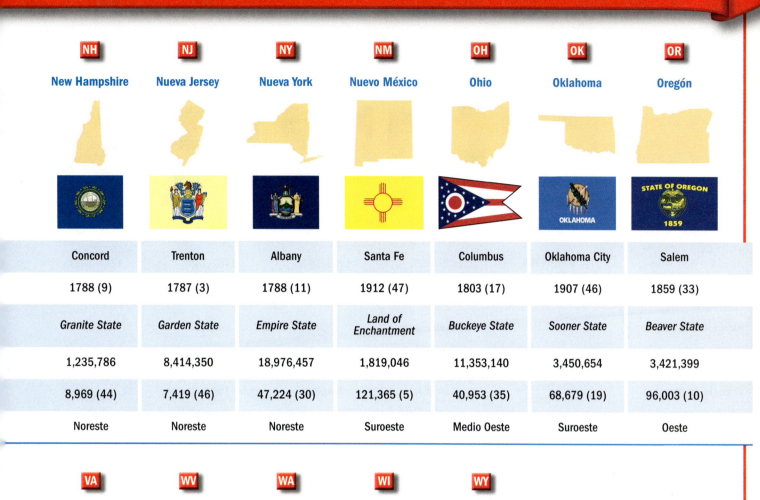

NH	NJ	NY	NM	OH	OK	OR
New Hampshire	**Nueva Jersey**	**Nueva York**	**Nuevo México**	**Ohio**	**Oklahoma**	**Oregón**
Concord	Trenton	Albany	Santa Fe	Columbus	Oklahoma City	Salem
1788 (9)	1787 (3)	1788 (11)	1912 (47)	1803 (17)	1907 (46)	1859 (33)
Granite State	*Garden State*	*Empire State*	*Land of Enchantment*	*Buckeye State*	*Sooner State*	*Beaver State*
1,235,786	8,414,350	18,976,457	1,819,046	11,353,140	3,450,654	3,421,399
8,969 (44)	7,419 (46)	47,224 (30)	121,365 (5)	40,953 (35)	68,679 (19)	96,003 (10)
Noreste	Noreste	Noreste	Suroeste	Medio Oeste	Suroeste	Oeste

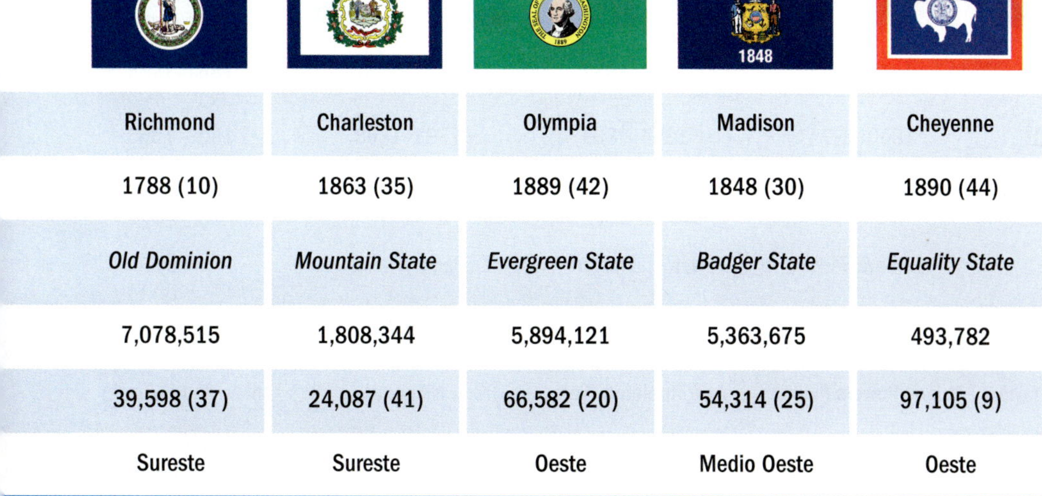

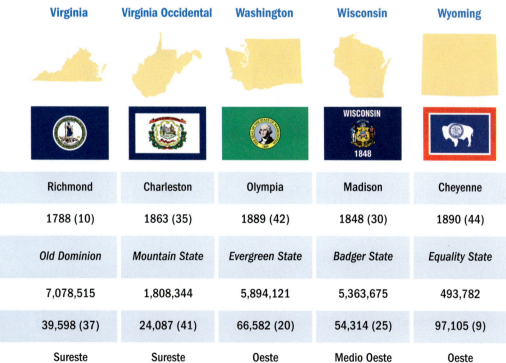

VA	WV	WA	WI	WY
Virginia	**Virginia Occidental**	**Washington**	**Wisconsin**	**Wyoming**
Richmond	Charleston	Olympia	Madison	Cheyenne
1788 (10)	1863 (35)	1889 (42)	1848 (30)	1890 (44)
Old Dominion	*Mountain State*	*Evergreen State*	*Badger State*	*Equality State*
7,078,515	1,808,344	5,894,121	5,363,675	493,782
39,598 (37)	24,087 (41)	66,582 (20)	54,314 (25)	97,105 (9)
Sureste	Sureste	Oeste	Medio Oeste	Oeste

Datos sobre nuestros presidentes

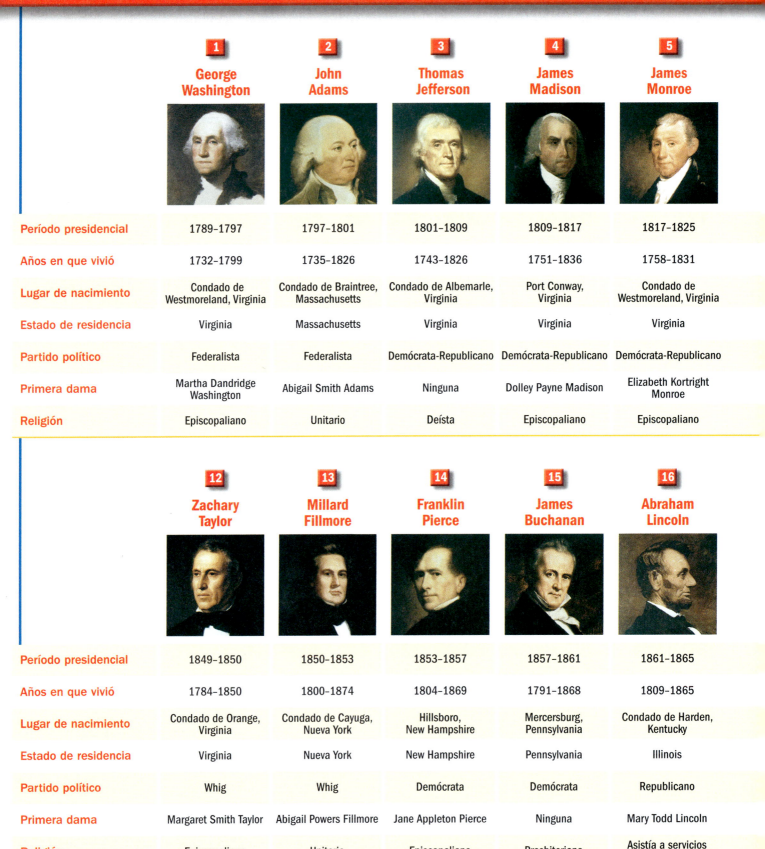

	1 George Washington	2 John Adams	3 Thomas Jefferson	4 James Madison	5 James Monroe
Período presidencial	1789–1797	1797–1801	1801–1809	1809–1817	1817–1825
Años en que vivió	1732–1799	1735–1826	1743–1826	1751–1836	1758–1831
Lugar de nacimiento	Condado de Westmoreland, Virginia	Condado de Braintree, Massachusetts	Condado de Albemarle, Virginia	Port Conway, Virginia	Condado de Westmoreland, Virginia
Estado de residencia	Virginia	Massachusetts	Virginia	Virginia	Virginia
Partido político	Federalista	Federalista	Demócrata-Republicano	Demócrata-Republicano	Demócrata-Republicano
Primera dama	Martha Dandridge Washington	Abigail Smith Adams	Ninguna	Dolley Payne Madison	Elizabeth Kortright Monroe
Religión	Episcopaliano	Unitario	Deísta	Episcopaliano	Episcopaliano

	12 Zachary Taylor	13 Millard Fillmore	14 Franklin Pierce	15 James Buchanan	16 Abraham Lincoln
Período presidencial	1849–1850	1850–1853	1853–1857	1857–1861	1861–1865
Años en que vivió	1784–1850	1800–1874	1804–1869	1791–1868	1809–1865
Lugar de nacimiento	Condado de Orange, Virginia	Condado de Cayuga, Nueva York	Hillsboro, New Hampshire	Mercersburg, Pennsylvania	Condado de Harden, Kentucky
Estado de residencia	Virginia	Nueva York	New Hampshire	Pennsylvania	Illinois
Partido político	Whig	Whig	Demócrata	Demócrata	Republicano
Primera dama	Margaret Smith Taylor	Abigail Powers Fillmore	Jane Appleton Pierce	Ninguna	Mary Todd Lincoln
Religión	Episcopaliano	Unitario	Episcopaliano	Presbiteriano	Asistía a servicios presbiterianos

6 John Quincy Adams	7 Andrew Jackson	8 Martin Van Buren	9 William H. Harrison	10 John Tyler	11 James K. Polk
1825–1829	1829–1837	1837–1841	1841	1841–1845	1845–1849
1767–1848	1767–1845	1782–1862	1773–1841	1790–1862	1795–1849
Braintree, Massachusetts	Waxhaw, Carolina del Sur	Kinderhook, Nueva York	Condado de Charles City, Virginia	Condado de Charles City, Virginia	Condado de Mecklenburg, Carolina del Norte
Massachusetts	Tennessee	Nueva York	Ohio	Virginia	Tennessee
Demócrata-Republicano	Demócrata	Demócrata	Whig	Whig	Demócrata
Louisa Johnson Adams	Ninguna	Ninguna	Anna Symmes Harrison	Letitia Christian Tyler; Julia Gardiner Tyler	Sarah Childress Polk
Unitario	Presbiteriano	Iglesia holandesa reformada	Episcopaliano	Episcopaliano	Presbiteriano

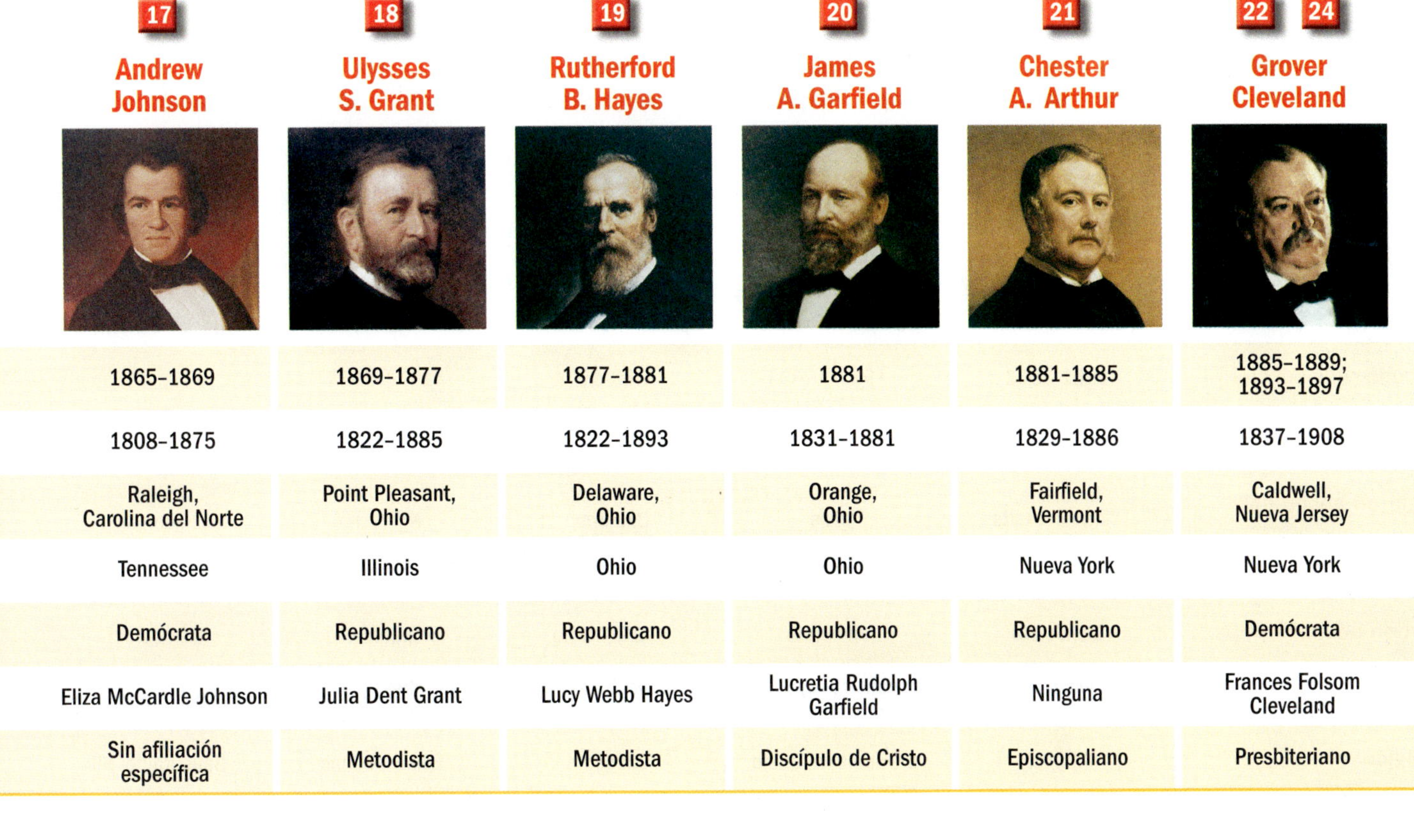

17 Andrew Johnson	18 Ulysses S. Grant	19 Rutherford B. Hayes	20 James A. Garfield	21 Chester A. Arthur	22 24 Grover Cleveland
1865–1869	1869–1877	1877–1881	1881	1881–1885	1885–1889; 1893–1897
1808–1875	1822–1885	1822–1893	1831–1881	1829–1886	1837–1908
Raleigh, Carolina del Norte	Point Pleasant, Ohio	Delaware, Ohio	Orange, Ohio	Fairfield, Vermont	Caldwell, Nueva Jersey
Tennessee	Illinois	Ohio	Ohio	Nueva York	Nueva York
Demócrata	Republicano	Republicano	Republicano	Republicano	Demócrata
Eliza McCardle Johnson	Julia Dent Grant	Lucy Webb Hayes	Lucretia Rudolph Garfield	Ninguna	Frances Folsom Cleveland
Sin afiliación específica	Metodista	Metodista	Discípulo de Cristo	Episcopaliano	Presbiteriano

Datos sobre nuestros presidentes

	23 Benjamin Harrison	25 William McKinley	26 Theodore Roosevelt	27 William H. Taft	28 Woodrow Wilson
Período presidencial	1889–1893	1897–1901	1901–1909	1909–1913	1913–1921
Años en que vivió	1833–1901	1843–1901	1858–1919	1859–1930	1856–1924
Lugar de nacimiento	North Bend, Ohio	Niles, Ohio	Nueva York, Nueva York	Cincinnati, Ohio	Staunton, Virginia
Estado de residencia	Indiana	Ohio	Nueva York	Ohio	Nueva Jersey
Partido político	Republicano	Republicano	Republicano	Republicano	Demócrata
Primera dama	Caroline Scott Harrison	Ida Saxton McKinley	Edith Carow Roosevelt	Helen Herron Taft	Ellen Axson Wilson; Edith Galt Wilson
Religión	Presbiteriano	Metodista	Iglesia Holandesa Reformada	Unitario	Presbiteriano

	35 John F. Kennedy	36 Lyndon B. Johnson	37 Richard M. Nixon	38 Gerald R. Ford	39 James E. Carter
Período presidencial	1961–1963	1963–1969	1969–1974	1974–1977	1977–1981
Años en que vivió	1917–1963	1908–1973	1913–1994	1913–	1924–
Lugar de nacimiento	Brookline, Massachusetts	Stonewall, Texas	Yorba Linda, California	Omaha, Nebraska	Plains, Georgia
Estado de residencia	Massachusetts	Texas	California	Michigan	Georgia
Partido político	Demócrata	Demócrata	Republicano	Republicano	Demócrata
Primera dama	Jacqueline Bouvier Kennedy	Claudia “Lady Bird” Taylor Johnson	Thelma “Pat” Ryan Nixon	Elizabeth (Betty) Warren Ford	Rosalynn Smith Carter
Religión	Católico	Discípulo de Cristo	Cuáquero	Episcopaliano	Bautista del Sur

29 Warren G. Harding	30 Calvin Coolidge	31 Herbert Hoover	32 Franklin D. Roosevelt	33 Harry S. Truman	34 Dwight D. Eisenhower
1921–1923	1923–1929	1929–1933	1933–1945	1945–1953	1953–1961
1865–1923	1872–1933	1874–1964	1882–1945	1884–1972	1890–1969
Condado de Morrow, Ohio	Plymouth, Vermont	West Branch, Iowa	Hyde Park, Nueva York	Lamar, Missouri	Denison, Texas
Ohio	Massachusetts	California	Nueva York	Missouri	Kansas
Republicano	Republicano	Republicano	Demócrata	Demócrata	Republicano
Florence DeWolfe Harding	Grace Goodhue Coolidge	Lou Henry Hoover	Anna Eleanor Roosevelt	Bess Wallace Truman	Marie "Mamie" Doud Eisenhower
Bautista	Congregacionista	Cuáquero	Episcopaliano	Bautista	Presbiteriano

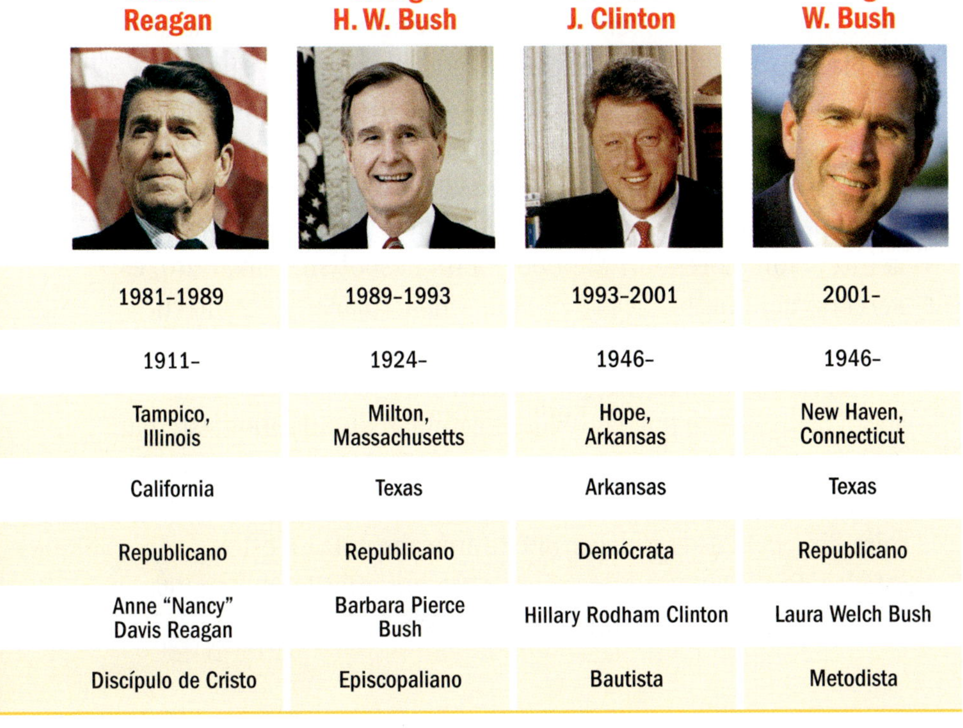

40 Ronald Reagan	41 George H. W. Bush	42 William J. Clinton	43 George W. Bush
1981–1989	1989–1993	1993–2001	2001–
1911–	1924–	1946–	1946–
Tampico, Illinois	Milton, Massachusetts	Hope, Arkansas	New Haven, Connecticut
California	Texas	Arkansas	Texas
Republicano	Republicano	Demócrata	Republicano
Anne "Nancy" Davis Reagan	Barbara Pierce Bush	Hillary Rodham Clinton	Laura Welch Bush
Discípulo de Cristo	Episcopaliano	Bautista	Metodista

Documentos de los Estados Unidos

Declaración de Independencia

En el Congreso, el 4 de julio de 1776

Algunas veces, en la historia es necesario que un grupo de personas rompa lazos políticos con el país que lo gobierna. Cuando esto sucede, es conveniente explicar las razones de esa separación.

Cuando, en el curso de los acontecimientos humanos, se hace necesario para un pueblo disolver las ligas políticas que lo han unido con otro, y asumir, entre los poderes de la Tierra, un sitio separado e igual, al cual tiene derecho según las leyes de la naturaleza y el Dios de la naturaleza; el respeto debido a las opiniones del género humano exige que se declaren las causas que obligan a ese pueblo a la separación.

Creemos que todos los hombres son creados iguales y que el Creador les da determinados derechos que no se les pueden quitar. Las personas tienen derecho a vivir, a ser libres y a buscar la felicidad.

Sostenemos como verdades evidentes que todos los hombres nacen iguales, que están dotados por su Creador de ciertos derechos inalienables, entre los cuales se cuentan el derecho a la Vida, a la Libertad y a la búsqueda de la Felicidad.

Los gobiernos se establecen para proteger esos derechos. El gobierno obtiene su poder del apoyo que le da el pueblo al que gobierna. Si alguna forma de gobierno trata de eliminar los derechos básicos, los pueblos tienen el derecho de cambiarla o acabar con ella, y establecer otro gobierno que tenga más probabilidades de darles seguridad y felicidad.

Que para asegurar estos derechos, los hombres instituyen gobiernos, derivando sus justos poderes del consentimiento de los gobernados; que cuando una forma de gobierno llega a ser destructora de estos fines, es un derecho del pueblo cambiarla o abolirla, e instituir un nuevo gobierno, basado en esos principios y organizando su autoridad en la forma que el pueblo estime como la más conveniente para obtener su seguridad y felicidad.

La prudencia aconsejará no cambiar a los gobiernos establecidos desde hace mucho tiempo por causas pasajeras o que no tengan importancia. La historia ha demostrado que los pueblos prefieren soportar un mal gobierno al que están acostumbrados que deshacerse de él. Pero si el gobierno comete muchos abusos y no usa adecuadamente el poder, el pueblo tiene el derecho y el deber de eliminar a ese gobierno y formar uno nuevo para proteger sus derechos básicos.

En realidad, la prudencia aconsejará que los gobiernos erigidos mucho tiempo atrás no sean cambiados por causas ligeras y transitorias; en efecto, la experiencia ha demostrado que la humanidad está más bien dispuesta a sufrir, mientras los males sean tolerables, que a hacerse justicia aboliendo las formas de gobierno a las cuales se halla acostumbrada. Pero cuando una larga cadena de abusos y usurpaciones, que persiguen invariablemente el mismo objetivo, hace patente la intención de reducir al pueblo a un despotismo absoluto, es derecho del hombre, es su obligación, arrojar a ese gobierno y procurarse nuevos guardianes para su seguridad futura.

Las colonias han sufrido pacientemente y ahora es necesario que cambien de gobierno. El rey de Gran Bretaña ha abusado muchas veces de su poder con estos estados. Para probarlo, se señalan los siguientes hechos.

Tal ha sido el paciente sufrimiento de estas colonias; tal es ahora la necesidad que las obliga a cambiar sus antiguos sistemas de gobierno. La historia del actual rey de la Gran Bretaña es una historia de agravios y usurpaciones repetidas, que tienen como mira directa la de establecer una tiranía absoluta en estos estados. Para demostrar lo anterior presentamos los siguientes hechos ante un mundo que no los conoce:

El rey se ha negado a aprobar las leyes más favorables y necesarias para el bienestar público. Ha prohibido a sus gobernadores sancionar leyes de importancia inmediata y apremiante, a menos que su ejecución se suspenda hasta obtener su asentimiento; y, una vez suspendidas, se ha negado por completo a prestarles atención.

El rey no aprobó las leyes que eran tan necesarias. No permitió que sus gobernadores aprobaran esas leyes urgentes y los obligó a que retrasaran ponerlas en vigor hasta que obtuvieran su permiso; luego no les puso atención.

Se ha rehusado a aprobar otras leyes convenientes a grandes comarcas pobladas, a menos que esos pueblos renuncien al derecho de ser representados en la asamblea legislativa; derecho que es inestimable para el pueblo y temible sólo para los tiranos.

Se negó a aprobar otras leyes para ayudar a grandes territorios poblados, a menos que esos pueblos renunciaran a su derecho de representación en la asamblea legislativa, un derecho muy valioso para ellos, y amenazador únicamente para los tiranos.

Ha convocado a los cuerpos legislativos en sitios desusados, incómodos y distantes del asiento de sus documentos públicos, con la sola idea de fatigarlos para cumplir con sus medidas.

Convocó a reuniones a las cámaras legislativas en lugares poco comunes, incómodos y alejados de los sitios donde guardan sus documentos públicos, sólo con la finalidad de cansarlas para que obedecieran sus medidas.

En repetidas ocasiones ha disuelto las Cámaras de Representantes, por oponerse con firmeza viril a sus intromisiones en los derechos del pueblo.

En muchas ocasiones, eliminó a grupos legislativos que se oponían con firmeza a él por suprimir los derechos del pueblo.

Durante mucho tiempo, y después de esas disoluciones, se ha negado a permitir la elección de otras cámaras; por lo cual, los poderes legislativos, cuyo aniquilamiento es imposible, han retornado al pueblo, sin limitación para su ejercicio; permaneciendo el Estado, mientras tanto, expuesto a todos los peligros de una invasión exterior y a convulsiones internas.

Después de haber disuelto esas reuniones representativas, se negó a permitir nuevas elecciones. Debido a esta falta de poder legislativo, el pueblo quedó expuesto a los peligros de una invasión externa y a la violencia interna.

Ha tratado de impedir que se pueblen estos estados; dificultando, con ese propósito, las Leyes de Naturalización de Extranjeros; rehusando aprobar otras para fomentar su inmigración y elevando las condiciones para las nuevas adquisiciones de tierras.

Para evitar que otras personas vinieran a vivir a estos estados, bloqueó el proceso mediante el cual los extranjeros se convierten en ciudadanos, se negó a aprobar leyes que promuevan los viajes a América e hizo difícil que las personas se muden a nuevas tierras y tomen posesión de ellas.

Ha entorpecido la administración de justicia al no aprobar las leyes que establecen los poderes judiciales.

Obstaculizó la administración de justicia, negándose a aprobar leyes para establecer tribunales.

Ha hecho que los jueces dependan solamente de su voluntad, para poder desempeñar sus cargos y en cuanto a la cantidad y pago de sus emolumentos.

Obligó a los jueces a hacer lo que él quiere, controlando el tiempo que estarán en funciones y el pago que reciben.

Ha fundado una gran diversidad de oficinas nuevas, enviando a un enjambre de funcionarios que acosan a nuestro pueblo y menguan su sustento.

Creó muchas oficinas de gobierno, y envió a muchos funcionarios a hacer sufrir a nuestro pueblo y a aprovecharse de nuestro duro trabajo.

En tiempos de paz, ha mantenido entre nosotros ejércitos permanentes, sin el consentimiento de nuestras asambleas legislativas.

En tiempos de paz, mantuvo a sus soldados entre nosotros, sin el consentimiento de nuestras asambleas legislativas.

Ha influido para que la autoridad militar sea independiente de la civil y superior a ella.

Intentó que los militares fueran independientes y superiores al gobierno civil.

Él y otros nos han hecho vivir bajo leyes distintas de las nuestras. Aprobó leyes injustas que el parlamento adoptó:

Se ha asociado con otros para someternos a una jurisdicción extraña a nuestra constitución y no reconocida por nuestras leyes; aprobando sus actos de pretendida legislación:

Para obligarnos a alimentar y alojar a muchos soldados británicos;

Para acuartelar, entre nosotros, grandes cuerpos de tropas armadas;

Para recurrir a juicios fingidos para evitar que los soldados británicos sean castigados por asesinar a los habitantes de América;

Para protegerlos, por medio de un juicio ficticio, del castigo por los asesinatos que pudieren cometer entre los habitantes de estos estados;

Para interrumpir nuestro comercio con el mundo;

Para suspender nuestro comercio con todas las partes del mundo;

Para poner impuestos sin nuestro consentimiento;

Para imponernos impuestos sin nuestro consentimiento;

Para eliminar, en muchos casos, los beneficios de un juicio con un jurado;

Para privarnos, en muchos casos, de los beneficios de un juicio con jurado;

Para llevarnos a Gran Bretaña a ser juzgados por delitos inventados;

Para transportarnos más allá de los mares, con el fin de ser juzgados por supuestos agravios;

Para abolir el libre sistema de las leyes inglesas en una provincia vecina, y establecer ahí un gobierno injusto, y extender sus límites, a fin de introducir el mismo gobierno absoluto en las colonias;

Para abolir en una provincia vecina el libre sistema de las leyes inglesas, estableciendo en ella un gobierno arbitrario y extendiendo sus límites, con el objeto de dar un ejemplo y disponer de un instrumento adecuado para introducir el mismo gobierno absoluto en estas colonias;

Para quitarnos nuestras cédulas de gobierno, aboliendo la mayoría de nuestras leyes valiosas, y cambiando nuestro gobierno completamente;

Para suprimir nuestras cédulas, abolir nuestras leyes más valiosas y alterar en su esencia las formas de nuestros gobiernos;

Para hacer a un lado nuestros cuerpos legislativos, y declarar que, en todos los casos, Gran Bretaña tiene la facultad de decretar leyes para nosotros.

Para suspender nuestras propias asambleas legislativas y declararse investido con facultades para legislarnos en todos los casos, cualesquiera que éstos sean.

Renunció a su gobierno aquí, quitándonos la protección y declarándonos la guerra.

Ha abdicado de su gobierno en estos territorios al declarar que estamos fuera de su protección y al emprender una guerra contra nosotros.

Robó a nuestros barcos en los mares, destruyó nuestras costas, incendió nuestras ciudades y destruyó la vida de nuestro pueblo.

Ha saqueado nuestros mares, asolado nuestras costas, incendiado nuestras ciudades y destruido la vida de nuestro pueblo.

En este momento está enviando grandes ejércitos de extranjeros contratados como soldados para terminar con la tarea de muerte, destrucción e injusticia. Estos actos se cuentan entre los más crueles nunca vistos en la historia, y son completamente indignos del jefe de una nación civilizada.

Al presente, está transportando grandes ejércitos de extranjeros mercenarios para completar la obra de muerte, desolación y tiranía, ya iniciada en circunstancias de crueldad y perfidia que apenas si encuentran paralelo en las épocas más bárbaras, y por completo indignas del jefe de una nación civilizada.

Obligó a nuestros conciudadanos, quienes fueron capturados en alta mar, a luchar contra América, para matar a sus amigos y familiares, o a morir a manos de éstos.

Ha obligado a nuestros conciudadanos, aprehendidos en alta mar, a que tomen armas contra su país, forzándolos así a convertirse en los verdugos de sus amigos y hermanos, o a morir bajo sus manos.

Ha provocado insurrecciones domésticas indígenas entre nosotros y se ha esforzado por lanzar sobre los habitantes de nuestras fronteras a los inmisericordes salvajes, cuya conocida disposición para la guerra se distingue por la destrucción de vidas, sin considerar edades, sexos ni condiciones.

Sembró el desorden civil entre nosotros, y provocó el asesinato de los que viven en las fronteras a manos de los indígenas, cuyas reglas sobre la guerra incluyen la matanza deliberada de personas sin importar su edad, sexo o condición.

En todas las fases de estos abusos, hemos pedido una reparación en los términos más humildes; nuestras súplicas constantes han sido contestadas solamente con repetidas ofensas. Un príncipe, cuyo carácter está marcado, en consecuencia, por todas las acciones que definen a un tirano, no es el adecuado para gobernar a un pueblo libre.

En cada etapa de estos malos tratos, le hemos pedido solución en los términos más humildes; nuestras repetidas solicitudes fueron contestadas sólo con más agravios. Un líder que es tan injusto y que actúa como un dictador no sirve como gobernante de un pueblo libre.

Tampoco hemos incurrido en faltas de atención para con nuestros hermanos británicos. Los hemos advertido, oportunamente, de los esfuerzos de su cuerpo legislativo para extender una autoridad injustificable sobre nosotros. Les hemos recordado las circunstancias de nuestra emigración y colonización en estos territorios. Hemos apelado a su justicia y magnanimidad naturales, y los hemos conjurado, por los lazos de nuestra común ascendencia, a que repudien esas usurpaciones, las cuales, inevitablemente, llegarán a interrumpir nuestros nexos y correspondencia. Ellos también se han mostrado sordos a la voz de la justicia y de la consanguinidad. Por tanto, aceptamos la necesidad que proclama nuestra separación, y en adelante los consideramos como al resto de la humanidad: enemigos en la guerra, amigos en la paz.

También hemos pedido ayuda al pueblo británico. En varias ocasiones le hemos avisado de los intentos de su gobierno por extender su autoridad ilegal sobre nosotros. Le hemos recordado por qué vinimos a América. Hemos recurrido a su sentido de justicia y generosidad; y le hemos rogado, por todo lo que tenemos en común, que renuncie a esos abusos de poder. Los británicos, al igual que el rey, no han escuchado la voz de la justicia y la hermandad. Por lo tanto, debemos declarar nuestra separación.En la guerra, los británicos son nuestros enemigos. En la paz, son nuestros amigos.

En consecuencia, nosotros, los representantes de los Estados Unidos de América, reunidos en Congreso General, y apelando al Juez Supremo del mundo en cuanto a la rectitud de nuestras intenciones, en el nombre y por la autoridad del buen pueblo de estas colonias, solemnemente publicamos y declaramos que estas Colonias Unidas son, y de derecho deben ser, Estados Libres e Independientes; que se hallan exentos de toda fidelidad a la Corona británica, y que todos los lazos políticos entre ellos y el estado de la Gran Bretaña son y deben ser totalmente disueltos; y que, como estados libres e independientes, tienen poderes suficientes para declarar la guerra, concertar la paz, celebrar alianzas, establecer el comercio y para efectuar todos aquellos actos que los Estados Independientes pueden, por su derecho, llevar a cabo. Y, en apoyo de esta declaración, confiando firmemente en la protección de la Divina Providencia, comprometemos mutuamente nuestras vidas, nuestros bienes y nuestro honor sagrado.

En consecuencia, como representantes del pueblo de los Estados Unidos de América, en este Congreso General aquí reunido, poniendo a Dios como testigo de la honestidad de nuestro propósito, solemnemente publicamos y declaramos que estas Colonias Unidas son, y con todo derecho deben ser, estados libres e independientes. El pueblo de los Estados Unidos ya no es súbdito de la Corona británica. Todos los lazos políticos entre las colonias y Gran Bretaña están completamente rotos. Estos estados libres e independientes tienen poderes plenos de declarar la guerra, firmar la paz, hacer tratados con otros países, establecer comercio, y realizar todos los demás actos y asuntos que los estados independientes tienen derecho a realizar. Para apoyar esta declaración, con la firme confianza en la protección de la Divina Providencia, prometemos unirnos en nuestra vida, nuestra riqueza y nuestro sagrado honor.

"Entre los derechos naturales de los colonos están los siguientes: primero, el derecho a la vida; segundo, a la libertad; tercero, a la propiedad; junto con el derecho a apoyarlas y defenderlas de la mejor manera posible".

Samuel Adams, Informe del Comité de Correspondencia a la asamblea de la ciudad de Boston

"Igualmente, todos deben recordar el sagrado principio de que, a pesar de que en todos los casos se impone la voluntad de la mayoría, ésta debe ser razonable para que sea correcta; que la minoría tiene derechos iguales, que debe proteger una ley equitativa y que el hecho de violarlos se convierte en opresión".

Thomas Jefferson, Primer discurso inaugural

Button Gwinnett (GA)
Lyman Hall (GA)
George Walton (GA)
William Hooper (NC)
Joseph Hewes (NC)
John Penn (NC)
Edward Rutledge (SC)
Thomas Heyward, Jr. (SC)
Thomas Lynch, Jr. (SC)
Arthur Middleton (SC)
John Hancock (MA)
Samuel Chase (MD)
William Paca (MD)
Thomas Stone (MD)
Charles Carroll of Carrollton (MD)
George Wythe (VA)
Richard Henry Lee (VA)
Thomas Jefferson (VA)

Benjamin Harrison (VA)
Thomas Nelson, Jr. (VA)
Francis Lightfoot Lee (VA)
Carter Braxton (VA)
Robert Morris (PA)
Benjamin Rush (PA)
Benjamin Franklin (PA)
John Morton (PA)
George Clymer (PA)
James Smith (PA)
George Taylor (PA)
James Wilson (PA)
George Ross (PA)
Caesar Rodney (DE)
George Read (DE)
Thomas McKean (DE)
William Floyd (NY)
Philip Livingston (NY)
Francis Lewis (NY)

Lewis Morris (NY)
Richard Stockton (NJ)
John Witherspoon (NJ)
Francis Hopkinson (NJ)
John Hart (NJ)
Abraham Clark (NJ)
Josiah Bartlett (NH)
William Whipple (NH)
Samuel Adams (MA)
John Adams (MA)
Robert Treat Paine (MA)
Elbridge Gerry (MA)
Stephen Hopkins (RI)
William Ellery (RI)
Roger Sherman (CT)
Samuel Huntington (CT)
William Williams (CT)
Oliver Wolcott (CT)
Matthew Thornton (NH)

Nosotros, el pueblo de los Estados Unidos, con el fin de hacer más perfecta la Unión, establecer la justicia, asegurar la tranquilidad nacional, proveer a la defensa común, fomentar el bienestar general y afianzar los beneficios de la libertad para nosotros mismos y para nuestros descendientes, decretamos e instituimos esta Constitución para los Estados Unidos de América.

Nosotros, el pueblo de los Estados Unidos, a fin de formar una unión más perfecta, establecer la justicia, asegurar la paz en nuestra nación, tener los medios para defendernos, promover el bienestar general y asegurar las bendiciones de la libertad para nosotros y nuestros descendientes, autorizamos y establecemos esta Constitución para los Estados Unidos de América.

ARTÍCULO 1

Poder legislativo

SECCIÓN 1. El Congreso
Todas las facultades legislativas que esta Constitución concede se depositan en un Congreso de los Estados Unidos, el cual se compondrá de un Senado y una Cámara de Representantes.

SECCIÓN 2. La Cámara de Representantes
La Cámara de Representantes se integrará por miembros elegidos cada dos años por el pueblo de los diversos estados, y los electores en cada uno de éstos deberán tener los mismos requisitos exigidos para los electores de la sección más numerosa de la asamblea legislativa del estado.

Ninguna persona podrá ser representante si no ha cumplido veinticinco años de edad y siete como ciudadano de los Estados Unidos, además de ser habitante del estado que lo elige, al tiempo de la elección.

Los representantes ~~y los impuestos directos~~ se repartirán entre los diversos Estados que se incluyan en esta Unión, conforme al número de sus habitantes~~, el cual se determinará agregando al número total de personas libres, entre las que se comprende a las que están obligadas al servicio por cierto número de años, y se excluye a los indígenas que no pagan contribuciones, las tres quintas partes de todas las demás personas.~~* El censo efectivo se levantará a los tres años contados a partir de la primera asamblea del Congreso de los Estados Unidos, y en lo sucesivo cada diez años, de la manera que lo disponga ese Congreso por medio de mandamientos legales. El número de representantes no excederá de uno por cada treinta mil habitantes, pero cada estado tendrá, cuando menos, un representante; ~~y hasta que se haga ese censo, el estado de New Hampshire tendrá derecho a elegir tres; Massachusetts, ocho; Rhode Island y Providence, uno; Connecticut, cinco; Nueva York, seis;. Nueva Jersey, cuatro; Pennsylvania, ocho; Delaware, uno; Maryland, seis; Virginia, diez; Carolina del Norte, cinco; Carolina del Sur, cinco y Georgia, tres.~~*
*(*Modificado por la Decimocuarta Enmienda)*

ARTÍCULO 1

Poder legislativo

SECCIÓN 1. El Congreso
Sólo el Congreso de los Estados Unidos tiene la facultad de hacer leyes nacionales. El Congreso está formado por el Senado y la Cámara de Representantes.

SECCIÓN 2. La Cámara de Representantes
Los miembros de la Cámara de Representantes serán elegidos cada dos años. Las personas que puedan votar para elegir legisladores de estado también pueden votar para elegir a los miembros de la Cámara de Representantes.

Para ser miembro de la Cámara de Representantes, una persona debe tener por lo menos veinticinco años de edad, haber sido ciudadana de los Estados Unidos por lo menos durante siete años, y vivir en el estado que va a representar.

El número de representantes de un estado lo determina la población de dicho estado. Debe realizarse un censo, o recuento, de la población cada diez años. Cada estado debe tener al menos un representante.

Cuando haya puestos vacíos en la representación de cualquier estado, el gobernador del estado convocará a elecciones especiales para llenarlos.

La Cámara de Representantes elegirá a su presidente y demás funcionarios, y sólo la Cámara de Representantes puede impugnar, o pedir la anulación de funciones, a los funcionarios del gobierno por delitos que hayan cometido durante su cargo.

SECCIÓN 3. El Senado
El Senado de los Estados Unidos estará formado por dos senadores de cada estado. Cada senador ocupará el cargo durante seis años y sólo tendrá un voto.

(Hasta la Decimoséptima Enmienda, los senadores eran elegidos por la asamblea legislativa del estado que representaban).

Sólo la tercera parte de los senadores se cambia en cada elección.

(La sección restante fue modificada por la Decimoséptima Enmienda).

Un senador debe tener por lo menos treinta años de edad, haber sido ciudadano de los Estados Unidos por lo menos durante nueve años y vivir en el estado que lo eligió.

El vicepresidente de los Estados Unidos es también el presidente del Senado, pero no puede votar, a menos que haya un empate.

El Senado escoge a sus propios funcionarios. También elige a un senador como presidente provisional, quien actúa como presidente provisional del Senado cuando no está el vicepresidente, o cuando éste desempeña las funciones de presidente de los Estados Unidos.

El Senado tiene la facultad especial de juzgar los casos de funcionarios para quienes alguien pidió la anulación de sus funciones. Cuando los senadores se reúnen para resolver el caso de una anulación de funciones, hacen un juramento o declaración. Cuando el presidente de los Estados Unidos sea sometido a juicio porque se pide que se anulen sus funciones, el presidente de la Corte Suprema estará a cargo del proceso; ninguna persona será declarada culpable sin el consentimiento de dos terceras partes de los miembros del Senado presentes.

Cuando un funcionario es declarado culpable, puede perder su puesto y ser descalificado para ocupar otro puesto en el gobierno. Otros tribunales del país también pueden someter a juicio y castigar a un funcionario para quien se haya pedido la anulación de sus funciones.

Cuando haya vacantes en la representación de algún estado, la autoridad ejecutiva del mismo expedirá las órdenes necesarias para que se elija a quienes deban llenarlas.

La Cámara de Representantes elegirá a su presidente y a los demás funcionarios y tendrá la facultad exclusiva de entablar acusaciones contra los mismos funcionarios.

SECCIÓN 3. El Senado
El Senado de los Estados Unidos se compondrá de dos senadores por cada estado, ~~elegidos por sus respectivas asambleas legislativas,~~* por seis años, y cada senador tendrá un voto. *(*Modificado por la Decimoséptima Enmienda)*

Inmediatamente después de que se reúnan, como resultado de la primera elección, se dividirán los senadores, en la forma más equitativa posible, en tres clases: los puestos de los senadores que correspondan a la primera clase quedarán vacantes a los dos años; los de la segunda, a los cuatro años; y los de la tercera clase, al término del sexto año, de modo que cada dos años se elija a una tercera parte. ~~Si ocurre alguna vacante por renuncia u otra causa, durante el receso de la asamblea legislativa de cualquier estado, el ejecutivo del mismo podrá hacer designaciones transitorias para cubrirla, hasta que se vuelva a reunir la asamblea legislativa, la cual cubrirá entonces esa vacante.~~* *(*Modificado por la Decimoséptima Enmienda)*

Para ser senador se requiere tener treinta años cumplidos, haber sido nueve años ciudadano de los Estados Unidos y ser habitante del estado por el cual es elegido.

El vicepresidente de los Estados Unidos será presidente del Senado, pero no tendrá voto sino en los casos de empate.

El Senado elegirá a sus demás funcionarios, así como a un presidente provisional, quien actuará en ausencia del vicepresidente o cuando éste desempeñe el cargo de presidente de los Estados Unidos.

Sólo al Senado incumbe la facultad de juzgar todas las acusaciones de funcionarios públicos. Cuando se reuniere con ese objeto, los senadores procederán bajo juramento o protesta. Si se tratare de enjuiciar al presidente de los Estados Unidos, el juicio será presidido por el presidente de la Corte Suprema, y nadie será condenado sino por el voto de las dos terceras partes de los miembros presentes.

En caso de acusación a funcionarios públicos, la sentencia condenatoria no excederá de la destitución del empleo y la inhabilitación para obtener y desempeñar cargo alguno honorífico, de confianza o lucrativo de los Estados Unidos; pero el declarado culpable quedará, no obstante, sujeto a ser acusado, juzgado, sentenciado y castigado según la ley.

SECCIÓN 4. Elecciones y sesiones del Congreso
La asamblea legislativa de cada estado prescribirá el tiempo, el lugar y el modo en que deban celebrarse las elecciones de senadores y representantes; pero el Congreso podrá, en cualquier tiempo y por medio de disposiciones legales, establecer o modificar esas determinaciones, salvo en lo que se refiera al lugar de la elección de los senadores.

El Congreso se reunirá una vez al año, por lo menos;~~ esa reunión se efectuará el primer lunes de diciembre~~,* a menos que por ley se señale otro día. *(*Modificado por la Vigésima Enmienda)*

SECCIÓN 5. Reglamento para el Congreso
Cada una de las cámaras juzgará sobre las elecciones, escrutinios y capacidades de sus miembros respectivos, y la mayoría de cada una de ellas constituirá el quórum para deliberar; pero un número menor puede aplazarla de un día a otro y estar autorizado para exigir que los miembros ausentes asistan, de la manera y bajo las penas que cada cámara señalare.

Cada cámara podrá fijar sus reglas de procedimiento, castigar a sus miembros por mala conducta y, con la aprobación de las dos terceras partes, expulsar a un miembro.

Cada cámara llevará un diario de sus actas, que oportunamente publicará, omitiendo las partes que a su juicio deban mantenerse secretas; y en ese diario se harán constar los votos afirmativos y negativos de los miembros respectivos, sobre cualquier asunto, por deseo expreso de una quinta parte de los presentes.

Ninguna de las cámaras podrá, sin el consentimiento de la otra, durante el período de sesiones del Congreso, aplazar éstas por más de tres días, ni convocarlas para un lugar distinto a aquél en el que se estén celebrando sus reuniones.

SECCIÓN 6. Derechos y restricciones de los miembros del Congreso
Los senadores y representantes recibirán una remuneración por sus servicios, que fijará la ley y pagará el Tesoro de los Estados Unidos. En todos los casos, excepto los de traición, delito grave y atentado contra la paz, gozarán del privilegio de no ser arrestados durante el período de sesiones al que asistieren, o en su viaje de ida y vuelta con motivo de ellas; y no deberán ser interrogados en ninguna otra parte por sus discursos o expresiones emitidos en un debate sostenido en cualquiera de las cámaras.

Ningún senador o representante, durante el tiempo de su encargo, podrá ser nombrado para ningún empleo civil bajo la autoridad de los Estados Unidos, que se haya creado en ese período o cuyos emolumentos se hubieren aumentado; asimismo, ninguna persona que desempeñe un puesto en el gobierno de los Estados Unidos podrá ser miembro de ninguna de las cámaras mientras lo desempeñe.

SECCIÓN 4.
Elecciones y sesiones del Congreso
La asamblea legislativa del estado determina las fechas, lugares y método para realizar las elecciones de senadores y representantes. El Congreso puede aprobar leyes que cambien algunos reglamentos.

El Congreso debe reunirse por lo menos una vez al año.

(Hasta la aprobación de la Vigésima Enmienda, el Congreso se reunía el primer lunes de diciembre).

SECCIÓN 5. Reglamento para el Congreso
El Senado y la Cámara de Representantes juzgan la imparcialidad de las elecciones y las cualidades de sus miembros. Al menos la mitad de los miembros debe estar presente para poder deliberar, aunque un número menor puede dar por terminada la reunión de un día para otro, obligar a los miembros ausentes a asistir y castigar a un miembro por faltar.

Cada cámara puede determinar sus propias reglas y castigar a sus miembros por no apegarse a estas reglas. Cada cámara puede, con el consentimiento de dos tercios, expulsar a un miembro de su cargo.

Cada cámara del Congreso llevará un registro de sus reuniones que publicará cada determinado tiempo, excepto las partes que deban mantenerse en secreto. Si una quinta parte de los miembros lo desea, pueden publicarse los votos sobre cualquier tema.

Cuando el Congreso está reunido, ninguna cámara podrá aplazar la reunión por más de tres días sin el permiso de la otra, ni decidir reunirse en otro lugar que no sea el acordado por ambas cámaras.

SECCIÓN 6. Derechos y restricciones de los miembros del Congreso
Los senadores y representantes recibirán un pago por sus servicios, el cual será decidido por ley, y pagado por el Tesoro de los Estados Unidos. Salvo en casos de delitos muy graves, los senadores y los representantes no pueden ser arrestados cuando estén reunidos, ni al ir o volver del Congreso. Los miembros del Congreso no podrán ser arrestados por haber manifestado su opinión en el Congreso.

Ningún senador o representante podrá desempeñar ningún cargo de gobierno mientras pertenezca al Congreso. A ningún senador o representante le está permitido desempeñar ningún cargo de gobierno que se cree o cuyo salario se aumente durante su cargo como senador o representante. Ninguna persona podrá ser miembro del Congreso mientras desempeñe un puesto de gobierno.

SECCIÓN 7. Cómo se hacen las leyes
Todos los proyectos de ley para obtener ingresos deben comenzar en la Cámara de Representantes. El Senado sugiere o aprueba las enmiendas a estos proyectos de impuestos, igual que con otros proyectos.

Cada proyecto de ley que haya aprobado la Cámara de Representantes y el Senado debe ser presentado al presidente de los Estados Unidos antes de convertirse en ley. Si el presidente lo aprueba, lo firmará. Si el presidente no lo aprueba, puede rechazar el proyecto. En este caso, lo regresará a la cámara que lo elaboró, con una explicación de sus objeciones. Esa cámara registrará las objeciones y volverá a estudiar el proyecto. Si dos tercios de cada cámara acuerdan aprobar el proyecto, se convertirá en ley. Pero en esos casos, los votos de ambas cámaras serán determinados por un "sí" o un "no", y se anotarán los nombres de los que votan a favor o en contra. Si después de diez días (descontando los domingos) de que fue enviado un proyecto de ley, el presidente no lo firma ni lo rechaza, el proyecto será ley. Si el Congreso aplaza la reunión antes de que pasen los diez días, el proyecto no se convertirá en ley.

Cada decreto, resolución, o voto que aprueben el Senado y la Cámara de Representantes serán presentados al presidente de los Estados Unidos para que los firme o rechace. Un proyecto rechazado por el presidente sólo puede convertirse en ley si lo vuelven a aprobar dos tercios del Senado y la Cámara de Representantes.

SECCIÓN 7. Cómo se elaboran las leyes
Todo proyecto de ley sobre la obtención de ingresos procederá de la Cámara de Representantes, aunque el Senado puede proponer o unirse a enmiendas como en los demás proyectos.

Todo proyecto que hubiere sido aprobado por la Cámara de Representantes y el Senado, antes de que se promulgue como ley, será presentado al presidente de los Estados Unidos; quien, si lo aprueba, lo firmará; y, en caso contrario, lo devolverá con sus objeciones a la cámara en que se originó, la cual las incluirá íntegramente en su diario y procederá a reconsiderar el proyecto. Si después de esta nueva discusión convienen en aprobarlo las dos terceras partes de esa cámara, se remitirá, junto con las objeciones, a la otra cámara, la cual, igualmente, volverá a discutirlo, y si es aprobado por los dos tercios de la misma, pasará a ser ley. En todos los casos de esta naturaleza, la votación en ambas cámaras será nominal, haciéndose constar en las actas de cada cámara, respectivamente, los nombres de las personas que han votado a favor y en contra del proyecto. Si el presidente no devolviere un proyecto de ley dentro de los diez días (sin contar los domingos) siguientes a habérsele presentado, se considerará como ley, tal como si lo hubiese firmado, a menos que no haya podido ser devuelto al Congreso por haberse suspendido las sesiones, en cuyo caso ese proyecto no tendrá fuerza legal.

Todo decreto, resolución o votación que requiera la concurrencia del Senado y de la Cámara de Representantes (salvo cuando se trate de aplazar las sesiones) deberá presentarse al presidente de los Estados Unidos y no tendrá efecto hasta que este funcionario lo apruebe: en caso contrario, será necesaria la aprobación de las dos terceras partes del Senado y de la Cámara de Representantes, conforme a los ordenamientos y limitaciones que se prescriben para los proyectos de ley.

SECCIÓN 8. Facultades del Congreso
El Congreso tendrá facultades para:
- establecer y cobrar impuestos a mercancías de importación y de exportación y a las que se venden en el país. El Congreso pagará las deudas y se encargará de defender y asegurar el bienestar general de los Estados Unidos. Todos los impuestos federales serán iguales en todo el país;
- pedir préstamos para los Estados Unidos;
- hacer leyes sobre el comercio con otros países, entre los estados y con las tribus de indígenas norteamericanos;
- establecer un procedimiento para que una persona de otro país pueda convertirse en ciudadana legal de los Estados Unidos, y establecer leyes de bancarrota para tratar con personas y empresas que no puedan pagar lo que deben;

SECCIÓN 8. Facultades del Congreso
El Congreso tendrá facultad: para establecer y recaudar contribuciones, derechos, impuestos y aranceles, para pagar las deudas y proveer a la defensa común y del bienestar general de los Estados Unidos; pero todas las contribuciones, impuestos y aranceles serán uniformes en todo el territorio de los Estados Unidos.

Para contraer empréstitos sobre el crédito de los Estados Unidos;

Para reglamentar el comercio con naciones extranjeras y el que se efectúa entre los diversos estados y con las tribus indígenas;

Para establecer una norma en cuanto a las disposiciones sobre naturalización y decretar leyes uniformes para los casos de quiebra, en todo el territorio de los Estados Unidos;

Para acuñar moneda, fijar el valor de ésta y el de los cuños extranjeros y determinar el patrón de los pesos y medidas;

Para proveer el castigo de los falsificadores de documentos de crédito y de la moneda corriente de los Estados Unidos;

Para establecer oficinas de correo y servicio de postas;

Para fomentar el progreso de la ciencia y de las artes útiles, asegurando a los autores e inventores, por tiempo limitado, la propiedad exclusiva de sus respectivos escritos y descubrimientos;

Para instituir tribunales inferiores a la Corte Suprema;

Para definir y castigar actos de piratería y de delito grave cometidos en alta mar, así como las transgresiones al Código de las Naciones;

Para declarar la guerra; ~~otorgar patentes de corso y represalia; reglamentar los botines capturados en mar y en tierra;*~~ *(*El Congreso ya no ejerce estas facultades)*

Para formar y mantener ejércitos; pero ninguna asignación que se acuerde a este fin excederá de dos años;

Para proporcionar y sostener una fuerza naval;

Para decretar ordenanzas para el gobierno y disciplina del ejército y de la armada;

Para disponer que se convoque al ejército, a fin de que se hagan cumplir las leyes de la Unión, ahogar sublevaciones y repeler invasiones;

Para proveer a la organización, armamento y disciplina del ejército y al gobierno de la parte que esté al servicio de los Estados Unidos, reservándose los estados respectivos el derecho de nombrar a los oficiales y la facultad de adiestrarlos conforme a la disciplina prescrita por el Congreso;

Para legislar exclusivamente en todas las materias concernientes al distrito (cuya superficie no exceda de diez millas cuadradas) que, por cesión de determinados estados y aceptación del Congreso, haya llegado a ser asiento del gobierno de los Estados Unidos, y para ejercer la misma facultad sobre todos los demás lugares comprados con el consentimiento de la asamblea legislativa del estado en el cual se hallen aquéllos, para establecer fortalezas, almacenes, arsenales, astilleros y otras edificaciones necesarias; y

Para dictar todas las leyes adecuadas y convenientes para la observancia de todas las facultades que preceden y todas las demás que esta Constitución delegue en el gobierno de los Estados Unidos o en cualquiera de sus dependencias o funcionarios.

SECCIÓN 9. Facultades negadas al Congreso

~~El Congreso no podrá prohibir, antes del año de mil ochocientos ocho, la inmigración o importación de personas que cualquiera de los estados actuales considere conveniente admitir; pero puede imponer una contribución o derecho a tal importación que no excederá de diez dólares por persona.~~

No podrá suspenderse el recurso de *habeas corpus,* salvo en los casos en que por rebelión o invasión sea necesario hacerlo para la seguridad pública.

- imprimir moneda y regular su valor. El Congreso tiene la facultad de determinar cuánto vale el dinero extranjero en moneda estadounidense. El Congreso fija las normas de pesos y medidas;
- establecer castigos por falsificación, o por hacer dinero, bonos y acciones falsos;
- establecer oficinas de correo y carreteras para la entrega del correo;
- promover el progreso de la ciencia y artes útiles protegiendo, por tiempo limitado, los escritos y descubrimientos de los autores e inventores, y emitiendo derechos de autor y patentes;
- crear tribunales inferiores a la Corte Suprema;
- definir y castigar delitos cometidos en alta mar, y delitos que violen las leyes internacionales;
- declarar la guerra y hacer reglas para capturar bienes del enemigo en tierra o en mar;
- formar y mantener ejércitos. El Congreso no puede proporcionar dinero para los ejércitos durante más de dos años;
- formar y mantener una marina;
- establecer reglas para las fuerzas armadas;
- poner los medios para que la milicia entre en acción para hacer cumplir las leyes del país, acabar con revueltas y disturbios y combatir las invasiones;
- organizar, armar y disciplinar a la milicia, y dirigir a las personas que trabajan en el ejército de los Estados Unidos. Los estados tienen el derecho de nombrar a los oficiales y la autoridad para entrenar a la milicia conforme a las reglas del Congreso;
- gobernar la capital de la nación [Washington, D.C.] y las bases militares de los Estados Unidos;
- hacer todas las leyes necesarias para cumplir con las facultades mencionadas en la Constitución, y con todas las demás facultades que la Constitución otorga al gobierno de los Estados Unidos, o a un departamento o funcionario público.

SECCIÓN 9.
Facultades negadas al Congreso
Hasta 1808, el Congreso no puede impedir que se traigan esclavos al país, pero sí puede fijar un impuesto por cada esclavo. *(En 1808, el Congreso aprobó una ley que prohíbe el comercio de esclavos).*

El Congreso no puede eliminar leyes que protejan a una persona de ser encarcelada, a menos que esta persona sea sometida a un juicio o se le hagan cargos por delitos específicos, o que la seguridad pública lo requiera durante una rebelión o invasión.

No se aprobará ninguna ley que castigue a una persona o grupo sin el derecho a un juicio o que convierta en ilegal algún acto después de haberlo cometido.

A ninguna persona en los Estados Unidos se le aplicará un impuesto a menos que se imponga a todos el mismo impuesto.

*(*La Decimosexta Enmienda permitió un impuesto sobre la renta).*

Los artículos exportados de cualquier estado no pagarán impuestos.

No se aprobarán leyes que den un trato especial a un estado sobre otro en comercio. Los barcos no pagan impuestos por entrar en otro estado.

Si no hay una ley que lo apruebe, no se puede usar el dinero del Tesoro. Se debe llevar un registro público de los ingresos y gastos.

Los Estados Unidos no otorgarán títulos de nobleza, como rey o reina. El Congreso debe autorizar si un funcionario público puede aceptar regalos, pagos, puestos o títulos de otro país.

No se aprobará ninguna ley de proscripción o de efectos retroactivos.

No se impondrá ningún impuesto por cabeza u otra contribución directa,* ~~sino en proporción al censo o recuento que se dispone más adelante en el texto de esta Constitución~~. *(*Modificado en la Decimosexta Enmienda)*

Los artículos que se exporten de cualquier estado no estarán gravados con contribución o derecho algunos.

Ninguna reglamentación mercantil o fiscal establecerá preferencia alguna a favor de los puertos de un estado sobre los de otro; tampoco se podrá obligar a los buques que llegan o salen de un estado a pagar derechos en otro.

No se podrá retirar del Tesoro ningún fondo, si no es por alguna asignación legal; y periódicamente se publicará una manifestación y cuenta de los ingresos y egresos públicos.

Los Estados Unidos no concederán títulos de nobleza; y ninguna persona que desempeñe empleo remunerado o de confianza podrá, sin el consentimiento del Congreso, aceptar ningún obsequio, emolumento, empleo o título de la clase que fuere, y que proceda de ningún rey, príncipe o estado extranjero.

SECCIÓN 10.
Facultades negadas a los estados

Ningún estado puede firmar tratados o alianzas con otras naciones ni emitir documentos oficiales que permitan a los ciudadanos capturar a barcos mercantes o entrar en combate con barcos de guerra de otra nación. Ningún estado puede hacer su propia moneda ni otro circulante legal que no sea de oro o plata. Ningún estado puede aprobar leyes que afecten a actos cometidos antes de ser aprobadas, ni tampoco puede permitir que una persona sea castigada sin tener antes un juicio justo. Ningún estado puede aprobar leyes que anulen el cumplimiento de un contrato. Ningún estado puede otorgar a nadie un título de nobleza.

Sin la aprobación del Congreso, ningún estado puede cobrar impuestos sobre mercancías que entren o salgan del estado; sólo puede cobrar tarifas moderadas para las inspecciones aduaneras. Cualquier impuesto proveniente del comercio será propiedad del gobierno de los Estados Unidos.

Sin la aprobación del Congreso, los estados tienen prohibido cobrar impuestos a los barcos o tener tropas o barcos de guerra durante tiempos de paz, a menos que estén en peligro de ser invadidos. Los estados no pueden firmar un acuerdo con otro estado o país.

SECCIÓN 10. Facultades negadas a los estados

Ningún estado podrá celebrar tratados, alianzas o coaliciones; conferir patentes de corso y represalias; acuñar moneda; emitir títulos de crédito; señalar que el pago de las deudas sea forzosamente en otras monedas que las de oro y plata; aprobar proyecto legal alguno de proscripción, ley retroactiva o alguna otra que perjudique el cumplimiento de los contratos; ni otorgar títulos de nobleza.

Ningún estado podrá, sin el consentimiento del Congreso, establecer impuestos o aranceles sobre las importaciones o exportaciones, salvo cuando sea absolutamente necesario para hacer cumplir sus leyes de inspección; y el producto neto de todos los derechos e impuestos establecidos por cualquier estado, será para el Tesoro de los Estados Unidos; quedando sujetas todas esas leyes a la revisión y aprobación del Congreso.

Ningún estado podrá, sin el consentimiento del Congreso, imponer derechos de tonelaje, mantener tropas o buques de guerra en tiempos de paz, celebrar ningún convenio o pacto con otro estado, o con una potencia extranjera, ni entrar en guerra, a menos que sea invadido realmente o que se enfrente a un peligro tan inminente que no admita demora.

ARTÍCULO 2

Poder ejecutivo

SECCIÓN 1. El presidente y el vicepresidente

El Poder Ejecutivo será delegado en un presidente de los Estados Unidos de América, quien desempeñará su puesto por un período de cuatro años y su elección, así como la del vicepresidente, nombrado por el mismo término, se efectuará de la manera siguiente:

Cada estado nombrará, del modo que la asamblea legislativa del mismo lo disponga, un número de electores igual al número total de senadores y representantes que ese estado tenga derecho a enviar al Congreso; no pudiendo designarse como elector a ningún senador o representante, ni a otra persona que desempeñe un puesto de confianza o remunerado de los Estados Unidos.

~~Los electores se reunirán en sus respectivos estados y, por escrutinio secreto, elegirán a dos personas, una de las cuales, cuando menos, no será habitante del mismo estado que ellos. Los electores formularán una lista de todas las personas por quienes han votado, indicando el número de votos que obtuvo cada una, la firmarán y certificarán, remitiéndola sellada a la sede del gobierno de los Estados Unidos, dirigida al presidente del Senado, quien, en presencia de esa cámara y de la Cámara de Representantes, abrirá todos los certificados y procederá a contar los votos. Será presidente la persona que reúna el mayor número de votos, siempre que este número represente la mayoría de los electores nombrados. Si reunieren dicha mayoría más de una persona, con igual número de votos, la Cámara de Representantes elegirá inmediatamente de entre ellas, por escrutinio secreto, una para presidente; pero si ninguna persona alcanza esa mayoría, la cámara elegirá, de entre las cinco personas que hubiesen obtenido más votos, al presidente. Al hacer la elección de presidente, los votos se contarán por estados, teniendo un voto la representación de cada estado; para este objeto, el quórum se integrará de un miembro o los miembros de las dos terceras partes de los estados, y será necesaria la mayoría de todos los estados para decidir la elección. En cualquier caso, una vez hecha la elección del presidente, será vicepresidente la persona que tenga el mayor número de votos de los electores. Pero si hubiese dos o más que tuvieren igual número de votos, el Senado elegirá de entre ellos al vicepresidente, por escrutinio secreto.~~* *(*Modificado por la Decimosegunda Enmienda)*

El Congreso determinará el tiempo en que ha de elegirse a los electores y el día en el cual éstos emitirán sus votos; debiendo ser ese día el mismo en todos los Estados Unidos.

ARTÍCULO 2

Poder ejecutivo

SECCIÓN 1.
El presidente y el vicepresidente

El presidente tiene la facultad de hacer cumplir las leyes del Congreso; tanto él como el vicepresidente desempeñarán su cargo por un período de cuatro años.

La asamblea legislativa de cada estado determina el proceso de elección de sus representantes en el colegio electoral, que es el encargado de elegir oficialmente al presidente y al vicepresidente. El número total de electores de cada estado está determinado por el número total de miembros del estado en el Congreso. Ninguna persona que tenga un cargo en el gobierno federal podrá ser elector.

(Hasta que esto fue modificado por la Decimosegunda Enmienda, la persona que recibía la mayoría de los votos electorales se convertía en presidente y la persona que quedaba en el segundo lugar se convertía en vicepresidente. La Decimosegunda Enmienda anuló esta cláusula y cambió la forma del proceso de elección).

El Congreso determinará la fecha y hora en que los electores de cada estado votarán para presidente y vicepresidente.

Para ser presidente, es necesario haber nacido en los Estados Unidos, tener por lo menos treinta y cinco años de edad y haber vivido en los Estados Unidos por lo menos catorce años.

Si un presidente muere, queda incapacitado o es removido de su cargo, el vicepresidente ocupa su lugar. *(La Vigesimoquinta Enmienda cambió el método para llenar estos puestos si quedan vacantes).*

El presidente recibirá un sueldo, que no puede aumentar o disminuir durante su período (o períodos) en el cargo. El presidente no puede tener otro cargo ni recibir ningún otro pago mientras ocupe el cargo.

Antes de tomar posesión de su puesto, el presidente debe hacer el siguiente juramento o declaración: "Solemnemente juro (o protesto) que desempeñaré fielmente el cargo de presidente de los Estados Unidos y que, en la medida de mi capacidad, observaré, protegeré y defenderé la Constitución de los Estados Unidos".

Sólo serán elegibles para el cargo de presidente los ciudadanos por nacimiento o los que hayan sido ciudadanos de los Estados Unidos al tiempo de adoptarse esta Constitución; nadie será elegible si no ha cumplido treinta y cinco años de edad y no ha residido durante catorce años dentro de los Estados Unidos.

En caso de remoción, muerte o renuncia del presidente, o de incapacidad para desempeñar las funciones de su cargo, recaerá éste en el vicepresidente; ~~y el Congreso resolverá en los casos de remoción, muerte, renuncia o incapacidad, tanto del presidente como del vicepresidente, declarando y señalando al funcionario que actuará en ese evento como presidente, el cual fungirá en consecuencia con ese carácter hasta que desaparezca la incapacidad o se elija a un presidente.~~

Para recompensar sus servicios, el presidente recibirá, en fechas determinadas, una retribución que no podrá ser aumentada ni disminuida durante su ejercicio; y no recibirá durante ese lapso ningún otro emolumento de los Estados Unidos o de cualquiera de ellos.

Antes de asumir su cargo, prestará el siguiente juramento o protesta: "Solemnemente juro (o protesto) que desempeñaré fielmente el cargo de presidente de los Estados Unidos y que, en la medida de mi capacidad, observaré, protegeré y defenderé la Constitución de los Estados Unidos".

SECCIÓN 2. Facultades del presidente
El presidente es el jefe de las fuerzas armadas de los Estados Unidos y de las milicias de los estados durante tiempos de guerra. El presidente puede solicitar al director de cada oficina ejecutiva que escriba un informe acerca de cualquier tema relacionado con sus obligaciones, y puede otorgar retrasos de los castigos o el perdón a los criminales, excepto en los casos de acusación de funcionarios.

Con el consejo y consentimiento de dos tercios de los miembros del Senado, el presidente puede firmar tratados con otros países y nombrar embajadores y otros funcionarios necesarios para encargarse de nuestros asuntos diplomáticos con otros países. El presidente puede nombrar a los jueces federales y a otros funcionarios clave del Poder ejecutivo, con el consentimiento de dos tercios del Senado. El Congreso puede otorgar facultades al presidente para que nombre funcionarios de gobierno de menor nivel y jefes de departamento.

SECCIÓN 2. Facultades del presidente
El presidente será comandante en jefe del Ejército y de la Marina de los Estados Unidos, así como de la milicia de los diversos estados, cuando ésta estuviere al servicio activo de los Estados Unidos; podrá solicitar la opinión, por escrito, de cada uno de los jefes de las dependencias del Ejecutivo sobre todos los asuntos que se relacionen con las atribuciones de sus cargos respectivos; y tendrá facultad para suspender la ejecución de sentencias y conceder indultos por delitos cometidos contra los Estados Unidos, salvo en caso de acusación a funcionarios públicos.

Contando con el asesoramiento y consentimiento previos del Senado, el presidente tendrá la facultad de concertar tratados, siempre y cuando convengan en ellos las dos terceras partes de los miembros del Senado; y nombrar, contando con el mismo consejo y aprobación, a los embajadores, ministros y cónsules, a los magistrados de la Corte Suprema y a todos los demás funcionarios de los Estados Unidos, cuyos nombramientos se establezcan conforme a la ley y no se determinen de otro modo en esta Constitución; pero el Congreso podrá, por medio de una ley, delegar la facultad de nombrar a los empleados subalternos que estime convenientes sólo en el presidente, en los tribunales de justicia o en los jefes de las dependencias.

El presidente tendrá facultades para cubrir todas las vacantes que ocurran durante el receso del Senado, haciendo nombramientos provisionales que concluirán al terminar su próximo período de sesiones.

SECCIÓN 3. Deberes del presidente
De tiempo en tiempo rendirá al Congreso un informe del estado de la Unión, recomendando a su consideración las medidas que estimare necesarias y convenientes. En circunstancias extraordinarias podrá convocar a ambas cámaras o a cualquiera de ellas, y en caso de que estuvieren en desacuerdo sobre el día del aplazamiento, él podrá aplazarlas para el día que crea conveniente; recibirá a los embajadores y demás ministros; cuidará de que las leyes se observen fielmente y nombrará a todos los funcionarios de los Estados Unidos.

SECCIÓN 4. Separación del cargo
El presidente, el vicepresidente y todos los funcionarios civiles de los Estados Unidos serán removidos de sus puestos cuando sean acusados y convictos de traición, cohecho y otros delitos y faltas graves.

ARTÍCULO 3
Poder judicial

SECCIÓN 1. Los tribunales federales
El Poder judicial de los Estados Unidos se delegará en una Corte Suprema y en los tribunales inferiores que oportunamente el Congreso instituya y establezca. Los magistrados, tanto los de la Corte Suprema como los de los tribunales inferiores, desempeñarán sus cargos mientras observen buena conducta y, en fechas determinadas, recibirán una remuneración por sus servicios, que no podrá ser disminuida en tanto ejerzan sus cometidos.

SECCIÓN 2. Facultades de los tribunales federales
El Poder Judicial tendrá jurisdicción en todos los casos, que de acuerdo con la ley y la equidad dimanen de esta Constitución, de las leyes de los Estados Unidos, así como de los tratados concertados o por concertarse, bajo su autoridad; en todos aquellos que conciernan a embajadores, ministros y cónsules; en todos los que caigan en la jurisdicción del almirantazgo y la marina; en las controversias en las que los Estados Unidos sean parte; en las desavenencias entre dos o más estados; en las que surjan entre un estado y los ciudadanos de otro estado; en las que se susciten entre ciudadanos de estados diferentes y a las que resulten entre ciudadanos del mismo estado que reclamen terrenos por concesiones

Cuando el Senado no esté reunido, el presidente puede hacer nombramientos provisionales en cargos que requieran la aprobación del Senado. Estos nombramientos terminan cuando haya finalizado la siguiente reunión del Congreso.

SECCIÓN 3. Deberes del presidente
El presidente debe presentar un informe al Congreso en los períodos establecidos, proporcionando información sobre el desarrollo y objetivos nacionales importantes. También debe recomendar leyes al Congreso. El presidente puede convocar a reuniones especiales de una o ambas cámaras del Congreso por motivos específicos. Si las cámaras del Congreso no se ponen de acuerdo en una fecha para aplazar su reunión, el presidente tiene la facultad de tomar la decisión. El presidente debe recibir oficialmente a los embajadores extranjeros y demás ministros públicos. El presidente debe ejecutar completa y fielmente las leyes del Congreso y firmar los documentos para que los funcionarios tengan derecho a desempeñar su cargo.

SECCIÓN 4. Separación del cargo
El presidente, el vicepresidente y todos los funcionarios civiles pueden ser separados de sus cargos si fueran condenados por traición, corrupción u otros delitos graves y menores.

ARTÍCULO 3
Poder judicial

SECCIÓN 1. Los tribunales federales
La Corte Suprema es el tribunal de más alta jerarquía en el país. El Congreso tiene la facultad de crear todos los demás tribunales federales. Los jueces federales pueden conservar su cargo durante toda su vida en tanto actúen con corrección, y recibirán un sueldo que no puede ser disminuido durante el tiempo que sean jueces.

SECCIÓN 2.
Facultades de los tribunales federales
Las facultades de los tribunales federales abarcan dos tipos de casos: (1) aquellos en los que tienen que interpretar la Constitución, leyes federales, tratados y leyes relacionadas con barcos en alta mar; y (2) los relacionados con el gobierno de los Estados Unidos, diplomáticos extranjeros, dos o más gobiernos de estados, ciudadanos de distintos estados y un estado o sus ciudadanos contra otros países o sus ciudadanos.

Los casos que se relacionen con diplomáticos extranjeros y con cualquier estado de los Estados Unidos serán juzgados por la Corte Suprema. Otros casos que puede juzgar la Corte Suprema son aquellos en los que se presentó una apelación o que provienen de otros tribunales federales de menor nivel o de tribunales de los estados. El Congreso puede decidir hacer excepciones a estos reglamentos.

Excepto los juicios por una anulación de funciones, todas las personas acusadas de un delito tienen la garantía de tener un juicio con jurado en el mismo estado donde se cometió el delito. Cuando se comete un delito fuera de cualquier estado, como en un barco en alta mar, el Congreso decidirá dónde se llevará a cabo el juicio.

SECCIÓN 3. Traición
Cualquiera que le declare la guerra a los Estados Unidos o ayude a los enemigos de la nación, puede ser acusado de traición. Nadie puede ser condenado por traición a menos que dos testigos confirmen la acusación o que el acusado confiese ante un tribunal público.

El Congreso tiene la facultad de decidir los castigos por actos de traición. La familia del traidor no comparte la misma culpabilidad.

ARTÍCULO 4

Relaciones entre los estados

SECCIÓN 1. Reconocimiento de cada estado
Cada estado debe aceptar las leyes, registros y decisiones legales realizadas por los demás estados. El Congreso tiene la facultad de dar leyes que determinen cómo se comprueban estas leyes, registros y decisiones legales.

SECCIÓN 2. Derechos de los ciudadanos en los estados
Los estados deben otorgar los mismos derechos a los ciudadanos de otros estados que a sus propios ciudadanos.

Si una persona acusada de un delito escapa a otro estado, debe ser devuelta al estado donde se cometió el delito para que sea sometida a juicio.

otorgadas por estados diversos; y entre un estado o sus ciudadanos, y estados, ciudadanos o súbditos extranjeros.

Para todos los casos que afecten a embajadores, ministros y cónsules, así como en aquellos en los que un estado sea parte, la Corte Suprema tendrá jurisdicción privativa. En todos los demás, ya mencionados, fungirá como un tribunal de apelación, de derecho y de hecho, con las excepciones y conforme a las disposiciones reglamentarias que el Congreso estableciere.

Todos los juicios penales, salvo los que se refieran a un delito de responsabilidad oficial, se ventilarán ante un jurado, en el estado donde se hubieren perpetrado los delitos; y en caso de no haberse cometido dentro de ningún estado, el juicio se seguirá en el lugar o lugares que designe el Congreso mediante un mandamiento legal.

SECCIÓN 3. Traición
La traición contra los Estados Unidos consistirá solamente en tomar las armas contra ellos o en unirse a sus enemigos, proporcionándoles ayuda y comodidades. A nadie podrá inculparse de traición si no es por el testimonio de dos testigos que declaren sobre el mismo hecho patente, o por confesión ante un tribunal público.

El Congreso tendrá la facultad de señalar el castigo por el delito de traición, pero la sentencia que se impusiere por éste no podrá infamar a los descendientes de la persona sentenciada, ni producir la confiscación de los bienes de su pertenencia, si no es durante la vida de la misma.

ARTÍCULO 4

Relaciones entre los estados

SECCIÓN 1. Reconocimiento de cada estado
En cada estado debe darse amplia fe y crédito a los actos públicos, registros y procedimientos judiciales de los demás estados. El Congreso determinará, por disposiciones generales, la manera en que esos actos, registros y procedimientos deban probarse, así como los efectos que deban surtir.

SECCIÓN 2. Derechos de los ciudadanos de los estados
Los ciudadanos de cada estado gozarán en todos los demás de las mismas garantías y privilegios que disfrutan los ciudadanos de éstos.

Toda persona, acusada en un estado del delito de traición, atentados graves u otra culpa, y que huyere de la justicia, y fuere localizada en otro estado, será entregada a solicitud de la autoridad ejecutiva del estado del cual huyó, y conducida al estado que tuviere jurisdicción para juzgar su delito.

~~Ninguna persona, obligada a servir o trabajar en un estado, conforme a las leyes de éste, que escapare al territorio de otro, podrá ser exonerada de ese servicio o trabajo en virtud de ninguna ley o reglamento de éste, sino que será entregada a la parte que tenga derecho a su servicio o trabajo, y a pedimento de ésta.~~* *(*Modificado por la Decimotercera Enmienda)*

SECCIÓN 3. Nuevos estados

El Congreso podrá admitir nuevos estados en esta Unión; pero no se formará o establecerá un nuevo estado dentro de la jurisdicción de otro, ni se formará ninguno por la unión de dos o más estados, o partes de ellos, sin el consentimiento, tanto de las asambleas legislativas de los estados interesados, como del Congreso.

El Congreso queda facultado para disponer y establecer todos los ordenamientos y disposiciones necesarios, en cuanto al territorio y demás propiedades que pertenezcan a los Estados Unidos; y no se interpretará ninguna parte de esta Constitución de modo que perjudique las reclamaciones que instauren al respecto los Estados Unidos o un estado en particular.

SECCIÓN 4. Garantías a los estados

Los Estados Unidos garantizarán a todos los estados de esta Unión una forma republicana de gobierno y los protegerá contra cualquier invasión; y cuando lo solicitaren, el Poder legislativo o el Poder ejecutivo (cuando aquél no pueda ser convocado), los protegerán contra disturbios internos.

ARTÍCULO 5

Enmiendas a la Constitución

Siempre que las dos terceras partes de ambas cámaras lo estimen necesario, el Congreso propondrá enmiendas a esta Constitución; o a solicitud de las asambleas legislativas de dos terceras partes de los estados, convocará a una convención para presentar enmiendas; en cualquier caso, éstas serán válidas para todos sus fines y propósitos, y formarán parte de esta Constitución, al ser ratificadas por las asambleas legislativas de las tres cuartas partes de los diversos estados, o por convenciones en las tres cuartas partes de ellos, según que el Congreso haya dispuesto uno u otro modo de ratificación; disponiéndose ~~que ninguna enmienda presentada antes del año de mil ochocientos ocho, alterará en modo alguno las cláusulas primera y cuarta de la sección novena del Artículo primero; y~~ que ningún estado, sin su consentimiento, se verá privado de la igualdad de votos en el Senado.

Ninguna persona que sea esclava en un estado puede ser libre al escapar a otro estado. *(Esto fue modificado por la Decimotercera Enmienda, que declaró ilegal la esclavitud en todos los estados).*

SECCIÓN 3. Nuevos estados

Nuevos estados pueden pasar a formar parte de los Estados Unidos si el Congreso lo autoriza. Los nuevos estados no pueden formarse con tierras de otro estado, ni dos o más estados, o sus partes, pueden crear un nuevo estado sin el consentimiento de los estados involucrados y del Congreso.

El Congreso puede vender o renunciar a tierras o propiedades que pertenecen a los Estados Unidos. El Congreso tiene la facultad de hacer todas las leyes relacionadas con los territorios u otras propiedades de los Estados Unidos y leyes para gobernar los territorios y posesiones federales.

SECCIÓN 4. Garantías a los estados

El gobierno de los Estados Unidos debe garantizar que cada estado tenga una forma republicana de gobierno, es decir, un gobierno que obedezca la voluntad de su pueblo mediante sus representantes electos. Si el gobernador o la asamblea legislativa del estado lo solicitan, el gobierno federal debe proteger a los estados si son invadidos por otros países y en caso de rebeliones.

ARTÍCULO 5

Enmiendas a la Constitución

Para proponer una enmienda se necesitan dos tercios de los votos de las cámaras del Congreso o una convención nacional convocada por el Congreso cuando dos tercios de los estados lo solicitan. Para agregar una enmienda a la Constitución, las asambleas legislativas o convenciones especiales de tres cuartas partes de los estados deben dar su aprobación o ratificarla. Sin embargo, no puede agregarse ninguna enmienda que impida que un estado tenga igual número de votos en el Senado de los Estados Unidos. Antes de 1808, no puede agregarse ninguna enmienda que afecte el comercio de esclavos o determinados impuestos. *(En 1808, el Congreso aprobó una ley prohibiendo el comercio de esclavos que antes era protegido por el Artículo 1).*

ARTÍCULO 6

Deudas, supremacía federal, juramentos al asumir un cargo

Todas las deudas y compromisos contraídos antes de haberse adoptado esta Constitución, serán tan válidos contra los Estados Unidos, conforme a ella, como lo eran según la Confederación.

Esta Constitución, las leyes de los Estados Unidos que en virtud de ella se dictaren y todos los tratados celebrados o que se celebren con la autoridad de los Estados Unidos, deberán considerarse ley suprema en el país; y los jueces de cada estado acatarán lo que ella disponga, sin considerar lo que dispongan en contrario la constitución o las leyes de cada estado.

Los senadores y representantes mencionados, así como los miembros de las diversas asambleas legislativas estatales, y todos los funcionarios de los poderes Ejecutivo y Judicial, tanto de los Estados Unidos como de los diferentes estados, se obligarán por juramento o protesta a sostener esta Constitución; pero jamás se exigirá profesión de fe religiosa como requisito para ocupar un empleo o cargo público de los Estados Unidos.

ARTÍCULO 6

Deudas, supremacía federal, juramentos al ocupar un cargo

El gobierno federal debe pagar todas las deudas de los Estados Unidos, incluyendo aquellas que fueron contraídas bajo los Artículos de Confederación.

La Constitución y las leyes de los Estados Unidos son las leyes supremas, o más elevadas, del territorio. Todos los funcionarios públicos del gobierno federal o de los estados se rigen por la Constitución y las leyes nacionales, aunque haya otras leyes opuestas.

Todos los funcionarios de los gobiernos federal y estatal deben prometer obediencia y apoyo a la Constitución. Para tener un cargo público no se puede requerir una religión específica.

ARTÍCULO 7

Ratificación de la Constitución

Bastará la ratificación de las convenciones de nueve estados para que esta Constitución quede establecida entre los que la ratifiquen.

Creada por la Convención, con la aprobación unánime de los estados presentes, el día diecisiete de septiembre del año del Señor mil setecientos ochenta y siete, y de la independencia de los Estados Unidos de América, el día doce. Como testimonio de lo anterior, los abajo firmantes suscribimos este documento.

ARTÍCULO 7

Ratificación de la Constitución

La Constitución tendrá efecto cuando sea aprobada al menos por nueve de los trece estados.

El 17 de septiembre de 1787, las doce delegaciones estatales presentes aprobaron la adopción de la Constitución. Como prueba de ello, los delegados firmaron el documento.

George Washington, *Presidente* (Virginia)

Massachusetts
Nathaniel Gorham
Rufus King

Nueva York
Alexander Hamilton

Georgia
William Few
Abraham Baldwin

Delaware
George Read
Gunning Bedford, Jr.
John Dickinson
Richard Bassett
Jacob Broom

Virginia
John Blair
James Madison, Jr.

Pennsylvania
Benjamin Franklin
Thomas Mifflin
Robert Morris
George Clymer
Thomas FitzSimons
Jared Ingersoll
James Wilson
Gouverneur Morris

New Hampshire
John Langdon
Nicholas Gilman

Nueva Jersey
William Livingston
David Brearley
William Paterson
Jonathan Dayton

Connecticut
William Samuel Johnson
Roger Sherman

Carolina del Norte
William Blount
Richard Dobbs Spaight
Hugh Williamson

Carolina del Sur
John Rutledge
Charles Cotesworth Pinckney
Charles Pinckney
Pierce Butler

Maryland
James McHenry
Daniel of St. Thomas Jenifer
Daniel Carroll

"Dejen que la virtud, el honor y el amor a la libertad y a la ciencia sean y perduren como el alma de esta constitución, la cual se convertirá en fuente de gran felicidad para esta generación y las futuras".

Del juicio de Jay ante el Gran Jurado del condado de Ulster. The Correspondence and Public Papers of John Jay, *Henry P. Johnston, editor (Nueva York: Burt Franklin, 1970), vol. I, pp. 158-165, 9 de septiembre de 1777.*

"La fuerza de la Constitución siempre estará en el pueblo".

George Washington, The Writings of George Washington, *Jared Sparks, editor (Boston: Russell, Odiorne and Metcalf, 1835), vol. IX, p. 279, a Bushrod Washington el 10 de noviembre de 1787.*

PRIMERA ENMIENDA—1791

Libertad de religión, de expresión, de prensa, de reunión y de petición

El Congreso no dará leyes que impongan una religión oficial nacional ni que impidan a las personas elegir la religión que quieran. El Congreso no puede limitar la libertad de expresión, de prensa, o la libertad de las personas para reunirse pacíficamente. El pueblo tiene el derecho a pedir al gobierno que corrija algún problema.

SEGUNDA ENMIENDA—1791

Derecho a tener armas de fuego

Debido a que se necesita una milicia organizada para proteger a los estados, no debe violarse el derecho a tener y portar armas de fuego.

TERCERA ENMIENDA—1791

Derecho a no alojar soldados

Los soldados no pueden ser alojados en casas privadas sin el consentimiento del propietario, a menos que se apruebe una ley para ello durante tiempos de guerra.

CUARTA ENMIENDA—1791

Libertad contra pesquisas y capturas sin fundamento

Las personas y sus propiedades deben ser protegidas contra investigaciones y arrestos sin fundamento. Las autoridades del gobierno deben tener una buena razón y una orden por escrito de un juez que describa el lugar que debe ser registrado y la persona o cosas que deben ser embargadas.

PRIMERA ENMIENDA—1791

Libertad de religión, de expresión, de prensa, de reunión y de petición

El Congreso no podrá dictar ninguna ley por la cual se establezca una religión o se prohiba el libre ejercicio de alguna; coarte la libertad de expresión o de imprenta; o restrinja el derecho del pueblo para reunirse pacíficamente y pedir al gobierno la reparación de cualquier agravio.

SEGUNDA ENMIENDA—1791

Derecho a tener armas de fuego

Siendo indispensable un ejército bien disciplinado para la seguridad de un estado libre, no podrá violarse el derecho que tiene el pueblo de tener y portar armas.

TERCERA ENMIENDA—1791

Derecho a no alojar soldados

En tiempos de paz, ningún soldado podrá ser alojado en casa alguna, sin el consentimiento de su propietario; y en tiempo de guerra, sólo lo serán de la manera que prescriba la ley.

CUARTA ENMIENDA—1791

Libertad contra pesquisas y capturas sin fundamento

No se violará el derecho del pueblo a poner a cubierto sus personas, habitaciones, documentos y efectos personales, contra pesquisas y capturas sin fundamento; y no se expedirá ningún decreto a este respecto sino por una causa probable, apoyada por un juramento o protesta que designe claramente el lugar que debe registrarse y las personas o cosas que hayan de ser aprehendidas.

QUINTA ENMIENDA—1791

Derecho de los acusados por delitos

A nadie se obligará a que conteste cargos por delito grave o infamante, si no es mediante la acusación o el procesamiento por un gran jurado, excepto en casos que se susciten en las fuerzas terrestres o navales, o en el ejército, estando en servicio en tiempo de guerra o de peligro público; no se pondrá a nadie dos veces en peligro de perder la vida o algún miembro por un mismo delito; ni se le obligará a declarar contra sí mismo en una causa criminal; no se le podrá quitar la vida, la libertad o sus propiedades, sin el debido procedimiento legal; tampoco podrá disponerse de los bienes particulares para fines de utilidad pública, sin justa indemnización.

SEXTA ENMIENDA—1791

Derecho a un juicio con jurado en un caso criminal

En todas las causas criminales, el acusado tendrá derecho a ser juzgado con rapidez y públicamente, por un jurado imparcial del estado y distrito donde se hubiere cometido el delito; distrito que será el que reconozca previamente la ley; y se le informará de la naturaleza y causa de la acusación; se le careará con los testigos que hayan declarado en su contra; podrá obtener providencias de prueba para conseguir testigos en su favor y contar con asesoramiento jurídico en su defensa.

SÉPTIMA ENMIENDA—1791

Derecho a un juicio con jurado en un caso civil

En los juicios civiles se respetará el derecho de ventilar ante el jurado las controversias que versen sobre una cantidad superior a veinte dólares; y los hechos fallados por un jurado no serán examinados de nuevo en ningún tribunal de los Estados Unidos, sino de conformidad con los preceptos del derecho común.

QUINTA ENMIENDA—1791

Derecho de los acusados por delitos

Una persona no puede ser enjuiciada por un delito cuyo castigo sea la muerte o el encarcelamiento sin primero ser juzgada por un gran jurado. [Un gran jurado es un grupo de ciudadanos elegidos para decidir si hay suficientes pruebas para que una persona sea enjuiciada]. Sin embargo, durante tiempos de guerra o de peligro público, los militares pueden perder ese derecho.

Una persona no puede ser juzgada dos veces por el mismo delito.

No podrá exigirse que las personas den pruebas contra sí mismas.

Las personas no podrán perder su vida, libertad o propiedades sin un trato justo e imparcial bajo las leyes del territorio.

Las personas no podrán perder sus propiedades para que sean destinadas al uso público sin tener acceso a procesos judiciales legales.

SEXTA ENMIENDA—1791

Derecho a un juicio con jurado en un caso criminal

Una persona acusada de un delito debe tener un juicio público rápido ante un jurado imparcial compuesto por ciudadanos que vivan en la comunidad donde ocurrió el delito. La persona acusada debe ser informada de qué se le acusa. A una persona acusada se le permite conocer y preguntar a los testigos qué tienen en su contra, tener testigos que declaren a su favor y contar con un abogado que la defienda.

SÉPTIMA ENMIENDA—1791

Derecho a un juicio con jurado en un caso civil

En los casos civiles donde el valor de la propiedad en cuestión rebase los $20, se garantiza el derecho a un juicio con un jurado. La decisión del jurado será definitiva y no puede modificarla un juez, sino sólo un nuevo juicio.

OCTAVA ENMIENDA—1791

Protección contra fianzas y castigos injustos

Las fianzas y multas no deben ser muy elevadas, y los castigos no deben ser crueles ni fuera de lo común.

OCTAVA ENMIENDA—1791

Protección contra fianzas y castigos injustos

No se exigirán fianzas excesivas; no se impondrán multas desproporcionadas, ni se aplicarán penas crueles y desusadas.

NOVENA ENMIENDA—1791

Otros derechos

A todos los ciudadanos se les garantizan los derechos fundamentales que no están incluidos en la Constitución.

NOVENA ENMIENDA—1791

Otros derechos

La enumeración de ciertos derechos, que se hace en la Constitución, no deberá interpretarse como que se niegan o menoscaban otros que conserva el pueblo.

DÉCIMA ENMIENDA—1791

Facultades de los estados y el pueblo

Los estados o el pueblo tienen todas las facultades que no se le garantizan al gobierno federal y que la Constitución no les niega a los estados.

DÉCIMA ENMIENDA—1791

Facultades de los estados y el pueblo

Las facultades que la Constitución no delega en los Estados Unidos ni prohibe a los estados, quedan reservadas a los estados respectivamente, o al pueblo.

DECIMOPRIMERA ENMIENDA—1795

Límites sobre los derechos para demandar a los estados

El gobierno de un estado no puede ser demandado en un tribunal federal por personas de otro estado o país.

DECIMOPRIMERA ENMIENDA—1795

Límites sobre los derechos para demandar a los estados

El poder judicial de los Estados Unidos no debe interpretarse que se extiende a cualquier litigio de derecho estricto o de equidad que se inicie o prosiga contra uno de los Estados Unidos por ciudadanos de otro estado o por ciudadanos o súbditos de cualquier estado extranjero.

DECIMOSEGUNDA ENMIENDA—1804

Elección del presidente y vicepresidente

Los electores se reunirán en sus respectivos estados y votarán mediante cédulas para presidente y vicepresidente, uno de los cuales, cuando menos, no deberá ser habitante del mismo estado que ellos; en sus cédulas indicarán la persona a favor de la cual votan para presidente y en cédulas diferentes la persona que eligen para vicepresidente, y formarán listas separadas de todas las personas que reciban votos para presidente y de todas las personas a cuyo favor se vote para vicepresidente y del número de votos que corresponda a cada una, y firmarán y certificarán las referidas listas y las remitirán selladas a la sede de gobierno de los Estados Unidos, dirigidas al presidente del Senado; el presidente del Senado abrirá todos los certificados en presencia del Senado y de la Cámara de Representantes, después de lo cual se contarán los votos; la persona que tenga el mayor número de votos para presidente será presidente, siempre que dicho número represente la mayoría de todos los electores nombrados, y si ninguna persona tiene mayoría, entonces la Cámara de Representantes, votando por cédulas, escogerá inmediatamente el presidente de entre las tres personas que figuren en la lista de quienes han recibido sufragio para presidente y cuenten con más votos. Téngase presente que al elegir al presidente la votación se hará por estados y que la representación de cada estado gozará de un voto; que para este objeto habrá quórum cuando estén presentes el miembro o los miembros que representen a los dos tercios de los estados y que será necesaria mayoría de todos los estados para que se tenga por hecha la elección. ~~Y si la Cámara de Representantes no eligiere presidente, en los casos en que pase a ella el derecho de escogerlo, antes del día cuatro de marzo inmediato siguiente~~,* entonces el vicepresidente actuará como presidente, de la misma manera que en el caso de muerte o de otro impedimento constitucional del presidente.

La persona que obtenga el mayor número de votos para vicepresidente será vicepresidente, siempre que dicho número represente la mayoría de todos los electores nombrados, y si ninguna persona reúne la mayoría, entonces el Senado escogerá al vicepresidente entre las dos con mayor cantidad de votos que figuran en la lista; para este objeto habrá quórum con las dos terceras partes del número total de senadores y será necesaria la mayoría del número total para que la elección se tenga por hecha. Pero ninguna persona inelegible para el cargo de presidente con arreglo a la Constitución será elegible para el de vicepresidente de los Estados Unidos. *(*Modificado por la Vigésima Enmienda)*

DECIMOSEGUNDA ENMIENDA—1804

Elección del presidente y vicepresidente

En cada estado, los miembros del colegio electoral votan en cédulas separadas, una para presidente y otra para vicepresidente. Al menos uno de los dos no debe vivir en el mismo estado que los electores. Cada persona que esté anotada en la cédula y que obtenga votos de un estado determinado también debe estar en la lista conforme al número total de votos recibidos. Cuando la cuenta final de los votos de cada estado es exacta, debe ser firmada y oficialmente aceptada. Los resultados deben enviarse a la capital del país para que el presidente del Senado los lea en voz alta en una reunión del Congreso.

Si una persona obtiene la mayoría de los votos para presidente, será presidente. Si ninguna persona obtiene la mayoría, entonces la Cámara de Representantes elegirá, de inmediato y con una cédula, a alguno de los tres que obtuvieron el mayor número de votos. Pero al escoger al presidente, los votos se tomarán por estado, teniendo cada estado un voto. En esta elección deben participar dos tercios de los estados. *(Hasta que esto fue modificado por la Vigésima Enmienda, si la Cámara de Representantes no había elegido al presidente para el 4 de marzo, el vicepresidente actuaba como presidente).*

Si una persona obtiene la mayoría de votos para vicepresidente, será vicepresidente. Si ninguna persona obtiene la mayoría, entonces el Senado elegirá entre las dos personas que hayan obtenido la mayoría de los votos, siempre y cuando estén presentes dos tercios de los senadores para votar. Para hacer una elección final es necesaria una mayoría simple de votos emitidos individualmente por cada senador. Una persona que no pueda ser elegida para presidente no podrá ser elegida para vicepresidente.

DECIMOTERCERA ENMIENDA—1865

Abolición de la esclavitud

La esclavitud no existirá en ninguna parte de los Estados Unidos ni en ningún lugar gobernado por los Estados Unidos. El trabajo forzado sólo puede exigirse después de que una persona sea condenada justamente por un delito.

El Congreso puede elaborar leyes para hacer cumplir este artículo.

DECIMOTERCERA ENMIENDA—1865

Abolición de la esclavitud

SECCIÓN 1. Esclavitud proscrita
Ni la esclavitud ni la servidumbre involuntaria, excepto como castigo de un crimen, del cual la parte haya sido hallada debidamente culpable, podrán existir en los Estados Unidos o en cualquier lugar sujeto a su jurisdicción.

SECCIÓN 2. Cumplimiento
El Congreso tendrá el poder de hacer cumplir este artículo mediante la legislación apropiada.

DECIMOCUARTA ENMIENDA—1868

Derechos de los ciudadanos

Todas las personas nacidas en los Estados Unidos o que obtuvieron la ciudadanía son ciudadanos de los Estados Unidos y de los estados donde viven.

Ningún estado puede aprobar leyes que supriman o limiten las libertades y privilegios de cualquiera de sus ciudadanos. Los ciudadanos no pueden perder su vida, libertad o propiedades sin tener antes acceso a un proceso judicial conforme a las leyes. Las leyes deben proteger por igual a todas las personas.

La representación de un estado en el Congreso es determinada por la población del estado. Un estado que no permita votar a los votantes calificados tendrá menos representación en el Congreso. *(Otras resoluciones de esta sección fueron modificadas por las Enmiendas Decimoquinta, Decimonovena, Vigesimocuarta y Vigesimosexta).*

DECIMOCUARTA ENMIENDA—1868

Derechos de los ciudadanos

SECCIÓN 1. Ciudadanía
Todas las personas nacidas o naturalizadas en los Estados Unidos y sujetas a su jurisdicción, son ciudadanas de los Estados Unidos y del estado donde residan. Ningún estado instrumentará o pondrá en vigor ninguna ley que restrinja los privilegios o inmunidades de los ciudadanos de los Estados Unidos. Tampoco podrá estado alguno privar a persona alguna de la vida, la libertad o la propiedad, sin el debido proceso legal. Asimismo, no podrá negar a persona alguna, dentro de su jurisdicción, la protección igual de las leyes.

SECCIÓN 2. Representación en el Congreso
Los representantes serán prorrateados entre los diversos estados de acuerdo con sus respectivas poblaciones, según el número total de personas en cada estado, ~~excluyendo a los indígenas exentos del pago de impuestos~~. Pero cuando el derecho a votar sea negado a cualquier habitante ~~varón~~ de algún estado, para la elección de candidatos a presidente y vicepresidente de los Estados Unidos, de representantes al Congreso, de miembros del Ejecutivo y del Judicial de un estado, o miembros de la asamblea legislativa, ~~teniendo veintiún años de edad~~ y siendo ciudadano de los Estados Unidos, o disminuido de tal derecho de cualquier manera excepto por participación en una rebelión u otro crimen, la base de la representación será reducida en la proporción que guarde el número de dichos ciudadanos ~~varones~~ con el número total de ciudadanos ~~hombres de veintiún años~~ de edad de tal estado.

SECCIÓN 3. Sanciones a los líderes de la Confederación
Ninguna persona podrá ser senador o representante en el Congreso, elector de presidente o vicepresidente, ni podrá desempeñar cualquier cargo, civil o militar, en nombre de los Estados Unidos, o de cualquier otro estado después de que, como miembro del Congreso o como representante de los Estados Unidos o como miembro de cualquier asamblea legislativa estatal, o como miembro ejecutivo o judicial de cualquier estado, se haya comprometido en insurgencia o rebelión contra la Constitución de los Estados Unidos, o dado ayuda material o aliento a sus enemigos. Sin embargo, el Congreso puede, por un voto de dos tercios de cada Cámara, anular tal incapacidad.

Ninguna persona puede tener un cargo civil o militar en el gobierno federal o de un estado si primero juró cumplir con la Constitución y luego ayudó a la confederación durante la Guerra Civil o en otras rebeliones contra los Estados Unidos.

El Congreso puede suprimir esta resolución si lo votan dos tercios de ambas cámaras.

SECCIÓN 4. Responsabilidad de la deuda pública
La validez de la deuda pública de los Estados Unidos autorizada por la ley, incluyendo deudas adquiridas por el pago de pensiones y premios por servicios en la suspensión de insurrecciones o rebeliones no será cuestionada. Pero, ni los Estados Unidos ni ningún otro estado, asumirán ni pagarán ninguna deuda u obligación contraída para ayudar a insurrecciones o rebeliones contra los Estados Unidos; tampoco aceptarán reclamación alguna por la pérdida o emancipación de cualquier esclavo, pues todas esas deudas, obligaciones y reclamaciones, serán tenidas como nulas e ilegales.

Cualquier deuda federal contraída durante una guerra civil o para sofocar una rebelión debe pagarse en su totalidad. Sin embargo, el gobierno federal o del estado no pagará deudas contraídas por los que participaron en una rebelión contra los Estados Unidos.

A los que eran dueños de esclavos no les serán pagadas las pérdidas financieras provocadas por la liberación de los esclavos.

SECCIÓN 5. Cumplimiento
El Congreso tendrá la facultad de hacer cumplir, mediante la legislación apropiada, las disposiciones de este artículo.

El Congreso tiene la facultad de aprobar leyes para hacer cumplir las resoluciones de este artículo.

DECIMOQUINTA ENMIENDA—1870

Derecho al voto

SECCIÓN 1. Sufragio para los afroamericanos
El derecho de los ciudadanos de los Estados Unidos a votar no será negado o restringido por los Estados Unidos ni por ningún estado por motivo de raza, color o condición previa de servidumbre.

SECCIÓN 2. Cumplimiento
El Congreso tendrá la facultad de hacer cumplir este artículo mediante la legislación apropiada.

DECIMOQUINTA ENMIENDA—1870

Derecho al voto

No puede negarse el derecho al voto a ningún ciudadano por su raza o color, o porque alguna vez haya sido esclavo.

El Congreso tiene la facultad de aprobar leyes para hacer cumplir las resoluciones de este artículo.

DECIMOSEXTA ENMIENDA—1913
Impuesto a la renta

El Congreso tiene la facultad de cobrar impuestos directamente a todos los ciudadanos con base en su ingreso personal, pero no cobrará impuestos repartidos proporcionalmente entre los estados ni conforme a la población de un estado.

DECIMOSEXTA ENMIENDA—1913
Impuesto a la renta

El Congreso tendrá facultades para establecer y recaudar impuestos sobre los ingresos, sea cual fuere la fuente de la que provengan, sin prorratearlos entre los diferentes estados y sin atender a ningún censo o recuento.

DECIMOSÉPTIMA ENMIENDA—1913
Elección directa de senadores

Cada estado tendrá dos senadores que lo representarán en el Congreso; serán elegidos para períodos de seis años y tendrán un voto en el Senado. Serán elegidos directamente por los ciudadanos con derecho a votar en los estados *(no por las asambleas legislativas de los estados, como decía originalmente el Artículo I, Sección 3, Cláusula 1).*

Cuando haya puestos vacíos en el Senado, el gobernador del estado convocará a una elección para llenarlos. Mientras tanto, la asamblea legislativa del estado permitirá que el gobernador haga un nombramiento provisional hasta que se haga la elección. La asamblea legislativa organiza la elección.

Esta enmienda no afectará la elección o el período de ningún Senador elegido antes de formar parte de la Constitución.

DECIMOSÉPTIMA ENMIENDA—1913
Elección directa de Senadores

El Senado de los Estados Unidos se compondrá de dos senadores por cada estado, elegidos por los habitantes del mismo por seis años, y cada senador dispondrá de un voto. Los electores de cada estado deberán poseer las condiciones requeridas para los electores de la rama más numerosa de las asambleas legislativas estatales.

Cuando ocurran vacantes en la representación de cualquier estado en el Senado, la autoridad ejecutiva de aquel expedirá un decreto en que convocará a elecciones con el objeto de cubrir dichas vacantes, en la inteligencia de que la asamblea legislativa de cualquier estado puede autorizar a su Ejecutivo a hacer un nombramiento provisional hasta tanto que las vacantes se cubran mediante elecciones populares en la forma que disponga la asamblea legislativa.

No deberá entenderse que esta enmienda influye sobre la elección o período de cualquier senador elegido antes de que adquiera validez como parte integrante de la Constitución.

DECIMOCTAVA ENMIENDA*—1919
Prohibición

Queda prohibida la fabricación, venta y transportación de bebidas alcohólicas en cualquier parte de los Estados Unidos y sus territorios. Esta Enmienda tendrá vigor un año después de que se apruebe la ley.

El Congreso y los estados compartirán las atribuciones para hacer leyes con el propósito de poner en vigor este artículo

DECIMOCTAVA ENMIENDA*—1919
Prohibición

SECCIÓN 1. Se prohíbe el licor

~~Un año después de la ratificación de este artículo quedará prohibida por el presente la fabricación, venta o transporte de licores embriagantes dentro de los Estados Unidos y de todos los territorios sometidos a su jurisdicción, así como su importación a los mismos o su exportación de ellos, con el propósito de usarlos como bebidas.~~

SECCIÓN 2. Cumplimiento

~~El Congreso y los diversos estados poseerán facultades concurrentes para hacer cumplir este artículo mediante leyes apropiadas.~~

SECCIÓN 3. Límite de tiempo para la ratificación
~~Este artículo no entrará en vigor a menos que sea ratificado con el carácter de enmienda a la Constitución por las asambleas legislativas de los distintos estados en la forma prevista por la Constitución y dentro de los siete años siguientes a la fecha en que el Congreso lo someta a los estados.~~
*(*Derogada por la Vigesimoprimera Enmienda)*

Esta Enmienda será parte de la Constitución sólo si es ratificada en un plazo de siete años después de que el Congreso la haya enviado a los estados.
(Esta Enmienda fue derogada por la Vigesimoprimera Enmienda).

DECIMONOVENA ENMIENDA—1920

Derecho a voto de la mujer

SECCIÓN 1. Sufragio para la mujer
El derecho de sufragio de los ciudadanos de los Estados Unidos no será negado ni limitado por los Estados Unidos o por Estado alguno por razón de sexo.

SECCIÓN 2. Cumplimiento
El Congreso estará facultado para hacer cumplir este artículo por medio de leyes apropiadas.

DECIMONOVENA ENMIENDA—1920

Derecho de la mujer a votar

El derecho a votar de todo ciudadano en cualquier elección no se puede negar con base en el sexo de la persona.

El Congreso tendrá facultades para hacer cumplir las resoluciones de este artículo mediante la legislación apropiada.

VIGÉSIMA ENMIENDA—1933

Períodos del mandato

SECCIÓN 1. Principio y fin de períodos
Los períodos del presidente y el vicepresidente terminarán al mediodía del veinte de enero y los períodos de los senadores y representantes, al mediodía del tres de enero, de los años en que dichos períodos habrían terminado si este artículo no hubiera sido ratificado, y en ese momento principiarán los períodos de sus sucesores.

SECCIÓN 2. Sesiones del Congreso
El Congreso se reunirá, cuando menos, una vez cada año y dicho período de sesiones se iniciará al mediodía del tres de enero, a no ser que por medio de una ley fije una fecha diferente.

VIGÉSIMA ENMIENDA—1933

Períodos del mandato

Los períodos de mandato del presidente y el vicepresidente terminarán al mediodía del 20 de enero, y los períodos de los senadores y representantes terminarán al mediodía del 3 de enero después de las elecciones federales realizadas en el mes de noviembre anterior. Los períodos de sus sucesores comienzan ese mismo día.

El Congreso debe reunirse al menos una vez al año, y la reunión comenzará al mediodía del 3 de enero, a menos que se haya aprobado una ley que cambie el día.

Si el presidente electo muere antes de tomar posesión de su cargo, el vicepresidente electo entra en funciones como presidente. Si el presidente no ha sido elegido antes del 20 de enero, o si el presidente electo no cumple los requisitos, entonces el vicepresidente electo actúa como presidente hasta que el presidente cumpla los requisitos. Si ninguno de los dos puede ocupar el cargo en la fecha establecida, entonces el Congreso decidirá quién actuará como presidente hasta que el presidente o el vicepresidente cumplan los requisitos.

SECCIÓN 3. Sucesor del presidente electo
Si el presidente electo hubiera muerto en el momento fijado para el comienzo del período presidencial, el vicepresidente electo será presidente. Si antes del momento fijado para el comienzo de su período no se hubiere elegido presidente o si el presidente electo no llenare los requisitos exigidos, entonces el vicepresidente electo fungirá como presidente hasta que haya un presidente idóneo, y el Congreso podrá prever por medio de una ley el caso de que ni el presidente electo ni el vicepresidente electo satisfagan los requisitos constitucionales, declarando quién hará las veces de presidente en ese supuesto o la forma en que se escogerá a la persona que habrá de actuar como tal, y la referida persona actuará con ese carácter hasta que se cuente con un presidente o un vicepresidente que reúna las condiciones legales.

Si un candidato no obtiene la mayoría en el colegio electoral, y luego muere mientras se decide la elección en la Cámara de Representantes, el Congreso tendrá la facultad de aprobar leyes para resolver el problema. El Congreso tiene facultades similares en caso de que muera un candidato a vicepresidente mientras el Senado está realizando la elección.

SECCIÓN 4. Elecciones por decisión del Congreso
El Congreso podrá prever mediante una ley el caso de que muera cualquiera de las personas entre las cuales la Cámara de Representantes está facultada para elegir presidente cuando le corresponda el derecho de elección, así como el caso de que muera alguna de las personas entre las cuales el Senado está facultado para elegir vicepresidente cuando le corresponda el derecho de elegir.

Las secciones 1 y 2 de esta Enmienda entrarán en vigor el 15 de octubre, después de que haya sido ratificada.

SECCIÓN 5. Fecha en vigor
Las secciones 1 y 2 entrarán en vigor el día quince de octubre siguiente a la ratificación de este artículo.

Esta Enmienda será parte de la Constitución sólo si es ratificada dentro de los siete años después de que el Congreso la envió a los estados.

SECCIÓN 6. Límite de tiempo para la ratificación
Este artículo quedará sin efecto a menos que sea ratificado como enmienda a la Constitución por las asambleas legislativas de las tres cuartas partes de los distintos estados, dentro de los siete años posteriores a la fecha en que se les someta.

VIGESIMOPRIMERA ENMIENDA—1933

Derogación de la Enmienda de prohibición

Se anula la Decimoctava Enmienda que prohíbe la fabricación, venta y transportación de bebidas alcohólicas en los Estados Unidos y sus territorios.

VIGESIMOPRIMERA ENMIENDA—1933

Derogación de la Enmienda de prohibición

SECCIÓN 1. Fin de la prohibición
Queda derogado por el presente el decimoctavo de los artículos de enmienda a la Constitución de los Estados Unidos.

SECCIÓN 2. Protección de las leyes de prohibición de los estados
Se prohibe por el presente que se transporten o importen licores embriagantes a cualquier estado, territorio o posesión de los Estados Unidos, para ser entregados o utilizados en su interior en violación de sus respectivas leyes.

Cada estado tiene la opción de prohibir o no la transportación o importación de bebidas alcohólicas.

SECCIÓN 3. Límite de tiempo para la ratificación
Este artículo quedará sin efecto a menos que sea ratificado como enmienda a la Constitución por convenciones que se celebrarán en los diversos estados, en la forma prevista por la Constitución, dentro de los siete años siguientes a la fecha en que el Congreso lo someta a los estados.

Esta Enmienda será parte de la Constitución sólo si es ratificada en siete años.

VIGESIMOSEGUNDA ENMIENDA—1951

Límite de períodos del presidente

SECCIÓN 1. Límite de dos períodos
No se elegirá a la misma persona para el cargo de presidente más de dos veces, ni más de una vez a la persona que haya desempeñado dicho cargo o que haya actuado como presidente durante más de dos años de un período para el que se haya elegido como presidente a otra persona.

El presente artículo no se aplicará a la persona que ocupaba el puesto de presidente cuando dicho artículo se propuso por el Congreso, ni impedirá que la persona que desempeñe dicho cargo o que actúe como presidente durante el período en que el repetido artículo entre en vigor, desempeñe el puesto de presidente o actúe como tal durante el resto del referido período.

VIGESIMOSEGUNDA ENMIENDA—1951

Límite de períodos del presidente

Ninguna persona puede ser elegida para el puesto de presidente más de dos veces. Si un presidente ha estado en funciones dos o más años del período de un presidente anterior, entonces podrá ser reelegido para un período adicional.

La persona que esté ocupando el puesto de presidente en el momento del proceso de ratificación de esta enmienda no está limitada a que se cumpla únicamente durante su período.

SECCIÓN 2. Límite de tiempo para la ratificación
Este artículo quedará sin efecto a menos que las asambleas legislativas de tres cuartas partes de los diversos estados lo ratifiquen como enmienda a la Constitución dentro de los siete años siguientes a la fecha en que el Congreso lo someta a los estados.

Esta Enmienda será parte de la Constitución sólo si es ratificada por tres cuartas partes de los estados dentro de los siete años posteriores a que el Congreso la haya enviado a los estados.

VIGESIMOTERCERA ENMIENDA—1961

Elecciones presidenciales para el Distrito de Columbia

Los ciudadanos que vivan en el Distrito de Columbia pueden elegir a los miembros del colegio electoral para votar en las elecciones federales para presidente y vicepresidente. El número de electores se limita al número de votos del estado menos poblado. Los electores deben vivir en el distrito y cumplir con todas las obligaciones indicadas en la Duodécima Enmienda.

VIGESIMOTERCERA ENMIENDA—1961

Elecciones presidenciales para el Distrito de Columbia

SECCIÓN 1. Electores presidenciales

El distrito que constituye la Sede del Gobierno de los Estados Unidos nombrará, según disponga el Congreso:

Un número de electores para elegir al presidente y al vicepresidente, igual al número total de senadores y representantes ante el Congreso al que el Distrito tendría derecho si fuere un estado, pero en ningún caso será dicho número mayor que el del estado de menos población; estos electores se sumarán al número de aquellos electores nombrados por los estados, pero para fines de la elección del presidente y del vicepresidente, serán considerados como electores nombrados por un estado; celebrarán sus reuniones en el Distrito y cumplirán con los deberes que se estipulan en la Enmienda Decimosegunda.

El Congreso tiene la facultad de elaborar las leyes necesarias para hacer cumplir esta Enmienda.

SECCIÓN 2. Cumplimiento

El Congreso queda facultado para poner en vigor este artículo por medio de legislación adecuada.

VIGESIMOCUARTA ENMIENDA—1964

Proscripción del impuesto electoral

No puede limitarse el derecho al voto de los ciudadanos de los Estados Unidos en las elecciones federales mediante la imposición de un impuesto electoral o de otro tipo.

VIGESIMOCUARTA ENMIENDA—1964

Proscripción del impuesto electoral

SECCIÓN 1. Prohibición del impuesto electoral en las elecciones federales

Ni los Estados Unidos ni ningún estado podrán denegar o coartar a los ciudadanos de los Estados Unidos el derecho al sufragio en cualquier elección primaria o de otra clase para presidente o vicepresidente, para electores para elegir al presidente o al vicepresidente o para Senador o Representante ante el Congreso, por motivo de no haber pagado un impuesto electoral o cualquier otro impuesto.

El Congreso tiene la facultad de elaborar las leyes necesarias para hacer cumplir esta enmienda.

SECCIÓN 2. Cumplimiento

El Congreso queda facultado para poner en vigor este artículo por medio de legislación adecuada.

VIGESIMOQUINTA ENMIENDA—1967

Sucesión presidencial

SECCIÓN 1. Llenar el puesto vacante del presidente
En caso de que el presidente sea depuesto de su cargo, o en caso de su muerte o renuncia, el vicepresidente será nombrado presidente.

SECCIÓN 2. Llenar el puesto vacante del vicepresidente
Cuando el puesto de vicepresidente estuviera vacante, el presidente nombrará un vicepresidente que tomará posesión de su cargo al ser confirmado por voto mayoritario de ambas cámaras del Congreso.

SECCIÓN 3. Deshabilitación del presidente
Cuando el presidente transmitiera al presidente *pro tempore* del Senado y al presidente de la Cámara de Representantes su declaración escrita de que está imposibilitado de desempeñar los derechos y deberes de su cargo, y mientras no transmitiere a ellos una declaración escrita en sentido contrario, tales derechos y deberes serán desempeñados por el vicepresidente como presidente en funciones.

SECCIÓN 4. Cuando el Congreso nombra un presidente
Cuando el vicepresidente y la mayoría de los principales funcionarios de los departamentos ejecutivos o de cualquier otro cuerpo que el Congreso autorizara por ley trasmitieran al presidente *pro tempore* del Senado y al presidente de Debates de la Cámara de Diputados su declaración escrita de que el presidente está imposibilitado de ejercer los derechos y deberes de su cargo, el vicepresidente inmediatamente asumirá los derechos y deberes del cargo como presidente en funciones.

Seguidamente, cuando el presidente transmitiera al presidente *pro tempore* del senado y al presidente de la Cámara de Representantes su declaración escrita de que no existe imposibilidad alguna, asumirá de nuevo los derechos y deberes de su cargo, a menos que el vicepresidente y la mayoría de los funcionarios principales de los departamentos ejecutivos o de cualquier otro cuerpo que el Congreso haya autorizado por ley transmitieran en el término de cuatro días al presidente pro tempore del Senado y al presidente de la Cámara de Representantes su declaración escrita de que el presidente está imposibilitado de ejercer los derechos y deberes de su cargo. Entonces, el Congreso decidirá qué solución debe adoptarse, para lo cual se reunirá en el término de cuarenta y ocho horas, si no estuviera en sesión. Si el Congreso, en el término de veintiún días de recibida la ulterior declaración escrita o, de no estar en sesión, dentro

VIGESIMOQUINTA ENMIENDA—1967

Sucesión presidencial

Si el presidente muere o lo quitan de su puesto, entonces el vicepresidente será presidente.

Si el puesto de vicepresidente queda vacío, el presidente puede nombrar un nuevo vicepresidente. La persona que haya nombrado el presidente debe recibir aprobación de la mayoría de ambas cámaras del Congreso.

Si el presidente envía un escrito a los miembros de ambas cámaras del Congreso donde informa que no puede cumplir con sus deberes, entonces el vicepresidente se convierte en presidente en funciones. Actuará así hasta que el presidente informe de nuevo al Congreso que está listo para encargarse de las responsabilidades presidenciales.

Si el presidente está inconsciente o se niega a admitir que tiene una enfermedad que lo incapacita, el vicepresidente y una mayoría del gabinete tienen el derecho de informar al Congreso, por escrito, de que el presidente no puede cumplir con sus deberes. El vicepresidente entonces se convierte en presidente en funciones hasta que el presidente pueda regresar a trabajar.

Cuando el presidente informa por escrito a los presidentes del Congreso que ya no existe su incapacidad, regresará a su puesto. Pero si el presidente, el vicepresidente y una mayoría del gabinete no están de acuerdo y opinan que el presidente no está en condiciones de realizar sus deberes de presidente, el vicepresidente u otra persona autorizada tienen cuatro días para avisar al Congreso, y éste tiene la facultad de decidir sobre el asunto. Si no están en reunión, ambas cámaras del Congreso deben reunirse en 48 horas y tendrán 21 días para tomar una decisión. Se requiere de un voto de dos tercios de ambas cámaras para declarar que un presidente no es adecuado para desempeñar los deberes de su cargo.

de los veintiún días de haber sido convocado a reunirse, determinara por voto de las dos terceras partes de ambas cámaras que el presidente está imposibilitado de ejercer los derechos y deberes de su cargo, el vicepresidente continuará desempeñando el cargo como presidente actuante; de lo contrario, el presidente asumirá de nuevo los derechos y deberes de su cargo.

VIGESIMOSEXTA ENMIENDA—1971

Derecho a voto para los que tienen dieciocho años de edad

Los ciudadanos que tengan dieciocho años o más tienen el derecho a votar en todas las elecciones.

El Congreso tiene la facultad de elaborar las leyes necesarias para hacer cumplir esta Enmienda.

VIGESIMOSEXTA ENMIENDA—1971

Derecho a voto para los que tienen dieciocho años de edad

SECCIÓN 1. Nueva edad para votar
El derecho a votar de los ciudadanos de los Estados Unidos, de dieciocho años de edad o más, no será negado o menguado ni por los Estados Unidos ni por ningún Estado a causa de la edad.

SECCIÓN 2. Cumplimiento
El Congreso tendrá facultad para hacer valer este artículo mediante la legislación adecuada.

VIGESIMOSÉPTIMA ENMIENDA—1992

Límites sobre los cambios de salario en el Congreso

Cualquier cambio en el sueldo de los senadores y representantes del Congreso no será válido hasta después de la siguiente elección federal.

VIGESIMOSÉPTIMA ENMIENDA—1992

Límites sobre los cambios de salario en el Congreso

Ninguna ley que varíe la remuneración de los servicios de los senadores y representantes tendrá efecto hasta después de que se haya realizado una elección de representantes.

Diccionario geográfico

Este diccionario geográfico te ayudará a localizar los lugares mencionados en este libro. Se proporcionan la latitud y la longitud de las ciudades. Los números de página te indican dónde aparece cada lugar en un mapa (m) o en el texto (t).

Abilene Ciudad de Kansas que fue un pueblo ganadero en la década de 1860; 39 °N, 97 °O. (m. 546, t. 550)

África Segundo continente más grande de los siete de la Tierra. (m. R4–5, t. 107)

África occidental Región occidental de África. (m. 202, 206; t. 206)

América Central Región de América del Norte, entre México y América del Sur, donde se encuentran siete países. (m. 684–685, t. 684)

América del Norte Uno de los siete continentes de la Tierra. (m. R8, R9, H8)

América del Sur Uno de los siete continentes de la Tierra. (m. 689, t. 688)

Antártida Uno de los siete continentes de la Tierra, alrededor del polo sur. (R4–5)

Antietam Arroyo cerca de Sharpsburg, Maryland; lugar de una importante batalla de la Guerra Civil en 1862. (t. 495)

Asia El más grande de los siete continentes de la Tierra. (m. R4–5, t. 103)

Atlanta Capital y ciudad más grande de Georgia, lugar donde el ejército de la Unión ganó una batalla en la Guerra Civil, el 2 de septiembre de 1864; 33 °N, 84 °O. (m. 506, 509; t. 510)

Austin Capital de Texas. (t. 437)

Australia El más pequeño de los siete continentes de la Tierra. (m. R4–5)

bahía de Chesapeake Ensenada del océano Atlántico, rodeada por Maryland y Virginia. (m. 159)

bahía de Hudson Mar interior en el norte de Canadá. (m. 676–677, R6–R9)

Baltimore Puerto de mar y ciudad más grande de Maryland; 39 °N, 76 °O. (m. 380, t. 383)

Berlín Capital de Alemania; estuvo dividida de 1945 a 1989; 52 °N, 13 °E. (t. 658)

Boston Capital y ciudad más grande de Massachusetts; 42 °N, 71 °O. (m. 168, 216, 268, 276; t. 172, 217, 271, 277–280)

Bull Run Riachuelo en el noreste de Virginia, lugar de grandes batallas durante la Guerra Civil, en 1861 y 1862. (m. 491, t. 495)

cabo de Buena Esperanza Punta al extremo suroeste de África. (m. 110, 114; t. 114)

Cahokia Pueblo en el actual estado de Illinois, donde se encuentra un montículo de 100 pies de altura construido por los pobladores que reciben el nombre de constructores de montículos; 39 °N, 90 °O. (m. 60, 62; t. 61)

Camino de California Camino desde Independence, Missouri, hasta el valle central de California, por donde transitaban los buscadores de oro en 1849. (m. 440, 442; t. 443)

Camino de los Mormones Ruta al Oeste, llamada así por los mormones que viajaron por ella desde Nauvoo, Illinois, hasta Salt Lake City, Utah, en la década de 1840. (m. 438, 440; t. 441)

Camino de Oregón Ruta hacia el Oeste usada por los pioneros, que se extendía desde Independence, Missouri, hasta Oregón. (m. 438, t. 439)

Camino Iroqués Camino que unía los territorios de la Liga Iroquesa; se extendía de la actual Albany a Buffalo. (m. 76–77, t. 77)

Camino Wilderness Camino que usaban los pioneros para cruzar los montes Apalaches desde Virginia hasta Kentucky, creado por Daniel Boone en 1775. (m. 370, t. 372)

Canadá País en la parte norte de América del Norte, al norte de los Estados Unidos. (m. 675, t. 676–677)

canal de Panamá Canal que atraviesa el istmo de Panamá, y que conecta a los océanos Atlántico y Pacífico. (m. 602, 604; t. 604)

Diccionario geográfico

canal del Erie Vía fluvial construida por el hombre en el estado de Nueva York; conecta al lago Erie con el río Hudson. (m. 408, t. 411)

Carretera Nacional Carretera construida a principios del siglo XIX; se extendía desde Cumberland, Maryland hasta San Luis, Missouri. (m. 412, t. 411)

Charleston Ciudad portuaria en el sureste de Carolina del Sur; 32 °N, 79 °O. (m. 202; t. 206)

Charlestown La parte más antigua de Boston, cerca de donde se peleó la batalla de Bunker Hill en 1775. (m. 286, 290; t. 290)

Chicago Ciudad más grande de Illinois, ubicada a la orilla del lago Michigan; 41 °N, 87 °O. (m. 550, t. 567)

China País de Asia oriental que tiene la población más grande del mundo. (m. 103, t. 103)

Ciudad de México Capital y ciudad más grande de México; fue también la capital de Nueva España; 19 °N, 99 °O. (m. 142, t. 144)

Ciudad de Nueva York Ciudad más grande de los Estados Unidos, ubicada en el sureste del estado de Nueva York; 40 °N, 73 °O. (m. 268, t. 270)

Cleveland Ciudad portuaria en Ohio, a orillas del lago Erie; 41 °N, 81 °O. (m. 562, t. 566)

colinas Black Cordillera en Dakota del Sur y Wyoming, donde se descubrió oro en 1874. (m. 554, t. 554–555)

colonia de la bahía de Massachusetts Colonia fundada por los puritanos en Nueva Inglaterra en 1630. (m. 168, t. 172)

colonias centrales Región de las 13 colonias, ubicada entre las colonias de Nueva Inglaterra y las colonias del Sur. (m. 176, t. 179)

colonias de Nueva Inglaterra Región de las 13 colonias que se localizaba al norte de las colonias centrales. (m. 176–177, t. 177–178)

colonias del Sur Región del extremo sur de las 13 colonias. (m. 176, t. 179–180)

Concord Pueblo en el este de Massachusetts, donde se libró una de las primeras batallas de la Guerra de Independencia, el 19 de abril de 1775; 42 °N, 71 °O. (m. 286, t. 287)

condado de Southampton Condado en el sureste de Virginia, donde Nat Turner encabezó una rebelión de esclavos en 1831. (m. 470, t. 472)

Copán Antigua ciudad maya, ubicada en lo que hoy es Honduras; 15 °N, 88 °O. (m. 66, 68; t. 67)

cordillera de los Andes Cadena montañosa en la costa oeste de América del Sur; la más larga del mundo. (m. 689)

cordilleras costeras Montañas que se extienden a lo largo de la costa del Pacífico de América del Norte. (m. R9, R14)

Corea del Norte País que ocupa la parte norte de la península de Corea. (m. 636, t. 639)

Corea del Sur País que ocupa la parte sur de la península de Corea. (m. 636, t. 639)

Cuba País más grande de las Antillas. (m. 578, t. 580)

Cuzco Capital del imperio inca, ubicada en el Perú actual; 13 °N, 72 °O. (m. 66, 68; t. 69, 145)

D

Dallas Ciudad en el noreste de Texas; 33 °N, 97 °O. (m. R12–13)

Denver Capital y ciudad más grande de Colorado; 40 °N, 105 °O. (m. 26)

Detroit Ciudad más grande de Michigan; 42 °N, 83 °O. (m. 27)

E

El Álamo Misión en San Antonio, Texas, que los texanos usaron como fuerte durante la Revolución de Texas. (t. 432)

Escandinavia Región del norte de Europa, que incluye a los países de Noruega, Suecia y Dinamarca. (t. 111)

Escudo Canadiense Extensa región de rocas antiguas que cubre casi la mitad del territorio del Canadá. (m. 676–677)

España País en el suroeste de Europa. (m. 141, t. 135)

estrecho de Bering Extensión angosta de agua que separa a Asia de América del Norte. (m. 54, 55; t. 55)

estrecho de Magallanes Estrecho pasaje marítimo entre la punta sur de América del Sur y Tierra del Fuego; une a los océanos Atlántico y Pacífico. (m. 137)

Europa Uno de los siete continentes de la Tierra. (m. R4–5, t. 103)

F

Filadelfia Ciudad en el sureste de Pennsylvania; fue capital de los Estados Unidos de 1790 a 1800; 39 °N, 75 °O. (m. 210, t. 211)

Filipinas Grupo de islas en el océano Pacífico, que conforman el país de Filipinas. (m. 581, t. 581)

Florida Estado ubicado en el sureste de los Estados Unidos; fue fundado por los españoles a mediados del siglo XVI. (m. 232, t. 233)

Four Corners Lugar de unión de cuatro estados: Nuevo México, Arizona, Colorado y Utah; fue el hogar del pueblo anasazi. (m. 60, 62; t. 62)

Francia País de Europa occidental. (m. R4–R5, t. 305)

fuerte Duquesne Fuerte construido por los franceses en 1754 en el oeste de Pennsylvania, donde actualmente se encuentra Pittsburgh. (m. 246, 248; t. 248)

fuerte McHenry Fuerte para proteger al puerto de Baltimore, Maryland; lugar de una importante batalla en la Guerra de 1812. (m. 380, t. 383)

fuerte Necessity Fuerte construido por los soldados de George Washington en el oeste de Pennsylvania en 1754. (m. 246–247, t. 246)

fuerte Sumter Fuerte en el puerto de Charleston, Carolina del Sur; lugar de la primera batalla de la Guerra Civil en 1861. (m. 484, t. 485)

fuerte Ticonderoga Fuerte sobre el lago Champlain, en el noreste de Nueva York, lugar de importantes batallas de la Guerra de Independencia. (m. 302, t. 303)

fuerte Vincennes Fuerte que se ubicaba en la actual Vincennes, Indiana. (m. 314, 317; t. 316)

fuerte Wagner Fuerte que protegía el puerto de Charleston, Carolina del Sur, atacado por el 54° Regimiento de afroamericanos en la Guerra Civil, en julio de 1863. (m. 498, t. 501)

G

Gettysburg Población en el sur de Pennsylvania; lugar de una importante victoria de la Unión durante la Guerra Civil en 1863; 40 °N, 77 °O. (m. 506, t. 507)

Ghana País de África, cuyo nombre se debe al antiguo reino de África occidental. (m. 106–107, t. 107)

golfo de California Ensenada del océano Pacífico, entre Baja California y la costa occidental de México. (m. 148)

golfo de México Ensenada del océano Atlántico, entre los Estados Unidos y México. (m. 29)

Gran Cañón Enorme cañón en el río Colorado, en el noroeste de Arizona. (m. 26, t. 26)

Gran Lago Salado Lago en el noroeste de Utah, el lago salado más grande de América del Norte. (m. 440, R14–R15, t. 441)

Grandes Lagos Grupo de cinco grandes lagos de agua dulce en la frontera entre los Estados Unidos y Canadá. (m. 29, t. 27)

Grandes Llanuras Región en el centro de América del Norte al este de las montañas Rocosas, que se extiende desde Canadá hasta Texas. (m. 546, t. 547)

Groenlandia Isla en el norte del océano Atlántico, la más grande la Tierra. (m. 110–111, t. 111)

Guam Isla en el oeste del océano Pacífico. (m. 581, t. 581)

H

Haití País de las Antillas; ocupa la parte occidental de la isla La Española. (m. 687, t. 686)

Harlem Parte de la Ciudad de Nueva York. (t. 618)

Harpers Ferry Pueblo en el noreste de Virginia Occidental, donde el arsenal federal fue atacado por el abolicionista John Brown en 1859; 39 °N, 78 °O. (m. 476, t. 480)

hemisferio norte Mitad de la Tierra, al norte del ecuador. (m. H9)

hemisferio occidental Mitad de la Tierra al oeste del primer meridiano; incluye América del Sur y del Norte. (m. H10, R6–R7; lt. H10)

hemisferio oriental Mitad de la Tierra al este del primer meridiano, que comprende los continentes de África, Asia, Europa y Australia. (m. H10, R6–R7; t. H10)

hemisferio sur Mitad de la Tierra, al sur del ecuador. (m. H9, t. H9)

Hiroshima Ciudad en el suroeste de Japón; la primera ciudad donde fue arrojada una bomba atómica; 35 °N, 132 °E. (m. 624, 629; t. 629)

Diccionario geográfico

Inglaterra Parte del Reino Unido de Gran Bretaña e Irlanda del Norte. Inglaterra ocupa la parte sur de la isla de Gran Bretaña. (m. 206, t. 248)

isla de Roanoke Isla en la costa de Carolina del Norte, donde los ingleses intentaron fundar el primer asentamiento permanente en América del Norte, conocido como la "colonia perdida". (m. 156, t. 157)

isla de Vancouver Isla en la costa suroeste de Canadá. (m. 94, t. 95)

isla del Ángel Isla en la bahía de San Francisco, California; de 1910 a 1940 fue el puerto de entrada para los inmigrantes que venían de Asia. (m. 568, t. 569)

isla Ellis Isla en el puerto de Nueva York, que fue el puerto de entrada para los inmigrantes de Europa de 1892 a 1954. (m. 568, t. 569)

islas Bahamas Grupo de islas en las Antillas, al sureste de la Florida. (m. 134, t. 135)

islas Canarias Grupo de islas en el océano Atlántico, cerca de la costa noroeste de África. (m. 141)

istmo de Panamá Franja estrecha de tierra que conecta a América del Norte con América del Sur. (t. 604)

Jamaica País isleño en las Antillas. (m. 687)

Jamestown Primera colonia inglesa permanente en América del Norte, fundada en 1607; ubicada en la parte este de Virginia; 37 °N, 77 °O. (m. 156, t. 159)

Kitty Hawk Pueblo de Carolina del Norte donde los hermanos Wright volaron el primer aeroplano con motor en 1903; 36 °N, 76 °O. (m. 616, t. 617)

La Española Isla del mar Caribe, formada por Haití y la República Dominicana. (m. 146, 148; t. 150)

La Habana Capital de Cuba, ubicada en la costa noroeste de la isla; 23 °N, 82 °O. (m. 581, t. 580)

La Meca Ciudad en Arabia Saudita, lugar de peregrinaje para los musulmanes; 22 °N, 40 °E. (m. 106, t. 108)

lago Champlain Lago entre Nueva York y Vermont. (m. 305, t. 305)

lago de Texcoco Lago donde se asentó la antigua ciudad azteca de Tenochtitlan en México. (t. 68)

lago Erie El lago más al sur de los Grandes Lagos, hace frontera entre los Estados Unidos y Canadá. (m. 29)

lago Hurón Segundo lago más grande de los Grandes Lagos, hace frontera entre los Estados Unidos y Canadá. (m. 29)

lago Michigan Tercer lago más grande de los Grandes Lagos, el único que se encuentra totalmente en territorio de los Estados Unidos. (m. 27)

lago Ontario El menor de los Grandes Lagos, hace frontera entre los Estados Unidos y Canadá. (m. 29)

lago Superior El mayor de los Grandes Lagos, hace frontera entre los Estados Unidos y Canadá. (m. 29)

Lame Deer Ciudad en Montana donde cada año se celebra el powwow de los cheyenes del norte; 46 °N, 107 °O. (m. 82, t. 85)

las Antillas Islas entre el océano Atlántico y el mar Caribe; se extienden desde la Florida, en América del Norte, hasta Venezuela, en América del Sur. (m. 134, t. 135)

Lexington Pueblo en el este de Massachusetts, lugar de la primera batalla de la Guerra de Independencia en 1775; 42 °N, 71 °O. (m. 286, t. 287)

Lima Capital del Perú, fundada por el conquistador español Francisco Pizarro; 12 °S, 77 °O. (m. 142, t. 145)

Los Ángeles La ciudad más grande de California, situada en la parte sur del estado; 34 °N, 118 °O. (m. 26)

Lowell Ciudad en el noreste de Massachusetts; 42 °N, 71 °O. (m. 408, t. 408–409)

Luisiana Estado del sureste de los Estados Unidos; originalmente todo el valle del Mississippi tenía ese nombre. (m. 240, 242; t. 242)

Malí Reino de África de principios del siglo XIV; actualmente, país de África occidental. (m. 106, t. 108)

Manassas Junction Población en Virginia cerca de donde se realizó una importante batalla de la Guerra Civil en la década de 1860; 39 °N, 78 °O. (m. 492, t. 495)

mar Caribe Parte del océano Atlántico, limitado por las Antillas, América Central y América del Sur. (m. 141)

Maryland Colonia fundada por Lord Baltimore, un católico, en 1632. Baltimore declaró que su colonia sería un lugar seguro para los católicos. Maryland fue también una colonia de propietarios, lo que significa que las tierras estaban controladas por terratenientes. (m. 177, t. 180)

Medio Oeste Región al norte de la parte central de los Estados Unidos. (m. 27, t. 27)

Menlo Park Población en el centro de Nueva Jersey donde Thomas Edison tenía su laboratorio. (m. 562, t. 563)

Mesa Verde Comunidad anasazi ubicada en el actual estado de Colorado; 37 °N, 108 °O. (m. 60, 62; t. 62)

México País de América del Norte, en la frontera sur de los Estados Unidos. (m. 430, t. 431)

Missouri El vigésimo tercer estado de los Estados Unidos; fue admitido en 1820. (m. 477, t. 477)

montañas Rocosas Cordillera alta y escarpada en la región Oeste de América del Norte; se extiende desde Alaska hasta México. (m. 26)

monte Katahdin Monte en el norte de la parte central de Maine. (m. 27, t. 25)

monte McKinley El pico más alto de América del Norte, ubicado en el Parque Nacional Denali de Alaska. (m. 34, t. 37)

monte St. Helens Volcán activo en la cordillera de las Cascadas en el suroeste de Washington. (m. 26, t. 25)

monte Whitney Monte más alto de los estados contiguos, ubicado en el sureste de California. (m. R14–15)

montes Apalaches Cordillera en la parte este de América del Norte; se extiende desde Canadá hasta Alabama. (m. 27)

Montgomery Capital de Alabama, lugar del boicot a los autobuses en 1955–1956; 32 °N, 86 °O. (m. 642, t. 644)

Montreal Ciudad más grande de Canadá; 46 °N, 74 °O. (m. 242)

N

Nagasaki Ciudad de Japón, segunda ciudad en la que fue arrojada la bomba atómica; 32 °N, 129 °E. (t. 629)

New Haven Ciudad en el sur de Connecticut, lugar donde se llevó a cabo el juicio de los africanos que tomaron el control del barco español de esclavos *Amistad*; 41 °N, 72 °O. (m. 470, t. 472)

Newport Ciudad en el sur de Rhode Island; 41 °N, 71 °O. (m. 216, t. 218)

Nicodemus Ciudad en Kansas fundada en 1877 por los pioneros afroamericanos; 39 °N, 100 °O. (m. 546, 549; t. 549)

Noreste Región en la parte noreste de los Estados Unidos. (m. 27, t. 27)

Normandía Región en el norte de Francia; 49 °N, 2 °E. (m. 624, 628; t. 628)

Nueva Amsterdam Asentamiento fundado por los holandeses en la isla de Manhattan; la actual Ciudad de Nueva York. (m. 164, 166; t. 165)

Nueva España Colonia establecida por España en 1535, en su mayor parte ubicada en América del Norte; incluía partes de lo que hoy son los Estados Unidos, México, América Central y las Antillas. (m. 142, t. 144)

Nueva Francia Nombre dado a las colonias francesas en América del Norte; incluía gran parte de los actuales Canadá y Estados Unidos. (m. 164, 166; t. 165)

Nueva Holanda Colonia holandesa en América del Norte; incluía partes de lo que ahora son Nueva York, Nueva Jersey y Connecticut. (m. 164, 166, t. 165)

Nueva Inglaterra Nombre dado por John Smith a la región Noreste de América del Norte; nombre actual de parte de la región Noreste de los Estados Unidos. (m. 27, t. 27)

Nueva Orleáns Ciudad portuaria de Luisiana, la ciudad más grande de ese estado; 29 °N, 90 °O. (m. 240, t. 243)

Nueva Suecia Colonia sueca en América del Norte, a orillas del río Delaware. (m. 166)

Nuevo México Estado en el suroeste de los Estados Unidos; nombre que originalmente dieron los españoles a lo que ahora es toda la región Suroeste de los Estados Unidos. (m. 234, t. 234)

Diccionario geográfico

océano Atlántico Uno de los cuatro océanos de la Tierra. (m. R4–5)

océano Glacial Ártico El más pequeño de los cuatro océanos de la Tierra. (R4–5)

océano Índico Uno de los cuatro océanos de la Tierra. (m. 114, t. 114)

océano Pacífico El más grande de los cuatro océanos de la Tierra. (m. R4–5)

Oeste Región en el oeste de los Estados Unidos. (m. 26, t. 26)

Omaha Ciudad más grande de Nebraska, ubicada en la parte este del estado; 41 °N, 95 °O. (m. 538, t. 539)

Oraibi Aldea hopi construida alrededor de 1050, probablemente es el pueblo más antiguo de los Estados Unidos; 36 °N, 111 °O. (m. 88, t. 91)

Panamá País en el extremo sur de América Central. (m. 602, 604; t. 604)

Parque Nacional de los Everglades Parque nacional ubicado en el sur de la Florida. (m. 34, t. 37)

Parque Nacional Yellowstone Primer parque nacional de los Estados Unidos, establecido en Wyoming en 1872. (m. 34, t. 37)

paso de Cumberland Pequeño valle en los montes Apalaches, en el noreste de Tennessee. (m. 370, t. 372)

Pearl Harbor Puerto en Hawai. Los aviones japoneses bombardearon la base naval de los Estados Unidos en un ataque sorpresivo el 7 de diciembre de 1941; 21 °N, 159 °O. (m. 624, 626; t. 626)

Perú País en la región oeste de América del Sur; fundado como colonia española en el siglo XVI. (m. 689, t. 688)

Pittsburgh Ciudad en el suroeste de Pennsylvania; 40 °N, 79 °O. (m. 562, t. 564)

Plymouth Ciudad en el sureste de Massachusetts, fundada por los peregrinos en 1620; 42 °N, 71 °O. (m. 168, t. 170)

polo norte Punto en el extremo norte de la Tierra; 90 °N. (m. H9, t. H9)

polo sur Punto en el extremo sur de la Tierra; 90 °S. (m. H9, t. H9)

Portugal País del suroeste de Europa. (m. 110, t. 113)

Promontory Point Lugar en el noroeste de Utah, donde se encontraron las vías de los ferrocarriles Union Pacific y Central Pacific en 1869 para completar el ferrocarril transcontinental; 41 °N, 112 °O. (m. 538, 540; t. 541)

Providence Capital y ciudad más grande de Rhode Island; 41 °N, 71 °O. (m. R12–13, t. 178)

Puerto Rico Isla de las Antillas, un estado libre asociado de los Estados Unidos. (m. 578, t. 580)

Quebec Capital de la provincia canadiense de Quebec, la primera colonia francesa en las Américas; 46 °N, 71 °O. (m. 164, t. 165)

región cultural de la costa del Noroeste Región en la parte noroeste de América del Norte donde vivieron muchos indígenas norteamericanos como los kwakiutls, los tlingits y los nootkas. (m. 94–95, t. 95)

región cultural de la zona boscosa del Este Región en la parte este de América del Norte donde vivían muchos indígenas norteamericanos como los iroqueses. (m. 76, 77; t. 77)

región cultural de las Grandes Llanuras Región en el centro de América del Norte donde vivían muchos indígenas norteamericanos como los lakotas y los cheyenes. (m. 82, 84, t. 83)

región cultural del desierto del Suroeste Región en el suroeste de América del Norte donde vivían muchos indígenas norteamericanos como los hopis, los zuñis y los pimas. (m. 88–89, t. 89)

región del Caribe Islas en el mar Caribe. (m. 684–686)

Richmond Capital de Virginia, fue capital de la Confederación durante la Guerra Civil; 37 °N, 77 °O. (m. 492, t. 495)

río Amazonas Río más largo de América del Sur; corre desde la cordillera de los Andes hasta el océano Atlántico. (m. 687)

río American Río de California, donde se descubrió oro en 1848. (t. 443)

río Colorado Río en el suroeste de los Estados Unidos que corre desde las montañas Rocosas hasta el golfo de California. (m. 26)

río Columbia Río en el noroeste de América del Norte, que comienza en Canadá, forma parte del límite entre Washington y Oregón, y corre hasta el océano Pacífico. (m. 26)

río Grande Río en la región Suroeste de América del Norte; corre desde Colorado hasta el golfo de México; forma parte de la frontera entre los Estados Unidos y México. (m. 62)

río Hudson Río en el este de Nueva York que corre hacia el océano Atlántico. (m. 164, 166; t. 165–166)

río Little Bighorn Río en Wyoming y Montana, donde los sioux y los cheyenes derrotaron al general George Custer. (t. 556)

río Mississippi Río en el centro de los Estados Unidos, que corre de Minnesota al golfo de México. (m. 27, 240; t. 241)

río Missouri Afluente principal del río Mississippi, que corre de Montana a Missouri. (m. 26, t. 374)

río Ohio Río ubicado en el este de la parte central de los Estados Unidos, corre de Pittsburgh, Pennsylvania, al río Mississippi en Cairo, Illinois. (m. 27, t. 248)

río San Lorenzo Río en el noreste de América del Norte, forma parte de la frontera entre los Estados Unidos y Canadá. (m. 164, t. 165)

Ruta de la Seda Red de rutas comerciales terrestres entre China y Europa. (m. 102–103, t. 103)

S

Sacramento Capital de California; 38 °N, 121 °O. (m. 538, t. 539)

Sahara Desierto más grande del mundo, ubicado en África del Norte. (m. 106–107, t. 107)

Salt Lake City Capital y ciudad más grande de Utah; 40 °N, 111 °O. (m. 438, 440; t. 441)

San Agustín Ciudad en la costa noreste de la Florida, fundada por los españoles en 1565; fue el primer asentamiento permanente de los europeos en los Estados Unidos; 29 °N, 81 °O. (m. 232, t. 233)

San Antonio Ciudad al sur de la región central de Texas, donde se encuentra El Álamo; 29 °N, 98 °O. (m. 430, t. 432)

San Diego Ciudad portuaria en el sur de California; 32 °N, 117 °O. (m. R12–13)

San Francisco Ciudad en el norte de California; 37 °N, 122 °O. (m. 442, t. 443)

San Luis Ciudad portuaria al este de la parte central de Missouri, fue conocida como la "puerta al Oeste"; 38 °N, 90 °O. (m. 370, t. 374)

Santa Fe Capital de Nuevo México; 35 °N, 105 °O. (m. 232, t. 234)

Saratoga Población en el noreste del estado de Nueva York, donde los patriotas ganaron una importante batalla en 1777, durante la Guerra de Independencia; 43 °N, 74 °O. (m. 302, t. 305)

Savannah Ciudad portuaria en la costa de Georgia; 32 °N, 81 °O. (m. 314, t. 316)

Seneca Falls Ciudad al oeste de la parte central de Nueva York, donde se llevó a cabo la primera convención por los derechos de la mujer en los Estados Unidos, en 1848; 43 °N, 77 °O. (m. 416, t. 419)

Shangdu Ciudad de China; 42 °N, 114 °E. (m. 102, t. 103)

Sierra Nevada Cordillera en el este de California. (m. 33)

Songhai Reino de África que floreció desde mediados del siglo XIV hasta finales del siglo XVI. (m. 106, t. 108)

Springfield Ciudad en el suroeste de Massachusetts, lugar de la Rebelión de Shays. (m. 338, t. 341)

Sureste Región en el sureste de los Estados Unidos. (m. 27, t. 27)

Suroeste Región en el suroeste de los Estados Unidos. (m. 26, t. 26)

T

Tenochtitlan Capital del imperio azteca en el valle de México, donde actualmente se encuentra la Ciudad de México; 19 °N, 99 °O. (m. 66, 68; t. 68)

territorio de Kansas Territorio creado en 1854 por la Ley Kansas-Nebraska; se convirtió en el estado de Kansas. (m. 476, 479; t. 479)

Diccionario geográfico

territorio de Luisiana Las tierras incluidas en la Compra de Luisiana en 1803 pronto se llamaron Territorio de Luisiana. (m. 370, t. 374)

territorio de Nebraska Territorio creado en 1854 como resultado de la Ley Kansas-Nebraska. (m. 479, t. 479)

territorio de Oregón Antigua región que abarcaba la actual zona Noroeste de los Estados Unidos. (m. 438, t. 439)

territorio del Noroeste Parte de las tierras que se integraron a los Estados Unidos después de la Guerra de Independencia. (m. 338, 342; t. 342)

territorio indígena Territorio destinado a los indígenas norteamericanos, cuando fueron obligados a mudarse del sureste de los Estados Unidos por la Ley de Expulsión de Indígenas de 1830; ahora comprende la mayor parte de Oklahoma. (m. 402, t. 405)

Texas Estado en el suroeste de los Estados Unidos; formó parte de México hasta 1836. (m. 430, t. 431)

Timbuktu Ciudad en el reino africano de Malí; fue una de las paradas importantes en las rutas de las caravanas; 17 °N, 3 °E. (m. 106, 107)

Trenton Capital de Nueva Jersey; lugar donde se peleó una importante batalla en la Guerra de Independencia en 1776; 40 °N, 74 °O. (m. 302, t. 304)

Tribunal de Justicia de Appomattox Población en la parte central de Virginia, donde se rindió el general confederado Lee ante el general de la Unión Grant, el 9 de abril de 1865, con lo que terminó la Guerra Civil. (m. 506, 509; t. 511)

V

valle de la Muerte Punto más bajo en América del Norte, ubicado en el desierto de Mojave en California. (m. R12–13)

valle de México Región en el centro de México, lugar de la ciudad azteca de Tenochtitlan. (t. 68)

valle del río Ohio Región de tierra fértil a lo largo del río Ohio. (m. 246, t. 247)

Valley Forge Lugar en el sureste de Pennsylvania, donde George Washington y el Ejército Continental acamparon durante el invierno de 1777 a 1778; 40 °N, 75 °O. (m. 302, t. 308)

Venecia Ciudad portuaria en el noreste de Italia, construida sobre 118 pequeñas islas en una laguna del golfo de Venecia; 45 °N, 12 °E. (m. 102–103, t. 103)

Versalles Ciudad al norte de la parte central de Francia, donde se firmó el tratado que dio fin a la Primera Guerra Mundial; 49 °N, 2 °E. (m. 608, t. 611)

Vicksburg Ciudad en la parte occidental de Mississippi, junto al río Mississippi; lugar de una importante victoria de la Unión durante la Guerra Civil en 1863; 32 °N, 90 °O. (m. 509, t. 509)

Vietnam del Norte País en el sureste de Asia, de 1954 a 1975; ahora es parte del país unido de Vietnam. (m. 650, 652; t. 652)

Vietnam del Sur País en el sureste de Asia, de 1954 a 1975; ahora es parte del país unido de Vietnam. (m. 650, 652; t. 652)

Vinlandia Nombre que significa "Tierra del vino", que le dio Leif Ericsson a la actual provincia canadiense de Terranova. (m. 110, t. 111)

W

Washington, D.C. Capital de los Estados Unidos; 38 °N, 77 °O. (m. 362, t. 365)

Williamsburg Ciudad en el sureste de Virginia, capital de la colonia de Virginia de 1699 a 1779; 37 °N, 77 °O. (m. 216, t. 217)

Y

Yorktown Ciudad en el sureste de Virginia, en la bahía de Chesapeake, donde se peleó la última batalla importante de la Guerra de Independencia; 37 °N, 76 °O. (m. 317, t. 318)

Diccionario biográfico

Este diccionario biográfico contiene información sobre los personajes mencionados en este libro. Entre paréntesis encontrarás el número de la página donde cada personaje aparece por primera vez.

Adams, Abigail 1744–1818 Escritora y esposa del presidente John Adams. Fue la primera primera dama que vivió en lo que después sería conocida como la Casa Blanca.(p. 366)

Adams, John 1735–1826 Líder patriota durante la Guerra de Independencia y segundo presidente de los Estados Unidos. (p. 277)

Adams, Samuel 1722–1803 Patriota de Boston y organizador de los Hijos de la Libertad. (p. 270)

Addams, Jane 1860–1935 Trabajadora social estadounidense que fundó Hull House, una casa comunitaria en Chicago, en 1889. (p. 571)

Albright, Madeleine 1937– Primera mujer que ocupó el cargo de secretaria de Estado de los Estados Unidos al cual fue nombrada en 1997. (p. 660)

Allen, Ethan 1738–1789 Líder de los *Green Mountain Boys,* soldados de Vermont que tomaron el fuerte Ticonderoga en mayo de 1775. (p. 303)

Anthony, Susan B. 1820–1906 Líder clave del movimiento a favor del sufragio para la mujer. (p. 612)

Antin, Mary 1881–1949 Inmigrante rusa que publicó una autobiografía muy conocida titulada *The Promised Land* ("La tierra prometida"). (p. 569).

Armistead, James 1759?–1830 Patriota afroamericano que fue espía de los patriotas durante la Guerra de Independencia. (p. 306)

Armstrong, Neil 1930– Astronauta que en 1969 se convirtió en la primera persona que caminó sobre la Luna. (p. 651)

Arnold, Benedict 1741–1801 Reconocido general patriota que en 1780, durante la Guerra de Independencia, se convirtió en traidor y se unió a la causa británica. (p. 305)

Atahualpa 1502?–1533 Gobernante de los incas cuando su imperio fue conquistado por los españoles en 1531. (p. 145)

Attucks, Crispus 1723?–1770 Patriota afroamericano y antiguo esclavo muerto en la Masacre de Boston en 1770. (p. 277)

Austin, Stephen F. 1793–1836 Pionero que fundó el primer asentamiento de estadounidenses en Texas, en la segunda década del siglo XIX. (p. 431)

Balboa, Vasco Núñez de 1475?–1519 Explorador español que fue el primer europeo en llegar a la costa este del océano Pacífico. (p. 137)

Banneker, Benjamin 1731–1806 Astrónomo, inventor, matemático e hijo de un esclavo liberado; hizo planos de las tierras donde se construyó Washington, D.C. (p. 365)

Barton, Clara 1821–1912 Enfermera durante la Guerra Civil y fundadora de la Cruz Roja Americana. (p. 502)

Bell, Alexander Graham 1847–1922 Inventor que creó el primer teléfono en 1876. (p. 563)

Boone, Daniel 1734–1820 Pionero estadounidense que guió a muchos de los primeros colonos hasta las tierras al oeste de los montes Apalaches. (p. 372)

Boyd, Belle 1844–1900 Espía de la Confederación durante la Guerra Civil. (p. 502)

Bradford, William 1590–1657 Líder de los peregrinos que llegaron a América del Norte a bordo del *Mayflower* y fundaron la colonia de Plymouth en 1620. (p. 169)

Brady, Mathew 1823?–1896 Fotógrafo durante la Guerra Civil. (p. 499)

Brown, John 1800–1859 Abolicionista que creía en el uso de la fuerza para oponerse a la esclavitud. Fue ahorcado por encabezar un ataque a Harpers Ferry, Virginia, en 1859. (p. 480)

Bruce, Blanche K. 1841–1898 Antiguo esclavo elegido como miembro del Senado de los Estados Unidos en 1874. (p. 518)

Diccionario biográfico

Burgoyne, John 1722–1792 General británico que fue derrotado por las fuerzas patriotas en la Batalla de Saratoga en 1777. (p. 305)

Bush, George H. W. 1924– Presidente número 41 de los Estados Unidos; gobernó de 1989 a 1993. (p. 659)

Bush, George W. 1946– Presidente número 43 de los Estados Unidos que llegó al poder en 2001; es hijo del ex presidente George H. W. Bush. (p. 661)

C

Caballo Loco 1842?–1877 Jefe lakota que ayudó a derrotar al general George Custer en la Batalla de Little Bighorn en 1876. (p. 556)

Cabeza de Vaca, Álvar Núñez Alrededor de 1490–1557 Navegante español que exploró en 1528 lo que ahora es Texas. (p. 147)

Calhoun, John C. 1782–1850 Senador estadounidense por Carolina del Sur que creía en los derechos de los estados. (p. 477)

Carnegie, Andrew 1835–1919 Industrial que convirtió el acero en una gran industria en los Estados Unidos. (p. 564)

Carney, William 1840–1908 Héroe de la batalla del fuerte Wagner, ocurrida en 1863 durante la Guerra Civil; fue uno de los 16 afroamericanos que recibieron la Medalla de Honor del Congreso por su heroísmo durante la Guerra Civil. (p. 501)

Carter, Jimmy 1924– Presidente número 39 de los Estados Unidos; gobernó de 1977 a 1981. (p. 655)

Carver, George Washington 1861–1943 Científico que descubrió muchos usos nuevos para el cacahuate, el camote y otros cultivos. (p. 28)

Catt, Carrie Chapman 1859–1947 Líder clave del movimiento a favor del sufragio para la mujer; contribuyó a que se aprobara la Decimonovena Enmienda. (p. 612)

Champlain, Samuel de 1567–1635 Explorador francés que fundó Quebec, el primer asentamiento francés permanente en América del Norte. (p. 165)

Chávez, César 1927–1993 Líder de la lucha para mejorar la vida de los trabajadores agrícolas migratorios. (p. 648)

Cinque, Joseph 1813?–1879? Cautivo nacido en África occidental que encabezó la revuelta de esclavos de 1839 en el barco español *Amistad*. (p. 472)

Clark, George Rogers 1752–1818 Líder de una pequeña fuerza patriota que en 1779 tomó el fuerte Vincennes, controlado por los ingleses, en el valle de Ohio. (p. 316)

Clark, William 1770–1838 Dirigió junto con Meriwether Lewis la expedición de Lewis y Clark. (p. 374)

Clay, Henry 1777–1852 Senador estadounidense a quien se apodó "El Gran Concertador" por ayudar a que se firmaran importantes convenios como el Acuerdo de Missouri en 1820 y el Acuerdo de 1850. (p. 382)

Clinton, Bill 1946– Presidente número 42 de los Estados Unidos; gobernó de 1992 a 2001. (p. 660)

Coffin, Catherine 1803–1881 "Conductora" del Tren Clandestino, que ayudó a más de 2,000 esclavos a huir hacia la libertad. (p. 473)

Coffin, Levi 1798–1877 "Conductor" del Tren Clandestino, esposo de Catherine Coffin. (p. 473)

Colón, Cristóbal 1451?–1506 Explorador nacido en Italia que navegó hasta las Américas en 1492. Fue el primer europeo que estableció un contacto duradero entre Europa y las Américas. (p. 135)

Cooper, Peter 1791–1883 Inventor de la locomotora de vapor conocida como "Tom Thumb" en 1830. (p. 412)

Cornwallis, Charles 1738–1805 General al mando de las fuerzas inglesas derrotadas en Yorktown en 1781. Esa victoria de los patriotas marcó el fin a la Guerra de Independencia. (p. 318)

Coronado, Francisco Vásquez de 1510–1554 Explorador español que viajó al Suroeste de los Estados Unidos en busca de Cibola, el legendario reino de oro. (p. 147)

Cortés, Hernán 1485–1547 Español que conquistó el imperio azteca. (p. 143)

Crocket, David 1786–1836 Guía de los pioneros y congresista por Tennessee que murió en defensa de El Álamo. (p. 432)

Custer, George 1839–1876 Líder militar estadounidense que fue derrotado por los lakotas en la Batalla de Little Bighorn en 1876. (p. 556)

D

Da Gama, Vasco 1469?–1524 Explorador portugués que navegó hasta la India en 1497. (p. 114)

Davis, Jefferson 1808–1889 Presidente de la Confederación durante la Guerra Civil y ex senador de los Estados Unidos por Mississippi. (p. 485)

Dawes, William 1744–1799 Patriota que cabalgó con Paul Revere la noche del 18 de abril de 1775 para avisar a los colonos de la llegada de las tropas inglesas. (p. 287)

De Soto, Hernando 1500?–1542 Explorador español que en 1541 se convirtió en el primer europeo en llegar al río Mississippi. (p. 147)

Deere, John 1804–1886 Herrero que inventó el arado de acero. (p. 410)

Deganawidah Siglo XVI Jefe iroqués que intervino para que las tribus iroquesas vivieran en paz. (p. 77)

Dias, Bartolomeu 1450?–1500 Explorador portugués que navegó alrededor del cabo de Buena Esperanza, en el extremo suroeste de África. (p. 114)

Dickinson, Susanna 1820–1883 Sobreviviente de la Batalla de El Álamo que atendió a los soldados heridos. (p. 432)

Douglas, Marjory Stoneman 1890–1998 Escritora que dedicó muchos años de su vida a proteger los Everglades. (p. 37)

Douglas, Stephen 1813–1861 Senador estadounidense por Illinois que perdió ante Abraham Lincoln las elecciones presidenciales de 1860. (p. 479)

Douglass, Frederick 1817–1895 Antiguo esclavo que se convirtió en escritor, editor y líder abolicionista. (p. 418)

Drake, Francis 1540?–1596 Primer capitán inglés que dio la vuelta al mundo en barco en 1577. (p. 158)

Du Bois, W. E. B. 1868–1963 Líder afroamericano que ayudó a fundar la Asociación Nacional para el Progreso de la Gente de Color (NAACP). (p. 613)

E

Earhart, Amelia 1897–1937? Primera mujer que sobrevoló sola el océano Atlántico en 1932. (p. 617)

Edison, Thomas 1847–1931 Inventor de la bombilla eléctrica y el fonógrafo, entre otros inventos. (p. 21)

Eisenhower, Dwight D. 1890–1969 Presidente número 34 de los Estados Unidos; gobernó de 1953 a 1961. Comandante de las fuerzas de los Aliados en Europa durante la Segunda Guerra Mundial. (p. 628)

Elizabeth I 1533–1603 Reina de Inglaterra cuando los ingleses derrotaron a la armada española y cuando se fundó Roanoke, la primera colonia inglesa en las Américas. (p. 157)

Enrique el Navegante 1394–1460 Príncipe de Portugal que creó una escuela para marineros y navegantes. (p. 113)

Equiano, Olaudah 1750–1797 Africano convertido en esclavo y llevado a América del Norte en 1756. Tiempo después escribió un libro sobre su viaje desde África occidental hasta las colonias. (p. 227)

Eric el Rojo Siglo X Explorador vikingo que navegó a Islandia alrededor del año 965 y a Groenlandia hacia 982. (p. 111)

Ericsson, Leif Finales del siglo X–principios del siglo XI Hijo de Eric el Rojo; navegó hasta América del Norte hacia el año 1000 y exploró lo que ahora se conoce como Terranova. (p. 111)

Esteban Siglo XVI Marinero africano que recorrió la región Suroeste de los Estados Unidos. Sus relatos motivaron la búsqueda de Cibola. (p. 147)

F

Fernando 1452–1516 Rey de España que aceptó financiar la expedición de Cristóbal Colón a América en 1492. (p. 135)

Fitzgerald, F. Scott 1896–1940 Escritor de novelas y cuentos acerca de la Era del Jazz. (p. 618)

Ford, Gerald 1913– Presidente número 38 de los Estados Unidos; gobernó de 1974 a 1977. Asumió el cargo cuando Richard Nixon renunció en 1974. (p. 654)

Diccionario biográfico

Ford, Henry 1863–1947 Fabricante de automóviles que utilizó la línea de montaje para producir autos con mayor facilidad y rapidez. (p. 617)

Franklin, Benjamin 1706–1790 Escritor, científico, inventor y diplomático. Ayudó a escribir la Declaración de Independencia y la Constitución. (p. 211)

Fulton, Robert 1765–1815 Ingeniero que construyó el primer barco de vapor exitoso, el *Clermont,* en 1807. (p. 411)

G

Gage, Thomas 1721–1787 General británico que controló Boston después del Motín del Té de Boston. (p. 280)

Gálvez, Bernardo de 1746–1786 Gobernador español de Luisiana y aliado de los patriotas; dirigió las tropas españolas contra los ingleses durante la Guerra de Independencia. (p. 315)

Garrison, William Lloyd 1805–1879 Periodista y reformista que fundó el diario antiesclavista *The Liberator.* (p. 418)

George III 1738–1820 Rey de Gran Bretaña durante los años de la Guerra de Independencia. (p. 251)

Glenn, John 1921– Astronauta que en 1962 se convirtió en el primer estadounidense en girar en órbita alrededor de la Tierra. (p. 651)

Gompers, Samuel 1850–1924 Líder sindicalista; fundó la Federación Estadounidense del Trabajo en 1886. (p. 573)

Goodnight, Charles 1836–1929 Ranchero que abrió una importante ruta para el transporte de ganado, conocida como el Camino Goodnight-Loving. (p. 551)

Gorbachov, Mikhail 1931– Líder de la antigua Unión Soviética en la década de 1980; inició reformas en su país para dar más libertad política y económica al pueblo. (p. 659)

Grant, Ulysses S. 1822–1885 Presidente número 18 de los Estados Unidos; gobernó de 1869 a 1877. Comandante de las fuerzas de la Unión en la Guerra Civil. (p. 509)

Greene, Nathanael 1742–1786 General patriota durante la Guerra de Independencia. (p. 318)

Gutenberg, Johann 1395?–1468 Alemán que inventó la imprenta alrededor del año 1450. (p. 112)

H

Hale, Nathan 1755–1776 Patriota ahorcado por los británicos en 1776 por espionaje. (p. 304)

Hall, Prince 1745?–1807 Ministro que combatió en el Ejército Continental y fue uno de los primeros líderes de la lucha para acabar con la esclavitud en los Estados Unidos. (p. 306)

Hamilton, Alexander 1755?–1804 Delegado en la Convención Constitucional y líder de los federalistas; fue el primer secretario del Tesoro. (p. 345)

Hancock, John 1737–1793 Líder patriota y presidente del Segundo Congreso Continental; fue el primero en firmar la Declaración de Independencia. (p. 287)

Hays, Mary Ludwig 1744–1832 Patriota apodada "Molly Vasijas" que se hizo famosa por su valiente servicio en el campo de batalla. (p. 307)

Hemingway, Ernest 1899–1961 Escritor de novelas y cuentos acerca de la vida entre 1920 y 1940. (p. 618)

Hendrick 1680?–1755? Líder iroqués durante la Guerra Franco-Indígena. (p. 249)

Henry, Patrick 1736–1799 Patriota de Virginia y abogado famoso por sus intrépidos discursos en apoyo a la independencia de los Estados Unidos. (p. 270)

Hiawatha Siglo XVI Ayudó a fundar la Liga Iroquesa a finales del siglo XVI. (p. 77)

Hitler, Adolf 1889–1945 Dictador nazi de Alemania durante la Segunda Guerra Mundial. (p. 625)

Hooker, Thomas 1586–1647 Ministro puritano que fundó la colonia de Connecticut en 1636. (p. 178)

Houston, Sam 1793–1863 Comandante de las fuerzas victoriosas durante la Revolución de Texas. Fue elegido primer presidente de la República de Texas en 1836. (p. 432)

Hudson, Henry 1565–1611 Capitán inglés que navegó por América del Norte en busca del paso del noroeste a principios del siglo XVII. (p. 165)

Huerta, Dolores 1930– Líder mexicoamericana que ayudó a mejorar la vida de los trabajadores agrícolas migratorios. (p. 648)

Hughes, Langston 1902–1967 Escritor y figura importante del Renacimiento de Harlem. (p. 618)

Hurston, Zora Neale 1901?–1960 Escritora destacada durante el Renacimiento de Harlem. (p. 618)

Hutchinson, Anne 1591–1643 Líder puritana expulsada de Massachusetts por sus opiniones sobre religión. (p. 178)

I

Isabel 1451–1504 Reina de España que aceptó financiar la expedición de Cristóbal Colón a las Américas en 1492. (p. 135)

J

Jackson, Andrew 1767–1845 Séptimo presidente de los Estados Unidos; gobernó de 1829 a 1837. General del ejército que llevó a las tropas estadounidenses a la victoria en la Batalla de Nueva Orleáns durante la Guerra de 1812. (p. 384)

Jackson, Thomas "Stonewall" 1824–1863 General que ayudó a los estados confederados a obtener las primeras victorias en la Guerra Civil. (p. 495)

James I 1566–1625 Rey de Inglaterra que, en 1606, dio una cédula a la Virginia Company of London para que estableciera una colonia en Virginia. (p. 159)

Jefferson, Thomas 1743–1826 Tercer presidente de los Estados Unidos; gobernó de 1801 a 1809. Miembro del Congreso Continental y principal escritor de la Declaración de Independencia. (p. 298)

Johnson, Andrew 1808–1875 Presidente número 17 de los Estados Unidos; gobernó de 1865 a 1869. Ocupó la presidencia después del asesinato de Abraham Lincoln. (p. 517)

Johnson, Lyndon B. 1908–1973 Presidente número 36 de los Estados Unidos; gobernó de 1963 a 1969. Llegó a la presidencia cuando John F. Kennedy fue asesinado. (p. 640)

Jolliet, Louis 1645–1700 Comerciante de pieles y explorador francés que acompañó a Jacques Marquette en una exploración del río Mississippi en 1673. (p. 241)

Jones, John Paul 1747–1792 Líder naval patriota y comandante del barco *Bonhomme Richard*, que derrotó al barco británico *Serapis* en 1779. (p. 316)

Jones, Mary Harris 1830–1930 Líder sindical apodada "Mamá Jones" que ayudó a formar sindicatos. (p. 573)

Joseph, jefe 1840?–1904 Jefe nez percé que guió a su pueblo en su huida hacia Canadá para evitar que los obligaran a vivir en una reservación. (p. 556)

K

Kennedy, John F. 1917–1963 Presidente número 35 de los Estados Unidos; gobernó de 1961 a 1963. Fue el presidente más joven y el primero de religión católica. (p. 16)

Key, Francis Scott 1779–1843 Escritor del poema "The Star-Spangled Banner" durante la Guerra de 1812. Este poema se convirtió después en el himno nacional de los Estados Unidos. (p. 383)

King, Martin Luther, Jr. 1929–1968 Ministro y líder del Movimiento por los Derechos Civiles durante los años cincuenta y sesenta; creía en la protesta pacífica. (p. 644)

Knox, Henry 1750–1806 Líder del Ejército Continental que llevó los cañones capturados al ejército británico desde el fuerte Ticonderoga hasta Boston en 1775. (p. 303)

Kosciusko, Thaddeus 1746–1817 Ingeniero polaco que sirvió en el Ejército Continental. Diseñó un fuerte cerca de Saratoga, donde los patriotas lograron una victoria importante. (p. 305)

Kubilai Kan 1216–1294 Emperador de China que conoció a Marco Polo a finales del siglo XIII. (p. 103)

L

L'Enfant, Pierre 1754–1825 Artista e ingeniero francés que diseñó la ciudad de Washington, D.C. (p. 365)

Lafayette, marqués de 1757–1834 Militar francés que se unió a las fuerzas del general Washington y se convirtió en general del Ejército Continental. (p. 315)

La Salle, Robert 1643–1687 Explorador francés que recorrió el río Mississippi durante 1681 y 1682. Reclamó para Francia todo el valle del río Mississippi y llamó a este territorio Luisiana. (p. 242)

Diccionario biográfico

Las Casas, Bartolomé de 1474–1566 Sacerdote español que protestó contra el maltrato a los indígenas en Nueva España. (p. 149)

Latimer, Lewis 1848–1929 Inventor que mejoró la bombilla eléctrica de Edison e hizo más práctica la luz eléctrica. (p. 563)

Lee, Richard Henry 1732–1794 Miembro del Segundo Congreso Continental que urgió al Congreso a apoyar la independencia; firmó la Declaración de Independencia. (p. 298)

Lee, Robert E. 1807–1870 Comandante de las fuerzas confederadas en la Guerra Civil. (p. 495)

Lewis, Meriwether 1774–1809 Capitán del ejército elegido por Tomas Jefferson para dirigir la expedición de Lewis y Clark, que exploró las tierras obtenidas mediante la Compra de Luisiana. (p. 374)

Liliuokalani 1838–1917 Última reina del archipiélago de Hawai; protestó contra la toma estadounidense de Hawai en la década de 1890. (p. 579)

Lin, Maya Ying 1959– Arquitecta y artista que diseñó el Monumento a los Caídos en la Guerra de Vietnam en Washington, D.C. (p. 653)

Lincoln, Abraham 1809–1865 Presidente número 16 de los Estados Unidos; gobernó de 1861 a 1865, durante la Guerra Civil. (p. 16)

Lindbergh, Charles 1902–1974 Primer piloto que sobrevoló solo y sin escalas el océano Atlántico en 1927. (p. 617)

Love, Nat 1854–1921 Vaquero y autor de una autobiografía muy popular. (p. 551)

Lowell, Francis Cabot 1775–1817 Comerciante de Boston que construyó la primera fábrica de hilados en los Estados Unidos. (p. 409)

MacArthur, Douglas 1880–1964 Comandante supremo de los Aliados en el Pacífico y general del ejército estadounidense durante la Segunda Guerra Mundial; comandante supremo de las fuerzas de la ONU durante la Guerra de Corea. (p. 639)

Madison, Dolley 1768–1849 Esposa del presidente James Madison; durante la Guerra de 1812, sacó de la Casa Blanca un famoso retrato de George Washington cuando los británicos invadieron Washington, D.C. (p. 383)

Madison, James 1751–1836 Cuarto presidente de los Estados Unidos; gobernó de 1809 a 1817. Uno de los principales autores de la Constitución. (p. 345)

Magallanes, Fernando de 1480?–1521 Explorador portugués que dirigió la primera expedición para dar la vuelta al mundo. (p. 137)

Malcolm X 1925–1965 Líder del movimiento a favor de los derechos civiles en los años sesenta; creía que los afroamericanos debían ser autosuficientes. (p. 646)

Mansa Musa 1312?–1337 Rey del reino africano de Malí a principios del siglo XIV. (p. 108)

Marina, Doña 1501–1550 Mujer indígena que fue intérprete de Hernán Cortés durante la conquista del imperio azteca. (p. 143)

Marion, Francis 1732–1795 Líder de la milicia de Carolina del Sur apodado el "Zorro del Pantano" por sus ataques sorpresa contra el ejército británico durante la Guerra de Independencia. (p. 316)

Marquette, Jacques 1637–1675 Misionero francés que exploró el río Mississippi junto con Louis Jolliet en 1673. (p. 241)

Marshall, James 1810–1885 Descubrió oro en California en 1848, con lo que se inició la Fiebre del Oro. (p. 443)

Marshall, John 1755–1835 Presidente de la Corte Suprema de 1831 a 1835. (p. 405)

Marshall, Thurgood 1908–1993 Primer juez afroamericano de la Corte Suprema, a la que perteneció de 1967 a 1991. (p. 643)

Massasoit 1580?–1661 Jefe de los wampanoags que firmó un tratado de paz con los peregrinos en Plymouth. (p. 171)

McCarthy, Joseph 1908–1957 Senador estadounidense que en los años cincuenta afirmó que había comunistas dentro del gobierno de los Estados Unidos. (p. 639)

McCormick, Cyrus 1809–1884 Inventor de la segadora mecánica en 1831. (p. 410)

Menéndez de Avilés, Pedro 1519–1574 Comandante de la flota española que, después de derrotar a los franceses, tomó la Florida y la reclamó para Nueva España en 1565. (p. 233)

Metacom 1640–1676 Jefe massasoit a quien los ingleses llamaban "rey Philip". Dirigió a varios grupos de indígenas norteamericanos contra los ingleses durante la Guerra del Rey Philip en la década de 1670. (p. 247)

Moctezuma 1480–1520 Emperador de los aztecas cuando su imperio fue conquistado por Hernán Cortés. (p. 143)

Monroe, James 1758–1831 Quinto presidente de los Estados Unidos; gobernó de 1817 a 1825. (p. 373)

Morse, Samuel 1791–1872 Inventor de la clave Morse, un código utilizado para enviar mensajes por telégrafo. (p. 539)

Mott, Lucretia 1793–1880 Abolicionista estadounidense y defensora de los derechos de la mujer. (p. 419)

Mussolini, Benito 1883–1945 Dictador italiano que llegó al poder en 1922 y gobernó Italia durante la Segunda Guerra Mundial. (p. 625)

N

Nampeyo 1860?–1942 Mujer pueblo que recuperó el método de hacer cerámica de los anasazis. (p. 65)

Nixon, Richard 1913–1994 Presidente número 37 de los Estados Unidos; gobernó de 1969 a 1974. Primer presidente que renunció a su cargo. (p. 653)

Nube Roja 1822–1909 Jefe lakota que protestó contra la construcción del ferrocarril a través de territorio lakota. (p. 540)

O

O'Connor, Sandra Day 1930– Primera mujer miembro de la Corte Suprema, a la que llegó en 1981. (p. 647)

Oglethorpe, James 1696–1785 Líder inglés que fundó la colonia de Georgia para que los deudores ingleses pudieran iniciar una nueva vida. (p. 180)

Oñate, Don Juan de 1550?–1630 Líder español que en 1598 reclamó para España lo que ahora es la región Suroeste de los Estados Unidos. (p. 234)

P

Paine, Thomas 1737–1809 Escritor patriota cuyo panfleto *Common Sense* ("Sentido común"), publicado en 1776, convenció a muchos colonos de que era tiempo de independizarse de Gran Bretaña. (p. 298)

Parker, John 1729–1775 Capitán de los milicianos de Lexington; líder patriota en la Batalla de Lexington ocurrida en abril de 1775, cuando sonaron los primeros disparos de la Guerra de Independencia. (p. 288)

Parks, Rosa 1913– Líder del movimiento a favor de los derechos civiles que fue arrestada por protestar contra la segregación en los autobuses de Montgomery, Alabama, en 1955. Sus acciones ayudaron a poner fin a la segregación en el transporte público. (p. 644)

Penn, William 1644–1718 Cuáquero que fundó la colonia de Pennsylvania en 1681. (p. 179)

Perry, Oliver Hazard 1785–1819 Comandante de la flota naval estadounidense que derrotó a los británicos en la Batalla del lago Erie durante la Guerra de 1812. (p. 382)

Pinckney, Eliza Lucas 1722–1793 Propietaria de una plantación en Carolina del Sur que logró la primera cosecha exitosa de índigo en las colonias. (p. 213)

Pizarro, Francisco 1478?–1541 Conquistador español que derrotó al imperio inca en 1533. (p. 145)

Pocahontas 1595?–1617 Hija del jefe Powhatan que ayudó a lograr la paz entre los powhatanos y los colonos ingleses en Jamestown. (p. 160)

Polk, James K. 1795–1849 Presidente número 11 de los Estados Unidos; gobernó de 1845 a 1849. (p. 433)

Polo, Marco 1254?–1324? Explorador italiano que viajó por China a finales del siglo XIII. (p. 103)

Ponce de León, Juan 1460?–1521 Explorador español que llegó a la península de la Florida en 1513. (p. 147)

Pontiac 1720–1769 Jefe ottawa que encabezó la Rebelión de Pontiac, una revuelta contra los ingleses en 1763. (p. 251)

Popé Jefe pueblo que dirigió la Rebelión Pueblo contra los españoles en Nuevo México en 1680. (p. 235)

Powell, Colin 1937– Militar estadounidense de mayor rango durante la Guerra del Golfo Pérsico. En 2001 se convirtió en el primer secretario de Estado afroamericano. (p. 660)

Diccionario biográfico

Powhatan 1550?–1618 Jefe de la nación powhatana y padre de Pocahontas. (p. 160)

Prescott, Samuel 1751–1777 Médico que ayudó a William Dawes y a Paul Revere a avisar a los patriotas de la llegada de los británicos la noche del 18 de abril de 1775. (p. 287)

Prescott, William 1726–1795 Líder patriota que participó en la Batalla de Bunker Hill en 1775. (p. 290)

R

Raleigh, Walter 1552?–1618 Explorador y militar inglés que recorrió América del Norte en la década de 1580 y fundó la "colonia perdida" de Roanoke en 1587. (p. 157)

Reagan, Ronald 1911– Presidente número 40 de los Estados Unidos; gobernó de 1981 a 1989. (p. 659)

Revels, Hiram R. 1822–1901 Primer afroamericano elegido senador de los Estados Unidos en 1870. (p. 518)

Revere, Paul 1735–1818 Platero y veloz jinete patriota que cabalgó de Boston a Lexington la noche del 18 de abril de 1775 para avisar de la llegada de los soldados británicos. (p. 278)

Rockefeller, John D. 1839–1937 Industrial que convirtió a la Standard Oil Company en un monopolio. (p. 566)

Rolfe, John 1585–1622 Líder de la colonia de Jamestown que demostró que era posible cosechar tabaco en Virginia. (p. 161)

Roosevelt, Eleanor 1884–1962 Primera dama que se dedicó a ayudar al pueblo estadounidense durante la Gran Depresión y la Segunda Guerra Mundial. (p. 620)

Roosevelt, Franklin D. 1882–1945 Presidente número 32 de los Estados Unidos; gobernó de 1933 a 1945. (p. 620)

Roosevelt, Theodore 1858–1919 Presidente número 26 de los Estados Unidos de 1901 a 1909. Encabezó a los *Rough Riders* durante la Guerra Hispano-estadounidense en 1898. (p. 37)

Ross, John 1790–1866 Jefe cheroquí; argumentó que era ilegal que los Estados Unidos expulsaran a los cheroquíes de sus tierras. (p. 405)

Rush, Benjamin 1745?–1813 Médico patriota que firmó la Declaración de Independencia y era firme partidario de la Constitución. (p. 354)

S

Sacagawea 1787?–1812 Mujer shoshone que fue guía e intérprete durante la expedición de Lewis y Clark. (p. 374)

Salem, Peter 1750?–1816 Patriota que combatió en las batallas de Bunker Hill y de Saratoga. (p. 306)

Samoset 1590?–1655? Indígena wampanoag que ayudó a los peregrinos en 1620. (p. 170)

Sampson, Deborah 1760–1827 Patriota que se disfrazó de hombre para servir en el Ejército Continental. (p. 307)

Santa Anna, Antonio López de 1795–1876 Presidente de México que encabezó las fuerzas mexicanas durante la Revolución de Texas de 1835 a 1836. (p. 431)

Scott, Dred 1795–1858 Esclavo afroamericano que afirmó ser libre porque había vivido en estados libres. Sus argumentos dieron por resultado un caso clave en la Corte Suprema. (p. 480)

Scott, Winfield 1771–1832 Héroe de la Guerra con México e importante general de la Unión durante la Guerra Civil que ideó el Plan Anaconda. (p. 494)

Seguín, Juan 1806–1889 Líder *tejano* que luchó en la Revolución de Texas. (p. 432)

Sequoyah 1770?–1843 Jefe cheroquí que creó un alfabeto escrito para el idioma cheroquí. (p. 405)

Serra, Junípero 1713–1784 Misionero español que fundó las primeras misiones españolas en California. (p. 236)

Shays, Daniel 1747–1825 Agricultor y veterano de la Guerra de Independencia que encabezó la Rebelión de Shays en 1786. (p. 341)

Sherman, William Tecumseh 1820–1891 General de la Unión en la Guerra Civil cuya "marcha hacia el mar" en 1864 ayudó a derrotar a la Confederación. (p. 510)

Shima, George 1863?–1926 Inmigrante japonés conocido como el "Rey de la papa" por haber logrado cosechar papas en California. (p. 552)

Sinclair, Upton 1878–1968 Autor de *The Jungle* ("La jungla"), libro donde describe la falta de higiene en las empacadoras de Chicago. (p. 603)

Singleton, Benjamin 1809–1892 Líder de los nuevos colonos afroamericanos conocidos como *exodusters*. (p. 549)

Slater, Samuel 1768–1835 Trajo de Gran Bretaña los planos para construir una máquina de hilados de algodón y abrió la primera fábrica de hilados en los Estados Unidos en 1790. (p. 409)

Smith, John 1580–1631 Líder de la colonia de Jamestown. (p. 159)

Smith, Joseph 1805–1844 Fundador de la iglesia mormona en 1830. (p. 441)

Smith, Venture 1729–1805 Africano esclavizado en Nueva Inglaterra que compró su libertad y escribió un libro sobre su vida. (p. 225)

Squanto 1590–1622 Indígena pawtuxet que ayudó a los colonos ingleses en Plymouth al enseñarles destrezas clave de supervivencia, como la manera de cultivar maíz. (p. 171)

Stalin 1879–1953 Dictador de la Unión Soviética de 1929 a 1953. (p. 626)

Stanton, Elizabeth Cady 1815–1902 Líder del movimiento a favor del sufragio para la mujer que ayudó a organizar la primera convención sobre derechos de la mujer en 1848. (p. 419)

Steuben, Friedrich von 1730–1794 Militar alemán que entrenó a soldados patriotas durante la Guerra de Independencia. (p. 315)

Stowe, Harriet Beecher 1811–1896 Autora de *Uncle Tom's Cabin* ("La cabaña del tío Tom"), libro que mostró la crueldad de la esclavitud a numerosos lectores antes de la Guerra Civil. (p. 480)

Strauss, Levi 1829–1902 Inmigrante radicado en San Francisco que fabricó los primeros pantalones de mezclilla durante la Fiebre del Oro en California. (p. 444)

Sutter, John 1803–1880 Pionero dueño de la tierra donde se descubrió oro en 1848, lo cual condujo a la Fiebre del Oro en California. (p. 443)

Tarbell, Ida 1857–1944 Periodista de denuncia y escritora que describió las prácticas injustas de las grandes corporaciones. (p. 603)

Tecumseh 1768?–1813 Líder shawnee que unió a los indígenas norteamericanos en el territorio del Noroeste contra los asentamientos pioneros. (p. 381)

Tomochichi 1650?–1739 Jefe yamacraw que aceptó dar tierras a James Oglethorpe para que se fundara la nueva colonia de Georgia. (p. 180)

Toro Sentado 1834?–1890 Líder lakota que derrotó a las fuerzas estadounidenses en la Batalla de Little Bighorn en 1876. (p. 555)

Travis, William 1809–1836 Líder de las fuerzas texanas en El Álamo. (p. 432)

Truman, Harry S. 1884–1972 Presidente número 33 de los Estados Unidos; gobernó de 1945 a 1953. (p. 629)

Truth, Sojourner 1797?–1883 Abolicionista y líder de los derechos de la mujer, que huyó de la esclavitud en 1827. (p. 418)

Tubman, Harriet 1820?–1913 Abolicionista que huyó de la esclavitud en 1849 y, como "conductora" del Tren Clandestino, ayudó a más de 300 esclavos a escapar hacia la libertad. (p. 473)

Turner, Nat 1800–1831 Líder de una rebelión de esclavos ocurrida en 1831 en el condado de Southampton, Virginia. (p. 472)

Vespucio, Américo 1454–1512 Navegante italiano que recorrió la costa este de América del Sur en 1501. (p. 137)

Walker, David 1785–1830 Abolicionista que animó a los esclavos a luchar por su libertad. (p. 467)

Walker, Madam C. J. 1867–1919 Empresaria que se convirtió en la primera afroamericana millonaria. (p. 21)

Warren, Mercy Otis 1728–1814 Escritora patriota que publicó artículos y obras de teatro a favor de la independencia de los Estados Unidos. (p. 272)

Washington, Booker T. 1856–1915 Educador y fundador del Tuskegee Institute, una universidad para afroamericanos. (p. 613)

Diccionario biográfico

Washington, George 1732–1799 Primer presidente de los Estados Unidos; gobernó de 1789 a 1797. Comandante en jefe del Ejército Continental durante la Guerra de Independencia y presidente de la Convención Constitucional. (p. 217)

Washington, Martha 1731–1802 Esposa del presidente George Washington; ayudó al Ejército Continental durante la Guerra de Independencia. (p. 307)

Webster, Daniel 1782–1852 Senador por Massachusetts y opositor de la esclavitud que estaba a favor del Acuerdo de 1850. (p. 478)

Wells-Barnett, Ida 1862–1931 Luchó contra la segregación y ayudó a fundar la Asociación Nacional para el Progreso de la Gente de Color (NAACP). (p. 614)

Wheatley, Phillis 1753?–1784 Poeta, fue la primera afroamericana que publicó un libro. (p. 307)

White, John 1540?–1593 Líder de la colonia inglesa de Roanoke en 1587. (p. 157)

Whitefield, George 1714–1770 Ministro durante el Gran Despertar que viajó por todas las colonias inglesas. (p. 218)

Whitman, Marcus 1802–1847 Misionero que predicó a los indígenas norteamericanos del territorio de Oregón desde 1836. (p. 439)

Whitman, Narcissa 1808–1847 Misionera que trabajó con los indígenas norteamericanos en el territorio de Oregón desde 1836. (p. 439)

Whitney, Eli 1765–1825 Inventor de la desmotadora de algodón en 1793. (p. 410)

Williams, Roger 1604?–1683 Ministro puritano que en 1636 fundó Rhode Island para que fuera un lugar donde hubiera libertad de religión. (p. 178)

Wilson, Luzena Stanley 1821?–1890? Empresaria dueña de hoteles y restaurantes durante la Fiebre del Oro en California. (p. 444)

Wilson, Woodrow 1856–1924 Presidente número 28 de los Estados Unidos; gobernó de 1913 a 1921. (p. 610)

Winthrop, John 1588–1649 Líder puritano y primer gobernador de la colonia de la bahía de Massachusetts en 1630. (p. 172)

Wolfe, James 1727–1759 General británico que tomó Quebec en 1759 y ayudó a que Gran Bretaña ganara la Guerra Franco-Indígena. (p. 250)

Wright, Orville 1871–1948 Inventor que en 1903, junto con su hermano Wilbur, construyó el primer aeroplano capaz de volar. (p. 617)

Wright, Wilbur 1867–1912 Inventor que en 1903, junto con su hermano Orville, construyó el primer aeroplano capaz de volar. (p. 617)

Y

York 1770–1832? Miembro afroamericano de la expedición de Lewis y Clark. (p. 374)

Young, Brigham 1801–1877 Líder mormón que fundó Salt Lake City, Utah; fue el primer gobernador del territorio de Utah. (p. 441)

Z

Zavala, Lorenzo de 1788–1836 Militar *tejano* y primer vicepresidente de la República de Texas. (p. 432)

Zenger, John Peter 1697–1746 Impresor que fue arrestado por difamación en 1734. Su juicio contribuyó a establecer el principio de libertad de prensa. (p. 219)

Zheng He 1371–1433 Explorador chino que hizo siete importantes viajes a distintas partes del mundo. (p. 104)

Glosario

Este glosario te ayudará a comprender el significado de las palabras de vocabulario que aparecen en el libro. Después de la definición, encontrarás el número de la página en que la palabra aparece por primera vez.

abalorios Conchas pulidas que los iroqueses y otros indígenas norteamericanos utilizaban para comerciar o regalar. (p. 79)

abolicionista Persona que busca abolir o terminar con la esclavitud. (p. 418)

acción Participación en una compañía. (p. 159)

Acuerdo de 1850 Ley aprobada por el Congreso mediante la cual se admitió a California como un estado libre y se aprobó la Ley de Esclavos Fugitivos. (p. 478)

Acuerdo de los Tres Quintos Acuerdo al que se llegó durante la Convención Constitucional, que consistía en que sólo tres quintos del total de esclavos en cada estado se tomaría en cuenta para efectos de representación e impuestos. (p. 347)

Acuerdo de Missouri Ley aprobada en 1820 que dividía el territorio de Luisiana en áreas esclavistas y áreas libres. (p. 477)

afluente Arroyo o río que fluye hacia un río mayor. (p. 242)

agricultura Actividad de cultivar la tierra. (p. 28)

alambre de púas Alambre con puntas afiladas utilizado por los agricultores para cercar sus terrenos. (p. 551)

aliado Amigo que ayuda en una batalla. (p. 143)

alianza Pacto por medio del cual las naciones acuerdan defenderse entre sí. (p. 609)

almanaque Libro de referencia que contiene hechos y cifras útiles. (p. 219)

altitud Altura del terreno sobre el nivel del mar. (p. M 13)

ambiente Todo lo que nos rodea, como la tierra, el agua, el aire y los árboles. (p. 36)

anexar Agregar. (p. 433)

antifederalista Persona que se oponía a la nueva Constitución de los Estados Unidos y a su énfasis en un gobierno nacional fuerte. (p. 353)

anuncio Texto o imagen que sirve para vender mercancías, servicios o ideas a la gente. (p. 446)

aparcería Sistema de cultivo en el que los agricultores alquilaban tierras de los terratenientes y pagaban la renta con una porción de su cosecha. (p. 520)

aprendiz Persona joven que aprende un oficio de una persona con más experiencia. (p. 203)

arancel Impuesto sobre productos importados. (p. 272)

arqueólogo Científico que estudia los artefactos fabricados por pueblos que vivieron mucho tiempo atrás, y que le permiten sacar conclusiones. (p. 56)

arreo de ganado Método utilizado a finales del siglo XIX por los vaqueros para llevar enormes manadas de ganado desde los ranchos de Texas hasta las líneas ferroviarias. (p. 550)

artefacto Objeto fabricado por algún pueblo. (p. 56)

artesano Trabajador especializado que hace las cosas a mano. (p. 203)

artículo de fondo Artículo periodístico que contiene información sobre lugares, personas o sucesos. (p. 208)

artículo de noticias Artículo que se basa en hechos de sucesos recientes. (p. 208)

Artículos de Confederación Primer plan de gobierno de los Estados Unidos, vigente de 1781 a 1789. Le daba más facultades a los estados que al gobierno central. (p. 339)

astrolabio Instrumento que ayudaba a los navegantes a usar el sol y las estrellas para encontrar su ruta. (p. 109)

atlas Libro de mapas. (p. R 2)

autosuficiente Que tiene la capacidad de producir por sí mismo casi todo lo que necesita. (p. 212)

Glosario

Batalla de Antietam Victoria de la Unión sobre las tropas confederadas durante la Guerra Civil, que ocurrió cerca de Sharpsburg, Maryland, en 1862. (p. 495)

Batalla de Bunker Hill Costosa victoria británica sobre los patriotas en la Guerra de Independencia, ocurrida en Charlestown, Massachusetts, el 17 de junio de 1775. (p. 291)

Batalla de Gettysburg Batalla entre la Unión y las fuerzas confederadas ocurrida en 1863 cerca de Gettysburg, Pennsylvania. La victoria de la Unión fue un momento crucial de la Guerra Civil. (p. 507)

Batalla de Little Bighorn Victoria de los lakotas sobre el ejército de los Estados Unidos, ocurrida el 25 de junio de 1876. (p. 556)

Batalla de Nueva Orleáns Victoria de los Estados Unidos, comandados por Andrew Jackson, sobre el ejército británico en la Guerra de 1812. (p. 384)

Batalla de Saratoga Victoria del Ejército Continental sobre las tropas británicas en 1777, momento crucial de la Guerra de Independencia. (p. 305)

Batalla de Tippecanoe Batalla entre los Estados Unidos y los shawnees, ocurrida en 1811, en la cual ninguno de los bandos ganó. (p. 381)

Batalla de Vicksburg Victoria de la Unión sobre los soldados confederados ocurrida en 1863 en Vicksburg, Mississippi, que dividió a la Confederación en dos partes. (p. 509)

bloqueo Aislamiento de un área por tropas o barcos para impedir que entren o salgan personas o suministros. (p. 494)

boicot Negativa organizada a comprar ciertos productos. (p. 272)

bolsa de valores Reunión organizada donde se compran y venden acciones. (p. 619)

bomba atómica Arma poderosa con la fuerza destructiva de 20,000 toneladas de explosivos comunes. (p. 629)

bondad Pensar en las necesidades de los demás. (p. M 4)

brújula Invento chino que permitió a los navegantes determinar dónde se encontraba el norte. (p. 104)

buscador Sitio Web que busca información en los diversos sitios de la Internet. (p. M 16)

Cámara de los Burgueses Asamblea para aprobar leyes en la Virginia colonial. (p. 162)

Camino de Lágrimas Marcha forzada, en 1838, de 15,000 cheroquíes desde el sureste de los Estados Unidos hasta el territorio indígena, en lo que hoy es Oklahoma. (p. 406)

campo de concentración Prisión en la que los nazis esclavizaron y asesinaron a millones de personas durante la Segunda Guerra Mundial. (p. 628)

canal Vía fluvial construida por el hombre. (p. 411)

caravana Grupo de mercaderes que viajan juntos, sobre todo en el desierto. (p. 107)

caravana de carretas Método utilizado con frecuencia para viajar al Oeste, en el que las carretas iban en grupos, para mayor seguridad. (p. 439)

caricatura política Dibujo en un periódico que representa a personajes o sucesos de una manera graciosa. (p. 606)

carrera de armamentos Competencia entre países para fabricar armas cada vez más potentes. (p. 641)

carrera espacial Competencia entre los Estados Unidos y la Unión Soviética para ser los primeros en explorar el espacio exterior durante la Guerra Fría. (p. 651)

carretera interestatal Camino que conecta a ciudades de diferentes estados. (p. 512)

casa comunitaria Centro que brinda ayuda a inmigrantes o a quienes tienen poco dinero. (p. 571)

casa de vecindad Edificio dividido en pequeños departamentos. (p. 571)

causa Acción que hace que algo ocurra. (p. 264)

cédula Documento oficial que permite a una persona o a un grupo de personas hacer algo. (p. 159)

censo Recuento de la población. (p. 8)

ceremonia Actividad que se lleva a cabo para un propósito o suceso especial. (p. 61)

chamán Indígena que cura. (p. 96)

ciudadano Miembro de un país. (p. 16)

civilización Cultura con sistemas organizados de gobierno, religión y enseñanza. (p. 67)

clave del mapa Indicador de cada uno de los símbolos del mapa. (p. M12)

clima Condiciones meteorológicas de un área durante un período prolongado. (p. 29)

códigos de esclavos Leyes para controlar el comportamiento de los esclavos. (p. 471)

códigos negros Leyes aprobadas por los estados del Sur después de la Guerra Civil, que negaban a los afroamericanos muchos derechos civiles. (p. 517)

colegio electoral Grupo de personas elegidas por los habitantes de cada estado, que votan por el presidente. (p. 363)

colonia Asentamiento alejado del país que lo gobierna. (p. 136)

colono Persona que vive en una colonia. (p. 144)

combustible fósil Combustible, como el carbón, el petróleo y el gas natural, que se forma de los restos de plantas y animales que vivieron hace miles de años. (p. 35)

comercio de esclavos Compra y venta de seres humanos. (p. 113)

Comités de Correspondencia Grupos de colonos formados en la década de 1770 con el fin de divulgar con rapidez las noticias sobre las protestas contra Gran Bretaña. (p. 278)

Compra de Luisiana Territorio que los Estados Unidos compraron a Francia en 1803, que abarca desde el río Mississippi hasta las montañas Rocosas, y desde el golfo de México hasta Canadá. (p. 373)

comunismo Sistema político y económico en el cual el gobierno es propietario de todas las empresas y de la tierra. (p. 637)

concertación Acuerdo por medio del cual cada una de las partes cede un poco en sus demandas para terminar un conflicto. (p. 347)

conclusión Opinión que se forma con base en datos. (p. 334)

Confederación Nombre con el que se conocía a los Estados Confederados de América, los 11 estados del Sur que se separaron de la Unión después de que Abraham Lincoln fuera elegido presidente. (p. 485)

conquista Captura o toma de algo por la fuerza. (p. 144)

conquistador Persona que logra someter a otra. Se llamó así a los españoles que derrotaron a los indígenas de las Américas en el siglo XVI. (p. 143)

conscripción Leyes que exigen que los hombres de cierta edad acudan a servir en el ejército si se les llama. (p. 499)

conservación Protección y uso cuidadoso de los recursos naturales. (p. 36)

constitución Plan escrito de un gobierno. La Constitución de los Estados Unidos, adoptada en 1789, es el plan del gobierno nacional. (p. 15)

consumidor Persona que compra o utiliza bienes o servicios. (p. 21)

contaminación Cualquier cosa que ensucia el agua, el aire o la tierra. (p. 38)

control de armamentos Pacto para limitar la producción de armas. (p. 654)

controles y equilibrios Sistema estipulado por la Constitución por medio del cual se otorga a cada poder del gobierno la facultad de revisar o limitar las atribuciones de los demás poderes. (p. 348)

Convención Constitucional Reunión de delegados que se llevó a cabo en Filadelfia, Pennsylvania, en 1787, donde se reemplazaron los Artículos de Confederación por la Constitución. (p. 345)

Convención de Seneca Falls Primera convención nacional por los derechos de la mujer, organizada en 1848 por Lucretia Mott y Elizabeth Cady Stanton. (p. 419)

convertir Hacer que alguien cambie de creencias. (p. 144)

corporación Empresa propiedad de sus inversionistas. (p. 566)

Cortina de Hierro Frontera imaginaria que dividía el continente europeo en países comunistas y no comunistas, después de la Segunda Guerra Mundial. (p. 638)

crisis de los misiles en Cuba Conflicto entre los Estados Unidos y la Unión Soviética en relación con misiles nucleares instalados en Cuba. (p. 640)

cuadrícula Conjunto de líneas que se cruzan, que sirven para encontrar lugares en el mapa. (p. 140)

cultivo comercial Cultivo cosechado para obtener ganancias. (p. 161)

cultura Forma de vida de un grupo de personas. (p. 7)

Glosario

Decimocuarta Enmienda Enmienda a la Constitución, ratificada en 1868, que dice que ningún estado puede negarle a un ciudadano la protección de la ley. (p. 519)

Decimonovena Enmienda Enmienda a la Constitución que otorga a las mujeres el derecho de votar; ratificada en 1920. (p. 612)

Decimoquinta Enmienda Enmienda a la Constitución, ratificada en 1870, que otorgaba a los ciudadanos varones de todas las razas el derecho de votar. (p. 519)

Decimotercera Enmienda Enmienda a la Constitución, hecha en 1865, que abolía la esclavitud. (p. 517)

Declaración de Derechos Primeras diez enmiendas a la Constitución, ratificada en 1791. (p. 354)

Declaración de Independencia Documento que declara a las 13 colonias independientes de Gran Bretaña, redactado en su mayor parte por Thomas Jefferson y aprobado el 4 de julio de 1776 por el Segundo Congreso Continental. (p. 298)

Decreto del Noroeste de 1787 Orden federal que dividió el territorio del Noroeste en territorios más pequeños y establecía un plan para que los territorios se convirtieran en estados. (p. 342)

delegado Persona elegida para representar a otros. (p. 345)

demanda Cantidad de un producto que la gente está dispuesta a comprar. (p. 19)

democracia Sistema en el cual las personas tienen la capacidad de tomar decisiones acerca del gobierno. (p. 15)

derechos civiles Derechos que garantiza la Constitución a todos los ciudadanos. (p. 643)

derechos de los estados Idea de que los estados tienen derecho a decidir sobre los temas que los afectan. (p. 477)

derogar Cancelar. (p. 270)

desempleo Cantidad de trabajadores sin trabajo. (p. 619)

desmotadora de algodón Máquina inventada por Eli Whitney que separaba las semillas del algodón. (p. 410)

destino manifiesto Creencia de que los Estados Unidos debían extenderse en dirección oeste, hasta el océano Pacífico. (p. 433)

deudor Persona que debe dinero. (p. 180)

diagrama transversal Dibujo que muestra cómo se vería algo si se rebanara. (p. 414)

diccionario Serie de palabras, ordenadas alfabéticamente, con su significado. (p. M 17)

dictador Líder con poder absoluto. (p. 625)

dirección intermedia Dirección entre los principales puntos cardinales; noreste, noroeste, sureste, suroeste. (p. M 12)

discriminación Trato injusto que se le da a un grupo o a un individuo. (p. 445)

Discurso de Gettysburg Famoso discurso que el presidente Lincoln pronunció en 1863, durante la Guerra Civil, en el lugar donde ocurrió la Batalla de Gettysburg. (p. 508)

Doctrina de Monroe Política declarada por el presidente James Monroe, en la que pedía a las naciones europeas no intervenir en el hemisferio occidental. (p. 403)

Dust Bowl Período de una severa sequía que destruyó muchas granjas de las Grandes Llanuras en la década de 1930. (p. 621)

economía Sistema para producir y distribuir bienes y servicios. (p. 19)

ecuador Línea imaginaria que rodea a la Tierra en la parte central, es decir, entre el polo norte y el polo sur; de latitud cero grados (0°). (p. M 8)

efecto Lo que ocurre como resultado de un acción. (p. 264)

Ejército Continental Ejército formado en 1775 por el Segundo Congreso Continental y dirigido por el general George Washington. (p. 297)

El Camino Real Ruta que unía a las colonias españolas de la región Suroeste con México. (p. 234)

emperador Gobernante de un imperio. (p. 103)

empresario Persona que inicia un nuevo negocio, con la esperanza de obtener ganancias. (p. 21)

enciclopedia Libro o conjunto de libros con artículos sobre temas diversos ordenados alfabéticamente. (p. M 17)

encomienda Concesión que otorgaba el rey de España a los pobladores ricos de Nueva España, dándoles el control sobre todos los indígenas que vivían en una extensión de tierra. (p. 148)

enmienda Cambio o incorporación que se le hace a la Constitución. (p. 354)

Era del Optimismo Nombre con el que se conoció al período posterior a la Guerra de 1812, que se caracterizó por el optimismo, así como por el crecimiento geográfico y económico del país. (p. 403)

escala Instrumento que ayuda a medir la distancia en un mapa. (p. M12)

escándalo Watergate Escándalo que obligó al presidente Richard Nixon a renunciar a su cargo en 1974. (p. 654)

esclavitud Práctica de considerar a una persona como propiedad y obligarla a trabajar. (p. 68)

especializarse Dedicarse sólo a un producto, actividad o trabajo. (p. 67)

estado esclavista Estado en el que la esclavitud era legal. (p. 477)

estado fronterizo Estado que durante la Guerra Civil se encontraba entre la Unión y la Confederación y que permitía la esclavitud pero que permaneció como parte de la Unión. (p. 486)

estado libre Estado que no permitía la esclavitud. (p. 477)

evaluar Juzgar algo. (p. 447)

excedente Más de lo necesario. (p. 67)

exoduster Pionero afroamericano que viajó a las Grandes Llanuras después de la Guerra Civil. (p. 549)

expedición Viaje realizado con un propósito especial. (p. 135)

exportación Producto que un país vende a otro. (p. 20)

F

fabricar Hacer productos a partir de materias primas. (p. 409)

fecha y lugar de origen Línea al principio de un artículo de periódico que dice dónde y cuándo se escribió. (p. 209)

federal Se refiere al gobierno nacional. (p. 353)

Federalist, The Serie de ensayos escritos entre 1787 y 1788 por James Madison, Alexander Hamilton y John Jay, en los que pedían el apoyo para crear una nueva Constitución. (p. 353)

federalista Partidario de un gobierno nacional fuerte y a favor de adoptar la Constitución. (p. 353)

ferrocarril transcontinental Ferrocarril que cruza el continente. Los Estados Unidos terminaron la construcción de su primer ferrocarril transcontinental en 1869. (p. 539)

fiebre del oro Traslado repentino de muchas personas a un área donde se ha encontrado oro. (p. 443)

forty-niner Nombre que se le dio a cualquier persona que llegaba a California en 1849 en busca de oro. (p. 443)

frontera Límite de un área poblada. (p. 372)

fuente Relato escrito u oral que proporciona información. (p. 584)

fuente primaria Relato hecho por un testigo sobre un suceso histórico. (p. M15)

fuente secundaria Descripción de sucesos escrita por personas que no fueron testigos de los mismos. (p. M15)

G

gabinete Grupo de funcionarios designados por el presidente como consejeros y jefes de los departamentos del poder ejecutivo. (p. 363)

ganancia Dinero que le queda a un negocio después de que ha pagado todos sus costos. (p. 19)

generalización Afirmación general sobre un tema. (p. 320)

geografía Estudio de la Tierra y la forma en que la aprovechamos. (p. 25)

glaciar Gruesas capas de hielo que cubrían la superficie de la Tierra durante el período glacial. (p. 55)

globo terráqueo Modelo redondo de la Tierra. (p. M8)

grado Unidad utilizada para medir la latitud y la longitud. (p. M 11)

gráfica del clima Gráfica que muestra el promedio de temperatura y el promedio de precipitación de un determinado lugar durante cierto período. (p. 58)

Gran Concertación Acuerdo en la Convención Constitucional para crear un Congreso con dos cámaras. Roger Sherman de Connecticut fue el primero en proponerlo. (p. 347)

Gran Depresión Período de grave crisis económica que comenzó en 1929. (p. 619)

Glosario

Gran Despertar Movimiento religioso importante entre los cristianos, que comenzó en las colonias en la década de 1730 y "despertó", o revivió, el interés de muchos colonos en la religión. (p. 218)

Gran Migración Movilización que se dio entre 1915 y la década de 1940, durante la cual millones de afroamericanos partieron hacia el Norte en busca de trabajo y un trato justo. (p. 613)

Green Mountain Boys Grupo de patriotas de Vermont que capturaron el fuerte Ticonderoga en 1775. (p. 303)

grupo étnico Grupo de personas que comparten las mismas costumbres y la misma lengua. (p. 8)

guerra civil Guerra entre los habitantes de un mismo país. (p. 487)

Guerra con México Guerra que duró de 1846 a 1848, en la que los Estados Unidos derrotaron a México y ganaron territorio mexicano. (p. 434)

Guerra de 1812 Conflicto entre los Estados Unidos y Gran Bretaña que duró de 1812 a 1815. (p. 382)

Guerra de Corea Guerra entre Corea del Norte y Corea del Sur, que duró de 1950 a 1953. Los Estados Unidos lucharon junto a Corea del Sur para detener el avance del comunismo. (p. 639)

Guerra de Independencia Guerra entre las 13 colonias y Gran Bretaña que duró de 1775 a 1783, a raíz de la cual las 13 colonias ganaron su independencia y se convirtieron en los Estados Unidos. (p. 289)

Guerra de Vietnam Guerra que ocurrió en las décadas de 1960 y 1970 y en la que los Estados Unidos enviaron soldados a Vietnam para evitar que las fuerzas comunistas tomaran el país. (p. 652)

Guerra del Golfo Pérsico Guerra de los Estados Unidos y sus aliados en contra de Irak, ocurrida en 1991. (p. 660)

Guerra del rey Philip Guerra que pelearon los indígenas norteamericanos y los colonos ingleses que vivían en Nueva Inglaterra en la década de 1670. (p. 247)

Guerra Franco-Indígena Guerra entre los británicos y los franceses con sus aliados indígenas norteamericanos, que Gran Bretaña ganó en 1763. (p. 249)

Guerra Fría Lucha entre los Estados Unidos y la Unión Soviética que se peleó con ideas, palabras y dinero, y no con soldados. (p. 637)

Guerra Hispano-estadounidense Guerra en la que los Estados Unidos derrotaron a España en 1898 y ganaron territorio español. (p. 580)

guerra total Método de combate utilizado por el general de la Unión William Sherman, donde se ataca tanto al ejército contrario como a la población civil enemiga. (p. 510)

H

hacienda Finca grande construida en América del Norte por rancheros españoles ricos. (p. 234)

halcones Miembros del Congreso que apoyaban la guerra contra Gran Bretaña en 1812. (p. 382)

hecho Afirmación que se puede comprobar. (p. 174)

hemisferio Mitad de una esfera o un globo. La Tierra puede dividirse en hemisferios. (p. M 9)

Hijas de la Libertad Grupos de mujeres patriotas que tejían telas para sustituir los productos británicos boicoteados. (p. 272)

Hijos de la Libertad Grupos de patriotas que se oponían al gobierno británico antes de la Guerra de Independencia. (p. 271)

himno nacional Canción oficial de un país. *"The Star-Spangled Banner"* es el himno nacional de los Estados Unidos. (p. 383)

Holocausto Asesinato de 6 millones de judíos durante la Segunda Guerra Mundial. (p. 628)

honestidad Sinceridad. (p. M 4)

hora oficial Hora utilizada en un país o región. (p. 542)

huelga Negativa de los trabajadores a realizar su trabajo hasta que los propietarios de la empresa cumplan sus demandas. (p. 573)

huso horario Región en la que se utiliza una misma hora oficial. En total, existen 24 husos horarios en el mundo. (p. 542)

I

ideales Creencias importantes. (p. 7)

imperio Gran extensión de tierras y pueblos gobernados por un líder. (p. 68)

importación Producto que un país compra a otro. (p. 20)

impuesto Dinero o bienes que pagan las personas al gobierno. (p. 107)

inauguración Ceremonia en la que el presidente recién elegido asume su cargo. (p. 363)

inflación Condición económica que se presenta cuando los precios suben rápidamente. (p. 340)

inmigrantes Personas que llegan a un nuevo país para vivir. (p. 10)

intercambio colombino Movimiento de personas, animales, plantas, enfermedades y modos de vida entre los hemisferios oriental y occidental, a partir de los viajes de Colón. (p. 136)

interdependiente Que se necesitan entre sí. (p. 30)

interior del país En la época de las 13 colonias, franja de tierra escarpada cerca de los montes Apalaches. (p. 247)

Internet Red mundial de computadoras vinculadas entre sí; se hizo popular en la década de 1990. (p. 86)

interpelación Acusación contra un funcionario elegido, por haber cometido una acción indebida. (p. 519)

istmo Franja estrecha de tierra que conecta dos áreas de mayor tamaño. (p. 604)

J

justicia No favorecer más a una persona que a otros. (p. M 4)

L

latitud Distancia del ecuador hacia el norte y hacia el sur, que se mide en grados. (p. M 11)

leales al rey Colonos que permanecían leales al gobierno británico durante la Guerra de Independencia. (p. 280)

Ley de Esclavos Fugitivos Ley aprobada en 1850 por el Congreso, que ordenaba que los esclavos que habían escapado tenían que ser devueltos a sus dueños. (p. 478)

Ley de Expulsión de Indígenas Ley aprobada en 1830 que obligaba a los indígenas que vivían en el Sureste a trasladarse al oeste del río Mississippi. (p. 405)

Ley de Fincas Ley de 1862 que ofrecía tierras gratuitas a los pioneros dispuestos a establecer nuevas granjas en las Grandes Llanuras. (p. 547)

Ley de Kansas-Nebraska Ley aprobada en 1854 que permitía a los habitantes de estos dos territorios decidir si permitirían o no la esclavitud. (p. 479)

Ley del Té Ley aprobada por el Parlamento a principios de la década de 1770 que establecía que solamente la compañía británica East India Company podía vender té a las 13 colonias. (p. 279)

Ley del Timbre Ley aprobada por el Parlamento en 1765 que ordenaba un impuesto sobre los materiales impresos en las 13 colonias. (p. 269)

Leyes de Jim Crow Leyes aprobadas en el Sur después de la Reconstrucción, que establecían la segregación de blancos y negros. (p. 520)

Leyes Intolerables Leyes aprobadas por el Parlamento británico para castigar a los colonos de Boston después del Motín del Té de Boston. (p. 280)

Leyes Townshend Leyes aprobadas en 1767 por el Parlamento, para imponer un arancel sobre los productos que las colonias importaban de Gran Bretaña. (p. 272)

libre empresa Sistema económico que da a las personas la libertad de empezar sus propios negocios y de ser dueñas de sus propiedades. (p. 19)

libro de no ficción Libro basado en hechos. (p. M 17)

liga Unión integrada por personas o grupos. (p. 77)

Liga de las Naciones Organización de naciones formada después de la Primera Guerra Mundial. (p. 611)

línea de montaje Sistema de fabricación en masa mediante el cual el producto se va armando al pasar por una cadena de trabajadores. (p. 617)

líneas cronológicas paralelas Grupo de dos o más líneas cronológicas. (p. 116)

longitud Distancia del primer meridiano hacia el este y hacia el oeste, que se mide en grados. (p. M 11)

M

magnicidio Asesinato de alguien importante del gobierno o de la política. (p. 517)

mapa de altitud Mapa físico que utiliza color para mostrar la altitud. (p. M12)

mapa de carreteras Mapa que muestra las carreteras; puede utilizarse para planear viajes a ciudades u otros lugares de interés. (p. M 14)

Glosario

mapa de densidad demográfica Mapa que muestra el número de habitantes que viven en una determinada área, como una milla cuadrada. (p. 378)

mapa de husos horarios Mapa que muestra los husos horarios de un país o del mundo. (p. M 14)

mapa de ubicación Mapa pequeño que aparece dentro de un mapa grande; muestra la ubicación en la Tierra del área mostrada en el mapa principal. (p. M 12)

mapa en gran escala Mapa que muestra un área pequeña en detalle. (p. 244)

mapa en pequeña escala Mapa que muestra una región muy grande, pero no en detalle. (p. 244)

mapa físico Mapa que indica las características geográficas, como montañas y ríos. (p. M 12)

mapa insertado Mapa pequeño dentro de un mapa grande, que muestra áreas que están fuera del mapa más grande. (p. M 13)

mapa político Mapa en el que se destacan los límites o fronteras entre estados o países. (p. M 14)

mapas de distribución Mapas que muestran cómo están distribuidas la población y los recursos naturales en un área determinada. (p. 378)

Masacre de Boston Suceso ocurrido en 1770 en Boston, durante el cual los soldados británicos mataron a cinco colonos, parte de un grupo enfurecido que los había rodeado. (p. 277)

mercenario Soldado de un país que recibe dinero para luchar por otro país. (p. 303)

meridiano Línea imaginaria que se extiende del polo norte al polo sur; también llamada línea de longitud. (p. M 11)

mesa Accidente geográfico alto y plano que se eleva abruptamente de la tierra que lo rodea. (p. 62)

migrar Desplazarse de un área a otra. (p. 55)

milicia Ejército de soldados voluntarios. (p. 281)

milicianos Grupos de milicias que podían estar listos en un minuto para luchar. (p. 281)

mineral Sustancia como el oro, el cobre o la sal, que se encuentra en la Tierra y no es de origen animal ni vegetal. (p. 35)

misión Asentamiento religioso donde los misioneros viven y trabajan. (p. 149)

misionero Persona que enseña su religión a otras personas que tienen creencias diferentes. (p. 149)

monopolio Compañía que controla toda una industria e impide la competencia. (p. 566)

montañeses Tramperos que ayudaron a explorar y poblar el territorio de Oregón. (p. 439)

Motín del Té de Boston Protesta en contra de los impuestos británicos en 1773, durante la cual los Hijos de la Libertad abordaron barcos británicos y arrojaron el té que éstos transportaban a las aguas del puerto de Boston. (p. 279)

nacionalismo Fuerte sentimiento de orgullo por el propio país. (p. 403)

Naciones Unidas Organización internacional formada en 1945 para promover la paz y el fin de los conflictos. (p. 637)

navegación Ciencia utilizada por los marineros para fijar su curso y determinar su ubicación. (p. 113)

neutral Que no toma partido. (p. 381)

nivel del mar Superficie del océano con la cual se compara el nivel de la tierra, hacia arriba o hacia abajo. (p. 32)

Nuevo Trato Serie de programas iniciados por el presidente Franklin D. Roosevelt para ayudar a que el país se recuperara de la Gran Depresión. (p. 620)

nuevos colonos Pobladores que reclamaban tierras en las Grandes Llanuras, de acuerdo con la Ley de Fincas. (p. 547)

oferta Cantidad disponible de un producto. (p. 19)

Oficina de Libertos Organismo federal establecido en 1865 para dar comida, educación y servicios médicos a los esclavos liberados del Sur. (p. 518)

opinión Punto de vista personal sobre un tema. (p. 174)

opositor Persona con puntos de vista diferentes de los de sus gobernantes. (p. 178)

Pacto del Mayflower Plan de gobierno redactado por los peregrinos que viajaban a bordo del *Mayflower*. (p. 170)

Parlamento Asamblea de Gran Bretaña encargada de hacer las leyes. (p. 269)

partido político Grupo organizado de personas que comparten las mismas ideas sobre lo que un gobierno debe o no debe hacer. (p. 364)

paso central Nombre que se le dio a la segunda parte del viaje por las rutas comerciales triangulares; empezaba en África occidental y terminaba en las Antillas. (p. 206)

paso del noroeste Vía acuática que los exploradores pensaban que atravesaría América del Norte y conectaría a los océanos Atlántico y Pacífico. (p. 165)

patriota Colono que se oponía al gobierno británico. (p. 280)

peregrinaje Viaje que se realiza por razones religiosas. (p.108)

peregrino Persona que viaja a un nuevo lugar por razones religiosas. (p.169)

periodista de denuncia Escritor o periodista que daba a conocer las condiciones vergonzosas en los negocios y en otras áreas de la vida estadounidense. (p. 603)

período glacial Época durante la cual las bajas temperaturas ocasionaron que grandes extensiones de agua de la Tierra se congelaran. (p. 55)

persecución Trato injusto que reciben las personas por sus creencias. (p. 169)

Petición de la rama de olivo Carta enviada en 1775 por el Segundo Congreso Continental al rey George III en un intento por evitar la guerra. (p. 297)

pionero Primer poblador de una región. (p. 372)

pirámide Construcción con tres o más lados triangulares que se juntan en un mismo punto en la parte superior. (p. 67)

Plan Anaconda Estrategia de la Unión para derrotar a la Confederación. (p. 494)

Plan de Nueva Jersey Propuesta que se planteó durante la Convención Constitucional para que cada estado tuviera el mismo número de representantes en el Congreso. (p. 346)

Plan de Virginia Propuesta que se planteó durante la Convención Constitucional, en la que se otorgaba al Congreso más poder sobre los estados, y a los estados más grandes el derecho de tener más representantes en el Congreso que los estados pequeños. (p. 346)

plantación Granja de gran tamaño con muchos trabajadores que viven en la tierra que trabajan. (p. 148)

poder ejecutivo Parte del gobierno que hace cumplir las leyes y que está encabezada por el presidente. (p. 339)

poder judicial Parte del gobierno que interpreta las leyes. (p. 339)

poder legislativo Parte del gobierno que aprueba las leyes. (p. 339)

poderes reservados Facultades que la Constitución otorga a los estados. (p. 348)

Pony Express Servicio de correo que comenzó en 1860 y consistía en una serie de relevos de jinetes, que llevaban el correo desde Missouri hasta California en diez días. (p. 539)

poste totémico Poste de madera tallada, con figuras de animales u otras imágenes; hechos con frecuencia por los indígenas norteamericanos de la costa del Noroeste para honrar a sus ancestros o conmemorar sucesos especiales. (p. 95)

potlatch Celebración de los indígenas norteamericanos en la que los anfitriones dan regalos a sus invitados. (p. 95)

powwow Ceremonia de los indígenas norteamericanos que con frecuencia incluye bailes y juegos tradicionales. (p. 85)

Preámbulo Introducción de la Constitución, que empieza con las siguientes palabras: "Nosotros, el pueblo de los Estados Unidos...". (p. 348)

precipitación Humedad que cae a la Tierra en forma de lluvia, nieve o aguanieve. (p. 29)

prejuicio Opinión negativa injusta sobre un grupo de personas. (p. 571)

presidio Fuerte militar construido por los españoles. (p. 234)

Primer Congreso Continental Reunión de los representantes de cada colonia, excepto Georgia, que se llevó a cabo en Filadelfia en 1774 para acordar las medidas que tomarían como respuesta a las Leyes Intolerables. (p. 281)

Glosario

primer meridiano Línea de longitud señalada con cero grados (0°). Otras líneas de longitud miden en grados las distancias hacia el este y hacia el oeste, a partir del primer meridiano. (p. M8)

Primera Batalla de Bull Run Primera batalla importante de la Guerra Civil, ocurrida el 21 de julio de 1861. (p. 495)

Primera Guerra Mundial Guerra entre las Potencias Aliadas y las Potencias Centrales que duró de 1914 a 1918. Los Estados Unidos se unieron a las Potencias Aliadas en 1917, lo que les ayudó a obtener la victoria. (p. 609)

Proclama de Emancipación Declaración hecha por el presidente Abraham Lincoln el primero de enero de 1863 en la que liberaba a todos los esclavos de los estados confederados aún en guerra con la Unión. (p. 500)

Proclamación de 1763 Ley emitida por el rey George III que prohibía a los colonos ocupar tierras al oeste de los montes Apalaches. (p. 251)

progresista Nombre con el que se conoció a los reformistas que querían mejorar el gobierno. (p. 603)

propiedad privada Lo que posee un individuo. (p. 19)

propietario Dueño. (p. 180)

proyección cartográfica Forma de mostrar la Tierra sobre una superficie plana. (p. 656)

publicación periódica Periódico o revista que se publica de manera regular. (p. M17)

pueblo Tipo de asentamiento de los indígenas pueblo del Suroeste de los Estados Unidos; los primeros exploradores españoles los llamaron así debido a la apariencia de sus comunidades. (p. 89)

puesto comercial Establecimiento donde los colonos e indígenas norteamericanos se encontraban para comerciar productos. (p. 241)

punto cardinal Una de las cuatro direcciones principales de la Tierra: norte, sur, este y oeste. (p. M12)

punto de vista Opinión de una persona respecto de un tema o una situación. (p. 468)

puritanos Grupo de personas que querían "purificar" o reformar la Iglesia Anglicana. En 1630 establecieron la colonia de la bahía de Massachusetts. (p. 172)

R

rastra Trineo hecho con dos postes amarrados, que los indígenas norteamericanos utilizaban para transportar productos a través de las llanuras. (p. 83)

ratificar Aprobar algo de manera oficial. (p. 339)

Rebelión de la Bandera del Oso Rebelión de los pobladores de California en contra del gobierno mexicano en 1846. (p. 434)

Rebelión de Pontiac Rebelión de indígenas norteamericanos dirigidos por el jefe ottawa Pontiac, ocurrida en 1763. (p. 251)

Rebelión de Shays Levantamiento de los agricultores en Massachusetts, encabezado por Daniel Shays, en contra de los elevados impuestos sobre la propiedad. (p. 341)

Rebelión Pueblo Revuelta de indígenas norteamericanos a finales del siglo XVII, con la cual los pueblo lograron desterrar por un tiempo a los españoles de Nuevo México. (p. 235)

Rebelión Stono Rebelión de esclavos en Carolina del Sur en 1739. (p. 227)

Reconstrucción Período de recuperación posterior a la Guerra Civil, durante el cual los estados del Sur se volvieron a juntar con la Unión. (p. 517)

recurso natural Producto que se encuentra en la naturaleza y que la gente puede usar. (p. 35)

recurso no renovable Recurso que no puede sustituirse facilmente, como los combustibles fósiles. (p. 36)

recurso renovable Recurso que puede renovarse o sustituirse, como un árbol. (p. 36)

reforma Cambio. (p. 417)

región Área extensa con características comunes que la diferencian de otras áreas. (p. 25)

región cultural Área habitada por pueblos con culturas similares. (p. 77)

Renacimiento Período en Europa que comenzó alrededor de 1350 y durante el cual surgió un nuevo deseo por aprender más acerca del arte y las ciencias, así como sobre otros lugares del mundo. (p. 112)

Renacimiento de Harlem Movimiento cultural que se dio en Harlem, una sección de la Ciudad de Nueva York habitada por afroamericanos. (p. 618)

renacimiento espiritual Despertar o fortalecimiento de los sentimientos religiosos. (p. 417)

república Forma de gobierno en la que el pueblo elige a sus representantes para crear leyes y conducir el gobierno. (p. 15)

reservación Tierras apartadas por el gobierno de los Estados Unidos para los indígenas norteamericanos. (p. 80)

respeto Consideración hacia los demás. (p. M 4)

responsabilidad Hacer lo que se debe hacer. (p. M 4)

Revolución de Texas Guerra entre los pobladores de Texas y México, que duró de 1835 a 1836 y dio origen a la República de Texas. (p. 431)

Revolución Industrial Período durante el cual hubo un cambio importante en la manera de fabricar productos: en vez de hacerlos a mano, se hacían con máquinas en fábricas. (p. 409)

riego Método para llevar agua a la tierra seca. (p. 28)

rosa de los vientos Indicador de los puntos cardinales en un mapa. (p. M 12)

Rough Riders Grupo de soldados voluntarios estadounidenses que lucharon en la Guerra Hispano-estadounidense. Lo organizó Theodore Roosevelt. (p. 580)

ruta comercial triangular Ruta comercial que formaba un triángulo entre las 13 colonias, las Antillas y África; también se utilizaba para el comercio de esclavos. (p. 206)

S

saga Relatos orales largos que pasaban de una generación a otra. (p. 111)

seccionalismo Lealtad a una sección o parte del país, en lugar de a todo el país. (p. 465)

secuestrar Tomar por la fuerza. (p. 662)

segadora mecánica Máquina inventada por Cyrus McCormick, que permitía cosechar trigo con mayor rapidez. (p. 410)

segregación Separación de las personas de diferentes razas. (p. 520)

Segunda Guerra Mundial Guerra entre los Aliados y el Eje que duró de 1939 a 1945, en la que participaron la mayoría de los países del mundo. Los Estados Unidos se unieron a los Aliados en 1941, lo cual les ayudó a ganar la guerra. (p. 625)

Segundo Congreso Continental Congreso de representantes de las colonias que se reunieron por primera vez en 1775, declararon la independencia en 1776, y ayudaron a dirigir los Estados Unidos durante la Guerra de Independencia. (p. 297)

separación de poderes División de atribuciones entre los tres poderes del gobierno federal, de conformidad con la Constitución. (p. 348)

separarse Apartarse de un grupo, como cuando los estados del Sur se apartaron de los Estados Unidos en 1861. (p. 485)

separatistas Grupo de ingleses que querían separarse de la Iglesia Anglicana. Algunos viajaron a América del Norte en busca de libertad de religión. (p. 169)

sequía Largo período sin lluvia. (p. 63)

siervo por contrato Persona que trabajaba para otra durante un tiempo determinado, a cambio de que le pagaran el viaje por mar a América del Norte. (p. 161)

símbolo Algo que representa una cosa. (p. M12)

sindicato Grupo de trabajadores unidos para luchar por mejores condiciones de trabajo y salarios más justos. (p. 572)

sitio Web Lugar en la Internet donde se puede encontrar información. (p. 86)

sociedad Grupo de personas que forman una comunidad. (p. 148)

sodbusters Agricultores de las Grandes Llanuras de finales del siglo XIX, que tenían que excavar en medio del tepe, o pasto grueso, antes de cultivar. (p. 547)

soldados búfalo Sobrenombre que se les dio a los soldados afroamericanos que lucharon en las guerras contra los indígenas norteamericanos de las llanuras en la década de 1870. (p. 581)

sufragio Derecho a votar. (p. 404)

Glosario

T

tecnología Uso del conocimiento científico o de nuevas herramientas para producir o hacer algo. (p. 409)

telégrafo Máquina que permite enviar mensajes por cables, utilizando electricidad. (p. 539)

templanza Moderación, por lo general en el consumo del alcohol. (p. 417)

teoría Explicación probable de algo. (p. 55)

terrorista Persona que trata de lograr sus objetivos por medio de la violencia y el miedo. (p. 662)

tierra comunal Espacio abierto ubicado en el centro de muchos pueblos de Nueva Inglaterra y de las colonias centrales donde pastaban vacas y borregos. (p. 212)

tipi Vivienda construida por los indígenas norteamericanos de las Grandes Llanuras, hechas con postes colocados en círculo, cubiertos con pieles de búfalo. (p. 83)

titular Palabras impresas en letra grande que se encuentran al inicio de un artículo. En ocasiones proporcionan la idea principal del artículo. (p. 209)

título Nombre de algo, como un libro o un mapa. (p. M 12)

traidor Persona que actúa en contra de su propio país. (p. 300)

Tratado de Guadalupe Hidalgo Tratado firmado en 1848, con el cual se terminó la Guerra con México. México cedió la mayor parte de su territorio del norte a los Estados Unidos a cambio de 15 millones de dólares. (p. 435)

Tratado de París Tratado firmado en 1783, que dio por terminada oficialmente la Guerra de Independencia. Gran Bretaña reconoció a los Estados Unidos como un país independiente. (p. 319)

Tratado de Versalles Tratado firmado en 1919, con el cual se dio por terminada oficialmente la Primera Guerra Mundial. (p. 611)

Tren Clandestino Sistema de rutas secretas para ayudar a los esclavos a escapar del Sur hacia el Norte o Canadá. (p. 473)

tribu Grupo de familias unidas bajo un solo liderazgo. (p. 77)

tributo Pago que exigen los gobernantes al pueblo que gobiernan. (p. 68)

U

Unión Estados Unidos de América. (p. 485)

V

valentía Hacer lo correcto incluso si es peligroso o asusta. (p. M 4)

veto Facultad del presidente para rechazar una ley aprobada por el Congreso. (p. 348)

vivienda cavada Cabaña grande y redonda construida por los indígenas de las Grandes Llanuras. (p. 83)

vivienda comunal Construcción donde vivían los iroqueses. (p. 78)

Índice

En este índice se mencionan las páginas en las que aparecen los temas del libro. Los números de página antecedidos por una *m* se refieren a un mapa, los que llevan antes una *f* indican una fotografía, y los que tienen una *t*, una gráfica o tabla.

Q

R

Reconocimientos

TEXT: **Dorling Kindersley (DK)** is an international publishing company specializing in the creation of high quality reference content for books, CD-ROMs, online and video. The hallmark of DK content is its unique combination of educational value and strong visual style. This combination allows DK to deliver appealing, accessible and engaging educational content that delights children, parents and teachers around the world. Scott Foresman is delighted to have been able to use selected extracts of DK content within this Social Studies program.

70–71 from Eyewitness: Aztec, Inca & Maya by Elizabeth Baquedano. Copyright ©2000 by Dorling Kindersley Limited.

139 from Eyewitness: Explorer by Rupert Matthews. Copyright ©2000 by Dorling Kindersley Limited.

238–239 from Eyewitness: Wild West by Stuart Murray. Copyright ©2001 by Dorling Kindersley Limited.

312–313 from The Visual Dictionary of Military Uniforms. Copyright ©1992 by Dorling Kindersley Limited.

377 from Eyewitness: Explorer by Rupert Mattews. Copyright ©2000 by Dorling Kindersley Limited.

514–515 from The Visual Dictionary of the Civil War by John Stanchak. Copyright ©2000 by Dorling Kindersley Limited.

Excerpts from *Juan Seguín -A Hero of Texas by Rita Kerr.* Copyright © 1985 by Rita Kerr. Used by permission of Eakin Press. 432

Excerpt from *The Log of Christopher Columbus,* translated by Robert H. Fuson. Copyright © 1987 by Robert H. Fuson. Reprinted by permission. 135

Excerpt from *Friends of the Everglades—Marjory Stoneman Douglas* by Tricia Andryszewski. Reprinted by permission of The Millbrook Press. 37

Excerpts from ballad in *The English Literature of America 1500-1800* edited by Myra Jehlen and Michael Warner. Copyright © 1997 by Routledge. Reprinted by permission. 188–189

"I, Too" from *The Collected Poems of Langston Hughes* by Langston Hughes, copyright © 1994 by the Estate of Langston Hughes. Used by permission of Alfred A. Knopf, a division of Random House, Inc. 618

Excerpt from "I Have a Dream" speech by Martin Luther King, Jr. Reprinted by permission. 646

Song "Let There Be Peace on Earth" words and music by Sy Miller and Jill Jackson. Used by permission of Jan-Lee Music.

Excerpt from *When China Rules the Seas, The Treasure Fleet of The Dragon Throne 1405-1433* by Louise Levathes. Copyright © 1994 by Louise E. Levathes. Reprinted by permission. 105

Excerpts from *Native American Animal Stories* told by Joseph Bruchac. Copyright © 1992 by Joseph Bruchac. Used by permission of Fulcrum Publishing. 120–121

"Did people work hard in colonial days?" from *If You Lived in Colonial Times . . .* by Ann McGovern. Copyright © 1964 by Ann McGovern. Reprinted by permission of the author. 254–255

Excerpt from Island. *Poetry and History of Chinese Immigrants on Angel Island* by Him M. Lai, Genny Lim and Judy Yung. Reprinted by permission. 569

Fair Use

From *The March on Washington Address* by Martin Luther King, Jr. Reprinted by arrangement with the Estate of Martin Luther King, Jr. c/o Writers House as agent for the proprietor. Copyright Martin Luther King 1963, copyright renewed 1991 Coretta Scott King.

From "George Percy's Relation." Copyright © 1997, 2000 by The Association for the Preservation of Virginia Antiquities. Found on http://www.apva.org/findingpercy.html.

From *Smithsonian Visual Timeline of Inventions* by Richard Platt. New York, New York: Dorling Kindersley, 1994.

From *The Annals of America, Vol. 1, Encyclopedia Britannica,* pages 97, 98, 115, and 329.

From *In Defense of the Indians,* translated and edited by Stafford Poole, C.M. Dekalb Illinois: Northern Illinois University Press.

From *History of the Indies,* translated and edited by Andree Collard. New York, New York: Harper & Row, 1971.

From *Witnessing America,* compiled and edited by Noel Rae. New York, New York: First published in 1996 by Penguin Reference, an imprint of Penguin Books, USA.

From *Edison His Life and Inventions,* by Frank Lewis Dyer, et al. New York, New York: Harper Brothers, 1929.

From *The English Literatures of America,* by Frank Lewis Dyer and Thomas Commerford Martin. New York, New York: Routledge, 1997

From George Washington Carver. Tuskegee Institute National Historical Site, http://www.nps.vov/bowa/tuskin.html.

From *Madam C.J. Walker* by A'Lelia Perry Bundles. Pittsburgh, Pennsylvania: Chelsea House Publishers, a division of Main Line Book Co., 1991.

From *A History of English Speaking Peoples,* Volume 2, The New World. New York, New York: Dodd, Mead & Company, Inc.

From *In Their Own Words THE COLONIZERS,* collected and edited by T.J. Stiles, pages 68 & 91. New York, New York, The Berkley Publishing Group, a member of Penguin Putnam, Inc.

From *Settlements to Society,* 1607-1763, edited by Jack P. Greene. New York, New York: W.W. Norton & Company, Inc.

From *Modern History Sourcebook: William Bradford: from History of Plymouth Plantation, c1650.* http://www.fordham.edu/halsall/mod/1650bradford.html.

From *The Alleged Gov. Bradford First Thanksgiving Proclamation, Who Attended the 1621 "First Thanksgiving,"* http://www.plimoth.org/library/Thanksgiving/thnksref.html.

From *Of Plymouth PLANTATION 1620-1647,* pages 85, 87 and 88, by William Bradford. New York, New York: Random House, Inc. 1981.

From *William Penn* by Rebecca Stefoff. Pittsburgh, Pennsylvania: Chelsea House Publishers, a division of Main Line Book Co., 1998.

From *Women's Rights on Trial* by Elizabeth Frost-Knappman and Kathryn Cullen-DuPont. Detroit, MI: Gale Research, 1997.

From *Time-Life Books 1930-1940,* Volume IV by the editors of Time-Life Books. Alexandria, VA: Time Life, Inc., 1969.

From *Time-Life Books 1940-1950,* Volume V by the editors of Time-Life Books, Alexandria, VA: Time Life, Inc., 1969.

From *The Report from the Dachau Liberation,* 1st Lt. William Cowling. Found on http://remember.org/witness/cowling.html.

From *Stride Toward Freedom, The Montgomery Story* by Martin Luther King, Jr. New York, New York: Harper&Row Publishers.

From *The Autobiography of Malcolm X* with the assistance of Alex Haley, introduction by M.S. Handler, epilogue by Alex Haley. New York, New York: Grove Press, Inc.

From *American Women of Achievement: Sandra Day O'Connor* by Peter Huber. New York, New York: Chelsea House Publishers, 1990.

From *Dolores Huerta Biography.* Found on http://www.ufw.org/ufw/dh.htm.

From *CNN Cold War, Interviews: George Bush.* Found on http://cnn.net/SPECIALS/cold.war/episodes/23/interviews/bush.

From *The Autobiography of Martin Luther King, Jr.,* edited by Clayborne Carson. New York, New York: Warner Books, 1998.

From *Life in a Japan American Internment Camp* by Diane Yancey. San Diego, CA: Lucent Books, 1998.

From *The Quotable Woman: Volume One* compiled and edited by Elaine Partnow. Los Angeles, CA: Pinnacle Books, Inc., 1980.

From *"Back to Hell"* by Samuel Cranston Benson. Chicago, IL: A.C. McClurg & Company, 1918.

From *Out of the Sweatshop: The Struggle for Industrial Democracy.* New York, New York: Quadrangle/New Times Book Company, 1977.

From *The Globe and Mail,* Friday, March 7, 1997. Found on http://www.freethe children.org/info/mediacanada08.htm.

From *Florence Kelley Speaks Out on Child Labor and Woman Suffrage,* Philadelphia, PA, July 22, 1905 found on http://www.pbs.org/greatspeeches/timeline/f_kelley_s.html.

From *The West: An Illustrated History* by Geoffrey C. Ward. The West Book Project, 1996.

From *Bury My Heart at Wounded Knee: An Indian History of the American West* by Dee Brown. New York, New York: Holt, Rinehart & Winston, 1971

From *The Importance of Alexander Graham Bell* by Robyn M. Weaver. San Diego, CA: Lucent Books, 2000.

From *The Promised Land* by Mary Antin, 1881-1949. New York, New York: Arno Press, A New York Times Co., 1980.

From *Northland Stories* by Jack London. New York, New York: Penguin Books, 1997.

From *The Spirit of Seventy-Six: The Story of the American Revolution* as told by the Participants edited by Henry Steele Commager and Richard B. Norris. New York, New York: Da Capo Press, 1995.

From *PATRIOTS The Men Who Started the American Revolution* by A.J. Langguth. New York, New York: Simon & Schuster, 1989.

From *Voyages of Marquette in The Jesuit Relations,* 59 by Jacques Marquette. University Microfilms, Inc., 1966.

From *The Life and Times of Fray Junípero Serra, O.F.M. or The Man Who Never Turned Back (1713-1784),* a biography by Maynard J. Geiger, O.F.M., Ph.D. VOLUME 1. Washington, DC: Academy of American Franciscan History, 1959.

Quote by Mohandas Gandhi, January 4, 1932 from *Messages to the United States* found on http://www.mkgandhi.org/letters/index.htm.

Quote by Nelson Mandela, March 27, 1993 from *Keynote Address by Nelson Mandela, President of the African National Congress,* to the conference of the broad patriotic front found on http://www.anc.org.za/ancdocs/history/mandela/1993/sp930327.html.

Quote by Joan of Arc, 1429, found on http://dc/smu.edu/ijasdelteil.html.

Quote by Venture Smith from Venture Smith's Narrative found on http://www.pbs.org/wgbh/aia/part2/2h5t.html.

From *The Courage to Stand Alone, Letters from Prison and Other Writings* by Wei Jingsheng. New York, New York: Viking Penguin, a division of Penguin Books USA Inc., 1997

From *A Brief Narrative of the Cage and Trial of John Peter Zenger* by James Alexander. Cambridge, Massachusetts: Harvard University Press, 1972.

From *Equiano's Travels, The Interesting Narrative of The Life of Olaudah Equiano or Gustavus Vassa the African* abridged and edited by Paul Edwards. New York, New York: Frederick A. Prager, Inc., 1966.

From *The Encyclopedia of Native America* by Trudy Griffin-Pierce.

Quote by Nadine Gordimer from *"Censorship and its Aftermath,"* address, 1990, found on http://informatics.buffalo.edu/faculty/ellison/quotes/ifquotesg.html

"Thomas Jefferson Survives": Susan Boylston Adams Clark to Abigail Louisa Smith Adams Johnson, July 9, 1826, A.B. Johnson Papers, MHS.

From *Cherokee Legends and the Trail of Tears* adapted by Thomas Bryan Underwood. Cherokee, NC: Cherokee Publications.

From *The Shaping of America* by Richard O. Curry, John G. Sproat, Kenyon C. Cramer. New York, New York: Holt, Rinehart and Winston.

From *Frederick Douglass, Selected Speeches and Writings* edited by Philip S. Foner, abridged and adapted by Yuval Taylor. Chicago, IL: Laurence Hill Books, 1999.

From *Narrative of the Life of Frederick Douglass, An American Slave,* written by Himself edited with an introduction by David W. Blight. Boston, MA: Bedford Books of St. Martin's Press, 1993.

From TEXAS *From the Frontier to Spindletop* by James L. Haley. New York, NY: St. Martin's Press, 1985.

From *STEPHEN F. AUSTIN, Empresario of Texas* by Gregg Cantrell. New Haven, CT: Yale University Press.

From *STEPHEN F. AUSTIN, Founder of Texas, 1793-1836* by Eugene C. Barker. Dallas, TX: Cokesbury Press, 1925.

From *The Gold Rush* by Liza Ketchum. The West Project, Inc., 1996.

From *Harriet Tubman, Conductor on the Underground Railroad* by Ann Petry. New York, NY: HarperCollins Publisher, Inc, 1996.

From *The Oxford History of the American People, Volume Two, 1789 Through Reconstruction* by Samuel Eliot Morison. New York, NY: Meridian, an imprint of Dutton Signet, a division of Penguin Books USA Inc., 1994.

From *The Civil War, A Narrative* by Shelby Foote. New York, NY: Random House, 1994.

Quote by Jody Williams from *Jody Williams: The woman who waged war on land minds* found on http://www.cnn.com/SPECIALS/1997/nobel.prize/stories/williams.profile/.

From *Uncle Tom's Cabin or Life Among the Lowly* by Harriet Beecher Stowe. New York, NY: Signet Classic , an imprint of New American Library, a division of Penguin Putnam, Inc., 1998.

From *Nobel Lecture* by Jody Williams found on www.icbl.org/resources/jodynobel.html.

From *The Negro People in the United States* edited by Herbert Aptheker. New York, NY: Citadel Press, Inc., 1969.

From *Cannibals All!, or Slaves Without Masters* by George Fitzhugh found on http://docsouth.unc.edu/fitzhughcan/fitcan.html.

From *The Underground Railroad* by William Still. Chicago, IL: Johnson Publishing Company, Inc., 1970.

MAPS:

MapQuest.com, Inc.

ILLUSTRATIONS:

114 Mike Reagan
120 Marcela Cabrera
136 Albert Lorenz
159 John Sandford
163, 188, 189, 310, 311 Troy Howell
184, 185 Gregory M. Dearth
212 Robert LoGrippo
230 Guy Porfirio
274, 275 Stephen Snider
278 Barbara Emmons
365 John Sandford
367, 548 Troy Howell
388 Domenick D'Andrea
412 Kate Thomssen
417 Robert Van Nutt
450 Edward Martinez
507 Barbara Emmons
577 David Cunningham
588, 589 Shelly Hehenberger
606 Tom Herzberg

PHOTOGRAPHS:

Every effort has been made to secure permission and provide appropriate credit for photographic material. The publisher deeply regrets any omission and pledges to correct errors called to their attention in subsequent editions.

Unless otherwise acknowledged, all photographs are the property of Scott Foresman, a division of Pearson Education.

Cover: ©Mitchell Funk/Getty Images, Steve Allen
Endsheets: (R) ©Mitchell Funk/Getty Images, (L) Steve Allen
Front Matter:
iii Superstock iv David David Gallery, Philadelphia/Superstock v ©Bettmann/Corbis vi The Granger Collection vii Photo from the collection of the Lexington, Massachussetts Historical Society viii The Granger Collection ix The Granger Collection x The Granger Collection xi From the Original painting by Mort Künstler, "First View of the Lady" ©1986 Mort Künstler, Inc. xii Identikal/Artville H4 (TL) Michael Newman/PhotoEdit, (TC) Bill Aron/PhotoEdit,(TR) Myrleen Cate/Index Stock Imagery (BL) Larry Dale Gordon/Image Bank, (BC) Spencer Grant/PhotoEdit, (BR) Richard Hutchings/PhotoEdit H5 (R) Mug Shots/Corbis Stock Market, (L) Bob Daemmrich/Stock Boston H6 (BR), (BC) ©Dave Bartruff/Corbis, (Bkgd) Joel Sartore/Grant Heilman Photography H7 (BR) ©Phil Schermeister/Corbis, (L) Joel Sartore/Grant Heilman Photography H8 Earth Imaging/Getty Images H15 Michael Newman/PhotoEdit H19 PhotoDisc
Overview:
1, 2, 3 SuperStock 5 PhotoDisc 6 Historical Society of Pennsylvania 8 (TL) ©Joseph Sohm; ChromoSohm Inc/Corbis 9 PhotoDisc 10 (R) Brown Brothers, (L) Courtesy National Archives of the United States (from The National Archives of the United States by Herman J. Viola, ©1984 Harry N. Abrams, Inc. New York) 13 Ramey/PhotoEdit 15 (B) ©Dennis Degnan/Corbis 16 (B) Bob Daemmrich Photography, (T) ©Bettmann/Corbis 19 New York Public Library Picture Collection 21 (BL) The Granger Collection, (T) Bettmann/Corbis, (BR) The Madam Walker Urban Life Center, photographed by William Russell/From the Walker Collection of A'Lelia Bundles 22 (LCL), (R), (CL), (RCR) PhotoDisc, (BC) ©Scott T. Baxter, PhotoDisc, (CR) ©Dave Buffington, PhotoDisc, (L) ©Bob Daemmrich/Image Works 23 (BR) Library of Congress/Corbis, (T) Hulton-Deutsch Collection/Corbis, (Bkgd) Douglas C. Jones/Edison National Historic Site/National Park

Reconocimientos

Service/U.S. Department of the Interior 24 ©David Muench/Corbis 25 (BR) ©David Muench/Corbis, (BL) ©Tom Bean/Corbis, (CR) ©Yogi, Inc/Corbis, (TR) ©Ed Wargin/Corbis, (TL) ©Layne Kennedy/Corbis 26 (T) ©W. Perry Conway/Corbis, (B) PhotoDisc 27 (TL) ©Charles E. Rotkin/Corbis, (B) Cathlyn Melloan/Getty Images, (TR) ©Gail Mooney/Corbis 28 (TL) Grant Heilman Photography, (BR) SuperStock 31 (B) Bettmann/Corbis, (C) Courtesy Lehmann's Antique Advertising & Collectibles,(Bkgd) Grant Heilman Photography 34 Joseph Van Os 35 (L) Tom and Pat Leeson, (C) ©The Purcell Team/Corbis, (R) ©Jon Riley/Getty Images 36 (L) ©Gary Braasch/Corbis, (R) Historical Picture Archive/Corbis 37 (T) Bettmann/Corbis, (B) ©Geoffrey Clements/Corbis 39 (BR) ©Kevin Fleming/Corbis, (BL) Bettmann/Corbis, (Bkgd) ©Reinhard Eisele/Corbis 41 David Young-Wolff/PhotoEdit

Unit 1:
45, 46, 47 David David Gallery, Philadelphia/SuperStock 48 (CL) North Wind Picture Archives, (L) SuperStock, (CR) British Library, (R) Roger-Viollet 49 (L), (CR) The Granger Collection, (R) Corbis, (CL) Illustrations by Artist Raymond R. Skye, Tuscarora Nation, Six Nations Grand River Territory 51 Archive Photos 52 (T) Culver Pictures Inc., (B), (C) The Granger Collection 54 (BR) Culver Pictures Inc., (BL) American Museum of Natural History/©Dorling Kindersley 56 (B) AP/Wide World, (CC), (CR) American Museum of Natural History/©Dorling Kindersley 58 ©Paul A. Souders/Corbis 59 Tim Fitzharris/Index Stock Imagery 60 The Granger Collection 61 ©Michael Lewis/Corbis 63 (B) ©The Purcell Team/Corbis, (T) PhotoDisc 64 Scott Polar Institute/©Dorling Kindersley 65 (B) Corbis, (C) The Lowe Art Museum, The University of Miami/SuperStock, (Bkgd) ©George H. Huey/Corbis 66 Werner Forman/Art Resource, NY 67 (BR) ©Cosmo Condina/Getty Images, (BL) Robert Frerck/Odyssey Productions 68 The Granger Collection 70 (L) INAH/©Dorling Kindersley, (T) ©Dorling Kindersley, (Inset) ©Dorling Kindersley, (B), (CR) Royal Museum of Scotland/©Dorling Kindersley 71 (L) INAH/©Dorling Kindersley, (T) Scala/Art Resource, NY, (B) Bodleian Library/© Dorling Kindersley 72 Werner Forman/Art Resource, NY 74 (T) The Granger Collection, (TC) Marilyn "Angel" Wynn, (B) Chris Cheadle/First Light, (BC) Stephen Trimble 76 The Granger Collection 77 Reinhard Brucker/Westwind Enterprises 78 American Museum of Natural History/©Dorling Kindersley 79 (T) Museum of Mankind/©Dorling Kindersley, (B) American Museum of Natural History/©Dorling Kindersley 80 E. Keating/NYT Pictures 81 Copyright 2001, Mashantucket Pequot Museum & Research Center. All rights reserved 82 ©Tom Brakefield/Corbis 83 (BR) (Detail) Smithsonian American Art Museum, Washington DC/Art Resource, NY, (BL) American Museum of Natural History/©Dorling Kindersley 84 (B) Marilyn "Angel" Wynn, (T) American Museum of Natural History/©Dorling Kindersley 85 (T) Chris Roberts 86 (BL) ©Owen Franken/Corbis, (BR) ©Charles Mauzy/Corbis 88 American Museum of Natural History/©Dorling Kindersley 89 Omni Photo Communications/Index Stock Imagery 90 (T) ©Dorling Kindersley, (B) Northwestern University Library, Edward S. Curtis's 'The North American Indian': Photographic Images, 2001/Library of Congress 91 Stephen Trimble 92 (C), (T) Marine Corps/Department of Defense, (B) Mike Theiler/©AFP 93 ©Chris Cheadle/Getty Images 94 American Museum of Natural History/©Dorling Kindersley 95 (BL) ©Richard T. Nowitz/Corbis, (R) American Museum of Natural History/©Dorling Kindersley 96 (L), (R) American Museum of Natural History/©Dorling Kindersley 97 Chris Cheadle/First Light 100 (C) British Library, (B) A.K.G., Berlin/SuperStock, (T) North Wind Picture Archives 102 North Wind Picture Archives 104 Pitt Rivers Museum/©Dorling Kindersley 105 (Bkgd) Art Resource, (L) Philadelphia Museum of Art/Corbis, (R) ©Roger-Viollet 106 ©Ira Rubin/Getty Images 107 Museum of Mankind/©Dorling Kindersley 108 British Library 109 Royal Museum of Scotland/©Dorling Kindersley 110 National Maritime Museum/©Dorling Kindersley 111 ©Wolfgang Kaehler/Corbis 112 (BR) North Wind Picture Archives, (BL) British Library/©Dorling Kindersley 113 (B) Werner Forman/Art Resource, NY, (T) The Granger Collection 115 A.K.G., Berlin/SuperStock 116 (BR) National Maritime Museum/©Dorling Kindersley, (T) Pitt Rivers Museum/©Dorling Kindersley, (C) Museum of Mankind/©Dorling Kindersley 117 (BR) The Granger Collection, (TR) National Maritime Museum/©Dorling Kindersley, (BL) British Library/©Dorling Kindersley, (C) British Library, (BL) Archive Photos 119 British Library

Unit 2:
125, 126, 127 ©Bettmann/Corbis 128 (CL) The Granger Collection, (L) Museo Navale, Genua-Pegli/A.K.G., Berlin/SuperStock, (CR) SuperStock, (R) North Wind Picture Archives 129 (L) Hulton Getty/Getty Images, (CL) Bettmann/Corbis, (CR) National Portrait Gallery, Smithsonian Institution/Art Resource, NY, (R) Historical Society of Pennsylvania 131 The Granger Collection 132 (T) United States Capitol Art Collection, (B) Beinicke Collection of the Lesser Antilles/Hamilton College Library, (C) Biblioteca Nacional, Madrid 135 (R) Joseph Sohm/Visions Of America/PictureQuest 137 (TL) Museo Navale, Genua-Pegli/A.K.G., Berlin/SuperStock, (TR) North Wind Picture Archives, (BL) The Granger Collection, (BR) Stock Montage/SuperStock 139 (T), (B) National Maritime Museum/©Dorling Kindersley, (CL) The Granger Collection, (CR) British Museum/©Dorling Kindersley 142 ©Dorling Kindersley 143 Biblioteca Nacional, Madrid 144 (L) Robert Frerck/Odyssey Productions, (BR) ©Danny Lehman/Corbis, (TR) ©Charles & Josette Lenars/Corbis, (CR) INAH/©Dorling Kindersley 145 British Museum/©Dorling Kindersley 147 Max Alexander/©Dorling Kindersley 149 (B) North Wind Picture Archives, (T) ©James Griffith 151 (R), (L) Culver Pictures Inc., (Bkgd) Saint-Etienne Cathedral, Bourges, France/Lauros-Giraudon, Paris/SuperStock 152 Royal Museum of Scotland/©Dorling Kindersley 154 (T) Hulton Getty/Getty Images, (TC) David David Gallery, Philadelphia/SuperStock, (BC) The Granger Collection, (B) North Wind Picture Archives 157 (B) Francis Tyrwhitt-Drake, Bereleigh, Petersfield, England 158 (T) Virginia Historical Society, (B) National Maritime Museum, London 160 North Wind Picture Archives 161 (T) The Granger Collection, (B) SuperStock 163 (L) Courtesy of the Edward E. Ayer Collection/Newberry Library, Chicago, (Bkgd) Jamestown National Historic Park/National Park Service/U.S. Department of the Interior 165 (B) Pilgrim Society, (T) Bettmann/Corbis 166 Richard T. Nowitz/Corbis-Bettmann 168 PhotoDisc 169 Pilgrim Society 170 (R) Hulton Getty/Getty Images 171 ©Berkeley Plantation 172 Kathy Tarantola/Index Stock Imagery 174 North Wind Picture Archives 175 (T) SuperStock, (B) Steven Lunetta/PhotoEdit 176 Pilgrim Society 178 SuperStock 179 (B) Frank Baker/Index Stock Imagery 180 The Granger Collection 181 ©U. S. Mint 183 (R) Andre Jenny/Focus Group/PictureQuest, (L) Historical Society of Pennsylvania, (Bkgd) ©Dennis Degnan/Corbis 186 Siede Preis/PhotoDisc

Unit 3:
193, 194, 195 The Granger Collection 196 (L) Corbis, (CL) North Wind Picture Archives, (CR) Brown Brothers, (R) The Corcoran Gallery of Art/Corbis 197 (L) North Wind Picture Archives, (CL) The Granger Collection, (CR) South Carolina Historical Society, (R) Stock Montage 199 The Granger Collection 200 (BC) Culver Pictures Inc., (TC) Bettmann/Corbis, (B) The Granger Collection, (T)©Wolfgang Kaehler/Corbis 202 Steve Mason/PhotoDisc 203 (B) Abby Aldrich Rockefeller Folk Art Museum, Williamsburg, VA/Colonial Williamsburg Foundation, (T) Brown Brothers 204 Corbis 207 ©Wolfgang Kaehler/Corbis 208 AP/Wide World, (B) Colonial Williamsburg Foundation 209 (TR) ©Lee Snider/Corbis, (C) Pilgrim Society, (TL) Brown Brothers, (B) Colonial Williamsburg Foundation 210 Benelux Press/Index Stock Imagery 211 SuperStock 215 (Bkgd) Jessie M. Harris, (L) Gallo Images/Corbis, (R) South Carolina Historical Society 216 The Granger Collection 217 (B) Bettmann/Corbis, (T) Museum of the City of New York 218 (T) ©Lee Snider/Corbis, (B) North Wind Picture Archives 219 (T), (B) North Wind Picture Archives 220 ©Alan Hicks/Getty Images 221 (R) Réunion des Musées Nationaux/Art Resource, NY, SuperStock, (L) IT Stock International/Index Stock Imagery 223 (T) Archive Photos, (C) Corbis, (B) ©The Nobel Foundation 225 Bettmann/Corbis 226 British Museum 228 Culver Pictures Inc. 230 (T), (C) North Wind Picture Archives 233 (B) North Wind Picture Archives, (T) Archive Photos 235 ©Galen Rowell/Corbis 237 (Bkgd) ©Philip James Corwin/Corbis, (BL) North Wind Picture Archives 238 (T) Library of Congress, (B) MPI Archives, (C) ©Dorling Kindersley 239 (TL) Library of Congress, (TR) Smithsonian Institution, National Museum of American History, Behring Center, (CL), (B) El Rancho de las Golondrinas, Santa Fe, New Mexico, (CR) Collection of Mark Winter 240 ©Connie Coleman/Getty Images 241 Bettmann/Corbis 242 Bettmann/Corbis 243 ©Robert Holmes/Corbis 247 (R) Stock Montage, (L) Fruitlands Museum 248 (C) North Wind Picture Archives 249 Stock Montage 251 The Granger Collection 252 ©The Purcell Team/Corbis 253 ©Philip Gould/Corbis 254 (C) SuperStock 255 Pilgrim Society

Unit 4:
259, 260, 261 Photo from the collection of the Lexington, Massachusetts Historical Society 262 (L) Stock Montage, (CL) Abby Aldrich Rockefeller Folk Art Museum, Williamsburg, VA/Colonial Williamsburg Foundation, (CR) The Granger Collection, (R) Independence National Historical Park Collection, Eastern National Parks and Monument Association 263 (L) Independence National Historical Park Collection, Eastern National Parks and Monument Association, (CL) Louisiana State Museum, (CR) North Wind Picture Archives, (R) The Granger Collection 265 Photo from the collection of the Lexington, Massachusetts Historical Society 266 (T) Houses of Parliament, Westminster, London, UK/Bridgeman Art Library International Ltd., 266 (C) Library of Congress, (B) The Granger Collection 268 The Granger Collection 269 (L) Royal Academy of Arts, (B) Houses of Parliament, Westminster, London, UK/Bridgeman Art Library International Ltd. 270 (L) Library of Congress, (R) The Granger Collection 271 (B) Michael Newman/PhotoEdit, (T) Manuscripts & Archives Division/New York Public Library, Astor, Lenox and Tilden Foundations 272 (B) Colonial Williamsburg Foundation, (L) National Museum of American History/Smithsonian Institution, (R) Bequest of Winslow Warren/Museum of Fine Arts, Boston 273 Emmet Collection, Miriam and Ira D. Wallach Division of Art, Prints and Photographs/New York Public Library, Astor, Lenox and Tilden Foundations 274 The Granger Collection 275 Michael Newman/PhotoEdit 277 (C), (BR) ©Kevin Fleming/Corbis, (T) Stock Montage, (BL) Corbis-Bettmann 279 Library of Congress 280 (T) North Wind Picture Archives, (B) The Granger Collection 281 Künstler Enterprises 283 (L) Smithsonian Institution, (R) Abby Aldrich Rockefeller Folk Art Museum, Williamsburg, VA/Colonial Williamsburg Foundation, (Bkgd) Corbis 284 (L), (R) Image # 612/Collection of The New-York Historical Society 285 North Wind Picture Archives 286 The Granger Collection 288 Collection of Guilford Courthouse National Military Park, NC 289 (T) The Granger Collection, (B) Bedford Free Public Library 292 Colonial Williamsburg Foundation 294 (T) ©Bettmann/Corbis, (C), (B) The Granger Collection 296 Christie's Images/SuperStock 297 (B) ©Dave Bartruff/Corbis, (T) The Granger Collection 298 (R) Independence National Historical Park Collection, Eastern National Parks and Monument Association, (L) ©Bettmann/Corbis 299 (C) Culver Pictures Inc., (L) SuperStock, (R) ©Ted Spiegel/Corbis 301 (Bkgd) ©David Muench/Corbis, (B) Independence National Historical Park Collection, Eastern National Parks and Monument Association, (T) The Granger Collection 302 The Granger Collection 303 SuperStock 304 The Granger Collection 306 Corbis 307 (T) Stock Montage, (B) The Granger Collection 309 (T) North Wind Picture Archives, (Bkgd) PhotoDisc, (L) Rare Book and Special Collections/Library of Congress 311 (T) Reunion des Musees Nationaux/Art Resource, NY, (C) Press Information Bureau, Government of India, (B) William Philpott 312 (TL), (C), (BL) Musée de L'Emperi/©Dorling Kindersley, (R) ©Dorling Kindersley 313 (L) Musée de L'Emperi/©Dorling Kindersley, (R) ©Dorling Kindersley 314 SuperStock 315 (B) Stock Montage/SuperStock, (T) The Granger Collection 316 (B), (T) The Granger Collection 318 The Granger Collection 320 SuperStock 322 ©Bettmann/Corbis 324 ©Bettmann/Corbis 327 (TL) ©David Muench/Corbis, (TR) ©Mark E. Gibson/Corbis, (C) ©Ted Spiegel/Corbis, (BL) ©Tim Wright/Corbis, (BR) ©Richard T. Nowitz/Corbis

Unit 5:
329, 330, 321 The Granger Collection 332 (L) North Wind Picture Archives, (CL) ©Bettmann/Corbis, (R) SuperStock, (CR) The Granger Collection 333 (L), (CL), (R) The Granger Collection, (CR) North Wind Picture Archives 335 The Granger Collection 336 The Granger Collection 339 Photo Researchers, Inc. 340 (T) The Granger Collection, (B) North Wind Picture Archives 341 The Granger Collection 344 Tecmap Corporation; ©Eric Curry/Corbis 345 (B) R. Kord/H. Armstrong Roberts, (T) ©Bettmann/Corbis 346 The Granger Collection 348 SuperStock 349 SuperStock 351 SuperStock, (L) Thomas Jefferson Papers, Special Collections Department, Manuscripts Division, University of Virginia Library, (R) The Granger Collection 353 The Granger Collection 354 SuperStock 358 ©Ted Spiegel/Corbis 360 (T) SuperStock, (C) The Granger Collection, (B) ©Bettmann/Corbis 362 National Museum of American History/Smithsonian Institution/Behring Center 363 The Granger Collection 364 ©Bettmann/Corbis 366 ©Bettmann/Corbis 367 (Bkgd) The Granger Collection, (L) National Museum of American History, Behring Center/Smithsonian Institution 369 (L), (C) The Granger Collection, (R) ©Bettmann/Corbis 371 (TR) The Granger Collection, (L) ©Buddy Mays/Corbis, (BR) John Fletcher, NGP/National Geographic 372 George Caleb Bingham, Daniel Boone Escorting Settlers Through the Cumberland Gap, 1851-52. Oil on canvas, 36 1/2 x 50 1/4. Washington University Gallery of Art, St. Louis. Gift of Nathaniel Phillips, 1890 373 (B) SuperStock, (BC) Corbis 374 The Granger Collection 376 North Wind Picture Archives 377 (T) Missouri Historical Society, (CR) Peabody Museum of Archaeology and Ethnology, Harvard University, photo by Hillel Burger, (BL) Science Museum/©Dorling Kindersley, (BR) Victoria & Albert Museum, London, UK/Bridgeman Art Library International Ltd. 380 Paul Rocheleau/Index Stock Imagery 381 The Granger Collection 382 North Wind Picture Archives 383 (L) The Granger Collection, (R) White House Collection, Courtesy White House Historical Association 385 (R) Culver Pictures Inc., (L) Photograph courtesy of the/Royal Ontario Museum, (Bkgd) ©David Muench/Corbis 386 James Lemass/Index Stock Imagery 389 ©Bettmann/Corbis

Unit 6:
393, 394, 395 The Granger Collection 396 (L) Stock Montage Inc., (R) The Granger Collection, (CL) Texas State Library and Archives Commission, (CR) Newberry Library, Chicago/SuperStock 397 (L) Bettmann/Corbis, (CR) Library of Congress, (CL), (R) The Granger Collection 399 The Granger Collection 400 (T) Corbis, (C) Bettmann/Corbis, (B) The Granger Collection 402 SuperStock 403 Bettmann/Corbis 404 Corbis 406 SuperStock 407 (Bkgd) The Granger Collection, (L) Runk/Schoenberger/Grant Heilman Photography, (R) Culver Pictures Inc. 408 Corbis 409 North Wind Picture Archives 410 Bettmann/Corbis 411 The Granger Collection 412 Bettmann/Corbis 414 The Granger Collection 416 The Granger Collection 417 The Granger Collection 418 Massachusetts Historical Society 419 (L) The Granger Collection, (R) Culver Pictures Inc. 421 (Bkgd) The Granger Collection, (L) Archive Photos, (R) Bettmann/Corbis 422 The Granger Collection 423 The Granger Collection, Serial and Government Publications Division/Library of Congress 424, 425 Smithsonian Institution 426 Bettmann/Corbis 428 (T) ©Hulton Archive/Getty Images, (C) Culver Pictures Inc., (B) The Granger Collection 430 The Granger Collection 431 The Granger Collection 432 Bettman/Corbis 433 (C) Corbis, (B) ©Sandy Felsenthal/Corbis 434 The Granger Collection 436 ©Dorling Kindersley 437 (Bkgd) ©Jim Zuckerman/Corbis, (L) Corbis, (R) The Granger Collection 438 North Wind Picture Archives 439 Culver Pictures Inc. 440 (TR) ©Richard Cummins/Corbis, (Bkgd) The Granger Collection 441 National Gallery of Art, Washington DC/SuperStock 442 PhotoDisc 443 The Granger Collectionk 444 (C) SuperStock, (T), (B) The Granger Collection 446 Gift of Edward D. Thurnston/Museum of the City of New York 449 Bettmann/Corbis 455, 456, 457 The Granger Collection 458 (T) The Granger Collection, (R) Stock Montage Inc., (CL) The Corcoran Gallery of Art/Corbis, (CR) Bettmann/Corbis 459 (L), (CL), (CR) The Granger Collection, (R) Stock Montage Inc. 461 The Granger Collection 462 (BC) SuperStock, (B), (T) The Granger Collection, (TC) Sophia Smith Collection, Smith College 464 ©Richard Hamilton Smith/Corbis 465 North Wind Picture Archives 466 The Granger Collection 468 The Granger Collection 469 The Granger Collection 470 ©Adam Woolfitt/Corbis 471 The Granger Collection 472 (T) The Granger Collection, (B) Bill Grant/©AFP 475 (R) North Wind Picture Archives, SuperStock, (L) ©Tria Giovan/Corbis 478 Corbis 480 Private Collection/Bridgeman Art Library International Ltd. 481 The Granger Collection 483 (Bkgd) Bettmann/Corbis, (L) Stock Montage Inc., (R) Library of Congress 484 The Granger Collection 485 Bettmann/Corbis 488 North Wind Picture Archives 490 (T), (B) Bettmann/Corbis, (TC), (BC) The Granger Collection 492 North Carolina Museum of History 494 The Granger Collection 495 The Granger Collection 497 (Bkgd) ©Joseph Sohm; ChromoSohm Inc/Corbis, (L) Corbis, (R) U. S. Signal Corps/Brady Collection/National Archives 499 The Granger Collection 500 North Wind Picture Archives 501 (T) Library of Congress, (R) The Granger Collection 502 (R) Corbis, (L) Bettmann/Corbis 503 North Wind Picture Archives 504 AP/Wide World 505 (T) Jim Lukoski/Black Star Publishing/PictureQuest, (B) AP/Wide World 508 SuperStock 510 North Wind Picture Archives 512 North Wind Picture Archives 514 (T) The State Museum of Pennsylvania, Pennsylvania Historical and Museum Commission, (C) National Maritime Museum/©Dorling Kindersley, (B) Library of Congress 515 (T) Library of Congress, (TL), (R), (BL) U. S. Army Signal Corps Museum 516 Bettmann/Corbis 517 Collection of The New-York Historical Society/negative no. 21184 518 (T) The Granger Collection, (B) Corbis 519 Harper's Weekly, November 16, 1867 520 Library of Congress 522 The Granger Collection

Unit 8:
529, 530, 531 From the Original painting by Mort Künstler, "First View of the Lady" ©1986 Mort Künstler, Inc. 532 (L), (CL), (R) The Granger Collection, (CR) SuperStock 533 (L) Latimer Family Papers/Long Island Division/Queens Borough Public Library, (CL) The Granger Collection, (R) Brown Brothers 535 The Granger Collection 536 (B) SuperStock, From the original painting by Mort Munstler, "The Golden Spike" ©1985 Mort Kunstler, Inc., (C) Kansas State Historical Society 538 The Granger Collection 539 (Inset) The Granger Collection, (Bkgd) North Wind Picture Archives 540 Bettmann/Corbis 541 The Granger Collection 544, 545 Smithsonian Institution 546 The Granger Collection 547 The Granger Collection 548 (T) The Granger Collection, (B) Inga Spence/Index Stock Imagery 549 (T) Barbara Laing/TimePix, (B) Kansas State Historical Society 551 (B) The Granger Collection, (T) SuperStock 553 (Bkgd) ©Craig Aurness/Corbis, (CL) SuperStock 554 ©Hulton Archive/Getty Images 555 North Wind Picture Archives 557 SuperStock 558 The Granger Collection 559 The Granger Collection 560 (T), (B) The Granger Collection, (C) Francis Miller/TimePix 562 Smithsonian Institution 563 (L) The Granger Collection, (R) Latimer Family Papers/Long Island Division/Queens Borough Public Library 564 (L) The Granger Collection, (R) Corbis 565 (BCL) Beaulieu Motor Museum/©Dorling Kindersley, (T) Bettmann/Corbis, (BR) The Granger Collection, (TCR) Frank J. Forte/Herkimer County Historical Society, NY, (BL) ©E. O. Hoppé/Corbis, (BCR) Brown Brothers, (TCL) Smithsonian Institution 566 (R) Bettmann/Corbis, (L) Hulton Archive/Getty Images 568 Bud Freund/Index Stock Imagery 569 Corbis 570 Corbis 571 (T) Wallace Kirkland/TimePix, (B) The Granger Collection 572 Corbis 573 (T) The Granger Collection, (B) Brown Brothers 574 The Granger Collection 575 (Bkgd) Bettmann/Corbis, (BR) Brown Brothers 576 (L) Brown Brothers, (Bkgd) The Granger Collection 577 (C) Broad Meadows Middle School/Ron Adams, (B) AP/Wide World 578 SuperStock 579 (T) The Granger Collection, (B) SuperStock 580 The Granger Collection 581 Corbis 583 (Bkgd) Charles O'Rear/Corbis, (L), (R) The Granger Collection 584 The Granger Collection 585 The Granger Collection 586 Frank J. Forte/Herkimer County Historical Society, NY

Unit 9:
593, 594, 595 Identikal/Artville 596 (L), (CL), (R) The Granger Collection, (CR) Stock Montage Inc. 597 (L) Bettmann/Corbis, (CL) Schulke, Flip/Black Star, (CR) AP/Wide World, (R) Richard Howard/Black Star 599 The Granger Collection 600 (T) Corbis, (TC) SuperStock, (BC) Bettmann/Corbis, (B) The Granger Collection 602 ©Underwood & Underwood/Corbis 603 North Wind Picture Archives 605 The Granger Collection 607 Bettmann/Corbis 608 Bettmann/Corbis 609 (BL) Hulton/Archive by Getty Images, (R) Corbis 610 (B) Stock Montage Inc., (T) The Granger Collection 611 George Luks "Armistice Night, 1918," oil on canvas, 37x68 3/4in., Gift of an anonymous donor, 54.58/Whitney Museum of American Art, New York 612 (T) Corbis, (B) SuperStock 613 Lawrence, Jacob. "The migrants arrived in great numbers." Panel 40 from "The Migration Series." (1940-41; text and title revised by the artist, 1993). Tempera on gesso on composition board, 12 X 18 (20.5 X 45.7cm). The Museum of Modern Art, New York. Gift of Mrs. David M. Levy. Photograph ©2001 614 The Granger Collection 615 Smithsonian Institution 616 Bettmann/Corbis 617 (T) Hulton-Deutsch Collection/Corbis, (B) The Granger Collection 618 (R) Corbis, (L) AP/Wide World 619 (B) Bettmann/Corbis, (T) The Granger Collection 620 Bettmann/Corbis 621 ©Hulton Archive/Getty Images 622 Minnesota Historical Society/Corbis 623 (Bkgd) Bettmann/Corbis, (L) ©Alex Wong/Hulton Archive 624 Hulton Archive 625 Corbis 626 ©Michael T. Sedam/Corbis, (B) Douglas Peebles/eStock Photo 627 (R) The Granger Collection, (L) Hulton Archive 628 (B) The Granger Collection, (T) Bettmann/Corbis 630 The Granger Collection 631 (Bkgd) ©Lee Snider/Corbis,(L) Corbis, (R) The Granger Collection 632 The Granger Collection 633 Don Landgren 634 (T) Bettmann/Corbis, (TC), (BC) Charles Bonnay/Black Star, (B) Chris Niedenthal/Black Star 636 Bill Pierce/Rainbow/PictureQuest 637 (T) The Military Picture Library/Corbis, (BR) Hulton Archive/Getty Images, (BL) Bettmann/Corbis 638 Bettmann/Corbis 639 Bettmann/Corbis 640 AP/Wide World 642 Bettmann/Corbis 643 (R) Carl Iwasaki, (BR) Bettmann/Corbis 644 Bettmann/Corbis 645 (BR) Topham/Image Works, (Bkgd) ©Underwood & Underwood/Corbis, (CL) AP/Wide World 646 Charles Bonnay/Black Star 647 TimePix 648 ©Hulton-Deutsch Collection/Corbis 649 (Bkgd) Joseph Rodriguez/Black Star, (R) ©Michael Smith/Hulton Archive, (L) Japack Company/Corbis 650 TimePix 651 (T) Hulton Archive, (B) TimePix 652 Charles Bonnay/Black Star 653 Christopher Morris/Black Star 654 Bettmann/Corbis 655 Bettmann/Corbis 659 (R) Hulton Archive, (L) Chris Niedenthal/Black Star 660 Reuters/Jonathon Bainbridge/Hulton Archive/Getty Images 661 (T) ©Alex Wong/Hulton Archive, (B) Gallo Images/Corbis 662 (BR) Thomas E. Franklin/The Record (Bergen County, NJ)/Corbis/SABA, (T) Enrique Shore/Reuters/TimePix, (BL) Mike Segar/Reuters/TimePix 663 (TR), (TL) AP/Wide World, (B) ©Bob Daemmrich/Corbis Sygma 664 (TL) NASA/Hulton Archive, (TR) ©Alex Wong/Hulton Archive, (BR) ©Richard T. Nowitz/Corbis, (BL) Corbis 665 ©Adrian Neal/Getty Images 666 Science VU-JMP/Visuals Unlimited 670, 671 ©Ron Sherman/Getty Images 675 John Harwood/Science Photo Library/Photo Researchers, Inc. 676 Jerry Kobalenko/First Light 677 (R) ©Paul A. Souders/Corbis, (L) ©Dan Guravich/Corbis 678 (B), (TL) The Granger Collection, (TR) ©Robert Estall/Corbis 679 (TR) ©Alison Wright/Corbis, (TL) Don McPhee/Valan Photos, (B) ©Layne Kennedy/Corbis 680 Robert Frerck/Odyssey Productions 681 (T) Robert Frerck/Odyssey Productions, (B) John Cancalosi/Valan Photos 682 (TL), (B) The Granger Collection, (TR) AP/Wide World 683 (B), (TR) Bob Daemmrich Photography, (TL) Chip and Rosa Maria de la Cueva Peterson 684 ©Kevin Schafer/Corbis 685 (T) Teresita Chavarria/©AFP, (B) ©Tim Page/Corbis 687 (L) AP/Wide World, (R) ©Bob Krist/Corbis 689 (B) ©Frans Lanting/Getty Images, (T) Chip and Rosa Maria de la Cueva Peterson

End Matter:
R1 (TL) Earth Imaging/Getty Images R2, R3 (C) Earth Imaging/Getty Images R18–R21 One Mile Up, Inc.